Gestion de la rémunération

Théorie et pratique

Avertissement

Dans cet ouvrage, le masculin est utilisé comme représentant des deux sexes, sans discrimination à l'égard des hommes et des femmes et dans le seul but d'alléger le texte.

Roland Thériault et Sylvie St-Onge

Gestion de la rémunération

Théorie et pratique

CHENELIÈRE ÉDUCATION

Données de catalogage avant publication (Canada)

Thériault, Roland

Gestion de la rémunération : théorie et pratique

Comprend des réf. bibliogr. et un index.

ISBN 2-89105-738-4

1. Salaires – Gestion. 2. Salaires, Systèmes de paiement des. 3. Emplois – Évaluation. 4. Salaires et productivité. 5. Avantages sociaux. I. St-Onge, Sylvie. II. Titre.

HD4926.T55 2002 658.3'2 C99-941691-X

Tableau de la couverture : ***Bouquet de printemps***
Œuvre de **Léon Bellefleur**

« Léon Bellefleur est l'une de ces rares personnes qui semblent connaître le secret de jouvence : à quatre-vingts ans, il conserve l'œil vif et l'esprit enjoué de sa jeunesse, et demeure toujours fidèle à son émouvant *Plaidoyer pour l'Enfant* de 1947, profession de sa foi et programme de sa carrière. »

On trouve les œuvres de Léon Bellefleur à la Galerie Michel-Ange de Montréal.

Photos:

Roland Thériault: © Caroline Bergeron, photographe
Sylvie St-Onge: Atelier de graphisme, École des Hautes Études Commerciales

Gaëtan Morin Éditeur ltée
171, boul. de Mortagne, Boucherville (Québec), Canada J4B 6G4
Tél. : (450) 449-2369

Nous reconnaissons l'aide financière du gouvernement du Canada par l'entremise du Programme d'aide au développement de l'industrie de l'édition (PADIÉ) pour nos activités d'édition.

Gouvernement du Québec – Programme de crédit d'impôt pour l'édition de livres – Gestion SODEC.

Imprimé au Canada 4 5 6 7 8 ITG 09 08 07 06 05

Dépôt légal 1er trimestre 2000 – Bibliothèque nationale du Québec – Bibliothèque nationale du Canada

AVANT-PROPOS

Les pressions provenant autant du marché que de la concurrence font en sorte que le rendement des entreprises devient plus que jamais une préoccupation majeure. Dans ce contexte, on prend de plus en plus conscience du rôle stratégique que la rémunération des employés représente dans l'amélioration de la rentabilité de l'entreprise, et de l'importance d'une gestion efficace des investissements reliés aux ressources humaines. Ce livre traite précisément d'une activité inhérente à la gestion des ressources humaines : la gestion de la rémunération.

LES LECTEURS VISÉS

Puisque la rémunération et sa gestion touchent tout le monde, cet ouvrage se veut accessible à un grand nombre de lecteurs : dirigeants d'entreprise, cadres, conseillers externes, syndicalistes, professionnels en ressources humaines, employés et étudiants, principalement ceux intéressés par le management, les relations industrielles et la psychologie industrielle. Aussi une de nos préoccupations, en rédigeant ce livre, a-t-elle été de produire un ouvrage pertinent qui se révèle un instrument indispensable. Nous voulions, en outre, répondre aux attentes de lecteurs désireux d'acquérir des connaissances générales ou particulières en gestion de la rémunération, que ces lecteurs soient spécialisés ou non en la matière. Nous espérons avoir réussi à répondre aux attentes de ce vaste public.

LES OBJECTIFS DE L'OUVRAGE

Cet ouvrage devrait aider le lecteur à prendre des décisions ou à faire le point en matière de gestion de la rémunération puisqu'il lui aura permis :

- de prendre conscience de l'importance de relever efficacement certains défis de la rémunération et d'en respecter divers principes ;
- de comprendre l'importance d'une gestion *synergique* de la rémunération en voyant comment la gestion de la rémunération est *dépendante* de la catégorie de personnel (p. ex. : les vendeurs, les dirigeants, le personnel scientifique) et du contexte d'affaires (p. ex. : le secteur public, la présence d'un syndicat) ;
- de comprendre que la gestion de la rémunération concerne divers intervenants : les dirigeants, les cadres, les employés, les syndicats, les gouvernements et les professionnels en ressources humaines ;
- de démystifier les activités et les techniques de gestion visant à assurer le respect de principes d'équité, notamment l'évaluation des emplois,

l'évaluation de la compétitivité de la rémunération, la gestion des avantages sociaux, etc. ;

- de comprendre les tendances récentes en gestion de la rémunération, notamment la rémunération basée sur les compétences, les bandes salariales élargies et l'équité en matière salariale, selon le point de vue de divers intervenants (p. ex. : les dirigeants, les cadres, les employés).

LA STRUCTURE DE L'OUVRAGE

Cet ouvrage se subdivise en six sections, chacune exposant un principe de base ou une facette importante de la gestion de la rémunération. Ces sections décrivent essentiellement le modèle de gestion de la rémunération adopté dans ce livre et ses grandes composantes : l'environnement, les objectifs, les principes, les pratiques et les techniques, la stratégie de rémunération ainsi que les résultats et l'évaluation de l'efficacité de la rémunération.

La première section présente l'objet de cet ouvrage, la gestion de la rémunération. Le chapitre 1 traite des composantes de la rémunération globale, des diverses perspectives de cette gestion et du partage des responsabilités. Le chapitre 2 présente le modèle de gestion de la rémunération retenu dans ce livre et souligne l'importance d'adapter cette gestion au contexte et à la situation d'affaires.

La deuxième section traite de la compétitivité de la rémunération. Le chapitre 3 souligne l'importance d'offrir une rémunération compétitive et le chapitre 4 décrit le processus d'enquêtes de rémunération.

La troisième section aborde le principe de la cohérence interne des salaires. Le chapitre 5 porte sur la détermination des salaires et l'analyse des emplois, le chapitre 6, sur le processus d'évaluation des emplois et le chapitre 7, sur le mode traditionnel d'établissement et de gestion des structures salariales.

La quatrième section fait le point sur les défis et les tendances en matière de gestion des salaires. Le chapitre 8 expose le défi de gérer la rémunération dans un contexte où une loi sur l'équité salariale est en vigueur. Le chapitre 9 traite de deux approches récentes en matière de gestion des salaires et de structures salariales : la rémunération basée sur les compétences et les bandes salariales élargies.

La cinquième section est consacrée à la reconnaissance et à la gestion du rendement. Le chapitre 10 explique le principe de la reconnaissance du rendement et approfondit les régimes de rémunération basée sur le rendement individuel (p. ex. : le salaire au mérite, les commissions). Le chapitre 11 traite des régimes collectifs de rémunération variable (p. ex. : les régimes de participation aux bénéfices, les régimes d'achat d'actions). Le chapitre 12 concerne principalement la mesure du rendement des employés, des équipes et des organisations sur laquelle s'appuient les régimes de rémunération variable.

Finalement, la sixième section met en perspective les avantages offerts aux employés et la rémunération globale. Après avoir distingué et décrit les divers régimes d'avantages offerts aux employés au chapitre 13, l'ouvrage examine, au chapitre 14, la gestion des avantages et de la rémunération globale.

LES ATOUTS PÉDAGOGIQUES

Afin de favoriser l'apprentissage parmi les lecteurs «étudiants» et de répondre aux besoins des autres types de lecteurs ciblés, chaque chapitre

- débute avec la présentation d'un article de presse ou l'illustration d'un cas d'entreprise portant sur un thème choisi ;
- privilégie un langage simple et direct pour expliquer et démystifier les fondements théoriques, les pratiques, les techniques et les lois du domaine ;
- présente plusieurs tableaux et figures pour mieux illustrer certains propos ;
- met en relief, par des encadrés, des passages visant à approfondir certaines pratiques de rémunération. Par leur contenu plus technique, ces passages s'adressent davantage aux actuels et futurs professionnels de la rémunération ; on y trouve une information supplémentaire qui n'est pas indispensable à la compréhension de l'ouvrage ;
- présente les résultats d'enquêtes récentes afin de faire mieux connaître l'état des pratiques actuelles au Québec, au Canada et aux États-Unis ;
- expose les résultats de recherches récentes afin de faire mieux connaître et mieux comprendre la nature et l'efficacité des pratiques de rémunération ;
- se termine par des questions de révision.

REMERCIEMENTS

Cette publication n'aurait pas été possible sans l'apport d'appuis variés. En premier lieu, nous exprimons notre reconnaissance à Mario Giroux, étudiant au doctorat à l'École des Hautes Études Commerciales, pour ses remarques et ses conseils sur le contenu et la structure de l'ouvrage. Soulignons également le professionnalisme du personnel de notre éditeur, Gaëtan Morin, et plus particulièrement celui d'Isabelle de la Barrière et de Dominique Hovington, éditrices en administration, et de Lucie Turcotte, chargée de projet.

Nous remercions également nos employeurs, la Société Conseil Mercer Limitée et l'École des Hautes Études Commerciales (H.E.C.), qui ont appuyé cette réalisation. En outre, l'École des H.E.C. a accordé une année sabbatique à Sylvie St-Onge pour qu'elle se consacre à cette tâche ; elle a de plus accordé une aide financière pour la rédaction de certains cas proposés.

Notre ouvrage doit aussi au soutien financier que les organismes gouvernementaux, en particulier le Conseil de la recherche en sciences humaines du Canada et le Fonds FCAR, ont accordé à Sylvie St-Onge. Les subventions de recherche ont permis à plusieurs étudiants à la maîtrise et au doctorat d'améliorer leurs connaissances en matière de gestion de la rémunération en les autorisant à participer à la réalisation de travaux de recherche, à agir à titre de stagiaire et d'aide de recherche, à collaborer à la rédaction de textes et à la présentation de conférences. Il est aussi important de noter l'apport des plus enrichissants qu'a représenté notre participation active à des comités d'associations professionnelles comme les associations canadienne et américaine de rémunération (ACR et ACA).

Notre très vive gratitude s'adresse aux dirigeants d'entreprise, aux gestionnaires, aux professionnels, aux étudiants et aux autres personnes que nous avons connus au fil des années, à titre de conseiller, de professeur, d'ami ou de collègue. En nous communiquant régulièrement leurs attentes, leurs appréciations et leurs réactions, en commentant et en critiquant l'un ou l'autre aspect de nos services et de nos travaux, ils nous ont permis d'améliorer notre compréhension de la rémunération. Le mérite de cette réalisation leur revient en grande partie.

Finalement, nous sommes reconnaissants envers nos conjoints, Michèle et Michel, et nos enfants, Marie-Élaine, Jean-François, CarolAnne et Vivianne. L'amour qui marque notre quotidien respectif nous classe parmi les spécialistes de la rémunération les plus riches. Nous rendons grâce au ciel pour notre bonne fortune.

En espérant que le lecteur appréciera cet ouvrage, nous lui souhaitons une bonne lecture.

TABLE DES MATIÈRES

Avant-propos V

Section 1
LA GESTION DE LA RÉMUNÉRATION : IMPORTANCE ET MODÈLE

Chapitre 1
LA RÉMUNÉRATION : IMPORTANCE ET PERSPECTIVES

Objectifs 3
Cas : Le succès de Walsh Automation inc. (WAI) 5
Introduction 7
1.1 Définition et composantes de la rémunération 7
1.1.1 Les composantes de la rémunération directe 7
1.1.2 Les composantes de la rémunération indirecte 9
1.2 L'importance de la rémunération et de sa gestion 10
1.2.1 La gestion de la rémunération : une source d'avantage concurrentiel pour les organisations 10
1.2.2 La gestion de la rémunération : un levier de changement stratégique pour les organisations 12
1.2.3 La rémunération : une source de satisfaction et de motivation pour les employés 13
1.3 La gestion de la rémunération selon diverses perspectives 13
1.3.1 La perspective économique 14
1.3.2 La perspective scientifique 15
1.3.3 La perspective psychologique 15
1.3.4 La perspective légale et éthique 16
1.3.5 La perspective politique 17
1.3.6 La perspective symbolique et sociologique 18
1.3.7 La perspective stratégique 18
1.3.8 La perspective institutionnelle 19
1.3.9 La perspective synergique 21
1.4 Le partage des responsabilités en gestion de la rémunération 22
1.4.1 Les responsabilités des dirigeants d'entreprise 23
1.4.2 Les responsabilités des conseillers internes et externes en rémunération 24
1.4.3 Les responsabilités des gestionnaires 25
1.4.4 Les responsabilités des employés 26
1.4.5 Les responsabilités des associations professionnelles 27

1.5 La structure du livre 27
Résumé 28
Questions de révision 29
Références 30
Annexe 1.1 : Quelques sites Internet reliés à la gestion de la rémunération 32

Chapitre 2

La gestion de la rémunération : modèle et contexte

Objectifs 33
Cas : L'amélioration de la performance de la société Instromedix Inc. 36
Introduction 37
2.1 Les objectifs en gestion de la rémunération 38
2.1.1 La recherche simultanée de l'efficience et de l'équité 38
2.1.2 L'importance des objectifs en matière de gestion de la rémunération 39
2.1.3 Le choix des objectifs de rémunération : un compromis optimal 40
2.2 Les principes et les pratiques d'équité en rémunération 40
2.2.1 Les concepts d'équité et de référents en rémunération 41
2.2.2 L'équité externe ou la compétitivité de la rémunération sur le marché 42
2.2.3 L'équité interne ou la cohérence entre la rémunération des différents emplois 43
2.2.4 L'équité individuelle ou la reconnaissance des contributions individuelles 44
2.2.5 L'équité collective ou la reconnaissance des contributions collectives 45
2.2.6 La justice du processus de gestion de la rémunération 46
2.2.7 L'équité légale : le respect des lois 47
2.3 La stratégie de gestion de la rémunération 48
2.4 Les résultats et l'efficacité de la gestion de la rémunération 50
2.5 L'influence de l'environnement sur la gestion de la rémunération 53
2.5.1 L'environnement économique et concurrentiel 54
2.5.2 L'environnement social et culturel 55
2.5.3 L'environnement législatif 56
2.5.4 L'environnement démographique 59
2.6 L'influence des caractéristiques organisationnelles sur la gestion de la rémunération 59
2.6.1 La taille de l'organisation 60
2.6.2 La structure et la localisation de l'organisation ou de ses unités d'affaires 63

2.6.3 Le secteur d'activité économique 66
2.6.4 Les secteurs privé, public et municipal 67
2.6.5 La présence d'un syndicat 69
2.6.6 La culture et la philosophie de gestion 72
2.6.7 L'organisation du travail 73
2.6.8 La stratégie d'affaires 74
2.6.9 La situation financière 75
2.6.10 La technologie 76
2.6.11 Les autres fonctions de gestion et les autres activités de gestion des ressources humaines 76
2.6.12 Les pratiques de rémunération actuelles 77
2.7 L'influence des caractéristiques des titulaires des emplois sur la gestion de la rémunération 77
2.7.1 Les compétences et les conditions de travail 77
2.7.2 Les caractéristiques démographiques 78
2.7.3 Les besoins ou les attentes 78
Résumé 79
Questions de révision 79
Références 80

Section 2
L'ÉQUITÉ EXTERNE : PRINCIPES ET PRATIQUES

Chapitre 3
LA COMPÉTITIVITÉ DE LA RÉMUNÉRATION

Objectifs 87
Cas : L'art de dénicher les talents et l'art de les conserver 89
Introduction 91
3.1 L'équité externe 91
3.1.1 Définition et importance de l'équité externe 91
3.1.2 La théorie de l'équité 93
3.2 Les politiques de rémunération par rapport au marché 93
3.2.1 Suivre le marché 94
3.2.2 Être à la tête du marché 95
3.2.3 Être à la remorque du marché 96
3.2.4 Les politiques hybrides et intégrées à la gestion des ressources humaines 97
3.3 Les variables influant sur la compétitivité de la rémunération offerte aux employés et sur le choix des politiques à cet égard 98
3.3.1 L'état de l'offre et de la demande sur le marché du travail 99

3.3.2 La capacité de payer et l'ampleur de la concurrence sur le marché des produits et des services 102
3.3.3 La proportion des coûts de la main-d'œuvre par rapport aux coûts d'exploitation et le secteur d'activité 103
3.3.4 La localisation et la structure organisationnelle 104
3.3.5 La présence syndicale 106
3.3.6 La taille, le prestige et les habitudes 106
3.3.7 La stratégie d'affaires et la philosophie de gestion 107
3.3.8 La catégorie de personnel 107
3.3.9 Les composantes de la rémunération globale 108
3.3.10 Les éléments compensatoires non pécuniaires 109
3.3.11 Les autres activités de gestion des ressources humaines 111
Résumé 112
Questions de révision 112
Références 113

Chapitre 4
LES ENQUÊTES DE RÉMUNÉRATION

Objectifs 115
Cas : Les enquêtes de rémunération chez Transtel inc. 118
Introduction 122
4.1 Le processus d'enquête de rémunération : définition et utilisation 122
4.1.1 Les différences entre les enquêtes de rémunération et les enquêtes de prévisions salariales 123
4.1.2 La portée et la légalité des enquêtes de rémunération 123
4.1.3 Les étapes du processus d'enquête de rémunération 124
4.2 La détermination des objectifs de l'enquête et des informations désirées 124
4.3 La détermination de l'étendue de l'enquête : emplois et marché visés 128
4.3.1 La détermination des emplois ou des familles d'emplois visés 129
4.3.2 L'importance et les déterminants du choix du marché de référence 129
4.4 Le choix de la méthode d'enquête 132
4.4.1 La méthode de l'appariement des emplois repères 132
4.4.2 La méthode des groupes occupationnels ou fonctionnels 135
4.4.3 La méthode d'appariement par évaluation d'emplois 136
4.5 La détermination de la ou des sources d'information 137
4.5.1 Les enquêtes générales effectuées par une tierce partie 139
4.5.2 Les enquêtes maison effectuées par l'organisation ou par des consultants 141

4.6 La détermination de l'approche de collecte des données 142
4.6.1 Le questionnaire 142
4.6.2 L'entretien téléphonique 143
4.6.3 L'entrevue 143
4.6.4 L'informatique et Internet 143
4.7 L'analyse des résultats 144
4.7.1 L'actualisation et la pondération des résultats 144
4.7.2 Les mesures de tendance centrale 146
4.7.3 Les mesures de distribution 148
4.7.4 L'indice de compétitivité 150
4.7.5 Les autres types d'analyse 153
4.8 La présentation des résultats 154
4.9 Les limites des enquêtes de rémunération 154
4.9.1 Les caractéristiques des enquêtes de rémunération 156
4.9.2 Le caractère subjectif et politique du processus d'enquête 157
4.9.3 L'équité externe dans la détermination de la rémunération 159
4.9.4 Les salaires comme composante de la rémunération et la rémunération comme facette des conditions d'emploi 160
4.10 Les conseils liés aux enquêtes de rémunération 161
4.10.1 Le recours aux enquêtes de rémunération 161
4.10.2 La nécessité d'informer le personnel et de tenir compte de ses points de vue 162
4.10.3 L'officialisation du processus d'enquête de rémunération 163
4.11 Les défis liés aux enquêtes de rémunération 164
4.11.1 La recherche d'information sur les composantes de la rémunération globale 164
4.11.2 L'évaluation de la compétitivité de la rémunération offerte à certaines catégories d'employés 165
Résumé 169
Questions de révision 169
Références 170
Annexe 4.1 : Présentation d'une partie des résultats d'une enquête de rémunération 172

Section 3
L'ÉQUITÉ INTERNE : PRINCIPES ET PRATIQUES

Chapitre 5
LA COHÉRENCE DES SALAIRES ET L'ANALYSE DES EMPLOIS

Objectifs 185
Cas : Alcan : une entente de partenariat de 18 ans ! 188

Introduction 189
5.1 L'équité interne comme principe de gestion 190
5.1.1 Définition et importance de l'équité interne 190
5.1.2 La théorie de l'équité 190
5.2 Les structures salariales 191
5.2.1 L'importance des structures salariales 192
5.2.2 Les facteurs déterminant l'importance relative de l'équité interne et les caractéristiques des structures salariales 192
5.2.3 Les types de structures salariales 196
5.3 L'analyse des emplois 198
5.3.1 La terminologie en matière d'emploi 198
5.3.2 La portée de l'analyse des emplois 199
5.4 Les méthodes traditionnelles d'analyse des emplois 200
5.4.1 L'observation 201
5.4.2 Le questionnaire maison 201
5.4.3 L'entrevue 208
5.4.4 Le choix de la méthode de collecte et des sources d'information 209
5.5 Les descriptions d'emplois 210
5.5.1 La rédaction et la mise à jour des descriptions d'emplois 210
5.5.2 La *Classification nationale des professions* comme ouvrage de référence 216
5.5.3 Le recours à Internet, au courrier électronique et aux logiciels 216
5.6 Les descriptions d'emplois : importance et tendances 217
5.6.1 L'importance des descriptions d'emplois 217
5.6.2 Les descriptions génériques des emplois 217
Résumé 221
Questions de révision 221
Références 222

Chapitre 6
L'ÉVALUATION DES EMPLOIS

Objectifs 223
Cas : L'implication des employés dans la refonte du système d'évaluation des emplois à la Federal Reserve Bank 226
Introduction 227
6.1 L'évaluation des emplois 227
6.1.1 Définition de l'évaluation des emplois 227
6.1.2 Importance de l'évaluation des emplois 228
6.1.3 Le comité d'évaluation des emplois 230

6.2 Les méthodes traditionnelles d'évaluation des emplois 231
6.2.1 La méthode de la comparaison avec le marché 232
6.2.2 La méthode du rangement des emplois 233
6.2.3 La méthode de la classification des emplois 234
6.2.4 La méthode des points 236
6.2.5 La fréquence d'utilisation des méthodes d'évaluation des emplois 241
6.3 L'approche traditionnelle d'évaluation des emplois basée sur une grille de points 241
6.3.1 La grille d'évaluation par points sur mesure : contenu et développement 242
6.3.2 Les grilles d'évaluation par points préétablies 255
6.4 L'approche contemporaine d'analyse et d'évaluation des emplois basée sur un questionnaire structuré 259
6.4.1 Le recours au questionnaire d'analyse et d'évaluation des emplois 259
6.4.2 L'élaboration d'un questionnaire maison ou sur mesure pour analyser et évaluer les emplois 260
6.4.3 Les questionnaires préétablis ou élaborés par une tierce partie 264
6.5 La gestion du processus d'analyse et d'évaluation des emplois 265
6.5.1 La planification du processus d'analyse et d'évaluation des emplois 266
6.5.2 La détermination du moment de la collecte de l'information 266
6.5.3 La communication relative au processus d'analyse et d'évaluation des emplois 267
6.5.4 La participation et l'implication des employés 269
6.5.5 La communication des résultats 269
6.5.6 Les mécanismes d'appel 270
6.5.7 La mise à jour de l'évaluation 270
6.5.8 L'évaluation des résultats 271
6.6 Les limites de l'évaluation des emplois dans la détermination des salaires 274
Résumé 275
Questions de révision 275
Références 276

Chapitre 7

L'ÉLABORATION DES STRUCTURES SALARIALES ET LA GESTION DES SALAIRES

Objectifs 277
Cas : Clauses orphelin, clauses fourre-tout ? 280

Introduction 282

7.1 Les structures salariales 282

  7.1.1 Définition et importance des structures salariales 282

  7.1.2 Le nombre de structures salariales 286

7.2 La distribution des salaires dans une organisation et sur le marché selon la politique salariale 289

7.3 Les classes d'emplois 292

  7.3.1 Le regroupement des emplois en classes d'emplois 292

  7.3.2 Le nombre de classes d'emplois 294

  7.3.3 La détermination des bornes des classes d'emplois 295

  7.3.4 Les classes d'emplois inoccupées 299

  7.3.5 Les emplois situés à proximité des bornes des classes d'emplois 299

7.4 Les échelles salariales associées aux classes d'emplois 301

  7.4.1 La détermination d'échelles salariales plutôt que l'adoption d'un taux de salaire unique par classe d'emplois 302

  7.4.2 La détermination du point de contrôle des échelles salariales et le calcul du ratio comparatif 303

  7.4.3 La détermination de l'étendue de l'échelle salariale de chaque classe d'emplois 304

  7.4.4 La détermination des échelons à l'intérieur des échelles salariales 307

7.5 Le chevauchement des échelles salariales 307

  7.5.1 L'importance et les conséquences du recoupement entre les échelles salariales de classes d'emplois adjacentes 308

  7.5.2 L'ampleur du chevauchement entre les échelles salariales de classes d'emplois adjacentes 309

7.6 Les critères de progression dans les échelles salariales 311

  7.6.1 Les échelles salariales basées sur les années de service 311

  7.6.2 Les échelles salariales basées sur le rendement individuel ou le salaire au mérite 313

  7.6.3 Les échelles salariales mixtes 318

7.7 La gestion des structures salariales 318

  7.7.1 La planification des augmentations de salaire 319

  7.7.2 L'ajustement des structures salariales en fonction du coût de la vie 319

  7.7.3 La révision des salaires individuels 320

  7.7.4 Le moment de l'attribution des augmentations de salaire 322

  7.7.5 La communication relative aux salaires et aux autres composantes de la rémunération 325

  7.7.6 Le contrôle des salaires 327

7.8 La gestion des salaires : problèmes et défis particuliers 332

7.8.1 La compression salariale 332
7.8.2 La double structure salariale ou la clause orphelin 334
7.8.3 Les courbes de maturité 336
Résumé 337
Questions de révision 338
Références 339

Section 4
LA GESTION DE LA RÉMUNÉRATION : TENDANCES ET DÉFIS

Chapitre 8
L'ÉQUITÉ SALARIALE

Objectifs 345
Cas : Salaire égal pour un travail équivalent : la nouvelle loi sur l'équité salariale a été le fruit de longues revendications 349
Introduction 351
8.1 Définition et importance de l'équité salariale 353
8.1.1 L'écart de salaire entre les femmes et les hommes 353
8.1.2 L'équité salariale et l'équité en emploi : définition et législation 354
8.1.3 Le caractère systémique de la discrimination salariale entre les femmes et les hommes 355
8.2 L'évolution de la législation canadienne en matière de discrimination salariale basée sur le sexe 357
8.2.1 Les étapes de la législation canadienne 357
8.2.2 Les programmes volontaires d'équité salariale 359
8.2.3 La législation québécoise en matière de discrimination salariale basée sur le sexe avant 1997 359
8.3 La situation actuelle au gouvernement fédéral et dans les provinces du Canada 360
8.3.1 Le gouvernement fédéral canadien 360
8.3.2 Les législations provinciales canadiennes 361
8.4 La démarche type de réalisation de l'équité salariale au Québec 362
8.4.1 La détermination du nombre de personnes salariées 364
8.4.2 La détermination du nombre de programmes d'équité salariale 366
8.4.3 La détermination de la composition du ou des comités d'équité salariale 367

8.4.4 L'identification des catégories d'emplois à prédominance féminine et des catégories d'emplois à prédominance masculine dans une entreprise 368
8.4.5 Le choix de la méthode et des outils d'évaluation des catégories d'emplois, et l'élaboration d'une démarche d'évaluation 371
8.4.6 L'affichage des résultats de l'identification des catégories d'emplois, du choix de la méthode, des outils d'évaluation et de la démarche retenue 371
8.4.7 L'évaluation des catégories d'emplois 372
8.4.8 L'estimation des écarts et des rajustements salariaux 372
8.4.9 La définition des modalités de versement des rajustements salariaux 381
8.4.10 L'affichage de l'ensemble des résultats 381
8.4.11 Le versement des rajustements salariaux 382
8.4.12 Le maintien de l'équité salariale 382
8.5 Le pour et le contre d'une législation sur l'équité salariale 383
8.5.1 Les inconvénients d'une législation sur l'équité salariale 383
8.5.2 Les avantages d'une législation sur l'équité salariale 386
8.5.3 Le défi de la gestion de la rémunération dans un contexte d'équité salariale 389
8.6 L'élimination de la discrimination basée sur le sexe dans le processus d'analyse et d'évaluation des emplois, ainsi que dans la gestion des salaires 389
8.6.1 L'analyse des emplois ou la collecte des données 390
8.6.2 La méthode d'évaluation 391
8.6.3 Les facteurs et les sous-facteurs d'évaluation 393
8.6.4 La gestion de la démarche d'équité salariale 397
8.6.5 La gestion des échelles salariales 400
Résumé 400
Questions de révision 401
Références 401

Chapitre 9

LES TENDANCES EN MATIÈRE DE GESTION DES SALAIRES

Objectifs 405
Cas : Les primes à l'acquisition de connaissances chez Aciers Algoma inc.. 407
Introduction 408
9.1 Les limites de la gestion traditionnelle des salaires 408
9.1.1 Le nouveau contexte d'affaires 408
9.1.2 Les limites de l'évaluation des emplois 410
9.2 Les salaires basés sur les compétences 411

9.2.1 Définition de la rémunération des compétences 412
9.2.2 Les avantages présumés de la rémunération des compétences 413
9.2.3 Définition pratique des compétences 414
9.2.4 La fréquence de la rémunération des compétences et les contraintes liées à l'adoption de cette forme de rémunération 416
9.2.5 La diversité des régimes de rémunération des compétences ... 419
9.2.6 La rémunération des compétences et les résultats 429
9.2.7 L'efficacité de la rémunération des compétences 429
9.2.8 Les conditions de succès de la rémunération des compétences 431
9.2.9 La rémunération des compétences dans l'avenir 434
9.3 Les bandes salariales élargies 435
9.3.1 Définition des bandes salariales élargies 436
9.3.2 Les avantages présumés des bandes salariales élargies 440
9.3.3 La fréquence d'implantation des bandes salariales élargies 444
9.3.4 L'efficacité des bandes salariales élargies 447
9.3.5 Les limites, les conditions de succès et la pertinence des bandes salariales élargies 448
Résumé 451
Questions de révision 452
Références 453

Section 5
LA RECONNAISSANCE ET LA GESTION DU RENDEMENT

Chapitre 10
LA RECONNAISSANCE DU RENDEMENT INDIVIDUEL

Objectifs 461
Cas : Le programme de récompenses des Technologies industrielles SNC inc. 464
Introduction 466
10.1 La motivation au travail 467
10.1.1 La théorie des attentes 468
10.1.2 La théorie de l'équité 469
10.1.3 La théorie des objectifs 471
10.1.4 La théorie des caractéristiques des tâches 471
10.1.5 Les principes de motivation de Ford 472

10.2 L'importance de la reconnaissance du rendement 473
10.2.1 La reconnaissance au lieu de la punition 474
10.2.2 La reconnaissance et les punitions 475
10.2.3 L'efficacité des récompenses 477
10.3 Les formes de reconnaissance 480
10.3.1 La communication 480
10.3.2 Les comportements 482
10.3.3 Les symboles honorifiques 483
10.3.4 La visibilité 483
10.3.5 Les biens, les services et les primes ponctuelles 484
10.3.6 Les conditions de travail 485
10.3.7 Les modes de reconnaissance autres que les régimes de rémunération variable 485
10.4 La rémunération variable comme forme de reconnaissance 487
10.4.1 La fréquence de l'implantation des régimes de rémunération variable 487
10.4.2 Les divers types de régimes de rémunération variable 488
10.5 Les salaires au mérite 489
10.5.1 Définition du salaire au mérite 489
10.5.2 La fréquence d'attribution du salaire au mérite 490
10.5.3 Les matrices d'augmentations de salaire au mérite 490
10.5.4 Les avantages présumés des salaires au mérite 491
10.5.5 Les limites de la formule des salaires au mérite 494
10.5.6 L'efficacité et les conditions de succès des salaires au mérite. 497
10.6 Les primes au rendement individuel 501
10.7 La rémunération au mérite intégrant l'attribution de primes 503
10.8 Les commissions 503
10.8.1 Les avantages des commissions 504
10.8.2 Le mixte de la rémunération 504
10.8.3 La gestion des commissions des représentants 508
10.9 La rémunération à la pièce 511
10.9.1 Les secteurs où sont utilisés les régimes de rémunération à la pièce 512
10.9.2 La détermination du rendement standard 512
10.9.3 Les avantages et les inconvénients de la rémunération à la pièce 514
10.9.4 Les conditions de succès de la rémunération à la pièce 516
10.10 Les limites des régimes de reconnaissance du rendement individuel. 517
10.11 Les conditions de succès des régimes de reconnaissance du rendement individuel 517
Résumé 521

Questions de révision 522
Références 522

Chapitre 11

Les régimes collectifs de rémunération variable

Objectifs 527
Cas : Le programme Actions-groupe de Bristol-Myers Squibb inc. 531
Introduction 533
11.1 La mobilisation des employés 534
11.2 Les régimes collectifs de rémunération variable 535
11.2.1 Les types de régimes collectifs de rémunération variable 535
11.2.2 Les avantages des régimes collectifs de rémunération variable 536
11.3 Les régimes collectifs de rémunération variable à court terme 540
11.3.1 Les régimes de participation aux bénéfices 540
11.3.2 Les régimes de partage des gains de productivité 542
11.3.3 Les régimes de partage du succès 548
11.3.4 Les régimes de rémunération des équipes de travail 549
11.3.5 Les régimes mixtes de primes de rendement 554
11.4 Les régimes collectifs de rémunération variable à long terme 556
11.4.1 Les types de régimes et leur fréquence 557
11.4.2 Les avantages des régimes collectifs de rémunération variable à long terme 558
11.5 Les régimes de rémunération basée sur le rendement boursier de l'organisation 560
11.5.1 Les régimes d'achat d'actions 560
11.5.2 Les régimes d'octroi d'actions 562
11.5.3 Les régimes d'options d'achat d'actions 562
11.6 Les régimes de rémunération basée sur le rendement comptable à long terme 569
11.6.1 Les régimes de plus-value des actions 569
11.6.2 Les régimes d'actions simulées 569
11.6.3 Les régimes d'unités de rendement 570
11.6.4 Les régimes de primes de rendement à long terme 570
11.7 Les régimes collectifs de rémunération variable : quelques comparaisons 572
11.7.1 Les caractéristiques, les atouts et les inconvénients du régime de participation aux bénéfices, et le contexte organisationnel approprié 572
11.7.2 Les caractéristiques, les atouts et les inconvénients du régime de partage des gains de productivité, et le contexte organisationnel approprié 574

11.7.3 Les caractéristiques, les atouts et les inconvénients du régime de partage du succès, et le contexte organisationnel approprié 576
11.7.4 Les caractéristiques, les atouts et les inconvénients du régime de participation à la propriété, et le contexte organisationnel approprié 577
11.8 Les inconvénients potentiels des régimes collectifs de rémunération variable 578
11.8.1 Les effets négatifs des régimes collectifs de rémunération variable sur la performance organisationnelle 579
11.8.2 Les effets négatifs présumés des régimes collectifs de rémunération variable sur le climat organisationnel 580
11.8.3 La possibilité d'accroissement du chômage et des coûts de main-d'œuvre 582
11.9 L'efficacité des régimes collectifs de rémunération 582
11.9.1 L'efficacité des régimes collectifs de rémunération à court terme 582
11.9.2 L'efficacité des régimes de rémunération variable à long terme 583
11.10 Les conditions de succès de la rémunération du rendement individuel ou collectif 587
11.10.1 Les types de régimes de rémunération variable et leurs caractéristiques 587
11.10.2 La gestion des régimes de rémunération variable 590
11.10.3 La synergie entre les modes de reconnaissance et la gestion des ressources humaines et des relations de travail 591
11.10.4 Les caractéristiques de l'organisation 592
11.11 Les syndicats et les nouvelles formes de rémunération 593
11.11.1 La fréquence des nouvelles formes de rémunération en milieux syndiqués 593
11.11.2 Les conditions qui favorisent l'acceptation des syndicats 594
Résumé 595
Questions de révision 598
Références 598

Chapitre 12

LA GESTION DU RENDEMENT

Objectifs 607
Cas : Repenser l'entreprise à travers la gestion du rendement 610
Introduction 611
12.1 La gestion du rendement comme condition clé du succès de la rémunération variable 612

12.1.1 La reconnaissance des bons comportements 613
12.1.2 L'évaluation de la mesure du rendement 613
12.1.3 Le lien entre la reconnaissance et le rendement 614
12.1.4 La formation des cadres et la reconnaissance du rendement.. 615
12.2 L'importance de la gestion du rendement 615
12.3 Le processus de gestion du rendement 619
12.4 La gestion du rendement des organisations 620
12.4.1 L'adaptation des mesures de rendement organisationnel à la vision d'affaires 620
12.4.2 Le tableau de bord du rendement des organisations 624
12.4.3 L'administration d'un système de gestion du rendement des firmes 634
12.5 La gestion du rendement des employés 640
12.5.1 L'arrimage entre les mesures de rendement organisationnel et les mesures de rendement individuel 640
12.5.2 L'évaluation du rendement individuel 642
12.5.3 L'administration d'un système de gestion du rendement individuel 655
12.5.4 L'efficacité d'un système de gestion du rendement des employés 666
Résumé 675
Questions de révision 676
Références 677

Section 6
LES AVANTAGES ET LA RÉMUNÉRATION GLOBALE

Chapitre 13
LES AVANTAGES OFFERTS AUX EMPLOYÉS : DESCRIPTION ET IMPORTANCE

Objectifs 683
Cas : Les coupures d'avantages sociaux sont loin d'être terminées 686
Introduction 688
13.1 Définition, importance et historique des avantages offerts aux employés 688
13.1.1 Définition des avantages 688
13.1.2 L'importance des avantages 689
13.1.3 L'évolution des avantages au Canada 689
13.2 Les raisons d'être des avantages 692
13.2.1 La perspective des employeurs 692

13.2.2 La perspective des employés 694
13.3 Le financement des avantages 695
13.4 Les régimes d'avantages offerts par l'État 696
13.4.1 Les soins hospitaliers et médicaux 696
13.4.2 La protection du revenu reliée à l'invalidité 698
13.4.3 Les prestations de décès et la rente des survivants 699
13.4.4 Les programmes de revenus de retraite 699
13.4.5 L'assurance-emploi 701
13.4.6 L'assurance-automobile 701
13.4.7 Les indemnités d'accidents du travail 702
13.4.8 L'aide sociale 702
13.4.9 Les heures de travail et le temps chômé rémunéré 702
13.5 Les régimes d'avantages offerts par les employeurs 703
13.5.1 Les soins de santé 703
13.5.2 Les régimes de prestations d'invalidité 707
13.5.3 Les régimes d'assurance-vie et d'assurance-accident 709
13.5.4 Les régimes de retraite offerts par les employeurs 710
13.5.5 Les avantages offerts au personnel retraité 719
13.5.6 Les régimes de rémunération du temps chômé 719
13.5.7 Les régimes d'avantages complémentaires ou de gratifications 720
Résumé 723
Questions de révision 723
Références 724

Chapitre 14

LA GESTION DES AVANTAGES ET DE LA RÉMUNÉRATION GLOBALE

Objectifs 727
Cas : Les avantages sociaux modulaires chez Bâtico inc. 730
Introduction 733
14.1 Les tendances de la gestion des avantages 733
14.1.1 La redéfinition du rôle des acteurs : l'État, les employeurs, les employés et les assureurs 734
14.1.2 L'importance du contrôle des coûts 735
14.1.3 Une gestion des avantages de plus en plus complexe et exigeante 736
14.1.4 Le renouvellement des avantages 737
14.2 Les limites des avantages offerts aux employés 737
14.3 La gestion des régimes d'avantages 739
14.3.1 L'importance d'une bonne gestion des régimes d'avantages 739

14.3.2 La détermination d'une politique de gestion des avantages 740
14.3.3 L'analyse des besoins des employés..... 742
14.3.4 La communication reliée aux régimes d'avantages..... 746
14.3.5 Les régimes d'avantages sociaux flexibles 748
14.3.6 Les programmes spéciaux de retraite anticipée..... 756
14.4 La gestion de la rémunération globale..... 759
14.4.1 L'établissement d'une véritable stratégie de rémunération globale 759
14.4.2 Le processus de gestion de la rémunération globale et les nouvelles technologies 761
14.4.3 L'importance de la communication et de la consultation pour l'équité du processus de gestion de la rémunération globale 762
14.4.4 L'impartition en matière de gestion de la rémunération..... 764
Résumé..... 765
Questions de révision 766
Références..... 766

Index des sujets..... 769

MODÈLE DE GESTION DE LA RÉMUNÉRATION

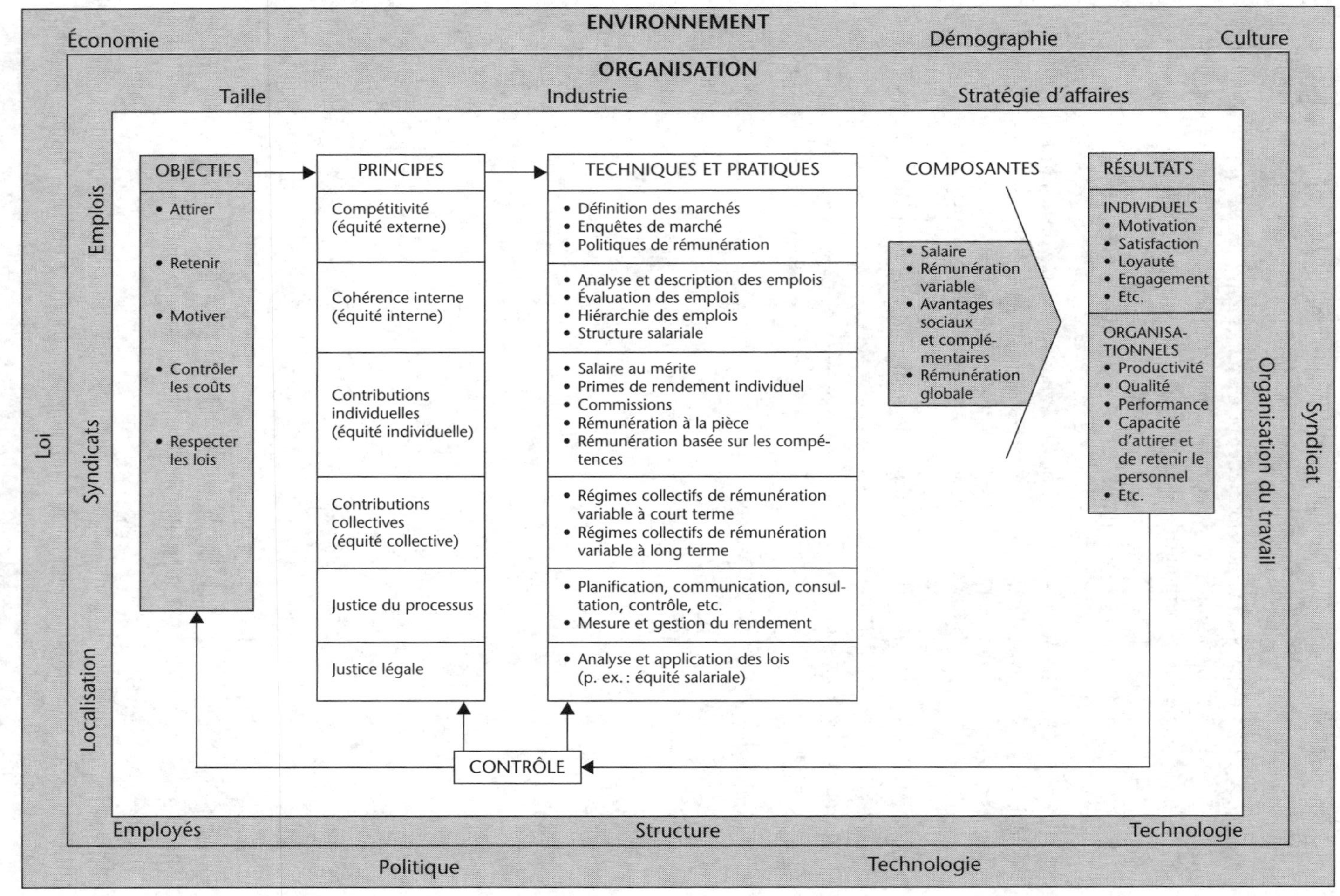

SECTION 1

LA GESTION DE LA RÉMUNÉRATION : IMPORTANCE ET MODÈLE

Chapitre 1

LA RÉMUNÉRATION : IMPORTANCE ET PERSPECTIVES

OBJECTIFS

Ce chapitre vise à :

- distinguer les multiples composantes de la rémunération globale ;
- souligner l'importance d'une bonne gestion de la rémunération ;
- présenter les diverses perspectives selon lesquelles les transactions de rémunération peuvent être considérées simultanément ;
- faire connaître les influences et les responsabilités de divers acteurs en matière de gestion de la rémunération, notamment les dirigeants d'entreprise, les gestionnaires, les conseillers en rémunération internes et externes, les employés, les syndicats et les gouvernements ;
- présenter le modèle de gestion de la rémunération retenu dans ce livre et le contenu des chapitres de celui-ci.

PLAN

Objectifs 3
Cas : Le succès de Walsh Automation inc. (WAI) 5
Introduction 7
1.1 Définition et composantes de la rémunération 7
1.1.1 Les composantes de la rémunération directe 7
Le salaire et les primes d'inconvénients 7
La rémunération variable 8
1.1.2 Les composantes de la rémunération indirecte 9
Les avantages sociaux et le temps chômé 9
Les avantages complémentaires et les conditions de travail 9
1.2 L'importance de la rémunération et de sa gestion 10
1.2.1 La gestion de la rémunération : une source d'avantage concurrentiel pour les organisations 10
1.2.2 La gestion de la rémunération : un levier de changement stratégique pour les organisations 12
1.2.3 La rémunération : une source de satisfaction et de motivation pour les employés 13
1.3 La gestion de la rémunération selon diverses perspectives 13
1.3.1 La perspective économique 14
1.3.2 La perspective scientifique 15
1.3.3 La perspective psychologique 15
1.3.4 La perspective légale et éthique 16
1.3.5 La perspective politique 17
1.3.6 La perspective symbolique et sociologique 18
1.3.7 La perspective stratégique 18
1.3.8 La perspective institutionnelle 19
1.3.9 La perspective synergique 21
1.4 Le partage des responsabilités en gestion de la rémunération 22
1.4.1 Les responsabilités des dirigeants d'entreprise 23
1.4.2 Les responsabilités des conseillers internes et externes en rémunération 24
1.4.3 Les responsabilités des gestionnaires 25
1.4.4 Les responsabilités des employés 26
1.4.5 Les responsabilités des associations professionnelles 27
1.5 La structure du livre 27
Résumé 28
Questions de révision 29
Références 30
Annexe 1.1 : Quelques sites Internet reliés à la gestion de la rémunération 32

CAS

Le succès de Walsh Automation inc. (WAI)

Walsh Automation Inc. (WAI) est une firme québécoise de génie-conseil spécialisée dans l'automation de systèmes et de procédés de fabrication d'usine. Le siège social de l'entreprise est établi au Québec, mais elle a des succursales à l'étranger et réalise des projets partout dans le monde. Près de 185 de ses 220 employés travaillent au Québec. Pour l'année 1996, les revenus de l'entreprise se sont élevés à 18 millions, dont 40 % provenaient du Québec, 10 % d'autres provinces du Canada et 50 % d'autres pays. WAI est l'une des plus importantes firmes du monde dans son domaine. Selon ses dirigeants, le succès de cette entreprise repose sur six pratiques de gestion à haut rendement qui la différencient de ses concurrents en matière d'innovation et de dynamisme. Ces pratiques sont les suivantes :

1. L'intrapreneurship

WAI encourage ses employés à prendre des initiatives liées aux possibilités que présentent un marché ou une idée visant à mieux desservir un marché. Les dirigeants sont disposés à faire des tests avec un employé afin d'analyser la viabilité de son projet et ses incidences sur la progression de l'entreprise. La culture de WAI incite aussi ses employés à diriger une succursale ou une division qu'ils ont contribué à développer.

2. L'actionnariat

Tous les employés de WAI peuvent acheter des actions de l'entreprise ou encore investir des fonds dans une succursale qu'ils auront contribué à mettre sur pied. La majorité des employés participent à ce programme.

3. La redistribution des bénéfices

Les dirigeants partagent avec tous leurs employés une portion des bénéfices annuels de l'entreprise en fonction du salaire et du poste de chacun des employés.

4. La permanence des emplois

À l'opposé de la concurrence, qui emploie souvent ses conseillers à contrat sur une base temporaire, WAI essaie de conserver le plus grand nombre d'emplois permanents possible, même si cela entraîne des coûts (offrir de meilleurs salaires, continuer de payer les avantages sociaux au moment de mises à pied temporaires, etc.). Cette façon de faire permet à WAI de maintenir une masse suffisante et stable d'experts qui assurent des services de qualité à ses clients.

5. La valorisation de la formation et du savoir-faire

WAI défraie la totalité du coût des cours suivis à l'extérieur par ses employés lorsque ces cours sont liés au travail. De plus, les employés sont incités à progresser dans l'entreprise en assumant de nouvelles responsabilités et de nouveaux mandats. Des fournisseurs de l'entreprise donnent régulièrement aux employés des séances de formation sur leurs produits. Des séminaires où des employés partagent leurs connaissances avec leurs collègues sont aussi organisés. L'assistance professionnelle (*coaching*) est également une fonction importante que les directeurs d'unités ou de projets assument avec leurs employés.

6. L'attention particulière portée à la sélection des employés

WAI investit beaucoup de temps et d'énergie dans son processus d'embauche. Les responsables du Service des ressources humaines et de l'unité opérationnelle visée y travaillent conjointement.

En plus de se soutenir et de s'influencer mutuellement, les pratiques de WAI sont cohérentes par rapport à la culture et à la structure de l'entreprise, ainsi qu'aux choix stratégiques de ses dirigeants. Ces tactiques procurent à WAI divers avantages qui rendent cette entreprise concurrentielle et expliquent son succès.

Source : Inspiré de DesRosiers et Pelletier (1988) ; reproduit avec la permission du ministre des Travaux publics et des Services gouvernementaux du Canada.

INTRODUCTION

Le processus d'échange inhérent aux transactions de rémunération s'avère relativement simple : l'employeur accorde diverses formes de reconnaissance (argent, avantages sociaux, primes, etc.) aux employés et ces derniers offrent aux employeurs différents types de contribution (disponibilité, qualifications, expérience, rendement, etc.). Toutefois, la gestion efficace de ces transactions de rémunération représente un défi important et complexe pour les employeurs. Dans un contexte où les pressions économiques et concurrentielles sont fortes, les dirigeants d'entreprise prennent conscience du rôle stratégique de la rémunération des employés dans l'amélioration de la performance de leur firme.

Ce chapitre décrit d'abord les diverses composantes de la rémunération globale des employés et traite de l'importance de la gérer efficacement. Il présente ensuite les multiples perspectives selon lesquelles il est possible d'analyser les transactions de rémunération. Enfin, après avoir traité du partage des responsabilités en matière de gestion de la rémunération, il présente la structure du livre en la reliant au modèle de gestion de la rémunération retenu.

1.1 DÉFINITION ET COMPOSANTES DE LA RÉMUNÉRATION

Les employés sont rémunérés de diverses façons pour la contribution qu'ils offrent à leur employeur. La rémunération dite « globale » comprend l'ensemble des rétributions reçues par les employés pour leurs services ou leur travail. On peut subdiviser la rémunération globale en deux grandes composantes : la rémunération directe ou versée en espèces aux employés, qui inclut les salaires et la rémunération variable ; la rémunération indirecte ou non versée en espèces aux employés, qui comprend, d'une part, les avantages sociaux et le temps chômé et, d'autre part, les avantages complémentaires et les conditions de travail.

1.1.1 Les composantes de la rémunération directe

Le salaire et les primes d'inconvénients

Le salaire correspond au montant d'argent qu'un employé reçoit pour son travail sur une base annuelle, mensuelle, hebdomadaire ou horaire. Habituellement, les organisations procèdent à des ajustements de salaires de façon régulière, afin de tenir compte de l'augmentation de l'indice des prix à la consommation (inflation), des salaires payés sur le marché, ou encore du rendement ou des années de service des employés. Le salaire constitue l'élément principal (autour de 60 %) de la rémunération globale d'un employé et il détermine la valeur d'autres composantes telles la paie de vacances, la valeur des régimes d'assurance ou de retraite, etc.

Les employés peuvent également recevoir des primes d'inconvénients. Celles-ci incluent les primes ou les montants forfaitaires qu'un employé peut recevoir pour accomplir son travail dans des conditions particulières : heures supplémentaires, quart de travail de soir ou de nuit, travail en lieux éloignés, travail de fin de semaine ou de congé, travail effectué dans des conditions dangereuses, etc.

La rémunération variable

Cette composante couvre toutes les formes de reconnaissance – primes ou montants forfaitaires, commissions, actions, options d'achat d'actions – que l'employé peut recevoir s'il est admissible à des régimes de rémunération qui tiennent compte du rendement à court terme ou à long terme de la personne, de l'équipe, de l'unité administrative ou de l'entreprise. La proportion variable de la rémunération s'est considérablement accrue au cours des dernières années. La rémunération variable est offerte aux employés, ou à certains d'entre eux, sous forme de divers régimes de participation aux bénéfices, de partage des gains de productivité, de partage de l'atteinte des objectifs, d'octrois d'actions, d'option d'achat d'actions, etc. Au Canada, une enquête auprès de 545 entreprises embauchant presque 1 850 000 employés syndiqués et non syndiqués (Société Conseil Mercer Limitée, 1998) révèle que, pour au moins une catégorie de personnel :

- 36 % d'entre elles ont un régime de primes de rendement individuel ;
- 30 % ont un régime de primes de rendement de l'entreprise ;
- 16 % ont un régime de participation aux bénéfices ;
- 10 % ont un régime de primes d'équipe.

> Deux ententes entre les Chemins de fer nationaux du Canada et le Conseil canadien des syndicats opérationnels de chemin de fer et la Fraternité internationale des ouvriers en électricité établissent un régime collectif de rémunération variable. Ainsi, 20 % des gains de productivité sont distribués aux employés, le maximum ne pouvant excéder 4 % du salaire de base. La dernière convention collective offre aussi un régime d'achat d'actions déduit à la source jusqu'à concurrence de 6 % du salaire de base. (Laporte, 1998, p. 52 ; reproduit avec la permission du ministre des Travaux publics et des Services gouvernementaux du Canada.)

Les régimes de rémunération variable existent depuis longtemps. Ce qui est nouveau aujourd'hui, c'est que ces régimes ne sont plus réservés aux cadres supérieurs et aux dirigeants (régimes sélectifs), mais qu'ils s'étendent de plus en plus à l'ensemble des employés (régimes non sélectifs).

Depuis le début des années 1990, les régimes de rémunération variable prennent de l'ampleur, concernent un plus grand nombre d'employés et représentent un pourcentage plus élevé de la rémunération totale. Les résultats des études sont convergents : au cours des années 1990, au Canada :

- le pourcentage de primes par rapport aux salaires de toutes les catégories de personnel s'est accru (voir les enquêtes du Conference Board of Canada, dont Conference Board of Canada, 1993) ;
- la fréquence d'implantation de régimes collectifs « non sélectifs » de rémunération variable, c'est-à-dire concernant l'ensemble du personnel, a augmenté entre 1991 et 1993 (Betcherman et autres, 1994) ;
- 70 % des régimes collectifs « non sélectifs » de rémunération variable présents dans les entreprises ont été adoptés après 1990 (Winter Consulting Inc., 1994).

Récemment, par exemple, les primes d'intéressement représentaient entre 10 % et 15 % de la rémunération globale d'un cadre. Ce pourcentage a plus que doublé aujourd'hui (Bourdeau, 1995).

1.1.2 Les composantes de la rémunération indirecte

Les avantages sociaux et le temps chômé

Les avantages sociaux comprennent les régimes privés et publics de *retraite* et d'*assurances* qui visent à protéger les employés contre divers aléas de la vie : maladie, invalidité, mortalité, etc. Le temps chômé comprend les jours de *vacances* et de *congé* que les employeurs offrent à leur personnel en vertu de la loi sur les normes du travail ou encore, très souvent, au-delà des exigences de cette loi. Pendant ces congés (jours fériés, absences pour raisons personnelles, maladie, maternité, paternité, décès, mariage, etc.), les employés sont payés.

Les avantages complémentaires et les conditions de travail

Les avantages complémentaires comprennent les gratifications accordées à un employé ou les dépenses remboursées par l'employeur, comme une automobile, une place de stationnement, un repas, des frais de scolarité, des conseils financiers, des programmes d'aide aux employés, etc. Au Canada, une enquête effectuée auprès de 545 firmes démontre que 20 % d'entre elles ont au moins un régime de gratifications discrétionnaires (Société Conseil Mercer Limitée, 1998). Ce régime inclut les diverses conditions de travail, notamment les heures de travail et les congés sans solde, qui ont des répercussions directes et indirectes sur la rémunération du temps travaillé. Ainsi, l'octroi de congés sans solde peut entraîner des débours de formation des employés remplaçants.

> La convention collective de Général électrique du Canada inc. prévoit un congé d'études payé en vertu duquel l'employeur verse 25 000 $ par année pendant la durée de la convention (pour un total de 75 000 $) à la caisse de congés payés pour études des TCA-Canada. Pour certaines catégories d'employés de Fabricated Steel Products Inc. (TCA-Canada, section locale, 1995), l'employeur paiera les frais de scolarité, les livres, le stationnement ainsi que le salaire au taux régulier pour le nombre d'heures passées en classe. (Laporte, 1998, p. 52 ; reproduit avec la permission du ministre des Travaux publics et des Services gouvernementaux du Canada.)

1.2 L'IMPORTANCE DE LA RÉMUNÉRATION ET DE SA GESTION

Pour les organisations, la gestion de la rémunération est importante parce qu'elle peut à la fois être une source d'avantage concurrentiel et un levier de changement stratégique. Pour les individus, elle est importante parce qu'elle constitue un facteur de satisfaction et de motivation.

1.2.1 La gestion de la rémunération : une source d'avantage concurrentiel pour les organisations

Pour l'employeur, une gestion efficace de la rémunération est de plus en plus considérée comme un atout concurrentiel. L'environnement des entreprises nord-américaines est marqué par deux changements fondamentaux : une compétition plus vive et une croissance économique plus modérée. Dans ce contexte, les dirigeants d'entreprise sont davantage préoccupés par la réduction de leurs coûts de production, l'amélioration de leur productivité ainsi que l'augmentation de la qualité de leurs produits et services. Toutefois, dans la mesure où les entreprises disposent des mêmes ressources (capitaux, moyens de production, moyens de mise en marché, etc.), la différence entre le succès et l'échec se situe de plus en plus dans la gestion des ressources humaines, notamment dans la gestion de la rémunération des employés. En effet, comme la manière dont la rémunération est gérée influence les attitudes et les comportements des employés, elle agit sur la productivité et la performance des firmes.

Dès le début de ce livre, il importe de commenter deux importants mythes ou croyances populaires à l'égard de la rémunération (Pfeffer, 1998[a]), selon lesquels (1) on peut réduire les coûts de main-d'œuvre en réduisant les taux de salaire et (2) de faibles coûts de main-d'œuvre sont un important facteur de compétitivité à long terme. Certes, le fait d'accorder une augmentation de salaire aux employés accroît non seulement la masse salariale, mais aussi le coût de certains des avantages sociaux à court et à long terme. On peut également affirmer que, même si les coûts de main-d'œuvre en tant que partie des coûts totaux d'exploitation varient beaucoup d'une firme et d'une industrie à l'autre, ils peuvent tout de même représenter plus de 50 % des frais totaux dans le secteur privé et plus de 80 % dans le secteur public. Aussi est-il pertinent de chercher à maximiser la rentabilité des sommes d'argent investies dans la rémunération, puisqu'elles ont de multiples incidences économiques à long terme pour l'entreprise et que les décisions dans ce domaine sont difficilement réversibles. Toutefois, il faut se rappeler qu'on peut réduire les coûts de la main-d'œuvre non seulement en réduisant la rémunération, mais aussi en augmentant la productivité. Un important avantage compétitif à long terme se bâtit moins sur une réduction des coûts de la main-d'œuvre que sur l'amélioration de la qualité et de l'innovation en matière de produits ou de services.

Selon nous, une véritable gestion de la rémunération du personnel – et non la réduction de la rémunération – aide la direction des firmes à faire en sorte que les ressources humaines soient et demeurent l'un de leurs atouts concurrentiels. Certes, la rémunération n'est pas le seul ni le plus important levier de performance organisationnelle d'une entreprise, mais il est important de bien la gérer à cause de son influence sur les attitudes et les comportements des employés. Après une revue exhaustive des études sur le sujet, Pfeffer (1998[a]) conclut d'ailleurs que le recours à la rémunération variable – notamment aux régimes collectifs – s'avère une caractéristique importante qui distingue historiquement les firmes performantes des firmes non performantes en matière de gestion du personnel. Des enquêtes montrent également que la gestion de la rémunération s'avère l'une des priorités des professionnels en ressources humaines (Conference Board of Canada, 1996) ou encore que les avantages sociaux sont en voie de devenir un outil stratégique, à la fois dans les domaines de la création de valeurs et du contrôle des coûts (Conference Board of Canada, 1995). Par exemple, on parle de plus en plus du défi de réinventer les avantages sociaux pour en faire un outil visant à attirer et à maintenir en poste les employés clés. Ainsi, on offrira de nouveaux avantages dont les employés pourront bénéficier pendant qu'ils sont en bonne santé : pratiques favorables à un meilleur équilibre entre les responsabilités professionnelles et les responsabilités familiales, horaires de travail plus flexibles, possibilité « d'acheter » des jours de vacances, de prendre une année sabbatique, de s'abonner à un club de conditionnement physique, etc.

1.2.2 La gestion de la rémunération : un levier de changement stratégique pour les organisations

La gestion de la rémunération est importante parce qu'elle influence les attitudes et les comportements des employés et, conséquemment, la performance de l'organisation. La manière dont les employés sont rémunérés influence la qualité de leur travail, la qualité du service qu'ils offrent aux clients, leur volonté d'acquérir de nouvelles compétences, leur esprit de collaboration et leur volonté de syndicalisation.

Concevoir la rémunération comme un levier de changement stratégique, c'est aussi la considérer comme un outil de mobilisation, de communication, de coordination et d'encadrement. En effet, différents régimes de rémunération sont porteurs de messages particuliers. Les dirigeants peuvent influencer la culture organisationnelle en s'assurant d'adopter des modes de rémunération qui promulguent les valeurs désirées. En implantant, par exemple, un régime de primes reconnaissant le rendement individuel, les dirigeants favorisent une culture individualiste, alors qu'en adoptant un régime de primes d'équipe, ils suscitent un climat de collaboration. Comme l'affirment Britton et Walker (1997), dans un régime de rémunération variable, les mesures de rendement – telles la satisfaction des clients, la valeur des actions, la croissance des ventes et la part de marché – peuvent transmettre les valeurs et les priorités de l'organisation pour assurer son succès à court et à long terme. Il s'agit alors pour les dirigeants d'entreprise de poser des questions du genre : Les messages véhiculés par nos régimes de rémunération sont-ils ceux que nous désirons transmettre ? Les régimes et les modes de gestion de la rémunération utilisés véhiculent-ils efficacement ces messages ? Comme le souligne Michael Hammer, dans *Reengineering the Corporation* :

> Je crois fermement que la rémunération doit mener le changement. La rémunération est le Rubicon de la réingénierie. Bien des personnes se disant prêtes aux changements reculent lorsqu'elles font face à la rémunération. Pourtant, dans la plupart des organisations, les gens ne croient pas que vous êtes sérieux dans votre volonté de changement tant que vous ne commencez pas à modifier le système de rémunération. De plus, modifier la rémunération est l'une des clés du changement des comportements. Si vous ratez cela, vous incitez les gens à continuer d'agir comme avant. C'est un défi et cela prend du courage, mais les changements en matière de rémunération gagnent à être apportés tôt plutôt que tard. (O'Neal, 1996, p. 9, traduction libre.)

1.2.3 La rémunération : une source de satisfaction et de motivation pour les employés

Pour les employés, la rémunération représente souvent la principale source de revenu. Même si, comme le dit la Bible, « l'homme ne vit pas seulement de pain », l'ensemble des mortels que nous sommes savent bien que le pain contribue beaucoup à la qualité de la vie ! Aussi, bien que la rémunération ne constitue pas la seule rétribution qu'un employé retire de son échange avec l'organisation, elle n'en constitue pas moins l'une des plus importantes, puisqu'elle détermine son bien-être économique et son statut social. La valeur accordée par les employés à chacune des composantes de la rémunération (salaire, avantages sociaux, etc.) est d'ailleurs fonction de son utilité dans la satisfaction de leurs besoins, qui varient en fonction de leurs caractéristiques individuelles (âge, sexe, qualifications, etc.).

Certes, il est vrai que les gens ne travaillent pas seulement pour l'argent, mais également pour donner un sens à leur vie, se sentir plus compétents, relever des défis, avoir du plaisir, être reconnu, etc. Toutefois, les composantes de la rémunération globale – notamment le salaire, les primes et les avantages sociaux – font partie des variables qui influencent significativement la satisfaction et la motivation des employés et des facteurs qui déterminent leurs comportements au travail (absentéisme, retards, roulement, acceptation d'une promotion, etc.). Aussi est-il important que la rémunération soit gérée de manière adéquate. En effet, si elle n'est pas compétitive ou si elle est mal administrée, elle peut facilement devenir un objet important d'insatisfaction qui empêche les employés de s'investir dans leur travail ou de se concentrer sur leur tâche (Britton et Walker, 1997).

Finalement, comme nous le verrons au chapitre 10, la rémunération est un type de reconnaissance que les employés recherchent dans leur travail. Bien sûr, il existe d'autres formes de reconnaissance qui contribuent à satisfaire et à motiver les employés. Qu'on pense, par exemple, aux félicitations, à la tape dans le dos, à la reconnaissance par les pairs, à la variété des tâches, etc. Lorsqu'on consulte un ouvrage spécialisé en gestion de la rémunération et qu'on est spécialiste dans ce domaine ou auteur de livres portant sur ce sujet, il faut faire preuve d'une certaine prudence, car on risque d'accorder trop d'importance à la rémunération et à ses techniques au détriment d'autres éléments importants.

1.3 LA GESTION DE LA RÉMUNÉRATION SELON DIVERSES PERSPECTIVES

La rémunération est la manifestation concrète d'un processus d'échange dont le contenu et la valeur varient en fonction des parties : les employés et les dirigeants. Elle constitue une contribution pour une partie (les dirigeants) et une rétribution pour l'autre partie (les employés). De plus, l'importance ou la valeur des composantes de cet échange varie selon les perceptions respectives de ces parties.

Le rôle des transactions de rémunération dans le fonctionnement des organisations est complexe et n'est que partiellement compris. La rémunération s'avère d'ailleurs davantage un art qu'une technique, puisqu'elle doit fréquemment être considérée simultanément selon diverses perspectives, tant économique, scientifique, psychologique, légale et éthique, politique, symbolique et sociologique, stratégique, qu'institutionnelle et synergique. Une revue de la documentation portant sur la gestion de la rémunération montre que chacune de ces perspectives s'est avérée plus ou moins prépondérante ou privilégiée selon l'époque ou la discipline des auteurs – notamment en économie, en relations du travail, en psychologie et en gestion.

En pratique, aucune de ces perspectives ne peut en remplacer une autre, puisqu'elles sont toutes présentes et importantes lorsqu'il est question de gestion de la rémunération. Aussi le fait de ne pas considérer l'une de ces perspectives n'enlève-t-il rien à sa pertinence. Toutefois, l'art de maîtriser la gestion de la rémunération repose probablement sur la prise en considération simultanée de l'ensemble de ces perspectives, puisqu'elles se complètent et qu'aucune en soi n'est suffisante. Par exemple, dans la détermination des salaires, la perspective économique insiste sur l'importance de considérer l'offre et la demande de main-d'œuvre, alors que la perspective psychologique souligne la nécessité de tenir compte des besoins des employés.

1.3.1 La perspective économique

Le travail des employés représente l'un des facteurs de production dont toute organisation a besoin, au même titre que la technologie et les matières premières. La rémunération correspond au prix qu'une entreprise paie pour obtenir la quantité nécessaire et la meilleure qualité possible de travail. Par ailleurs, le prix du service, c'est-à-dire la rémunération des employés, varie en fonction de l'offre et de la demande de main-d'œuvre. Avant 1960, les écrits en matière de gestion de la rémunération privilégiaient surtout une perspective *économique*, c'est-à-dire qu'ils conseillaient d'offrir aux employés le salaire que le marché du travail accordait aux titulaires d'emplois similaires (équité *externe* et enquêtes salariales). Cette perspective est plutôt déterministe et peu exigeante pour les gestionnaires, puisque ce sont les lois du marché – l'offre et la demande de main-d'œuvre – qui dictent la rémunération des employés. En somme, l'entreprise est ici perçue comme un « preneur de prix » qui ne peut influencer les salaires sur le marché, mais doit les accorder afin d'attirer et de retenir ses employés.

1.3.2 La perspective scientifique

La période au cours de laquelle on prônait l'organisation *scientifique* du travail a eu ses effets sur la gestion de la rémunération, notamment au cours des années 1930 et 1940. C'est au cours de cette période, caractérisée par une conception bureaucratique du travail, qu'ont été mises de l'avant la grande majorité des techniques et des pratiques de rémunération encore utilisées aujourd'hui. Selon cette perspective, la gestion de la rémunération repose d'abord sur le concept d'« emploi », auquel on peut attribuer une valeur précise pour déterminer la rémunération qui en découle. Ce sont donc les emplois et leurs exigences, plutôt que le marché ou les employés, qui font ici l'objet d'une attention particulière. C'est d'ailleurs à cette époque que les méthodes d'évaluation des emplois ont été élaborées, notamment les méthodes des points et des facteurs, ainsi que les méthodes de classification. Dans ce type d'évaluation, l'accent est mis sur les descriptions d'emplois longues et exhaustives, sur l'évaluation des exigences relatives des emplois au sein de l'organisation, sur la hiérarchisation des emplois à l'intérieur de nombreuses classes d'emplois, sur l'élaboration de structures salariales et sur la gestion des salaires. Les maîtres d'œuvre de ce système de gestion de la rémunération sont les spécialistes ou les professionnels de la rémunération des services de ressources humaines ou des firmes-conseils.

1.3.3 La perspective psychologique

La perspective *psychologique* met de l'avant la nécessité de gérer la rémunération en se préoccupant de son influence sur la satisfaction et la motivation des employés et, ultimement, sur leurs comportements au travail. Pour les dirigeants, le défi consiste alors à adopter des politiques et des régimes de rémunération qui maximiseront la motivation et la satisfaction des employés et à évaluer leur efficacité à l'aide de ces critères.

Dès 1960 et jusqu'en 1985, la plupart des auteurs et des chercheurs se sont appuyés sur des théories de psychologie sociale pour étudier la rémunération. Sans nier l'importance des exigences liées aux emplois, ils ont porté leur attention sur les personnes qui occupaient ces emplois. Pour eux, une organisation n'est pas un ensemble d'emplois parfaitement hiérarchisés, mais plutôt un regroupement de personnes qui ont des valeurs et des besoins particuliers. Le premier livre traitant de la gestion de la rémunération qu'Edward Lawler écrivit en 1971 – *Pay and Organizational Effectiveness : A Psychological View* – marque l'adoption de la perspective psychologique. Dès lors, les chercheurs se sont davantage intéressés aux effets de diverses composantes de la rémunération sur les attitudes – notamment sur la motivation et la satisfaction au travail – et aux comportements des employés, ou encore aux caractéristiques d'un système de gestion de la rémunération qui pourrait motiver et satisfaire les employés (voir les revues de Heneman, 1985, et de Miceli et Lane, 1992).

Selon cette perspective, une gestion efficace de la rémunération doit essentiellement motiver et satisfaire les employés qui veulent recevoir une rémunération juste par rapport (1) à ce que les autres organisations paient pour des emplois similaires (équité *externe*, assurée par des enquêtes de rémunération), (2) à la rémunération accordée aux autres emplois dans l'organisation (équité *interne*, assurée par l'évaluation des emplois), (3) à leurs contributions personnelles, comme leur rendement ou leur ancienneté (équité *individuelle*, assurée par exemple par l'instauration de régimes de rémunération au mérite, les commissions, etc.) et (4) à leur contribution collective au succès de l'entreprise ou de l'une de ses unités (équité *collective*, assurée par exemple par des régimes de partage des bénéfices, des gains de productivité, etc.).

1.3.4 La perspective légale et éthique

La rémunération peut aussi être analysée selon une perspective *légale*. D'après le *Code civil du Québec*, un *contrat de travail* n'existe pas sans rémunération, puisqu'elle en est une condition d'existence : « [...] une personne, le salarié, s'oblige, pour un temps limité et moyennant rémunération, à effectuer un travail sous la direction ou le contrôle d'une autre personne, l'employeur » (art. 2085). La rémunération s'avère également un élément essentiel à considérer pour déterminer la nature du lien *juridique* existant entre un groupe d'employés et une firme et, par conséquent, pour décider de l'applicabilité des différentes lois du travail qui contraignent la prise de décisions en matière de rémunération au Canada, telles la *Loi des normes du travail*, le *Code canadien du travail*, la *Charte des droits et libertés de la personne*, etc.

Au-delà des lois, la question de la rémunération peut être envisagée comme une transaction d'échange social impliquant des questions de morale et de justice. Ainsi, on peut concevoir et analyser la rémunération en s'appuyant sur quatre formes de justice : une justice fondée sur les besoins, une justice égalitaire, une justice légale et une justice distributive. L'un ou l'autre de ces types de justice prévaudra selon les situations. Une justice fondée sur les *besoins* a plus de chance d'être appliquée dans une situation où il y a une perception marquée de l'apport de chacun des employés (par exemple, à l'intérieur d'une famille). Une justice de type *égalitaire* prédomine parmi les membres d'une équipe qui décident de se partager également certaines récompenses. Une justice de type *légal* peut prévaloir dans les situations de conflit. Enfin, une justice de type *distributif* peut dominer dans les situations où l'on reconnaît une différence dans les contributions individuelles des parties (par exemple, le rendement ou l'ancienneté) et que l'on veut récompenser chacun selon sa contribution, celui qui contribue le plus étant celui qui reçoit le plus. Soulignons ici qu'une « contribution » peut prendre différents sens : ce qui constitue une contribution pour une personne (par exemple, les années de service, le rendement, la scolarité) n'en est pas forcément une pour laquelle une autre personne consent à payer. Par ailleurs, même s'il existe une entente sur la nature d'une contribution, il n'est pas évident qu'une transaction soit considérée comme juste. En effet, ce qui est équitable pour une partie ne l'est pas nécessairement pour l'autre parce que les perceptions diffèrent quant à la valeur de l'apport de chacune des parties. C'est d'ailleurs pour cette raison qu'il y a possibilité d'échange et d'entente.

En Amérique du Nord, une justice de type distributif prédomine, notamment en ce qui a trait à la gestion des salaires. Toutefois, ce ne sont pas toutes les personnes ou tous les groupes de personnes qui envisagent leur salaire selon cette justice. On pense, par exemple, aux revendications de type égalitaire de certains syndicats. Par ailleurs, d'autres formes de justice peuvent être adoptées à l'égard d'autres composantes de la rémunération. Ainsi, une justice de type égalitaire prévaut souvent en ce qui a trait aux vacances, tandis qu'une justice fondée sur les besoins s'impose à l'égard des régimes d'assurance-vie ou d'assurance-maladie.

1.3.5 La perspective politique

La rémunération s'avère aussi une transaction d'échange entre des parties qui ont des intérêts propres. D'une part, les employeurs tentent d'en recevoir davantage pour leur investissement, ou encore de payer tout juste le nécessaire pour être en mesure de recruter et de retenir une main-d'œuvre compétente. D'autre part, les employés essaient de maximiser leurs rétributions – monétaires et non monétaires – par rapport à leur contribution, puisque cela détermine leur qualité de vie et celle de leurs proches. Dans ce contexte, les transactions de rémunération ont toujours un caractère *politique*.

Les organisations, les syndicats, les groupes de travail et les personnes exercent un certain pouvoir et, par le fait même, cherchent à influencer toute transaction dans le sens de leurs intérêts et de leurs préférences. Qu'on pense, par exemple, au pouvoir que détiennent les employés clés à l'intérieur d'une entreprise (par exemple, le personnel de recherche et développement), à certains groupes dans les organisations (par exemple, les médecins dans les hôpitaux) ou à certains services (par exemple, le service des ventes). La perspective politique est d'ailleurs au cœur des relations de travail traditionnelles où les montants et les modes de rémunération négociés résultent d'un rapport de forces entre les dirigeants et les syndicats. Dans ce contexte, les parties auront tendance à restreindre la transmission d'information afin d'augmenter l'incertitude et de conserver leur pouvoir respectif.

1.3.6 La perspective symbolique et sociologique

Selon une perspective *sociologique*, la rémunération permet aux personnes de juger leurs progrès, leurs succès et leur statut, à la fois à l'intérieur des organisations et au sein de la société. La signification attachée à la rémunération est d'autant plus grande que, dans le milieu culturel nord-américain, la plupart des personnes conçoivent leur travail comme un moyen d'obtenir les biens matériels convoités.

Le caractère *symbolique* de la rémunération permet aussi de comprendre la grande importance que peuvent prendre de minimes différences de salaires pour les employés. Il explique aussi pourquoi certains employés n'accordent pas la même signification aux systèmes de rémunération à la pièce, à l'heure ou sur une base annuelle. En outre, cette perspective aide à comprendre l'importance qu'accordent les superviseurs de premier niveau au fait d'être mieux payés que leurs subalternes et d'être rémunérés sur une base différente. Elle permet aussi d'expliquer pourquoi certaines personnes sont prêtes à assumer plus de responsabilités en échange d'une très faible augmentation de salaire (surtout si l'on considère les impôts), ou encore à se battre pour obtenir et conserver des gratifications qui peuvent paraître ridicules ou peu importantes aux yeux d'autres personnes (par exemple, le nombre de plantes dans un bureau, la hauteur du dossier de la chaise de travail, la présence d'une fenêtre ou l'obtention d'une place de stationnement réservée). Ce n'est alors pas la valeur économique de ces avantages qui compte, mais le prestige et le statut qu'ils procurent. Une étude (St-Onge et autres, 1999) montre que certains cadres veulent des options d'achat d'actions parce qu'elles représentent un symbole de statut d'élite dans les organisations et dans la société. La détention d'options devient une sorte de base en fonction de laquelle les cadres d'une entreprise jugent leurs progrès et le succès de leur carrière, ainsi que ceux des cadres des autres firmes.

1.3.7 La perspective stratégique

Au cours des années 1980, les auteurs – de plus en plus souvent détenteurs d'une formation en management – considèrent les incidences stratégiques de la rémunération. Cette perspective privilégie le point de vue des dirigeants d'entreprise : gérer efficacement la rémunération des employés consiste à s'assurer qu'elle contribue à l'atteinte des objectifs stratégiques des organisations. La perspective *stratégique* repose donc sur une vision volontariste de la gestion, présumant que les dirigeants d'entreprise ont une certaine marge de manœuvre en matière de gestion de la rémunération, celle-ci n'étant que partiellement déterminée par les caractéristiques de l'environnement (le marché, l'industrie, etc.).

Une gestion dite « stratégique » de la rémunération s'appuie sur le raisonnement suivant : comme (1) il y a différentes façons de rémunérer des employés et que (2) la cohérence entre la gestion de la rémunération des employés et la stratégie d'affaires influence positivement la performance des firmes, (3) la gestion de la rémunération devrait appuyer la stratégie d'affaires des firmes.

L'ouvrage d'Edward Lawler III, *Strategic Pay : Aligning Organizational Strategies and Pay Systems*, paru en 1990, et celui de Schuster et Zingheim, *The New Pay : Linking Employee and Organizational Performance*, paru en 1992, illustrent bien l'émergence de cette perspective.

Toutefois, il est important d'observer que la prémisse selon laquelle la cohérence entre la gestion de la rémunération des employés et la stratégie d'affaires influence la performance des firmes repose davantage sur une croyance que sur des résultats obtenus de manière scientifique (St-Onge, 1996). À notre connaissance, aucune étude n'a clairement montré que la performance des firmes s'améliore lorsqu'elles adaptent leurs modes de rémunération à la stratégie d'affaires, ou encore que les firmes affichant une meilleure performance aient adapté leurs modes de rémunération à leur stratégie d'affaires. En effet, dans la mince foulée des études associées à la perspective stratégique en rémunération, seulement quelques-unes ont considéré la « performance » des firmes. Globalement, ces études appuient l'idée selon laquelle les choix des firmes en matière de rémunération influencent la performance objective ou perçue des firmes (Balkin et Gomez-Mejia, 1987 ; Gerhart et Milkovich, 1990 ; Gomez-Mejia et Balkin, 1989). Cette conclusion n'est toutefois pas équivalente à la prémisse proposant que l'*ampleur de la cohérence* entre la gestion de la rémunération et la stratégie d'affaires influence la performance des firmes. À notre connaissance, seule l'étude de Gomez-Mejia (1992) confirme qu'une cohérence entre la stratégie de diversification et les choix de rémunération explique près de 11 % de la performance des firmes.

En réalité, à ce jour, les chercheurs se sont surtout limités à décrire le lien entre les « stratégies d'affaires ou de diversification » des firmes – souvent mesurées en fonction de différentes typologies – et les « caractéristiques du système de rémunération » de leur personnel sans en étudier les conséquences sur la performance des firmes. Les chercheurs décrivent le cas d'une firme ou d'un nombre restreint de firmes. En général, leurs résultats indiquent que, selon leur stratégie d'affaires, les firmes adoptent différents systèmes de rémunération.

1.3.8 La perspective institutionnelle

Quoique la perspective stratégique à l'égard de la gestion de la rémunération ait encore toute sa pertinence, on constate de plus en plus que les dirigeants d'entreprise ne font pas beaucoup de changements en matière de rémunération et que leurs façons de rémunérer les employés ne sont souvent pas si différentes les unes des autres. Au Québec, par exemple, une étude réalisée auprès de 134 entreprises de fabrication et de distribution montre que la stratégie d'affaires des firmes n'est pas liée à leur stratégie de rémunération (Richer et Laflamme, 1997). Les chercheurs proposent trois explications à ce phénomène :

1. La perspective stratégique à l'égard de la rémunération n'est pas encore répandue en sol québécois ;
2. La forte présence syndicale au Québec limite la mise au point de modes de rémunération plus cohérents par rapport à la stratégie d'affaires des firmes ;
3. Les entreprises s'inspirent des décisions des autres firmes de l'industrie en matière de rémunération plutôt que de mettre au point des modes de rémunération propres à leur stratégie d'affaires (perspective *institutionnelle*).

Par ailleurs, l'étude de Gerhart et Milkovich (1990) confirme que les pratiques de rémunération des firmes changent très peu avec les années. Plus récemment, Fay et Risher (1997) ont mené une étude auprès de plus de 200 grandes entreprises qui, pour traverser une période de crise financière ou culturelle, ont dû procéder à divers changements structurels importants (licenciements massifs, réduction des niveaux hiérarchiques, décentralisation de la prise de décision, etc.) au cours des trois dernières années. Leur recherche montre que ces changements structurels majeurs n'ont pas encore eu de répercussions sur les modes de rémunération des firmes : plus de 75 % d'entre elles ont encore une approche traditionnelle en matière de rémunération et n'ont pas modifié leurs pratiques à la suite des changements survenus dans l'organisation du travail.

En somme, en matière de rémunération, le *statu quo* a aussi ses raisons d'être. Les changements en matière de rémunération ne doivent pas être trop fréquents, car les employés risquent de les percevoir comme inacceptables ou inéquitables. Par ailleurs, la prudence est de rigueur dans la mesure où les décisions relatives à la rémunération ont des incidences pécuniaires marquées et des effets importants sur les attitudes et les comportements des employés, et sont difficilement réversibles. Finalement, théoriser sur des changements potentiels en matière de rémunération est beaucoup plus simple que de les implanter. Toutefois, le *statu quo* comporte aussi ses vices. Les pratiques traditionnelles de gestion de la rémunération au sein des firmes peuvent devenir une contrainte, puisqu'elles reflètent en partie les valeurs actuelles des employés ou de la direction. Ainsi, lorsque des pratiques de rémunération sont trop institutionnalisées, elles peuvent nuire à une volteface stratégique en raison de la résistance aux changements que manifestent les personnes concernées.

1.3.9 La perspective synergique

La préoccupation accrue des dirigeants d'entreprise vis-à-vis de l'ampleur et de l'utilisation efficiente des investissements en rémunération s'est récemment traduite par plusieurs changements. Les entreprises établissent des programmes de mises à pied et d'incitation à la retraite. Elles proposent des structures salariales particulières pour les nouveaux employés ou procèdent à l'élargissement des bandes salariales. Elles manifestent également un intérêt accru pour la rémunération au rendement et la mise en place de divers régimes collectifs de rémunération, tant à court terme qu'à long terme. Elles multiplient les enquêtes de rémunération et leurs objets. Elles mettent en place de nouveaux systèmes de rémunération, telles la rémunération des compétences et la rémunération des équipes de travail. Elles révisent en profondeur les avantages sociaux qu'elles offrent ainsi que les contributions des employés et des employeurs à ces régimes afin qu'ils soient plus flexibles et que leur gestion devienne plus efficiente.

Ces multiples changements en matière de rémunération peuvent donner une impression d'incohérence. Nous sommes présentement dans une période d'intégration où l'on prône une gestion contextuelle et où l'on tente d'appliquer les notions clés de « cohérence » et de « synergie » entre les diverses composantes de la gestion. L'attention est concentrée sur l'amélioration de la cohérence entre l'organisation, ses objectifs, ses stratégies, sa structure, ses valeurs, son environnement et ses emplois, et la gestion de la rémunération de ses employés.

Le modèle de gestion de la rémunération retenu dans ce livre (voir au début de chaque section) peut être qualifié de « synergique ». Une multitude de facteurs liés aux personnes, aux emplois, aux organisations et à leur environnement influencent la gestion de la rémunération des employés. Si l'on tient compte de ses multiples déterminants, de la multiplicité des perspectives selon lesquelles on peut l'aborder et de l'ampleur de ses effets sur les attitudes et les comportements au travail des employés, on comprend que la gestion de la rémunération corresponde davantage à un art qu'à une science. Un art où il est utopique de s'attendre à ce que les employés se déclarent parfaitement heureux de leur rémunération et où les dirigeants ont plus ou moins de possibilités de se distinguer en matière de rémunération, compte tenu de leurs ressources et des contraintes environnementales.

Selon une perspective synergique, il n'y a pas de solution idéale et universelle à la gestion de la rémunération, mais plutôt des solutions optimales et contextuelles, c'est-à-dire qui sont fonction des caractéristiques de la situation : la catégorie d'emplois (personnel de recherche et développement, des ventes, de production, de bureau, etc.), la situation financière, l'importance relative des objectifs de rémunération, le cycle de vie de l'entreprise, la stratégie d'affaires, les lois, l'industrie, etc. Toutefois, cette quête de cohérence entre la rémunération et le contexte ne doit pas nuire au succès à long terme des organisations en réduisant leur capacité de s'adapter aux changements (flexibilité). En fait, une stratégie et une pratique de rémunération particulières ne demeurent jamais « optimales » longtemps. Il faut donc s'assurer d'apporter des modifications à la gestion de la rémunération lorsque les caractéristiques du contexte changent ou que des insatisfactions sont exprimées. La bonne façon de rémunérer est donc celle qui est adaptée au contexte d'affaires propre à chaque firme et qui évolue au rythme de l'environnement et de la stratégie d'affaires. Par conséquent, les dirigeants d'entreprise ne doivent pas « s'accrocher » aux façons de faire traditionnelles en rémunération – qui ont d'ailleurs pu être à l'origine de leurs succès passés – alors qu'un nouveau contexte exige certains changements.

Aux États-Unis, une revue des études ayant analysé les effets des pratiques de gestion des ressources humaines sur divers indices de performance organisationnelle (voir Pfeffer, 1998[b]) confirme la pertinence de la perspective dite « configurationnelle ». Selon cette perspective, la performance d'une firme repose sur le choix d'un ensemble de pratiques de gestion des ressources humaines dites « à haut rendement » qui se soutiennent entre elles (une configuration) et non sur l'adoption de l'une de ces pratiques en particulier (sécurité d'emploi, sélection soignée du personnel, recours à des équipes autogérées, décentralisation de la prise de décision, rémunération variable, etc.). Au Canada, un bilan des nombreuses études de cas menées auprès d'entreprises canadiennes ayant adopté des innovations en milieu de travail au cours des 10 dernières années confirme l'importance d'une telle *adéquation* entre les pratiques de gestion des ressources humaines :

> [...] les innovations efficaces ont tendance à prendre la forme de « groupes » de pratiques interreliées qui sont cohérents sur le plan interne et qui découlent logiquement de l'approche et de la philosophie de l'entreprise. Par ailleurs, certaines études de cas ont montré les pièges que comporte l'implantation d'innovations faisant appel à la participation des ressources humaines dans une organisation où il n'y a ni culture de participation globale, ni pratiques ou stratégies complémentaires appliquées à d'autres domaines. L'adéquation peut également comprendre un aspect externe, ce qui fait référence au besoin de mettre en œuvre dans le milieu de travail des pratiques qui correspondent aux cadres économique, social et institutionnel dans lesquels l'organisation fonctionne. (Développement des ressources humaines Canada, 1998, p. 85 ; reproduit avec la permission du ministre des Travaux publics et des Services gouvernementaux du Canada.)

1.4 LE PARTAGE DES RESPONSABILITÉS EN GESTION DE LA RÉMUNÉRATION

En plus d'être influencée par une multitude de facteurs, la rémunération correspond à un domaine de gestion qui est partagé entre plusieurs acteurs : les dirigeants d'entreprise, les conseillers internes et externes en rémunération, les cadres, les employés, les syndicats et les gouvernements (lois et règlements), de même que les organismes professionnels et gouvernementaux. Le lecteur peut d'ailleurs consulter sur Internet une multitude de sites donnant des informations variées en matière de gestion de la rémunération. À titre d'exemple, l'annexe 1.1 (p. 32) offre un ensemble de sites liés à la gestion de la rémunération.

La présente partie du chapitre 1 traite du partage des responsabilités entre les dirigeants, les cadres, les conseillers en rémunération, les employés et les associations professionnelles en rémunération. Les responsabilités des syndicats et des gouvernements en matière de gestion de la rémunération seront analysées dans plusieurs chapitres de ce livre.

1.4.1 Les responsabilités des dirigeants d'entreprise

À ce jour, la plupart des systèmes de rémunération ont été élaborés avec la préoccupation ultime d'accorder une rémunération compétitive, puisqu'il est relativement simple de copier les pratiques du marché. Les entreprises s'imitent entre elles et tendent à suivre les modes en matière de gestion. Aussi, la popularité croissante de certaines pratiques de rémunération (par exemple, la rémunération variable) ne serait pas due à leur prétendu impact sur la performance des firmes, mais plutôt au fait qu'elles sont offertes par d'autres organisations et qu'il devient dès lors difficile de ne pas suivre le courant. Ainsi, on semble souvent penser qu'une rémunération « stratégique » correspond à la nature des systèmes ou des régimes qu'on adopte par imitation plutôt qu'à leur adéquation avec le contexte d'affaires.

Notre modèle prône l'adoption de systèmes de rémunération qui ne sont pas des copies des systèmes adoptés par le marché, mais plutôt des systèmes conformes aux caractéristiques du contexte (taille et culture de l'entreprise, stratégies d'affaires, etc.). Ainsi, tant dans sa manière d'élaborer ses régimes de rémunération que dans sa façon de les implanter et de les gérer, la direction d'une entreprise doit considérer sa spécificité si elle veut gérer efficacement la rémunération.

Une gestion contextuelle de la rémunération nécessite une certaine capacité d'innovation et de créativité, ce qui exige un certain courage de la part des dirigeants d'entreprise. Lorsqu'une firme adopte un tel type de rémunération, elle ne peut plus se contenter d'imiter le marché, de respecter les lois et d'être équitable aux yeux des employés, mais elle doit s'assurer que la rémunération favorise l'atteinte de ses objectifs stratégiques, qu'elle soit cohérente par rapport aux caractéristiques de l'organisation et qu'elle représente un avantage compétitif.

Toutefois, il ne s'agit pas de changer un mode de gestion pour le plaisir du changement. Certains dirigeants d'entreprise s'aventurent dans des courants « à la mode » qui n'offrent souvent que des solutions toutes faites ne constituant pas une véritable résolution de leurs problèmes. Certains d'entre eux procèdent à des changements majeurs en matière de rémunération alors que des modifications plus modestes seraient plus adaptées à leur stratégie d'affaires et permettraient d'accroître davantage la performance de leur entreprise. D'autres cadres supérieurs se lancent même dans des implantations successives de programmes « dernier cri » pour se bâtir une bonne réputation. Ces dirigeants, plus préoccupés de soigner leur image auprès des employés, du public et de la presse que d'améliorer les conditions de travail des employés, peuvent même être tentés d'opter pour les innovations les moins coûteuses. Dans ce contexte, il ne faut pas se surprendre que les employés deviennent de plus en plus insensibles, sceptiques, voire cyniques à l'égard de dirigeants d'entreprise qui leur demandent de s'investir dans la réalisation d'*un autre* changement organisationnel (St-Onge et autres, 1998). Ils doutent de la sincérité des intentions des dirigeants et des effets à long terme des changements apportés. « Plus ça change, plus c'est pareil », diront certains d'entre eux avec raison.

1.4.2 Les responsabilités des conseillers internes et externes en rémunération

En matière de rémunération, les techniques et les pratiques se révèlent parfois si fascinantes et si complexes qu'on peut en oublier les objectifs. Ce risque est d'ailleurs l'un des plus sérieux qui guettent le professionnel de la rémunération. La technique devient alors une fin en soi. Quoi de plus captivant que l'élaboration d'une structure salariale ou d'un régime de partage des gains de productivité ! Il faudra, par exemple, dans ce dernier cas, inclure l'organisation du travail des personnes visées, l'apport particulier des employés à la productivité totale, les formules de calcul de gains et de partage de gains, etc. Si le professionnel ou le spécialiste en rémunération perd de vue ses objectifs, il se rendra compte que le régime élaboré est inefficace ou qu'il ne peut être implanté dans l'entreprise. Pourquoi, par exemple, des employés accepteraient-ils de bon gré un régime de partage des gains de productivité s'ils croient qu'une réduction du nombre de postes en résultera ?

En rémunération, la perspective synergique a une incidence sur les compétences des responsables de la rémunération du personnel. Le spécialiste en rémunération doit non seulement maîtriser le contenu des différentes techniques ou méthodes de son domaine, mais être un expert en gestion et avoir une connaissance approfondie de la nature de son entreprise ainsi que de l'environnement dans lequel elle évolue. Dorénavant, on ne se satisfait plus de vérifier si les régimes mis en place correspondent aux tendances du marché. Les pratiques de rémunération doivent être intégrées à la réalité de l'organisation (objectifs, stratégies, culture, etc.).

En somme, aujourd'hui, le profil idéal des professionnels de la rémunération est le suivant : ce sont des hommes et des femmes d'affaires qui agissent comme consultants internes, stratèges et agents de changement. Handshear et O'Neal (1993) recommandent d'ailleurs aux responsables de la rémunération (1) de reconnaître et de comprendre les particularités de leur organisation sur le plan de son personnel, de sa gestion, de ses affaires, de son industrie et de ses clients, (2) de concevoir des systèmes de rémunération qui répondent aux exigences particulières de leur organisation et (3) d'établir un partenariat avec leurs premiers clients : les cadres.

La gestion de la rémunération s'est beaucoup complexifiée au cours de la dernière décennie. Les lois en la matière se multiplient : loi sur l'équité salariale, règlement 638 sur la divulgation de la rémunération des dirigeants d'entreprise, etc. Les composantes de la rémunération des employés sont de plus en plus variées pour toutes les catégories de personnel : salaire, avantages sociaux, primes, régimes d'achat d'actions, etc.

La complexité accrue de la gestion de la rémunération, jumelée au développement rapide des systèmes d'information en la matière, amène de plus en plus d'entreprises à sous-traiter une part croissante de leur gestion des ressources humaines, dont la gestion des salaires et des régimes d'avantages sociaux. Un sondage effectué auprès de membres des associations professionnelles nord-américaines en rémunération (ACR et ACA) indique que la sous-traitance des activités de gestion des ressources humaines sera le principal changement marquant la profession au cours des cinq à 10 prochaines années (Tecker Consultants, 1998).

1.4.3 Les responsabilités des gestionnaires

Les gestionnaires et les cadres sont appelés – et ils le seront davantage dans l'avenir – à jouer un rôle prépondérant dans la réalisation de nombreuses activités de gestion des ressources humaines, notamment la gestion de la rémunération. Cet intérêt et cette implication accrus des cadres dans la gestion des ressources humaines tiennent au fait que les dirigeants d'entreprise accordent plus d'importance aux ressources humaines et encouragent davantage l'implication des cadres dans des activités de gestion des ressources humaines traditionnellement dévolues aux professionnels en ressources humaines, comme la formation, la planification de la main-d'œuvre et la rémunération.

Les professionnels en ressources humaines ont traditionnellement été chargés d'élaborer les grilles d'augmentations de salaire et de s'assurer que les cadres les respectent. Aujourd'hui, certaines organisations accroissent le pouvoir discrétionnaire des cadres et les tiennent responsables du coût total des augmentations de salaire qu'ils accordent. On pense, par exemple, aux entreprises qui procèdent à l'adoption de régimes de rémunération variable, à l'élargissement des bandes salariales, à l'implantation de régimes de rémunération basée sur les compétences, etc. Dans ces firmes, les professionnels en ressources humaines ont un rôle de conseiller – et non de contrôleur – qui donne de l'information aux gestionnaires, afin de les aider à décider des augmentations de salaire individuelles de leurs subordonnés (en fonction du rendement ou des compétences) équitables par rapport au marché sans être trop coûteuses pour l'entreprise.

Par ailleurs, depuis quelques années, une proportion croissante d'entreprises mettent l'accent sur la rémunération du rendement ou des compétences et sur l'établissement de régimes collectifs de rémunération variable. Ce faisant, ces entreprises doivent améliorer les mesures, les critères et les méthodes d'évaluation du rendement sur lesquels leurs régimes de rémunération reposent ainsi que les compétences des gestionnaires à cet égard. Une telle amélioration ne peut être réalisée sans une consultation et une implication accrues des cadres et des dirigeants.

1.4.4 Les responsabilités des employés

Si les employés s'attendent à ce que les dirigeants de leur entreprise leur accordent une rémunération juste et des conditions de travail sécuritaires et équitables, les dirigeants d'entreprise peuvent s'attendre à ce que leurs employés exécutent les tâches demandées, satisfassent aux standards normaux de rendement et respectent les règlements de travail. Ce sont là les responsabilités de base des employés.

Toutefois, pour des raisons de compétitivité, un nombre croissant de dirigeants d'entreprise exigent davantage de leurs employés (St-Onge et autres, 1998). Ils leur demandent, par exemple, de prendre plus d'initiative au travail, d'acquérir de nouvelles habiletés, de s'identifier davantage à l'entreprise, etc. De plus en plus de dirigeants délèguent à leur personnel de production des responsabilités accrues ou un rôle plus actif en matière de rémunération. Les employés ont, par exemple, la responsabilité d'évaluer leur propre rendement ou celui de leurs collègues, d'identifier leurs besoins de formation, de procéder à l'organisation (horaires, séquences, équipes, etc.) et à la gestion (planification, établissement de budgets, etc.) du travail, de participer à l'évaluation de leur emploi en répondant à un questionnaire, etc. La réduction récente du nombre de niveaux hiérarchiques au sein de nombreuses firmes fait d'ailleurs en sorte que plusieurs activités qui étaient autrefois sous la responsabilité des contremaîtres sont maintenant assumées par les membres d'équipes de travail dites « autogérées », « semi-autonomes » ou « autonomes ». Les attentes accrues des dirigeants d'entreprise à l'égard de leurs employés doivent cependant se traduire par des changements dans la rémunération ou les avantages sociaux à plus ou moins long terme. Les employés accepteront d'assumer plus de responsabilités dans la mesure où ils y verront certains avantages, telles une formation continue qui améliore leur « employabilité » sur le marché du travail, une meilleure rémunération, une participation réelle à la prise de décision et aux bénéfices des firmes, etc.

1.4.5 Les responsabilités des associations professionnelles

L'un des signes de l'importance accrue de la gestion de la rémunération au sein des firmes est le fait que l'effectif des associations professionnelles nord-américaines spécialisées en rémunération ait plus que doublé au cours des années 1990 (American Compensation Association, Association canadienne de rémunération, etc.).

En 1955, aux États-Unis, une association professionnelle en rémunération appelée American Compensation Association (ACA) a été fondée. En 1998, cette association comptait plus de 20 500 membres. En 1985, au Canada, un organisme professionnel associé à l'ACA a été créé, l'Association canadienne de rémunération (ACR, et, en anglais, CCA pour Canadian Compensation Association), qui compte aujourd'hui au-delà de 1 600 membres. Témoignant de l'effervescence liée au domaine de la rémunération, l'effectif de ces associations s'est accru de 50 % depuis le début des années 1990. Plus récemment, on a créé la Global Remuneration Organization (GRO), un organisme professionnel associé à l'ACA qui vise à diffuser et à améliorer les connaissances en rémunération sur le plan international.

Les membres de ces associations professionnelles bénéficient de plusieurs services : conférence annuelle, abonnement à des revues (ACA *Journal*, CCA *News*, etc.), conférences régionales, etc. Par ailleurs, les membres de ces associations peuvent obtenir leur désignation de « Professionnel agréé en rémunération (PAR) » s'ils réussissent neuf cours parmi l'éventail de cours offerts. L'accréditation permet aux professionnels en rémunération d'être mieux reconnus et d'améliorer leur apport au succès des entreprises. Cette accréditation leur permet également de valider leurs connaissances et d'améliorer leurs possibilités d'emploi et de carrière.

1.5 LA STRUCTURE DU LIVRE

Ce livre est constitué de six grandes sections. Au début de chacune de ces sections, on présente un modèle de gestion de la rémunération et ses grandes composantes : l'environnement, les objectifs, les principes, les techniques et les pratiques, la stratégie de rémunération ainsi que les résultats et l'évaluation de l'efficacité de la rémunération.

La première section, « La gestion de la rémunération : importance et modèle », comprend les chapitres 1 et 2. Le chapitre 1 traite des composantes de la rémunération globale, des diverses perspectives que l'on peut adopter à l'égard de la gestion de la rémunération et du partage des responsabilités en matière de gestion de la rémunération. Le chapitre 2 présente globalement le modèle de gestion de la rémunération retenu dans ce livre et traite de l'influence du contexte (environnement externe, environnement interne, etc.) sur la gestion de la rémunération.

La deuxième section, « L'équité externe : principes et pratiques », englobe les chapitres 3 et 4. Le chapitre 3 traite de l'importance d'offrir une rémunération compétitive. Le chapitre 4 aborde le processus d'enquête de rémunération.

La troisième section, « L'équité interne : principes et pratiques », comprend les chapitres 5, 6 et 7. Le chapitre 5 porte sur la détermination des salaires et l'analyse des emplois. Le chapitre 6 traite du processus d'évaluation des emplois. Le chapitre 7 expose les considérations relatives au mode traditionnel de mise au point et de gestion des structures salariales.

La quatrième section, « La gestion des salaires : défis et tendances », regroupe les chapitres 8 et 9. Le chapitre 8 examine le défi de la gestion de la rémunération dans un contexte où une loi en matière d'équité salariale est en vigueur. Le chapitre 9 traite de deux approches récentes en matière de gestion des salaires et de structures salariales : la rémunération basée sur les compétences et les bandes salariales élargies.

La cinquième section, « La reconnaissance et la mesure du rendement », regroupe les chapitres 10, 11 et 12. Le chapitre 10 examine le principe de la reconnaissance du rendement et s'intéresse aux régimes de rémunération basée sur le rendement individuel (salaire au mérite, commissions, etc.). Le chapitre 11 traite des régimes collectifs de rémunération variable (régimes de participation aux bénéfices, régimes d'achat d'actions, etc.). Le chapitre 12 porte principalement sur la mesure du rendement des employés et des organisations sur laquelle s'appuient les régimes de rémunération variable.

La sixième section, intitulée « Les avantages sociaux et la rémunération globale », englobe les chapitres 13 et 14. Le chapitre 13 décrit les divers régimes d'avantages sociaux offerts aux employés. Le chapitre 14 examine la gestion de ces avantages et de la rémunération globale.

RÉSUMÉ

Dans ce chapitre, les composantes de la rémunération globale ont été définies. Nous avons traité des composantes directes ou versées en espèces, comme les salaires et la rémunération variable, de la rémunération indirecte, comme les avantages (sociaux et complémentaires) ainsi que du temps chômé. Nous avons également abordé l'importance de la gestion de la rémunération comme source d'atout concurrentiel et levier de changement stratégique. De plus, nous avons traité de la rémunération comme facteur de satisfaction et de motivation des individus.

Ce chapitre a également traité de la diversité des perspectives selon lesquelles on peut analyser une transaction de rémunération (perspectives économique, scientifique, psychologique, légale et éthique, politique, symbolique et sociologique, stratégique, institutionnelle et synergique). La compréhension de ce domaine de la gestion nécessite d'ailleurs de considérer ces multiples perspectives comme complémentaires.

Nous y avons aussi commenté le partage des responsabilités en matière de gestion de la rémunération entre les dirigeants d'entreprise, les conseillers internes et externes, les gestionnaires et les employés. Nous avons également traité des associations professionnelles en rémunération.

QUESTIONS DE RÉVISION

1. Quelles sont les composantes de la rémunération globale ?
2. Pourquoi est-il important de gérer adéquatement la rémunération des employés ?
3. La rémunération est un sujet complexe qui peut être considéré selon diverses perspectives. Présenter ces diverses perspectives.
4. Comment les perspectives précédentes peuvent-elles nous aider à comprendre la rémunération des catégories de personnes suivantes ?
   - Joueurs de hockey ou de baseball.
   - Acteurs.
   - Employés des municipalités.
   - Dirigeants d'entreprise.
   - Médecins.
   - Politiciens.
   - Policiers et pompiers.
   - Personnel de vente.
   - Personnel du milieu artistique.
   - Spécialistes en informatique.
   - Personnel de recherche et développement.

RÉFÉRENCES

BALKIN, D.B., et L.R. GOMEZ-MEJIA (sous la dir. de) (1987). *New Perspectives on Compensation*, Englewood Cliffs, N.J., Prentice Hall.

BETCHERMAN, G., K. MCMULLEN, N. LECKIE et C. CARON (1994). *The Canadian Workplace in Transition*, Industrial Relations Center, Kingston, Queen's University.

BOURDEAU, R. (1995). « La rémunération variable et la reconnaissance s'imposent de plus en plus », *Les Affaires*, samedi, 18 novembre, p. 2.

BRITTON, P., et C.T. WALKER (1997). « Beyond carrot and stick », *Ivey Business Quarterly*, hiver, p. 14-19.

CONFERENCE BOARD OF CANADA (1993). *Compensation Planning Outlook Survey*, Ottawa.

CONFERENCE BOARD OF CANADA (1995). *Transforming the Benefits Function*, Ottawa.

CONFERENCE BOARD OF CANADA (1996). *Compensation Planning Outlook*, Ottawa.

CONFERENCE BOARD OF CANADA (1999). *Compensation Planning Outlook*, Ottawa.

DESROSIERS, M., et F. PELLETIER (1998). « Pratiques innovatrices en milieu de travail : le cas d'une entreprise de génie-conseil, Walsh Automation inc. », *Gazette du travail*, Développement des ressources humaines Canada, automne, p. 53-62.

DÉVELOPPEMENT DES RESSOURCES HUMAINES CANADA (1998). « Étude bilan : milieux de travail novateurs », *Gazette du travail*, automne, p. 79-92.

FAY, C., et H. RISHER (1997). « The jobless organization : Survey results of the impact of new job design on compensation », *ACA Journal*, vol. 6, n° 4, hiver, p. 29-44.

GERHART, B., et G.T. MILKOVICH (1990). « Organizational differences in managerial compensation and financial performance », *Academy of Management Journal*, vol. 33, n° 4, p. 663-691.

GOMEZ-MEJIA, L.R. (1992). « Structure and process of diversification, compensation strategy and firm performance », *Strategic Management Journal*, juin, p. 381-397.

GOMEZ-MEJIA, L.R., et D.B. BALKIN (1989). « Effectiveness of individual and aggregate compensation strategies », *Industrial Relations*, vol. 28, n° 3, p. 431-445.

HANDSHEAR, N.A., et S. O'NEAL (1993). « Challenge and opportunity : The new pay professional », *ACA Journal*, vol. 2, n° 1, p. 74-79.

HENEMAN, H.G. (1985). « Pay satisfaction », dans K.M. Rowland et G.R. Ferris (sous la dir. de), *Research in Personnel and Human Resources Management*, vol. 3, Greenwich, Connecticut, JAI Press, p. 115-139.

LAPORTE, C. (1998). « Pratiques innovatrices en milieu de travail », dans Développement des ressources humaines Canada, *Gazette du travail*, été, p. 52.

LAWLER, E.E. (1971). *Pay and Organizational Effectiveness : A Psychological View*, New York, Toronto, McGraw-Hill.

LAWLER, E.E. III (1990). *Strategic Pay : Aligning Organizational Strategies and Pay Systems*, San Francisco, Jossey-Bass.

MICELI, M.P., et M.C. LANE (1992). « Antecedents of pay satisfaction : A review and extension », dans G.R. Ferris et K.M. Rowland (sous la dir. de), *Research in Personnel and Human Resource Management*, vol. 9, Greenwich, Connecticut, JAI Press, p. 235-309.

O'NEAL, S. (1996). « Reengineering and compensation : An interview with Michael Hammer », ACA *Journal*, vol. 5, n° 1, printemps, p. 6-11.

PFEFFER, J. (1998[a]). « Six dangerous myths about pay », *Harvard Business Review*, vol. 76, n° 3, mai-juin, p. 108-119.

PFEFFER, J. (1998[b]). *The Human Equation*, Boston, Mass., Harvard Business School Press.

RICHER, S., et R. LAFLAMME (1997). « L'harmonisation stratégique des pratiques de rémunération au sein des entreprises de fabrication et de distribution du Québec », *Relations industrielles*, vol. 52, n° 4, p. 812-837.

ST-ONGE, S. (1996). « La rémunération comme levier de gestion stratégique : revue de la documentation », École des Hautes Études Commerciales, *Cahier de recherche*, n° 96-39, septembre, p. 14.

ST-ONGE, S., M. AUDET, V. HAINES et A. PETIT (1998). *Relever les défis de la gestion des ressources humaines*, Boucherville, Gaëtan Morin.

ST-ONGE, S., M. MAGNAN, S. RAYMOND et L. THORNE, (1999). « Les régimes d'option d'achat d'actions : qu'en pensent les dirigeants d'entreprise ? », *Gestion*, vol. 24, n° 2, juin, p. 42-53.

SCHUSTER, J.R., et P.K. ZINGHEIM (1992). *The New Pay : Linking Employee and Organizational Performance*, New York, Lexington Books.

SOCIÉTÉ CONSEIL MERCER LIMITÉE (1998). *Rapport d'enquête 1998 sur la planification des salaires pour le personnel syndiqué*, Canada.

TECKER CONSULTANTS (1998). « American Compensation Association : Results of Pre-Session Survey », document non publié, distribué lors de l'Annual Leadership Meeting à Chicago (avril).

WINTER CONSULTING INC. (1994). *Broad-Based Incentive Compensation Survey*, Toronto.

ANNEXE 1.1

Quelques sites Internet reliés à la gestion de la rémunération

American Compensation Association
http://www.acaonline.org/acahomefra000000.html

Association canadienne de rémunération
http://www.ccabc.org/

Bureau of Labor Statistics – É.-U.
http://stats.bls.gov/

Centre de recherche et de statistiques sur le marché du travail
http://www.travail.gouv.qc.ca/crsmt.htm

Commission canadienne des droits de la personne
http://www.chrc.ca/

Commission de l'équité salariale – Québec
http://www.ces.gouv.qc.ca/

Commission des normes du travail – Québec
http://www.cnt.gouv.qc.ca/fr/

Développement des ressources humaines Canada
http://www.hrdc-drhc.gc.ca/common/homex.shtml

Institut de recherche et d'information sur le marché du travail
http://www.irir.com/

Répertoires de sites – É.-U.
http://www.claytonwallis.com/otherhr.htm
http://www.roc.capnet.state.tx.us/directry.htm

Statistique Canada
http://www.statCan.ca/start_f.html

Chapitre 2

LA GESTION DE LA RÉMUNÉRATION : MODÈLE ET CONTEXTE

OBJECTIFS

Ce chapitre vise à :

– présenter succinctement les principales composantes du modèle de gestion synergique de la rémunération adopté dans cet ouvrage, soit les objectifs de la rémunération, les principes d'équité et leurs pratiques respectives, la stratégie de gestion de la rémunération et l'évaluation de l'efficacité de la gestion de la rémunération ;

– faire connaître l'influence des caractéristiques de l'environnement, de l'organisation et des catégories de personnel (ou titulaires des emplois) sur la gestion de la rémunération.

PLAN

Objectifs 33
Cas : L'amélioration de la performance de la société Instromedix Inc. 36
Introduction 37
2.1 Les objectifs en gestion de la rémunération 38
2.1.1 La recherche simultanée de l'efficience et de l'équité 38
2.1.2 L'importance des objectifs en matière de gestion de la rémunération 39
2.1.3 Le choix des objectifs de rémunération : un compromis optimal 40
2.2 Les principes et les pratiques d'équité en rémunération 40
2.2.1 Les concepts d'équité et de référents en rémunération 41
2.2.2 L'équité externe ou la compétitivité de la rémunération sur le marché 42
Le principe d'équité externe 42
Les pratiques liées à l'équité externe 42
2.2.3 L'équité interne ou la cohérence entre la rémunération des différents emplois 43
Le principe d'équité interne 43
Les pratiques liées à l'équité interne 44
2.2.4 L'équité individuelle ou la reconnaissance des contributions individuelles 44
Le principe d'équité individuelle 44
Les pratiques liées aux contributions individuelles 45
2.2.5 L'équité collective ou la reconnaissance des contributions collectives 45
Le principe d'équité collective 45
Les pratiques liées aux contributions collectives 46
2.2.6 La justice du processus de gestion de la rémunération 46
Le principe de justice du processus de gestion 46
Les pratiques liées à la justice du processus de gestion 47
2.2.7 L'équité légale : le respect des lois 47
2.3 La stratégie de gestion de la rémunération 48
2.4 Les résultats et l'efficacité de la gestion de la rémunération 50
2.5 L'influence de l'environnement sur la gestion de la rémunération 53
2.5.1 L'environnement économique et concurrentiel 54
2.5.2 L'environnement social et culturel 55
2.5.3 L'environnement législatif 56
2.5.4 L'environnement démographique 59
2.6 L'influence des caractéristiques organisationnelles sur la gestion de la rémunération 59

2.6.1 La taille de l'organisation 60
2.6.2 La structure et la localisation de l'organisation ou de ses unités d'affaires 63
2.6.3 Le secteur d'activité économique 66
2.6.4 Les secteurs privé, public et municipal 67
2.6.5 La présence d'un syndicat 69
2.6.6 La culture et la philosophie de gestion 72
2.6.7 L'organisation du travail 73
2.6.8 La stratégie d'affaires 74
2.6.9 La situation financière 75
2.6.10 La technologie 76
2.6.11 Les autres fonctions de gestion et les autres activités de gestion des ressources humaines 76
2.6.12 Les pratiques de rémunération actuelles 77
2.7 L'influence des caractéristiques des titulaires des emplois sur la gestion de la rémunération 77
2.7.1 Les compétences et les conditions de travail 77
2.7.2 Les caractéristiques démographiques 78
2.7.3 Les besoins ou les attentes 78
Résumé 79
Questions de révision 79
Références 80

CAS

L'amélioration de la performance de la société Instromedix Inc.

La société Instromedix Inc., fabricant privé de produits médicaux, située à Portland, en Oregon, qui, pendant 30 ans, a connu un rendement financier médiocre et n'a mis que très peu de nouveaux produits sur le marché, s'est vu stimulée grâce à l'utilisation d'un système de primes directement lié au rendement de la compagnie.

Le problème auquel les propriétaires ont été confrontés pendant de nombreuses années était de trouver une façon de concentrer l'attention des employés sur une amélioration continue du rendement alors que les résultats financiers et opérationnels n'étaient jamais largement diffusés. Pendant que des procédures de gestion du rendement étaient mises au point pour concentrer les efforts individuels sur les principaux objectifs et leurs résultats connexes, il restait un mur entre le succès des individus et celui de la compagnie. « Essayez plus fort, travaillez plus fort » ne faisait que frustrer les employés.

En 1995, les propriétaires ont pris l'importante décision de resserrer les liens entre la rémunération et le rendement des employés. Ils ont reconnu qu'il n'existait pas de « ligne de mire directe » des mesures du succès de l'entreprise pour la plupart des employés. Leur objectif a donc été de mettre sur pied des programmes de récompenses d'équipes qui concentreraient les différents groupes sur les éléments de rendement sur lesquels ils ont le plus d'influence. Leur intention n'était pas de modifier les comportements, mais d'envoyer des messages et de canaliser les efforts et les comportements sur ce qui est réellement important.

Au sein de la division des opérations de fabrication, un système de primes a été créé en fonction de la qualité de fabrication, du cycle de base et de l'utilisation des ressources (main-d'œuvre et matériel).

Au sein de la division du développement des produits, les facteurs étaient la vitesse d'arrivée sur le marché, les marges bénéficiaires du produit sur une période de plusieurs années et la qualité de la conception. Dans la division des ventes et du service à la clientèle, l'emphase se trouvait sur la croissance des revenus, la conservation de la clientèle et l'acquisition de nouveaux clients. Les messages étaient clairs : nous ne réussissons qu'en tant qu'équipe. Les membres de l'équipe travaillent ensemble sur les éléments du rendement de l'organisation qu'ils peuvent influencer et lorsque l'équipe atteint ses objectifs, tout le monde partage ce succès.

Au cours de la première année de mise en œuvre, la compagnie a obtenu des résultats spectaculaires : les marges bénéficiaires brutes ont augmenté de

34 pour cent; le contrôle de la qualité des produits au stade de la conception a virtuellement éliminé les problèmes de fabrication, le cycle de base pour l'introduction de nouveaux produits a diminué de 30 pour cent; les marges bénéficiaires sur chaque produit ont augmenté; et il y avait une augmentation de 15 pour cent du nombre de nouveaux clients. Mais ce qui s'est dégagé de tout ça est la nouvelle façon de penser et de travailler de la plupart des employés. Les ingénieurs au sein de la division du développement des produits rencontrent les membres de la division des ventes et du service à la clientèle pour contrôler la qualité et augmenter les marges bénéficiaires au stade de la conception. Les divisions de la fabrication et du service à la clientèle travaillent ensemble pour traiter des questions de satisfaction de la clientèle et tout le monde a à cœur d'obtenir le « meilleur » rendement de la compagnie. Qu'en retirent-ils ? Dans ce cas-ci, la récompense est importante – environ 15 pour cent de plus en rémunération directe qu'au cours des années antérieures. Pour ces employés, l'argent est seulement une incitation. Les vrais gains ont été d'apprendre comment ils peuvent influencer le rendement et le sentiment de satisfaction d'avoir trouvé une nouvelle façon de travailler.

Source : Britton et Walker (1999, p. 15).

INTRODUCTION

Selon la perspective *synergique* (que certains qualifient de *configurationnelle*, de *contextuelle* ou de *contingente*), la gestion de la rémunération ne s'établit pas dans l'abstrait ; elle est plutôt le reflet de personnes, d'environnements et d'époques. Peu importe la façon particulière dont une organisation gère sa rémunération, cette gestion correspond à un choix effectué parmi un ensemble d'options. Face à un problème de coût de main-d'œuvre excessif, par exemple, un certain nombre de mesures peuvent être appliquées : accorder des primes en fonction du rendement individuel ou collectif plutôt que de reconnaître le rendement par l'entremise des salaires, réduire les augmentations de salaires, etc. Par ailleurs, ce n'est pas que le choix d'une action ou l'utilisation d'une technique qui amène une entreprise à gérer efficacement sa rémunération. Une bonne gestion de la rémunération dépend de l'utilisation d'une technique précise ou de l'implantation d'un type particulier de régime de rémunération qui tienne compte des objectifs de rémunération et des contraintes internes de l'entreprise, ainsi que du contexte dans lequel elle évolue. On peut alors parler de *configurations efficaces* ou d'*adéquation* entre diverses pratiques et le contexte. En effet, une bonne gestion de la rémunération donne de l'importance au fait que les objectifs, les stratégies, les politiques et les techniques de rémunération soient mutuellement *cohérents*, *intégrés* à la gestion stratégique de l'entreprise et *adaptés* à son environnement externe.

Dans un premier temps, ce chapitre présente les principales composantes du modèle de gestion de la rémunération retenu dans ce livre : les objectifs, les principes et les pratiques, ainsi que la stratégie et les résultats à l'égard de la rémunération. Dans un second temps, il illustre la façon dont le contexte – les caractéristiques de l'environnement, de l'organisation, des emplois et des employés – influence la gestion de la rémunération.

2.1 LES OBJECTIFS EN GESTION DE LA RÉMUNÉRATION

La détermination des objectifs et l'établissement d'une priorité qui lie ces objectifs sont très importants, puisqu'ils orientent le choix des politiques et des pratiques de rémunération. Cette partie traite de la multiplicité des objectifs de rémunération et du difficile compromis à faire à cet égard.

2.1.1 La recherche simultanée de l'efficience et de l'équité

Il y a probablement autant de formulations d'objectifs de rémunération que d'employeurs, chacun y allant de ses valeurs et de ses priorités. Par exemple, les objectifs de la firme Hydro-Québec sont les suivants :

- Adopter une rémunération qui appuie la stratégie d'affaires de l'entreprise ;
- Adopter une rémunération incitative plus marquée, basée sur la contribution individuelle, sur la performance d'équipe et sur la performance de l'entreprise ;
- Assurer l'équité interne entre les différents groupes d'emploi et le respect des employés ;
- Gérer la rémunération en recherchant souplesse et simplicité ;
- Adopter des régimes d'avantages sociaux et des conditions de travail flexibles par rapport au marché de comparaison (Hydro-Québec, 1998 ; reproduit avec l'autorisation de la société).

Les objectifs des employeurs en matière de rémunération obéissent souvent à deux grandes priorités : l'efficience et l'équité. On constate que ces deux finalités préoccupent les employeurs lorsqu'ils affirment que leur gestion de la rémunération vise, par exemple :

- à recruter un personnel compétent en nombre suffisant ;

– à assurer une certaine stabilité du personnel, c'est-à-dire à retenir le personnel compétent ;
– à inciter le personnel à adopter des attitudes et des comportements contribuant à l'atteinte des objectifs de l'entreprise et à la réalisation de sa stratégie d'affaires ;
– à gérer les coûts de rémunération de manière efficiente, en cherchant à faire davantage et mieux en investissant le moins de ressources financières possible ;
– à offrir des rétributions perçues comme équitables et respectueuses des lois.

Ces objectifs peuvent être formulés de manière plus précise : aligner la rémunération sur la gestion de la qualité totale, inciter les employés à améliorer leurs compétences et à mieux comprendre le domaine d'activité de l'entreprise, accroître les occasions de perfectionnement et de reconnaissance, etc.

2.1.2 L'importance des objectifs en matière de gestion de la rémunération

La détermination des objectifs s'avère importante en gestion de la rémunération. D'une part, ils déterminent l'importance relative des principes et la nature des pratiques du système de rémunération à implanter et à gérer. Une organisation qui veut motiver sa main-d'œuvre à améliorer sa productivité peut, par exemple, utiliser des pratiques de rémunération au rendement, assurant ainsi une grande flexibilité à la rémunération totale en espèces. Si elle juge prioritaire d'offrir des conditions de travail compétitives aux employés en recherche et développement, les enquêtes de rémunération se révèlent alors un outil important. Si elle considère comme crucial d'avoir une main-d'œuvre polyvalente et intéressée à accroître ses connaissances et son savoir-faire, il peut s'avérer pertinent de la rémunérer en fonction de ses compétences. Différents objectifs entraînent différentes techniques et pratiques de rémunération. D'autre part, les objectifs constituent des critères d'évaluation de l'efficacité de la gestion de la rémunération. Par exemple, si une entreprise veut réduire le roulement de ses informaticiens, elle doit mesurer les effets de ses pratiques de rémunération sur cet indice. Si elle désire modifier ses pratiques de rémunération en vue d'inciter son personnel de production à améliorer la qualité de son travail, elle peut en mesurer l'efficacité en analysant le nombre de retours de marchandises effectués. Selon les objectifs poursuivis, divers indices d'efficacité individuelle et organisationnelle peuvent être décelés : coûts de la main-d'œuvre, productivité, climat de travail, service à la clientèle, nombre de rejets, etc.

2.1.3 Le choix des objectifs de rémunération : un compromis optimal

Propre à la perspective synergique, l'importance relative des objectifs de rémunération variera d'une organisation à l'autre, d'une unité d'affaires à l'autre, d'une catégorie de personnel à l'autre au sein d'une entreprise, et même, d'un emploi à l'autre. Selon le contexte et les employés visés, les dirigeants d'entreprise pourront avoir diverses priorités : encourager l'innovation et la créativité, accorder des conditions de rémunération très compétitives, encourager la collaboration ou l'esprit d'équipe, reconnaître le rendement individuel, minimiser les coûts, avoir une main-d'œuvre stable, etc. Par exemple, il est particulièrement crucial de tenir compte des objectifs de recrutement et de rétention lorsqu'on considère la rémunération du personnel de recherche et développement et des spécialistes en informatique.

Le fait de fixer des objectifs de rémunération constitue toujours un compromis temporaire qu'on peut qualifier de choix stratégique, puisqu'il oriente la gestion. Les dirigeants ne peuvent pas tout faire : des choix et des priorités doivent être établis. Une entreprise peut, par exemple, décider de privilégier la reconnaissance des contributions exceptionnelles afin de favoriser l'innovation ; une autre peut se préoccuper principalement de la compétitivité de la rémunération offerte afin d'attirer et de retenir le personnel clé ; une troisième peut chercher à susciter un esprit de collaboration parmi les employés ou, à l'opposé, une certaine compétition, selon le modèle le plus approprié à ses modes d'organisation du travail. Pour un autre employeur, l'objectif premier du moment peut être de satisfaire les besoins des employés en matière d'avantages sociaux, besoins qui peuvent être fort différents d'une personne à l'autre, en plus de varier dans le temps.

À partir de ces quelques exemples, on comprend qu'en plus d'être multiples, les objectifs en matière de rémunération peuvent être conflictuels, la réalisation de l'un pouvant empêcher celle de l'autre. Pour attirer et retenir des spécialistes de l'informatique, une organisation peut être contrainte d'améliorer considérablement leurs conditions de travail, ce qui va à l'encontre de son souci de limiter ses coûts. La gestion de la rémunération demeure donc un art qui vise l'optimisation de l'efficacité.

2.2 LES PRINCIPES ET LES PRATIQUES D'ÉQUITÉ EN RÉMUNÉRATION

Parmi les défis que doivent relever les organisations en termes de gestion de la rémunération, celui qui consiste à payer les employés d'une façon qui sera perçue comme juste est sans doute le plus exigeant. C'est d'ailleurs pour cette raison que les professionnels de la rémunération ont élaboré un ensemble de principes visant à maximiser le caractère équitable de la rémunération : principes d'équité externe, d'équité interne, d'équité individuelle, d'équité collective, d'équité légale et de justice du processus. Ces principes directeurs sont à la base des décisions liées à l'orientation de la rémunération.

2.2.1 Les concepts d'équité et de référents en rémunération

En Amérique du Nord, la norme propre à la théorie de l'équité (Adams, 1963) est dominante. Cette théorie repose sur la notion de ratio « contribution-rétribution » permettant d'évaluer la justice de cet échange et sur le concept de « référents » ou points de repère, qui inclut les personnes avec lesquelles les employés se comparent pour juger de l'équité de leur échange. Selon Adams, l'iniquité existe lorsque le ratio « contribution-rétribution » perçu par une personne lui apparaît comme inégal par rapport au ratio « contribution-rétribution » d'une autre personne.

Les employés peuvent juger de l'équité de leur ratio « contribution-rétribution » en le comparant à divers référents et en associant diverses définitions aux termes « contribution » et « rétribution ». Ainsi, la contribution peut inclure tout ce qu'une personne pense fournir de pertinent dans l'échange – notamment son intelligence, son expérience, sa scolarité, ses efforts, son rendement, son assiduité, ses compétences, etc. Quant à la rétribution, il peut s'agir aussi bien du salaire, des avantages sociaux que des autres gratifications, comme le statut, par exemple.

Les référents peuvent être de nature très différente – soit des personnes qui occupent un même emploi ou des emplois différents dans la même entreprise ou d'autres organisations, soit la personne elle-même, sur la base de critères élaborés à partir de son expérience et de ses attentes.

L'équité en rémunération est donc une question de perception, qui varie d'une personne à l'autre. Un employé peut percevoir sa rétribution comme plus ou moins équitable selon qu'il la compare à celle qu'il recevait dans le passé, à ses besoins individuels, aux salaires des autres employés de l'entreprise, à son rendement ou à son ancienneté, au salaire attribué ailleurs pour un emploi similaire au sien, à la performance de son entreprise, aux lois adoptées dans son pays ou ailleurs et à la manière dont sa rémunération est déterminée et gérée.

Le modèle de gestion de la rémunération proposé repose, en matière d'équité, sur six principes que doivent considérer les dirigeants pour atteindre leurs objectifs de rémunération : l'équité externe, l'équité interne, l'équité individuelle, l'équité collective, la justice du processus de gestion de la rémunération et l'équité légale. Cette section vise à décrire ces différents principes d'équité.

2.2.2 L'équité externe ou la compétitivité de la rémunération sur le marché

Le principe d'équité externe

La recherche de l'équité externe en gestion de la rémunération consiste à s'assurer que l'organisation offre une rémunération comparable à celle qu'offrent les autres organisations pour des emplois similaires. Une politique de compétitivité porte sur le taux de salaire et les autres composantes de la rémunération offerts par une entreprise par rapport au marché. Par exemple, comment l'organisation veut-elle gérer les composantes de la rémunération globale de ses contremaîtres par rapport au marché ? Sous des apparences de simplicité, une telle question se révèle très complexe.

La compétitivité de la rémunération est importante puisqu'elle influence, entre autres, la capacité d'attirer et de retenir du personnel, la rentabilité de l'entreprise et le désir de syndicalisation des employés.

Les pratiques liées à l'équité externe

Généralement, une entreprise s'assure de la compétitivité de la rémunération en faisant sa propre enquête de rémunération ou en consultant des enquêtes effectuées par d'autres entreprises. Les pratiques à l'égard de l'équité externe impliquent de multiples décisions pour l'entreprise.

L'organisation doit d'abord définir le marché des entreprises de référence avec lesquelles elle compare la rémunération qu'elle accorde : S'agit-il d'entreprises de la même localité, de la même région, du Québec, du Canada, de l'Amérique du Nord ? de la même industrie ? de même taille ? etc. Par ailleurs, ce marché de référence diffère-t-il selon les catégories de personnel, tels le personnel de bureau et de ventes, le personnel de production, les professionnels et les cadres supérieurs ?

Ensuite, comme l'entreprise n'a pas la possibilité d'apparier tous ses emplois à des emplois du marché et qu'elle n'a ni les moyens ni le temps d'effectuer des enquêtes liées à tous ses emplois, elle doit déterminer pour quels emplois *repères* ou *clés* elle collectera de l'information. Par ailleurs, comment une entreprise peut-elle s'assurer que la nature des emplois repères est semblable à celle de celui qui fait l'objet de l'enquête ? Par exemple, comment peut-elle s'assurer que l'emploi d'acheteur ayant fait l'objet d'une enquête comporte les mêmes responsabilités et requiert les mêmes capacités que l'emploi d'acheteur de l'organisation ?

De plus, quelles informations veut-elle considérer à l'égard des composantes de la rémunération des employés ? Le salaire de base ? Les primes de rémunération variable à court terme et à long terme ? Les points mini-maxi ? Les avantages sociaux ? Les gratifications ? Les conditions de travail ? Le temps moyen requis pour progresser du point minimum au point maximum dans l'échelle salariale ? Ainsi, il est fort différent de recevoir un salaire de 650 $ par semaine pour 33 heures de travail, en disposant de quatre semaines de vacances annuelles et d'un régime de retraite auquel l'employeur verse l'équivalent de 6 % du salaire annuel de l'employé, et de gagner 700 $ par semaine pour 38 heures de travail, en ayant deux semaines de vacances annuelles et en ne bénéficiant d'aucun régime de retraite.

Finalement, quelle politique de rémunération adopte-t-on ? Être à la remorque du marché ? Suivre le marché ? Être à la tête du marché ? La politique de rémunération d'une entreprise diffère-t-elle selon ses catégories de personnel ? Adopte-t-on la même politique de rémunération pour le personnel de vente et le personnel de production que pour les spécialistes en informatique ?

2.2.3 L'équité interne ou la cohérence entre la rémunération des différents emplois

Le principe d'équité interne

La recherche de l'équité interne consiste à s'assurer qu'au sein d'une organisation, les emplois comportant des exigences semblables soient rémunérés de façon équivalente. Il s'agit alors d'évaluer la valeur ou l'importance relative des *emplois* à l'intérieur de l'organisation (et non des *titulaires* des emplois) en comparant leurs exigences relatives et leur apport relatif à la réalisation des objectifs de l'organisation. Jusqu'à quel point, par exemple, les exigences du travail d'un analyste-programmeur se comparent-elles à celles du travail d'un gérant des achats et à celles d'un conseiller en relations du travail ? La valeur liée aux exigences d'un emploi est bien entendu fonction du type d'organisation d'une entreprise. Ainsi, un spécialiste en rémunération est plus important du point de vue de l'atteinte des objectifs d'affaires s'il occupe un poste de conseiller dans une société conseil en rémunération que s'il occupe un poste de directeur de la rémunération dans une entreprise manufacturière.

Dans une entreprise, il est important de respecter une certaine cohérence dans les salaires offerts pour les différents emplois, car cette cohérence a un effet sur la stabilité (roulement) de la main-d'œuvre, la satisfaction des employés, leur motivation à accepter des promotions, leur désir d'améliorer leurs compétences, etc.

Les pratiques liées à l'équité interne

On s'assure de la cohérence des salaires accordés pour différents emplois au sein d'une firme en utilisant un processus d'évaluation qui consiste à hiérarchiser les emplois à l'intérieur de l'organisation, en fonction de leurs exigences relatives, de façon à accorder des salaires de base proportionnels aux exigences de ces emplois. Traditionnellement, l'évaluation des emplois s'appuie d'abord sur une analyse des emplois ou une lecture de leur description respective (court document dans lequel on présente le contenu de l'emploi sur le plan des responsabilités, des tâches, des devoirs, etc.). Ensuite, au moyen de l'une ou l'autre des techniques existantes (points et facteurs, classification, etc.), on effectue l'évaluation des emplois en établissant une certaine hiérarchie.

Jusqu'au début des années 1990, un tel processus se faisait à l'intérieur de familles d'emplois : on évaluait les emplois de bureau, les emplois de cadres, etc. Toutefois, le désir de simplifier la gestion de la rémunération et la nécessité de respecter les législations en matière d'équité salariale pressent les organisations d'élargir la comparaison des emplois à l'ensemble de l'organisation. Dorénavant, on se préoccupe aussi de l'équité entre les différentes familles d'emplois : les emplois de bureau à prédominance féminine sont comparés, par exemple, aux emplois de production à prédominance masculine.

2.2.4 L'équité individuelle ou la reconnaissance des contributions individuelles

Le principe d'équité individuelle

Une politique de rémunération relative aux contributions individuelles des employés indique jusqu'à quel point une organisation accorde de l'importance à certaines caractéristiques des employés, comme leur rendement, leurs années de service, leurs compétences ou leur expérience.

Un système de rémunération tient compte de l'équité individuelle lorsque la rémunération des titulaires occupant un même emploi dans l'entreprise varie en fonction de leur contribution relative en termes d'années de service, de rendement, de compétences ou d'expérience. On pense, par exemple, à un groupe de travailleurs qui effectuent le même emploi et dont le salaire varie en fonction de leurs années de service, ou encore à une échelle salariale où les salaires des ingénieurs d'une même classe peuvent varier de 35 % en raison de leurs compétences et de leur expérience.

Une politique d'équité individuelle influe sur les attitudes et les comportements au travail des employés, notamment sur leur disposition à améliorer leur rendement ou leurs compétences. En effet, plus une contribution est reconnue (rendement, expérience, années de service, compétences), plus l'employé est incité à l'améliorer.

Les pratiques liées aux contributions individuelles

On tient compte des contributions individuelles (1) lorsqu'on établit des échelles (ou des fourchettes) salariales amenant les salaires des titulaires d'emplois d'une même classe à progresser d'un point minimum à un point maximum selon les années de service, le rendement, les compétences ou l'expérience ou (2) lorsqu'on accorde d'autres formes de reconnaissance – telles des primes, des commissions, des actions, des options d'achat d'actions – en fonction des caractéristiques individuelles précédemment citées.

Une entreprise qui veut retenir son personnel d'expérience pourra, par exemple, privilégier les années de service comme critère d'augmentation de salaire. Une autre organisation qui désire reconnaître les performances individuelles pourra instaurer divers régimes de rémunération (rémunération au mérite, primes de rendement, commissions, rémunération à la pièce, etc.). Dans un cas comme dans l'autre, on devra mettre en place un système d'évaluation du rendement du personnel et établir des critères de mesure du rendement individuel. Certaines corporations professionnelles – celles des ingénieurs, par exemple – proposent des salaires en fonction de courbes de maturité basées sur le nombre d'années d'expérience depuis l'obtention du diplôme. D'autres entreprises ont commencé à déterminer les salaires de leurs employés de production selon leurs compétences. Ainsi, certaines organisations jugent pertinent de recourir à différentes techniques ou pratiques pour s'assurer de l'équité individuelle.

2.2.5 L'équité collective ou la reconnaissance des contributions collectives

Le principe d'équité collective

Une politique de rémunération relative aux contributions collectives des employés traduit l'importance que l'organisation accorde à certains indicateurs de rendement dans une unité, une division ou l'ensemble de l'organisation (bénéfices, chiffre d'affaires, taux de rejet, etc.). Un système de rémunération tient compte de l'équité collective lorsque la rémunération des employés varie en fonction de leur contribution au succès de l'entreprise ou de l'une de ses unités.

Une politique d'équité collective influe sur les attitudes et les comportements au travail des employés, notamment leur engagement à l'égard de l'entreprise et leur disposition à améliorer le rendement de leur équipe, de leur unité, de leur organisation. En effet, plus une mesure de contribution collective est reconnue (par exemple, les bénéfices et la productivité), plus les employés sont intéressés à l'améliorer.

Les pratiques liées aux contributions collectives

On tient compte des contributions collectives lorsqu'on rend les employés admissibles à un ou à plusieurs régimes collectifs de rémunération variable, à court terme (participation aux bénéfices, partage des gains de productivité, primes d'équipe, etc.) ou à long terme (achat d'actions, octroi d'actions, option d'achat d'actions, etc.). Au Canada comme aux États-Unis, l'adoption de régimes collectifs de rémunération s'est considérablement accrue au cours des dernières années.

2.2.6 La justice du processus de gestion de la rémunération

Le principe de justice du processus de gestion

La justice du processus consiste à s'assurer que les décisions et les activités de gestion de la rémunération sont établies de façon équitable et perçues comme telles par les employés. Il ne s'agit pas de savoir si la rémunération est suffisante (combien ?) mais plutôt de se demander si, aux yeux des employés, les décisions liées à la rémunération sont justes et si les régimes de rémunération sont équitablement gérés (comment ?). En matière de gestion – et probablement davantage en matière de rémunération –, il est aussi important d'adopter un processus de prise de décision juste que de prendre des décisions justes.

Les politiques liées à la gestion de la rémunération visent à assurer l'efficacité des techniques et des pratiques mises en place pour respecter les lois et l'équité interne, l'équité externe, l'équité individuelle ou l'équité collective du point de vue des employés. Il faut alors s'interroger et prendre position quant aux aspects de gestion suivants : Jusqu'à quel point l'organisation communique-t-elle de l'information aux employés en matière de rémunération ? Fait-elle participer les employés aux changements à apporter à ses politiques et à ses pratiques de rémunération ? Si oui, qui participe, de quelle façon et jusqu'à quel point ? Les employés comprennent-ils la manière dont les différentes composantes de leur rémunération sont gérées ? Les cadres sont-ils formés pour assumer adéquatement leur rôle et leurs responsabilités à l'égard des décisions relatives à l'augmentation des salaires ?

Les pratiques liées à la justice du processus de gestion

Les règles à respecter pour rendre un processus de gestion de la rémunération équitable peuvent être résumées comme suit :

- Veiller à ce que ce processus soit le plus *standardisé* ou *uniforme* possible ;
- S'assurer qu'il ne favorise pas les *intérêts* de certaines personnes (qu'il est non biaisé) ;
- Le *communiquer* et l'expliquer à tout le personnel (*transparence*) ;
- Offrir des mécanismes *d'appel* permettant la révision de certaines décisions ;
- *Faire participer* les employés au processus de gestion ;
- Respecter les *lois* ;
- Veiller à ce que les employés aient la *formation* et les *compétences* nécessaires pour exercer leurs rôles dans le processus de gestion.

Pour assurer le respect de ces règles, les organisations disposent d'un ensemble de techniques et de pratiques en matière d'administration de la rémunération. On pense, par exemple, aux enquêtes ou aux groupes de discussion, qui permettent de planifier les changements à apporter au contenu des régimes de rémunération, ou encore aux relevés personnalisés, qui facilitent la communication de renseignements sur la rémunération. Certaines entreprises recourent à des grilles d'augmentation de salaire au mérite comme instrument de contrôle. D'autres organisations, telle Nortel, utilisent l'informatique pour proposer des avantages sociaux aux employés et connaître leurs préférences à cet égard.

Au-delà de l'équité dans le processus officiel de gestion de la rémunération, il faut aussi se préoccuper du processus non officiel qui intervient dans le quotidien entre les cadres et leurs subordonnés lors de l'actualisation de certaines étapes du processus – telles l'évaluation du rendement, la détermination du montant des augmentations de salaire individuelles, etc. On doit, par exemple, se préoccuper de la rétroaction adéquate des résultats, du fait de tenir compte du point de vue de l'employé, de la fourniture d'une explication suffisante des décisions prises ainsi que de l'expression de certains traits (l'honnêteté, la courtoisie, le respect et la sincérité). Par ailleurs, plus un mode de détermination des salaires nécessite l'implication des cadres (évaluation du rendement ou des compétences, etc.), plus ceux-ci doivent être formés afin que le processus soit *perçu* comme juste.

2.2.7 L'équité légale : le respect des lois

Comme toutes les autres activités de gestion des ressources humaines, la gestion de la rémunération des employés est circonscrite par des lois et des règlements que les employeurs doivent respecter. Bien que toutes les firmes doivent respecter les modalités de cette réglementation, l'ampleur de ce défi varie d'une firme à l'autre. En effet, certaines lois contraignent plus ou moins la gestion de la rémunération des firmes en fonction de leurs caractéristiques : nature (entreprise privée ou publique, taille de l'entreprise, etc.), composition de la main-d'œuvre (syndiquée ou non, etc.), types d'emplois (bureau, production, etc.), etc. Ainsi, selon qu'une entreprise est de compétence provinciale ou fédérale, des lois particulières – notamment la *Loi des normes du travail* et le *Code canadien du travail* – contraignent la gestion de la rémunération de ses employés. De plus, le dépanneur du coin, un restaurant McDonald's et une entreprise comme Hydro-Québec font face à des problèmes différents dans l'application de ces lois.

Chaque organisation peut réagir différemment face aux mêmes pressions légales. Une organisation peut, par exemple, être proactive ou se contenter de réagir à certaines législations. Au Québec, certaines organisations ont révisé les salaires liés à leurs catégories d'emplois à prédominance féminine avant même que la loi sur l'équité salariale ne soit adoptée. Plusieurs organisations canadiennes qui possédaient des unités administratives dans tout le Canada ont décidé, lors de l'adoption de la loi ontarienne sur l'équité salariale, en 1987, de revoir les modes de détermination de la rémunération dans toutes leurs unités d'affaires, même si ce n'était pas requis par la loi. Ainsi, les entreprises qui ont des employés dans plusieurs provinces peuvent appliquer les mesures du législateur le plus exigeant à l'ensemble de leurs emplois ou encore gérer leur rémunération de façon distincte d'une province à l'autre. Cette question se pose, par exemple, au sujet des régimes de retraite pour lesquels les législations provinciales et fédérale diffèrent.

2.3 LA STRATÉGIE DE GESTION DE LA RÉMUNÉRATION

Les responsables de la rémunération doivent relever le défi de gérer les systèmes de rémunération de manière à réduire au minimum les plaintes et le sentiment d'iniquité dans l'ensemble du personnel de leur organisation. Pour y parvenir, ils doivent déterminer le ou les référents ainsi que la ou les formes de rétribution privilégiées par les membres d'un groupe de travail ou d'une catégorie d'employés. D'une organisation à l'autre et même d'une catégorie d'emplois à l'autre, l'importance relative accordée à ces divers principes d'équité varie. Les choix faits à cet égard par les dirigeants d'une entreprise représentent leur manière particulière d'adapter leur gestion de la rémunération au contexte de leur entreprise (culture, maturité, style de gestion, objectifs et stratégie d'affaires) et leur manière particulière d'orienter les attitudes et les comportements des employés (Tremblay et autres, 1997).

Les choix stratégiques en matière de rémunération auront un impact sur l'importance relative des différents principes de rémunération, par exemple sur celle de l'équité interne (au moyen de l'évaluation des emplois) ou de l'équité individuelle (la reconnaissance de la contribution de chacun). Cet impact peut se traduire par une politique de traitement différencié plutôt que de cohérence, par une diminution des éléments garantis dans le cadre de la rémunération globale, par l'importance accrue du risque partagé ou par une diminution de l'importance du niveau hiérarchique dans l'évaluation des exigences des emplois. En fait, l'importance relative accordée aux divers principes d'équité précédents correspond à la stratégie de rémunération des firmes, puisque cette stratégie s'intéresse autant au montant de la rémunération qu'aux moyens de rémunérer.

L'encadré 2.1 résume les principaux choix stratégiques en matière de rémunération que les dirigeants doivent faire en toute connaissance de cause parce qu'ils sont susceptibles d'influencer la réussite des firmes. Toutefois, il est important d'observer qu'il n'y a pas de bonne ou de mauvaise stratégie de rémunération en soi. L'important, c'est qu'elle soit alignée sur les objectifs et la stratégie d'affaires. Plus la stratégie de rémunération soutient les objectifs d'affaires, plus grandes sont les chances de succès des firmes.

Dans ce contexte, le tableau 2.1 (p. 51-53) propose une grille permettant de poser un diagnostic quant à la stratégie de rémunération d'une firme. Chacun des membres d'un comité doit analyser les polarités des continuums et utiliser, par exemple, un X pour désigner la pratique actuelle et un Z pour situer la pratique souhaitée. La mise en commun des réponses individuelles mène alors à des échanges fructueux.

ENCADRÉ 2.1

Choix stratégiques en matière de gestion de la rémunération

Rémunérer...

- en fonction des responsabilités que comporte l'emploi ou des compétences des titulaires ?
- en privilégiant l'équité interne ou externe ? individuelle ou collective ?
- en étant à la remorque du marché, égal au marché ou à la tête du marché ?
- en utilisant une approche standardisée ou individualisée ?
- en s'appuyant sur une approche traditionnelle ou contemporaine d'évaluation des emplois ?
- selon un ratio faible ou élevé de rémunération « fixe/variable » ?
- en déterminant l'importance relative des composantes de la rémunération globale : salaire, rémunération variable, avantages sociaux et conditions de travail ?

Reconnaître...

- le rendement, l'ancienneté, les compétences ou les responsabilités ?
- le rendement individuel ou collectif ?
- le rendement de l'entreprise globale ou d'une unité d'affaires ?
- le rendement à court terme ou à long terme ?
- le rendement par des primes égales ou différant selon le niveau hiérarchique ?
- le rendement par des récompenses de nature pécuniaire ou non pécuniaire ?
- le rendement par l'entremise des salaires ou de montants forfaitaires ?
- le rendement en s'appuyant sur une mesure quantitative ou qualitative ?
- plus ou moins fréquemment les contributions ?

Gérer la rémunération...

- de manière officielle ou non officielle ?
- de manière standardisée ou cas par cas ?
- de manière centralisée ou décentralisée ?
- de manière transparente ou secrète ?
- de manière participative ou autocratique ?
- en conférant du pouvoir aux cadres ou aux professionnels de la rémunération ?
- en se préoccupant du rendement à court terme ou à long terme ?
- en privilégiant l'atteinte d'un objectif particulier tel attirer, retenir, réduire les coûts, reconnaître, inciter à changer ou adopter certains comportements, partager les risques, etc. ?
- d'une façon qui diffère peu ou grandement selon le niveau hiérarchique ou la catégorie d'emploi des employés ?

2.4 LES RÉSULTATS ET L'EFFICACITÉ DE LA GESTION DE LA RÉMUNÉRATION

L'analyse de l'efficacité des différentes techniques et pratiques est une étape importante de la gestion de la rémunération. Il existe presque autant de définitions et d'indices de rendement qu'il y a d'organisations. Dans les entreprises diversifiées, la mesure de cette efficacité pourra varier d'une division à l'autre. Il faudra alors assurer le suivi de mesures telles celles du rendement des investissements, de la satisfaction des clients, des bénéfices, de la part du marché, du rendement de l'avoir des actionnaires, du rendement individuel, de la qualité de la production ou des services, du coût de la main-d'œuvre, du roulement du personnel, du taux d'absentéisme, de la satisfaction des employés, du respect des lois, etc.

Il faut aussi vérifier régulièrement si les techniques et les pratiques de rémunération ont des effets positifs sur les mesures de rendement individuel et organisationnel privilégiées dans l'organisation. Il est alors opportun de se poser des questions du genre : Les pratiques de rémunération sont-elles pertinentes et utiles à la réalisation de la stratégie de rémunération ? Qu'est-ce qui est efficace ? Les objectifs des régimes de rémunération sont-ils atteints ?

TABLEAU 2.1

Diagnostic de la stratégie ou des principes directeurs en matière de gestion de la rémunération

Voici diverses caractéristiques susceptibles de décrire la gestion de la rémunération au sein de votre entreprise. Indiquez :

- au moyen d'un X ce qui caractérise l'approche *actuelle* de gestion de la rémunération ;
- au moyen d'un Z ce qui caractérise l'approche de gestion de la rémunération *souhaitée*.

COLLABORATION • Approche gagnant-gagnant • Encouragement à l'entraide	←1 2 3 4 5→	COMPÉTITION • Approche gagnant-perdant • Encouragement à la compétition (personne versus personne, groupe versus groupe, unité d'affaires versus unité d'affaires)
ÉQUIPE • Culture de complémentarité • Récompense attribuée à tous les membres de l'équipe • « Nombre de passes »	←1 2 3 4 5→	INDIVIDUS • Culture d'étoiles • Récompense attribuée uniquement aux personnes ayant contribué • « Nombre de buts »
NON PÉCUNIAIRE • Accent mis sur la reconnaissance psychologique	←1 2 3 4 5→	PÉCUNIAIRE • Accent mis sur la reconnaissance pécuniaire
RÉMUNÉRATION SELON L'EMPLOI • Rémunération en fonction des exigences relatives des emplois	←1 2 3 4 5→	RÉMUNÉRATION SELON L'INDIVIDU • Rémunération basée sur les caractéristiques de l'individu (par exemple, le rendement)
EFFORTS ET MOYENS • Reconnaissance de l'effort ou des moyens quels que soient les résultats obtenus	←1 2 3 4 5→	RÉSULTATS • Reconnaissance des résultats quels que soient les moyens utilisés
MÉRITE • Rendement individuel = *le* critère de détermination des promotions	←1 2 3 4 5→	ANCIENNETÉ • Nombre d'années de service = *le* critère de détermination des promotions
ÉQUITÉ INTERNE • Rémunération en fonction des valeurs de l'organisation	←1 2 3 4 5→	ÉQUITÉ EXTERNE • Rémunération en fonction du marché

TABLEAU 2.1

Diagnostic de la stratégie ou des principes directeurs en matière de gestion de la rémunération (*suite*)

PLUSIEURS MARCHÉS DE MAIN-D'ŒUVRE • Le marché de référence varie selon les emplois	← 1 2 3 4 5 →	MARCHÉ DU SECTEUR INDUSTRIEL • Le marché de référence regroupe les firmes du même secteur d'activité économique
MARCHÉ PROVINCIAL • La rémunération est fonction de celle offerte dans la province	← 1 2 3 4 5 →	MARCHÉ RÉGIONAL • La rémunération tient compte des différences régionales
SALAIRE DE BASE • La rémunération en espèces est accordée sur une base régulière et constante	← 1 2 3 4 5 →	RÉMUNÉRATION DU RENDEMENT INDIVIDUEL • La rémunération en espèces est fonction du rendement individuel
SALAIRE DE BASE • La rémunération en espèces est accordée sur une base régulière et constante	← 1 2 3 4 5 →	RÉMUNÉRATION DU RENDEMENT COLLECTIF • La rémunération en espèces est fonction du rendement collectif
RÉMUNÉRATION GLOBALE INFÉRIEURE AU MARCHÉ • Valeur de tous les éléments de rémunération moins élevée que la moyenne du marché	← 1 2 3 4 5 →	RÉMUNÉRATION GLOBALE SUPÉRIEURE AU MARCHÉ • Valeur de tous les éléments de rémunération plus élevée que la moyenne du marché
SYSTÈME CENTRALISÉ DE GESTION DE LA RÉMUNÉRATION • Conception et gestion du système au siège social	← 1 2 3 4 5 →	SYSTÈME DÉCENTRALISÉ DE GESTION DE LA RÉMUNÉRATION • Conception et gestion du système dans chaque unité d'affaires
DÉCISIONS RELATIVES À LA RÉMUNÉRATION CENTRALISÉES • Siège social responsable des décisions, approbations et exceptions	← 1 2 3 4 5 →	DÉCISIONS RELATIVES À LA RÉMUNÉRATION DÉCENTRALISÉES • Unité d'affaires responsable des décisions, approbations et exceptions

→

TABLEAU 2.1

Diagnostic de la stratégie ou des principes directeurs en matière de gestion de la rémunération (*suite*)

UNIFORMITÉ D'APPLICATION • Régimes de rémunération appliqués de la même manière dans toutes les unités d'affaires (rémunération variable, gratifications, salaires de base, échelles de salaire, etc.)	1 2 3 4 5	DIFFÉRENCE D'APPLICATION • Régimes de rémunération appliqués différemment selon les besoins et les caractéristiques des unités d'affaires
UNIVERSALITÉ • Un groupe de régimes pour l'organisation et ses unités d'affaires	1 2 3 4 5	FLEXIBILITÉ • Groupes de régimes différents selon les besoins et les caractéristiques des unités d'affaires (p. ex. : approche « cafétéria »)
TRANSPARENCE • Informations partagées et communication étendue sur les éléments et la gestion de la rémunération	1 2 3 4 5	NON-TRANSPARENCE • Peu d'informations partagées (secrets bien gardés) et peu de communication sur les éléments et la gestion de la rémunération
SIMPLICITÉ • Éléments et pratiques de la rémunération faciles à comprendre pour les usagers	1 2 3 4 5	COMPLEXITÉ • Éléments et pratiques de la rémunération presque uniquement compris par les spécialistes du domaine

Source : Inspiré de Société Conseil Mercer Limitée (1998).

2.5 L'INFLUENCE DE L'ENVIRONNEMENT SUR LA GESTION DE LA RÉMUNÉRATION

Le modèle de gestion de la rémunération retenu dans le présent ouvrage présume que la gestion de la rémunération est contextuelle et doit varier selon diverses caractéristiques situationnelles.

Ainsi, on ne peut gérer efficacement la rémunération sans tenir compte de l'interaction existant entre les diverses pressions exercées par l'environnement, les caractéristiques de l'entreprise et celles des catégories d'emplois visés et de leurs titulaires. Les entreprises ne fonctionnent pas en vase clos et elles se distinguent les unes des autres. Aussi leurs politiques en matière de gestion de la rémunération et les défis auxquels elles sont confrontées sont-ils fonction de diverses caractéristiques contextuelles.

Parmi les principaux facteurs influençant la gestion de la rémunération, mentionnons les pressions environnementales et les caractéristiques de l'organisation, des emplois et des employés. On pense à diverses caractéristiques organisationnelles telles les possibilités de promotion, la fréquence et l'ampleur des changements technologiques, les exigences de l'organisation du travail (flexibilité, collaboration, etc.) et les politiques de gestion des ressources humaines. Pour qu'une politique de recrutement interne ou de reconnaissance du rendement soit respectée, par exemple, il faut que la gestion de la rémunération l'appuie. On pense également à la nature des emplois (bureau, production, poste d'entrée, etc.) et des catégories d'emplois (recherche et développement, direction, ventes, etc.), ainsi qu'aux caractéristiques individuelles des employés (attentes, qualifications, etc.).

En outre, la gestion de la rémunération est influencée par certaines caractéristiques de l'environnement comme les valeurs culturelles des sociétés et l'état de l'économie, qui ont un impact évident sur les modes de rémunération des employés. Les multiples changements – tant technologiques, économiques, sociologiques que démographiques – survenus ces dernières années sont d'ailleurs à l'origine de plusieurs modifications touchant les techniques ou les défis de gestion de la rémunération qui seront traités dans ce livre, entre autres la rémunération des compétences, l'équité salariale et les avantages sociaux flexibles. Comme ces changements sont interreliés, leurs effets sur la gestion de la rémunération ne peuvent être attribués à l'un ou à l'autre avec clarté et précision. Toutefois, pour des fins d'illustration et de simplification, nous traiterons de leurs influences respectives sur la gestion de la rémunération dans le présent chapitre.

2.5.1 L'environnement économique et concurrentiel

Les conditions économiques fournissent les paramètres à l'intérieur desquels la rémunération doit se situer pour que l'entreprise puisse se procurer la main-d'œuvre requise et assurer sa survie. L'analyse des pressions économiques soulève plusieurs questions, par exemple : Jusqu'à quel point l'entreprise est-elle influencée par la situation économique ? Peut-on « refiler » une augmentation des coûts des matières premières aux consommateurs ? Les taux d'intérêt, la valeur du dollar et la demande de biens et services placent-ils notre entreprise dans une position favorable ? Que peut-on prévoir pour les mois, voire les années à venir ? Par ailleurs, est-ce que la performance de la firme a un caractère cyclique ? Si oui, comment en tenir compte dans le choix et la gestion des régimes de rémunération variable ?

Avec la mondialisation des marchés, les entreprises canadiennes ont de plus en plus de difficulté à demeurer compétitives. Plusieurs pays en voie de développement marient la technologie de pointe, la main-d'œuvre qualifiée et les salaires peu élevés. Dans ce contexte de libre-échange, les entreprises canadiennes ont peu de choix : elles doivent réduire leurs coûts ou accroître leur productivité. En effet, les entreprises sont de moins en moins en mesure de « refiler » une hausse des coûts de la main-d'œuvre aux consommateurs. Ces pressions économiques et concurrentielles ont poussé les firmes à rechercher la flexibilité, tant dans la gestion de la rémunération directe – en accordant une importance relative plus grande à la portion variable qu'à la portion fixe de la rémunération –, que dans celle de la rémunération indirecte – en adoptant des régimes d'avantages sociaux plus flexibles, c'est-à-dire qui tiennent compte des besoins des employés.

2.5.2 L'environnement social et culturel

On ne peut gérer la rémunération des employés sans considérer les valeurs de la société ou du milieu où se trouve l'entreprise. Les multinationales doivent d'ailleurs relever un important défi à cet égard : adapter les régimes de rémunération des employés travaillant au sein d'unités d'affaires situées dans différents pays aux besoins et aux valeurs des employés locaux. En fait, les modes de rémunération et l'équité influencent les valeurs de la société et sont influencées par elles. On pense, par exemple, à la rémunération basée sur le rendement individuel en Amérique du Nord, aux régimes collectifs de rémunération en Asie, au fait de tenir compte de l'établissement dont un employé est diplômé dans la détermination des salaires en France, au régime des castes en Inde, etc. Certains pays comme la France, l'Allemagne et le Canada (à un degré moindre) « contraignent » les employeurs à protéger leur personnel contre les problèmes d'insécurité de la société industrielle ; d'autres, comme les États-Unis, laissent en grande partie à l'initiative privée le soin de résoudre ces problèmes. Dans certains pays, comme le Japon et la Corée, les salaires des employés sont déterminés non pas en fonction de la nature de leur travail, mais plutôt en fonction de leur scolarité et de leur ancienneté. Finalement, comparativement aux pays d'Europe et d'Asie, les pays d'Amérique du Nord et d'Amérique latine établissent davantage de différence entre la rémunération des dirigeants d'une entreprise et celle de ses employés. Une enquête de Towers Perrin, effectuée en 1995 (Durivage, 1995), montre qu'aux États-Unis, la rémunération globale annuelle du PDG d'une grande entreprise (chiffre d'affaires de 250 millions et plus) est de 927 896 $ US, ce qui équivaut à 28 fois le salaire d'un ouvrier d'usine, qui se situe à 33 165 $. Selon cette enquête, sur 22 pays considérés, les

États-Unis occupent le premier rang en termes de rémunération globale versée au président, tandis que le Canada est au seizième rang.

2.5.3 L'environnement législatif

En émettant des lois, des ordonnances et des décrets, les divers ordres de gouvernement d'un pays établissent non seulement des minimums – et des maximums, à l'occasion – quant à la rémunération qu'un employeur doit accorder à son personnel, mais également un ensemble de mesures visant à protéger les personnes contre la perte de revenu et à leur assurer certaines conditions minimales de travail (vacances, congés fériés, etc.). On pense, par exemple, aux lois sur les normes minimums du travail des diverses provinces canadiennes, aux lois en matière d'équité salariale, au *Code canadien du travail* et, aux États-Unis, au *Fair Labor Standards Act*. Quoique l'influence de l'État se soit accrue au cours des dernières années, celui-ci laisse les parties en cause prendre la plupart des décisions relatives à la rémunération. Le tableau 2.2 compare quelques dispositions d'un ensemble de lois dans certaines provinces du Canada. La loi régissant les salaires minimums prend des appellations différentes selon l'endroit. On parle, par exemple, de la *Loi sur le salaire minimal* au Canada et de la *Loi des normes du travail* au Québec. Au Canada, chaque province prescrit un salaire minimum aux entreprises qui relèvent de sa compétence – et ces prescriptions comportent des particularités, alors que le gouvernement fédéral en prescrit un pour les entreprises qui relèvent de la sienne (les banques, le transport interprovincial, les télécommunications, etc.).

Finalement, observons que les valeurs d'une société évoluent, ce qui entraîne inévitablement certaines répercussions sur sa législation. Au cours des 25 dernières années, par exemple, les lois canadiennes fédérales et provinciales ayant trait à la rémunération accordée aux hommes et à celle accordée aux femmes ont évolué : il est intéressant d'observer qu'un salaire perçu comme inéquitable aujourd'hui était légal autrefois. Par ailleurs, il est important de constater que la législation proactive en matière d'équité salariale (voir le chapitre 8) n'est présente qu'au Canada et que les Américains sont beaucoup moins exigeants à cet égard. Au chapitre des avantages sociaux, les valeurs et la législation ont également beaucoup changé au cours des dernières années – notamment les conditions d'admissibilité aux régimes, qui ont été étendues à une plus grande proportion de la main-d'œuvre. Au Québec, par exemple, depuis juin 1996, la définition de « conjoint » a été élargie aux personnes de même sexe pour les fins de gestion des avantages sociaux, afin d'être conforme à la *Charte des droits et libertés de la personne*.

TABLEAU 2.2

Comparaison de quelques normes d'emploi en vigueur dans certaines provinces canadiennes en 1999*

	Canada	**Québec**	**Ontario**	**Colombie-Britannique**	**Nouvelle-Écosse**
Salaire minimum	Taux de la province	6,80 $	6,85 $	7,15 $	5,50 $
Durée du travail	8 h/jour 40 h/semaine	42 h/semaine**	44 h/semaine	8 h/jour 40 h/semaine	48 h/semaine
Rémunération des heures supplémentaires	1,5 × salaire normal après 8 h/jour ou 40 h/semaine	1,5 × salaire normal après 42 h/semaine	1,5 × salaire normal après 44 h/semaine	1,5 × salaire normal après 8 h/jour ou 40 h/semaine 2 x salaire normal après 11 h/jour ou 48 h/semaine	1,5 × salaire minimum après 48 h/semaine
Jours fériés rémunérés	9	8	8	9	6
Rémunération des jours fériés travaillés	Salaire normal + 1,5 taux horaire	Salaire normal + 1,0 taux horaire ou remise du congé	Salaire normal + 1,5 taux horaire ou remise du congé	1,5 x salaire normal + remise du congé	Salaire normal + 1,5 taux horaire
Congés annuels payés	2 semaines après 1 an 3 semaines après 6 ans	2 semaines après 1 an 3 semaines après 5 ans	2 semaines après 1 an	2 semaines après 1 an 3 semaines après 5 ans	2 semaines après 1 an
Indemnité de vacances	4 % des gains annuels 6 % après 6 ans	4 % des gains annuels 6 % après 5 ans	4 % des gains annuels	4 % des gains annuels 6 % après 5 ans	4 % des gains annuels

TABLEAU 2.2

Comparaison de quelques normes d'emploi en vigueur dans certaines provinces canadiennes en 1999* (*suite*)

	Canada	Québec	Ontario	Colombie-Britannique	Nouvelle-Écosse
Congé de maternité	17 semaines non payées	18 semaines non payées	17 semaines non payées	18 semaines non payées	17 semaines non payées
Congé parental	24 semaines non payées	52 semaines non payées	18 semaines non payées	12 semaines non payées	17 semaines non payées
Congé de décès	3 jours payés	1 jour payé + 3 jours non payés		3 jours non payés	3 jours non payés
Congé pour obligations familiales		5 jours non payés/an		5 jours non payés/an	
Congé de mariage		1 jour payé			
Congé pour naissance ou adoption		5 jours dont 2 payés			

*Ce tableau ne présente que les normes générales ; plusieurs exceptions sont prévues. Des renseignements plus détaillés et plus à jour se trouvent à l'adresse Internet suivante: http://travail.hrdc-drhc.gc.ca sous la rubrique « Renseignements sur les lois du travail au Canada ».

**Le temps de travail est graduellement réduit à 40 h/semaine en l'an 2000.

Source : Élaboré par Mario Giroux, des Hautes Études Commerciales, sous la direction des auteurs.

2.5.4 L'environnement démographique

Le profil de la main-d'œuvre canadienne a beaucoup changé au cours des dernières décennies. Qu'on pense, par exemple, à la féminisation de la main-d'œuvre, au nombre de plus en plus élevé de familles monoparentales, à l'augmentation du nombre de couples à deux carrières, à la scolarisation accrue de la main-d'œuvre, à la disparition de la famille dite « traditionnelle » (l'homme pourvoyeur, la femme sans emploi rémunéré et leurs enfants), au vieillissement de la population, au nombre croissant d'employés qui travaillent à temps partiel ou sur une base contractuelle, etc.

Ces nombreux changements ne sont pas sans exercer de pressions sur la gestion de la rémunération. Pour répondre aux besoins d'une nouvelle main-d'œuvre, par exemple, plusieurs entreprises du Québec adoptent des pratiques d'aide à l'équilibre emploi-famille ayant trait aux services de garde et d'aide aux soins de la famille, aux congés, aux horaires de travail, etc. (Guérin et autres, 1997). Dans un contexte où le potentiel d'augmentation des salaires des employés est plutôt mince, les syndicats se préoccupent davantage d'améliorer le sort de leurs membres en matière de conditions de travail et d'avantages sociaux.

Plus scolarisée et plus variée, la main-d'œuvre d'aujourd'hui exige plus d'information sur ses conditions de travail. L'entreprise doit faire en sorte que ses modes de rémunération soient plus flexibles et plus personnalisés, afin de répondre aux attentes et aux besoins particuliers de sa nouvelle main-d'œuvre. Cette flexibilité accrue, si elle présente des atouts, entraîne également un défi important : l'entreprise doit présenter de nouveaux modes de rémunération qui seront perçus comme équitables par une main-d'œuvre de plus en plus diversifiée. Ainsi, l'étude de Tansky et autres (1997) montre que l'engagement des employés à temps partiel à l'égard de leur employeur dépend principalement de la certitude qu'ils ont d'être traités équitablement (en termes de salaires, de vacances, d'assurances collectives, etc.) comparativement à leurs collègues de travail à temps plein.

2.6 L'INFLUENCE DES CARACTÉRISTIQUES ORGANISATIONNELLES SUR LA GESTION DE LA RÉMUNÉRATION

On parle souvent des pressions externes qui poussent les entreprises à adapter leurs modes de gestion de la rémunération. Toutefois, il ne faut pas négliger les nombreux changements qui surviennent au sein des organisations et qui touchent les ressources humaines, l'organisation du travail, la technologie, les orientations, le personnel, etc. Tous ces changements pressent aussi les organisations de revoir et de réviser leur gestion de la rémunération. Cette partie du chapitre 2 vise à présenter quelques caractéristiques organisationnelles ayant un effet sur la gestion de la rémunération.

2.6.1 La taille de l'organisation

Généralement, la capacité de payer d'une organisation augmente avec sa taille en termes de chiffre d'affaires (voir le tableau 2.3), de telle sorte que les salaires tendent à être plus élevés dans les grandes firmes que dans les petites. Comparativement aux petites firmes, les grandes organisations ont tendance à verser de meilleurs salaires, même lorsqu'elles touchent le même secteur d'activité économique ou sont en concurrence sur le même marché de produits. Une étude menée auprès de 60 municipalités du Québec (Tremblay et Marcoux, 1994) confirme, à l'instar d'autres études, que le salaire des cols bleus est avant tout lié à la taille des municipalités – un facteur qui explique 24 % du salaire – et à la capacité de payer de ces dernières mesurée relativement à la disponibilité fiscale ou foncière, à l'effort fiscal et aux revenus régionaux (23 % de la variance dans les salaires).

Plusieurs facteurs peuvent contribuer à expliquer pourquoi les salaires sont plus élevés dans les grandes entreprises que dans les petites. Premièrement, les bénéfices et la syndicalisation des employés sont liés à la taille des entreprises ; plus une firme est grande, plus elle tend à réaliser des bénéfices et plus elle est en mesure de les partager avec ses employés. Deuxièmement, les syndicats se sont davantage préoccupés des grandes entreprises et les grandes firmes non syndiquées offrent des conditions avantageuses pour éviter la syndicalisation. Troisièmement, les grandes entreprises attirent des employés plus scolarisés, plus stables et cumulant plus d'années de service, et ces caractéristiques personnelles ont un effet positif sur les salaires. Finalement, les conditions de rémunération plus avantageuses au sein des grandes firmes peuvent être dues à un phénomène de cascade : les grandes entreprises paient davantage leur président et cela se répercute sur la rémunération du personnel des niveaux hiérarchiques inférieurs (Gomez-Mejia et Wiseman, 1997).

La taille des entreprises a aussi une incidence sur la gestion de la rémunération. Dans les petites entreprises, les dirigeants et les cadres gèrent la rémunération du personnel. Toutefois, lorsque le nombre d'employés augmente, cette activité, ajoutée à d'autres activités de gestion des ressources humaines telles la sélection et la formation, leur demande trop de temps et leur rend difficile la tâche d'assumer adéquatement leur fonction première, telle celle consistant, pour le gestionnaire des ventes, à augmenter les ventes. On embauche alors un professionnel des ressources humaines pour s'occuper des tâches « dévoreuses » de temps – notamment la gestion des salaires, la gestion des avantages sociaux et le recrutement – dans la mesure où l'obtention de services auprès de firmes conseils externes est trop onéreuse ou non appropriée.

TABLEAU 2.3

L'influence de la taille des entreprises, de la région et des secteurs sur les salaires de différents emplois

1. SALAIRES AU CANADA – 1998

Emploi		**25e centile**	**Médiane***	**75e centile**
Chef de direction		175 000 $	228 000 $	350 000 $
Vice-président finances		120 000 $	145 000 $	175 000 $
Analyste financier		47 000 $	54 000 $	60 000 $
Comptable		44 000 $	47 000 $	52 500 $
Directeur régional des ventes		63 000 $	75 000 $	86 000 $
Représentant des ventes		36 000 $	42 000 $	53 000 $
Analyste en marketing		42 000 $	53 000 $	63 000 $
Directeur d'usine		79 000 $	88 500 $	95 000 $
Ingénieur (niveau intermédiaire)		54 000 $	58 000 $	63 000 $
Directeur des achats		60 000 $	68 000 $	75 000 $
Acheteur		38 000 $	42 000 $	46 000 $
Responsable des communications internes		47 000 $	50 500 $	60 000 $
Responsable des ressources humaines		103 000 $	118 000 $	141 000 $
Directeur des ressources humaines		59 000 $	61 000 $	74 000 $
Directeur de la formation		57 000 $	61 000 $	64 000 $

Source : Société Conseil Mercer Limitée.

2. SALAIRES SELON LA TAILLE DES ENTREPRISES MESURÉE EN FONCTION DE LEUR CHIFFRE D'AFFAIRES – 1998

Emploi	**Chiffre d'affaires ($)**	**25e centile**	**Médiane***	**75e centile**
Représentant des ventes	– de 50 M	24 000 $	34 000 $	40 000 $
	+ de 5 G	43 000 $	53 000 $	58 000 $
Vice-président finances	– de 50 M	99 000 $	130 000 $	143 000 $
	+ de 5 G	150 000 $	195 000 $	366 000 $
Analyste en marketing	– de 50 M	33 000 $	40 000 $	42 000 $
	+ de 5 G	42 000 $	48 000 $	57 000 $
Directeur des ressources humaines	– de 50 M	49 000 $	66 500 $	74 000 $
	+ de 5 G	67 000 $	75 000 $	87 000 $
Acheteur	– de 50 M	33 000 $	38 000 $	45 000 $
	+ de 5 G	43 000 $	52 000 $	58 000 $

Source : Société Conseil Mercer Limitée.

→

TABLEAU 2.3

L'influence de la taille des entreprises, de la région et des secteurs sur les salaires de différents emplois (*suite*)

3. SALAIRES SELON LA RÉGION GÉOGRAPHIQUE – 1998

Emploi	Région	25e centile	Médiane*	75e centile
Représentant des ventes	Québec	38 000 $	40 000 $	53 000 $
	Colombie-Britannique	45 000 $	56 000 $	58 000 $
Analyste en marketing	Québec	41 000 $	45 000 $	54 000 $
	Alberta	51 000 $	59 000 $	66 000 $
Acheteur	Montréal	39 000 $	45 000 $	53 000 $
	Ailleurs au Québec	32 000 $	38 000 $	50 000 $

Source : Société Conseil Mercer Limitée.

4. SALAIRES SELON LES SECTEURS D'ACTIVITÉ ÉCONOMIQUE – 1998

Emploi	Secteur	25e centile	Médiane*	75e centile
Représentant des ventes	Services	31 000 $	35 000 $	39 000 $
	Fabrication des biens non durables	42 000 $	48 000 $	55 000 $
Vice-président finances	Fabrication des biens durables	98 000 $	120 000 $	145 000 $
	Haute technologie/ télécommunications	145 000 $	165 000 $	215 000 $
Analyste en marketing	Assurances	39 000 $	44 000 $	47 000 $
	Haute technologie/ télécommunications	53 000 $	61 000 $	69 000 $
Directeur des ressources humaines	Commerce de gros et de détail	56 000 $	61 000 $	67 000 $
	Ressources naturelles	70 000 $	79 000 $	85 000 $
Acheteur	Commerce de gros et de détail	35 000 $	41 000 $	44 000 $
	Ressources naturelles	41 000 $	48 000 $	52 000 $

Source : Société Conseil Mercer Limitée.

* Le salaire médian n'est pas le salaire moyen. C'est le salaire « du milieu » : il y a autant d'employeurs qui versent un salaire moindre que d'employeurs qui paient plus.

Source : Quinty (1998, p. 22).

Finalement, plus la taille d'une entreprise s'accroît, plus elle doit formaliser ou officialiser sa gestion de la rémunération, afin de réduire divers problèmes d'iniquité et de répondre aux exigences légales (p. ex. : la *Loi sur l'équité salariale* du Québec).

2.6.2 La structure et la localisation de l'organisation ou de ses unités d'affaires

La structure et la localisation des organisations influencent également les montants de rémunération versés (combien ?) et les modes de rémunération (comment ?). Sur les plans international, national et provincial, les disparités en matière de salaire, de rémunération directe et d'avantages sociaux pour un emploi similaire peuvent être importantes. Ainsi, on tend à offrir de meilleurs salaires à Montréal que dans le reste du Québec. Toutefois, tel que l'illustre le tableau 2.3 à la page 61, le salaire médian d'un vendeur s'élève à 40 000 $ au Québec, alors qu'il atteint 56 000 $ en Colombie-Britannique. Une enquête effectuée auprès d'entreprises de 35 pays ayant entre 5 000 et 10 000 employés montre que la rémunération totale en espèces des dirigeants en ressources humaines (vice-président ou directeur) s'élevait en 1997 à près de 362 000 $ en Suisse, 244 370 $ aux États-Unis, 178 000 $ en France, 177 000 $ au Japon, 170 000 $ au Canada, 145 000 $ au Royaume-Uni, 134 200 $ au Mexique et 20 000 $ en Chine (William M. Mercer, 1998). Une autre enquête montre qu'en 1997, un PDG d'entreprise industrielle canadienne se classe au huitième rang sur 23 pays en ce qui concerne la rémunération, alors qu'un employé opérateur de fabrication canadien se classe au septième rang (Towers Perrin, 1998).

Par conséquent, gérer la rémunération au sein d'une entreprise ayant de multiples unités d'affaires dispersées géographiquement comporte aussi plusieurs défis. Dans ce cas, les dirigeants font continuellement face à un dilemme : adapter les systèmes de rémunération aux objectifs stratégiques particuliers de chaque unité d'affaires pour accroître son efficacité ou gérer de façon standardisée ou uniforme les systèmes de rémunération des différentes unités pour qu'ils soient jugés équitables par les employés et qu'ils favorisent les mutations entre unités.

Au Canada, dans la mesure où une entreprise veut adopter une politique nationale en matière de rémunération, elle doit prendre en considération les différences régionales dans sa politique de mutation des employés. Les lois de l'impôt des gouvernements provinciaux et fédéral ont une grande influence sur la gestion de la rémunération au sein des unités d'affaires du pays et d'autres pays. Ainsi, le système de taxation du Canada limite de façon importante la mutation de professionnels, de cadres et de dirigeants entre les États-Unis et le Canada ; pour qu'un Américain muté au Canada (par exemple, à Toronto, Montréal ou Calgary) maintienne son niveau de vie, il doit recevoir une hausse substantielle de rémunération afin de compenser la hausse d'impôts à assumer.

Le Canada compte près de 1 300 multinationales (Globerman, 1994). Ce contexte de mondialisation des marchés pose des défis importants en matière de gestion de la rémunération des expatriés. Ainsi, la promotion d'un cadre supérieur d'une unité d'affaires allemande à un poste de direction en Angleterre occasionne des problèmes de rémunération parce que les gestionnaires sont mieux rémunérés en Allemagne qu'en Angleterre. La globalisation des marchés impose également un défi pour ce qui concerne le contrôle des coûts de la main-d'œuvre, le salaire d'un expatrié étant environ trois fois plus élevé que celui d'un employé local (Dowling et autres, 1994).

Une étude de Black (1992) révèle que 77 % des expatriés interrogés sont insatisfaits de leur salaire et de leurs avantages sociaux. Or, comme le salaire d'un expatrié peut être trois fois plus élevé que celui d'un employé local (Harvey, 1993), il est crucial pour l'entreprise de gérer efficacement cet investissement, et ce, davantage si elle songe à augmenter le nombre de ses expatriés, ce qui est le cas de bon nombre d'entreprises canadiennes, notamment Hydro-Québec, Labatt et SNC Lavalin. Certaines sociétés conseils font annuellement des enquêtes pour faire connaître les caractéristiques de la gestion des avantages sociaux dans divers pays du monde (William M. Mercer, 1998). Pour les multinationales, prendre connaissance des lois des autres pays s'avère essentiel. La société Hewitt et associés, par exemple, a recensé certaines particularités du code du travail du Mexique qui sont résumées dans l'encadré 2.2.

ENCADRÉ 2.2

La gestion de la rémunération au Mexique

Selon une étude réalisée par Hewitt et associés, le code du travail du Mexique est l'un des plus complets au monde. Les lois du travail sont incorporées dans la constitution (article 123) et sont considérées comme un droit acquis de chaque travailleur. Aucun employé ne peut renoncer à ses droits et aucun contrat individuel ou collectif ne peut les limiter.

Selon le code du travail mexicain, les employés étrangers ne peuvent compter pour plus de 10 % de la main-d'œuvre d'une entreprise mexicaine. Les autorités réglementaires ont aussi l'obligation de protéger le travailleur, le fardeau de la preuve revenant toujours à l'employeur en cas de dispute. De plus, lorsqu'un employeur accorde à un employé un avantage pendant deux années consécutives, celui-ci a le droit de continuer à le recevoir par la suite. Par ailleurs, on ne doit pas faire plus de trois heures supplémentaires par jour, et pas plus de trois fois dans une semaine. Toute heure supplémentaire doit être volontaire et la prime, de temps double. Lorsqu'un travailleur dépasse le maximum prévu par la loi, la prime doit être de temps triple. À l'égard de l'évaluation du rendement, le principal critère d'évaluation du rendement est la loyauté envers l'entreprise.

Le coût global horaire moyen se situe à 18,61 pesos (3,76 pesos = 1 $ CA). Cependant, si l'on ne tient compte que du salaire horaire, on sous-estime la rémunération des Mexicains d'au moins 40 %. En effet, la loi prévoit qu'un employé doit être payé 365 jours par année et qu'il doit être payé 56 heures pour 40 heures de travail par semaine. Le calcul de sa rémunération totale hebdomadaire tient compte de plusieurs facteurs. D'abord, le salaire horaire moyen (5,48 pesos), auquel il faut ajouter un paiement pour le temps non travaillé (2,48 pesos), les diverses primes (4,88 pesos) et les coûts sociaux (5,77 pesos). Par ailleurs, l'enquête montre également que le salaire des Mexicains est basé sur leur position hiérarchique et l'augmentation de salaire, liée aux promotions ou aux années de service plutôt qu'au rendement.

Les diverses primes couvrent tous les paiements additionnels que l'employeur verse à ses employés. Le plus important est l'*aguinaldo*, la prime de Noël non imposable, qui, selon la loi, constitue un minimum de 15 jours de salaire pour tous les employés ayant plus d'une année de service. L'étude montre toutefois que la plupart des entreprises paient une prime beaucoup plus élevée, qui atteint souvent 30 jours de salaire. Selon la loi, l'employeur doit aussi verser une *prima vacacional* équivalente à 25 % du salaire de l'employé durant la période de ses vacances annuelles. En pratique, les entreprises accordent aux employés en vacances une prime équivalant à 80 % de leur salaire. Les deux tiers des employeurs accordent aussi une prime de ponctualité à leurs employés, l'approche typique consistant à accorder un montant équivalant à 15 à 20 jours de travail aux employés qui n'ont pas eu de retards pendant toute une année.

Selon Hewitt, 96 % des employeurs mexicains offrent aussi un fonds d'épargne (*fondo de ahorro*). Les contributions de l'employeur à ce fonds ne sont pas imposées pour l'employé et elles peuvent être déduites par l'employeur si au moins 75 % de ses employés sont admissibles à ce programme. Une autre pratique prévue par la loi, la *prevision social*, demande à l'employeur de rembourser à ses employés les coûts liés à diverses activités éducatives, sociales et culturelles jusqu'à un maximum de 464 pesos par année.

Finalement, la loi oblige les entreprises privées à distribuer 10 % de leurs profits à tous leurs employés, à l'exception du chef de la direction. Les nouvelles entreprises peuvent toutefois se soustraire au *reparto de utilidades*. Plusieurs entreprises exploitent une cafétéria où les employés peuvent prendre des repas subventionnés. Sinon, elles distribuent des coupons-repas qui peuvent être échangés dans des restaurants.

Source : Inspiré de Des Roberts (1995[a] et 1995[b]).

2.6.3 Le secteur d'activité économique

Les salaires attribués pour un même poste varient aussi en fonction du secteur d'activité des firmes (voir le tableau 2.3, p. 61). Cette différence peut être comprise à la lumière de deux grands facteurs : l'ampleur de la concurrence et la proportion occupée par les coûts de rémunération dans les coûts d'exploitation.

D'une part, il se peut que ces écarts soit dus à l'ampleur de la concurrence dans le secteur : plus la concurrence est vive dans une industrie, plus il est difficile pour les firmes de ce secteur de réaliser des bénéfices et moins elles sont en mesure d'accorder des conditions de rémunération supérieures.

D'autre part, ils peuvent être attribuables à la proportion des dépenses de main-d'œuvre dans les coûts de production. Certains secteurs industriels paient des salaires moins élevés que d'autres en raison de la forte proportion des coûts de la main-d'œuvre dans leurs coûts totaux de production (p. ex. : les services) et du peu d'élasticité dans la demande de leurs produits. Ainsi, les salaires et les augmentations de salaire versés aux employés de diverses industries, notamment le textile, la chaussure, le meuble, l'hôtellerie, la restauration, le commerce de détail et les organismes sans but lucratif, sont beaucoup plus bas que ceux accordés aux employés des secteurs des mines, de la pétrochimie, de la pharmaceutique, du tabac, de la métallurgie, des transports, des communications et des ressources naturelles. Remarquons aussi que plus la proportion des coûts de la main-d'œuvre d'une entreprise est élevée, plus l'entreprise tend à embaucher un grand nombre d'employés peu qualifiés qui peuvent facilement être recrutés à faibles coûts. Lorsque les affaires requièrent plus d'investissements en capitaux et reposent sur de hautes technologies, les firmes ont besoin d'un nombre moins élevé d'employés ayant des compétences particulières et exigeant une meilleure rémunération.

Par ailleurs, le secteur d'activité économique influence également l'impact des diverses lois liées au salaire minimum sur le coût de la main-d'œuvre d'une entreprise. Ainsi, une augmentation du salaire minimum risque de n'avoir aucun effet sur le coût de la main-d'œuvre dans les secteurs de la pétrochimie et de la pharmaceutique, puisque les salaires qu'on y verse sont beaucoup plus élevés que le taux minimum. Par contre, une hausse du salaire minimum augmente substantiellement les coûts d'exploitation dans le secteur du commerce de détail, puisqu'une proportion importante des employés y travaille au taux minimum. Cependant, les lois sur le salaire minimum n'influencent pas uniquement la rémunération des plus bas salariés, puisqu'elles entraînent à plus ou moins brève échéance des hausses de salaire à tous les niveaux hiérarchiques supérieurs.

2.6.4 Les secteurs privé, public et municipal

Travailler dans le secteur public, le secteur privé ou le secteur municipal a aussi des effets sur les modes de gestion de la rémunération. Lors de périodes d'inflation au cours desquelles les augmentations de salaire croissent plus rapidement que l'indice de productivité, les gouvernements peuvent procéder à un gel des salaires ou exercer un contrôle plus serré sur les augmentations de salaire des employés. De façon plus générale, la figure 2.1 (p. 68) relève certaines particularités du secteur public, pour ce qui a trait tant au contexte d'affaires qu'aux modes d'opération ayant un impact sur la gestion de la rémunération. Il est à remarquer que plusieurs de ces particularités peuvent aussi caractériser certaines entreprises de grande taille comportant de lourdes structures hiérarchiques.

Comparativement à celle des États-Unis, où le secteur public a toujours moins bien payé ses employés que ceux du secteur privé, la situation du Canada a davantage évolué au fil des ans. Ainsi, au cours de la période 1970-1990, les Canadiens ont vécu dans un État-*providence* où, pour des emplois similaires, les fonctionnaires obtenaient des salaires et des avantages sociaux supérieurs à ceux des employés du secteur privé. Depuis, la politique de presque toutes les provinces canadiennes est celle de l'État-*remorque*, où l'on aligne la rémunération des employés du secteur public sur celle des employés du secteur privé. Au Québec, plus particulièrement, les compressions dans le secteur public ont été telles qu'aujourd'hui, sa rémunération globale est comparable à celle offerte aux employés du secteur privé (Institut de recherche et d'information sur la rémunération, 1998).

Finalement, être employé de bureau, d'entretien ou de service pour une municipalité du Québec apparaît plus avantageux que de travailler dans le secteur privé ou public, car on y obtient des salaires plus élevés et de meilleurs avantages sociaux pour moins d'heures de travail. Le quatorzième rapport présentant les constatations de l'Institut de recherche et d'information sur la rémunération (IRIR, 1998) auprès des villes de plus de 25 000 habitants, montre que la rémunération totale moyenne des employés municipaux est supérieure à celle payée par tout autre employeur pour un emploi comparable, alors que leur temps de travail est inférieur. En s'appuyant sur les données du rapport de l'IRIR, on peut établir les comparaisons suivantes :

> Vous êtes secrétaire, vous travaillez pour le gouvernement fédéral, et votre salaire est de 23 650 $. Si vous faites exactement le même travail, mais que votre employeur est une entreprise privée non syndiquée, vous gagnez 25 000 $. Si, par contre, vous occupez le même emploi, mais que vous êtes syndiqué du secteur privé, votre salaire passe à 28 300 $. Enfin, toujours pour le même emploi, vous pouvez vous attendre à 29 525 $ si vous avez la chance de travailler pour une municipalité. (Picher, 1998, p. E3.)

FIGURE 2.1

Quelques particularités du contexte d'affaires et de la gestion dans le secteur public

Particularité du contexte d'affaires

- Absence de bénéfices
- Monopole ou peu de compétition
- Produits souvent intangibles (services)

↓

Particularités de la gestion

- Objectifs de gestion : la qualité des services et l'efficience, c'est-à-dire l'art de faire davantage avec moins de ressources
- Stratégies et lignes directrices floues et tributaires des changements de leadership
- Modes de gestion très standardisés et formalisés
- Culture de gestion axée sur le contrôle
- Style de gestion accordant peu de pouvoir décisionnel aux cadres
- Préoccupation élevée pour la justice des processus de gestion

↓

Particularités de la gestion des ressources humaines

- Politiques et procédures nombreuses
- Gestion standardisée et peu flexible
- Sécurité d'emploi pour réduire le risque de corruption
- Respect des lois : agir comme modèle et figure de proue
- Procédures d'appel et de griefs connues

↓

Particularités de la gestion du rendement et de la rémunération

- Politique relative aux salaires : suivre ou égaler le marché
- Perception selon laquelle les décisions sont politiques
- Transparence, standardisation et formalisation de la gestion
- Préoccupation pour l'équité salariale et l'équité d'emploi
- Avantages sociaux et sécurité d'emploi supérieurs à ceux du marché
- Reconnaissance pécuniaire des années de service plutôt que du rendement
- Rendement reconnu par l'octroi de promotions
- Prise en considération de la productivité du pays ou de la province

Toutefois, une comparaison plus juste devrait tenir compte de la rémunération globale, c'est-à-dire des salaires, des régimes de retraite, des assurances collectives, des congés payés, des autres congés et des autres avantages.

> Vous êtes toujours secrétaire et vous travaillez toujours au gouvernement fédéral. Votre rémunération globale passe à 28 380 $. Autrement dit, vos avantages sociaux, la différence entre votre salaire et votre rémunération globale, ressortent à 4 730 $. Si vous êtes à l'emploi d'une entreprise non syndiquée, votre rémunération s'établit à 27 840 $. Cela veut dire que vous faites peut-être un meilleur salaire que votre collègue à l'emploi du fédéral, mais qu'en tenant compte des avantages sociaux, vous traînez légèrement de l'arrière. Le même travail, mais à l'emploi du provincial, commande une rémunération de 30 000 $. Pour une entreprise privée syndiquée, cela passe à 33 020 $; enfin, et je rappelle que nous comparons toujours ici des emplois parfaitement identiques, vous toucheriez 38 610 $ à l'emploi d'une municipalité. Pour le même travail, le fonctionnaire municipal gagne donc 39 % de plus que le travailleur non syndiqué du secteur privé. [...] Il n'est pas rare de trouver, dans les municipalités, des catégories d'emplois où la rémunération globale dépasse de 50 % ou plus celle des travailleurs occupant le même emploi ailleurs. Un gardien de sécurité travaillant pour un employeur privé, et gagnant 23 740 $, peut s'attendre à 33 000 $ à l'emploi du gouvernement provincial et à 50 100 $ à l'emploi d'une municipalité. (Picher, 1998, p. E3.)

2.6.5 La présence d'un syndicat

La syndicalisation correspond à un facteur souvent invoqué pour expliquer la différence entre le salaire des femmes et celui des hommes sur le marché du travail. Alors que les études confirment que les salaires sont plus élevés dans un milieu syndiqué que dans un milieu non syndiqué, on constate encore que les femmes sont sous-représentées à l'intérieur des syndicats, compte tenu de la place qu'elles occupent sur le marché du travail.

Les syndicats influencent la qualité de la gestion de la rémunération au sein des entreprises en raison de leur rôle de représentants ou de défenseurs des intérêts de leurs membres dans les négociations des contrats de travail auprès des dirigeants. Par ailleurs, lorsqu'une organisation n'est pas syndiquée, la présence de syndicats dans d'autres firmes et la possibilité que leurs employés adhèrent à un syndicat ne sont pas sans exercer une influence sur ses décisions de rémunération. Une entreprise non syndiquée doit gérer sa rémunération en tenant compte de ce qui est offert ailleurs, tant dans les milieux syndiqués que non syndiqués.

Par ailleurs, il est important de souligner que ce n'est pas seulement la présence d'un syndicat qui influence l'efficacité de la gestion des ressources humaines, mais aussi la volonté des employeurs d'éviter une éventuelle syndicalisation. Cette volonté explique pourquoi les organisations non syndiquées – qui veulent le rester – doivent souvent offrir des conditions de travail (avantages sociaux, salaires, sécurité d'emploi, etc.) qui s'avèrent aussi alléchantes, sinon meilleures que celles offertes par les entreprises syndiquées concurrentes. Plusieurs firmes non syndiquées, comme IBM, ont d'ailleurs des pratiques de gestion des ressources humaines plus coûteuses et des conditions de travail plus avantageuses que celles de bon nombre d'entreprises syndiquées concurrentes du même secteur industriel. Cette situation peut également exister au sein d'usines différentes d'une même entreprise.

Au sein d'une firme, les syndicats préconisent un ensemble de politiques et de principes de rémunération qui ont des répercussions sur la rémunération des employés non syndiqués. Ainsi, les augmentations de salaire négociées pour les employés syndiqués peuvent créer des pressions à la hausse sur les salaires d'autres groupes d'employés non syndiqués qui seront insatisfaits de leurs conditions de rémunération si elles ne s'améliorent pas dans la même proportion.

Au-delà de leur influence sur les montants des salaires et la valeur des avantages sociaux, l'incidence des syndicats sur l'adoption de différents régimes de rémunération est moins claire, car les politiques des diverses centrales syndicales diffèrent. Alors que certains syndicats insistent sur l'utilisation de leur propre système d'évaluation des emplois dans toutes les organisations où ils se trouvent, par exemple, d'autres prônent une approche plus décentralisée à cet égard. Néanmoins, les centrales syndicales semblent partager une volonté commune en ce qui a trait au respect d'un certain seuil de salaire minimum et à la protection de la sécurité d'emploi de leurs membres. De plus, il semble y avoir une entente sur l'importance de la comparaison des salaires offerts aux employés avec les salaires offerts par des organisations de référence, la formalisation et la standardisation des conditions de rémunération et l'opposition à la détermination des salaires en fonction du rendement individuel des employés. Cette situation explique pourquoi les entreprises syndiquées sont portées à accorder des augmentations de salaire selon les années de service des employés plutôt que selon leur rendement.

Toutefois, l'attitude des syndicats a évolué. Les prochains paragraphes résument les propos de Lapointe et Bélanger (1996) sur l'évolution du rôle des syndicats à l'égard des nouvelles formes d'organisation du travail, qui ont souvent une incidence sur les modes de gestion de la rémunération des employés.

Historiquement, certains syndicats, comme la CSN et la FTQ, se sont opposés à ces nouvelles approches en alléguant qu'elles réduisaient l'importance de la convention collective, affaiblissaient les syndicats dont les chefs étaient « cooptés », augmentaient le pouvoir des dirigeants sur les salariés et détérioraient les conditions de travail en augmentant la charge de travail et en réduisant le nombre d'emplois. Par contre, d'autres syndicats, comme la CSD, se sont montrés un peu plus ouverts, pensant plutôt qu'ils s'affaibliraient en restant à l'écart de ces nouvelles approches, que celles-ci sont inévitables et que l'implication et la participation des syndicats contribueraient à réduire les risques et à faire un pas vers la démocratie industrielle.

Au cours des dernières années, plusieurs changements survenus dans l'environnement ont réduit le pouvoir des syndicats, ce qui a contraint les dirigeants syndicaux à revoir leur position traditionnelle. Ainsi, la mondialisation des marchés a fait en sorte que les salaires et les conditions de travail offerts par les entreprises sont de moins en moins à l'abri de la concurrence (p. ex. : Bell Canada). Par ailleurs, on décentralise et on fragmente de plus en plus les négociations des conditions de travail dans les usines, au moment où le recours à la grève s'avère de moins en moins possible devant un employeur qui menace de fermer. De plus, les nouvelles formes d'organisation du travail exigent d'être plus flexible et d'accorder une moindre importance aux règles qui ont historiquement donné du pouvoir aux syndicats – notamment les augmentations de salaire en fonction des années de service, les procédures de griefs, la classification stricte des emplois, ainsi que les lourdes structures salariales et politiques relatives aux mouvements de personnel.

En somme, à cause de toutes ces pressions, les syndicats sont plus ouverts à l'égard des nouveaux modes de gestion de la rémunération, ou encore contraints de faire certaines concessions salariales. Ainsi, plusieurs syndicats (p. ex. : ceux des industries de l'automobile et de l'aviation) ont dû collaborer à l'implantation de nouvelles approches de travail et accepter des concessions salariales, de façon à aider la direction à traverser des périodes difficiles (équipes de travail, régimes de partage des gains de productivité, etc.). Kumar et autres (1998) ont analysé les résultats d'un sondage effectué par la Direction de l'information sur les milieux de travail de Développement des ressources humaines Canada (DRHC) auprès de 99 organisations syndicales représentant 2 343 980 travailleurs. Ces auteurs concluent que l'incertitude économique et les attentes des syndiqués contraignent les dirigeants syndicaux à trouver un équilibre entre l'adoption de stratégies défensives et l'adoption de stratégies proactives. D'une part, ils doivent assumer leurs fonctions défensives traditionnelles en termes de protection des salaires et d'avantages sociaux, de protections relatives aux licenciements et aux mises à pied, de meilleures clauses de retraite anticipée et de pensions, etc. D'autre part, ils recourent à des stratégies proactives, comme la promotion de nouvelles possibilités d'emploi et la participation des travailleurs au processus décisionnel. Une autre enquête, effectuée par les conseillers en management de chez Samson, Bélair, Deloitte et Touche (1995) révèle que 60 % des 221 premiers responsables des ressources humaines de firmes canadiennes planifiaient ou avaient planifié la mise en œuvre de projets en collaboration avec le syndicat ou le personnel, afin d'améliorer la performance de leur organisation. Les projets les plus populaires ont trait à des modifications des horaires et des formules de travail, ainsi qu'à des changements en matière de rémunération et d'application de la gestion de la qualité totale.

Comme l'expliquent Guérin et Wils (1992), le lien entre le pouvoir des syndicats et les pratiques de gestion des ressources humaines est bidirectionnel. D'une part, le pouvoir des syndicats fait évoluer les pratiques de gestion. La perte de pouvoir des syndicats peut, par exemple, amener les employeurs à s'investir davantage en matière de communication, de résolution des griefs, etc. D'autre part, les pratiques de gestion influencent le pouvoir des syndicats. Par exemple, certaines pratiques d'organisation du travail ou d'implication des employés peuvent réduire le militantisme des employés et leur besoin d'être défendus par un syndicat. À l'heure actuelle, les syndicats se préoccupent beaucoup du rôle de la justice dans les processus de changement. Ils se demandent, par exemple : Quel type de changement pouvons-nous appuyer ? Comment pouvons-nous y participer ? Quelle formation devons-nous obtenir pour suivre l'employeur ? Quelles conditions devons-nous protéger pour nos membres ? Ainsi, l'équité des processus de gestion de la rémunération et de tout changement à cet égard doit être considérée de près.

2.6.6 La culture et la philosophie de gestion

La culture d'une organisation définit et reflète les valeurs, les croyances, les attentes, les rituels, la philosophie de gestion et les normes de ses membres, ce qui influence leurs comportements à l'intérieur de l'organisation. La culture d'une organisation a des effets sur son système de rémunération et sa gestion, mais elle est également influencée par le système de rémunération et sa gestion.

Une étude (Arthur, 1995) a comparé les pratiques de gestion du personnel de divisions privilégiant (1) une approche basée sur le contrôle ayant pour objectif de réduire le coût de la main-d'œuvre ou d'améliorer l'efficience en incitant les employés à obéir à des règles et à des procédures précises, et en associant les récompenses des employés à l'atteinte de résultats mesurables, et (2) une approche fondée sur l'engagement visant à influencer les comportements des employés en établissant des liens entre les objectifs organisationnels et individuels, de manière à développer leur engagement et à pouvoir compter sur le fait qu'ils vont effectuer leur travail. Les résultats montrent que, comparativement aux unités ayant une approche basée sur le contrôle, celles qui ont un système axé sur l'engagement du personnel accordent des salaires plus élevés (la différence étant de 19 %), recourent davantage au travail d'équipe et aux groupes de travail, accordent plus de formation et ont une main-d'œuvre plus spécialisée et une structure plus décentralisée.

Comme nous l'avons déjà vu au chapitre 1, la rémunération est un outil de communication, de coordination et de mobilisation qui peut aider l'entreprise à atteindre ses objectifs. S'ils sont sensibilisés aux conséquences des diverses options en matière de rémunération, les dirigeants peuvent influencer la culture organisationnelle et s'assurer de promouvoir les valeurs désirées. En implantant, par exemple, un régime de primes reconnaissant le rendement individuel, les dirigeants favorisent une culture individualiste, alors qu'en adoptant un régime de primes d'équipe, ils suscitent un climat de collaboration.

Toutefois, si une organisation désire apporter un changement important en matière de culture, il est recommandé de ne pas prendre la rémunération comme élément moteur de ce changement, car les risques d'échec sont trop élevés. Nous l'avons déjà dit, théoriser sur des changements à faire en matière de rémunération est beaucoup plus simple que de les implanter. Les dirigeants ne peuvent compter *uniquement* sur le levier de la rémunération des employés pour réussir une volte-face stratégique ou pour changer la culture de leur firme.

2.6.7 L'organisation du travail

Selon St-Onge et autres (1998), un environnement plus ouvert, plus instable et plus imprévisible contraint les organisations à s'adapter, à réagir et à agir avec plus de rapidité et d'efficacité. Dans ce contexte, l'organisation du travail a fait une place croissante à l'autonomie et à la responsabilisation des personnes. Après la période des années 1980, marquée par l'implantation des démarches de gestion de la qualité totale, qui ont engendré les groupes d'amélioration continue (les cercles de qualité, les groupes de progrès, etc.), on assiste au retour en force des groupes semi-autonomes, également appelés « équipes de travail autogérées » (ETAGS). Au sein de ces groupes de travail, les membres sont plus responsables, ont plus de pouvoir et sont mieux formés et informés. Dans un tel contexte, les modes traditionnels de gestion des ressources humaines – notamment le mode de gestion de la rémunération qui favorisait la rigidité et la spécialisation des employés – doivent être revus de manière à favoriser davantage leur flexibilité et leur polyvalence. On parle alors de rémunération selon les compétences, de bandes salariales élargies, de rémunération des équipes, etc. Pour affronter ce nouvel environnement, on a de plus en plus recours à des formes flexibles de rémunération, comme la participation aux bénéfices, les primes, l'accès à la propriété de l'entreprise, etc.

En matière d'organisation du travail, on a aussi de plus en plus recours à une force de travail d'appoint, contractuelle, temporaire, à temps partiel et à domicile, qui varie en fonction des besoins de l'organisation. Cette nouvelle approche a des répercussions sur la gestion du personnel (gestion des heures supplémentaires, partage du temps de travail, recours aux mises à pied, au rappel, aux contrats à durée déterminée et aux employés occasionnels, etc.)

et nécessite une remise en question de nos façons de faire traditionnelles en matière de gestion de la rémunération (admissibilité aux avantages sociaux, détermination des taux de rémunération, etc.).

2.6.8 La stratégie d'affaires

Plusieurs écrits illustrent la façon dont certaines organisations ont modifié leur mode de rémunération à la suite d'un changement de stratégie d'affaires. L'encadré 2.3 décrit, par exemple, le parallèle entre la vision d'affaires de Sécal, sa vision des ressources humaines, ses objectifs et sa politique de rémunération.

ENCADRÉ 2.3

La gestion stratégique de la rémunération : le cas de Sécal

« Offrir des salaires et des avantages sociaux équitables et concurrentiels au niveau national ou local approprié*. »

Rémunération totale

Les politiques de rémunération d'Alcan ont pour *but* de permettre à la société d'*attirer* et de *retenir* des candidats qualifiés qui l'aideront à atteindre ses objectifs. Ces politiques *couvrent* la *rémunération en espèces* et les *avantages sociaux*, y compris les rentes, et elles doivent être *communiquées* aux employés.

POLITIQUE DE RÉMUNÉRATION DIRECTE (EN ESPÈCES)

La politique d'Alcan est d'offrir un programme de rémunération *équitable à l'interne*, *concurrentiel* avec ceux d'autres entreprises et *reflétant les réalisations et le rendement*.

Équité interne

- Déterminée au moyen de l'évaluation des tâches.

Compétitivité externe

- La compétitivité des pratiques et politiques d'Alcan en matière de rémunération en espèces est habituellement évaluée en les comparant avec celles d'un *groupe témoin d'entreprises* avec qui Alcan fait concurrence pour l'embauche du personnel. Cette évaluation tient compte de la *rémunération globale (salaire de base et primes)*. L'objectif de la société est d'atteindre la *médiane des résultats* de l'étude *au cours d'une période donnée*.
- La rémunération totale directe d'Alcan devrait se situer près de la *médiane* de nos marchés de référence lorsque la *performance* d'Alcan et de ses centres d'affaires est conforme aux résultats *attendus*.

- La rémunération totale directe d'Alcan devrait *excéder la médiane* de nos marchés de référence lorsque la *performance* d'Alcan et de ses centres d'affaires dépasse les résultats attendus.

* « Alcan, sa vocation, ses objectifs et ses principes directeurs » ; reproduit avec la permission d'Alcan Aluminium Limitée.

Source : « Rémunération Alcan : objectifs et principes directeurs » ; reproduit avec la permission de la société Sécal.

L'étude de Montemayor (1994) a permis de décrire l'incidence de deux importantes stratégies d'affaires – la réduction des coûts et l'innovation – sur la stratégie de rémunération d'un large échantillon d'entreprises. D'une part, une stratégie de réduction de coûts consiste à offrir des produits et des services de qualité aux moindres coûts possibles. D'autre part, une stratégie d'innovation vise à introduire continuellement de nouveaux produits et services en réduisant le délai entre l'idée et la livraison et en étudiant les attentes des clients. Comparativement aux dirigeants qui adoptent une stratégie d'affaires de réduction de coûts, ceux qui privilégient une stratégie d'affaires d'innovation :

- accordent moins d'importance à la description et à l'évaluation des emplois (par conséquent, au principe d'équité interne) ;
- privilégient davantage la reconnaissance des contributions individuelles et collectives (les principes d'équité individuelle et d'équité collective) ;
- recherchent davantage la flexibilité (que le contrôle) en matière de gestion de la rémunération.

2.6.9 La situation financière

La situation financière a inévitablement un impact sur la valeur de la rémunération accordée, ainsi que sur la nature des programme de rémunération. En effet, les firmes dont la capacité de payer est supérieure tendent à offrir des conditions de rémunération plus avantageuses. Par ailleurs, la situation financière dicte aussi le type de régime de rémunération variable choisi, ainsi que son succès. Par exemple, plusieurs programmes d'actionnariat ont été implantés pour sauver certaines entreprises de la fermeture. De plus, une étude (Long, 1992) révèle que l'absence de bénéfices est l'une des principales raisons pour lesquelles certaines firmes en viennent à abandonner un régime de participation aux bénéfices.

2.6.10 La technologie

La technologie de production influence aussi les modes de gestion de la rémunération. L'étude de MacDuffie (1995), par exemple, menée auprès de 70 usines d'assemblage d'automobiles appartenant à 34 entreprises et situées dans 17 pays différents, montre que les usines ayant un système de production *flexible* se distinguent de celles ayant un système traditionnel de production *de masse*, entre autres en recourant davantage aux régimes de rémunération basée sur le rendement de l'organisation. Une autre étude (Dunlop et Weil, 1996), menée auprès de plus de 120 unités représentant 90 firmes sur lesquelles reposait près de 30 % de la production de vêtement et de textile aux États-Unis en 1992, montre aussi que les unités ayant conservé un système de production à la chaîne utilisent presque toutes un système de rémunération à la pièce, alors que celles ayant des systèmes modulaires recourent davantage aux régimes de rémunération basée sur le rendement organisationnel et, dans une moindre mesure, aux régimes de rémunération basée sur le rendement individuel.

2.6.11 Les autres fonctions de gestion et les autres activités de gestion des ressources humaines

Une approche synergique en matière de gestion de la rémunération permet de répondre à des questions comme : Y a-t-il une cohérence entre les pratiques de rémunération et les autres pratiques de gestion des ressources humaines, du marketing, de la production, etc. ? Une stratégie de marketing orientée vers l'offre de produits de haut de gamme pour un segment de marché dont les revenus sont élevés doit s'appuyer sur un personnel qualifié et compétent que l'organisation doit payer davantage pour être en mesure de l'attirer et de le retenir.

Par ailleurs, les politiques et les pratiques de rémunération doivent également être cohérentes par rapport aux autres activités de gestion des ressources humaines. Par exemple, le succès d'une politique de rémunération visant à reconnaître le rendement des employés requiert que l'activité d'évaluation du rendement soit gérée de façon appropriée et bien comprise par le personnel. L'adoption d'une politique de promotion *interne* doit être renforcée par une politique de rémunération qui prévoit des écarts suffisants entre les titulaires d'emplois comportant des niveaux de responsabilités différents. Le fait d'offrir des salaires élevés dans le but de s'assurer une main-d'œuvre de qualité n'atteint son objectif que lorsque l'organisation effectue adéquatement sa sélection parmi le bassin de candidats.

2.6.12 Les pratiques de rémunération actuelles

La manière dont une organisation a traditionnellement géré sa rémunération constitue une contrainte, puisqu'elle justifie en partie les valeurs actuelles des employés. De fait, une grande partie de la culture d'une organisation peut être attribuée à ses politiques antérieures de rémunération. Il est également important de considérer les modes traditionnels de rémunération, car les employés risqueraient de percevoir des changements trop fréquents en la matière comme inacceptables ou inéquitables. Ainsi, même s'il peut dorénavant s'avérer plus approprié de reconnaître le rendement des employés par des primes plutôt que par des augmentations de salaire, cette façon de faire peut constituer un changement inacceptable ou inéquitable à leurs yeux. De la même manière, même si les nouveaux modes d'organisation du travail et de structure organisationnelle nécessitent plus de flexibilité, de polyvalence et d'autonomie de la part du personnel, il faut un certain temps pour l'amener à accepter des modes de rémunération plus adaptés (rémunération des équipes, salaire selon les compétences, réduction des classes d'emplois, etc.). En fait, la manière de récompenser et de rémunérer les employés constitue l'un des meilleurs moyens d'évaluer les valeurs, les croyances et la philosophie d'une entreprise. Le diagnostic des caractéristiques des systèmes de gestion de la rémunération se révèle d'ailleurs essentiel pour estimer la compatibilité des cultures des firmes qui participent à des transactions de fusions ou d'acquisitions (Cantoni, 1996).

2.7 L'INFLUENCE DES CARACTÉRISTIQUES DES TITULAIRES DES EMPLOIS SUR LA GESTION DE LA RÉMUNÉRATION

La gestion de la rémunération peut aussi varier selon les caractéristiques des emplois et de leurs titulaires.

2.7.1 Les compétences et les conditions de travail

La nature, l'ampleur et la rareté des compétences des employés, ainsi que leur expertise et les exigences de leur travail, peuvent contribuer à expliquer que les catégories de personnel les mieux rémunérées au monde soient les professionnels renommés du divertissement (artistes, athlètes, acteurs, mannequins, musiciens, etc.), les entrepreneurs, les dirigeants, les professionnels et les vendeurs.

Par ailleurs, on constate que non seulement les compétences requises, mais aussi les conditions de travail à assumer (horaires, voyages, saleté, etc.) influencent les taux de rémunération que l'organisation doit verser pour s'assurer les services du personnel requis. Par exemple, il est possible qu'un emploi d'éboueur ait une valeur égale à celui de commis à la paie, mais que l'éboueur soit beaucoup mieux payé parce que, toutes proportions gardées, plus de candidats sont intéressés par le poste de commis. En raison de l'état de l'offre et de la demande et des préférences des personnes à l'égard des emplois, il peut aussi se révéler justifié d'accorder le même salaire à des emplois de valeur différente.

2.7.2 Les caractéristiques démographiques

La gestion de la rémunération est aussi influencée par certaines caractéristiques démographiques personnelles, notamment le sexe et l'âge. Le fait que la main-d'œuvre d'une entreprise soit plus ou moins âgée ou plus ou moins féminine, par exemple, aura une incidence certaine sur les conditions de rémunération. En général, les employés plus âgés sont davantage préoccupés par leur retraite, alors que les plus jeunes désirent obtenir plus d'argent ou un appui en matière d'équilibre emploi-famille. Depuis quelque temps, bon nombre d'entreprises révisent leur gestion des avantages sociaux pour les adapter au nouveau profil de leur personnel. Qu'on pense aux régimes d'avantages sociaux flexibles et évolutifs qui permettent aux employés de choisir, parmi différents types, modules ou plans d'avantages sociaux, celui qui leur convient le mieux (généralement, ce choix doit être refait tous les deux ans), et de modifier leurs choix au cours de leur vie.

2.7.3 Les besoins ou les attentes

Certains groupes d'employés préfèrent être payés en fonction du temps travaillé, tandis que d'autres désirent que leur rémunération soit basée, non pas sur leurs années de service, mais sur leur rendement. Par exemple, l'importance du fait de tenir compte de l'équité individuelle peut varier en fonction des besoins et des attentes des diverses catégories de personnel au sein d'une même entreprise. Ainsi, au sein d'une même firme, les représentants commerciaux peuvent être rémunérés en grande partie à commission, les professionnels et les cadres, en fonction de leur rendement, alors que les salaires des employés de production peuvent varier en fonction de leurs années de service.

D'autres facteurs justifient la formulation de politiques et de pratiques de rémunération distinctes pour les diverses catégories de personnel (techniciens, vendeurs, dirigeants, cadres, personnel scientifique, employés de production, de bureau, etc.), notamment le fait d'être syndiqué ou non, l'importance de la catégorie de personnel quant au nombre d'employés ou quant à leur contribution au succès de l'entreprise, etc.

RÉSUMÉ

Ce chapitre a d'abord offert une vue d'ensemble de la gestion de la rémunération en explicitant les composantes du modèle synergique de gestion de la rémunération adopté dans cet ouvrage. Les chapitres de ce livre traiteront successivement de chacune des composantes particulières de ce modèle.

Le présent chapitre a aussi décrit le contexte entourant le modèle de gestion de la rémunération retenu. En outre, il a montré qu'une gestion synergique de la rémunération implique l'établissement d'une cohérence entre, d'une part, les modes de gestion de la rémunération et les montants de rémunération et, d'autre part, les caractéristiques de l'environnement, de l'organisation et des titulaires des emplois. Les caractéristiques environnementales sont l'économie, la concurrence, les valeurs sociales et culturelles, les lois et les changements démographiques, etc. Les caractéristiques organisationnelles sont le secteur d'activité économique, le fait de travailler dans une entreprise du secteur privé, public ou municipal, la localisation de l'entreprise, la présence syndicale, la philosophie ou la culture de gestion, la taille de l'entreprise, l'organisation du travail, les autres activités ou fonctions de gestion, les pratiques actuelles de gestion de la rémunération, etc. Pour ce qui est des caractéristiques des titulaires d'emplois, ce chapitre a insisté sur le fait que la gestion de la rémunération devait tenir compte des compétences, des conditions de travail, des besoins et des caractéristiques démographiques des employés.

Les deux prochains chapitres, qui composent la deuxième section de ce livre, portent sur un premier principe de rémunération, celui de l'équité externe. Le chapitre 3 explicite ce principe et son importance, alors que le chapitre 4 traite des pratiques et du processus d'enquête de rémunération visant à s'assurer de son respect et de son application.

QUESTIONS DE RÉVISION

1. Présenter les principaux objectifs liés à la rémunération et commenter la nécessité de faire un compromis en la matière.
2. Traiter de l'importance de la détermination des objectifs en matière de gestion de la rémunération.
3. « L'équité est une question de perception. » Commenter cette affirmation à la lumière de la prémisse de la traditionnelle « théorie de l'équité » et de la notion de « référents ».

4. Présenter les multiples principes (ou les politiques) d'équité que l'on peut chercher à respecter en matière de gestion de la rémunération.
5. Commenter succinctement les principales pratiques ou les techniques associées à chacun des principes de rémunération précédents.
6. Qu'entend-on par « stratégie de rémunération » ? Qu'est-ce qu'une stratégie de rémunération adéquate ?
7. Comment peut-on évaluer l'efficacité de la gestion de la rémunération ?
8. Comment l'environnement externe des firmes peut-il influencer leur gestion de la rémunération ? Préciser.
9. Quelles caractéristiques des firmes influencent la gestion de la rémunération ? Commenter.
10. Quelles caractéristiques des emplois et des employés influencent la gestion de la rémunération ? Développer.

RÉFÉRENCES

ADAMS, J.S. (1963). « Toward an understanding of inequity », *Journal of Abnormal and Social Psychology*, vol. 67, p. 422-436.

ARTHUR, J.B. (1995). « Effects of human resource systems on manufacturing performance and turnovers », *Academy of Management Journal*, vol. 37, p. 676.

BLACK, S.J. (1992). « Coming home : The relationship of expatriate expectations with repatriation adjustment and job performance », *Human Relations*, vol. 45, n° 2, p. 177-192.

BRITTON, P., et C.T. WALKER (1999). « Au-delà de la carotte et du bâton », traduit par Michel Maher, *Effectif*, vol. 2, n° 1, p. 14-19.

CANTONI, C.J. (1996). « Mergers and acquisitions : The critical role of compensation and culture », ACA *Journal*, vol. 5, n° 2, été, p. 38-45.

DES ROBERTS, G. (1995[a]). « Différences culturelles marquées », *Les Affaires*, Montréal, samedi, 21 janvier, p. 22.

DES ROBERTS, G. (1995[b]). « Mexique : quelques surprises touchant l'organisation du travail et la rémunération », *Les Affaires*, Montréal, samedi, 21 janvier, p. 22.

DOWLING, P.J., R.S. SCHULER et D.E. WELCH (1994). *International Dimensions of Human Resource Management*, Belmont, Calif., Wadsworth Pub. Co.

DUNLOP, J.T., et D. WEIL (1996). « Diffusion and performance of modular production in the U.S. apparel industry », *Industrial Relations*, vol. 35, n° 3, juillet, p. 334-355.

DURIVAGE, P. (1995). « Rémunération : les pdg canadiens perdent encore du terrain », *La Presse*, 6 novembre, p. B1.

GLOBERMAN, S. (1994). *Les multinationales canadiennes*, Calgary, University of Calgary Press.

GOMEZ-MEJIA, L., et R.M. WISEMAN (1997). « Reframing executive compensation : An assessment and outlook », *Journal of Management*, vol. 21, n° 3, p. 291-374.

GUÉRIN, G., S. ST-ONGE, V. HAINES, R. TROTTIER et M. SIMARD (1997). « Les pratiques d'aide à l'équilibre emploi-famille dans les organisations du Québec », *Relations industrielles*, vol. 52, n° 2, p. 274-303.

GUÉRIN, G., et T. WILS (1992). *Gestion des ressources humaines : du modèle traditionnel au modèle renouvelé*, Les Presses de l'Université de Montréal.

HARVEY, M. (1993). « Empirical evidence of recurring international compensation problems », *Journal of International Business Studies*, Fourth Quarter, p. 785-799.

HYDRO-QUÉBEC (1998). « Principes directeurs de rémunération », janvier, document non publié.

INSTITUT DE RECHERCHE ET D'INFORMATION SUR LA RÉMUNÉRATION (IRIR) (1998). *Quatorzième rapport sur les constatations de l'I.R.I.R. : faits saillants*, Bibliothèque nationale du Québec, Bibliothèque nationale du Canada, novembre.

KUMAR, P., G. MURRAY et S. SCHETAGNE (1998). « L'adaptation au changement : les priorités des syndicats dans les années 1990 », *Gazette du travail*, Développement des ressources humaines Canada, automne, p. 94-111.

LAPOINTE, P.-A., et P.-R. BÉLANGER (1996). « La participation du syndicalisme à la modernisation sociale », dans G. Murray, M.-L. Morin et I. Da Costa (sous la dir. de), *L'état des relations professionnelles, traditions et perspectives de recherche*, Québec, Octares éditions et Les Presses de l'Université Laval, p. 284-310.

LONG, R.J. (1992). « The incidence and nature of employee profit sharing and share ownership in Canada », *Relations industrielles*, vol. 47, n° 3, p. 463-488.

MACDUFFIE, J.P. (1995). « Human resource bundles and manufacturing performance : Organizational logic and flexible production systems in the world auto industry », *Industrial and Labor Relations Review*, vol. 48, p. 211 et 212.

MONTEMAYOR, E.F. (1994). « Aligning pay systems with market strategy : Observed patterns for successful organizations », ACA *Journal*, vol. 3, n° 4, p. 44-53.

PICHER, C. (1998). « Les enfants gâtés du système », *La Presse*, Montréal, samedi, 5 décembre, p. E3.

QUINTY, M. (1998). « Êtes-vous assez payé ? », *Affaires Plus*, novembre, p. 20-24.

ST-ONGE, S., M. AUDET, V. HAINES et A. PETIT (1998). *Les défis de la gestion des ressources humaines*, Boucherville, Gaétan Morin Éditeur.

SAMSON, BÉLAIR, DELOITTE ET TOUCHE (1995). *La situation de la fonction ressources humaines au Canada, service de conseils en stratégie organisationnelle de Samson, Bélair, Deloitte et Touche. Sondage auprès des premiers responsables des ressources humaines du Canada – 1994.*

SOCIÉTÉ CONSEIL MERCER LIMITÉE (1998). « Schémas de l'approche Mercer en matière de gestion de la rémunération », document non publié.

TANSKY, J.W., D.G. GALLAGHER et K.W. WETZEL (1997). « The effect of demographics, work status, and relative equity on organizational commitment : Looking among part-time workers », *Revue canadienne des sciences de l'administration*, vol. 14, n° 3, p. 315-326.

TOWERS PERRIN (1998). *La rémunération globale dans le monde*, New York.

TREMBLAY, M., et D. MARCOUX (1994). « Étude des déterminants de la rémunération des employés manuels dans les municipalités québécoises », *Relations industrielles*, vol. 49, n° 3, p. 528-546.

TREMBLAY, M., S. ST-ONGE et J.-M. TOULOUSE (1997). « Determinants of salary referents relevance : A field study of managers », *Journal of Business and Psychology*, vol. 11, n° 4, été, p. 463-484.

WILLIAM M. MERCER (1998). *International Benefit Guidelines 1998*, New York.

MODÈLE DE GESTION DE LA RÉMUNÉRATION

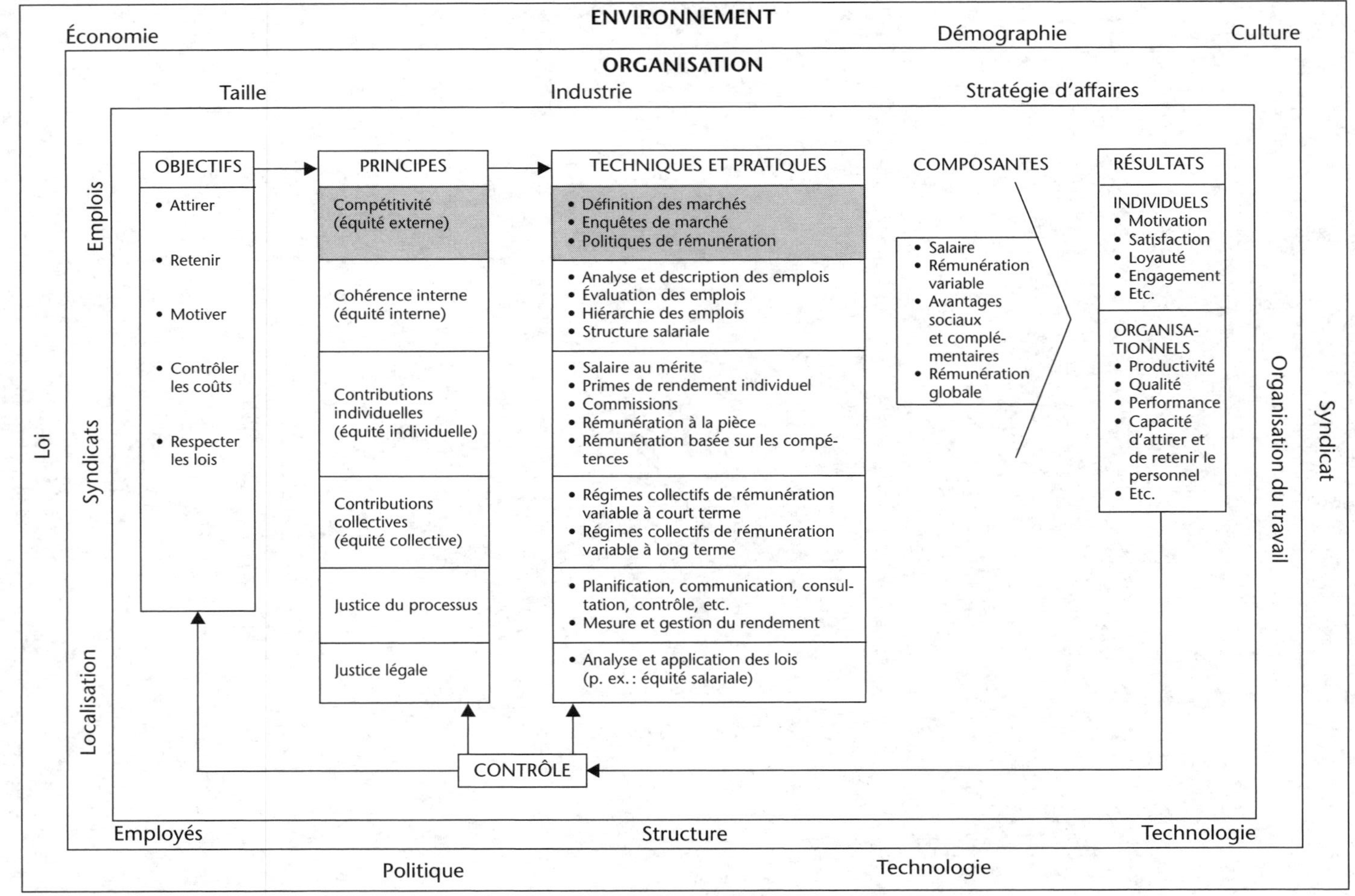

SECTION 2

L'ÉQUITÉ EXTERNE : PRINCIPES ET PRATIQUES

Chapitre 3

La compétitivité de la rémunération

OBJECTIFS

Ce chapitre vise à :

– faire comprendre l'importance d'assurer la compétitivité de la rémunération offerte aux employés, entre autres, en reliant ce principe à la théorie de l'équité ;

– décrire les grandes politiques de rémunération à l'égard du marché : suivre le marché, être à la tête du marché, être à la remorque du marché et adopter une politique de rémunération dite « hybride », « mixte » ou « synergique » ;

– traiter des multiples caractéristiques organisationnelles qui influent sur la compétitivité de la rémunération offerte aux employés ainsi que de la nature des politiques des firmes à cet égard ;

– présenter brièvement certaines théories traitant de la compétitivité de la rémunération, notamment la théorie économique de l'offre et de la demande de travail, la théorie de l'efficience des salaires et la théorie de la dépendance à l'égard des ressources.

PLAN

Objectifs 87
Cas : L'art de dénicher les talents et l'art de les conserver 89
Introduction 91
3.1 L'équité externe 91
3.1.1 Définition et importance de l'équité externe 91
3.1.2 La théorie de l'équité 93
3.2 Les politiques de rémunération par rapport au marché 93
3.2.1 Suivre le marché 94
3.2.2 Être à la tête du marché 95
3.2.3 Être à la remorque du marché 96
3.2.4 Les politiques hybrides et intégrées à la gestion des ressources humaines 97
3.3 Les variables influant sur la compétitivité de la rémunération offerte aux employés et sur le choix des politiques à cet égard 98
3.3.1 L'état de l'offre et de la demande sur le marché du travail 99
3.3.2 La capacité de payer et l'ampleur de la concurrence sur le marché des produits et des services 102
3.3.3 La proportion des coûts de la main-d'œuvre par rapport aux coûts d'exploitation et le secteur d'activité 103
3.3.4 La localisation et la structure organisationnelle 104
3.3.5 La présence syndicale 106
3.3.6 La taille, le prestige et les habitudes 106
3.3.7 La stratégie d'affaires et la philosophie de gestion 107
3.3.8 La catégorie de personnel 107
3.3.9 Les composantes de la rémunération globale 108
3.3.10 Les éléments compensatoires non pécuniaires 109
3.3.11 Les autres activités de gestion des ressources humaines 111
Résumé 112
Questions de révision 112
Références 113

CAS

L'art de dénicher les talents et l'art de les conserver

La qualité de vie et l'équilibre entre la maison et le travail font toute la différence

Ce n'est pas tout de dénicher des travailleurs aux compétences recherchées. Encore faut-il pouvoir les garder. Et pour les entreprises qui œuvrent dans une industrie en plein boom, c'est là que tout se corse.

Les informaticiens bougent

Président d'Aginove, une firme de placement de Dorval qui sert exclusivement des sociétés informatiques, Luc Laparé est embêté. Il examine le curriculum vitæ d'un informaticien qui a changé d'employeur à quatre reprises au cours des deux dernières années.

« Ça me gêne de le recommander, dit-il. Mais je sais qu'en dépit de mes réserves, bien des sociétés seraient prêtes à l'embaucher. »

Les informaticiens n'ont pas tous échappé aux coupes des sociétés qui se sont restructurées au début des années 1990. « Leur carrière passe avant leur entreprise », dit M. Laparé. Et comme les entreprises se les arrachent, ils font monter les enchères.

Même Ottawa bouge

La fonction publique, pourtant au régime minceur, n'y échappe pas. Pour stopper l'hémorragie, le gouvernement fédéral vient de consentir une augmentation de 17,3 % en salaires et en primes à ses 8 400 informaticiens, soit une rémunération additionnelle de 48 M $ sur deux ans.

Que ce soit en aéronautique, qui connaît un boom sans précédent, ou en télécommunications, [secteur] qui explose de pair avec Internet, partout les travailleurs prennent leur revanche et forcent l'ouverture des tiroirs-caisses. D'autant plus que les entreprises américaines en maraude sont là pour leur rappeler qu'ils pourraient gagner le gros lot au sud de la frontière.

CAE Électronique, par exemple, est aux prises avec des concurrents (dont elle préfère taire l'identité) qui établissent boutique le temps d'un blitz de recrutement dans un hôtel à quelques pas de ses bureaux, rue Côte-de-Liesse, à Saint-Laurent.

Rémunération concurrentielle

Nul doute, la rémunération globale (salaire, primes, participation aux profits, octroi d'options, régime d'achat subventionné d'actions) se doit d'être concurrentielle. Tous les spécialistes du recrutement joints par *Les Affaires* le reconnaissent et y veillent.

Mais au-delà du chèque de paye, c'est la qualité de vie et l'équilibre entre la maison et le travail qui font toute la différence.

« L'argent, c'est bien joli, mais encore faut-il que l'employé et sa famille puissent avoir du bon temps », dit Hélène Schwelb, administratrice au recrutement chez Ericsson Communications. « L'entreprise doit rencontrer tous les besoins de ses employés », dit François Guay, responsable du recrutement mondial pour le secteur très large bande chez Nortel.

Des garderies aux soupers

Pour ceux qui ne travaillent pas dans ces industries, la liste des avantages sociaux dont bénéficient ces travailleurs a de quoi surprendre, voire éveiller de nouvelles vocations !

Prenez Ericsson Communications. Cette société de téléphonie sans fil et de télécommunications offre des bureaux fermés, de la lumière naturelle, une cafétéria et un gymnase.

La famille est aussi au centre des priorités : garderie au bureau et heures flexibles. Personne ne jettera un regard désapprobateur à l'employé qui s'absente à 15 h 45 pour conduire ses marmots à leur cours de gymnastique. De retour de leur congé de maternité, les femmes peuvent diminuer leur charge de travail à deux ou trois jours par semaine pendant six mois.

Des PME comme Informatique Conseil Plus (ICP), de Montréal, qui emploie 65 conseillers, ne peuvent offrir de tels luxes. Mais ils tiennent à souder les liens entre les membres de l'équipe, qui se croisent entre deux mandats, par des soupers réunissant tout le personnel de la société une fois par mois. Aussi, le taux de roulement d'ICP est des plus bas, d'après Pierre Rivet, directeur des stages et du recrutement de l'École de technologie supérieure.

Les activités de groupe ont la cote pour apprendre à travailler en équipe et développer un sentiment d'appartenance. Rafting chez Ericsson, baseball chez Nortel, dont la ligue compte quelques centaines d'équipes au Canada qui s'affrontent lors d'un championnat annuel.

Des entreprises vont très loin pour ne pas perdre un employé : elles prennent en charge sa carrière et sa vie. Des services d'orientation, chez Nortel et

Ericsson notamment, lui permettent d'identifier ses aptitudes et ses talents. La formation suivra ; les cours en Californie, le séminaire à Hawaï, etc., sont évidemment payés par la société. « Nos employés, dit M. Guay, peuvent changer de carrière ou de pays à l'intérieur de l'entreprise. »

Bref, tous les horizons s'ouvrent à ces employés, à la condition expresse qu'ils restent fidèles.

Source : Cousineau (1997).

INTRODUCTION

La recherche de l'équité externe consiste à s'assurer que l'organisation offre une rémunération comparable à celle qu'offrent les autres organisations pour des emplois similaires. Ce chapitre traite de l'importance de s'assurer de la compétitivité de la rémunération des employés et présente les diverses caractéristiques de l'environnement, de l'organisation, des emplois et des employés qui influencent la compétitivité de la rémunération. Il résume ensuite les grandes politiques d'équité externe que peuvent adopter les organisations.

3.1 L'ÉQUITÉ EXTERNE

3.1.1 Définition et importance de l'équité externe

Le chapitre 1 a mis de l'avant l'importance de l'équité externe, qui consiste à s'assurer que l'organisation offre une rémunération comparable à celle qu'offrent les autres organisations pour des emplois similaires. Généralement, on s'assure de la compétitivité de la rémunération accordée aux employés en effectuant ou en consultant des enquêtes de rémunération (le chapitre 4 traitera de ce type d'enquêtes). Mener une enquête maison signifie chercher à obtenir de l'information sur la rémunération offerte par d'autres firmes du marché à l'aide d'un ou de plusieurs moyens – téléphone, questionnaire expédié par la poste ou entrevue. On peut également s'appuyer sur les résultats d'enquêtes que certains organismes effectuent annuellement, moyennant un prix plus ou moins élevé. Certains organismes gouvernementaux (Statistique Canada, Développement des ressources humaines Canada, Conference Board of Canada), organisations professionnelles (p. ex. : Ordre des ingénieurs) et firmes conseils (p. ex. : Société Conseil Mercer, Towers Perrin, Watson Wyatt Worldwide, Hay Management Consultants, Hewitt Associates) effectuent ce type d'enquêtes.

À ce jour, les écrits corroborent que les dirigeants des firmes de petite taille s'appuient sur ce qu'ils pensent être le taux du marché (Garand, 1993) et sur les caractéristiques individuelles des employés (besoins, ancienneté, rendement, etc.) pour gérer les salaires de leurs employés alors que les grandes firmes utilisent les enquêtes de rémunération.

Il est possible de fixer le niveau de rémunération des emplois à partir d'impressions générales. Toutefois, en utilisant une telle méthode, on court de grands risques de devoir refaire complètement le processus de détermination des salaires et de constater que les conséquences sont plus ou moins réversibles. Il suffit de penser aux effets d'une grande insatisfaction des employés à l'égard de leurs salaires ou encore aux conséquences d'une masse salariale trop élevée et difficilement compressible pour la viabilité d'une organisation.

La compétitivité de la rémunération globale, c'est-à-dire de l'ensemble de ses composantes (salaire, avantages sociaux, rémunération variable, etc.) est importante, puisqu'elle influence, entre autres, la capacité de l'organisation d'attirer et de retenir un personnel compétent, la rentabilité de l'entreprise, ainsi que le désir des employés de se syndiquer et de s'investir dans leur travail. La détermination des salaires des emplois entraîne une masse salariale plus ou moins importante qui a une influence directe sur les coûts d'exploitation d'une organisation et sur sa capacité de faire face à la concurrence. Cet effet sera d'autant plus prononcé que les coûts de la main-d'œuvre représentent un pourcentage élevé des coûts d'exploitation de l'entreprise. Par ailleurs, l'effet de la rémunération sur le recrutement est important dans la mesure où il existe des variations entre les entreprises du marché. Finalement, lorsqu'une entreprise paie mal ses employés par rapport au marché, il devient difficile pour elle d'exiger plus d'engagement et de diligence de leur part.

Il semble toutefois que, lorsque la rémunération offerte par une organisation correspond à un minimum acceptable, elle n'a pas d'impact sur le recrutement parce que d'autres facteurs peuvent avoir un effet compensatoire. C'est le cas, par exemple, du prestige d'une organisation, des possibilités de carrière qu'elle offre, de la sécurité d'emploi ou de facteurs aussi terre-à-terre que les possibilités de transport et le temps requis pour se rendre au travail. Pour certains postes, particulièrement ceux des cadres supérieurs, les organisations du secteur privé offrent même de bien meilleures conditions de rémunération que celles du secteur public.

Au cours des années 1990, plusieurs hauts fonctionnaires d'expérience ont fait le saut vers le secteur privé parce qu'on y offre des salaires beaucoup plus attrayants. L'an dernier, au moins la moitié des 29 sous-ministres ont quitté leurs fonctions, la plupart au profit d'un poste mieux payé dans le privé. Malgré cela, le comité fédéral ne compte pas augmenter la rémunération des sous-ministres, qui peut atteindre 170 500 $ par année. Plusieurs anciens sous-ministres gagnent plus de un million de dollars par année dans le secteur privé. Cet écart de rémunération s'applique également au cas des sous-ministres adjoints et touche autant les gouvernements provinciaux que le fédéral. Cet exode, qui survient en pleine réduction de la taille de l'État, entraîne une perte considérable d'experts en affaires publiques. Les risques de mauvaise gestion des fonds publics s'accroissent, alors que des administrateurs moins expérimentés sont appelés à remplacer leurs supérieurs passés au secteur privé. (Adapté du journal *Le Droit*, 1997, p. 13.)

3.1.2 La théorie de l'équité

La théorie de l'équité d'Adams (1965) nous aide à comprendre l'importance d'offrir une rémunération compétitive aux employés. Cette théorie stipule qu'une personne compare sa contribution et ses rétributions avec celles d'une autre personne considérée comme point de repère ou référent (*referent other*). Elle repose sur les notions d'échanges justes et de ratio permettant de calculer ces échanges – une personne calcule son propre ratio en comparant ses contributions et ses rétributions et effectue le même calcul en se comparant à d'autres personnes appelées « référents ».

La préoccupation pour le principe de l'équité *externe* signifie qu'une organisation s'emploie à ce que ses employés qui comparent leur rémunération avec celle d'employés d'autres firmes (référents à l'extérieur de l'entreprise) estiment recevoir une rémunération compétitive. Un état d'iniquité externe existe lorsqu'un employé perçoit que le ratio de sa contribution et de ses rétributions n'est pas égal à celui des titulaires d'un emploi semblable travaillant pour une autre firme.

3.2 LES POLITIQUES DE RÉMUNÉRATION PAR RAPPORT AU MARCHÉ

Compte tenu de la multiplicité accrue des composantes de la rémunération (salaire, primes, avantages sociaux, etc.), une politique de compétitivité doit porter sur la rémunération globale par rapport au marché : Quel taux de rémunération globale une organisation veut-elle offrir à ses employés par rapport au marché ? En général, on distingue quatre grandes politiques de rémunération ou de position « cible » par rapport au marché : (1) une rémunération égale au marché, (2) une rémunération à la tête du marché, (3) une rémunération à la remorque du marché et (4) une politique dite « mixte », « hybride » ou « synergique ».

À l'égard de la composante « salaire », une firme égale le marché lorsqu'elle présente un écart de plus ou moins 5 % par rapport au taux du marché. Si les salaires qu'elle offre sont supérieurs au marché et que l'écart atteint plus de 5 %, on estime que sa politique est d'être à la tête du marché. Si ses salaires sont inférieurs au marché et que l'écart est supérieur à 5 %, l'organisation se trouve à la remorque du marché. La politique mixte, hybride ou synergique varie selon divers facteurs (catégorie de personnel, composantes de la rémunération, unités d'affaires, etc.) et est établie en tenant compte de la nature des autres activités et politiques de gestion des ressources humaines (le recrutement, l'évaluation du rendement, etc.), de manière à bâtir un avantage compétitif. Dans le même ordre d'idées, une organisation peut avoir une politique de compétitivité différente pour chacune des diverses composantes de la rémunération. Par exemple, il est possible de « traîner de la patte » à l'égard des salaires et de « mener le peloton » en matière de rémunération variable (primes, commissions, etc.), ou encore d'offrir un peu moins de rémunération variable, mais de généreux avantages sociaux.

3.2.1 Suivre le marché

Une grande majorité d'entreprises affirment offrir une politique de rémunération globale égale au marché. Les firmes tendent à privilégier cette politique parce qu'elle est la moins risquée. Elles y voient une certaine obligation visant à faciliter le recrutement et à réduire au minimum les départs d'employés compétents, ou encore à satisfaire les attentes des employés. Les entreprises non syndiquées essaient d'ailleurs fréquemment d'offrir des conditions de rémunération supérieures ou au moins égales à celles offertes sur le marché (Lineneman et autres, 1990).

Comme cette politique n'a ni avantages ni inconvénients particuliers sur le plan de la rémunération, les employeurs qui l'adoptent doivent souvent suivre des politiques plus dynamiques pour ce qui concerne d'autres facettes de la gestion des ressources humaines ou d'autres conditions de travail pour être en mesure d'attirer et de conserver leurs meilleurs employés.

3.2.2 Être à la tête du marché

La théorie de l'efficience des salaires (Krueger et Summers, 1987) remet en question l'hypothèse classique des économistes selon laquelle les employeurs ont peu de pouvoir et doivent offrir le taux de rémunération du marché. Cette théorie postule que les employeurs augmentent leur efficience et réduisent leurs coûts de main-d'œuvre parce qu'un taux de salaire supérieur :

- attire un plus grand bassin de candidats compétents ;
- réduit le roulement du personnel ;
- incite les employés à fournir plus d'efforts et à mieux travailler ;
- réduit les besoins en supervision de personnel.

Les études sont trop peu nombreuses pour confirmer ces affirmations (voir la revue de Milkovich et Newman, 1998). Quoi qu'il en soit, une telle politique de rémunération ne suffit pas pour garantir la présence et la rétention d'un personnel compétent offrant un bon rendement. Même au sein des entreprises reconnues pour être de bons payeurs (p. ex. : les industries pharmaceutique et pétrochimique), peu d'employés estiment être surpayés et redevables en matière d'efforts. Par ailleurs, une firme doit s'assurer de la qualité de ses processus de sélection, afin d'identifier et d'embaucher les meilleurs parmi le grand nombre de candidats attirés par une telle politique de rémunération. De plus, si une organisation tente d'être à la tête du marché uniquement pour combler ses postes d'entrée sans ajuster les salaires de ses autres employés, ces derniers vont se plaindre et certains (les plus compétents) pourront même quitter l'entreprise. Finalement, une organisation qui adopte une telle politique pour contrer le roulement de personnel peut constater qu'elle n'est qu'un cataplasme qui ne s'attaque pas aux causes réelles des démissions des employés (mauvais climat de travail, hostilité de collègues de travail, tâche peu stimulante, etc.).

Selon une étude menée par Levine (1993) auprès de professionnels de la rémunération, la difficulté d'attirer et de retenir des candidats résulterait davantage d'une mauvaise gestion que d'un problème de rémunération, et il faudrait éviter de chercher à résoudre tous les problèmes de management avec de l'argent. En pratique, les entreprises qui adoptent une politique de rémunération visant à les placer à la tête du marché correspondent au profil suivant :

- Leurs frais d'exploitation sont davantage liés aux immobilisations qu'à la main-d'œuvre (*capital intensive* plutôt que *people intensive*) (p. ex. : industries de l'acier, de la pétrochimie, etc.) ;
- Elles sont de grande taille, ont une certaine notoriété ou veulent construire et maintenir une image de *bon payeur* ;
- Elles peuvent assez facilement intégrer une augmentation des coûts de la main-d'œuvre au prix des biens et des services qu'elles offrent (à ce jour, ce fut davantage le cas des firmes des industries informatique et pharmaceutique) ;

- Elles sont en bonne situation financière ;
- Les postes qu'elles offrent sont difficiles à combler parce qu'ils nécessitent d'importantes qualifications (chercheurs, ingénieurs, programmeurs spécialisés) ; en outre, elles ont de la difficulté à retenir les employés compétents ;
- Elles offrent des emplois qui présentent des inconvénients (peu de sécurité, présence de risques, conditions de travail désagréables, travail en région éloignée, etc.). La rémunération élevée (notamment les commissions) accordée par les firmes de courtage peut, par exemple, compenser l'insécurité liée aux emplois qu'elles offrent.

3.2.3 Être à la remorque du marché

Certaines firmes offrent une rémunération inférieure au marché afin de mieux traverser une période financière difficile ou de réduire leurs coûts de main-d'œuvre, ou encore parce que d'autres conditions de travail compensent le « manque à gagner » aux yeux des employés – notamment des horaires de travail flexibles, des possibilités de promotion alléchantes, une localisation recherchée, ou des gains futurs ou à plus long terme. Par exemple, plusieurs firmes de petite taille du secteur de la haute technologie, incapables d'offrir des conditions de rémunération équivalentes à celles des firmes concurrentes, attirent leur main-d'œuvre en lui proposant des options d'achat d'actions, un mode de rémunération qui pourra permettre aux employés de s'enrichir lorsque l'entreprise s'inscrira à la Bourse.

Très peu d'entreprises osent avouer que leur politique de rémunération consiste à être à la remorque du marché. Lors d'un sondage effectué auprès de 124 professionnels de la rémunération, tous ont affirmé que leur politique de rémunération était de payer plus que la médiane (Gerhart et Milkovich, 1992). En vérité, la situation est sûrement différente, puisqu'une distribution de salaires présente toujours un premier quartile, une médiane et un troisième quartile. D'une part, l'écart de salaire entre le premier et le troisième quartile peut être suffisamment grand pour distinguer les entreprises qui sont à la tête du marché de celles qui sont à sa remorque. D'autre part, cet écart peut s'avérer mince et signifier que les politiques de rémunération de la grande majorité des entreprises sont similaires.

Il est possible qu'une politique consistant à se situer à la remorque du marché réduise la capacité d'une entreprise à attirer les employés convoités. Cependant, il n'est pas confirmé qu'elle augmente le roulement du personnel (Lee et Mowday, 1987 ; Noe et autres, 1988). La rémunération n'est qu'un des multiples facteurs qui peuvent inciter un employé à quitter une entreprise. Il est possible qu'une firme soit à la remorque du marché sur le plan de la rémunération et chef de file en ce qui a trait à d'autres formes de récompenses –

notamment un travail comportant des défis, un environnement culturel de choix, des collègues de travail reconnus pour leur expertise, etc. Il est également possible de « traîner de la patte » sur le plan des salaires et de « mener le peloton » en matière de rémunération variable (primes, commissions, etc.).

3.2.4 Les politiques hybrides et intégrées à la gestion des ressources humaines

En pratique, peu d'organisations adoptent une politique unique et uniforme en matière de rémunération pour l'ensemble de leur personnel. Ainsi, une politique de rémunération peut varier selon la catégorie de personnel (personnel des ventes, personnel de production, spécialistes en informatique, etc.). Une organisation peut, par exemple, se situer dans le troisième quart du marché pour un premier groupe d'emplois, à la médiane pour un deuxième groupe et au premier quart pour un troisième groupe. Sa politique de rémunération peut aussi différer selon le niveau hiérarchique des emplois : par exemple, on peut choisir d'être à la tête du marché pour les cadres supérieurs et de suivre le marché pour les autres catégories de personnel.

Toutefois, la particularité traditionnelle des politiques de rémunération selon les différentes catégories d'emplois impose aujourd'hui des défis dans un contexte d'équité salariale. Dans la mesure où il est démontré qu'une catégorie d'emplois à prédominance féminine est jugée être de valeur équivalente à une autre catégorie d'emplois à prédominance masculine, une entreprise doit verser une rémunération égale aux titulaires de ces deux catégories d'emplois.

Comme nous l'avons mentionné précédemment, la politique de rémunération d'une entreprise peut aussi varier en fonction de ses unités d'affaires ou des diverses composantes de la rémunération globale (avantages sociaux, rémunération variable) et de la nature des autres conditions de travail qu'elle offre. À ce jour, les écrits et les études portant sur la rémunération ont une valeur limitée, puisqu'ils se sont presque uniquement intéressés à la politique en matière de salaire, alors que les autres composantes de la rémunération prennent aujourd'hui une importance croissante. La fréquence accrue des régimes de rémunération variable indique qu'un nombre croissant d'employeurs délaissent leur politique traditionnelle, consistant à être à la tête du marché sur le plan des salaires, pour adopter une politique de salaire égal ou inférieur au marché jumelée à une politique de chef de file sur le plan de la rémunération variable.

Les organisations tentent de plus en plus d'établir des politiques de rémunération qui transmettent aux employés actuels et futurs des « messages » particuliers quant à leurs valeurs et à leurs attentes, de manière à les inciter à adopter certains comportements. Par exemple, comparativement à une politique de salaire égal au marché sans rémunération variable mais comportant de généreux avantages sociaux, une politique de salaire inférieur au marché jumelée à d'importantes primes de rendement envoie des signaux différents aux employés actuels et permet d'attirer des candidats différents. En somme, le défi des organisations consiste aujourd'hui à adopter une politique de rémunération cohérente par rapport aux autres composantes de la gestion de leur entreprise, de leur stratégie d'affaires, de leurs autres activités de gestion des ressources humaines, etc. L'adaptation et la cohérence par rapport au contexte sont à l'origine d'une synergie et d'un avantage compétitif pour l'entreprise.

Par ailleurs, il est important de souligner deux points. Premièrement, il peut exister une différence importante entre la politique officielle (écrite) de rémunération d'une entreprise et la rémunération qu'elle verse effectivement. La politique de rémunération officielle représente l'objectif visé, alors que la rémunération constitue la réalité, une réalité que l'on peut qualifier différemment selon les enquêtes auxquelles on la compare, les statistiques auxquelles on se reporte, le fait que l'on considère ou non toutes les composantes de la rémunération, etc. Deuxièmement, la politique de rémunération d'une entreprise est toujours fonction de son marché de référence. Ainsi, le fait que la politique salariale d'une entreprise se situe à la médiane du marché regroupant un certain nombre d'entreprises présente un aspect des choses, mais le fait que ces dernières fassent partie du quart des entreprises offrant les meilleures conditions de rémunération par rapport au marché de référence en dévoile un autre.

3.3 LES VARIABLES INFLUANT SUR LA COMPÉTITIVITÉ DE LA RÉMUNÉRATION OFFERTE AUX EMPLOYÉS ET SUR LE CHOIX DES POLITIQUES À CET ÉGARD

Toute entreprise doit se préoccuper de l'équité externe ou de la compétitivité des conditions de rémunération qu'elle offre à ses employés. Quoique la majorité des organisations aient comme politique d'offrir une rémunération égale au marché, d'autres décident d'être à la tête ou à la remorque du marché. Toutefois, l'importance de l'équité externe pour une firme – de manière tant absolue que relative à celle des autres formes d'équité (interne, individuelle, etc.) – dépend de plusieurs facteurs contextuels propres à la perspective synergique à l'égard de la gestion de la rémunération (voir le chapitre 2).

La compétitivité en matière de rémunération et le choix d'une politique à cet égard sont fonction de caractéristiques telles que l'état de l'offre et de la demande sur le marché du travail, la capacité de payer et l'ampleur de la concurrence sur le marché des produits et des services, la proportion des coûts de la main-d'œuvre par rapport aux coûts d'exploitation et selon le secteur d'activité, la localisation et la structure organisationnelle, la présence syndicale, la taille, le prestige et les habitudes de l'organisation, la stratégie d'affaires, la philosophie de gestion, la catégorie de personnel, les composantes de la rémunération globale et les éléments *compensatoires* non pécuniaires comme la sécurité d'emploi, les horaires de travail flexibles et les possibilités de promotion.

3.3.1 L'état de l'offre et de la demande sur le marché du travail

Nous avons mentionné au chapitre 1 que la rémunération représente une transaction de type économique par laquelle l'organisation se procure les services de personnes. Les salaires versés doivent alors être en partie liés à l'état de l'offre et de la demande d'un type de services et de travailleurs requis sur le marché du travail. Les multiples théories économiques qui ont été mises au point au cours des siècles appuient la nécessité ou la préoccupation manifestée par les employeurs d'accorder une rémunération appropriée à leurs employés. La perspective économique de détermination des salaires analyse cette transaction sous un angle très général ou globalement, par opposition aux théories de comportements organisationnels, qui adoptent un angle d'analyse très individualisé.

Parmi les multiples théories économiques – dont Henderson (1997) propose une synthèse –, la théorie classique de l'offre et de la demande de travail demeure celle à laquelle on se réfère le plus souvent. La demande de travail correspond au nombre et aux exigences des emplois offerts sur le marché du travail (les employeurs). L'offre de travail correspond au nombre et aux qualifications des employés proposant leurs services sur le marché (les employés). Selon cette théorie, si les postes sont peu nombreux et que le bassin d'employés proposant leurs services est important, les salaires vont diminuer. À l'opposé, si les postes sont nombreux et qu'il y a pénurie de main-d'œuvre, les salaires vont augmenter et, à long terme, atteindre un taux correspondant au point d'intersection entre la courbe de la demande de travail et la courbe de l'offre de travail. En fait, cette théorie présume que les salaires et les changements apportés aux salaires avec le temps influencent l'efficience du marché du travail, c'est-à-dire le maintien d'un équilibre entre l'offre et la demande de travail. L'augmentation accélérée de la rémunération des spécialistes en informatique à la veille du bogue de l'an 2000, par exemple, est fortement attribuable à la demande croissante sur le marché du travail.

Les économistes du travail élaborent des modèles permettant de déterminer le taux de salaire qui permettra d'équilibrer l'offre et la demande de travail sur le marché. Plus précisément, le modèle économique de la demande et de l'offre de travail prend la forme illustrée à la figure 3.1 (p. 100). Cette figure montre la façon dont l'état de la demande et de l'offre de travail détermine le taux de salaire pour un type particulier d'emploi dans un marché particulier. La courbe de la demande de travail (D_t), dont la pente va vers le bas (descendante), indique que les employeurs veulent engager plus de travailleurs à de bas taux de salaire. La courbe de l'offre de travail (O_t), dont la pente va vers le haut (ascendante), indique que plus les taux de salaire sont élevés, plus les travailleurs désirent occuper les postes offerts. L'hypothèse de ce modèle est que le salaire qui achète et vend le travail sur le marché correspond au point S_1, qui correspond lui-même à l'intersection entre les courbes de l'offre et de la demande. À un salaire supérieur à S_s, il y a plus de travailleurs (offre de travail) que de postes à combler (demande de travail) et la concurrence entre les travailleurs entraîne une baisse du salaire au taux S_1, où la demande égale l'offre de travail. Autrement, à un taux de salaire inférieur à S_i, il y a un trop grand nombre de postes pour les travailleurs (offre de travail), et la concurrence entre les employeurs pour combler les postes (demande de travail) entraîne une hausse salariale au taux S_1, où la demande égale l'offre de travail.

FIGURE 3.1

Relation entre l'offre et la demande de travail et le salaire des employés

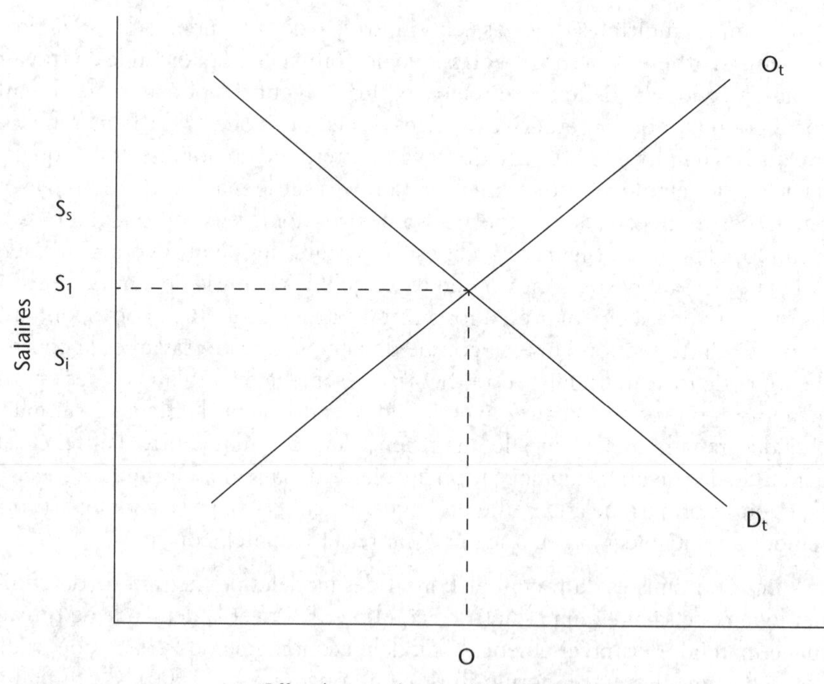

Avant 1960, la documentation relative à la rémunération des employés traduisait cette perspective « économique ». D'après les auteurs et les chercheurs – principalement des économistes du travail –, les employeurs considéraient comme important d'offrir aux employés une rémunération égale à celle que le marché accordait aux titulaires d'emplois similaires. Comme ce sont essentiellement les lois du marché – l'offre et la demande de travail – qui déterminent la rémunération des employés, cette perspective est très déterministe et peu exigeante pour les gestionnaires de la rémunération. Comme l'ont affirmé Gomez-Mejia et Balkin (1992, traduction libre), « la firme est alors décrite comme un "preneur de prix" qui ne peut pas influencer les salaires sur le marché et qui doit payer le taux qui y prévaut afin d'attirer et de retenir ses employés ». Le modèle économique de l'offre et de la demande de travail repose sur cinq hypothèses associées à la compétition parfaite (Kaufman, 1986) :

1. Les employeurs cherchent à maximiser leurs bénéfices et les travailleurs, à maximiser leur rémunération ;
2. Les employeurs et les travailleurs ont une connaissance parfaite des salaires et des occasions d'emplois sur le marché ;
3. Les travailleurs sont identiques sur le plan des habiletés et du rendement, alors que les postes offerts par les employeurs sont identiques pour ce qui concerne les conditions de travail et les attributs non pécuniaires ;
4. Le marché du travail est composé de plusieurs employeurs (la demande de travail) et de plusieurs travailleurs (l'offre de travail), et chacun de ces employeurs et de ces travailleurs a une influence négligeable sur le marché. Il n'y a pas de collusion entre les employeurs, et les travailleurs ne sont pas syndiqués ;
5. Tous les postes de travail du marché sont ouverts à la compétition et il n'y a pas de barrière institutionnelle à la mobilité des travailleurs d'un poste à un autre.

Évidemment, les hypothèses associées à la compétition parfaite sont irréalistes et simplistes : la mobilité a un coût, l'information dont disposent les employeurs et les travailleurs n'est pas nécessairement exacte, les employés peuvent être syndiqués, toutes les firmes ne cherchent pas à maximiser leurs bénéfices (certaines sont plus intéressées à augmenter leur part de marché, leurs bénéfices à long terme, etc.), etc. Néanmoins, il demeure important de comprendre le modèle économique classique, puisqu'il met de l'avant le rôle du marché comme facteur de détermination des salaires. Les économistes admettent d'ailleurs depuis longtemps que les forces de l'offre et de la demande de travail ne déterminent pas un taux unique de salaire par poste, mais plutôt une distribution des salaires entre un salaire inférieur (S_i) et un salaire supérieur (S_s) à l'intérieur de laquelle l'employeur a le choix de se situer (Lester, 1952). Toutefois, à long terme, l'employeur ne peut pas verser plus que le salaire supérieur (S_s) parce que cette mesure réduirait trop ses bénéfices. Par ailleurs, il ne peut pas non plus offrir moins que le salaire inférieur (S_i), puisque aucun travailleur n'acceptera de travailler à ce taux. Par conséquent, entre le salaire supérieur et le salaire inférieur, la firme peut formuler sa propre politique de rémunération. Ceci explique pourquoi les enquêtes indiquent que différents employeurs offrent différents taux de rémunération pour des postes similaires attribués à des employés possédant des qualifications semblables, et ce, même à l'intérieur d'une même industrie et d'une même région. Outre la demande et l'offre de travail, d'autres facteurs influencent la détermination de la rémunération. Le reste de cette section vise à présenter certains de ces autres facteurs qui influencent la compétitivité de la rémunération offerte aux employés.

3.3.2 La capacité de payer et l'ampleur de la concurrence sur le marché des produits et des services

La capacité de payer d'une organisation – estimée en fonction de sa productivité et de ses profits actuels et prévus – limite les conditions de rémunération qu'elle peut offrir, puisqu'il y va de ses bénéfices et de sa survie. Un critère comme la capacité de payer devient d'ailleurs particulièrement pertinent lorsque surviennent des périodes de récession économique. Au cours des années 1980 et 1990, plusieurs entreprises (syndiquées et non syndiquées) ont limité ou reporté leurs augmentations de salaire, alors que d'autres ont diminué (temporairement ou non) les salaires en vue de surmonter leurs difficultés financières. Ce fut le cas dans le secteur de l'automobile, par exemple, où les employés ont dû accepter certaines baisses de salaire pour assurer la survie de l'entreprise. C'est également le cas des employés du secteur public depuis quelques années.

L'importance de la capacité de payer d'une organisation est, entre autres, fonction de sa possibilité d'intégrer les augmentations de salaire aux prix de ses produits ou de ses services, laquelle est liée à l'état de la concurrence dans son secteur d'activité et à l'état de la demande pour ses produits ou ses services. Ainsi, plus la concurrence est vive et plus la demande pour ses produits ou ses services est faible, moins une entreprise peut intégrer ses augmentations de salaire à ses prix, puisque cette façon de faire réduirait ses ventes et, conséquemment, ses revenus. Par contre, moins la concurrence est forte et plus la demande de produits ou de services est élevée, plus une organisation peut se permettre d'être à la tête du marché pour ce qui concerne la rémunération en refilant la facture à ses clients. Ainsi, alors que l'état de l'offre de main-d'œuvre fixe le taux minimum de salaire permettant d'attirer et de retenir les employés compétents, l'état de la demande de produits ou de services, ou encore l'ampleur de la concurrence dans le secteur d'activité (Gunderson et Riddel, 1996), détermine le taux maximum de salaire que l'entreprise peut se permettre d'offrir.

En résumé, les entreprises liées aux secteurs où la concurrence est très vive résistent davantage au fait d'accorder de meilleures conditions de rémunération, puisqu'une telle mesure a un effet direct sur leur compétitivité. De telles organisations cherchent rarement à devancer le marché pour ne pas trop hausser leurs coûts de main-d'œuvre. Au mieux, elles tentent de suivre le marché, afin de pouvoir recruter et retenir du personnel qualifié. Toutefois, un certain nombre de législations et de changements économiques influencent de plus en plus l'état de la concurrence et, par le fait même, les possibilités des entreprises d'intégrer des augmentations de salaire aux prix de leurs produits ou services. On pense, par exemple, aux accords portant sur des ententes tarifaires douanières et au commerce entre un certain nombre de pays – dont le Canada – ainsi qu'à l'entente de libre-échange entre le Canada et les États-Unis (ALENA).

3.3.3 La proportion des coûts de la main-d'œuvre par rapport aux coûts d'exploitation et le secteur d'activité

Dans les entreprises de services où les coûts de la main-d'œuvre peuvent représenter plus de 50 % des coûts d'exploitation, les taux de rémunération ont un effet direct sur la compétitivité. Aussi de telles organisations cherchent-elles rarement à devancer le marché pour ne pas trop hausser leurs coûts de main-d'œuvre. Elles s'emploient plutôt à suivre le marché, de manière à pouvoir recruter et retenir du personnel qualifié. Ces secteurs à haute intensité de main-d'œuvre (*people intensive*) – notamment les secteurs de l'hôtellerie, du textile, de la chaussure et de l'enseignement – se contentent généralement de suivre le marché ou sont à la remorque du marché en matière de rémunération. Par contre, les firmes dont les coûts d'exploitation sont davantage liés aux immobilisations qu'à la main-d'œuvre (*capital intensive*) – notamment les entreprises relevant des secteurs de l'acier et de la pétrochimie – offrent souvent de meilleures conditions de rémunération. Au Canada, par exemple, les taux de salaire horaire moyens dans certaines industries (industries minière et forestière, transport et communications) atteignent 20 $, alors que dans d'autres industries (industrie hôtelière, restauration et commerce), ils se situent autour de 10 $.

Par ailleurs, pour un même emploi, une personne gagnera un salaire différent selon qu'elle travaille dans un secteur plutôt que dans un autre. Les résultats d'enquêtes menées par la Société Conseil Mercer Limitée (1998) indiquent qu'un vice-président des finances obtient un salaire médian de 120 000 $ dans le secteur de la fabrication de biens durables et de 165 000 $ dans le secteur de la haute technologie et des télécommunications. Par ailleurs, un directeur des ressources humaines obtient un salaire médian de 61 000 $ dans l'industrie du commerce de gros et de détail et de 79 000 $ dans le secteur des ressources naturelles. Selon Milkovich et Newman (1998), certaines enquêtes longitudinales indiquent que l'effet du type de secteur d'activité sur les conditions de rémunération des employés est demeuré stable au cours des années : les industries qui payaient mieux il y a 70 ans sont encore aujourd'hui parmi celles qui accordent les meilleures conditions de rémunération, et vice versa. Une enquête effectuée auprès de 492 organisations canadiennes montre que la moyenne des augmentations de salaire projetées – pour toutes les catégories d'employés non syndiqués – varie beaucoup d'un secteur d'activité à l'autre (voir la figure 3.2). Les secteurs où l'on projette d'accorder les meilleures augmentations de salaire sont ceux du matériel d'informatique et de haute technologie, des logiciels et des produits pharmaceutiques et de biotechnologie. Par ailleurs, les secteurs où l'on planifie d'attribuer les augmentations de salaire les moins élevées sont le secteur public, les services publics et le transport.

3.3.4 La localisation et la structure organisationnelle

La localisation des firmes a des répercussions sur le taux de salaire qu'elles offrent pour un même emploi. Par exemple, le salaire médian – c'est-à-dire le taux de salaire auquel il y a autant d'employeurs qui versent un salaire supérieur que d'employeurs qui versent un salaire inférieur – varie selon les provinces et à l'intérieur d'une même province. Ainsi, le salaire médian d'un représentant des ventes s'élève à 40 000 $ à Québec et à 56 000 $ en Colombie-Britannique ; celui d'un analyste en marketing est de 45 000 $ à Montréal et de 59 000 $ en Alberta ; celui d'un acheteur atteint 45 000 $ à Montréal, alors qu'il est de 38 000 $ ailleurs au Québec (Société Conseil Mercer Limitée, 1998).

Le fait qu'une importante entreprise manufacturière soit presque le seul employeur dans une petite municipalité, par exemple, lui confère plus de pouvoir discrétionnaire pour établir ses modes de rémunération que n'en a une entreprise de services de la même région qui fait face à une forte concurrence sur le marché de l'emploi (Bjorndal et Ison, 1991). La première n'entre en concurrence avec aucun employeur pour recruter et retenir ses employés. Ainsi, au-delà d'un seuil minimal de rémunération, les employés ne quitteront pas leur région pour aller travailler pour un autre employeur. Par ailleurs, à moins d'être très importante et, conséquemment, d'attirer des gens de l'extérieur, une augmentation de la rémunération ne permettrait pas à l'entreprise d'améliorer la quantité et la qualité de sa main-d'œuvre, puisque l'offre de travail est limitée aux employés de la région.

FIGURE 3.2

Augmentations de salaire projetées en 1999 par secteur d'activité au Canada pour toutes les catégories d'employés

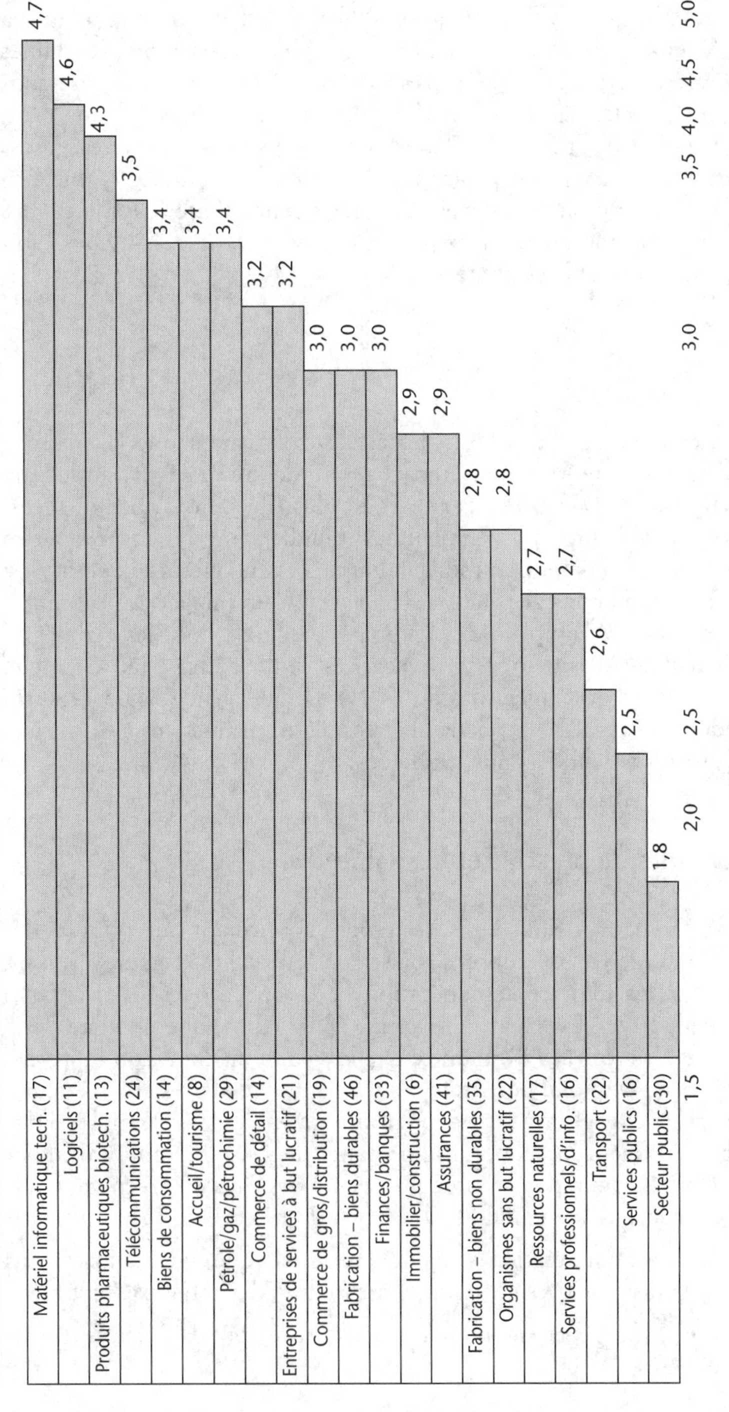

Source : Société Conseil Mercer Limitée (1998).

Par ailleurs, certaines organisations ayant une structure décentralisée adoptent des politiques de rémunération différentes d'une unité d'affaires à l'autre, par exemple, selon leur situation géographique respective (certaines firmes établissent des facteurs de disparités régionales). Une entreprise dont certaines unités d'affaires se situent loin des grands centres urbains peut, notamment, verser des primes d'éloignement en sus du salaire (c'est le cas des entreprises qui exercent leurs activités dans le nord de la Colombie-Britannique, de l'Ontario ou du Québec) ou intégrées au salaire (c'est le cas des entreprises dont les activités principales s'exercent dans des régions éloignées, comme les entreprises minières).

3.3.5 La présence syndicale

Au Canada comme aux États-Unis, les études confirment que la présence syndicale dans les entreprises a un impact positif de près de 10 % sur le taux de salaire (Renaud, 1997) et que cet écart est plus élevé en période de récession ou à l'égard des employés peu qualifiés (Gunderson et Hyatt, 1995). La syndicalisation a aussi un effet sur les avantages sociaux offerts aux employés. Au fil des années, on constate que les syndicats ont un impact positif important sur la présence et l'ampleur des avantages sociaux – dont les régimes de retraite, les régimes d'assurances, les vacances et les congés. Par exemple, l'étude de Swidinsky et Kupferschmidt (1991) montre qu'au Canada, les travailleurs syndiqués ont 25 % plus de chances d'être admissibles à un régime de retraite que les travailleurs non syndiqués.

3.3.6 La taille, le prestige et les habitudes

Au Canada comme aux États-Unis, les études confirment que la taille des entreprises, mesurée par le chiffre d'affaires ou le nombre d'employés, a un effet positif sur les taux de rémunération et la générosité des avantages sociaux (Julien, 1997 ; Evans et Leighton, 1989). Ainsi, une enquête de la Société Conseil Mercer (1998) montre que le salaire médian d'un représentant des ventes à l'emploi d'une firme dont le chiffre d'affaires est inférieur à 50 millions s'élève à 34 000 $ alors qu'il atteint 53 000 $ si l'employé travaille pour une firme ayant un chiffre d'affaires de plus de 5 milliards. Pour les mêmes chiffres d'affaires, les vice-présidents des finances reçoivent respectivement un salaire médian de 130 000 $ et de 195 000 $.

Ces écarts de rémunération seraient dus au fait que, comparativement aux grandes organisations, les PME sont, entre autres, davantage susceptibles :

- d'être localisées dans des milieux ruraux, où le coût de la vie est moins élevé ;

- d'embaucher des travailleurs sur une base horaire, à temps partiel ou temporaire, ce qui permet de limiter les coûts de main-d'œuvre ;
- d'avoir une main-d'œuvre dont les caractéristiques commandent de plus faibles salaires : plus jeune, plus féminine, cumulant moins d'ancienneté, moins scolarisée, moins qualifiée, comportant moins de personnel cadre ;
- d'avoir moins de revenus et une moins grande capacité de payer ;
- de lier davantage la rémunération à des mesures de rendement.

La politique de rémunération d'une organisation peut également refléter l'image que celle-ci désire projeter auprès du public. Une institution bancaire pourra, par exemple, utiliser sa politique salariale pour confirmer son image de bon citoyen « corporatif ». Traditionnellement, les taux de salaire offerts par plusieurs grandes organisations étaient souvent le résultat d'habitudes acquises au fil des années. Aujourd'hui, un moins grand nombre d'entreprises peut se payer le luxe d'agir par habitude. La mondialisation des marchés des produits a eu pour effet de créer des pressions sur les entreprises afin qu'elles augmentent leur productivité et exercent un meilleur contrôle sur leurs coûts d'exploitation.

3.3.7 La stratégie d'affaires et la philosophie de gestion

Dans une perspective stratégique, on recommande aux entreprises d'adopter des politiques de rémunération qui soient cohérentes par rapport à leur stratégie d'affaires. Par exemple, des employeurs qui adoptent une stratégie de production de masse au moindre coût, ou encore une stratégie de marketing visant les personnes à faibles et à moyens revenus, vont adopter une politique de rémunération cohérente consistant à être à la remorque du marché ou, au mieux, à suivre le marché. On croit aussi que, selon que leur stratégie d'affaires soit du type « prospecteur », « défenseur » ou « analyseur », les firmes doivent faire des choix différents en matière de rémunération (Kanungo et Mendonca, 1997). D'autres employeurs prônent une philosophie d'engagement mutuel, selon laquelle ils adoptent des pratiques de gestion à haut rendement – notamment de meilleures conditions de rémunération et une rémunération plus variable – en échange de la qualité, de l'innovation, du service aux clients et des compétences que les employés leur offrent (Kochan et Osterman, 1994 ; Pfeffer, 1994, 1998).

3.3.8 La catégorie de personnel

La théorie de la dépendance à l'égard des ressources (Balkin et Bannister, 1993) stipule que les titulaires des emplois qui contrôlent les ressources vitales d'une organisation ont plus d'influence sur les décisions de rémunération qui les concernent. Certains auteurs ont déjà qualifié ces employés de « stratégiques », du fait que leurs actions et leur rendement peuvent se révéler critiques par rapport au chiffre d'affaires de l'entreprise (Milkovich, 1988). Cette théorie permet de comprendre pourquoi l'équité externe est particulièrement importante pour le personnel qui possède des compétences rares, notamment :

- le personnel qualifié ou aux compétences rares (ingénieurs spécialisés, programmeurs, etc.) qui se montre loyal envers sa profession ;
- les vedettes sportives et artistiques ;
- les cadres supérieurs.

Par ailleurs, l'équité externe est aussi importante pour le personnel qui entre en contact avec les employés d'autres firmes, ou encore le personnel qui travaille surtout à l'extérieur – notamment les représentants des ventes, qui connaissent la rémunération offerte par les autres firmes et peuvent utiliser ces renseignements dans la négociation de leur rémunération.

Finalement, l'équité externe peut s'avérer importante pour les employés qui doivent composer avec des inconvénients, des risques ou des préjugés dans l'exercice de leurs fonctions (peu de sécurité d'emploi, peu d'avantages sociaux, etc.). C'est le cas, par exemple :

- du personnel expatrié, notamment des employés qui travaillent dans des régions où ils risquent leur santé ou leur vie ;
- des travailleurs autonomes ;
- des éboueurs ;
- des travailleurs du secteur minier.

3.3.9 Les composantes de la rémunération globale

Comme il a été mentionné précédemment, la politique de rémunération globale peut varier selon les diverses composantes de la rémunération globale. À cause de la présence croissante de régimes de rémunération variable, les entreprises doivent les prendre en considération lorsqu'elles déterminent leur position salariale. En pratique, cela se traduit par une politique salariale et par une politique de rémunération totale en espèces. Par exemple, une entreprise qui est à la remorque du marché en matière de salaires peut compenser ce fait en s'efforçant d'être à la tête du marché en matière de rémunération totale en espèces (salaires et primes) lorsque le rendement de l'entreprise le permet. La politique de rémunération totale en espèces d'une autre organisation peut faire en sorte qu'elle se situe à la médiane de la rémunération totale en espèces du marché de référence si elle atteint les objectifs de rendement prévus. Si elle les dépasse, sa rémunération en espèces peut alors excéder celle du marché de façon proportionnelle au dépassement des objectifs de rendement.

3.3.10 Les éléments compensatoires non pécuniaires

Le choix d'une position par rapport au marché tient compte de la présence ou de l'absence d'autres éléments de rétribution souvent qualifiés de « compensatoires », tels les possibilités de promotion, le climat de travail, les possibilités de formation et de perfectionnement, la sécurité d'emploi, l'accès à la technologie de pointe, l'autonomie et l'enrichissement du travail, les défis, l'environnement favorable aux loisirs ou à l'équilibre emploi-famille, etc. Plus une entreprise offre de tels avantages, moins la compétitivité sur le plan de la rémunération prise dans un sens strictement pécuniaire devient nécessaire pour lui permettre d'attirer des employés compétents et de les retenir.

Une entreprise doit, par exemple, offrir de meilleures conditions de rémunération pour attirer et retenir ses employés dans la mesure où leur emploi comporte des inconvénients (faible sécurité d'emploi, longue période d'acquisition des habiletés nécessaires au travail, risque élevé d'échec, conditions de travail désagréables ou dangereuses, etc.). De la même manière, une entreprise qui offre peu de possibilités de promotion et de développement peut compenser cet inconvénient en offrant une rémunération plus généreuse.

Par contre, une organisation prestigieuse peut davantage se permettre de situer ses salaires à un niveau inférieur à celui d'une organisation moins reconnue (dans une certaine mesure, bien entendu). De même, une organisation au sein de laquelle les possibilités de promotion sont plus nombreuses peut offrir de moins bonnes conditions de rémunération. Dans le même ordre d'idées, malgré une politique salariale à la remorque du marché, une entreprise peut attirer et conserver une main-d'œuvre de grande qualité en mettant l'accent sur la formation et le perfectionnement de son personnel, l'accès à la technologie de pointe, les défis posés par les tâches, la sécurité d'emploi, etc.

Une étude menée auprès de 193 organisations canadiennes ayant des activités de recherche et développement (St-Onge et autres, 1999) montre qu'elles utilisent diverses stratégies pour recruter et retenir le personnel spécialisé dans ce secteur (voir l'encadré 3.1). On peut remarquer que la rémunération ne représente qu'une des stratégies utilisées pour recruter et retenir le personnel scientifique. Le texte proposé en début de chapitre, « L'art de dénicher les talents et l'art de les garder », illustre bien comment, au sein des entreprises du secteur de la haute technologie, une rémunération concurrentielle est un facteur important mais non suffisant pour attirer et retenir le personnel clé. Ces entreprises doivent aussi être concurrentielles pour ce qui concerne l'ensemble des conditions de travail (équipements, climat de travail, horaires, congés, pratiques d'équilibre emploi-famille, budget de formation, défis à relever, etc.).

ENCADRÉ 3.1

Les stratégies de recrutement et de rétention du personnel de recherche et développement utilisées par les organisations canadiennes

PRINCIPALES STRATÉGIES DE RECRUTEMENT

Environnement de travail

- Travail et projets stimulants et intéressants
- Défis en recherche et développement présents et à venir
- Qualité du personnel de recherche et développement
- Infrastructures de recherche (équipement, lieu de travail)
- Autonomie du personnel de recherche et développement

Organisation

- Potentiel de croissance
- Réputation
- Performance
- Culture
- Cheminement de carrière
- Qualité de vie au travail
- Diversité culturelle et ethnique du personnel

Rémunération

- Conditions de travail
- Avantages sociaux
- Potentiel d'enrichissement
- Salaires
- Incitatifs à long terme (p. ex. : options)
- Incitatifs à court terme (p. ex. : primes)

Ville

- Qualité de vie
- Conditions économiques
- Disponibilité des logements
- Prix des logements
- Accessibilité à l'éducation
- Disponibilité et diversité des loisirs

PRINCIPALES STRATÉGIES DE RÉTENTION

Environnement de travail

- Projets de recherche et développement plus attrayants
- Révision des produits et services
- Amélioration des conditions de travail
- Révision de la nature des projets de recherche et développement
- Amélioration de la qualité de vie au travail

- Nouvelles formes d'organisation du travail
- Accroissement de l'autonomie
- Enrichissement du contenu du travail

Gestion de la rémunération

- Augmentation des salaires
- Progression salariale liée à la poursuite de la recherche
- Prime à court terme

Gestion du rendement

- Amélioration de la qualité de la supervision (assistance professionnelle, répartition des tâches, etc.)
- Reconnaissance accrue du rendement individuel
- Révision des procédures d'évaluation du rendement
- Célébration des réussites d'équipe
- Reconnaissance accrue des compétences individuelles
- Célébration des résultats individuels

Gestion des compétences

- Augmentation du budget de formation
- Augmentation du temps consacré au perfectionnement
- Augmentation du nombre de cours offerts
- Amélioration des possibilités de développement

Source : Adapté de St-Onge et autres (1999).

3.3.11 Les autres activités de gestion des ressources humaines

La détermination de la politique de rémunération d'une entreprise en fonction du marché doit également tenir compte de ses autres politiques et pratiques en matière de gestion des ressources humaines (recrutement, sélection, formation, évaluation du rendement, etc.). Ainsi, une entreprise dont les exigences sont élevées lors de l'embauche doit offrir aux candidats des possibilités réelles de rétribution importante. Par ailleurs, la capacité d'une organisation de recruter et de sélectionner des candidats en nombre et en qualité suffisants repose aussi sur la générosité de ses conditions de rémunération. Lorsqu'elle établit sa politique de salaires, une entreprise doit se soucier du taux de satisfaction des employés à l'égard de leur rémunération, puisque ce facteur a un effet sur leur roulement.

La politique de rémunération d'une entreprise doit aussi être liée aux politiques et aux pratiques d'évaluation du rendement de ses employés. Ainsi, être à la tête du marché ne peut être efficace si l'entreprise ne s'appuie pas sur un suivi du rendement des employés, car, autrement, sa survie serait en jeu. De plus, la valorisation du rendement amène de plus en plus d'entreprises à égaler le marché ou à être à sa remorque en matière de politique salariale, puisque des primes sont alors prévues en sus du salaire.

L'importance de l'équité externe n'est pas non plus étrangère au marché réel de l'emploi des employés visés. Ainsi, elle peut être moins importante pour les organisations qui ont une politique de promotion ou de recrutement interne, c'est-à-dire qui comblent leurs emplois d'entrée en embauchant des personnes de l'extérieur et leurs autres emplois en exploitant la mobilité interne de leur personnel (promotions, mutations, etc.).

RÉSUMÉ

Ce chapitre a d'abord mis en lumière l'importance de la compétitivité de la rémunération des employés d'une organisation. On y a ensuite traité des diverses politiques de rémunération que les entreprises peuvent adopter à l'égard du marché : suivre le marché, être à la tête du marché, être à la remorque du marché ou adopter une politique dite « mixte », « hybride » ou « synergique ». Finalement, il a identifié les principaux facteurs qui influencent le choix d'une politique de rémunération par rapport au marché : l'état de l'offre et de la demande sur le marché du travail, la capacité de payer, l'ampleur de la concurrence sur le marché des produits et des services, la proportion des coûts de main-d'œuvre par rapport aux coûts d'exploitation et selon le secteur d'activité, la localisation, la structure organisationnelle, etc.

Après avoir fait le point sur ces sujets, nous allons traiter de la collecte de l'information pertinente sur le marché de référence, qui permet à une organisation d'adopter une politique de rémunération en fonction de la valeur souhaitée. L'enquête de rémunération fait l'objet du chapitre 4.

QUESTIONS DE RÉVISION

1. Qu'entend-on par « principe d'équité externe » en rémunération ?
2. Pourquoi les employeurs doivent-ils se préoccuper de la compétitivité de la rémunération qu'ils offrent ?
3. Les entreprises peuvent adopter différentes politiques en matière de compétitivité des salaires. Décrire ces différentes politiques et les commenter (avantages, limites, conditions de succès, etc.).
4. Quelles caractéristiques organisationnelles influencent la compétitivité de la rémunération offerte aux employés ou les politiques de rémunération des firmes à cet égard ? Préciser et illustrer ces facteurs.

RÉFÉRENCES

ADAMS, J.S. (1965). « Inequity in social exchange », dans L. Berkowitz (sous la dir. de), *Advances in Experimental Social Psychology*, vol. 2, New York, Academic Press, p. 267-297.

BALKIN, D.B., et B. BANNISTER (1993). « Explaining pay form for strategic employee groups in organizations », *Journal of Occupational and Organizational Psychology*, vol. 66, n° 2, p. 139-151.

BJORNDAL, J.A., et L.K. ISON (1991). *Mastering Market Data : An Approach to Analyzing and Applying Salary Survey Information*, Building Block in Total Compensation, Scottsdale, Ariz., American Compensation Association.

COUSINEAU, S. (1997). « L'art de dénicher les talents et l'art de les conserver », *Les Affaires*, samedi, 22 novembre, p. 4 et 5.

EVANS, D.S., et L.S. LEIGHTON (1989). « Why do smaller firms pay less ? », *Journal of Human Resources*, vol. 24, n° 2, p. 299-318.

GARAND, D. (1993). *La conservation des ressources humaines dans les PME*, mémoire de maîtrise, Trois-Rivières, Université du Québec à Trois-Rivières.

GERHART, B., et G. MILKOVICH (1992). « Employee compensation : Research and practice », *Handbook of Industrial and Organizational Psychology*, 2e édition, Palo Alto, Calif., M.D. Dunnette et L.M. Hough, Consulting Psychologists Press.

GOMEZ-MEJIA, L.R., et D.B. BALKIN (1992). *Compensation, Organizational Strategy and Firm Performance*, South-Western Series in Human Resources Management. Cincinnati, College Division, South-Western Pub.

GUNDERSON, M., et D. HYATT (1995). « Union impact on compensation, productivity, and management of the organization », dans M. Gunderson et A. Ponak, *Union-Management Relations in Canada*, 3e édition, Don Mills, Ont., Addison-Wesley, p. 311-337.

GUNDERSON, M., et C. RIDDEL (1996). *Labour Market Economics*, Toronto, McGraw-Hill.

HENDERSON, R.I. (1997). *Compensation Management in a Knowledge-Based World*, 7e édition, Upper Saddle River, N.J., Prentice Hall.

JULIEN, P.A. (1997). *Les PME : bilan et perspectives*, 2e édition, Cap-Rouge, Les Presses Inter-Universitaires, GREPME.

KANUNGO, R.N., et M. MENDONCA (1997). *Compensation : Effective Reward Management*, Toronto, John Wiley and Sons.

KAUFMAN, B.E. (1986). *The Economics of Labor Markets and Labor Relations*, Chicago, Dryden.

KOCHAN, T., et P. OSTERMAN (1994). *The Mutual Gains Enterprise : Forging A Winning Partnership among Labor*, Cambridge, Harvard University Press, Management and Government.

KRUEGER, A.B., et L.H. SUMMERS (1987). « Reflections on inter-industry wage structure », dans K. Lang et J.S. Leonard (sous la dir. de), *Unemployment and the Structure of the Labor Market*, New York, Basil Blackwell, p. 14-17.

Le Droit (1997). « Comité pour dénicher et perfectionner des fonctionnaires », lundi, 13 janvier 1997, p. 13.

LEE, T.W., et R. MOWDAY (1987). « Voluntary leaving an organization : An empirical investigation of Steers and Mowday's model of turnover », *Academy of Management Journal*, décembre, p. 721-743.

LESTER, R.A. (1952). « A range theory of wage differentials », *Industrial and Labor Relations Review*, vol. 5, n° 41, juillet, p. 483-500.

LEVINE, D.I. (1993). « Fairness, markets and ability to pay : Evidence from compensation executives », *American Economic Review*, vol. 83, n° 5, décembre, p. 1241-1259.

LINENEMAN, P.D., M.L. WACHTER et W.H. CARTER (1990). « Evaluating the evidence on union employment and ages », *Industrial and Labor Relations Review*, vol. 44, n° 1, p. 34-53.

MILKOVICH, G.T. (1988). « A strategic perspective on compensation management », *Research in Personnel and Human Resources Management*, Greenwich, Conn., JAI Press, vol. 6, p. 263-288.

MILKOVICH, G.T., et J.M. NEWMAN (1998). *Compensation*, Boston, Irwin.

NOE, R.A., B.D. STEFFY et A.E. BARBER (1988). « An investigation of the factors influencing employees' willingness to accept mobility opportunities », *Personnel Psychology*, vol. 41, n° 3, p. 559-580.

PFEFFER, J. (1994). *Competitive Advantage through People*, Boston, Harvard University Press.

PFEFFER, J. (1998). *The Human Equation : Building Profits by Putting People First*, Boston, Harvard Business School Press.

RENAUD, S. (1997). « Unions and wages in Canada : A review of the literature », dans R. Chaykowski, P.-A. Lapointe, G. Vallée et A. Verma (sous la dir. de), *La représentation des salariés dans le contexte du libre-échange et de la déréglementation*, sélection des textes du XXXIIIe Congrès de l'Association canadienne des relations industrielles, p. 211-225.

ST-ONGE, S., M. MAGNAN et S. THONON (1999). « Managing R & D personnel : A challenge for Canadian organizations », *The HRM Research Quarterly*, vol. 3, n° 4, hiver, p. 1-8.

SOCIÉTÉ CONSEIL MERCER LIMITÉE (1998). *Rapport d'enquête 1998 sur la planification de la rémunération pour le personnel non syndiqué*.

SWIDINSKY, R., et M. KUPFERSCHMIDT (1991). « Longitudinal estimates of the union effects on wages, wage dispersion and pension fringe benefits », *Relations industrielles*, vol. 46, n° 4, p. 819-838.

Chapitre 4

LES ENQUÊTES DE RÉMUNÉRATION

OBJECTIFS

Ce chapitre vise à :

- faire comprendre l'importance et l'utilité des enquêtes de rémunération ;
- décrire les étapes du processus d'enquête de rémunération, notamment les besoins et les objectifs de l'enquête, l'étendue de l'enquête, les méthodes d'enquête, les sources d'enquête, la collecte et l'analyse des données ;
- traiter des limites des enquêtes de rémunération ;
- proposer des conseils sur les enquêtes de rémunération et à traiter des défis actuels liés à ces enquêtes.

PLAN

Objectifs 115
Cas : Les enquêtes de rémunération chez Transtel inc. 118
Introduction 122
4.1 Le processus d'enquête de rémunération : définition et utilisation 122
4.1.1 Les différences entre les enquêtes de rémunération et les enquêtes de prévisions salariales 123
4.1.2 La portée et la légalité des enquêtes de rémunération 123
4.1.3 Les étapes du processus d'enquête de rémunération 124
4.2 La détermination des objectifs de l'enquête et des informations désirées 124
4.3 La détermination de l'étendue de l'enquête : emplois et marché visés 128
4.3.1 La détermination des emplois ou des familles d'emplois visés 129
4.3.2 L'importance et les déterminants du choix du marché de référence 129
Le secteur d'activité économique et la taille 130
Le marché de l'emploi : international, national, provincial, régional ou local 130
La mobilité des titulaires des emplois au sein de l'entreprise. 131
4.4 Le choix de la méthode d'enquête 132
4.4.1 La méthode de l'appariement des emplois repères 132
4.4.2 La méthode des groupes occupationnels ou fonctionnels 135
4.4.3 La méthode d'appariement par évaluation d'emplois 136
4.5 La détermination de la ou des sources d'information 137
4.5.1 Les enquêtes générales effectuées par une tierce partie 139
4.5.2 Les enquêtes maison effectuées par l'organisation ou par des consultants 141
4.6 La détermination de l'approche de collecte des données 142
4.6.1 Le questionnaire 142
4.6.2 L'entretien téléphonique 143
4.6.3 L'entrevue 143
4.6.4 L'informatique et Internet 143
4.7 L'analyse des résultats 144
4.7.1 L'actualisation et la pondération des résultats 144
4.7.2 Les mesures de tendance centrale 146
4.7.3 Les mesures de distribution 148
4.7.4 L'indice de compétitivité 150
4.7.5 Les autres types d'analyse 153
4.8 La présentation des résultats 154
4.9 Les limites des enquêtes de rémunération 154

4.9.1 Les caractéristiques des enquêtes de rémunération 156
4.9.2 Le caractère subjectif et politique du processus d'enquête 157
Le caractère subjectif du processus d'enquête 157
Le caractère politique du processus d'enquête 158
4.9.3 L'équité externe dans la détermination de la rémunération ... 159
4.9.4 Les salaires comme composante de la rémunération et la rémunération comme facette des conditions d'emploi 160
4.10 Les conseils liés aux enquêtes de rémunération 161
4.10.1 Le recours aux enquêtes de rémunération.............................. 161
4.10.2 La nécessité d'informer le personnel et de tenir compte de ses points de vue 162
4.10.3 L'officialisation du processus d'enquête de rémunération....... 163
4.11 Les défis liés aux enquêtes de rémunération...................................... 164
4.11.1 La recherche d'information sur les composantes de la rémunération globale 164
4.11.2 L'évaluation de la compétitivité de la rémunération offerte à certaines catégories d'employés 165
Résumé.. 169
Questions de révision 169
Références.. 170
Annexe 4.1 : Présentation d'une partie des résultats d'une enquête de rémunération 172

CAS

Les enquêtes de rémunération chez Transtel inc.

La société Transtel inc. offre des services de télécommunications en Amérique du Nord. Cette entreprise fournit des services évolués de transmission de la voix, de données et d'images à des millions de clients d'affaires et résidentiels, principalement au Canada, mais également aux États-Unis et outre-mer. En 1999, le total des produits d'exploitation consolidés de Transtel atteignait environ quatre milliards, dont 70 % provenaient des services de télécommunications locaux et interurbains.

Le nouveau contexte d'affaires de Transtel inc.

Depuis le début des années 1990, un vaste mouvement de déréglementation de l'industrie a été amorcé par les instances tant fédérale que provinciales. Aujourd'hui, la concurrence qui anime la majorité des secteurs d'affaires de Transtel signifie que le personnel doit constamment acquérir de nouvelles compétences et offrir un service professionnel à des prix compétitifs.

Ce contexte d'affaires a des répercussions sur l'organisation du travail et sur l'ensemble des activités de gestion des ressources humaines. Par exemple, de nouvelles pratiques de rémunération axées sur les objectifs d'affaires ont été mises en place, de manière que chaque division soit responsable de sa contribution aux résultats globaux de l'entreprise. Par ailleurs, des programmes de rémunération variable, tant pour les employés non cadres que pour les cadres, ont également été adoptés.

Les répercussions du contexte d'affaires sur le processus d'enquête de rémunération

Le nouveau contexte d'affaires a également amené la direction de Transtel à constituer un comité ayant pour mandat d'examiner et d'évaluer le processus d'enquête de rémunération et de formuler des recommandations.

Ce comité constate qu'à elle seule, la division des ressources humaines participe à plus de 50 enquêtes de rémunération par année. Compte tenu de la taille et de la structure de Transtel, d'autres groupes ou d'autres unités participent aussi à certaines enquêtes sur une base ponctuelle. En somme, c'est un peu le chaos. Il n'y a pas de processus uniformisé et coordonné en la matière.

Selon le comité, les enquêtes de rémunération devraient viser quatre buts :

1. Évaluer la compétitivité de la rémunération par rapport au marché cible ;
2. Valider les structures salariales ;
3. Servir d'intrant à la gestion d'autres activités de gestion des ressources humaines ;
4. Servir d'intrant lors des négociations des différents contrats de travail.

Comme les utilisateurs potentiels des données de ces enquêtes de rémunération sont nombreux, il est important que les données soient précises, de manière à laisser le moins de place possible à l'interprétation.

Le comité fait les recommandations suivantes à l'égard de la gestion des enquêtes de rémunération :

- Intégrer toutes les activités des enquêtes de rémunération dans une seule et même entité administrative ;
- Constituer et maintenir à jour une banque de données sur la rémunération unique et intégrée ;
- Établir des règles de participation aux différentes enquêtes de rémunération ;
- Conclure des alliances avec d'autres entreprises en matière de partage d'informations sur la rémunération ;
- Optimiser les moyens de communication des résultats des enquêtes de rémunération ;
- Renseigner le personnel sur le contenu des enquêtes de rémunération.

Selon le comité, la méthode d'enquête doit être revue en tenant compte des considérations suivantes :

1. *L'information*

Selon le comité, pour être en mesure de faire des comparaisons valables en matière de rémunération, il faut s'assurer que les informations collectées touchent à la fois aux salaires, au mode de rémunération et à certains aspects liés à la gestion de la rémunération. L'encadré 1 (p. 120) propose une vue d'ensemble des données pertinentes.

2. *Le marché de référence*

Historiquement, Transtel inc. comparait les salaires des emplois d'un groupe de grandes entreprises de différents secteurs d'activité économique à travers le Canada. Ces entreprises étaient les meilleurs « payeurs » dans leur secteur respectif. Selon le comité, ce groupe de référence doit être revu à la lumière de deux nouveaux critères :

1. Appartenir aux secteurs des télécommunications ou de la haute technologie (75 % des entreprises recensées) ;

ENCADRÉ 1

Données à recueillir – enquête sur la rémunération

Information détaillée

- Salaire de base
- Structure salariale (minimum, point milieu, maximum)
- Critères de progression correspondant aux échelles de salaires
- Durée de la semaine de travail
- Montant des primes annuelles

Information générale

- Date d'échéance des conventions collectives
- Montant et moment des rajustements salariaux
- Classes et échelles salariales
- Statuts des emplois
- Nature des incitatifs
- Nature des avantages sociaux

2. Avoir des stratégies d'affaires et des cultures de gestion similaires (25 % des organisations recensées). Le tableau 1 (p. 121) propose une liste les entreprises qui composent ce nouveau groupe de référence.

3. *Les emplois repères*

Le comité propose de sélectionner les emplois repères en fonction des cinq critères suivants :

1. Les rôles et les responsabilités des emplois repères doivent être clairement définis ;
2. Les emplois repères doivent être faciles à apparier ;
3. Les emplois repères doivent couvrir toutes les classes salariales ;
4. Les emplois repères doivent représenter une grande proportion des emplois ;
5. Les emplois repères doivent inclure des emplois jugés critiques (*hot skills* ou *hot jobs*).

4. *La conduite des enquêtes de rémunération*

D'après le comité, cette étape nécessite de s'interroger sur plusieurs points. Devrait-on faire ses propres enquêtes de rémunération ? Devrait-on confier à des entreprises de consultants en rémunération l'exécution de ces enquêtes ?

TABLEAU 1

Le nouveau marché de référence – enquête sur la rémunération

Entreprises du secteur des télécommunications et de la haute technologie	**Entreprises ayant une stratégie d'affaires orientée vers le marché et une culture de leadership en matière de changements**
3M Canada inc.	American Express Canada inc.
AGT Limited	Banque de Montréal
BC Telecom inc.	Banque Royale du Canada
BCE Mobile	Canstar inc.
Bell Canada	Cognos
Canadair	Federal Express Canada ltée
Compagnie Marconi Canada	Glaxo Canada
Dell Computer	ISM
Digital Équipement du Canada limitée	Johnson & Johnson Family of Companies
GE Canada	SNC-Lavalin inc.
Hewlett-Packard (Canada) ltée	Westburne inc.
Honeywell	
IBM Canada ltée	
Manitoba Telecom	
Kodak Canada inc.	
Manitoba Telecom	
Matshushita Électrique	
Mitel	
Mitsubishi Électrique	
Motorola Wireless	
Newbridge Network	
Nortel ltée	
Pratt & Whitney Canada inc.	
Rogers Cable Systems	
Rogers Cantel	
Sasktel	
Siemens Electric limitée	
Sprint Canada	
Sun Microsystèmes	
Téléglobe Canada inc.	
Telus	
Transtel Helicopter-Textron	
Unitel Communications inc.	
Xerox Canada inc.	

Devrait-on examiner la possibilité d'établir des partenariats avec d'autres entreprises pour éviter le double emploi et la prolifération de demandes d'information venant de tous côtés ? Évidemment, il n'y pas de réponses définitives et absolues à ces questions, mais la centralisation des activités liées aux enquêtes devrait améliorer l'efficacité de l'exercice.

5. *L'organisation et l'analyse des informations collectées*

La présentation des résultats doit être soignée, afin d'assurer la crédibilité du processus d'enquête de rémunération. Dans la situation actuelle, on doit être en mesure de connaître les impacts de la nouvelle méthodologie d'enquête sur les résultats. Il est recommandé de combiner l'ancienne et la nouvelle méthodologie, afin de bien mesurer les écarts entre leurs résultats respectifs. Il faut donc prévoir un important effort de communication des résultats et des raisons qui justifient les changements dans les pratiques de rémunération.

Source : Cas rédigé par Mario Giroux, sous la direction de la professeure Sylvie St-Onge. Reproduit avec la permission de l'École des Hautes Études Commerciales de Montréal.

INTRODUCTION

Les entreprises doivent offrir une rémunération compétitive par rapport à leur marché de main-d'œuvre. Ce chapitre porte sur les enquêtes de rémunération, c'est-à-dire sur la collecte d'informations effectuée sur le marché en matière de rémunération. Il distingue d'abord les enquêtes de rémunération par rapport aux enquêtes annuelles de planification des salaires. Il porte ensuite sur l'utilisation et l'importance des enquêtes de rémunération et décrit les étapes successives du processus d'enquête. Puis, après avoir traité des limites des enquêtes de rémunération, il propose des conseils et traite des défis actuels liés à leur conduite.

4.1 LE PROCESSUS D'ENQUÊTE DE RÉMUNÉRATION : DÉFINITION ET UTILISATION

Cette partie vise à définir le processus d'enquête de rémunération et à traiter de l'utilisation des enquêtes de rémunération dans les entreprises ainsi que de la portée de leur contenu.

4.1.1 Les différences entre les enquêtes de rémunération et les enquêtes de prévisions salariales

L'objectif de l'enquête de rémunération consiste à chercher des renseignements liés à la rémunération offerte sur le marché du travail, en vue d'établir des salaires équitables et compétitifs par rapport à ce marché. La prémisse de ces enquêtes est que les emplois n'ont pas de valeur en soi, mais plutôt la valeur que le marché leur accorde. Tel qu'il a été mentionné au chapitre précédent, l'équité externe est donc importante dans une entreprise qui veut attirer les ressources humaines requises et les conserver.

Généralement, les organisations effectuent des *enquêtes de rémunération* sur une base régulière de trois ans. Toutefois, elles consultent annuellement les *enquêtes de planification des salaires*, qui présentent les prévisions en matière d'augmentation de salaire pour l'année à venir et sont publiées dans la section « Affaires » des journaux. Ces prévisions proviennent d'enquêtes menées par des organismes privés (p. ex. : Conference Board of Canada, entreprises de consultants) ou publics (p. ex. : Développement des ressources humaines Canada) auprès de certaines catégories d'entreprises (secteur public, secteur privé, etc.) ou d'emplois (bureau, cadres et professionnels, etc.). Certaines entreprises de consultants refusent toutefois de publier de telles prévisions, afin de ne pas contribuer à accélérer l'inflation des salaires. D'autres sociétés conseils préfèrent restreindre la diffusion de leurs prévisions aux participants de leur enquête, dans le but de réduire les risques de mauvaise interprétation associés à une présentation faite en dehors du contexte ou des circonstances de l'enquête.

4.1.2 La portée et la légalité des enquêtes de rémunération

D'un point de vue pratique, bien que les enquêtes de rémunération ne permettent pas de déterminer à elles seules la globalité de la gestion de la rémunération, elles demeurent un élément important que les dirigeants d'entreprise doivent considérer. Pour les petites et les moyennes entreprises, elles constituent souvent le principal moyen de gérer les salaires. L'approche à adopter est plutôt simple et peu coûteuse : si on désire employer une secrétaire ou un peintre, par exemple, on considère la rémunération offerte par les autres entreprises du marché pour cet emploi et on détermine cette rémunération en fonction de la politique de rémunération globale de l'entreprise, en offrant un montant similaire, inférieur ou supérieur.

Historiquement, les enquêtes ont surtout été utilisées par les organisations de grande taille pour déterminer les salaires et les augmentations de salaire des employés (Thériault, 1986). À une certaine époque, on faisait surtout des enquêtes « maison », menées par les entreprises ou par des consultants, pour recueillir divers renseignements, comme la moyenne des salaires des titulaires des divers emplois, le minimum et le maximum des salaires payés pour un emploi, le minimum et le maximum des classes salariales, les avantages sociaux, le mode de progression à l'intérieur des classes salariales, les régimes d'intéressement, la taille des entreprises et le secteur d'activité économique.

Si, il y a quelques années, on conduisait surtout des « enquêtes salariales » pour collecter de l'information sur les taux et les augmentations de salaire, aujourd'hui, l'expression « enquête de rémunération » décrit davantage la majorité des enquêtes qui étendent la demande d'information aux primes, aux avantages sociaux et aux gratifications.

Au Canada, la *Loi sur les pratiques déloyales en matière de concurrence* stipule que l'échange de statistiques sur la rémunération est permis s'il n'a pas pour but d'influer sur les prix et de réduire la concurrence. À ce jour, aucune plainte mettant en cause les enquêtes de rémunération n'a été déposée devant les tribunaux. En fait, les enquêtes de rémunération risquent peu de faire l'objet de poursuites pour concurrence déloyale. La collusion sur la base d'enquêtes de rémunération est peu probable, compte tenu de la diversité des marchés, des nombreux usages que l'on fait des enquêtes, des différentes possibilités d'analyse auxquelles elles peuvent donner lieu et de l'impossibilité de distinguer clairement les données de chacun des participants.

4.1.3 Les étapes du processus d'enquête de rémunération

Le processus d'enquête de rémunération repose sur quelques grandes étapes : la détermination des besoins et des objectifs de l'enquête, la détermination de son étendue, le choix de la méthode, les sources d'enquête, l'approche de collecte de données, l'analyse et la présentation des résultats de l'enquête (voir la figure 4.1). Les sections suivantes de ce chapitre décrivent ces étapes.

4.2 LA DÉTERMINATION DES OBJECTIFS DE L'ENQUÊTE ET DES INFORMATIONS DÉSIRÉES

Dans un premier temps, l'entreprise doit déterminer les besoins et les objectifs de l'enquête, ainsi que le type d'information qu'elle désire obtenir. Les entreprises peuvent effectuer des enquêtes de rémunération pour diverses raisons (voir l'encadré 4.1, p. 126). Veut-on effectuer des enquêtes pour rajuster les échelles salariales ? pour établir les budgets de rémunération au mérite ? pour hausser les taux de salaire ? pour déterminer les taux d'embauche ? pour préparer les négociations collectives ? pour déterminer les points de contrôle des échelles salariales ? pour analyser les causes du roulement de la main-d'œuvre ? pour réduire certains conflits ? pour rationaliser les coûts de main-d'œuvre afin d'être plus compétitif ?

FIGURE 4.1

Les principales étapes du processus d'enquête de rémunération

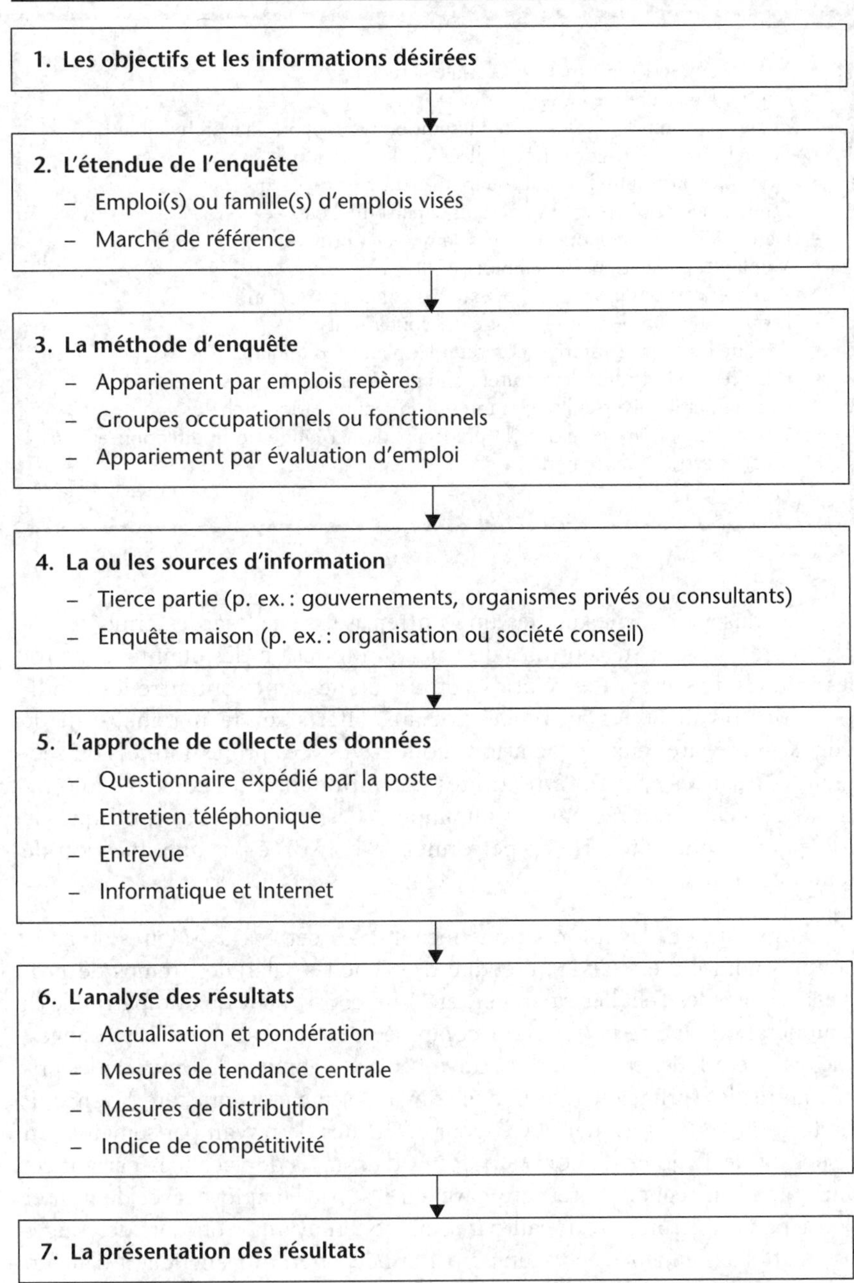

ENCADRÉ 4.1

Quelques raisons d'effectuer des enquêtes de rémunération

- Valider ou réviser la structure salariale actuelle.
- Ajuster les salaires de base.
- Évaluer la compétitivité de la rémunération par rapport au marché cible.
- Se préparer à des négociations collectives.
- Contrôler ou réduire les coûts de main-d'œuvre.
- Être en mesure d'attirer et de retenir le personnel clé.
- Déterminer les augmentations de salaire ou les primes.
- Valider les évaluations des emplois.
- Analyser certains problèmes (p. ex. : roulement, attraction).
- Estimer les coûts de main-d'œuvre des concurrents.
- Réduire les conflits internes et réfuter les plaintes d'iniquité.
- Réduire des difficultés de recrutement et de rétention du personnel clé.
- Déterminer les diverses composantes de la rémunération globale.
- Communiquer aux employés la préoccupation d'équité de la direction et son souci de gestion transparente.

Les raisons pour lesquelles une entreprise procède à des enquêtes de rémunération sont susceptibles de varier en fonction des clients. Les professionnels du secteur des relations de travail désirent connaître les conditions de travail et les avantages sociaux offerts sur le marché, afin de mieux se préparer aux négociations collectives. Les professionnels du secteur des finances peuvent être intéressés à rationaliser les coûts d'exploitation, et ceux des ressources humaines, désireux de s'assurer que le roulement d'une catégorie de personnel ne constitue pas une question de rémunération.

Les salaires et les informations recueillies à cet égard (salaires de base, points « mini-milieu-maxi », étendue des échelles salariales, temps de progression dans les échelles salariales, etc.) ne constituent qu'une partie de la rémunération, l'autre partie étant composée des avantages sociaux (congés, vacances, etc.), des conditions de travail (p. ex. : horaires de travail), des primes annuelles (prime cible, prime maximale, prime moyenne, etc.). Ainsi, il est fort différent de gagner 700 $ pour 32 heures de travail par semaine, en disposant de 13 jours de congés payés et d'un mois de vacances par année, ainsi que d'un régime de retraite payé à 75 % par l'employeur, et de gagner 700 $ pour 40 heures de travail par semaine, en ayant neuf jours de congés payés et deux semaines de vacances par année, et en ne bénéficiant d'aucun régime de retraite.

L'encadré 4.2 présente la liste des renseignements normalement recueillis lors d'une enquête de rémunération. Évidemment, la nature de l'information demandée ou considérée par une entreprise varie en fonction de ses objectifs, de ses motivations ou encore d'autres caractéristiques – notamment sa taille, le fait qu'elle soit du secteur public ou privé, l'emploi considéré, etc. Pour les emplois de direction, par exemple, on suggère de colliger certaines informations – notamment le salaire, les primes à court terme, les incitatifs à long terme (options d'achat d'actions, actions) et les gratifications (McMahon et Hand, 1991) – et de les analyser en fonction de la taille des organisations qui font l'objet d'une enquête.

Encadré 4.2

Renseignements généralement collectés lors d'une enquête de rémunération

I. Information générale

1. Secteur d'activité de l'organisation
2. Localisation de l'organisation
3. Nombre d'employés permanents et à temps plein dans l'organisation
4. Chiffre d'affaires de l'organisation
5. Pourcentage d'employés syndiqués par catégorie de personnel

II. Information portant sur les salaires correspondant à chacun des emplois

1. Base de salaire :
   - Horaire
   - Hebdomadaire
   - Annuel
2. Nombre d'employés
3. Échelle des salaires
   - Salaire minimum
   - Point milieu, « point de contrôle » ou « maximum normal »
   - Salaire maximum au mérite
4. Salaire effectif
   - Salaire minimum payé
   - Salaire maximum payé
   - Moyenne pondérée des salaires effectifs
5. Mode d'augmentation du salaire
   - Mérite ou rendement individuel
   - Années de service
   - Coût de la vie

Si les années de service sont utilisées comme critère d'augmentation de salaire, quel est le temps requis pour passer du minimum au maximum de l'échelle ?

6. Primes (% du salaire)
   – Cible
   – Maximum possible
   – Primes effectivement versées

III. Information portant sur les conditions de travail et les avantages sociaux

1. Nombre d'heures de travail hebdomadaire
2. Nombre de jours fériés payés
3. Congés spéciaux accordés au-delà des exigences légales (durée)
   – Naissance ou adoption
   – Décès • famille immédiate
     • autres
   – Mariage • personnel
     • membre de la famille
   – Congés pour raisons personnelles
   – Autres
4. Vacances annuelles : nombre de jours selon le nombre d'années de service
5. Assurances et retraite :

Régime	En vigueur		Contribution	
	Oui	Non	Employeur	Employé
– Régime de retraite				
– Assurance-vie – groupe				
– Invalidité – longue durée				
– Invalidité – courte durée				
– Accident-maladie				
– Médicaments				
– Soins dentaires				
– Autres				

6. Rémunération des heures supplémentaires
   – Après une journée normale
   – Après une semaine normale
   – Samedis et dimanches
   – Congés fériés

4.3 LA DÉTERMINATION DE L'ÉTENDUE DE L'ENQUÊTE : EMPLOIS ET MARCHÉ VISÉS

La détermination de l'étendue d'une enquête de rémunération concerne deux aspects : les emplois ou les familles d'emplois sur lesquels on veut obtenir de l'information et la définition du marché de l'enquête. Cette étape entraîne diverses questions : Faut-il recueillir des renseignements pour tous les emplois ou pour un certain nombre seulement ? Dans ce dernier cas, pour quels emplois ? Où va-t-on collecter l'information, auprès de quelle population ou de quel échantillon d'organisations ? Sur quel marché l'enquête sera-t-elle effectuée ? Sur un seul marché pour tous les emplois ou sur différents marchés ?

4.3.1 La détermination des emplois ou des familles d'emplois visés

Une enquête de rémunération peut avoir une portée générale ou particulière. Dans le premier cas, l'enquête touche une ou plusieurs grandes familles d'emplois. On vise alors à mettre à jour la structure salariale, à différencier les salaires accordés, à connaître les diverses proportions des composantes de la rémunération globale accordée aux emplois, ou encore à fixer des augmentations de salaire en fonction du marché. Dans le second cas, l'enquête peut porter sur un emploi particulier ou des familles d'emplois particulières – notamment les emplois nouvellement créés, les emplois difficiles à combler (p. ex. : programmeur en informatique), les emplois où la rétention des titulaires représente un défi, ou encore les emplois occupés par des titulaires qui expriment des insatisfactions, affichent un mauvais rendement ou des comportements déviants. Ce type d'enquête s'effectue sur une base ponctuelle.

4.3.2 L'importance et les déterminants du choix du marché de référence

Une enquête de rémunération ne vise pas à recueillir de l'information uniquement sur des entreprises qui ont la réputation de bien payer ou de mal payer leur personnel. Elles ont plutôt comme objectif d'*obtenir de l'information sur le marché potentiel du travail pour les emplois concernés*, afin que cette information reflète bien l'offre de l'ensemble des entreprises dans ce marché. Toutefois, les notions de « marché » et de « taux du marché » sont complexes et subjectives. Il n'existe pas de marché de référence précis pour chaque type d'emploi et il est impossible de déterminer un taux de salaire précis pour chaque type d'emploi.

Comme nous l'avons mentionné dans les chapitres précédents, les différences entre les salaires offerts sur le marché pour des emplois équivalents peuvent être importantes. Par conséquent, une mauvaise détermination du marché de référence peut conduire soit (1) à une *surestimation* de la rémunération et à un accroissement indu des coûts de main-d'œuvre de l'organisation, soit (2) à une *sous-estimation* des salaires et à des problèmes de recrutement et de roulement de personnel. Par exemple, si le marché potentiel de travail est national pour un type d'emploi, une enquête de rémunération ayant une portée régionale pourra entraîner une surestimation des salaires s'ils sont moins élevés dans la région étudiée, ou une sous-estimation des salaires si cette région offre un niveau de rémunération plus élevé qu'ailleurs.

La détermination du marché de référence de l'enquête se divise en deux étapes : désigner l'étendue géographique de l'enquête et choisir les organisations à sonder à l'intérieur du marché. L'enquête sera-t-elle effectuée auprès d'entreprises de la même localité, de la même région, du Québec, du Canada, de l'Amérique du Nord ? auprès d'entreprises liées à la même industrie ? auprès d'entreprises de même taille ? etc. Ces choix sont fonction de divers facteurs, dont les principaux sont la taille et le secteur d'activité économique, le marché de l'emploi pour les titulaires des emplois visés, ainsi que la mobilité des titulaires des emplois visés.

Le secteur d'activité économique et la taille

Généralement, un employeur compare les conditions de rémunération qu'il offre avec celles qu'accordent certaines organisations du même secteur d'activité économique et de la même taille que son entreprise. C'est le cas, par exemple, d'une municipalité qui veut établir ses salaires en se basant sur la rémunération offerte par d'autres villes de même taille. Cette façon de faire est retenue pour certains emplois dont la mobilité des titulaires est plutôt de nature « intra-industrie ». Par exemple, un ingénieur en télécommunications, un technicien en radiologie ou un professeur ne peut travailler qu'à l'intérieur de secteurs d'activité restreints.

Toutefois, comparer les conditions de rémunération des employés d'une entreprise avec celles qui ont cours dans des organisations du même secteur d'activité économique et de la même taille se révèle généralement inadéquat. Pour certains emplois, le marché du travail ne se limite pas à un secteur particulier, et encore moins à la taille des organisations : les titulaires de ces emplois ont plutôt une mobilité « inter-industries ». Par exemple, une secrétaire peut travailler au sein d'entreprises de différents secteurs d'activité économique et de tailles variées. Ainsi, une grande entreprise industrielle d'une région métropolitaine peut vouloir comparer les salaires qu'elle accorde pour la majorité de ses emplois avec ceux que versent une dizaine d'autres grandes entreprises industrielles de la même région, mais qui exercent leurs activités dans divers secteurs, parce qu'elle estime que leurs employés respectifs peuvent être comparés sur le plan de la rémunération et qu'elle considère que ses employés pourraient être tentés de la quitter pour se joindre à ces entreprises.

Le marché de l'emploi : international, national, provincial, régional ou local

Une organisation aime aussi considérer le marché de l'emploi (ou la mobilité potentielle) des employés pour délimiter géographiquement un marché de référence. Pour certains emplois professionnels ou de cadres supérieurs, le marché du travail ou de l'emploi peut correspondre à l'ensemble d'une province, d'un pays et peut parfois même être de niveau international. Par contre, pour les emplois de bureau ou les emplois de production non spécialisés, le marché est nécessairement local.

Considérons, par exemple, un emploi dont le marché est local : dans la région, la moitié du personnel occupant cet emploi travaille dans 4 grandes entreprises, alors que la seconde moitié est répartie dans 20 petites entreprises. Une des quatre grandes entreprises peut mener une enquête de rémunération auprès des trois autres grandes entreprises et d'un échantillon restreint des plus petites, alors qu'une petite entreprise s'intéressera à un échantillon plus large.

Cependant, même si le marché d'un emploi de cadre est national, la mobilité réelle de cette catégorie de personnel au sein d'une entreprise particulière peut se limiter à la région. Cela peut être le cas, par exemple, des grands employeurs établis dans de petites localités. Une enquête à portée nationale visant à analyser la rémunération des cadres de ces entreprises aura peu d'utilité, car elle risque de produire une surestimation des salaires si ceux-ci sont moins élevés dans la région, ou une sous-estimation des salaires si la région offre une rémunération plus élevée qu'ailleurs.

La mobilité des titulaires des emplois au sein de l'entreprise

Compte tenu des limites des critères précédents, les organisations ont tendance à considérer davantage la *mobilité* de leur propre personnel pour déterminer géographiquement le marché de référence. La question importante est alors : D'où vient notre personnel et où pourrait-il aller travailler ? Dans ce cas, l'étendue géographique de l'enquête dépend du marché de l'emploi *réel* où l'organisation recrute ou en faveur duquel l'organisation perd des employés. Il suffit, par exemple, d'examiner le type de médias ou les autres sources qui servent à recruter les titulaires des emplois étudiés. Cette source de recrutement est-elle locale, régionale, nationale ou autre ?

En somme, chaque organisation doit déterminer lequel des critères mentionnés précédemment désigne le mieux la « compétition » et établir si cette priorité change en fonction des catégories d'emplois. Le tableau 4.1 illustre la façon dont les critères de détermination du marché de référence (p. ex. : l'industrie, la taille, le territoire) et la nature des données de rémunération à collecter varient selon les catégories de personnel au sein d'une entreprise de l'industrie pharmaceutique.

TABLEAU 4.1

La détermination du marché de référence et des données de rémunération à collecter selon diverses catégories de personnel : le cas d'une entreprise du secteur pharmaceutique

	Dirigeants	**Personnel scientifique**	**Cadres et professionnels**	**Personnel de bureau**
Industrie	Général Pharmaceutique	Pharmaceutique	Général Pharmaceutique	Général
Taille	1 à 4 milliards $	Toutes les tailles	Toutes les tailles	Toutes les tailles
Délimitation du territoire géographique	National	National et régional	Régional et local	Local
Données de rémunération	Salaire de base Rémunération totale	Salaire de base Rémunération totale	Salaire de base Rémunération totale	Salaire de base

Source : Adapté de Bjorndal et Ison (1991, p. 3 et 4).

4.4 LE CHOIX DE LA MÉTHODE D'ENQUÊTE

Il y a trois grandes méthodes d'enquête de rémunération : l'appariement des emplois repères, les groupes occupationnels ou fonctionnels et l'appariement par évaluation d'emplois.

4.4.1 La méthode de l'appariement des emplois repères

Même si une enquête de rémunération porte sur une ou plusieurs familles d'emplois (p. ex. : les emplois de production, les emplois de bureau et les emplois de cadres), en pratique elle n'inclut pas *tous* les emplois de cette ou de ces familles. L'examen de tous les emplois rendrait l'enquête longue et ardue, à la fois pour la personne qui l'effectuerait et pour les organisations participantes. De plus et surtout, cela soulèverait des problèmes de comparaison complexes. En effet, il est rare de trouver à l'intérieur de deux entreprises – même dans celles dont les activités s'exercent dans le même secteur et qui ont la même taille – des titres d'emplois identiques ou semblables correspondant à un même contenu.

À cause de considérations de temps, l'enquête porte souvent sur un nombre restreint d'emplois dont le contenu est potentiellement identique d'une organisation à l'autre. Ces emplois, que l'on qualifie de « repères » ou « clés », sont désignés en fonction de divers critères (voir l'encadré 4.3), tels un contenu relativement stable, bien défini, assez typique, supposant divers niveaux d'exigences et un nombre élevé de postes. Cette méthode d'enquête de rémunération, qui consiste à comparer et à estimer la similitude entre le contenu des emplois repères de l'enquête et celui des emplois des organisations sondées, s'avère la plus répandue.

ENCADRÉ 4.3

Principales caractéristiques des emplois clés qui font l'objet des enquêtes de rémunération

- Les emplois qui sont considérés comme importants, c'est-à-dire ceux qui groupent un grand nombre d'employés ou qui sont au cœur de la mission de l'entreprise
- Les emplois représentatifs de l'ensemble des travailleurs de l'entreprise en matière de responsabilités et de rémunération (ne pas choisir que des emplois relativement plus complexes ou peu rémunérés)
- Les emplois dont le contenu (rôles et responsabilités) est plutôt stable, bien défini et connu de tous
- Les emplois qui sont relativement courants, c'est-à-dire qu'on retrouve dans les autres entreprises
- Les emplois qui sont considérés comme des emplois clés par les syndicats et la direction
- Les emplois qui sont perçus comme correctement payés sur le marché
- Les emplois qui présentent de bonnes possibilités d'appariement
- Les emplois qui présentent un certain défi en matière de recrutement, de rétention et de satisfaction des titulaires

Le problème de l'appariement des emplois est un facteur critique pour la qualité des résultats. On peut définir l'appariement des emplois comme le degré de correspondance entre une description d'emploi visée par l'enquête et le contenu réel d'un emploi comparable dans une organisation participante. On compare alors l'emploi de l'enquête et les emplois de l'entreprise en fonction de diverses caractéristiques : les tâches, les responsabilités, les exigences, le niveau hiérarchique, le nombre d'employés supervisés, le budget sous sa responsabilité, etc.

La détermination de l'appariement des emplois inhérente à la méthode des emplois repères est fonction de la manière dont l'information est recueillie. Lorsque les données d'enquête sont collectées par questionnaire, par exemple, il est impossible de produire *in extenso* les descriptions des emplois repères.

Dans certains cas, on ne fait mention que du titre des emplois, ce qui ne donne qu'un faible indice de leur contenu. Toutefois, on fournira plus fréquemment une description sommaire de l'emploi (voir l'encadré 4.4) ainsi qu'un organigramme. Dans ce cas, les participants à l'enquête doivent nommer les emplois de leur organisation correspondant le mieux à ceux qui sont présentés dans le questionnaire, puis fournir l'information demandée.

ENCADRÉ 4.4

Descriptions sommaires de quelques emplois utilisées pour des enquêtes de rémunération

Code de l'emploi : P327
Titre de l'emploi : *Représentant des ventes*

Est responsable de la vente de produits et de services à une vaste clientèle composée de moyennes entreprises. Possède les compétences nécessaires pour s'acquitter de ses tâches de façon adéquate (de trois à cinq années d'expérience) et doit atteindre des objectifs précis dans le domaine des ventes.

Code de l'emploi : P527
Titre de l'emploi : *Acheteur*

Suivant des directives détaillées, négocie avec les fournisseurs autorisés, sélectionne ceux qui conviennent et passe les commandes conformément aux besoins (quantité et dates) établis par le service de planification des stocks. Possède généralement de deux à quatre années d'expérience. Relève de l'acheteur principal (emploi P536) ou du directeur des achats (G535).

Code de l'emploi : P737
Titre de l'emploi : *Recruteur*

Reçoit en entrevue les candidats aux emplois horaires et salariés. Peut participer au recrutement de diplômés du collégial ou de personnel professionnel. Signale aux candidats les emplois à combler, fait passer les tests préalables à l'emploi, vérifie les références et mène les entrevues de fin d'emploi. Peut participer à la préparation des offres d'emploi et à d'autres tâches connexes. Relève habituellement du directeur de la dotation (emploi G735) ou du directeur des ressources humaines (emploi G705).

Code de l'emploi : P139
Titre de l'emploi : *Comptable*

Est responsable des tâches comptables relativement complexes liées à la tenue du grand livre et à la production des états financiers et des rapports de gestion qui en découlent. Possède généralement de deux à quatre années d'expérience pertinente en comptabilité. Relève habituellement du chef comptable (emploi G135).

Source : Société Conseil Mercer Limitée (1998).

La valeur ou la validité de l'information fournie par les participants dépend donc surtout de la qualité des appariements d'emplois, qui repose en partie sur la qualité des descriptions des emplois repères dans le questionnaire d'enquête. Aussi, selon le niveau hiérarchique de l'emploi visé, il n'est pas surprenant de constater des écarts importants (de plus de 50 %) entre les salaires accordés par diverses organisations, écart qui s'explique par la nature différente de l'emploi d'une entreprise à l'autre.

Afin de mieux décrire les emplois pour lesquels l'information est demandée, certains questionnaires d'enquête présentent, après chaque description sommaire d'emploi, des caractéristiques des titulaires de l'emploi (expérience, formation, etc.). Certaines enquêtes permettent d'obtenir des précisions sur la qualité de l'appariement en demandant aux répondants d'indiquer si l'emploi décrit dans le questionnaire comporte des responsabilités équivalentes, moindres ou plus élevées que celles liées à cet emploi dans leur organisation. Par ailleurs, dans la mesure où les employeurs tentent d'accorder de plus en plus de flexibilité, de latitude et de responsabilité aux titulaires des emplois, il devient difficile de décrire succinctement le contenu de ceux-ci et de les apparier à d'autres emplois. Nous reviendrons sur cette dernière limite à la fin du chapitre.

Finalement, limiter l'enquête aux emplois repères soulève un problème qui risque de devenir sérieux. Dans la mesure où les données recueillies pour les emplois repères sont fidèles et valides – ce qui ne correspond pas à une mince tâche –, les renseignements obtenus ne sont pertinents que pour ces emplois. En pratique, les organisations émettent l'hypothèse que les données portant sur les emplois repères s'appliquent aux autres emplois de même famille dont les exigences sont semblables. Mais cela demeure une hypothèse ! La rémunération d'un emploi repère sur le marché est fonction de ses exigences, mais également d'une multitude d'autres facteurs, tels la rareté relative de la main-d'œuvre, le secteur industriel dans lequel il se situe, la localisation de l'organisation et sa capacité de payer. Selon toute vraisemblance, l'effet de ces facteurs sur un emploi repère n'est pas le même que sur les autres emplois de la même famille ayant des exigences semblables.

4.4.2 La méthode des groupes occupationnels ou fonctionnels

Cette méthode d'enquête de rémunération consiste à recueillir l'information sur tous les emplois d'un groupe occupationnel ou fonctionnel, tels que les emplois de bureau, les emplois de production, les postes d'ingénieurs, etc. Les organismes gouvernementaux d'enquêtes salariales comme Statistique Canada utilisent cette approche. Les participants à ce type d'enquête doivent fournir des renseignements sur le niveau hiérarchique des emplois visés ainsi que sur le nombre d'employés occupant ces emplois. Cette méthode permet d'obtenir une information salariale relativement précise, dans la mesure où l'analyse des résultats tient compte du secteur d'activité économique et de la taille des entreprises participantes.

Cette méthode comprend aussi les enquêtes faites par certaines associations professionnelles. On pense, par exemple, à l'enquête sur les salaires des ingénieurs effectuée dans les diverses provinces canadiennes, où l'appariement se fait non seulement en fonction des responsabilités, mais à partir de critères qui vont au-delà du contenu de l'emploi, tels que le temps de travail depuis le dernier diplôme universitaire obtenu, le type de diplôme (la spécialité) et le diplôme (baccalauréat, maîtrise, doctorat, postdoctorat).

4.4.3 La méthode d'appariement par évaluation d'emplois

Cette méthode d'enquête consiste à effectuer un appariement des emplois au moyen d'un système d'évaluation d'emplois. Une telle méthode peut être utilisée dans deux contextes.

Premièrement, on peut l'employer à l'égard d'entreprises qui utilisent un même système d'évaluation d'emplois (voir le chapitre 6). Les enquêtes qu'effectue l'entreprise de consultants Hay auprès de ses clients (qui utilisent son système d'évaluation d'emplois) en sont un bon exemple. Comme les emplois sont évalués à l'aide d'une méthode semblable, cette approche a l'avantage de permettre un appariement assez précis entre les emplois. Toutefois, même s'il est uniforme d'une entreprise à l'autre, tout système d'évaluation des emplois demeure essentiellement subjectif. Par ailleurs, si les participants connaissent la rémunération versée pour un emploi d'une certaine valeur (un certain nombre de points), ils n'ont pas d'information sur la rémunération accordée pour un emploi en particulier sur le marché. Les participants connaissent, par exemple, le salaire que le marché attribue pour des emplois ayant une valeur semblable à celle de contrôleur d'usine pour ce qui est du nombre total de points d'évaluation, mais ils ignorent combien un contrôleur d'usine gagne sur le marché. De plus, pour être pertinente, cette méthode exige que l'évaluation des emplois des organisations participantes soit à jour, ce qui est rarement le cas. Enfin, cette méthode limite le marché de référence aux entreprises recourant au même système d'évaluation d'emplois.

Deuxièmement, on peut utiliser la méthode d'appariement par évaluation d'emplois à l'égard d'organisations utilisant différents systèmes d'évaluation d'emplois. Dans ce cas, l'organisation qui effectue l'enquête cherche à obtenir une information relativement complète (une description d'emplois) sur les emplois visés et les évalue à l'aide de son propre système d'évaluation d'emplois. Bien entendu, la valeur de ces appariements dépend de la qualité des descriptions d'emplois fournies par les organisations participantes et de l'objectivité des personnes chargées d'évaluer les emplois. Quoique cette méthode offre un appariement des emplois précis – parce qu'il tient compte du contenu des emplois et de leurs exigences évaluées au moyen d'un système commun d'évaluation –, elle est peu courante, car elle requiert beaucoup de temps et d'argent.

4.5 LA DÉTERMINATION DE LA OU DES SOURCES D'INFORMATION

À cette étape, il s'agit de déterminer la ou les sources d'information. Il existe essentiellement deux grandes sources : les enquêtes effectuées par une tierce partie et les enquêtes maison. L'encadré 4.5 présente certaines sources d'enquête de rémunération.

ENCADRÉ 4.5

Quelques sources d'information sur la rémunération

ORGANISMES GOUVERNEMENTAUX

Conseil du Trésor, gouvernement du Québec

- Rémunération des cadres dans les secteurs public et privé au Québec

Développement des ressources humaines Canada

Institut de la statistique du Québec

- Résumé des règlements et des rajustements salariaux des conventions collectives récemment conclues ou renouvelées (voir *Le Bulletin des règlements salariaux*, *Bulletin-Négociation collective* et *Gazette du travail*)

Statistique Canada

- Variété d'enquêtes sur la rémunération du personnel syndiqué et, d'une façon plus générale, sur les employés de bureau, de production et d'entretien du Canada (résultats selon les provinces)

ORGANISMES PROFESSIONNELS ET D'AFFAIRES

Association of Professional Engineers, Geologists and Geophysicists of Alberta

- Salaires des ingénieurs de l'Alberta avec données comparatives sur la profession d'ingénieur au Québec, en Ontario et en Colombie-Britannique, ainsi que diverses catégories d'employés professionnels et non professionnels de l'Alberta

Association of Professional Engineers of British Columbia

- Salaires des ingénieurs de la Colombie-Britannique

Board of Trade of Metro Toronto

- Rémunération des emplois de bureau
- Rémunération d'emplois dans le traitement des données

Bureau de commerce de Montréal

- Rémunération des employés payés à l'heure, du personnel de bureau, des cadres et du personnel de vente

Central Ontario Industrial Relations Institute

- Rémunération d'une centaine de professions dans trois groupes : production, non-production et fonderies
- Rémunération des employés de bureau

Conference Board of Canada

- Rémunération des membres des conseils d'administration du Canada
- Comparaison de la rémunération de certains emplois de bureau, de cadres, de professionnels et de production du Canada et des États-Unis

Institut des relations industrielles du Québec

- Rémunération des cadres du Québec et de l'Ontario, salaires d'emplois de bureau de la région de Montréal
- Salaires d'emplois des domaines de la production, de l'entretien et du service

Ontario Society of Professional Engineers

- Salaires des ingénieurs de l'Ontario

Ordre des ingénieurs du Québec

- Salaires des ingénieurs du Québec

Vancouver Board of Trade

- Rémunération des employés de bureau

ORGANISMES PRIVÉS

Hay, Conseillers en administration ltée

- Rémunération des cadres des entreprises utilisant le système Hay pour l'évaluation des emplois
- Rémunération du personnel de direction
- Rémunération dans les organismes de santé, d'éducation et du gouvernement ainsi que dans les associations qui utilisent le système Hay pour l'évaluation des emplois

KPMG Groupe conseil

- Rémunération d'emplois liés au traitement des données
- Rémunération des cadres supérieurs
- Rémunération du personnel de vente et de marketing
- Fréquence et coût des avantages sociaux au Canada

Sobeco Morneau

- Rémunération des cadres du Canada
- Rémunération des administrateurs en chef du Canada
- Rémunération des représentants des ventes du Canada

Société Conseil AON inc.

- Rémunération des cadres

Société Conseil Mercer Limitée

- Rémunération des cadres supérieurs du Canada
- Rémunération du personnel de gestion et de supervision du Canada
- Rémunération du personnel affecté aux systèmes d'information
- Enquête sur les prévisions d'augmentation de salaires pour les employés non syndiqués

Towers Perrin

- Rémunération des cadres
- Enquêtes sur les avantages sociaux

Watson Wyatt Worldwide

- Rémunération des cadres supérieurs du Canada
- Rémunération du personnel de bureau

4.5.1 Les enquêtes générales effectuées par une tierce partie

Les enquêtes générales menées par une tierce partie, qui servent à créer des banques de données, peuvent être effectuées par des organismes gouvernementaux, des entreprises de consultants, des organismes privés, des associations d'employeurs, des associations professionnelles ou des groupes informels d'employeurs. Depuis quelque temps, les résultats de certaines enquêtes de rémunération sont diffusés sur Internet pour le grand public ou pour les entreprises ayant participé à ces enquêtes, qui doivent alors utiliser un code d'accès.

Les organisations consultent les enquêtes menées par les organismes gouvernementaux en ce qui a trait à la rémunération du personnel de bureau, de production et d'entretien, et celles effectuées par des entreprises de consultants pour la rémunération du personnel de direction, des cadres et des professionnels.

Les banques de données constituées par une tierce partie présentent des avantages et des inconvénients. Voici quelques avantages de ces enquêtes :

- Leur coût est peu élevé, et même pratiquement nul dans le cas des organismes gouvernementaux ;
- Leurs utilisateurs sont assurés d'un certain professionnalisme et d'une certaine impartialité dans la conduite de ces enquêtes ;
- Leurs résultats sont analysés et résumés à l'intention des utilisateurs ;
- Comme elles couvrent un grand nombre d'organisations, leurs résultats peuvent être généralisés.

Voici quelques inconvénients de ces enquêtes :

- L'utilisateur ne peut choisir les emplois étudiés ni connaître les répondants ;
- L'utilisateur ne peut pondérer les résultats en fonction de l'importance du secteur d'activité économique auquel il appartient, à moins de demander des analyses particulières ;
- L'utilisateur ne contrôle pas l'information recueillie – certains renseignements peuvent ne pas être pertinents alors que des renseignements jugés importants risquent de ne pas être fournis ;
- L'étendue géographique d'une enquête peut ne pas être tout à fait pertinente ;
- Les résultats peuvent ne pas être fournis au moment opportun ;
- La comparaison des résultats est difficile, puisque les entreprises participantes changent d'une fois à l'autre.

Ce dernier inconvénient concerne surtout les enquêtes salariales effectuées par des organismes non gouvernementaux, qui ne portent pas sur l'ensemble des organisations et dans lesquelles les responsables doivent compter sur la volonté de coopération des entreprises. Comme il est alors impossible de vérifier la représentativité des renseignements, la liste des organisations participantes doit être annexée au rapport, afin que l'utilisateur puisse estimer la pertinence des résultats pour son entreprise.

Pour choisir une banque de données constituées par une tierce partie, Dyekman (1990) conseille de se poser les questions suivantes :

- Quelles organisations sont incluses dans la banque de données ? Ces organisations correspondent-elles au marché de référence de l'organisation ?
- Les emplois qu'on peut apparier sont-ils suffisants en nombre pour justifier le coût de l'enquête ?
- Quelle est la probabilité que les participants à l'enquête continuent de s'investir au cours des années à venir, de manière que l'organisation puisse effectuer des analyses de tendance ?

– Quelles données sont collectées ?
– Quels genres de rapports sont fournis ?

4.5.2 Les enquêtes maison effectuées par l'organisation ou par des consultants

Les enquêtes maison correspondent aux enquêtes effectuées par les entreprises ou par des consultants. On procède souvent à de telles enquêtes pour évaluer les emplois en recherche et développement, ou encore en informatique (*hot skills* ou *hot jobs*). En pratique, en raison de leurs ressources limitées, de plus en plus d'entreprises ont recours à des consultants pour effectuer ce type de travail. Le défi des sociétés conseils est alors de taille : leurs clients ont besoin d'information sur la rémunération, mais ils accordent de moins en moins de ressources (personnel, temps, etc.) à la participation à ces enquêtes. En somme, les organisations ont davantage tendance à consommer de l'information sur la rémunération qu'à alimenter la banque d'information sur le marché.

Voici quelques avantages de ce type d'enquête :

– L'organisation choisit les emplois repères ;
– Elle effectue son propre appariement des emplois ;
– Elle choisit et identifie les participants à l'enquête ;
– Elle peut s'assurer du professionnalisme et de l'impartialité de l'enquête.

En revanche, les enquêtes maison comportent certains inconvénients, qui sont toutefois moins importants lorsqu'elles sont réalisées par une entreprise de consultants :

– L'organisation ne dispose pas forcément d'enquêteurs compétents parmi son personnel ;
– Elle peut faire face à un manque de collaboration de la part de certains participants, en raison du grand nombre d'enquêtes auxquelles ils sont soumis, du caractère confidentiel de certaines questions ou du désir de ne pas révéler certaines informations jugées stratégiques ;
– Le coût de ces enquêtes – en temps et en argent – est élevé (à titre d'indication, une enquête portant sur 15 emplois repères, conduite auprès de 20 organisations situées dans le même secteur géographique, peut nécessiter un minimum de 30 jours lorsqu'elle est menée par un enquêteur expérimenté ;
– Comme l'organisation est à la fois juge et partie dans ces enquêtes, la crédibilité de leurs résultats peut être remise en question par le personnel concerné.

4.6 LA DÉTERMINATION DE L'APPROCHE DE COLLECTE DES DONNÉES

Dans la mesure où une organisation décide d'effectuer sa propre enquête maison, ou encore de faire mener une enquête par une entreprise de consultants selon ses exigences, elle doit déterminer la méthode à utiliser pour recueillir l'information. Pour ce faire, les entreprises utilisent souvent un questionnaire plus ou moins structuré auquel on peut répondre par la poste, par courrier électronique, par un entretien téléphonique ou par une entrevue. Depuis quelques années, grâce à l'évolution des technologies de communication, elles ont aussi accès à certaines informations sur Internet ou sur disquette. Quelle que soit la méthode de collecte de l'information, il est nécessaire de s'assurer de la participation d'un minimum de 8 à 10 firmes si l'on veut obtenir des renseignements valables et respecter leur caractère confidentiel.

4.6.1 Le questionnaire

Le questionnaire représente la méthode de collecte d'information la plus utilisée par la plupart des organismes publics, des organismes privés et des consultants. Comparé aux autres méthodes, il permet d'obtenir des renseignements sur un nombre plus élevé d'organisations à un coût moindre. Toutefois, les avantages du questionnaire sont évidemment fonction de ses caractéristiques : Recourt-on à un questionnaire écrit ou téléphonique ? Une lettre accompagne-t-elle le questionnaire ? Les questions sont-elles de type fermé ou de type ouvert ? Est-il possible de recevoir un sommaire des résultats ? etc.

Certaines précautions s'imposent relativement à cette méthode d'enquête. Premièrement, comme il peut être compliqué de remplir un questionnaire d'enquête de rémunération, il est important de poser des questions précises, de type fermé et en quantité raisonnable. Deuxièmement, si le questionnaire se prête bien à la collecte d'informations portant sur les politiques et les pratiques de rémunération ainsi que sur les augmentations de salaire prévues, il est moins efficace dans les domaines des taux de salaire à l'embauche, des écarts minimums-maximums et de la rémunération globale, parce que ces concepts sont sujets à interprétation. Troisièmement, dans ce type de questionnaire, la question de l'appariement des emplois est laissée au choix de participants plus ou moins habiles, compétents et motivés à bien la traiter, qui ont habituellement peu de temps à y consacrer. Quatrièmement, à cause des réductions de personnel survenues au cours des dernières années, même les grandes entreprises n'ont pas de personnel disponible et compétent pour remplir les multiples questionnaires d'enquêtes de rémunération qui circulent. De plus, les limites mentionnées précédemment contribuent à rendre la validation des données transmises plus importante et plus ardue.

4.6.2 L'entretien téléphonique

L'entretien téléphonique est surtout utilisé pour collecter de l'information sur le personnel de production, d'entretien et de bureau. Cette méthode convient particulièrement bien au contexte dans lequel les personnes se connaissent et aux emplois peu nombreux et facilement identifiables.

4.6.3 L'entrevue

Comme mode de collecte des données, l'entrevue est peu utilisée en pratique. Cependant, cet outil présente plusieurs atouts. En effet, il n'y a pas de substitut valable à un interviewer formé et possédant de bonnes descriptions d'emploi pour effectuer une enquête de rémunération. Cette méthode permet à l'interviewer de contrôler d'une façon relativement uniforme la comparabilité des emplois, d'obtenir des précisions sur les renseignements prêtant à interprétation et de gérer l'information fournie par les participants en éliminant les problèmes de sémantique. Elle permet également d'obtenir de meilleures indications sur la rémunération globale et sur les conditions de travail. Par ailleurs, lorsque cette méthode est utilisée de façon continue, les coûts engendrés peuvent être réduits si on la fait alterner avec l'entretien téléphonique ou le questionnaire. Finalement, si les participants se sont bien préparés à l'entrevue, il ne reste qu'à valider les renseignements transmis.

4.6.4 L'informatique et Internet

Certaines sociétés conseils en rémunération ont commencé à consigner sur une base continue ou ponctuelle des données sur la rémunération du personnel des entreprises au moyen de l'informatique. Bien que certaines entreprises commencent à soumettre des données par courrier électronique, la plupart des résultats d'enquête sont fournis sur papier ou sur disquette. Aujourd'hui, on recourt plutôt au courrier électronique pour mener des enquêtes de rémunération auprès d'un nombre restreint et particulier d'entreprises (p. ex. : 20) et pour leur transmettre des rapports trimestriels et mensuels.

Les experts (Platt, 1997 ; Yurkutat, 1997) prédisent toutefois que bientôt on effectuera certaines enquêtes de rémunération par Internet. Les entreprises participantes auront accès aux résultats des enquêtes les plus importantes. Pour sauvegarder la confidentialité et la sécurité des informations, un mot de passe et une plage de temps seront attribués à chaque entreprise participante. Les utilisateurs pourront alors effectuer des analyses statistiques supplémentaires sur les données des enquêtes en respectant la confidentialité des données. Certaines organisations pourront, par exemple, retirer leurs données des résultats de l'enquête pour voir le résultat obtenu. D'autres voudront reprendre les calculs en enlevant les données extrêmes ou trop différentes du profil qui s'en dégage. Enfin, certaines entreprises désireront se comparer uniquement aux organisations dont les employés sont syndiqués ou non syndiqués. Des logiciels comme « Market Pricer », de la Société Conseil Mercer Limitée, permettent déjà ce type d'analyse.

4.7 L'ANALYSE DES RÉSULTATS

Il est important de recueillir des informations précises et complètes au cours d'une enquête de rémunération, car la présentation des résultats est limitée par la particularité et la quantité des renseignements obtenus. Par exemple, si on n'a recueilli que les minimums et les maximums des échelles salariales des emplois pendant une enquête, il est impossible de calculer certaines statistiques (p. ex. : une moyenne pondérée modifiée des salaires). Par ailleurs, l'analyse et la présentation des données d'une enquête dépendent aussi de la portée de l'enquête : plus le nombre d'organisations participantes est élevé, plus la rédaction d'un résumé d'enquête se révèle importante et ardue, compte tenu de la grande quantité d'informations à synthétiser. L'analyse des enquêtes de rémunération nécessite la connaissance de techniques, de méthodes et de ratios précis. Cette section traite sommairement de l'actualisation et de la pondération des résultats d'enquête, des diverses mesures de tendance centrale, des mesures de distribution, de l'indice de compétitivité et d'autres analyses variées.

4.7.1 L'actualisation et la pondération des résultats

Une organisation peut avoir accès à plusieurs enquêtes effectuées à différents moments et selon des normes variées. L'entreprise doit alors penser à actualiser les données des enquêtes et à pondérer leurs résultats respectifs. En effet, les entreprises rajustent fréquemment les données du marché en fonction du temps. Ainsi, des données recueillies le 1er avril et considérées le 1er novembre seront rajustées pour tenir compte de l'augmentation de l'indice des prix à la consommation. Il est important d'actualiser les données des enquêtes en fonction d'une date précise, de manière à faire des comparaisons fiables de leurs données. La partie A de l'encadré 4.6 illustre la façon dont l'actualisation des données peut être effectuée.

ENCADRÉ 4.6

Exemples d'actualisation et de pondération des résultats des enquêtes de rémunération

A. ACTUALISATION DES RÉSULTATS DES ENQUÊTES

Votre organisation adopte une politique qui consiste à être successivement à la tête et à la remorque du marché au cours de l'année. L'année fiscale débute en janvier. En assumant 3 % d'augmentation annuelle en 1999 et 4 % en 2000, pour actualiser un taux de marché de 30 000 $ en septembre 1999 (date de l'enquête), au mois de juillet 2000, vous devez effectuer les étapes suivantes :

Calculer le pourcentage d'actualisation de 1999 (4 mois) :
4/12 × 3 % = 1,0 % (ou un facteur de 1,01)

↓

Calculer le pourcentage d'actualisation de 2000 (6 mois) :
6/12 × 4 % = 2,0 % (ou un facteur de 1,02)

↓

Utiliser ces pourcentages comme facteurs multiplicatifs pour compiler un facteur ou un pourcentage global d'actualisation :
1,01 × 1,02 = 1,0302 (ou 3,02 %)

↓

Multiplier le taux du marché par ce facteur global d'actualisation :
30 000 $ × 1,0302 = 30 906 $

Par conséquent, le taux du marché de 30 000 $ en septembre 1999 équivaudra à un taux de 30 906 $ en juillet 2000.

B. PONDÉRATION DES RÉSULTATS DES ENQUÊTES

Enquête	Taux du marché	Pondération	Taux du marché pondéré
A	35 000 $	25 %	35 000 $ × 0,25 = 8 750 $
B	33 750 $	50 %	33 750 $ × 0,50 = 16 875 $
C	30 500 $	25 %	30 500 $ × 0,25 = 7 625 $

Taux du marché composé : 8 750 $ + 16 875 $ + 7 625 $ = 33 250 $

C. ACTUALISATION ET PONDÉRATION DES RÉSULTATS POUR UN POSTE DE PROFESSIONNEL EN RESSOURCES HUMAINES

Enquête	Date	Taux du marché	Actualisation (%)	Taux du marché actualisé	Pondération	Taux du marché pondéré
A	1999-01	42 183 $	4,00 %	43 870 $	40 %	17 548 $
B	1999-02	44 491 $	3,33 %	45 973 $	30 %	13 792 $
C	1998-08	43 030 $	5,82 %	45 534 $	30 %	13 660 $

Taux du marché composé en juillet de l'an 1999 : 17 548 $ + 13 792 $ + 13 660 $ = 45 000 $

Source : Inspiré de Bjorndal et Ison (1991, p. 11-13).

Par ailleurs, dans la mesure où une organisation a accès à plus d'une enquête de rémunération, elle peut décider de pondérer les résultats de ces enquêtes en fonction de divers critères. Elle accordera, par exemple, plus de poids à une enquête menée au sein de son industrie, qui semble être de meilleure qualité, dont les appariements des emplois semblent plus précis, etc. La partie B de l'encadré 4.6 présente un exemple de pondération des taux du marché issus de trois enquêtes de rémunération, dans le but d'établir un taux du marché composé. La partie C présente une situation où l'on tient compte à la fois de l'actualisation et de la pondération des taux du marché.

4.7.2 Les mesures de tendance centrale

L'analyse des résultats d'une enquête nécessite une familiarisation avec divers indicateurs de tendance centrale, de manière à pouvoir les calculer ou les interpréter. Certains indicateurs de tendance centrale des résultats d'une enquête entrent souvent en ligne de compte : la médiane, le mode et diverses mesures de moyenne (simple, pondérée, modifiée). La première section du tableau 4.2 définit ces indices, tandis que la partie A de l'encadré 4.7 (p. 149-150) montre la manière de les calculer.

TABLEAU 4.2

Description et interprétation de quelques indicateurs statistiques permettant d'analyser les résultats des enquêtes de rémunération

I. Indicateurs de tendance centrale	Description et utilisation
Médiane	La valeur au milieu de la distribution, soit le salaire au-delà et en deçà duquel on trouve 50 % des salaires. Elle est souvent considérée comme la meilleure estimation du salaire « typique » payé pour un emploi. On l'utilise pour réduire au minimum les effets des valeurs extrêmes dans une distribution. Une grande différence entre la moyenne et la médiane peut signifier qu'il y a quelques cas d'entreprises isolées (dont les chiffres sont très élevés ou très bas) dans lesquelles la moyenne est influencée par les valeurs extrêmes, mais où la médiane ne l'est pas.
Moyenne (non pondérée)	Elle correspond à la somme des chiffres fournis par chaque participant, divisée par le nombre d'organisations participantes. Elle représente donc l'organisation *moyenne,* toutes les organisations ayant le même poids. En rémunération, il est relativement fréquent que la moyenne soit quelque peu supérieure (de 3 % à 5 %) à la médiane.
Analyses particulières	On peut calculer la moyenne en tenant compte de divers facteurs. Par exemple, en ne considérant pas les chiffres extrêmes d'une distribution, étant donné leur caractère douteux et la possibilité élevée qu'ils représentent un mauvais appariement des emplois plutôt que des différences réelles de salaires. La décision d'enlever ou de ne pas enlever les chiffres extrêmes d'une distribution dépend de la nature de l'emploi. En effet, pour un même emploi de production et d'entretien, un écart de plus de 50 % dans le taux de salaire peut représenter un appariement suspect, alors que cette situation n'est pas rare pour un emploi de cadre. On peut aussi diminuer l'effet de la présence d'une organisation en soustrayant le nombre de ses employés du nombre total d'employés des organisations participantes. Cette façon de faire peut se révéler pertinente lorsque, par rapport aux autres organisations, une entreprise paie un salaire un peu plus élevé (ou un peu plus bas) pour un emploi alors qu'elle compte un grand nombre d'employés.
Moyenne pondérée	Les données de chaque entreprise sont pondérées en fonction du nombre de titulaires. Par conséquent, les entreprises où l'on trouve plus de titulaires influeront davantage sur ce résultat que celles employant moins de titulaires. Ces données représentent alors mieux le salaire du titulaire sur le marché. →

TABLEAU 4.2

Description et interprétation de quelques indicateurs statistiques permettant d'analyser les résultats des enquêtes de rémunération (*suite*)

II. Indicateurs de distribution	Description et utilisation
Centile	Il représente la valeur à laquelle X % des données est inférieur. Par exemple, le 75ᵉ centile est le point où 75 % des données de l'enquête sont inférieures lorsqu'elles sont présentées en ordre. Le 50ᵉ centile correspond à la médiane. La politique de rémunération d'une entreprise peut se référer à différents indicateurs de distribution selon les composantes de la rémunération. Par exemple, certaines entreprises visent à payer un salaire de base à la médiane du marché et une rémunération totale en espèces (base plus primes et incitatifs) au 75ᵉ centile.
Quartile	Il découpe une distribution en sous-groupes au 75ᵉ centile et au 25ᵉ centile pour situer le point milieu de la distribution. Il représente une autre façon de considérer la variance des données.
Étendue des données	Elle représente l'écart entre la donnée la plus faible et la donnée la plus élevée. Elle donne une idée de la variance ou de la dispersion des données.
Rang	Il indique au demandeur de l'enquête son rang, lorsque les données sont établies de la plus élevée à la plus faible. Il situe rapidement l'entreprise par rapport au marché.

4.7.3 Les mesures de distribution

Des statistiques portant sur la distribution des salaires observés sont également utilisées. On tient alors compte des déciles et des quartiles. Dans une distribution d'observations présentées en ordre décroissant, le premier décile est le point au-dessus duquel on trouve 90 % des observations et au-dessous duquel on en présente 10 %. Le neuvième décile présente la situation contraire, où 10 % des salaires observés sont au-dessus de ce point et 90 %, en dessous. L'interprétation à donner au quartile est semblable. Le premier quartile (Q1 ou P25) d'une distribution en ordre décroissant correspond au point où 75 % des observations sont au-dessus et 25 % en dessous, alors que ces chiffres sont inversés dans le cas du troisième quartile (Q3 ou P75) (voir la partie B de l'encadré 4.7).

ENCADRÉ 4.7

Exemples de calcul de quelques indicateurs statistiques pour analyser les résultats des enquêtes

A. ILLUSTRATION : CALCULS DE DIVERSES MOYENNES POUR L'EMPLOI Y

Société	Salaires effectifs moyens	Nombre d'employés	Total des salaires
A	450	15	6 750
B	500	7	3 500
C	520	3	1 560
D	625	6	3 750
E	700	20	14 000
F	750	32	24 000
G	565	16	9 040
H	660	8	5 280
I	510	10	5 100
TOTAL	5 280	117	72 980

Moyenne : $\frac{5\,280\ \$}{9} = 586{,}67\ \$$

Moyenne pondérée : $\frac{72\,980\ \$}{117} = 623{,}76\ \$$

Moyenne pondérée modifiée en éliminant les données de la société F :

1. Total des salaires effectifs : 72 980 $ – 24 000 $ = 48 980 $
2. Nombre d'employés : 117 – 32 = 85
3. Moyenne pondérée modifiée : $\frac{48\,980\ \$}{85} = 576{,}24\ \$$

Moyenne pondérée modifiée en diminuant de l'effet de la société F :

1. Nombre moyen d'employés par société : $\frac{117}{9} = 13$
2. Surplus relatif d'employés dans la société F : 32 – 13 = 19
3. Diminution de l'effet du nombre d'employés dans la société F (valeur arbitraire de la diminution, 75 % de surplus relatif d'employés) :
   75 % × 19 = 14
4. Nouveau nombre d'employés utilisés pour la société F :
   32 – 14 = 18
5. Calcul de la nouvelle moyenne pondérée modifiée :
   Nouveau total des salaires : 59 480 $ [72 980 – (18 × 750)]
   Nouveau total du nombre d'employés : 103 [117 – (32 – 18)]
   Nouvelle moyenne pondérée modifiée : $\frac{59\,480\ \$}{103} = 577{,}48\ \$$

B. ILLUSTRATION : CALCULS D'INDICATEURS DE TENDANCE CENTRALE POUR L'EMPLOI Y

Société	Nombre de titulaires	Salaire individuel	Ordre décroissant des salaires
A	2	27 000	5
		29 100	2
B	3	25 000	9
		24 000	12
		23 800	13
C	1	30 500	1
D	2	24 800	10
		25 200	8
E	1	23 000	15
F	1	23 500	14
G	2	26 000	6
		25 400	7
H	1	28 900	3
I	1	28 800	4
J	1	24 100	11

Présentation des résultats – Emploi Y

	Nombre de sociétés	Nombre de titulaires	QI	Médiane	Q3
Salaire	10	15	24 000	25 200	28 800

4.7.4 L'indice de compétitivité

Afin de déterminer la compétitivité des taux de salaire courants, certaines entreprises divisent ces taux par le taux du marché et comparent les indices du marché par catégories d'emplois. Le tableau 4.3 montre que les professionnels en informatique ayant un indice de marché de 0,97 sont traités de manière semblable par rapport aux employés en comptabilité dont l'indice est à 1,01.

TABLEAU 4.3

Calcul de l'indice de compétitivité* visant à évaluer l'équité des salaires versés par une entreprise par rapport aux salaires versés sur le marché dans des cas d'emplois en comptabilité et en systèmes d'information

EMPLOIS EN COMPTABILITÉ

Classe d'emplois	Titre de l'emploi	Nombre de titulaires	Moyenne des salaires	Taux du marché	Indice de compétitivité
1	Aide-comptable	10	27 000 $	28 000 $	0,96
2	Comptable	6	31 000 $	31 500 $	0,98
3	Superviseur	3	38 500 $	37 000 $	1,04
5	Vérificateur interne	1	45 000 $	45 000 $	1,00
6	Contrôleur	1	55 000 $	52 000 $	1,06

Indice global de compétitivité pour les emplois en comptabilité : (0,96 + 0,98 + 1,04 + 1,00 + 1,06) ÷ 5 = 1,01 ou 101 %

EMPLOIS EN SYSTÈMES D'INFORMATION

Classe d'emplois	Titre de l'emploi	Nombre de titulaires	Moyenne des salaires	Taux du marché	Indice de compétitivité
1	Programmeur	6	36 000 $	41 500 $	0,87
2	Superviseur de l'entrée de données	4	38 500 $	40 500 $	0,95
4	Analyste des systèmes	2	45 000 $	47 000 $	0,96

→

TABLEAU 4.3

Calcul de l'indice de compétitivité visant à évaluer l'équité des salaires versés par une entreprise par rapport aux salaires versés sur le marché dans des cas d'emplois en comptabilité et en systèmes d'information (*suite*)

EMPLOIS EN SYSTÈMES D'INFORMATION (*suite*)

Classe d'emplois	Titre de l'emploi	Nombre de titulaires	Moyenne des salaires	Taux du marché	Indice de compétitivité
5	Gestionnaire des opérations informatiques	1	53 000 $	51 500 $	1,04
6	Directeur des systèmes d'information de gestion	1	62 500 $	61 000 $	1,02

Indice global de compétitivité pour les emplois en système d'information : (0,87 + 0,95 + 0,96 + 1,03 + 1,02) ÷ 5 = 0,97 ou 97 %

Indice global moyen de compétitivité pour les deux groupes d'emplois : $\frac{0,97 + 1,01}{2}$ = 0,99 ou 99 %

* En pratique, on utilise couramment l'expression « ratio comparatif » à l'égard du marché.

Les entreprises qui ont comme politique salariale de suivre le marché visent à obtenir un indice de compétitivité moyen (autour de 1) pour leurs employés. Un indice de compétitivité inférieur à 1 signifie que le salaire des employés se situe sous le marché (si le point milieu équivaut au taux du marché). Les entreprises qui ont comme politique salariale d'être à la remorque du marché visent à obtenir un indice de compétitivité moyen (inférieur à 1) pour leurs employés. Un indice supérieur à 1 signifie que le salaire de l'employé se situe au-dessus du marché (si le point milieu équivaut au taux du marché). Les entreprises qui ont comme politique salariale de devancer le marché visent à obtenir un indice de compétitivité moyen (supérieur à 1) pour leurs employés. Par conséquent, l'indice de compétitivité moyen pour les titulaires des emplois d'une classe d'emplois donnée permet à l'entreprise d'évaluer la compétitivité des salaires offerts aux titulaires par rapport au marché.

4.7.5 Les autres types d'analyse

Pour obtenir des indications sur la distribution des salaires dans l'enquête, on peut également calculer la moyenne des salaires minimums et celle des salaires maximums des échelles de salaires des emplois des entreprises participantes. Il en est de même des ratios de salaires minimums (le salaire minimum le plus élevé divisé par le plus bas) et de salaires maximums (le salaire maximum le plus élevé sur le moins élevé) offerts aux emplois. Ces ratios peuvent révéler un problème d'appariement des emplois dans l'enquête. Par exemple, le fait que les ratios soient supérieurs à 2 pour des emplois de production et d'entretien donne un indice d'appariement douteux des emplois : il est alors possible que certaines données renvoient à des emplois différents. Certaines enquêtes donnent d'ailleurs des indications sur la qualité de l'appariement des emplois (élevée, moyenne ou faible).

À l'égard de certaines catégories de personnel – notamment les cadres supérieurs des entreprises –, certaines enquêtes appliquent des modèles statistiques visant à déterminer leur rémunération. Ces enquêtes collectent de l'information sur la rémunération des cadres et sur un ensemble de facteurs susceptibles de la déterminer, tels que la taille de l'entreprise (mesurée en fonction de ses revenus ou du nombre de ses employés), les responsabilités budgétaires, le nombre d'employés supervisés, le nombre de niveaux sous le président, la scolarité, l'âge, les années de service au poste occupé. Le fait qu'un ensemble d'entreprises aient accès à ces informations permet de proposer un modèle visant à estimer la rémunération à accorder à un cadre (voir l'encadré 4.8).

ENCADRÉ 4.8

Exemple d'utilisation d'un modèle de régression pour déterminer la rémunération d'un cadre

En s'appuyant sur ses enquêtes de rémunération, une firme conseil constate que l'équation de régression suivante reflète bien l'influence relative que divers facteurs ont sur le salaire d'un cadre en comptabilité :

Équation : 12 000 $ + (2,73 × nombre d'employés dans l'entreprise) – (8,309 × nombre de niveaux hiérarchiques le séparant du président) + (6,214 × complexité du travail) + (150 × âge) = salaire

Chaque coefficient de la régression indique l'effet de la variable indépendante (l'âge, le nombre d'employés, etc.) sur le salaire (variable dépendante) d'un titulaire occupant un poste semblable sur le marché. Pour utiliser cette équation dans l'évaluation de la compétitivité du salaire d'un cadre en particulier, il faut y introduire les valeurs des variables indépendantes.

Supposons, par exemple, que le superviseur en comptabilité travaille dans une organisation de 10 000 employés, qu'il occupe un poste situé à deux niveaux hiérarchiques du président, qu'il occupe un emploi de quatrième niveau de complexité (selon la définition de l'enquête) et qu'il a 40 ans. Le salaire moyen sur le marché serait de :

Équation : 12 000 $ + (2,73 × 10 000) – (8,309 × 2) + (6,214 × 4) + (150 × 40) = 53 538 $

Source : Inspiré de Davis (1997, p. 24 et 25).

4.8 LA PRÉSENTATION DES RÉSULTATS

Les données portant sur les salaires peuvent être présentées de diverses façons. À titre d'exemple, le tableau 4.4 présente les résultats d'une organisation, la firme A. Cette présentation a l'avantage d'offrir des renseignements précis sur la rémunération qu'offre cette firme, sur celle offerte par l'ensemble des organisations participantes et sur la position de la firme A par rapport au marché (indices de compétitivité).

L'annexe 4.1 (p. 172-180) présente la partie des résultats d'une enquête de rémunération portant sur l'emploi de « contrôleur de la société mère ». Ce type de présentation permet de résumer des données provenant d'un nombre élevé de participants à une enquête. On y trouve de l'information portant sur la distribution de diverses composantes de la rémunération, comme les salaires, les primes et les avantages liés à l'utilisation d'une automobile. On y offre aussi de l'information sur la nature des échelles salariales et l'administration de la rémunération. Ces informations sont présentées en fonction de diverses caractéristiques organisationnelles, comme le secteur d'activité, le type de propriété, le montant des ventes, la valeur de l'actif et le budget d'exploitation.

La figure 4.2 (p. 156) présente des données sur la rémunération selon les résultats d'analyses de régression linéaire. Contrairement au tableau 4.5, qui ne donne aucune indication sur les salaires payés dans les entreprises ayant un revenu brut de l'ordre de 200 millions de dollars (les salaires y sont fournis pour la catégorie de 100 millions à 499 millions de dollars), la formule de régression linéaire permet d'estimer les salaires payés selon le chiffre d'affaires précis de l'organisation.

4.9 LES LIMITES DES ENQUÊTES DE RÉMUNÉRATION

Les enquêtes sont des outils importants dans les prises de décision d'une organisation sur la rémunération. Toutefois, elles ne sont pas exemptes de limites, et il faut faire preuve de prudence dans l'interprétation de leurs résultats.

TABLEAU 4.4

Comparaison de la rémunération offerte par la firme A avec celle offerte par l'ensemble des organisations participantes : le cas de l'emploi « adjointe-soutien administratif »

EMPLOI : ADJOINTE – SOUTIEN ADMINISTRATIF

	Données du marché						Firme A		Indices de compétitivité		
Données sur la rémunération (pondérées par participant)	**Nombre de partici-pants**	**Nombre de titulaires**	**Moyenne (1) $**	**Q1 $**	**Médiane (2) $**	**Q3 (3) $**	**Nombre de titulaires**	**Moyenne (4) $**	**Ratio (4) (1) %**	**Ratio (4) (2) %**	**Ratio (4) (3) %**
Rémunération en espèces :											
Salaire de base	12	275	18,48	16,86	17,88	19,68	804	19,00	1,03	1,06	0,97
Prime versée	6	190	1,41	0,73	1,32	2,21	804	0,70	0,50	0,53	*
Rémunération totale en espèces	12	275	19,13	17,91	18,98	20,38	804	19,70	1,03	1,04	0,97
Échelle salariale :											
Minimum	13	265	14,72	13,23	14,72	15,84	804	9,79	0,67	0,67	0,62
Point-contrôle/ maximum normal	13	265	18,60	17,32	18,15	20,01	804	18,75	1,01	1,03	0,94
Maximum mérite	9	104	22,50	20,20	22,07	24,55					

* Résultats qui n'ont pu être obtenus, faute de données suffisantes.

FIGURE 4.2

Présentation de renseignements sur la rémunération totale à l'aide d'analyses de régression linéaire

CHEF DES RESSOURCES HUMAINES

Régression : salaire et rémunération totale en fonction du chiffre d'affaires

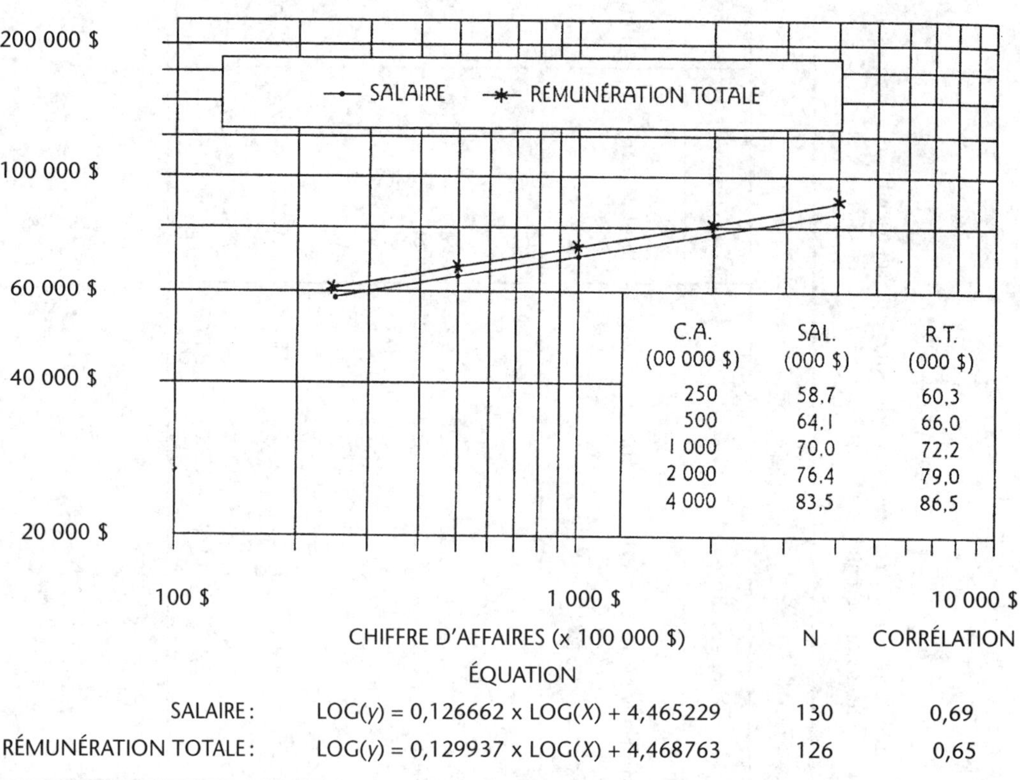

C.A. (00 000 $)	SAL. (000 $)	R.T. (000 $)
250	58,7	60,3
500	64,1	66,0
1 000	70,0	72,2
2 000	76,4	79,0
4 000	83,5	86,5

	ÉQUATION	N	CORRÉLATION
SALAIRE :	LOG(y) = 0,126662 x LOG(X) + 4,465229	130	0,69
RÉMUNÉRATION TOTALE :	LOG(y) = 0,129937 x LOG(X) + 4,468763	126	0,65

4.9.1 Les caractéristiques des enquêtes de rémunération

Quoique les enquêtes de rémunération soient utilisées pour prendre des décisions de rémunération qui orienteront l'avenir, elles fournissent des données rétrospectives, c'est-à-dire qu'elles explorent le passé. Comme la rémunération évolue rapidement, les entreprises doivent s'assurer de l'actualité des résultats de ces enquêtes. Pour assurer cette actualité, certaines organisations procèdent plus d'une fois par année à des enquêtes concernant certains emplois.

Le caractère rétrospectif et descriptif des données peut d'ailleurs contribuer à perpétuer certaines formes de discrimination présentes sur le marché : si les enquêtes révèlent quels salaires sont payés sur le marché, elles ne révèlent pas les causes du taux de ces salaires. Ce fait explique d'ailleurs la réserve des organismes chargés de l'application des lois sur l'équité salariale à l'égard de telles enquêtes et leur préférence pour l'évaluation des emplois comme approche permettant de réduire l'écart de salaire entre les emplois à prédominance féminine et les emplois à prédominance masculine de valeur similaire.

Par ailleurs, il est important de se rappeler que les enquêtes de rémunération ne reflètent pas les conditions de rémunération de l'ensemble de la population visée, mais plutôt celles des entreprises participantes. La liste de ces entreprises doit donc être jointe à l'enquête si l'on désire apprécier la valeur des chiffres. Une enquête soulève également un problème de comparaison des résultats d'une année à l'autre. Dans la mesure où les entreprises participantes changent, il est difficile de savoir quelle part de ce type de modifications est attribuable à l'évolution des salaires et quelle part peut être imputée à des différences entre les entreprises.

4.9.2 Le caractère subjectif et politique du processus d'enquête

Le caractère subjectif du processus d'enquête

Trop souvent, les enquêtes de rémunération sont perçues comme l'élément clé de la gestion de la rémunération, auquel on fait trop et trop rapidement confiance. Comme elles présentent des chiffres, on peut être faussement porté à croire qu'elles sont objectives (un 7 est un 7, et non un 6 ou un 8). Pourtant, la conduite d'enquêtes de rémunération demeure et demeurera toujours un art. Même si l'informatique permet de fournir rapidement des statistiques de plus en plus précises et nombreuses, le processus d'enquête de rémunération n'est pas une science. L'opinion selon laquelle on peut faire dire ce qu'on veut aux chiffres comporte une part de vérité : certaines personnes, consciemment ou non, peuvent manipuler les données et les interpréter de manière erronée.

L'une des rares études faites sur les enquêtes de rémunération (Viswesran et Barrick, 1992) a démontré que les spécialistes en rémunération retiennent certaines firmes comme marché de référence selon l'importance qu'ils accordent à divers facteurs : le fait que l'organisation soit syndiquée ou non, la méthode de collecte des données, la qualité de l'appariement des emplois, la similarité de l'industrie, la situation géographique, la taille de l'organisation, les pratiques et les politiques d'embauche, la source d'enquête, les données sur les salaires, etc. Le taux du marché est donc déterminé en fonction des préférences, des habitudes et de l'expérience des personnes qui font le choix du marché de référence.

En somme, il n'apparaît pas pertinent de présenter les résultats de telles enquêtes avec une précision de deux chiffres après la virgule, compte tenu des multiples impondérables liés à tout processus d'enquête (appariement des emplois, formation et expérience des répondants, interprétation des questions, etc.). La valeur d'une enquête de rémunération dépend de trois grands facteurs sur lesquels on a peu de prise : la personne qui sollicite l'information, la personne qui la fournit et la façon dont cette information est collectée et analysée. Dans ce contexte, il est plus sage et plus prudent de considérer qu'une rémunération est compétitive dans la mesure où elle se situe à plus ou moins 5 % des résultats des enquêtes.

En matière d'enquêtes de rémunération, il y a toujours un compromis à faire entre, d'une part, la précision et le caractère exhaustif des données collectées et, d'autre part, la longueur du questionnaire et la difficulté de le remplir. Est-il préférable de formuler un questionnaire moins précis, mais entraînant un taux élevé de réponses ou de recourir à un questionnaire long et précis qui risque d'être, au mieux, rempli par un petit nombre des entreprises ciblées ? Ce ne sont pas tous les responsables des enquêtes de rémunération, par exemple, qui ramènent sur une base horaire les salaires pour tenir compte de variations dans les heures hebdomadaires de travail d'une organisation à l'autre. Pourtant, il est très différent de gagner 550 $ pour 40 heures de travail par semaine, et 550 $ pour 35 heures de travail par semaine. On peut donc comprendre que, lors de la négociation d'une convention collective, un syndicat représentant des employés qui travaillent 37,5 heures par semaine tente de faire transformer leurs salaires hebdomadaires ou annuels en salaires horaires, si les employés des autres entreprises du marché de référence travaillent habituellement 35 heures par semaine. Dans une perspective de coût, certains prônent le calcul du salaire en fonction du temps travaillé, une estimation qui tient compte des heures de travail hebdomadaire et des autres éléments qui ont un effet sur le coût horaire du travail – notamment les vacances, les congés payés et les pauses. Toutefois, si une telle mesure est supérieure sur le plan de la précision, elle est difficile à compiler parce que la plupart des organisations ne la calculent pas.

Le caractère politique du processus d'enquête

Comme la plupart des entreprises n'ont ni les moyens ni le temps d'effectuer des enquêtes pour tous leurs emplois, elles se limitent souvent à collecter des données sur la rémunération d'un certain nombre d'emplois *repères* ou *clés* qu'elles définissent en fonction de différents critères (voir l'encadré 4.3, p. 133). Par ailleurs, selon le temps dont elle dispose et sa capacité de payer, une entreprise pourra choisir d'intégrer ou d'éliminer certaines firmes. Le choix du marché de référence et des organisations sondées est également fonction des conditions de travail globales offertes par les employeurs. Par exemple, même si les grandes entreprises accordent généralement des salaires plus élevés que ceux des PME, ces dernières peuvent offrir des avantages compensatoires quant aux possibilités de responsabilités, au climat de travail, etc.

En fait, toutes les étapes du processus d'enquête sont associées à des choix qui ont inévitablement un caractère politique (Gupta et Jenkins, 1996), puisqu'ils servent plus ou moins les intérêts des divers intervenants, c'est-à-dire les dirigeants d'entreprise, les cadres, les syndicats et les employés. Ainsi, il faut comprendre qu'il n'y a pas *un* marché, mais *un seul choix* de marché, qui peut faire l'objet d'un enjeu politique. Dans ce contexte, il n'est d'ailleurs pas difficile de comprendre pourquoi certains syndicats et employeurs peuvent diverger d'opinion sur la délimitation géographique du marché de référence, les organisations à sonder (taille, présence d'un syndicat, etc.), le choix des emplois repères, les indicateurs de tendance centrale à privilégier, etc.

4.9.3 L'équité externe dans la détermination de la rémunération

Selon une perspective économique, l'équité externe est *le* principe important (sinon le seul) à considérer dans la détermination de la rémunération, qui devrait dépendre essentiellement de l'état de l'offre et de la demande de main-d'œuvre. Toutefois, tel que nous l'avons mentionné au chapitre 2, un gestionnaire doit s'assurer de respecter d'autres principes d'équité (équité interne, équité individuelle, etc.). Par conséquent, en pratique, les enquêtes de rémunération constituent une étape ou un intrant dans le processus de détermination de la rémunération, dont l'importance relative sera plus ou moins grande pour expliquer la rémunération de certains emplois. On pense, par exemple, aux vedettes du monde sportif et artistique, pour lesquelles l'équité externe constitue un principe primordial, et aux emplois très spécialisés (p. ex. : spécialiste de traitement des eaux dans une municipalité), pour lesquels il n'y a pas de barème sur le marché et dont la rémunération est essentiellement fonction de la valeur relative des exigences qui y sont liées (équité interne et processus d'évaluation des emplois).

Le processus d'enquête de rémunération ne tient pas compte de l'équité interne : il ne se préoccupe pas de la valeur relative des emplois pour l'entreprise. Ainsi, si on ne tient compte que de la valeur d'un emploi sur le marché, un emploi très important pour le succès d'une entreprise (p. ex. : spécialiste en rémunération dans une firme de conseillers en rémunération) pourrait être moins bien payé qu'un emploi moins important pour la firme, mais mieux payé sur le marché. Par ailleurs, si elle ne s'appuie que sur le marché pour déterminer les salaires, une firme décentralisée géographiquement pourrait être amenée à offrir des salaires différents pour des emplois identiques selon la localisation de l'unité administrative et le taux du marché local. Une telle situation pourrait entraîner des problèmes d'iniquité entre diverses usines d'une même organisation.

D'un point de vue social, il est loin d'être établi ou partagé que la valeur relative des emplois correspond à leur taux relatif de rémunération sur le marché. D'ailleurs, là où il existe une loi en matière d'équité salariale, comme en Ontario et au Québec, il est tout simplement illégal de ne pas tenir compte de l'équité interne, donc des exigences relatives des emplois, dans la détermination de leur rémunération.

Par conséquent, prise isolément, l'enquête de rémunération s'avère un outil incomplet et limité. Elle aide uniquement à considérer d'une façon rationnelle les différences de rémunération accordées aux emplois sur le marché. Elle cherche à faire ressortir la distribution des salaires sur le marché de manière à maintenir la compétitivité de la rémunération offerte aux employés.

4.9.4 Les salaires comme composante de la rémunération et la rémunération comme facette des conditions d'emploi

Comme nous l'avons mentionné précédemment, l'importance croissante de la rémunération variable (p. ex. : la rémunération à long terme, comme les options d'achat d'actions) et l'octroi d'avantages sociaux (p. ex. : une garderie) de plus en plus diversifiés complexifient beaucoup le processus d'enquête de rémunération. Il en va de même pour l'importance du climat de travail, les possibilités de promotion et de formation, les conditions de vie offertes dans l'environnement de l'organisation, etc. En effet, ces facteurs sont considérés par les employés qui comparent leur situation de travail avec celle d'autres employés occupant des emplois semblables sur le marché du travail. En pratique, il est souvent difficile d'estimer la valeur de ces facteurs. Par exemple, si une personne est très heureuse de pouvoir faire du ski à 25 km de son lieu de résidence, une autre se révélera indifférente à cette éventualité. De plus, comment comparer la valeur de cette possibilité et celle de pouvoir fréquenter une salle de cinéma différente toutes les semaines ? Cependant, ce problème n'enlève rien à la pertinence de la question et certaines méthodes de collecte d'informations permettent d'obtenir une image plus complète et plus précise des conditions de travail.

Selon Long (1998), la collecte d'informations sur les diverses et multiples composantes de la rémunération risque d'entraîner un biais dans la composition de l'échantillon de firmes répondantes, car les organisations traditionnelles, qui ont des systèmes de rémunération plus simples comportant moins de composantes et des emplois plus communs, sont davantage portées à participer à l'enquête parce que leur participation en est simplifiée (et vice versa).

4.10 LES CONSEILS LIÉS AUX ENQUÊTES DE RÉMUNÉRATION

Le fait que le processus des enquêtes de rémunération soit toujours en partie subjectif et politique ne signifie pas que de telles enquêtes doivent être menées sans rigueur. Au contraire, il apparaît d'autant plus important de respecter certaines conditions qui maximiseront l'utilité des enquêtes de rémunération et les réactions des divers acteurs à leur égard.

4.10.1 Le recours aux enquêtes de rémunération

Les enquêtes de rémunération donnent une indication ou un cadre de référence sur l'étendue des salaires offerts pour un emploi ; elles ne fournissent pas un montant exact et précis. Le fait que le processus d'enquête soit subjectif ne signifie pas qu'il doive être irrationnel, incohérent, inéquitable, etc. Au contraire, il est d'autant plus important de le suivre et de l'utiliser avec professionnalisme et partialité. Devant les résultats d'une enquête de rémunération, il faut soulever des questions : Que vaut cette enquête ? Quelles sont les organisations participantes ? Jusqu'à quel point les diverses composantes de la rémunération sont-elles prises en considération ? Quelles sont les techniques statistiques utilisées ? Quelle méthode a été utilisée ? Comment s'est déroulé le processus d'enquête ? Quelle est la validité des résultats ? etc.

Si différentes enquêtes fournissent différents résultats, faut-il présenter uniquement celles qui confirment la position que l'on veut faire valoir ? Les enquêtes de rémunération n'ont pas pour but de recueillir des renseignements auprès d'un groupe particulier d'employeurs (ceux qui ont la réputation de mieux payer ou de payer moins, de payer à un certain taux, etc.). Elles visent à obtenir des indications sur l'état *général* de la rémunération dans les organisations avec lesquelles l'entreprise entre en concurrence pour un emploi donné.

Par ailleurs, ces enquêtes ne constituent qu'un résumé des tendances et des pratiques en matière de rémunération. Elles n'indiquent pas comment les organisations réagissent à des besoins, à des objectifs ou à des politiques internes particulières. Elles ne révèlent pas non plus comment la rémunération est liée à la planification financière, aux opérations et aux efforts de développement des entreprises. En pratique, une multitude d'éléments interviennent dans la détermination des salaires et ne sont pas considérés dans les résultats d'enquêtes – notamment l'ancienneté dans l'organisation et dans l'emploi, le temps écoulé depuis la dernière augmentation, les tendances par rapport au marché externe, l'évolution de l'indice des prix à la consommation, le niveau relatif des salaires, les taux de salaire à l'intérieur des échelles de minimums et de maximums, le rendement individuel et organisationnel.

L'interprétation des données d'une enquête de rémunération doit tenir compte de plusieurs facteurs, comme les organisations participantes, les composantes de la rémunération globale prises en considération et le nombre d'heures de travail des employés. Ainsi, les changements de résultats entre deux enquêtes successives doivent être interprétés à la lumière des modifications survenues dans les entreprises participantes, ou dans les caractéristiques des emplois touchés. Par ailleurs, lorsque les salaires, les avantages sociaux et les primes sont analysés séparément, il peut être trompeur de tirer des conclusions à partir de l'une ou l'autre de ces composantes. En effet, une organisation peut se situer en deçà du marché pour ce qui est des salaires et au-delà du marché pour ce qui est des avantages sociaux, ou l'inverse.

4.10.2 La nécessité d'informer le personnel et de tenir compte de ses points de vue

Très souvent, les enquêtes de rémunération sont effectuées à la demande de la direction des organisations et en fonction de leurs points de comparaison ou de référence. Toutefois, il se peut fort bien que les référents des employés soient différents de ceux de la direction. Si tel est le cas, les résultats sont moins susceptibles d'être acceptés par les employés (justice du processus). Une consultation accrue du personnel pour déterminer les entreprises de référence peut leur permettre de mieux accepter et comprendre les résultats des enquêtes.

Par ailleurs, pour que la rémunération soit perçue comme juste par les employés (justice du processus), les entreprises peuvent gagner à être davantage transparentes et *proactives* dans la conduite des enquêtes de rémunération. Elles peuvent communiquer aux employés leur politique de rémunération, leurs valeurs ou les éléments qu'elles trouvent important de rémunérer (la créativité, le rendement, la loyauté, etc.), les efforts qu'elles entreprennent pour assurer la compétitivité de leur rémunération, le marché de référence qu'elles retiennent et les raisons de ce choix, les résultats des enquêtes, la situation de la rémunération des employés sur le marché selon les diverses composantes de la rémunération globale, etc. Dans le secteur de la haute technologie, de plus en plus d'entreprises adoptent cette transparence à l'égard d'un personnel éduqué et difficile à retenir. Une façon de se prémunir contre la perte de confiance et le sentiment d'iniquité à l'égard de la rémunération consiste à informer les employés et à communiquer régulièrement avec eux à ce sujet.

4.10.3 L'officialisation du processus d'enquête de rémunération

Trop souvent, la recherche d'information sur la rémunération se fait de manière informelle ou *non officielle*. On amasse alors de l'information de manière approximative ou à la pièce, au hasard des rencontres ou des offres d'emploi apparaissant dans les journaux et les périodiques. Quoiqu'il soit possible d'en dégager certaines indications, il y a de fortes chances pour que cette information soit erronée, puisqu'elle est souvent incomplète. Par conséquent, une application hâtive des résultats de telles sources risquerait de créer plus de problèmes qu'elle n'en résout (sentiment d'iniquité et d'insatisfaction, coûts de main-d'œuvre excessifs, taux de roulement de personnel trop élevés, etc.).

Dans le passé, les organisations utilisaient souvent plus d'une source d'information et participaient à de nombreuses enquêtes de rémunération. Dans certains cas, la quantité semblait même privilégiée, au détriment de la qualité. Toutefois, les organisations semblent aujourd'hui de plus en plus sélectives et soucieuses de la qualité et de la pertinence des enquêtes de rémunération dont elles font usage et auxquelles elles acceptent de participer. On cherche de plus en plus à officialiser davantage le processus d'enquête de rémunération, de manière que l'argent investi dans cette activité soit utilisé le mieux possible. On établit des politiques et des règles à l'égard du marché de référence, de la politique de rémunération, de la participation aux enquêtes ou encore du partenariat avec d'autres firmes pour conduire des enquêtes de rémunération. Certaines organisations d'un secteur peuvent même s'associer pour effectuer une enquête afin d'éviter une répétition de leur travail et de maximiser le ratio qualité/coûts associé aux enquêtes.

Au-delà de l'officialisation du processus d'enquête, l'entreprise doit aussi s'assurer que le personnel chargé de compléter et d'interpréter les enquêtes soit compétent.

4.11 LES DÉFIS LIÉS AUX ENQUÊTES DE RÉMUNÉRATION

Compte tenu de l'évolution des composantes de la rémunération globale, des technologies et des changements survenus dans une organisation et des conditions du travail des dernières années, la conduite et la gestion du processus d'enquête sont aujourd'hui très différentes. De nombreux défis doivent être relevés par les entreprises.

4.11.1 La recherche d'information sur les composantes de la rémunération globale

De plus en plus d'auteurs prônent la conduite d'enquêtes de rémunération qui donnent de l'information sur l'ensemble des composantes de la rémunération globale (Rich et Phalen, 1993). En effet, compte tenu de la variété des composantes de la rémunération, c'est la seule façon de comprendre la position concurrentielle de la rémunération globale d'une entreprise. L'analyse de la position de l'entreprise « élément par élément » ne permet pas vraiment d'en estimer la réelle compétitivité.

Par ailleurs, détenir plus d'information sur l'état relatif des composantes de la rémunération permet d'être plus sensible au message transmis aux employés par les modes de rémunération que l'on applique, de manière à s'assurer qu'ils sont cohérents par rapport à la stratégie d'affaires de l'organisation, au profil démographique de la main-d'œuvre et aux besoins des différentes divisions, s'il y a lieu. Par exemple, les employés peuvent percevoir une contradiction entre un message tel que « Nous valorisons *l'entrepreneurship* et la prise de risque » et les modes de rémunération qui accordent plus d'importance aux avantages sociaux et à la retraite qu'aux régimes de rémunération variable. Selon les caractéristiques démographiques du personnel et les changements qui y surviennent (sexe, âge, service, nombre d'enfants, etc.), l'importance relative des composantes de la rémunération globale varient (avantages sociaux, salaires, primes, etc.). De la même manière, si certaines divisions d'affaires d'une organisation exercent leurs activités sur des marchés différents de produits ou de main-d'œuvre, il peut se révéler pertinent de différencier les modes de rémunération de ces employés.

Quoique ces raisons soient légitimes, la conduite d'enquêtes de rémunération sur les composantes de la rémunération globale se bute encore à des problèmes pratiques. D'abord, les entreprises participantes cumulent rarement de l'information sur la rémunération variable et les avantages sociaux offerts et elles ne tiennent pas compte des autres conditions de travail, comme le climat organisationnel, les possibilités de promotion, etc.

Par ailleurs, colliger des informations portant sur d'autres composantes que le salaire exige beaucoup de temps et certaines données sont difficiles à estimer, à cause de leur manque de fiabilité. De plus, les enquêtes portant sur l'ensemble des composantes de la rémunération globale sont plus coûteuses à élaborer, à effectuer et à analyser. Par ailleurs, les requêtes demandant aux organisations de participer à des enquêtes de rémunération sont nombreuses et le personnel qualifié et compétent pour le faire est rare. Comme les questionnaires portant sur la rémunération globale sont plutôt fastidieux à remplir, le taux de participation est restreint. Les enquêtes portant sur les composantes de la rémunération globale sont souvent effectuées pour répondre aux besoins précis d'une firme, et même d'une catégorie particulière de main-d'œuvre. Aussi est-il difficile de comparer les résultats de telles enquêtes entre elles, compte tenu des différences qu'elles comportent sur le plan des données collectées, des méthodes utilisées, etc.

4.11.2 L'évaluation de la compétitivité de la rémunération offerte à certaines catégories d'employés

Aujourd'hui, à la suite de changements survenus dans l'organisation du travail (travail en équipe, réduction des niveaux hiérarchiques, etc.), bon nombre d'organisations adoptent des descriptions *génériques* des emplois dans lesquelles elles n'énumèrent pas les tâches et les activités précises des titulaires, mais plutôt leurs responsabilités. Lorsque l'organisation du travail nécessite de fréquents changements de responsabilités ou des assignations de travail variées, le système de rémunération repose souvent sur peu de titres d'emplois, mais propose une large variation dans les salaires (bandes salariales élargies). Au sein d'entreprises en recherche et développement, par exemple, il n'y a qu'un titre pour tout le personnel professionnel : « membre de l'équipe technique », et quelquefois, deux ou trois niveaux portant un titre tel que « membre de l'équipe technique en chef » ou « membre de l'équipe technique honoraire ». En principe, même si les dirigeants de ces entreprises prônent la flexibilité, les compétences et l'imputabilité des employés, ils doivent – et désirent – s'assurer de la compétitivité de la rémunération qu'ils leur offrent (Mays, 1997 ; McDermott, 1997 ; Yurkutat, 1997). En pratique, toutefois, ils doivent souvent se contenter d'informations moins précises que celles qu'ils obtenaient auparavant pour vérifier la compétitivité de leur rémunération.

En effet, comme ces entreprises peuvent difficilement apparier le travail de leurs employés (qui est propre à chaque firme) avec les emplois clés (ou repères) standardisés des enquêtes, elles ne peuvent plus y participer ou leurs résultats ne sont plus pertinents pour elles. Comment s'assurer de la compétitivité de la rémunération lorsqu'elle s'appuie sur une logique de compétences et non sur une logique d'emplois ? Comment répondre à une enquête qui demande de l'information sur le point milieu des échelles de salaires alors qu'un système s'appuie sur des bandes salariales (voir le chapitre 9) où le point milieu des bandes n'a plus la même signification ? Par ailleurs, des changements dans l'organisation du travail surviennent constamment et le professionnel de la rémunération responsable de remplir les enquêtes n'est pas nécessairement au courant de toutes ces modifications : il devient alors dépendant des cadres qui doivent l'informer à ce sujet (Yurkutat, 1997). Dans ce contexte, les appariements d'emplois sont de moins en moins fiables et de plus en plus temporaires. Faute de pouvoir s'assurer de l'équité externe, certaines organisations sont forcées d'ignorer le marché et de se limiter à examiner l'équité interne de leurs salaires.

À l'heure actuelle, certaines sociétés conseils en rémunération travaillent à élaborer des enquêtes dites « de compétences », qui permettront de prédire le salaire des titulaires à partir d'équations de régression où les variables indépendantes correspondent à des compétences (habiletés de communication, adaptabilité, habiletés interpersonnelles, résolution de problèmes, etc.). Ces sociétés conseils tentent ainsi d'établir la rémunération à partir d'un profil de compétences plutôt qu'à partir d'un profil de l'emploi. Certaines entreprises mènent des enquêtes portant sur la comparabilité de certains emplois en fonction de quelques grands critères comme le leadership, le nombre de subordonnés, les responsabilités à l'égard des produits, le nombre d'années d'expérience (McDermott, 1997). Le tableau 4.6 compare les caractéristiques de ces enquêtes de compétences avec celles des enquêtes de rémunération traditionnelles, basées sur les emplois.

L'adoption de modèles d'enquêtes de compétences se bute à des contraintes majeures (Davis, 1997). Premièrement, mener de telles enquêtes exige que les organisations s'entendent sur le nombre et sur la nature des compétences clés, ce qui n'est pas encore le cas. Deuxièmement, la conduite de telles enquêtes nécessite que les entreprises aient bien défini les compétences et le niveau des compétences de leurs employés, ce qui n'arrive pas souvent. Troisièmement, le taux de réponse s'avère fréquemment faible, si l'on considère l'investissement en temps que requiert la participation à de telles enquêtes et le fait que les entreprises sollicitées soient souvent des concurrents.

Certaines firmes qui ne peuvent plus s'appuyer sur les enquêtes de rémunération pour évaluer la compétitivité de la rémunération qu'elles offrent à leurs employés se tournent vers les traditionnelles courbes de maturité. Toutefois, ces dernières ne sont pertinentes que pour certaines catégories de personnel – notamment les avocats, les ingénieurs et les comptables – où les associations professionnelles prescrivent un taux de rémunération lié au nombre d'années d'expérience depuis l'obtention du diplôme. Une enquête de maturité présente le lien entre le salaire sur le marché et l'expérience du candidat. La figure 4.3 (p. 168) illustre cette relation pour des ingénieurs possédant un baccalauréat et n'occupant pas de poste de cadre au sein d'entreprises se situant au 10e, au 50e et au 90e centile (partie A). L'organisation peut comparer le salaire de ses employés avec ceux du modèle qui ont une expérience similaire, afin d'estimer leur compétitivité (partie B).

Finalement, compte tenu de l'augmentation du nombre d'employés à temps partiel ou d'employés engagés sur une base contractuelle, les entreprises ressentent aussi le besoin d'obtenir plus d'information à l'égard de leur rémunération (Martocchio, 1998). La compétitivité de la rémunération de cette catégorie de main-d'œuvre est appelée à prendre de l'importance dans l'avenir.

TABLEAU 4.6

Comparaison entre le processus d'enquête de rémunération basé sur les caractéristiques des emplois et celui basé sur les compétences des employés

Processus d'enquête	Rémunération du marché selon les caractéristiques des emplois	Rémunération du marché selon les compétences des employés
Définition des éléments comparés	Appariement des emplois en fonction de leurs exigences, responsabilités et tâches	Appariement des employés à des modèles de rôles, d'habiletés et de compétences
Responsabilités et exigences du processus de collecte des données	Principalement sous la responsabilité des professionnels en rémunération, parfois avec l'aide de cadres qui déterminent l'appariement	Responsabilité partagée entre le professionnel de la rémunération et les cadres Comme chaque employé a des compétences particulières, les données doivent être compilées à l'aide de l'informatique
Nature des données	Données portant sur des emplois occupés dans un grand nombre d'entreprises : appariement des emplois	Données portant sur des profils de compétences au sein d'entreprises sélectionnées parce qu'elles ont des employés ayant des profils de compétences semblables : appariement d'individus

FIGURE 4.3

Le recours à un modèle de courbe de maturité pour évaluer la compétitivité de la rémunération offerte aux ingénieurs d'une firme

A. Modèle de la courbe de maturité s'appliquant à des ingénieurs titulaires d'un baccalauréat et n'occupant pas un poste de cadre

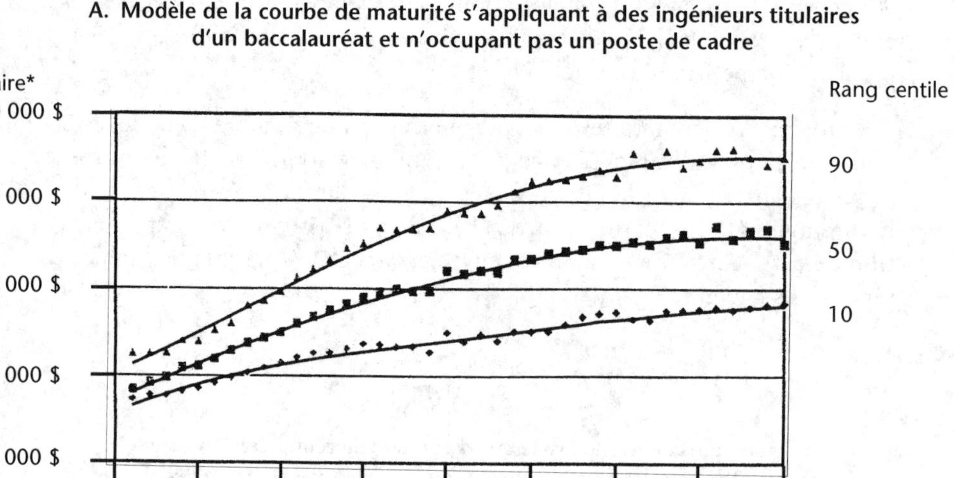

B. Comparaison du salaire offert aux ingénieurs d'une organisation au modèle de la courbe de maturité s'appliquant à des ingénieurs

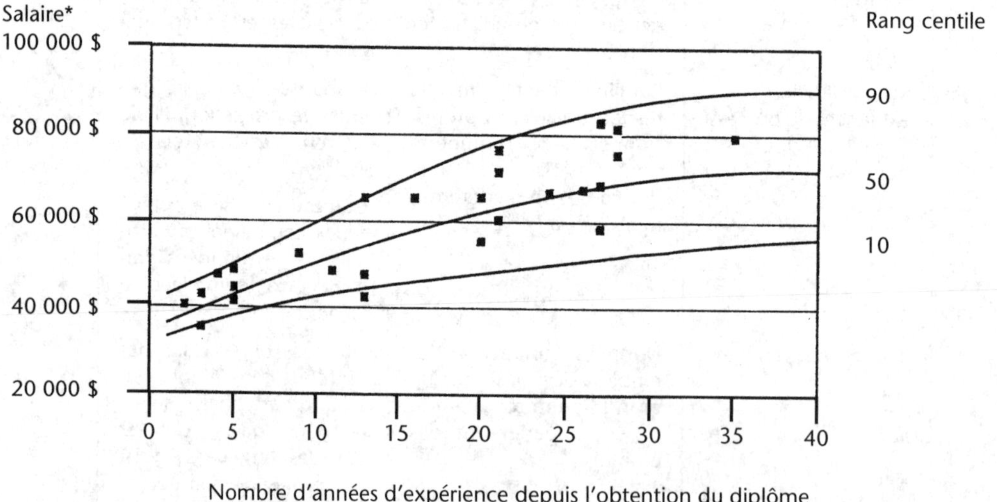

* Données fictives.

RÉSUMÉ

Les enquêtes de rémunération fournissent des indications visant à aider une organisation à assurer la compétitivité de sa rémunération à l'égard du marché. De nombreuses personnes croient qu'il est relativement facile d'obtenir des renseignements utiles et précis au sujet du marché. Ce chapitre a démontré que la réalité est tout autre. Comme dans le cas de l'évaluation des emplois, il n'y a pas de réponses objectives au sujet de la rémunération accordée sur le marché. L'étendue de l'enquête de rémunération, la méthode et les sources utilisées, ainsi que le caractère général ou dirigé de l'enquête, sont autant de décisions importantes qui contribuent à influencer les résultats. Ce chapitre a également traité du fait que la qualité et la nature des renseignements recueillis constituent toujours une limite importante à leur analyse et à leur interprétation. En somme, les enquêtes de rémunération ne représentent qu'un cadre de référence fournissant des données sur le marché. Les chiffres qu'on y trouve n'ont de valeur que dans la mesure où le marché examiné est pertinent, où les appariements d'emplois sont bien effectués, où la méthode d'enquête est bien utilisée et où les résultats sont analysés et interprétés adéquatement.

Afin de mieux utiliser les résultats d'enquêtes de rémunération, ce chapitre a présenté leurs limites et certaines des conditions auxquelles elles doivent être soumises. Il a également traité des défis entraînés par les enquêtes effectuées dans un contexte où les composantes de la rémunération globale sont de plus en plus variées et où l'on tend de plus en plus à rémunérer les employés en fonction de leurs compétences plutôt que des exigences de leurs emplois.

QUESTIONS DE RÉVISION

1. Indiquer la pertinence, l'importance et l'utilité des enquêtes de rémunération dans la détermination et la gestion de la rémunération.
2. Distinguer les enquêtes de rémunération des enquêtes annuelles de planification ou de prévision des augmentations de salaire.
3. Énumérer les étapes du processus d'enquête de rémunération.
4. Quels sont les objectifs potentiels pour lesquels une firme peut mener et consulter des enquêtes de rémunération ?
5. À partir de quels critères importants une firme peut-elle déterminer le marché de référence auquel elle va comparer la rémunération offerte à son personnel ou à une catégorie de son personnel ?

6. Distinguer et commenter les différentes méthodes d'enquête de rémunération.
7. Présenter diverses sources d'enquête de rémunération.
8. Quelles approches peuvent être utilisées pour collecter des données de rémunération ?
9. Démystifier les principales méthodes ou statistiques d'analyse et de présentation utilisées à l'égard des résultats des enquêtes de rémunération.
10. Quelles sont les principales limites des enquêtes de rémunération ?
11. Quels conseils ou quelles recommandations peut-on faire aux entreprises qui désirent mener des enquêtes de rémunération et utiliser leurs résultats ?
12. À quels défis sont associées les enquêtes de rémunération ?

RÉFÉRENCES

BJORNDAL, J.A., et L.K. ISON (1991). *Mastering Market Data : An Approach to Analyzing and Applying Salary Survey Information*, Scottsdale, Ariz., American Compensation Association.

DAVIS, J.H. (1997). « The future of salary surveys when jobs disappear ? », *Compensation & Benefits Review*, vol. 29, n° 1, janvier/février, p. 18-26.

DYEKMAN, M. (1990). « Take the mystery out of salary survey », *Personnel Journal*, vol. 69, n° 6, juin, p. 104-106.

GUPTA, N., et G. D. JENKINS (1996). « The politics of pay », *Compensation & Benefits Review*, vol. 28, n° 2, mars/avril, p. 23-29.

LONG, R. (1998). *Compensation in Canada*, Toronto, Nelson.

MARTOCCHIO, J.J. (1998). Strategic Compensation : A Human Resource Management Approach, N.J., Prentice Hall.

MAYS, J. (1997). « Why we haven't seen "the end of jobs" or "the end of pay surveys" ? », *Compensation & Benefits Review*, vol. 29, n° 4, juillet/août, p. 25-27.

MCDERMOTT, D. (1997). « Gathering information for the new age of compensation », *Compensation & Benefits Review*, vol. 29, n° 2, mars/avril, p. 57-63.

MCMAHON, J.R., et J.S. HAND (1991). *Measuring the Marketplace : An Approach to Designing and Conducting a Salary Survey*, Building Block in Total Compensation, Scottsdale, Ariz., American Compensation Association.

PLATT, R.K. (1997). « The future of salary survey », ACA *News*, vol. 40, n° 9, octobre, p. 32-36.

RICH, J.R., et C. C. PHALEN (1993). « A frame work for the design of total compensation surveys », ACA *Journal*, vol. 1, n° 2, hiver, p. 18-29.

SOCIÉTÉ CONSEIL MERCER LIMITÉE (1998). *Résultats de l'enquête* CGP[MD] *sur la rémunération des cadres supérieurs et du personnel de gestion et professionnel.*

THÉRIAULT, R. (1986). *Politiques et pratiques en matière de rémunération globale dans les entreprises au Québec*, Montréal, Les Productions INFORT inc.

VISWESVARAN, C., et M.R. BARRICK (1992). « Decision-making effects on compensation surveys : Implications for market wages », *Journal of Applied Psychology*, vol. 77, n° 5, p. 588-597.

YURKUTAT, J. (1997). « Is "the end of jobs" the end of pay surveys too ? », *Compensation & Benefits Review*, vol. 29, n° 4, juillet/août, p. 24-29.

ANNEXE 4.1

Présentation d'une partie des résultats d'une enquête de rémunération : l'emploi de « contrôleur de la société mère »

EMPLOI : CONTRÔLEUR DE LA SOCIÉTÉ MÈRE

Qualité d'appariement	Moins de responsabilités : 7,1 % Responsabilités équivalentes : 84,9 % Plus de responsabilités : 7,9 %

Dirige la fonction comptable au sein d'une grande entreprise. Est généralement responsable de l'élaboration et du fonctionnement des systèmes de planification, d'établissement de budgets et d'information comptable, de l'analyse et de l'interprétation des tendances présentant un intérêt pour la direction, de la préparation de rapports financiers et de gestion et de la présentation à la haute direction d'analyses et de recommandations sur des cas particuliers. Peut aussi être chargé de la supervision des systèmes d'information. Relève habituellement du chef des finances.

Catégorie de l'analyse	Nombre d'entreprises	Nombre de titulaires	10e centile	25e centile	50e centile	75e centile	90e centile	Moyenne
Analyse portant sur l'ensemble des entreprises								
Salaire – pondération par titulaire	117	128	65,0	80,0	90,7	107,5	130,0	97,1
Salaire – pondération par entreprise	117	–	66,8	80,0	90,1	106,0	127,0	96,7
Rémunération globale en espèces	117	128	65,0	85,9	101,9	127,0	163,0	112,3
Nombre d'employés supervisés directement	83	89	2	3	4	6	8	5

Catégorie de l'analyse	Nombre d'entreprises	Nombre de titulaires	10e centile	25e centile	50e centile	75e centile	90e centile	Moyenne
Analyse des primes								
Salaire – admissible à une prime (AP)	90	101	68,9	81,6	92,5	110,0	130,0	99,7
Salaire – non admissible à une prime	25	25	61,8	64,9	86,1	96,3	122,0	85,5
Prime octroyée en % du salaire de base (AP)	73	81	7,2	10,4	17,0	24,0	38,8	21,1
Prime cible en % du salaire de base (AP)	68	74	7,5	12,0	15,0	22,3	30,0	18,4
Prime maximale en % du salaire de base (AP)	58	61	10,0	15,0	27,0	46,0	60,0	33,6
Rémunération globale en espèces (AP)	90	101	73,1	88,2	105,0	129,3	168,4	118,9

Analyse des avantages liés à l'utilisation d'une automobile	% admissible	Montant	Échelle des salaires	Nombre d'entreprises	Médiane	Administration	
Véhicule propriété de l'entreprise	6,6 %	26 883 $	Minimum	88	70,9	Élargissement des fourchettes	13,9 %
Véhicule loué par l'entreprise	22,1 %	745 $	Point milieu	83	93,3	Admissibilité à la rémunération des heures supplémentaires	2,5 %
Allocation mensuelle	10,7 %	727 $	Maximum	84	105,0	Options d'achat d'actions	39,8 %
Allocation mensuelle et frais par kilomètre	3,3 %	350 $	Indice de compétitivité	82	101,1		

ANNEXE 4.1

Présentation d'une partie des résultats d'une enquête de rémunération : l'emploi de « contrôleur de la société mère » (*suite*)

				Salaire de base (en milliers de $)				Rémunération globale en espèces (en milliers de $)				Échelle des salaires (en milliers de $)	
Catégorie de l'analyse	Nombre d'entre-prises	Nombre de titulaires	Médiane (en M $)	25e centile	50e centile	75e centile	Moyenne	25e centile	50e centile	75e centile	Moyenne	Nombre d'entre-prises	Point milieu
Ventes brutes/ revenu brut													
Ensemble – pondération par titulaire	88	92	334	81,1	92,9	109,2	99,2	85,7	105,0	125,5	115,0	56	94,8
Ensemble – pondération par entreprise	88	–	334	81,1	92,9	109,8	99,7	85,7	105,0	125,9	115,6	56	94,3
Moins de 50 M $	11	11	21	64,0	77,7	94,0	81,1	73,0	85,4	118,0	94,9	6	90,8
De 50 M $ à 100 M $	9	10	73	71,5	88,2	96,2	85,6	78,6	88,2	106,8	93,3	6	90,9
De 100 M $ à 500 M $	34	36	245	81,4	92,1	104,5	96,9	91,9	100,4	119,0	110,8	21	100,0
De 500 M $ à 1 G $	14	15	695	90,0	105,0	110,0	101,1	98,2	125,0	129,4	116,9	9	99,0
De 1 G $ à 5 G $	17	17	1 866	87,4	98,4	133,3	112,3	97,4	117,2	180,8	131,9	11	89,0
5 G $ et plus	* 3	3					153,9				207,7	3	

				Salaire de base (en milliers de $)				Rémunération globale en espèces (en milliers de $)				Échelle des salaires (en milliers de $)	
Catégorie de l'analyse	Nombre d'entre-prises	Nombre de titulaires	Médiane (en M $)	25e centile	50e centile	75e centile	Moyenne	25e centile	50e centile	75e centile	Moyenne	Nombre d'entre-prises	Point milieu
Actif													
Ensemble	* 9	19	13 422	90,0	96,2	102,4	104,0	103,6	109,6	126,6	140,0	5	107,4
Moins de 3,5 G $	* 3	4					90,6				109,2	1	
250 M $ et plus	* 6	15	36 555	91,0	100,0	107,0	107,6	100,8	109,6	171,2	148,2	4	112,7
Primes													
Ensemble	10	10	564	78,0	83,7	107,5	92,1	82,3	93,4	125,8	102,0	8	81,9
Moins de 250 M $	* 2	2										1	
250 M $ et plus	8	8	872	80,0	83,7	121,3	93,6	83,2	93,4	132,6	102,4	7	83,8

ANNEXE 4.1

Présentation d'une partie des résultats d'une enquête de rémunération : l'emploi de « contrôleur de la société mère » (*suite*)

				Salaire de base (en milliers de $)				Rémunération globale en espèces (en milliers de $)				Échelle des salaires (en milliers de $)	
Catégorie de l'analyse	Nombre d'entre-prises	Nombre de titulaires	Médiane (en M $)	25e centile	50e centile	75e centile	Moyenne	25e centile	50e centile	75e centile	Moyenne	Nombre d'entre-prises	Point milieu
Budget total d'exploitation													
Ensemble	8	8	176	72,0	83,4	106,0	90,7	72,0	85,1	107,1	91,7	5	69,7
Moins de 500 M $	* 5	5	75	70,7	73,6	83,4	76,3	70,7	73,6	87,1	77,8	4	68,8
500 M $ et plus	3	3					114,7				114,7	1	
Secteur d'activité													
Fabrication – biens non durables	22	23	244	82,6	88,0	101,0	96,0	86,7	96,8	117,9	109,5	17	89,9
Fabrication – biens durables	5	5	75	75,8	90,0	92,7	85,4	75,8	97,5	116,1	96,2	1	
Transport et services publics	6	6	845	89,0	98,4	143,5	117,8	89,0	106,3	149,9	124,7	6	98,2
Haute technologie et communications	22	25	206	81,7	91,4	111,1	100,2	89,7	105,0	129,8	118,8	13	105,1

				Salaire de base (en milliers de $)				Rémunération globale en espèces (en milliers de $)				Échelle des salaires (en milliers de $)	
Catégorie de l'analyse	**Nombre d'entreprises**	**Nombre de titulaires**	**Médiane (en M $)**	**25e centile**	**50e centile**	**75e centile**	**Moyenne**	**25e centile**	**50e centile**	**75e centile**	**Moyenne**	**Nombre d'entreprises**	**Point milieu**
Ressources naturelles	4	4	1 284		123,0		121,0		138,0		137,2	4	121,1
Commerce de gros et de détail	14	14	1 168	77,9	87,5	98,0	93,1	83,3	97,5	112,0	105,3	12	84,8
Entreprises de services à but lucratif	17	21	312	65,0	80,0	101,2	84,7	65,0	85,7	116,1	93,8	12	79,4
Banques/finance/fiducies	5	8	2 500	90,0	108,5	122,5	106,7	105,4	127,8	213,8	158,5	3	
Assurances	14	14	805	84,6	100,1	126,3	107,5	88,0	117,1	117,1	123,5	11	94,0
Organismes sans but lucratif	8	8	785	65,8	83,1	97,2	82,5	66,3	83,1	83,1	82,8	4	77,0
Type de propriété													
Société inscrite en Bourse	24	26	–	79,6	99,1	130,4	113,0	87,5	112,0	166,7	135,4	15	120,0
Société mère inscrite en Bourse	36	42	–	86,7	93,9	113,6	97,5	93,9	108,2	127,9	117,3	28	93,3

ANNEXE 4.1

Présentation d'une partie des résultats d'une enquête de rémunération : l'emploi de « contrôleur de la société mère » (*suite*)

				Salaire de base (en milliers de $)				Rémunération globale en espèces (en milliers de $)				Échelle des salaires (en milliers de $)	
Catégorie de l'analyse	**Nombre d'entre-prises**	**Nombre de titulaires**	**Médiane (en M $)**	**25e centile**	**50e centile**	**75e centile**	**Moyenne**	**25e centile**	**50e centile**	**75e centile**	**Moyenne**	**Nombre d'entre-prises**	**Point milieu**
Société privée	15	15	–	71,4	84,3	102,0	86,8	71,4	94,4	117,9	95,6	8	82,5
Société mère privée	13	15	–	75,0	86,0	97,0	85,6	85,7	91,6	116,4	97,1	9	79,8
Société coopéra-tive/mutuelle	12	12	–	70,6	87,5	120,0	99,9	72,2	92,5	130,8	115,2	10	90,8
Société d'État	11	12	–	83,7	88,4	95,9	90,4	84,2	88,4	100,2	93,5	10	87,0
Œuvre de charité	1	1	–									1	
Entreprise du secteur public	5	5	–	83,1	93,2	102,3	92,8	83,1	93,2	102,3	92,8	2	
Ventes brutes/ revenu brut													
De 50 M $ à 100 M $	* 1	1										1	
De 100 M $ à 500 M $	0	0										0	
500 M $ et plus	0	0										0	

	Régime de primes annuelles			Primes versées (en % du salaire de base)						Options d'achat d'actions		
Primes (par secteur d'activité)	Nombre d'entre-prises	Prime cible en % (médiane)	Prime maximale en % (médiane)	Nombre d'entre-prises	Nombre de titulaires	25e centile	50e centile	75e centile	Moyenne	% admissible	Nombre de titulaires	Octroi en % du salaire de base
Fabrication – biens non durables	13	17,0	22,0	15	16	7,5	15,8	22,9	17,2	52,6	8	30,0
Fabrication – biens durables	3			* 3	3				19,5	66,7	1	
Transport et services publics	2			* 3	3				9,4	50,0	1	
Haute technologie et communications	17	15,0	30,5	16	19	12,1	19,8	26,1	21,3	50,0	5	132,4
Ressources naturelles	3			* 3	3				17,6	100,0	2	
Commerce de gros et de détail	11	15,0	31,0	9	9	14,4	19,6	22,2	19,2	40,0	1	
Entreprises de services à but lucratif	7	19,0	27,0	9	10	9,6	20,4	24,5	18,6	27,3	1	
Banques/finance/fiducies	3			* 5	8	12,4	18,5	85,9	44,5	20,0	1	

ANNEXE 4.1

Présentation d'une partie des résultats d'une enquête de rémunération : l'emploi de « contrôleur de la société mère » (*suite*)

	Régime de primes annuelles			Primes versées (en % du salaire de base)						Options d'achat d'actions		
Primes (par secteur d'activité)	Nombre d'entre-prises	Prime cible en % (médiane)	Prime maximale en % (médiane)	Nombre d'entre-prises	Nombre de titulaires	25e centile	50e centile	75e centile	Moyenne	% admissible	Nombre de titulaires	Octroi en % du salaire de base
Assurances	8	12,5	22,0	9	9	11,9	17,1	20,9	18,9	9,1	0	
Organismes sans but lucratif	1			* 1	1					0,0	0	

Notes : – Les données sur la rémunération sont présentées en milliers de dollars.
– M = million ; G = milliard.
– L'astérisque indique que plus de 30 % des données à l'intérieur de l'échantillon ont été fournies par une seule entreprise.

Source : © Société Conseil Mercer Limitée (1998).

MODÈLE DE GESTION DE LA RÉMUNÉRATION

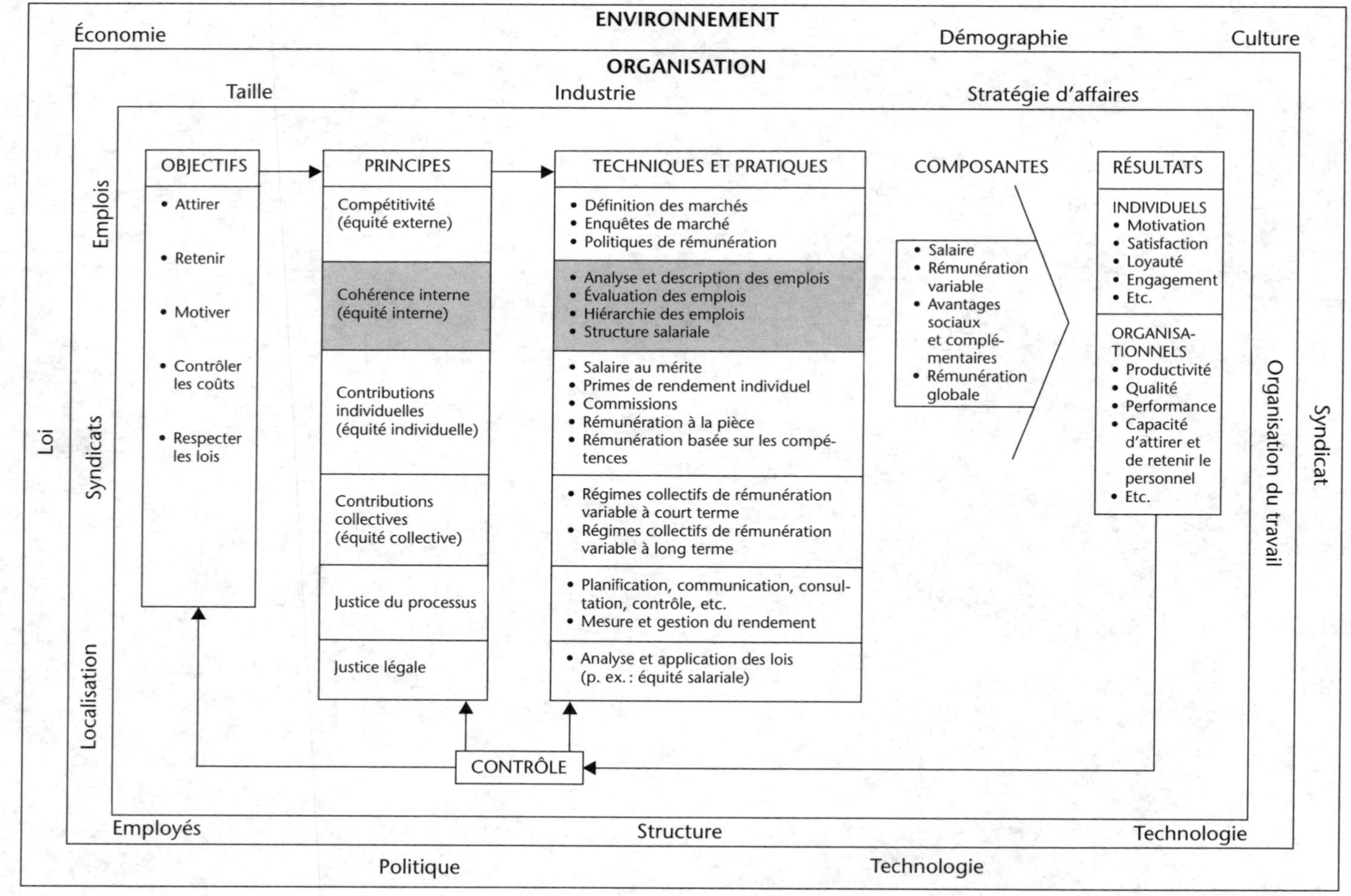

SECTION 3

L'ÉQUITÉ INTERNE : PRINCIPES ET PRATIQUES

Chapitre 5

LA COHÉRENCE DES SALAIRES ET L'ANALYSE DES EMPLOIS

OBJECTIFS

Ce chapitre vise à :

– faire comprendre l'importance de la cohérence (équité interne) des structures salariales ;

– traiter des diverses variables qui influent sur les structures salariales, tant des caractéristiques de l'environnement, de l'organisation et des emplois que des employés ;

– expliquer que la cohérence des salaires est particulièrement importante à l'égard de certaines catégories de personnel ou dans certains milieux de travail ;

– faire un parallèle entre la théorie de l'équité et le souci de cohérence des salaires accordés dans une organisation ;

– présenter certains termes clés (le « jargon ») liés à l'établissement des structures salariales (famille d'emplois, emplois, poste, etc.) ;

– faire comprendre l'importance de l'analyse des emplois aux fins de l'établissement d'une structure salariale basée sur les exigences des emplois et à faire connaître les approches traditionnelle et contemporaine à cet égard ;

– faire comprendre l'importance traditionnellement accordée aux descriptions d'emplois en matière de gestion des salaires et à traiter des récentes descriptions d'emplois qualifiées de « génériques ».

PLAN

Objectifs 185

Cas : Alcan : une entente de partenariat de 18 ans ! 188

Introduction 189

5.1 L'équité interne comme principe de gestion 190

5.1.1 Définition et importance de l'équité interne 190

5.1.2 La théorie de l'équité 190

5.2 Les structures salariales 191

5.2.1 L'importance des structures salariales 192

5.2.2 Les facteurs déterminant l'importance relative de l'équité interne et les caractéristiques des structures salariales 192

L'environnement social, législatif, économique et concurrentiel 193

La taille et la structure 193

Le secteur d'activité, la stratégie d'affaires et la philosophie de gestion 194

L'organisation du travail et la technologie 194

Les catégories de personnel ou les emplois 194

Les pressions syndicales 195

5.2.3 Les types de structures salariales 196

L'approche traditionnelle 196

La tendance 197

5.3 L'analyse des emplois 198

5.3.1 La terminologie en matière d'emploi 198

5.3.2 La portée de l'analyse des emplois 199

5.4 Les méthodes traditionnelles d'analyse des emplois 200

5.4.1 L'observation 201

5.4.2 Le questionnaire maison 201

5.4.3 L'entrevue 208

5.4.4 Le choix de la méthode de collecte et des sources d'information 209

5.5 Les descriptions d'emplois 210

5.5.1 La rédaction et la mise à jour des descriptions d'emplois 210

5.5.2 La *Classification nationale des professions* comme ouvrage de référence 216

5.5.3 Le recours à Internet, au courrier électronique et aux logiciels 216

5.6 Les descriptions d'emplois : importance et tendances 217

5.6.1 L'importance des descriptions d'emplois 217

5.6.2 Les descriptions génériques des emplois 217

Résumé 221
Questions de révision 221
Références 222

CAS

Alcan : une entente de partenariat de 18 ans !

Le 18 février dernier [1998], la Société d'électrolyse et de chimie Alcan ltée (Sécal) et deux syndicats (dont quinze sections locales sont affiliées à la Fédération des syndicats du secteur de l'aluminium inc. et deux aux Métallos) ont ratifié une entente cadre relative à la stabilité opérationnelle d'une durée de 18 ans, soit pour la durée du programme de modernisation des usines d'électrolyse de Sécal au Québec (Jonquière, Alma, Shawinigan et Beauharnois). L'annonce de la construction d'une nouvelle usine de 2 milliards de dollars à Alma, en remplacement de celle de l'Isle-Maligne, s'inscrit dans ce plan de modernisation. Les syndicats de l'usine de l'Isle-Maligne avaient ratifié une entente similaire en janvier dernier [1998].

Avec cette entente, qui couvre les différents groupes d'employés de l'entreprise au Québec (5 200 au total), les parties s'engagent à tout mettre en œuvre pour assurer le renouvellement des conventions collectives sans qu'il soit nécessaire de recourir aux traditionnels rapports de force. En effet, l'entente stipule que les prochaines conventions collectives, dont plusieurs ne viennent à échéance qu'en octobre 1998 et qui devraient être renouvelées d'ici le mois de mai, seront d'une durée de cinq ans, soit jusqu'au 31 décembre 2003.

L'entente vise aussi à établir de meilleures relations de travail (approche de coopération dans les discussions et, lorsque cela est possible, programme conjoint d'information et de résolution des problèmes au niveau local) ; à accroître l'implication des employés (amélioration continue par le travail d'équipe et le développement des compétences des employés ainsi que l'appropriation par ceux-ci des enjeux et des buts d'affaires de l'organisation) ; et à améliorer la sécurité d'emploi (protection des emplois permanents et discussions périodiques de la situation des employés temporaires ou saisonniers).

L'autre élément majeur de cette entente a trait à la rémunération qu'on veut rendre plus équitable à l'interne (système commun d'évaluation des tâches pour les différentes usines) et plus compétitive (définition d'un groupe de grandes entreprises québécoises à partir desquelles sera comparée la rémunération globale de Sécal afin qu'elle demeure compétitive, et instauration d'un programme de rémunération variable basé sur les résultats de Sécal et des différents centres d'affaires). À cette fin, on prévoit l'établissement de mécanismes afin d'établir paritairement les augmentations salariales annuelles à être versées aux employés.

Enfin, un dernier volet de cette entente cadre vise à définir, dans chaque centre d'affaires, les organisations de travail les plus susceptibles de procurer des gains de productivité et d'efficacité.

Source : Développement des ressources humaines Canada (1998).

INTRODUCTION

Le modèle de gestion de la rémunération présenté dans ce livre met de l'avant l'importance du principe d'équité interne ou de cohérence de la rémunération associée aux divers emplois au sein d'une organisation, c'est-à-dire l'importance de la ou des structures salariales qui permettent de déterminer et de gérer les salaires des employés. La préoccupation pour l'équité interne consiste surtout à s'assurer qu'au sein d'une organisation, on offre des salaires équivalents pour des emplois de même valeur et des salaires différents pour des emplois de valeur différente. La recherche de l'équité interne implique le recours à différentes techniques ou méthodes qui appuient la gestion des structures salariales. Ces techniques et ces méthodes se présentent souvent dans la séquence suivante : l'analyse et la description des emplois, l'évaluation des emplois, l'établissement de *structures d'emplois* et l'établissement de *structures salariales*.

Ce chapitre porte d'abord sur l'importance du principe d'équité interne ainsi que des diverses particularités de l'organisation et des emplois qui influent sur l'établissement et les caractéristiques des structures salariales. Il traite ensuite des premières techniques ou méthodes de gestion liées à l'établissement des structures salariales, soit l'analyse et la description des emplois. Il commente également l'importance de *l'analyse* des emplois visant l'établissement d'une structure salariale basée sur les exigences des emplois et présente les approches traditionnelle et contemporaine à cet égard. Finalement, il aborde l'importance traditionnellement accordée aux descriptions d'emplois dans la gestion des salaires et les récentes descriptions d'emplois, dites « génériques ».

5.1 L'ÉQUITÉ INTERNE COMME PRINCIPE DE GESTION

5.1.1 Définition et importance de l'équité interne

L'équité interne consiste à s'assurer qu'au sein d'une organisation, on offre une rémunération équivalente pour des emplois de même valeur et une rémunération différente pour des emplois de valeur différente. La recherche de l'équité interne suppose différentes pratiques de rémunération : l'analyse des emplois, la description des emplois, l'évaluation des emplois, l'établissement d'une structure des emplois et l'élaboration d'une structure salariale (voir la figure 5.1). Traditionnellement, l'objectif de ces pratiques consistait à s'assurer que les structures salariales de l'entreprise (le résultat) respectent, entre autres, le principe d'équité interne en offrant des salaires proportionnels aux exigences des emplois. Ce principe a encore cours de nos jours.

5.1.2 La théorie de l'équité

La théorie de l'équité d'Adams (1963) permet de mieux comprendre l'importance de la cohérence interne entre la rémunération accordée pour divers emplois dans une organisation. Cette théorie stipule qu'une personne compare sa contribution et ses rétributions avec celles d'une autre personne considérée comme point de repère, ou référent. Elle repose sur les notions d'échanges justes et de ratio permettant de calculer ces échanges – une personne calcule son propre ratio en comparant ses contributions et ses rétributions et effectue le même calcul en se comparant avec d'autres personnes, les référents.

Les dirigeants qui se préoccupent de respecter le principe d'équité *interne* dans la gestion des salaires cherchent à faire en sorte que les titulaires d'emplois différents dans leur entreprise estiment recevoir une rémunération proportionnelle aux exigences de leur emploi respectif : les emplois comportant des exigences similaires étant rétribués par un salaire semblable et les emplois comportant des exigences différentes, par un salaire proportionnellement différent. Un état d'iniquité interne existe si les titulaires d'un emploi perçoivent que le ratio de leurs contributions et de leurs rétributions n'est pas égal à celui des titulaires d'un ou de plusieurs emplois qui leur servent de référents dans l'organisation. En somme, l'équité *interne* concerne la cohérence de la rémunération rattachée à *différents emplois dans l'organisation* (et non l'équité de la rémunération des *différents titulaires occupant un même emploi*, ce qui est plutôt l'objet de l'équité *individuelle*).

FIGURE 5.1

Les pratiques visant à assurer l'équité interne des salaires dans une organisation

Pratiques ou étapes de gestion liées au principe d'équité interne	Définition
1. Analyse des emplois	Processus qui permet de collecter systématiquement de l'information sur les emplois
2. Description des emplois	Document où l'on présente le contenu de l'emploi en matière de responsabilités, de tâches, de devoirs, etc.
3. Évaluation des emplois	Processus qui permet de hiérarchiser les emplois en fonction de leurs exigences relatives ou de leur importance dans le succès de l'organisation
4 Établissement d'une structure des emplois	Hiérarchie ou classification des emplois en fonction de leurs exigences relatives
5. Élaboration et mise à jour d'une structure salariale visant à déterminer et à gérer les salaires	Étendue des taux de salaire pour différents emplois au sein d'une organisation, qui indique les différences de salaires accordées pour des emplois aux exigences différentes

5.2 LES STRUCTURES SALARIALES

Une structure salariale révèle, entre autres, les salaires des différents emplois au sein d'une organisation, en fonction de leurs exigences relatives. Une telle structure indique notamment les taux de salaire et les écarts salariaux entre différents emplois de l'entreprise. La figure 7.2 (p. 284) illustre une structure salariale typique. Une structure salariale est à la fois le résultat des décisions antérieures d'une firme en matière de gestion des salaires et un guide visant à baliser les prises de décision actuelles en la matière.

5.2.1 L'importance des structures salariales

La structure salariale est importante parce qu'elle a un effet sur les comportements et les attitudes des employés, telles leur stabilité (roulement), leur satisfaction, leur motivation à accepter des promotions, à développer leurs compétences, etc. Par exemple, plus une structure salariale est plate – donc moins il y a de différences de salaires entre les différents niveaux hiérarchiques –, moins les employés seront portés à accepter des promotions et plus ils tenteront de faire réviser la valeur de leur emploi aussitôt qu'on leur attribuera des responsabilités supplémentaires. L'équité des structures salariales est également importante à la lumière de certaines préoccupations actuelles en matière d'équité salariale, qui visent à assurer l'absence de biais dans l'évaluation des catégories d'emplois à prédominance féminine et à prédominance masculine au sein d'une même entreprise. En résumé, les structures salariales doivent être élaborées de manière :

- à respecter les lois ;
- à inciter les employés à adopter des comportements qui aident les entreprises à atteindre leurs objectifs d'affaires ;
- à être acceptées par les employés ;
- à utiliser de la manière la plus efficiente possible les ressources de l'entreprise.

5.2.2 Les facteurs déterminant l'importance relative de l'équité interne et les caractéristiques des structures salariales

Toute entreprise doit se préoccuper de l'équité interne ou de la cohérence des conditions relatives de rémunération qu'elle offre à ses employés. Toutefois, l'importance de l'équité interne pour une firme – tant de manière absolue que relative par rapport à celle des autres formes d'équité (externe individuelle, etc.) – dépend de plusieurs facteurs contextuels comme l'environnement, la taille et la structure, la stratégie d'affaires et la philosophie de gestion, l'organisation du travail et la technologie, la catégorie de personnel, les emplois et les pressions syndicales. Cette section traite de ces divers facteurs.

L'environnement social, législatif, économique et concurrentiel

Les structures salariales sont le reflet des valeurs de la *société* dans laquelle se trouve une entreprise. On pense, par exemple, à la rémunération basée sur le rendement individuel en Amérique du Nord, aux régimes collectifs de rémunération en Asie, au fait de tenir compte de l'école dont un employé est diplômé dans la détermination des salaires en France, au régime des castes en Inde, etc. Dans certains pays, comme au Japon et en Corée, les salaires des employés sont déterminés en fonction de leur scolarité et de leur ancienneté plutôt qu'en fonction de la nature de leur travail. De plus, comparés aux pays d'Amérique du Nord et d'Amérique latine, les pays d'Europe et d'Asie établissent des structures salariales plus aplaties, qui présentent moins d'écarts entre les salaires des dirigeants de l'entreprise et ceux des employés de la base.

Les structures de salaires sont aussi le reflet des lois (lois sur le salaire minimum, ou encore, répercussions d'une législation en matière d'équité salariale sur l'établissement et la gestion des salaires, etc.). Ce dernier point sera traité au chapitre 8.

Les pressions économiques et concurrentielles ont des effets considérables sur la gestion des salaires. On pense, par exemple, à la réduction des niveaux hiérarchiques à laquelle bon nombre d'entreprises ont procédé au cours des dernières années, à l'élargissement des bandes salariales, aux salaires attribués en fonction des compétences. Ces pratiques émergentes en matière de gestion de la rémunération seront traitées au chapitre 9.

La taille et la structure

À ce jour, les écrits corroborent que plus une firme est petite, plus ses dirigeants s'appuient sur le taux du marché (Garand, 1993) et sur les caractéristiques individuelles des employés (besoins, ancienneté, rendement, etc.) pour gérer les salaires. Il semble que plus le nombre d'employés d'une entreprise augmente, plus celle-ci tend à appuyer la gestion de ses salaires sur des outils visant à en assurer l'équité interne. Toutefois, l'adoption de la *Loi sur l'équité salariale* devrait inciter les PME du Québec à accroître la formalisation de leur gestion de la rémunération en recourant à des méthodes plus officielles d'évaluation des emplois.

Le fait qu'une organisation soit centralisée ou décentralisée géographiquement peut également influencer sa gestion des salaires. On pense, par exemple, aux institutions financières qui sont dispersées d'un bout à l'autre du Canada. Vont-elles adopter des taux de salaire identiques pour leurs emplois partout au pays ou varier ces taux en fonction des différents contextes ?

Le secteur d'activité, la stratégie d'affaires et la philosophie de gestion

La valeur d'un emploi est bien entendu fonction du type d'une organisation ou de son secteur d'activité. Ainsi, un spécialiste en rémunération tient un rôle plus important dans l'atteinte des objectifs d'affaires s'il occupe un poste de conseiller dans une société conseil en rémunération que s'il occupe un poste de directeur de la rémunération dans une entreprise manufacturière.

Dans une perspective stratégique, on recommande aux entreprises d'adopter des politiques de rémunération cohérentes par rapport à leur stratégie d'affaires. Ainsi, les employeurs qui adoptent une stratégie de production de masse au moindre coût, ou encore une stratégie de marketing visant les personnes à revenus faibles ou moyens, vont adopter une politique de rémunération cohérente, qui consiste à être à la remorque du marché ou, au mieux, à suivre le marché. Les employeurs qui prônent une stratégie ou une philosophie d'engagement mutuel offrent de meilleures conditions de rémunération en échange de la qualité du travail, du sens de l'innovation, du service au client et des compétences de leurs employés.

L'organisation du travail et la technologie

L'organisation ou le déroulement du travail a beaucoup à voir avec le fait que les employés d'une entreprise considèrent leur rémunération comme équitable. La structure salariale doit d'ailleurs refléter les relations existant entre les différents emplois d'une entreprise. Si les éléments qui différencient le travail d'une personne par rapport à celui d'une autre reposent essentiellement sur leur emploi, il faut évaluer leur valeur respective en s'appuyant sur une analyse des emplois. D'autre part, si ces différences reposent essentiellement sur les compétences des titulaires, il faut évaluer leurs compétences relatives en s'appuyant sur une analyse des compétences. Les différences entre le travail des employés, la manière dont le travail est organisé et les techniques utilisées sont des intrants cruciaux dans la détermination des caractéristiques de la structure salariale : Les salaires seront-ils basés sur les responsabilités relatives des emplois ou sur les compétences relatives des partenaires ou des associés ? Jusqu'à quel point les salaires seront-ils fonction du rendement ou de l'ancienneté des employés ? etc.

Les catégories de personnel ou les emplois

Dans certaines situations, l'équité interne revêt très peu d'importance dans la détermination des salaires. En effet, comment pourrait-on apprécier l'élégance et la grâce d'un mannequin ou l'habileté et la rapidité des réflexes d'un coureur automobile au moyen d'une évaluation d'emploi ? Dans ces cas, les caractéristiques de l'individu et la loi de l'offre et de la demande du marché ont beaucoup de poids dans l'attribution du salaire.

Toutefois, l'équité interne est essentielle pour le personnel qui n'est pas en contact avec les employés des autres firmes et dont le roulement est peu élevé (p. ex. : les employés de bureau, de production et d'entretien). L'évaluation des emplois a également beaucoup de poids dans la détermination des salaires des emplois pour lesquels le marché présente peu de balises (p. ex. : les techniciens responsables de la qualité des eaux à l'emploi des municipalités). Finalement, l'importance de l'équité interne n'est pas non plus étrangère au marché réel de l'emploi des travailleurs concernés. Ainsi, l'équité interne acquiert davantage d'importance pour les organisations qui ont une politique de promotion ou de recrutement interne, c'est-à-dire qui comblent leurs emplois d'entrée en embauchant des personnes de l'extérieur et leurs autres emplois en exploitant la mobilité interne de leur personnel (promotions, mutations, etc.). C'est également le cas du secteur public : comme les employés qui travaillent pour le gouvernement tendent à demeurer avec cet employeur, ils sont plutôt portés à comparer leurs salaires entre eux plutôt qu'avec ceux offerts aux employés du secteur privé (à l'intérieur d'une certaine limite, bien entendu !).

Les pressions syndicales

Au Canada comme aux États-Unis, les recherches confirment que la présence d'un syndicat dans une entreprise a un impact positif de près de 10 % sur le taux de salaire (Renaud, 1997). Pour des raisons philosophiques, les syndicats préfèrent les structures salariales égalitaires, où il y a peu de différences entre les salaires accordés aux emplois les mieux et les moins bien rémunérés. Comme les syndicats ont toujours plutôt cherché à représenter les titulaires des emplois situés au bas de la structure hiérarchique et à améliorer leurs salaires, les structures salariales en milieux syndiqués tendent à être plus plates. On peut également penser que la présence syndicale presse l'employeur de justifier adéquatement ses décisions en matière salariale en recourant, par exemple, à des méthodes d'évaluation des emplois structurées comme la méthode des points. Le cas présenté au début de ce chapitre illustre la façon dont la société Alcan a ratifié avec deux syndicats une entente de partenariat d'une durée de 18 ans, dont un élément majeur a trait à la rémunération que l'on veut rendre, entre autres, plus équitable à l'interne en adoptant un système commun d'évaluation des emplois pour les différentes usines.

5.2.3 Les types de structures salariales

La décision d'établir une structure salariale n'est pas simple. Si l'on compare systématiquement tous les emplois d'une organisation, les critères de comparaison doivent être très généraux pour s'appliquer à tous les emplois. Si les critères sont précis, certains ne seront pas pertinents pour tous les emplois.

L'approche traditionnelle

Traditionnellement, dans les grandes entreprises, on regroupait les emplois de nature semblable en familles d'emplois (*job clusters*), en fonction de la nature de ces emplois (exigences, syndiqués ou non, etc.) et de leur marché. On estimait en effet que l'évaluation des emplois s'applique difficilement à l'ensemble des emplois d'une organisation, parce qu'ils sont très différents et très difficiles à comparer. En procédant ainsi, on établissait autant de programmes d'évaluation des emplois que de familles d'emplois, c'est-à-dire de regroupements d'emplois suffisamment semblables pour être comparés sur la base d'un ensemble de caractéristiques communes et d'un marché d'emploi similaire. On bâtissait aussi autant de structures salariales que de familles d'emplois au sein d'une organisation : par exemple, une structure salariale pour les emplois de production, une pour les emplois de cadres et de professionnels, une pour les emplois de bureau, une pour le personnel de production et d'entretien et une pour le personnel de vente. Dans certaines entreprises, on pouvait distinguer les emplois de cadres de ceux du personnel de maîtrise (contremaîtres et superviseurs), les emplois de professionnels de ceux de techniciens, etc.

Toutefois, comme de telles distinctions étaient peu pratiques dans une petite organisation, on y regroupait souvent des emplois de catégories différentes. Prenons le cas d'une station de radio qui offre une quinzaine d'emplois et embauche une trentaine d'employés. Les emplois de directeur technique et de technicien à la production peuvent être classés dans une famille d'emplois, les emplois d'animateur et de rédacteur de nouvelles, dans une autre famille, et les emplois de comptable et de commis comptable, dans une troisième famille. La nature de chacun de ces emplois est suffisamment distincte pour rendre difficile une comparaison de leurs exigences respectives. La direction de cette station de radio doit-elle alors élaborer et administrer au moins trois systèmes d'évaluation des emplois et trois structures salariales ? Sur le plan pratique, la réponse est non. Toutefois, si tous ces emplois sont regroupés dans une même famille, les comparaisons sont plus difficiles à établir.

La tendance

Depuis 1990 toutefois, au sein d'organisations de toutes tailles, on a tendance à réduire le nombre de programmes d'évaluation des emplois afin de simplifier la gestion et de respecter davantage la tendance de la législation en matière d'équité salariale, qui vise à réduire l'écart de rémunération entre les catégories d'emplois à prédominance féminine et les catégories d'emplois à prédominance masculine.

Comme elles avaient toujours évalué les emplois par familles d'emplois, les organisations se sont davantage préoccupées de questions d'équité entre les emplois d'une même famille plutôt qu'entre ceux de familles différentes. En principe, toutefois, l'évaluation des emplois consiste à les hiérarchiser en fonction de leurs exigences relatives, afin d'assurer la cohérence entre les salaires versés pour *tous* les emplois de l'entreprise. Aussi, moins il y a de familles d'emplois et moins il y a de systèmes d'évaluation à élaborer et à administrer, plus on se rapproche de l'objectif de comparaison systématique des exigences de tous les emplois au sein d'une organisation. Toutefois, plus les comparaisons entre les emplois sont difficiles à établir, moins elles sont précises.

Par ailleurs, parce qu'elle fait appel au jugement, la façon de déterminer les familles d'emplois est plutôt subjective. Ainsi, que ce soit l'effet du hasard ou non, il se peut fort bien que certaines familles d'emplois soient occupées en grande majorité par des femmes et d'autres, en grande majorité par des hommes. Par conséquent, même si les résultats d'une évaluation d'emplois peuvent sembler logiques, cohérents et équitables à l'intérieur d'une famille d'emplois, rien n'assure, *a priori*, qu'il en soit ainsi entre les familles d'emplois. En ce sens, la multiplication des familles d'emplois au sein d'une organisation, tout en facilitant les comparaisons entre les emplois à l'intérieur de chaque famille, peut augmenter les risques d'iniquité dans l'organisation. En théorie, l'équité doit exister entre les emplois d'une même famille, mais aussi entre les emplois appartenant à des familles différentes.

Une recommandation importante des promoteurs de la lutte contre la discrimination salariale fondée sur le sexe consiste à comparer les emplois des différentes familles. Ils recommandent généralement de n'utiliser qu'un programme d'équité salariale et d'évaluation des emplois par établissement. À certains endroits, comme au Manitoba, cette restriction constitue une obligation pour l'employeur. Dans la mesure où les femmes sont majoritaires dans certaines familles d'emplois alors que les hommes le sont dans d'autres familles, il y a des risques de discrimination. La prémisse des législations en matière d'équité salariale consiste d'ailleurs à mettre de l'avant le fait qu'il ne devrait exister qu'une seule famille d'emplois à l'intérieur d'une organisation, et donc, un seul système d'évaluation des emplois et une seule structure salariale. Toutefois, les législations en matière d'équité salariale des provinces de l'Ontario et du Québec – qui s'appliquent toutes deux aux employeurs du secteur privé – permettent aux employeurs d'avoir plus d'un programme d'équité salariale et plus d'un système d'évaluation d'emplois pour certaines raisons. Nous traiterons plus à fond des législations en matière d'équité salariale au chapitre 8.

5.3 L'ANALYSE DES EMPLOIS

Cette section de chapitre traite essentiellement de l'analyse et de la description des emplois aux fins de l'établissement d'une structure salariale traditionnelle, c'est-à-dire basée sur les exigences relatives des emplois. Pour élaborer ou mettre à jour les structures salariales, il faut d'abord connaître leurs exigences relatives (étapes 1 et 2 de la figure 5.1, p. 191). Le chapitre suivant traitera de l'évaluation des emplois (étape 3), alors que le chapitre 7 portera sur l'établissement et la mise à jour de structures salariales basées sur les responsabilités relatives des emplois, et sur la détermination et la gestion des salaires (étapes 4 et 5).

Après avoir défini certains termes liés au domaine de la gestion de la rémunération, nous traiterons de la portée et des méthodes traditionnelles d'*analyse* des emplois. Nous aborderons ensuite un outil traditionnel, les *descriptions* d'emplois, notamment l'évolution de leur utilité en matière de gestion de la rémunération et les récentes descriptions d'emplois dites « génériques ».

5.3.1 La terminologie en matière d'emploi

Avant d'aborder l'analyse et la description d'emplois, il est important de se familiariser avec certaines expressions du domaine qui sont fréquemment mal définies et utilisées d'une façon impropre ou différente de leur sens réel. Cette situation entraîne d'ailleurs souvent des problèmes d'initiation et de formation des personnes, et des difficultés de communication avec les employés et les cadres. Ainsi, dans certaines organisations, on parle de description de *fonction*, alors que, dans d'autres, il est question de description de *tâches*, ou encore de description de *poste* ou d'*emploi*. Dans une même organisation, on peut employer indifféremment toutes ces expressions. Pour bien comprendre les techniques et les outils présentés dans ce livre, il importe de saisir la signification d'un certain nombre de concepts en matière d'emploi ainsi qu'en matière d'analyse, de description et d'évaluation d'emplois. L'encadré 5.1 présente certaines définitions liées à ces concepts.

ENCADRÉ 5.1

Définition de concepts clés en matière d'analyse et de description d'emplois

Emploi
Groupe de postes de travail identiques dans leurs tâches significatives et leur importance majeure. Dans une succursale bancaire, par exemple, l'emploi de représentant à la clientèle peut comprendre plusieurs postes. En général, on rédige une description par emploi.

Poste
Regroupement de devoirs, de tâches et de responsabilités nécessitant les services d'une personne. Au sein d'une organisation, il existe donc au moins autant de postes qu'il y a de titulaires. Dans une succursale bancaire, par exemple, s'il y a 15 représentants à la clientèle, ils occupent 15 postes. De plus, certains postes peuvent être vacants, c'est-à-dire inoccupés. Un poste peut exister même s'il n'est pas occupé ; il est alors vacant. En fait, il existe autant de postes de représentants à la clientèle qu'il y a de personnes exerçant cet emploi et de postes vacants.

Famille d'emplois
Regroupement d'emplois établi aux fins de l'évaluation des emplois et de l'administration des salaires sur la base de la similarité de leurs exigences et de leur contenu en matière d'habiletés, de qualifications, de conditions de travail, de profil de carrière, de tradition, etc. Il existe, par exemple, une famille d'emplois de production, d'emplois de bureau, d'emplois de cadres, etc.

Profession ou métier
Groupe d'emplois comportant des tâches semblables ou étroitement apparentées qui nécessitent des qualifications, des connaissances et des capacités semblables. Dans la « profession comptable », par exemple, il existe des emplois de vérificateur interne, de contrôleur, de vérificateur public, de comptable en prix de revient, de commis comptable, etc. De façon générale, on s'accorde à dire que le concept de « métier » suppose l'exécution de tâches de nature manuelle alors que celui de « profession » correspond à des emplois dont les tâches sont plutôt d'ordre intellectuel.

5.3.2 La portée de l'analyse des emplois

Les structures salariales basées sur les exigences relatives des emplois représentent, et de loin, la plus courante des approches visant à déterminer et à gérer les salaires des employés en Amérique du Nord. Dans la mesure où les structures salariales reposent sur les exigences des emplois, la première étape de leur établissement consiste à examiner les emplois. L'analyse d'emplois correspond à la démarche systématique et formelle visant à recueillir des informations sur les emplois. Elle porte généralement sur deux groupes d'éléments :

1. *Les caractéristiques (ou le profil) de l'emploi*
   Pour les postes de cadres ou de professionnels, ces caractéristiques peuvent désigner les responsabilités, les devoirs et la nature des décisions des titulaires. Pour les autres emplois, elles peuvent désigner des informations portant sur les tâches et les activités des titulaires.
2. *Les qualifications (ou le profil des compétences) des titulaires d'un emploi*
   Cette catégorie comprend les aptitudes, les habiletés, les connaissances, l'expérience, etc., requises pour effectuer un travail.

L'objectif le plus fréquemment poursuivi par un programme d'analyse d'emplois a trait à la rémunération, notamment à l'évaluation et à la hiérarchisation des emplois en fonction de leurs exigences relatives. En effet, comment peut-on s'assurer de l'équité interne de la rémunération si on n'a pas analysé au préalable le contenu de chacun des emplois et établi des différences et des similarités entre eux ? Les emplois sont plus susceptibles d'être décrits, différenciés et évalués de manière juste dans la mesure où on peut disposer d'informations précises à leur sujet. L'analyse des emplois fournit l'information nécessaire à la rédaction des descriptions d'emplois, à l'évaluation des emplois et à l'établissement d'une structure d'emplois en vue d'établir une structure salariale. Toutefois, il faut noter que les descriptions d'emplois, lorsqu'elles sont disponibles dans les firmes, sont aussi utilisées dans d'autres activités de gestion des ressources humaines – notamment la dotation, la formation, l'évaluation du rendement et du potentiel ainsi que la gestion des carrières.

L'analyse des emplois doit fournir des informations suffisamment détaillées pour permettre de distinguer le contenu des emplois sans devenir un processus lourd et coûteux. Par ailleurs, les informations colligées sur les emplois doivent être jugées appropriées par les employés et être considérées lors de l'évaluation des emplois. L'analyse des emplois est une étape du processus d'établissement de l'équité interne, mais elle ne constitue pas une fin en soi. Dans la mesure où on analyse certains emplois pour évaluer leurs exigences relatives, les renseignements transmis dans l'encadré 5.2 paraissent minimaux.

5.4 LES MÉTHODES TRADITIONNELLES D'ANALYSE DES EMPLOIS

L'information portant sur les emplois a toujours été collectée au moyen de méthodes dites d'« analyse des emplois ». Après la collecte, cette information est intégrée à des descriptions d'emplois utilisées par les membres d'un comité pour procéder à l'évaluation de leurs exigences relatives au moyen de diverses méthodes d'évaluation des emplois. Traditionnellement, on collectait l'information sur les emplois en recourant à diverses méthodes d'analyse, telles que l'observation, l'entrevue et le questionnaire ouvert, ou encore, à des ouvrages de référence, comme la *Classification nationale des professions*.

ENCADRÉ 5.2

Renseignements minimaux à collecter au cours d'un processus d'analyse d'emploi

1. Emplois de cadres ou professionnels et techniques

Place de l'emploi dans la structure de l'organisation
- Titre officiel de l'emploi (autres titres utilisés)
- Service et section dans lesquels il se situe
- Titre de l'emploi (le cas échéant)
- Titre de l'emploi du supérieur immédiat
- Titre de l'emploi ou des emplois qui relèvent de cet emploi

Raison d'être de l'emploi
Responsabilités et devoirs spécifiques réguliers et occasionnels
Relations de l'emploi avec d'autres emplois à l'intérieur ou à l'extérieur de l'organisation

2. Emplois de bureau ou de production

Place de l'emploi dans la structure de l'organisation
- Titre officiel de l'emploi (autres titres utilisés)
- Service et section dans lesquels il se situe
- Lieu de l'emploi (le cas échéant)
- Titre de l'emploi du supérieur immédiat

Raison d'être de l'emploi
Tâches et activités spécifiques, régulières et occasionnelles
Machines, instruments et outils utilisés

5.4.1 L'observation

Cette méthode consiste à observer l'exécution d'un travail en prenant des notes. L'observation peut être faite par une personne (analyste) ou encore à l'aide d'un enregistrement sur vidéocassette. Comme cette méthode ne révèle que ce qui est observable, elle convient particulièrement bien aux emplois de production. De même, les analystes l'utilisent souvent pour se sensibiliser au travail avant d'appliquer d'autres méthodes d'analyse des emplois.

5.4.2 Le questionnaire maison

Deux types de questionnaires peuvent être utilisés pour analyser les emplois : le questionnaire *ouvert* et le questionnaire *fermé*.

Le questionnaire *ouvert* est la méthode traditionnelle d'analyse d'emplois la plus courante. Comme elle exige que les titulaires écrivent leurs réponses, elle s'applique mieux aux emplois de bureau qu'aux emplois de production, puisque les titulaires des emplois de bureau sont plus habitués à rédiger un texte. L'encadré 5.3 présente un questionnaire ouvert visant à analyser un emploi de cadre. Une des limites du questionnaire ouvert se situe dans l'interprétation de l'information recueillie. Comme les répondants sont portés à utiliser des expressions générales, les réponses d'un chef de bureau, d'un directeur des ressources humaines et d'un vice-président à la production sont presque identiques, alors que les comportements et la latitude inhérentes à leurs fonctions respectives sont différents. Aussi, pour bien saisir le sens de leurs réponses, il est souvent nécessaire de recourir à l'observation ou à l'entrevue.

ENCADRÉ 5.3

Exemple d'un questionnaire ouvert visant à analyser un emploi de cadre

1. IDENTIFICATION DU POSTE DE TRAVAIL

Cette section du questionnaire vise essentiellement à vous situer à l'intérieur de l'entreprise.	
Nom et prénom	Titre de votre supérieur immédiat
Titre de votre poste de travail	Nom du supérieur immédiat
Région, section ou district, selon le cas	Direction

2. SOMMAIRE DU POSTE DE TRAVAIL

Indiquez la raison d'être de votre poste de travail. Résumez vos responsabilités essentielles dans vos différents domaines d'activité. Dans la section suivante, ces responsabilités seront décomposées en tâches précises.

3. VOS RESPONSABILITÉS

Étant donné que cette section constitue le cœur même de votre description d'emploi, nous vous suggérons d'y porter une attention spéciale et de vous exprimer d'une façon précise et complète. L'expérience démontre que lorsqu'on demande à un cadre d'une organisation de procéder à une description de ce qu'il fait, certaines expressions courantes lui viennent d'abord à l'esprit. Ainsi, on trouve souvent des expressions telles que « administre », « planifie », « contrôle », « dirige ». Cependant, bien qu'elles puissent représenter ce que l'individu fait, ces expressions peuvent signifier tellement de choses différentes selon les postes de travail qu'il devient pratiquement impossible pour les lecteurs de comprendre leur signification. Toutefois, pour la personne qui les utilise, ces mots ont une signification et une portée spécifiques. Il est donc important d'utiliser des expressions précises lors de la description de votre travail.

EXEMPLE

Presque tous les cadres d'une organisation administrent ou gèrent du personnel. Cependant, cette responsabilité peut correspondre à des tâches différentes selon le poste de travail occupé. Ainsi, un cadre peut :

– répartir et assigner le travail à effectuer par ses subalternes ;
– recommander à la direction du personnel un ou des candidats pour combler le ou les postes de travail vacants sous sa direction ;
– effectuer le choix final parmi les candidats recommandés pour combler le ou les postes de travail vacants sous sa direction.

Par conséquent, administrer du personnel pourra signifier, pour certaines personnes, effectuer une de ces tâches, et pour d'autres, accomplir toutes ces tâches et davantage.

Dans certains cas, vous pouvez avoir de la difficulté à trouver l'expression précise pour traduire ce que vous faites. Vous n'avez alors qu'à faire pour le mieux et, au cours de l'entrevue qui suivra, vous aurez l'occasion de fournir les explications verbalement.

Enfin, pour décrire ce qu'un individu fait, il est préférable de commencer par un verbe actif.

EXEMPLE

On pourrait décrire les *tâches* d'un individu *concernant directement son supérieur immédiat* en commençant par les verbes suivants :

– recommande ;
– informe ;
– soumet ;
– conseille.

En fournissant autant de détails que vous le jugez à propos, décrivez les différentes tâches que vous devez effectuer de façon à accomplir vos principales responsabilités mentionnées à la section précédente.

4. CARACTÉRISTIQUES PARTICULIÈRES

4.1 Scolarité

D'après vous, quelle formation scolaire devrait être requise pour ce poste de travail ?

4.2 Expérience

D'après vous, quelle serait l'expérience adéquate pour accéder à ce poste de travail ?

4.3 Supervision

Titre des emplois qui relèvent directement de vous (premier palier)	Nombre d'individus occupant ces emplois

Titre des emplois qui relèvent indirectement de vous (deuxième palier seulement)	Nombre d'individus occupant ces emplois

4.4 Communications

Indiquez ci-dessous les noms des unités de travail ou des organisations avec lesquelles vous avez des communications *régulières* et *essentielles* à votre travail. De plus, veuillez indiquer le but de ces communications.
Communications internes (*à l'intérieur de l'entreprise*)
Communications externes (*à l'extérieur de l'entreprise*)

4.5 Fonds et budgets

Nature et montant des fonds dont vous avez la responsabilité
Nature et montant des budgets qui vous sont alloués

DATE	a m j	Signature du répondant

Le questionnaire *fermé* présente une liste d'énoncés (parfois suivis de définitions) portant sur les divers aspects du travail. La personne qui remplit le questionnaire (titulaire de l'emploi, supérieur immédiat ou analyste) n'a qu'à cocher la réponse reflétant la présence ou l'absence de telle caractéristique ou encore le temps requis ou le degré de complexité du comportement requis. Comparé au questionnaire ouvert, le questionnaire fermé est beaucoup plus long à élaborer. Les questions doivent permettre d'obtenir toute l'information pertinente sur le travail, être formulées de manière claire, etc. L'encadré 5.4 (p. 206-208) présente des extraits de questionnaires fermés visant à analyser un poste de cadre.

ENCADRÉ 5.4

Extraits de questionnaires fermés d'analyse d'un emploi

SCOLARITÉ

Selon vous, quel est le **minimum** de scolarité ou l'équivalent qu'une personne devrait posséder pour accomplir les tâches relatives à votre emploi ? Le niveau que vous croyez pertinent peut ne pas correspondre au niveau de scolarité présentement requis ni à votre propre niveau de scolarité.

1. Études de niveau secondaire : DES (diplôme d'études secondaires) ou DEP (diplôme d'études professionnelles) d'une durée de 600 à 900 heures ou AFP (attestation de formation professionnelle).
2. Études de formation professionnelle : DEP (diplôme d'études professionnelles) d'une durée de 1 300 à 1 800 heures ou ASP (attestation de spécialisation professionnelle) ou AEC (attestation d'études collégiales).
3. Études collégiales professionnelles (DEC).
4. Études collégiales professionnelles (DEC) plus un ou deux certificats universitaires.
5. Études universitaires (baccalauréat).

AUTONOMIE DANS L'ORGANISATION ET LA GESTION DU TRAVAIL

Jusqu'à quel point l'organisation du travail requiert-elle de travailler seul ou en équipe en vue de procéder à la planification, à la détermination des priorités et à la distribution quotidienne ou hebdomadaire du travail ?

1. Mon travail est planifié et organisé par un gestionnaire.
2. L'organisation du travail requiert que je planifie et que j'organise mon travail quotidien ou hebdomadaire.
3. L'organisation du travail requiert que je procède en équipe à **l'organisation quotidienne** du travail de l'équipe ou du département.
4. L'organisation du travail requiert que je procède en équipe à **une partie de l'organisation hebdomadaire** du travail de l'équipe ou du département.
5. L'organisation du travail requiert que je procède en équipe à **l'ensemble de l'organisation hebdomadaire** du travail de l'équipe ou du département.

EFFORT PHYSIQUE

Jusqu'à quel point votre travail requiert-il un effort physique soutenu ?

Définitions :

Effort modéré : marcher beaucoup **ou** travailler debout **ou** demeurer assis pendant de longues périodes avec peu d'occasions de changer de posture **ou** être dans des positions inconfortables **ou** déplacer ou manipuler des poids de moins de 10 kg.

Effort important : maintenir des postures inconfortables **ou** monter et descendre des échelles ou des escaliers **ou** déplacer ou manipuler des poids de 10 kg à 25 kg.

Effort très important : maintenir des postures particulièrement inconfortables pendant des périodes de temps relativement longues **ou** déplacer ou manipuler des poids de plus de 25 kg.

Mon travail exige :

1. Généralement **peu** d'efforts physiques.
2. **À l'occasion** un effort physique **modéré**.
3. **Fréquemment** un effort physique **modéré**.
   OU
   À l'**occasion** un effort physique **important**.
4. **Fréquemment** un effort physique **important**.
   OU
   À l'**occasion** un effort physique **très important**.
5. **Fréquemment** un effort physique **très important**.

BILINGUISME

Indiquez l'énoncé qui décrit le mieux le niveau de bilinguisme requis dans le cadre du travail habituel.

Nota : Cette question évalue dans quelle mesure le titulaire doit connaître une deuxième langue (le français ou l'anglais) pour accomplir son travail habituel.

1. Le titulaire **n'a pas** à connaître une deuxième langue.
2. Le titulaire doit **lire** dans une deuxième langue.
3. Le titulaire doit **donner** des **renseignements** ou entretenir une **conversation courante** dans une deuxième langue.
   ET/OU
   Le titulaire doit **composer ou corriger** des lettres ou des textes utilisant du **vocabulaire courant** dans une deuxième langue.
4. Le titulaire doit **présenter ou traiter** des sujets spécialisés ou variés dans une deuxième langue.
5. Le titulaire doit **composer ou corriger** des lettres ou des textes utilisant du **vocabulaire spécialisé** dans une deuxième langue.
6. Le titulaire doit **composer et corriger** des textes exigeant une **maîtrise** de la grammaire et d'un vocabulaire spécialisé dans une deuxième langue.
   OU
   Le titulaire doit **négocier ou représenter** une filiale ou l'ensemble de l'entreprise à des occasions importantes dans une deuxième langue.

RESPONSABILITÉ DE PERSONNEL

Indiquez l'énoncé qui décrit le mieux les responsabilités de personnel de cet emploi pour chacune des trois sous-questions. Concernant les secteurs de l'entreprise responsables régulièrement de gestion de projets, indiquez l'énoncé qui décrit le mieux les responsabilités de gestion du personnel de l'emploi qui se dégagent en moyenne durant l'année. La coordination implique d'assigner, de répartir et de vérifier le travail effectué par des collègues alors que la supervision directe implique l'ensemble des responsabilités de gestion du personnel qui relève directement du titulaire, soit l'embauche, le perfectionnement, la gestion du rendement, etc. Par des emplois de même nature, nous faisons référence à des emplois dont le contenu des tâches et des responsabilités est relativement similaire.

A. Coordination/supervision directe de personnel

1. Cet emploi ne requiert **aucune** responsabilité de coordination ou de supervision directe de personnel. Le titulaire doit parfois aider les membres du personnel en leur donnant des renseignements.
2. Cet emploi requiert de **coordonner** régulièrement le travail d'autres personnes de l'entreprise (ou d'une filiale) qui occupent des emplois de **même nature**.
3. Cet emploi requiert de **coordonner** régulièrement le travail d'autres personnes de l'entreprise (ou d'une filiale) qui occupent des emplois de **nature différente**.
4. Cet emploi requiert de **superviser** directement des personnes de l'entreprise (ou d'une filiale) qui occupent des emplois de **même nature**.
5. Cet emploi requiert de **superviser** directement des personnes de l'entreprise (ou d'une filiale) qui occupent des emplois de **nature différente**.

B. Nombre de personnes supervisées directement ou dont le travail est coordonné

Indiquez le nombre de personnes de l'entreprise (ou d'une filiale) **supervisées directement** ou **dont le travail est coordonné** par le titulaire. Si vous avez répondu 1 à la question précédente, répondez 0 à cette question.

1. Aucune
2. 1
3. 2-4
4. 5-8
5. 9 ou plus

C. Nombre de personnes supervisées indirectement

Indiquez le nombre de personnes de l'entreprise (ou d'une filiale) sous la **supervision indirecte** de l'emploi, c'est-à-dire le nombre de personnes qui sont sous la direction d'employés qui supervisent du personnel et qui relèvent directement de cet emploi.

1. Aucune
2. 1-8
3. 9-20
4. 21-60
5. 61-100
6. 101 ou plus

Source : Extraits des questionnaires d'analyse des emplois de la Société d'électrolyse et de chimie Alcan et d'AXA Canada et ses filiales. Reproduit avec permission.

5.4.3 L'entrevue

L'entrevue consiste à recueillir des informations sur un emploi auprès du titulaire de cet emploi ou de son supérieur immédiat. Elle peut être faite avec les titulaires de l'emploi, à tour de rôle, ou avec plusieurs titulaires en même temps. Dans ce dernier cas, on gagne du temps et on peut obtenir davantage d'information. Certaines organisations privilégient le fait d'effectuer des entrevues auprès des supérieurs immédiats des titulaires des emplois, parce qu'ils connaissent bien le travail des subalternes dont ils sont responsables et qu'ils sont susceptibles d'être plus « neutres » à l'égard du contenu de leur emploi. Interroger les superviseurs réduit également le nombre de personnes à déranger pendant leur travail ainsi que le temps consacré au processus.

L'entrevue permet d'éviter certains inconvénients du questionnaire, car certains problèmes sémantiques sont éliminés. Par ailleurs, la préoccupation pour les habiletés à rédiger et la motivation à remplir un questionnaire n'entrent plus en ligne de compte. De plus, l'entrevue permet aux titulaires des emplois de s'exprimer plus librement sur leur travail. Toutefois, elle soulève certains problèmes. Elle risque de faire ressortir le travail qui devrait être fait plutôt que celui qui est réellement accompli. Par ailleurs, le fait que le supérieur immédiat soit responsable du travail de ses subalternes ne signifie pas qu'il connaisse véritablement et complètement leurs tâches. De plus, dans les cas où les titulaires des emplois ne participent pas aux entrevues, les chances de succès du programme d'analyse d'emplois diminuent. Finalement, l'entrevue est coûteuse en matière de temps, parce que l'analyste et les répondants n'accomplissent pas leur travail régulier pendant qu'ils y participent.

5.4.4 Le choix de la méthode de collecte et des sources d'information

Le choix d'une ou de plusieurs méthodes d'analyse des emplois est influencé par les objectifs poursuivis, l'organisation du travail, la culture organisationnelle, les ressources disponibles, etc. Les renseignements portant sur le travail peuvent être fournis par les titulaires des emplois, par leurs supérieurs immédiats ou par les analystes, en fonction de la nature de l'emploi, de la qualité de l'information désirée, du temps et de l'argent disponibles, ainsi que de la méthode de collecte de renseignements utilisée. La direction d'une petite ou moyenne entreprise peut, par exemple, demander aux supérieurs immédiats de décrire les tâches de leurs subalternes. Une autre entreprise disposant de peu de ressources peut demander à ses employés de décrire leurs emplois respectifs, puis demander à leurs supérieurs immédiats de vérifier les résultats. La direction d'une grande entreprise qui souhaite avoir des descriptions d'emplois complètes et rédigées de manière uniforme peut faire appel à des analystes de l'intérieur ou de l'extérieur de l'organisation. Selon la ou les méthodes de collecte et la philosophie de gestion de l'entreprise, ces analystes solliciteront plus ou moins la participation des titulaires des emplois et de leurs supérieurs immédiats au processus. Ces différentes approches d'analyse des emplois influent sur la nature des informations collectées et, donc, sur l'évaluation des emplois et la hiérarchie des emplois qui en résultent.

5.5 LES DESCRIPTIONS D'EMPLOIS

Les descriptions d'emplois sont les documents résultant d'une analyse d'emplois, présentés sous une forme pratique et facilement utilisable. En plus des renseignements portant sur les tâches et les activités, ou sur les responsabilités et les devoirs, une description d'emploi peut renfermer des informations sur les conditions de travail, les outils, les matériaux et les instruments utilisés. Par conséquent, en plus de donner aux titulaires des emplois des indications sur les attentes de l'organisation à leur égard, les descriptions d'emplois fournissent à l'organisation l'un des éléments sur lesquels elle peut appuyer la détermination de ses exigences d'emploi.

Le contenu de la description d'emploi d'un cadre ou d'un professionnel est souvent formulé en fonction des responsabilités et des devoirs. Les titulaires de ces emplois peuvent généralement effectuer les tâches et les actions de leur choix, dans la mesure où ils respectent certaines contraintes éthiques ou organisationnelles. La description des emplois de bureau ou de production est souvent formulée en fonction des tâches et des activités, car les moyens permettant d'assumer les responsabilités liées à l'emploi sont souvent précisés à l'avance. Toutefois on peut intégrer le contenu des descriptions d'emplois de bureau dans les responsabilités et les devoirs, de manière à accorder plus d'autonomie à leurs titulaires.

Une pratique courante des organisations consiste à annexer un profil de qualifications à la description d'emploi. Ce profil contient une liste des exigences ou des qualifications normalement requises de la part des postulants à un emploi. Selon la nature des emplois, on peut y trouver des exigences en matière de scolarité, d'expérience, etc. Ce profil ne fait pas partie de la description d'emploi – qui doit être objective – car il fait appel au jugement de l'analyste.

5.5.1 La rédaction et la mise à jour des descriptions d'emplois

L'analyste procède à la description des emplois en ayant en main ses notes d'observation, les questionnaires remplis par les titulaires des emplois ou par leurs supérieurs hiérarchiques, ou ses notes d'entrevues, accompagnées des descriptions d'emplois existantes, s'il y a lieu. En général, les descriptions d'emplois des cadres et des professionnels s'étendent sur une page et demie, celles du personnel de bureau, sur une ou deux pages, et celles du personnel de production, sur une page. L'encadré 5.5 présente le profil standard d'une description d'emploi, alors que les encadrés 5.6 (p. 212) et 5.7 (p. 213-214) offrent des exemples de descriptions d'un emploi technique et d'un emploi de bureau.

ENCADRÉ 5.5

Profil des informations contenues dans les descriptions d'emplois : importance et règles de rédaction

1. RENSEIGNEMENTS GÉNÉRAUX

Titre de l'emploi : Il doit être juste. Par exemple, le titre de « secrétaire administratif ou administrative » comporte généralement un plus grand nombre de décisions à prendre et, par conséquent, commande un salaire plus élevé que le titre de « secrétaire ». Il convient de s'assurer que le travail du titulaire implique réellement les responsabilités suggérées. Le titre doit être juste et ne pas constituer un artifice visant à augmenter le prestige ou les responsabilités d'un emploi et à entraîner un salaire plus élevé.

Service, nombre de titulaires et lieu de l'emploi, s'il y a lieu : Cette information peut fournir des indications sur la nature du travail et se révéler utile pour situer la place d'un emploi dans l'ensemble de l'organisation lorsque ses unités sont dispersées géographiquement.

Titre de l'emploi du supérieur hiérarchique et des emplois qui relèvent de l'emploi : Cette information précise les relations d'autorité entourant un emploi et le situe dans la structure de l'organisation.

Nombre de subordonnés : Cette information indique l'ampleur des responsabilités de supervision.

Code de l'emploi : Certaines organisations ont un système de codification d'emplois ou adoptent celui d'autres entreprises de leur secteur d'activité économique ou de leur industrie.

Date de la rédaction : Cette indication permet de s'assurer de l'exactitude de la description de l'emploi, du besoin de la réviser, de la mettre à jour, etc.

2. SOMMAIRE DE L'EMPLOI

La façon suivante de commencer le sommaire de l'emploi se révèle pratique : « Sous la direction de..., le (titre de l'emploi) est responsable de (nommer les principales tâches ou responsabilités). » À la fin du sommaire de l'emploi, on ajoute une phrase du type : « De plus, sur demande, il effectue toute autre tâche connexe pouvant relever de cet emploi. » Cette phrase indique que l'esprit doit primer sur la lettre, car il est impossible de prévoir toutes les situations possibles et d'avoir toujours le mot juste. S'il va de soi que le contenu implicite de cette phrase ne doit pas être trop vaste, il faut aussi éviter de l'interpréter d'une façon trop restrictive.

3. DESCRIPTION DES RESPONSABILITÉS ET DES DEVOIRS

Cette section doit être rédigée de manière que sa lecture permette à une personne qui n'est pas familiarisée avec l'emploi d'en comprendre le contenu, la nature et la signification. Plus précisément, elle doit indiquer ce que fait le titulaire, comment et pourquoi il le fait. Selon la nature des emplois et de l'organisation du travail, cette section peut être formulée en fonction des tâches, des responsabilités, des comportements, des compétences, etc. Les renseignements peuvent y être présentés selon l'importance des tâches ou des responsabilités, selon l'ordre dans lequel le travail doit être effectué, selon le temps consacré par le titulaire à l'exécution des tâches ou aux responsabilités, ou selon la fréquence de l'activité. En somme, il s'agit de trouver les éléments qui permettent de décrire l'emploi le plus clairement possible. Ainsi, une description d'emploi d'employés de bureau ou d'employés de production peut donner des renseignements sur les machines et les outils utilisés, sur les conditions de travail ainsi que sur les relations de travail, alors que celle d'un emploi de cadre ou de professionnel peut inclure des renseignements sur l'ampleur du budget à gérer.

ENCADRÉ 5.6

Description d'un emploi technique

Date : 7 septembre 1999 **Code CWS :** 7-02
Département : Chaudière **Unité d'ancienneté de groupe d'occupation :** 1
Titre CWS : Traceur-développeur **Classe :** 16
Source de surveillance : Contremaître ; reçoit les directives du chef de groupe.
Direction exercée : Aide. Informe d'autres ouvriers des détails du travail.

Travail

1. Reçoit les instructions, les ordres de travail, les dessins, etc.
2. Lit et interprète les dessins et organise le travail selon le matériel et les outils requis.
3. Obtient ou s'arrange pour recevoir le matériel spécifié.
4. Trace ou met au point les gabarits, les plaques et le matériel de structure ou de tuyauterie pour la construction et la fabrication géométriques.
5. Élabore adéquatement le matériel tel que les transitions combinées de forme circulaire, rectangulaire, conique, excentrique, etc., par triangulation, ligne radiale, géométrie, etc.
6. Accomplit les traçages assurant un usage maximum du matériel.
7. Localise les trous, les lignes de pliage, les lignes de cisaillage, etc., en marquant, traçant, peignant, pointant les centres, etc.
8. Enregistre et identifie le matériel par le numéro de la pièce, le numéro calorique ou de travail.
9. Informe la direction d'erreurs dans les dessins et les matériaux.
10. Déplace le matériel manuellement ou à l'aide de mécanismes de levage.
11. Garde les lieux de travail et l'équipement propres et en ordre, et observe les règles de sécurité.

Outils et équipement

Table à tracer, rubans, règles, équerres, niveaux, rapporteurs d'angles, compas elliptique, compas à pointes sèches, compas, tête à centrer, fil à plomb, barre rectiligne, dessins, croquis, table mathématique, stéatite, peinture, pointeaux, marteaux, mécanismes de lavage, etc.

Matériaux

Ferreux, non ferreux et alliages, plaque, formes de structure, tuyaux, pièces soudées, pièces forgées, etc.

ENCADRÉ 5.7
Description d'un emploi de bureau

N° de l'emploi : 121
Titre de l'emploi : Réceptionniste
Service : Direction générale
Section : Réception
Sous la direction de : Directeur général
Date : Septembre 1999

SOMMAIRE DE L'EMPLOI

Le ou la titulaire de cet emploi répond au téléphone de l'Hôtel de Ville et achemine les appels aux différents services, règle certaines demandes de renseignements, ouvre le courrier et l'achemine aux divers services. Il ou elle dactylographie des lettres et des rapports pour le directeur des relations publiques. Il ou elle a charge des photocopieurs et de la perception des frais de photocopie. Sur demande, il ou elle effectuera toute autre tâche connexe pouvant relever de cet emploi.

TÂCHES À EFFECTUER

1. **Appels téléphoniques, renseignements et courrier**
   - Répond au téléphone de l'Hôtel de Ville et dirige les appels vers les personnes concernées.
   - Prend les messages lorsque la chose lui est demandée et les transmet aux personnes concernées.
   - Reçoit les visiteurs et règle leurs demandes de renseignements ou les achemine aux personnes concernées.
   - Répond aux questions d'ordre général qui lui sont posées.
   - Donne l'information relative au transport en commun (circuits, fonctionnement des horaires, correspondances) et transmet le dépliant explicatif.
   - Déplace la console téléphonique et branche le répondeur téléphonique.
   - Reçoit, ouvre et date le courrier et le fait parvenir aux services concernés.
   - Tient à jour le registre des bons d'envoi de livraisons spéciales et transmet un rapport à la comptabilité.
   - Reçoit les soumissions adressées au greffier, les date et les garde jusqu'à l'ouverture des soumissions.
2. **Photocopieurs et affranchissement**
   - Nettoie les photocopieurs, s'assure de leur bon fonctionnement et avise les réparateurs en cas de défectuosités.
   - Photocopie certains textes ou documents pour différents services municipaux, organismes ou particuliers en fonction de priorités fixées par la direction générale et, dans certains cas, sur autorisation de son supérieur.
   - Dépose à la Division des taxes l'argent perçu à titre de frais de photocopie.
   - Affranchit le courrier des différents services municipaux et s'assure qu'il y ait suffisamment d'argent dans le compteur pour procéder à l'affranchissement.
   - Affranchit le courrier d'organismes ou de particuliers sur autorisation de son supérieur.
3. **Aide au directeur des relations publiques**
   - Tape, sur micro-ordinateur (traitement de texte), certains documents, tableaux et lettres pour le Service des relations publiques.

4. Divers

- Tape, sur micro-ordinateur (traitement de texte), certains documents pour d'autres services, autorisés par son supérieur.
- Vérifie les comptes d'appels interurbains et impute les charges appropriées aux services concernés.
- Recouvre les comptes personnels d'appels interurbains auprès des divers employés de la Ville.
- Dresse la revue de presse de la Ville en recueillant les articles de journaux pertinents.
- Vend, aux personnes qui en font la demande à la réception, la documentation au sujet de la Ville, fait sa caisse et en remet le contenu aux caissiers.

5. À l'occasion

- Dactylographie, à partir de notes manuscrites, certains textes et rapports pour la direction, le Greffe et le Service du personnel.

L'agrégation de l'information collectée et transcrite porte généralement sur les emplois et non sur chacun des postes concernés. Par exemple, s'il y a six postes de représentant à la clientèle dans une organisation, on analyse et décrit un seul emploi, celui de représentant à la clientèle. Toutefois, certaines organisations retiennent l'unité administrative comme niveau d'agrégation pour décrire certains emplois. Par exemple, la secrétaire d'un service de comptabilité accomplit un travail semblable à celui de la secrétaire d'un service du personnel. Toutefois, il ne va pas de soi que la nature de leurs tâches ou de leurs responsabilités respectives soit identique. Par conséquent, le nombre de descriptions d'emplois peut dépendre du nombre d'unités administratives à l'intérieur de l'organisation.

Un emploi peut être décrit sous deux formes : en fonction des responsabilités et des devoirs, c'est-à-dire des fins à atteindre, ou en fonction des tâches et des activités, c'est-à-dire des moyens à utiliser pour parvenir à ces fins. Une description d'emploi permet souvent d'établir une distinction entre les tâches et les responsabilités *régulières* et *occasionnelles*. L'adjectif « occasionnelles » indique que ces tâches n'incombent pas normalement au titulaire de l'emploi, mais que le titulaire peut être appelé à les exécuter dans certaines circonstances. Par exemple, la tâche consistant à répondre aux appels téléphoniques ne revient pas normalement au titulaire de l'emploi A, mais il l'effectue dans certaines circonstances, lorsque le titulaire de l'emploi désigné (emploi B) ne peut répondre à ces appels. Cette tâche est alors considérée comme étant « occasionnelle » pour le titulaire de l'emploi A. Cependant, si le titulaire de l'emploi A doit toujours répondre aux appels téléphoniques pendant les heures de repas du titulaire de l'emploi B, il s'agit d'une tâche régulière de l'emploi A.

On peut résumer ainsi les principaux critères à respecter lors de la rédaction de descriptions d'emplois :

– Le style de la narration est direct et concis ;

– Les phrases débutent par des verbes actifs conjugués au temps présent (p. ex. : « inspecte », « trie », « pèse »), l'expression « cet employé » ou « cette employée » au début de chaque phrase étant implicite ;

– Les liens entre les activités doivent être exprimés de manière à faire ressortir les éléments importants de l'emploi et à en donner une idée précise et complète ;

– Les termes sont précis. On ne doit pas dire, par exemple, « fait des poignées de bois » si le titulaire « sculpte des poignées de bois ». Il en va de même pour les expressions « planifie », « dirige », « coordonne », « contrôle », « supervise », etc., qui ne donnent pas une idée précise des responsabilités inhérentes à l'emploi. Il faut aussi être précis en ce qui concerne les quantités, les poids, les mesures et les fréquences. Il ne faut pas, par exemple, inscrire « transporte des caisses », mais plutôt « transporte des caisses de 10 kg ». Toutefois, on ne doit pas non plus faire d'excès en ce sens. Si une tâche est bien connue et établie, on peut écrire « inscrit, conformément à la procédure établie, les recettes et débours de la journée au grand livre », plutôt que de décrire cette tâche.

Une fois les ébauches de descriptions rédigées, l'analyste doit les faire réviser par les titulaires des emplois si ce sont eux qui lui ont transmis l'information requise. Les titulaires doivent vérifier si les descriptions sont précises et si elles correspondent bien à leur emploi. Cette révision peut amener l'analyste à modifier certains termes, à ajouter certaines tâches ou responsabilités, ou encore à rayer certaines d'entre elles. Il peut ensuite soumettre les descriptions d'emplois aux supérieurs hiérarchiques de l'organisation, en vue d'obtenir leur autorisation. Si ces derniers proposent des changements importants, il est recommandé d'en discuter avec les titulaires, afin d'éviter qu'ils imputent à l'analyste les modifications apportées aux renseignements qu'ils lui ont fournis. Une fois que les supérieurs hiérarchiques ont accepté les descriptions, il revient à la direction de les approuver. À ce stade, une description d'emploi n'est toutefois pas définitive, car elle se transformera au rythme du développement de l'organisation. Dans de trop nombreux cas, les descriptions sont reléguées aux oubliettes. Une mise à jour des descriptions d'emplois devrait être faite chaque fois qu'une partie ou le contenu entier d'un emploi change, ou lorsqu'une demande de mise à jour est faite par le titulaire ou par son supérieur hiérarchique.

5.5.2 La *Classification nationale des professions* comme ouvrage de référence

Au-delà des méthodes de collecte d'information précédemment décrites, l'analyste peut consulter divers ouvrages de référence. Le gouvernement canadien, par exemple, s'est fortement inspiré du système de classification mis au point aux États-Unis au cours des années 1930 (*Dictionary of Occupational Titles*) pour rédiger, au début des années 1970, la *Classification nationale des professions*, publiée par le département de développement des ressources humaines du gouvernement fédéral (jusqu'en 1993, cet ouvrage était désigné sous le nom de *Classification canadienne des postes* ou de *Dictionnaire des professions*). L'analyse fonctionnelle des emplois sur laquelle repose cette classification suppose que toutes les tâches d'un employé ont trait, à divers degrés, à trois éléments : les personnes, les données et les choses.

Le tome 1 de la *Classification* présente, pour plus de 10 000 emplois – en plus d'un code de classification –, un code composé de trois chiffres indiquant les exigences de l'emploi à l'égard des données, des personnes et des choses. Le tome 2 décrit le profil de qualification requis pour assumer chacun des emplois (p. ex. : intelligence, aptitudes verbales, aptitudes numériques, perception spatiale, perception des formes, perception des écritures, coordination de la vue, des mains et des doigts, habileté numérique, habileté manuelle, coordination de la vue, des mains et des pieds, distinction des couleurs, formation requise, préparation professionnelle, conditions d'ambiance, activités physiques). Traditionnellement, les analystes des emplois ont souvent utilisé cet outil de référence pour compléter ou valider des informations collectées en recourant à d'autres méthodes de collecte d'informations. Cet ouvrage est également utile pour une nouvelle entreprise dans laquelle il est impossible d'analyser le travail des employés. Dans ce dernier cas, on s'inspire des descriptions proposées pour embaucher et déterminer le salaire des emplois, et on adapte ces descriptions au contexte ou à la situation particulière de l'entreprise.

5.5.3 Le recours à Internet, au courrier électronique et aux logiciels

Aujourd'hui, certains sites et certaines institutions accessibles sur Internet permettent d'échanger de l'information sur certains emplois ou occupations. L'usage du courrier électronique permet également de faciliter la gestion des analyses et des évaluations d'emplois dans les unités administratives dispersées géographiquement. Par ailleurs, certaines entreprises (p. ex. : Knowledge Point, Petaluma, Californie) ont commencé à commercialiser des logiciels contenant des descriptions de plus de 2 500 emplois présentées sous différents formats (court, long, résumé, etc.). Ces logiciels permettent aux clients d'individualiser et de compléter leurs descriptions d'emplois en utilisant un processus interactif de questions et réponses.

5.6 LES DESCRIPTIONS D'EMPLOIS : IMPORTANCE ET TENDANCES

5.6.1 L'importance des descriptions d'emplois

Jusqu'à maintenant, les descriptions d'emplois ont surtout été utilisées pour l'évaluation des emplois, puisque, pour estimer la valeur relative des emplois, il faut d'abord en connaître le contenu. Dans cette perspective, il est important de s'assurer que les descriptions soient complètes, claires et structurées, afin que les exigences des emplois soient en évidence et régulièrement mises à jour. Ces descriptions doivent être cohérentes par rapport à la culture de contrôle prônée par la majorité des entreprises et à la volonté des syndicats d'assurer une détermination objective des salaires, faite en fonction d'exigences connues et précises.

Toutefois, planifier, effectuer et tenir à jour ce type de processus d'analyse et de description des emplois est souvent lourd et onéreux. Par ailleurs, malgré toute l'attention que peut apporter l'analyste à la rédaction des descriptions d'emplois, le résultat soulève toujours des problèmes d'interprétation. En effet, les descriptions d'emplois ont toujours fait l'objet de critiques. Pour certains cadres, elles représentent des carcans qui empêchent les employés d'agir. Pour certains employés, ce sont des documents inutiles, car ils considèrent qu'ils savent ce qu'ils ont à faire. Aux yeux de certains dirigeants, elles sont trop souvent incomplètes ou périmées au moment où on veut les utiliser. Cependant, toutes ces critiques portent sur la façon dont on utilise les descriptions d'emplois plutôt que sur leur raison d'être. En fait, les descriptions d'emplois ne sont que des outils de gestion visant l'atteinte de certains objectifs et elles ne se révèlent utiles que dans la mesure où elles y parviennent. Si la direction ne véhicule pas l'idée que les descriptions d'emplois sont utiles, celles-ci n'atteindront pas leurs buts et tomberont rapidement en désuétude, puisque les gestionnaires ne seront pas portés à les maintenir à jour.

5.6.2 Les descriptions génériques des emplois

Traditionnellement, les descriptions d'emplois précises et détaillées permettaient de distinguer les différences entre les emplois. Toutefois, ces descriptions étroites incitaient les employés à n'effectuer que le travail qui y était mentionné et à demander une révision de la valeur de leur emploi aussitôt qu'on exigeait d'eux un travail supplémentaire. Auparavant, par exemple, General Motors classifiait ses emplois en employant des titres comme « poseur de sièges avant », « poseur de sièges arrière », « poseur de portes », etc., ce qui faisait en sorte qu'un poseur de siège arrière ne posait jamais de siège avant (Katz, 1985). Il va sans dire que cet outil freinait le changement et l'adaptation du personnel aux nouvelles réalités du contexte d'affaires.

Compte tenu des changements fréquents qui surviennent dans l'organisation du travail et des exigences accrues en matière de flexibilité, certains dirigeants rejettent les descriptions d'emplois précises et détaillées, qu'ils considèrent comme trop exigeantes (en matière de temps et d'argent) sur le plan de la mise à jour. Ils adoptent de plus en plus les descriptions d'emplois dites « génériques », qui couvrent un grand nombre d'emplois, parce qu'elles réduisent la bureaucratie et permettent une assignation du travail plus flexible, plus variée et plus enrichissante. Plusieurs de ces descriptions décrivent les responsabilités ou les résultats liés à un emploi plutôt que les tâches précises et détaillées qui s'y rattachent. L'encadré 5.8 présente des exemples de descriptions d'emplois basées sur les responsabilités qui ont été élaborées par la Société d'électrolyse et de chimie Alcan limitée (Sécal). Depuis le début des années 1990, cette société a été à l'origine de nombreuses innovations organisationnelles – notamment l'implantation d'un programme d'amélioration continue de la qualité, l'aplatissement de la structure hiérarchique, la méthode de production « juste à temps » et l'implantation d'équipes de travail. De tels changements ont eu des répercussions sur l'organisation du travail et les descriptions d'emplois. Tel qu'il a été mentionné dans le cas présenté au début de ce chapitre, en février 1998, dans la foulée des changements entrepris depuis 1990, Sécal et deux syndicats ont ratifié une entente de partenariat de 18 ans dont un élément porte sur la rémunération, que l'on veut rendre plus équitable à l'interne, plus compétitive et davantage basée sur les résultats de l'organisation et de ses centres d'affaires.

Toutefois, comme l'ont fait remarquer Milkovich et Newman (1998), parce que les descriptions d'emplois laissent plus de pouvoir discrétionnaire aux cadres en matière d'assignation du travail et de détermination des salaires, elles peuvent entraîner une certaine iniquité si elles sont utilisées par des cadres incompétents. Chaque organisation doit déterminer l'information nécessaire pour établir la valeur – et éventuellement le salaire – des emplois, de manière que sa structure salariale soit perçue comme équitable par les employés et qu'elle les incite à adopter des attitudes et des comportements liés à l'organisation du travail, à la stratégie, à la culture, etc., de l'organisation.

ENCADRÉ 5.8

Exemples de descriptions génériques d'emplois : le cas de la Société Alcan Aluminium Limitée

SUPERVISEUR DE PRODUCTION

Raison d'être

Planifier, organiser et contrôler la production d'un ou des produits selon les standards quantité/qualité requis, à l'intérieur d'un secteur donné de l'usine ou établissement. Diriger et mobiliser les employés de son équipe de travail dans l'atteinte d'objectifs communs.

Principales responsabilités

- Assurer, dans son équipe, la maîtrise des procédés et des processus de production, de même que la recherche de moyens et techniques susceptibles d'en maximiser le rendement.
- Gérer son unité de travail en respectant les budgets et déceler les possibilités de réduction des coûts.
- Faire appliquer les méthodes de prévention par les employés, de façon à établir un milieu de travail sain, salubre et sécuritaire.
- Voir à l'application de pratiques de travail visant à réduire au minimum les impacts sur l'environnement.
- Établir et maintenir un climat de dialogue et de coopération continue avec les employés de son équipe et leurs représentants syndicaux, s'il y a lieu.
- Participer à l'établissement et au maintien des relations avec les clients et les fournisseurs.

Formation/expérience

Le titulaire doit posséder un diplôme d'études secondaires ou collégiales (cégep) et/ou plusieurs années d'expérience en industrie, dont une bonne partie en supervision d'équipes de travail.

Niveau de l'emploi

Il s'agit d'un emploi dont le titulaire relève directement du directeur de l'usine ou de l'établissement.

Supervision

Le titulaire supervise directement jusqu'à 20 employés occupant divers emplois reliés à la production.

TECHNICIEN SPÉCIALISÉ

Raison d'être

À l'aide de connaissances techniques approfondies dans un domaine spécifique (p. ex. : production, entretien, environnement, régulation automatique), contrôler un ou des procédés ou conduire des projets ou des parties importantes de projets de grande envergure.

Principales responsabilités

- Assurer le respect des paramètres techniques dans son domaine d'activité ou sa discipline.
- Soutenir les employés et les gestionnaires dans l'amélioration de la performance des procédés ou de l'équipement.
- Proposer et apporter des améliorations aux procédés ou aux projets à l'intérieur de certaines normes établies.
- Vérifier les procédés ou les projets de façon à assurer la sécurité des systèmes de conception et d'exploitation.
- Collaborer à la formation et au développement des employés et d'autres techniciens.

Formation/expérience

Le titulaire doit posséder un diplôme d'études collégiales (cégep) dans un domaine technique spécialisé ou l'équivalent, ainsi que cinq à sept années d'expérience pertinente en industrie.

Niveau de l'emploi

Il s'agit d'un emploi dont le titulaire relève directement d'un surintendant du groupe technique ou d'un ingénieur principal (ingénieur III).

Supervision

Sauf exception, aucune supervision directe n'est exercée par le titulaire.

SECRÉTAIRE DE DIRECTION

Raison d'être

Faciliter le travail du directeur d'usine ou d'établissement en accomplissant certaines tâches administratives et de secrétariat.

Principales responsabilités

- Exécuter diverses tâches administratives et de secrétariat à la demande du directeur.
- Suggérer et instaurer des tâches administratives et de secrétariat de nature à faciliter le travail et à économiser du temps au directeur.
- Établir et maintenir un système de gestion documentaire efficace.
- Établir et maintenir un système de rappels journaliers.
- Soumettre au directeur la correspondance ou d'autres éléments demandant une attention immédiate.
- Maintenir à jour les divers manuels de politiques et directives administratives ainsi que les organigrammes, et faire la distribution des mises à jour.

Formation/expérience

Le titulaire doit posséder un diplôme en techniques de secrétariat de niveau collégial (cégep) ou d'un établissement postsecondaire spécialisé ainsi que trois à cinq années d'expérience pertinente.

Niveau de l'emploi

Il s'agit d'un emploi dont le titulaire relève directement du directeur de l'usine ou établissement.

Supervision

Aucune supervision n'est exercée.

Source : Adapté d'Alcan Aluminium Limitée ; reproduit avec permission.

RÉSUMÉ

Ce chapitre a traité de l'importance traditionnellement accordée au principe d'équité interne dans la gestion des salaires en Amérique du Nord. Un tel principe vise à faire correspondre les salaires attribués aux emplois d'une organisation avec leurs exigences relatives.

Nous avons également abordé dans ce chapitre l'analyse des emplois et des méthodes de collecte de l'information portant sur les emplois. De plus, nous avons présenté les descriptions d'emplois traditionnelles ainsi que les critères de rédaction et les limites de ces descriptions. Finalement, nous avons traité de l'émergence des descriptions « génériques » des emplois.

QUESTIONS DE RÉVISION

1. Pourquoi est-il important de s'assurer de la cohérence (ou de l'équité interne) de la structure des salaires dans une organisation ?
2. De quelle manière la gestion des salaires influe-t-elle sur les attitudes et les comportements des employés, ainsi que sur les performances d'une entreprise ?
3. Quelles variables déterminent les caractéristiques des structures salariales des organisations ? Pour quelles catégories de personnel et pour quels milieux l'équité interne est-elle particulièrement importante ?
4. Définir et distinguer les termes clés (le « jargon ») liés à l'établissement des structures salariales (p. ex. : famille d'emplois, emploi, poste).
5. Qu'est-ce qu'un processus d'analyse des emplois et quelle est son utilité dans l'établissement d'une structure salariale basée sur les exigences des emplois ?
6. Distinguer les approches traditionnelles d'analyse des emplois.

7. Qu'est-ce qu'une description d'emploi ? Quel est son contenu ? Comment doit-elle être rédigée ?
8. Quelle est l'importance traditionnellement accordée aux descriptions d'emplois en matière de gestion des salaires ? Commenter.
9. Qu'entend-on par « descriptions d'emplois génériques » ? Qu'est-ce qui justifie leur utilisation ?

RÉFÉRENCES

ADAMS, J.S. (1963). « Toward an understanding of inequity », *Journal of Abnormal and Social Psychology*, vol. 67, p. 422-436.

DÉVELOPPEMENT DES RESSOURCES HUMAINES CANADA (DRHC) (1998). « Alcan : une entente de partenariat de 18 ans », *Gazette du travail*, printemps, p. 71.

GARAND, D. (1993). *La conservation des ressources humaines dans les PME*, Trois-Rivières, mémoire de maîtrise de l'Université du Québec à Trois-Rivières, 293 p.

KATZ, H.E. (1985). *Shifting Gears : Changing Labour Relations in the U.S. Automobile Industry*, Cambridge, Mass., MIT Press.

MILKOVICH, G.T., et J.M. NEWMAN (1998). *Compensation*, Boston, Irwin.

RENAUD, S. (1997). « Unions and wages in Canada : A review of the literature », dans R. Chaykowski, P.-A. Lapointe, G. Vallée et A. Verma (sous la dir. de), *La représentation des salariés dans le contexte du libre-échange et de la déréglementation*, sélection des textes du XXXIIIe Congrès de l'Association canadienne des relations industrielles, p. 211-225.

Chapitre 6

L'ÉVALUATION DES EMPLOIS

OBJECTIFS

Ce chapitre vise à :

- définir le processus d'évaluation des emplois et son utilité dans la détermination des salaires ;
- décrire et différencier les méthodes traditionnelles en matière d'évaluation des emplois ;
- traiter de l'approche contemporaine, c'est-à-dire des questionnaires fermés, maison ou préétablis permettant d'analyser et d'évaluer simultanément les exigences des emplois ;
- présenter les principales étapes de la gestion d'un processus d'analyse et d'évaluation des emplois ;
- faire prendre conscience des limites de l'évaluation des emplois dans la détermination des salaires.

PLAN

Objectifs 223

Cas : L'implication des employés dans la refonte du système d'évaluation des emplois à la Federal Reserve Bank 226

Introduction 227

6.1 L'évaluation des emplois 227

- 6.1.1 Définition de l'évaluation des emplois 227
- 6.1.2 Importance de l'évaluation des emplois 228
- 6.1.3 Le comité d'évaluation des emplois 230

6.2 Les méthodes traditionnelles d'évaluation des emplois 231

- 6.2.1 La méthode de la comparaison avec le marché 232
- 6.2.2 La méthode du rangement des emplois 233
- 6.2.3 La méthode de la classification des emplois 234
- 6.2.4 La méthode des points 236
- 6.2.5 La fréquence d'utilisation des méthodes d'évaluation des emplois 241

6.3 L'approche traditionnelle d'évaluation des emplois basée sur une grille de points 241

- 6.3.1 La grille d'évaluation par points sur mesure : contenu et développement 242
  - La détermination et la définition des facteurs et des sous-facteurs d'évaluation 242
  - La détermination, la définition et l'allocation de points entre les niveaux des échelles de présence des facteurs d'évaluation 246
  - La cotation des emplois 248
  - La pondération des facteurs d'évaluation 251
- 6.3.2 Les grilles d'évaluation par points préétablies 255

6.4 L'approche contemporaine d'analyse et d'évaluation des emplois basée sur un questionnaire structuré 259

- 6.4.1 Le recours au questionnaire d'analyse et d'évaluation des emplois 259
- 6.4.2 L'élaboration d'un questionnaire maison ou sur mesure pour analyser et évaluer les emplois 260
  - L'élaboration d'un questionnaire d'évaluation des emplois.... 261
  - La distribution du questionnaire 262
  - La validation des réponses 262
  - La pondération des critères d'évaluation 263
  - Le calcul et la sommation des points attribués à chaque emploi 263
- 6.4.3 Les questionnaires préétablis ou élaborés par une tierce partie 264

6.5 La gestion du processus d'analyse et d'évaluation des emplois............ 265
6.5.1 La planification du processus d'analyse et d'évaluation des emplois 266
6.5.2 La détermination du moment de la collecte de l'information.. 266
6.5.3 La communication relative au processus d'analyse et d'évaluation des emplois 267
6.5.4 La participation et l'implication des employés 269
6.5.5 La communication des résultats.. 269
6.5.6 Les mécanismes d'appel.. 270
6.5.7 La mise à jour de l'évaluation 270
6.5.8 L'évaluation des résultats.. 271
L'acceptation des résultats... 271
L'efficience du processus d'évaluation.................................. 272
Les qualités psychométriques des méthodes d'évaluation....... 272
6.6 Les limites de l'évaluation des emplois dans la détermination des salaires.. 274
Résumé... 275
Questions de révision 275
Références.. 276

CAS

L'implication des employés dans la refonte du système d'évaluation des emplois à la Federal Reserve Bank

En octobre 1993, la Federal Reserve Bank des États-Unis (Atlanta) demandait à ses employés de participer à l'établissement d'un nouveau système informatisé d'analyse, de description et d'évaluation des emplois.

Dans un premier temps, la banque a consulté près de la moitié de ses 2 400 employés – tant les cadres que les non-cadres de tous les niveaux hiérarchiques – pour obtenir de l'information sur le contenu de leur emploi. Tous les employés de la banque et leurs supérieurs immédiats ont également été invités à remplir un questionnaire portant sur les responsabilités liées à leur emploi. En s'appuyant sur les réponses obtenues, des équipes d'employés formés à cet effet ont rédigé des descriptions d'emplois pour leur secteur, qui ont été revues par les professionnels du service des ressources humaines et approuvées par les cadres supérieurs.

Dans un deuxième temps, la banque a mis au point une méthode maison d'évaluation des emplois par points, basée sur un questionnaire d'évaluation comportant une douzaine de questions détaillées auxquelles une personne pouvait répondre en 30 à 45 minutes. Tous les titulaires des emplois « à poste unique » et le quart des titulaires des emplois « à plusieurs postes » ont été invités à remplir ce questionnaire. De plus, le supérieur hiérarchique de tous les employés participants, ainsi qu'un expert familiarisé avec chaque emploi, ont également rempli le questionnaire. L'information recueillie a permis à l'équipe de rémunération d'assigner les emplois aux classes d'emplois du nouveau système d'évaluation.

Selon le vice-président aux ressources humaines de la banque, comparativement à leur système antérieur – dans lequel les membres d'un comité qui pouvaient parfois très peu connaître certains emplois les évaluaient et les assignaient à une classe –, l'approche actuelle comporte plusieurs avantages :

- Le questionnaire standardisé permet d'obtenir une information détaillée et de meilleure qualité, puisqu'elle est collectée auprès de personnes proches de chaque emploi et qu'elle est validée ;
- Les employés apprécient le fait de participer au processus d'évaluation des emplois ;
- Le temps et l'énergie investis dans ce processus en valent la peine, parce que plusieurs emplois sont propres à la banque et difficiles à apparier sur le marché ;
- Le système d'évaluation des emplois est crédible aux yeux des employés ;

- Ce système est flexible et permet à l'organisation de s'adapter aux changements qui surviennent dans l'environnement d'affaires et sur le marché du travail.

Toutefois, le vice-président considère qu'une firme devrait considérer plusieurs points avant d'entreprendre un processus d'évaluation des emplois basé sur une participation importante des employés :

- L'organisation doit faire d'importants efforts de communication pour expliquer à ses employés la nature de l'évaluation des emplois et les motifs pour lesquels leur collaboration est considérée comme essentielle ;
- Une culture de coopération doit exister entre les employés et la direction ;
- Des ressources appropriées doivent être prévues pour colliger et analyser la grande quantité d'informations collectées.

Source : Traduit de Kahnweiler et autres (1994, p. 77). Reproduit avec l'autorisation de l'American Compensation Association (ACA), 14040 N. Northsight Blvd., Scottsdale, Ariz., 85260, U.S.A. ; téléphone : (602) 951-9191 ; télécopieur : (602) 483-8352. © ACA.http://www.acaonline.org

INTRODUCTION

Ce chapitre traite de l'évaluation des emplois, qui s'appuie sur les résultats de l'analyse et de la description des emplois abordés au chapitre précédent. Il propose d'abord une définition du *processus d'évaluation* des emplois et traite de son utilité dans la détermination des salaires, puis il décrit et différencie les méthodes *traditionnelles* en matière d'évaluation des emplois. Il aborde ensuite l'approche *contemporaine*, c'est-à-dire les questionnaires fermés, maison ou préétablis, qui permettent d'analyser et d'évaluer simultanément les exigences des emplois. Finalement, après avoir traité des principales étapes de la gestion d'un processus d'analyse et d'évaluation des emplois, il présente les limites de l'évaluation des emplois dans la détermination des salaires.

6.1 L'ÉVALUATION DES EMPLOIS

6.1.1 Définition de l'évaluation des emplois

Dans la mesure où les salaires accordés aux différents emplois d'une organisation diffèrent, une évaluation de leurs exigences relatives doit être faite, officiellement ou non. Pour assurer la cohérence des salaires attribués à ses différents emplois, une firme doit établir un *processus d'évaluation des emplois*. Comme nous l'avons déjà mentionné, la recherche de l'équité ou de la cohérence interne consiste à s'assurer qu'au sein d'une organisation, on offre une rémunération équivalente pour des emplois présentant des exigences semblables et une rémunération différente pour des emplois ayant des exigences différentes. L'évaluation permet de jauger la contribution relative des emplois au succès de l'organisation en examinant la valeur ou l'importance relative des exigences de ces *emplois*, et non les contributions des *titulaires* de ces emplois (qui constituent plutôt l'objet de l'évaluation du rendement).

L'évaluation permet de hiérarchiser les emplois d'une organisation selon leurs exigences relatives (structure d'emplois), afin d'accorder aux employés des salaires proportionnels aux exigences de ces emplois (structure salariale). L'objectif de ce processus consiste à accorder aux employés des salaires proportionnels aux exigences de leurs emplois, et non de déterminer des salaires ou des écarts précis entre les salaires. Traditionnellement, l'évaluation des emplois s'appuyait sur une analyse des emplois et/ou sur une lecture de leur description (court document dans lequel sont présentés les responsabilités, les tâches, les devoirs, etc.).

Le processus de hiérarchisation des emplois a pour unique but d'indiquer quels emplois doivent être rémunérés à des taux semblables et lesquels doivent être rémunérés à des taux différents. Il ne faut donc pas confondre l'évaluation des emplois avec la détermination de leurs salaires respectifs. Toutefois, quoique les exigences relatives des emplois d'une organisation constituent un critère pertinent pour la détermination des salaires (équité interne), d'autres types d'équité doivent être considérés, notamment l'importance du marché (équité externe) et des caractéristiques individuelles (équité individuelle). L'équité interne n'est qu'une des formes d'équité à respecter en matière de gestion de la rémunération. Par conséquent, l'évaluation d'emplois constitue un outil incomplet et limité visant à établir une distribution plus juste des salaires dans une organisation.

En Amérique du Nord, l'évaluation des emplois est courante pour la quasi-totalité des employeurs du secteur public. Dans le secteur privé, son utilisation varie selon la taille des entreprises et la catégorie de personnel : les grandes entreprises ont la possibilité d'avoir un ou plusieurs systèmes d'évaluation d'emplois et d'évaluer davantage les emplois de cadres et de professionnels que les emplois de production et d'entretien.

6.1.2 Importance de l'évaluation des emplois

L'évaluation des emplois a gagné en popularité entre les années 1920 et 1950, parce qu'elle permettait aux organisations de mieux gérer leurs coûts de main-d'œuvre et d'accroître le sentiment de justice des employés et des syndicats en ce qui concerne les salaires. L'évaluation des emplois a permis aux entreprises de centraliser leur gestion des salaires de manière à diminuer leurs coûts, de réparer l'injustice et de réduire le favoritisme et les préjugés dans la détermination des salaires.

L'implantation préventive d'un système d'évaluation des emplois peut permettre à une organisation d'éviter l'injustice en ce qui concerne les salaires à la suite de réorganisations majeures, telles une fusion d'entreprises, une augmentation importante du nombre d'employés, la syndicalisation d'un groupe d'employés, la création ou la modification de nouveaux emplois, la mise en place d'une politique d'ouverture, l'application des exigences d'une loi sur l'équité salariale, etc.

Une évaluation corrective des exigences relatives des emplois peut permettre à une organisation de contrer l'insatisfaction des employés à propos de leur salaire et d'éviter ainsi l'absentéisme, le roulement, les griefs, les arrêts de travail, etc., inhérents à cette insatisfaction (Heneman, 1985; Miceli et Lane, 1992). Bien entendu, les attitudes et les comportements au travail des employés ne sont pas uniquement liés à leur satisfaction pour ce qui est de leur salaire, et une insatisfaction n'est pas nécessairement causée par l'iniquité interne ou la discrimination salariale. Il existe d'autres formes d'équité : l'insatisfaction en ce qui concerne les salaires peut résulter d'une iniquité externe, d'une iniquité individuelle, d'un processus de gestion des salaires perçu comme inéquitable, etc. Néanmoins, la manifestation d'attitudes ou de comportements particuliers au travail peut révéler le fait que les employés perçoivent une certaine iniquité sur le plan salarial par rapport aux exigences de leurs emplois.

Par ailleurs, il faut reconnaître que la détermination des salaires en fonction des exigences des emplois repose sur un système de valeurs. D'une façon générale, en Amérique du Nord, on a toujours considéré que les salaires devaient en partie tenir compte des exigences relatives des emplois. Toutefois, dans la mesure où ce type de valeur n'est pas partagé par les membres d'une organisation ou par une partie de ses employés, l'évaluation des emplois devient problématique, car elle entraîne des différences salariales à partir de critères perçus comme non pertinents et inéquitables. La structure salariale d'une entreprise doit refléter le système de valeurs des employés si celle-ci désire maximiser leur satisfaction pour ce qui concerne leur salaire.

Prenons, par exemple, le cas d'une grande organisation où les cadres expriment leur mécontentement à ce sujet. Après des discussions avec plusieurs de ces cadres, la direction constate qu'ils ne sont pas insatisfaits de leur salaire lorsqu'ils le comparent entre eux, mais plutôt quand ils le comparent avec la rémunération accordée aux professionnels et aux employés de soutien de leur organisation. Dans ce cas, une réévaluation des emplois de cadres se révèle une solution inappropriée. On peut également penser au cas de la direction d'une PME qui fait appel à un consultant afin de procéder à une évaluation des emplois du personnel de soutien. Si une discussion avec les dirigeants révèle que ce sont eux qui se sentent peu à l'aise dans l'attribution des augmentations de salaire au personnel de soutien, une évaluation des emplois ne serait pas non plus d'un grand secours.

6.1.3 Le comité d'évaluation des emplois

Auparavant, un comité d'évaluation des emplois était mandaté, au besoin, pour évaluer et réévaluer les emplois (lors de changements technologiques, de restructurations, etc.) d'après la méthode retenue par la direction. De tels comités étaient composés de six à huit membres, principalement des supérieurs des titulaires des emplois évalués, des professionnels en ressources humaines et des dirigeants. La plupart du temps, aucun employé ne faisait partie de ces comités.

Depuis le début des années 1990, les organisations tendent à élargir la participation des employés aux évaluations des emplois. On forme alors des comités bipartites ou mixtes composés de représentants des emplois concernés et de la direction. Cette tendance va dans le sens des études confirmant que la participation des employés aux décisions en matière de salaires et d'évaluation des emplois a des effets positifs sur leur satisfaction, sur leur confiance envers la direction et sur la qualité des communications dans l'organisation. Cette tendance est appuyée par le concept de « justice du processus » (Greenberg, 1990). Si les titulaires des emplois ne font pas partie du comité d'évaluation, les résultats – même s'ils peuvent paraître logiques et intéressants aux yeux de la direction – risquent d'être perçus comme irrationnels par les employés. Toutefois, la formation d'un comité d'évaluation bipartite ne garantit pas l'approbation de tous les employés : certains d'entre eux pourront quand même considérer les résultats comme insatisfaisants ou irrationnels. Par contre, comme les employés membres du comité doivent expliquer et justifier ces résultats, la direction a un moins grand rôle à jouer.

Par ailleurs, on remarque une préoccupation accrue pour les qualifications des membres de ces comités. On s'assure que ces derniers sont constitués d'employés provenant de différents services ou divisions ainsi que de divers niveaux hiérarchiques. On veille à y intégrer des personnes à l'esprit ouvert, dont la crédibilité ne fait aucun doute. Les membres de ces comités doivent avoir plusieurs années d'ancienneté au sein de l'organisation, de façon à être familiarisés avec sa culture et son mode de fonctionnement. Ils doivent également posséder une bonne connaissance du contenu des emplois à évaluer. L'expérience démontre que les comités composés de six à huit personnes sont les plus efficaces, dans la mesure où les personnes qui en sont membres sont représentatives des parties en cause. Ces comités sont souvent présidés par une personne provenant du Service des ressources humaines ou par un consultant externe.

Auparavant, on craignait d'intégrer les employés aux comités d'évaluation d'emplois pour deux raisons : le manque d'information sur les emplois et la surévaluation des emplois. On pallie maintenant le manque d'information en utilisant des descriptions d'emplois ou des questionnaires remplis par les employés (l'approche contemporaine, décrite plus loin). La surévaluation des emplois par les titulaires ou leurs représentants est également réversible, puisqu'elle est constante d'un emploi à l'autre et que ce n'est pas le niveau absolu des résultats de l'évaluation qui importe, mais les écarts entre les emplois. Si la crainte de la surévaluation porte sur les risques d'augmentation qui pourraient être liés aux comités bipartites, il y a méprise sur leur rôle. L'établissement des salaires ne relève pas d'un tel comité, mais du Service des ressources humaines, si une organisation n'est pas syndiquée, ou de la direction et du syndicat dans le cas contraire.

Il existe certaines variations dans le mode de fonctionnement d'un comité d'évaluation. Dans certains cas, toutes les activités (identification et définition du contenu de la méthode d'évaluation choisie et cotation des emplois) sont accomplies en comité. Théoriquement, cette façon de procéder permet d'entendre les opinions de tout le monde. Cependant, en pratique, elle peut se révéler longue et fastidieuse. De plus, l'opinion de certains membres peut avoir plus de poids, selon leur position hiérarchique, et empêcher la propagation de certaines idées. La solution consiste alors à demander aux membres du comité de procéder d'abord au travail requis sur une base individuelle, puis de faire part de leurs conclusions au comité, ce qui amène ensuite un échange. De cette façon, chaque membre peut exprimer son opinion. Par ailleurs, si le comité fait appel à quelqu'un de l'extérieur pour agir à titre de président, celui-ci peut plus facilement faire ressortir la pertinence des opinions et des jugements des divers membres, sans tenir compte du poste qu'ils occupent.

6.2 LES MÉTHODES TRADITIONNELLES D'ÉVALUATION DES EMPLOIS

Comme nous l'avons mentionné au chapitre précédent, on évaluait auparavant les emplois en comparant ceux appartenant à une même famille (bureau, cadre, entretien). Toutefois, procéder de la sorte peut entraîner des problèmes d'iniquité entre les familles d'emplois. Aussi, à moins d'être en mesure de fournir des raisons valables de considérer certaines familles d'emplois de manière différente – par exemple, les représentants qui sont rémunérés à commission –, les familles d'emplois devraient, autant que possible, être regroupées aux fins de leur évaluation (Long, 1998).

On peut classer les méthodes traditionnelles d'évaluation d'emplois selon qu'elles sont *globales* ou *analytiques*. Les méthodes globales comprennent les méthodes du marché et de rangement, et établissent la valeur des emplois en les considérant globalement ou dans leur ensemble. Ces méthodes sont simples et permettent de vérifier rapidement la validité des évaluations d'emplois selon des méthodes analytiques. Ces méthodes évaluent les emplois en les considérant facette par facette (méthode par classification, méthode par points). Cette section vise à différencier sommairement ces méthodes. Nous insisterons davantage sur l'application traditionnelle de la méthode des points et des facteurs, parce qu'elle est la plus fréquemment utilisée.

6.2.1 La méthode de la comparaison avec le marché

Cette méthode évalue les exigences relatives des emplois repères selon leur rémunération respective sur le marché et range les autres emplois d'une organisation selon ces résultats. Elle consiste à effectuer une ou des enquêtes de rémunération pour établir la valeur des emplois sur le marché en matière de rémunération. Par la suite, elle situe la valeur relative des emplois pour lesquels il n'y a pas de données sur le marché en les comparant aux autres emplois classifiés en fonction du marché. Cette méthode ne peut mesurer l'étendue de la rémunération relative accordée aux emplois au sein de l'entreprise (l'équité interne), mais constitue plutôt une façon d'évaluer la compétitivité (équité externe) des salaires. Elle privilégie l'équité externe sans toutefois négliger l'équité interne.

Aux États-Unis, la comparaison avec le marché est la méthode la plus utilisée. Une étude américaine a d'ailleurs montré que le taux du marché est un meilleur facteur de détermination des salaires des emplois que la valeur de leurs exigences relatives en matière de points (Rynes et autres, 1989). Au Québec, une enquête (Gaucher, 1994) menée en 1991 auprès de 319 entreprises indique que 12 % d'entre elles ont recours à la comparaison avec le marché. Cette méthode, surtout utilisée pour le personnel de direction dans les entreprises de petite taille, permet d'assurer la compétitivité des salaires. Elle est simple, souple, facile à comprendre, d'application rapide, particulièrement pour un nombre d'emplois restreint.

Toutefois, la méthode de comparaison avec le marché comporte plusieurs limites. La hiérarchie des emplois établie à partir d'enquêtes de rémunération repose très souvent sur l'ordre des salaires sur le marché, alors que ceux-ci ne constituent qu'une composante de la rémunération. De plus, elle néglige tout à fait les particularités des entreprises : s'il est ardu de trouver un emploi identique dans une autre organisation, imaginez la difficulté de trouver un tel emploi dans une entreprise où les conditions de travail sont identiques ! (Les problèmes et les limites des enquêtes de rémunération comme outil de détermination de la valeur des emplois ont été traités au chapitre 4.) Par ailleurs, lorsque certains emplois sont propres à une organisation et n'existent pas sur le marché, leur évaluation à l'aide de la méthode du marché est impossible. Enfin, comme cette méthode perpétue inévitablement les iniquités salariales existant sur le marché, elle est implicitement ou explicitement proscrite là où existe une loi en matière d'équité salariale. Si une organisation devait justifier l'équité de la rémunération versée aux titulaires de ses emplois à prédominance féminine et masculine de valeur similaire au moyen d'une telle méthode, elle se trouverait dans une position difficile, sinon indéfendable.

6.2.2 La méthode du rangement des emplois

Cette méthode consiste à ranger les emplois les uns par rapport aux autres selon l'importance relative de leurs exigences considérées de façon globale (à partir de descriptions d'emplois, s'il y a lieu). Pour ce faire, les membres du comité d'évaluation peuvent utiliser l'une ou l'autre des techniques résumées dans l'encadré 6.1 (p. 234). La simplicité de cette méthode justifie le fait qu'elle ait surtout été utilisée par les petites organisations. Elle peut servir à valider les résultats obtenus au moyen d'une autre méthode d'évaluation d'emplois, ou encore être utilisée comme méthode initiale par un comité d'évaluation d'emplois pour sensibiliser ses membres à ses limites et faire ressortir les avantages d'une autre méthode.

Toutefois, cette méthode est relativement longue à appliquer lorsqu'il y a de nombreux emplois à évaluer. En raison de son caractère global, les emplois risquent d'être classés à partir d'une information incomplète ou biaisée, puisque les critères ne sont pas explicites ni précis. Par exemple, les taux actuels de salaire des emplois, les caractéristiques de leurs titulaires (notamment leur sexe) peuvent influer sur les résultats d'évaluation. Le caractère global de cette méthode limite aussi les échanges d'information fructueux et l'atteinte d'un consensus entre les membres du comité, parce que ceux-ci se retrouvent souvent dans une impasse. De plus, comme elle ne donne aucune information sur l'ampleur de la différence de valeur entre deux emplois (p. ex. : l'écart de valeur entre le 14e et le 15e emploi peut être complètement différent de celui qui existe entre le 3e et le 4e emploi), cette méthode n'aide pas vraiment à constituer une échelle salariale. De plus, elle manque de flexibilité : lorsqu'on crée un nouvel emploi ou qu'on modifie un emploi existant, il faut revoir entièrement le processus de comparaison.

ENCADRÉ 6.1

Quelques techniques de rangement des emplois aux fins de leur évaluation

Rangement global général

Les membres du comité (d'abord individuellement, puis en comité, ou directement en comité) rangent les emplois selon leurs exigences relatives, du plus exigeant au moins exigeant. Cette façon de procéder risque d'être compliquée, imprécise et longue dès que le nombre d'emplois est supérieur à 15.

Rangement global alternatif

Les membres du comité (d'abord individuellement, puis en comité, ou directement en comité) déterminent l'emploi le plus exigeant, puis le moins exigeant, et recommencent ce processus jusqu'à ce que tous les emplois aient été rangés.

Rangement global par paires

Les membres du comité (d'abord individuellement, puis en comité, ou directement en comité) comparent systématiquement les emplois les uns aux autres en vue de déterminer, pour chaque paire possible, l'emploi le plus exigeant. Cette méthode est reconnue par la Commission sur l'équité salariale au Québec (voir le chapitre 8).

Rangement différencié et/ou pondéré (général, alternatif ou par paires)

Les membres du comité (d'abord individuellement, puis en comité, ou directement en comité) procèdent au rangement des emplois en utilisant plusieurs critères d'exigences. Dans ce cas, le rangement des emplois se fait selon chaque critère et le rang d'un emploi correspond à la moyenne des rangs obtenus pour chaque critère. Si l'on accorde plus ou moins d'importance à un critère, cette technique ressemble alors à la méthode des points.

6.2.3 La méthode de la classification des emplois

Cette méthode consiste à déterminer et à définir un certain nombre de classes d'emplois selon leurs exigences relatives, ainsi qu'à placer chacun des emplois dans la classe qui le décrit le plus précisément. Pour procéder à la détermination des classes d'emplois, on regroupe les emplois en sous-groupes selon différents niveaux d'exigences. Par exemple, la classe d'emploi 1 peut se lire ainsi : « Travail simple, très répétitif, accompli sous une direction étroite, nécessitant peu de formation, peu de responsabilités ou peu d'initiative » et la classe 5, de la façon suivante : « Travail complexe et varié effectué sous une direction générale. Haut niveau d'habiletés requis. L'employé est responsable de l'équipement et de la sécurité ; il doit régulièrement faire preuve de beaucoup d'initiative. » Le fait que cette méthode soit basée sur une description écrite des exigences des emplois constitue la raison pour laquelle on la qualifie de méthode analytique « qualitative ».

Un exemple célèbre (du moins si l'on considère le nombre d'emplois) de l'application d'une telle méthode est la *General Schedule*, utilisée pour l'évaluation des emplois de bureau du gouvernement fédéral des États-Unis (voir l'encadré 6.2). Au Canada, des systèmes semblables à la méthode de la classification sont utilisés pour l'évaluation des emplois dans le secteur public. Toutefois, au Québec, la méthode par classification correspond davantage à une méthode de rangement, puisqu'elle repose sur la nature des emplois plutôt que sur leurs exigences. Dans le secteur de l'éducation, par exemple, la catégorie des emplois de soutien administratif, que l'on définit comme étant l'ensemble des « emplois caractérisés par l'exécution de divers travaux usuels

ENCADRÉ 6.2

La *General Schedule* utilisée pour l'évaluation des emplois de bureau du gouvernement fédéral des États-Unis

Établie par la loi de 1949, la *General Schedule* permet d'évaluer quelque 50 % des emplois du gouvernement fédéral. Elle comporte 18 classes, qui peuvent comprendre des sous-classes. Les classes GS-1 à GS-4 permettent l'évaluation des emplois de scolarité inférieure au niveau collégial, les classes GS-5 à GS-11, les emplois techniques et administratifs de niveau intermédiaire, les classes GS-12 à GS-18, les emplois de plus haut niveau.

À titre d'illustration, la classe GS-1 est définie de la façon suivante : « Comprend toutes les catégories d'emplois consistant à accomplir, sous contrôle immédiat, avec peu ou pas de latitude pour un jugement personnel :

- le travail courant le plus simple, dans les domaines administratif, commercial ou fiscal ;
- un travail élémentaire, de caractère subalterne, relevant d'une profession libérale, scientifique ou technique. » (Notre traduction.)

Les emplois de commis et de messager font partie de cette classe.

La classe GS-5 comprend des emplois qui sont difficiles et impliquent des responsabilités et qui exigent une connaissance très étendue d'un aspect spécial d'un sujet de travail ou d'un bureau, d'un laboratoire, de l'ingénierie, et un jugement personnel dans un domaine limité. Elle comporte aussi des emplois qui consistent à accomplir, sous un contrôle direct et avec très peu de possibilités d'exercer un jugement personnel, un travail simple et élémentaire, nécessitant une formation professionnelle, scientifique ou technique. Cette classe comprend les emplois de chimiste et de comptable.

de l'administration courante », inclut les corps d'emplois suivants : acheteur, agent de bureau, auxiliaire de bureau, secrétaire et téléphoniste. Ces corps d'emplois sont ordonnés les uns par rapport aux autres et, dans certains cas, il existe des distinctions à l'intérieur d'un même corps d'emploi. Ainsi, pour le corps d'emploi de secrétaire, il existe trois classes : secrétaire, secrétaire d'école principale et secrétaire de direction.

La méthode par classification permet de procéder à une comparaison systématique d'un plus grand nombre d'emplois appartenant à des familles d'emplois différentes. Elle a également l'avantage d'être simple et peu coûteuse. En fait, la classification correspond à l'idée générale des regroupements d'emplois ou des niveaux hiérarchiques qu'on trouve dans une organisation. Cette méthode permet également souplesse et latitude : lors de la création de nouveaux emplois ou de la modification d'emplois existants, on n'a pas à recommencer tout le processus d'évaluation. Par contre, la détermination et la définition des classes requièrent une très grande connaissance des emplois et une grande capacité de synthèse. Sinon, les définitions des classes pourraient sembler relever d'une démarche arbitraire visant à établir des écarts entre certains emplois.

6.2.4 La méthode des points

La méthode des points, souvent qualifiée de méthode « des points et facteurs », nécessite l'élaboration d'une grille contenant plusieurs *facteurs* et *sous-facteurs* dont le *poids* et les *niveaux* de présence respectifs sont prédéterminés, définis et associés à un certain nombre de *points*. En fait les méthodes des points contiennent trois caractéristiques communes : (1) des facteurs d'évaluation (2) associés à une échelle de niveaux de présence et (3) dont le poids respectif varie en fonction de leur importance relative. Selon cette méthode, la valeur relative des emplois – par conséquent leur position dans la structure salariale – est déterminée par le total des points obtenus à la suite de leur évaluation.

Selon l'approche traditionnelle, chaque emploi est évalué à l'aide de sa description d'emploi. L'analyse de la description d'emploi permet d'estimer à quel niveau de facteur et de sous-facteur l'emploi correspond le mieux et de faire la somme des points qu'il a obtenus dans les sous-facteurs et les facteurs. Le tableau 6.1 propose un exemple de grille d'évaluation et de descriptions des facteurs et des sous-facteurs qui peuvent être fournis pour évaluer les emplois. À cause de sa décomposition des emplois en différentes facettes, cette approche constitue une technique *analytique*, et en raison des valeurs numériques dont elle fait usage, elle constitue une technique *quantitative*. En pratique, peu de matrices de points proposent un nombre identique de niveaux de présence pour chacun des facteurs. Le tableau 6.2 (p. 239) présente un exemple de matrice de points utilisée par une entreprise du Québec et associée à l'utilisation d'un questionnaire structuré d'analyse des emplois rempli par les employés. On peut observer que, selon les facteurs d'évaluation, le nombre de niveaux de présence varie de 3 à 9.

Après la méthode de comparaison avec le marché, la méthode des points correspond à l'approche d'évaluation d'emplois la plus ancienne et la plus utilisée en Amérique du Nord. On l'utilise surtout dans les moyennes et les grandes entreprises. Quoique non obligatoires, les exigences de la loi sur l'équité salariale – notamment celle qui demande qu'on tienne compte de quatre facteurs d'évaluation (les responsabilités, les conditions de travail, les efforts et les habiletés) – favorisent cette méthode.

Tableau 6.1

Grille d'évaluation (fictive) des emplois par points comportant des exemples de définition de facteurs et de leurs niveaux de présence

A. EXEMPLE : MATRICE D'UN SYSTÈME DE POINTS ET DE FACTEURS						
	Niveaux					
Facteurs d'évaluation des emplois	I	II	III	IV	V	VI
1. Responsabilités						
Sécurité de la personne	50	75	100			
Équipement et matériel	20	40	60	80		
Appui au personnel en formation	5	15	25	35	45	55
Qualité des services et des produits	40	60	80			
2. Habiletés						
Expérience	45	90	135	180	225	
Formation et scolarité	25	50	75	100		
3. Effort						
Physique	50	75	100			
Intellectuel	35	70	105	150		

→

TABLEAU 6.1

Grille d'évaluation (fictive) des emplois par points comportant des exemples de définition de facteurs et de leurs niveaux de présence (*suite*)

4. Conditions de travail						
Conditions physiques	20	40	60			
Risques d'accident	10	20	40	60		
Interventions dans le travail	10	20	30	40	50	60
Total des points : 310 (minimum) ; 1 070 (maximum)						

B. DÉFINITION DU SOUS-FACTEUR « RESPONSABILITÉS : ÉQUIPEMENT ET MATÉRIEL »	
Responsabilités **Équipement et matériel.** L'employé a la responsabilité de maintenir en bon état l'équipement et de s'assurer de la qualité du matériel. Ainsi, il doit rapporter toute défectuosité de l'équipement et du matériel, garder propres et en état de marche l'équipement et les matériaux, réparer l'équipement et les matériaux. L'entreprise reconnaît que la responsabilité de l'équipement et du matériel varie dans l'organisation.	
Niveau I	L'employé rapporte un mauvais fonctionnement de l'équipement ou une mauvaise qualité du matériel à son supérieur immédiat.
Niveau II	L'employé s'assure du bon état de l'équipement et commande les matériaux. Il vérifie la sécurité de l'équipement et la qualité des matériaux.
Niveau III	L'employé fait l'entretien préventif de l'équipement. Il exécute les réparations mineures que nécessite l'équipement ou corrige les défectuosités mineures du matériel.
Niveau IV	L'employé procède à l'entretien majeur de l'équipement ou à sa remise en bon état, ou encore il décide du type, de la quantité et de la qualité des matériaux à utiliser.

TABLEAU 6.2

Grille d'évaluation des emplois associée à l'utilisation d'un questionnaire structuré d'analyse des emplois – Exemple réel

Nombre de niveaux de présence		8	6	6	4	3	3	9	5	5	6	7	8	7	4	6	4	4	
Nombre d'écarts		7	5	5	3	2	2	8	4	4	5	6	7	6	3	5	3	3	
Numéro de la question*		Q1	Q2	Q3	Q4,1	Q4,2	Q5	Q6	Q7,1	Q7,2	Q7,3	Q8	Q9	Q10	Q11	Q12	Q13	Q14	
Niveaux de présence	1	20	20	0	8	2	4	16	9	0	0	30	20	14	8	24	0	5	
	2	49	60	12	35	12	24	36	27	10	10	80	49	37	35	72	17	22	
	3	77	100	24	61	22	44	56	45	20	20	130	77	61	61	120	33	38	
	4	106	140	36	88			76	81	30	30	180	106	84	88	168	50	55	
	5	134	180	48				96	99	40	40	230	134	107		216			
	6	163	220	60				116			50	280	163	131		264			
	7	191						136				330	191	154					
	8	220						156					220						
	9							176											
Pondération (%)		10	10	3	4	1	2	8	4,5	2	2,5	15	10	7	4	12	2,5	2,5	100
Coefficient		29	40	12	27	10	20	20	18	10	10	50	29	23	27	48	17	17	405
Pointage minimum	180																		
Pointage maximum	2 180																		

* Les questions mesurent la présence de facteurs et de sous-facteurs d'évaluation des emplois (p. ex. : scolarité, créativité, effort physique).

La méthode des points présente un certain nombre d'avantages. Elle est assez simple et facile à expliquer aux employés. Comparativement aux méthodes par rangement et par classification, elle rend les facteurs d'évaluation explicites. Par ailleurs, la détermination de facteurs et de sous-facteurs uniformisés permet de comparer les emplois sous divers angles. Cette méthode est très flexible : lorsque les responsabilités des emplois changent, pour diverses raisons (changements technologiques, réduction d'effectifs, etc.), ou encore lorsque des emplois sont créés, ils sont réévalués ou évalués à l'aide de la même grille, sans qu'on doive recommencer tout le processus d'évaluation. De plus, le caractère analytique de cette méthode permet d'apprécier les exigences d'un emploi alors que son caractère quantitatif rend plus facile et plus rapide le classement des emplois, tout en permettant une appréciation chiffrée de leurs exigences relatives. En fait, cette approche en simplifie l'administration. Elle se prête aussi particulièrement bien à la participation des employés. Certains organismes gouvernementaux, comme la Commission des droits de la personne et la Commission de l'équité salariale, favorisent le recours à cette méthode en raison de son caractère analytique quantitatif.

Par contre, la méthode des points comporte certains inconvénients. Son caractère chiffré ou quantitatif lui confère une *objectivité apparente*, mais la détermination, la définition et la pondération des facteurs et des sous-facteurs sont autant de décisions que les membres du comité doivent prendre *subjectivement*, sur la base de leur jugement ou de résultats d'analyses statistiques. La pondération des facteurs, la détermination des valeurs à attribuer aux divers niveaux d'exigences et la cotation des emplois amènent donc une certaine dose de subjectivité. De plus, cette méthode peut être faussement considérée comme scientifique, à cause de la précision de la démarche qu'elle propose, mais ses résultats ne sont pas nécessairement scientifiques ni objectifs parce qu'ils sont représentés par des chiffres. La somme des points attribués aux emplois est certes la résultante d'une démarche précise, mais le contenu de chaque étape est essentiellement subjectif. Toutefois, ce qui est subjectif n'est pas nécessairement erroné : la précision des résultats varie selon les caractéristiques de la démarche et la compétence des membres du comité d'évaluation. Par ailleurs, cette méthode ne permet pas de considérer les exigences propres à certains emplois, puisque seuls les facteurs communs à l'ensemble des emplois doivent être considérés. Il faut toutefois nuancer cette réserve, dans un contexte d'équité salariale où l'on presse les employeurs de considérer davantage les exigences propres aux catégories d'emplois à prédominance féminine.

Selon l'approche *traditionnelle*, le comité d'évaluation des emplois procède à la lecture des descriptions d'emplois et évalue ceux-ci selon la grille d'évaluation par points. Le contenu de cette grille d'évaluation des emplois (facteurs, sous-facteurs, échelle de présence, etc.) peut être de type *maison* ou *sur mesure*, c'est-à-dire propre à une firme, ou encore *préétabli*, c'est-à-dire élaboré et mis en marché par une firme de consultants ou un autre organisme tel qu'un syndicat.

6.2.5 La fréquence d'utilisation des méthodes d'évaluation des emplois

En Amérique du Nord, l'évaluation des emplois est monnaie courante pour la quasi-totalité des employeurs du secteur public. Dans le secteur privé, son utilisation varie selon la taille des entreprises et la catégorie de personnel, les grandes entreprises ayant la possibilité d'avoir un ou plusieurs systèmes d'évaluation d'emplois, qui examineraient davantage les emplois de cadres et de professionnels que les emplois de production et d'entretien.

Une enquête menée en 1991 par le Centre de recherche et de statistiques sur le marché du travail (CRSMT) (Gaucher, 1994) révèle que près de 80 % des établissements du Québec utilisent au moins une méthode d'évaluation des emplois. Selon cette enquête, alors qu'une minorité d'entreprises ont recours à la méthode de rangement (6 %) et à la méthode par classification (6 %), c'est la méthode par points – appliquée à l'aide d'une grille traditionnelle d'évaluation ou d'un questionnaire structuré – qui est la plus utilisée. Plus précisément, l'enquête démontre que près de 65 % des entreprises sondées utilisent des méthodes par points maison (33 %) et leurs variantes préétablies (30 %), généralement par des firmes de consultants. En moyenne, la méthode par points est utilisée pour évaluer 2,7 catégories d'emplois.

Cette enquête prouve l'existence d'un lien entre les catégories d'emplois et la méthode d'évaluation des emplois. Des systèmes par points préétablis sont utilisés pour évaluer les emplois de cadres dans 45 % des cas et les emplois de professionnels, dans 40 % des cas. Dans les trois quarts des cas au moins, le système *Hay* est privilégié. On applique la méthode de comparaison avec le marché et de classification pour évaluer les emplois d'entretien dans 57 % des cas et les emplois de services, dans 68 % des cas. Lorsqu'on utilise une méthode par points *maison* pour évaluer une seule catégorie d'emplois, il y a 54 % des chances que ce soit les emplois de bureau.

6.3 L'APPROCHE TRADITIONNELLE D'ÉVALUATION DES EMPLOIS BASÉE SUR UNE GRILLE DE POINTS

Cette section vise à démystifier la façon dont les grilles d'évaluation par points sur mesure et prédéterminées étaient élaborées avant l'arrivée des technologies permettant de structurer davantage la démarche. Nous traiterons, à la section suivante, de la démarche contemporaine d'évaluation des emplois, qui s'appuie sur l'informatique.

6.3.1 La grille d'évaluation par points sur mesure : contenu et développement

Dans le passé, certaines entreprises utilisaient leur propre méthode d'évaluation des emplois par points. Pour ce faire, elles procédaient selon les étapes suivantes :

1. Détermination et définition des facteurs d'évaluation et des sous-facteurs d'évaluation ;
2. Détermination, définition et allocation de points entre les niveaux des échelles de présence des facteurs d'évaluation ;
3. Cotation des emplois ;
4. Pondération des facteurs d'évaluation.

La détermination et la définition des facteurs et des sous-facteurs d'évaluation

Les facteurs d'évaluation des emplois correspondent aux caractéristiques des emplois qu'une organisation valorise parce qu'ils lui permettent de réaliser sa stratégie et d'atteindre ses objectifs (Milkovich et Newman,. 1998), ou encore aux raisons pour lesquelles les dirigeants d'une organisation veulent payer les emplois. Les facteurs d'évaluation constituent la base de la hiérarchisation des emplois et correspondent aux éléments reconnus et rémunérés par l'organisation. Ces facteurs représentent donc les raisons pour lesquelles certains emplois sont plus exigeants que d'autres. Ils découlent de la nature même des emplois, des caractéristiques propres à chaque situation de travail et des attentes des personnes concernées au sujet des exigences. La direction et les titulaires des emplois ou leurs représentants ont avantage à prendre de façon conjointe les décisions portant sur les facteurs d'évaluation. Cette façon de faire augmente les chances que les employés perçoivent adéquatement la contribution requise, c'est-à-dire qu'elle corresponde aux attentes de la direction. En résumé, un facteur d'évaluation des emplois :

- appuie la stratégie d'affaires, reflète les valeurs de la direction et est jugé important pour le succès de l'organisation ;
- facilite la différenciation des emplois. Par exemple, si tous les emplois visés requièrent la même scolarité, il n'y a pas lieu de retenir cette exigence, puisqu'elle ne permet pas de différencier les emplois en vue de les hiérarchiser ;
- permet de mesurer le contenu des emplois ;

- est accepté ou considéré comme devant être rémunéré. Par exemple, si les employés estiment que leur salaire doit être établi selon des conditions physiques de travail, ce facteur d'évaluation peut être retenu par l'entreprise, même si ses dirigeants savent que cela ne change en rien le rangement des emplois, puisque les conditions sont similaires pour 90 % des emplois de l'entreprise ;
- correspond à l'un des quatre facteurs prônés par les lois en matière d'équité salariale visant à réduire l'écart de salaire entre les emplois à prédominance féminine et les emplois à prédominance masculine (qualifications, responsabilités, efforts et conditions de travail).

Selon Long (1998), les facteurs d'évaluation des emplois portent généralement sur des intrants dans le travail (éducation, formation ou expérience), sur des exigences du travail (efforts mentaux et physiques, prise de décision, supervision), sur des extrants dans le travail (conséquences des erreurs, précision des résultats) et sur des conditions de travail (environnement de travail, risques). Quoique les quatre facteurs imposés par les lois sur l'équité salariale soient les habiletés, l'effort, les responsabilités et les conditions de travail, la diversité des catégories d'emplois à évaluer rend nécessaire une subdivision de ces quatre facteurs en sous-facteurs (p. ex. : les efforts peuvent correspondre à des efforts physiques ou à des efforts intellectuels). L'encadré 6.3 (p. 244) présente des sous-facteurs que les organisations peuvent adopter pour évaluer les quatre facteurs prescrits par les lois en matière d'équité salariale.

Les facteurs et les sous-facteurs retenus peuvent être plus ou moins uniformisés ou plus ou moins adaptés au contexte particulier d'une organisation. Ainsi, une organisation orientée vers les clients peut adopter comme facteur d'évaluation des emplois l'« ampleur des contacts avec les clients », une autre pour laquelle la créativité est un élément de succès peut tenir compte de l'« innovation requise », alors qu'une troisième qui est principalement basée sur les coûts peut adopter le facteur « responsabilité de la gestion des coûts ».

Il est important de se rappeler que les facteurs d'évaluation envoient des messages implicites aux employés et qu'ils doivent donc refléter les valeurs et la stratégie de l'organisation. Ainsi, plusieurs firmes ont récemment abandonné le facteur « responsabilité de supervision », mesuré à partir du nombre de subordonnés, parce qu'il incitait les cadres à se bâtir un empire et qu'il pénalisait ceux qui se préoccupaient d'efficience en cherchant à faire davantage avec moins de personnel. Pour appuyer la stratégie d'affaires visant à donner plus d'importance aux opérations internationales, les sociétés américaines 3M et TRW ont toutes deux récemment ajouté les « responsabilités en matière d'opérations internationales » comme facteur d'évaluation des emplois de cadres en le mesurant à partir de la nature des responsabilités assumées, du pourcentage de temps accordé à cet égard et du nombre de pays dans lesquels elles exercent leur travail (Milkovich et Newman, 1998).

Encadré 6.3

Exemples de sous-facteurs des quatre facteurs d'évaluation des emplois prescrits par les lois en matière d'équité salariale

1. Qualifications

Ce facteur sert à mesurer le niveau de difficulté et les tâches qui exigent une formation ou de l'expérience. Il comporte des compétences intellectuelles et physiques.

- Capacité d'analyse
- Connaissances professionnelles
- Connaissances des produits ou des services
- Connaissances du contexte organisationnel
- Dextérité
- Expérience
- Habiletés analytiques
- Habiletés interpersonnelles
- Habiletés de communication (verbale, écrite, langues étrangères)
- Habiletés manuelles et motrices
- Habiletés physiques
- Habiletés sensorielles
- Habiletés interpersonnelles
- Initiative
- Polyvalence
- Résolution de problèmes
- Scolarité
- Etc.

2. Responsabilités

Ce facteur sert à mesurer les éléments dont le degré ou l'importance varie pour l'organisation. Il se rapporte à certains éléments de l'emploi ainsi qu'à leur incidence possible sur l'organisation, notamment les ressources techniques, financières et humaines.

- Confidentialité des informations
- Contacts (public, clients, consommateurs)
- Coordination
- Élaboration de politiques d'entreprise
- Équipement et machinerie
- Finances
- Imputabilité
- Qualité des produits ou des services
- Sécurité des biens
- Sécurité des personnes
- Supervision de personnel
- Etc.

3. Efforts

Ce facteur mesure les efforts physiques ou intellectuels que les employés doivent dépenser pour satisfaire aux exigences physiques et intellectuelles de leur emploi.

- Concentration
- Exigences physiques (complexité, continuité, intensité, caractère répétitif)
- Exigences intellectuelles (complexité, continuité, intensité, caractère répétitif)
- Rythme de travail
- Interaction avec des personnes difficiles
- Volume de travail
- Fatigue (nerveuse, physique)
- Pression au travail
- Etc.

4. Conditions de travail

Ce facteur se rapporte au stress ainsi qu'au caractère dangereux ou ennuyeux du travail. Il porte sur l'environnement physique et le climat psychologique dans lequel les employés doivent accomplir leur travail.

- Agressivité de certaines personnes
- Danger
- Déplacements à l'extérieur de la ville
- Imprévisibilité des conditions de travail
- Interruptions constantes
- Monotonie
- Pression du temps
- Risques d'accident
- Risques pour la santé
- Saleté
- Stress lié à la multitude de demandes
- Etc.

Il n'y a pas de nombre optimal de facteurs d'évaluation à utiliser. D'une part, si le nombre de facteurs est trop restreint, la capacité de différenciation de la méthode risque d'être réduite et cette situation peut amener des employés à penser que certaines exigences du travail ne sont pas prises en considération. D'autre part, si le nombre de facteurs est trop élevé, il y a risque de créer un problème de dédoublement. En pratique, les méthodes de points traditionnelles comprennent entre 7 et 15 facteurs, avec une moyenne se situant autour de 10. Cependant, il est important de considérer les perceptions des titulaires concernés dans le choix des facteurs d'évaluation des emplois, puisqu'il y va de l'acceptabilité des résultats. Aussi, bien que certaines études aient montré qu'on peut, avec un nombre très limité de facteurs (n = 3), obtenir des résultats identiques à ceux que l'on obtient avec un nombre beaucoup plus élevé, le problème de la détermination d'un nombre restreint de facteurs d'évaluation demeure présent. De plus, il n'est pas évident que les employés considèrent ces trois facteurs suffisants.

Quoiqu'il y ait très peu d'indications sur la façon de déterminer des facteurs d'évaluation des emplois, le processus suivant est relativement efficace et satisfaisant. Après avoir lu les descriptions des emplois, les membres du comité proposent des facteurs d'évaluation et notent spontanément les facteurs suggérés. Les membres précisent ensuite les facteurs d'évaluation proposés pour bien les définir et s'assurer qu'il existe des variations de facteurs entre les emplois. Le président du comité peut alors fournir aux membres des listes de facteurs d'évaluation utilisés par d'autres organisations et les membres peuvent refaire l'étape de la détermination de facteurs. Finalement, le président peut proposer un ensemble de facteurs aux membres du comité, lors d'une séance de travail visant à assurer l'indépendance (chaque facteur mesure une composante unique des emplois) des facteurs et leur complétude (les facteurs tiennent compte de l'ensemble des exigences des diverses facettes des emplois).

La détermination, la définition et l'allocation de points entre les niveaux des échelles de présence des facteurs d'évaluation

Cette opération consiste à associer à chacun des facteurs ou des sous-facteurs différents niveaux (certains parlent de degrés) de présence selon leur intensité, leur degré de difficulté ou leur fréquence. Par exemple, pour le sous-facteur « scolarité », le niveau le plus élevé peut être un diplôme de doctorat alors que le niveau le plus faible serait un diplôme d'études secondaires.

Le nombre de niveaux d'exigences peut être le même ou différer selon les facteurs. L'encadré 6.4 décrit les principaux types de progression des points dans les échelles de présence des facteurs et présente un type de progression. Généralement, les échelles comprennent de trois à sept niveaux, car au-delà de ce nombre, certaines différences non perceptibles compliquent l'évaluation des emplois. De plus, s'il y a trop de niveaux et que certains d'entre eux ne sont pas utilisés, les employés croiront que les membres du comité d'évaluation ont été trop sévères et seront portés à contester leurs décisions. Par contre, le nombre de niveaux doit être suffisant pour permettre une différenciation réelle entre les emplois. En fait, il faut opter pour une échelle qui reflète les variations réelles dans les exigences des emplois. Si les membres du comité considèrent que, parmi les emplois à évaluer, il devrait y avoir trois niveaux pour le facteur « habileté manuelle » (p. ex. : « très faible », « moyenne » et « élevée »), l'échelle ne doit comprendre que ces niveaux. Après usage, s'il apparaît que l'ajout d'un autre niveau d'exigence permettrait une évaluation plus précise, cet ajout est toujours possible. Toutefois, il faut alors revoir la cotation de tous les emplois en fonction de la nouvelle échelle.

ENCADRÉ 6.4

La progression dans les niveaux de présence des facteurs d'évaluation des emplois : types et choix

A. TYPES DE PROGRESSION

Progression arithmétique

Ce type de progression implique un écart constant entre les niveaux de présence d'un facteur d'évaluation. Dans la grille de pondération présentée dans le tableau 6.3 (p. 252), la somme des écarts entre les facteurs a été établie à 1 250 points. Si l'on accorde une pondération de 10 % à un facteur, on doit répartir 125 points entre ses niveaux de présence, de manière que l'écart entre le degré maximum et le degré minimum soit de 125 points. L'écart entre les niveaux de présence du facteur d'évaluation égale le nombre de points attribués au facteur divisé par le nombre de niveaux moins un. Dans le cas du facteur « expérience préalable » du tableau 6.3, l'écart entre les niveaux est le suivant : 125 ÷ (6 – 1) = 25. Le nombre de points à accorder au premier niveau de présence du facteur est arbitraire et sans importance. Toutefois, si le niveau de présence le plus faible est défini par l'expression « aucun », comme il pourrait l'être dans le cas du facteur « supervision », il est préférable de ne lui accorder aucun point.

Progression géométrique

Ce type de progression correspond à une suite de nombres dans laquelle chaque nombre est le produit du précédent multiplié par une constante appelée « raison ». Si a_1 est le premier terme de la progression et r, la raison, le deuxième terme est $a_2 = a_1 \times r$, le troisième terme est $a_3 = a_1 \times r^2$, etc. Par exemple, si le premier niveau d'un facteur est égal à 10 et si la constante est 2, la progression entre les niveaux est la suivante : 10, 20, 40, 80, 160, etc. Si la constante est 1,5, la progression est la suivante : 10, 15, 22,5, 33,8, 50,7, etc. Comme une progression géométrique établit un écart croissant et constant entre chaque niveau, elle entraîne plus de différences entre les salaires alloués aux emplois qu'une progression arithmétique.

Progression discontinue

Ce type de progression entraîne un écart irrégulier entre la suite de niveaux de présence de facteurs. Par exemple, les écarts entre six niveaux consécutifs de présence d'un facteur peuvent être les suivants : 10, 20, 25, 40, 60.

B. CHOIX DU TYPE DE PROGRESSION

Les organisations tendent à utiliser un type de progression arithmétique pour tous les facteurs. Comparée à une distribution géométrique, une distribution arithmétique entraîne des écarts de points plus faibles entre les emplois et une structure salariale plus aplatie. Par exemple, pour le facteur « scolarité », une distribution arithmétique peut correspondre à la suivante :

1er niveau : 10 années de scolarité	30 points
2e niveau : cours secondaire	60 points

3e niveau : cours secondaire plus deux années de spécialisation	90 points
4e niveau : premier cycle universitaire	120 points
5e niveau : deuxième cycle universitaire	150 points

Le type de progression retenu lance implicitement des messages sur la valeur des exigences des emplois. L'exemple donné ci-dessus transmet l'idée qu'un cours secondaire est deux fois plus exigeant que 10 années de scolarité et qu'un premier cycle universitaire est quatre fois plus exigeant que 10 années de scolarité, etc. La perception selon laquelle un cours secondaire est deux fois plus exigeant qu'une 10e année de scolarité est-elle conforme à la perception des membres du comité d'évaluation et à celle des titulaires des emplois ? Il se peut qu'ils préfèrent une progression discontinue où l'écart entre les niveaux d'une échelle de présence d'un facteur est irrégulier. Toutefois, ce dernier type de progression rend le système d'évaluation d'emplois plus complexe et plus difficile à expliquer. Aussi faut-il considérer la capacité de compréhension des personnes auxquelles il s'adresse avant de retenir une progression discontinue ; sinon, cela risque d'entraîner des plaintes.

Le comité d'évaluation doit être le plus précis possible dans ses définitions des niveaux de présence des facteurs d'évaluation. Pour certains facteurs – notamment le facteur « scolarité requise » –, il peut être facile de faire preuve de précision, alors que, pour d'autres – notamment le facteur « initiative » ou « complexité des tâches » –, ce n'est pas évident. Dans ce dernier cas, la solution consiste à définir les niveaux d'exigences au moyen d'expressions générales et subjectives (p. ex. : « très peu », « moyennement », « passablement » et « beaucoup »). De plus, comme l'emploi de définitions vagues peut donner l'impression que les évaluations sont aléatoires, le comité d'évaluation a intérêt à définir les échelles d'exigences de la façon la plus précise et la plus concrète possible pour faciliter la cotation des emplois et sauvegarder la crédibilité du système. En dehors des éléments liés à la discrimination basée sur le sexe, que nous aborderons au chapitre 8, d'autres problèmes doivent être mis en lumière quant au niveau de présence. L'encadré 6.5 présente les conditions à respecter pour assurer la détermination et la définition des facteurs, des sous-facteurs et de leurs niveaux de présence.

La cotation des emplois

La cotation des emplois indique, pour chaque emploi, le niveau de présence de chaque facteur sur l'échelle de présence. Dans la plupart des ouvrages, la cotation des emplois suit l'étape de la pondération des facteurs (que nous décrivons plus loin). Nous recommandons toutefois de procéder à la cotation des emplois avant de pondérer les facteurs, puisque la pondération n'est pas nécessaire pour coter les emplois et qu'elle risque d'y introduire des inexactitudes. En effet, la définition des échelles d'exigences est subjective et prête à

ENCADRÉ 6.5

Conditions à respecter dans la détermination et la définition des facteurs, des sous-facteurs et de leurs niveaux de présence

S'assurer que les facteurs, les sous-facteurs et leurs niveaux de fréquence ne soient pas définis de manière ambiguë ou incohérente

La définition d'un facteur ne doit pas renvoyer à plusieurs concepts ou éléments. Par exemple, si on définit le sous-facteur « complexité des tâches » en se référant à la fois à des concepts d'autonomie, de règles à suivre, de créativité et de disponibilité des ressources, il devient impossible de savoir ce que ce facteur mesure réellement. Il faut également s'assurer que les définitions des niveaux de présence d'un facteur soient cohérentes par rapport à la définition du facteur. Par exemple, le sous-facteur « habileté analytique », défini comme « l'habileté à examiner des données, à établir des profils et des liens », ne devrait pas être associé à des niveaux de fréquence allant de « peu de créativité requise » à « créativité continuelle requise ». De plus, les définitions des différents niveaux de présence des facteurs d'évaluation doivent être cohérentes entre elles en renvoyant à la même exigence. Par exemple, si les quatre premiers niveaux d'exigences vont de « aucune responsabilité de supervision » à « responsable de 10 employés et plus » et que le niveau 5 mentionne la « responsabilité d'élaboration des politiques du département », ce dernier niveau mesure des exigences complètement différentes. Ainsi, il est possible de ne pas avoir de responsabilité de supervision, mais de devoir déterminer des politiques de gestion. Il faut aussi s'assurer qu'il y ait continuité d'un niveau à l'autre. Si, pour le facteur « conditions de travail », le premier niveau correspond à « avoir à voyager fréquemment » et que le deuxième niveau mentionne une « exposition fréquente à certains risques », il sera difficile de classer un emploi qui exige des fréquents voyages et qui comporte des risques.

S'assurer que les facteurs, les sous-facteurs et leurs niveaux de fréquence ne se chevauchent pas

Lorsque les définitions de facteurs ou de sous-facteurs se chevauchent, le facteur commun est compté deux fois dans l'évaluation. Très souvent, cette situation survient lorsque le titre de certains facteurs semble différent mais que leur définition est très similaire. On pense, par exemple, au facteur « jugement », correspondant à la possibilité d'exercer un jugement et à la présence de règles, de procédés et de méthodes visant à baliser les prises de décision, ainsi qu'au facteur « liberté d'agir », défini comme la liberté d'action détenue par les titulaires selon que leurs responsabilités sont plus ou moins clairement délimitées et routinières, et que leur travail est plus ou moins contrôlé. De tels facteurs sont difficiles à différencier. Ce peut également être le cas des sous-facteurs « responsabilité de relations avec autrui » et « responsabilité de supervision ». De plus, les niveaux de présence des facteurs ne doivent pas se chevaucher. Par exemple, pour le facteur « responsabilité de supervision », si le niveau 4 correspond à une supervision de 20 à 30 personnes et que le niveau 5 correspond à une supervision de 25 à 50 personnes, l'emploi d'un cadre qui supervise 25 employés peut être classé dans les deux niveaux.

S'assurer que les facteurs, les sous-facteurs et leurs niveaux de fréquence ne soient pas un reflet direct de la structure hiérarchique ou de la progression de carrière

L'objectif de l'évaluation est d'établir une hiérarchie en examinant les composantes (facteurs et sous-facteurs) des emplois. Toutefois, il peut arriver que l'on confonde le résultat et le processus, ce qui laisse croire que les emplois situés en haut de la structure hiérarchique sont considérés comme les plus exigeants. On pense, par exemple, au facteur « responsabilité pour les actions », auquel on accole des niveaux de fréquence allant de « se rapporter au superviseur de section » à « se rapporter au président ». Ces niveaux reflètent davantage une progression dans la structure hiérarchique qu'une gradation dans les exigences des emplois. C'est également le cas lorsque le niveau d'expérience le plus élevé correspond, par exemple, à 20 ans d'ancienneté dans une entreprise.

interprétation. De plus, l'étape de cotation risque moins d'être biaisée lorsque les évaluateurs ne possèdent pas d'information sur le nombre de points accordés à chaque niveau d'exigences. Ils savent évidemment qu'un niveau d'exigences est plus élevé qu'un autre, mais comme ils ignorent dans quelle mesure il est plus élevé, ils ne peuvent voir l'effet de leur cotation sur la valeur des exigences des emplois. Bien entendu, la recommandation selon laquelle il faut procéder à la cotation des emplois avant de pondérer les facteurs n'est pertinente qu'au moment de l'élaboration d'un système d'évaluation des emplois et de l'évaluation initiale des emplois. Une fois le système en place, la pondération des facteurs est en effet connue.

À cette étape, on peut se demander s'il vaut mieux évaluer tous les emplois sur un facteur à la fois ou évaluer un emploi à la fois sur l'ensemble des facteurs. À notre avis, il est préférable de procéder de la première manière pour s'assurer d'une meilleure compréhension du facteur, d'un meilleur jugement relatif et d'une application plus constante du facteur d'un emploi à l'autre. On peut également se questionner sur la façon dont les résultats de l'évaluation seront déterminés. Établir la moyenne des évaluations respectives des membres du comité accélère le processus, mais peut ne correspondre à aucun jugement individuel. À cet égard, il est pertinent de penser à la personne qui a une main dans l'eau bouillante et l'autre dans l'eau glacée, et à qui l'on dit que la température de l'eau est, en moyenne, tiède ! Malgré sa lourdeur, c'est le consensus des membres du comité sur la réponse la plus fréquente qui importe. Cependant, le consensus s'avère parfois difficile à obtenir, en raison des divergences de vues des membres du comité d'évaluation au sujet de la signification précise de tel ou tel facteur d'évaluation et de leur connaissance variable du contenu des emplois. Par ailleurs, cette connaissance incite les membres du comité à partager des renseignements sur le contenu de ces emplois et, donc, à augmenter la qualité des résultats.

S'ils veulent tenir compte du concept de justice du processus, les membres du comité d'évaluation devraient d'abord coter individuellement les emplois, partager leurs opinions et prendre la décision finale en suivant la règle du consensus plutôt que celle de la moyenne des cotations individuelles. En effet, un échange d'informations entre les membres du comité augmente les chances que les différents aspects du travail soient considérés et que les résultats soient acceptés.

Au terme des étapes précédentes, on obtient une grille d'évaluation dans laquelle on énumère les facteurs et le nombre de points attribués à chaque niveau, ainsi qu'un document définissant les niveaux de présence de chaque facteur. Après avoir défini la valeur accordée à chaque niveau de présence des facteurs d'évaluation, il faut en faire la somme pour déterminer la valeur des emplois à l'aide de points. En général, un comité d'évaluation évalue de six à huit emplois par jour. L'évaluation d'une centaine d'emplois peut donc prendre une quinzaine de jours.

La pondération des facteurs d'évaluation

Pondérer un facteur ou un sous-facteur d'évaluation consiste à déterminer son importance relative pour l'entreprise. Le poids d'un facteur est égal à l'écart existant entre le nombre de points accordé au niveau d'exigences le plus élevé du facteur et celui accordé au niveau d'exigences le plus bas, divisé par la somme des écarts de l'échelle. Par exemple, dans le tableau 6.3 (p. 252), la pondération du facteur « expérience préalable » est de 10 %, soit 125 (la somme des écarts entre le niveau d'exigences le plus élevé et le niveau d'exigences le plus bas) divisé par 1 250 (le total de la somme des écarts entre les niveaux d'exigences pour chaque facteur). Pour le facteur « expérience préalable », au lieu de répartir les points entre 25 et 150 avec des écarts de 25, on pourrait tout aussi bien les répartir entre 75 et 200, avec des écarts de 25. Pour ce facteur, la somme des écarts demeure égale à 125 et la pondération est la même, soit 10 % (125 divisé par 1 250). Le nombre absolu de points n'a pas d'importance lorsqu'il s'agit de déterminer les exigences relatives des emplois. Que l'on répartisse les points entre 25 et 150 avec des écarts de 25 points ou entre 75 et 200 avec des écarts de 25 points, l'écart entre le nombre total de points obtenus par deux emplois ayant été cotés à un niveau de différence sur le facteur « expérience préalable » demeure toujours de 25 points.

L'encadré 6.7 (p. 252-253) décrit les trois grandes techniques de pondération des facteurs d'évaluation des emplois en fonction de leur importance relative : le jugement des membres du comité, l'analyse de régression multiple et l'approche mixte. L'encadré 6.8 (p. 253-255) présente des exemples de facteurs d'évaluation des emplois et la pondération utilisée pour différentes catégories de personnel. Auparavant, la pondération des facteurs contenus dans les grilles d'évaluation des emplois était surtout déterminée par le jugement des membres du comité. Aujourd'hui l'utilisation des questionnaires d'évaluation des emplois permet le recours aux analyses de régression pour déterminer le poids relatif des facteurs.

TABLEAU 6.3

Exemple de grille de pondération des facteurs d'évaluation des emplois

Facteurs	**Niveaux de présence**						**Somme des écarts entre les niveaux de présence**	**Pondération (%)**
	1	**2**	**3**	**4**	**5**	**6**		
Expérience préalable	25	50	75	100	125	150	125	10,0 %
Formation	30	60	90	120	150		120	9,6 %
Supervision	0	15	30	45			45	3,6 %
Responsabilité financière	30	60	90	120	150		120	9,6 %
Conditions de travail	10	20	30	40			30	2,4 %
⋮	⋮	⋮	⋮	⋮	⋮	⋮	⋮	⋮
TOTAL	…	…	…	…	…	…	1250	100 %

ENCADRÉ 6.7

Techniques de pondération des facteurs d'évaluation des emplois

Le jugement des membres du comité d'évaluation

Cette approche consiste à recueillir les jugements des membres du comité d'évaluation sur les exigences relatives des emplois et à obtenir un consensus sur leur importance relative. Bien que cette tâche soit ardue et un peu fastidieuse, elle est réalisable. La démarche suivante peut, par exemple, s'avérer efficace. Dans un premier temps, chaque membre du comité range tous les facteurs d'évaluation par ordre d'importance (la méthode de rangement de comparaison par paires est alors indiquée). Par la suite, chaque membre accorde une valeur de 100 au facteur qu'il a considéré comme le plus important. La valeur du deuxième facteur correspond à un pourcentage de la valeur du premier facteur, la valeur du troisième facteur correspond à un pourcentage de la valeur du deuxième multiplié par la valeur du deuxième, etc. Le jugement des membres du comité d'évaluation peut être indicatif ou irrévocable selon le rôle qu'on lui a confié. Si le comité est consultatif, il appartient à la direction de l'organisation de déterminer les raisons pour lesquelles elle désire rémunérer ses emplois.

L'analyse de régression multiple

Cette approche consiste à déterminer l'importance relative des facteurs d'évaluation dans la justification des salaires payés aux emplois sur le marché ou dans l'organisation. Dans le premier cas, la régression multiple permet de déterminer l'importance relative des divers facteurs d'évaluation susceptibles d'expliquer le plus de variance dans les salaires accordés aux divers emplois sur le marché. En somme, cette approche confond la notion d'équité interne avec celle d'équité externe, puisqu'elle reporte les résultats des enquêtes de rémunération (avec toutes les iniquités que peut présenter le marché) dans le processus d'évaluation des emplois. Dans le second cas, l'approche consiste à trouver l'équation de régression multiple indiquant la combinaison de facteurs susceptibles d'expliquer le plus de variance dans les salaires actuellement payés par l'organisation pour les emplois concernés. Cette approche permet de s'assurer que la pondération des facteurs respecte la hiérarchie des salaires offerts dans l'entreprise.

La principale limite de cette approche vient du fait qu'elle transpose les iniquités salariales potentielles du marché ou de l'organisation dans le processus d'évaluation des emplois. On pense, par exemple, à la discrimination pour ce qui concerne les salaires versés pour les emplois occupés en majorité par des femmes sur le marché ou dans l'organisation. Il est donc recommandé de vérifier l'effet du sexe des titulaires des emplois sur la pondération avant de prendre une décision. Une façon de gérer le problème de l'iniquité liée au sexe consiste à ajouter la proportion de femmes dans chaque emploi comme variable indépendante dans les analyses de régression multiple ou à effectuer des analyses de régression distinctes pour le groupe d'emplois occupés majoritairement par des hommes et pour le groupe d'emplois occupés majoritairement par des femmes.

L'approche mixte

Cette approche consiste, dans un premier temps, à effectuer une analyse de régression multiple pour déterminer l'importance relative des facteurs, qui permet le mieux d'expliquer les salaires actuels des emplois dans l'organisation ou les salaires du marché, selon le sexe des titulaires. Dans un deuxième temps, le comité d'évaluation d'emplois peut modifier les résultats pour qu'ils reflètent le système de valeurs de la direction. Cette approche est optimale, puisqu'elle permet de réduire au minimum les inconvénients des approches précédentes.

ENCADRÉ 6.8

Exemples de facteurs d'évaluation d'emplois et pondération utilisée pour différentes catégories de personnel

1. SYSTÈME DE LA NATIONAL ELECTRICAL MANUFACTURERS ASSOCIATION (NEMA), ADOPTÉ PAR LA NATIONAL METAL TRADES ASSOCIATION (NMTA) ET PAR D'AUTRES ORGANISMES ASSOCIÉS À LA NMTA, REGROUPÉS SOUS LA COORDINATION DE LA MIDWEST INDUSTRIAL MANAGEMENT ASSOCIATION (MIMA)*

A) EMPLOIS DE PRODUCTION ET D'ENTRETIEN (USINE)

Facteurs et sous-facteurs	**Nombre de degrés**	**Pondération**
Qualifications :		250
1. Instruction	5	70
2. Expérience	5	110
3. Initiative et ingéniosité	5	70

Effort :		75	
4. Physique	5		50
5. Mental et visuel	5		25
Responsabilité :		100	
6. Équipement ou opérations	5		25
7. Matières ou produits	5		25
8. Sécurité des autres	5		25
9. Travail des autres	5		25
Conditions :		75	
10. Conditions de travail	5		50
11. Risques inévitables	5		25
Total des points			500

B) EMPLOIS DE BUREAU

Facteurs	**Nombre de degrés**	**Pondération**
1. Instruction	6	100
2. Expérience	7	150
3. Complexité du travail	6	100
4. Supervision nécessaire	5	60
5. Conséquences des erreurs	6	80
6. Relations avec d'autres personnes	6	80
7. Renseignements confidentiels	5	25
8. Effort mental ou visuel	5	25
9. Conditions de travail	5	25
Total des points		645

C) EMPLOIS DE DIRECTION

Les mêmes facteurs, avec la même pondération, que pour les emplois de bureau, auxquels on ajoute :

10. Type de direction exercée	6	80
11. Étendue de la direction exercée	7	100
Total des points		825

2. CO-OPERATIVE WAGE STUDY – CWS**

A) EMPLOIS DE PRODUCTION ET D'ENTRETIEN (USINE) ET EMPLOIS DE BUREAU ET TECHNIQUES

Facteurs	**Nombre de niveaux**	**Pondération**
1. Formation préparatoire	3	1,0
2. Formation et expérience professionnelles	9	4,0

Facteurs	Nombre de niveaux	Pondération
3. Dextérité mentale	6	3,5
4. Dextérité manuelle	5	2,0
5. Responsabilité : matériel	32	10,0
6. Responsabilité : outils et équipement	16	4,0
7. Responsabilité : opérations	8	6,5
8. Responsabilité : sécurité d'autrui	5	2,0
9. Effort mental	5	2,5
10. Effort physique	5	2,5
11. Milieu de travail	5	3,0
12. Risques	5	2,0
Total des points		43,0

B) EMPLOIS DE BUREAU ET TECHNIQUES

Facteurs	Nombre de niveaux	Pondération
1. Formation préparatoire	3	1,0
2. Formation et expérience professionnelles	9	4,0
3. Dextérité mentale	6	3,5
4. Dextérité manuelle	5	2,0
5. Responsabilité : matériel	5	10,0
6. Responsabilité : outils et équipement	16	4,0
7. Responsabilité : opérations	6	4,0
8. Responsabilité : sécurité d'autrui	5	2,0
9. Effort mental	4	2,5
10. Effort physique	5	2,5
11. Milieu de travail	5	3,0
12. Risques	5	2,0
Total des points		40,5

* Tiré de NMTA Associates, *The National Position Evaluation Plan*, Westchester, Ill., Midwest Industrial Management Association (MIMA), non daté. Reproduit avec l'autorisation de la MIMA.

** Tiré de Métallurgistes unis d'Amérique, *Manuel – Description et classification des occupations et administration des salaires. Étude conjointe des salaires (CWS)*, Montréal, Syndicat des métallos, 1976. Reproduit avec l'autorisation de l'éditeur.

6.3.2 Les grilles d'évaluation par points préétablies

Les grilles d'évaluation préétablies sont protégées par des droits exclusifs (*copyright*) d'utilisation, limités à leurs « propriétaires ». Dans la plupart des cas, une organisation désireuse d'employer une telle grille doit donc demander les services de la firme qui en possède les droits d'utilisation. Les principales méthodes par points préétablies ont été élaborées au cours de la période allant de 1930 à 1950. Entre le début des années 1950 et la fin des années 1970, peu d'innovations y ont été intégrées. Plusieurs firmes de conseillers en gestion proposent ce type de grilles et, dans certains cas, en modifient un peu le contenu afin de l'adapter aux besoins particuliers des clients. Parmi les grilles d'évaluation des emplois préétablies les plus connues, on peut mentionner celle de la firme conseil Hay Management Consultants, celle de CWS et celle de la NEMA. Certaines firmes de conseillers en gestion proposent leur propre méthode d'évaluation d'emplois. Ainsi, la firme Towers Perrin propose la méthode WJQ, alors que la firme KPMG Société conseil suggère la méthode Aiken. L'encadré 6.9 décrit certaines grilles d'évaluation préétablies. Par ailleurs, d'autres firmes préfèrent proposer à leurs clients une grille d'évaluation des emplois sur mesure. C'est le cas de la Société Mercer Limitée et de la société Watson Wyatt Worldwide.

On attribue généralement certains avantages aux grilles d'évaluation préétablies par rapport aux grilles dites « sur mesure ». Le comité n'a pas à déterminer ni à définir les facteurs d'évaluation et les niveaux de présence de ces facteurs. De plus, une grille d'évaluation des emplois utilisée par plusieurs organisations peut faciliter le travail d'enquête de rémunération en permettant de mieux apparier les emplois (voir le chapitre 4). Par exemple, le service complémentaire d'enquêtes salariales traditionnellement offert par la firme Hay permet à ses organisations clientes de comparer les salaires qu'elles versent avec ceux accordés par d'autres entreprises utilisant la même grille d'évaluation. Par ailleurs, cette méthode est appréciée, puisqu'elle est utilisée par d'autres firmes et d'autres industries, et qu'elle concerne de nombreux postes.

Toutefois, certains avantages des grilles préétablies sont plutôt surfaits et ne font pas l'unanimité. En fait, on leur reproche les inconvénients suivants :

- La plupart des grilles préétablies que l'on trouve aujourd'hui sur le marché ont été élaborées entre les années 1930 et 1950 : elles reflètent donc les valeurs et les modes d'organisation du travail de cette époque ;
- Les grilles préétablies reposent sur un ensemble de facteurs et de niveaux d'évaluation qualifiés d'« universels » parce qu'ils sont utilisés partout, alors qu'il n'y a pas de facteurs d'évaluation des emplois qui soient pertinents pour tous les emplois et toutes les organisations. À l'instar du concept d'équité, le concept d'exigence est essentiellement subjectif. Ce n'est pas parce qu'une méthode donne des résultats satisfaisants (pas nécessairement démontrés) pour une catégorie d'emplois dans une organisation qu'elle présente des résultats aussi satisfaisants lorsqu'elle est appliquée à une autre catégorie d'emplois. Il en est de même d'une catégorie d'emplois à l'intérieur d'une autre organisation du même secteur d'activité économique et, à plus forte raison, à l'intérieur d'un secteur d'activité économique différent. D'une organisation à l'autre, les objectifs et les modes de fonctionnement ne sont pas identiques ;

ENCADRÉ 6.9

Quelques méthodes traditionnelles d'évaluation des emplois utilisant des grilles préétablies

La méthode CWS

Cette méthode résulte des travaux du groupe Co-operative Wage Study, mis sur pied par 12 entreprises de l'industrie de l'acier aux États-Unis, en 1944. Ce groupe avait pour but d'élaborer, en collaboration avec le syndicat (Métallurgistes unis d'Amérique – CIO), un système d'évaluation d'emplois s'appliquant à l'ensemble de l'industrie et reflétant le plus possible la structure salariale existante. Cette méthode a fait l'objet d'une entente initiale lors des négociations entre la Carnegie Illinois Steel Corp. et les Métallurgistes unis d'Amérique, en octobre 1945, et a été modifiée en 1946 et en 1947. Depuis, elle a été acceptée par les autres entreprises de l'industrie et n'a pratiquement pas changé, à part l'ajout d'une grille d'évaluation semblable pour les emplois techniques et les emplois de bureau, en 1971. Appliquée aux emplois d'usine, cette grille d'évaluation comprend 12 facteurs, dont chacun comporte entre trois et neuf niveaux. La pondération de ces facteurs et la distribution des points ont été établies au moyen de la régression multiple qui respectait le plus la distribution des salaires dans le secteur américain de l'acier de cette époque. La grille d'évaluation élaborée pour les emplois techniques et les emplois de bureau repose sur sept facteurs dont la pondération découle de celle utilisée pour les emplois d'usine. Cette méthode permet au comité d'évaluation de s'appuyer sur un recueil décrivant et évaluant quelque 662 emplois repères pour procéder aux évaluations. Comme la grille d'évaluation est propre au secteur de l'acier, un problème survient lorsqu'on désire l'utiliser à l'extérieur de cette industrie. Au cours des années, l'utilisation de cette méthode a provoqué des problèmes dans l'évaluation d'emplois issus de nouvelles technologies ou reflétant de nouvelles formes d'organisation du travail. Aujourd'hui, on peut s'interroger sur la pertinence des valeurs véhiculées dans une grille d'évaluation élaborée au cours des années 1940.

La méthode NEMA-NMTA (ou MIMA)

La grille d'évaluation du système NEMA-NMTA (ou MIMA) comprend 11 facteurs, dont chacun comporte cinq niveaux de présence. Ces facteurs ont été déterminés à partir du jugement de ses concepteurs, trois fabricants d'équipements électriques (Western Electric, General Electric et Westinghouse), qui se sont concertés pour élaborer un système d'évaluation d'emplois destiné à leur usage ainsi qu'à celui des membres de leur association, la National Electrical Manufacturers Association (NEMA). La méthode a été implantée en 1937 pour les emplois manuels dans les usines de ces entreprises et, en 1949, l'Association a proposé une méthode d'évaluation des emplois techniques, des emplois de bureau et des emplois de direction. Comme il n'y a pas de *copyright* lié à son utilisation, cette méthode est couramment employée dans le secteur manufacturier américain et parfois au Canada. D'autres organismes associés à la NMTA se sont regroupés sous la coordination de la Midwest Industrial Management Association (MIMA) et proposent l'utilisation de cette méthode.

La méthode Hay

Cette grille d'évaluation des emplois a été élaborée au cours des années 1930 et 1940, et a été utilisée partout dans le monde. À l'origine, elle reposait sur trois facteurs subdivisés en sous-facteurs. Le premier facteur d'évaluation, « la compétence », comprend les sous-facteurs « scientifique et technique », « relations humaines » et « capacité de direction ». Le second facteur, l' « initiative créatrice », comporte deux aspects : « le cadre dans lequel a lieu la réflexion » et « l'exigence des problèmes à résoudre ». Le troisième facteur, la « finalité », comporte trois sous-facteurs : « la liberté d'action », « l'impact plus ou moins direct du poste sur les résultats finaux » et « l'ampleur du champ d'action » (budget sur lequel le poste exerce clairement une influence). Au début des années 1980, le facteur « conditions de travail », comportant quatre sous-facteurs (l'« effort physique », le « caractère non agréable de l'environnement », les « risques » et l'« attention sensorielle ») a été ajouté pour satisfaire aux exigences des législateurs. Les facteurs « compétence » et « finalité » comportaient chacun un certain nombre de points préétablis, alors que le facteur « initiative créatrice » était évalué au moyen de pourcentages qu'on a remplacés par la suite par un certain nombre de points obtenus en multipliant chaque pourcentage par les points accordés au facteur « compétence ». Les différents niveaux de l'aspect « ampleur du budget », qui font partie du facteur « finalité », sont révisés chaque année par la firme de consultants, de manière à limiter les effets de l'inflation. La grille du système Hay a surtout été utilisée pour l'évaluation d'emplois de direction, parce que ses facteurs mettent l'accent sur le jugement. La pondération des facteurs et des sous-facteurs de cette grille a aussi été critiquée, parce qu'elle n'accorde pratiquement aucune importance au facteur « conditions de travail » lorsqu'il est employé. De plus, comme elle combine les sous-facteurs à l'intérieur d'un sous-total pour chaque facteur, cette grille ne fait pas explicitement ressortir le poids relatif des sous-facteurs. Dans le passé, la firme Hay a aussi proposé une méthodologie de description d'emplois et d'enquête de rémunération axée sur ses facteurs d'évaluation.

La méthode Aiken

Élaborée à la fin des années 1940, cette méthode comporte neuf facteurs d'évaluation (l'initiative, les conséquences des erreurs, la scolarité, les conditions de travail, etc.) dont la pondération relative est demeurée la même. Cette méthode est relativement simple et ressemble à la méthode CWS. Elle a été utilisée par le Conseil du Trésor du gouvernement canadien pour vérifier la présence d'iniquité salariale dans le secteur public. Aujourd'hui, cette méthode est la propriété de la firme KPMG.

– La pertinence de l'utilisation de grilles préétablies dans les enquêtes salariales peut être mise en doute. Alors que l'évaluation d'emplois vise à assurer l'équité interne sur le plan des salaires, l'enquête salariale recherche l'équité externe. Ces deux processus ne devraient donc pas nécessiter le même type d'outils. Si l'on ne distingue pas l'enquête salariale de l'évaluation d'emplois, on ne différencie pas les considérations qui régissent l'attribution des salaires ;

– L'argument selon lequel les méthodes préétablies font gagner du temps aux étapes de détermination et de définition des facteurs est également discutable : le temps consacré à ces étapes sert à informer les membres du comité d'évaluation sur la méthode. De plus, les facteurs d'évaluation préétablis et prédéfinis, parce qu'ils utilisent un vocabulaire qui n'est pas nécessairement connu des membres du comité d'évaluation, suscitent plus de discussions lors de la cotation des emplois (en raison des problèmes d'interprétation qu'ils soulèvent) que lorsqu'ils sont élaborés sur mesure par le comité.

6.4 L'APPROCHE CONTEMPORAINE D'ANALYSE ET D'ÉVALUATION DES EMPLOIS BASÉE SUR UN QUESTIONNAIRE STRUCTURÉ

L'approche contemporaine d'évaluation des emplois est sensiblement la même que l'approche traditionnelle, à une différence près : la première est plus uniformisée et permet aux employés de participer davantage au processus, puisqu'elle s'appuie sur un questionnaire – plutôt que sur une grille d'évaluation – dont les réponses sont analysées à l'aide de l'informatique. Le cas présenté au début du chapitre (« L'implication des employés dans l'évaluation des emplois à la Federal Reserve Bank ») illustre les avantages de l'approche contemporaine. En somme, c'est le processus de collecte et d'analyse des informations plutôt que le contenu de l'information collectée qui distingue l'approche traditionnelle de l'approche contemporaine d'évaluation des emplois.

6.4.1 Le recours au questionnaire d'analyse et d'évaluation des emplois

Au cours des années 1980 et 1990, la promulgation de nouvelles lois en matière d'équité salariale et l'informatique ont inspiré d'autres façons d'utiliser la méthode des points. Selon l'approche contemporaine, souvent qualifiée de « structurée », un questionnaire d'évaluation des emplois est élaboré et rempli par les titulaires des emplois évalués et/ou par leur supérieur immédiat. L'information recueillie est par la suite traitée par ordinateur avant d'être validée par le ou les responsables de l'évaluation des emplois.

Aujourd'hui, la méthode des points par questionnaire structuré est pratiquement utilisée par l'ensemble des moyennes et des grandes entreprises, parce qu'elle comporte plusieurs avantages par rapport à la grille d'évaluation traditionnelle :

– Elle réduit l'importance des descriptions d'emplois détaillées, puisqu'elle permet l'analyse et l'évaluation simultanée des emplois ;

- Elle nécessite moins de temps (évaluation, utilisation et mise à jour), ce qui permet une utilisation plus judicieuse du temps des membres du comité ;
- Elle facilite les décisions des membres du comité d'évaluation (p. ex. : la détermination et la pondération des facteurs peuvent s'appuyer sur les résultats d'analyses statistiques), en raison des données et des outils statistiques qui sont à leur disposition ;
- Elle répond aux pressions légales, sociales et politiques pour ce qui concerne l'équité salariale favorisant l'implication et la consultation des employés ;
- Elle augmente les chances que les employés estiment le processus d'évaluation des emplois équitable et qu'ils le critiquent moins, puisqu'ils y participent.

Toutefois, aussi intéressante qu'elle puisse être, la méthode du questionnaire structuré ne constitue pas une solution miracle au problème de l'évaluation des emplois. Il est important de rappeler qu'il n'existe pas de système objectif d'évaluation des emplois : c'est un processus essentiellement subjectif. Il n'existe pas non plus de critères universels objectifs pour déterminer les exigences des emplois. Les méthodes d'évaluation ont toujours nécessité et nécessitent encore du jugement, de la discrétion, de la négociation et de la rationalisation. L'utilisation de questionnaires dont les résultats peuvent être analysés statistiquement ne rend pas l'évaluation des emplois plus scientifique : elle aide les gens à mieux collecter, analyser et synthétiser l'information.

Au contraire de la méthode traditionnelle des points, basée sur une grille d'évaluation, la méthode contemporaine repose sur un questionnaire préétabli, dont le contenu est précis, ou sur un questionnaire maison, dont le contenu est déterminé par l'organisation.

6.4.2 L'élaboration d'un questionnaire maison ou sur mesure pour analyser et évaluer les emplois

En pratique, après avoir déterminé les emplois à évaluer, la méthode du questionnaire d'analyse et d'évaluation d'emplois sur mesure propose les étapes suivantes :

1. L'élaboration d'un questionnaire structuré ;
2. La distribution du questionnaire ;
3. La validation des réponses au questionnaire ;
4. La pondération des critères d'évaluation ;
5. Le calcul des points attribués à chaque emploi.

L'élaboration d'un questionnaire d'évaluation des emplois

Le questionnaire présente les divers facteurs d'évaluation des emplois. Dans les faits, son contenu correspond à la grille d'évaluation des emplois associée à l'approche traditionnelle de la méthode par points. Toutefois, par rapport à la grille traditionnelle d'évaluation des emplois, le questionnaire précise davantage le contenu des exigences des emplois. Ainsi, comparé à la grille d'évaluation dans laquelle un facteur d'évaluation porte sur la supervision de personnel, le questionnaire peut contenir trois questions sur le sujet : la première, sur la nature de la supervision exercée (attribution de tâches, formation, contrôle du travail, appréciation du rendement, etc.), la seconde, sur le nombre d'employés sous supervision directe ou indirecte et la troisième, sur la nature des emplois faisant l'objet d'une supervision.

Pour bâtir un questionnaire maison, un comité d'évaluation doit choisir des facteurs d'évaluation et élaborer des questions à choix multiples visant à déterminer l'importance relative de ces facteurs pour chaque emploi évalué. On peut y trouver des questions du genre : Combien d'années d'expérience requiert le poste (2 ans et moins, de 3 à 5 ans, de 6 à 10 ans, plus de 10 ans) ? À quelle fréquence le titulaire est-il en relation avec d'autres personnes (rarement, à l'occasion, régulièrement, souvent, continuellement) ? Dans toutes les provinces du Canada, la législation spécifie que l'évaluation des emplois doit tenir compte de quatre caractéristiques : les connaissances et les habiletés, l'effort, les responsabilités et les conditions de travail. Le questionnaire doit donc inclure au minimum une question sur chacun de ces thèmes. En pratique, ces questionnaires contiennent généralement entre 15 et 20 questions. Toutefois, plus la nature des emplois visés est variée, plus le nombre de questions est élevé.

L'élaboration des questions peut être faite de deux façons. Premièrement, après avoir pris connaissance des emplois à évaluer ainsi que des valeurs et de la culture de l'organisation, le consultant ou le professionnel peut suggérer un ensemble de questions aux membres du comité d'évaluation des emplois. Ces questions sont généralement extraites de banques de données recueillies par les sociétés conseils au cours des années. Le comité procède alors aux modifications ou aux ajustements des questions en vue de préparer une première ébauche de questionnaire. Pour permettre une plus grande participation du personnel, le consultant ou le professionnel peut faire des séances de remue-méninges avec les membres du comité d'évaluation ou les titulaires des emplois visés pour obtenir leurs opinions sur les exigences à évaluer. Il tiendra évidemment compte de ces opinions lors de l'élaboration du questionnaire.

Une fois les questions formulées, il faut déterminer l'échelle de réponses pour chaque question. Celle-ci peut faire ressortir la fréquence, l'importance, le temps requis ou le degré de difficulté. Finalement, il faut procéder à la vérification du questionnaire auprès d'un groupe d'employés et intégrer les corrections requises pour que le questionnaire permette d'établir les distinctions appropriées entre les emplois, que le vocabulaire utilisé soit compris par les personnes concernées et que toutes les questions pertinentes soient posées.

La distribution du questionnaire

En général, les titulaires des emplois sont invités à remplir un questionnaire. Pour les emplois à titulaires multiples, certaines organisations préfèrent faire remplir le questionnaire par un certain pourcentage des titulaires d'un même emploi (échantillon). Très souvent, les supérieurs immédiats des titulaires sont également invités à remplir le questionnaire afin de valider les réponses fournies par leurs subalternes. Même si les dirigeants d'entreprise cherchent de plus en plus à faire participer les employés au processus d'évaluation des emplois, certains climats organisationnels particuliers peuvent ne pas s'y prêter. Il est alors possible que seuls les supérieurs immédiats des titulaires soient invités à remplir le questionnaire pour chaque emploi placé sous leur supervision.

Pour la distribution du questionnaire, le Service des ressources humaines peut utiliser le courrier interne. On indiquera alors à tous les participants qu'ils peuvent communiquer avec le service au besoin. Les professionnels des ressources humaines peuvent aussi réunir les participants dans une salle et leur distribuer le questionnaire pour qu'ils le remplissent sur-le-champ. Cette façon de procéder permet de s'assurer que les répondants ont bien reçu le questionnaire, qu'ils ont tous les mêmes instructions et qu'ils pourront obtenir des éclaircissements sur certains points, au besoin.

La validation des réponses

Bien entendu, plusieurs réponses sont liées entre elles. Ainsi, si un titulaire répond que son emploi exige une scolarité de niveau secondaire, il n'est pas surprenant que les aptitudes en calcul requises correspondent à des analyses de ratios et de pourcentages et non à des méthodes statistiques avancées. On peut donc prévoir la réponse à une question en se fondant sur les réponses fournies aux autres questions qui y sont rattachées.

À cette étape, le Service des ressources humaines (ou le comité d'évaluation) examine les réponses des titulaires d'un même emploi et décide du résultat retenu pour chaque question. La méthode statistique de régression peut alors être utilisée pour prédire le résultat obtenu à chaque question et établir un profil des réponses pour chaque emploi. La détermination d'un modèle de régression permet de réduire la subjectivité liée à la grille d'évaluation par points traditionnelle. Toutefois, soulignons que la détermination des valeurs prédites par la méthode statistique exige un nombre minimal d'emplois, soit entre 100 et 120 emplois. Si l'on n'atteint pas ce nombre, il est possible de recourir au questionnaire fermé, mais on ne peut alors procéder à la détermination des valeurs prédites. La validation des données peut représenter une tâche d'envergure. À cet égard, certaines firmes de consultants, en accordant une grande importance aux valeurs prédites statistiquement, risquent de trop réduire le travail et la consultation des membres du comité de validation. Une relation statistique peut guider le jugement humain, mais elle ne peut pas le remplacer.

En dernier lieu, les résultats des questionnaires et les valeurs prédites par le modèle de régression (s'il y a lieu) sont acheminés au comité de travail (ou comité d'évaluation des emplois), qui vérifie et corrige les incohérences dans les résultats d'évaluation ou qui s'assure de la concordance entre les emplois des divers services et unités administratives de l'organisation.

La pondération des critères d'évaluation

Au contraire de la méthode traditionnelle des points, qui repose sur une grille d'évaluation, la détermination de l'importance de chaque facteur d'évaluation dans le questionnaire structuré peut s'appuyer sur le jugement des membres du comité d'évaluation, sur les résultats d'analyses de régression ou sur un mélange des deux. Lorsque le nombre d'employés est peu élevé (p. ex. : moins de 100), la pondération des facteurs ne peut être déterminée que par les membres du comité. Autrement, la pondération proposée peut être confirmée par des analyses statistiques de régression multiple. L'encadré 6.7 (p. 252-253) décrit certaines techniques de pondération et traite de leurs limites et de leurs avantages respectifs.

Le calcul et la sommation des points attribués à chaque emploi

Cette étape est identique à celle qu'on trouve dans la méthode traditionnelle des points basée sur une grille d'évaluation des emplois (voir plus haut). Il s'agit d'analyser les réponses aux questionnaires remplis par les employés et leurs supérieurs immédiats. Grâce à l'informatique, il est possible d'effectuer des analyses statistiques pour identifier les différents profils d'emplois, les comparer les uns aux autres et déterminer leur valeur relative.

6.4.3 Les questionnaires préétablis ou élaborés par une tierce partie

Depuis le milieu des années 1980, plusieurs firmes de consultants ont élaboré leur propre questionnaire pour analyser et évaluer les emplois. Ces questionnaires, que l'on appelle parfois des « inventaires », peuvent être centrés sur des comportements, des tâches (ou responsabilités) ou des capacités. Aujourd'hui, l'informatique permet d'effectuer plusieurs types d'analyses statistiques des résultats de ces questionnaires (préétablis ou sur mesure).

On peut citer, par exemple, le « Weighted Job Questionnaire » de la firme Towers Perrin. La firme Hay a également converti sa grille traditionnelle d'évaluation d'emplois en questionnaire structuré permettant d'analyser et d'évaluer les emplois en fonction des tâches ou des responsabilités, des capacités et des comportements requis. Certaines firmes de consultants proposent des questionnaires qui sont davantage faits sur mesure et reflètent donc mieux la nature des emplois de l'organisation cliente. Après avoir pris connaissance des emplois à évaluer ainsi que des valeurs et de la culture de l'organisation, le consultant propose d'abord à un comité un ensemble de questions potentielles, puisées à même la banque de questions que sa firme conseil a accumulées au cours des années. Selon les remarques et les suggestions du comité de travail, le conseiller présente alors une première ébauche de questionnaire, avec la participation plus ou moins active de l'organisation. Ainsi, le consultant peut cerner les sujets potentiels de questions lors de séances de remue-méninges, au lieu de proposer des questions au comité de travail. Il peut également mener des entrevues de groupe auprès de certains titulaires des emplois visés, ce qui lui permet de préparer le questionnaire, qui pourra compter entre 15 et 20 questions.

D'une société conseil à l'autre, les questionnaires sont semblables, les différences apparaissant dans la formulation des questions et dans les modalités de réponses. En fait, l'élaboration des questionnaires contemporains s'est largement inspirée de questionnaires construits sur plusieurs années et dont le contenu, toujours pertinent, a été mis à jour et analysé statistiquement pour obtenir des versions abrégées.

Certaines firmes de consultants ont élaboré des versions préétablies de la méthode du questionnaire structuré. En pratique, ce qui distingue une méthode utilisant un questionnaire structuré préétabli d'une méthode employant un questionnaire sur mesure, c'est le type de questionnaire utilisé. Dans le cas d'une méthode préétablie, le questionnaire est déjà élaboré. Il existe des différences dans les méthodes utilisées pour traiter les renseignements, mais elles ne sont pas associées au type de méthode ; elles dépendent plutôt du mode d'intervention privilégié par les consultants. Certains mettent l'accent sur la technique au point où l'on a l'impression qu'ils utilisent une « boîte noire ». D'autres préfèrent une plus grande transparence, tout en s'appuyant sur la technique.

6.5 LA GESTION DU PROCESSUS D'ANALYSE ET D'ÉVALUATION DES EMPLOIS

Malgré la rigueur de l'approche systématique, les résultats du processus d'analyse et d'évaluation des emplois demeurent subjectifs. Comme nous l'avons indiqué à plusieurs reprises, le sentiment d'équité est un phénomène subjectif qui diffère selon les individus. En ce sens, le résultat, soit la hiérarchisation des emplois et l'acceptation de cette catégorisation, est extrêmement important. Compte tenu de la nature subjective de la démarche, l'acceptation de ses résultats, en plus de dépendre de leur nature, repose sur la façon dont l'entreprise a procédé pour les obtenir. Conséquemment, bien qu'il soit important que la direction s'assure de verser des salaires équitables, il est encore plus important que les employés considèrent leurs salaires comme équitables. Cette perception de l'équité est fonction des salaires, mais également du sentiment de justice éprouvé par les employés en ce qui concerne l'évaluation de leur emploi. On se réfère alors à la justice du processus de gestion de l'analyse et de l'évaluation des emplois.

Ainsi, la manière dont une décision est prise est aussi importante que son résultat. Cette considération fait ressortir le concept de « justice du processus » présent dans le modèle de gestion de la rémunération proposé dans ce livre. La justice du processus a trait à l'équité des procédés utilisés pour déterminer et gérer la rémunération accordée aux titulaires des différents emplois, alors que la justice distributive concerne le caractère équitable de la rémunération versée. Le concept de « justice du processus » revêt une importance fondamentale dans la gestion de l'évaluation des emplois. Ainsi, pour qu'une telle gestion soit perçue comme juste, elle doit se conformer à certaines règles (Leventhal et autres, 1980) :

- La *cohérence* : le processus d'analyse et d'évaluation des emplois doit s'appliquer de la même façon aux différents emplois dans le temps ;
- La *suppression des biais* : les intérêts personnels ne doivent pas intervenir dans la façon d'appliquer le processus d'analyse et d'évaluation des emplois ;
- La *possibilité de faire des corrections* : des mécanismes d'appel ou de modification des décisions d'évaluation des emplois doivent être mis au point ;
- La *précision* : l'application du processus d'évaluation des emplois et les décisions qui en découlent doivent être fondées sur des renseignements exacts ;
- L'*éthique* : les principes moraux reconnus doivent guider le processus de gestion de l'analyse et de l'évaluation des emplois ;
- La *représentativité* : le processus d'analyse et d'évaluation des emplois doit être élaboré et géré en accord avec le contexte d'affaires (les objectifs, la stratégie et la culture de l'entreprise), et les attentes des employés doivent pouvoir être exprimées et être considérées.

Par ailleurs, les caractéristiques techniques d'un système d'analyse et d'évaluation des emplois sont souvent moins importantes que la façon dont elles sont utilisées. En effet, si le succès d'un système d'évaluation des emplois dépend des résultats obtenus, ceux-ci seront acceptés et jugés équitables dans la mesure où les personnes concernées auront été mêlées au processus, où elles comprendront la méthode utilisée et où le processus d'analyse et d'évaluation et les gens qui en sont responsables seront crédibles.

Cette section porte sur diverses facettes de la gestion d'un processus d'analyse et d'évaluation des emplois. Après avoir traité de la planification et du moment de l'application du processus, elle souligne l'importance de la communication du processus. Elle présente ensuite les parties en cause dans l'élaboration du système, de même que la communication des résultats, les mécanismes d'appel et la mise à jour des résultats. Enfin, elle aborde la qualité des résultats du processus d'analyse et d'évaluation des emplois ainsi que ses coûts d'élaboration, d'implantation et d'administration.

6.5.1 La planification du processus d'analyse et d'évaluation des emplois

L'efficacité d'un processus d'analyse et d'évaluation d'emplois est fonction du soin accordé à la planification. On ne doit pas minimiser les ressources ni le temps à investir dans cette activité. La direction de l'organisation ou de l'unité doit approuver et appuyer le programme (type de renseignements demandés, façon de les recueillir, etc.). Cette étape nécessite certains choix en ce qui concerne la nature des renseignements à recueillir, des méthodes de collecte de l'information et des professionnels ou des consultants participants.

6.5.2 La détermination du moment de la collecte de l'information

La qualité de l'information portant sur les emplois repose sur la coopération du personnel, sur le processus de collecte des données et sur la compétence des personnes responsables. En outre, il est important de bien choisir le moment de la collecte de l'information. Qu'on veuille régler ou prévenir certaines iniquités, il y a des moments plus appropriés que d'autres pour implanter avec succès un processus d'analyse et d'évaluation d'emplois. Selon le cycle des activités d'une organisation, le personnel peut connaître des périodes plus ou moins intensives de travail. Il est alors opportun d'effectuer la collecte de l'information au cours de périodes où l'activité est réduite. Il faut également considérer le climat des relations de travail et éviter de collecter de l'information sur les emplois et de déterminer leur exigences relatives juste avant la fin d'un contrat de travail ou lors de sa négociation, car la coopération des employés serait alors plus difficile à obtenir et le climat de négociation l'emporterait sur le climat d'échanges et d'ouverture d'esprit qui doit exister lors de l'évaluation des emplois.

6.5.3 La communication relative au processus d'analyse et d'évaluation des emplois

La réussite d'un processus d'analyse et d'évaluation d'emplois est également fonction de la qualité de la communication. Trop souvent, les employés ne sont informés de la mise en place d'un tel processus que par une note de service, ce qui laisse le champ libre à la propagation de rumeurs et réduit les chances d'obtenir des renseignements valides.

Après avoir planifié la mise en place d'un processus d'analyse et d'évaluation des emplois, la direction d'une entreprise fait appel à un conseiller externe. Le directeur avertit ses plus proches collaborateurs qu'un analyste va rencontrer les titulaires des divers emplois dans le but de rédiger des descriptions d'emplois devant servir, notamment, à l'évaluation des emplois. Muni d'un minimum de connaissances sur la structure de l'organisation et sur la nature des emplois, l'analyste organise des entrevues avec le personnel de bureau. Ces entrevues durent au moins deux heures, sinon près de trois heures, car l'analyste doit se présenter, expliquer le but de sa présence et les résultats escomptés avant d'arriver à gagner la confiance des employés, suffisamment pour que ceux-ci consentent à lui transmettre des renseignements sur leur travail.

Devant cette situation, l'analyste demande à la direction de convoquer le personnel pour présenter les objectifs et le déroulement du processus d'analyse et d'évaluation des emplois et pour lui permettre de poser des questions. Après cette réunion, la durée des entrevues est réduite à près d'une heure, et la valeur de l'information recueillie augmente.

La situation évoquée dans l'encadré précédent illustre qu'une bonne communication du programme d'analyse et d'évaluation des emplois influe sur son efficacité. Il est primordial de bien informer les employés sur le processus d'analyse et d'évaluation des emplois si l'on veut maximiser les chances qu'ils collaborent à la collecte de l'information et qu'ils trouvent juste la hiérarchie des emplois qui en résulte. Le succès d'un programme d'évaluation d'emplois dépend de la qualité de l'information collectée et de l'acceptation des résultats du processus d'évaluation des emplois par les employés. À cet égard, la communication est un facteur clé de succès, d'autant plus que, dans la majorité des cas, les employés ont des perceptions erronées. Quoiqu'il n'y ait pas de recette miracle en la matière, certains facteurs doivent être considérés : le style de gestion d'une organisation, la présence ou l'absence d'un syndicat, la catégorie de personnel concernée, le processus de collecte (questionnaire, entrevue, etc.) et d'évaluation de l'information, la présence ou l'absence de consultants, etc. Par ailleurs, il est possible de dégager certaines caractéristiques de tout bon programme de communication, tant du point de vue du contenu de l'information transmise et des participants que du point de vue des modes de communication utilisés.

Pour ce qui est du contenu, les informations doivent expliquer les objectifs et le déroulement du processus d'analyse et d'évaluation des emplois et préciser que ce sont les emplois qui sont évalués, et non leurs titulaires. Au début d'un bon programme de communication, on devrait préciser la portée et les limites du processus d'analyse et d'évaluation des emplois en répondant à certaines questions : Qu'est-ce que l'évaluation des emplois ? Comment procède-t-on ? De quelle façon les résultats peuvent-ils modifier les salaires ? Que peuvent faire les personnes qui se sentent lésées par les résultats de l'évaluation des emplois ? Il est également important de transmettre aux employés le nom et le numéro de téléphone d'une ou de deux personnes du Service des ressources humaines auxquelles elles peuvent adresser leurs questions. Si les employés sont syndiqués, les représentants seront identifiés et les communications seront souvent faites de façon conjointe (direction et syndicat).

En ce qui concerne les participants, la direction de l'entreprise doit appuyer manifestement le programme. Une communication efficace doit s'établir du haut vers le bas, c'est-à-dire de la direction aux supérieurs des employés concernés, puis des supérieurs aux employés. Il faut que toutes les personnes touchées par le programme soient informées et puissent trouver des réponses à leurs interrogations. Si l'on a recours à l'observation ou à l'entrevue comme instrument de collecte d'information sur les emplois, les analystes d'emplois, surtout s'il s'agit de consultants externes, doivent être présentés aux supérieurs hiérarchiques et aux titulaires des emplois visés par le programme. Lorsque les titulaires de ces emplois sont syndiqués, les représentants syndicaux doivent être informés du projet avant les membres. La direction du syndicat doit connaître le processus et la façon d'effectuer l'évaluation des emplois choisie par la direction. Les représentants syndicaux peuvent être invités à faire partie du comité d'évaluation avec les représentants de la direction. Une telle entente est d'ailleurs obligatoire dans les organisations où il existe une loi proactive en matière d'équité salariale (voir le chapitre 8). Dans d'autres cas, il peut être décidé que la direction procède seule à l'évaluation des emplois et que le syndicat conserve un droit de regard sur les résultats. Il est important que les cadres ou les superviseurs comprennent bien le système d'évaluation, puisqu'ils jouent un rôle clé dans la communication de ce système à leurs subalternes.

Quant aux modes de communication, ils peuvent varier selon les caractéristiques des emplois visés, la philosophie de gestion et la culture organisationnelle de l'entreprise. Dans certains cas, l'accent est mis sur un mode de communication écrit. Dans d'autres cas, on privilégie la communication orale en réunissant les employés en petits groupes, en rencontrant les supérieurs immédiats, ou encore en recourant à l'audiovisuel. Peu importe la formule utilisée, il est important de prévoir un mécanisme grâce auquel les personnes peuvent trouver des réponses à leurs questions. Sous ce rapport, les rencontres en petits groupes présentant des possibilités d'échanges constituent un mécanisme efficace.

6.5.4 La participation et l'implication des employés

Le succès d'un processus d'analyse et d'évaluation des emplois dépend de la façon dont il est élaboré. Si le processus est autocratique et fermé, il risque de susciter la suspicion, les antagonismes, si ce n'est l'hostilité pure et simple. S'il est démocratique et transparent, il a plus de chances de fournir une base constructive d'échanges et de discussions pour la détermination des exigences relatives des emplois. L'acceptation des résultats repose aussi sur la crédibilité de la démarche. La présence des employés au comité d'évaluation des emplois est certes un élément de crédibilité, mais il y a d'autres éléments qui entrent en jeu. La confiance en la direction et la certitude qu'elle possède des renseignements pertinents sont aussi importants, voire davantage pour amener les employés à estimer que le processus est juste.

6.5.5 La communication des résultats

Traditionnellement, la communication des résultats de l'évaluation des emplois, comme celle de la formation du comité d'évaluation, relevait de la philosophie de gestion de l'organisation. D'une part, si l'objectif était d'obtenir une structure salariale logique et rationnelle aux yeux de la direction, celle-ci procédait seule à l'évaluation des emplois et ne communiquait aux employés que les résultats liés à leurs emplois respectifs. Dans ce contexte fermé, la communication des résultats d'évaluation amenait la direction à donner des explications qui pouvaient être perçues comme des justifications de ses volontés. D'autre part, si l'objectif était d'établir une structure salariale équitable aux yeux de toutes les parties concernées (employés, direction et syndicat, s'il y a lieu), on invitait des représentants de ces parties à être membres du comité et on rendait publics les résultats (tout au moins à l'intérieur de la famille d'emplois concernée). Une telle divulgation augmentait les possibilités que certains résultats soient contestés, mais le fardeau de la justification allait au comité d'évaluation des emplois.

Par ailleurs, il peut être de mise de faire coïncider la traduction des résultats de l'évaluation d'emplois en salaires avec la période d'augmentation des salaires, si une telle période existe dans l'organisation. Au cours de cette période, la direction possède une plus grande marge de manœuvre et la réaction des titulaires que l'évaluation a considérés comme surpayés peut être de moindre importance : plutôt que d'accorder des augmentations de salaire à certains employés et d'en refuser à d'autres, elle en accorde à tous, mais de montants différents.

6.5.6 Les mécanismes d'appel

Bien que l'obtention des résultats ait pu obéir à une démarche précise et rationnelle, il existera toujours une possibilité d'erreurs. Et même s'il n'y a pas eu d'erreurs, certaines personnes pourront estimer qu'il y en a eu dans leur cas. En présence d'un syndicat, les cas litigieux d'évaluation d'emplois sont envoyés au mécanisme général d'arbitrage contenu dans la convention collective. Dans certains cas, les parties prévoient un mécanisme particulier pour les contestations liées à l'évaluation d'emplois. Elles peuvent, par exemple, vouloir s'assurer que les arbitres qui entendront ces causes aient des connaissances en la matière.

Dans les entreprises où il n'y a pas de syndicat, les mécanismes formels d'appel sont plutôt rares, malgré qu'il puisse être avantageux d'en prévoir. Par exemple, les cas en litige peuvent être soumis à nouveau au comité d'évaluation, qui revoit alors les dossiers. Il convient de distinguer une contestation des résultats de l'évaluation des emplois d'une contestation portant sur les salaires versés. S'il s'agit d'une plainte à propos du salaire, un changement des résultats de l'évaluation des emplois va modifier l'équilibre entre les emplois et entraîner d'autres contestations. Dans la mesure où le comité maintient sa décision après l'avoir justifiée, les titulaires des emplois visés peuvent confier leur cas à une ou deux personnes de l'organisation, qui devront prendre une décision finale. Ces personnes doivent être indépendantes du comité d'évaluation et occuper des postes élevés dans la hiérarchie.

6.5.7 La mise à jour de l'évaluation

L'évaluation des emplois n'est qu'un des moyens permettant de s'assurer que la structure salariale d'une organisation soit équitable à un moment donné. Dans la mesure où l'organisation évolue et que certains emplois sont créés ou d'autres modifiés, il faut établir un processus de mise à jour des évaluations d'emplois pour maintenir une certaine équité dans la structure salariale. Le comité d'évaluation doit alors procéder à la cotation des nouveaux emplois, ainsi qu'à celle de ceux qui ont été modifiés. Afin d'assurer au processus d'évaluation et de réévaluation une certaine continuité, il est également important que la composition du comité ne change pas trop souvent et qu'on remplace les membres un à la fois plutôt qu'en bloc.

Dans les cas d'évaluation de nouveaux emplois, le comité agit de la même façon que d'habitude. Dans les cas de modifications d'emplois, il ne doit examiner que les conséquences des modifications sur l'évaluation. Ainsi, les changements insérés dans les cotations doivent être justifiés par ceux qui sont apportés dans le contenu de la description d'emploi (approche traditionnelle) ou dans les réponses aux questionnaires (approche contemporaine). Le fait de procéder autrement risque de remettre en cause l'équilibre de l'évaluation des emplois dans l'organisation.

6.5.8 L'évaluation des résultats

En pratique, les organisations mesurent souvent l'efficacité de leur processus d'évaluation des emplois à la lumière des réactions des employés en fonction des résultats et d'une estimation plus ou moins précise des avantages de ce processus par rapport à ses coûts. Quant à l'évaluation de la qualité des diverses méthodes d'évaluation des emplois, elle ne constitue un objet de recherche que pour une poignée d'universitaires.

L'acceptation des résultats

Une façon de considérer la qualité du processus d'évaluation d'emplois consiste à se demander s'il augmente la satisfaction des employés à l'égard de leurs salaires ainsi que leur rendement. La réponse n'est pas évidente, car l'équité interne n'est pas la seule variable qui influe sur la satisfaction à propos des salaires et sur le rendement au travail.

L'appréciation de la valeur d'une démarche d'évaluation des emplois demeure complexe et n'est pas près d'être résolue, si jamais elle l'est. Aussi, le test ultime d'une structure salariale n'est pas de vérifier si le processus d'évaluation des emplois utilisé est objectif (il ne l'est pas et ne le sera jamais !), mais plutôt de vérifier s'il est accepté et considéré comme équitable par les dirigeants et les employés. L'efficacité d'un système d'évaluation des emplois ne repose donc pas sur sa popularité auprès des entreprises, ni sur ses caractéristiques techniques particulières, mais sur le fait que les résultats obtenus correspondent aux valeurs du personnel.

L'efficience du processus d'évaluation

Une autre manière d'aborder la question de la valeur d'un processus d'évaluation d'emplois est de considérer son utilité ou son efficience sous l'angle des coûts et des bénéfices. Le coût de l'évaluation des emplois comprend le coût de l'élaboration du processus, de même que celui de son implantation. Lorsqu'une organisation met au point un processus d'analyse et d'évaluation d'emplois, le coût de l'élaboration correspond d'abord à celui des heures consacrées au projet par les personnes de l'organisation et aux honoraires versés à des conseillers externes, qui varient selon l'ampleur de leur participation et leur expertise. L'entreprise doit donc se demander si la hiérarchisation des emplois en fonction de leurs exigences relatives lui permet d'atteindre ses objectifs (respect des lois, simplicité, flexibilité, etc.) de la manière la plus efficiente possible.

Les qualités psychométriques des méthodes d'évaluation

Quoique les méthodes d'évaluation soient multiples et utilisées depuis longtemps par les entreprises, seulement quelques études – dont la plupart ont été effectuées avant les années 1980 – se sont penchées sur leur efficacité en s'appuyant sur des indicateurs comme la fidélité, la validité et le taux de succès. La *fidélité* correspond à la constance ou à la stabilité des résultats obtenus par différents évaluateurs, ou, à divers moments, exprimés à l'aide d'un indice de corrélation variant entre 1 (relation positive parfaite entre les deux séries de résultats) et 0 (aucune relation entre les deux séries de résultats). En général, ces études démontrent que les résultats d'évaluation *globale* des évaluateurs concordent assez bien, contrairement aux résultats obtenus à chacun des facteurs d'évaluation, qui varient considérablement (Madigan, 1985 ; Treiman, 1979).

Quoiqu'il soit possible d'utiliser la distribution des salaires en vigueur sur le marché du travail pour estimer la validité d'une méthode d'évaluation des emplois, cette façon de faire confond les notions d'équité interne et d'équité externe. La meilleure façon d'analyser la *validité* d'une méthode d'évaluation d'emplois consiste à appliquer une méthode d'évaluation différente à un même ensemble d'emplois et à comparer leurs résultats respectifs : s'ils sont corrélés, la méthode est jugée susceptible d'être valide. Certaines études ayant estimé la convergence entre les hiérarchisations d'emplois qui résultent de différentes méthodes d'évaluation des emplois montrent une corrélation élevée. Toutefois, l'ampleur de la corrélation entre les résultats de différentes méthodes d'évaluation des emplois ne correspond pas à la vraie préoccupation : il est fort différent de constater que le rangement d'un ensemble d'emplois est semblable à celui généré par une autre méthode, et de s'apercevoir que le rangement respectif des méthodes a pour effet de disposer les emplois à l'intérieur des mêmes classes d'emplois ou de classes d'emplois différentes. Dans ce dernier cas, les conséquences sur la détermination des classes salariales sont plus importantes, puisque chacune d'elles correspond à des taux (minimum et maximum) et à des progressions de salaire différentes, d'où le recours au *taux de succès*.

Le taux de succès (*hit rates*) correspond à la fréquence selon laquelle diverses méthodes d'évaluation placent les divers emplois évalués dans les mêmes classes d'emplois. Des études confirment que la classe d'emplois attribuée à un emploi varie selon les méthodes d'évaluation utilisées (Caron, 1988 ; Gomez-Mejia et autres, 1982 ; Madigan, 1985). Par exemple, Caron (1988) affirme qu'entre 30 % et 60 % des emplois se trouvent dans des classes différentes, selon les méthodes d'évaluation utilisées. L'écart salarial entre les classes d'emploi est un élément à considérer pour juger de l'acceptabilité d'un taux de succès. Ainsi, un écart de ±1 classe d'emplois est plus acceptable lorsqu'une structure salariale présente peu d'écarts entre les salaires des classes suivantes que lorsque les écarts salariaux sont grands.

En résumé, selon l'état actuel des connaissances, il est impossible d'affirmer qu'un processus d'évaluation d'emplois amène de meilleurs résultats qu'un autre. Les seules affirmations que l'on puisse faire à cet égard sont celles qui suivent. D'abord, plus les résultats d'un processus d'analyse et d'évaluation d'emplois sont compris et acceptés par l'ensemble des personnes concernées, meilleur est ce processus. Ensuite, pour rendre positives les réactions des personnes à l'égard d'une démarche d'évaluation des emplois, l'employeur doit se préoccuper non seulement de la qualité des outils utilisés (méthodes, techniques, etc.), mais aussi de la démarche employée (participation, communication, etc.). Finalement, tel que l'ont observé Milkovich et Newman (1998), peu de gestionnaires de la rémunération considèrent l'évaluation des emplois comme un outil strict de mesure. Ils la perçoivent plutôt comme une méthode visant à rationaliser une structure salariale sur laquelle il y a une entente. L'évaluation des emplois est alors davantage un processus d'échange en vue d'un consensus qu'un outil de mesure immuable.

Dans un objectif de rémunération, l'usage des descriptions d'emplois et l'évaluation des *emplois* repose sur les prémisses que le contenu de l'emploi est relativement stable et qu'il est représentatif de la valeur des contributions des employés. En pratique, ces hypothèses ne s'accordent pas toujours avec les besoins des organisations misant sur la flexibilité. L'apparition de nouvelles technologies et les nouvelles formes d'organisation du travail ont des effets sur le contenu des emplois et sur les exigences requises pour les assumer. Dans ce contexte, certaines organisations procèdent à l'analyse et à l'évaluation de « compétences » ou d'« habiletés » des employés afin d'établir leurs salaires, c'est-à-dire qu'ils décrivent les emplois en fonction des compétences, des connaissances, des habiletés ou en fonction de ce qu'un employé *peut* faire. Le chapitre 9 traite de rémunération basée sur les compétences, plus précisément d'analyse, de description et d'évaluation des *compétences* des titulaires des emplois.

6.6 LES LIMITES DE L'ÉVALUATION DES EMPLOIS DANS LA DÉTERMINATION DES SALAIRES

Comme toute autre pratique de gestion, l'évaluation des emplois comporte certaines limites. Rappelons d'abord qu'il n'existe pas de système objectif d'évaluation des emplois, puisque c'est un processus essentiellement subjectif. Il n'y a pas non plus de critères universels objectifs pour déterminer les exigences des emplois, et toutes les méthodes d'évaluation d'emplois nécessitent du jugement, de la discrétion, de la négociation et de la rationalisation. L'utilisation récente de la statistique en matière d'évaluation d'emplois ne rend pas celle-ci plus scientifique ; elle ne contribue qu'à faciliter l'analyse et la synthétisation de l'information.

Rappelons également que l'évaluation d'emplois porte sur une évaluation des *emplois* et non de leurs *titulaires*. L'objectif d'une telle évaluation consiste à *accorder aux emplois des salaires proportionnels aux exigences* et non à déterminer des salaires ou des écarts précis entre les salaires des titulaires des emplois. Il s'agit uniquement d'indiquer quels emplois doivent être rémunérés à des taux identiques et quels emplois doivent être rémunérés à des taux différents, c'est-à-dire d'ordonner ou de hiérarchiser les emplois.

Par conséquent, il ne faut pas confondre l'*évaluation des emplois* avec la *détermination des salaires des emplois et de chacun de leurs titulaires*. Quoique les exigences différentes liées aux emplois d'une organisation constituent un critère pertinent et utilisé dans la détermination des salaires (équité interne), d'autres principes, notamment l'importance du marché (équité externe) et certaines caractéristiques individuelles (équité individuelle) jouent un rôle dans leur détermination. L'équité interne n'est qu'une des formes d'équité à respecter en matière de gestion de la rémunération. On pense, par exemple, aux spécialistes en informatique, à qui l'on offre de bien meilleures conditions de rémunération qu'à d'autres emplois différents aux exigences semblables, tout simplement parce qu'il y en a trop peu sur le marché. Dans ce cas, l'influence relative du principe de l'équité externe est plus importante que celle de l'équité interne dans la détermination du salaire.

Finalement, selon une perspective de gestion, le salaire des différents emplois d'une organisation doit être fonction de leurs exigences respectives. Toutefois, les salaires représentent également des transactions de type psychologique, sociologique, politique, éthique, etc. (voir le chapitre 1). C'est l'*ensemble* de ces considérations qui sert à déterminer les salaires et qui permet de comprendre la diversité des transactions de rémunération (rémunération des politiciens, des vedettes de hockey, etc.).

RÉSUMÉ

Ce chapitre a fait le point sur le processus d'évaluation des emplois. Dans les années 1930 et 1940, on a fourni aux organisations la majorité des méthodes utilisées de nos jours en matière d'évaluation d'emploi : le rangement, la classification, la comparaison avec le marché et la méthode par points. Il existe deux versions de la méthode des points, l'utilisation d'une grille faite sur mesure et l'utilisation d'une grille préétablie. La grille faite sur mesure a pour avantage de refléter les valeurs de l'organisation et la nature des emplois évalués, alors que la grille préétablie est dite d'application universelle. Traditionnellement, la grille d'évaluation des emplois par points a toujours été la méthode la plus couramment utilisée. Depuis le début des années 1980, on a vu apparaître une démarche contemporaine fondée sur la méthode des points : la méthode dans laquelle on utilise un questionnaire structuré, qui fait appel à la statistique et à l'informatique pour traiter les renseignements recueillis.

Ce chapitre a également mis en lumière les diverses conditions de succès liées à la gestion d'un processus d'analyse et d'évaluation des emplois : la communication du programme, le choix du moment, les mécanismes d'appel, etc. Il a aussi mis en évidence la pertinence du concept de « justice du processus » dans l'élaboration et la gestion d'un programme d'analyse et d'évaluation d'emplois, qui vise à assurer que les employés concernés acceptent les résultats. L'acceptation des résultats dépend avant tout de la crédibilité de la démarche entreprise en vue d'élaborer le programme et de la façon de gérer ce programme.

QUESTIONS DE RÉVISION

1. Qu'est-ce que l'évaluation des emplois ? Quel est son lien avec la recherche de l'équité interne en matière de rémunération ?

2. Présenter les principales approches – tant traditionnelles que contemporaines – d'évaluation des emplois.

3. Décrire les étapes d'élaboration de la méthode par points en distinguant celles qui correspondent à une approche traditionnelle et celles qui témoignent d'une approche contemporaine. Comparer les avantages et les inconvénients respectifs de ces deux approches.

4. Quelles sont les conditions à respecter à l'égard de la gestion d'un processus d'analyse et d'évaluation des emplois ? Justifier votre réponse.

RÉFÉRENCES

CARON, I. (1988). *Étude sur la convergence des résultats d'évaluation de deux méthodes de points d'évaluation des emplois*, mémoire de maîtrise, Montréal, École des Hautes Études Commerciales, Université de Montréal.

GAUCHER, D. (1994). *L'équité salariale au Québec : révision du problème – Résultats d'une enquête*, Les Publications du Québec, Gouvernement du Québec.

GOMEZ-MEJIA, L.R., R.C. PAGE et W.C. TORNOW (1982). « A comparison of the practical utility of traditional, statistical and hybrid job evaluation approaches », *Academy of Management Journal*, vol. 25, n° 4, p. 790-809.

GREENBERG, J. (1990). « Looking fair vs being fair : Managing impressions of organizational justice », dans B.M. Staw et L.L. Cummings (sous la dir. de), *Research in Organizational Behavior*, Greenwich, Conn., JAI Press, vol. 12, p. 111-157.

HENEMAN, H.G. (1985). « Pay Satisfaction », dans K.M. Rowland et G.R. Ferries (sous la dir. de), *Research in Personnel and Human Resources Management*, Greenwich, Conn., JAI Press, vol. 3, p. 115-139.

KAHNWEILER, W.M., D.P. CRANE et C.P. O'NEIL (1994). « Employee involvement in designing and managing pay systems », ACA *Journal*, vol. 3, n° 1, printemps, p. 68-81.

LEVENTHAL, G.S., J. KARUZA et W.R. FRY (1980). « Beyond fairness : A theory of allocation preferences », dans G. Mikula (sous la dir. de), *Justice and Social Interaction*, New York, Springer Verlag, p. 167-218.

LONG, R.J. (1998). *Compensation in Canada*, ITP Nelson, Series in Human Resources Management, Toronto.

MADIGAN, R.M. (1985). « Comparable worth judgments : A measurement properties analysis », *Journal of Applied Psychology*, vol. 70, p. 137-147.

MICELI, M.P., et M.C. LANE (1992). « Antecedent of pay satisfaction : A review and extension », dans K.M. Rowland et G.R. Ferries (sous la dir. de), *Research in Personnel and Human Resources Management*, vol. 9, p. 235-309.

MILKOVICH, G.T., et J.M. NEWMAN (1998). *Compensation*, Illinois, Homewood, Richard D. Irwin Inc.

RYNES, S.L., C.L. WEBER et G.T. MILKOVICH (1989). « The effects of market survey rates, job evaluation, and job gender on job pay », *Journal of Applied Psychology*, vol. 74, n° 1, p. 114-123.

TREIMAN, D.J. (1979). *Job Evaluation : An Analytical Review*, Washington, D.C., National Academy of Sciences.

Chapitre 7

L'ÉLABORATION DES STRUCTURES SALARIALES ET LA GESTION DES SALAIRES

OBJECTIFS

Ce chapitre vise à :

- démontrer l'importance de maintenir une structure salariale équitable ;
- analyser les facteurs déterminant le nombre de structures salariales ;
- démystifier le processus d'élaboration d'une structure salariale de manière à mieux comprendre les composantes d'une telle structure et le processus à suivre pour les déterminer, notamment les classes d'emplois, les bornes des classes d'emplois, les échelles salariales et leurs échelons, le chevauchement des échelles salariales, les critères de progression dans les échelles salariales (p. ex. : rendement, années de service) ;
- améliorer les connaissances en ce qui concerne la gestion des salaires, c'est-à-dire la planification des augmentations de salaire, l'ajustement des structures salariales, la révision des salaires individuels, le moment de l'attribution des augmentations de salaire, la communication au sujet des salaires et le contrôle des salaires ;
- traiter de problèmes ou de défis particuliers liés à la gestion des salaires, comme le phénomène de la compression salariale, la double structure salariale et les courbes de maturité.

PLAN

Objectifs 277
Cas : Clauses orphelin, clauses fourre-tout ? 280
Introduction 282
7.1 Les structures salariales 282
7.1.1 Définition et importance des structures salariales 282
7.1.2 Le nombre de structures salariales 286
7.2 La distribution des salaires dans une organisation et sur le marché selon la politique salariale 289
7.3 Les classes d'emplois 292
7.3.1 Le regroupement des emplois en classes d'emplois 292
La subjectivité de l'évaluation des emplois 293
La gestion des salaires 293
La communication au sujet des salaires 293
7.3.2 Le nombre de classes d'emplois 294
7.3.3 La détermination des bornes des classes d'emplois 295
7.3.4 Les classes d'emplois inoccupées 299
7.3.5 Les emplois situés à proximité des bornes des classes d'emplois 299
7.4 Les échelles salariales associées aux classes d'emplois 301
7.4.1 La détermination d'échelles salariales plutôt que l'adoption d'un taux de salaire unique par classe d'emplois 302
7.4.2 La détermination du point de contrôle des échelles salariales et le calcul du ratio comparatif 303
7.4.3 La détermination de l'étendue de l'échelle salariale de chaque classe d'emplois 304
7.4.4 La détermination des échelons à l'intérieur des échelles salariales 307
7.5 Le chevauchement des échelles salariales 307
7.5.1 L'importance et les conséquences du recoupement entre les échelles salariales de classes d'emplois adjacentes 308
7.5.2 L'ampleur du chevauchement entre les échelles salariales de classes d'emplois adjacentes 309
7.6 Les critères de progression dans les échelles salariales 311
7.6.1 Les échelles salariales basées sur les années de service 311
7.6.2 Les échelles salariales basées sur le rendement individuel ou le salaire au mérite 313
Les modes de progression dans les échelles salariales et le point milieu 313
La grille de salaires au mérite 315
L'efficacité des salaires au mérite 316

7.6.3 Les échelles salariales mixtes 318
7.7 La gestion des structures salariales 318
7.7.1 La planification des augmentations de salaire 319
7.7.2 L'ajustement des structures salariales selon le coût de la vie 319
7.7.3 La révision des salaires individuels 320
7.7.4 Le moment de l'attribution des augmentations de salaire 322
7.7.5 La communication relative aux salaires et aux autres composantes de la rémunération 323
La communication relative aux salaires : avantages et inconvénients 324
La pratique en matière de communication à propos de la rémunération 325
Les conditions à respecter en matière de communication à propos de la rémunération 325
7.7.6 Le contrôle des salaires 327
Les modes de contrôle 328
Les objets du contrôle 328
7.8 La gestion des salaires : problèmes et défis particuliers 332
7.8.1 La compression salariale 332
7.8.2 La double structure salariale ou la clause orphelin 334
La définition et les diverses formes de double structure salariale 334
L'efficacité de la double structure salariale 335
La fréquence d'utilisation de la double structure salariale 336
7.8.3 Les courbes de maturité 336
Résumé 337
Questions de révision 338
Références 339

CAS

Clauses orphelin, clauses fourre-tout ?

Un étrange écart de revenu persiste, depuis la récession de 1982, entre les salaires gagnés, au même âge, par les jeunes baby-boomers et leurs enfants de la génération X : depuis quinze ans, le salaire moyen des jeunes a chuté d'au moins 10 %, sinon 20 %.

« Jusqu'aux années 1990, les salaires des deux générations suivaient la même courbe. L'écart s'est creusé en 1982 et ne s'est jamais resserré depuis », constate René Morissette, de Statistique Canada.

Pourquoi ? « C'est la question à 1000 $ », s'exclame-t-il. L'hypothèse qu'il avance, et travaille présentement à documenter, c'est que la mondialisation a ouvert un nouveau champ de concurrence pour les entreprises et les salaires ont subi, dans le mouvement, une pression à la baisse.

« Les entreprises ont donc cherché à réduire leurs coûts de main-d'œuvre, mais, pour ne pas affecter le moral de leurs troupes, ils ont maintenu intacte la structure salariale, sauf pour celle des nouveaux employés », explique-t-il. Bref, les entreprises ont institutionnalisé ce qu'on appelle aujourd'hui des clauses orphelin.

La faible syndicalisation des jeunes a également joué dans cette baisse du salaire moyen. Chez les jeunes travailleurs, le taux moyen de syndicalisation a chuté de moitié en quinze ans, note l'économiste Thomas Lemieux, de l'Université de Montréal.

« Si la tendance se maintient, la syndicalisation est un phénomène en voie de disparition. Et c'est clair que les jeunes vont être les premiers à en faire les frais », croit-il.

Bien que préoccupante, cette baisse de syndicalisation n'explique cependant pas totalement l'écart salarial intergénérationnel. « La plus grande proportion de la baisse de salaire demeure inexpliquée », déplore M. Morrissette.

Restent les clauses orphelin. Un phénomène qu'à l'heure actuelle, on est encore incapable de circonscrire avec précision. Ces clauses que l'on juge discriminatoires réduisent les conditions salariales à l'embauche des nouveaux employés, soit en allongeant l'échelle de rémunération ou en créant une échelle complètement parallèle.

Des études partielles du ministère du Travail estiment qu'on retrouve des clauses orphelin dans environ huit pour cent des conventions collectives, 16 % dans le secteur du commerce. On en retrouve aussi dans les municipalités – où le transfert de 500 millions par Québec a décuplé le phénomène –, dans l'enseignement et dans plusieurs entreprises privées.

Les écarts

Un exemple ? La Ville d'Anjou ne paie ses nouveaux employés temporaires que 90 % du salaire de base prévu à la convention collective. Tout récemment, Molson a imposé des conditions salariales moins avantageuses à ses nouveaux employés et l'Université du Québec à Trois-Rivières a imposé aux nouveaux professeurs un plafond salarial de 52 000 $ à l'embauche, quelles que soient les compétences du candidat.

Certains employeurs perpétuent indéfiniment l'écart salarial, alors que d'autres font se rejoindre nouveaux et anciens employés après un certain temps.

« C'est un grave problème social parce que ces clauses sont partout. Des médecins aux cols bleus », souligne Karine Lavoie, qui a réussi à éviter l'imposition d'une clause orphelin à certains employés municipaux de Laval.

« Ce type de clause est là pour s'imposer si on ne fait rien », acquiesce le sociologue Jacques Hamel. C'est pourquoi le gouvernement, sous la pression des groupes jeunesse, a promis un projet de loi pour limiter l'usage de ces clauses. Mais de quelle ampleur ? Là est toute la question.

Raynald Bourque, professeur de relations industrielles à l'Université de Montréal, croit que les jeunes poussent un peu le bouchon sur la question des clauses orphelin.

« La logique des jeunes, ça mène à l'abolition des échelons salariaux. C'est d'être tous payés le même salaire pour le même travail. Or, ce n'est pas la logique qu'on a acceptée il y a 30 ans avec le principe de l'ancienneté », dit-il. M. Bourque juge cependant que les clauses permanentes – qui perpétuent l'écart salarial – sont totalement « inacceptables » et que le gouvernement devrait circonscrire sa législation à ce type de clauses.

Pour les syndicalistes, les clauses orphelin représentent un dernier recours. Mais si c'est pour sauver un plancher d'emplois – donc les postes des plus jeunes employés –, cela en vaut parfois la peine.

« Une bonne proportion des jeunes enseignants ont voté en faveur du gel d'échelon parce qu'ils voulaient assurer leurs perspectives de carrière. Ils voulaient préserver leur poste, même s'ils y perdraient un peu d'argent », plaide Lorraine Pagé, alors présidente de la Centrale de l'enseignement du Québec.

« Ce n'est pas nécessairement facile de faire entendre le point de vue des jeunes à l'intérieur d'un syndicat, mais au moins on essaie », ajoute Karine Lavoie, maintenant à l'emploi de la CSN.

Source : Adapté de *La Presse*, samedi 20 février 1999.

INTRODUCTION

Ce chapitre traite de la détermination et de la gestion des salaires des employés, c'est-à-dire de la portion fixe de la rémunération. Pour la majorité des employés, le salaire correspond à la plus importante composante de leur rémunération globale. Le mode traditionnel de gestion des salaires des employés, qui est encore le plus répandu, comprend les étapes suivantes : l'évaluation des responsabilités des emplois, la conduite d'enquêtes de rémunération pour les emplois clés, le regroupement des emplois dont la valeur est semblable en classes, la détermination et la gestion d'échelles de salaires pour les différentes classes d'emplois selon une structure salariale donnée.

Alors que les chapitres 3 et 4 ont porté sur l'équité externe et les chapitres 5 et 6, sur l'équité interne, ce chapitre traite principalement des structures salariales comme moyen d'intégrer ces deux formes d'équité (voir la figure 7.1). Ce chapitre est subdivisé en trois grandes parties. La première partie vise à démystifier le processus d'élaboration d'une structure salariale. La seconde partie traite de la gestion des salaires, c'est-à-dire de la planification des augmentations de salaire, de l'ajustement des structures salariales, de la révision des salaires individuels, du moment de l'attribution des augmentations de salaire, de la communication relative aux salaires et du contrôle des salaires. La troisième partie traite de problèmes et de défis particuliers en matière de structures salariales, tels que la compression salariale, la double structure salariale et les courbes de maturité.

7.1 LES STRUCTURES SALARIALES

Le processus traditionnel d'évaluation des emplois donne une structure des emplois, c'est-à-dire une hiérarchisation des emplois basée sur leurs exigences relatives. La mise au point de structures salariales vise, entre autres, à respecter la structure des emplois résultant de l'évaluation de ceux-ci. Cette section vise deux objectifs. Tout d'abord, nous chercherons à définir ce que l'on entend par structure salariale et à démontrer l'importance de ce concept. Ensuite, nous traiterons des facteurs à considérer dans la détermination du nombre de structures salariales.

7.1.1 Définition et importance des structures salariales

La structure salariale détermine les salaires et le mode de gestion des salaires de différentes classes d'emplois au sein d'une organisation. La figure 7.2 pré-

FIGURE 7.1

Les deux grandes phases de la gestion des salaires

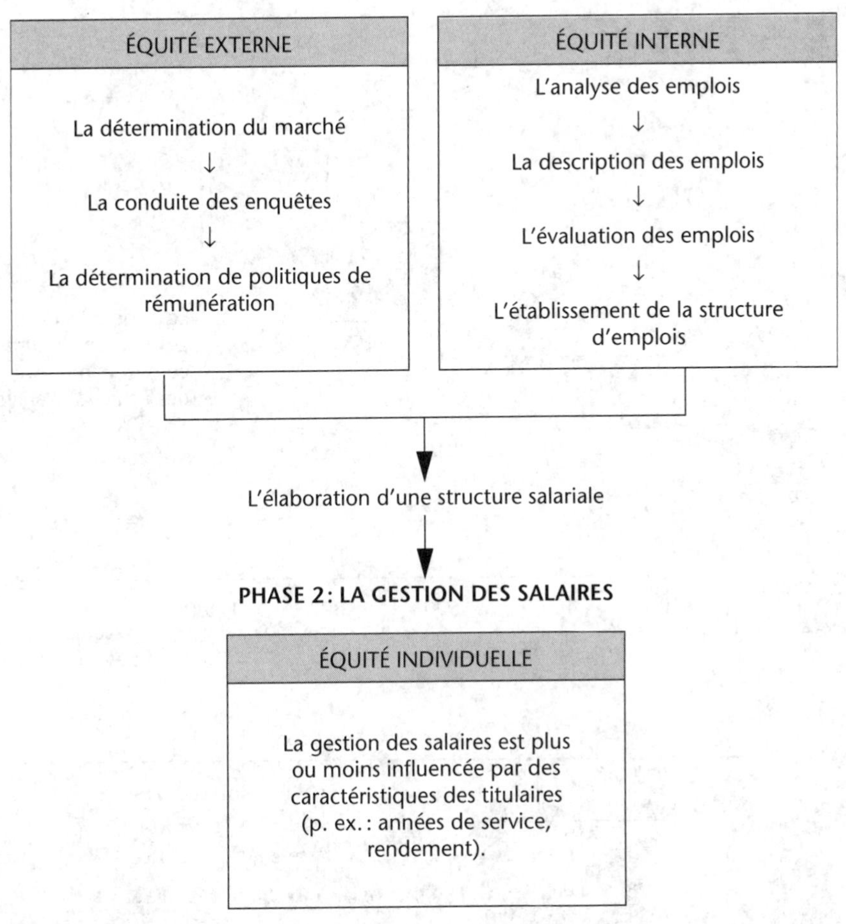

sente une structure salariale typique constituée de deux axes. Sur l'axe horizontal, on trouve les classes d'emplois, qui correspondent à des groupes d'emplois dont les exigences sont similaires (p. ex. : entre 0 et 250 points, entre 251 et 500 points) et qui sont payés de la même façon (même salaire de base, même salaire maximum, etc.). Sur l'axe vertical, on trouve les échelles, ou fourchettes salariales, qui décrivent la progression des salaires (taux

FIGURE 7.2

La représentation d'une structure salariale typique

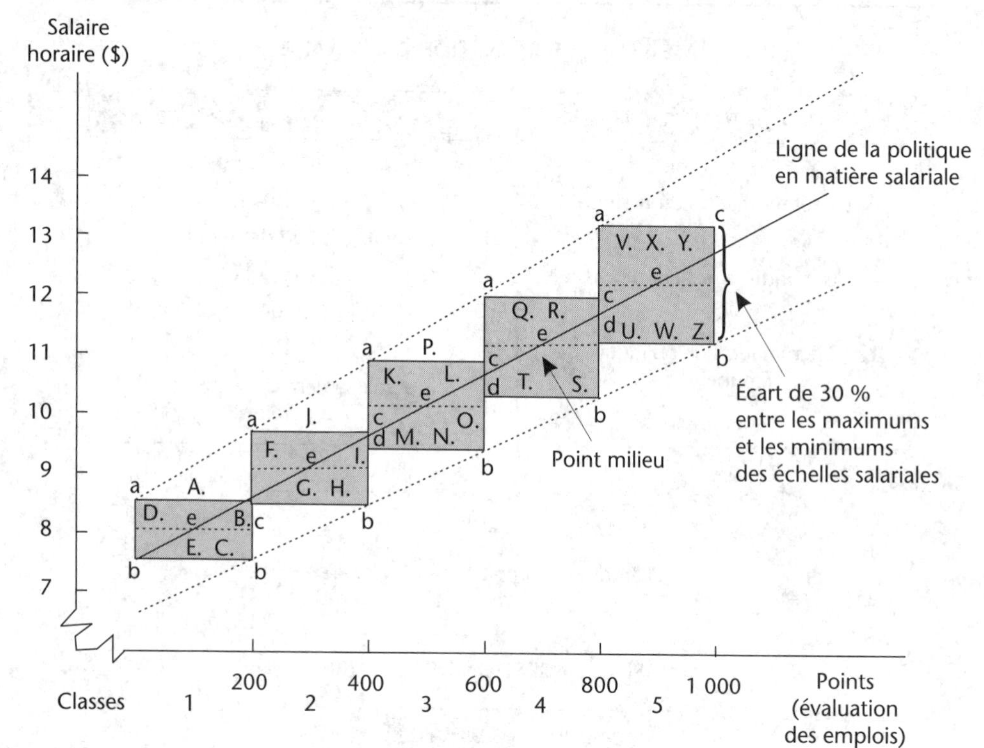

	Classes d'emplois				
	Classe 1	Classe 2	Classe 3	Classe 4	Classe 5
Emplois	A, B, C, D, E	F, G, H, I, J	K, L, M, N, O, P	Q, R, S, T	U, V, W, X, Y, Z
Emplois clés ou repères	B, C	I, J	(aucun)	(aucun)	U, Z

a :	maximum de l'échelle salariale	a-b :	écarts mini-maxi de l'échelle salariale
b :	minimum de l'échelle salariale	a-c :	étendue de la classe d'emplois
c-d :	chevauchement entre deux classes d'emplois	e :	point milieu de l'échelle salariale

Source : S. St-Onge, M. Audet, V. Haines et A. Petit, *Relever les défis de la gestion des ressources humaines*, Boucherville, Gaëtan Morin Éditeur, 1998, p. 501.

minimum – taux maximum) des titulaires des emplois d'une même classe d'emplois. En conséquence, les structures salariales déterminent des taux de salaire différents pour des emplois dont les exigences sont inégales et fournissent un cadre de référence pour la reconnaissance de différences en matière de contributions individuelles. Cette figure illustre également d'autres concepts clés de la gestion des salaires (p. ex. : salaire minimum, salaire maximum, chevauchement des échelles salariales, etc.) dont nous traiterons dans ce chapitre.

Selon Armstrong et Baron (1996), les principales caractéristiques d'une structure salariale sont les suivantes :

- Une hiérarchie des classes d'emplois est définie :
  - selon le niveau d'emploi accordé à la classification des emplois ;
  - par rapport à des emplois clés déjà associés à une classe d'emplois ;
  - sous l'angle de l'étendue de points ou de rangs dérivés d'un processus d'évaluation des emplois par points ou par rangement ;
- Une échelle salariale (ou un taux unique) est associée à chaque classe d'emplois ;
- L'échelle des salaires est ajustée selon les taux du marché, en fonction de la politique salariale de l'organisation par rapport au marché ;
- Les emplois associés à chaque classe d'emplois sont d'égale valeur ;
- Les employés peuvent progresser dans l'échelle des salaires selon leur rendement, leurs compétences ou leur ancienneté ;
- L'étendue des diverses échelles salariales varie selon le nombre de classes d'emplois et la hiérarchie des emplois ;
- Les échelles salariales peuvent se chevaucher pour fournir plus de flexibilité et pour reconnaître que le titulaire qui a le meilleur rendement dans une classe d'emplois donnée peut avoir plus de valeur pour l'organisation que celui qui a été embauché récemment pour occuper un emploi dans une classe supérieure.

Rappelons qu'une structure salariale est importante en raison de ses effets sur les comportements et les attitudes des employés – notamment sur leur désir de développer leurs compétences, leur stabilité (roulement), leur satisfaction, leur motivation à entrer au service de l'entreprise et à accepter des promotions. Par exemple, une structure salariale qui reconnaît l'ancienneté favorise le maintien des employés dans un même emploi. À l'opposé, une structure salariale plate – où il y a beaucoup de chevauchements entre les échelles salariales de classes d'emplois adjacentes et peu de différences entre les points milieux des classes d'emplois adjacentes – incite peu les employés à accepter des promotions. Une structure salariale plate peut aussi inciter les employés à faire réviser l'évaluation de leur emploi aussitôt qu'on leur attribue des responsabilités ou des tâches supplémentaires. Comme, dans un tel environnement, il y a peu de différences pécuniaires entre les titulaires de niveaux hiérarchiques différents, les employés attachent souvent beaucoup d'importance aux titres des emplois et aux récompenses symboliques telles que la qualité de la moquette et du fauteuil ou le nombre de fenêtres de la pièce. En l'absence de logique économique, les symboles prennent de l'importance ! L'équité des structures salariales est également importante d'un point de vue légal si l'on tient compte des préoccupations actuelles pour une réduction de la discrimination salariale entre les emplois à prédominance féminine et masculine au sein d'une même entreprise. En somme, les structures salariales doivent être élaborées de manière à inciter les employés à adopter des comportements qui aident les entreprises à atteindre leurs objectifs d'affaires, et de manière à être acceptées par les employés, ainsi qu'à respecter les lois et à retenir les employés compétents.

7.1.2 Le nombre de structures salariales

Dans ce chapitre, nous présumerons qu'une firme élabore une structure salariale en forme d'éventail (*fan type structure*) pour gérer les salaires de tous ses emplois, tel qu'il est présenté à la figure 7.3. Ce type de structure est d'ailleurs cohérent par rapport aux exigences de la loi sur l'équité salariale (voir le chapitre 8). Toutefois, en pratique, l'adoption d'une telle structure est plutôt exceptionnelle, et la détermination du nombre de structures salariales d'une organisation n'est pas une tâche simple.

Traditionnellement, on regroupe les emplois de nature semblable (exigences, syndiqués ou non, etc.) en familles d'emplois (*job clusters*) pour les comparer. Une famille d'emplois correspond à un regroupement d'emplois qui peuvent être comparables en fonction d'un ensemble de caractéristiques communes et qui se retrouvent sur un marché d'emploi similaire. On pense, par exemple, aux emplois de direction, aux emplois de cadres, de professionnels et de techniciens, aux emplois de bureau, aux emplois de production et d'entretien et, dans certains cas, aux emplois dans la vente. Jusqu'au début des années 1990, le processus d'évaluation des emplois, de même que le processus de mise au point et de gestion des salaires, se faisait par famille d'emplois : chaque famille avait sa structure salariale et il existait autant de structures salariales que de familles d'emplois dans une organisation. Comme nous l'avons mentionné dans les chapitres précédents, il en est ainsi parce que les emplois de diverses familles sont souvent évalués au moyen de différents systèmes d'évaluation d'emplois. De plus, comme la mobilité des titulaires des emplois des diverses familles est différente, les emplois font souvent l'objet d'enquêtes de rémunération qui préconisent différents marchés de référence.

FIGURE 7.3

Structure salariale en forme d'éventail

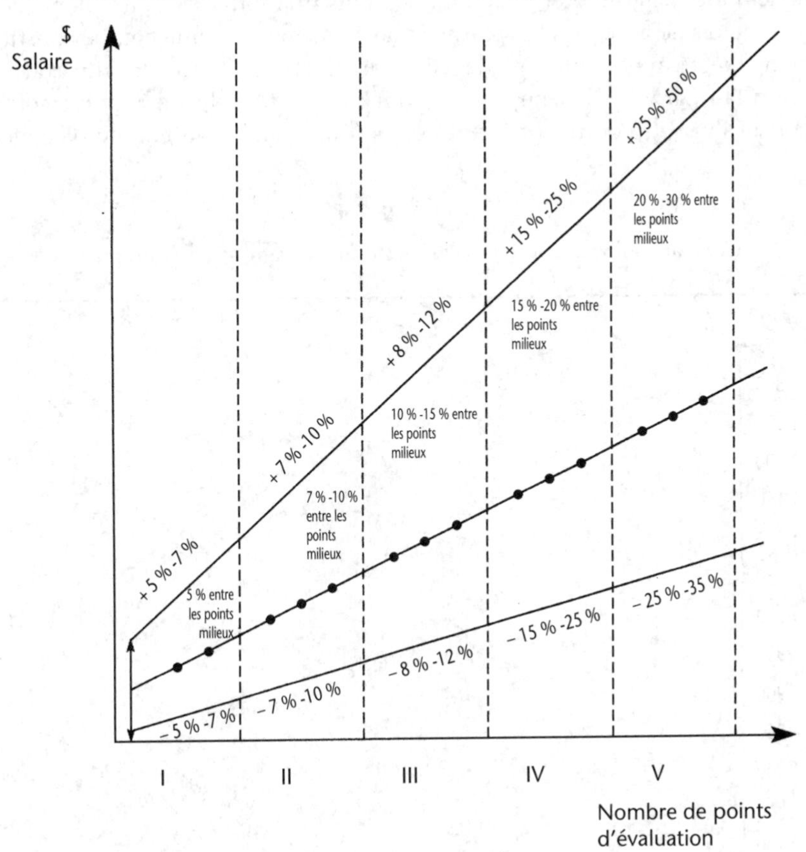

Groupes d'emplois

I: emplois de bureau, de production et d'entretien non spécialisés.

II: emplois de bureau, de production et d'entretien spécialisés.

III: emplois techniques, paraprofessionnels et d'agents de maîtrise (contremaîtres et surveillants).

IV: cadres intermédiaires et professionnels.

V: cadres supérieurs et personnel de direction.

Par conséquent, à ce jour, c'est surtout la présentation graphique des salaires et des résultats d'évaluation des emplois qui permettait de déterminer le nombre de structures salariales nécessaires selon le nombre de familles d'emplois. La distribution des points sur le graphique fournit une indication du nombre de familles d'emplois : s'il n'y a qu'une famille d'emplois, une ligne droite peut refléter parfaitement la distribution des points, alors que si les emplois ne font pas tous partie d'une même famille, une courbe constitue la meilleure représentation de cette distribution. À titre d'illustration, selon la figure 7.4, les emplois qui ont obtenu plus de 1 400 points lors de leur évaluation pourraient être associés à une deuxième famille d'emplois.

FIGURE 7.4

Comparaison des courbes salariales d'une organisation et du marché

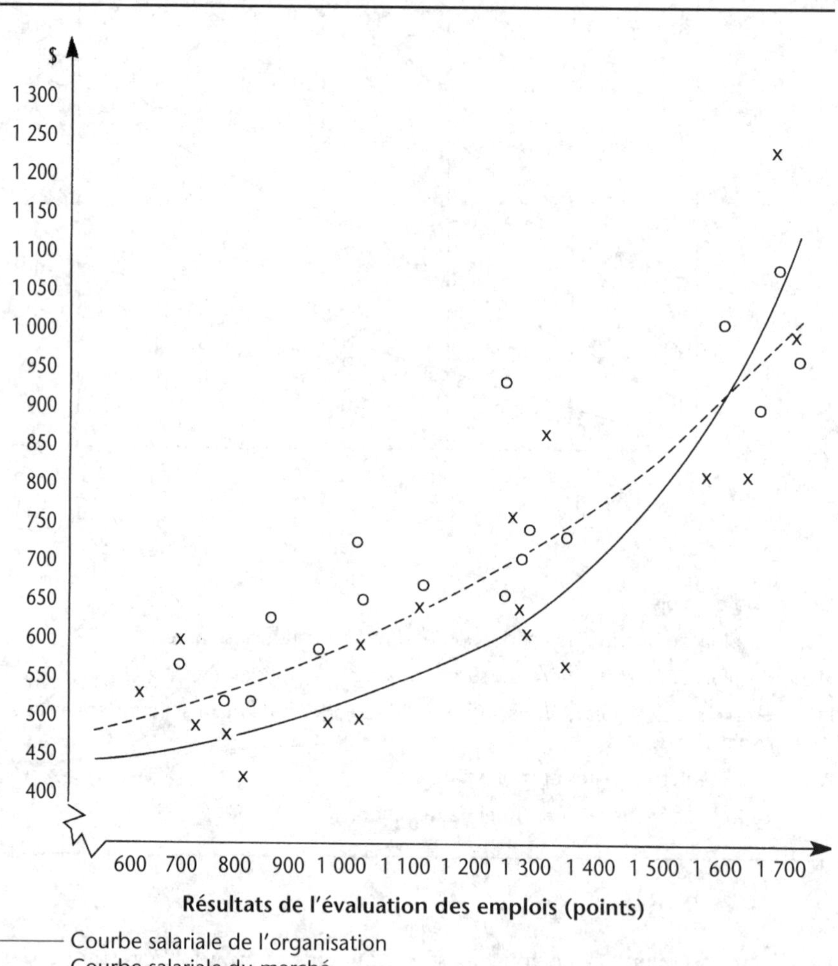

La distribution des salaires versés pour ces emplois, tant par l'organisation que sur le marché, ne se situe pas sur la ligne des salaires associés aux autres emplois. C'est pourquoi on a utilisé une ligne courbe plutôt qu'une ligne droite pour représenter la distribution de l'ensemble des salaires. En fait, deux lignes droites présentant des pentes différentes auraient pu être représentatives des salaires versés : la première aurait illustré les emplois dont les résultats de l'évaluation se situent entre 600 et 1 400 points, alors que la seconde aurait représenté les emplois ayant obtenu plus de 1 400 points.

En principe, toutefois, l'équité doit exister entre les emplois d'une même famille, mais aussi entre les emplois appartenant à des familles différentes dans l'organisation. Aussi, moins il y a de familles d'emplois et moins il y a de structures salariales, plus on se rapproche de la possibilité de comparer systématiquement les exigences de tous les emplois au sein d'une organisation. La multiplication des familles d'emplois, tout en facilitant les comparaisons entre les emplois de chaque famille, peut augmenter les risques d'iniquité dans l'ensemble de l'organisation. En effet, comment s'assurer que la structure salariale des emplois spécialisés de bureau est équitable comparativement à celle des emplois techniques ? À ce jour, les organisations se sont davantage préoccupées de questions d'équité entre les salaires respectifs des emplois d'une même famille que d'équité entre les salaires des emplois de familles différentes.

La prémisse de l'équité salariale consiste d'ailleurs à affirmer qu'il y a une seule grande « famille d'emplois » à l'intérieur d'une organisation et qu'il ne devrait donc y avoir qu'un seul système d'évaluation des emplois et une seule structure salariale par entreprise. Toutefois, les législations en matière d'équité salariale des provinces de l'Ontario et du Québec – qui s'appliquent toutes deux aux employeurs du secteur privé – permettent, pour certaines raisons, aux employeurs d'avoir plus d'un programme d'équité salariale et plus d'un système d'évaluation d'emplois. Nous y reviendrons au chapitre suivant.

Il est important de soulever le cas des organisations ayant des unités d'affaires dispersées géographiquement au Québec, au Canada et à travers le monde. Ces organisations doivent décider si elles établiront des structures salariales différentes ou particulières selon les conditions locales, notamment le coût de la vie, la fiscalité, les avantages sociaux publics, etc.

7.2 LA DISTRIBUTION DES SALAIRES DANS UNE ORGANISATION ET SUR LE MARCHÉ SELON LA POLITIQUE SALARIALE

Une des façons d'établir ou de maintenir la valeur d'une structure salariale consiste à comparer graphiquement la droite des salaires des divers emplois de l'organisation, la droite des salaires de ces emplois sur le marché du travail et la droite de la politique salariale visée par l'organisation.

Pour représenter la droite salariale de l'organisation, on indique les résultats de l'évaluation des emplois et les salaires actuellement accordés à ces emplois dans un graphique où les différents taux de salaire se situent sur un axe vertical, alors que les exigences relatives des divers emplois (ici, le nombre de points d'évaluation des emplois) sont indiquées sur un axe horizontal. Afin de mieux visualiser cette relation, on peut tracer une droite ou une courbe salariale représentant le mieux la façon dont sont distribuées les coordonnées « salaires – résultats de l'évaluation d'emplois » en recourant à diverses techniques (voir l'encadré 7.1). Pour évaluer la compétitivité de la courbe des salaires d'une organisation, on peut tracer sur le même graphique la droite ou la courbe des salaires moyens sur le marché en recourant aux mêmes techniques, ainsi que la droite ou la courbe de la politique salariale de l'entreprise, si cette dernière n'est pas de suivre le marché (dans ce dernier cas, la droite des salaires du marché correspond à la droite de la politique salariale). Plusieurs organisations s'appuient sur la droite de la politique salariale (suivre le marché, être à la remorque du marché ou être à la tête du marché) pour établir le point milieu ou maxi-normal de l'échelle salariale de chaque classe d'emplois. La droite de la politique salariale est utile pour comparer les salaires actuellement versés par l'organisation pour les emplois repères d'une structure salariale avec ceux qu'ils obtiennent sur le marché de référence. La droite de la politique salariale de l'organisation peut aussi être utilisée pour établir les taux de salaire minimum et maximum des échelles salariales et l'étendue des classes d'emplois.

ENCADRÉ 7.1

Techniques pour représenter la distribution des salaires d'une organisation et la distribution des salaires sur le marché

A. DISTRIBUTION DES SALAIRES DE L'ORGANISATION

Pour représenter la distribution des salaires de l'organisation, la première technique, qui consiste à relier le salaire le plus bas au salaire le plus élevé par une ligne droite (AA′ dans la figure ci-dessous), est peu utilisée parce qu'elle a comme postulat que les taux des salaires extrêmes sont corrects, ce qui n'est pas nécessairement le cas. La deuxième façon consiste à tracer la droite qui correspond le mieux à la distribution des points « salaires-résultats de l'évaluation des emplois » à main levée ou en utilisant l'équation statistique $Y = a + bx$ (voir BB′ de la figure ci-dessous), où

- Y = taux de salaire actuel
- x = nombre de points obtenus lors de l'évaluation des emplois
- a = endroit où la droite croise l'axe vertical (valeur de Y lorsque $x = 0$)
- b = pente de la droite ou valeur en dollars de chaque point d'évaluation

Comme, la plupart du temps, la distribution est plus fidèlement exprimée par une courbe, on peut aussi tracer celle-ci à main levée ou en recourant à la statistique. L'équation statistique est alors la suivante : $Y = a + bx + cx^2$ (voir CC′ de la figure ci-dessous).

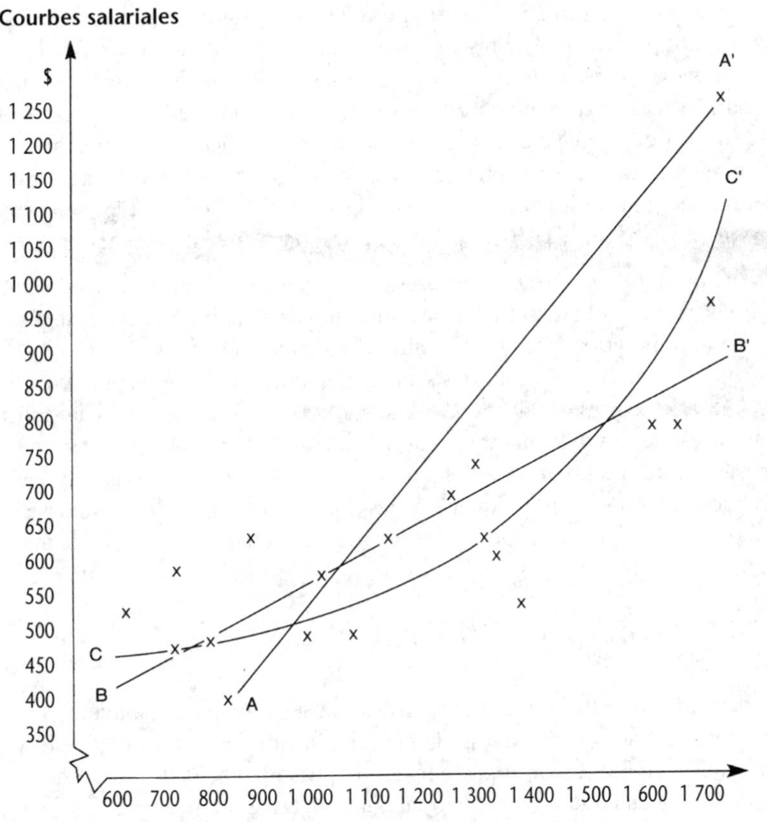

AA′ : droite reliant le salaire le plus bas au salaire le plus élevé.
BB′ : droite à main levée représentant la distribution des coordonnées.
CC′ : courbe à main levée représentant la distribution des coordonnées.

B. DISTRIBUTION DES SALAIRES SUR LE MARCHÉ

De la même manière, la distribution des salaires sur le marché peut être représentée à l'aide d'une droite tracée à main levée ou en recourant à l'équation statistique suivante :

- Y = a + bx = taux de salaire moyen sur le marché
- x = nombre de points obtenus lors de l'évaluation des emplois
- a = endroit où la droite croise l'axe vertical (valeur de Y lorsque x = 0)
- b = pente de la droite ou valeur en dollars de chaque point d'évaluation

Il est aussi possible de représenter les salaires du marché à l'aide d'une courbe en utilisant l'équation statistique Y = a + bx. On peut aussi tracer les courbes de salaires représentant la bande dans laquelle se situent l'ensemble des salaires offerts sur le marché pour des emplois équivalents. Ainsi, la courbe minimale peut être constituée des salaires payés au 25e centile pour les emplois, et la courbe maximale, des salaires payés au 75e centile.

La figure 7.4 (p. 288) illustre une telle comparaison des distributions des salaires. Les points « x » représentent les salaires actuellement versés, alors que les points « o » représentent les salaires versés sur le marché. Dans cette figure, la courbe salariale du marché est moins accentuée que celle de l'organisation. De plus, on constate que les emplois dont les exigences sont inférieures sont mieux rémunérés sur le marché que dans l'organisation, alors que cette situation est inversée pour les emplois dont les exigences sont élevées. On considère les emplois dont le salaire correspond au taux du marché comme concurrentiels.

En pratique, les firmes établissent ou gèrent les salaires en comparant la droite des salaires du marché à leur politique salariale. Par exemple, si la politique de rémunération pour les titulaires des emplois visés est de payer 10 % de plus que le marché, la droite des salaires de l'entreprise devrait se situer 10 % au-dessus de la droite des salaires du marché. Par conséquent, si la politique salariale est de suivre le marché, la droite des salaires du marché doit correspondre à la droite des salaires de l'organisation. La droite des salaires d'une entreprise doit donc relier graphiquement les points milieux de chacune des classes d'emplois qui seront équivalents au taux moyen ou médian offert sur le marché.

7.3 LES CLASSES D'EMPLOIS

En pratique, il est d'usage d'établir des classes d'emplois (souvent appelées « classes salariales »), c'est-à-dire des groupes d'emplois dont les exigences sont semblables, similaires ou équivalentes et qui sont payés de la même façon : même salaire de base, même salaire maximum, etc. En fait, les classes d'emplois correspondent aux regroupements des emplois sur l'axe horizontal d'une structure salariale. Ainsi, les traits horizontaux a-c de la figure 7.2 (p. 284) présentent l'étendue des classes salariales. Lorsque les classes d'emplois sont déterminées, les emplois d'une classe sont considérés comme équivalents et les différences entre les résultats d'évaluation d'emplois d'une classe ne sont plus pertinentes. Les responsables de la rémunération peuvent alors établir le niveau général des salaires qu'ils désirent offrir pour diverses classes d'emplois. En somme, il s'agit d'appliquer la politique de rémunération de l'organisation en fonction des salaires (voir le chapitre 3) et de situer au niveau souhaité la courbe de salaires de l'organisation comparativement à celle du marché.

7.3.1 Le regroupement des emplois en classes d'emplois

On procède à des regroupements d'emplois en différentes classes d'emplois pour trois raisons principales : (1) prendre en considération la subjectivité de l'évaluation des emplois, (2) alléger la gestion des salaires et (3) faciliter la communication au sujet des salaires.

La subjectivité de l'évaluation des emplois

Le regroupement en classes d'emplois permet de reconnaître que le processus d'évaluation des emplois, quoique rationnel et standardisé, est essentiellement subjectif. On reproche d'ailleurs à la méthode d'évaluation des emplois par points son pseudo-caractère scientifique, puisque la distribution des points relève d'un ensemble de décisions subjectives et imprécises. L'évaluation des emplois n'étant ni une science exacte ni un processus aléatoire, la qualité de ses résultats se situe quelque part entre ces deux extrêmes. Comme elle tient compte de cette limite au cours de l'élaboration de la structure salariale, la détermination de classes permet de grouper des emplois jugés semblables ou équivalents en matière d'exigences malgré une évaluation différente (notamment un nombre différent de points d'évaluation si on adopte la méthode des points).

La gestion des salaires

Le regroupement des emplois équivalents en classes d'emplois facilite la gestion des salaires. En effet, on limite alors le nombre de décisions à prendre en matière de salaires, puisque ces décisions touchent un groupe d'emplois (une classe d'emplois) plutôt qu'un emploi à la fois. De plus, si certains emplois subissent de faibles modifications, il n'est pas requis de les réévaluer, à moins qu'ils soient situés très près des bornes de leur classe d'emplois.

La communication au sujet des salaires

Le regroupement des emplois équivalents en classes d'emplois facilite la communication avec les employés et leur acceptation d'une structure salariale. En effet, il serait difficile de justifier le fait que certains emplois ayant obtenu des résultats d'évaluation semblables, mais non égaux, soient rémunérés différemment. Il est probable que les employés considèrent que ces emplois devraient être payés de la même façon. En pratique, il est difficile de gérer une droite de salaires (plutôt qu'une structure en forme d'escalier) où un salaire différent correspondrait à un montant total de points différent (p. ex. : un total de 430 points équivalant à un salaire de 375 00 $ et un total de 432 points, à un salaire de 375 65 $). Imaginons la complexité d'une telle gestion, sans compter la pression qu'exerceraient les employés pour faire réévaluer les exigences de leur emploi, chaque point gagné équivalant à quelques sous de plus !

7.3.2 Le nombre de classes d'emplois

Il n'existe pas de règles pour déterminer le nombre de classes d'emplois. Cependant, ce nombre paraît établi selon plusieurs variables : le nombre d'emplois visés, la variation des exigences des emplois visés, la taille de l'entreprise, l'étendue de l'écart entre les salaires les plus élevés et les moins élevés dans la structure salariale, l'étendue des échelles salariales, les politiques d'augmentations de salaire et de promotion, et la culture de l'organisation

Premièrement, le nombre de classes d'emplois est déterminé selon le nombre d'emplois : plus le nombre d'emplois est élevé, plus le nombre de classes peut l'être. Deuxièmement, le nombre de classes est lié à la variation entre les exigences des divers emplois : plus les exigences des emplois visés diffèrent, plus le nombre de classes tend à s'accroître. Par conséquent, moins une entreprise établit de structures salariales, plus celles-ci ont tendance à regrouper des familles d'emplois différents et plus le nombre de classes tend à être élevé. Troisièmement, le nombre de classes d'emplois varie selon l'écart entre le salaire le plus élevé et le salaire le plus faible de la structure salariale : plus cet écart est grand, plus le nombre de classes d'emplois peut être élevé. Par exemple, on peut déterminer un plus grand nombre de classes d'emplois dans une structure où les salaires varient entre 20 000 $ et 120 000 $ que dans une structure où ils varient entre 25 000 $ et 75 000 $. Par ailleurs, si l'étendue des échelles salariales des classes d'emplois est peu élevée ou encore si plusieurs emplois sont rémunérés à un taux unique, il est important d'augmenter le nombre de classes d'emplois pour fournir suffisamment d'occasions de promotions et d'augmentations de salaire aux titulaires. Enfin, le nombre de classes d'emplois dépend des politiques des organisations en matière d'augmentations de salaire et de promotions. Le nombre de classes doit être élevé lorsqu'une entreprise adopte une politique de taux de salaire identiques pour tous les titulaires d'emplois équivalents, puisque seule une promotion peut permettre une augmentation de salaire. À l'inverse, lorsqu'une organisation adopte une politique de variation entre les salaires des titulaires d'emplois équivalents, elle peut délimiter un plus petit nombre de classes, puisque les titulaires des emplois peuvent recevoir une augmentation de salaire sans changer d'emploi. Leur salaire est alors évalué selon leur ancienneté, leur rendement, etc.

Quoique le nombre de classes d'emplois varie beaucoup d'une structure salariale à l'autre, il est courant d'en trouver entre 8 et 15. Une structure salariale se développe et se modifie au fil des années. On conseille toutefois de veiller à ce que le nombre de classes d'emplois d'une structure salariale ne soit pas trop élevé ni trop bas. D'une part, si ce nombre est trop élevé, les emplois de deux classes adjacentes risquent de ne pas être perçus comme comportant des exigences différentes et, donc, comme devant être rémunérés de manière différente. En effet, plus le nombre de classes d'emplois est élevé, moins il y a d'écarts de salaire entre elles. D'autre part, si le nombre de classes d'emplois est trop bas, les emplois d'une même classe risquent d'être perçus comme comportant des exigences différentes et donc, comme devant être rémunérés de manière différente. Plus le nombre de classes d'emplois est limité, plus les écarts de salaire entre elles sont élevés.

Depuis quelques années, on observe une tendance à la diminution du nombre de classes d'emplois dans les structures salariales et à leur regroupement en bandes salariales élargies (nous traiterons de cette approche au chapitre 9). Cette situation permet aux organisations de s'attaquer au problème des compressions salariales (que nous verrons plus loin dans ce chapitre) résultant de la diminution des écarts entre leurs salaires les plus élevés et les plus bas. Elle répond également au désir des organisations souhaitant que le passage d'une classe d'emplois à une autre par voie de promotion intéresse les employés sur le plan pécuniaire.

7.3.3 La détermination des bornes des classes d'emplois

Tel que nous l'avons mentionné précédemment, ce chapitre tient pour acquis que la méthode des points a été utilisée pour évaluer les emplois et qu'il faut alors délimiter les bornes des classes d'emplois à l'aide d'un nombre de points. Toutefois, lorsque la méthode par classification a été utilisée pour l'évaluation des emplois, les classes d'emplois sont déjà délimitées. Par ailleurs, lorsque la méthode par rangement a été utilisée, il faut déterminer un intervalle de rangs pour chaque classe d'emplois (par exemple, la classe 1 regrouperait les rangs 1 à 7, la classe 2, les rangs 8 à 18, etc.).

Lorsqu'on utilise une méthode par points, la détermination de l'étendue des classes d'emplois ne repose sur aucune approche précise. L'encadré 7.2 décrit quatre méthodes de détermination des bornes, c'est-à-dire des extrémités minimum et maximum des classes d'emplois en matière de résultats d'évaluation. Cette opération peut être effectuée à l'aide de l'analyse (1) de la distribution des résultats de l'évaluation des emplois, (2) de la distribution des points entre les divers niveaux de présence des facteurs d'évaluation des emplois, (3) du seuil minimal de perception, (4) de l'erreur type de mesure. Notons qu'une combinaison des méthodes précédentes peut être utilisée puisque aucune d'elles n'est parfaite et que chacune d'elles présente une classification possible. Toutefois, le regroupement des emplois en classes est fondamentalement influencé par la philosophie de gestion.

Encadré 7.2

Diverses méthodes de détermination des bornes des classes d'emplois

1. L'ANALYSE DE LA DISTRIBUTION DES RÉSULTATS DE L'ÉVALUATION DES EMPLOIS

Cette méthode consiste à vérifier si certains points de rupture apparaissent dans les résultats de l'évaluation des emplois. Par exemple, la distribution ci-dessous permet de dégager trois regroupements : les emplois A à E, F à H et I à M. On peut déterminer les bornes des classes d'emplois en tenant compte du fait qu'il y a moins de différence entre les deux points extrêmes d'un regroupement qu'entre le nombre de points le plus élevé d'un regroupement et le nombre de points le moins élevé du regroupement suivant. Par exemple, l'écart entre 600 et 688 est inférieur à celui qui existe entre 688 et 846.

Emplois	Nombre de points d'évaluation	Emplois	Nombre de points d'évaluation
A	600	H	957
B	620	I	1055
C	645	J	1069
D	675	K	1070
E	688	L	1092
F	846	M	1102
G	918		

2. L'ANALYSE DE LA DISTRIBUTION DES POINTS ENTRE LES DIVERS NIVEAUX DE PRÉSENCE DES FACTEURS D'ÉVALUATION

Par exemple, dans la table ci-dessous, une erreur constante d'évaluation à la hausse ou à la baisse d'un niveau sur chacun des facteurs amène une surévaluation ou une sous-évaluation des emplois de 225 points (la somme des écarts entre les niveaux pour l'ensemble des facteurs). En pratique, une telle erreur « constante » pour un emploi est peu probable : il peut y avoir une surévaluation pour un facteur et une sous-évaluation pour un autre, de sorte qu'un certain nombre d'erreurs s'annulent. Mais, étant donné que le risque d'erreurs demeure toujours, il faut se donner une règle de conduite. Par exemple, on peut diviser l'erreur constante par 3 et déterminer que les bornes des classes présentent des écarts de 75 points, soit 225 divisé par 3, en faisant l'hypothèse que les deux tiers des erreurs s'annulent et que l'écart entre les bornes des classes est constant, soit 75 points (progression arithmétique). De fait, l'écart entre les bornes peut être constant, croissant ou décroissant d'une classe d'emplois à l'autre. Il faut donc s'assurer que si, contrairement au tableau ci-dessous, les écarts concernant certains facteurs sont croissants, les écarts entre les bornes des classes soient également croissants. Plus on attribue des niveaux élevés à un emploi, plus la répercussion d'une erreur est grande.

Grille de points entre les niveaux de présence des facteurs d'évaluation

Facteurs d'évaluation	Niveaux de présence des facteurs d'évaluation						Écart de points entre les niveaux de présence des facteurs
1	10	20	30	40			10
2	15	30	45	60	75		15
3	50	100	150	200	250		50
4	30	60	90	120	150	180	30
5	60	120	180	240	300		60
6	20	40	60				20
7	15	30	45	60	75	90	15
8	25	50	75	100			25
Total							225

3. LE SEUIL DE PERCEPTION

L'application de la loi de Weber à l'évaluation des emplois montre qu'une différence d'exigences entre deux emplois n'est perceptible que dans la mesure où il existe 15 % ou plus de différence entre leurs résultats d'évaluation. On peut donc établir l'écart entre les bornes en utilisant le barème de 15 % ou moins de différence entre les résultats d'évaluation des emplois. Bien qu'une telle façon de procéder donne des indications sur les écarts qu'il peut y avoir entre les bornes des classes, certains emplois présentant des écarts inférieurs à 15 % se retrouveront dans deux classes différentes. Par exemple, entre l'emploi B, classe I, et l'emploi C, classe II, du tableau ci-dessous, l'écart est de moins de 15 %.

Classes d'emplois	Bornes	Emplois	Nombre de points d'évaluation
I	100-115	A	100
		B	104
II	116-133	C	116
		D	117
		E	127

→

Classes d'emplois	Bornes	Emplois	Nombre de points d'évaluation
III	134-154	F G	138 150
IV	155-178	H I J K	163 170 172 173

4. L'ERREUR TYPE DE MESURE

On peut aussi déterminer les bornes des classes d'emplois en s'appuyant sur la formule mathématique de l'erreur type de mesure, soit σ mesure = $\sigma_x (1 - r_{kk})^{½}$, où σ_x représente l'écart type de la distribution des résultats d'évaluation d'emplois obtenus et r_{kk} l'indice de fidélité des résultats. Bien qu'il soit possible de calculer ces deux indices, on sait que l'indice de fidélité des résultats d'évaluation d'emplois est de l'ordre de 0,90. Ainsi, lorsqu'on calcule l'écart type de la distribution des résultats et qu'on fait appel à l'indice de fidélité de 0,90, il est possible d'estimer l'erreur type de mesure en substituant ces valeurs aux symboles mathématiques dans la formule. Les bornes des classes sont alors établies au moyen de cet indice selon un écart constant.

La largeur des classes d'emplois peut correspondre à un nombre absolu de points d'évaluation des emplois ou à un pourcentage du nombre total de points d'évaluation. Par exemple, si la taille des classes d'emplois est fixée à 250 points, la classe 1 inclut les emplois ayant obtenu 1 à 250 points d'évaluation, la classe 2, ceux qui ont obtenu 251 à 500 points, la classe 3, ceux qui ont obtenu 501 à 750 points et la classe 4, ceux qui ont obtenu 751 à 1 000 points. Une firme peut également décider d'augmenter la taille des classes d'emplois à mesure qu'elle monte dans la structure salariale, de manière à reconnaître la plus grande étendue des habiletés requises par les emplois du haut de la structure salariale. Par exemple, la classe 1 peut regrouper les emplois ayant obtenu 1 à 200 points d'évaluation, la classe 2, ceux qui ont obtenu 201 à 500 points, et la classe 3, ceux qui ont obtenu 501 à 1 000 points. Selon l'approche adoptée pour déterminer les bornes des classes et la progression des niveaux de présence de chaque facteur d'évaluation (p. ex. : arithmétique ou géométrique, comme nous le verrons plus loin dans ce chapitre), une firme envoie des messages implicites sur l'importance relative des emplois et les facteurs qu'elle valorise.

Comme nous l'avons déjà mentionné, les classes d'emplois ne doivent pas être trop étendues ni trop limitées. D'une part, elles ne doivent pas être trop étendues parce qu'il ne faut pas qu'elles englobent des emplois pour lesquels les employés perçoivent des différences assez importantes en matière d'exigences pour justifier des écarts de salaire. Si les écarts sont très grands, les exigences des emplois à l'intérieur des classes risqueront de ne pas être semblables ou équivalentes. D'autre part, les bornes des classes d'emplois ne doivent pas être trop limitées, afin que l'organisation n'accorde pas des salaires différents pour des emplois dont les exigences ne sont pas perçues comme distinctes. De plus, si les écarts entre les classes salariales sont très minces, la gestion des salaires risque d'être instable. Comme le moindre changement dans les résultats d'évaluation d'un emploi peut entraîner un changement de classe d'emplois, les employés sont incités à demander une réévaluation de leur emploi à la moindre responsabilité nouvelle.

7.3.4 Les classes d'emplois inoccupées

Certaines classes d'emplois peuvent être inoccupées, c'est-à-dire ne pas contenir d'emploi. Ces classes d'emplois ont l'avantage d'apporter de la flexibilité à la structure salariale. Cette flexibilité est importante, notamment pour les organisations en croissance, parce qu'elle permet de faire face aux changements éventuels du contenu des emplois et, par le fait même, des résultats de leur évaluation. Ainsi, une classe d'emplois vide peut être occupée avec le temps. On peut augmenter ou diminuer le nombre de classes d'emplois inoccupées en modifiant leurs bornes. Toutefois, il importe que le nombre de classes d'emplois inoccupées ne soit pas trop élevé, car les employés dont les emplois se situent dans une classe précédant une classe vide peuvent croire que le comité d'évaluation a été trop sévère en classant leur emploi dans une classe inférieure.

7.3.5 Les emplois situés à proximité des bornes des classes d'emplois

Comment classer les emplois qui se situent près des bornes d'une classe d'emplois ? Prenons le cas où les bornes d'une classe d'emplois sont de 650 et 750 points et dans lequel un emploi obtient 745 points, un second, 740 points et un troisième, 725. Dans la mesure où les résultats d'évaluation des emplois et les bornes des classes d'emplois sont connus, on peut s'attendre à ce que les personnes dont les emplois ont obtenu 745 ou 740 points soient mécontentes, d'autant plus qu'elles sont conscientes du fait que l'évaluation des emplois suppose une certaine subjectivité et une marge d'erreur. Ces employés seront alors tentés de demander une révision à la hausse de l'évaluation de leur emploi. Si l'on acquiesce à leur demande, on risque de transmettre le message : au suivant ! Les titulaires des emplois ayant obtenu 725 points voudront à leur tour demander une réévaluation de leur emploi, et ainsi de suite. Après quelques années de « rapiéçage », la gestion des salaires sera devenue complètement incohérente et illogique.

Dans ce cas, il vaudrait mieux retourner aux résultats initiaux du comité d'évaluation pour examiner d'éventuelles divergences d'opinions entre les résultats des membres et vérifier quelle solution a été retenue. Prenons le cas d'un comité d'évaluation des emplois composé de six membres qui évaluent un emploi de la façon présentée dans le tableau 7.1. Pour le facteur A, trois membres du comité retiennent le niveau 3 et trois autres, le niveau 2. Il en est de même du facteur D : trois membres indiquent le niveau 4 et trois autres, le niveau 5. Une majorité se dégage à propos des niveaux attribués aux autres facteurs. Après quelques discussions, le niveau d'évaluation final est déterminé : le niveau 3 est retenu pour le facteur A et le niveau 5, pour le facteur D. Une fois ces résultats transformés en nombre de points, l'emploi en question est évalué à 745 points, ce qui le situe tout près de la limite supérieure de 750 de la classe d'emplois. Il est alors possible de modifier à la baisse les résultats d'évaluation de cet emploi pour les facteurs A ou D, sans trahir l'esprit des travaux du comité d'évaluation d'emplois. Lorsqu'on procède ainsi, l'évaluation globale de 745 points est réduite et l'emploi se trouve à une distance acceptable de la borne. Dans la mesure où les niveaux initiaux retenus pour les facteurs A et D auraient été respectivement de 2 et 4, il aurait été possible d'augmenter d'un niveau ces facteurs tout en respectant les choix du comité. L'emploi aurait alors été placé dans une classe d'emplois supérieure.

Il est cependant impossible de modifier les résultats de certaines évaluations d'emplois en respectant l'esprit des travaux du comité d'évaluation. On peut alors permettre au comité de réviser l'évaluation d'un emploi pour vérifier s'il n'y a pas eu d'erreur plutôt que pour modifier les résultats. Cette situation s'apparente à celle où un étudiant obtient une note d'évaluation de 58 % alors que la note de passage est de 60 %. Les conséquences d'une erreur d'évaluation de deux points sont plus importantes pour cet étudiant que pour les étudiants qui ont obtenu une note de 40 % ou même de 82 %. Dans le cas des résultats d'évaluation d'emplois, le comité doit analyser à nouveau l'emploi situé à proximité d'une borne et décider si les résultats doivent être modifiés ou demeurer tels quels. Dans l'éventualité où le comité décide de modifier les résultats d'évaluation, il doit veiller à ce que ces résultats soient cohérents par rapport aux évaluations des autres emplois. Une fois la révision effectuée, les résultats peuvent être communi-

TABLEAU 7.1

L'évaluation d'un emploi selon les membres d'un comité d'évaluation

Facteurs d'évaluation	Niveaux de présence accordés par chacun des six membres du comité						Résultats finals
	1	2	3	4	5	6	
A	2	3	2	3	2	3	3
B	3	3	3	3	3	4	3
C	1	1	2	1	1	2	1
D	4	4	5	5	4	5	5
E	3	2	3	2	3	3	3

qués et justifiés. Il arrive que les résultats d'évaluations d'emplois ne soient pas modifiés parce qu'ils ne semblent pas comporter d'erreur ou parce qu'une modification de ces résultats soulèverait plus de problèmes qu'elle n'en résoudrait. Il est alors important d'être inflexible envers les employés qui manifestent leur mécontentement. Il y va de la cohérence du système d'évaluation de l'organisation et du sentiment d'équité pour l'ensemble des employés. Toutefois, une attitude ferme n'empêche pas une certaine ouverture d'esprit. Certaines modifications du contenu d'un emploi peuvent justifier une réévaluation.

7.4 LES ÉCHELLES SALARIALES ASSOCIÉES AUX CLASSES D'EMPLOIS

Doit-on verser le même salaire à un employé qui occupe un poste depuis 6 mois qu'à un employé qui occupe un poste identique depuis 3 ou 10 ans ? L'augmentation de salaire accordée à l'employé qui a un rendement nettement supérieur à la moyenne doit-elle être égale à celle de l'employé qui a un rendement à peine satisfaisant ? Après un an de travail, un employé dont le potentiel de rendement est très élevé dans l'emploi qu'il occupe – et qui est donc admissible à des promotions – devrait-il recevoir la même augmentation de salaire que celui qui effectue aussi bien son travail, mais dont on sent qu'il a « trouvé chaussure à son pied », c'est-à-dire qu'il a très peu de chances d'accéder à un poste plus élevé dans l'organisation ? De telles interrogations remettent en question la volonté et les façons d'individualiser la gestion des salaires de manière qu'ils soient en partie fonction de certaines caractéristiques des employés.

En effet, l'organisation doit décider si elle accorde le même salaire (taux unique) à tous les titulaires d'un emploi ou si les salaires varieront d'un titulaire à l'autre à l'intérieur d'une échelle (ou fourchette) salariale selon diverses caractéristiques individuelles (années de service, rendement, etc.). Si l'on décide de ne pas tenir compte des caractéristiques individuelles dans la gestion des salaires, on fixe alors des taux uniques par classes d'emplois et on assure l'équité des écarts entre les salaires des classes d'emplois adjacentes de la structure. Les structures salariales comportant des classes d'emplois à taux de salaire uniques ont traditionnellement pu couvrir le personnel de production syndiqué au sein de petites entreprises dans des industries particulières. Une structure salariale à taux uniques ne fournit pas de possibilité d'augmentation de salaire à l'intérieur d'une même classe d'emplois, quoique cette limite puisse être partiellement réduite lorsqu'on établit de nombreuses classes d'emplois ayant des taux de salaire semblables. Toutefois, même avec des structures salariales à taux uniques, les employeurs peuvent embaucher du personnel à un taux inférieur à celui prévu pour un employé permanent et qualifié, et un employé peut atteindre le taux de salaire unique en l'espace de trois mois à trois ans. Cette situation correspond au cas des apprentis et des compagnons dans le secteur de la construction.

7.4.1 La détermination d'échelles salariales plutôt que l'adoption d'un taux de salaire unique par classe d'emplois

Une organisation qui prend en considération ces caractéristiques s'assure de l'*équité individuelle* des salaires versés à ses employés. La gestion des salaires tient compte des caractéristiques individuelles des employés dans la mesure où la structure ne propose pas un taux unique de salaire par classe d'emplois, mais adopte plutôt une échelle de salaires par classes d'emplois. Dans un tel contexte, il est d'usage d'établir des échelles salariales, c'est-à-dire une progression salariale (avec un salaire minimum et un salaire maximum) pour les titulaires des emplois d'une même classe d'emplois. En fait, une échelle salariale correspond au regroupement de salaires sur l'axe vertical d'une structure salariale. Le salaire minimum d'une échelle correspond au taux de salaire offert aux personnes qui ne possèdent pas d'expérience dans l'emploi ; le salaire maximum représente le taux le plus élevé de salaire que l'entreprise offre aux employés d'une classe d'emplois. À la figure 7.2 (p. 284), les échelles salariales correspondent aux écarts mini-maxi a-b. Plus l'écart entre le salaire minimum et le salaire maximum de l'échelle est grand, plus l'équité individuelle est valorisée. Le chevauchement dans une structure salariale correspond au recoupement entre deux échelles salariales de classes d'emplois adjacentes. L'ensemble des échelles salariales constitue la structure salariale.

7.4.2 La détermination du point de contrôle des échelles salariales et le calcul du ratio comparatif

On détermine d'abord les points de contrôle ou le taux d'emploi (*job rate*) des échelles salariales, puis leurs valeurs maximum et minimum. La valeur du point milieu se situe à mi-chemin entre le taux minimum et le taux maximum de l'échelle salariale. Les firmes doivent établir les points milieux ou les points de contrôle de leurs échelles salariales selon leur politique de salaire comparativement à celle du marché. Si une entreprise veut être à la tête du marché, elle doit établir les points milieux des échelles salariales à un taux plus élevé que le salaire moyen offert pour des emplois similaires sur le marché. À l'inverse, si une entreprise veut être à la remorque du marché, elle doit établir ses points milieux à un taux inférieur au taux du marché. Comme la politique salariale des entreprises est souvent de suivre le marché, le point milieu de l'échelle est généralement égal au taux de salaire moyen ou médian offert sur le marché indiqué dans une ou des enquêtes de rémunération.

Par ailleurs, il est important d'observer que le contrôle de la compétitivité des salaires d'une structure salariale s'effectue à partir du point de contrôle des échelles salariales (pas nécessairement le taux milieu). Afin d'assurer le respect de la politique salariale, on contrôle les taux de salaire d'une organisation en établissant des points de contrôle à l'intérieur des diverses classes d'emplois, notamment en se référant au ratio comparatif. On peut calculer cet indice en divisant le salaire actuel de chaque employé par le point de contrôle (point milieu ou maxi-normal) de l'échelle salariale de sa classe d'emplois. Par exemple, si le salaire d'un employé est de 34 000 $ et que le point milieu de son échelle salariale est de 30 000 $, la valeur du ratio comparatif du salaire de cet employé est de 1,13 (34 000 $ ÷ 30 000 $) ou de 113 % s'il est exprimé en pourcentage. En plus d'être calculés pour chaque employé, les ratios comparatifs peuvent être calculés pour chaque classe d'emplois, pour chaque service, etc. Ces ratios s'interprètent de la façon suivante : un ratio comparatif de 1 (ou de 100 %) signifie que le salaire de l'employé égale le point de contrôle de l'échelle des salaires ; lorsque le ratio est inférieur à 1 (ou à 100 %), le salaire de l'employé est inférieur au point de contrôle, et lorsqu'il est supérieur à 1 (ou à 100 %), son salaire est supérieur au point de contrôle.

7.4.3 La détermination de l'étendue de l'échelle salariale de chaque classe d'emplois

Comment déterminer les taux de salaire maximum et minimum des échelles salariales ? On peut le faire en fonction des taux de salaire minimum et maximum offerts sur le marché pour des emplois similaires. On peut également les fixer après avoir déterminé l'étendue des échelles de salaires, c'est-à-dire l'écart de salaire entre les taux minimum et maximum de l'échelle. Cette étendue est exprimée comme un pourcentage de la différence entre le taux maximum et le taux minimum de l'échelle salariale, divisé par le taux minimum. L'étendue des échelles de salaires est reliée à plusieurs facteurs, notamment les caractéristiques des emplois visés, leur niveau hiérarchique, les possibilités ou les politiques de promotion, le nombre de niveaux hiérarchiques, les taux de salaire minimums et maximums sur le marché, le nombre de classes d'emplois dans la structure salariale, etc.

Ainsi, selon les emplois, plus il est possible d'établir de différences dans la façon dont les tâches sont effectuées ou dans le rendement des titulaires, plus l'étendue des échelles peut être grande pour reconnaître les variations de rendement. On adopte souvent des échelles dont l'étendue est réduite au bas de la structure salariale parce que, à ce niveau, les emplois sont généralement transitoires, leur apprentissage est plus court et leurs titulaires ont relativement moins d'effet sur les résultats de l'ensemble de l'organisation que ceux du haut de la structure salariale. À l'inverse, l'étendue des échelles de salaires des emplois du haut de la structure salariale doit être plus importante que celle du bas parce que, à ce niveau, il faut souvent plus de temps pour effectuer les tâches requises de façon satisfaisante, les titulaires ont généralement plus d'effet sur les résultats de l'organisation et ils demeurent plus longtemps en poste, et la progression croissante de l'impôt sur les revenus doit être contrebalancée. Au haut de la structure, le rendement relatif des titulaires des emplois varie davantage, puisque plus un emploi est élevé dans la structure, plus les méthodes et les règles de travail sont particuliers à chaque personne.

Deuxièmement, la politique de promotion et les possibilités réelles de promotion influent sur l'étendue des échelles salariales. Ainsi, l'organisation en phase de maturité qui offre peu de possibilités de promotion à ses employés doit avoir de longues échelles salariales pour les inciter à demeurer à son service et elle doit également contrôler le taux de roulement de son personnel. À l'inverse, une organisation en pleine croissance où les possibilités de promotion sont élevées peut avoir des échelles salariales plus étroites, puisque ses employés peuvent augmenter leur salaire en obtenant des promotions. De la même manière, l'étendue d'une échelle salariale varie en fonction de la taille d'une firme ou du nombre de niveaux hiérarchiques que sa structure comporte : moins il y a de niveaux hiérarchiques dans la structure d'une organisation, plus l'écart mini-maxi est grand. Par ailleurs, plus l'organisation désire reconnaître de manière pécuniaire les caractéristiques des employés (l'ancienneté, le rendement, etc.), plus l'étendue des échelles salariales peut être grande. Finalement, plus une structure salariale contient de classes d'emplois, plus celles-ci sont étroites et plus l'étendue de leur échelle salariale est restreinte (et vice versa).

En pratique, il est fréquent de voir des échelles salariales dont l'étendue varie de 10 % à 25 % pour les employés de production et d'entretien, de 30 % à 40 % pour le personnel de bureau, de 30 % à 60 % pour les professionnels et les cadres, et de 60 % et plus pour le personnel de direction de grandes entreprises. En d'autres termes, on se réfère régulièrement à la norme de plus ou moins 10 % à plus ou moins 30 % au sujet des points de contrôle (maxi-normal ou point milieu). Pour le personnel de direction en particulier, on peut faire appel à une structure non proportionnelle dont la partie supérieure au point de contrôle est plus étroite que la partie inférieure. Par exemple, l'écart « mini – point de contrôle » peut être de 20 %, alors que l'écart « point de contrôle – maxi-mérite » peut être de 10 %. Dans ces cas, il est fréquent que les organisations adoptent une politique de montants forfaitaires pour reconnaître les titulaires dont le salaire est au maximum de leur échelle salariale.

La méthode la plus pratique pour déterminer les minimums et les maximums des échelles salariales est de s'appuyer sur les résultats d'enquêtes de rémunération. Par exemple, on peut d'abord établir le point milieu de l'échelle salariale à un taux compétitif par rapport au marché et, ensuite, déterminer quel écart est requis de chaque côté du point milieu pour reconnaître les différences individuelles des titulaires des emplois. Par ailleurs, si une entreprise désire se situer à la médiane du marché, il est possible de tracer les courbes représentant les premiers quarts et les troisièmes quarts de la distribution des salaires versés sur le marché. Pour bon nombre d'organisations, ces courbes salariales (25e et 75e centile) fournissent un indice pour établir les minimums et les maximums de chacune des classes d'emplois de la structure salariale. On établit les niveaux minimums de salaires en tenant compte du fait qu'il s'agit des salaires offerts lors du recrutement de candidats sans expérience dans un emploi. Les salaires offerts doivent donc permettre de recruter des candidats sur le marché, particulièrement pour les classes inférieures d'emplois, là où l'on embauche le plus de candidats sans expérience. L'intervalle entre le salaire minimum et le point milieu d'une échelle salariale doit être ajusté selon la période de temps moyenne requise pour que les nouveaux employés affichent un rendement pleinement satisfaisant dans leur travail.

L'encadré 7.3 montre comment calculer les salaires minimum et maximum d'une échelle salariale une fois que son point de contrôle et son étendue sont déterminés. Notons que les formules suggérées proposent des intervalles symétriques, c'est-à-dire une distance égale entre le point milieu et le maximum et entre le point milieu et le minimum, ce qui est d'ailleurs souvent le cas.

ENCADRÉ 7.3

Le calcul et les impacts de l'étendue des échelles salariales

A. LES APPROCHES SERVANT À DÉTERMINER LES SALAIRES MAXIMUM ET MINIMUM DES ÉCHELLES SALARIALES

Distribution des salaires sur le marché

Par exemple, dans la mesure où une entreprise désire se situer à la médiane du marché, elle peut utiliser les points de référence suivants pour établir ses échelles de salaires :

- Minimum au 10e centile : salaire offert aux employés en formation ou en période de probation ;
- Minimum effectif normal au 25e centile : salaire offert aux personnes pleinement formées ou ayant complété la période de probation ;
- Maximum effectif normal au 75e centile : salaire offert aux employés ayant une longue expérience de travail et un bon rendement ;
- Maximum au 90e centile : salaire offert aux employés dont le rendement se situe de façon régulière à un niveau supérieur ou exceptionnel.

Formules mathématiques

Si l'écart autour du point de contrôle est établi à 20 % et le point de contrôle connu :

- Salaire maximum = salaire au point de contrôle (point milieu) × 1,20
- Salaire minimum = salaire au point de contrôle (point milieu) × 0,80

$$\text{L'écart mini-maxi en \%} = \frac{\text{salaire maximum} - \text{salaire minimum}}{\text{salaire minimum}} \times 100\ \%$$

B. LES ÉTAPES DU CALCUL DE L'ÉTENDUE DE L'ÉCHELLE SALARIALE *

1. Déterminer le point milieu	30 000 $
2. Déterminer l'étendue de l'échelle salariale	Plus ou moins 20 % autour du point de contrôle *et* 50 % d'écart entre le salaire maximum et le salaire minimum
3. Calculer le salaire minimum	30 000 $ × 0,80 = 24 000 $
4. Calculer le salaire maximum	30 000 $ × 1,20 = 36 000 $

* Ces calculs partent du postulat que des intervalles sont symétriques, c'est-à-dire qu'il y a une distance égale entre le point milieu et le maximum et entre le point milieu et le minimum des échelles salariales.

7.4.4 La détermination des échelons à l'intérieur des échelles salariales

Pour déterminer les échelons d'une échelle salariale, il faut d'abord considérer le pourcentage d'écart entre le point mini et le point maxi et, par la suite, décider d'un pourcentage acceptable d'augmentation de salaire d'un échelon à l'autre. On utilise parfois des montants fixes plutôt que des pourcentages. En pratique, cela implique qu'en pourcentage, la valeur des échelons décroît avec le temps. Cette situation peut se justifier dans la mesure où l'apprentissage se fait surtout au début de l'emploi. Lorsqu'on désire de nombreux échelons, le pourcentage d'augmentation de salaire retenu est de 2 %. Toutefois, comme ce pourcentage apparaît faible si l'on considère l'impôt sur le revenu, il n'est pas rare d'utiliser un chiffre de l'ordre de 3 % ou 4 %. Dans le cas d'un tel type d'échelle, l'entreprise doit déterminer ce à quoi correspondront les différents points de l'échelle. Est-ce que le point maxi représente le montant de salaire que l'entreprise veut payer par rapport au marché ? Ce montant est-il représenté par un autre point sur l'échelle salariale, comme le point milieu entre le point mini et le point maxi ? Dans cette illustration, la valeur des échelons est établie à 3 %.

Par ailleurs, le temps requis pour passer du point minimum au point milieu (ou maxi-normal) peut différer d'une famille d'emplois à l'autre. Par exemple, on peut établir qu'il est de trois ans pour le personnel de bureau et de quatre ans pour les professionnels. La détermination de l'écart de salaire entre le point milieu (ou maxi-normal) et le maximum (ou maxi-mérite) doit correspondre à un écart jugé approprié, par exemple, entre un employé dont le rendement est exceptionnel et un autre dont le rendement est satisfaisant. Par ailleurs, si le minimum de l'échelle salariale est fixé à 12 % de moins que le maxi-normal et si l'écart entre le maxi-normal et le maxi-mérite est établi à 20 %, on ne peut plus utiliser l'expression « point milieu » pour décrire le maxi-normal, puisqu'il ne se situe pas au point milieu de l'échelle des salaires.

7.5 LE CHEVAUCHEMENT DES ÉCHELLES SALARIALES

En général, les échelles salariales adjacentes d'une structure salariale se chevauchent, de sorte que le taux maximum de l'échelle salariale d'une classe d'emplois est supérieur au taux minimum de l'échelle salariale de la classe d'emplois suivante (voir les distances c-d dans la figure 7.2, p. 284). Aussi le chevauchement entre des échelles salariales signifie-t-il qu'un employé d'une classe d'emplois inférieure peut gagner un salaire plus élevé que celui d'un employé d'une classe supérieure, cet écart étant justifié par le fait qu'un employé à bon rendement possédant une certaine ancienneté dans une classe d'emplois donnée apporte une meilleure contribution à l'organisation qu'un employé moins ancien occupant un emploi dans une classe supérieure.

L'encadré 7.4 montre comment calculer le pourcentage du chevauchement entre les échelles salariales de deux classes d'emplois. L'étendue des écarts entre les points milieux des classes adjacentes a un effet direct sur le niveau de chevauchement ou de recoupement des diverses échelles salariales. Ainsi, plus les échelles de salaires sont grandes, plus il y a de chevauchements (ou de recoupements) entre elles, puisque les écarts entre les points milieux des classes adjacentes sont minces. L'inverse est également vrai : plus les échelles de salaires sont limitées, moins il y a de chevauchements entre les classes parce que les écarts entre les points milieux sont importants.

ENCADRÉ 7.4

Le calcul du pourcentage du chevauchement entre les échelles salariales de deux classes d'emplois adjacentes

Formule :

$$\frac{\text{Salaire maximum classe (n)* – Salaire minimum classe (n+1)}}{\text{Salaire maximum classe(n) – Salaire minimum classe (n)}} \times 100$$

Exemple :

$$\frac{(9{,}00\ \$ - 7{,}91\ \$)}{(9{,}00\ \$ - 7{,}00\ \$)} \times 100\ \%$$

$$\frac{(1{,}09)}{(2{,}00)} \times 100\ \% = 54{,}5\ \%$$

* Taux horaire ou salaire annuel.

7.5.1 L'importance et les conséquences du recoupement entre les échelles salariales de classes d'emplois adjacentes

À première vue, le chevauchement peut être considéré comme une menace à l'intégrité du système d'évaluation des emplois, puisqu'il signifie qu'un employé peut gagner un salaire plus élevé que celui d'un autre employé même si les exigences de son emploi sont de moindre importance. Il faut alors se demander pourquoi les structures salariales proposent des chevauchements. Le chevauchement ou le recoupement des diverses échelles de salaires a essentiellement deux raisons d'être.

Premièrement, le chevauchement des échelles salariales permet de reconnaître les différences individuelles (mérite ou ancienneté) entre les employés. Ainsi, lorsqu'une organisation est parvenue à un stade de maturité où elle offre peu de possibilités de promotion, un chevauchement important entre les échelles salariales des classes d'emplois adjacentes permet de reconnaître les caractéristiques individuelles des employés. Par exemple, le chevauchement permet à un employé de bénéficier d'une augmentation de salaire sans qu'il y ait de changement dans son emploi.

Deuxièmement, l'ampleur du recoupement entre les échelles salariales des classes d'emplois adjacentes permet de reconnaître la subjectivité des résultats de l'évaluation des emplois. Ainsi, plus il y a de chevauchement, moins les conséquences d'une erreur d'évaluation ont des incidences sur le salaire. À l'inverse, moins il y a de recoupements entre les échelles salariales des classes d'emplois adjacentes, plus la classification doit être exacte, car les différences de salaires entre les classes d'emplois sont plus importantes.

7.5.2 L'ampleur du chevauchement entre les échelles salariales de classes d'emplois adjacentes

Les écarts entre les points milieux des échelles salariales de classes d'emplois adjacentes peuvent être constants ou croissants. Bien que les écarts uniformes soient plus faciles à justifier, les écarts croissants peuvent également être acceptés par des employés. Les raisons qui justifient une telle croissance dans les écarts entre les échelles sont essentiellement les mêmes que celles qui favorisent les échelles salariales croissantes. Ces raisons sont l'influence du travail des employés sur les résultats de l'organisation, la structure progressive des impôts, la rareté relative des personnes aptes et intéressées à occuper les emplois les plus élevés dans la structure hiérarchique et les salaires payés sur le marché. Par ailleurs, plus les écarts entre les points milieux des échelles salariales de classes d'emplois adjacentes sont élevés, plus la structure salariale incite les employés à progresser dans la structure des emplois. Aussi, le fait que les écarts s'accentuent entre les échelles signifie que plus les employés progressent dans la structure des emplois, plus ils y gagnent sur le plan du salaire.

En pratique, les écarts entre les points milieux des classes d'emplois adjacentes varient de 3 % à 5 % au bas de la structure et atteignent 25 % à 30 % en haut de la structure. Dans les grandes organisations, il n'est pas rare de trouver des écarts salariaux de 40 % à 50 % entre les deux classes d'emplois supérieures. Toutefois, d'une façon générale, il est assez fréquent de trouver des écarts de 5 % à 7 % entre les points milieux des classes d'emplois adjacentes des structures salariales du personnel de production ou de bureau.

Dans le cas des professionnels et du personnel de soutien, une norme minimum de 10 % à 15 % est souvent adoptée pour les niveaux inférieurs.

Plus l'ampleur du recoupement entre les échelles salariales des classes d'emplois adjacentes est élevée, moins la structure salariale incite les employés à progresser dans la structure des emplois et plus les promotions soulèvent des problèmes de respect de la structure salariale (nous reviendrons sur ce point à la fin du chapitre en traitant du problème de la compression salariale). Cette affirmation est d'autant plus exacte lorsque la politique salariale d'une organisation consiste à se conformer à la moyenne du marché. En effet, lorsqu'il y a beaucoup de recoupements entre des classes de salaires reconnaissant le mérite au-delà du point milieu, l'employé promu peut se voir accorder un salaire plus élevé que celui du point milieu de sa nouvelle classe d'emplois : le salaire maximum (maxi-mérite) devient alors pour lui le point milieu (maxi-normal). Pour éviter le problème occasionné par les promotions internes, on peut établir les maximums des classes d'emplois inférieures à un taux se situant en deçà des points milieux des classes supérieures, puisque les employés promus sont généralement près du maximum de leur échelle salariale. Par exemple, lorsqu'une politique prévoit une augmentation minimum de salaire de 10 % lors de promotions, une structure salariale où les maximums des classes seraient d'environ 10 % inférieurs aux points milieux des classes d'emplois supérieures adjacentes ne susciterait pas de problèmes d'iniquité.

Finalement, l'acceptation des chevauchements par les employés est inversement proportionnelle à l'ampleur de ces chevauchements. Toutefois, il semble y avoir eu avec le temps une modification des normes sociales à cet égard : jusqu'à la fin des années 1970, un recoupement des échelles salariales de deux ou trois classes d'emplois adjacentes était accepté, alors qu'aujourd'hui, un chevauchement de trois ou quatre échelles salariales est davantage considéré comme équitable. Au-delà de la norme de trois ou quatre classes, le chevauchement risque d'apparaître trop grand et d'être jugé inéquitable, puisque des employés dont les responsabilités ont une valeur très différente peuvent obtenir le même salaire. En fait, lors de promotions, les employés devraient recevoir une augmentation de salaire qu'ils jugent suffisante, et ils devraient avoir la possibilité d'augmenter leur salaire avec le temps. Il faut également que les promotions correspondent non seulement à un changement de titre, mais également à un changement de salaire jugé suffisant pour inciter les employés à rechercher et à accepter les promotions ou à se perfectionner. Les aspects suivants devraient être considérés lorsque l'on détermine les différences entre les points milieux des classes d'emplois adjacentes :

- Moins il y a de différence entre les points milieux des échelles salariales des classes d'emplois adjacentes, moins les échelles de salaires peuvent être étendues (moins les titulaires d'un même emploi peuvent se voir accorder des salaires différents), parce qu'il y aura plus de classes d'emplois dans la structure salariale. Ainsi, une différence

« point milieu – point milieu » de 3 % peut provoquer l'établissement de 50 classes d'emplois, alors qu'une différence de 20 % peut mener à l'établissement de cinq ou six classes d'emplois ;

– Plus les échelles salariales des classes d'emplois sont étendues, plus il est possible d'accorder des taux de salaire différents pour des emplois qui diffèrent peu en termes de responsabilités, d'exigences et d'habiletés.

7.6 LES CRITÈRES DE PROGRESSION DANS LES ÉCHELLES SALARIALES

Comment progresse-t-on dans les échelles salariales ? La réponse à cette question dépend d'abord des critères d'attribution des augmentations de salaire individuelles, notamment l'ancienneté et le rendement. L'augmentation est fixée selon le type d'échelles salariales. Par exemple, on trouve des échelles sans échelon, des échelles avec échelons et des échelles mixtes qui comportent des échelons jusqu'au maxi-normal (point milieu ou point de contrôle). Les sous-sections suivantes traitent des principaux critères d'attribution des augmentations de salaire individuelles – notamment l'ancienneté et le rendement – ainsi que de certains types d'échelles généralement associés à ces critères.

7.6.1 Les échelles salariales basées sur les années de service

En Amérique du Nord, pour le personnel syndiqué en général et pour le personnel de bureau en particulier, l'ancienneté dans l'organisation est habituellement utilisée comme critère d'augmentation individuelle de salaire. Dans ce cas, on détermine un certain nombre d'échelons dans les échelles de salaires. Ce nombre est essentiellement fonction des écarts mini-maxi et du pourcentage d'augmentation prévu d'un échelon à l'autre. Bien qu'on trouve des échelles de salaires comportant entre 3 et 15 échelons, les échelles de salaires à 6 ou à 7 échelons sont plus courantes. Une fois l'échelle salariale et ses échelons établis, il faut déterminer le rythme de progression d'un échelon à l'autre. Par exemple, le minimum peut représenter le salaire lors de l'embauche, et le salaire de l'employé peut ensuite augmenter d'un échelon chaque année, ou encore son salaire peut se situer à l'échelon 1 après sa période de probation, à l'échelon 2 après six mois, à l'échelon 3 après un an, à l'échelon 4 après trois ans, à l'échelon 5 après cinq ans et à l'échelon maximum après 10 ans.

En somme, il faut définir l'objectif poursuivi et établir des règles de progression salariale en conséquence. Ainsi, selon l'un ou l'autre des objectifs poursuivis par l'organisation, la durée des augmentations prévues en fonction du critère d'ancienneté peut être plus ou moins longue. Si l'objectif poursuivi est la stabilité du personnel, la règle de passage d'un échelon à l'autre peut être l'ancienneté. Une règle efficace de fonctionnement consiste alors à accorder des augmentations plus fréquentes au début de l'emploi et à les espacer de plus en plus par la suite, puisque c'est au début d'un emploi qu'un employé est le plus porté à quitter l'organisation. Par exemple, un employé embauché au taux minimum d'une échelle salariale peut bénéficier d'augmentations de 3 % après trois mois, six mois et un an. Par conséquent, à la fin de la première année, son salaire est pratiquement de 10 % plus élevé qu'à son arrivée dans l'organisation. Par la suite, les augmentations fondées sur l'ancienneté seront de plus en plus espacées.

Si l'objectif visé est la reconnaissance des années de travail consacrées à l'organisation, les augmentations peuvent être annuelles et, dans ce cas, le nombre d'échelons devient théoriquement illimité. La durée des augmentations ou des primes peut s'étendre aussi longtemps que les personnes travaillent pour l'organisation. Ainsi, après 30 années de service, un employé peut encore recevoir une augmentation de salaire ou une prime d'ancienneté. Toutefois, il serait pour le moins irrationnel d'accorder des augmentations de salaire ou des primes d'ancienneté durant une période aussi longue si l'objectif poursuivi en fonction du critère d'ancienneté est la stabilité du personnel. Les augmentations de salaire fondées sur l'ancienneté influent davantage sur la stabilité du personnel au cours des 10 premières années d'un emploi. Pour le personnel syndiqué et le personnel de bureau, on trouve souvent des échelles salariales, comportant généralement six ou sept échelons, où le salaire des employés est fonction de leur ancienneté. Bien que ce mode de fonctionnement soit peu répandu en Amérique du Nord, il est fréquent de trouver, en Europe, des structures salariales à plus de 15 échelons pour le personnel de production et de bureau, et, au moment où l'employé atteint le maximum, son ancienneté est récompensée par des primes d'ancienneté. Dans ce cas, les pourcentages d'augmentation de salaire relatifs à l'ancienneté sont généralement faibles, puisqu'ils sont maintenus longtemps. Par exemple, en France, dans l'industrie de la chimie, il est courant que les individus reçoivent 1 % d'augmentation chaque année jusqu'à 15 ans d'ancienneté et, par la suite, 1 % tous les deux ans jusqu'à un maximum de 20 %. À cela s'ajoutent des primes spéciales d'ancienneté équivalant après 20 ans de service à un demi-mois de salaire, après 30 ans, à un mois et après 40 ans, à deux mois.

Quand les entreprises tendent-elles à rajuster les salaires selon l'ancienneté des employés ? Généralement, lorsqu'elles valorisent la stabilité de la catégorie de personnel visée, lorsque le coût de roulement de ce personnel est élevé, lorsque le rendement d'une catégorie de personnel est fonction des années de service ou lorsque le personnel est syndiqué. En effet, le seul critère d'individualisation des salaires historiquement accepté par les syndicats est l'ancienneté, principalement en raison de son caractère objectif. Par ailleurs, une politique d'augmentation de salaire fondée sur les années de service peut devenir, dans certains cas, un moyen de reconnaître le rendement des employés dans l'organisation.

Toutefois, il faut reconnaître que les augmentations de salaire basées sur les années de service ne représentent pas le seul moyen d'inciter le personnel à rester au service de l'entreprise. Des organisations préfèrent procéder autrement, par exemple, en offrant de meilleurs avantages sociaux, de meilleures possibilités de promotion, etc.

7.6.2 Les échelles salariales basées sur le rendement individuel ou le salaire au mérite

Si l'idée du salaire au rendement est largement appliquée en Amérique du Nord, elle n'est cependant pas considérée de la même façon partout et ne revêt pas la même importance dans toutes les politiques salariales ni pour toutes les catégories de personnel. Au Canada, le salaire au mérite représente le régime de rémunération des cadres qui, depuis longtemps, s'avère le plus populaire (Booth, 1987). Cette forme de rémunération consiste à tenir compte du rendement individuel des employés dans la détermination de leur augmentation (généralement annuelle) de salaire. Les salaires au rendement ne laissent personne indifférent : certains sont pour, d'autres sont contre. Quelques-uns sont en leur faveur en principe mais se révèlent contre en pratique, alors que d'autres s'y opposent formellement sous quelque angle que ce soit, ce qui est le cas des syndicats.

Les modes de progression dans les échelles salariales et le point milieu

En pratique, il existe divers types d'échelles salariales basées sur le rendement. La figure 7.5 illustre une échelle « mini-maxi » dans laquelle on trouve deux maximums : le maxi-normal (point de contrôle ou point milieu) et le maxi-mérite. Ce type d'échelle vise à offrir aux employés un salaire correspondant au salaire payé sur le marché à des titulaires occupant des emplois semblables et qui s'accorde avec le niveau de leur rendement. Sans expérience préalable dans l'emploi, un candidat est embauché au taux minimum. Toutefois, comme l'entreprise tient compte de l'expérience et du rendement prévu pour établir le salaire d'un nouvel employé, il est assez fréquent que le salaire fixé au moment de l'embauche se situe entre le minimum et le maxi-normal selon l'expérience et que le titulaire voie ensuite son salaire augmenter progressivement jusqu'au maxi-normal en fonction de son rendement.

Le maxi-normal correspond aux salaires versés aux titulaires des emplois qui sont qualifiés et qui ont un rendement pleinement satisfaisant, et donc un niveau de mérite normal. Il correspond souvent au point milieu de l'échelle « mini-maxi-mérite ». Le maxi-normal constitue alors un point de contrôle et la rémunération est appelée « salaire aux points de contrôle ». Les points milieux des échelles sont souvent établis de manière à être équivalents aux taux du marché dans la mesure où la politique de la majorité des organisations consiste à suivre le marché.

FIGURE 7.5

Échelle salariale basée sur le rendement des titulaires

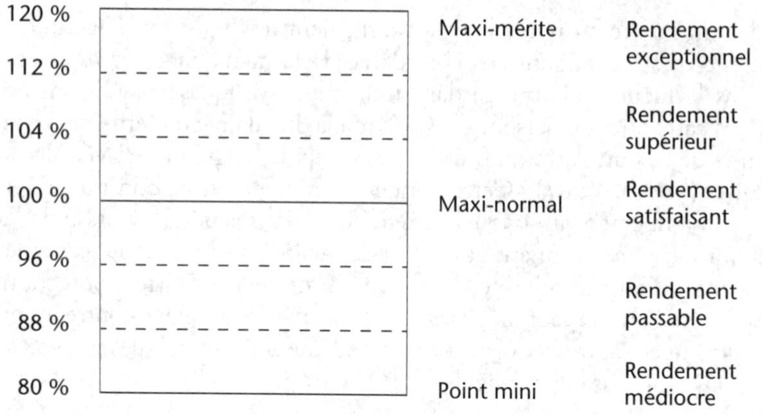

120 %	Maxi-mérite	Rendement exceptionnel
112 %		
104 %		Rendement supérieur
100 %	Maxi-normal	Rendement satisfaisant
96 %		
		Rendement passable
88 %		
80 %	Point mini	Rendement médiocre

Lorsque le rendement d'un employé se maintient à un niveau plus que satisfaisant, son salaire doit se situer entre le maxi-normal et le maxi-mérite. Le maxi-mérite équivaut au salaire versé à l'employé dont le rendement est exceptionnel et soutenu.

Par ailleurs, comme un employé acquiert plus rapidement de l'expérience au cours de ses premiers mois ou de ses premières années de travail, les révisions salariales faites en fonction de son rendement sont plus fréquentes au début. Le salaire d'un nouvel employé peut, par exemple, être révisé en fonction de son rendement après trois mois, six mois et, par la suite, à chaque année. Pour le personnel cadre, les entreprises utilisent souvent des échelles salariales mini-maxi-mérite sans échelon qui peuvent être ou ne pas être graduées, de sorte que différents montants de salaire correspondent à différents niveaux de rendement.

La grille de salaires au mérite

Un tel régime suppose la détermination du pourcentage d'augmentation de salaire à accorder selon les différents niveaux de rendement. En pratique, ces pourcentages varient selon le montant du salaire de l'employé. Très souvent, des grilles d'augmentation de salaire, semblables à la grille du tableau 7.2, sont conçues par des professionnels en ressources humaines. Ces grilles, ou matrices, indiquent aux cadres quelles augmentations de salaire ils doivent accorder selon la cote de rendement du subordonné et son salaire actuel ou sa position dans l'échelle salariale (ratio comparatif). L'objectif d'une telle matrice est de contrôler les coûts des salaires des employés.

TABLEAU 7.2

Matrice des augmentations de salaire selon le rendement individuel et la position dans l'échelle salariale*

Cote de rendement individuel	Position dans l'échelle salariale ou ratio comparatif				
	80-88	**88-96**	**96-104**	**104-112**	**112-120**
Exceptionnel	7 %-8 %	6 %-7 %	4 %-5 %	3 %-4 %	2,5 %-3 %
Supérieur	6 %-7 %	5 %-6 %	3 %-4 %	2 %-3 %	2 %-3 %
Satisfaisant	5 %-6 %	4 %-5 %	2 %-3 %	1 %-2,5 %	1 %-2 %
Acceptable	4 %-5 %	3 %- 4 %	2 %-2,5 %	1 %-2 %	0 %
Insatisfaisant	0 %	0 %	0 %	0 %	0 %

$$\text{* Ratio comparatif en \%} = \frac{\text{salaire du titulaire}}{\text{salaire du point milieu de l'échelle salariale}} \times 100$$

Selon cette grille, un employé dont le rendement est satisfaisant et dont le salaire se situe dans la zone du point de contrôle (de 96 % à 104 %) reçoit une augmentation de salaire de 2 % à 3 %. Par ailleurs, si son rendement est satisfaisant et que son salaire se situe à un taux inférieur au point de contrôle, il reçoit une augmentation de salaire supérieure à 4 %, afin que son salaire se rapproche du point de contrôle. Il est à noter que les pourcentages indiqués dans cette matrice sont plutôt modérés. Selon cette matrice, une personne embauchée au taux de salaire minimum et dont le rendement est toujours satisfaisant doit attendre 10 ou 11 ans avant que son salaire ne se situe au point de contrôle (100 %), alors que si son rendement est continuellement supérieur, le temps requis est de six ou sept ans. L'entreprise désireuse de raccourcir ces périodes doit établir un écart plus grand entre les pourcentages prévus pour l'employé dont le rendement est satisfaisant et dont le salaire se situe dans la zone du point de contrôle (de 2 % à 3 %) et les pourcentages prévus pour l'employé dont le rendement est exceptionnel et dont le salaire se situe dans le premier cinquième (zone de 80 % à 88 %) de l'échelle (de 7 % à 8 %). Cet écart de 5 % pourrait être haussé à 6 % ou 7 %.

L'efficacité des salaires au mérite

Quoique le salaire au mérite soit très répandu, les résultats des recherches effectuées sur leur efficacité sont peu encourageants (Heneman, 1992 ; St-Onge, 1992, 1993). L'un des problèmes qu'amène la rémunération au mérite vient du fait qu'elle reconnaît le rendement annuel des employés au moyen d'une augmentation de salaire, c'est-à-dire d'une récompense à vie (une annuité). Aux fins du contrôle des coûts, la reconnaissance du rendement au moyen d'augmentations de salaire n'est pas avantageuse parce qu'elle accroît la masse salariale à long terme et, conséquemment, les coûts des avantages sociaux.

Selon ces grilles salariales, les augmentations de salaire tiennent compte non seulement du rendement des employés, mais aussi de leur position dans leur échelle salariale. Ainsi, à l'intérieur d'une même échelle salariale et pour une même cote de rendement, plus le salaire actuel d'un employé est élevé, moins son augmentation de salaire sera grande. Le fait de tenir compte de la position de l'employé dans l'échelle salariale réduit le lien entre le rendement et l'augmentation de salaire, ce qui atténue le caractère motivant de cette augmentation. De plus, des variables autres que le rendement individuel interviennent toujours dans la détermination des pourcentages d'augmentation de salaire au mérite (Heneman, 1992). On pense, par exemple, aux caractéristiques de la situation telles que le marché de l'emploi, l'évolution de l'indice des prix à la consommation, la situation financière et le budget d'augmentation au mérite, ou encore à des attributs individuels tels que les années de service et le niveau hiérarchique de l'employé, le pourcentage d'augmentation de salaire reçu par son superviseur et l'expérience de ce dernier.

De plus, l'aspect permanent et cumulatif des augmentations salariales empêche d'établir un lien étroit entre le rendement et la récompense, particulièrement pour les employés ayant un très bon rendement, c'est-à-dire ceux que, justement, on voudrait récompenser ! En pratique, l'écart est souvent faible (environ 2 %) entre les augmentations de salaire accordées aux plus méritants et celles versées aux moins méritants. En effet, les superviseurs hésitent à accorder des augmentations de salaire importantes aux employés exceptionnels parce qu'elles amènent trop vite ces derniers au sommet de leur échelle salariale, ce qui atténue leur motivation. En outre, les superviseurs se sentent souvent obligés d'accorder des hausses salariales équivalentes à celle du coût de la vie à tous les employés dont le rendement est satisfaisant; il leur reste alors peu de fonds pour récompenser les employés exceptionnels. Conséquemment, l'augmentation de salaire devient vite un droit acquis aux yeux des employés.

Par ailleurs, la marge discrétionnaire trop mince dont disposent les cadres pour différencier les augmentations de salaire les empêche d'accorder beaucoup d'attention au suivi du rendement des employés, car la différence de rendement revêt alors un caractère plus symbolique que réel. En outre, cet écart ne motive pas les employés à accroître leur rendement, car le jeu n'en vaut pas la chandelle. Une différence d'augmentation de salaire de 1,5 % sur un salaire imposé à 50 % permet seulement de se payer un café supplémentaire par jour.

Le recours au rendement comme critère d'attribution des augmentations de salaire nécessite la mise en place d'un système d'évaluation du rendement individuel (voir le chapitre 12). Cependant, quel que soit le système d'évaluation, il reste que toute évaluation du rendement est liée au jugement des supérieurs immédiats. Ceux-ci peuvent être plus ou moins sévères, ce qui entraîne le classement d'un pourcentage plus ou moins élevé d'employés dans les différents niveaux de rendement. La rémunération au mérite repose souvent sur une évaluation du rendement faite par les cadres à partir de critères inadéquats (non pertinents, subjectifs, inconnus, etc.) ou par des évaluateurs incompétents (méconnaissance du travail, absence de suivi, etc.). En principe, tout le monde admet l'idée que les augmentations de salaire doivent être reliées au rendement individuel; en pratique, cependant, à peu près tous les employés estiment que leur rendement est mal évalué.

Finalement, en raison des limites que comporte la formule des augmentations de salaire au mérite, un nombre croissant d'entreprises canadiennes recourent aux primes pour récompenser le rendement individuel (Carlyle, 1996, 1999). Par exemple, une enquête (Hewitt & Associés, 1996) indique que 15 % des 132 entreprises canadiennes participantes ont établi un tel régime pour au moins une catégorie de personnel. Une autre enquête (Société Conseil Mercer Limitée, 1999) effectuée auprès de 492 firmes canadiennes démontre qu'à l'égard du personnel non syndiqué, le versement cible moyen de primes prévu pour 1999 en fonction du rendement individuel exprimé en pourcentage du salaire de base est à peu près le suivant : 22 % pour les dirigeants, 14 % pour les cadres, 9 % pour les professionnels et les superviseurs, 8 % pour le personnel du système d'information et 5 % pour le personnel de soutien.

La formule des primes reconnaît le rendement des employés au moyen de montants forfaitaires versés en sus du salaire. Plusieurs organisations optent pour une approche mixte ou hybride. Par exemple, le rendement des employés est reconnu par une augmentation de salaire tant qu'ils n'ont pas atteint le sommet de leur échelle salariale ; lorsqu'ils l'ont atteint, leur rendement est reconnu par une prime. Nous reviendrons au chapitre 10 sur les avantages et les inconvénients respectifs de la formule des primes et des augmentations de salaire pour reconnaître le rendement individuel au travail.

7.6.3 Les échelles salariales mixtes

Moins répandues, les échelles mixtes sont pourvues d'échelons jusqu'au point milieu, mais pas au-delà. Le minimum représente le taux de salaire payé au moment de l'embauche. Par la suite, le salaire peut progresser selon l'ancienneté jusqu'au maximum normal. Au-delà du maxi-normal, les augmentations individuelles de salaire reposent sur un rendement plus que pleinement satisfaisant. Comme aucun échelon n'a été établi au-delà du maxi-normal, l'ordre de grandeur des augmentations de salaire est très flexible. La rapidité de la progression jusqu'au maximum normal peut aussi être fonction des résultats de l'évaluation du rendement des employés. Par exemple, à un niveau de rendement satisfaisant correspond un échelon. L'employé dont le rendement est moindre voit augmenter son salaire de moins d'un échelon, et le salaire de celui dont le rendement est exceptionnel peut augmenter de deux échelons. Une telle façon de procéder convient bien à une organisation dont la politique salariale antérieure était fondée sur l'attribution d'échelons pour l'ancienneté et qui désire modifier le critère de progression des salaires sans trop perturber les échelles salariales existantes. Certains employés peuvent alors atteindre plus rapidement le maximum normal de leur classe.

7.7 LA GESTION DES STRUCTURES SALARIALES

S'il est difficile pour une entreprise de s'assurer que ses politiques et ses pratiques au sujet des salaires de son personnel soient équitables et compétitives, il lui est encore plus difficile de faire en sorte que l'application de ces politiques et de ces pratiques soit cohérente et efficace, qu'elles demeurent équitables et compétitives avec le temps et qu'elles soient perçues comme telles par les employés. Cette section porte sur l'ajustement des structures salariales, sur la révision des salaires individuels au moment des augmentations de salaire, sur la communication relative aux salaires et sur divers modes et instruments de contrôle des salaires.

7.7.1 La planification des augmentations de salaire

Dans plusieurs grandes organisations, le processus de détermination des augmentations de salaire annuelles débute de trois à cinq mois avant la fin de l'année financière. Au cours de cette période, les dirigeants doivent déterminer les pourcentages d'augmentation des échelles salariales en prenant en considération leur politique salariale selon le marché et l'augmentation prévue des échelles de salaires sur le marché. Ils doivent également décider des augmentations moyennes de salaire en considérant leur politique salariale par rapport au marché, les augmentations de salaire prévues dans le marché pour l'année à venir et la capacité de payer de leur entreprise. Ainsi, il est possible que, malgré une politique de parité avec le marché et des prévisions d'augmentation de salaire de 5 % à 6 % sur le marché, les dirigeants décident de n'accorder en moyenne que 3 % d'augmentations de salaire en raison de la situation financière de leur organisation.

Les renseignements portant sur les prévisions de rajustement des échelles salariales et des salaires proviennent d'enquêtes annuelles effectuées par certains organismes publics, dont le Conference Board of Canada, et par la plupart des firmes de consultants en rémunération. Au cours de l'automne, ils publient leurs prévisions d'augmentations de salaire pour l'année à venir. Ces prévisions, dans lesquelles on distingue habituellement les rajustements des échelles salariales des augmentations de salaire, sont faites à partir d'enquêtes effectuées auprès d'entreprises un peu plus tôt dans l'année. Certaines sociétés conseils rendent cette information publique alors que d'autres ne la distribuent qu'aux organisations qui ont participé à leur enquête, afin d'éviter certains problèmes d'interprétation. Des prévisions analogues sont également faites au niveau international, à l'intention des entreprises qui exercent leurs activités sur le plan international.

7.7.2 L'ajustement des structures salariales en fonction du coût de la vie

Le critère du coût de la vie[1] (avec ou sans formule d'indexation) pour déterminer l'ajustement des structures salariales est généralement accepté

1. Cet indice est calculé suivant la valeur d'un panier de produits consommés par une population cible composée de familles et de personnes vivant seules dans des centres urbains de 30 000 habitants et plus. On établit le coût de ce panier en considérant les achats effectués par la population cible au cours d'une période de référence durant l'année. Le contenu et la proportion des composantes de ce panier sont mis à jour régulièrement pour tenir compte des changements dans la structure des achats. Ce panier contient sept groupes de produits dont chacun a un poids respectif.

en raison de sa simplicité, de son objectivité et de son équité apparente. Le recours au critère du coût de la vie se traduit par une indexation plus ou moins automatique des salaires, basée sur l'évolution d'un ou de plusieurs indices des prix à la consommation. En raison de l'inflation, les révisions des structures salariales liées au coût de la vie étaient une pratique généralisée au cours des années 1970 et jusqu'au milieu des années 1980. Depuis lors, à l'exception du personnel syndiqué de certaines organisations, il est plutôt rare qu'une entreprise utilise directement et uniquement l'augmentation de l'indice des prix à la consommation comme critère d'augmentation de salaire. On ajuste plutôt la structure salariale selon l'augmentation générale des salaires ou la croissance économique.

L'indice des prix à la consommation comme indicateur de gestion des structures salariales comporte certaines limites. Ainsi, très peu de personnes vivent une situation qui correspond à la moyenne et se procurent le panier de produits de la population cible. On pense, par exemple, à une personne qui ne consomme ni tabac ni alcool, qui n'utilise pas le transport privé et ne fréquente pas les restaurants. Par ailleurs, la variation du coût de la vie n'influence pas de la même façon la personne qui gagne 50 000 $ par année et celle qui en gagne 100 000 $. De plus, les organisations ont tendance à s'appuyer sur l'indice national de l'IPC pour ajuster leurs structures salariales alors qu'il varie d'une région à l'autre du pays.

7.7.3 La révision des salaires individuels

Une fois l'ajustement de la structure salariale déterminé, on doit réviser les salaires à verser à chaque employé. Les salaires de certains employés peuvent se situer en deçà des salaires prévus par la nouvelle échelle salariale ou carrément au-delà de cette échelle.

Quant aux employés dont le salaire se situe en deçà du salaire prévu dans la nouvelle échelle (les « cercles verts »), il faut augmenter leur salaire au taux prévu par la nouvelle échelle salariale. Toutefois, il est possible que cette situation soit justifiée lorsqu'un employé n'accomplit pas entièrement l'emploi prévu, que son rendement est inférieur au rendement attendu ou qu'il est en période d'apprentissage. Selon la situation, diverses actions sont envisageables. Lorsqu'un employé n'exécute qu'une partie de son travail, on peut modifier la description de son emploi de façon à la rendre plus conforme à la réalité, à la réévaluer et à la reclasser. Lorsque le rendement d'un employé ne répond pas aux attentes, on peut tenter de l'améliorer grâce à un programme de formation, muter l'employé à un emploi qui correspond mieux à ses compétences ou le congédier si le cas est extrême. Lorsqu'une personne est en période d'apprentissage, le salaire minimum de la classe est souvent accordé, mais on voit aussi des cas où l'on lui accorde un taux inférieur au taux minimum (de 10 %, par exemple).

Lorsque le salaire actuel d'un employé se situe au-dessus du salaire prévu par la nouvelle échelle mais en deçà du maximum, la solution la plus courante consiste à geler son salaire jusqu'à ce que l'échelle salariale le « rattrape » à la suite d'augmentations générales de salaire (pour l'ensemble de la structure salariale) ou de l'augmentation de ses années de service dans l'organisation.

Finalement, lorsque le salaire actuel d'un employé se situe carrément au-delà du point maxi (les « cercles rouges »), diverses solutions peuvent être envisagées. D'abord, il est possible de réduire son taux de salaire à celui correspondant au point maxi, quoiqu'une telle mesure ait pour effet de démotiver l'employé. Une autre solution consiste à ne rien faire, bien que cela ne règle pas le problème : l'injustice est maintenue alors que l'objectif poursuivi lors de l'établissement ou de la révision de la structure salariale était l'élimination des cas d'iniquité, surtout les plus flagrants. On peut également geler le salaire de l'employé jusqu'à ce que l'échelle salariale le « rattrape » à la suite d'augmentations générales. Cependant, plus le salaire de cet employé se situe au-delà du point maxi, plus cette solution le pénalise. Une autre approche consiste à ralentir la progression du salaire de l'employé de manière que l'échelle de salaires le « rattrape dans le temps ». On peut alors maintenir le taux de salaire de l'employé et lui accorder les augmentations générales jusqu'à ce qu'on change son affectation, afin de réparer une faute antérieure de gestion. On peut aussi n'allouer à cet employé qu'une partie des augmentations salariales générales accordées par l'organisation. On peut également décider de ne pas donner d'augmentations générales de salaire à cet employé ni reconnaître sa performance au moyen de primes. De plus, on peut modifier le contenu de son poste de façon à le rendre plus exigeant, le réévaluer et le placer dans une classe d'emplois plus élevée. Il doit alors s'agir d'une modification véritable du contenu de l'emploi et non d'un simple changement de titre : les employés ne sont pas dupes ! Cependant, cette solution n'est possible que dans la mesure où le potentiel de l'employé le permet et où la nature du travail s'y prête. Lorsque ces conditions ne sont pas remplies, on peut muter cette personne ou lui accorder une promotion.

Une dernière situation peut se produire, celle où le salaire d'un employé se situe au-dessus du niveau prévu par la nouvelle échelle salariale alors que son emploi est correctement évalué, que son rendement est satisfaisant et que la nouvelle échelle salariale est correcte. L'état de l'offre et de la demande pour certains emplois sur le marché du travail peut expliquer une telle situation. À titre d'exemple, on peut citer le cas de certains emplois liés à l'informatique, dont les salaires offerts sur le marché sont plus élevés que les salaires offerts pour des emplois différents mais équivalents dans leurs exigences. Les résultats de l'enquête de rémunération entrent alors en contradiction avec les résultats de l'évaluation des emplois. Dans ce cas, il ne faut pas modifier à la hausse la classification de l'emploi, ce qui aurait un effet inflationniste sur les évaluations des autres emplois. Une solution courante consiste à accorder des salaires plus élevés aux titulaires de ces emplois lorsque leurs salaires révisés ne sont pas supérieurs au maximum de l'échelle salariale de leur classe d'emplois. Une autre solution consiste à accorder des primes de marché pour de tels emplois. Par exemple, certains milieux universitaires donnent des primes de marché aux professeurs de médecine, d'actuariat, de comptabilité et de finance afin de faciliter leur recrutement ou de retenir leurs services alors que les conditions de rémunération sur le marché sont meilleures. L'attribution des primes de marché se révèle délicate : comment justifier le fait que certains employés aient une prime de marché alors que d'autres n'en ont pas ? Comment retirer l'attribution d'une telle prime lorsque le marché de l'emploi change ? etc.

7.7.4 Le moment de l'attribution des augmentations de salaire

En Amérique du Nord, la plupart des organisations ont l'habitude d'attribuer des augmentations de salaire à la même date pour tous les membres de leur personnel. Par contre, certaines organisations les accordent à la date anniversaire d'entrée des employés dans l'organisation.

Plusieurs facteurs plaident en faveur d'une révision des salaires simultanée pour tous les employés d'une organisation. D'abord, cette façon de faire permet une utilisation optimale du temps des cadres et une gestion plus efficiente du processus de révision salariale sur le plan administratif. Par ailleurs, lorsque les décisions concernant les augmentations de salaire sont prises au même moment, les comparaisons entre les situations individuelles sont plus faciles à établir et, par conséquent, les chances que le personnel considère le processus comme équitable sont augmentées. De plus, une politique ou un contrôle plus ou moins officiel de distribution des cotes de rendement individuel – que plusieurs organisations adoptent – n'est possible et réaliste que dans un contexte où toutes les augmentations de salaire sont accordées au même moment de l'année. On recommande toutefois que la révision des salaires se fasse après la fin de l'exercice financier de l'organisation, de façon à permettre une meilleure comparaison entre les évaluations du rendement individuel et les résultats de l'organisation, car l'efficacité du contrôle des politiques salariales sera alors facilitée.

Toutefois, certains arguments justifient également le choix de la date anniversaire d'entrée de chaque employé pour l'attribution d'une augmentation de salaire. D'abord, cette façon de faire rend le processus plus significatif aux yeux des employés. Par ailleurs, elle permet de masquer les augmentations de salaire en compliquant les comparaisons entre les augmentations de salaire des employés, puisqu'ils ne les reçoivent pas tous au même moment. De plus, sur le plan financier, ce processus permet d'étaler les augmentations de salaire sur toute l'année. En contrepartie, le choix de la date anniversaire d'entrée dans l'organisation soulève quelques inconvénients. Par exemple, dans un contexte de rémunération au mérite, il devient presque impossible d'obtenir ou de contrôler la distribution des cotes de rendement des employés. De plus, il est difficile, dans ce contexte, d'amener les cadres à effectuer la révision des salaires de façon efficace, puisqu'ils ont d'autres tâches à accomplir en même temps. Certaines iniquités peuvent également être créées ou maintenues lorsque les cadres ne voient pas la pertinence d'examiner l'effet de chacune des augmentations de salaire qu'ils accordent sur l'ensemble des tendances salariales se dégageant de leur unité administrative.

Il est également important de considérer le moment de la révision salariale du personnel non syndiqué par rapport au moment prévu pour les augmentations accordées au personnel syndiqué. D'une façon plus générale, il faut considérer le moment prévu pour les augmentations salariales d'une famille d'emplois par rapport aux augmentations prévues pour les autres familles. À titre d'illustration des problèmes soulevés par l'incohérence des périodes d'augmentation de salaire entre les cadres et le personnel syndiqué, citons le cas suivant.

> Dans une entreprise, les augmentations de salaire du personnel syndiqué sont accordées au mois de septembre. Les augmentations des cadres sont attribuées en mars et tiennent compte des augmentations salariales versées au personnel syndiqué. Ainsi, en avril, mai et juin, le moral des cadres est-il à la hausse en ce qui a trait à leurs salaires. Toutefois, une fois le mois de septembre terminé et les salaires du personnel syndiqué augmentés, les écarts de salaires entre ces derniers et les cadres (notamment les contremaîtres) se réduisent pour devenir, dans certains cas, à l'avantage des syndiqués. La situation est telle que la satisfaction des cadres à l'égard de leurs salaires devient très faible au cours des mois de novembre et décembre et constitue un véritable problème en janvier et février. Ce type d'insatisfaction peut être évité si l'on attribue les augmentations de salaire des cadres quelque temps après celles du personnel syndiqué, de façon à maintenir des écarts acceptables.

7.7.5 La communication relative aux salaires et aux autres composantes de la rémunération

Quelle que soit la qualité d'une structure salariale, elle ne sera efficace que dans la mesure où les cadres et les employés la comprennent et la jugent équitable. En effet, pour qu'un élément de la rémunération ait un effet sur les attitudes et les comportements des employés, il faut avant tout que ceux-ci lui reconnaissent une certaine pertinence. Par ailleurs, les gens agissent selon ce qu'ils perçoivent, et leur perception est liée à ce qu'on leur communique. Cette perception peut s'appuyer sur des messages communiqués officiellement ou être le résultat d'une interprétation des messages transmis de façon informelle par l'organisation. Il n'existe pas de politiques ni de pratiques de rémunération complètement cachées ; il n'y a que des politiques et des pratiques dont le contenu est transmis de façon officielle ou de façon informelle. Dans l'un ou l'autre cas, rien ne permet d'assurer que les employés connaissent et comprennent la réalité que veut exprimer la direction de l'organisation.

La communication relative aux salaires : avantages et inconvénients

En général, on prône la divulgation d'information sur les structures salariales afin d'inciter les employés à rechercher une promotion et à adopter des comportements en conséquence. Toutefois, au-delà de l'information sur les salaires relatifs des divers emplois, les employés doivent percevoir des différences de salaires appréciables entre les emplois pour vouloir progresser. Cet élément est d'autant plus important que les recherches indiquent que les employés tendent à sous-estimer les salaires de ceux qui sont dans une position hiérarchique supérieure à la leur et à surévaluer ceux de leurs subalternes. Ainsi le manque d'information au sujet des salaires versés aux autres emplois a-t-il pour effet de rendre les employés moins aptes à porter des jugements fondés et éclairés à cet égard. Certains croient d'ailleurs qu'une politique de salaires secrets fausse les perceptions des employés au sujet des salaires de leurs subalternes et de leurs collègues, augmentant par conséquent leur insatisfaction à l'égard de leur rémunération. D'autres pensent même que si les employés ignorent que des augmentations de salaire plus importantes sont accordées aux employés ayant un meilleur rendement et vice versa, leur motivation au travail diminue.

Malgré ces avantages, bien des organisations communiquent peu d'information sur les salaires et la rémunération de leur personnel ou n'en transmettent pas du tout. Selon Rubino (1992), les raisons pour lesquelles certaines firmes communiquent peu d'information ou n'en communiquent pas en matière de rémunération sont variées : (1) lorsque les régimes de salaires et d'avantages sociaux ne sont pas structurés et gérés de manière appropriée et uniformisée, les divulguer entraînerait de la confusion et de la dissension parmi les employés, (2) les régimes de rémunération bien conçus et adéquatement gérés peuvent être maintenus secrets parce que cette pratique est cohérente par rapport à la culture de l'entreprise. Pensons à une firme où l'on estime que la détermination des salaires fait partie des responsabilités des dirigeants et où l'on juge que les employés n'ont qu'à accepter leurs décisions à cet égard. Certains dirigeants sont aussi craintifs : plus une organisation communique d'information, plus ses employés risquent de poser des questions et plus elle doit fournir des explications et être convaincante.

La divulgation individuelle des salaires empêche les comparaisons entre les employés et permet donc de limiter leur insatisfaction à cet égard. Toutefois, il ne faut pas se leurrer : en l'absence d'information, les employés comparent tout de même leurs salaires et ils se forment une opinion en se basant sur le peu d'information qu'ils ont pu obtenir par leurs propres moyens ou par leurs relations. Cependant, il est démontré que la majorité des employés ne désirent pas que leur employeur dévoile leur salaire précis aux autres employés.

Des recherches démontrent qu'une politique de salaires secrets peut influencer la décision d'accorder des augmentations de salaire (Heneman, 1992). Il semble que les cadres auraient davantage tendance à accorder le même montant de récompense à tous leurs employés (moins de différenciation) lorsqu'ils savent que leurs décisions seront connues de tous. Plus le système est ouvert, plus les cadres semblent avoir peur qu'une grande différenciation des augmentations de salaire entraîne des réactions négatives parmi les employés.

La pratique en matière de communication à propos de la rémunération

Depuis quelques années, en raison de leur scolarité accrue, les employés exigent de plus en plus d'informations et d'explications sur la gestion de leur rémunération. Aussi, s'il existe dans bien des firmes une politique de renseignements secrets quant aux salaires individuels, un nombre croissant d'entreprises communiquent des informations sur les structures salariales, notamment sur les écarts mini-maxi des différentes classes d'emplois. Aujourd'hui, la plupart des grandes organisations rendent publique l'information concernant leurs politiques salariales, un minorité croissante de firmes communiquent de l'information sur leurs structures salariales et les salaires individuels sont presque partout tenus secrets. En somme, les firmes semblent avoir adopté la politique du juste milieu, le fait de fournir aux employés les minimums et les maximums des diverses classes de salaires ainsi que la médiane des salaires versés n'ayant rien à voir avec l'affichage des salaires individuels sur les murs d'une cantine.

Les conditions à respecter en matière de communication à propos de la rémunération

Pour maximiser l'efficacité de la communication à l'égard des salaires, ou celle de toute autre facette de la rémunération globale, nous proposons le respect des conditions suivantes :

Premièrement, avant de communiquer les divers aspects de la gestion de la rémunération aux employés de leur entreprise, les dirigeants doivent être sûrs de leur équité et de leur processus de communication. Sinon, la divulgation des informations va vite révéler le caractère inadéquat des salaires qu'ils accordent ou de leur gestion, ou encore des iniquités flagrantes ou la difficulté à expliquer les motifs de certaines décisions. Aussi, il convient de procéder à des analyses préalables, notamment de l'information que l'organisation désire divulguer aux employés et de l'information que les employés veulent connaître à l'égard des salaires. Une fois ces analyses effectuées, il convient de s'assurer du caractère adéquat et acceptable de la gestion des salaires dans l'organisation. De plus, les dirigeants doivent mettre de l'avant un programme de formation en vue de s'assurer que les supérieurs hiérarchiques aient une bonne compréhension des pratiques de gestion des salaires de l'organisation. En effet, comme une partie importante de la communication qui a lieu dans une organisation en matière de salaires passe par ces derniers, ils doivent être en mesure de fournir des réponses adéquates à leurs subalternes plutôt que de les renvoyer aux spécialistes du Service des ressources humaines. Le succès d'un programme de communication en matière de rémunération dépend d'abord et avant tout de la capacité des supérieurs hiérarchiques à le communiquer et à l'expliquer à leurs subordonnés.

Deuxièmement, lorsqu'une organisation s'engage dans un processus de divulgation d'information, elle doit être prête à répondre aux questions des employés, qui peuvent porter sur la façon dont les salaires sont déterminés, sur les personnes responsables des décisions, sur la relation entre les salaires offerts par l'organisation et ceux offerts sur le marché, sur les différences entre les salaires accordés à différents emplois, sur la nature et le choix des avantages sociaux, etc.

Troisièmement, l'organisation doit réduire au minimum les contradictions et les incohérences entre les multiples sources de communication en matière de rémunération. Que penser, par exemple, du cas du directeur d'un département universitaire qui, après avoir annoncé aux professeurs que les augmentations de traitement étaient basées sur leur rendement individuel, leur indique que tous auront droit à 3 % d'augmentation de salaire cette année-là ? Quelle signification attribuer à l'information selon laquelle tous les cadres d'une entreprise sont rémunérés uniquement selon leur rendement, alors qu'en pratique les augmentations de salaire varient entre 2 % et 4 % et que l'indice des prix à la consommation s'établit à 3 % ? Comment interpréter le message transmis par une organisation dont la politique de rémunération prévoit « procurer des structures de rémunération favorisant des plans de carrière au sein de l'entreprise » alors que les écarts salariaux entre deux niveaux hiérarchiques subséquents sont inférieurs à 10 % ?

Finalement, dans la mesure où les dirigeants d'une organisation veulent communiquer certaines politiques et pratiques de rémunération, ils doivent :

– rédiger un ou des documents officiels visant à exprimer les objectifs de rémunération poursuivis ainsi que les principales caractéristiques des pratiques qui en découlent ;
– tenir des réunions d'information et de formation avec les cadres afin de leur expliquer les objectifs de rémunération poursuivis ainsi que les pratiques à adopter, de manière qu'ils puissent les communiquer et les expliquer à leurs subalternes. Il ne faut pas négliger le fait que la communication à propos de la rémunération passe d'abord par les cadres dans une organisation ;
– faire en sorte qu'une ou des personnes compétentes et responsables puissent fournir aux cadres et aux employés les précisions requises.

7.7.6 Le contrôle des salaires

Le caractère adéquat et satisfaisant d'une politique ou d'une pratique de rémunération ne peut être maintenu sans un examen continu des changements économiques, sociaux et légaux. Compte tenu de l'importance de la rémunération pour les organisations et pour les employés ainsi que de la complexité de cette question, il apparaît primordial d'évaluer les réactions des employés à l'égard des diverses facettes de la rémunération, afin d'obtenir des indications sur les groupes d'employés éprouvant des problèmes et sur la nature et les priorités des problèmes. Une organisation, quelle qu'elle soit, possède des ressources limitées et il importe alors d'autant plus que celles-ci soient utilisées de la manière la plus efficiente possible.

Une des faiblesses du processus de contrôle de la rémunération au sein des grandes organisations tient au fait qu'il est sous la responsabilité de divers acteurs. Ainsi, la responsabilité des enquêtes de rémunération peut être confiée au Service des ressources humaines, le contrôle des salaires peut relever des cadres seuls ou s'effectuer conjointement avec le Service des ressources humaines, le contrôle de la masse salariale peut relever du responsable des finances, le contrôle de la rémunération variable pour le personnel de production peut concerner le Service de génie, le contrôle de la distribution des cotes de rendement individuel et des salaires de base peut relever du Service des ressources humaines, le contrôle des descriptions d'emplois peut reposer sur les cadres alors que le contrôle de la gestion des salaires peut concerner le Service de l'informatique, etc. Ce partage des responsabilités soulève des problèmes de contrôle de la rémunération à l'intérieur des organisations. Cependant, la situation semble évoluer au fil des années. De plus en plus conscients du rôle stratégique et de l'atout concurrentiel des systèmes de rémunération, les dirigeants des organisations exigent de plus en plus souvent des comptes rendus de la part de leurs gestionnaires.

Les modes de contrôle

Quoique la façon dont les dirigeants d'entreprise exercent le contrôle de leur rémunération varie d'une organisation à l'autre, leurs modes de contrôle peut s'exercer selon les approches suivantes :

- Le *contrôle par approbation de la direction*. Ce mode de contrôle assure le respect des politiques de rémunération. Toutefois, s'il est appliqué individuellement, il pose des problèmes, puisque les dirigeants ne connaissent pas parfaitement tous leurs employés ;
- Le *contrôle par budget*. Ce mode de contrôle permet de déléguer les prises de décision et il porte sur les budgets des salaires ou l'augmentation des salaires. Cependant, ce type de contrôle ne garantit pas la qualité des décisions. Par exemple, il est différent d'établir et de respecter un budget d'augmentation des salaires au mérite, et de s'assurer que ce budget est effectivement accordé selon le rendement des employés ;
- Le *contrôle par statistiques*. Ce mode de contrôle permet d'élaborer des standards d'efficacité et sert à indiquer les problèmes potentiels et les actions requises pour y apporter des solutions. Toutefois, il fournit peu d'indications sur la source des problèmes. En pratique, ce type de contrôle est généralement jumelé au contrôle par budget. Il est facilité par l'apparition et les développements de l'informatique, qui rend le nombre d'indices statistiques presque illimité. Toutefois, il ne faut pas souffrir de « myopie technique » : la programmation doit permettre l'accessibilité rapide à l'information de la façon la plus simple et la plus efficace possible. Par ailleurs, dans ce type de contrôle, l'information doit être bien utilisée et bien comprise pour être efficace. De plus, l'usage de l'informatique pose le problème de la confidentialité de l'information ;
- Le *contrôle par expertise*. Ce mode de contrôle consiste à aider les cadres à prendre des décisions adéquates et cohérentes en matière de rémunération. Pour ce faire, il faut que des politiques et des outils particuliers soient élaborés, que les cadres détiennent les informations nécessaires pour prendre des décisions, qu'ils puissent compter sur l'aide et les conseils de spécialistes en rémunération, qu'ils aient la formation requise pour prendre ce type de décisions et qu'ils aient la responsabilité de ces décisions.

Les objets du contrôle

Les méthodes de contrôle de la rémunération des employés peuvent aussi bien porter sur leurs contributions que sur leurs rétributions. D'une part, le contrôle de la *contribution* des employés peut concerner leur travail, leur rendement ou leur apport personnel. Le contrôle de leur travail consiste à mettre à jour les descriptions d'emplois et l'évaluation des emplois. Le contrôle de leur rendement suppose une révision des systèmes de gestion du rendement tous les deux ou trois ans, afin d'assurer la pertinence des méthodes et des critères liés aux comportements requis des employés. La rémunération de la contribution personnelle de l'employé est peu pratiquée en Amérique du Nord, sinon au moyen des salaires à l'embauche, lorsqu'on reconnaît son expérience. L'absence de l'apport personnel des employés dans la détermination de leurs salaires constitue d'ailleurs une source de conflits entre les cadres et les responsables de la rémunération. Cependant, la rémunération des personnes selon leur potentiel ou leur école de formation, telle qu'elle est pratiquée dans certaines sociétés européennes, suscite d'autres types de conflits, ainsi que des problèmes de contrôle. Au chapitre 9, nous traiterons de la rémunération basée sur les compétences des employés, une approche de rémunération récemment privilégiée par certaines firmes.

D'autre part, le contrôle des *rétributions* des employés peut porter sur diverses facettes de la gestion des salaires : les coûts de main-d'œuvre, les taux de salaire, la structure salariale, les salaires individuels et les augmentations de salaire :

– Le *contrôle des coûts de main-d'œuvre* (directs, indirects, totaux). Au-delà du suivi des montants en jeu, ce mode de contrôle s'appuie aussi sur des ratios (généraux ou particuliers) comme le budget des salaires des représentants, le budget des salaires du personnel de production, etc. Cette approche comprend également les budgets d'heures supplémentaires pour l'ensemble de l'organisation et pour chacune de ses unités administratives. Dans ce mode de contrôle, on recourt fréquemment à des ratios comme celui des salaires sur les ventes, celui de la masse salariale sur la valeur de la production, etc.
– Le *contrôle des taux de salaire des emplois*. Ce type de suivi s'effectue en consultant des enquêtes de rémunération ou encore en analysant le lien entre les taux de salaire et les taux de rotation du personnel ou entre les taux de salaire et les taux de rejet d'offres d'emploi.
– Le *contrôle de la structure salariale*. Comme la pertinence d'une structure salariale repose d'abord et avant tout sur la compréhension et l'acceptation des employés, plusieurs méthodes de contrôle peuvent être utilisées : les entrevues ou les sondages auprès du personnel, l'analyse des demandes de réévaluation d'emplois et de l'évolution de leur nombre dans le temps, l'examen des refus de promotion ou des problèmes de rémunération. Par exemple, si les écarts de salaire entre les emplois n'apparaissent pas suffisants en ce qui concerne les différences de leurs exigences, les promotions paraîtront moins alléchantes aux yeux des employés.

– Le *contrôle des taux de salaire individuels*. Les entreprises élaborent un ensemble de moyens de contrôle des salaires (minimum et maximum) offerts lors de l'embauche, de mutations ou de promotions. On pense, par exemple, à une règle d'augmentation minimum de salaire de 10 % lors d'une promotion sans que le nouveau taux de salaire soit supérieur au maximum de l'échelle salariale de la nouvelle classe d'emplois, mais selon laquelle le nouveau salaire se situe au moins au minimum de l'échelle salariale de sa nouvelle classe d'emplois. L'application de cette règle peut faire apparaître certains problèmes de structure salariale. Par exemple, il se peut que la règle de 10 % soit difficile à appliquer parce que les écarts de salaire entre les classes d'emplois sont trop minces ou encore parce qu'elle place les employés nouvellement promus au maximum de leur nouvelle échelle salariale.

Le contrôle des taux de salaire individuels peut également être effectué en établissant des points de contrôle à l'intérieur des diverses classes d'emplois, notamment en se référant au *ratio comparatif*. Comme nous l'avons mentionné précédemment, on calcule cet indice de la manière suivante :

$$\text{Ratio comparatif} = \frac{\text{salaire effectif de l'employé (ou du groupe d'employés)}}{\text{salaire au point milieu (contrôle, maxi-normal ou cible) de l'échelle salariale}}$$

Dans une échelle salariale comportant des minimums et des maximums situés à plus ou moins 20 % du point de contrôle, le ratio comparatif des employés peut varier entre 0,80 et 1,20. La signification de l'indice qui en résulte est alors examinée par rapport à la situation de la personne. S'il a été établi qu'un indice de 110 correspond au salaire versé à un employé dont le rendement est sensiblement supérieur au niveau « satisfaisant » dans la plupart des domaines de responsabilités et que, de fait, la cote de rendement global de l'employé n'est que « satisfaisante », des correctifs doivent être envisagés. Grâce à cet indice, il est possible de comparer les cotes de rendement des employés d'un groupe à l'autre et, donc, l'efficacité relative de l'application de la politique d'augmentation de salaire. De plus, sur une base collective, cet indice permet de situer le niveau effectif des salaires par rapport à la politique salariale de l'organisation. Par exemple, il y a une différence entre une politique salariale amenant, dans l'ensemble, les points de contrôle à se situer au 60e centile du marché de référence et un ratio comparatif moyen de 0,92 ou 1,05.

Les organisations contrôlent aussi la compétitivité de leurs salaires (voir le chapitre 4) en calculant des *indices de compétitivité* ou des indices de marché, soit le salaire moyen des employés divisé par le taux du marché (certains parlent de ratio comparatif par rapport au marché). Par exemple, un faible indice de compétitivité de 86 % peut être le résultat d'une politique délibérée d'offrir des salaires inférieurs au marché, parce que les titulaires cumulent peu d'expérience dans leur poste ou encore parce que le personnel de l'organisation assume moins de responsabilités que le titulaire « typique » du marché. C'est à l'organisation de décider si cette position relative au marché est acceptable ou justifiable. La pratique actuelle d'une organisation et sa politique à l'égard des salaires peuvent ne pas coïncider avec la manière dont cette politique a été appliquée dans le temps.

L'*indice de progression dans l'échelle salariale* (Purushotham et Wilson, 1993) indique jusqu'à quel point un titulaire a progressé dans son échelle salariale. Cet indice se calcule à partir des taux maximum et minimum et peut, comme le ratio comparatif, être calculé pour chaque employé ou pour un groupe d'employés à l'aide de la formule suivante :

$$\text{Indice de progression dans l'échelle salariale} = \frac{\text{salaire du titulaire} - \text{salaire minimum de l'échelle}}{\text{salaire maximum de l'échelle} - \text{salaire minimum de l'échelle}}$$

Par exemple, si le salaire minimum s'élève à 66 800 $, le salaire maximum à 100 300 $ et que le salaire d'un titulaire est de 85 000 $, son indice de progression dans l'échelle égale :

$$\frac{(85\ 000\ \$ - 66\ 800\ \$)}{(100\ 300\ \$ - 66\ 800\ \$)} = 54{,}3\ \%.$$

– Le *contrôle des augmentations de salaire individuelles*. Ce type de contrôle prend généralement deux formes : le budget des augmentations de salaire et la matrice ou la grille des pourcentages d'augmentation de salaire au mérite. Le budget des augmentations de salaire inclut habituellement celles qui sont liées au mérite, aux promotions, à l'ancienneté, au coût de la vie, etc. En ce qui concerne les augmentations de salaire liées au rendement individuel des employés, la plupart des entreprises utilisent une matrice ou une grille des augmentations de salaire, afin de garantir un traitement équitable à tout le monde. Comme nous l'avons vu précédemment, cette grille tient compte à la fois des cotes de rendement individuel et des taux de salaire des employés. Toutefois, comme instrument de contrôle, une grille d'augmentation de salaire au mérite n'est pas suffisante parce qu'elle ne fournit pas d'indications sur le nombre ni le pourcentage de personnes qui doivent obtenir une cote de rendement particulière. Certaines firmes adoptent une méthode de distribution des cotes d'évaluation du rendement alors que d'autres fournissent aux cadres un budget d'augmentation de salaire à respecter. Dans ce dernier cas, un cadre n'est pas contraint à une distribution gonflée de ses cotes de rendement, qui peut ne pas être pertinente, compte tenu du nombre restreint de ses subalternes, mais il doit appliquer la grille des augmentations de salaire et s'assurer de respecter son budget.

7.8 LA GESTION DES SALAIRES : PROBLÈMES ET DÉFIS PARTICULIERS

Cette dernière partie du chapitre examine d'abord un défi particulier auquel font face certains employeurs en matière de gestion des salaires : le phénomène de la compression salariale. Elle traite ensuite du débat entourant l'adoption d'une double structure salariale à l'égard de certaines catégories de personnel. Finalement, elle revient sur le sujet des courbes de maturité que certaines associations professionnelles proposent comme aide à la gestion des salaires de leurs membres.

7.8.1 La compression salariale

Un phénomène dit de « compression salariale » survient lorsqu'il y a peu d'écart salarial entre un nouveau titulaire inexpérimenté et un titulaire qualifié qui a une certaine ancienneté. Ce problème survient lorsque les salaires des postes comblés par des candidats du marché (recrutement externe) augmentent plus vite que les salaires des postes comblés par des candidats de l'entreprise (recrutement interne ou promotion). La compression d'une structure salariale se manifeste par un niveau élevé de chevauchement des échelles salariales des classes d'emplois. Ce problème apparaît surtout lors de périodes inflationnistes, comme celle du début des années 1980.

Une compression des salaires, c'est-à-dire une réduction de l'écart entre les taux de salaire les plus élevés et les plus faibles d'une entreprise, peut être causée par plusieurs facteurs : taux d'inflation élevé, économie au ralenti, augmentation des taux de salaire minimums des échelles salariales sans augmentation des taux maximums pendant un certain temps, pressions syndicales visant une hausse salariale pour les employés occupant des emplois au bas de la structure salariale et rareté de la main-d'œuvre qualifiée. Dans ce cas, on parle de structure salariale plate.

Par exemple, lorsque le salaire minimum est augmenté, l'employeur qui a un grand nombre d'employés payés selon le salaire minimum doit décider s'il ajuste à la hausse toute sa structure salariale dans la même proportion pour maintenir les différentiels de salaire ou s'il réduit ces différentiels en n'augmentant pas ou peu les salaires de tous les emplois. Les problèmes de compression surviennent aussi fréquemment au sein de la main-d'œuvre professionnelle (ingénieurs, spécialistes en informatique, etc.) lorsque, étant donné la rareté de l'offre sur le marché, les candidats récemment diplômés exigent des salaires presque égaux à ceux des candidats de l'entreprise qui ont de trois à cinq ans d'expérience.

Au moins deux pratiques de rémunération peuvent contribuer à réduire les différentiels de salaire entre les classes d'emplois et causer un problème de compression. D'abord, l'établissement d'un grand chevauchement entre les échelles salariales de classes d'emplois adjacentes, qui amène les employés à considérer que des emplois perçus comme plus exigeants ne sont pas suffisamment payés par rapport aux emplois jugés moins exigeants. Ensuite, l'attribution d'un même montant d'augmentation de salaire (plutôt que d'un même pourcentage) à tous les emplois de la structure salariale, quoique justifiable sur le plan de l'égalité du traitement, contribue à réduire les différences salariales entre les emplois. Toutefois, ici encore, tout est question de perception. Comme le mentionnent Milkovich et Newman (1998), ce qui est de la compression pour certains s'avère de l'égalité pour d'autres (moins de différence entre les emplois).

En plus de causer d'éventuels problèmes de progression salariale au nouveau personnel, la compression salariale peut amener les employés en place – notamment les contremaîtres et les cadres intermédiaires – à se sentir injustement traités lorsqu'ils comparent leur salaire à celui de leurs subalternes ou lorsqu'ils constatent que les nouveaux arrivants touchent un salaire qui présente un écart minime avec le leur. Un problème de compression salariale occasionne un roulement de personnel « dysfonctionnel », puisqu'il amène les employés compétents et très performants à quitter l'entreprise parce qu'ils s'estiment injustement payés par rapport aux titulaires d'emplois possédant moins d'expérience ou affichant un moins bon rendement.

Une solution traditionnelle au problème de la compression salariale est la réduction du nombre de classes d'emplois, qui passe généralement par une réduction du nombre de niveaux hiérarchiques. En effet, la présence d'un nombre réduit de classes d'emplois permet de mieux reconnaître pécuniairement une promotion hiérarchique. Pour réduire au minimum la compression salariale, les entreprises peuvent aussi s'assurer que les taux de salaire maximums des échelles représentent bien les montants maximums qu'elles sont prêtes à payer pour les titulaires des classes d'emplois et que ces montants sont compétitifs par rapport au marché. Les employeurs peuvent aussi diminuer les problèmes de compression des salaires en utilisant le recrutement interne (promotion) pour combler leurs postes vacants, de façon à réduire les pressions exercées par le marché. Tout récemment, pour résoudre un problème de compression salariale, certaines entreprises ont procédé à un regroupement de classes salariales adjacentes à l'intérieur de bandes salariales. Nous traiterons au chapitre 9 de cette récente approche, soit des « bandes salariales élargies » (*broadbanding*).

7.8.2 La double structure salariale ou la clause orphelin

La définition et les diverses formes de double structure salariale

Traditionnellement, une double structure salariale établit ses différences salariales en fonction de la date d'embauche des employés : les employés embauchés après une date déterminée seront soumis à une structure salariale différente de celle qui régit les employés en place avant cette date. Aujourd'hui, lorsqu'elle est intégrée à une convention collective, une telle clause, dite « clause orphelin », impose des conditions de travail inférieures à de nouveaux employés, comparativement aux conditions offertes aux anciens employés, en les distinguant sous une ou plusieurs des facettes : ajout de nouveaux échelons salariaux, réduction du salaire d'entrée, diminution des avantages sociaux, de la sécurité d'emploi, etc.

La figure 7.6 schématise diverses formes de double structure salariale en déterminant que la ligne ADB représente la structure salariale des employés en place. Le type le plus courant de double structure semble temporaire et peut être représenté par la ligne CDB. Les nouveaux employés sont embauchés à un taux de salaire inférieur à celui de la structure salariale des employés en place. Toutefois, après une certaine période (environ cinq ans), la seconde structure salariale rejoint la première et, à compter de ce moment, les salaires de tous les employés sont régis par la même structure salariale. Habituelle-

FIGURE 7.6

Différentes formes de double structure salariale

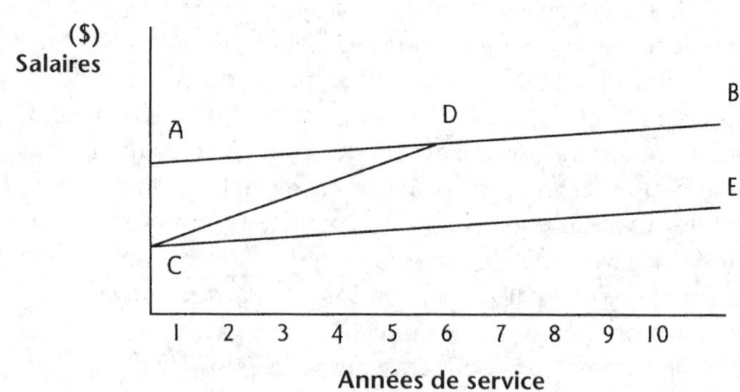

ADB : structure salariale pour les employés en place.
CDB : premier type de seconde structure salariale pour les nouveaux employés.
CD : deuxième type de seconde structure salariale pour les nouveaux employés.
CE : troisième type de seconde structure salariale pour les nouveaux employés.

ment, l'écart entre le point A et le point C varie entre 20 % et 25 %. Un autre type d'approche est représenté par la ligne CD. Dans ce cas, lorsque les salaires de la seconde structure salariale rejoignent ceux de la première, les salaires des employés régis par la seconde structure cessent d'augmenter (ou cessent d'augmenter plus rapidement) en fonction de leurs années de service. Finalement, un autre type de double structure, de nature permanente, correspond au cas où les deux structures salariales sont parallèles (ligne CE), afin que le salaire des nouveaux employés soit toujours inférieur à celui des employés embauchés avant la signature de l'entente la plus récente. L'écart de salaire entre les deux structures salariales peut alors atteindre plus de 10 %.

L'efficacité de la double structure salariale

Historiquement, la double structure salariale a fourni de nombreux avantages :

- Elle constitue un moyen simple de réduire les coûts de main-d'œuvre ;
- Elle constitue un bon moyen de protéger les conditions de travail des employés en place (salaires, sécurité d'emploi, etc.). Auparavant, en échange de la réduction des coûts de personnel ou de leur augmentation, les employeurs promettaient de limiter les licenciements ;
- Elle permet d'éviter les conflits entre les employés, puisqu'elle n'a pas de conséquences négatives directes sur eux (comparativement aux gels de salaires ou aux coupures de postes) et en fait même une classe privilégiée par rapport aux nouveaux employés ;
- Elle permet de réduire le militantisme syndical des nouveaux employés, qui se sentiraient moins protégés par les syndicats.

En dépit de ces avantages, plusieurs mises en garde ont été exprimées à propos de l'adoption de la double structure salariale en raison des problèmes – notamment un mauvais climat de travail, un sentiment d'insatisfaction ou d'injustice, un manque de loyauté, une qualité moindre des produits et un manque de productivité – qu'elle peut entraîner à moyen terme chez les employés appartenant à la deuxième classe salariale. Les résultats des études portant sur le sujet, quoique plutôt mitigés, semblent proposer un recours prudent à cette pratique sur une base temporaire, puisqu'elle va à l'encontre du principe « à travail égal, salaire égal » et qu'elle aurait des effets plutôt négatifs sur les attitudes et les comportements des employés (p. ex. : Cappelli et Sherer, 1990 ; Martin et Lee, 1992, 1996 ; Martin et Heetderks, 1991 ; Martin et Peterson, 1987 ; McFarlin et Frone, 1990). Plus précisément, il semble que cette pratique devrait être adoptée sur une base temporaire, à l'égard de postes exigeant peu de qualifications, par des entreprises qui offrent des salaires supérieurs au marché, si l'on désire réduire au minimum ses conséquences négatives. Sinon, l'entreprise peut avoir de la difficulté à recruter et à retenir une main-d'œuvre qualifiée et compétente.

La fréquence d'utilisation de la double structure salariale

C'est dans le contexte de la récession et de la déréglementation des marchés du début des années 1980 qu'est apparue la pratique de la double structure salariale dans les organisations syndiquées aux États-Unis (Martin et Heetderks, 1991 ; Martin et Lee, 1992), notamment dans les secteurs des chaînes d'alimentation et des sociétés aériennes. En plus de constituer un moyen de réduire les coûts de production pour assurer la compétitivité, cette pratique a permis à certains employeurs de briser le modèle traditionnel des relations de travail. Il faut considérer qu'à l'époque, après des années de concessions (en matière de coupure de postes, de gel ou de diminution des salaires), les employés étaient plus favorables à cette approche, puisqu'elle n'avait pas d'effets négatifs sur eux, mais uniquement sur les futurs employés de l'entreprise. Aux États-Unis, entre 1989 et 1995, près de une convention collective sur trois contenait une clause orphelin (Bureau of National Affairs, 1995). Aujourd'hui, toutefois, cette pratique est peu courante et il y a peu de nouvelles ententes en la matière. En fait, les clauses qui ont été adoptées ont souvent été abandonnées ou modifiées avec le temps, par exemple chez Boeing et American Airlines (Walsh, 1988).

Au Québec, l'adoption de doubles niveaux de rémunération a progressé de manière importante au cours des années 1980 et 1990. Près de 7 % des conventions collectives des secteurs privé et public contiennent une telle clause (Gagnon, 1998). La présence accrue de cette clause a surtout touché les secteurs municipal, public et parapublic québécois, qui étaient pressés de réduire la masse salariale de 6 % à la suite de la réforme Trudel. La clause orphelin a d'ailleurs fait couler beaucoup d'encre dans les syndicats, les groupes de jeunes et le milieu des affaires du Québec.

7.8.3 Les courbes de maturité

En Amérique du Nord, pour gérer les salaires de certaines catégories de personnel (p. ex. : avocats, ingénieurs, comptables), certaines firmes utilisent les courbes de maturité (ou courbes d'apprentissage) de leurs associations professionnelles respectives, qui prescrivent un taux de rémunération lié au nombre d'années d'expérience depuis l'obtention du diplôme. Une enquête de maturité présente le lien entre le salaire offert sur le marché et l'expérience du candidat. En Europe, on attribue couramment une reconnaissance salariale formelle au nombre d'années d'expérience des employés dans la profession concernée. Ainsi, quelles que soient les catégories de personnel, on émet l'hypothèse que leur expérience a un effet positif sur le rendement au travail, quoique cette relation soit loin d'être clairement établie.

RÉSUMÉ

Ce chapitre a présenté les étapes à suivre et les options possibles en vue d'intégrer divers principes d'équité à la détermination et à la gestion des salaires : équité interne, équité externe, équité individuelle, équité salariale et justice du processus. Cette intégration se fait par l'élaboration d'une structure salariale nécessitant plusieurs étapes. Dans un premier temps, il faut considérer les résultats de l'évaluation d'emplois (équité interne) parallèlement à ceux d'enquêtes de rémunération (équité externe) et tracer la courbe salariale désirée en fonction de la politique salariale de l'organisation selon le marché. Par la suite, l'organisation doit décider si elle accorde des salaires différents aux divers emplois de sa structure salariale ou si elle regroupe ceux-ci par classes, de façon à offrir des conditions salariales différentes aux titulaires d'emplois des diverses classes. Par la suite, si l'organisation veut tenir compte de certaines caractéristiques individuelles telles que les années de service et le rendement des employés (équité individuelle), elle doit établir des échelles salariales et déterminer la façon de tenir compte des caractéristiques individuelles retenues lors de la détermination des salaires, notamment de l'ancienneté ou du rendement des titulaires des emplois.

Après s'être assurée que ses politiques et ses pratiques sont équitables et compétitives en matière de salaires, l'organisation doit veiller à ce que l'application (la gestion) de ces politiques et de ces pratiques s'avère cohérente et efficace. De plus, elle doit faire en sorte qu'avec le temps, elles continuent d'être équitables et compétitives. Dans cette optique, l'organisation doit adopter un ensemble de règles d'établissement des salaires des titulaires des emplois et procéder aux ajustements requis (justice du processus). Ce chapitre a traité, entre autres, de l'ajustement des structures salariales, de la communication relative aux salaires et du contrôle de la masse salariale.

Bien qu'elle soit rationnelle et logique, la détermination des salaires des employés d'une organisation n'en est pas moins subjective. La structure salariale qui en résulte est le reflet de ses concepteurs. Aussi certains groupes d'employés peuvent-ils être privilégiés ou pénalisés en raison de l'application des décisions prises tout au long de cette démarche, par exemple, à cause d'une discrimination salariale (tant consciente qu'inconsciente) entre les emplois à prédominance masculine et les emplois à prédominance féminine. Toutefois, quel que soit le niveau de subjectivité inhérente à l'élaboration d'une structure salariale, c'est en fonction de ce processus que les salaires des employés ont été déterminés au cours des dernières années, et tout laisse croire qu'il en sera ainsi dans les années à venir. La solution relative aux groupes d'emplois pénalisés devra donc s'inscrire dans ce processus et il faudra arriver à réduire certains litiges dont les conséquences sont socialement inacceptables.

Ce chapitre a également clarifié certaines problématiques liées à la gestion des salaires, notamment le phénomène de la compression des salaires, la double structure salariale et les courbes de maturité.

Le mode uniformisé et centralisé de gestion des salaires que nous avons abordé dans ce chapitre correspond à celui adopté par la grande majorité des organisations. Toutefois, des pressions multiples (concurrentielles, technologiques, économiques, etc.) ont amené certaines entreprises à innover en matière de détermination et de gestion des salaires. Le chapitre 9 traitera de deux approches émergentes : les salaires basés sur les compétences et les bandes salariales élargies.

QUESTIONS DE RÉVISION

1. Commenter l'importance des effets des structures salariales ainsi que l'évolution des pratiques et des jugements à l'égard du nombre de structures salariales à établir.
2. Pourquoi et comment dresser les diverses droites ou courbes salariales suivantes : la courbe des salaires de l'organisation, la courbe des salaires du marché, la courbe de la politique salariale de l'organisation ?
3. Pourquoi regroupe-t-on les emplois en classes ? Comment déterminer le nombre de classes d'emplois ainsi que leurs bornes ?
4. Traiter des différences entre une structure salariale à taux unique et une structure salariale à taux multiples.
5. Traiter de l'importance des échelles salariales ainsi que des normes requises pour les élaborer et en gérer la progression au sein des échelles.
6. Comment déterminer l'étendue des échelles salariales ? Comment déterminer leur maximum et leur minimum ?
7. Commenter l'utilité d'un certain chevauchement entre les échelles salariales en traitant des problèmes engendrés par un chevauchement trop important.
8. Traiter des échelles salariales basées sur l'ancienneté et des échelles salariales basées sur le rendement individuel.
9. Traiter de l'importance de la communication en matière de gestion des salaires et proposer certains conseils à cet égard.
10. Qu'est-ce que l'indice des prix à la consommation ? Quel est son lien avec la gestion traditionnelle des salaires au sein des organisations ?

11. Traiter de l'importance du contrôle en matière de gestion des salaires et des divers outils ou approches qui y sont liés.
12. Qu'entend-on par « double structure salariale » ? Commenter les raisons et les limites de cette approche ainsi que la fréquence de son utilisation en Amérique du Nord.
13. Qu'est-ce qu'un problème de compression salariale ? Quels facteurs peuvent engendrer ce problème et comment peut-on le contrôler ?
14. Qu'entend-on par une courbe de maturité qui permet de gérer les salaires de certaines catégories de personnel ?

RÉFÉRENCES

ARMSTRONG, M., et A. BARON (1996). *The Job Evaluation Handbook*, Institute of personnel and development, London.

BOOTH, P.L. (1987). *Paying for Performance : The Growing Use of Incentives and Bonus Plans*, Ottawa, Conference Board of Canada.

BUREAU OF NATIONAL AFFAIRS (1995). *Collective Bargaining Negociations and Contracts*, n° 1302, Washington, D.C., The Bureau of National Affairs.

CAPPELLI, P., et P.D. SHERER (1990). « Assessing worker attitudes under a two-tier wage plan », *Industrial and Labor Relations Review*, vol. 43, n° 2, p. 225-244.

CARLYLE, N. (1996). *Compensation Planning Outlook*, The Conference Board of Canada, Ottawa.

CARLYLE, N. (1999). *Compensation Planning Outlook*, The Conference Board of Canada, Ottawa.

GAGNON, K. (1998). « Clauses orphelin : une loi dès l'automne ? », *La Presse*, jeudi, 20 août, p. B1.

HENEMAN, R.L. (1992). *Merit Pay : Linking Pay Increases to Performance Ratings*, Ohio, Addison Wesley HRM Series.

HEWITT & ASSOCIÉS (1996). *Programmes de rémunération variable, base de données : faits saillants et résultats de l'enquête 1995-1996.*

MARTIN, J.E., et T.D. HEETDERKS (1991). « Employee perceptions of the effects of a two-tier wage structure », *Journal of Labor Research*, vol. XII, n° 3, p. 279-295.

MARTIN, J.E., et R.T. LEE (1992). « Pay knowledge and referents in a tiered-employment setting », *Industrial Relation*, vol. 47, n° 4, p. 654-665.

MARTIN, J.E., et R.T. LEE (1996). « When a gain comes at a price : Pay attitudes after changing tier status », *Industrial Relations*, vol. 35, n° 2, p. 654-665.

MARTIN, J.E., et M.M. PETERSON (1987). « Two-tier wage structures : Implications for equity theory », *Academy of Management Journal*, vol. 30, n° 2, p. 297-315.

McFARLIN J.E., et M.R. FRONE (1990). « A two-tier wage structure in a nonunion firm », *Industrial Relations*, vol. 29, n° 1, p. 145-155.

MILKOVICH, G.T., et J.M. NEWMAN (1998). *Compensation*, Homewood, Ill., Richard D. Irwin Inc.

MINISTÈRE DU TRAVAIL DU QUÉBEC (1992). « La rémunération à double palier dans les conventions collectives au Québec : évolution de la situation entre 1985 et 1990 », dans *Le marché du travail*, p. 83.

PURUSHOTHAM, D.P., et S.Y. WILSON (1993). *Building Pay Structure : An Approach to Establishing the Foundation for a Compensation Program*, Building Blocks in Total Compensation, Scottsdale, Ariz., American Compensation Association.

RUBINO, J.A. (1992). *Communicating Compensation Programs : An Approach to Providing Information to Employees*, Building Blocks in Total Compensation, Scottsdale, Ariz., American Compensation Association.

ST-ONGE, S. (1992). *A Field Investigation of Variables Influencing Pay-for-Performance Perception*, thèse de doctorat, Toronto, York University.

ST-ONGE, S. (1993). « Variables influencing pay-for-performance perception in a merit pay environment », *Academy of Management Meetings Best Papers Proceedings*, août, p. 121-125.

ST-ONGE, S. (1994). « L'efficacité des régimes de participation aux bénéfices : une question de foi, de volonté et de moyens », *Gestion*, vol. 19, n° 3, février, p. 22-31.

SOCIÉTÉ CONSEIL MERCER LIMITÉE (1999). *Rapport d'enquête 1999 sur la planification de la rémunération pour le personnel non syndiqué.*

WALSH, D.J. (1988). « Accounting for the proliferation of two-tier wage settlements in the U.S. Airline industry, 1983-1986 », *Industrial and Labor Relations Review*, vol. 42, n° 1, p. 50-62.

MODÈLE DE GESTION DE LA RÉMUNÉRATION

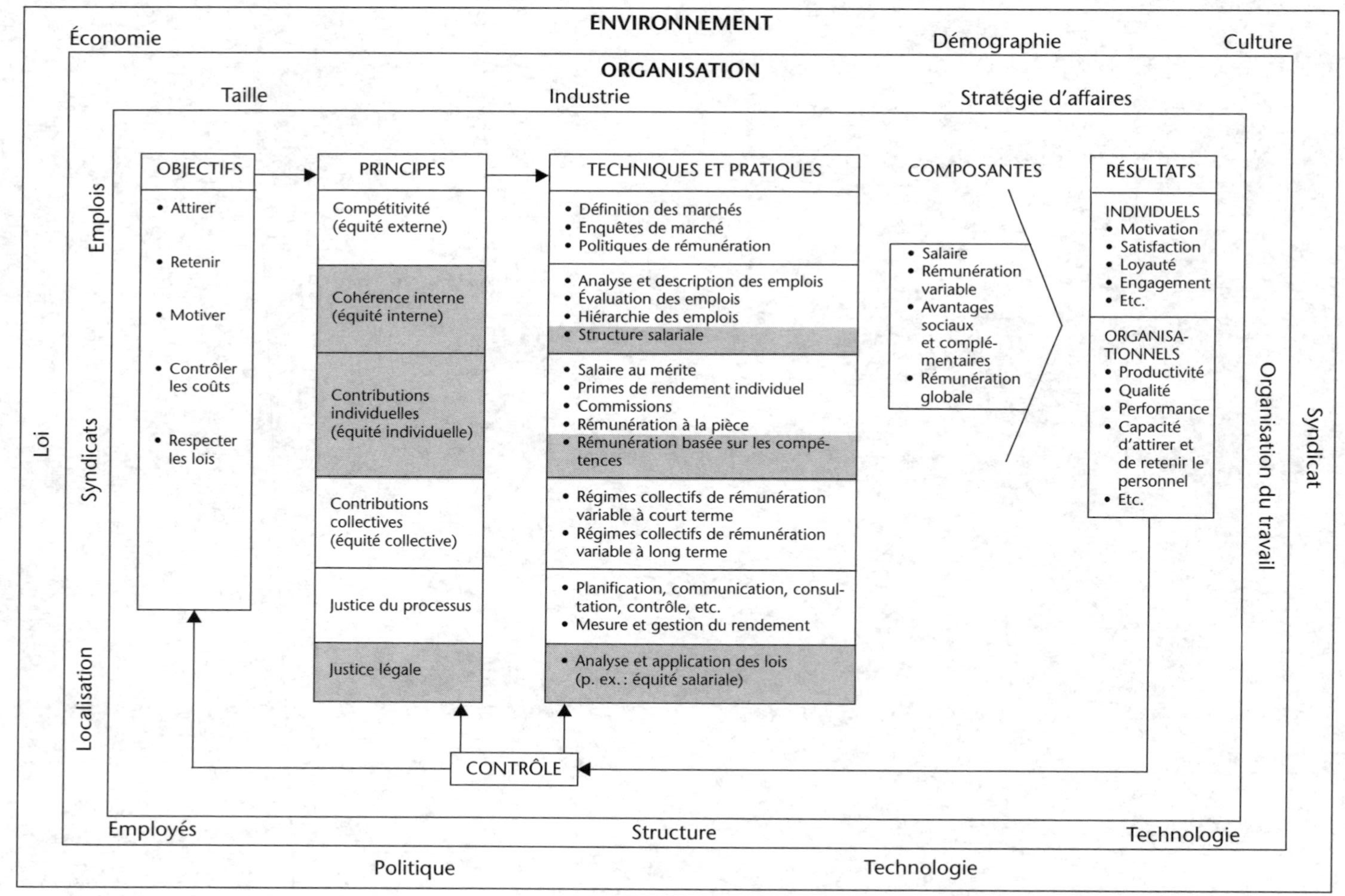

SECTION 4

LA GESTION DE LA RÉMUNÉRATION : TENDANCES ET DÉFIS

Chapitre 8

L'ÉQUITÉ SALARIALE

OBJECTIFS

Ce chapitre vise à :

- expliquer le principe de l'équité salariale versus l'équité en emploi ;
- présenter l'évolution de la législation concernant la discrimination en matière de gestion de la rémunération au Canada ;
- présenter le contenu de la *Loi sur l'équité salariale du Québec* ;
- décrire la démarche type de l'équité salariale proposée par la Commission de l'équité salariale du Québec ;
- présenter les arguments en faveur d'une législation de nature proactive en matière d'équité salariale et les arguments qui s'y opposent ;
- traiter des préoccupations visant à contrer la discrimination basée sur le sexe dans le processus d'analyse et d'évaluation des emplois, ainsi que dans la détermination et la gestion des salaires.

PLAN

Objectifs 345

Cas : Salaire égal pour un travail équivalent : la nouvelle loi sur l'équité salariale a été le fruit de longues revendications 349

Introduction 351

8.1 Définition et importance de l'équité salariale 353

8.1.1 L'écart de salaire entre les femmes et les hommes 353

8.1.2 L'équité salariale et l'équité en emploi : définition et législation 354

8.1.3 Le caractère systémique de la discrimination salariale entre les femmes et les hommes 355

8.2 L'évolution de la législation canadienne en matière de discrimination salariale basée sur le sexe 357

8.2.1 Les étapes de la législation canadienne 357

8.2.2 Les programmes volontaires d'équité salariale 359

8.2.3 La législation québécoise en matière de discrimination salariale basée sur le sexe avant 1997 359

8.3 La situation actuelle au gouvernement fédéral et dans les provinces du Canada 360

8.3.1 Le gouvernement fédéral canadien 360

8.3.2 Les législations provinciales canadiennes 361

8.4 La démarche type de réalisation de l'équité salariale au Québec 362

8.4.1 La détermination du nombre de personnes salariées 364

Les entreprises de 10 à 49 salariés 365

Les entreprises de 50 à 99 salariés 365

Les entreprises de 100 salariés et plus 365

8.4.2 La détermination du nombre de programmes d'équité salariale 366

8.4.3 La détermination de la composition du ou des comités d'équité salariale 367

8.4.4 L'identification des catégories d'emplois à prédominance féminine et des catégories d'emplois à prédominance masculine dans une entreprise 368

L'identification des catégories d'emplois 369

La détermination de la prépondérance d'une catégorie d'emplois 369

8.4.5 Le choix de la méthode et des outils d'évaluation des catégories d'emplois, et l'élaboration d'une démarche d'évaluation 371

8.4.6 L'affichage des résultats de l'identification des catégories d'emplois, du choix de la méthode, des outils d'évaluation et de la démarche retenue 371

8.4.7 L'évaluation des catégories d'emplois 372
8.4.8 L'estimation des écarts et des rajustements salariaux 372
La définition de la rémunération au sens de la *Loi sur l'équité salariale* 373
Les approches de comparaison aux fins de l'estimation des écarts salariaux 374
Les entreprises sans catégorie d'emplois à prédominance masculine 375
Les écarts salariaux non discriminatoires selon la *Loi sur l'équité salariale* 380
Les rajustements salariaux 380
8.4.9 La définition des modalités de versement des rajustements salariaux 381
8.4.10 L'affichage de l'ensemble des résultats 381
8.4.11 Le versement des rajustements salariaux 382
8.4.12 Le maintien de l'équité salariale 382
8.5 Le pour et le contre d'une législation sur l'équité salariale 383
8.5.1 Les inconvénients d'une législation sur l'équité salariale 383
L'ingérence de l'État 383
L'équité en emploi: la solution à la réduction de l'écart de salaire entre hommes et femmes 383
Les coûts 385
La valeur des emplois 385
La détermination des salaires 385
Les actions prises pour répondre aux exigences de l'équité salariale 385
8.5.2 Les avantages d'une législation sur l'équité salariale 386
L'intervention de l'État 386
Les coûts 387
La sous-évaluation des emplois féminins 387
Les enquêtes de rémunération 387
L'équité salariale comme levier complémentaire de l'équité en emploi 388
La révision des systèmes de gestion des salaires 388
8.5.3 Le défi de la gestion de la rémunération dans un contexte d'équité salariale 389
8.6 L'élimination de la discrimination basée sur le sexe dans le processus d'analyse et d'évaluation des emplois, ainsi que dans la gestion des salaires 389
8.6.1 L'analyse des emplois ou la collecte des données 390
8.6.2 La méthode d'évaluation 391
8.6.3 Les facteurs et les sous-facteurs d'évaluation 393
Le choix et le nombre de facteurs d'évaluation 393
La pondération des facteurs d'évaluation 396

8.6.4 La gestion de la démarche d'équité salariale 397
8.6.5 La gestion des échelles salariales 400
Résumé 400
Questions de révision 401
Références 401

CAS

Salaire égal pour un travail équivalent : la nouvelle loi sur l'équité salariale a été le fruit de longues revendications

L'écart salarial entre les hommes et les femmes, décrié depuis longtemps au Québec, est sur la voie d'être rétréci. En vigueur depuis le 21 novembre 1997, la Loi sur l'équité salariale, bien accueillie par les organismes de femmes et les centrales syndicales, permettra aux femmes une meilleure reconnaissance de leur travail et une juste rémunération pour celui-ci.

À l'intérieur d'un délai de huit ans, les entreprises – autant des milieux syndiqués, que non syndiqués – de dix employés et plus doivent se conformer à la loi en se soumettant à un exercice d'équité interne, c'est-à-dire faire une évaluation interne (quatre ans) de salaires gagnés dans les emplois occupés majoritairement par des femmes, versus ceux occupés majoritairement par des hommes et jugés équivalents. Puis, après avoir identifié les écarts salariaux qui peuvent exister et identifier comment ils seront corrigés, effectuer un réajustement salarial (quatre ans). L'équivalence des emplois est basée sur quatre critères : l'environnement dans lequel l'emploi est occupé, les qualifications requises, les responsabilités assumées et les efforts – physiques et/ou mentaux – que demande le travail.

C'est la Commission de l'équité salariale qui a pour mandat d'assurer la mise en œuvre, le respect et le maintien de cette loi, et d'informer et de soutenir les entreprises visées par la loi.

« La Loi de l'équité salariale représente une avancée assez importante au chapitre du partage de la richesse et de la pauvreté, laquelle frappe plus durement les femmes dans notre société », déclare Claudette Carbonneau, première vice-présidente de la CSN.

Biais sexistes

Dans l'évaluation des emplois occupés par des femmes, les entreprises devront éliminer les biais sexistes, lesquels font en sorte de contribuer au maintien d'une basse rémunération pour les femmes. Comme pour les emplois faisant appel à des caractéristiques dites féminines : garde des enfants, soin des malades, service à la clientèle. Ces emplois pourraient bien être sous-évalués par rapport à d'autres, par exemple si l'accent est mis sur la force physique des manœuvres ou sur les difficiles conditions de travail des hommes en usine avec la saleté et la poussière.

C'est bien mal connaître les conditions de travail des femmes, remarque Maude Rochette, agente de recherche au Conseil du statut de la femme (CSF). « Même si elles sont dans des bureaux très propres et insonorisés, elles peuvent, par exemple, être victimes du syndrome de l'air vicié dû aux édifices hermétiques. Idem pour les responsabilités : si un homme est responsable d'équipements qui coûtent des millions, son travail n'est pas pour autant plus important, donc d'une plus grande valeur monétaire que celui d'une travailleuse sociale. »

Consensus social

Après avoir mené de longues revendications pour obtenir une loi sur l'équité salariale, les centrales syndicales se réjouissent. Cette loi reflète l'aboutissement d'un consensus social. Mais à leur avis, elle n'est pas parfaite. C'est pourquoi le déroulement du processus sera scruté avec beaucoup d'attention.

La CSN désirait davantage une loi de portée universelle, alors qu'elle impose des niveaux d'obligations aux employeurs, modulés selon la taille de leur entreprise. « Par le biais de la négociation, il y aura moyen d'adapter à la réalité de ces entreprises une méthodologie qui permettra une concrétisation du principe d'équité salariale, explique Claudette Carbonneau. Aussi, nous souhaitons que la Commission joue son rôle avec beaucoup de visibilité pour expliquer l'existence de la loi et tenter d'apporter le soutien nécessaire à chacune des parties qui y feront appel. »

« Dans l'application de la Loi, nous nous attendons à ce que les employeurs s'assoient véritablement avec les syndicats pour s'entendre sur les démarches à suivre, dit Marie Bergeron, de la FTQ. Ce ne sera pas évident, il y aura de la résistance. Mais nous sommes préparées à tout faire pour que le processus se déroule dans les milieux de travail, et non devant les tribunaux. »

Pour cela, la FTQ prône la présence de représentants syndicaux dans les comités de chacune des entreprises. Surtout parce que rien, dans la loi, n'indique qu'un représentant des travailleurs est nécessairement un représentant syndical. La disposition de la loi qui permet à un employeur d'invoquer le fait qu'il a, par le passé, fait un processus de relativité salariale inquiète. L'existence de cette mesure d'exception permet aux centrales syndicales de penser que pour se soustraire à leurs obligations, des employeurs tenteront peut-être de la présenter comme un programme qui a été établi et réussi.

Membre de la coalition en faveur de l'équité salariale depuis sa fondation en 1989, la CEQ compte être vigilante quant à l'application de la loi par le Conseil du trésor – employeur de la très grande majorité de ses membres. « Des évaluations d'emplois et des correctifs salariaux ont déjà été apportés pour certaines catégories de nos professionnels, explique Gisèle Bourret, responsable du comité de la condition féminine à la CEQ. Mais nous ne voulons pas que le Conseil du trésor se défile devant l'exercice d'évaluation. Tel que la loi le demande aux entreprises qui ont commencé la relativité salariale, il doit déposer un rapport détaillé de l'évaluation des emplois et du calcul des ajustements salariaux en fonction des postes à prédominance féminine. »

En effet, les détails de ce rapport sont importants pour les associations syndicales de la CEQ. C'est en sachant quels emplois ont été retenus, selon quels comparatifs et quels facteurs le Conseil du trésor a réalisé son évaluation qu'elles pourront revendiquer et contester s'il y a lieu.

Une fois le salaire des emplois traditionnellement féminins corrigé, le travail des femmes sera mieux reconnu. Mais d'autres répercussions sont à envisager. « Les femmes seront peut-être encouragées à aller vers des emplois qu'elles ne trouvaient pas assez bien rémunérés avant l'application de la loi, croit Maude Rochette du CSF. De la même façon, peut-être que des hommes seront attirés par les emplois traditionnellement féminins comme en secrétariat ou en services de garde. »

Source : Marie-Claude Petit, *Le Devoir*, samedi 7 mars 1998, p. E-5.

INTRODUCTION

Auparavant, les dirigeants d'entreprise se préoccupaient surtout de l'équité interne des salaires accordés aux emplois de leur entreprise, et particulièrement de l'équité des salaires des emplois appartenant à une même famille. Ainsi, on gérait les salaires selon les familles d'emplois (emplois de bureau, emplois de production, etc.) en attribuant ce type de gestion au caractère distinctif de la nature et des exigences des emplois.

De nos jours, on se préoccupe aussi de l'équité relative des salaires accordés aux emplois de catégories d'emplois à prédominance féminine et à ceux de catégories d'emplois à prédominance masculine. Comme le montre la figure 8.1 (p. 352), l'équité salariale compare la rémunération accordée aux emplois à prédominance masculine avec celle des emplois à prédominance féminine dans toute l'organisation. Par conséquent, une démarche d'équité *salariale* vise à corriger les écarts salariaux dus à la discrimination fondée sur le sexe en établissant une comparaison entre les emplois à prédominance féminine et les emplois à prédominance masculine. Une démarche d'équité *interne* vise théoriquement à comparer tous les emplois d'une entreprise (comparaison inter-familles d'emplois), mais en pratique, à ce jour, on comparait surtout les emplois appartenant à une même famille d'emplois entre eux (comparaison intra-famille d'emplois).

FIGURE 8.1

Représentation schématique des principales formes d'équité en matière de gestion de la rémunération

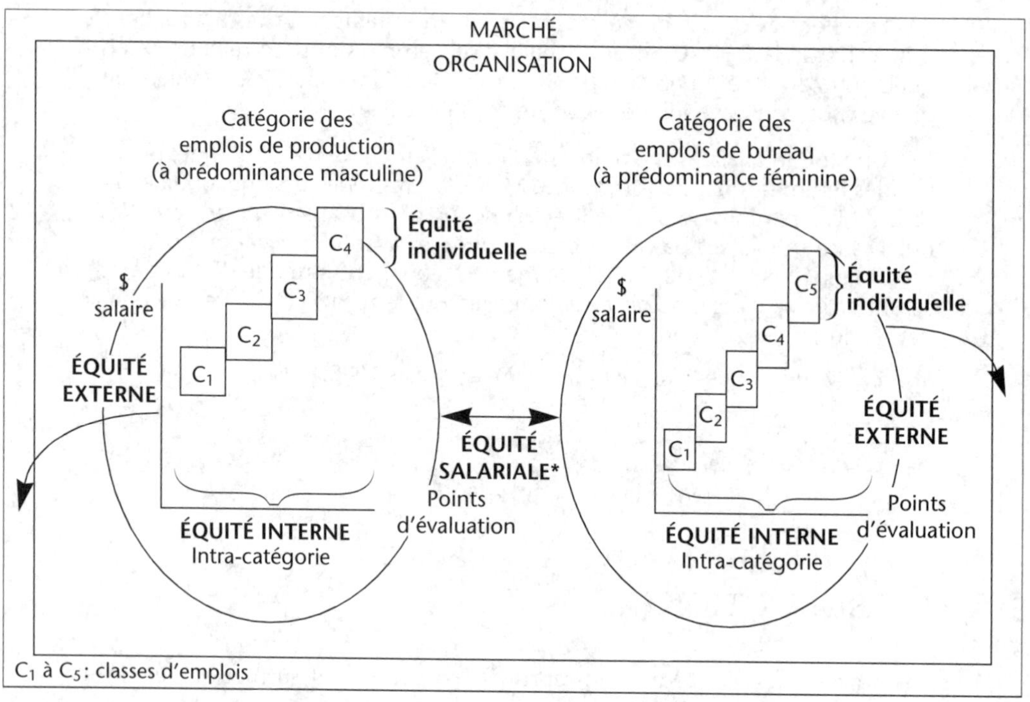

* Inter-catégories d'emplois à prédominance féminine et à prédominance masculine.

Ce chapitre définit d'abord le principe d'équité salariale, puis il traite de son importance et de ses particularités par rapport à l'équité en emploi. Il décrit ensuite l'évolution de la législation concernant la discrimination sur le plan de la gestion de la rémunération au Canada. La *Loi sur l'équité salariale* du Québec ainsi que la démarche type de la Commission de l'équité salariale du Québec y sont présentées en détail. Finalement, après avoir exposé les avantages et les inconvénients d'une législation de nature proactive en matière d'équité salariale, il traite des préoccupations visant l'élimination de la discrimination basée sur le sexe dans le processus d'analyse et d'évaluation des emplois, ainsi que dans la détermination et la gestion des salaires.

8.1 DÉFINITION ET IMPORTANCE DE L'ÉQUITÉ SALARIALE

Cette section vise à définir le concept d'équité salariale et à traiter de la discrimination basée sur le sexe qui s'exerce dans le processus d'évaluation des emplois et entraîne des écarts salariaux entre les femmes et les hommes.

8.1.1 L'écart de salaire entre les femmes et les hommes

L'inégalité salariale liée au sexe est estimée en comparant le salaire moyen des femmes et celui des hommes. Quoique les données statistiques disponibles permettent de constater que les écarts salariaux entre hommes et femmes diminuent lentement depuis quelques années, ils subsistent encore aujourd'hui. Les enquêtes de Statistique Canada démontrent qu'entre 1967 et 1994, au Canada, le pourcentage du salaire moyen des femmes travaillant à temps plein est passé d'environ 60 % à 70 % comparativement à celui des hommes. On peut donc faire le constat suivant : les femmes sont encore moins bien payées que les hommes sur le marché du travail. Cet écart de 30 % signifie, *grosso modo*, que lorsque les hommes gagnent 100 $, les femmes gagnent 70 $.

Fait-on face à une réelle discrimination ? La réponse n'est pas simple. À ce jour, les recherches confirment que les causes de l'écart salarial entre hommes et femmes sont multiples et qu'il faut se garder d'établir rapidement un lien entre cet écart salarial et une discrimination salariale exercée à l'égard des femmes. Cet écart salarial peut être la conséquence d'une discrimination liée au sexe, mais elle peut aussi avoir plusieurs autres causes : l'état de l'offre et de la demande de ces deux types de main-d'œuvre, les caractéristiques de la main-d'œuvre féminine et de la main-d'œuvre masculine (scolarité, nombre d'heures de travail, absentéisme, expérience, etc.), les secteurs d'activité économique où travaillent les femmes et les hommes, la taille des entreprises dans lesquelles ils travaillent, la nature des emplois qu'ils occupent, leurs taux respectifs de syndicalisation et l'évaluation des emplois.

Une revue des études qui ont analysé l'importance relative de ces causes démontre que celles liées à la productivité et aux caractéristiques de la main-d'œuvre féminine et masculine peuvent expliquer jusqu'à 70 % et 80 % de l'écart salarial (Gunderson, 1985 ; Robb, 1987 ; Sorensen, 1994). Le reste de cet écart, soit de 20 % à 30 %, serait attribuable à de la *discrimination en emploi* et à de la *discrimination salariale*, cette dernière étant évaluée à près de 10 %. Comme on tend souvent à confondre les deux lois qui visent à réduire ces deux formes de discrimination – la *Loi sur l'équité en emploi* et la *Loi sur l'équité salariale* –, la prochaine section vise à distinguer leur importance relative dans la réduction de l'écart salarial entre les hommes et les femmes sur le marché du travail.

8.1.2 L'équité salariale et l'équité en emploi : définition et législation

La *discrimination salariale* consiste à attribuer des salaires différents à des personnes qui accomplissent un travail égal ou de valeur égale dans une organisation, en raison, par exemple, de leur sexe, de leur race ou de leur âge. Au Canada, la discrimination basée sur le sexe représente le motif illicite par excellence en matière de gestion de la rémunération. Tous les programmes d'équité salariale adoptés par certaines entreprises visent d'ailleurs à corriger les injustices existant dans la rémunération offerte aux titulaires d'emplois à prédominance féminine.

À cet égard, il est important de distinguer l'*équité salariale* de l'*équité en emploi*. D'une part, l'*équité salariale* a pour objet de corriger les écarts salariaux dus à la discrimination systémique fondée sur le sexe. Elle a pour objectif l'égalité dans la rémunération offerte à des femmes et à des hommes occupant des emplois similaires ou de valeur égale. Elle vise à garantir que, dans toutes les entreprises, la rémunération accordée à des emplois à prédominance féminine de valeur X soit équivalente à la rémunération accordée à des emplois à prédominance masculine de valeur X.

D'autre part, l'*équité en emploi* vise la représentation équitable des membres de quatre groupes « protégés » – les femmes, les membres de diverses communautés ethniques, les autochtones et les handicapés – et la suppression de la discrimination dans le système d'emploi (recrutement, sélection, promotion, formation, mutations, etc.). La législation en matière d'équité en emploi exige que les entreprises adoptent un programme d'accès à l'égalité. Par conséquent, ces deux lois ont une finalité commune : réduire l'écart de rémunération entre les hommes et les femmes. Toutefois, chacune de ces lois prône des moyens à la fois différents et complémentaires pour réduire cet écart dû à plusieurs facteurs.

L'équité salariale s'attaque à la *sous-évaluation* des exigences des emplois à prédominance féminine, afin d'améliorer les salaires des emplois occupés majoritairement par les femmes, notamment dans les ghettos d'emplois féminins : secrétaires, caissières, infirmières, couturières, etc. Elle est fondée sur le principe qu'une revalorisation des exigences des emplois à prédominance féminine entraînera pour les femmes des hausses de salaire qui réduiront l'écart historique entre la rémunération accordée aux femmes et aux hommes.

L'équité en emploi s'attaque à la *sous-représentation* des groupes protégés – dont les femmes – dans certaines catégories d'emplois (cadres supérieurs, emplois de production et d'entretien, ingénieurs, informaticiens, plombiers, conducteurs de poids lourds, etc.). Elle vise à permettre aux femmes qui le désirent et qui en ont les aptitudes d'avoir accès aux emplois où elles sont très peu représentées. Une présence accrue des femmes dans certains emplois entraînerait une hausse de leur rémunération, réduisant du coup l'écart de rémunération entre les hommes et les femmes.

Par conséquent, les programmes d'équité salariale et les programmes d'équité en emploi ou d'accès à l'égalité doivent être utilisés simultanément pour permettre un combat véritable contre la discrimination systémique basée sur le sexe. Ils ne constituent pas un substitut l'un de l'autre, mais plutôt un complément permettant de réduire l'écart de rémunération entre les hommes et les femmes sur le marché du travail.

8.1.3 Le caractère systémique de la discrimination salariale entre les femmes et les hommes

En matière d'équité salariale, la loi s'attaque à une cause potentielle de l'écart salarial existant entre les femmes et les hommes : la discrimination basée sur le sexe dans la détermination des salaires, principalement dans le processus d'analyse et d'évaluation des emplois et dans le processus d'attribution des avantages sociaux et de la rémunération variable (p. ex. : les primes). La prémisse de la loi est que la discrimination salariale basée sur le sexe est bel et bien de nature « systémique », puisqu'elle correspond à une situation d'inégalité résultant de l'interaction de pratiques, de décisions ou de comportements – individuels ou institutionnels – ayant des effets préjudiciables, recherchés ou non, sur les membres d'un groupe déterminé (Chicha-Pontbriand, 1989).

Selon Chicha (1997), plusieurs facteurs ou acteurs ont contribué à créer et à maintenir l'écart salarial existant entre les femmes et les hommes : les syndicats, l'État, les préjugés et les stéréotypes, les gestionnaires et les consultants en rémunération.

Historiquement, les syndicats ont davantage représenté et protégé les emplois à prédominance masculine (p. ex. : les cols bleus) que les emplois à prédominance féminine (p. ex. : les employées de bureau). Cette situation a contribué à augmenter l'écart salarial entre les femmes et les hommes. L'État a aussi ancré la discrimination salariale basée sur le sexe en adoptant une loi sur le salaire minimum selon laquelle le travail des femmes était égal aux deux tiers du travail des hommes et en proposant des guides de classification des emplois qui prennent peu en considération les exigences des emplois féminins (Sorensen, 1994). Les préjugés et les stéréotypes ont influé sur les pratiques de rémunération des entreprises dans le passé et leurs effets se font encore sentir dans l'écart salarial qui subsiste entre les femmes et les hommes. Ces préjugés et ces stéréotypes véhiculent des valeurs laissant croire que :

– les compétences requises dans les emplois féminins (patience, aptitudes pour les relations interpersonnelles, etc.) seraient innées et non pas acquises avec l'apprentissage ou l'expérience, puisque le travail consiste à effectuer des tâches semblables aux activités des femmes dans l'univers domestique (garde des enfants, entretien ménager, éducation, soin des personnes, travaux légers, éducation) ;

– les emplois féminins seraient peu exigeants sur le plan des efforts physiques, dotés de conditions de travail plutôt agréables et d'un niveau de responsabilité limité ;
– les femmes, notamment les mères de famille, gagneraient un salaire d'appoint et seraient donc moins motivées et moins attachées à leur emploi.

Les concepteurs des systèmes d'évaluation des emplois – tant les professionnels de la rémunération que les consultants – ont également contribué au renforcement et au maintien des inégalités salariales. Ainsi, la pratique traditionnelle de détermination des salaires selon les « salaires du marché » perpétue les inégalités sociales présentes sur le marché. Par ailleurs, quelle que soit la méthode retenue, l'évaluation des emplois est essentiellement subjective, puisqu'elle repose sur un système de valeurs et s'appuie sur des méthodes élaborées entre le milieu des années 1930 et le milieu des années 1960. Les systèmes d'évaluation étaient alors basés sur les valeurs dominantes de l'époque, qui avantageaient le travail masculin et ignoraient ou sous-estimaient les caractéristiques propres au travail féminin, peu répandu à l'époque. La discrimination était alors liée à la valeur moindre attribuée au travail féminin, c'est-à-dire que l'on présumait effectué par une femme, qu'il le soit ou non dans la réalité (Gaucher, 1994).

Par ailleurs, la neutralité d'un système d'évaluation d'emplois dépend du jugement porté sur les critères mesurés, de la façon dont ces critères sont mesurés, des personnes qui les mesurent, de celles qui participent au processus et de la façon dont les facteurs sont pondérés. Un système d'évaluation d'emplois n'est donc pas neutre en tout temps ni en toutes circonstances. Les décisions inhérentes à l'évaluation des emplois sont fondamentalement subjectives et peuvent être faussées sous de nombreux rapports ; on trouve, par exemple :

– l'*erreur liée à la disponibilité de l'information*, c'est-à-dire la tendance des évaluateurs à ne considérer que l'information qu'ils se rappellent le plus facilement ;
– l'*erreur liée à l'effet de halo*, c'est-à-dire la tendance des évaluateurs à juger la valeur d'un emploi uniquement à partir d'une ou de certaines de ses exigences ;
– l'*erreur liée aux attentes*, c'est-à-dire la tendance des évaluateurs à ne considérer que l'information qui se révèle conforme à leurs propres attentes.

De tels facteurs sont liés au fonctionnement cognitif des personnes ; ils ne sont pas nécessairement conscients, mais peuvent avoir un effet discriminatoire. Par exemple, l'erreur liée à la disponibilité de l'information pourra favoriser les emplois occupés par les hommes parce que les évaluateurs sont portés à retenir les facteurs traditionnels d'évaluation d'emplois, qui leur viennent plus facilement à l'esprit. Par ailleurs, l'effet de halo fera en sorte que certaines caractéristiques davantage présentes dans les emplois occupés par des femmes soient peu reconnues et donc, peu payées (p. ex. : les tâches simples et monotones, le soin des personnes).

Les salaires accordés aux titulaires des emplois visés représentent une autre source potentielle de distorsion dans l'évaluation des emplois. Ainsi, une étude démontre que la connaissance des salaires payés sur le marché a plus de poids dans la détermination des salaires que l'évaluation des emplois (Rynes et autres, 1989) et d'autres études confirment que la connaissance du montant des salaires payés a une très grande influence sur les résultats d'évaluation des emplois (Grams et Schwab, 1985 ; Schwab et Grams, 1985 ; Mount et Ellis, 1985 ; Bergeron, 1990). À titre indicatif, Grams et Schwab ont déterminé que la connaissance du salaire explique jusqu'à 40 % de la variation des résultats totaux d'évaluation des emplois. Ainsi, il est possible que les emplois dont les titulaires sont majoritairement des femmes soient jugés moins exigeants parce qu'ils sont actuellement moins bien payés. On se retrouve donc dans un cercle vicieux : un emploi est jugé relativement moins exigeant parce qu'il est relativement moins bien payé et on lui accorde un salaire relativement moins élevé parce qu'il est jugé relativement moins exigeant. Aussi ne peut-on sortir de ce cercle qu'en portant une plus grande attention aux critères d'évaluation des emplois et à la manière de les définir et de les pondérer.

Dans la mesure où l'évaluation des emplois laisse place aux préjugés et à la discrimination, elle peut expliquer en partie l'écart entre les salaires des femmes et ceux des hommes sur le marché du travail. C'est principalement cette cause de l'écart salarial que les lois tentent d'éliminer en matière d'équité salariale.

8.2 L'ÉVOLUTION DE LA LÉGISLATION CANADIENNE EN MATIÈRE DE DISCRIMINATION SALARIALE BASÉE SUR LE SEXE

Tant du côté nord-américain que du côté européen, les législations sur la discrimination salariale basée sur le sexe ont évolué. Cette section vise à présenter le cas du Canada, le pays où les législations en la matière sont les plus contraignantes pour les employeurs.

8.2.1 Les étapes de la législation canadienne

Au Canada, la législation visant à contrer la discrimination salariale fondée sur le sexe s'est élaborée en quatre étapes, chacune d'elles s'appuyant sur les principes suivants :

- À travail égal, salaire égal ;
- Salaire égal pour un travail similaire ;

– Salaire égal pour un travail équivalent ou de valeur égale ;
– Équité salariale.

La première étape énonce le principe du *salaire égal pour un travail égal*. Au fédéral, la première loi sur l'égalité salariale pour les femmes a été votée en 1956, mais elle a été abrogée par la suite. Certaines provinces du Canada ont eu un tel type de législation pendant quelque temps. Cependant, aucune des provinces n'impose présentement une telle loi, puisqu'elles ont toutes une loi relevant d'une des étapes subséquentes.

La deuxième étape, également commune à toutes les provinces, énonce le principe du *salaire égal pour un travail similaire*. Auparavant, on désignait, par exemple, un emploi de concierge par rapport à un emploi de « femme » de ménage. Cette étape a débuté avec l'apparition du *Code du travail*, établi par le gouvernement fédéral en 1970, et a été appliquée par la plupart des provinces au cours des années suivantes. L'article 38.1 (1) du *Code canadien du travail* indiquait ceci : « Nul employeur ne doit établir ou maintenir des différences de salaires entre les employés de sexe masculin et de sexe féminin, travaillant dans le même établissement industriel, qui accomplissent, dans les mêmes conditions de travail ou dans des conditions analogues, le même travail ou un travail analogue dans l'exécution d'emploi nécessitant les mêmes qualifications, le même effort et la même responsabilité ou des qualifications, un effort et une responsabilité analogues. »

La troisième étape repose sur un principe différent des deux précédents : *le salaire doit être égal pour un travail équivalent ou de valeur égale*. Ici, on compare non seulement la nature du travail, mais également sa *valeur*. Ainsi, il est possible de comparer des emplois de nature différente, tels que ceux de secrétaire et de chauffeur de camion, et de s'attendre à ce que le même salaire soit offert s'ils sont jugés de valeur équivalente. Le Québec a été la première province canadienne à adopter une loi en ce sens, en 1976. Il fut suivi par le gouvernement fédéral, en 1978, et par le Yukon (pour le secteur public), en 1987. Ainsi, on a inscrit l'expression « travail équivalent » à la section 11 de la *Loi canadienne sur les droits de la personne* adoptée pour l'année 1976-1977, qui est entrée en vigueur en 1978.

Les trois premières étapes mentionnées reposent sur des plaintes. Ces lois ont comme prémisse que la discrimination constitue l'exception (discrimination *volontaire* ou *intentionnelle*) et que l'employeur est présumé innocent tant que sa culpabilité n'est pas démontrée. En pratique, de telles lois ont eu une portée limitée puisque peu d'employées victimes de discrimination portaient plainte, compte tenu de la difficulté d'établir une preuve, du temps et de l'argent requis, etc.

La quatrième étape, l'*équité salariale*, a une prémisse tout à fait différente : la discrimination salariale à l'égard des femmes constitue la règle ou un fait, puisque le système économique et social dévalorise le travail des femmes par rapport à celui des hommes et établit même une discrimination « systémique ». Cette loi oblige les employeurs à examiner leurs pratiques salariales et à les réviser si elles comportent des éléments de discrimination. En somme, les employeurs doivent démontrer qu'il n'y a pas de traitement discriminatoire dans leurs pratiques de gestion en ce qui concerne l'évaluation de la valeur des emplois à prédominance féminine par rapport aux emplois à prédominance masculine. Le fait que l'employeur doive démontrer le caractère non discriminatoire de ses pratiques salariales explique pourquoi on qualifie cette loi de « proactive ». La prémisse de cette étape est que la discrimination constitue la règle (elle est donc *systémique*) et que les employeurs doivent démontrer leur innocence en la matière. À ce jour, certaines provinces canadiennes, notamment l'Ontario et le Québec, ont adopté une loi proactive.

8.2.2 Les programmes volontaires d'équité salariale

Les mesures visant à contrer la discrimination salariale n'ont pas uniquement un caractère juridique. Ainsi, un certain nombre de gouvernements ont mis en place, au cours des dernières années, des programmes volontaires d'équité salariale pour leurs propres employés (p. ex. : le gouvernement fédéral, en 1985, Terre-Neuve, en 1988, la Colombie-Britannique, en 1990). Ainsi, en 1988, Terre-Neuve a négocié une entente avec les syndicats représentant les employés du secteur public en vue d'implanter un programme d'équité salariale. La Saskatchewan avait établi une telle mesure en 1985 pour ses emplois de cadres et de professionnels et, en 1987, pour son personnel de soutien. Au fédéral, certaines initiatives sectorielles ont été prises par des entreprises du secteur du transport aérien, du transport routier et des télécommunications. En règle générale, l'objectif de ces regroupements d'employeurs était de se doter d'un plan d'évaluation des emplois adapté à leur secteur et d'organiser des séances d'information et de formation commune.

8.2.3 La législation québécoise en matière de discrimination salariale basée sur le sexe avant 1997

Au Québec, la discrimination salariale est interdite depuis plus de 20 ans. Entre le mois de juin 1976 et le 21 novembre 1997 (date de l'entrée en vigueur de la *Loi sur l'équité salariale* du Québec), cette question était régie par la *Charte des droits et libertés de la personne* du Québec, dont l'article 19 stipule que :

> Tout employeur doit, sans discrimination, accorder un traitement ou un salaire égal aux membres de son personnel qui accomplissent un travail équivalent au même endroit.

> Il n'y a pas de discrimination si une différence de traitement ou de salaire est fondée sur l'expérience, l'ancienneté, la durée du service, l'évaluation au mérite, la quantité de production ou le temps supplémentaire, si ces critères sont communs à tous les membres du personnel.

Pour ce qui est du « travail équivalent », un document de la Commission des droits de la personne du Québec (1980, p. 55) insiste sur la notion de « valeur égale suite à une estimation globale des dimensions fondamentales requises pour l'accomplissement habituel et principal de ces travaux, soit : les habiletés, les exigences mentales et physiques, les responsabilités et les conditions de travail ». L'application de la loi québécoise reposait alors sur un système de plaintes et avait une portée pratique limitée. Aussi longtemps qu'un employé, un groupe ou l'organisme responsable de l'application de la loi n'avait pas porté plainte contre une entreprise, aucune démarche n'était engagée pour vérifier s'il existait une discrimination fondée sur le sexe dans cette entreprise. De fait, il y a eu peu de plaintes depuis l'instauration de cette loi, la marche à suivre pour les déposer étant assez onéreuse. Selon Chicha (1997), après 20 ans, les résultats de l'application de l'article 19 de la Charte sont très limités, puisque le rattrapage salarial visé n'a pas été effectué et que l'exercice a été très coûteux.

Par ailleurs, l'article 19 de la Charte québécoise ne semble pas avoir réellement incité les employeurs à réviser leurs modes de gestion des salaires en vue d'éliminer la discrimination.

8.3 LA SITUATION ACTUELLE AU GOUVERNEMENT FÉDÉRAL ET DANS LES PROVINCES DU CANADA

Alors que nous venons de décrire l'évolution des législations canadiennes visant à contrer la discrimination basée sur le sexe dans la détermination de la rémunération, résumons maintenant l'état actuel des législations canadiennes.

8.3.1 Le gouvernement fédéral canadien

Au fédéral, la discrimination salariale est interdite selon le premier alinéa de l'article 11 de la *Loi canadienne sur les droits de la personne*. Cette loi ne s'applique qu'aux personnes travaillant pour la fonction publique fédérale, les sociétés d'État et les entreprises privées dans les secteurs de compétence fédérale, c'est-à-dire les transports, les télécommunications, les banques ainsi que toute autre entreprise réglementée par le gouvernement fédéral. Cette loi concerne donc environ 10 % de la main-d'œuvre canadienne. Entrée en vigueur en 1978, elle stipule que :

> Constitue un acte discriminatoire le fait pour l'employeur d'instaurer ou de pratiquer la disparité salariale entre les hommes et les femmes qui exécutent, dans le même établissement, des fonctions équivalentes.

L'article 11 et l'ordonnance de 1986 mentionnent les indicateurs de prédominance féminine ou masculine des emplois, les quatre facteurs exigés dans l'évaluation des emplois et les méthodes à suivre pour établir des comparaisons salariales. Tel qu'il a été mentionné plus haut, cette loi repose sur un système de plaintes individuelles ou collectives effectuées auprès de la Commission des droits de la personne, qui, si elle juge une plainte recevable, procédera à une enquête. Si cette enquête l'amène à conclure qu'il y a discrimination salariale, la Commission recommande à l'employeur de corriger la situation. Si ce dernier s'y refuse, le cas est transmis à un conciliateur ou au Tribunal des droits de la personne, dont la décision peut être portée en appel.

Selon un bilan établi par la Commission canadienne des droits de la personne (CCDP, 1992), entre 1978 et 1992, environ 70 000 employés ont reçu des dédommagements, soit 7 % de la main-d'œuvre couverte par la loi. Ces derniers ont reçu en moyenne 5 000 $ en paiements rétroactifs et 2 300 $ en augmentation salariale annuelle. Après 14 ans de lutte, en juillet 1998, l'Alliance de la fonction publique du Canada remportait une cause liée à 200 000 fonctionnaires occupant des emplois traditionnellement féminins. Dans cette décision historique, le Tribunal des droits de la personne a reconnu qu'Ottawa avait largement sous-payé ses secrétaires, ses commis, ses bibliothécaires, ses aides-enseignantes et ses travailleuses d'hôpitaux. Il lui a donc ordonné de remédier à la situation en rajustant leurs salaires et en leur attribuant rétroactivement toutes les sommes d'argent qu'ils auraient dû recevoir depuis 1985, ce qui devait coûter quelques milliards de dollars au gouvernement fédéral. Ce cas illustre la complexité, la lourdeur, le caractère conflictuel et les coûts élevés associés au processus de plaintes.

8.3.2 Les législations provinciales canadiennes

En matière de travail, au Canada, le pouvoir législatif appartient aux provinces. Un examen des lois provinciales permet de répartir les provinces du Canada en trois groupes :

1. Les provinces ou territoires ayant une législation basée sur le salaire égal pour un travail similaire sont la Colombie-Britannique, l'Alberta, la Saskatchewan, Terre-Neuve et les Territoires du Nord-Ouest en ce qui concerne le secteur public, et le Manitoba, l'Île-du-Prince-Édouard, le Nouveau-Brunswick, la Nouvelle-Écosse et le Yukon en ce qui

concerne le secteur privé. Par conséquent, la majorité des gouvernements du Canada possèdent une législation de ce type ;

2. Le secteur public du Yukon a une législation basée sur le salaire égal pour un travail de valeur égale ;
3. Les secteurs public et privé de l'Ontario et du Québec et le secteur public du Manitoba, de la Nouvelle-Écosse, de l'Île-du-Prince-Édouard et du Nouveau-Brunswick sont régis par une loi à caractère proactif sur l'équité salariale. Le Manitoba a été la première province canadienne à adopter une telle loi pour les employés du secteur public, en 1985. Il a été suivi par l'Ontario en 1987, par la Nouvelle-Écosse et l'Île-du-Prince-Édouard en 1988, et par le Nouveau-Brunswick en 1989. Jusqu'en 1997 (moment où le Québec a adopté une telle loi), l'Ontario était le seul endroit au monde à avoir adopté une telle loi pour les employeurs des secteurs privé et public.

Il n'y a pas d'autre endroit au monde où l'on suppose que les employeurs du secteur privé peuvent être *a priori* coupables de discrimination basée sur le sexe en matière salariale. C'est en tout cas à cette « culpabilité *a priori* » que font référence les législations ontarienne et québécoise en obligeant les employeurs du secteur privé à mettre en place des systèmes d'évaluation d'emplois et à accorder aux emplois à prédominance féminine des salaires égaux à ceux des emplois à prédominance masculine de valeur équivalente.

8.4 LA DÉMARCHE TYPE DE RÉALISATION DE L'ÉQUITÉ SALARIALE AU QUÉBEC

En 1996, le Québec adoptait la *Loi sur l'équité salariale*, qui couvre autant les employeurs du secteur privé que ceux du secteur public. Cette loi est entrée en vigueur le 21 novembre 1997. Tel qu'il est défini à l'article 1, cette loi a pour objet de corriger les écarts salariaux dus à la discrimination systémique fondée sur le sexe à l'égard des personnes qui occupent des emplois dans les catégories d'emplois à prédominance féminine.

La *Loi sur l'équité salariale* vaut pour tout employeur dont l'entreprise compte 10 personnes salariées ou plus, qu'elle appartienne au secteur privé, au secteur public ou au secteur parapublic. Les entreprises qui comptent moins de 10 salariés doivent respecter le type d'équité salariale prôné par la *Charte des droits et libertés de la personne*. Toutefois, cette loi ne s'applique pas aux entreprises qui relèvent de la compétence fédérale, par exemple, les banques et les entreprises de télécommunications.

La Commission de l'équité salariale administre les diverses dispositions de la loi. Elle assiste les personnes ou les groupes visés dans leur démarche d'équité salariale, conformément à la loi, par exemple, en publiant des documents de vulgarisation et des guides d'application de la loi. La Commission est aussi responsable du traitement des différends et des plaintes des salariés et des employeurs, des enquêtes visant à favoriser un règlement entre les parties et de la prise de décisions concernant le maintien de l'équité salariale au Québec. Le ministre du Travail est responsable de l'application de la loi et le Tribunal du travail doit entendre et régler toute demande portant sur le sujet.

Selon la loi, l'élaboration d'un programme d'équité salariale repose sur quatre grandes étapes :

1. L'identification des catégories d'emplois à prédominance féminine et masculine au sein de l'entreprise ;
2. Le choix de la méthode, des outils d'évaluation des catégories d'emplois et de la démarche d'évaluation ;
3. L'évaluation et la comparaison des catégories d'emplois, l'estimation des écarts de rémunération et le calcul des rajustements ;
4. La détermination des modalités de versement des rajustements.

Dans ce chapitre, nous présentons les 12 étapes d'une démarche type (voir l'encadré 8.1) pour l'établissement de l'équité salariale selon la Commission de l'équité salariale du Québec (http://www.ces.gouv.qc.ca/demarchehaut.htm).

ENCADRÉ 8.1

Démarche type pour l'établissement de l'équité salariale selon la Commission de l'équité salariale du Québec

1. Déterminer le nombre de personnes salariées.
2. Déterminer le nombre de programmes d'équité salariale.
3. Déterminer la composition du ou des comités d'équité salariale.
4. Identifier les catégories d'emplois à prédominance féminine et les catégories d'emplois à prédominance masculine dans l'entreprise (première étape d'un programme d'équité salariale, selon la loi).
5. Choisir la méthode et les outils d'évaluation des catégories d'emplois et élaborer une démarche d'évaluation (deuxième étape d'un programme d'équité salariale, selon la loi).
6. Afficher les résultats de l'identification des catégories d'emplois, du choix de la méthode, des outils d'évaluation et de l'élaboration de la démarche retenue.
7. Évaluer les catégories d'emplois (troisième étape d'un programme d'équité salariale, selon la loi).
8. Estimer les écarts salariaux.
9. Définir les modalités de versement des rajustements salariaux (quatrième étape d'un programme d'équité salariale, selon la loi).
10. Afficher l'ensemble des résultats.
11. Procéder au versement des rajustements salariaux.
12. Maintenir l'équité salariale.

8.4.1 La détermination du nombre de personnes salariées

Au sens de la *Loi sur l'équité salariale*, une personne salariée est un employé qui exécute un travail sous la direction d'un employeur, moyennant une rémunération. Cette loi s'applique au personnel à temps plein, à temps partiel, occasionnel, régulier ou temporaire, mais ne touche pas certaines catégories de personnel, notamment les cadres supérieurs, les stagiaires, les travailleurs autonomes, les policiers, les pompiers et les étudiants qui travaillent pendant les vacances ou l'année scolaire. Les personnes exclues par la loi ne sont pas considérées dans le calcul du nombre de personnes salariées de l'entreprise.

Les obligations légales des employeurs sont établies selon la taille des entreprises (voir le tableau 8.1). Le nombre de personnes salariées correspond à la moyenne du nombre de salariés au cours des 12 mois précédant l'entrée en vigueur de la loi, qui a eu lieu le 21 novembre 1997. Cette moyenne est établie selon le nombre de personnes salariées inscrites au registre par période de paie entre le 21 novembre 1996 et le 21 novembre 1997. Si une entreprise a démarré ses activités au cours des 12 mois précédant le 21 novembre 1997 ou après cette date, la période de référence du calcul est la période de 12 mois débutant à la date où le premier salarié est entré au ser-

TABLEAU 8.1

Les obligations des employeurs en matière de loi sur l'équité salariale au Québec

A. OBLIGATIONS MODULÉES SELON LA TAILLE DE L'ENTREPRISE			
	100 salariés ou plus	**50 à 99 salariés**	**10 à 49 salariés**
Programme d'équité salariale	Obligatoire	Obligatoire	Facultatif
Comité d'équité salariale	Obligatoire	Facultatif	Facultatif
Rajustements salariaux	Obligatoires	Obligatoires	Obligatoires

B. OBLIGATIONS COMMUNES À TOUTES LES ENTREPRISES DE 10 SALARIÉS OU PLUS

- Affichage des résultats
- Versement des rajustements salariaux (s'il y a lieu)
- Maintien de l'équité salariale

vice de l'entreprise. Par ailleurs, tel que nous le mentionnons plus haut, à part le nombre de salariés, d'autres facteurs – notamment la syndicalisation et le nombre d'unités d'accréditation – influent sur le processus d'équité salariale que les employeurs doivent établir.

Les entreprises de 10 à 49 salariés

Les entreprises ayant entre 10 et 49 salariés doivent déterminer si des rajustements salariaux sont nécessaires (obligation de résultats) pour offrir une rémunération équitable dans les catégories d'emplois à prédominance féminine. Toutefois, elles ne sont pas tenues de constituer un comité d'équité salariale ni d'élaborer un programme d'équité salariale. Les moyens à prendre pour effectuer les rajustements salariaux sont laissés au choix de chaque employeur. Toutefois, la Commission assiste les employeurs dans leur démarche en mettant certains outils à leur disposition.

Les entreprises de 50 à 99 salariés

Les employeurs dont l'entreprise compte entre 50 et 99 personnes salariées doivent élaborer un programme d'équité salariale applicable à l'ensemble de leur entreprise, mais ils ne sont pas tenus de constituer un comité d'équité salariale. À la demande d'une association accréditée, un programme distinct pour le personnel syndiqué doit être établi conjointement par l'employeur et le syndicat. Les étapes de l'amélioration du programme d'équité salariale sont alors celles prescrites pour les entreprises de 100 personnes salariées et plus.

Les entreprises de 100 salariés et plus

Les employeurs dont l'entreprise compte 100 salariés et plus doivent établir un seul programme d'équité salariale regroupant le personnel syndiqué et non syndiqué et constituer un comité d'équité salariale (article 10, alinéa 1). Toutefois, la loi prévoit trois cas où l'employeur peut établir plus d'un programme (article 10, alinéa 2, et article 11, alinéas 1 et 2) : (1) la décentralisation géographique des établissements d'un même employeur, (2) l'affiliation des salariés à une ou plusieurs associations accréditées chez un même employeur et (3) l'existence de plusieurs établissements chez un même employeur.

Ainsi, sur demande d'une association accréditée, l'employeur doit établir un programme et un comité d'équité salariale distincts pour le personnel syndiqué. L'article 52 limite toutefois l'utilisation d'un programme distinct en précisant que lorsqu'il y a établissement de plus d'un programme dans une entreprise et qu'aucune catégorie d'emplois à prédominance masculine n'a été désignée dans le cadre d'un programme, la comparaison des catégories d'emplois à prédominance féminine visées par ce programme doit être effectuée avec l'ensemble des catégories d'emplois à prédominance masculine de l'entreprise.

8.4.2 La détermination du nombre de programmes d'équité salariale

En matière d'équité salariale, l'esprit des lois vise l'élaboration d'un programme unique d'équité salariale par entreprise. D'ailleurs, l'article 10 stipule que « l'employeur dont l'entreprise compte 100 salariés et plus doit établir un programme d'équité salariale applicable à l'ensemble de son entreprise ». Toutefois, la loi précise qu'il est permis d'établir plus d'un programme d'équité salariale chez un même employeur dans certaines situations : (1) lorsque des disparités régionales le justifient, (2) lorsqu'une association accréditée qui représente des salariés de l'entreprise en fait la demande et (3) lorsque l'employeur et une association accréditée conviennent d'établir des programmes distincts applicables aux salariés dans un ou plusieurs établissements de l'entreprise (articles 10 et 11).

Cette multiplication des programmes d'équité salariale chez un même employeur est considérée par certains comme une limite. Par exemple, la présence d'une ou de plusieurs unités syndicales dans une organisation a un effet important sur le nombre de familles d'emplois : chaque unité d'accréditation peut constituer une famille d'emplois et nécessiter l'élaboration d'un programme distinct d'évaluation des emplois et d'équité salariale. Plusieurs auteurs (Chicha, 1997) considèrent que cette façon de faire est incompatible avec l'objectif d'équité salariale, parce que les unités d'accréditation reflètent souvent une ségrégation des emplois basée sur le sexe (p. ex. : le syndicat des employés de bureau et le syndicat des cols bleus) et qu'ils ont historiquement eu un pouvoir de négociation différent expliquant en partie l'écart de salaire entre les hommes et les femmes. Tel que l'ont mentionné David-McNeil et Sabourin (1998), le fait d'autoriser l'élaboration de plusieurs programmes sans exiger une comparaison des résultats salariaux de ces programmes permet d'échapper à la comparaison des emplois féminins avec l'ensemble des emplois masculins de l'entreprise, ce qui peut compromettre l'atteinte de l'équité salariale.

Cependant, la loi précise également que l'adoption de programmes distincts n'est pas permise lorsqu'aucune catégorie d'emplois à prédominance masculine ne peut être désignée dans le cadre d'un programme. Dans ce cas, l'employeur doit élaborer un seul programme, de manière à permettre la comparaison des catégories d'emplois féminines avec l'ensemble des catégories d'emplois masculines.

8.4.3 La détermination de la composition du ou des comités d'équité salariale

Pour favoriser la participation des personnes salariées à la démarche d'établissement de l'équité salariale, la loi prévoit la formation d'un comité. La loi est plus contraignante pour les employeurs qui ont 100 salariés et plus, car ils *doivent* créer un tel comité alors que les entreprises de moindre importance *peuvent* former un tel comité si elles le désirent. L'obligation de structurer la participation conjointe de l'employeur et des salariés pour les entreprises de 100 salariés et plus correspond à un trait distinctif de la loi proactive du Québec par rapport à celle de l'Ontario.

Le nombre de membres de ces comités peut varier d'un minimum de 3 à un maximum de 18. Un comité d'équité salariale est composé d'au moins trois membres ; l'employeur y est représenté pour un tiers, les personnes *salariées*, pour les deux tiers. Ces membres sont désignés par la ou les associations ou par l'ensemble des salariés s'il n'y a pas d'association accréditée. Par ailleurs, au moins la moitié des membres représentant les salariés au sein du comité doivent être des *femmes*. Le choix des représentants des salariés doit permettre une représentation des principales catégories d'emplois, tant de ceux à prédominance féminine que de ceux à prédominance masculine.

Selon la loi, le pouvoir décisionnel est réparti également, puisque les représentants de l'employeur et des salariés qui font partie de ces comités détiennent respectivement un vote. Si les représentants des salariés ne parviennent ni à une entente ni à une majorité, le pouvoir décisionnel revient à l'employeur.

Les employeurs doivent fournir aux membres du comité la formation requise pour pouvoir remplir adéquatement leur rôle. Ils doivent leur permettre de s'absenter – sans perte de salaire – pour assister aux réunions du comité d'équité salariale, pour participer aux activités de formation ou pour effectuer les tâches requises en dehors des réunions du comité. Les employeurs doivent également fournir les informations nécessaires, les membres du comité étant tenus à la confidentialité sous peine de sanctions.

Le comité d'équité salariale participe à l'établissement d'un programme d'équité salariale en jouant un rôle *décisionnel* au cours des étapes suivantes du programme :

– Identification des catégories d'emplois à prédominance sexuelle (féminine et masculine) de l'entreprise ;

- Détermination de la méthode et des outils d'évaluation de ces catégories d'emplois et élaboration d'une démarche d'évaluation des catégories d'emplois ;
- Évaluation de chaque catégorie d'emplois ;
- Comparaison des catégories d'emplois à prédominance féminine avec les catégories d'emplois à prédominance masculine ;
- Estimation des écarts de rémunération entre les catégories d'emplois à prédominance féminine et les catégories d'emplois à prédominance masculine ;
- Calcul des rajustements salariaux à accorder aux emplois à prédominance féminine.

Le comité d'équité salariale a un rôle *consultatif* en ce qui concerne les rajustements de rémunération, c'est-à-dire que l'employeur le consulte pour déterminer les modalités de versement des rajustements.

Le comité d'équité salariale est également *tenu* de procéder à l'affichage (voir plus loin) et de donner son accord aux modalités communes d'établissement d'un programme d'équité salariale élaborées par un ensemble d'employeurs. En effet, l'article 12 permet aux entreprises de fixer des modalités communes d'établissement d'un programme d'équité salariale applicable à chaque entreprise dans la mesure où cette démarche est effectuée avec l'accord des comités d'équité salariale de chacune des entreprises. Dans ce contexte, chaque employeur demeure toutefois responsable de son programme d'équité salariale.

Afin d'alléger le processus de mise en œuvre et les coûts des programmes d'équité salariale, tant dans les PME que dans les entreprises de plus grande taille, la loi permet aussi la constitution de comités *sectoriels* d'équité salariale représentant des associations d'employeurs, des regroupements régionaux ou des associations sectorielles paritaires pour élaborer des programmes d'équité salariale. Ces comités seront paritaires et devront être assistés par la Commission d'équité salariale. Après que la Commission a approuvé les résultats, les outils mis au point par ces comités sectoriels sont mis à la disposition des entreprises du secteur ou de la région.

8.4.4 L'identification des catégories d'emplois à prédominance féminine et des catégories d'emplois à prédominance masculine dans une entreprise

Le législateur ne cherche pas à corriger toutes les iniquités salariales, mais uniquement celles liées aux emplois à prédominance féminine. Plus précisément, selon l'article 60 de la *Loi sur l'équité salariale* du Québec, « le comité d'équité salariale ou, à défaut, l'employeur doit comparer les catégories d'emplois à prédominance féminine et les catégories d'emplois à prédominance masculine, aux fins d'estimer les écarts salariaux entre elles». La loi n'exige donc pas l'évaluation de tous les emplois : l'employeur doit évaluer les emplois à prédominance féminine et les emplois à prédominance masculine qui peuvent permettre l'établissement d'une comparaison. Sans préjugé sexiste, toutes les catégories d'emplois à prédominance féminine doivent être comparées aux catégories d'emplois à prédominance masculine au sein d'une entreprise. Par conséquent, l'employeur ne peut pas comparer les catégories d'emplois à prédominance féminine avec des catégories d'emplois *mixtes* ou *neutres* (catégorie comptant une proportion de 40 % à 60 % de femmes), ces dernières ne faisant pas l'objet d'un programme d'équité salariale.

L'identification des catégories d'emplois

Comme la démarche d'équité salariale repose sur un processus de comparaison, l'on doit dès le départ déterminer l'objet de la comparaison : les catégories d'emplois à prédominance sexuelle. Selon l'article 54, une catégorie d'emplois correspond à un regroupement d'emplois ayant des caractéristiques communes, c'est-à-dire des fonctions et des responsabilités *semblables*, des qualifications *semblables*, la *même rémunération* en matière de taux ou une *même échelle de salaires*. Toutefois, lorsqu'un emploi est unique et ne peut faire l'objet d'aucune association avec d'autres emplois, il constitue à lui seul une catégorie d'emplois.

Il peut se révéler difficile pour les petites et les moyennes entreprises d'identifier des catégories d'emplois alors que le contenu de certains emplois est peu précis et que le partage des tâches entre les employés est prôné et valorisé. Selon Chicha (1997), une solution intéressante serait de déterminer les fonctions les plus importantes de chacun des postes et de regrouper en une même catégorie tous les postes ayant en commun telle activité (p. ex. : le Service à la clientèle), même si les fonctions secondaires sont différentes.

La détermination de la prépondérance d'une catégorie d'emplois

Une fois les emplois groupés en catégories d'emplois, il faut déterminer si ces catégories sont à prédominance féminine, masculine ou mixte. L'article 55 stipule qu'une catégorie d'emplois peut être considérée comme étant à prédominance féminine ou à prédominance masculine lorsque 60 % des personnes salariées qui occupent ces emplois sont du même sexe (critère quantitatif). Si 95 % des secrétaires sont des femmes, de même que 63 % des commis, ces deux catégories peuvent être considérées comme étant à prédominance féminine. Pour les cas ambigus, trois autres critères (qualitatifs) peuvent être considérés pour l'établissement de la prédominance dans une catégorie d'emplois :

1. L'ampleur de l'écart entre le taux de représentation des femmes ou celui des hommes dans une catégorie d'emplois et leur taux de représentation dans l'effectif total de l'employeur. Ainsi, si 40 % des agents de vérification sont des femmes, cette catégorie pourra être considérée comme étant à prédominance féminine si seulement 10 % de l'effectif total sont des femmes ;
2. L'évolution du taux de représentation des femmes ou des hommes dans une profession ou dans l'entreprise. Par exemple, un emploi d'ingénieur dont les titulaires sont deux femmes et un homme devra probablement être classé à prédominance masculine. Il en sera ainsi parce que les ingénieurs sont généralement et traditionnellement des hommes. Par ailleurs, si, au sein d'une entreprise, 55 % des commis sont des femmes mais que ce taux s'est maintenu autour de 70 % au cours des années antérieures, on peut considérer cette catégorie comme étant à prédominance féminine ;
3. Les stéréotypes liant certaines catégories d'emplois aux femmes ou aux hommes (réceptionniste, chauffeur de camion, etc.). Ainsi, même si 55 % des employés d'entretien d'un établissement sont des hommes, on peut considérer que ces emplois sont à prédominance masculine, si on tient compte du stéréotype (p. ex. : les peintres, les mécaniciens, les électriciens, les menuisiers, etc.).

À cette étape, le comité d'équité salariale ou – en l'absence de comité – l'employeur devrait avoir identifié les catégories d'emplois à prédominance féminine et les catégories d'emplois à prédominance masculine, après avoir considéré les critères précédents et retenu celui ou ceux qui sont les plus appropriés. Les catégories d'emplois mixtes, c'est-à-dire qui ne présentent pas de prédominance sexuelle selon la loi, ne sont pas considérées dans la démarche d'établissement de l'équité salariale.

Rappelons-le, l'objet de la loi québécoise n'est pas de comparer des familles d'emplois, mais plutôt des catégories d'emplois à prédominance féminine avec des catégories d'emplois à prédominance masculine au sein d'une même entreprise. Toutefois, dans certaines lois sur l'équité salariale – notamment, celles de l'Ontario et du Nouveau-Brunswick –, il est permis de grouper des catégories d'emplois reliées et organisées en niveaux consécutifs, en raison de la nature du travail effectué, et d'évaluer uniquement la catégorie jugée la plus représentative du groupe (p. ex. : les emplois de commis, de commis en chef, de secrétaire, de secrétaire intermédiaire).

8.4.5 Le choix de la méthode et des outils d'évaluation des catégories d'emplois, et l'élaboration d'une démarche d'évaluation

À cette étape, il faut établir la valeur respective de chacune des catégories d'emplois, afin d'être en mesure de comparer les catégories d'emplois à prédominance féminine avec celles à prédominance masculine. Pour ce faire, on doit recourir à une méthode d'évaluation des catégories d'emplois afin de systématiser le processus d'évaluation et d'en minimiser la subjectivité.

La loi ne prescrit aucune méthode particulière d'évaluation des catégories d'emplois : le choix de la méthode d'évaluation (p. ex. : par points et facteurs préétablis ou sur mesure, par rangement) revient aux responsables de l'élaboration du programme, c'est-à-dire au comité d'équité salariale ou à l'employeur (article 59). Ce choix devrait donner lieu à des discussions intenses puisque selon la méthode, les résultats diffèrent et se révèlent plus ou moins favorables à divers acteurs – notamment aux employeurs, aux salariés des catégories d'emplois visées et aux autres salariés).

Toutefois, quelle que soit la méthode choisie, elle doit tenir compte des quatre facteurs d'évaluation suivants : les qualifications requises, les responsabilités assumées, les efforts requis et les conditions dans lesquelles le travail est effectué (article 57). Ces facteurs peuvent être décomposés en sous-facteurs plus précis. Par ailleurs, la méthode choisie doit également (1) permettre une comparaison des catégories d'emplois à prédominance féminine avec les catégories d'emplois à prédominance masculine et (2) mettre autant en évidence les caractéristiques propres aux catégories d'emplois à prédominance féminine que celles propres aux catégories d'emplois à prédominance masculine.

La démarche d'évaluation désigne le processus ou l'ensemble des actions menant à l'évaluation des catégories d'emplois (p. ex. : la séquence des étapes, la mise sur pied d'un comité, l'élaboration d'un échéancier des travaux, et celle d'un système d'évaluation des catégories d'emplois). Les outils d'évaluation utilisés dans cette démarche peuvent être variés : questionnaires, descriptions d'emplois, entrevues, etc.

8.4.6 L'affichage des résultats de l'identification des catégories d'emplois, du choix de la méthode, des outils d'évaluation et de la démarche retenue

L'affichage permet aux salariés d'être informés de la démarche d'équité salariale dans leur entreprise. Selon la loi, les entreprises de 50 personnes salariées ou plus doivent procéder à un premier affichage des résultats disponibles à ce stade (après les deux premières étapes du programme d'équité salariale), c'est-à-dire des résultats de l'identification des catégories d'emplois à prédominance féminine et masculine ainsi que du choix de la méthode, des outils et de la méthode d'évaluation choisie. (Le second affichage, que nous aborderons plus loin, a lieu après les deux dernières étapes et présente l'ensemble des résultats de la démarche.) Les entreprises qui emploient de 10 à 49 personnes salariées doivent procéder à un seul affichage pour indiquer la valeur des rajustements salariaux, s'il y a lieu.

Cet affichage doit paraître dans des endroits visibles et facilement accessibles aux personnes salariées et indiquer (1) le droit des salariés de demander par écrit des renseignements additionnels ou de faire des observations sur ces résultats et (2) les délais d'exercice de ces droits, soit 60 jours à partir de la date d'affichage. Si un salarié désire se prévaloir d'un de ces droits, le comité d'équité salariale ou l'employeur dispose de 30 jours pour lui répondre ou pour analyser ses observations, faire des modifications, s'il y a lieu, et procéder à un nouvel affichage incluant les modifications, s'il y a lieu. De plus, en l'absence d'un comité d'équité salariale, l'affichage doit également préciser les recours prévus par la loi et les délais dans lesquels ils peuvent s'exercer.

8.4.7 L'évaluation des catégories d'emplois

Une fois que la méthode, les outils et la démarche d'évaluation des catégories d'emplois ont été déterminés, il faut procéder à leur évaluation. Quels que soient la méthode, les outils et la démarche d'évaluation retenus, la loi exige qu'ils soient exempts de discrimination basée sur le sexe, par exemple, en évaluant les caractéristiques de la catégorie d'emplois et non des personnes salariées qui occupent les emplois, en se souciant de la neutralité du processus de collecte des renseignements portant sur les catégories d'emplois (description d'emplois, questionnaire général ou structuré), en s'assurant d'établir un équilibre entre les facteurs d'évaluation selon qu'ils favorisent les emplois à prédominance masculine ou féminine (dans ce dernier cas, la dextérité manuelle, l'aptitude pour les relations interpersonnelles, la fréquence des interruptions et des impondérables, la concentration soutenue, etc.). En fait, le principe de neutralité signifie que, durant toute la mise en place d'un système d'équité salariale, il faut traiter les emplois à prédominance féminine et masculine avec le même souci de détail, de précision et d'exhaustivité.

8.4.8 L'estimation des écarts et des rajustements salariaux

L'estimation des écarts salariaux consiste à comparer la rémunération des catégories d'emplois à prédominance féminine avec celle des catégories d'emplois à prédominance masculine.

La définition de la rémunération au sens de la *Loi sur l'équité salariale*

Au chapitre 7, nous avons vu que, souvent, le personnel n'est pas payé selon un taux unique de salaire, mais plutôt selon une échelle de salaires. Par ailleurs, nous savons que les salaires ne sont qu'une des nombreuses facettes de la rémunération globale des employés. Que dit la *Loi sur l'équité salariale* du Québec à cet égard ? Pour les fins de l'estimation des écarts salariaux, la rémunération, au sens de la loi, inclut le salaire de base (taux maximum de salaire ou maximum de l'échelle salariale des emplois regroupés en catégories) et, s'ils ne sont pas également accessibles aux catégories d'emplois comparées, la rémunération flexible et les avantages à valeur pécuniaire (articles 54, 65 et 66). L'égalité d'accès n'est cependant pas définie par la loi.

Ainsi, selon la loi, si l'on ne tient pas compte des deux dernières composantes, on risque d'atteindre une équité salariale *incomplète* dans la mesure où elles ne sont pas également accessibles aux catégories d'emplois à prédominance féminine et à prédominance masculine, et où elles contribuent à accentuer les écarts salariaux entre les employés (Currie et Chaykowski, 1995).

Dans le cas où une catégorie d'emplois est payée selon un taux de salaire unique, ce taux doit être retenu aux fins du calcul des écarts salariaux. Toutefois, dans le cas où elle est payée selon une échelle salariale, la loi prescrit de prendre en considération le taux maximum de l'échelle salariale. Par conséquent, le taux maximum est le point de comparaison des catégories d'emplois comportant des échelles salariales. Lorsque certaines catégories d'emplois ont un taux fixe et d'autres, une échelle salariale, on compare les taux fixes avec le maximum des échelles salariales.

D'après la loi, la rémunération flexible comprend, notamment, la rémunération basée sur les compétences, la rémunération basée sur le rendement et les primes d'intéressement liées à la performance de l'entreprise. Les avantages à valeur pécuniaire comprennent, outre les indemnités et les primes, (1) les éléments du temps chômé et payé (p. ex. : les congés de maladie, les congés sociaux et parentaux, les vacances et les jours fériés, les pauses ou les heures de repas ou tout autre élément de même nature), (2) les régimes de retraite et de prévoyance collective (p. ex. : les caisses de retraite, les régimes d'assurance-maladie ou d'invalidité et tout autre régime collectif) et (3) les avantages hors salaire, tels le fait de fournir et d'entretenir des outils, des uniformes ou d'autres vêtements (sauf s'ils sont exigés en vertu de la *Loi sur la santé et la sécurité du travail* ou s'ils sont requis par l'emploi), le stationnement, les allocations de repas, le fait de fournir des véhicules, le paiement de cotisations professionnelles, les congés payés pour études, le remboursement des frais de scolarité, les prêts à taux réduit ou toute autre forme d'avantage.

Dans les cas où l'accessibilité à ces avantages est différente selon que les catégories d'emplois sont féminines ou masculines, ou lorsque ces avantages sont offerts à toutes les catégories d'emplois, mais à des conditions différentes, Chicha (1997) propose divers recours possibles. Dans la mesure où l'accessibilité est différente, une première solution consiste à calculer la valeur des avantages sur la base du coût pour l'employeur et à l'ajouter au salaire des catégories à prédominance féminine qui n'y ont pas accès. Une autre solution consiste à offrir les avantages aux catégories d'emplois à prédominance féminine qui n'en bénéficient pas. Lorsque les avantages sont offerts à toutes les catégories, mais à des conditions différentes (p. ex. : quatre semaines de vacances après trois ans dans un cas et après cinq ans dans un autre cas), la période d'admissibilité doit être uniformisée ou l'équivalent pécuniaire doit être versé aux personnes lésées.

Les approches de comparaison aux fins de l'estimation des écarts salariaux

Selon l'article 61 de la *Loi sur l'équité salariale* du Québec, « l'estimation des écarts salariaux entre une catégorie d'emplois à prédominance féminine et une catégorie d'emplois à prédominance masculine peut être effectuée sur une base globale ou individuelle ou suivant toute autre méthode d'estimation des écarts salariaux prévue par le règlement de la Commission ». Voici deux types d'approches d'estimation des écarts salariaux entre une catégorie d'emplois à prédominance masculine et une catégorie d'emplois à prédominance féminine :

- L'*approche individuelle*, c'est-à-dire la comparaison par paires, la comparaison avec un ensemble et la comparaison par la valeur proportionnelle. L'estimation des écarts salariaux sur une base individuelle consiste à comparer par *paires* une catégorie d'emplois à prédominance féminine avec une catégorie d'emplois à prédominance masculine de même valeur. S'il y a plusieurs catégories d'emplois à prédominance masculine de même valeur, mais des rémunérations différentes, la comparaison s'effectue en utilisant la rémunération moyenne de cet *ensemble* d'emplois à prédominance masculine. S'il n'existe pas de catégorie d'emplois à prédominance masculine de même valeur pouvant être utilisée comme élément de comparaison avec une catégorie d'emplois à prédominance féminine, l'estimation de la rémunération doit être établie en proportion de la rémunération de l'élément de comparaison masculin dont la valeur est la plus proche ;
- L'*approche globale*, ou la comparaison « emplois à courbe ». Lorsque le nombre de comparaisons à effectuer est élevé, l'employeur peut utiliser une méthode globale de comparaison. Cette méthode consiste à comparer chaque catégorie d'emplois à prédominance féminine avec la courbe salariale de l'ensemble des catégories d'emplois à prédominance masculine de l'entreprise. Il s'agit donc de tracer la courbe sala-

riale des catégories d'emplois à prédominance masculine, de comparer chaque catégorie d'emplois à prédominance féminine avec cette courbe et d'estimer l'écart salarial à combler pour chacune des catégories d'emplois à prédominance féminine, s'il y a lieu.

L'encadré 8.2 (p. 376) s'appuie essentiellement sur une illustration et les propos de Chicha (1997) pour décrire les diverses approches d'estimation et de correction des écarts salariaux permises par la *Loi sur l'équité salariale* du Québec. Selon Chicha (1998), quoique l'approche de comparaison par paires ait l'avantage d'être simple, elle a l'inconvénient de personnaliser les comparaisons : les salariés savent exactement à quelles catégories ils sont comparés et cette connaissance risque de susciter des insatisfactions et de nuire au climat de travail.

Les entreprises sans catégorie d'emplois à prédominance masculine

Dans un programme d'équité salariale, il peut arriver qu'il n'existe pas de catégories d'emplois à prédominance masculine avec lesquelles comparer les catégories d'emplois à prédominance féminine. Dans ce cas, s'il existe plus d'un programme d'équité salariale, on peut comparer les catégories d'emplois à prédominance féminine de ce programme avec l'*ensemble* des catégories d'emplois à prédominance masculine de l'entreprise.

Il arrive qu'une entreprise n'ait pas de catégories d'emplois à prédominance masculine, soit parce qu'elle détermine peu de catégories d'emplois en raison de sa moindre importance, soit parce qu'elle exerce ses activités dans certains secteurs économiques où il existe davantage de ghettos féminins (garderies, tourisme, secteur de la santé, production vestimentaire, etc.). La loi reconnaît (article 13) que « lorsque dans une entreprise, il n'existe pas de catégories d'emplois à prédominance masculine, le programme d'équité salariale doit être établi conformément au règlement de la Commission ». L'élaboration de la méthode à suivre dans de tels cas relève donc de la Commission, tel que l'indique l'article 114, qui confère à celle-ci le pouvoir de proposer des catégories d'emplois à prédominance masculine *types* à partir de l'expérience d'entreprises ayant complété un tel programme et dont les caractéristiques sont semblables. Selon Chicha (1997), les comités sectoriels prévus au chapitre III de la loi peuvent aussi apporter une solution à ces cas en déterminant des comparateurs masculins pour les organisations de leur secteur qui n'ont que des catégories à prédominance féminine, en prenant en considération, d'une part, les exigences des catégories d'emplois et, d'autre part, des caractéristiques organisationnelles comme la taille, le type de produit et de marché, etc.

Encadré 8.2

Illustrations des diverses méthodes d'estimation des écarts salariaux entre des catégories d'emplois à prédominance masculine et des catégories d'emplois à prédominance féminine dans une entreprise fictive

Le tableau ci-dessous montre le nombre de points d'évaluation et le taux de salaire de diverses catégories d'emplois à prédominance féminine et masculine au sein d'une entreprise fictive. Le rajustement salarial requis, selon les diverses approches d'estimation des écarts salariaux, est ensuite calculé et commenté.

Entreprise XYZ
Valeur et salaire des catégories d'emplois à prédominance féminine et à prédominance masculine

Catégories d'emplois à prédominance féminine	Valeur en points	Taux de salaire avant équité salariale $/h
A	125	9,25
B	200	9,00
C	240	10,50
D	310	11,50
E	355	11,00
F	385	12,00
G	500	13,25
Catégories d'emplois à prédominance masculine	**Valeur en points**	**Taux de salaire avant équité salariale $/h**
R	125	10,15
S	170	10,85
T	240	11,00
U	240	11,80
V	355	13,15
W	400	15,25
X	465	14,10
Y	500	14,70
Z	585	15,75

A. LA COMPARAISON PAR PAIRES OU AVEC UN ENSEMBLE COMME APPROCHE INDIVIDUELLE

Il s'agit de comparer une catégorie d'emplois à prédominance féminine avec une catégorie d'emplois à prédominance masculine de même valeur (article 63, 1er alinéa). C'est le cas des emplois A, C, E et G dans le graphique ci-dessous. Par ailleurs, lorsqu'il existe plusieurs emplois à prédominance masculine ayant la même valeur mais des rémunérations différentes, la loi prescrit d'effectuer la comparaison en utilisant la moyenne des rémunérations de ces catégories d'emplois (article 63, 2e alinéa). C'est le cas de la catégorie à prédominance féminine C et des emplois à prédominance masculine T et U. L'écart salarial doit alors être estimé à partir de la moyenne des salaires de T et U, soit 11,40 $.

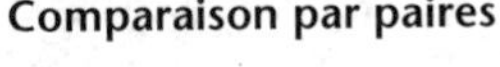

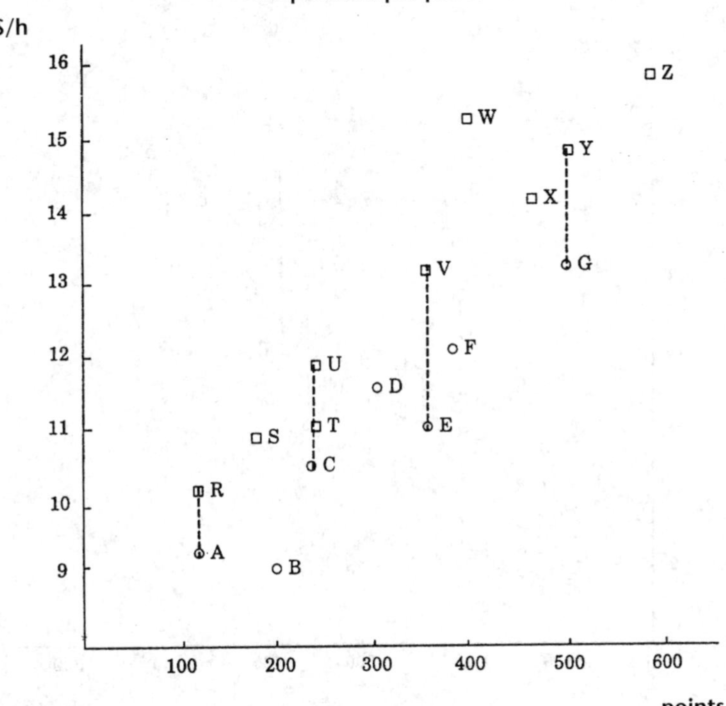

B. LA COMPARAISON PAR LA VALEUR PROPORTIONNELLE COMME APPROCHE INDIVIDUELLE

La comparaison par paires ou avec un ensemble ne permet pas d'estimer les écarts salariaux des catégories d'emplois à prédominance féminine B, D et F, comme il n'y a pas d'emplois à prédominance masculine de valeur égale. Dans ce dernier cas, la loi stipule que l'estimation de la rémunération doit être établie en proportion de celle de la catégorie d'emplois à prédominance masculine dont la valeur est la plus proche (article 63, 3e alinéa). Pour la catégorie d'emplois à prédominance féminine B (200 points), la catégorie d'emplois à prédominance masculine dont la valeur est la plus proche est la catégorie S. La valeur proportionnelle de la catégorie d'emplois B par rapport à S égale 200 ÷ 170 = 1,18 $. Appliqué à la catégorie S, le salaire rajusté de la catégorie d'emplois à prédominance féminine B égale 12,80 $ soit, 1,18 $ × 10,85 $. Selon les mêmes règles, le salaire rajusté de la catégorie d'emplois à prédominance féminine F égale 14,68 $ (sa valeur proportionnelle égale 0,96 $). Pour sa part, la catégorie D ne reçoit pas de rajustement salarial puisque l'application de sa valeur proportionnelle par rapport à V (0,87 $) à son salaire (0,87 $ × 13,15 $) égale 11,48 $, un montant inférieur au salaire non rajusté, soit 11,50 $. L'article 73 de la loi stipule, en effet, qu'un employeur ne peut, pour atteindre l'équité salariale, diminuer la rémunération des salariés qui occupent des emplois au sein de l'entreprise.

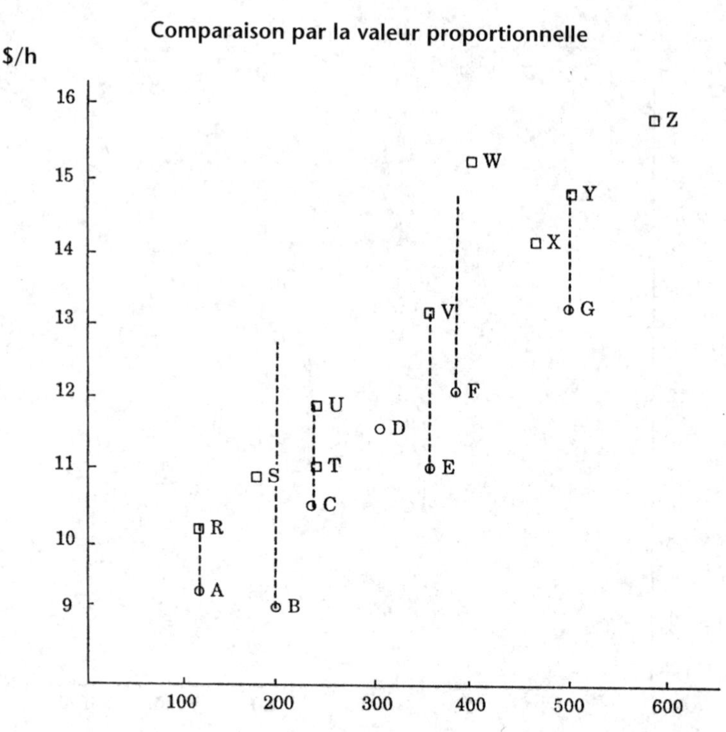

Résultats de l'application de la valeur proportionnelle

Catégorie féminine	Catégorie masculine la plus proche	Valeur proportionnelle	Salaire rajusté de la catégorie féminine
B	S	1,18	12,80
D	V	0,87	11,50
F	W	0,96	14,68

C. LA COMPARAISON EMPLOIS À COURBE APRÈS ÉQUITÉ SALARIALE COMME APPROCHE GLOBALE

Cette approche dite « globale » d'estimation des écarts salariaux est prévue à l'article 62 de la *Loi sur l'équité salariale* : elle doit être effectuée par la comparaison de chaque catégorie d'emplois à prédominance féminine avec la courbe salariale de l'ensemble des catégories d'emplois à prédominance masculine. Cette courbe ou cette droite, tracée à main levée ou par régression multiple, doit représenter le mieux possible les salaires de l'ensemble des catégories d'emplois à prédominance masculine. Le graphique ci-dessous représente la courbe salariale LM des catégories d'emplois à prédominance masculine. Les écarts salariaux correspondent à la distance verticale (traits pointillés) entre les coordonnées de chaque catégorie d'emplois à prédominance féminine (A, B, C, D, E, F et G) et la courbe LM. Encore ici, si une catégorie d'emplois à prédominance féminine se trouve au-dessus de la courbe LM, sa rémunération ne devrait pas changer en vertu de l'article 73.

Méthode de comparaison emplois à courbe après équité salariale

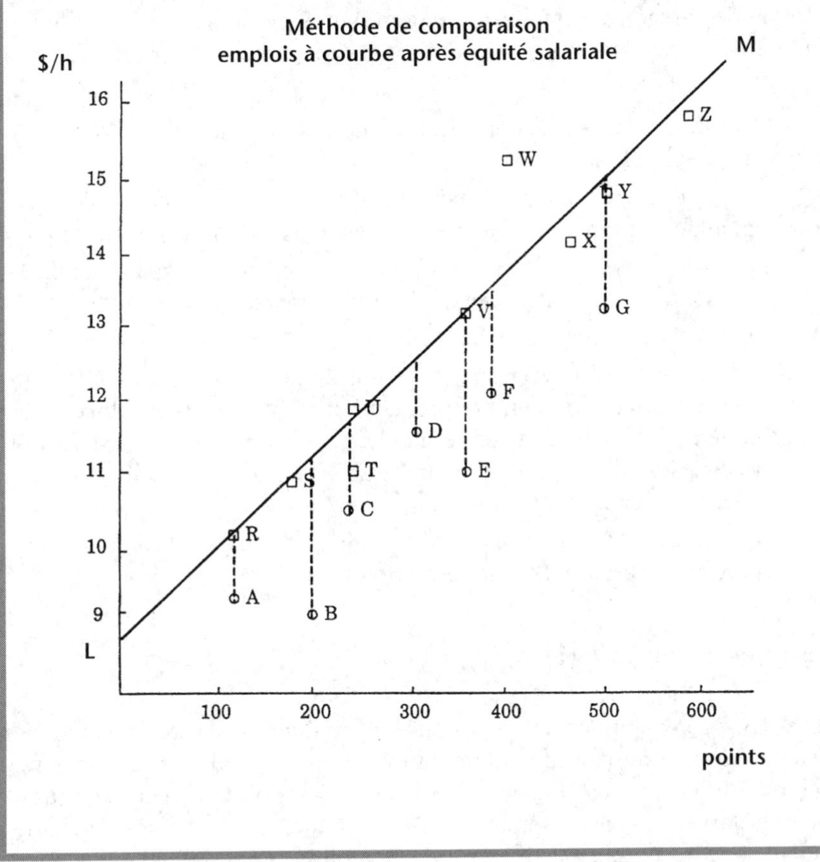

Source : Les figures et le texte de cet encadré sont tirés de Chicha (1997, p. 144-155).

En résumé, notons que le choix de la méthode de comparaison (globale ou individuelle) doit respecter deux conditions : (1) on doit comparer les catégories d'emplois à prédominance féminine avec les catégories d'emplois à prédominance masculine (et non avec des emplois mixtes ou avec un ensemble d'emplois féminins et masculins) et (2) on ne doit pas exclure de la comparaison une catégorie à prédominance féminine sous prétexte qu'il n'existe pas de catégorie masculine de valeur égale.

Les écarts salariaux non discriminatoires selon la *Loi sur l'équité salariale*

La *Loi sur l'équité salariale* du Québec permet (article 67) qu'une catégorie d'emplois à prédominance féminine puisse recevoir un salaire inférieur à celui d'une catégorie d'emplois à prédominance masculine de valeur équivalente sans que cette situation soit considérée comme discriminatoire, si cet écart est dû à :

- l'*ancienneté*, sauf si l'application de ce critère a des effets discriminatoires selon le sexe ;
- une *affectation à durée déterminée*, notamment dans le cadre d'un programme de formation, d'apprentissage ou d'initiation au travail ;
- la *région* dans laquelle la salariée occupe son emploi, sauf si l'application de ce critère a des effets discriminatoires selon le sexe ;
- une *pénurie de main-d'œuvre* qualifiée ;
- un *salaire étoilé*, c'est-à-dire le salaire d'une personne qui, à la suite d'un reclassement, d'une rétrogradation ou d'une circonstance particulière (p. ex. : une personne handicapée) est maintenue à un même niveau jusqu'à ce que le salaire attribuable à sa nouvelle catégorie d'emplois rejoigne son salaire ;
- l'*absence d'avantages à valeur pécuniaire*, justifiée par le caractère temporaire, occasionnel ou saisonnier d'un emploi.

Les rajustements salariaux

Si l'analyse comparative met en évidence le fait que les salaires des catégories d'emplois à prédominance féminine sont inférieurs aux salaires des catégories d'emplois à prédominance masculine, l'employeur doit effectuer des rajustements salariaux pour les femmes et les hommes occupant les catégories d'emplois à prédominance féminine. Le comité d'équité salariale ou, à défaut, l'employeur doit effectuer le calcul des rajustements salariaux destinés à corriger ces écarts. L'employeur ne peut diminuer les salaires des titulaires des emplois à prédominance masculine pour réduire les écarts salariaux.

Seules les catégories d'emplois à prédominance féminine doivent faire l'objet d'une modification, de manière à éliminer l'écart salarial.

Les entreprises ont jusqu'au 21 novembre 2001 au plus tard (quatre ans à partir de l'entrée en vigueur de la loi, le 21 novembre 1997) pour compléter leur programme d'équité salariale ou pour déterminer les rajustements salariaux requis. L'employeur qui, le 21 novembre 1996, avait déjà amorcé ou complété la création d'un programme d'équité salariale (ou de relativité salariale) dans son entreprise avait jusqu'au 21 novembre 1998 pour déposer un rapport décrivant ce programme à la Commission de l'équité salariale, qui détermine si celui-ci respecte les exigences de la loi. Ce rapport devait être affiché dans l'entreprise et, s'il y avait lieu, remis à l'association accréditée représentant les personnes salariées. Pour une entreprise dont les activités ont débuté au cours des 12 mois précédant le 21 novembre 1997 ou après cette date, le délai prévu de quatre ans commençait un an après le début de ces activités.

8.4.9 La définition des modalités de versement des rajustements salariaux

Selon la loi, l'employeur doit prévoir les modalités de versement des rajustements salariaux, après consultation, selon le cas, auprès du comité d'équité salariale ou de l'association accréditée avec laquelle il a établi un programme d'équité salariale. Cette mesure correspond à la quatrième étape de ce programme selon la loi.

8.4.10 L'affichage de l'ensemble des résultats

Comme nous l'avons déjà mentionné, les entreprises de 50 personnes salariées et plus doivent procéder à un premier affichage et communiquer les résultats liés à l'identification des catégories d'emplois à prédominance féminine et masculine, au choix de la méthode, aux outils et à leur processus d'évaluation (les deux premières étapes du programme d'équité salariale prévues par la loi). Le second affichage que nous mentionnons ici a lieu après les deux dernières étapes prévues par la loi et présente l'ensemble des résultats. Les entreprises ayant de 10 à 49 personnes salariées peuvent procéder à un seul affichage pour indiquer la valeur des rajustements salariaux, s'il y a lieu.

Comme pour le premier affichage, le comité d'équité salariale ou l'employeur doit faire en sorte que le deuxième affichage soit fait dans des endroits visibles et facilement accessibles et qu'il indique (1) le droit des salariés de demander par écrit des renseignements additionnels ou de faire des observations sur ces résultats et (2) les délais prévus pour exercer ces droits, soit 60 jours à partir de la date d'affichage. Si un salarié se prévaut de l'un de ces droits, le comité d'équité salariale ou l'employeur dispose de 30 jours pour lui répondre ou pour analyser ses observations, faire des modifications, s'il y a lieu, et procéder à un nouvel affichage indiquant les modifications, s'il y a lieu. En l'absence d'un comité d'équité salariale, l'affichage doit également mentionner les recours prévus par la loi et les délais accordés pour les exercer.

8.4.11 Le versement des rajustements salariaux

Les employeurs doivent commencer à verser les premiers ajustements salariaux au plus tard le 21 novembre 2001. Ils peuvent choisir d'étaler ces ajustements en faisant des versements annuels égaux sur une période maximale de quatre ans après la date à laquelle le programme sera complété, soit jusqu'au 21 novembre 2005 au plus tard. Si un employeur ne respecte pas les délais prévus, il devra payer des intérêts sur les ajustements salariaux. Toutefois, ces ajustements ne seront pas rétroactifs.

La Commission de l'équité salariale peut autoriser l'étalement des versements sur une période pouvant aller jusqu'à trois années supplémentaires (donc, jusqu'au 21 novembre 2008) si un employeur démontre qu'il est incapable d'attribuer les ajustements salariaux dans les délais prescrits. Toutefois, si la Commission a des raisons de croire que la situation financière de l'employeur s'est améliorée, de nouvelles modalités de versements pourront être établies. Dans le cas d'une entreprise dont les activités débutaient au cours des 12 mois précédant le 21 novembre 1997 ou après cette date, les délais prévus s'appliquent à compter de la date qui suit d'un an la date du début de ses activités. Par conséquent, au Québec, l'ensemble du processus d'établissement de l'équité salariale peut prendre entre 8 et 13 ans (et même plus, si l'on tient compte de certaines extensions possibles) allant de la date d'entrée en vigueur de la Loi (21 novembre 1997) au versement final des ajustements.

8.4.12 Le maintien de l'équité salariale

L'employeur a l'obligation de maintenir l'équité salariale dans son entreprise lors de divers changements – notamment la création d'emplois ou de nouvelles catégories d'emplois, la modification des emplois actuels ou de leurs conditions, la négociation ou le renouvellement de conventions collectives. Dans le dernier cas, l'association accréditée doit aussi assurer ce maintien.

8.5 LE POUR ET LE CONTRE D'UNE LÉGISLATION SUR L'ÉQUITÉ SALARIALE

Plus que tout autre type d'action visant à remédier à la discrimination sur le marché du travail parmi les gens d'affaires, les fonctionnaires, les universitaires et la population en général, l'équité salariale anime les débats. Cette situation n'étonne guère, puisque la discrimination est directement liée à la rémunération des femmes et à la masse salariale des employeurs. Force est de reconnaître que l'opposition entourant cette loi n'est pas une question de principe, puisque la discrimination salariale est déjà interdite au Québec depuis plus de 20 ans en vertu de la *Charte des droits et libertés de la personne*. En fait, le débat souligne le caractère « proactif » de l'application du principe, qui repose sur deux éléments mentionnés à la section précédente : (1) les employeurs doivent entreprendre une démarche d'établissement de l'équité salariale selon un échéancier précis et (2) des critères de mise en œuvre sont imposés à ces employeurs (comité, délais, facteurs d'évaluation, etc.). Cette section propose une synthèse des avantages et des inconvénients les plus fréquemment attribués à une loi proactive en matière d'équité salariale.

8.5.1 Les inconvénients d'une législation sur l'équité salariale

Les principaux arguments des personnes s'opposant à l'adoption d'une loi à caractère proactif sur l'équité salariale font l'objet de cette partie.

L'ingérence de l'État

Les opposants à cette loi affirment que l'ingérence de l'État est inutile, impossible à appliquer et de portée très limitée.

Pour certains, cette loi attaque la liberté des entreprises et constitue une ingérence dans les relations entre patrons et syndicats, puisqu'elle réduit la flexibilité de gestion des patrons et limite la capacité de négociation des syndicats. Selon ces opposants, l'État n'a pas à dicter des valeurs ni à imposer des lois pour changer les attitudes et les comportements des personnes.

L'équité en emploi : la solution à la réduction de l'écart de salaire entre hommes et femmes

Plusieurs opposants à la loi rappellent que l'écart de salaire entre les hommes et les femmes sur le marché ne signifie pas nécessairement qu'il y ait discrimination. Selon eux, la loi ne résoudrait que 5 % à 10 % de l'écart réellement dû à la discrimination. Comme il est établi que la majeure partie de l'écart de salaire existant entre les salaires des femmes et ceux des hommes est non discriminatoire – c'est-à-dire qu'il est dû à des différences d'expérience, de formation, d'industrie, de représentation syndicale, de nature des emplois, de comportements au travail –, c'est plutôt l'équité en emploi qui réduira cet écart en favorisant l'intégration et la promotion des femmes dans les emplois mieux rémunérés. Certains vont même jusqu'à dire que l'écart salarial est dû aux femmes, qui sont conditionnées à accepter les emplois les moins bien payés, qui sont victimes de leur choix de carrière, qui ne refusent pas de travailler pour de petits salaires, qui préfèrent les emplois moins rémunérateurs ou qui ne savent pas négocier leur salaire.

Pour certaines personnes, le principe de l'équité salariale est louable, mais l'application d'une loi en la matière est impossible, parce qu'elle soulève plus de questions qu'elle n'en résout et que les employeurs trouveront des façons de la contourner, comme c'est le cas pour toutes les lois. Comme la démarche d'établissement de l'équité salariale est hautement technique, complexe et obscure à certains égards, le risque est grand de perdre de vue l'objectif recherché et de voir le processus se teinter de pressions politiques. Pour d'autres personnes, le problème d'iniquité salariale ne devrait pas être considéré comme important, puisque peu de plaintes ont été déposées à ce jour sur le sujet.

On reproche également à la loi de ne porter que sur les catégories d'emplois à prédominance féminine, alors que les salaires des femmes peuvent être inéquitables sans que leur emploi fasse partie d'une telle catégorie. En ce sens, une législation proactive n'a pas nécessairement pour conséquence d'aboutir à une saine gestion de la rémunération. Un employeur peut très bien rémunérer deux emplois de même valeur à des taux différents sans que cela soit illégal, pourvu que ces deux emplois ne soient pas occupés majoritairement par des femmes dans un cas et par des hommes dans l'autre. Autrement dit, la discrimination, si elle est présente, peut continuer d'exister, mais elle ne doit pas être basée sur le sexe des titulaires des emplois.

De plus, cette loi s'intéresse aux iniquités de salaire entre hommes et femmes en ignorant toutes les autres sources d'iniquité salariale, par exemple, celle qui est liée à la nationalité, à la race, etc. Au Canada, selon la province, la loi ne s'applique pas aux entreprises qui n'embauchent que des femmes (ghettos féminins), aux femmes qui travaillent dans le secteur privé (dans plusieurs provinces, la loi ne s'adresse qu'au secteur public), aux petits employeurs du secteur privé ni dans les cas où il n'y a pas d'emplois à prédominance masculine de même valeur dans l'entreprise.

La législation en matière d'équité salariale vise à réduire l'écart de rémunération entre les emplois à prédominance féminine et masculine au sein d'un même entreprise, et non entre les entreprises. Les documents d'information, diffusés par certaines centrales syndicales, dans lesquels on affirme que la loi va réduire l'écart de salaire entre le gardien de zoo et l'éducatrice d'enfants d'âge préscolaire sont inexacts, puisque ces emplois vont nécessairement s'exercer dans deux entreprises différentes.

Les coûts

Selon certaines personnes, cette loi soumet les entreprises à une contrainte par rapport aux autres provinces ou pays qui n'ont pas à s'y soumettre, puisqu'elle augmente les coûts de la main-d'œuvre. Pour les PME, ce handicap peut même devenir une question de survie. Certains estiment que l'augmentation résultante des salaires n'ira pas dans le sens de l'intérêt des femmes, parce que les employeurs vont diminuer le nombre d'emplois et favoriser l'adoption de nouvelles technologies pour éviter une augmentation de leurs coûts.

La valeur des emplois

Pour certains, la discrimination est inhérente à tout jugement de valeur, et l'équité, comme la beauté, demeurera toujours une question de perception. Différentes personnes analysant le même emploi risquent de parvenir à des résultats différents selon leurs caractéristiques personnelles (expérience, attentes, poste occupé, etc.). Par ailleurs, différentes méthodes d'évaluation des emplois risquent de mener à des résultats différents. De plus, l'adoption d'un système unique pour évaluer tous les emplois d'une entreprise n'est pas jugée très pertinente, parce que les emplois sont souvent très différents. De plus, plusieurs s'interrogent sur la rigueur de la loi, car elle propose très peu de directives claires sur la façon de procéder à l'évaluation des emplois, alors que les dirigeants recherchent davantage une méthode facile à comprendre, à utiliser et à expliquer aux employés qu'une méthode éprouvée !

La détermination des salaires

Pour un employeur, il est difficile de faire abstraction des salaires du marché. Les salaires des emplois à prédominance masculine ou féminine peuvent difficilement se situer très en dessous du marché, car il serait alors difficile de recruter et de retenir le personnel, et ils ne peuvent pas non plus se situer très au-dessus du marché, car ils doivent demeurer compétitifs. Par ailleurs, en déterminant la valeur pécuniaire d'un emploi, il est impossible d'ignorer le marché, le pouvoir syndical, les valeurs de l'entreprise, les coutumes, etc., et ce, surtout à l'égard des postes de premier niveau. Qu'on le veuille ou non, la hiérarchie des valeurs d'une entreprise influe sur la hiérarchisation de ses emplois et cette évidence ne peut être niée sous prétexte qu'on n'obtient pas les résultats désirés.

Les actions prises pour répondre aux exigences de l'équité salariale

La recherche de l'équité salariale peut causer plus de problèmes d'insatisfaction pour ce qui concerne les salaires qu'elle n'en résout. Prenons les cas d'une entreprise où l'on trouve, entre autres, les trois emplois suivants : réceptionniste, secrétaire de niveau 1 et commis à la manutention. Historiquement, dans cette entreprise, les réceptionnistes et les secrétaires de niveau 1 se sont toujours comparées entre elles pour juger de l'équité de leur salaire. L'application des directives de la loi peut amener cette entreprise à considérer que l'emploi de secrétaire de niveau 1, un emploi à prédominance féminine, est équivalent à l'emploi de commis à la manutention, un emploi à prédominance masculine. Comme ce dernier emploi est plus rémunéré que le premier, l'entreprise élabore un programme d'équité salariale visant à abolir l'écart de salaire entre ces deux emplois. Les secrétaires de niveau 1 seront sûrement satisfaites de cette décision. Toutefois, les réceptionnistes, qui ont toujours vérifié l'équité de leur salaire en le comparant avec celui des secrétaires de niveau 1, pourront considérer la situation comme injuste, car l'écart salarial entre deux emplois de bureau augmentera sans qu'il y ait eu modification des tâches. Une telle « chaîne d'insatisfaction » peut aller jusqu'à contraindre les entreprises à revoir tout leur système de rémunération au cours des années subséquentes.

8.5.2 Les avantages d'une législation sur l'équité salariale

Les principaux arguments des défenseurs de l'adoption d'une loi à caractère proactif sur l'équité salariale font l'objet de cette partie.

L'intervention de l'État

Selon les personnes qui favorisent la législation sur l'équité salariale, il est nécessaire que l'État fasse la promotion de la justice sociale. La question n'est pas de savoir si la discrimination salariale entre les hommes et les femmes est motivée ou non. Le gouvernement doit considérer le résultat, c'est-à-dire l'écart salarial, et adopter une action systémique pour apporter des solutions à une discrimination systémique. L'histoire démontre que les lois font évoluer la société (salaire minimum pour les femmes, salaire minimum pour les hommes et les femmes, salaire minimum identique pour les hommes et les femmes, accès à l'égalité, etc.). Sans législation, la situation ne changera pas, tout simplement à cause du fait que la nature humaine est... la nature humaine ! Par conséquent, ne pas légiférer en la matière, c'est accepter l'iniquité. Une telle loi trace une ligne de conduite pour les employeurs et les contraint à remettre en question leurs pratiques et à montrer plus de rigueur dans leur gestion de la rémunération. Cette loi est d'autant plus nécessaire pour les femmes que celles-ci peuvent difficilement compter sur les syndicats pour les défendre, parce qu'ils sont de moins en moins présents et qu'ils ont toujours été peu enclins à défendre les intérêts des femmes.

Les coûts

Comme la loi ne peut corriger qu'environ 10 % de l'écart salarial entre les hommes et les femmes, certains avancent qu'elle n'a pas d'effet significatif sur l'inflation. De plus, la plupart des lois permettent aux employeurs d'étaler la réduction de l'écart salarial sur une période de plusieurs années. Par exemple, au Manitoba, l'augmentation de la masse salariale a été de 3,3 % ou de 16,5 millions de dollars répartis sur quatre ans (Weiner et Gunderson, 1990). Finalement, plusieurs estiment qu'une syndicalisation des femmes survenue à la suite d'une insatisfaction coûterait beaucoup plus cher aux employeurs que la loi.

Après avoir effectué une revue des études portant sur le sujet, Chicha (1997) conclut que, de façon générale, les rajustements salariaux varient entre 2 % et 6 % de la masse salariale. L'expérience ontarienne démontre que, dans les entreprises employant de 10 à 49 personnes, ce pourcentage a été de 1,4 %, dans celles ayant de 50 à 99 employés, de 0,5 %, dans celles ayant de 100 à 499 employés, de 1,1 %, dans les entreprises du secteur privé ayant plus de 500 employés, de 0,6 %, et dans celles du secteur public, de 2,2 %. Au-delà des coûts des rajustements salariaux, la démarche d'équité salariale implique aussi des coûts de personnel. À cet égard, l'expérience ontarienne a démontré que les salaires versés aux professionnels en ressources humaines et les honoraires des conseillers externes impliqués dans l'élaboration des plans d'équité salariale varient entre 88 $ et 139 $ par employé ou entre 9 000 $ et 121 245 $ par employeur, selon la taille de l'entreprise et le fait qu'elle appartienne au secteur privé ou au secteur public (Chicha, 1997).

La sous-évaluation des emplois féminins

Les études démontrent que, pour des niveaux d'éducation et d'expérience égaux, l'écart salarial persiste entre les hommes et les femmes et que cet écart est le résultat d'une sous-évaluation du travail de la femme par rapport à celui de l'homme, sa rémunération ayant toujours été perçue comme un salaire d'appoint et les exigences de son emploi ayant été ignorées ou sous-estimées.

Les enquêtes de rémunération

Pour plusieurs personnes, les enquêtes de rémunération perpétuent la discrimination, alors que l'évaluation des emplois s'appuie sur le principe fondamental selon lequel un salaire égal doit être versé pour un travail de valeur équivalente.

Certains considèrent que la détermination des salaires établie uniquement selon le marché perpétue la discrimination salariale entre les femmes et les hommes. Rappelons que la loi ne dit pas d'ignorer le marché, mais qu'elle impose une vérification de l'équité interne, puis de l'équité externe. Cette exigence ne modifie donc pas énormément les façons de faire des entreprises. Comme la plupart d'entre elles appliquent déjà une méthode d'évaluation des emplois, la loi ne les contraint qu'à revoir l'objectivité et la rigueur de leur processus, qui doit régulièrement être adapté à l'évolution de l'organisation et des technologies. Par ailleurs, bien qu'il ne puisse exister de système d'évaluation parfait, la loi oblige les entreprises à réduire au minimum les biais et à améliorer leurs pratiques, de manière qu'elles reflètent davantage les valeurs sociales (p. ex. : ne pas attribuer un emploi selon le sexe, mais selon des exigences de l'emploi).

L'équité salariale comme levier complémentaire de l'équité en emploi

L'équité en emploi et l'équité salariale se complètent et doivent être poursuivies conjointement pour réduire l'écart de salaire entre les hommes et les femmes.

L'équité en emploi – qui vise une représentation équitable des groupes protégés en supprimant la discrimination dans le recrutement, la sélection, la promotion, la formation, etc. – ne corrige pas les injustices dans l'évaluation de la valeur des emplois des femmes, que l'équité salariale vise à éliminer. Certes, l'intervention de l'évaluation des emplois dans la résolution des problèmes d'iniquité salariale demeure limitée, en raison des nombreuses autres causes de l'écart salarial entre les hommes et les femmes. Cependant, ce fait n'enlève rien à son importance comme moyen de gestion des salaires.

La révision des systèmes de gestion des salaires

La *Loi sur l'équité salariale* force les entreprises à réviser, à rationaliser et à uniformiser leurs modes de rémunération au bénéfice de tous les employés et à celui des relations de travail.

Une loi proactive oblige les employeurs à revoir l'ensemble de leur politique salariale, de manière à la rendre plus cohérente et rationnelle. Une telle loi contraint également les employeurs à être plus transparents en matière de rémunération, puisque les employés cherchent davantage à comprendre les raisons de leur rétribution. De plus, les titulaires des emplois à prédominance masculine peuvent aussi retirer des avantages de cette démarche. Ainsi, parce que certaines exigences traditionnellement jugées féminines, par exemple, la motricité fine, sont aujourd'hui requises dans bon nombre d'emplois de production à prédominance masculine où l'on a dorénavant recours aux ordinateurs et aux appareils de haute technologie, les titulaires de ces emplois gagnent à ce que cette exigence soit reconnue dans l'évaluation de leur emploi. À la suite de consultations visant à examiner les répercussions de la loi ontarienne, Read (1996) conclut que la majorité des groupes consultés était d'accord sur le fait que l'équité salariale avait eu un effet bénéfique parce qu'elle avait donné aux employeurs l'occasion de revoir systématiquement leurs pratiques et qu'elle avait permis aux employés – aussi bien les hommes que les femmes – de participer au processus, ce qui les a aidés à mieux comprendre les exigences des autres emplois de l'organisation et le fonctionnement du processus d'établissement des salaires.

Par ailleurs, des employeurs ontariens ont souligné le caractère coopératif des négociations syndicales-patronales en ce qui concerne l'équité salariale (SPR Associates Incorporated, 1991). Il ne faut pas non plus négliger les effets potentiels d'une hausse de satisfaction sur la productivité des femmes, une part importante de la main-d'œuvre qui doit participer au progrès économique. Selon cette enquête portant sur la loi ontarienne, 35 % des employeurs des grandes entreprises estiment que les perceptions des employés en matière d'équité se sont améliorées depuis l'application de la loi, alors que 25 % d'entre eux pensent l'inverse.

8.5.3 Le défi de la gestion de la rémunération dans un contexte d'équité salariale

Qu'une loi proactive soit adoptée ou pas, elle fera toujours l'objet d'un débat important. D'un point de vue ou de l'autre, des arguments valables peuvent être mis de l'avant. Toutefois, là où il existe une telle loi, les employeurs et les professionnels en ressources humaines doivent relever le défi concret de respecter cette nouvelle valeur sociale, qu'ils acceptent ou non le principe ou les moyens utilisés. C'est dans cette optique que la partie suivante de ce chapitre traite des conséquences de la *Loi sur l'équité salariale* pour diverses activités traditionnelles ou contemporaines de gestion de la rémunération.

8.6 L'ÉLIMINATION DE LA DISCRIMINATION BASÉE SUR LE SEXE DANS LE PROCESSUS D'ANALYSE ET D'ÉVALUATION DES EMPLOIS, AINSI QUE DANS LA GESTION DES SALAIRES

Surtout au Canada, les organisations ont avantage à prendre un certain nombre de mesures qui, même si elles ne sont pas nécessairement obligatoires, correspondent à l'état des pratiques dans les entreprises soucieuses d'assurer un traitement salarial équitable à leurs employés, quel que soit leur sexe. En effet, les préjugés et la discrimination basée sur le sexe peuvent s'insérer dans plusieurs étapes du processus d'analyse et d'évaluation des emplois. Le terme couramment utilisé par les experts en équité salariale pour désigner un processus d'analyse et d'évaluation des emplois exempt de discrimination fondée sur le sexe est la *neutralité* (Chicha, 1997).

Au chapitre 6, nous avons mentionné qu'un processus d'évaluation des emplois visant à établir l'équité interne dans une organisation portait sur l'ensemble des emplois de l'organisation (féminins, masculins et mixtes). Dans l'optique d'un programme d'équité salariale, le processus d'évaluation des emplois ne concerne que les emplois à prédominance féminine et masculine. Il s'agit alors de vérifier si le système sur lequel est fondée l'équité interne privilégie les exigences des emplois masculins ou ne tient pas autant compte des exigences des emplois féminins.

En fait, l'employeur doit veiller à ce que tout le déroulement du processus d'analyse et d'évaluation des emplois soit neutre. Tel que le précise l'article 51 de la *Loi sur l'équité salariale* du Québec, « l'employeur doit s'assurer que chacun des éléments du programme d'équité salariale, ainsi que l'application de ces éléments, sont exempts de discrimination fondée sur le sexe ». Plusieurs écrits (Chicha, 1997 ; David-McNeil et Sabourin, 1998 ; Weiner, 1991 ; Weiner et Gunderson, 1990) ont défini les exigences d'un processus neutre, c'est-à-dire d'un processus qui traite de la même façon les catégories d'emplois à prédominance féminine et les catégories d'emplois à prédominance masculine, en évitant de faire intervenir des préjugés et des stéréotypes sexistes. Bien qu'elle constitue la méthode la plus sûre, la méthode par points ne garantit pas le caractère non sexiste d'une évaluation. Ainsi, l'estimation du caractère discriminatoire d'un processus d'évaluation des emplois nécessite que l'on considère d'autres éléments (ce qui a été mesuré, c'est-à-dire les facteurs d'évaluation utilisés, la façon dont ces éléments ont été mesurés, c'est-à-dire la définition des facteurs d'évaluation, les évaluateurs, c'est-à-dire la composition du comité, la pondération des facteurs d'évaluation, etc.). Cette partie vise à traiter des incidences des préoccupations, en matière d'équité salariale, sur le processus d'analyse et d'évaluation des emplois ainsi que sur la gestion des salaires individuels.

8.6.1 L'analyse des emplois ou la collecte des données

En vertu de la *Loi sur l'équité salariale* du Québec, l'employeur doit se soucier de la neutralité du processus de collecte de renseignements portant sur les catégories d'emplois (description d'emplois, questionnaire fermé ou ouvert, etc.). Il est important que l'entreprise possède de la documentation sur les emplois afin de prouver, s'il y a lieu, que leur description est exempte de préjugés liés au sexe des titulaires. Quelle que soit la méthode d'analyse des emplois, l'entreprise doit être en mesure de démontrer que les préjugés ont été réduits au minimum. Voici certaines conditions qui s'imposent pour que la collecte des données respecte le principe de neutralité (Chicha, 1997) :

- Le mode de collecte des données ou les instruments d'analyse des emplois (questionnaire, entrevues et/ou observation) doivent être uniformes et aussi précis et détaillés pour toutes les catégories d'emplois, tant pour les catégories à prédominance féminine que pour celles à prédominance masculine. Des recherches ont démontré que les femmes ont tendance à décrire leurs tâches de manière succincte en utilisant des termes imprécis (p. ex. : « coordonne ou supervise des personnes », « gère des documents et assume des responsabilités de bureau »), alors que les hommes en font une description détaillée et utilisent des termes plus techniques et précis (p. ex. : « dirige ou gère du personnel », « calibre la pression des FP 25 »). Aussi est-il important de s'assurer que tous les emplois des hommes et des femmes soient décrits en termes précis, simples et non sexistes, c'est-à-dire selon les sous-facteurs retenus aux fins de l'application de l'équité salariale ;
- Les questions visant à obtenir de l'information sur les emplois doivent être claires et précises ;
- Les questions doivent porter sur les emplois et non sur leurs titulaires (p. ex. : on ne demande pas le diplôme du titulaire, mais le diplôme nécessaire pour accomplir ses tâches).

Compte tenu de ces conditions de neutralité, la tendance favorise (mais n'oblige pas) le recours à un questionnaire fermé, afin de réduire au minimum les différences dues au sexe et aux aptitudes de rédaction des titulaires. Selon la loi, l'employeur doit conserver de la documentation sur chaque emploi, mais n'est pas tenu de rédiger des descriptions d'emplois. Par ailleurs, là où les descriptions d'emplois sont disponibles, il faut tout de même faire preuve de prudence. En effet, elles ne sont pas souvent rédigées de façon systématique, cohérente et comparable d'une catégorie d'emplois à l'autre et elles peuvent minimiser ou exclure certaines exigences des catégories d'emplois à prédominance féminine. En outre, il faut préciser la nature de l'équipement utilisé – qui est souvent tenu pour acquis ou négligé dans la description de certains emplois à prédominance féminine –, comme les ordinateurs et les télécopieurs pour les emplois de bureau et les respirateurs et les moniteurs cardiaques pour le personnel infirmier.

8.6.2 La méthode d'évaluation

En vertu des diverses lois canadiennes sur l'équité salariale, la méthode d'évaluation des catégories d'emplois à prédominance masculine et féminine (p. ex. : par points préétablie ou sur mesure, par rangement) est laissée au libre choix des responsables de l'élaboration du programme. Toutefois, selon la loi du Québec, la méthode retenue doit (1) permettre une comparaison des catégories d'emplois à prédominance féminine avec certaines catégories d'emplois à prédominance masculine (article 56), (2) mettre en évidence tant les caractères propres aux catégories d'emplois à prédominance féminine que ceux propres aux catégories d'emplois à prédominance masculine (article 56) et (3) tenir compte, pour chaque catégorie d'emplois, des facteurs suivants : les qualifications requises, les responsabilités assumées, les efforts requis et les conditions de travail dans lesquelles le travail est effectué (article 57).

Compte tenu des précédentes exigences, en pratique, certaines méthodes semblent moins appropriées que d'autres. Par exemple, les méthodes par rangement et par classification le sont moins en raison de leur caractère global, imprécis et non analytique. Ces méthodes comportent certains désavantages :

- Elles ne tiennent pas compte de manière explicite des quatre grands facteurs exigés par la loi ;
- Elles rendent difficile l'établissement de différences précises, justes et non arbitraires en matière d'exigences d'emplois ;
- Elles rendent difficiles l'élimination des stéréotypes et l'influence du ou des titulaires dans l'évaluation des emplois.

La méthode par points est la méthode privilégiée par les législateurs. En effet, cette méthode (dans sa version traditionnelle ou contemporaine, préétablie ou sur mesure) s'accorde mieux que toute autre avec l'objectif d'équité salariale fixé par la loi en raison de son caractère analytique et quantitatif, qui permet de tenir compte d'une façon explicite des quatre facteurs d'évaluation (les habiletés, l'effort, les responsabilités et les conditions de travail). Le questionnaire peut être préétabli, c'est-à-dire que le choix des facteurs d'évaluation et leur pondération sont déjà établis, ou sur mesure, c'est-à-dire que la méthode est adaptée à une organisation. Toutefois, comme le choix des facteurs et leur pondération sont le reflet de leur système de valeurs, les organisations doivent vérifier si la méthode préétablie a des effets négatifs sur l'évaluation de certains emplois. De façon générale, on privilégie l'approche contemporaine, dans laquelle on utilise un questionnaire structuré, à l'approche traditionnelle, dans laquelle on utilise une grille d'évaluation remplie à la lumière de descriptions d'emplois, pour plusieurs raisons (Gaucher, 1994) :

- Parce qu'il précise certains facteurs et niveaux en s'éloignant de la tâche et de la fonction, le questionnaire crée un terrain neutre sur lequel il est plus facile d'établir des critères d'évaluation moins sexistes ;
- Parce qu'il ne requiert pas de description d'emplois, le questionnaire peut limiter les préjugés et l'effet de halo ;
- Le questionnaire permet aux employés de participer au processus d'évaluation des emplois ;
- Le questionnaire permet d'utiliser l'informatique et de pondérer les résultats.

Le choix de la méthode d'évaluation d'emplois peut faire l'objet d'un enjeu. En effet, la méthode d'évaluation utilisée, parce qu'elle a des conséquences sur le nombre de titulaires pour lesquels des rajustements salariaux sont requis et sur le montant des rajustements, influe sur le coût de rajustement des salaires.

8.6.3 Les facteurs et les sous-facteurs d'évaluation

Le choix et le nombre de facteurs d'évaluation

La méthode d'évaluation des emplois retenue doit mettre en évidence aussi bien les caractères propres aux catégories d'emplois à prédominance féminine que ceux propres aux catégories d'emplois à prédominance masculine (article 56). Tel que nous l'avons déjà mentionné, les quatre facteurs imposés par les législateurs sont les habiletés, l'effort, les responsabilités et les conditions de travail. Toutefois, ce n'est pas parce qu'une organisation choisit ces quatre facteurs qu'elle respecte nécessairement la loi. Le caractère plus ou moins discriminatoire d'un facteur repose fondamentalement sur la définition qu'on lui donne. Il faut donc être vigilant en rédigeant ces définitions.

Certains facteurs d'évaluation doivent être considérés de façon particulière afin que le processus d'évaluation ne soit pas biaisé en faveur de l'un ou de l'autre sexe (voir CCDP, 1997; Weiner et Gunderson, 1990). On pense, par exemple, à l'expérience et aux conditions de travail. Comme l'expérience requise pour occuper les emplois à prédominance féminine est généralement acquise en dehors du milieu de travail (à l'école ou à la maison), ces emplois sont généralement considérés comme nécessitant moins d'expérience que les emplois à prédominance masculine. En ce qui concerne l'effort physique, un emploi de secrétaire peut être coté comme requérant un effort « de très léger à léger », alors qu'un effort « de léger à modéré » est attribué à l'emploi de conducteur de camion. La question à se poser est alors la suivante : Le fait de tenir le volant d'un véhicule requiert-il vraiment plus d'effort physique que le fait de taper sur un clavier ? Une telle interrogation nécessite qu'on reconsidère la signification communément et historiquement accordée au facteur « exigences physiques », qui privilégie le déploiement d'une force physique brute et ignore la fatigue qui résulte de l'exécution d'une tâche requérant une force physique peu importante mais continue. La question devient alors : Est-il toujours vrai que l'effort important, mais peu fréquent, est plus fatigant que l'effort léger, mais continu ? Comme on peut le constater dans l'encadré 8.3 (p. 394), les définitions de facteurs peuvent privilégier les emplois à prédominance masculine, et ne pas prendre en considération certaines exigences davantage associées aux emplois à prédominance féminine.

ENCADRÉ 8.3

Quelques exemples de discrimination fondée sur le sexe dans le choix et la définition des facteurs d'évaluation des emplois

Exemples de discrimination fondée sur le sexe dans la définition des facteurs

Relations humaines : Ne pas inclure les habiletés requises pour travailler avec des personnes autres que celles supervisées (p. ex. : ne pas tenir compte des habiletés en matière de relations humaines pour le personnel infirmier).

Effort physique : Mettre l'accent sur le poids des objets à soulever sans considérer la fréquence de l'effort.

Conditions de travail : Considérer la « présence évidente de la saleté » entourant l'emploi (p. ex. : les mécaniciens) plutôt que la responsabilité de nettoyer (p. ex. : le personnel d'entretien ménager ou des soins aux patients).

Exemples d'exigences ou de sous-facteurs favorisant les emplois féminins qui sont souvent ignorés

Compétence
- Dextérité
- Exploitation et entretien d'équipements de bureau
- Rédaction de lettres pour d'autres personnes, relecture et correction du travail de tiers
- Gestion de documents
- Gestion des plaintes (p. ex. : commis des magasins)
- Coordination de plusieurs activités
- Précision
- Organisation de l'information
- Attention aux détails
- Compétences en dactylographie

Effort
- Adaptation aux nouvelles technologies
- Exécution de tâches exigeant une bonne coordination visuelle et manuelle
- Concentration visuelle
- Prestation de nombreux services à plusieurs personnes ou unités de manière simultanée
- Fréquence de gestes comme se lever et porter des objets ou soulever des personnes (p. ex. : travail en garderie)
- Effort psychique
- Stress lié au travail dans une aire ouverte ou surpeuplée
- Stress lié au soin des personnes malades, agressives ou mourantes

Responsabilité
- Formation et orientation du personnel nouvellement embauché
- Coordination d'horaires pour de nombreuses personnes
- Soins à prodiguer à des malades, des enfants, des personnes âgées, etc.
- Communication avec les clients et le public (clients internes et externes), relations publiques

- Gestion de situations inattendues et nouvelles
- Planification de réunions ou de rendez-vous
- Relations humaines

Conditions de travail

- Communication avec des personnes en colère ou troublées
- Risque d'abus verbaux et physiques de la part de clients ou de patients irraisonnés
- Exposition à la maladie
- Entretien de bureaux, d'équipements, soins aux personnes, etc.
- Interruptions fréquentes alors que le travail requiert de la concentration
- Monotonie
- Modifications fréquentes des horaires de travail

Exemples d'exigences ou de sous-facteurs favorisant les emplois masculins qui sont souvent considérés

Compétence

- Connaissances des machines, des équipements, etc.
- Scolarité
- Expérience

Effort

- Calcul
- Résolution de problèmes

Responsabilités

- Équipements
- Finances
- Produits
- Normes

Conditions de travail

- Travail à l'extérieur
- Risque d'accidents
- Durée des journées de travail

Exemples d'exigences ou de sous-facteurs pouvant être considérés comme neutres

Compétence

- Communication
- Initiative
- Créativité, originalité, imagination
- Jugement ou raisonnement
- Rédaction

Effort

- Coopération
- Prise de décisions
- Fatigue
- Endurance

Responsabilités
- Supervision
- Imputabilité
- Environnement sécuritaire pour d'autres personnes
- Protection du caractère confidentiel de dossiers, de données, etc.

Conditions de travail
- Respect d'échéances
- Saleté

Les emplois et les préoccupations en matière d'équité salariale pressent les organisations d'adopter des approches d'évaluation plus universelles, applicables à de larges familles d'emplois. Par exemple, la loi de l'Ontario exige un programme d'équité salariale et un processus d'évaluation des emplois par unité d'accréditation. Si l'entreprise n'est pas syndiquée, son programme d'équité salariale et son système d'évaluation des emplois doivent couvrir l'ensemble des emplois de l'établissement. La loi du Québec exige un programme d'équité salariale dans chaque entreprise. En pratique, cette tendance vers un élargissement du groupe des emplois couverts par le système d'évaluation des emplois augmente le nombre de facteurs à considérer, au risque que certains de ces facteurs soient peu pertinents pour certains emplois.

La pondération des facteurs d'évaluation

L'importance relative accordée à chacun des facteurs d'évaluation influe directement sur les résultats de l'évaluation des emplois. La pondération des facteurs d'évaluation ne doit donc pas favoriser ceux qui sont principalement associés aux catégories d'emplois à prédominance masculine. Par exemple, lorsqu'on compare l'emploi d'assembleur à celui d'infirmière dans une entreprise, le nombre total de points (avant la pondération) n'est pas lié aux mêmes facteurs, mais il est semblable pour les deux emplois. D'une part, l'emploi d'assembleur obtient plus de points pour les facteurs « activité physique » et « conditions de travail » et moins de points pour les facteurs « complexité des tâches » et « formation » que celui d'infirmière. Une pondération non sexiste dans cette situation nécessite que l'on n'accorde pas simultanément une pondération élevée aux facteurs pour lesquels l'emploi d'assembleur obtient relativement plus de points et une pondération faible aux facteurs pour lesquels cet emploi obtient moins de points. En d'autres mots, il ne faut pas attribuer un pourcentage élevé ni faible à des facteurs dont l'importance relative est exclusive à une catégorie d'emplois. Ainsi, une pondération de 15 % accordée aux conditions de travail, de 15 % à l'activité physique et de 7 % à la complexité des tâches serait probablement discriminatoire envers des femmes, puisque l'emploi d'assembleur serait favorisé au détriment de celui d'infirmière. Une pondération plus équitable pourrait être de 5 % aux conditions de travail, de 10 % à l'activité physique et de 15 % à la complexité des tâches.

Afin d'éviter les éléments sexistes dans l'évaluation des catégories d'emplois, on peut également procéder en évaluant la présence d'un sous-facteur d'évaluation à la fois pour chacune des catégories d'emplois. On peut également procéder à la pondération des facteurs d'évaluation après avoir déterminé les niveaux de présence de chaque facteur et sous-facteur d'évaluation. On évite alors de favoriser ou de défavoriser une catégorie d'emplois en soufflant ou en dépréciant indûment le niveau de présence d'un facteur ou d'un sous-facteur dont le poids est plus important.

Aujourd'hui, il est assez courant de déterminer la pondération des facteurs en utilisant la méthode statistique de la régression multiple à partir des salaires actuels accordés pour des emplois. Toutefois, cette façon de faire risque de perpétuer la discrimination existante. Aussi est-il recommandé de vérifier l'effet du sexe des titulaires des emplois sur la pondération avant de prendre une décision. Deux approches peuvent être utilisées pour réduire le problème de l'iniquité liée au sexe dans la pondération des facteurs d'évaluation. La première solution consiste à ajouter dans les analyses de régression multiple la proportion de femmes occupant chaque emploi comme variable indépendante, afin d'en maîtriser l'effet dans la détermination des salaires des emplois. Comme l'effet du sexe des titulaires est alors maintenu constant, les coefficients des divers facteurs d'évaluation (c'est-à-dire leur pondération) ne sont pas biaisés par cette variable. La deuxième solution consiste à effectuer des analyses de régression distinctes pour le groupe d'emplois occupés majoritairement par des hommes et pour le groupe d'emplois occupés majoritairement par des femmes. On peut alors déterminer la pondération des facteurs en effectuant les régressions multiples avec les emplois à prédominance masculine seulement, puis appliquer cette pondération à l'ensemble des emplois. Cette façon de faire n'est valable que dans la mesure où les caractéristiques des emplois à prédominance masculine sont les mêmes que celles des emplois à prédominance féminine.

8.6.4 La gestion de la démarche d'équité salariale

Afin d'éviter le sexisme dans le processus d'analyse et d'évaluation des emplois, il est généralement recommandé de former un comité d'évaluation composé de femmes et d'hommes d'âges différents qui occupent des emplois différents. En plus de recevoir tous les renseignements requis sur les étapes du processus et leur rôle, les membres du comité peuvent exécuter certaines simulations afin de mieux comprendre la nature et les répercussions du travail qui leur est demandé. L'expérience d'autres provinces canadiennes ayant adopté une loi proactive confirme l'importance de la formation des membres des comités, à la fois sur les causes de la discrimination salariale et sur le processus et les techniques d'évaluation des emplois et de gestion de la rémunération (Genge, 1994).

Une autre source de distorsion dans les résultats d'évaluation des emplois a trait au sexe des évaluateurs. À ce jour, un petit nombre de recherches ont analysé l'effet du sexe des évaluateurs sur les résultats de l'évaluation des emplois (Arvey et autres, 1977 ; Bergeron, 1990 ; Carlisi, 1985 ; Caron, 1988 ; Grams et Schawb, 1985 ; Grider et Toombs, 1993 ; Rynes et autres, 1989 ; Schwab et Grams, 1985). Il ressort de ces études que le sexe de l'évaluateur ne semble pas influer de manière significative sur les résultats de l'évaluation des emplois. Malgré cela, il y a lieu d'être prudent et de s'assurer de la composition de comités d'évaluation mixtes. Si cette recommandation semble peu appuyée par les résultats de recherches, elle l'est toutefois par des motifs d'apparence de justice du processus. Un comité mixte augmente la crédibilité des évaluations, surtout s'il existe un nombre équivalent d'hommes et de femmes parmi les titulaires des emplois évalués.

En général, les directives des divers organismes responsables de l'application des lois en matière d'équité salariale recommandent fortement la présence d'un nombre proportionnel d'hommes et de femmes dans les comités d'évaluation (c'est le cas, par exemple, de la Commission de l'équité salariale de l'Ontario).

Finalement, notons que, dans un contexte d'élaboration d'un programme d'équité salariale, la participation et l'information des employés se révèlent particulièrement importantes pour favoriser l'acceptation des résultats par le personnel. En effet, « l'implantation de l'équité salariale est susceptible d'entraîner une remise en question des valeurs traditionnellement privilégiées par l'entreprise et de modifier la hiérarchie des salaires de l'ensemble des salariés. Ces perturbations importantes du milieu du travail seront plus facilement acceptées si les salariés comprennent le bien-fondé de l'équité salariale et s'ils jugent que les ajustements salariaux ont été correctement et justement déterminés » (David-McNeil et Sabourin, 1998, p. 57). L'encadré 8.4 présente les principaux aspects qui doivent être compris dans un programme de communication lorsqu'un processus d'analyse et d'évaluation des emplois se fait dans un objectif d'équité salariale.

Encadré 8.4

Principales composantes d'un programme de communication d'un processus d'analyse et d'évaluation des emplois dans un contexte d'équité salariale

- Qu'est-ce que l'équité salariale ?
  - Quel sens le législateur accorde-t-il à ce concept ?
  - Quel est le but de la loi ?
  - Quelles en sont les principales caractéristiques ?
- Comment fait-on pour assurer l'équité salariale ?
  - Quel est l'objectif de l'évaluation des emplois ?
  - Quelle démarche utilisera-t-on ?
  - Comment recueillera-t-on l'information ?
  - Comment l'analysera-t-on ?
  - Qui siégera au comité d'évaluation et quel sera le rôle de ce comité ?
  - Quels emplois comparera-t-on les uns aux autres ?
  - Comment se fera la détermination des rajustements salariaux requis ?
- Quel rôle l'employé jouera-t-il dans le programme ?
- Quel rôle les supérieurs hiérarchiques devront-ils jouer ?
- Quel est l'échéancier du programme ?
  - Quelles en sont les grandes étapes ?
  - À quel moment les rajustements salariaux auront-ils lieu ?
  - Qu'est-ce qui se produira s'il y a des retards ?
- Y aura-t-il une possibilité d'appel au sujet des résultats ?
- Présentation du conseiller externe et de son rôle dans le projet (s'il y a lieu).

Le contenu du programme de communication peut varier selon les provinces du Canada, selon la nature des lois en matière d'équité salariale. Cependant, quelle que soit la situation, certains éléments doivent être communiqués. Comme le processus d'établissement de l'équité salariale peut s'échelonner sur plusieurs mois, il est nécessaire de faire périodiquement le point. Le suivi peut prendre la forme de rencontres, mais le recours au journal de l'entreprise peut se révéler suffisant. Par ailleurs, un plan de communication doit insister sur trois points : (1) l'évaluation des emplois ne constitue qu'un des éléments de la détermination des salaires, (2) l'évaluation des emplois ne sert pas directement à déterminer les salaires, mais plutôt à les hiérarchiser en matière d'exigences et (3) l'évaluation des emplois porte sur les caractéristiques des emplois, et non sur celles des employés. De plus, il est important de rassurer les employés visés en leur indiquant que le processus n'entraînera ni coupure de postes ni diminution de salaire. Il y a également lieu de signaler que le programme n'a pas pour effet d'augmenter le salaire de toutes les femmes, et encore moins celui de tous les employés.

8.6.5 La gestion des échelles salariales

L'iniquité dans la rémunération des catégories d'emplois féminines et masculines peut s'exprimer d'une multitude de façons, notamment par le nombre d'échelons de leur échelle salariale respective, les taux minimum et maximum de leur échelle salariale, le taux de progression dans leur échelle salariale, etc. Ainsi, une entreprise peut avoir une catégorie d'emplois féminine qui a un taux maximum égal à une catégorie d'emploi masculine de valeur équivalente, mais l'équité salariale n'est pas établie si la première catégorie est rémunérée selon une échelle salariale comportant 12 échelons et qu'il faut en moyenne 15 ans pour atteindre le niveau supérieur, alors que l'échelle de la seconde comporte trois échelons et qu'il ne faut que cinq ans pour atteindre ce même niveau. En pratique, les catégories d'emplois à prédominance féminine ont souvent des échelles salariales plus étendues. À ce jour, les lois en matière d'équité salariale donnent peu de pistes sur ce sujet.

Par ailleurs, au-delà du nombre d'échelons, d'autres caractéristiques des échelles salariales doivent être liées aux caractéristiques des emplois et ne pas être liées à la prépondérance sexuelle des titulaires lorsque la complexité et le rythme d'apprentissage sont semblables (les taux minimums et maximums, le rythme de progression entre échelons, le nombre d'années exigées pour atteindre le niveau supérieur de l'échelle, le rythme d'augmentation salariale entre les échelons) (David-McNeil et Sabourin, 1998).

RÉSUMÉ

Ce chapitre a traité du principe de l'équité salariale et d'une loi proactive visant essentiellement à amener les employeurs à assurer la cohérence des salaires offerts aux catégories d'emplois à prédominance féminine par rapport aux salaires offerts aux catégories d'emplois à prédominance masculine. Les raisons d'être, les limites et les caractéristiques des législations canadiennes visant à contrer la discrimination dans les salaires accordés aux hommes et aux femmes ont également été expliquées ainsi que la *Loi sur l'équité salariale* du Québec. Finalement, après avoir abordé le débat entourant le concept d'équité salariale, ce chapitre a traité de ses implications sur diverses étapes ou facettes du processus d'analyse et d'évaluation des emplois (choix de la méthode d'évaluation, définition et pondération des facteurs d'évaluation, comité d'évaluation).

QUESTIONS DE RÉVISION

1. Qu'est-ce que l'équité salariale et quel est l'objectif de la législation à cet égard ?
2. On confond souvent « équité en emploi » et « équité salariale ». Comparer et distinguer ces deux concepts.
3. Décrire l'évolution de la législation canadienne visant à contrer la discrimination basée sur le sexe dans la détermination de la rémunération.
4. Résumer les grandes lignes de la *Loi sur l'équité salariale* du Québec ou la démarche d'équité salariale proposée par la Commission sur l'équité salariale.
5. L'adoption d'une loi proactive en matière d'équité salariale ne fait pas l'unanimité. Quels sont les principaux arguments des tenants d'une telle législation et de ses opposants ? Expliquer.
6. Quelles sont les répercussions d'une loi prônant l'équité salariale sur le processus de détermination et de gestion de la rémunération ? Préciser.

RÉFÉRENCES

ARVEY, R.D., E.M. PASSINO et J.W. LOUNDSBURY (1977). « Job analysis results as influenced by sex of incumbents and sex of analyst », *Journal of Applied Psychology*, vol. 62, n° 4, p. 411-416.

BERGERON, J. (1990). *Effet du sexe de l'évaluateur, du sexe du titulaire et du niveau de salaire sur les résultats d'évaluation d'emplois*, mémoire rédigé en vue de l'obtention d'une maîtrise sous la direction de Roland Thériault, Montréal, École des Hautes Études Commerciales, Université de Montréal.

CARLISI, A.M. (1985). *The Influence of Sex Stereo-Typing and the Sex of the Job Evaluator on Job Evaluation Ratings*, thèse de doctorat, University of Akron.

CARON, I. (1988). *Étude sur la convergence des résultats d'évaluation de deux méthodes de points d'évaluation des emplois*, mémoire de maîtrise, Montréal, École des Hautes Études Commerciales, Université de Montréal.

CHICHA, M.T. (1997). *L'équité salariale : mise en œuvre et enjeux*, Cowansville, Québec, Les éditions Yvon Blais inc.

CHICHA, M.T. (1998). « Le programme d'équité salariale : une démarche complexe à plusieurs volets », *Gestion*, vol. 23, n° 1, printemps, p. 23-33.

CHICHA-PONTBRIAND, M.T. (1989). *Discrimination systémique : fondements et méthodologie des programmes d'accès à l'égalité en emploi*, Cowansville, Québec, Les éditions Yvon Blais inc.

COMMISSION CANADIENNE DES DROITS DE LA PERSONNE (CCDP) (1992). *La parité salariale, ça va de soi : recueil des cas de disparité salariale*, Ottawa.

COMMISSION CANADIENNE DES DROITS DE LA PERSONNE (CCDP) (1997). « Guide sur la parité salariale et l'évaluation des emplois : principes directeurs et aspects pratiques », document non publié.

COMMISSION DE L'ÉQUITÉ SALARIALE DU QUÉBEC (1997). *Vers l'équité salariale. La loi sur l'équité salariale : points saillants*, Gouvernement du Québec, 10 p.

COMMISSION DES DROITS DE LA PERSONNE DU QUÉBEC (1980). *À travail équivalent, salaire égal, sans discrimination*, Cahier n° 3, Québec, Commission des droits et libertés de la personne du Québec.

CURRIE, J., et R. CHAYKOWSKI (1995). « Male jobs, female jobs and gender gaps in benefits coverage in Canada », *Research in Labor Economics*, vol. 14, p. 171-210.

DAVID-MCNEIL, J., et D. SABOURIN (1998). « La loi sur l'équité salariale : analyse critique et enjeux », texte non publié, Conférence sur les développements récents en droit du travail.

ÉDITEUR OFFICIEL DU QUÉBEC (1996). *Projet de loi n° 35 (chapitre 43) : Loi sur l'équité salariale*, deuxième session, trente-cinquième législature, 36 p.

GAUCHER, D. (1994). *L'équité salariale au Québec : révision du problème – résultats d'une enquête*, Les publications du Québec, Gouvernement du Québec.

GENGE, S. (1994). *L'équité salariale au Canada*, Développement des ressources humaines – Canada.

GRAMS, R., et D.P. SCHWAB (1985). « An investigation of systems gender related error in job evaluation », *Academy of Management Journal*, vol. 28, n° 2, p. 279-290.

GRIDER, D., et L.A. TOOMBS (1993). « Disproving valuation discrimination : A study of evaluator gender bias », ACA *Journal*, vol. 2, n° 2, automne, p. 24-33.

GUNDERSON, M. (1985). « Male-female wage differentials and policy responses », *Journal of Economic Literature*, vol. XXVII, p. 46-72.

LA PRESSE (1990). « Écart de salaires entre les femmes et les hommes », 22 décembre.

MOUNT, M.K., et R. ELLIS (1985). *Impacts of Pay Level, Job Gender and Job Type on Job Evaluation Ratings*, Des Moines, Department of Industrial Relations and Human Resources, College of Business Administration, University of Iowa.

READ, J.M. (1996). *Examen de la Loi sur l'équité salariale*, Toronto, Ministère du Travail.

ROBB, R.E. (1987). « Equal pay for work of equal value : Issues and policies », *Canadian Public Policies*, vol. 13, n° 4, p. 445-461.

RYNES, S.L., C.L. WEBER et G.T. MILKOVICH (1989). « Effects of market survey rates, job evaluation and job gender on job pay », *Journal of Applied Psychology*, vol. 74, n° 1, p. 114-123.

SCHWAB, D.P., et R. GRAMS (1985). « Sex related errors in job evaluation : A "real-world" test », *Journal of Applied Psychology*, vol. 70, n° 3, p. 533-539.

SORENSEN, E. (1994). *Comparable Worth : Is It a Worthy Policy ?*, Princeton, Princeton University Press.

SPR ASSOCIATES INCORPORATED (1991). *Une évaluation de l'équité salariale en Ontario : la première année*, Toronto.

STATISTIQUE CANADA (1995). *Gains des hommes et des femmes 1993*, Catalogue 13-217, Ottawa.

WEINER, N. (1991). « Job evaluation systems : A critique », *Human Resources Management Review*, vol. 1, n° 2, p. 119-132.

WEINER, N., et M. GUNDERSON (1990). *Pay Equity : Issues, Options, and Experiences*, Toronto, Butterworths.

Chapitre 9

LES TENDANCES EN MATIÈRE DE GESTION DES SALAIRES

OBJECTIFS

Ce chapitre vise à :

- montrer les limites de la gestion traditionnelle des salaires en Amérique du Nord ;
- présenter les avantages et la fréquence d'implantation de l'approche récente dite de « rémunération basée sur les compétences » ;
- distinguer diverses façons de rémunérer les compétences des personnes ;
- faire connaître l'efficacité et les conditions de succès de la rémunération des compétences ;
- présenter les avantages et la fréquence d'implantation de l'approche dite des « bandes salariales élargies » ;
- faire connaître l'efficacité, les limites et les conditions de succès de l'approche par bandes salariales élargies.

PLAN

Objectifs 405
Cas : Les primes à l'acquisition de connaissances chez Aciers Algoma inc.. 407
Introduction 408
9.1 Les limites de la gestion traditionnelle des salaires 408
9.1.1 Le nouveau contexte d'affaires 408
9.1.2 Les limites de l'évaluation des emplois 410
9.2 Les salaires basés sur les compétences 411
9.2.1 Définition de la rémunération des compétences 412
9.2.2 Les avantages présumés de la rémunération des compétences 413
9.2.3 Définition pratique des compétences 414
9.2.4 La fréquence de la rémunération des compétences et les contraintes liées à l'adoption de cette forme de rémunération 416
9.2.5 La diversité des régimes de rémunération des compétences .. 419
Le personnel de production et de bureau 421
Les gestionnaires 426
Les professionnels et les spécialistes 428
9.2.6 La rémunération des compétences et les résultats 429
9.2.7 L'efficacité de la rémunération des compétences 429
9.2.8 Les conditions de succès de la rémunération des compétences 431
9.2.9 La rémunération des compétences dans l'avenir 434
9.3 Les bandes salariales élargies 435
9.3.1 Définition des bandes salariales élargies 436
L'approche des bandes salariales élargies 436
L'approche des bandes de cheminement de carrière 440
9.3.2 Les avantages présumés des bandes salariales élargies 440
Les avantages pour l'organisation 440
Les avantages pour les gestionnaires 444
Les avantages pour les employés 444
9.3.3 La fréquence d'implantation des bandes salariales élargies.... 444
9.3.4 L'efficacité des bandes salariales élargies 447
9.3.5 Les limites, les conditions de succès et la pertinence des bandes salariales élargies 448
Résumé 451
Questions de révision 452
Références 453

CAS

Les primes à l'acquisition de connaissances chez Aciers Algoma inc.

En 1991, alors que les actions d'Algoma inc., entreprise installée à Sault-Sainte-Marie, en Ontario, valaient 2 $ et que la société accusait une dette de 800 millions de dollars, ses 6 000 travailleurs ont négocié un emprunt auprès du gouvernement ontarien pour acquérir le contrôle de 60 % de la société. En 1994, après une restructuration de l'usine et alors que le marché de l'acier reprend de la vigueur, la valeur des actions atteint 16,50 $. L'un des éléments de ce succès a été la restructuration de l'effectif en équipes autonomes et l'adoption d'un système de primes à l'acquisition de connaissances visant à inciter les employés à poursuivre leur formation.

Selon les responsables, la mise en œuvre du régime de primes à l'acquisition de connaissances a nécessité plusieurs étapes :

- Détermination des critères de sélections formels des groupes de travail, des emplois ou des métiers qui seront candidats aux primes ;
- Établissement des critères d'identification des « groupes de compétences » transférables, non seulement au sein de l'usine Algoma et de l'industrie sidérurgique, mais dans toutes les industries où l'on a besoin de métiers et de techniciens analogues ;
- Définition de ces groupes de compétences ;
- Détermination d'un répertoire des compétences des travailleurs des équipes ;
- Établissement des plans de formation ;
- Mise en place des systèmes de gestion de la formation ;
- Mise en place des systèmes visant à déterminer les augmentations de rémunération liées à l'acquisition de connaissances.

Une fois ces étapes effectuées, il a fallu gérer le régime, c'est-à-dire planifier la formation, suivre son déroulement, surveiller le moment où une personne a terminé sa formation et concrétiser ce succès rapidement sur sa paie. Une telle modification de l'administration des salaires s'est révélée un défi bien plus important que prévu.

Selon les responsables, certaines conditions doivent être respectées pour maximiser le succès d'un tel régime :

- Ne pas agir trop vite, mais de façon modérée ;
- Régler dès le départ avec le syndicat la question de la différence ou de la distinction entre les membres ;
- Attendre que les équipes de travail mûrissent et soient capables de travailler en étroite collaboration avant d'implanter le régime ;

– Établir un régime maison propre au lieu de travail et à ses processus de gestion.

Source : Adaptation du texte « Le programme de partenariat syndical-patronal appuie les innovations en milieu de travail », Programme de partenariat syndical-patronal, Service fédéral de médiation et de conciliation, Programme du travail, Développement des ressources humaines Canada, *Gazette du travail*, été 1998, p. 72-79.

INTRODUCTION

La globalisation des marchés et la tertiarisation de l'économie pressent les organisations d'accorder plus d'importance à la qualité de leurs produits et services si elles veulent demeurer compétitives. À cause de ce nouveau contexte d'affaires, le succès de bon nombre d'organisations dépend de plus en plus des connaissances et des habiletés des employés. Aussi plusieurs organisations ont-elles décidé de baser leur gestion des ressources humaines sur une logique de développement de compétences clés, afin de bénéficier d'un atout stratégique. Pour maximiser l'efficacité de leur mode de gestion par compétences, certaines organisations révisent leurs façons de faire traditionnelles en matière de rémunération, afin qu'elles soient plus cohérentes par rapport à leur contexte d'affaires actuel et futur.

En outre, il est souvent proposé de rémunérer les employés selon leurs compétences ou de procéder à un élargissement des bandes salariales. Ce chapitre fait le point sur ces deux modes de gestion de la rémunération dans les organisations nord-américaines. Il définit ces approches et traite de leurs avantages. Il aborde ensuite leur fréquence d'implantation actuelle et future et propose quelques exemples et résultats d'enquêtes. De plus, il analyse l'efficacité de ces nouveaux modes de gestion de la rémunération et résume leurs conditions de succès. Bien que ces deux approches soient traitées l'une à la suite de l'autre, leur implantation peut être jumelée.

9.1 LES LIMITES DE LA GESTION TRADITIONNELLE DES SALAIRES

9.1.1 Le nouveau contexte d'affaires

Le modèle traditionnel de gestion des salaires adopté par la plupart des firmes repose sur trois grandes étapes : l'évaluation des exigences des emplois, le regroupement des emplois (dont la valeur est semblable) en classes distinctes et la gestion d'échelles de salaires pour chacune de ces classes d'emplois, qui tient compte de leur compétitivité sur le marché et du respect des lois. Cette manière uniforme et centralisée de gérer les salaires a été adoptée par la majorité des organisations parvenues à maturité qui exerçaient leurs activités dans un environnement caractérisé par un petit nombre de changements technologiques, une faible concurrence, des produits et des services à longs cycles de vie, de lourdes structures hiérarchiques et une gestion axée sur le contrôle et les méthodes administratives.

Aujourd'hui, l'environnement des entreprises est très différent : les technologies évoluent à un rythme élevé, la compétitivité se resserre, les produits et les services changent constamment, le nombre de niveaux hiérarchiques diminue et l'organisation du travail devient plus flexible. Dans ce contexte d'affaires, le mode traditionnel de gestion des salaires basé sur les exigences des emplois peut sembler désuet ou inadéquat, puisqu'il n'incite pas les employés à améliorer leurs compétences, à accepter des changements de responsabilités et à travailler en équipe. En fait, la rémunération selon les emplois inciterait plutôt leurs titulaires à refuser d'assumer des responsabilités supplémentaires si elles ne correspondent pas à une promotion dans une classe d'emplois supérieure ou si elles n'entraînent pas une réévaluation à la hausse de leur salaire.

Par ailleurs, le mode traditionnel de gestion a souvent entraîné une multiplication des niveaux hiérarchiques et un grand nombre de classes d'emplois comportant de courtes échelles salariales. Dans le contexte actuel – particulièrement pour le personnel qualifié comme les ingénieurs, les techniciens et les programmeurs –, il est souvent impossible de respecter les contraintes de ces structures salariales lourdes. Par exemple, les échelles salariales sont de moins en moins adéquates parce qu'elles ne permettent pas d'attirer du personnel et de le maintenir dans des emplois. Les cadres sont donc souvent forcés de ne pas respecter le système en offrant des salaires supérieurs au maximum ou en offrant dès l'embauche des salaires atteignant presque le maximum.

En établissant une hiérarchie de classes d'emplois et en gérant la rémunération selon de minces distinctions dans la nature des tâches, plusieurs firmes promulguent un climat de compétition, érigent des barrières artificielles entre les employés, fragmentent leur travail et les incitent à l'individualisme. Les comportements prônés par les procédés traditionnels d'évaluation des emplois vont alors à l'encontre des nouvelles valeurs que l'on doit véhiculer – notamment les efforts d'équipe, l'intégration des activités entre les employés, les tâches continues, l'échange des connaissances et la réduction des barrières statutaires.

Les multiples changements environnementaux actuels et les pressions, sur le plan de la concurrence, quant à la qualité des produits et des services forcent les dirigeants d'entreprise à revoir leurs modes de gestion de la rémunération. L'encadré 9.1 (p. 410) résume les conséquences de l'adoption d'un programme de qualité totale sur différentes activités de gestion de la rémunération.

ENCADRÉ 9.1

Résultats d'une enquête sur la qualité totale et la rémunération

En 1993, l'Association américaine de rémunération et la firme Davis Consulting ont mené une étude visant à décrire de quelle façon l'implantation de programmes de qualité totale avait influé sur les modes de gestion de la rémunération dans 196 firmes américaines.

L'étude démontre qu'un grand nombre (n = 120) de ces firmes utilisent des équipes de travail autogérées et que plusieurs d'entre elles ont apporté les changements suivants à leurs modes de gestion de la rémunération pour renforcer leur programme de qualité totale :

- La *philosophie de rémunération* a été révisée, de manière à mettre plus d'accent sur la performance des équipes et de l'organisation, ainsi que sur la rémunération variable et l'attribution des augmentations de salaire selon les habiletés et les connaissances ;
- L'*évaluation du rendement* a été révisée, de manière à prendre davantage en considération les critères visant à mesurer la qualité, la détermination et le suivi d'objectifs de rendement, ainsi que l'atteinte d'objectifs d'équipe ;
- L'attribution des *augmentations de salaire* a été révisée, de manière à tenir compte des résultats d'équipe et de l'organisation, des résultats en matière de qualité et de l'acquisition de compétences ;
- Les régimes de *rémunération variable* ont été révisés, de manière à inciter les employés à atteindre des objectifs de qualité ainsi que des résultats d'équipe et d'organisation ;
- Les *descriptions des emplois* ont été révisées, de manière à inclure des exigences en matière de qualité ;
- Les *évaluations des emplois* ont été mises à jour ;
- Les *structures salariales* ont été révisées, de manière à réduire le nombre de classes d'emplois et à allonger leurs échelles salariales respectives.

En général, les répercussions des programmes de qualité sur la gestion de la rémunération sont similaires pour les firmes du secteur manufacturier et celles du secteur des services, pour les grandes et les petites firmes et pour les firmes qui n'ont pas ou n'ont pas formé d'équipes autonomes de travail.

Source : Adapté de Davis (1993, p. 56-73), avec l'autorisation de l'American Compensation Association (ACA), 14040 N. Northsight Blvd., Scottsdale, Arizona 85260; téléphone : (602) 951-9191 ; télécopieur : (602) 483-8352. © ACA, http://www.acaonline.org

9.1.2 Les limites de l'évaluation des emplois

Dans ce contexte d'affaires dynamique, on reproche souvent au processus traditionnel d'évaluation des emplois les limites suivantes :

- Il alimente une culture de rigidité, d'inflexibilité, de résistance aux changements ou d'inefficacité. On pense, par exemple, au syndrome du « ce n'est pas mon travail » – qui incite les employés à être réfractaires au développement de leurs habiletés ou à refuser d'accomplir des tâches non mentionnées dans leur définition d'emploi sans qu'on procède à une réévaluation ou un changement de leur titre d'emploi –, ou encore aux facteurs d'évaluation – qui peuvent inciter certains gestionnaires à adopter des comportements dysfonctionnels, par exemple, se bâtir un empire en augmentant indûment le nombre de leurs subordonnés ;
- Il évalue la valeur des emplois en considérant leurs exigences relatives plutôt que leur valeur sur le marché ;
- Il délimite de manière précise le contenu des emplois, alors que certaines entreprises révisent constamment leur mode d'organisation et ne peuvent ni ne veulent plus définir les emplois de cette façon, pour diverses raisons (coûts et temps d'élaboration et de mise à jour) ;
- Il alimente les jeux politiques, puisqu'il incite les employés à exagérer les exigences de leur emploi. Le processus d'évaluation des emplois, même s'il est uniformisé, demeure subjectif ;
- Il accorde une valeur relative trop importante aux habiletés de gestion par rapport aux habiletés techniques ou scientifiques ;
- Il est inadéquat ou a des effets négatifs pour certaines catégories d'employés – notamment les cadres, les professionnels et les scientifiques – dont les comportements sont complexes et difficiles à prescrire.

Le changement de contexte d'affaires et les limites du processus d'évaluation des emplois pressent les dirigeants d'entreprise de revoir leur mode de gestion de la rémunération pour l'ensemble ou une partie de leur personnel. Certains d'entre eux adoptent deux approches émergentes : la rémunération des compétences et les bandes salariales élargies. Ces deux approches font l'objet du reste de ce chapitre.

9.2 LES SALAIRES BASÉS SUR LES COMPÉTENCES[1]

Cette section vise à exprimer diverses réflexions au sujet de la rémunération des compétences à la lumière d'écrits portant sur ce sujet, qui relatent l'expérience de certaines entreprises ou les résultats d'études et les réflexions d'universitaires, de consultants ou de gestionnaires.

1. Cette partie du chapitre 9 s'appuie sur St-Onge (1998).

9.2.1 Définition de la rémunération des compétences

La rémunération des *compétences* (*competency pay*) est proposée par plusieurs auteurs pour pallier les limites de la rémunération basée sur les responsabilités des emplois. Ce mode de rémunération est qualifié de diverses façons : rémunération selon les *connaissances* (*pay for knowledge*), rémunération selon les *habiletés* (*skill-based pay*) ou rémunération *multihabiletés* (*multiskilled pay*). Quoiqu'on puisse distinguer le sens de ces diverses appellations, il est courant de les utiliser de manière interchangeable. Ces régimes de rémunération consistent à lier la rémunération des employés à la *nature*, à la *variété* ou à la *spécialisation* de leurs compétences, connaissances ou habiletés. Dans l'approche basée sur les compétences, le salaire des employés devient fonction de ce qu'ils *sont* (ou peuvent faire) et non plus de ce qu'ils *font*, comme le veut la rémunération basée sur les responsabilités liées aux emplois. C'est une forme de rémunération basée sur la personne (*person-based pay*), par opposition au système traditionnel de rémunération basée sur l'emploi (*job-based pay*). Le tableau 9.1 présente les différences entre ces deux approches de rémunération.

TABLEAU 9.1

Principales distinctions entre la rémunération basée sur les responsabilités des emplois et la rémunération basée sur les compétences

Rémunération basée sur les responsabilités	**Rémunération basée sur les compétences**
Liée aux exigences de l'emploi ou du poste occupé	Liée aux compétences de l'employé, quel que soit le travail effectué
Augmentation de salaire en obtenant une promotion ou avec l'ancienneté ou le rendement	Augmentation de salaire en acquérant des compétences, mais pas nécessairement en changeant de poste
Encourage la mobilité verticale ou le changement de classe d'emplois	Encourage la mobilité horizontale
Associée à un plafonnement de carrière et de salaire	Offre plus d'occasions de carrières et d'augmentations de salaire

9.2.2 Les avantages présumés de la rémunération des compétences

La rémunération des compétences est censée procurer plusieurs avantages, tant aux employés qu'aux employeurs. Elle améliorerait la polyvalence, la créativité, la motivation à acquérir des habiletés et à les améliorer, la participation, les compétences, la satisfaction et l'assiduité des employés, elle inciterait ces derniers à demeurer au service de l'organisation, etc. Ces répercussions sur les attitudes et les comportements des employés auraient des conséquences bénéfiques pour les organisations, notamment :

- une qualité accrue des produits et services ;
- une productivité supérieure ;
- une réduction des coûts de main-d'œuvre ;
- un meilleur service à la clientèle ;
- un travail d'équipe plus efficace ;
- une meilleure utilisation des nouvelles technologies ;
- une réduction du roulement de personnel ;
- une plus grande facilité à recruter les employés et à les remplacer lors de leurs absences ou de leurs congés (chacun étant en mesure d'effectuer le travail des autres) ;
- un personnel plus polyvalent permettant de mieux faire face aux fluctuations de la demande de services ou de produits et de s'adapter plus facilement et plus rapidement aux changements technologiques ou aux modifications des procédés de production.

En résumé, les entreprises adoptent la rémunération des compétences pour quatre raisons majeures (O'Neill et Lander, 1994) :

- Le besoin de développer et de maintenir leur productivité (ou leur performance) de la manière la plus efficiente possible alors que leur main-d'œuvre et leurs niveaux de supervision sont souvent réduits en nombre ;
- Le besoin d'utiliser leur personnel de manière plus souple, afin de mieux répondre aux exigences de la production ou de la livraison des services et des problèmes d'absence et de rotation ;
- Le besoin de faire un meilleur usage des nouvelles technologies (p. ex. : le processus de production informatisé) et d'appuyer les nouvelles valeurs de gestion (p. ex. : la gestion de la qualité, la gestion participative) ;
- Le besoin d'avoir un personnel plus motivé et plus engagé, d'améliorer le travail d'équipe et d'enrichir les emplois pour offrir plus d'occasions de récompenses à leurs titulaires.

9.2.3 Définition pratique des compétences

Même pour les employés assujettis à un régime de rémunération des compétences, la distinction entre les termes « compétences », « rendement » et « efforts » n'est pas évidente. Ainsi, un employé interrogé dans le cadre d'une étude portant sur le sujet (St-Onge et Péronne-Dutour, 1998) mentionnait que les salaires basés sur les compétences, « c'est plus juste parce qu'on est apprécié en fonction du travail fourni ». Si on l'exprime autrement, la déclaration de cet employé signifie que la rémunération des compétences est juste parce qu'elle rémunère les résultats ! Dans ce chapitre, nous reviendrons sur la différence entre la rémunération des compétences et la rémunération du rendement, deux modes de gestion différents qui peuvent être adoptés simultanément.

En pratique, pour élaborer leur modèle de gestion par compétences, la plupart des entreprises s'appuient sur des compétences prédéfinies dans des ouvrages comme celui de Spencer et Spencer (1993), qui considèrent les « compétences » comme des caractéristiques profondes et constantes de la personnalité telles que le leadership, l'esprit d'innovation, l'esprit d'équipe, la communication, la flexibilité, la coopération, etc. Après avoir recensé les compétences considérées par un groupe de firmes recourant à la gestion par compétences, Zingheim et autres (1996) ont constaté que toutes ces firmes ont tendance à mettre de l'avant les mêmes compétences, soit l'orientation vers le client, la communication, l'orientation vers l'équipe, l'expertise technique, l'orientation vers les résultats, le leadership, l'adaptabilité et l'esprit d'innovation (voir le tableau 9.2). Cette constatation les amène à conclure que le soi-disant caractère distinctif ou unique que procure à chaque firme ce mode de rémunération repose plutôt sur leur façon particulière de mesurer des compétences fondamentalement semblables.

Sur ce dernier point, une enquête de l'American Compensation Association (1996) révèle que les modèles de gestion par compétences utilisés par les firmes incluent des *comportements* associés au rendement (94 %, p. ex. : travail d'équipe, leadership), des *attributs personnels* (83 %, p. ex. : flexibilité, intégrité, orientation vers les résultats, souci du client), des *connaissances* (61 %, p. ex. : gestion, produits de la firme) et des *habiletés* techniques (55 %, p. ex. : comptabilité, vente).

En somme, dans la pratique, les gestionnaires semblent regrouper sous l'expression *compétences* tous les critères autres que ceux portant sur des *résultats* (tels les ventes, le nombre d'unités produites, l'atteinte d'objectifs, etc.). Par conséquent, dans la mesure où une entreprise tient compte, de quelque façon que ce soit, des connaissances, des habiletés, des traits, des aptitudes ou des comportements (des concepts différents des résultats) dans la détermination de la rémunération d'une catégorie d'employés (établissement des

TABLEAU 9.2

Les compétences les plus souvent récompensées par les entreprises

	Comportements existants	**Comportements désirés**
Orientation vers le client	Vendre Mesures financières Parler Donner priorité aux besoins de l'entreprise Perspective à court terme	Consulter Mesures financières, mesures de qualité et de satisfaction Écouter Équilibrer les besoins de l'entreprise et ceux des clients Perspective à long terme
Communication	Du haut vers le bas Informer Restreinte	Multidirectionnelle Faire participer et écouter Étendue
Orientation vers l'équipe	Coopération Responsabilité de l'encadrement	Collaboration Responsabilité des équipes
Expertise technique	Rigidité des rôles Spécialisation	Flexibilité des rôles Habiletés multiples
Orientation vers les résultats	Évitement des risques Standards traditionnels	Prise de risques calculée Hausse des standards
Leadership	Superviseur Rendement individuel Ordonner, commander	*Coach* (« entraîneur ») Rendement individuel et rendement d'équipe Agir comme modèle
Adaptabilité	Rigidité Résistance aux changements	Flexibilité Ouverture aux changements
Innovation	Statu quo Solution routinière	Changement Solution innovatrice

Source : Adapté de Zingheim et autres (1996) avec l'autorisation de l'American Compensation Association (ACA), 14040 N. Northsight Blvd., Scottsdale, Arizona 85260 ; téléphone : (602) 951-9191 ; télécopieur : (602) 483-8352. © ACA, http://www.acaonline.org

salaires, des augmentations, de la rémunération variable, etc.), elle peut dire qu'elle rémunère selon les compétences. Il faut donc se montrer prudent à l'égard des enquêtes visant à évaluer la fréquence d'implantation de ce mode de rémunération.

Il est important de s'interroger sur l'opposition que certains auteurs semblent exprimer (du moins dans leur discours) entre le mode traditionnel de gestion de la rémunération et le mode de rémunération des compétences. Le fait que certaines firmes décident de gérer la rémunération des employés en fonction de leurs compétences ne signifie pas qu'elles ne tiennent plus compte d'autres facteurs comme la rémunération sur le marché, la valeur des exigences des emplois, le budget, l'équité interne, le rendement, etc. Après avoir étudié le cas de plusieurs entreprises nord-américaines considérées comme des modèles en matière de rémunération des compétences, Bloomer (1998) constate que la majorité d'entre elles tiennent compte des compétences dans la gestion des salaires : d'une firme à l'autre, selon qu'elle accorde aux compétences un poids relatif supérieur, équivalent ou inférieur aux poids des autres facteurs, la distinction par rapport au système traditionnel se révèle plus ou moins importante et difficile à saisir. Dans ce contexte, on comprend pourquoi l'auteur a intitulé son article : « La rémunération des compétences : peut-être le sujet le plus incompris en rémunération ». Tel que l'a souligné Tremblay (1996), bien que certains spécialistes opposent la rémunération basée sur les compétences et l'approche traditionnelle d'évaluation des emplois, il est plus prudent de parler d'une évolution que d'une révolution, puisque, pour de nombreuses entreprises, la notion de compétence n'est ni inconnue ni récente.

9.2.4 La fréquence de la rémunération des compétences et les contraintes liées à l'adoption de cette forme de rémunération

Quoiqu'on en parle beaucoup depuis quelques années seulement, la rémunération des compétences n'est pas nouvelle. Ainsi, à la fin des années 1970, Shell Canada décidait d'ouvrir une nouvelle usine où la gestion serait de nature participative et l'organisation du travail, basée sur des équipes de travail (Halpern, 1984). Déjà à l'époque, la direction de Shell, reconnaissant que son mode de rémunération (jusqu'alors axé sur une définition et une classification étroites des emplois) n'était plus adapté, introduisait la rémunération des connaissances pour inciter ses opérateurs à se développer et à devenir plus polyvalents.

Aujourd'hui, les régimes de rémunération des compétences sont encore peu fréquemment implantés. Toutefois, plusieurs auteurs estiment que leur adoption devrait se poursuivre en France, aux États-Unis et au

Canada au cours des prochaines années (Donnadieu et Denimal, 1993; Lawler et autres, 1993; Tremblay, 1996). Aux États-Unis, des entreprises aussi connues que General Foods, Johnson & Johnson, General Motors, Procter & Gamble, Polaroid et General Mills auraient implanté un tel mode de gestion de la rémunération. Au Canada, une enquête menée en 1991 auprès de 224 firmes démontre que 9 % d'entre elles rémunéraient au moins une catégorie de leur personnel selon leurs compétences; ce pourcentage augmentait toutefois à 25 % parmi les firmes sondées ayant plus de 500 employés (Betcherman et autres, 1994). Une autre enquête, menée en 1990-1991 par Long (1993) auprès de 114 grandes entreprises canadiennes, révèle que 17 % rémunèrent au moins une catégorie de leur personnel selon leurs compétences. Enfin, une enquête du Conference Board of Canada (1999) révèle que, en 1998, 13 % des organisations sondées disent gérer les salaires selon les compétences et que 39 % étudient la possibilité d'implanter un tel système, alors que 30 % n'ont jamais envisagé de rémunérer les compétences et que 17 % ont décidé de ne pas adopter cette forme de rémunération après en avoir examiné la possibilité. Au Québec, une enquête effectuée en 1994 auprès de plus de 320 organisations publiques et privées (Tremblay et autres, 1995) démontre que moins de 10 % d'entre elles ont mis en place un plan de rémunération des compétences, mais que plus de 24 % envisagent de l'implanter ou d'en étendre l'utilisation dans un avenir rapproché. Au Québec, ABI de Bécancour, Alcan, Alsthom de Tracy, Canadair, Bell Helicoptère, Dowty, General Electric de Bromont, Marion Merrell Dow, Northern Telecom et Produits forestiers Alliance, entre autres, ont adopté une forme ou une autre de rémunération basée sur les compétences. Tel que l'a observé Tremblay (1996), au Québec, l'expérience d'Armstrong, de Genpak, de GEC Alsthom et de QIT Fer Titane démontre qu'il est possible de passer d'un système traditionnel à un système de rémunération des compétences dans un environnement syndiqué, et même de faire cohabiter les deux systèmes.

Une enquête de l'American Compensation Association (1996) démontre que la rémunération se révèle souvent la dernière activité de gestion des ressources humaines dans laquelle on intègre le concept de compétences. Les auteurs de cette enquête attribuent cette situation à plusieurs causes:

- Comme un changement de mode de gestion des salaires pour une seule catégorie de personnel (p. ex.: les employés de production) risquerait de réduire l'apparence d'équité, les dirigeants d'entreprise préfèrent conserver l'approche traditionnelle de manière uniforme;
- Comme la rémunération influe sur les attitudes et les comportements des employés et que tout changement en la matière entraîne de nombreuses résistances, les dirigeants d'entreprise décident souvent d'attendre et de n'intégrer le concept de compétences qu'aux activités

de dotation (recrutement, sélection, promotion, transferts, etc.) et de formation ;

- Comme la rémunération des compétences augmente les coûts de main-d'œuvre, les dirigeants d'entreprise ne sont pas certains qu'elle « en vaut le coût » ;
- Comme l'adoption de la rémunération des compétences nécessite de nombreux changements dans d'autres processus et activités de gestion (sélection, formation, organisation du travail, etc.), les dirigeants d'entreprise la jugent trop exigeante ;
- Comme la rémunération des compétences rend plus difficile le contrôle de la compétitivité de la rémunération sur le marché, les dirigeants d'entreprise s'interrogent sur sa viabilité à long terme. Cette crainte peut d'ailleurs expliquer les récents articles traitant de la pertinence et de la nécessité d'effectuer des enquêtes de rémunération dans un contexte de gestion par compétences (Davis, 1997 ; Mays, 1997 ; Yurkutat, 1997).

Il semble que tant que les conditions de succès et l'efficacité de la rémunération des compétences ne sont pas encore totalement connues, les dirigeants d'entreprise préfèrent attendre et apprendre en observant les « essais et erreurs » des firmes qui innovent dans ce domaine. Au Canada, nous pourrions ajouter aux raisons mentionnées l'incertitude engendrée par le fait d'implanter la rémunération des compétences dans un contexte où l'on doit aussi satisfaire aux exigences d'une législation sur l'équité salariale. En effet, le contenu de ces lois désigne implicitement une gestion traditionnelle de la rémunération reposant sur l'évaluation des exigences des emplois. La rémunération basée sur les compétences ne se prête pas directement, facilement ni clairement à un examen de la situation selon les lois en matière d'équité salariale.

Certains dirigeants d'entreprise se demandent également si les retours sur les investissements accrus en formation et en rémunération seront suffisants, si le développement du personnel créera de fausses attentes en matière de perspectives de carrière et de rémunération, s'il augmentera leur roulement, si la productivité souffrira du fait que le nombre d'employés en apprentissage sera plus important, etc.

Un an après son enquête sur la rémunération des compétences, l'American Compensation Association a réuni quatre conseillers de grandes sociétés conseils pour discuter de la pertinence des résultats de l'enquête (Thompson et autres, 1997). Les participants à cette réunion ont estimé que la situation demeurait la même : le concept de compétences (qui existe depuis des années) est surtout appliqué à la sélection, à la formation, à la promotion et à la gestion du rendement des employés et il se révèle encore rarement utilisé pour la rémunération. Selon les conseillers, les dirigeants d'entreprise doutent de l'efficacité du fait de lier la rémunération aux compétences. Ils craignent qu'un tel système ne devienne trop compliqué, ils ont peur de ne plus pouvoir revenir en arrière et ils veulent obtenir davantage qu'un « produit ». Ils ajoutent qu'à ce jour, on en sait très peu sur l'efficacité de la rémunération basée sur les compétences parce que les dirigeants d'entreprise qui ont adopté ce mode de rémunération valorisent trop peu la mesure, la validation et l'évaluation.

Un autre récent tour de table de Sibson & Company (1997) effectué auprès de six grandes firmes américaines illustre bien la réaction actuelle des firmes : s'il y a consensus sur l'utilité de gérer les compétences des employés, le fait de lier la rémunération – en totalité ou en partie – aux compétences fait l'objet d'une controverse. Plusieurs organisations considèrent qu'elles paient indirectement pour les compétences de toute façon, en utilisant la rémunération variable basée sur le rendement. Peu d'entre elles jugent avoir vraiment à payer *directement* pour les compétences.

Hofrichter et Spencer (1996) expriment la même idée en observant qu'en comparaison de la rémunération des compétences, les dirigeants d'entreprise accordent beaucoup plus d'importance à la rémunération *variable*, c'est-à-dire liée aux résultats de l'organisation, de ses unités d'affaires ou de ses équipes de travail. En fait, plusieurs dirigeants estiment qu'en sélectionnant un candidat pour ses compétences, ils le rémunèrent déjà selon ses compétences.

9.2.5 La diversité des régimes de rémunération des compétences

L'adoption de la rémunération des compétences s'est d'abord concentrée chez les employés de production des entreprises manufacturières ou de fabrication. Toutefois, elle s'est peu à peu étendue à d'autres catégories de personnel comme les cadres, le personnel de recherche et développement, les techniciens et les professionnels, ainsi qu'à d'autres secteurs d'activité, comme ceux des services et de la haute technologie. La rémunération des compétences ne correspond donc pas du tout à une pratique unique, uniforme et uniformisée, comme plusieurs écrits le laissent croire. En fait, les compétences des employés peuvent être rémunérées de diverses façons. L'encadré 9.2 (p. 420) résume les façons les plus courantes de reconnaître les compétences des employés.

Selon l'enquête de l'American Compensation Association (1996), les applications les plus courantes de la rémunération des compétences consistent à tenir compte des compétences dans la détermination des augmentations de salaire (42 %) et dans l'évaluation des emplois (15 %). Par ailleurs, une revue des écrits portant sur la rémunération des compétences permet de constater que la façon de rémunérer les compétences tend à varier selon les catégories de personnel (employés de production non spécialisés, cadres, professionnels, etc.).

ENCADRÉ 9.2

Quelques façons de rémunérer et de reconnaître les compétences des employés

Cas 1 : On établit un même salaire de base pour un groupe d'employés. Chaque employé peut améliorer son salaire en acquérant des compétences préétablies.

- Ce mode de rémunération est surtout utilisé pour les techniciens et le personnel d'exploitation et de bureau.
- Il remplace la structure salariale traditionnelle, basée sur les exigences relatives des classes d'emplois, par une structure salariale basée sur les compétences relatives des employés.
- Le salaire de base est établi en fonction d'un ensemble de compétences de base. Les employés peuvent ensuite augmenter leur salaire en améliorant leurs compétences (blocs de compétences, cours, etc.). La progression des salaires individuels est alors fonction du nombre et de la valeur des compétences acquises.

Cas 2 : Les salaires de base des emplois sont déterminés en fonction de leurs exigences relatives. Les augmentations de salaire dans un emploi sont influencées – en totalité ou en partie, – par l'acquisition de compétences jugées essentielles à la réussite de l'entreprise.

- Ce mode de rémunération est surtout utilisé pour le personnel cadre.
- Il appuie le processus de gestion du rendement, qui repose sur des critères de compétences.
- Il s'adapte à la structure salariale traditionnelle, basée sur les classes d'emplois comportant des responsabilités différentes.
- Les compétences influent sur la composante « mérite » du salaire (les augmentations de salaire). La gestion des salaires tient donc compte à la fois des responsabilités relatives des emplois et des compétences individuelles.

Cas 3 : Des salaires de base sont déterminés pour quelques groupes d'emplois (bandes en fonction des compétences de base requises). À l'intérieur des bandes salariales, la détermination des augmentations de salaire est fonction de l'évaluation de compétences individuelles prédéterminées.

- Ce mode de rémunération est surtout utilisé pour le personnel cadre et professionnel.
- Il remplace la structure salariale traditionnelle, basée sur les exigences relatives des classes d'emplois, par une structure salariale basée sur les compétences requises et par les compétences individuelles des cadres et des professionnels.
- Les compétences relatives de grandes catégories de cadres et de personnel déterminent leur salaire de base respectif. Ces derniers peuvent ensuite améliorer leur salaire en démontrant certaines compétences. Ce mode relie le salaire de base et la progression salariale à la démonstration de compétences liées aux facteurs de succès de l'organisation.

Cas 4 : Des salaires minimum et maximum sont déterminés selon différents blocs de compétences. L'employé passe à une bande supérieure en fonction de l'acquisition de compétences qui lui sont associées.

- Ce mode de rémunération est surtout utilisé pour les professionnels et les spécialistes.
- Il remplace la structure salariale traditionnelle, basée sur les exigences relatives des classes d'emplois, par une structure salariale basée sur les compétences dans laquelle les salaires, la progression salariale et les promotions sont liés aux compétences ou à l'expertise des personnes.
- Les compétences relatives de grandes catégories de cadres et de personnel déterminent leur salaire de base et leur statut respectifs. Les employés peuvent ensuite améliorer leur salaire en démontrant certaines compétences. Ce mode lie le salaire de base, la progression salariale et la gestion de carrière à la démonstration d'expertise.

Cas 5 : L'acquisition de compétences est reconnue à l'aide de primes ou d'autres mécanismes de reconnaissance, tels des prix, des mentions honorifiques, etc.

- Ce mode de rémunération s'adapte à la structure salariale traditionnelle, basée sur les classes d'emplois comportant des responsabilités différentes.
- L'acquisition de compétences n'influe pas sur la détermination et la gestion des salaires, mais plutôt sur la partie variable de la rémunération globale.

Le personnel de production et de bureau

Historiquement, certains employés professionnels comme les ingénieurs (niveau « débutant », intermédiaire, supérieur) ont été rémunérés selon leurs compétences. Toutefois, c'est surtout depuis que des entreprises manufacturières de divers secteurs (pharmaceutique, alimentation, électronique, produits forestiers, automobile) ont commencé à adopter ce mode de rémunération qu'on en entend parler. Aujourd'hui, certaines entreprises de services commencent à l'expérimenter, notamment dans les secteurs de l'assurance et de l'hôtellerie (Lawler et autres, 1993 ; Tremblay, 1996).

Les résultats d'une enquête américaine (Jenkins et autres, 1993) démontrent que 88 % des programmes de rémunération des compétences s'adressent à une main-d'œuvre directe, 60 % à des employés de métier, 22 % à des employés de bureau et seulement 3 % à des cadres. Plusieurs raisons expliquent la concentration de ces programmes auprès des employés de production et des techniciens : (1) le rendement et les comportements de ces employés influent directement sur la performance organisationnelle, (2) les changements technologiques et en matière d'organisation du travail les touchent directement et (3) il était nécessaire de les inciter à acquérir de nouvelles compétences afin d'accroître leur polyvalence.

Compte tenu du fait qu'elle s'exerçait surtout auprès des employés de production dans le passé, la rémunération des compétences est souvent associée à une structure salariale basée sur des blocs de compétences. Ainsi, on abandonne la structure salariale traditionnelle basée sur les exigences relatives des classes d'emplois et on adopte une structure salariale basée sur les compétences relatives des employés (cas 1 de l'encadré 9.2, p. 420). Le salaire de base est alors établi selon un ensemble de compétences de base que les employés doivent posséder lors de l'embauche. Les employés peuvent ensuite augmenter leur salaire en améliorant leurs compétences (blocs de compétences, cours, etc.). Dans cette structure, la progression des salaires individuels est fonction du nombre et de la valeur des compétences acquises.

De tels régimes reconnaissent l'acquisition d'*habiletés horizontales* ou *élargies*, c'est-à-dire l'acquisition d'une multitude d'habiletés diverses, mais comparables en matière de difficulté. Il peut s'agir d'apprendre toutes les activités d'une équipe de travail, ou encore de maîtriser toutes les activités d'un processus d'offre de service ou de production d'un bien. Il y a une multitude de façons de rémunérer les compétences des employés de production. Une approche courante consiste à exiger que les employés aient tous, à leur entrée dans l'entreprise, des compétences de base préétablies pour obtenir un salaire horaire de base. Par la suite, un employé peut augmenter son salaire en suivant des cours de formation, proposés ou optionnels. Selon le nombre de points que valent les diverses formations et le nombre de cours optionnels suivis, l'employé peut être désigné comme technicien I, II, III ou IV et voir son salaire augmenter en conséquence, et ce, quelle que soit la nature du travail qu'il exécute. La figure 9.1 fournit un exemple de structure salariale basée sur les compétences pour le personnel technique.

L'efficacité de tels systèmes de rémunération repose d'abord sur une bonne identification et sur une définition adéquate des compétences faites à la lumière du mode d'organisation du travail. En effet, cette étape oriente toutes les autres composantes du système. L'organisation doit définir, notamment, ce qu'elle entend par « compétences ». S'agit-il de responsabilités, d'habiletés, de connaissances, d'aptitudes, de comportements, etc., associés à une seule des étapes du processus de production ? à certaines de ces étapes ? à toutes ces étapes ? Pour déterminer le nombre d'unités (ou de blocs) de compétences, l'organisation doit considérer le potentiel des employés, la nature du travail et l'ampleur de la polyvalence recherchée. Le fait qu'il y ait trop peu de compétences à acquérir réduit les occasions de croissance et les défis

FIGURE 9.1

Exemple de structure salariale basée sur les compétences pour des techniciens, d'après Milkovich et Newman (1998)

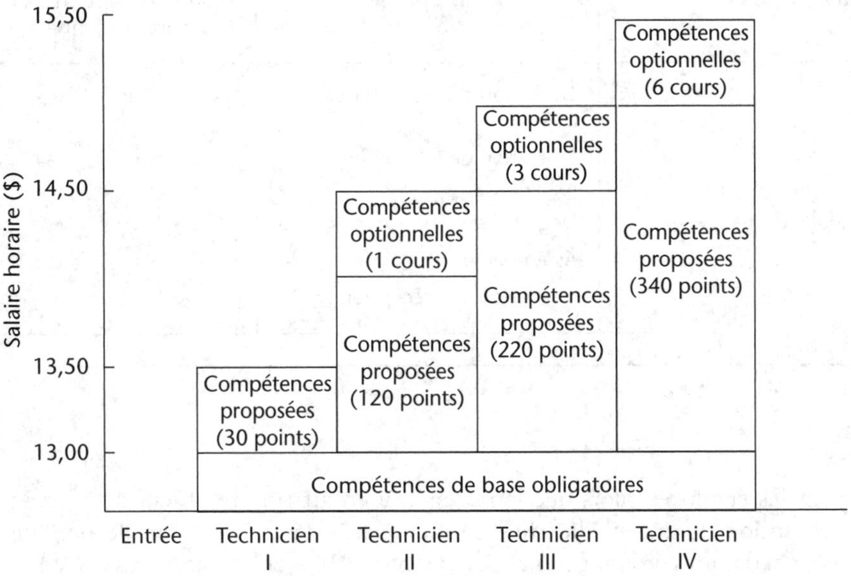

Formation obligatoire	**Formation proposée**	**Nombre de points**	**Formation optionnelle (nombre optionnel)**
Qualité des produits	Fabrication de panneaux	15	Entretien
Manipulation du matériel	Fabrication de panneaux	20	Informatique – Excel
Vidéo : matières dangereuses	Fabrication de panneaux	25	Traitement de textes
Sécurité au travail	Peinture de finition	25	Centre d'évaluation du potentiel
Atelier d'orientation	Abrasif de finition	15	Développement de carrière
	Préparation des surfaces	15	Prise de décisions en groupe
	Assemblage des machines	20	*Coach* et facilitateur
	Inspection de finition	10	Résolution de problèmes
	Inspection des machines	25	Sécurité de l'usine
	Soudure	20	Gestion
	Réparation de la tuyauterie	10	Relations publiques
	Inspection des soudures	10	
			→

FIGURE 9.1

Exemple de structure salariale basée sur les compétences pour des techniciens, d'après Milkovich et Newman (1998) (*suite*)

Formation obligatoire	Formation proposée	Nombre de points	Formation optionnelle (nombre optionnel)
	Opération de la machine MT13	35	
	Opération de la machine MT12	35	
	Dégraissage	5	
	Assemblage	20	
	Inspection à la réception	35	

Source : St-Onge et autres (1998, p. 509).

pour les employés, alors que le fait qu'il y en ait trop rend leur maîtrise et l'exécution du travail difficiles. Des enquêtes démontrent que le nombre médian d'unités de compétences est d'environ 10 (Jenkins et autres, 1993) et que les systèmes qui reposent sur un grand nombre d'habiletés sont perçus comme étant moins efficaces (Gupta et autres, 1986). Selon Tremblay (1996), au-delà de sept ou huit blocs d'habiletés, le système devient plus difficile à gérer et il est plus difficile pour les employés de le comprendre. L'entreprise doit également établir le nombre minimum d'unités ou de blocs de compétences que doivent acquérir les employés. En pratique, il semble courant d'exiger que les employés maîtrisent au moins 60 % de toutes les habiletés du système, l'employé typique maîtrisant environ les deux tiers d'entre elles (Jenkins et autres, 1993 ; Tremblay, 1996).

Pour élaborer une structure salariale basée sur les compétences, il faut également analyser et prévoir le temps requis pour atteindre le taux de salaire maximum et pour apprendre chacune des unités de compétences et les transférer dans le travail quotidien. Il faut s'assurer que la période d'apprentissage ne soit pas trop courte, parce qu'il faudrait alors rémunérer des personnes pour des compétences qu'elles ne maîtrisent pas entièrement, ni trop longue, pour ne pas imposer de frustrations aux employés. Certaines organisations adoptent des règles en ce qui a trait à la période de restitution des compétences (*pay back*), de manière à s'assurer que l'employé maîtrise adéquatement les compétences nouvellement acquises et qu'il donne un rendement satisfaisant et constant avant d'entreprendre un nouvel apprentissage. Tremblay (1996) mentionne une durée fréquente de quatre à six mois, qui peut varier de deux semaines à deux ans. Une enquête (Jenkins et autres, 1993) démontre que pour établir le montant de salaire associé à l'acquisition des diverses compétences, les entreprises s'appuient sur les critères suivants: la valeur relative accordée aux différentes unités de compétences (52 % des firmes), la durée d'apprentissage (18 %) et la valeur des compétences sur le marché (13 %).

En matière de gestion, l'organisation doit s'assurer que les employés ont accès à la formation et que leur superviseur leur permet d'utiliser efficacement leurs acquis de compétences. Dans certaines organisations, le passage d'un niveau de compétence à un autre est quasi automatique après le suivi d'une formation ou un certain temps dans une tâche, alors que dans d'autres, l'employé doit se soumettre à une évaluation plus officielle. La documentation sur la rémunération des compétences du personnel d'opération insiste d'ailleurs beaucoup sur l'importance de l'évaluation ou de la certification des compétences, afin d'éviter de rémunérer des employés pour des habiletés qu'ils ne maîtrisent pas, de s'assurer que les employés ont un rendement adéquat et d'assurer l'équité du processus. Les modes de validation ou de « certification » des compétences sont multiples: examens écrits, simulations, vérification de la capacité à effectuer une tâche ou à occuper un poste d'une façon satisfaisante pendant un certain temps. Quoique le superviseur immédiat puisse assumer seul la responsabilité de la validation des compétences, il peut aussi le faire en compagnie d'autres intervenants, comme un professionnel du Service des ressources humaines, d'autres cadres, des collègues de l'employé. La certification correspond à une augmentation de salaire préétablie et, dans certains cas, à l'obtention d'un diplôme, d'une mention ou d'autres formes de reconnaissance. Certaines organisations ont également mis en place des mécanismes de « réévaluation » des compétences, afin de s'assurer que les employés maintiennent le niveau de compétences pour lequel ils sont payés.

À ce jour, tel que nous l'avons mentionné précédemment, les cas d'entreprises mis de l'avant pour illustrer le concept de rémunération des compétences portent surtout sur de grandes organisations manufacturières qui ont adopté la rémunération par compétences auprès d'employés de production. Cette situation s'explique facilement. Premièrement, un changement de rémunération est souvent fondamental et s'accompagne de modifications dans l'organisation du travail, le style de gestion, etc. Deuxièmement, les valeurs, les attitudes et les comportements traditionnels des employés de production menacent la survie et la compétitivité des entreprises manufacturières. Pour les entreprises, le problème de polyvalence est surtout le lot du personnel d'exécution. Troisièmement, les compétences requises de la part du personnel de production sont plus facilement identifiables et mesurables d'une façon qui peut être perçue comme objective. Quatrièmement, les « salaires basés sur les *compétences individuelles* » sont plus susceptibles d'être acceptés par les syndicats, parce que le discours ne porte pas sur le *rendement individuel.* En effet, historiquement, les syndicats se sont opposés à la rémunération au *rendement* individuel, qu'il soit mesuré à partir de traits de personnalité, de comportements ou de résultats. Pourtant, on peut fort bien décrire la rémunération des compétences implantée dans ces entreprises comme un régime qui lie le salaire des employés de production à leur rendement individuel, évalué selon le nombre et la valeur des compétences acquises par les employés. Voyez comme le discours ou le choix d'un terme peut faire la différence !

Le véritable changement apporté par la rémunération des compétences est le fait d'avoir permis l'*individualisation* des salaires des employés de production sur une base autre que l'ancienneté (un dogme des milieux syndiqués) ou d'avoir introduit le concept d'individualisation des salaires pour les employés de bureau. À cause de cela, les employés sont incités à être plus polyvalents et à améliorer leurs compétences, ce qui constitue la base de la survie des firmes. Il n'est d'ailleurs pas étonnant de constater que les employés de production reprochent à ce mode de détermination des salaires de ne pas tenir compte de l'*ancienneté* (St-Onge et Péronne-Dutour, 1998), une caractéristique individuelle traditionnellement mise de l'avant par les syndicats en raison de son objectivité. Les employés les plus réticents à ce mode de rémunération sont ceux que le critère d'ancienneté privilégie, c'est-à-dire les plus vieux employés.

En conclusion, soulignons l'importance de l'assentiment du syndicat pour la réussite d'un régime qui accorde un certain pouvoir discrétionnaire aux cadres en matière de salaires, à l'opposé d'un régime traditionnel, où tout était prédéterminé selon des tâches clairement définies. Cette exigence constitue sans doute la raison pour laquelle la plupart de ces régimes sont adoptés dans des milieux non syndiqués.

Les gestionnaires

Depuis quelques années, certaines organisations étendent la rémunération des compétences à leur personnel cadre. Cependant, dans la plupart des cas, cela ne signifie pas l'abandon de la structure traditionnelle de salaire basée sur les exigences relatives des classes d'emplois (voir le cas 2 de l'encadré 9.2, p. 420). En effet, le salaire de base des emplois d'encadrement continue alors d'être déterminé selon leurs exigences relatives. Toutefois, les augmentations de salaire des cadres sont déterminées – en totalité ou en partie – par l'acquisition de compétences jugées critiques pour la réussite de l'entreprise. Une telle façon de tenir compte des compétences est souvent privilégiée pour appuyer une révision des critères de gestion du rendement. La gestion des salaires tient donc compte à la fois des responsabilités relatives des emplois et des compétences individuelles, celles-ci influant sur la composante « mérite » du salaire. De tels régimes reconnaissent généralement l'acquisition d'*habiletés verticales*, c'est-à-dire d'habiletés supérieures (p. ex. : en gestion, en supervision, etc.). Il peut s'agir de l'acquisition d'habiletés liées à la formation, à la communication, à la conduite de réunions (pour les habiletés de gestion) ou de contrôle de la qualité (pour les habiletés techniques ou professionnelles supérieures) (Tremblay, 1996).

Par conséquent, à l'égard du personnel cadre et professionnel, le passage de la « rémunération au mérite » à la « rémunération des compétences » est une question de sémantique plutôt que de grand changement. Le principe d'individualisation des salaires est mis en pratique depuis longtemps pour cette catégorie d'employés, dans l'attribution de leur salaire « au mérite », c'est-à-dire octroyé en fonction de leur rendement individuel. En fait, pour eux, le changement correspond souvent à une révision des critères de détermination des augmentations de salaire. On en ajoute, on en enlève ou on les modifie de manière que les standards soient plus clairs et davantage liés à la stratégie d'affaires ou à de nouveaux comportements à adopter.

En fait, pour que la rémunération des compétences provoque un véritable raz de marée parmi le personnel cadre et professionnel, il faudrait qu'elle soit facilement applicable. C'est là où le bât blesse. Là où les « compétences » correspondent à des traits de personnalité, on peut se demander en quoi la rémunération des compétences améliore les choses. En effet, quelle est la plus-value d'un régime de rémunération qui s'appuie en partie ou en totalité sur des traits génériques de personnalité ? C'est d'ailleurs un reproche traditionnellement exprimé à l'égard de la rémunération au mérite, un mode de rémunération dans lequel les augmentations de salaire sont attribuées selon le rendement annuel des cadres et des professionnels. Lawler exprime d'ailleurs cette mise en garde en interrogeant les cadres : « Pourquoi répéter nos erreurs ? » (1996, p. 24).

On le sait et on le répète constamment depuis des années, évaluer des personnes en fonction de traits individuels est un processus subjectif et nuisible à leur développement. Par ailleurs, l'expérience démontre que le recours aux traits personnels comme critère n'est pas considéré comme valable devant les tribunaux. Qu'on qualifie ce genre d'exercice d'évaluation de *compétences* plutôt que d'évaluation du *rendement* ne le rend pas plus valide, pertinent ni utile. L'évaluation de toutes les catégories de personnel repose sur un préalable : éviter l'évaluation des traits de personnalité et leur préférer des résultats et des *comportements* (ou des compétences *manifestées*) directement liés au succès obtenu dans le poste occupé. Klein (1996) se réfère d'ailleurs aux écrits et aux précédents jugements d'arbitres en matière d'évaluation du rendement pour énoncer les qualités qu'un système d'évaluation des compétences doit respecter, notamment les bons vieux principes de validité, de fidélité, de possibilité d'appel, etc. Comme on le dit souvent, plus ça change, plus c'est pareil !

Pour le personnel cadre, le mouvement de rémunération des compétences correspond souvent davantage à un changement sémantique qu'à un changement de fond, et ce changement n'est pas bénéfique en soi. Lorsqu'il mène à lier la rémunération des cadres à des critères de personnalité, il est difficile de voir où est le progrès. Dans la mesure où l'exercice permet de lier davantage la rémunération des cadres à l'adoption de *comportements* associés au succès de l'entreprise, il peut s'avérer sain, quoiqu'il n'assure pas l'atteinte de *résultats* ou d'objectifs.

Les professionnels et les spécialistes

L'expérience de la rémunération des compétences chez les professionnels a généralement été effectuée dans un contexte d'élargissement des bandes salariales, une autre tendance récente dans la gestion des salaires que nous verrons plus en détail dans la prochaine section de ce chapitre. Pour l'instant, disons simplement que l'élargissement des bandes salariales consiste souvent à regrouper dans une même *bande* des classes d'emplois similaires. Cette approche est adoptée dans le but de simplifier la structure salariale ou encore de réduire la lourdeur de l'évaluation des emplois et le nombre de classes d'emplois. Elle permet également de mieux reconnaître les contributions individuelles des employés, parce qu'elle offre plus de possibilités et de flexibilité sur le plan du cheminement de carrière de même que sur le plan de la progression et des conditions salariales.

Selon cette approche, on remplace la structure salariale traditionnelle basée sur les exigences relatives d'un grand nombre de classes d'emplois par une structure salariale basée sur les compétences dans laquelle les salaires, la progression salariale et les promotions sont basés sur les compétences ou l'expertise des personnes (voir le cas 4 de l'encadré 9.2, p. 421). Des salaires minimum et maximum sont déterminés pour différentes bandes de compétences. L'employé passe à une bande salariale supérieure lorsqu'il a acquis les compétences qui lui sont associées. En somme, les compétences relatives de grandes catégories de personnel déterminent leur salaire de base et leur statut respectif. En vertu de ce régime, les employés peuvent ensuite améliorer leur salaire en démontrant certaines compétences. Cette approche lie le salaire de base, la progression salariale et le cheminement de carrière à la démonstration d'expertise. Ce type de régime reconnaît généralement l'acquisition d'*habiletés spécialisées* ou pointues dans un champ d'activité ou un domaine étroit.

En somme, bien que nous traitions de manière successive de la rémunération basée sur les compétences et des bandes salariales élargies dans ce chapitre, ces approches peuvent être implantées simultanément par une entreprise. On peut, par exemple, décrire pour chaque bande salariale les compétences clés requises par les emplois, les objectifs de développement des titulaires de ces emplois ainsi que le type et le contenu de la formation recommandée pour les employés.

9.2.6 La rémunération des compétences et les résultats

Rémunérer les compétences n'assure pas nécessairement des résultats concrets. Quoique les résultats doivent découler de l'acquisition d'un ensemble donné de compétences, ils ne peuvent être tenus pour acquis. Les employés assujettis à ce type de rémunération lui reprochent d'ailleurs de ne pas considérer le *rendement* des employés, le plus compétent (ou le mieux formé) n'étant pas nécessairement le plus travailleur ni celui qui obtient les meilleurs résultats (St-Onge et Péronne-Dutour, 1998). Plusieurs auteurs recommandent d'ailleurs que la rémunération des compétences soit gérée dans un contexte où les résultats des employés et des firmes sont reconnus sous une forme ou une autre (Lawler, 1996 ; O'Neal, 1996 ; Zingheim et autres, 1996). Tel que l'a exprimé Michael Hammer, auteur du livre *Reengineering the Corporation*, lors d'un récent entretien (O'Neal, 1996), l'important, lorsqu'on parle de réingénierie, c'est la rémunération des résultats, parce que c'est ce qu'on accomplit qui compte, et non ce qu'on connaît. Si les connaissances ne sont ni utilisées ni appliquées, elles ne comptent pas.

En somme, la rémunération des compétences et la rémunération des résultats sont des éléments complémentaires dans la réalisation d'une stratégie d'affaires : d'une part, la rémunération des compétences incite à acquérir les compétences qui constituent une plate-forme pour atteindre les résultats ; d'autre part, la rémunération des résultats encourage l'utilisation des compétences acquises pour atteindre les objectifs.

9.2.7 L'efficacité de la rémunération des compétences

Quoiqu'on en ait beaucoup parlé ces dernières années, l'efficacité de la rémunération des compétences n'a été étudiée que par un nombre très restreint de chercheurs. Si la plupart des études de cas d'entreprises affichent des résultats favorables, il est toutefois difficile de savoir quelle proportion des effets positifs observés est due à la rémunération des compétences et à la mise en place d'autres changements appliqués simultanément (p. ex. : la création d'équipes de travail, d'une nouvelle équipe de direction). Des enquêtes démontrent d'ailleurs que les régimes de rémunération des compétences étaient plus fréquemment implantés dans les organisations qui avaient introduit des programmes de qualité totale et des pratiques de mobilisation des ressources humaines, telles des pratiques de partage d'information (en matière de résultats, d'objectifs d'affaires, de nouvelles technologies, de performance des concurrents) et de participation des employés (enrichissement des emplois, groupes de résolution de problèmes, équipes de travail) (Jenkins et autres, 1993 ; Gupta et autres, 1992 ; Lawler et autres, 1992, 1993).

Par ailleurs, la plupart des études s'intéressent à l'efficacité de ce mode de rémunération aux yeux de divers intervenants (dirigeants, cadres, employés, directeurs des ressources humaines, etc.). À ce jour, très peu de chercheurs ont examiné la répercussion de la rémunération des compétences sur des indicateurs objectifs de performance. Les sections qui suivent visent à résumer l'état de la recherche sur l'efficacité de la rémunération basée sur les compétences.

À la fin des années 1980 et au début des années 1990, plusieurs écrits ont reflété les résultats d'enquêtes menées auprès des responsables des ressources humaines des entreprises ou d'études de cas effectuées dans des entreprises ayant adopté un tel régime (Gupta et autres, 1986, 1992 ; Jenkins et autres, 1993 ; LeBlanc, 1991 ; Ledford et Bergel, 1991 ; Ledford et autres, 1991 ; Stark et autres, 1996). Globalement, leurs résultats confirment les atouts associés à ce mode de rémunération, notamment l'amélioration de la polyvalence de la main-d'œuvre, la réduction des coûts de main-d'œuvre, l'augmentation de la qualité des produits, l'amélioration de la productivité, l'amélioration de la satisfaction des consommateurs et la réduction du taux de roulement du personnel visé. Des entrevues menées auprès d'employés assujettis à un régime de rémunération des compétences (St-Onge et Péronne-Dutour, 1998) démontrent que les employés qui estiment juste ce mode de rémunération considèrent que leurs salaires sont plus élevés que ceux offerts sur le marché, que le contenu de leurs tâches est plus varié et plus riche qu'auparavant, que leurs possibilités de carrière sont accrues et qu'ils ont une meilleure maîtrise de leur salaire. Une enquête effectuée auprès de 70 firmes américaines gérant 97 régimes de rémunération des compétences révèle que 42 % des répondants estiment que ce mode de rémunération est très efficace, alors que presque tous les autres le considèrent comme assez efficace (Jenkins et autres, 1993). Les résultats de Ledford (1992) confirment que l'implantation d'un système de rémunération des compétences améliore, sur une période de deux ans, les attitudes des employés à l'égard de leur salaire, de leur emploi et de leur organisation.

Récemment, Murray et Gerhart (1998) ont analysé, sur une période de trois ans, divers indicateurs de rendement dans une entreprise manufacturière américaine ayant un régime de rémunération des compétences. Leurs résultats confirment que ce mode de rémunération augmente la productivité, réduit les coûts de main-d'œuvre et améliore la qualité des produits. Au Canada, une étude (Long, 1993) confirme également que les employés des firmes ayant un régime de rémunération des compétences améliorent davantage leur productivité que les employés travaillant dans un contexte où ce mode de rémunération est absent.

Toutefois, d'autres résultats sont moins encourageants. Ainsi, une enquête (Dewey, 1994) indique que bon nombre des entreprises américaines qui avaient une approche basée sur les compétences en 1986 ne l'utilisaient plus quelques années plus tard. Au Canada, la situation est semblable : un quart des firmes qui utilisaient un mode de rémunération des compétences pour une catégorie de leur personnel en 1980 avaient abandonné ce régime avant 1985 (Long, 1989). La difficulté de mesurer le retour sur investissements et la difficulté des employés à accepter de faire le travail de leurs collègues qui étaient en formation et recevaient leur plein salaire ont amené Motorola à abandonner un système de rémunération des compétences couvrant 2 000 employés de production dans la section des téléphones cellulaires (Milkovich et Newman, 1998). Par ailleurs, l'expérience démontre que la rémunération des compétences est plus efficace au cours des premières années de son implantation (Lawler, 1996).

Parent et Weber (1994) ont effectué une étude dans deux unités administratives semblables de la société Ford en Ontario (en matière d'opérations, de pratiques, de culture et de mesures de productivité), mais dont l'une utilise la rémunération des compétences et l'autre, un mode de rémunération traditionnel. Les résultats de cette étude sont peu concluants : comparativement au site ayant implanté un système de rémunération des compétences, le site ayant conservé le mode traditionnel de rémunération a une meilleure productivité, mais obtient des résultats inférieurs en ce qui concerne la qualité des produits, l'absentéisme et les accidents de travail.

En résumé, il semble difficile d'affirmer ou de nier l'efficacité de la rémunération des compétences. Les études portant sur le sujet sont peu nombreuses et s'intéressent surtout à la rémunération des compétences d'employés de production travaillant au sein d'entreprises manufacturières. À l'heure actuelle, il semble prudent de dire que la rémunération des compétences n'est pas une panacée et que son efficacité, quel que soit son mode d'application, repose sur diverses conditions de succès.

9.2.8 Les conditions de succès de la rémunération des compétences

L'efficacité de la rémunération des compétences repose sur plusieurs conditions. Le nombre et l'ampleur de ces conditions varient, bien entendu, avec le type de régime de rémunération des compétences retenu, certains étant plus exigeants que d'autres. L'encadré 9.3 présente les conditions de succès généralement associées aux régimes de rémunération des compétences utilisés pour les employés de production.

Si l'on considère la nature et l'ampleur de ces conditions, la rémunération des compétences ne semble pas associée à moins de lourdeurs administratives que l'approche traditionnelle basée sur les responsabilités de l'emploi. Les outils standardisés en matière d'évaluation des emplois (notamment les méthodes par points et facteurs) sont d'ailleurs moins sujets aux critiques que ceux récemment mis en place pour évaluer les compétences. Les conditions de succès de ce mode de détermination des salaires sont d'ailleurs semblables à celles traditionnellement associées au succès de la rémunération dite « au mérite », dans laquelle l'augmentation de salaire des personnes est basée sur leur rendement. Dans ce cas, on incluait également la qualité du processus d'évaluation, la compétence et la motivation des appréciateurs, les caractéristiques du contexte, etc. (Heneman, 1992 ; St-Onge, 1992). Spencer et Spencer (1993) – des auteurs reconnus en matière de gestion par compétences – confirment d'ailleurs cette similarité en recommandant que les personnes soient récompensées pour le développement de compétences en recevant des « salaires au mérite pour les compétences ».

Par ailleurs, les expériences de certaines entreprises révèlent que la rémunération des compétences exige des investissements importants en temps et en ressources humaines, qui se situent au-delà de la hausse des coûts de main-d'œuvre qu'elle entraîne. Entre autres, la réussite de la rémunération des compétences nécessite un investissement de temps et d'argent pour la formation des divers intervenants qui gèrent les changements de rôles. En effet, la rémunération des compétences augmente le pouvoir discrétionnaire des cadres et des superviseurs en matière de détermination des salaires.

Parallèlement, cette approche modifie le rôle des professionnels en rémunération, qui deviennent davantage des conseillers que des contrôleurs veillant à ce que les échelles et les grilles salariales soient respectées. La mise au point de tels systèmes est relativement complexe. La détermination des compétences à valoriser exige une bonne connaissance du contexte d'affaires et une bonne compréhension du style de gestion de l'entreprise et des tâches à effectuer. Ces systèmes sont également exigeants sur le plan de l'entretien, puisqu'il faut les revoir au rythme des changements technologiques, du développement des personnes, etc. Étant donné le temps et les coûts de gestion en jeu, Wilson (1995) recommande de ne pas recourir à cette approche à l'égard d'emplois très spécialisés où le nombre de titulaires est peu élevé. Toujours selon cet auteur, une telle approche est aussi difficile à adopter pour les cadres et son succès repose alors sur un réel engagement à promouvoir les rôles des gestionnaires.

Selon Lawler (1996), qui prône la rémunération des compétences depuis plusieurs années, le principal défi de cette méthode consiste à convertir l'idée de compétences en caractéristiques mesurables qui permettent une détermination équitable de la rémunération. Ce défi concerne bien sûr les employés de production, mais encore davantage les employés de bureau, les professionnels et les cadres. Pour les conseillers en gestion, tout le mouvement de la gestion par compétences mène à un dilemme (Thompson et autres, 1997). Très souvent, les dirigeants veulent réduire au minimum le temps et les efforts consacrés à l'*élaboration* des modèles de compétences, afin d'accorder rapidement beaucoup d'énergie à l'*application* de ces modèles, puisqu'ils sont préoccupés de recevoir l'assentiment des employés, de mesurer l'acquisition de compétences, de sensibiliser leurs employés à la valeur des compétences et de s'assurer que leurs compétences soient adéquatement utilisées. À cet égard, Tucker (1995) conclut qu'il est difficile de prédire si la rémunération des compétences va persister à long terme, dans la mesure où les méthodes courantes d'établissement des compétences désirées et d'évaluation des compétences des personnes exigent du temps et sont plutôt subjectives.

ENCADRÉ 9.3

Les principales conditions de succès des régimes de rémunération des compétences implantés pour les employés de production

L'entreprise doit établir le type, le nombre et la valeur des compétences dont elle a besoin pour fonctionner efficacement.

Elle doit prévoir les périodes de temps nécessaires pour atteindre le taux de salaire maximum et pour faire l'apprentissage de chacune des unités (ou de chacun des blocs) de compétences, y compris les périodes de probation entre les formations.

Elle doit fournir aux employés des occasions de formation adéquates, fréquentes et structurées leur permettant de progresser rapidement dans l'échelle salariale.

Elle doit accorder des augmentations de salaire après que les compétences auront été certifiées à l'aide d'une méthode jugée valide, efficace et équitable. La certification devrait être officialisée, par exemple, sous forme de diplôme.

Elle doit prévoir une politique portant sur la formation et les salaires, ainsi que des règles à suivre lors des changements technologiques, afin d'éviter une rétribution de compétences désuètes.

Elle doit implanter ce mode de gestion des salaires auprès d'une catégorie d'employés afin de maximiser le sentiment d'équité interne et d'éviter les plaintes ou les griefs.

Elle doit communiquer aux employés et aux cadres les objectifs poursuivis par ce mode de gestion des salaires et former les superviseurs pour qu'ils puissent assumer leur nouveau rôle.

Elle doit faire participer les employés et le syndicat à la conception, à l'implantation et à l'administration de ce nouveau système de gestion des salaires.

Elle doit s'assurer de recevoir l'appui de la direction et la certification qu'elle acceptera les problèmes d'adaptation passagers.

Elle doit implanter ce mode de gestion des salaires dans un contexte où la culture est égalitaire et axée sur la mobilisation, l'engagement et la responsabilisation des employés.

Elle doit gérer ses autres activités de gestion des ressources humaines de manière cohérente (p. ex. : lors de la sélection des employés, elle doit faire ressortir l'importance du travail d'équipe, de la participation et de la polyvalence).

9.2.9 La rémunération des compétences dans l'avenir

L'approche basée sur les compétences semble être plus qu'une technique : elle correspond à une philosophie de gestion où les employés représentent un investissement qu'on doit payer plus que le marché en échange des efforts qu'ils investissent dans leur formation. Les employeurs doivent alors assurer une bonne exploitation des compétences des employés dans leur travail. Dans la mesure où la gestion et l'organisation du travail n'exigent ni n'appuient cette vision, la rémunération des compétences risque d'être un feu de paille, d'engendrer un piètre rapport coûts-bénéfices et de causer plus de tort que de bien. Aussi une analyse des besoins et de la situation propres à chaque organisation peut-elle mener à la conclusion qu'il est pertinent de rémunérer les compétences ou qu'il est préférable de maintenir ou de modifier le mode traditionnel de gestion des salaires. Cira (1994), par exemple, traite du cas des sociétés d'assurances, où une réduction du nombre de niveaux hiérarchiques et un changement de la structure des titres d'emplois risquent d'introduire une certaine ambiguïté, alors que les définitions et la stabilité y sont des éléments essentiels. Selon lui, dans ce contexte, il peut se révéler préférable de continuer à déterminer les salaires selon les responsabilités tout en cherchant à réduire les limites de cette approche.

Rappelons qu'il y a diverses façons de reconnaître les compétences, certaines entraînant des changements majeurs alors que d'autres s'intègrent à la manière traditionnelle de gérer les salaires. Selon ses besoins, son contexte, son budget et ses attentes, une organisation peut choisir la forme qui lui paraît la plus appropriée, quitte à la faire progressivement évoluer avec le temps. Ainsi, Cumming (1992) suggère d'évaluer les emplois en fonction des facteurs clés de réussite de l'organisation ou des compétences requises pour l'emploi. Pour certaines firmes, le développement de compétences constitue l'une des facettes dont elles tiennent compte dans l'évaluation du rendement individuel, rendement qui déterminera les augmentations de salaire accordées aux employés (Sibson & Company, 1997).

Les compétences peuvent être reconnues à l'aide de primes ou de moyens autres que le salaire et les augmentations de salaire, quoique l'enquête de l'American Compensation Association (1996) démontre que très peu d'organisations procèdent de cette manière. Par exemple, on peut rémunérer les compétences en accordant une prime (un montant forfaitaire) en sus du salaire à la suite de l'acquisition d'une nouvelle compétence ou d'une formation (cas 5 de l'encadré 9.2, p. 421). Le cas du début de ce chapitre (« Les primes à l'acquisition de connaissances chez Aciers Algoma inc. ») traite du régime de primes à l'acquisition de connaissances d'Aciers Algoma inc. (Ontario). Comparée avec la formule des salaires, la formule des primes, tout en étant plus flexible et moins exigeante en coûts et en temps de gestion, peut inciter les employés à développer leurs compétences. En effet, les montants forfaitaires peuvent avoir une valeur plus significative et être facilement modifiés au fil des changements requis dans les compétences à développer. Par ailleurs, le développement de compétences peut également être pris en considération lors de l'attribution de diverses formes de reconnaissance tels les prix, la désignation d'employés du mois, les récompenses d'équipe, etc.

Par ailleurs, une organisation qui décide de payer pour les compétences doit également analyser de quelle manière elle veut récompenser les résultats. Une des nouvelles façons d'équilibrer ces exigences pour le personnel cadre se présente ainsi : d'une part, on utilise les primes (montant forfaitaire en sus du salaire) pour récompenser les *résultats* qui sont plus susceptibles de varier d'une année à l'autre, d'autre part, on utilise les augmentations de salaire pour reconnaître l'acquis de compétences dont l'organisation bénéficiera à plus long terme. Cette façon de faire est considérée comme une valeur ajoutée par rapport au régime traditionnel des augmentations de salaire au mérite.

Finalement, dans la mesure où le monde des affaires a évolué – pour certaines firmes plus que pour d'autres –, la rémunération des compétences est susceptible d'entraîner divers changements plus ou moins profonds et substantiels dans les modes de rémunération des employés, un domaine de gestion que l'on hésite traditionnellement à modifier. Dans ce contexte, tout changement mérite d'être considéré (tant la rémunération des compétences que tout autre régime de rémunération variable). Aucun de ces régimes n'est susceptible de constituer *la* bonne solution dans toutes les entreprises ni dans toutes les conditions. L'important est de trouver et d'implanter le mode de rémunération qui correspond de façon optimale au contexte d'affaires propre à chaque firme. Comparativement aux autres techniques de gestion, la rémunération des compétences peut être tout à fait pertinente ou non pertinente, selon qu'elle est utilisée et gérée dans de bonnes ou de mauvaises conditions.

9.3 LES BANDES SALARIALES ÉLARGIES

Tel que nous l'avons mentionné précédemment, un grand nombre d'entreprises se réorganisent afin d'alléger leur structure, d'accroître les responsabilités de leurs employés et de mieux répondre aux besoins de leurs clients. Dans ce contexte, certains employeurs se demandent comment attirer, retenir et récompenser des employés compétents alors qu'ils offrent moins d'occasions de promotion. Un certain nombre d'entre eux recourent à l'élargissement des bandes salariales. Cette partie du chapitre 9 vise à décrire cette approche et à traiter sa fréquence d'adoption, ses avantages présumés, ses limites, son efficacité et ses conditions de succès.

9.3.1 Définition des bandes salariales élargies

Qu'entend-on par « bandes salariales élargies » (*broadbanding*) ? La réponse n'est pas simple. Comme on peut le voir dans le tableau 9.3, il est possible de distinguer deux approches en matière d'élargissement des bandes salariales : l'approche des *bandes salariales élargies* (*broad grades*) et l'approche des *bandes de cheminement de carrière* (*career bands*) (Abosch et Hand, 1994, 1998 ; Abosch et Hmurovic, 1998 ; Gilbert et Abosch, 1996). Cette partie vise à distinguer ces deux approches. Les sections suivantes abordent de manière générale les avantages, la fréquence d'implantation, les limites et les conditions de succès des bandes salariales élargies.

L'approche des bandes salariales élargies

L'*élargissement des bandes salariales* peut couvrir une variété de pratiques (voir le tableau 9.4, p. 438) selon que l'on procède :

- à un élargissement des classes d'emplois (une réduction de leur nombre) *et* à un allongement des échelles salariales (A) ;
- à un élargissement des classes d'emplois (une réduction de leur nombre) *ou* à un allongement des échelles de salaires (B et C).

La documentation portant sur les bandes salariales élargies traite surtout le cas où l'on procède à l'élargissement des classes d'emplois et à l'allongement des échelles salariales (voir A, tableau 9.4). Il s'agit alors de regrouper un certain nombre de classes d'emplois de la structure existante (généralement quatre ou cinq) en une classe d'emplois élargie (souvent appelée *bande d'emplois*) à laquelle on associe une échelle salariale plus étendue. Par exemple, l'écart mini-maxi peut être de 100 % et plus, alors que l'écart traditionnel varie entre 30 % et 50 %. Ces longues échelles salariales peuvent conserver certaines caractéristiques associées au système conventionnel d'administration des salaires comme les points milieux, les quartiles, etc. Très souvent, les salaires minimum et maximum de l'échelle associée à une nouvelle bande d'emplois correspondent au minimum de l'échelle salariale associée à l'ancienne classe d'emplois la moins importante et au maximum de l'échelle salariale associée à l'ancienne classe d'emplois la plus importante. En somme, cette pratique consiste (1) à regrouper des emplois dont les exigences sont passablement différentes à l'intérieur d'une même bande d'emplois et (2) à faire correspondre à cette bande d'emplois des règles de détermination et de progression des salaires permettant de mieux reconnaître les caractéristiques individuelles. À titre d'exemple, le tableau 9.5 (p. 440) montre à quoi pourrait ressembler la structure salariale du personnel de recherche et développement d'une entreprise d'ingénierie, avant et après l'élargissement des classes. Généralement, on opte pour cette approche dans le but de réduire la lourdeur administrative de la rémunération et de rendre plus flexible la gestion des salaires.

TABLEAU 9.3

Comparaison des approches par bandes salariales élargies et par bandes de cheminement de carrière

Caractéristiques	Bandes salariales élargies	Bandes de cheminement de carrière
Objectif premier	Allégement de la gestion des salaires	Développement des carrières
Nombre de bandes	Plus élevé	Moins élevé
Préoccupation	Équité individuelle	Équité externe
Période de développement	De 3 à 6 mois	De 6 à 12 mois
Analyse et gestion des profils de carrière	Efforts modérés	Efforts importants et inhérents
Communication	Ouverte	Plus ouverte
Contrôle et gestion	Décentralisés	Plus décentralisés et plus flexibles
Formation	Requise	Davantage requise
Critères de regroupement en bandes	Facteurs traditionnels d'évaluation des emplois (connaissance, prise de décision, etc.)	Contributions liées aux facteurs de succès de l'organisation (p. ex. : compétences, rendement, leadership, contacts avec les clients)

Source : Inspiré de Gilbert et Abosch (1996, p. 13).

Par ailleurs, le changement apporté par plusieurs organisations en matière de gestion des salaires peut être classé dans la partie B ou C du tableau 9.4. Ainsi, pour plusieurs organisations, le défi consiste à réduire la lourdeur de l'administration des salaires en réduisant le nombre de classes d'emplois. Pour d'autres entreprises, l'unique préoccupation consiste à mieux reconnaître les contributions individuelles. Aussi l'élargissement des bandes salariales se révèle-t-il un concept large qui peut regrouper bien des pratiques.

TABLEAU 9.4

Les variétés de pratiques d'élargissement des bandes salariales

	Échelles salariales allongées ou élargies	**Échelles salariales semblables**
Les classes d'emplois sont élargies et leur nombre est réduit	A But : reconnaître davantage les caractéristiques individuelles *et* réduire le nombre de classes d'emplois	B But : changer le nombre de classes d'emplois *sans* reconnaître davantage les caractéristiques individuelles
Les classes d'emplois demeurent semblables	C But : reconnaître davantage les caractéristiques individuelles *sans* changer le nombre de classes d'emplois	D But : garder le statu quo sans élargir les bandes salariales

Somme toute, l'élargissement des bandes salariales se révèle un concept relatif. Ainsi, on peut élargir plus ou moins l'écart entre le maximum et le minimum des échelles salariales. Dans le tableau 9.6 (p. 441), deux options sont comparées. L'option A propose des échelles moins longues avec un minimum et un maximum. L'option B propose de plus longues échelles salariales subdivisées en zones : entrée, pleine contribution et exceptionnel. En pratique, il y a autant de possibilités de systèmes que d'organisations et aucune n'est universellement supérieure à l'autre. Une organisation doit choisir l'approche qui convient à son contexte. Le concept est également relatif dans le sens où une firme peut affirmer qu'elle rémunère avec des bandes salariales élargies dans la mesure où elle se compare avec sa situation antérieure, et non pas avec les autres firmes. Ainsi, une firme dont l'écart entre les points mini-maxi des échelles s'élevait à 20 % peut dire qu'elle a procédé à un élargissement de ses bandes salariales dans la mesure où elle a accru cet écart à 35 %, et ce, même si d'autres firmes de son secteur ont des échelles salariales comportant des écarts mini-maxi de 70 % pour la même catégorie de personnel.

TABLEAU 9.5

Comparaison des structures salariales du personnel de recherche et développement avant et après le regroupement des emplois en bandes d'emplois

Avant le regroupement des emplois				
Emploi	**Classe d'emplois**	**Salaire minimum**	**Salaire médian**	**Salaire maximum**
Technicien spécialiste adjoint	50	35 100 $	43 800 $	52 500 $
Concepteur technique	51	40 020 $	46 200 $	55 380 $
Technicien spécialiste	52	40 100 $	48 800 $	58 500 $
Spécialiste en technologie	54	44 160 $	55 000 $	65 940 $
Technicien spécialiste en chef	55	46 620 $	56 200 $	69 780 $
Conseiller-expert technique	57	51 900 $	64 800 $	77 700 $
Chef de section	58	55 180 $	68 900 $	82 620 $
Directeur de recherche et développement	58	55 180 $	68 900 $	82 620 $
Directeur de projet	60	63 100 $	78 800 $	94 500 $
Directeur des laboratoires	61	67 740 $	84 600 $	101 460 $
Directeur de la technologie	62	72 860 $	91 000 $	109 140 $
Directeur des essais	62	72 860 $	91 000 $	109 140 $
Directeur de l'ingénierie	62	72 860 $	91 000 $	109 140 $

Après le regroupement des emplois en bandes d'emplois			
Bande	**Zone de développement**	**Zone de référence**	**Zone supérieure**
1. Technicien spécialisé	34 800 $ – 43 500 $	43 501 $ – 54 375 $	54 376 $ – 67 968 $
2. Expert-conseil	51 600 $ – 64 500 $	64 501 $ – 80 626 $	80 627 $ – 100 784 $
3. Directeur	55 000 $ – 68 750 $	68 851 $ – 85 938 $	85 939 $ – 107 424 $

L'approche des bandes de cheminement de carrière

L'*approche des bandes de cheminement de carrière* est plus radicale, parce qu'elle se distingue davantage des structures salariales traditionnelles et que le changement apporté est plus visible et plus important aux yeux des cadres et des employés. Elle consiste à analyser les emplois et à les regrouper en un nombre très restreint de bandes de carrière. Ces bandes de carrière correspondent à des échelles de salaires très longues, permettant une flexibilité accrue. Généralement, on opte pour cette approche dans le but de modifier les comportements des employés ou de faciliter leur cheminement de carrière.

Compte tenu de l'ampleur du changement proposé, un nombre très restreint d'entreprises regroupent les emplois en bandes de carrière. Toutefois, quelle que soit l'approche retenue, l'individualisation des salaires accrue qui en résulte influe sur plusieurs activités de gestion des ressources humaines, notamment sur l'évaluation des emplois, l'évaluation du rendement des employés et la gestion de leur carrière.

9.3.2 Les avantages présumés des bandes salariales élargies

Comparativement aux structures salariales comportant une multitude de classes d'emplois, l'approche par bandes salariales élargies est censée apporter différents avantages à l'organisation, aux cadres et aux employés. Cette partie vise à faire une synthèse de cette approche susceptible de réduire les écarts entre les programmes de rémunération traditionnels et les exigences d'affaires d'aujourd'hui (voir le tableau 9.7).

Les avantages pour l'organisation

Le regroupement de classes d'emplois en bandes salariales élargies devrait procurer plusieurs avantages aux organisations.

Premièrement, ce mode de gestion des salaires devrait appuyer les changements majeurs de stratégie, de culture, de valeurs, de structure et d'organisation du travail (rationalisation, réorganisation, travail en équipe) qu'une firme veut entreprendre pour maintenir ou bâtir un avantage compétitif. Par exemple, l'élargissement des bandes peut être utile pour élaborer un système de rémunération dans les organisations qui recourent beaucoup aux équipes de travail. Les nouveaux membres de l'équipe peuvent être payés au taux le plus bas de la bande et voir leur salaire augmenter avec l'amélioration de leurs connaissances, de leurs habiletés et du nombre et de la variété des tâches et des responsabilités qu'ils peuvent assumer. En outre, cette approche devrait réduire la

TABLEAU 9.6

Deux exemples de configuration des échelles salariales associées aux classes d'emplois élargies

Bande salariale	Bornes en points		OPTION A		OPTION B			
	Minimum	Maximum	Minimum	Maximum	Entrée (apprentissage)	Pleine contribution		Exceptionnel →
			75 %	100 %	75 %	95 %	105 %	125 %
1	300	364	33 233 $	44 310 $	33 233 $	42 095 $	46 526 $	55 388 $
2	365	443	36 989 $	49 318 $	36 989 $	46 852 $	51 784 $	61 648 $
3	444	538	42 269 $	56 359 $	42 269 $	53 541 $	59 177 $	70 449 $
4	539	654	48 304 $	64 405 $	48 304 $	61 185 $	67 625 $	80 506 $
5	655	793	55 199 $	73 599 $	55 199 $	69 919 $	77 279 $	91 999 $
6	794	962	63 080 $	84 106 $	63 080 $	79 901 $	88 311 $	105 133 $
7	963	1 166	74 945 $	99 926 $	74 945 $	94 930 $	104 922 $	124 908 $
8	1 167	1 413	89 042 $	118 722 $	89 042 $	112 786 $	124 658 $	148 403 $

TABLEAU 9.7
Quelques distinctions entre les systèmes traditionnels de gestion des salaires et l'approche par bandes salariales élargies selon les exigences d'affaires

Systèmes traditionnels de gestion des salaires	**Exigences d'affaires contemporaines**	**Approche par bandes salariales élargies**
Nombreux niveaux hiérarchiques et nombreuses classes d'emplois	Se doter d'une structure organisationnelle moins lourde, plus aplatie	Réduction du nombre de niveaux hiérarchiques et des classes d'emplois
Gestion centralisée entre les mains de spécialistes de la rémunération dont le rôle est d'assurer le respect de règles précises	Responsabiliser les cadres et leur accorder plus d'autorité	Gestion décentralisée : les cadres décident et sont responsables, les spécialistes en ressources humaines peuvent conseiller les cadres
Accent mis sur le contenu et les exigences des emplois	Accroître la polyvalence, la collaboration et le travail d'équipe	Accent mis sur les contributions des personnes (p. ex. : compétences, rendement)
Système rigide, bureaucratique, lent et procédurier qui incite à la course aux promotions et aux statuts	Inciter les employés à accepter des transferts et des mouvements horizontaux de carrière	Gestion flexible et plus individualisée favorisant les mouvements de carrières horizontaux et verticaux
Valorisation de l'équité interne	Attirer et retenir des employés compétents	Valorisation de l'équité individuelle

Source : Inspiré d'Abosh et Hand (1994) et de Gilbert et Abosch (1996), avec l'autorisation de l'American Compensation Association (ACA), 14040 N. Northsight Blvd., Scottsdale, Arizona 85260 ; téléphone : (602) 951-9191 ; télécopieur : (602) 483-8352. © ACA, http://www.acaonline.org

réticence des employés aux divers changements organisationnels. Les réorganisations et les restructurations exigent des spécialistes en ressources humaines qu'ils documentent et réévaluent tous les emplois créés ou révisés. Cette situation entraîne souvent de la résistance, des confrontations et des jeux politiques entre les cadres et les employés qui veulent maximiser les résultats du processus de révision. Comme l'approche par bandes élargies a l'avantage de réduire la probabilité que les emplois soient classés différemment (les bornes des classes sont élargies) à la suite d'une réorganisation, elle réduit la résistance aux changements des employés. Par ailleurs, l'approche par bandes élargies permet de définir les responsabilités des emplois de manière plus globale et s'avère cohérente par rapport aux structures salariales basées sur les compétences. Elle correspond d'ailleurs à une forme de reconnaissance des compétences (voir le cas 3 de l'encadré 9.2, p. 420).

Deuxièmement, cette approche devrait faciliter le recrutement et la rétention du personnel clé en permettant à l'organisation d'offrir des salaires plus compétitifs et de reconnaître davantage les contributions individuelles des employés (plus d'occasions de progresser sur le plan salarial, plus de flexibilité). En somme, comme l'approche par bandes élargies accorde moins d'importance au contenu des emplois qu'aux contributions individuelles en matière de compétences et de rendement, elle incite davantage les employés à être plus polyvalents et plus souples sur le plan des responsabilités et des rôles. Selon cette approche, les récompenses pécuniaires et l'avancement deviennent davantage fonction de la valeur d'un individu que du contenu de son emploi.

Troisièmement, cette approche devrait simplifier la gestion des salaires et l'évaluation des emplois, puisqu'elle réduit le nombre de facteurs d'évaluation et regroupe les emplois à l'intérieur d'un nombre restreint de bandes salariales. Elle réduit également l'importance d'éléments traditionnels de contrôle des salaires comme le ratio comparatif, la gestion des points de contrôle (ou milieu). Par ailleurs, cette approche devrait également réduire les conflits et les jeux politiques entourant l'évaluation des emplois ou la construction d'empires bureaucratiques qui en justifient les résultats. Pour certains, cette approche peut se révéler une solution à la rigidité de l'évaluation des emplois (Milkovich et Newman, 1998).

Quatrièmement, les bandes salariales permettent de gérer différemment les carrières des employés en offrant plus d'avancement, en permettant des transferts ou des mouvements latéraux de carrière sans entraîner une révision des salaires, en réduisant l'importance du titre des emplois, des possibilités de promotion et des différences de statut, des niveaux hiérarchiques ou du nombre de points d'évaluation des emplois. Cette approche favorise donc un climat de développement personnel, de coopération, de partenariat et de collaboration souvent recherché par les organisations, notamment celles qui se tournent vers un mode de gestion par équipes de travail, une culture de qualité totale, un modèle de gestion par compétences ou dont la structure organisationnelle comporte peu de niveaux hiérarchiques.

Une enquête (Abosch et Hand, 1994) menée auprès de 116 organisations ayant procédé à diverses expériences d'élargissement des bandes démontre que les principales raisons de ces changements sont : (1) accroître la flexibilité organisationnelle (78 % des organisations), (2) appuyer une nouvelle culture organisationnelle (61 %), (3) réduire l'importance de la structure organisationnelle (hiérarchie) traditionnelle (51 %), (4) appuyer une structure organisationnelle aplatie (47 %), (5) valoriser le développement de carrière (38 %), (6) encourager le développement des compétences (33 %) et (7) répondre à des changements en matière d'organisation du travail (31 %).

Les avantages pour les gestionnaires

Le regroupement de classes d'emplois en bandes salariales élargies est censé accorder aux cadres plus de pouvoir discrétionnaire pour définir les rôles et les responsabilités de leurs employés et pour reconnaître leurs contributions individuelles en accord avec les valeurs de l'organisation, s'il y a lieu (compétences, rendement, ancienneté, etc.). Par ailleurs, à cause de la réduction du nombre de niveaux hiérarchiques et de la responsabilisation accrue des gestionnaires, il est à prévoir que ces derniers voudront assumer plus de responsabilités en matière de rémunération et gérer de manière plus flexible la reconnaissance. En effet, si on les rend davantage responsables de la performance de leur unité, ils voudront gérer les outils qui influent sur les comportements des employés et se les approprier.

Il serait donc incohérent de maintenir un mode de contrôle centralisé alors que les programmes de rémunération sont davantage gérés par les cadres. La réduction du nombre de spécialistes du service des ressources humaines dans plusieurs firmes favorise également une responsabilisation accrue des gestionnaires en matière de gestion des salaires, car ceux-ci ont une meilleure compréhension de leur unité ainsi que des aspirations et des contributions des employés.

Les avantages pour les employés

Le regroupement de classes d'emplois en bandes salariales devrait permettre aux employés de pouvoir augmenter leur salaire en améliorant leurs contributions individuelles (rendement, ancienneté, expérience, etc.) et d'améliorer leurs possibilités de carrière, puisqu'on met alors plus l'accent sur les mouvements latéraux et moins sur les promotions.

9.3.3 La fréquence d'implantation des bandes salariales élargies

En général, il semble que cette approche soit très souvent implantée par des entreprises :

- qui ont réduit le nombre de leurs niveaux hiérarchiques ;
- qui doivent effectuer des changements organisationnels majeurs en matière de culture, de stratégie d'affaires, de style de gestion, etc. ;

- qui veulent diminuer l'importance du titre des emplois et des promotions, mettre davantage l'accent sur la mobilité horizontale et la flexibilité, et réduire l'importance de l'ancienneté dans la progression des salaires ;
- qui désirent reconnaître davantage la contribution individuelle des employés et qui cherchent à favoriser le développement des compétences ;
- qui veulent accorder un plus grand pouvoir discrétionnaire aux cadres en ce qui a trait à la classification des emplois et à la détermination et au contrôle des salaires, de manière à réduire les conflits liés à la surévaluation des emplois.

En pratique, l'idée d'élargir les bandes salariales – accompagnée d'un allégement des méthodes d'évaluation des emplois et de nouvelles approches de gestion du rendement – n'est pas nouvelle. Les premières expériences de regroupement des classes d'emplois en bandes d'emplois plus larges ont été menées au début des années 1980 dans le secteur public américain (Schay, 1996). Dans le secteur privé, les premières expériences datent de la fin des années 1980 et des années 1990.

Au Canada, comparativement aux autres approches novatrices en matière de gestion de la rémunération que sont la rémunération basée sur les compétences, la rémunération des équipes et la prime de mérite, l'approche des bandes salariales est celle dont la popularité a le plus augmenté au cours des dernières années : en 1998, 27 % des firmes sondées avaient recours à la gestion des salaires par bandes élargies, alors que 16 % des firmes sondées utilisaient ce mode de rémunération en 1995.

Aux États-Unis, une enquête de l'Association américaine de rémunération (Abosch et Hand, 1994), effectuée auprès de 116 organisations ayant procédé à diverses expériences d'élargissement des bandes salariales, démontre que presque la moitié des participants (46 %) souhaitent que cette approche soit maintenue ou conservée dans leur organisation, alors que 46 % disent vouloir que son implantation soit utilisée de manière plus étendue dans leur organisation. Seulement 8 % des répondants préféreraient que cette approche soit utilisée de manière plus réduite, sinon abandonnée. Cette enquête indique que plus de la moitié des firmes qui ont adopté une approche par bandes élargies l'utilisent pour gérer la rémunération de moins de 10 % de leur personnel. Par conséquent, cette approche semble être adoptée pour relever les défis de gestion liés à des catégories particulières de main-d'œuvre.

Aux États-Unis, la division GE Appliances de General Electric Co., installée à Louisville, au Kentucky, a considéré pour la première fois en 1989 l'éventualité de procéder au regroupement par bandes pour gérer les salaires des employés non syndiqués, dans le but d'atteindre trois principaux objectifs :

- améliorer la mobilité inter-fonctionnelle des professionnels ;
- simplifier les pratiques de gestion des salaires ;
- éliminer les débats et les négociations continus liés à l'évaluation des emplois et à leur classification.

Jusqu'alors, l'entreprise avait une structure salariale comprenant 14 classes d'emplois, dans laquelle chacune avait une échelle salariale comportant un écart mini-maxi d'environ 50 %. L'approche des bandes salariales élargies a permis de regrouper ces 14 classes d'emplois en quatre bandes d'emplois ayant des écarts mini-maxi d'environ 130 %. Aujourd'hui, le système est largement accepté et perçu comme une facette d'un changement culturel global du travail en équipe et de l'amélioration continue. Les dirigeants décident des rajustements de salaire au mérite en s'appuyant sur des enquêtes de rémunération. Le budget des augmentations de salaire est divisé entre les départements qui doivent respecter des critères globaux pour justifier les taux d'augmentation. Les changements d'emplois à l'intérieur des bandes d'emplois sont gérés en fonction des guides élaborés par le Service des ressources humaines. À ce jour, les gestionnaires se disent plus au courant des salaires offerts sur le marché et sentent plus de flexibilité dans l'assignation du travail aux employés. (Inspiré d'Abosch et autres (1994) et de Risher et Butler (1993-1994).)

Sur le plan international, une enquête de la société Hewitt Associates révèle que le recours aux bandes élargies dans 15 des 16 pays étudiés a augmenté au cours des cinq dernières années (Abosch et Hmurovic, 1998), et ce particulièrement aux États-Unis, où il y a eu une augmentation de 200 %.

En 1995, Nokia, une firme de télécommunications et de produits électroniques installée à Helsinki, en Finlande, a commencé à implanter une approche par bandes élargies pour gérer la rémunération de ses 31 000 employés répartis dans 45 pays. D'ici l'an 2002, cette approche devrait constituer l'unique façon de comparer et de valoriser le contenu des emplois à travers le monde. Les raisons de ce choix sont les suivantes (Abosch et Hmurovic, 1998) :

- Inciter les employés à améliorer leurs habiletés et leurs contributions plutôt qu'à gravir les échelons hiérarchiques ;
- S'assurer le maintien de la structure organisationnelle, qui a toujours été plutôt aplatie ;
- Offrir une rémunération compétitive et la gérer de manière plus flexible ;
- Réduire au minimum les ressources et le temps requis pour évaluer les emplois.

Selon Martocchio (1997), les firmes peuvent élaborer leurs bandes salariales en fonction de diverses normes. Certaines firmes établissent des bandes élargies pour des groupes particuliers d'employés, tels les cadres supérieurs, les cadres intermédiaires, les professionnels, etc., après avoir réduit le nombre de niveaux hiérarchiques. D'autres firmes créent des bandes élargies sur la base de familles d'emplois (les employés de bureau, les employés de production, les techniciens, les cadres, etc.). D'autres firmes établissent leurs bandes salariales en regroupant certaines familles d'emplois en groupes fonctionnels, comme les spécialistes en ressources humaines, le personnel financier, etc.

9.3.4 L'efficacité des bandes salariales élargies

Après avoir suivi de près certaines expériences d'élargissement des classes d'emplois dans le secteur public américain, Schay (1996) constate que les coûts d'implantation de cette approche ont été contrebalancés par les bénéfices suivants :

- Une économie dans les frais de gestion des coûts de main-d'œuvre résultant de la réduction des tâches et du temps consacrés à l'évaluation des emplois. Dans un contexte de bandes salariales élargies, il est quelque peu illogique de chercher à établir de minces distinctions entre la valeur des emplois, puisque moins il y a de classes d'emplois, moins les résultats d'évaluation des emplois prennent de l'importance : des emplois ayant un nombre de points substantiellement différent peuvent se retrouver dans la même bande d'emplois et être payés selon les mêmes règles ;
- Une réduction du roulement des employés performants de 50 % dans certains cas, ainsi qu'une augmentation du roulement des employés peu performants ou dont le rendement est insuffisant ;
- Une augmentation de la satisfaction des employés à l'égard des salaires ;
- Une augmentation du pouvoir décisionnel des cadres ;
- Une amélioration de la performance des unités.

Une étude de l'American Compensation Association, menée en 1994 par Hewitt Associates LLC auprès de 116 organisations ayant procédé à diverses expériences d'élargissement des bandes, révèle que cette approche est excellente (Abosch et Hand, 1994) pour :

- améliorer la flexibilité organisationnelle ;
- promouvoir la mobilité horizontale ;
- appuyer une nouvelle stratégie d'affaires ;
- développer les compétences du personnel ;
- encourager le travail en équipe ;
- cesser d'inciter les employés à rechercher des promotions.

9.3.5 Les limites, les conditions de succès et la pertinence des bandes salariales élargies

> Il y a neuf ans, Hussey Seating avait 235 titres d'emplois différents pour moins de 400 employés. Aujourd'hui, nous avons moins de 90 titres d'emplois. Plutôt que de valoriser le titre, l'ancienneté et l'autorité, nous voulons dévaloriser les titres, reléguer les prises de décision au niveau hiérarchique le plus bas possible, accroître le pouvoir des équipes et des employés et les former pour qu'ils aient les compétences pour réussir dans leur travail. Nous avons réduit le nombre de niveaux hiérarchiques de l'organisation de sept à trois. [...] Les cadres opérationnels sont assurément les champions du processus de regroupement en bandes.
>
> (Propos de Julian J. Pinkos, vice-président ressources humaines, Hussey Seating Co., extrait de LeBlanc et Ellis (1995, p. 55 et 56). Reproduit avec l'autorisation de l'American Compensation Association (ACA), 14040 N. Northsight Blvd., Scottsdale, Arizona, U.S.A. 85260; téléphone : (602) 951-9191 ; télécopieur : (602) 483-8252. © ACA http://www.acaonline.org)

Quoique plusieurs avantages soient associés aux bandes élargies, cette approche comporte aussi des limites ou des risques. Par ailleurs, elle n'est pas une panacée à tous les maux et lorsqu'elle se révèle appropriée, son succès est lié à diverses conditions. Cette section résume les limites et les conditions de succès de l'approche par bandes et propose des questions visant à en évaluer la pertinence.

Le regroupement par bandes peut représenter un changement significatif en matière de philosophie et de mécanismes de gestion des salaires. Il doit alors appuyer la structure de l'organisation, ses perspectives de croissance, ses profils de carrière et sa philosophie de gestion.

L'accent mis sur l'individualisation des salaires, lié à cette approche, rend le contrôle de la masse salariale plus difficile, puisque les concepts de point de contrôle et de ratio comparatif s'appliquent moins bien. Les données des enquêtes peuvent encore être consultées pour contrôler la rémunération des emplois clés ou repères, mais le centre ou le point milieu de l'échelle associée à chaque bande d'emplois ne suit plus nécessairement le taux du marché. Par ailleurs, les coûts de main-d'œuvre peuvent être considérablement plus élevés dans cette approche, parce qu'elle accorde plus de pouvoir discrétionnaire aux cadres en matière de détermination des salaires et que le salaire maximum octroyé à une bande d'emplois (ou classe d'emplois élargie) est considérablement plus élevé que le salaire maximum de la plupart des classes d'emplois qui ont été regroupées. L'expérience du gouvernement fédéral américain démontre que là où l'on trouve des structures salariales basées sur des classes d'emplois élargies, les augmentations de salaire sont accordées plus rapidement que là où l'on trouve des structures salariales traditionnelles (Schay et autres, 1992).

Par ailleurs, cette approche risque d'alimenter certaines attentes qui ne seront pas comblées en matière de rémunération. Certaines personnes peuvent aussi être réticentes devant ce système ou craindre de perdre leurs privilèges. Par ailleurs, les gestionnaires peuvent être rebutés par les responsabilités supplémentaires que cette approche entraîne.

De plus, comme elle met l'accent sur la gestion des salaires individuels, cette approche privilégie la reconnaissance des contributions individuelles (l'équité individuelle). Cette situation peut engendrer des plaintes pour iniquité dans le salaire des employés ou pour favoritisme envers certains employés, groupes de travail, départements ou unités administratives. Aussi le temps consacré à l'évaluation des emplois doit-il maintenant être consacré à l'évaluation des personnes, c'est-à-dire à l'élaboration d'outils et à la formation et à la motivation des cadres. En somme, dans un contexte de bandes salariales élargies, les défis consistent à exploiter la polyvalence sans augmenter les coûts de main-d'œuvre, à éviter les plaintes pour favoritisme et iniquité parmi les employés et à amener les gestionnaires à s'approprier leur nouveau rôle.

Par conséquent, cette approche nécessite un investissement dans la communication auprès des cadres et des employés, afin qu'ils comprennent bien ce mode de gestion des salaires, qu'ils l'estiment approprié et nécessaire à la réussite de l'entreprise et qu'ils aient des attentes réalistes. En effet, cette approche modifie la façon dont les employés doivent envisager leurs perspectives de carrière et leur potentiel de reconnaissance pécuniaire. L'organisation doit donc être claire auprès des employés quant aux conséquences négatives de cette approche, notamment la réduction des occasions de promotion, l'intérêt moindre accordé aux cheminements et aux profils de carrière étroits ainsi que la possibilité de changements dans les titres des emplois.

De plus, comme cette approche décentralise la gestion des salaires, il est essentiel que les gestionnaires et les professionnels en ressources humaines soient réceptifs à cette méthode. Il faut donc former ces intervenants à leurs nouveaux rôles respectifs. D'une part, cette approche augmente les responsabilités et l'imputabilité des cadres en matière de gestion des salaires. D'autre part, elle transforme le rôle de contrôleur auparavant assumé par les professionnels en ressources humaines en un rôle de conseiller. Dans ce contexte, ces derniers proposent des guides – et non des règles précises –, de manière à permettre aux gestionnaires d'utiliser leur jugement pour régler chaque cas.

Au cours d'une enquête (Abosch et Hand, 1994) menée en 1994 auprès de 116 organisations ayant procédé à diverses expériences d'élargissement des bandes salariales, on a demandé aux répondants de proposer des suggestions en s'appuyant sur leur expérience. On leur a posé la question suivante : Qu'est-ce que vous changeriez si vous aviez la chance de mettre au point et d'implanter le regroupement par bandes une autre fois ? Telles que présentées dans l'encadré 9.4, leurs réponses se résument aux trois grands conseils suivants : (1) communiquer, former et faire participer, (2) ne pas bousculer l'implantation, (3) s'assurer d'établir une gestion des ressources humaines cohérente.

ENCADRÉ 9.4

Conditions de succès de l'approche par bandes salariales élargies selon une enquête de l'Association américaine de rémunération

Communiquer, former et faire participer

- Présentation de l'approche aux cadres et aux employés pour témoigner de l'appui et de l'engagement de la direction, pour faire taire les réticences et pour justifier la nécessité du changement
- Communication du lien entre la stratégie d'affaires à long terme et l'approche
- Information sur la méthode et le fonctionnement de l'approche avant son implantation
- Formation des employés et des cadres
- Constitution de groupes de discussion
- Participation des cadres pour qu'ils soient réceptifs au changement

Ne pas bousculer l'implantation

- Participation des intervenants à l'élaboration du système
- Sensibilisation des employés et constitution de groupes de discussion
- Planification des exigences du système et de son évaluation à long terme

S'assurer d'établir une gestion cohérente des ressources humaines

- Accès à des budgets d'augmentation de salaire suffisants
- Accès à une banque de données sur les ressources humaines
- Présence de programmes de reconnaissance
- Définition claire du programme avant son implantation

Source : Abosch et Hand (1994). Reproduit à partir d'une étude de l'ACA menée par Hewitt Associates, avec l'autorisation de l'American Compensation Association (ACA), 14040 N. Northsight Blvd., Scottsdale, Arizona 85260 ; téléphone : (602) 951-9191 ; télécopieur : (602) 483-8352. © ACA, http://www.acaonline.org

En conclusion, force est de constater que le regroupement en bandes ne constitue pas qu'un simple changement administratif, mais qu'il nécessite un changement de valeurs et de culture. Aussi l'appui de la direction est-il essentiel à son succès. Les dirigeants qui s'interrogent sur la pertinence d'un élargissement des bandes salariales dans leur firme peuvent analyser les critères suivants, qui sont généralement associés au succès de ce processus :

- L'entreprise veut réduire le nombre de niveaux hiérarchiques et les privilèges ou les modes de reconnaissance (réels et symboliques) liés à un poste ou à un niveau hiérarchique ;
- L'entreprise veut adopter des modes de gestion plus flexibles et moins bureaucratiques, et elle veut être plus transparente en matière de gestion de la rémunération ;
- L'entreprise veut instaurer un mode de gestion des salaires qui lui permette de mieux recruter et retenir les candidats compétents, et elle veut inciter davantage les employés à prendre des initiatives en matière de gestion ;
- L'entreprise veut valoriser davantage la reconnaissance des contributions individuelles (équité individuelle) et elle veut investir davantage dans l'adoption et la gestion de méthodes ou d'outils efficaces pour évaluer la valeur des individus (conséquemment, l'entreprise veut réduire l'importance de la valeur des emplois et investir moins dans la gestion de ce processus) ;
- Les cadres veulent assumer davantage de responsabilités en matière de gestion des salaires et ils ont les compétences requises ;
- Le système de rémunération actuel n'incite pas suffisamment les employés à adopter les comportements requis pour réaliser la stratégie d'affaires et atteindre les objectifs d'affaires de l'organisation.

Une enquête menée auprès de 67 organisations ayant décidé de ne pas procéder à un élargissement des bandes salariales après en avoir considéré l'éventualité, indique que les principaux freins à son adoption sont les suivants (Abosch et Hand, 1994) : (1) la culture organisationnelle non réceptive (55 %), (2) le moment inadéquat (51 %), (3) l'absence de véritables raisons de changer (43 %), (4) la satisfaction vis-à-vis du système actuel (28 %), (5) le manque de personnel (18 %), (6) la volonté de la direction (13 %), (7) l'incapacité des cadres de gérer cette méthode, (8) les coûts de gestion trop élevés, (9) les réactions négatives des employés (9 %) et (10) la recommandation d'un consultant (3 %).

RÉSUMÉ

Ce chapitre a analysé deux récentes approches en matière de gestion de la rémunération : la rémunération des compétences et les bandes salariales élargies. Quoiqu'elles comportent de multiples avantages potentiels, ces approches émergentes semblent reposer sur plusieurs exigences. Entre autres, elles risquent de faire plus de mal que de bien lorsque leur implantation ne tient pas compte du climat ou de la stratégie d'affaires. Aussi une analyse des besoins et de la situation propres à chaque organisation peut-elle mener à la conclusion qu'un changement est nécessaire ou que le mode traditionnel de gestion des salaires demeure le plus approprié.

Par ailleurs, l'élargissement des bandes salariales et la rémunération des compétences augmentent tous deux le pouvoir discrétionnaire des cadres en matière de détermination des salaires. Ces approches modifient donc le rôle des professionnels en rémunération, qui deviennent davantage des conseillers auprès des cadres que des contrôleurs veillant au respect des échelles et des grilles salariales. Par conséquent, la réussite de ces approches dans le domaine de la rémunération exige qu'une organisation consacre du temps et de l'argent à la formation des intervenants afin qu'ils assument adéquatement leurs nouveaux rôles.

Finalement, rappelons que même si nous avons présenté de manière successive la rémunération basée sur les compétences et les bandes salariales élargies, ces approches peuvent être implantées simultanément dans une entreprise. Dans ce contexte, l'entreprise peut, par exemple, décrire, pour chaque bande salariale, les compétences clés requises par les emplois, les objectifs de développement des titulaires de ces emplois ainsi que le type et le contenu de la formation recommandée pour les employés de chaque bande salariale.

QUESTIONS DE RÉVISION

1. Dans le contexte actuel des affaires, quelles limites attribue-t-on à la gestion traditionnelle des salaires en Amérique du Nord ?
2. Qu'est-ce que l'approche dite de « rémunération basée sur les compétences » ?
3. Quels sont les avantages présumés de la rémunération des compétences ?
4. Que peut-on affirmer au sujet de la fréquence de la rémunération des compétences ? Justifiez votre réponse.
5. De quelles façons peut-on rémunérer les compétences des personnes ?
6. Que peut-on dire sur l'efficacité de la rémunération des compétences ?
7. Quelles recommandations pourriez-vous faire en vue de maximiser le succès d'un régime de rémunération basé sur les compétences ?

8. Qu'est-ce que l'approche des bandes salariales élargies ? Définir les diverses pratiques que l'on peut regrouper sous cette expression.
9. Quels avantages associe-t-on à l'élargissement des bandes salariales ?
10. Quelles sont les conditions de succès de l'approche par bandes salariales élargies ?

RÉFÉRENCES

ABOSCH, K.S., D. GILBERT et S.M. DEMPSEY (1994). « Contrasting perspectives – broadbanding : Approaches of two organizations », ACA *Journal*, vol. 3, n° 1, printemps, p. 46-53.

ABOSCH, K.S., et J.S. HAND (1994). *Broadbanding Design, Approaches and Practices*, Scottsdale, Ariz., American Compensation Association.

ABOSCH, K.S., et J.S. HAND (1998). *Life with Broadbands*, Scottsdale, Ariz., American Compensation Association.

ABOSCH, K.S., et B.L. HMUROVIC (1998). « A traveler's guide to global broadbanding », ACA *Journal*, vol. 7, n° 2, été, p. 38-47.

AMERICAN COMPENSATION ASSOCIATION (ACA) (1996). *Raising the Bar : Using Competencies to Enhance Employee Performance*, Scottsdale, Ariz., American Compensation Association.

BETCHERMAN, G., N. LECKIE et A. VERMA (1994). *HRM Innovations in Canada : Evidence from Establishment Surveys*, Industrial Relations Centre, Queen's University, Working paper, QPIR, p. 3.

BLOOMER, J. (1998). « La rémunération des compétences : peut-être le sujet le plus incompris en rémunération », CCA *News*, vol. 6, n° 1, hiver, p. 4 et 5.

CIRA, D. (1994). « Broadbanding, Flattering Your Job and Grade Structure », William M. Mercer Inc., document non publié.

CONFERENCE BOARD OF CANADA (1999). *Compensation Planning Outlook*, Ottawa, Canada. Rédigé par Nathalie Carlyle, Research Associate.

CUMMING, C.M. (1992). « Will traditional salary administration survive the stampede to alternative rewards ? », *Compensation & Benefits Review*, novembre-décembre, vol. 4, n° 6, p. 42-47.

DAVIS, J.H. (1997). « The future of salary when jobs disappear », *Compensation & Benefits Review*, vol. 29, n° 1, janvier-février, p. 18-26.

DEWEY, B.J. (1994). « Changing to skill-based pay : Disarming the transition landmines », *Compensation & Benefits Review*, vol. 26, n° 1, janvier-février, p. 38-43.

DONNADIEU, G., et P. DENIMAL (1993). *Classification, qualification : de l'évaluation des emplois à la gestion des compétences*, Éditions Liaisons (France).

GILBERT, D., et K.S. ABOSCH (1996). *Improving Organizational Effectiveness Through Broadbanding*, Scottsdale, Ariz., American Compensation Association.

GUPTA, N., G.D. JENKINS et W.P. CURINGTON (1986). « Paying for knowledge : myths and realities », *National Productivity Review*, vol. 5, n° 2, printemps, p. 107-123.

GUPTA, N., G.E. LEDFORD, G.D. JENKINS et H.D. DOTY (1992). « Survey-based prescriptions for skill-based pay », *ACA Journal*, vol. 1, n° 1, automne, p. 48-59.

HALPERN, N. (1984). « Sociotechnical system design : The Shell Sarnia experience », dans J.B. Cunningham et T.H.White (sous la dir. de), *Quality of Working Life : Contemporary Cases*, Labour Canada, p. 31-75.

HENEMAN, L.H. (1992). *Merit Pay*, New York, Addison Wesley HRM Series.

HOFRICHTER, D.A, et L.M. SPENCER (1996). « Competencies : The right foundation for effective human resources management », *Compensation & Benefits Review*, vol. 28, n° 6, novembre-décembre, p. 21-24.

JENKINS, G.D., N. GUPTA, G.E. LEDFORD et D.H. DOTY (1993). *Skill-Based Pay : Practices, Payoffs, Pitfalls and Prescriptions*, Scottsdale, Ariz., American Compensation Association.

KLEIN, A.L. (1996). « Validity and reliability for competency-based systems : Reducing litigation risks », *Compensation & Benefits Review*, vol. 28, n° 4, juillet-août, p. 31-37.

LAWLER, E.E. (1996). « Competencies : A poor foundation for the new pay », *Compensation & Benefits Review*, vol. 28, n° 6, novembre-décembre, p. 20-24.

LAWLER, E.E., G.E. LEDFORD et L. CHANG (1993). « Who uses skill-based pay and why », *Compensation & Benefits Review*, vol. 24, n° 2, mars-avril, p. 22-26.

LAWLER, E.E., S.A. MOHRMAN et G.E. LEDFORD (1992). *Employee Involvement and Total Quality Management : Practices and Results, Fortune 1000 Companies*, San Francisco, Jossey-Bass.

LEBLANC, P.V. (1991). « Skill-based pay case number 2 : Northern Telecom », *Compensation & Benefits Review*, vol. 23, n° 2, p. 39-56.

LEBLANC, P.V., et C.M. ELLIS (1995). « A testimonial from eight organizations : The many faces of banding », *ACA Journal*, vol. 4, n° 4, hiver, p. 52-63.

LEDFORD, G.E., Jr. (1992). « Attitudinal effects of skill-based pay : A longitudinal study », *Academy of Management Annual Meeting*, août, Center for Effective Organizations, 10 p.

LEDFORD, G.E., Jr., et G. BERGEL (1991). « Skill-based pay case number 1 : General Mills », *Compensation & Benefits Review*, vol. 23, n° 2, p. 24-38.

LEDFORD, G.E. Jr., W.R. TYLER et W.B. DIXEY (1991). « Skill-based pay case number 3 : Honeywell Ammunition Assembly Plant », *Compensation & Benefits Review*, vol. 23, n° 2, p. 57-77.

LONG, R. (1989). « Pattern of workplace innovations in Canada », *Relations Industrielles*, vol. 44, n° 4, p. 805-826.

LONG, R. (1993). « The relative effects of new information technology and employee involvement on productivity in Canadian companies », *Proceedings of the Administra-*

tive Sciences Association of Canada, Division : Théorie organisationnelle, vol. 14, n° 2, p. 61-70.

MARTOCCHIO, J.J. (1997). *Strategic Compensation*, New Jersey, Prentice Hall.

MAYS, J. (1997). « Why we haven't seen "the end of jobs" or the end of pay survey ? », *Compensation & Benefits Review*, vol. 29, n° 4, juillet-août, p. 25-27.

MILKOVICH, G.T., et J.M. NEWMAN (1998). *Compensation*, Homewood, Ill., Richard D. Irwin.

MURRAY, B., et B. GERHARD (1998). « An empirical analysis of a skill-based pay program and plant performance outcomes », *Academy of Management Journal*, vol. 41, n° 1, p. 68-78.

O'NEAL, S. (1996). « Reengineering and compensation : An interview with Michael Hammer », ACA *Journal*, vol. 5, n° 1, printemps, p. 6-11.

O'NEILL, G.L., et D. LANDER (1994). « Linking employee skills to pay : A framework for skill-based pay plans », ACA *Journal*, vol. 2, n° 3, hiver, p. 14-27.

PARENT, K.J., et C.L. WEBER (1994). *Does Paying for Knowledge Payoff ? : Evidence from a Case Study*, Cahier de recherche, Centre de relations industrielles, Université Queen, 23 p.

RISHER, H., et R.J. BUTLER (1993-1994). « Salary banding : An alternative salary-management concept », ACA *Journal*, vol. 2, n° 3, hiver, p. 48-57.

ST-ONGE, S. (1992). *A Field Investigation of Variables Influencing Pay-for-Performance Perceptions*, thèse de doctorat non publiée, Université York.

ST-ONGE, S. (1998). « La rémunération des compétences : Où en sommes-nous ? », *Gestion*, vol. 23, n° 4, hiver, p. 24-36.

ST-ONGE, S., M. AUDET, V. HAINES et A. PETIT, (1998). *Relever les défis de la gestion des ressources humaines*, Boucherville, Gaëtan Morin Éditeur.

ST-ONGE, S., et M.A. PÉRONNE-DUTOUR (1998). « Les perceptions de justice à l'égard d'un système de rémunération basée sur les compétences : une étude auprès des employés d'une entreprise de France », Association internationale de psychologie du travail de langue française (AIPTLF), Actes du 9e congrès, tome 6, *Mobilisation et efficacité au travail*, sous la direction de Roch Laflamme, Cap-Rouge (Québec), Presses Inter Universitaires, p. 113-124. (Gestion des paradoxes dans les organisations)

SCHAY, B.W. (1996). « Broadbanding in the federal government : A 16-year experiment », ACA *Journal*, vol. 5, n° 3, automne, p. 32-43.

SCHAY, B.W., K.C. SIMONS, E. GUERRA et J. CALDWELL (1992). *Broad-banding in the Federal Government – Technical Report*, Washington, D.C., U.S. Office of personnel Management.

SIBSON & COMPANY (1997). « Six companies share their insight : The challenges in applying competencies », *Compensation & Benefits Review*, mars-avril, vol. 29, n° 2, p. 64-75.

SPENCER, L.M., et S.M. SPENCER (1993). *Competence at Work : Models for Superior Performance*, New York, John Wiley & Sons.

STARK, M., W. LUTHER et S. VALVANO (1996). « Jaguar cars drives toward competency-based pay », *Compensation & Benefits Review*, vol. 28, n° 6, novembre-décembre, p. 34-40.

THOMPSON, M.A., K.M. COFSKY LEMAIRE, E. GUBMAN, S. O'NEAL et D.J. CIRA (1997). « The state of competencies : ACA's research one year later », ACA *Journal*, vol. 6, n° 3, automne, p. 54-61.

TREMBLAY, M. (1996). « Payer pour les compétences validées : une nouvelle logique de rémunération et de développement des ressources humaines », *Gestion*, vol. 21, n° 2, juin, p. 32-44.

TREMBLAY, M., M. LEMELIN, A. RONDEAU et N. LAUZON (1995). « Les stratégies de mobilisation des ressources humaines », document de recherche non publié, École des Hautes Études Commerciales, 40 p.

TUCKER, S.A. (1995). « The role of pay in the boundaryless organization », ACA *Journal*, vol. 4, n° 3, automne, p. 48-59.

WILSON, T.B. (1995). *Innovative Reward Systems for the Changing Workplace*, New York, McGraw-Hill.

YURKUTAT, J. (1997). « Is "the end of jobs" the end of pay survey too ? », *Compensation & Benefits Review*, juillet-août, vol. 29, n° 4, p. 24-29.

ZINGHEIM, P.K., G.E. LEDFORD et J.R. SCHUSTER (1996). « Competencies and competency models : Does one size fit all ? », ACA *Journal*, vol. 5, n° 1, p. 56-65.

MODÈLE DE GESTION DE LA RÉMUNÉRATION

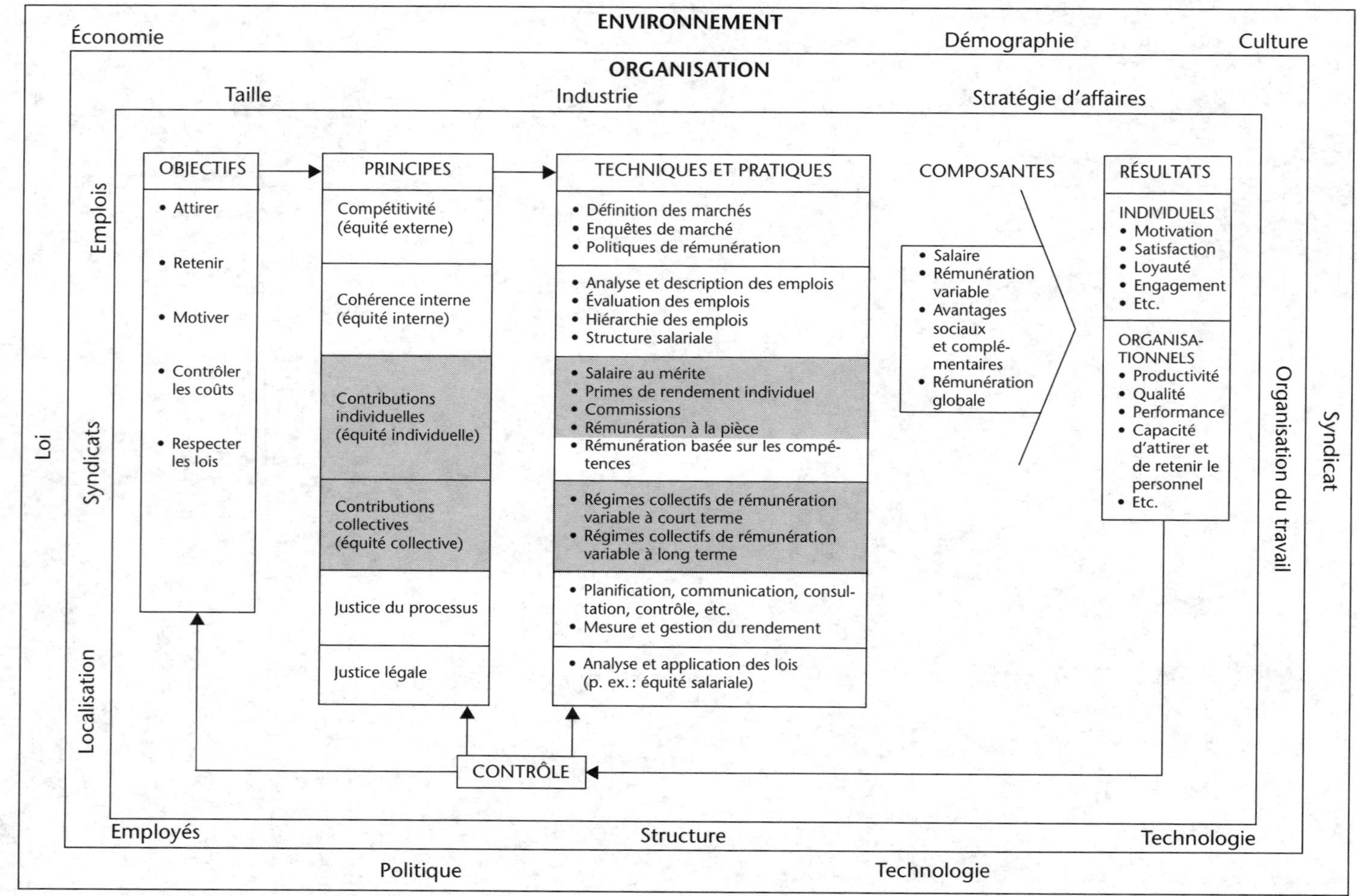

SECTION 5

LA RECONNAISSANCE ET LA GESTION DU RENDEMENT

Chapitre 10

La reconnaissance du rendement individuel

OBJECTIFS

Ce chapitre vise à :

– faire comprendre l'importance de la reconnaissance du rendement au travail ;

– faire comprendre les avantages, les limites et les similarités de l'approche axée sur la reconnaissance et de l'approche axée sur le contrôle ;

– souligner la multiplicité des formes de reconnaissance qu'on peut utiliser pour récompenser les réalisations au travail ;

– distinguer les conditions de succès des divers régimes de rémunération variable visant à reconnaître le rendement individuel ;

– montrer les limites des régimes de rémunération variable visant à reconnaître le rendement individuel.

PLAN

Objectifs 461
Cas : Le programme de récompenses des Technologies industrielles SNC inc. 464
Introduction 466
10.1 La motivation au travail 467
10.1.1 La théorie des attentes 468
10.1.2 La théorie de l'équité 469
10.1.3 La théorie des objectifs 471
10.1.4 La théorie des caractéristiques des tâches 471
10.1.5 Les principes de motivation de Ford 472
10.2 L'importance de la reconnaissance du rendement 473
10.2.1 La reconnaissance au lieu de la punition 474
10.2.2 La reconnaissance et les punitions 475
10.2.3 L'efficacité des récompenses 477
Les résultats des recherches 477
L'efficacité des récompenses en contexte organisationnel 478
10.3 Les formes de reconnaissance 480
10.3.1 La communication 480
10.3.2 Les comportements 482
10.3.3 Les symboles honorifiques 483
10.3.4 La visibilité 483
10.3.5 Les biens, les services et les primes ponctuelles 484
10.3.6 Les conditions de travail 485
10.3.7 Les modes de reconnaissance autres que les régimes de rémunération variable 485
10.4 La rémunération variable comme forme de reconnaissance 487
10.4.1 La fréquence de l'implantation des régimes de rémunération variable 487
10.4.2 Les divers types de régimes de rémunération variable 488
10.5 Les salaires au mérite 489
10.5.1 Définition du salaire au mérite 489
10.5.2 La fréquence d'attribution du salaire au mérite 490
10.5.3 Les matrices d'augmentations de salaire au mérite 490
10.5.4 Les avantages présumés des salaires au mérite 491
La répercussion sur la performance organisationnelle 491
Le principe de la rémunération selon le rendement individuel 493
L'influence sur les attitudes et les comportements des employés 493
La diminution des risques pour les employés 493

10.5.5 Les limites de la formule des salaires au mérite 494
Une formule de reconnaissance coûteuse 494
Le lien entre le rendement et l'augmentation de salaire 494
Les montants d'augmentations de salaire 496
La gestion et l'évaluation du rendement 496
10.5.6 L'efficacité et les conditions de succès des salaires au mérite 497
10.6 Les primes au rendement individuel 501
10.7 La rémunération au mérite intégrant l'attribution de primes 503
10.8 Les commissions 503
10.8.1 Les avantages des commissions 504
10.8.2 Le mixte de la rémunération 504
10.8.3 La gestion des commissions des représentants 508
La formule des commissions 508
Les commissions avec retrait 510
10.9 La rémunération à la pièce 511
10.9.1 Les secteurs où sont utilisés les régimes de rémunération à la pièce 512
10.9.2 La détermination du rendement standard 512
10.9.3 Les avantages et les inconvénients de la rémunération à la pièce 514
10.9.4 Les conditions de succès de la rémunération à la pièce 516
10.10 Les limites des régimes de reconnaissance du rendement individuel 517
10.11 Les conditions de succès des régimes de reconnaissance du rendement individuel 517
Résumé 521
Questions de révision 522
Références 522

CAS

Le programme de récompenses des Technologies industrielles SNC inc.

En 1990, afin que tous les employés orientent davantage leurs efforts vers un idéal commun, la nouvelle équipe de direction des Technologies industrielles SNC a clarifié la mission de cette entreprise comme suit : demeurer un chef de file dans la conception et la fabrication de munitions classiques et d'entraînement et dans la prestation de services connexes. Les nouveaux dirigeants ont aussi défini les cinq valeurs qu'ils désiraient dorénavant prôner, soit le respect, la qualité, le travail d'équipe, l'innovation et l'efficacité. Enfin, ils ont adopté une politique de qualité pour faire valoir l'importance de la recherche de l'excellence auprès des employés.

En 1992, l'entreprise a instauré un programme officiel de récompenses, consigné, qui vise à reconnaître les efforts et les réalisations des employés, tant sur le plan individuel que sur le plan collectif. Dès sa mise en place, ce programme comportait sept formes de récompense :

1. Une *reconnaissance personnelle*

   Ce prix peut être accordé à un employé :
   a. qui a contribué de façon particulière au respect d'une date limite importante en faisant preuve d'une initiative peu commune ;
   b. qui a réalisé d'une façon exceptionnelle un projet particulier dans le cadre de ses fonctions ;
   c. qui a contribué à améliorer l'esprit d'équipe ou le climat de travail dans l'entreprise.

2. Un *dîner en tête-à-tête*

   Ce prix peut être accordé à un employé :
   a. qui a dû être très disponible au travail pour respecter certaines contraintes de temps (p. ex. : en faisant beaucoup d'heures supplémentaires, en reportant des vacances, en travaillant les jours fériés) et qui en a subi les répercussions dans sa vie familiale personnelle ;
   b. qui s'est distingué en exécutant un projet qui dépasse le cadre de ses attributions ;
   c. qui s'est démarqué dans l'exercice de ses fonctions ;
   d. qui a pris une initiative qui s'est révélée des plus profitables ;
   e. qui a maintenu dans son travail un haut niveau de qualité et fourni un rendement soutenu pendant une période prolongée.

3. Une *contribution spéciale*

   Ce prix est accordé à un employé :
   a. qui s'est distingué dans une tâche non liée à son travail habituel ;
   b. qui s'est acquitté avec grande compétence d'un mandat dont il avait la responsabilité et qui avait une importance particulière pour l'entreprise ;
   c. qui a pris une initiative ou proposé une idée qui a mené à une réduction importante du temps de travail ou des coûts, ou encore à une nette amélioration dans le milieu de travail.

4. Le *prix d'excellence du président*

   Ce prix vise à souligner les contributions individuelles ou collectives des employés :
   a. qui ont offert sur une longue période des services d'une qualité supérieure ayant mené à une efficacité accrue ;
   b. qui ont fourni un rendement soutenu qui dépasse considérablement les exigences de leur emploi ;
   c. qui ont fourni un rendement ayant eu des répercussions importantes sur l'entreprise.

5. Le *dîner des méritants*

   Les récipiendaires du prix pour contribution spéciale ou du prix d'excellence du président sont conviés au dîner annuel des méritants. À cette soirée, un invité de marque (p. ex. : Sylvie Bernier) fait un exposé sur les moyens qu'il a pris pour devenir un « champion » ou pour atteindre l'excellence dans son travail.

6. La *reconnaissance de groupe*

   Ce prix vise à récompenser un groupe d'employés qui a fourni un rendement exceptionnel ou qui a largement contribué à une réussite. En plus de recevoir une lettre de remerciement individuelle qui sera versée à leur dossier, les membres du groupe sont conviés à un dîner en compagnie de leur directeur de service et d'un représentant de la direction. Une photographie du groupe est prise au cours de ce dîner : elle sera laminée et remise à chacun des membres. Tout groupe récipiendaire doit être approuvé par le CAPR.

7. La *récompense de groupe*

   Ce prix vise à récompenser le rendement supérieur ou exceptionnel d'un groupe dont les efforts se sont traduits par une forte hausse de la productivité (p. ex. : la réduction du temps de travail et des coûts). En plus de recevoir une lettre de remerciement qui sera annexée à leur dossier, les membres sont conviés à un dîner où leur directeur de service et un représentant de la direction seront présents, pendant lequel un montant représentant environ 10 % des gains réalisés sera partagé également entre les membres, jusqu'à un maximum de 500 $. Une photographie de groupe sera prise au cours de ce dîner : elle sera laminée et remise à chacun des membres. Tout groupe récipiendaire doit être approuvé par le CAPR.

Bien que le programme de récompenses soit apprécié des employés, un groupe de travail a été constitué en 1996 pour faire le suivi de certaines plaintes et maximiser l'efficacité du programme. La direction estime d'ailleurs qu'il est essentiel de revoir tous les deux ou trois ans le programme de récompenses. À l'automne 1996, trois principaux changements ont été apportés :

1. Le prix *reconnaissance personnelle* ne se limite plus à une lettre de remerciement : il est accompagné d'un chèque-cadeau de 75 $ imposable ;
2. Le prix *dîner en tête-à-tête* donne maintenant droit, en plus de la lettre de remerciement du supérieur immédiat, à un montant forfaitaire de 200 $ imposable au lieu d'un bon de restaurant de 150 $. En outre, on ne retient plus que le critère *a* du programme original ;
3. Le prix *récompense de groupe* a été éliminé et remplacé par le *programme de partage de gains*. Ce régime collectif de rémunération variable accorde des primes annuelles dont le montant est fonction de deux indices collectifs annuels, l'un mesurant l'augmentation de la productivité à la fabrication, l'autre, l'assiduité individuelle au travail. Le programme de partage vise essentiellement quatre objectifs : (1) reconnaître et récompenser les efforts, (2) valoriser le travail des employés, (3) mettre l'accent sur deux indicateurs de performance : l'efficacité et l'assiduité, (4) favoriser une situation qui profite tant à la direction qu'aux employés.

Selon les dirigeants, le programme de partage fait valoir l'une des valeurs qu'ils préconisent, soit l'efficacité, parce qu'il fixe l'attention collective sur la productivité et fait porter les efforts individuels sur l'absentéisme, un indicateur où il y a matière à amélioration et sur lequel chaque employé exerce un contrôle. Si, au cours des années à venir, on vise des améliorations de nature différente, la prime pourrait alors être fonction d'autres facteurs clés de succès.

Source : Cas rédigé par Sylvie St-Onge et Patrice Bourgeois. Nous remercions M. Claude Daigneault, vice-président, Ventes nationales et Administration, pour sa précieuse collaboration à la rédaction de ce cas.

INTRODUCTION

L'une des préoccupations majeures des dirigeants d'entreprise consiste à améliorer la productivité et la compétitivité de leur firme. Pour atteindre ce but, bon nombre d'employeurs cherchent à réduire leurs coûts de main-d'œuvre par divers moyens : réduction d'effectifs, révision des avantages sociaux, remise en question des augmentations de salaire garanties et adoption de régimes de rémunération variable. Les chapitres 10 et 11 portent sur la rémunération variable comme levier de changement, de mobilisation et d'amélioration de la productivité.

De manière plus précise, nous visons à rendre les dirigeants et les cadres (présents et futurs) conscients qu'il est important de bien relever le défi de la reconnaissance du rendement individuel des employés. Dans ce livre, le terme « reconnaissance » est préféré à l'expression traditionnelle « récompense », en raison de sa connotation plus large. Toutefois, encore aujourd'hui, plusieurs intervenants utilisent l'expression « récompense ». Par ailleurs, certaines entreprises appellent « programme de reconnaissance » l'ensemble des modes de rétribution autres que ceux liés à la rémunération (salaires, primes, actions, etc.), notamment les concours, les mentions honorifiques, les remerciements, les prix, etc.

On ne peut examiner la pertinence de l'adoption de régimes de rémunération variable sans considérer la documentation portant sur les théories de la motivation au travail et sur les déterminants du rendement au travail. Aussi, nous traiterons d'abord des principales théories de la motivation au travail ; par la suite, nous proposerons certains principes de motivation, et nous terminerons en faisant ressortir le rôle de la reconnaissance et de la rémunération dans la motivation des employés au travail.

En outre, nous expliquerons comment l'approche axée sur la reconnaissance peut agir comme catalyseur du rendement. Nous présenterons également l'ensemble des formes de reconnaissance que les dirigeants d'entreprise et les gestionnaires peuvent accorder à leurs employés[1]. Nous décrirons ensuite les divers régimes de rémunération variable qui peuvent être implantés pour récompenser le rendement individuel. Finalement, nous traiterons de certaines conditions que l'on doit prendre en considération pour assurer le succès de la gestion d'un système de rémunération visant à reconnaître le rendement individuel.

10.1 LA MOTIVATION AU TRAVAIL

Il est généralement admis que la rémunération a un effet sur le rendement des employés à cause de son influence sur leur motivation au travail. Selon Morin (1996, p. 122 et 123), « la motivation correspond aux forces qui entraînent des comportements orientés vers un objectif, forces qui permettent de maintenir ces comportements jusqu'à ce que l'objectif soit atteint. [...] La motivation confère trois caractéristiques à toute conduite : la force, la direction et la persistance ». Bien qu'il existe plusieurs dizaines de théories portant sur la motivation au travail, ce chapitre traite d'abord de trois d'entre elles – la théorie des attentes, la théorie des buts et la théorie de l'équité –, parce qu'elles ont reçu plus d'appui en milieu de travail que les autres théories. Ensuite, ce chapitre traitera des 17 principes de motivation que Ford (1992) a énoncés après avoir revu le contenu de près de 40 théories de la motivation.

1. Ces deux premières sections s'inspirent de St-Onge et autres (1998, p. 387-396).

10.1.1 La théorie des attentes

Selon la théorie des attentes (Vroom, 1964), les gens sont plus ou moins favorables à divers objectifs ou résultats et accordent une plus ou moins grande valeur à différents types de rétribution qu'ils peuvent retirer de leur travail. Selon Vroom, l'effort déployé par une personne au travail (sa motivation) résulte essentiellement de la façon dont elle perçoit les trois éléments présentés dans l'encadré 10.1. Comme l'auteur utilise l'expression « récompenses », nous l'utilisons également pour résumer sa théorie.

ENCADRÉ 10.1

La théorie des attentes

$$\Sigma\{(\text{Effort} \rightarrow \text{Rendement})\ [\Sigma\ (\text{Rendement} \rightarrow \text{Récompense})\ \text{Valence}]\} \rightarrow \text{Effort (motivation)}$$

Attentes (efforts – rendement)

C'est la relation perçue par une personne entre l'effort qu'elle peut déployer et le niveau de rendement qui en résultera (probabilité que tel niveau d'effort soit lié à tel niveau de rendement). En d'autres termes, c'est la probabilité que la personne accorde au fait de pouvoir fournir divers niveaux de rendement. Cette perception de la probabilité « effort-rendement » est influencée par l'estime de soi de la personne et par l'expérience qu'elle possède à l'égard d'une situation de travail par sa confiance en sa capacité à accomplir ce qu'on attend d'elle, par son sentiment d'efficacité personnelle (*self efficacy*), et par la maîtrise qu'elle a de ses comportements et de ses résultats (*locus of control*).

Instrumentalité (rendement – récompenses)

Cet élément indique dans quelle mesure une personne perçoit la relation entre divers niveaux de rendement et les rétributions qu'elle peut en retirer. En d'autres termes, c'est la probabilité que la personne accorde au fait de recevoir différentes rétributions lorsqu'elle atteint un niveau de rendement déterminé.

Valence

C'est l'importance ou la valeur qu'une personne accorde à différentes rétributions qu'elle peut retirer de son travail. Cette valeur est perçue comme d'autant plus grande que l'avantage considéré peut combler les divers besoins de la personne. Cette valeur peut être jugée comme positive (quelque chose de désirable) ou négative (quelque chose d'indésirable).

En somme, selon la théorie des attentes, les employés sont motivés à améliorer leur rendement dans la mesure où ils ont l'impression que leurs efforts ont un effet réel sur ce rendement, qu'il existe un lien entre leur rendement et les récompenses (ou encore entre le non-rendement et les punitions), et que les récompenses (ou les punitions) qu'ils obtiennent sont significatives à leurs yeux. En d'autres mots, plus les employés considèrent qu'ils sont aptes à faire ce que l'on attend d'eux, plus ils pensent que leurs efforts leur rapportent davantage de bienfaits que de préjudices, et plus ils déploient d'efforts (leur motivation est élevée) en vue d'accomplir les tâches qu'on les croit capables de faire. Mais il ne faut pas pour autant en déduire que l'être humain effectue d'une façon consciente une telle gymnastique intellectuelle chaque fois qu'il doit accomplir une tâche. Comme en informatique, une personne établit des « routines ».

Ainsi, les attitudes et les comportements au travail des employés résulteraient en partie d'analyses coûts-bénéfices plus ou moins conscientes. Par exemple, quoiqu'une politique de salaire au mérite puisse sembler motivante à cause du lien établi entre le salaire et le rendement, elle risque de l'être très peu si on considère les augmentations de salaire très faibles (valence) qui subsistent après les prélèvements d'impôts. Par ailleurs, bien que les avantages sociaux soient importants aux yeux des employés, ils n'ont aucun effet sur leur motivation au travail, puisqu'il n'y a pas de lien (instrumentalité) entre ces avantages et leur rendement au travail, dans la mesure où le travail est supérieur à un standard minimum (sinon, il y a congédiement et perte des avantages sociaux). De même, un taux d'absentéisme élevé peut indiquer que les employés voient (à tort ou à raison) plus d'avantages dans le fait de s'absenter de leur travail que dans le fait d'y être assidus. Associer plus d'avantages (ou de récompenses) au fait de se présenter au travail ou plus d'inconvénients (ou de punitions) au fait de s'absenter du travail – ou les deux à la fois – peut contribuer à réduire le problème de l'absentéisme. En effet, les employés tendent à répéter les comportements qui leur procurent du plaisir, selon le principe de renforcement (Skinner, 1974). Kanungo et Mendonca (1997, p. 77-91) traitent en détail des implications de la théorie des attentes sur la gestion de la rémunération.

10.1.2 La théorie de l'équité

La théorie de l'équité d'Adams (1963) permet également de comprendre le rôle de l'argent dans la motivation des employés. Cette théorie stipule qu'une personne compare sa contribution et ses rétributions avec celles d'une autre personne considérée comme point de repère ou de référent (*referent other*). Elle repose sur les notions d'échanges justes et de ratio permettant de calculer ces échanges : une personne calcule son propre ratio en comparant ses contributions et ses rétributions et effectue le même calcul en se comparant avec d'autres personnes appelées « référents ».

Les référents peuvent être de nature très différente : des personnes qui occupent un même emploi ou des emplois différents dans la même entreprise ou dans d'autres organisations, la personne elle-même en fonction de critères élaborés à partir de son expérience passée et de ses attentes, des systèmes tels que des contrats implicites ou explicites. Les contributions sont composées de tout ce qu'une personne reconnaît fournir de pertinent dans l'échange (ses aptitudes, son expérience, sa scolarité, son ancienneté, son effort au travail). Les rétributions peuvent être le salaire, les avantages sociaux ou d'autres gratifications telles que le statut.

Selon Adams, une personne éprouve un sentiment d'iniquité lorsqu'elle perçoit que le ratio de ses résultats par rapport à ses intrants est inégal au ratio des résultats par rapport aux intrants d'une autre personne ou d'un autre groupe de personnes. En d'autres mots, un état d'iniquité existe au moment où une personne considère que le ratio de sa contribution et de ses rétributions n'est pas égal à celui de la ou des personnes auxquelles elle se compare. Lorsqu'un employé éprouve un sentiment d'iniquité, il cherche à diminuer cette iniquité par divers moyens : une modification de ses contributions (réelles ou perçues), un changement dans ses rétributions (réelles ou perçues), un changement d'emploi, de référent ou de point de comparaison, etc.

En somme, la théorie de l'équité (que certains qualifient de « justice distributive ») semble être autant une théorie de la satisfaction qu'une théorie de la motivation. C'est une théorie de la satisfaction en ce sens qu'elle correspond à la perception d'équité par rapport à la rémunération. C'est une théorie de la motivation parce qu'elle affirme qu'une situation d'iniquité crée chez un employé une tension qui l'incite à trouver un moyen de la réduire.

Depuis le début des années 1990, certains auteurs insistent sur l'importance de s'assurer de respecter certaines règles de justice dite « du processus » : droit d'appel, connaissance des critères de décision, qualifications des décideurs, communication, participation, etc. (Folger et Konovsky, 1989). En matière de gestion de la rémunération, on reconnaît de plus en plus que ce n'est pas que la justice du résultat ou la justice distributive qui importe, c'est-à-dire le « combien » ou le « quoi », mais la justice du processus utilisé pour décider du résultat ou des montants accordés aux personnes, c'est-à-dire le « comment ». En somme, pour que les employés soient satisfaits de leur rémunération et y trouvent une source de motivation, ils doivent estimer que les montants qui leur sont versés sont non seulement justes, mais établis et gérés de manière juste.

10.1.3 La théorie des objectifs

Selon la théorie des objectifs ou des buts (Locke, 1968), les comportements des employés sont intentionnels et la stimulation qui les pousse à agir résulte de la présence d'un objectif à atteindre. Selon Locke et Latham (1990), le fait de déterminer des objectifs significatifs et stimulants mène les employés à un rendement supérieur en fonction de leurs habiletés, de leur engagement envers l'objectif, de leur sentiment de compétence personnelle, de leurs attentes, de la complexité de leur tâche et de la rétroaction qu'ils reçoivent à propos de leur rendement. On présume alors que la motivation et le rendement au travail vont être influencés par (Morin, 1996) :

- La *nature des objectifs* : clarté, difficulté, précision, réalisme, mesure, etc. ;
- La *valeur des objectifs* : attraction, engagement, signification, etc. ;
- La *façon dont les objectifs sont déterminés* : assignation, participation, consultation, etc. ;
- La *connaissance de la progression menant à l'atteinte de l'objectif* : rétroaction, reconnaissance, récompense, etc.

En somme, cette théorie stipule que (1) l'argent a un effet positif sur la motivation lorsqu'il est attribué en fonction de l'atteinte d'objectifs de rendement et que (2) cette influence est plus élevée dans la mesure où la détermination et la gestion par objectifs respectent certains critères.

10.1.4 La théorie des caractéristiques des tâches

Les prémisses de la théorie des caractéristiques des tâches (Hackman et Oldham, 1980), reprise par Lawler (1988), affirment que les employés éprouvent davantage de motivation et de satisfaction lorsqu'ils sentent que leur travail présente les caractéristiques suivantes :

- Une *marge discrétionnaire* : la responsabilité, l'autonomie et la liberté d'action que possède la personne dans l'exercice de ses fonctions ;
- La *rétroaction* ou la *connaissance des résultats* : l'employé sait jusqu'à quel point il a accompli son travail ;
- La *variété* : le travail de l'employé nécessite plusieurs types d'habiletés ;
- La *personnalisation* : l'employé a la possibilité d'accomplir une tâche du début à la fin ;
- La *signification du travail* : aux yeux de l'employé, son travail a un sens ;
- La *stimulation* ou l'*approbation sociale* ;
- Une *reconnaissance* appropriée ;
- Des *objectifs de rendement clairs*.

10.1.5 Les principes de motivation de Ford

Comme nous l'avons déjà mentionné, les théories de la motivation se sont multipliées au cours des années. Les théories traditionnelles de motivation que nous venons de résumer correspondent à celles que l'on présente encore le plus fréquemment. Toutefois, elles sont loin de refléter l'état des connaissances actuelles sur le sujet. À cet égard, il semble approprié de souligner la synthèse que Ford (1992) a présentée après avoir revu près d'une quarantaine de théories de la motivation.

Selon Ford, la motivation reposerait sur trois grands préalables – les objectifs, les émotions et le sentiment de posséder des compétences – auxquels on peut associer les 17 principes de motivation présentés dans le tableau 10.1. Par conséquent, les dirigeants soucieux de motiver leur personnel doivent se demander si leur environnement de travail et leurs modes de gestion appuient ces principes (qui vont bien au-delà du domaine de la gestion de la rémunération). D'après Ford, on ne peut réellement motiver les personnes au travail, mais on peut s'assurer de la présence de conditions favorables à leur motivation en respectant le plus possible certains grands principes de motivation.

TABLEAU 10.1

Les principes de motivation au travail de Ford (1992)

PRINCIPES	DESCRIPTION ET EXEMPLES DE RÉPERCUSSIONS
1. Point d'ancrage	La motivation est fonction de la croyance en soi (compétences *versus* environnement), des émotions personnelles et des objectifs personnels.
A. CROYANCE EN SOI	
2. Appui de l'environnement	Une personne motivée doit avoir un environnement propice (disponibilité des ressources, appui émotionnel, organisation du travail, etc.) et cohérent par rapport à ses attributs personnels, telles ses compétences et ses habiletés (p. ex. : bonne sélection du personnel).
3. Causes directes	Il faut réduire les contraintes et les obstacles empêchant l'atteinte des objectifs (lien entre le discours et les gestes des dirigeants, climat organisationnel d'ouverture, de coopération, etc.).
4. Réalisme	Les compétences de la personne et son environnement doivent être adéquats et cohérents par rapport aux objectifs à atteindre.
5. Action	Une personne doit pouvoir actualiser ses compétences en accomplissant des tâches.

→

TABLEAU 10.1

Les principes de motivation au travail de Ford (1992) (*suite*)

6. Rétroaction	Pour être motivée, une personne doit connaître ses progrès et obtenir de la rétroaction.
7. Changements graduels	Faire des changements graduels plutôt que des changements majeurs.
B. ÉMOTIONS	
8. Activation des émotions	Il faut toucher les émotions (plaisir, attentes, besoins, etc.) d'une personne (programmes de reconnaissance, création d'une atmosphère de travail stimulante, plaisir au travail, etc.).
9. Respect	Les personnes doivent être respectées, car elles ne sont pas interchangeables (participation, information, honnêteté, justice, équité, etc.).
10. Fonctionnement unique	La motivation d'une personne est fonction des attributs individuels (personnalité, expérience, etc.).
C. OBJECTIFS PERSONNELS	
11. Activation des objectifs	Pour motiver une personne, il faut l'amener à se fixer des objectifs personnels (former les cadres à faciliter cet aspect).
12. Connaissance des objectifs	Pour qu'une personne soit motivée, il faut que ses objectifs soient clairs et jugés importants (communication des objectifs).
13. Multiplicité des objectifs	Pour qu'une personne soit motivée, il faut qu'elle ait plusieurs raisons d'accomplir une tâche.
14. Cohérence des objectifs	Pour qu'une personne soit motivée, il faut que ses objectifs soient cohérents et non conflictuels.
15. Souplesse des objectifs	Pour motiver une personne, il faut être prêt à changer ses objectifs de manière qu'ils demeurent réalistes.
16. Objectif optimal	Pour qu'une personne soit motivée, il faut que ses objectifs soient élevés mais réalistes.
17. Équifinalité	Un objectif peut être atteint de diverses façons.

10.2 L'IMPORTANCE DE LA RECONNAISSANCE DU RENDEMENT

Une étude révèle que même si près de 50 % des employés se disent satisfaits de leur programme de rémunération, seulement 34 % d'entre eux estiment que leur employeur reconnaît adéquatement leur rendement (Wilson, 1998).

Cette section traite de deux grandes règles liées à la gestion de divers modes de reconnaissance en milieu de travail : (1) préférer la récompense à la punition et (2) ne pas abuser des récompenses ni des punitions.

10.2.1 La reconnaissance au lieu de la punition

La plupart des cadres disent privilégier la reconnaissance dans la gestion quotidienne des salaires de leurs subordonnés. Toutefois, lorsqu'on regarde de plus près leurs gestes, on constate qu'ils utilisent souvent la punition. La figure 10.1 illustre l'incidence de la culture d'entreprise axée, d'une part, sur la punition et, d'autre part, sur la reconnaissance.

FIGURE 10.1

Les effets des approches axées sur la punition et la reconnaissance sur la motivation et la contribution au travail

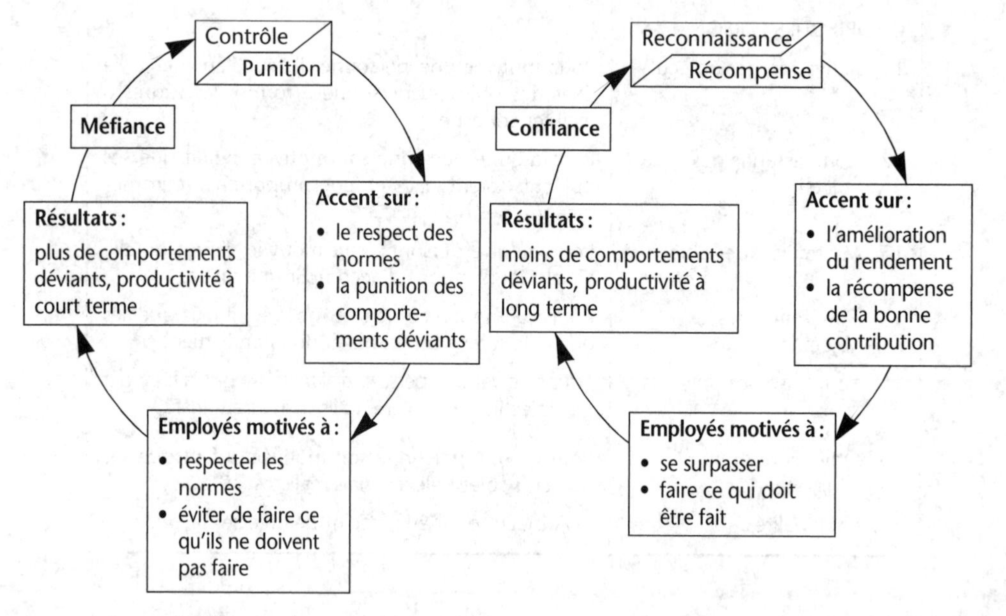

Source : St-Onge et autres (1998, p. 387).

L'approche centrée sur la punition est généralement préférée par les cadres, parce qu'elle leur donne l'illusion de maîtriser davantage la situation, qu'elle correspond à l'image traditionnelle du patron et qu'elle se révèle souvent efficace à court terme. Toutefois, à long terme, l'approche punitive entretient un climat de méfiance où les superviseurs et les dirigeants perçoivent les employés comme irresponsables et paresseux, et où les employés se sentent exploités par leur superviseur et les dirigeants de l'entreprise. Par ailleurs, en mettant l'accent sur les normes minimums à respecter et sur les gestes et les comportements « défendus », les punitions risquent de motiver les employés à ne faire que le minimum ou à éviter, simplement, d'avoir un mauvais rendement !

L'approche axée sur la reconnaissance est utilisée moins fréquemment parce qu'elle exige, contrairement à ce qu'on pourrait être porté à croire, de bien meilleurs cadres que l'approche axée sur la punition. En effet, les punitions sont associées à des normes minimums généralement bien définies et appuyées par la hiérarchie, alors que la reconnaissance est associée à la réalisation d'objectifs que les cadres doivent définir et justifier, d'autant plus que cette reconnaissance est convoitée et, donc, susceptible de faire des envieux parmi les employés. Il faut donc que les cadres traitent de façon distincte chacun de leurs subordonnés, qu'ils justifient l'attribution de reconnaissance et qu'ils s'expliquent avec les employés mécontents de leurs décisions. En effet, lorsque les employés ne reçoivent pas la reconnaissance attendue, ils tendent à percevoir la situation comme une punition. Il revient alors au superviseur de remettre les choses en perspective.

Les dirigeants d'entreprise et les cadres sont également moins portés à recourir à l'approche axée sur la reconnaissance parce qu'ils sont peu sensibilisés à ses effets positifs. Comme cette approche indique aux employés les buts qu'ils doivent viser, elle les motive à accomplir les tâches prévues et même à les dépasser. Il est évident que les dirigeants d'entreprise ont plus de chances d'obtenir ce qu'ils désirent s'ils y rattachent des récompenses. Par exemple, les employés sont plus susceptibles d'être créatifs, engagés, polyvalents ou coopératifs lorsque le mode de gestion de l'entreprise reconnaît la créativité, l'engagement, la souplesse et l'esprit d'équipe. En somme, l'approche axée sur la récompense favorise un climat de confiance où les superviseurs et les dirigeants perçoivent les employés comme des êtres responsables et désireux de faire des efforts, et où les employés ont une impression favorable de leur superviseur et de la direction.

10.2.2 La reconnaissance et les punitions

La dichotomie « punitions-récompenses » peut sembler simpliste (et elle l'est sûrement !) lorsqu'il s'agit de comprendre une attitude complexe comme la motivation au travail. Notre objectif est plutôt d'amener les cadres et les dirigeants à recourir davantage aux récompenses qu'aux punitions dans la supervision quotidienne des employés. La prémisse est la suivante : plus le rendement (les compétences, la loyauté, l'assiduité, la qualité, etc.) est reconnu, plus les employés sont motivés au dépassement. Toutefois, il est important de se rappeler que les punitions sont nécessaires dans certains cas, pour guider l'action des employés et intervenir auprès des employés difficiles.

Par ailleurs, l'abus de punitions et l'abus de récompenses peuvent être aussi nuisibles l'un que l'autre parce qu'ils correspondent à une forme de manipulation et de contrôle des employés. D'une part, le recours excessif aux punitions motive les employés à n'accomplir que ce qu'il faut pour les éviter (la peur de la punition). D'autre part, il amène les employés à adopter divers comportements qui, bien qu'efficaces à court terme, se révèlent souvent improductifs à long terme. On pense, par exemple, aux employés qui, pour respecter les normes, manipulent les données de production, privilégient la quantité au détriment de la qualité ou adoptent des méthodes de travail plus rapides mais plus risquées. L'approche punitive suscite également un climat de méfiance entre dirigeants et employés, lequel favorise ce que le contrôle vise à prévenir : la négligence dans le travail. En somme, plus on insiste sur les punitions, plus les employés réduisent leur engagement en cherchant à contourner le système, et plus on doit multiplier les modes de contrôle pour s'assurer que leurs comportements et leurs résultats demeureront au moins satisfaisants. C'est le type de cercle vicieux provoqué par les punitions au travail.

Par contre, un recours excessif aux récompenses peut également inciter les employés à ne faire que ce qu'il faut pour recevoir les récompenses et à leur subordonner toutes leurs actions. Le recours abusif aux récompenses peut également amener les employés à adopter divers comportements qui, bien qu'ils permettent d'obtenir une récompense, peuvent se révéler improductifs à long terme. Comme dans le cas du recours excessif aux punitions, les employés peuvent être tentés de manipuler les données de production, de faire passer la quantité avant la qualité ou d'adopter des méthodes de travail plus rapides mais plus risquées pour obtenir une prime. En somme, si on insiste trop sur les récompenses tangibles (argent, primes, etc.), les employés risquent de ne s'engager que dans les gestes qui leur rapporteront un bénéfice et de négliger les composantes de leur travail qui ne sont ni mesurées ni récompensées (la créativité ou la disponibilité). De plus, un accent excessif mis sur la rémunération peut réduire la motivation intrinsèque des employés, c'est-à-dire leur incitation à accomplir des gestes pour la satisfaction qu'ils procurent (Deci et Ryan, 1985). On doit alors ajouter d'autres récompenses pour les amener à accomplir d'autres tâches. C'est le cercle vicieux des récompenses. Alfie Kohn (1993) traite de ce risque dans son livre intitulé *Punished by Rewards*. Lors d'une entrevue, cet auteur a mentionné cinq raisons pour lesquelles les récompenses peuvent échouer (Davis, 1995) :

1. *Les récompenses peuvent punir.* Comme les employés peuvent ne pas recevoir les récompenses attendues, pour diverses raisons, l'effet de la présence d'un régime de récompenses peut être le même qu'une punition ;
2. *Les récompenses peuvent nuire aux relations.* Les récompenses peuvent inciter les employés à établir une concurrence entre eux plutôt que de collaborer et de coopérer. Par ailleurs, lorsqu'ils sont assujettis à un

régime de récompenses, les employés ont plus de difficulté à consulter leur superviseur et à exprimer leurs problèmes parce qu'ils veulent lui plaire et l'impressionner pour mériter la meilleure récompense possible. De leur côté, les superviseurs sont peu empressés à aider les employés, sous prétexte qu'ils doivent atteindre seuls leurs résultats pour mériter une récompense ;

3. *Les récompenses peuvent nuire à la résolution des problèmes.* Plus il existe de régimes de récompenses, plus les employés ont tendance à se préoccuper des *résultats*, alors que c'est en s'interrogeant sur les causes (ressources, compréhension du rôle, etc.) d'un problème de rendement qu'on le résout ;
4. *Les récompenses peuvent réduire le goût du risque et la créativité.* Plus l'environnement est axé sur les récompenses, moins les personnes veulent prendre des risques, explorer, faire des essais. Les récompenses motivent les employés à obtenir... des récompenses et les amènent à craindre l'échec ou l'erreur ;
5. *Les récompenses peuvent réduire l'intérêt au travail.* Plus on met l'accent sur les récompenses, plus les employés s'y intéressent et plus ils perçoivent leur travail comme un préalable visant à les obtenir, moins ils considèrent leur travail comme satisfaisant et valorisant en soi (récompenses intrinsèques).

10.2.3 L'efficacité des récompenses

En somme, l'approche axée sur la récompense n'est pas une panacée ; elle peut même engendrer des problèmes sérieux si elle est mal gérée, les récompenses tangibles pouvant être bénéfiques ou nuisibles selon la manière dont elles sont gérées.

Les résultats des recherches

Quoique les mécanismes de reconnaissance soient utilisés depuis longtemps et de façon généralisée, peu d'études scientifiques ont tenté d'en mesurer l'efficacité.

La plupart des études portant sur le sujet ont été faites au cours des années 1970 et 1980, et visaient à tester la théorie de motivation dite de « l'évaluation cognitive », qui affirme que les récompenses extrinsèques ont un effet négatif sur la motivation intrinsèque des personnes. Il faut savoir, cependant, que la majorité des études portant sur le sujet ont été effectuées en laboratoire et que les sujets étaient, dans la majorité des cas, des élèves. Dans le cadre de ces études, les comportements étaient considérés comme intrinsèques lorsqu'ils n'amenaient aucune récompense et comme extrinsèques lorsqu'ils étaient récompensés.

Les résultats de ces études sont plutôt opposés (St-Onge, 1998) : certains confirment l'idée voulant que le fait de relier des récompenses tangibles au rendement au travail réduise la motivation intrinsèque, alors que d'autres démontrent le contraire ou mentionnent que la réaction des employés dépend des circonstances ou des conditions. La dernière conclusion a été confirmée récemment par Cameron et Pierce (1997), qui ont analysé l'ensemble des études portant sur l'efficacité des récompenses (méta-analyse). Ces chercheurs constatent que le présumé impact négatif des récompenses sur la motivation intrinsèque est restreint à une combinaison de conditions particulières non courantes dans les milieux organisationnels. En somme, ils concluent que les récompenses ne sont pas mauvaises ou bonnes en soi, qu'elles peuvent effectivement avoir des effets négatifs, mais que ces derniers peuvent être discernés, limités et évités.

L'efficacité des récompenses en contexte organisationnel

Stajkovic et Luthans (1997) ont analysé l'ensemble des recherches antérieures portant sur les effets de diverses formes de renforcement (pécuniaire, non pécuniaire, social) sur le rendement au travail – c'est-à-dire en milieu organisationnel – au cours des 20 dernières années. Globalement, leurs résultats indiquent que :

- l'attribution de récompenses *augmente* le rendement des employés, tant dans les entreprises manufacturières que dans les entreprises de services. Toutefois, l'effet de toutes les formes de récompenses étudiées sur le rendement est significativement plus positif dans les entreprises *manufacturières* que dans les entreprises de *services* ;
- l'effet des récompenses *pécuniaires* sur le rendement est significativement plus important que celui des récompenses *non pécuniaires* dans le secteur des *services*, alors que c'est l'inverse dans le secteur *manufacturier* ;
- le renforcement *social* ou *verbal* (compliments, félicitations, etc.) a un effet significativement plus élevé sur le rendement par rapport aux autres formes de renforcement étudiées, et ce, tant dans le secteur *manufacturier* que dans le secteur *public*.

Compte tenu de ce qui précède, la conclusion de Gomez-Mejia et Balkin (1992) nous semble adéquate : les conséquences négatives associées à la présence de récompenses sont probablement moins importantes que celles qu'entraîne leur absence (comme ils le disent, « elles sont un moindre mal »). Ne pas accorder de récompenses ou encore en accorder en fonction d'autres critères que le rendement – par exemple, l'ancienneté et les résultats à des tests de connaissances – crée une culture peu orientée vers le rendement qui attire et retient les employés qui ont le plus d'expérience et de connaissances, et non les employés les plus performants.

Par conséquent, en contexte organisationnel, les régimes de récompenses peuvent constituer un véhicule permettant de souligner les comportements, les résultats, les valeurs qui sont dorénavant essentiels dans la réussite d'une organisation à long terme, dans le renforcement de sa stratégie d'affaires et dans un changement stratégique de son plan d'affaires. Pour être bénéfiques, les récompenses doivent être considérées comme des outils d'information (communication des normes à atteindre) et de rétroaction (sur le rendement passé) qui contribuent à augmenter l'impression de contrôle et de compétence des employés, un préalable à leur motivation au travail à long terme. Ce dernier facteur est important du point de vue des dirigeants d'entreprise, toujours confrontés à l'un des plus vieux défis de la gestion du personnel : adopter des conditions de travail qui facilitent la motivation du personnel.

> Si nous éliminons les récompenses comme processus pour encourager le changement, parce que nous croyons qu'elles peuvent être nuisibles, qui profitera de l'effort des employés ? Est-ce qu'avoir une sécurité d'emploi et avoir un emploi procurant une satisfaction intrinsèque est tout ce que l'on peut offrir pour réaliser un changement ? Pouvons-nous attendre jusqu'à ce que l'organisation du travail soit changée et jusqu'à ce que les personnes retirent une satisfaction à bien faire leur travail ? Si le travail est difficile, avons-nous seulement l'option de remplacer les titulaires par d'autres qui vont le percevoir comme enrichissant ? Finalement, comment une organisation peut-elle réviser sa vision et proposer de nouvelles stratégies d'affaires sans apporter de changements qui sont perçus comme significatifs pour les employés ? Les organisations qui veulent implanter des changements font face à ces défis concrets. [...] Il y a peu de controverse à savoir si les systèmes de récompenses [...] influencent les comportements. Ils les influencent ! Les préoccupations sont plutôt tournées vers quels comportements sont renforcés, comment cela se produit et ce qui arrive dans le temps. [...] Les systèmes de récompenses sont efficaces lorsqu'ils influencent les comportements de manière positive. Ils représentent une façon systématique d'accorder des renforcements positifs. (Evans et autres, 1995, p. 33 et 34 ; reproduit avec la permission de l'American Compensation Association (ACA), 14040 N. Northsight Blvd., Scottsdale, Arizona 85260 U.S.A. ; téléphone : (480) 951-9191 ; télécopieur : (480) 483-8352 ; http ://www.acaonline.org; ©ACA.)
>
> Sans sous-estimer les causes internes de la motivation, plusieurs praticiens estiment qu'il est plus facile pour eux de gérer les facteurs externes qui influencent les comportements des employés. Il peut être impossible de changer une attitude, mais il peut être possible de changer un comportement en gérant directement l'environnement de travail et les conséquences reliés aux comportements des employés. (Armitage, 1997, p. 33.)

Par ailleurs, les enquêtes confirment depuis toujours le souhait qu'ont les employés de voir leurs contributions mieux reconnues. Par exemple, une étude (Wilson, 1998) indique que malgré que 50 % des employés se disent satisfaits de leur mode de rémunération, seulement 34 % estiment que leur employeur fait un bon travail en matière de reconnaissance du rendement au travail.

10.3 LES FORMES DE RECONNAISSANCE

S'ils veulent créer un climat favorable ou tout au moins non préjudiciable au rendement, les dirigeants et les cadres doivent le célébrer, le reconnaître ou cesser de le considérer comme un dû. L'encadré 10.2 présente sept formes de reconnaissance – la communication, les comportements, les symboles honorifiques, la visibilité, les biens et services, les conditions de travail et la rémunération. Et la reconnaissance va bien au-delà de la rémunération variable, même si nous nous attardons sur ce type de rémunération dans ce livre. Avant de présenter les différentes formes de reconnaissance non pécuniaire, il est important de noter qu'elles sont souvent utilisées et gérées simultanément. L'utilisation de plusieurs de ces formes de récompenses sur une base continue et simultanée est d'ailleurs recommandée.

10.3.1 La communication

Un gestionnaire peut communiquer directement sa reconnaissance et ses félicitations aux employés méritants en leur téléphonant, en leur envoyant une note, en allant les remercier à leur bureau, et ainsi de suite. Il s'agit de gestes simples mais qui sont peu souvent accomplis, l'attitude couramment adoptée étant plutôt du genre : « Si nous ne disons rien, c'est que nous sommes contents », « Nous n'avons pas de temps à accorder à ces bagatelles », « Nous communiquons notre appréciation au cours de l'entrevue annuelle d'évaluation du rendement », etc. Comme la simple rétroaction continue sur le rendement est l'une des formes de reconnaissance les plus importantes dans la motivation des employés, l'absence de rétroaction peut avoir un effet plus nuisible que la punition sur cette motivation.

Comme le suggère John Plunkett, directeur de la dotation et de la formation chez Cobb Electric Membership en Géorgie, aux États-Unis : « Lorsque vous voyez que des gens font quelque chose de bien, vous devez écrire immédiatement sur une de vos cartes professionnelles "merci", "bon travail", "continuez", et ce qu'ils ont fait en deux ou trois mots. Indiquez le nom de la personne sur la carte et signez-la. » (Nelson, 1994, p. 5.)

ENCADRÉ 10.2

Les diverses formes de reconnaissance

1. **Communication**

   Communiquer notre reconnaissance
   - Oralement (p. ex. : téléphone, face à face)
   - Par écrit (p. ex. : lettre, note, carte de souhaits)
   - Par des gestes (p. ex. : poignée de main, tape dans le dos)

2. **Comportements**

   Montrer notre reconnaissance
   - Aider
   - Approuver
   - Appuyer (*coaching*)
   - Défendre
   - Consulter
   - Inviter
   - Écouter
   - Respecter
   - Sourire
   - Donner une rétroaction
   - Faire du parrainage (*mentoring*)
   - etc.

3. **Symboles honorifiques**

   Communiquer notre reconnaissance
   - Trophées
   - Certificats
   - Activités sociales
   - Ameublement et aménagement des bureaux
   - Cérémonies ou gala d'excellence
   - etc.

4. **Visibilité**

   Rendre visible la performance
   - Féliciter l'employé devant ses pairs
   - Souligner la contribution lors de réunions
   - Mettre la contribution à l'ordre du jour d'une réunion
   - Joindre une lettre de reconnaissance au dossier
   - Communiquer le rendement dans le journal de l'entreprise
   - Afficher le rendement sur des tableaux
   - etc.

5. **Biens et services**

   Rattacher des récompenses matérielles au rendement
   - Voyages
   - Cadeaux (p. ex. : montres, chandails, bijoux)
   - Billets et abonnements (p. ex. : clubs sportifs, théâtre)
   - Bons de repas dans des restaurants
   - Accumulation de points permettant de se procurer des biens
   - etc.

6. **Conditions de travail**

   Changer les conditions de travail
   - Journées de congé supplémentaires
   - Avantages sociaux (p. ex. : congés, assurances)
   - Pratiques d'équilibre travail-famille

- Choix de l'aménagement du temps de travail (p. ex. : horaire flexible, temps partiel, horaire comprimé, travail partagé)
- Choix du quart de travail
- Caractéristiques des emplois (p. ex. : variété, autonomie)
- Promotions
- Caractéristiques de la gestion (p. ex. : participation, partage de l'information)
- Organisation du travail (p. ex. : cercles de qualité, groupes de travail autonomes, rotation des emplois, enrichissement des tâches, etc.)
- Programme de suggestions
- Prêts à des taux préférentiels
- Automobile de l'entreprise
- etc.

7. **Rémunération**

Rémunérer le rendement

- Détermination et gestion des salaires selon les responsabilités, les compétences ou le rendement
- Rémunération à la commission
- Rémunération à la pièce
- Primes de rendement individuel
- Primes de rendement de groupe
- Primes de suggestions
- Primes de reconnaissance immédiate (*spot bonus*)
- Participation aux bénéfices
- Partage des gains de productivité
- Participation réelle à la propriété (p. ex. : octroi d'actions, option d'achat d'actions, achat d'actions)
- Participation fictive à la propriété (p. ex. : actions simulées, unités de rendement, plus-value des actions, primes de rendement à long terme)
- Régimes mixtes
- etc.

Source : St-Onge (1998, p. 94).

10.3.2 Les comportements

On peut également exprimer sa reconnaissance par des comportements : une tape dans le dos, une poignée de main, etc. De même, on peut témoigner son appréciation en se montrant prêt à aider les employés et à les appuyer lorsqu'ils en ont besoin, en leur communiquant une information privilégiée, en leur demandant leur avis avant de prendre une décision, en leur confiant la présentation d'un dossier à l'occasion d'une réunion, etc. Par exemple, certains dirigeants d'entreprise invitent chaque année les employés de l'établissement à des déjeuners réunissant des groupes occupant différents postes. Ces déjeuners-rencontres ont pour but de discuter avec les employés des projets de l'organisation, de répondre à leurs préoccupations et de recueillir leurs suggestions.

10.3.3 Les symboles honorifiques

L'excellence peut aussi être reconnue au moyen de symboles, tels des trophées, des prix, des titres et des diplômes honorifiques, des plaques murales, etc. Par exemple, Northern Telecom, installée au Texas, aux États-Unis, a déjà utilisé (en nombre limité) une série de sculptures de la Kirk Stieff Company pour reconnaître les réalisations exceptionnelles des gagnants de son Cercle des honneurs. Des stylos, des diplômes honorifiques et des voyages ont également été accordés aux employés méritants. Une vidéocassette, une brochure, des affiches et des envois promotionnels ont servi au marketing de ce programme. Grâce à celui-ci, près de 534 employés sur 12 000 (soit 34 % de plus que prévu) ont atteint leurs objectifs de vente. Dès la première année, l'entreprise a amélioré ses ventes de 13 % et sa part de marché de 3 % (Nelson, 1994).

10.3.4 La visibilité

On peut également recourir à la reconnaissance sociale pour récompenser les employés dont le rendement s'est révélé exceptionnel. La règle selon laquelle on doit récompenser en public et critiquer en privé est généralement appropriée. Il s'agit alors pour le superviseur de féliciter un employé devant ses pairs, de mentionner les réalisations particulières d'un employé ou d'un groupe d'employés au cours d'une réunion avec d'autres cadres, de joindre au dossier des employés une lettre reconnaissant leurs réalisations, de publier celles-ci dans le journal et sur les tableaux d'affichage de l'entreprise, de demander aux meilleurs employés de faire un exposé sur les trucs du métier à l'intention de leurs collègues, etc.

La Fédération des caisses populaires Desjardins de Montréal et de l'Ouest-du-Québec a lancé en 1982 le concours Les Abeilles d'or (Gagnon et St-Onge, 1995). Ce concours reconnaît les caisses qui enregistrent le meilleur rendement dans l'un des quatre secteurs suivants : les finances, le marketing, la gestion des ressources humaines et l'engagement communautaire. Au fil des années, deux autres prix se sont ajoutés : l'Abeille d'or sectorielle et l'Abeille d'or présidentielle. L'Abeille d'or, emblème du Mouvement Desjardins, symbolise un ensemble de valeurs que l'on veut prôner à l'intérieur du réseau : labeur, efficacité, persévérance et action commune. Les décisions du jury sont dévoilées à l'occasion d'un gala qui suit l'assemblée générale annuelle de la Fédération. On y annonce les noms des 12 caisses populaires finalistes et des 6 lauréates. Une caisse populaire qui gagne une Abeille d'or acquiert de la visibilité et de la notoriété à l'intérieur et à l'extérieur du Mouvement Desjardins. Cette caisse est autorisée, pendant l'année qui suit la réception de son prix, à rendre public « à l'extérieur de ses murs » (par exemple dans les journaux locaux, à la télévision communautaire) le fait qu'elle ait été lauréate du concours Les Abeilles d'or. Une caisse lauréate est également autorisée à utiliser le logo de l'Abeille d'or dans les communiqués diffusés dans sa municipalité et ses environs. Les caisses finalistes qui n'ont pas gagné l'Abeille d'or reçoivent une plaque honorifique.

10.3.5 Les biens, les services et les primes ponctuelles

On peut également reconnaître le rendement en accordant des objets, des services ou des montants forfaitaires. Ces récompenses peuvent prendre la forme de cadeaux (chandails, montres, bijoux, etc.), de frais payés (repas, voyages, sorties, etc.), de billets pour des événements culturels ou sportifs, d'abonnements à des clubs de conditionnement physique, de prix en argent, etc. On peut aussi offrir une place de stationnement ou encore permettre l'accès à un matériel de bureau privilégié. Par exemple, chez New York Life Insurance Company (Nelson, 1994), les employés qui se sont présentés au travail tous les jours durant les quatre derniers mois participent à une loterie. Les 10 premiers employés dont le nom est tiré gagnent un bon d'achat de 200 $, les 20 suivants, un bon d'achat de 100 $ et les 70 suivants, une journée de congé. Les employés dont l'assiduité au travail a été parfaite au cours de l'année participent à un concours dans lequel deux bons d'achat de 1 000 $ et 10 jours de congé sont attribués. Selon la direction, l'année suivant l'adoption de ces initiatives, l'absentéisme a diminué de 21 %.

On peut inclure les régimes de « primes de stimulation » attribuées par les organisations, notamment au personnel de vente et à leurs conjoints. Ces primes peuvent inclure toutes sortes de biens de consommation, des voyages, des services, etc. Parmi les primes de voyage offertes qui sortent de l'ordinaire, on propose des nuits sur le Nil, des safaris dans les réserves du Kenya ou un carnaval dans les rues de Sydney, en Australie, en plus de voyages à Hawaï, au Mexique ou aux Antilles. Cependant, ces primes sont généralement imposables, à moins que ces voyages n'aient une relation directe avec les affaires de la société. Le marché de ces primes de stimulation est assez bien organisé. Une association, la Canadian Premiums and Incentives Association, dont le siège social est à Toronto, publie de façon régulière des renseignements sur ses activités et ses membres. Certaines organisations expriment leur reconnaissance en offrant divers *cadeaux* à l'occasion de Noël ou des vacances annuelles, sous la forme matérielle de primes, de congés ou d'un 13e mois de salaire.

Il existe également, dans certaines entreprises, un programme de *primes de reconnaissance immédiate* (*spot bonus*). Dans ce régime, les supérieurs hiérarchiques disposent d'une cagnotte dans laquelle ils peuvent puiser sur-le-champ des primes de reconnaissance. Ces primes peuvent être attribuées en espèces (25 $ ou 100 $) ou sous forme matérielle (billets pour des événements sportifs ou culturels, bons de repas dans certains restaurants, etc.). La firme Les Technologies industrielles SNC offre ce type de prime (voir le cas de début du chapitre, « Le programme de récompenses des Technologies industrielles SNC inc. »).

10.3.6 Les conditions de travail

On peut aussi témoigner de la reconnaissance à des employés en modifiant leurs conditions de travail. Ainsi, une responsabilité spéciale ou supplémentaire peut être attribuée aux employés méritants. Par exemple, les cadres dont les employés sont les plus assidus peuvent être membres d'un comité chargé d'étudier le problème de l'absentéisme dans l'entreprise.

On peut également offrir des conditions de travail privilégiées aux meilleurs employés : un horaire flexible, le choix du quart de travail, l'accès à un cours de formation, le droit à une journée de congé supplémentaire, etc. Toutes les approches relatives à la réorganisation du travail – l'enrichissement des tâches, la rotation de postes, les groupes autonomes, les cercles de qualité, etc. – peuvent être considérées. Une récente enquête auprès d'entreprises ayant gagné le Malcolm Baldrige National Quality Award visant à promouvoir la gestion de la qualité au sein des organisations américaines révèle que la récompense la plus innovatrice et la plus populaire consiste à accorder une journée supplémentaire de congé en permettant à un employé de choisir n'importe qui (incluant le président) pour occuper son poste pendant cette journée (Wilson, 1995).

10.3.7 Les modes de reconnaissance autres que les régimes de rémunération variable

> Le programme de reconnaissance spéciale d'IBM repose sur trois niveaux de reconnaissance du rendement individuel correspondant à des étendues différentes de la portée d'un rendement. Sur le plan local, on trouve l'Informal Award Plan, dans lequel l'attribution des primes relève des superviseurs. Le deuxième niveau de reconnaissance, l'Outstanding Contribution Award, correspond à un rendement qui a des répercussions sur l'ensemble d'une division. Le Corporate Award est décerné à l'employé dont le rendement exceptionnel a rejailli sur l'ensemble de l'organisation.

Face à divers défis et au désir de modifier ou d'améliorer certaines facettes du travail, les organisations prennent la décision d'octroyer diverses formes de récompenses, notamment des primes, des journées de congé ou encore des mentions spéciales liées à divers comportements au travail (comme l'assiduité) ou à des suggestions (individuelles ou d'équipe) visant à améliorer la productivité.

Cette section montre qu'il est possible de reconnaître le rendement des employés même si les ressources financières et la marge de manœuvre des dirigeants et des cadres sont limitées. Selon une enquête menée auprès d'entreprises ayant adopté des programmes de qualité totale (Troy, 1992), ces entreprises dépensent en moyenne 50 000 $ par année pour des programmes de reconnaissance. Comparées aux régimes de rémunération variable, les formes de reconnaissance non pécuniaire comportent plusieurs avantages :

- elles entraînent moins de coûts ;
- elles sont plus flexibles, c'est-à-dire plus faciles à implanter, à modifier et à abandonner ;
- elles peuvent être plus personnalisées ;
- elles sont octroyées plus rapidement après la réalisation faisant l'objet d'une reconnaissance ;
- elles risquent moins d'être perçues comme des droits acquis ;
- elles peuvent mieux symboliser les valeurs des dirigeants.

Selon une enquête de la société Hewitt & Associés (1996), les employeurs adoptent des programmes de reconnaissance spontanée surtout pour récompenser le rendement individuel, les idées novatrices et le rendement des équipes. Les formes de reconnaissance les plus fréquentes sont, dans l'ordre : de l'argent comptant (68 %), une célébration (36 %), une plaque ou un trophée (34 %), de la marchandise (32 %) et un chèque-cadeau pour restaurant (29 %). Selon les employeurs participants, les directeurs et les superviseurs jouent un rôle important lorsqu'il est question de déterminer l'importance de la prime attribuée et qui recevra les primes de façon moins marquée.

Toutefois, les modes de reconnaissance non pécuniaire doivent être gérés adéquatement pour se révéler efficaces, sinon ils risquent d'être inutiles, voire nuisibles. L'un des principaux problèmes que comporte la reconnaissance non pécuniaire est qu'on ne croit pas toujours qu'elle ait de l'importance aux yeux des employés ou que sa gestion doive être rigoureuse et formelle. Au contraire, dans le cas des programmes de reconnaissance non pécuniaire, il faut faire en sorte que le choix et l'attribution des récompenses ne soient pas arbitraires ou perçus comme tels. Par ailleurs, compte tenu de la multiplicité des formes de récompenses, il est important que l'entreprise s'interroge sur les désirs de ses employés en matière de récompenses : Un meilleur salaire ? Plus de journées de congé ? De nouvelles responsabilités ? Un meilleur équipement ? De la visibilité ? En somme, un programme de reconnaissance s'avère plus efficace lorsque la récompense est précise, connue, valorisée et accordée de manière sincère en fonction d'une action ou d'un résultat, et ce, le plus tôt possible après que la contribution a été faite (Wilson, 1994). Afin de s'assurer de la qualité de gestion d'un tel programme et de symboliser son importance, il est indispensable qu'une personne (un champion) en soit responsable et qu'elle officialise sa getion par des règles écrites.

10.4 LA RÉMUNÉRATION VARIABLE COMME FORME DE RECONNAISSANCE

Quelles que soient les formes que prennent les régimes de rémunération variable (primes de rendement individuel, participation aux bénéfices, partage des gains de productivité, etc.), ils ne sont pas nouveaux en Amérique du Nord ni en Europe occidentale. Toutefois, il en est présentement davantage question dans le discours des associations patronales et professionnelles, à cause de la convergence récente de certains facteurs : les compressions budgétaires, les contrôles des coûts de main-d'œuvre, le manque de productivité, la faible motivation du personnel, les pressions fiscales, etc. Ce contexte d'affaires a accru la popularité des programmes de rémunération variable parce qu'ils lient davantage les coûts de main-d'œuvre à la capacité de payer des organisations et à leur capacité de mieux stabiliser leur nombre d'employés. L'étude de Gerhart et Trevor (1996) confirme que la présence de régimes de rémunération variable réduit le besoin de licencier des employés lors de périodes difficiles et de les réembaucher dès que les affaires s'améliorent.

Récemment, certaines personnes ont qualifié la rémunération variable de « nouvelle forme de rémunération ». Dans la plupart des cas, toutefois, il s'agit de bons vieux programmes apprêtés à la sauce moderne et rebaptisés. Ce que ces régimes comportent de neuf, c'est la façon dont ils sont utilisés : leur implantation et leur gestion sont davantage considérées comme des moyens privilégiés de réaliser la stratégie d'affaires de l'entreprise. Nous traiterons plus précisément de ce sujet au chapitre 12, qui porte sur la gestion du rendement.

10.4.1 La fréquence de l'implantation des régimes de rémunération variable

Au Canada comme aux États-Unis, un grand nombre de régimes de rémunération variable (également appelés « régimes d'incitation » ou « régimes d'intéressement ») ont été implantés depuis le début des années 1980. Cette tendance vers la rémunération variable se manifeste de diverses façons : on augmente les régimes de rémunération variable destinés à l'ensemble des employés, et non plus seulement aux cadres supérieurs ; le pourcentage de la rémunération totale dépendant du rendement de l'entreprise ou de l'unité à laquelle se rattache un employé dans l'entreprise est plus élevé ; on « mélange » de plus en plus fréquemment les régimes d'intéressement à court terme et à long terme en tenant compte des répercussions sur les employés des différents niveaux hiérarchiques sur le rendement de l'entreprise (Conference Board of Canada, 1999).

10.4.2 Les divers types de régimes de rémunération variable

Les divers modes de rémunération variable ou basée sur le rendement peuvent être classifiés selon le niveau de rendement ciblé, soit le rendement individuel, le rendement d'équipe ou le rendement collectif (voir le tableau 10.2). Les formules de rémunération variable reconnaissant le rendement individuel sont les formules les plus fréquemment implantées (Milkovich et Newman, 1998). Nous faisons ici référence à la rémunération au mérite, aux primes, aux commissions et à la rémunération à la pièce. Compte tenu de la popularité de ces modes de rémunération, le reste de ce chapitre est consacré à ces types de régimes. Le chapitre 11 traite des régimes de rémunération variable visant à reconnaître le rendement collectif.

TABLEAU 10.2

Les différents régimes de rémunération variable

Régimes basés sur le rendement individuel	**Régimes basés sur le rendement collectif à court terme**
– Salaire au mérite – Primes – Commissions – Rémunération à la pièce	– Participation aux bénéfices – Partage des gains de productivité – Partage du succès
Régimes basés sur le rendement de l'équipe	**Régimes basés sur le rendement collectif à long terme**
– Primes	– Participation réelle à la propriété – Octroi ou achat d'actions – Options d'achat d'actions – Participation fictive à la propriété

Source : St-Onge et autres (1998, p. 398).

10.5 LES SALAIRES AU MÉRITE

10.5.1 Définition du salaire au mérite

Il existe beaucoup de confusion au sujet de la définition de la « rémunération au mérite » ou du « salaire au mérite ». Dans ce livre, la rémunération au mérite consiste à déterminer les augmentations de salaire accordées aux employés (généralement sur une base annuelle) en tenant compte de leur rendement individuel. De façon plus précise, un régime de rémunération au mérite a les caractéristiques suivantes :

– La *progression du salaire* des employés à l'intérieur de leur échelle salariale se fait à intervalles réguliers (habituellement un an) et elle dépend, du moins en partie, de leur rendement individuel ;
– L'*augmentation de salaire* des employés est intégrée à leur salaire aux fins du calcul des augmentations de salaire à venir ;
– Le *rendement* des employés est mesuré à l'aide d'un système d'évaluation du rendement ;
– Le *budget* des augmentations de salaire est généralement fonction de la situation économique et de la position que désire occuper l'organisation par rapport au marché.

Lorsqu'il est question de déterminer la partie de l'augmentation de salaire d'un employé qui sera liée au mérite, un administrateur est souvent confronté au problème de l'importance de cette augmentation. Quel pourcentage de l'augmentation du salaire devrait être lié au mérite ? En pratique, ce type de question est généralement résolu par les enquêtes salariales ainsi que par un examen de la situation financière de l'organisation. Toutefois, il faut admettre que plus le salaire d'une personne est élevé, plus l'utilité marginale d'un même montant d'augmentation de salaire est faible. Ainsi, une augmentation de 2 000 $ n'aura pas la même valeur pour un employé dont le salaire annuel est de 60 000 $ et un autre dont le salaire est de 15 000 $. Pour maintenir une valeur ajoutée constante, il faut que le mode d'augmentation soit en pourcentage constant, sinon croissant. En pratique, cette approche permet également de tenir compte de la structure croissante de l'échelle des impôts. Cependant, elle ne prend pas en considération l'effet de la perception de l'équité salariale sur la perception des augmentations de salaire. En effet, il apparaît tout à fait probable que plus un employé perçoit son salaire comme inéquitable, plus l'augmentation de salaire doit être élevée pour qu'il la considère comme satisfaisante. Par ailleurs, ces études semblent également ignorer la signification autre qu'économique que peut avoir l'argent, par exemple, sa signification psychologique ou sociologique (voir le chapitre 1). Analysée comme une transaction de type sociologique ou symbolique, l'expérience relative aux augmentations de salaire indique que les différences d'augmentations entre les employés n'ont pas besoin d'être très importantes pour être perceptibles. En fait, l'importance accordée à une augmentation n'a rien à voir avec le montant comme tel.

10.5.2 La fréquence d'attribution du salaire au mérite

Partout en Amérique du Nord, le salaire au mérite représente depuis longtemps le régime de rémunération des cadres le plus populaire. Encore aujourd'hui, plus de 80 % à 85 % des firmes utilisent ce régime pour rémunérer au moins une catégorie de leur personnel.

10.5.3 Les matrices d'augmentations de salaire au mérite

De façon générale, il est rare que la progression salariale d'un employé repose uniquement sur les résultats de l'évaluation de son rendement. Comme nous l'avons mentionné au chapitre 7, on tient habituellement compte du niveau relatif de son salaire à l'intérieur de sa fourchette salariale (ratio comparatif). On calcule ce ratio en divisant le salaire effectif de la personne par le salaire correspondant au maxi-normal, ou point de contrôle de sa fourchette salariale. Si le salaire effectif d'un employé est de 34 000 $ et que le point de contrôle (ou point milieu ou maxi-normal) de son échelle salariale est de 30 000 $, la valeur du ratio comparatif de cet employé est de 1,13 (ou 113 %). Selon une structure salariale ayant des minimums et des maximums situés à plus ou moins 20 % du point de contrôle, le ratio comparatif des employés à l'intérieur des limites de leur fourchette salariale peut varier entre 0,80 et 1,20. L'employé sans expérience préalable à l'emploi est embauché au taux minimum de la fourchette, soit à un ratio comparatif de 80. Ce salaire peut être plus élevé selon l'expérience de la personne, puis il progresse selon son rendement. Compte tenu du fait qu'une personne acquiert plus rapidement de l'expérience au début de son emploi que par la suite, les augmentations de salaire fondées sur le rendement (augmentations au mérite) sont plus importantes au début.

Ainsi, la plupart des entreprises établissent une matrice d'augmentations de salaire au mérite qui tient compte non seulement des niveaux de rendement individuel, mais également du salaire des employés par rapport au point de contrôle de leur échelle salariale. En somme, ces grilles ou matrices indiquent aux cadres quelles augmentations de salaire ils doivent accorder selon la cote de rendement de l'employé et son salaire actuel. L'objectif d'une telle matrice est de contrôler les coûts des salaires des employés. Ainsi, à l'intérieur d'une même échelle salariale et pour une même cote de rendement, plus le salaire actuel d'un employé est élevé, moins son augmentation de salaire sera grande.

L'encadré 10.3 (p. 492) présente une telle matrice. Selon cette matrice, l'employé dont le rendement est satisfaisant et dont le salaire se situe dans la zone du point de contrôle (97 %-103 %) bénéficiera d'une augmentation de salaire de 2 % à 3 %. Par contre, si son rendement est satisfaisant ou plus que satisfaisant et que son salaire se situe à un niveau inférieur au point de contrôle, il pourra recevoir une augmentation de 4 % à 6 % (en fonction de son ratio comparatif), de façon que son salaire se rapproche de la zone du point de contrôle. Toujours selon les chiffres de l'encadré 10.3, la personne dont le rendement est exceptionnel et dont le salaire est dans la zone inférieure à 85 % reçoit une augmentation de salaire de 7 % à 8 %. Une telle matrice incite davantage les employés à avoir un excellent rendement au début de leur carrière, lorsque leur salaire se situe dans la portion inférieure de leur échelle. Cette situation s'explique par la diminution du pourcentage des augmentations de salaire des employés dont le niveau de salaire se situe au-dessus du point de contrôle.

10.5.4 Les avantages présumés des salaires au mérite

La formule des salaires au mérite est présente dans bon nombre d'organisations nord-américaines depuis plusieurs années pour la rémunération des cadres et des professionnels. Les atouts et les limites de cette forme de rémunération basée sur le rendement individuel ont fait l'objet de nombreux écrits, tant parmi les professionnels que les universitaires (St-Onge, 1990). Cette partie présente une synthèse des propos émis à ce sujet.

La répercussion sur la performance organisationnelle

Comme les organisations et les diverses économies éprouvent un sérieux problème de productivité, il importe que les salaires des employés – une part souvent très importante des coûts d'exploitation – soient gérés de la façon la plus efficiente possible. Cela est d'autant plus important en période d'inflation, alors que des pressions s'exercent pour faire hausser les salaires. Dans un tel contexte, l'attribution des augmentations de salaire en fonction du mérite est considérée comme une plus-value, comparativement aux politiques d'augmentations de salaire fondées sur l'indice des prix à la consommation ou sur les années de service, qui n'incitent pas les employés à fournir plus d'efforts en vue d'avoir un meilleur rendement. En réalité, ces augmentations ont un effet contraire, la norme devenant de « ne pas faire un mauvais travail ».

ENCADRÉ 10.3

Exemple de matrice et d'échelle de salaires basées sur le rendement

A. MATRICE DES AUGMENTATIONS DE SALAIRE SELON LES SALAIRES ET LES COTES DE RENDEMENT INDIVIDUEL

Cote de rendement individuel	Ratio comparatif						
	< 85 %	85 %-90 %	91 %-96 %	97 %-105 %	104 %-109 %	110 %-115 %	> 115 %
Exceptionnel	7 %-8 %	6 %-7 %	5 %-6 %	4 %-5 %	3 %-4 %	2 %-3 %	1,5 %-2,5 %
Supérieur	6 %-7 %	5 %-6 %	4 %-5 %	3 %-5 %	2 %-5 %	1,5 %-2,5 %	1,5 %-2,5 %
Satisfaisant	5 %-6 %	4 %-5 %	3 %-4 %	2 %-3 %	1,5 %-2,5 %	1 %-2 %	0,5 %-1,5 %
Acceptable	4 %-5 %	3 %-5 %	2 %	2 %-2,5 %	1,5 %-2,5 %	0	0
Insatisfaisant	0 %	0 %	0 %	0 %	0 %	0	0

B. ÉCHELLE (FOURCHETTE) SALARIALE BASÉE SUR LE RENDEMENT DES EMPLOYÉS

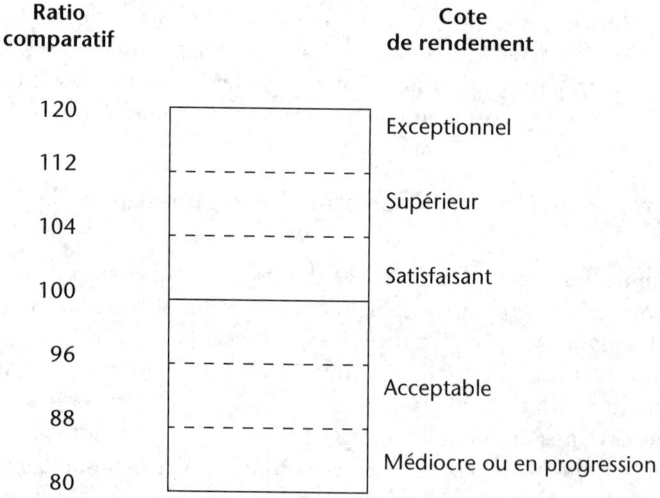

Ratio comparatif	Cote de rendement
120	
	Exceptionnel
112	
	Supérieur
104	
	Satisfaisant
100	
96	
	Acceptable
88	
	Médiocre ou en progression
80	

Le principe de la rémunération selon le rendement individuel

Par ailleurs, quoiqu'on reconnaisse que le rendement individuel au travail dépend de plusieurs variables – notamment de la technologie utilisée, de l'organisation du travail, des habiletés des employés, de leur compréhension des attentes de leurs supérieurs et de leur motivation –, l'ensemble des leçons que l'on peut tirer des pratiques et des études confirme que l'argent demeure un instrument de motivation pour bien des personnes. En effet, les employés ont par nature un besoin important de rétroaction concrète sur leur façon de s'acquitter de leur travail. De plus, il semble que, malgré le courant contemporain valorisant l'organisation du travail en équipe, les employés souhaitent toujours que leur rendement individuel soit reconnu. L'évaluation au mérite offre toutes les caractéristiques requises pour dispenser cette rétroaction. De plus, la majorité des employés désirent qu'au moins une partie de leur rémunération soit liée à leur rendement. Par conséquent, l'absence de reconnaissance du rendement par la rémunération peut créer des problèmes d'iniquité qui se traduisent par une diminution de l'effort au travail, une augmentation de l'absentéisme, un moins grand engagement au travail et une augmentation des départs des employés les plus méritants.

Les recherches ont démontré l'importance de communiquer aux employés les résultats de leur travail et de leur donner de la rétroaction sur leur travail, de manière à accroître leur motivation et leur rendement. Un régime de rémunération au mérite a non seulement l'avantage de permettre cette rétroaction, mais également de la concrétiser de façon pécuniaire.

L'influence sur les attitudes et les comportements des employés

Les augmentations de salaire au mérite peuvent inciter les employés à améliorer leurs résultats et leurs comportements au travail. En mettant l'accent sur l'évaluation du rendement, la rémunération au mérite permet également de clarifier les attentes de l'organisation à l'endroit des employés, un autre déterminant de leur rendement. Enfin, la rémunération au mérite devrait renforcer les comportements des employés plus performants et démontrer aux autres qu'il faut avoir un bon rendement pour obtenir des augmentations de salaire. De plus, sous ce régime de rémunération, les employés qui quittent l'organisation sont ceux qui ont un moins bon rendement, ce qui en soi est plutôt bénéfique.

La diminution des risques pour les employés

La formule de l'augmentation de salaire est souvent appréciée par les employés en raison de l'importance du salaire de base dans le calcul de nombreux avantages sociaux. Ainsi, le montant d'assurance-vie auquel un individu a droit est généralement établi en fonction de son salaire de base, par exemple, une fois, deux fois ou plus la valeur de son salaire de base. Il en est de même en ce qui touche la valeur des prestations de retraite. Par ailleurs, la formule de l'augmentation de salaire est rassurante : le revenu de l'employé ne peut que demeurer stable ou augmenter d'une année à l'autre, c'est-à-dire qu'il ne peut pas diminuer.

10.5.5 Les limites de la formule des salaires au mérite

Quoique le salaire au mérite soit très répandu, les résultats des recherches effectuées sur l'efficacité de ce mode de rémunération du rendement individuel sont peu encourageants (Heneman, 1992 ; Kellough et Haoron, 1993).

Une formule de reconnaissance coûteuse

L'un des problèmes liés au salaire au mérite vient du fait qu'on reconnaît le rendement annuel des employés au moyen d'une augmentation de salaire, c'est-à-dire d'une récompense à vie (une annuité). Aux fins du contrôle des coûts, l'effet cumulatif des augmentations de salaire n'est pas avantageux pour une organisation parce qu'il augmente la masse salariale à long terme et, conséquemment, les coûts des avantages sociaux.

Afin de maîtriser les coûts des salaires, certaines entreprises établissent leurs budgets de rémunération au mérite en présumant que la distribution des cotes de rendement des employés suit une courbe normale alors qu'en réalité, la plupart des employés ont un rendement au-dessus de la moyenne.

De plus, les régimes de rémunération au mérite sont coûteux et difficiles à gérer. Les augmentations de salaire accordées par l'entreprise y sont fonction du rendement individuel, mais aussi de la capacité de payer de l'entreprise, de l'augmentation de l'indice des prix à la consommation et de la position de l'employé dans son échelle salariale (son ratio comparatif).

Le lien entre le rendement et l'augmentation de salaire

Le caractère permanent et cumulatif des augmentations salariales empêche aussi l'établissement d'un lien rendement-récompense étroit, surtout en ce qui a trait aux employés ayant un très bon rendement, c'est-à-dire ceux à qui, justement, on voudrait montrer son appréciation ! En pratique, l'écart est souvent faible (environ 2 %) entre les augmentations de salaire accordées aux plus méritants et celles versées aux moins méritants. Cet écart entre les augmentations de salaire des employés dont le rendement est satisfaisant et ceux dont le rendement est exceptionnel n'est pas suffisant pour susciter de plus grands efforts et, de fait, peut être tout simplement démotivant.

Cette contrainte est encore plus grande lorsque l'inflation est élevée : la masse salariale réservée aux augmentations y passe alors complètement, et il ne reste rien pour reconnaître le mérite. Ce problème s'aggrave lorsque les organisations doivent recruter des employés à des taux correspondant aux salaires de leurs employés dont le rendement a été jugé supérieur. Ainsi, dans un contexte économique inflationniste, compte tenu de la structure progressive des impôts, la partie « mérite » devient dérisoire par rapport à la partie « augmentation générale ». Les limites budgétaires ne permettent alors pas d'accorder des augmentations de salaire substantielles à ceux qui le méritent. De plus, les superviseurs se sentent souvent obligés d'accorder des hausses de salaire équivalentes à celle du coût de la vie à tous les employés dont le rendement est satisfaisant. Dans ce contexte, il reste peu de fonds pour récompenser les employés exceptionnels, et les augmentations de salaire, si minces soient-elles, deviennent vite un droit acquis aux yeux des employés. Les années 1970 et 1980 ont d'ailleurs alimenté cette mentalité basée sur les acquis parmi les employés.

Par ailleurs, peu de superviseurs se sentent aptes à assumer le rôle de « Dieu le Père » que la plupart des systèmes d'évaluation du rendement leur réservent. Même lorsqu'un supérieur hiérarchique s'aperçoit qu'une personne a un meilleur rendement qu'une autre, il peut considérer que le fait de lui accorder une augmentation de salaire en conséquence créera des dissensions dans l'équipe. Ainsi, il manœuvrera en toute sûreté en attribuant la même augmentation à tous, réduisant du coup la relation entre le rendement et la récompense, un préalable à la motivation au travail.

Si le fait de prendre en considération la position sur l'échelle salariale permet de mieux contrôler les coûts de main-d'œuvre, cela réduit le lien entre le rendement et l'augmentation de salaire, et atténue ainsi le caractère motivant de l'augmentation. Ainsi, à l'intérieur d'une même échelle salariale et pour une même cote de rendement, plus le salaire actuel d'un employé est élevé, moins son augmentation de salaire le sera. Le fait de tenir compte d'autres facteurs – notamment de la situation financière de l'entreprise et de l'évolution du coût de la vie – réduit également la perception du lien entre le rendement et la récompense. Une fois le maximum de l'échelle salariale atteint, les employés ne peuvent plus recevoir d'augmentations de salaire selon leur rendement.

Les montants d'augmentations de salaire

Le caractère permanent et cumulatif des augmentations salariales empêche aussi les organisations d'accorder des augmentations de salaire significatives, surtout aux employés ayant un très bon rendement. En fait, les objectifs d'un tel régime de rémunération, c'est-à-dire la reconnaissance du rendement individuel sous la forme d'augmentations de salaire perçues comme importantes, d'une part, et le contrôle des coûts de main-d'œuvre, d'autre part, sont conflictuels.

Les superviseurs hésitent à accorder des augmentations de salaire importantes aux employés exceptionnels parce qu'elles amènent trop vite ces derniers au sommet de leur échelle salariale, ce qui ne laisse plus de marge de manœuvre pour les motiver. La différence de rendement revêt alors un caractère plus symbolique que réel ; en outre, cet écart ne motive pas les employés à accroître leur rendement, car le jeu n'en vaut pas la chandelle. Une différence d'augmentation de salaire de 1,5 % sur un salaire imposé à 50 % permet seulement de se payer un café de plus par jour. Selon l'étude de Mitra et autres (1995), le seuil critique pour qu'une augmentation de salaire devienne motivante est d'environ 5 % à 7 % du salaire. Par ailleurs, comme les augmentations de salaire versées aux employés demeurent généralement secrètes, leur effet sur la motivation des employés est réduit.

La gestion et l'évaluation du rendement

La rémunération au mérite repose souvent sur une évaluation du rendement faite par les cadres à partir de critères inadéquats (non pertinents, subjectifs, inconnus, etc.) ou par des évaluateurs incompétents (méconnaissance du travail, absence de suivi, etc.). En principe, tout le monde admet l'idée que les augmentations de salaire doivent être fonction du rendement individuel. En pratique, cependant, la plupart des employés estiment que leur rendement est mal évalué et qu'il est, en réalité, supérieur à la moyenne.

La plupart des régimes de rémunération au mérite s'appuient en partie sur des traits de personnalité pour évaluer le rendement. Et même si des mesures de rendement relativement objectives sont déterminées, la définition d'un bon rendement soulève toujours des problèmes. Par ailleurs, en matière de rendement, les différences individuelles sont difficiles à mesurer et la plupart des supérieurs hiérarchiques sont incapables d'évaluer de façon valable le rendement de leurs subordonnés. Mais lorsqu'ils sont capables de déterminer des différences sur le plan du rendement de leurs collaborateurs, il arrive souvent qu'ils ne le fassent pas parce qu'ils veulent éviter de devoir justifier ces différences. En somme, on reproche souvent à la rémunération au mérite divers problèmes liés à la mesure du rendement, tels la présence d'erreurs d'évaluation (tendances centrales, effets de halo, préjugés, enjeux politiques, etc.), d'indicateurs ou de critères de rendement inadéquats (subjectifs, manquants, redondants, non pertinents, etc.) et l'absence de prise en considération de l'impact des facteurs contextuels sur le rendement (équipement, organisation du travail, collègues, etc.).

Finalement, la marge discrétionnaire trop mince dont disposent les cadres pour différencier les augmentations de salaire ne les incite pas à accorder beaucoup d'attention au suivi ni à l'évaluation du rendement des employés.

10.5.6 L'efficacité et les conditions de succès des salaires au mérite

Comme nous l'avons mentionné dans les sections précédentes, la rémunération au mérite comporte plusieurs avantages mais également plusieurs limites. Le débat sur l'efficacité de la rémunération au mérite n'est pas nouveau et il n'est pas terminé. Malgré leur popularité, les régimes de rémunération au mérite ont fait l'objet de peu d'études et ces études comportent plusieurs lacunes méthodologiques. Premièrement, la plupart d'entre elles s'intéressent à l'efficacité des régimes de rémunération selon divers intervenants (dirigeants, cadres et employés). En fait, un nombre très limité de recherches ont analysé la répercussion de ces régimes sur des indicateurs objectifs de performance comme les bénéfices, le chiffre d'affaires, etc. Deuxièmement, il est difficile d'inférer des conclusions sur l'efficacité de la rémunération au mérite, puisque ces études vérifient rarement l'effet d'autres variables que la présence du régime (p. ex. : l'importance, le secteur, le style de gestion, la culture de l'organisation) sur la performance des firmes. De plus, comme ces recherches adoptent rarement une approche comparative ou longitudinale, elles ne permettent pas de comparer la performance des firmes « avec et sans » régime de rémunération au mérite ou encore, « avant et après » l'implantation d'un tel régime.

Devant le débat lié à la rémunération au mérite, il faut éviter de confondre la question du principe avec celle de l'application. Dans la mesure où l'on admet le principe de payer les employés selon leur rendement, les chances de succès de son application sont plus grandes. Toutefois, chaque régime de rémunération au mérite est différent et produit des effets différents. Par exemple, certaines entreprises désireuses d'améliorer l'efficacité de leur régime de rémunération au mérite utilisent une formule de primes pour récompenser le rendement des employés qui se situent dans la portion supérieure de leur échelle de salaires (cette approche mixte sera présentée plus loin). D'autres entreprises utilisent les augmentations de salaire pour reconnaître l'acquisition de compétences et les primes, pour reconnaître l'atteinte de résultats (voir le chapitre 8).

Une étude faite par St-Onge (1993) démontre qu'un régime de rémunération au mérite est perçu comme plus efficace lorsque les employés :

- ont confiance en leur superviseur et en la direction de l'entreprise ;
- considèrent comme justes les *résultats* (cotes de rendement et augmentations de salaire) et le *processus* qui les détermine ;
- sont satisfaits de leur cote de rendement, de leur augmentation de salaire et de leur salaire ;
- obtiennent un montant d'augmentation de salaire davantage lié à leur rendement ;
- obtiennent des cotes de rendement et des augmentations de salaire élevées.

Compte tenu de l'importance de la justice dans le processus de détermination des cotes de rendement et de l'importance des augmentations de salaire dans le succès des régimes de rémunération au mérite, l'encadré 10.4 propose une grille de questions visant à en faire un audit au sein des organisations. Les dirigeants d'entreprise doivent interroger les employés sur le *processus* de détermination de leurs cotes de rendement et de leurs augmentations de salaire.

Encadré 10.4

Audit de la justice dans le processus de gestion d'un régime de rémunération au mérite

A. JUSTICE DU PROCESSUS DE DÉTERMINATION DES AUGMENTATIONS DE SALAIRE

Dans l'entreprise où vous travaillez, dans quelle mesure :

1. pensez-vous que l'allocation de votre rémunération au mérite repose sur une évaluation adéquate de votre rendement ?
2. pensez-vous que la direction détermine de façon équitable les budgets alloués à la rémunération au mérite ?
3. pensez-vous que des facteurs autres que votre rendement sont considérés en déterminant votre rémunération au mérite ?
4. pensez-vous qu'il vous est possible d'exprimer votre désaccord quant au montant de rémunération au mérite que vous recevez par le biais d'un mécanisme d'appel ?
5. pensez-vous que le programme de rémunération au mérite est compris par les employés ?
6. pensez-vous connaître ce que les autres reçoivent comme rémunération au mérite ?

En vous référant à votre superviseur immédiat (ou à la personne qui détermine votre rémunération au mérite), dans quelle mesure :

1. pensez-vous qu'il/elle justifie adéquatement le montant de rémunération au mérite qu'il/elle vous accorde ?
2. pensez-vous qu'il/elle clarifie bien les objectifs de rendement que vous devez atteindre pour obtenir une rémunération au mérite qui vous satisfasse ?
3. pensez-vous qu'il/elle détermine la rémunération au mérite de tous et chacun de manière équitable ?

De façon générale, dans quelle mesure :

1. pensez-vous que les procédures administratives et les grilles salariales aidant les superviseurs à déterminer les montants de rémunération au mérite de leurs subordonnés sont équitables ?
2. pensez-vous que votre superviseur applique de façon équitable les directives administratives et les grilles salariales en déterminant votre rémunération au mérite ?

B. JUSTICE DU PROCESSUS DE DÉTERMINATION DES COTES DE RENDEMENT

Dans l'entreprise où vous travaillez, dans quelle mesure :

1. pensez-vous que les évaluations du rendement sont considérées comme importantes par la plupart des superviseurs ?
2. pensez-vous que le système d'évaluation du rendement est compris par la plupart des superviseurs ?
3. pensez-vous que la plupart des superviseurs sont bien formés pour évaluer le rendement de leurs subordonnés ?
4. pensez-vous que les critères utilisés pour évaluer votre rendement touchent les points qui sont importants à considérer ?
5. pensez-vous que les évaluations de votre rendement reflètent votre rendement réel ?
6. pensez-vous que l'évaluation du rendement ne se fait pas sur une base continue, que vous n'en entendez parler qu'une fois l'an ?
7. pensez-vous que l'évaluation du rendement est gérée de façon uniforme dans toutes les unités et dans tous les services ?
8. pensez-vous qu'on tient compte de ce que les employés ont à dire sur la façon dont le système d'évaluation du rendement est conçu ?
9. pensez-vous que les objectifs de rendement que vous devez atteindre sont trop élevés ?
10. pensez-vous qu'il est possible pour vous de contester les résultats de l'évaluation de votre rendement par le biais d'un mécanisme d'appel ?
11. pensez-vous que le système d'évaluation du rendement est compris par les employés ?

En vous référant à votre superviseur immédiat (ou à la personne qui évalue votre rendement), dans quelle mesure :

1. pensez-vous qu'il/elle essaie d'être précis(e) en évaluant votre rendement ?
2. pensez-vous qu'il/elle alloue suffisamment de temps aux entrevues d'évaluation du rendement ?
3. pensez-vous qu'il/elle vous donne suffisamment de rétroaction sur votre rendement ?
4. pensez-vous qu'il/elle évalue votre rendement à partir d'informations pertinentes ?
5. pensez-vous qu'il/elle est suffisamment au courant des exigences et des responsabilités de votre poste pour évaluer votre rendement ?
6. pensez-vous qu'il/elle rend clair ce qui est attendu de vous ?
7. pensez-vous qu'il/elle se préoccupe de votre formation et de votre perfectionnement ?
8. pensez-vous qu'il/elle remplit consciencieusement les formulaires d'évaluation du rendement ?
9. pensez-vous qu'il/elle vous explique clairement comment l'évaluation de votre rendement a été faite ?
10. pensez-vous qu'il/elle vous donne l'occasion d'exprimer vos idées lorsqu'il/elle vous rencontre pour discuter de votre rendement ?
11. pensez-vous qu'il/elle évalue votre rendement à partir de critères que vous ne pouvez ni influencer ni contrôler ?
12. pensez-vous qu'il/elle discute suffisamment avec vous de la façon dont vous pouvez améliorer votre rendement ?
13. pensez-vous qu'en évaluant votre rendement, il/elle est influencé(e) par des facteurs qui ne devraient pas entrer en ligne de compte ?
14. pensez-vous qu'il/elle tient compte de vos suggestions et opinions dans l'établissement de vos objectifs de rendement ?
15. pensez-vous qu'il/elle évalue équitablement le rendement de tous et chacun ?

De façon générale, dans quelle mesure :

1. pensez-vous que, en matière d'évaluation du rendement, les procédures administratives et les formulaires sont équitables ?
2. pensez-vous que votre superviseur applique de manière équitable les procédures administratives en évaluant votre rendement ?

Source : Extrait de S. St-Onge, « Appendice B : Questionnaire sur l'efficacité des programmes de rémunération basée sur le rendement », dans *A Full Investigation of Variables Influencing Pay-for-Performance Perception*, thèse de doctorat, Toronto, Université York, 1992, p. 2-3 et 6-8.

10.6 LES PRIMES AU RENDEMENT INDIVIDUEL

Comme solution de rechange aux augmentations de salaire, la formule des primes peut être utilisée pour reconnaître le rendement individuel. Une prime correspond à un montant forfaitaire versé en sus du salaire. Cette partie du chapitre porte sur les régimes de primes versées en fonction du rendement individuel évalué de façon officielle ou non, dont le montant est généralement établi selon un pourcentage du salaire de l'employé. Par conséquent, nous ne traitons pas ici des nombreux régimes collectifs de rémunération variable (participation aux bénéfices, partage des gains, etc.) de nature « mixte » ou « hybride », c'est-à-dire qui accordent des primes en fonction du rendement de l'organisation, de l'unité et de l'employé.

En vertu d'un tel régime, le montant des primes peut être significatif. En effet, les superviseurs ont une plus grande marge de manœuvre pour accorder aux employés exceptionnels des primes d'une valeur significative puisque celles-ci ne sont pas intégrées à leur salaire. La formule des primes permet aussi d'établir un lien « rendement-reconnaissance » (théorie des attentes) plus étroit, car leur montant n'est lié, du moins officiellement, qu'au rendement des employés. On ne tient pas compte de leur position sur l'échelle salariale, comme c'est le cas de la formule du salaire au mérite. Les primes peuvent donc varier d'une année à l'autre selon le rendement des employés et la situation financière de l'entreprise. Si on les compare aux augmentations de salaire, les primes peuvent également permettre de contrôler davantage les coûts de main-d'œuvre : comme elles sont versées en sus des salaires, elles n'augmentent généralement pas les coûts des avantages sociaux. De plus, étant donné que les montants des primes accordées aux subordonnés peuvent être plus élevés et plus différenciés que les augmentations de salaire, les superviseurs subiront une plus forte pression pour mieux gérer et mieux évaluer le rendement de leurs employés. En effet, dans la mesure où un cadre accorde à un employé une prime de 5 000 $ et à un autre une prime de 2 000 $, il doit être en mesure de justifier cette différence. Par ailleurs, du point de vue des employés, les primes ne sont pas garanties : comme elles ne sont pas intégrées à leurs salaires, ils peuvent voir, d'une année à l'autre, leur revenu (salaire et primes) diminuer ou augmenter.

Habituellement réservé aux cadres supérieurs des entreprises, ce type de régime s'est généralisé dans les entreprises depuis le début des années 1980, tant au Canada qu'aux États-Unis, pour contrer les limites de la formule du salaire au mérite. En effet, comparativement aux augmentations de salaire, les primes devraient inciter davantage les employés à fournir un meilleur rendement et être moins coûteuses pour les organisations. Une enquête de la firme conseil Hewitt & Associés (1996) indique que 15 %

des 132 entreprises canadiennes participantes ont établi un tel régime pour au moins une catégorie de personnel. Une autre enquête (Société Conseil Mercer Limitée, 1999), menée auprès de 492 firmes canadiennes, démontre que le versement cible moyen de primes au personnel non syndiqué prévu pour 1999 en fonction du rendement individuel exprimé en pourcentage du salaire de base est environ le suivant: 22 % pour les dirigeants, 14 % pour les cadres; 9 % pour les professionnels et le personnel de supervision, 8 % pour le personnel de système d'information et 5 % pour le personnel de soutien.

Toutefois, il y a beaucoup de confusion en ce qui touche la popularité des régimes *individuels* de primes de rendement. Un examen attentif des statistiques portant sur le sujet révèle que la grande majorité des régimes de primes de rendement sont des régimes *mixtes* ou *hybrides* plutôt que des régimes individuels. Le montant des primes versées dépend non seulement du rendement individuel, mais aussi de certaines mesures de rendement de groupe (le coût ou la productivité) ou de l'entreprise dans son ensemble (le coût, la productivité ou les bénéfices). Nous traiterons des régimes mixtes de primes au chapitre suivant.

Il est important d'observer que, malgré le fait que la reconnaissance du rendement individuel au moyen d'augmentations de salaire soit critiquée depuis longtemps, son usage demeure très répandu, et peu d'entreprises optent pour le recours aux primes, dont l'efficacité potentielle est pourtant jugée plus élevée. Il faut croire que derrière ce changement de forme de récompense se cache un changement important de valeurs. Élaborer des théories sur d'éventuels changements en matière de rémunération est beaucoup plus facile que de les implanter. La manière dont une organisation a traditionnellement géré son système de rémunération constitue une contrainte, puisqu'elle explique en partie les valeurs actuelles des employés. Ainsi, même s'il peut être préférable pour la direction d'une organisation de reconnaître le rendement individuel à l'aide de primes plutôt qu'à l'aide d'augmentations de salaire, cette façon de faire peut être jugée irréaliste ou inacceptable par les employés et même par les superviseurs. La plupart des supérieurs hiérarchiques choisissent la formule des augmentations de salaire parce qu'elle leur permet de manifester leur reconnaissance du rendement sans faire trop de vagues ou, si on préfère, sans faire de différences significatives entre les diverses formes de reconnaissance. En effet, comme les montants en jeu sont susceptibles d'être élevés, les cadres subiront de la part de leurs subordonnés des pressions pour gérer et évaluer adéquatement le rendement. Toutefois, il ne faut pas se leurrer: les cadres qui ne *veulent* pas exercer de discrimination à l'égard de leurs employés (pour une raison ou pour une autre, justifiée ou non), ne le feront pas davantage en vertu d'un régime de primes qu'en vertu d'un régime de salaire au mérite. Si un cadre a 20 000 $ à partager entre cinq subordonnés, ceux-ci recevront tous une prime variant entre 3 500 $ et 4 500 $.

Par ailleurs, du point de vue des subordonnés, l'obtention de primes n'étant pas garantie d'une année à l'autre, la formule est plus risquée, et il n'est pas certain qu'ils désirent qu'on récompense leur rendement en différenciant davantage les montants accordés aux uns et aux autres. Finalement, la formule des primes n'apporte pas de solution aux problèmes ni aux défis liés à la gestion et à l'évaluation du rendement individuel.

10.7 LA RÉMUNÉRATION AU MÉRITE INTÉGRANT L'ATTRIBUTION DE PRIMES

Malgré la controverse qui entoure les programmes de salaire au mérite depuis plusieurs années, ces programmes demeurent très populaires. Compte tenu des pressions exercées sur les coûts de la main-d'œuvre et de l'effet incitatif de la formule des primes de rendement, plusieurs organisations optent pour une approche mixte ou hybride. Par exemple, le rendement des employés est reconnu par une augmentation de salaire tant qu'ils n'ont pas atteint le sommet de leur échelle salariale ; après, il est reconnu par une prime. Ainsi, le salaire des employés progresse selon leur rendement jusqu'à l'atteinte du taux de salaire que l'entreprise désire payer par rapport au marché. Par la suite, les personnes dont le rendement est au moins satisfaisant bénéficient des ajustements annuels de la structure salariale alors que celles dont le rendement se situe au-delà de la cote de rendement satisfaisant voient leur rendement reconnu par des primes. Pour obtenir une prime, il faut qu'un employé maintienne un rendement supérieur au niveau satisfaisant. Une telle formule est donc plus avantageuse que la formule traditionnelle des augmentations de salaire pour les employés dont le rendement est supérieur à la moyenne et moins avantageuse pour ceux dont le rendement est satisfaisant ou dans la moyenne.

Toutefois, tout comme la formule traditionnelle de rémunération au mérite, cette approche mixte met l'accent sur le rendement individuel plutôt que sur le rendement collectif. Pour pallier cet inconvénient, le montant des primes à distribuer aux employés dont le salaire est au maximum de leur échelle peut tenir compte du rendement de l'entreprise. Ainsi, on fera d'une pierre deux coups : tout en encourageant la coopération en vue d'un meilleur rendement de l'organisation, cette façon de faire reconnaît les différences individuelles en distribuant les montants à verser en fonction du rendement individuel.

10.8 LES COMMISSIONS

Les commissions constituent la principale forme de rémunération variable pour le personnel de vente. Elles correspondent souvent à un pourcentage des ventes en dollars, à un pourcentage du bénéfice brut des ventes ou à un montant d'argent par unité vendue. Dans la plupart des cas, elles s'ajoutent au salaire et ne le remplacent pas. Cette section vise à traiter de la rémunération du personnel de vente, qui repose, en plus ou moins grande partie, sur des commissions.

10.8.1 Les avantages des commissions

Les régimes de commission sont populaires pour plusieurs raisons. D'abord, le principe du travail à commission est souvent facile à comprendre et il est désiré et apprécié par le personnel de vente. Ensuite, comme le personnel de vente travaille généralement de manière indépendante et solitaire (sur la route), ce mode de rémunération apparaît approprié, car il permet d'exercer un certain contrôle sur le travail de cette catégorie d'employés et de les motiver en suivant des indicateurs relativement faciles à mesurer.

10.8.2 Le mixte de la rémunération

Certains représentants sont exclusivement payés à commission alors que d'autres sont en partie payés à commission. On parle alors du « mixte de la rémunération » pour qualifier la relation entre le salaire de base et les composantes incitatives de la rémunération. Par exemple, un programme 90/10 reflète un mixte de 90 % de salaire de base et de 10 % de possibilités d'augmentation de revenu. La proportion variable ou incitative de la rémunération du personnel de vente peut inclure des commissions liées aux résultats des ventes et des primes (bonus). Selon Coletti et Cichelli (1993), dans la plupart des cas, le paiement d'une prime est lié à la performance comparée à un but (p. ex. : un quota de vente). Le paiement d'une prime peut être exprimé en pourcentage du salaire, en pourcentage d'un montant cible préétabli ou en simple montant d'argent. Par exemple, une prime équivalant à 25 % du salaire de base peut être payée si 100 % des standards de vente sont atteints. Par ailleurs, une prime peut également être versée de façon irrégulière selon l'atteinte d'objectifs particuliers (la vente d'un nouveau produit, l'adhésion de nouveaux clients, la participation à une exposition commerciale) qui peuvent ne pas se refléter à court terme sur la valeur des ventes totales.

Tant au Canada qu'aux États-Unis, la majorité des entreprises utilisent une rémunération *mixte* dont une portion est fixe (salaire de base) et l'autre portion variable (elle inclut les commissions et les primes liées à d'autres résultats que les ventes) (Tallitsch et Moynahan, 1994 ; Tremblay et autres, 1996). Le recours à ces deux formes de rémunération permet à une organisation de s'assurer d'avoir un personnel de vente loyal et motivé, et de contrôler les comportements, les résultats et le roulement de ce personnel. Toutefois, les entreprises se distinguent par l'importance relative qu'elles attribuent aux composantes variable et fixe de la rémunération. Chaque situation comporte ses atouts et ses limites ; le choix dépend du contexte d'affaires propre à chaque entreprise.

Une rémunération totalement à commission, ou dont la portion variable est prédominante, rend la situation financière des employés imprévisible et augmente leur taux de roulement (Harrisson et autres, 1996 ; Tremblay et autres, 1996). De plus, les représentants peuvent ne pas conclure de ventes – et donc, ne pas recevoir de commission – sans que cette situation soit une question d'effort. On pense au contexte de récession économique, qui limite les ventes, ou à la qualité discutable d'un produit, qui engendre des pertes de clients, etc. La rémunération strictement à commission peut donc entraîner des problèmes de comportement, d'attitude et de climat de travail : les employés peuvent négliger d'effectuer les tâches qui n'augmentent pas directement les ventes à court terme, au détriment de la performance de l'entreprise à long terme (développement de la clientèle, entretien, formation des nouveaux employés, etc.), privilégier les ventes faciles ou la vente de produits *payants*, se voler les clients, trop abaisser les prix, vendre sous pression, négliger le service après-vente ou les « petits clients », résister aux changements (de territoire, de produits, d'approche, etc.) parce qu'ils maîtrisent la situation actuelle, refuser de se perfectionner ou d'assister à des foires commerciales, etc.

> Par exemple, le meilleur représentant commercial d'un grossiste en alimentation refuse d'assister aux réunions de vente de son employeur en fournissant la justification suivante : « Ils vendent moins que moi, aussi je n'ai rien à gagner. Je n'ai pas l'intention de partager mes connaissances avec eux. » Il travaille environ 60 heures par semaine à partir de sa maison. Il garde un inventaire complet des échantillons sur les étagères de son garage pour épargner du temps et éviter de se rendre au siège social. Son garage ressemble à une petite épicerie. Il passe au bureau de son entreprise seulement lorsque le président l'exige. Impossible à superviser, non coopératif et loup solitaire, il effectue 30 % plus de ventes que le deuxième représentant de la firme quant au volume des ventes. Il travaille en fonction d'un système complètement à commission, comme d'autres représentants, qui sont toutefois peu nombreux. (Carey, 1992, p. 32, traduction libre.)

Comme c'est le personnel de vente qui absorbe le risque de sa non-performance, les employeurs peuvent être tentés d'accorder moins de soin à la sélection, à la formation et au suivi des activités de cette catégorie d'employés. Comme l'a exprimé Long (1998, p. 196) : « Quand certains vendeurs ne performent pas bien, plutôt que de tenter de les aider à s'améliorer, à travers la formation et le *coaching*, il peut être tentant pour les cadres de seulement les laisser "couler ou nager" et d'embaucher d'autres vendeurs pour les remplacer », alors que cette façon de faire entraîne une perte de revenus provenant des ventes et une augmentation des dépenses d'embauche et de formation des nouveaux employés. Finalement, même si le principe est simple à comprendre, son application est souvent complexe et doit constamment être révisée.

En somme, on suggère d'accroître la portion variable – commissions et primes – de la rémunération du personnel de vente lorsque :

– les résultats des ventes sont difficiles et complexes à obtenir et que les habiletés de persuasion requises par le personnel de vente sont importantes, parce que les produits ou les services sont peu différenciés de ceux des compétiteurs ;
– le cycle des ventes (la période qui s'écoule entre la rencontre d'un nouveau client et la fin d'une transaction) est court ;
– les résultats des ventes sont plus importants à maîtriser que les comportements des représentants (le service, le suivi, etc.) ;
– les ventes résultent d'un effort individuel et indépendant ;
– le personnel de vente est capable et désireux d'assumer un risque et éprouve un fort besoin d'accomplissement ;
– la détermination, la mesure et le suivi d'indicateurs de rendement sont assez précis.

Dans le même ordre d'idées (Carey, 1992), un régime exclusivement à commission (*straight commission*) se révèle plus approprié lorsqu'une ou plusieurs des conditions suivantes existent :

– *Les représentants ne sont pas contrôlés.* La firme fournit peu de supervision, de guides, d'information et d'appui aux représentants (contrairement au régime exclusivement à salaire, dans lequel la philosophie est protectrice et contrôlante) ;
– *Les représentants déterminent les ventes.* Toute vente est le fruit de l'effort des représentants, comme, par exemple, lorsque le produit est commun et difficile à différencier de celui offert par les compétiteurs tant par la publicité, le nom que le prix ;
– *Les représentants ne veulent pas de salaire.* La tradition d'une industrie (p. ex. : le secteur industriel, le secteur immobilier) peut promouvoir l'usage exclusif des commissions même si un régime combiné serait plus approprié ;
– *Les ressources de l'organisation sont limitées.* Une petite firme ou une organisation qui est dans une situation financière précaire ne peut envisager d'autres possibilités que celle de payer à commission.

À l'inverse, lorsque la portion fixe de la rémunération du personnel de vente est relativement plus importante, ce personnel est plus sécurisé, mais moins incité à accroître les résultats de ses ventes ou d'autres activités. On suggère généralement d'accroître la proportion fixe (salaire) de la rémunération du personnel de vente lorsque :

- les ventes sont faciles et simples à effectuer (prendre une commande auprès d'une clientèle stable et fidèle, avoir un long cycle de vente de produits ou de services, vendre des produits ou des services différents de ceux des compétiteurs) ;
- les résultats des ventes sont importants, mais que l'on désire contrôler les comportements du personnel de vente (normes, service à la clientèle, etc.) ;
- les ventes résultent d'un effort d'équipe ou d'un effort collectif et qu'il est difficile de les départager ;
- la détermination, la mesure et le suivi d'indicateurs de rendement correspondent à un processus imprécis ;
- le personnel de vente est capable et désireux d'assumer un risque.

En pratique, le secteur de la vente de produits de consommation utilise un système de rémunération dans lequel la portion fixe est plus élevée que la portion variable, alors que c'est l'inverse dans le secteur de la vente de produits industriels (Coughlan et Sen, 1986). Coletti et Cichelli (1991) distinguent quatre types de ventes allant de celui requérant le moins de mesures incitatives à celui requérant le plus de mesures incitatives : (1) le maintien des ventes (vendre un produit établi à des clients existants) ; (2) la conversion des ventes (vendre des produits établis à de nouveaux clients) ; (3) les ventes par influence (vendre de nouveaux produits à des clients existants) et (4) les ventes sur un nouveau marché (vendre de nouveaux produits à de nouveaux clients). Selon Cichelli (1994), le mixte « salaire/mesures incitatives » courant de rémunération dans différents types d'emplois de vente est le suivant :

Caractéristiques du domaine de vente	Mixte « salaire/mesures incitatives »
Gestion de comptes nationaux	80 %-20 %
Gestion des clients majeurs	75 %-25 %
Attribution d'un territoire de vente	70 %-30 %
Démarrage de marché	50 %-50 %
Vente à des distributeurs	30 %-70 %
Création de valeurs (p. ex. : courtiers)	0 %-100 %

Une étude de Tremblay et autres (1996), effectuée auprès de 325 gestionnaires des ventes d'établissements du Québec, confirme la plupart des études antérieures sur le sujet voulant que la portion de rémunération variable dans la rémunération totale des représentants soit plus élevée lorsque :

- le travail des représentants est plus difficile à programmer ;
- les représentants sont davantage capables d'améliorer leur performance en matière de résultats ou de comportements ;
- les représentants passent plus de temps à l'extérieur de l'organisation ou sur la route ;
- le nombre de représentants à superviser augmente ;
- l'appui offert aux représentants est plus limité ;
- l'écart entre le rendement du représentant exceptionnel et le rendement du représentant moyen est plus élevé ;
- les représentants ont davantage d'expérience ;
- les représentants sont moins scolarisés ;
- les représentants peuvent davantage adapter leurs produits et leurs services selon les besoins particuliers des clients et des consommateurs ;
- les représentants exercent plusieurs activités autres que la vente pour lesquelles un niveau élevé de coopération est requis.

10.8.3 La gestion des commissions des représentants

Il est important d'observer que la partie variable de la rémunération du personnel de vente peut être gérée de manière à s'assurer que des objectifs particuliers soient atteints.

La formule des commissions

Les commissions correspondent à un pourcentage des résultats de ventes (en dollars ou en unités) qui peut être constant, à seuil minimum, croissant, décroissant ou à palier, selon le résultat de ces ventes (Carey, 1992). Le tableau 10.3 présente ces différents types d'approches.

La formule des commissions à taux *constant* se révèle la plus simple et la plus courante (p. ex. : 2,5 % du volume de vente, 5 % des bénéfices, 0,5 % du salaire pour chaque nouveau client, etc.). En maintenant un taux de commission constant, une organisation connaît à l'avance le coût de chaque représentant, et le représentant connaît le montant que lui rapporte chaque vente. Cette approche est donc facile à planifier et à garder en mémoire.

TABLEAU 10.3

Différents types de formules de commissions

	40 000 $	80 000 $	120 000 $
Formule à taux constant	1 000 $	2 000 $	3 000 $
Formule à seuil minimum	400 $	2 000 $	3 600 $
Formule à taux croissant	600 $	2 000 $	4 200 $
Formule à taux décroissant	1 200 $	2 000 $	2 400 $

La formule des commissions *à seuil minimum*, également utilisée couramment, consiste à ne payer une commission (incitatif) que sur les ventes qui excèdent un minimum prédéterminé (p. ex. : 4 % des ventes au-delà de 30 000 $ par mois ou 400 $ pour chaque nouveau client recruté en un mois, au-delà de trois clients). En n'accordant pas de commission ou d'incitatif sur les ventes tant qu'un minimum n'est pas atteint, une organisation est davantage en mesure d'accorder un taux plus élevé pour le dépassement de ce seuil. Les magasins de détail établissent souvent le seuil de ventes minimum à un niveau équivalent au coût du salaire minimum. D'autres firmes établissent le seuil minimum à un taux que la majorité des représentants du territoire ont atteint par le passé, de manière qu'il soit facile à dépasser et que les représentants goûtent rapidement au succès.

La formule des commissions à *taux croissant* accorde un taux de commission plus élevé à des montants de ventes supérieurs, ce qui amène le revenu des représentants à augmenter plus vite que l'augmentation des ventes. La prémisse de cette formule est que les premières ventes ou que les ventes faciles à faire méritent moins d'être récompensées et qu'il est plus efficace d'encourager le temps et les efforts supplémentaires requis pour effectuer les ventes plus difficiles (p. ex. : 2 % des ventes atteignant 140 000 $ plus 4 % des ventes atteignant de 140 001 $ à 180 000 $ plus 6 % des ventes atteignant ou dépassant 180 001 $).

La formule des commissions à *taux décroissant* accorde des taux de commission plus élevés aux montants de ventes supérieurs, ce qui amène le revenu des représentants à augmenter moins vite que l'augmentation des ventes (p. ex. : 3 % des ventes atteignant 40 000 $ plus 2 % des ventes atteignant de 40 000 $ à 80 000 $ plus 1 % des ventes atteignant ou dépassant 80 000 $).

Cette formule n'est presque pas utilisée parce qu'elle incite peu à la vente et qu'elle ne provoque pas vraiment d'enthousiasme parmi le personnel de vente. On l'utilise toutefois dans certains contextes très particuliers. Elle peut, par exemple, se révéler appropriée dans une entreprise qui poursuit une stratégie de croissance ou de pénétration de marché, puisqu'elle incite les représentants à développer leur clientèle. Elle peut également se révéler adéquate chez les dirigeants qui veulent réduire l'augmentation de la rémunération des meilleurs représentants, de manière à les inciter à accepter un poste de direction au sein des petites unités d'affaires.

La formule du *palier* lie un taux de commission constant aux ventes totales lorsque ces ventes dépassent un minimum prédéterminé, ce qui entraîne une brusque augmentation du revenu des représentants une fois qu'ils ont dépassé ce minimum. Cette formule se distingue de la formule du seuil minimum dans la mesure où le pourcentage des commissions est, par exemple, de 2,5 % sur toutes les ventes si elles excèdent 20 000 $ et plus, et de zéro si les ventes sont au-dessous de 20 000 $. Ainsi, le dollar qui fait passer les ventes de 19 999 $ à 20 000 $ entraîne une commission de 500 $. Pour l'organisation, le défi est de fixer le palier de vente de manière appropriée – pas trop bas, puisque tous les représentants pourraient l'atteindre facilement et qu'on obtiendrait alors un taux constant, ni trop haut, pour éviter que les représentants qui ne l'ont pas atteint (de près ou de loin) n'obtiennent pas un sou.

Les commissions avec retrait

Cette formule accorde aux représentants une avance ou un prêt qui sera soustrait de leurs commissions subséquentes. La possibilité de recevoir ces avances ou ces prêts réduit les inquiétudes des représentants : un mauvais mois n'est pas un désastre et ils pourront toujours accroître leur rémunération au cours des bonnes périodes. Ainsi, un plan à commission et avances satisfait à la fois le besoin de sécurité et le besoin d'accomplissement du personnel de vente. Toutefois, si le montant de l'avance est trop important, le représentant peut être découragé et manifester peu d'intérêt pour la performance. De plus, cette approche nécessite que l'employeur consente à assumer le risque d'avancer de l'argent.

Le tableau 10.4 résume les principales caractéristiques des quatre modes de rémunération du personnel de vente traités dans cette section. Aujourd'hui, le personnel de vente a tendance à refuser de travailler en vertu d'un programme de rémunération exclusivement à commission ou à commission et prêt. L'approche la plus courante et qui gagne le plus en popularité est celle du salaire et des mesures incitatives. L'étude de Tremblay et autres (1996), effectuée auprès de 325 gestionnaires des ventes d'entreprises du Québec, indique que 60 % d'entre eux ont un programme de rémunération mixte « salaires et incitatifs divers » (commissions, bonus et partage des bénéfices), 29 % ont un programme uniquement à commission et 11 %, un programme uniquement à salaire.

TABLEAU 10.4

Caractéristiques de divers régimes de rémunération des représentants

Type de régime	Risque	Coût de main-d'œuvre	Besoin de sécurité	Besoin d'accomplissement
Exclusivement à salaire	Assumé par l'organisation	Fixe	Élevé	Faible
Exclusivement à commission	Assumé par l'employé	Variable	Faible	Élevé
Commission et avances	Assumé par l'employé	Variable	Peu élevé	Élevé
Salaire et mesures incitatives	Partagé	Mixte	Modéré	Élevé

Source : Traduit de J.F. Carey (1992, p. 37).

10.9 LA RÉMUNÉRATION À LA PIÈCE

La rémunération à la pièce regroupe les régimes de rémunération qui paient les employés selon le nombre d'unités produites. Ce mode de rémunération, probablement le plus ancien, vise à accroître le rendement individuel en le liant étroitement à une récompense. Les régimes de rémunération à la pièce reposent sur des rendements individuels qu'il est possible de standardiser, c'est-à-dire sur des évaluations observables, concrètes et objectives du rendement. Cette section traite de façon succincte des secteurs où ce mode de rémunération est utilisé, de la détermination du rendement dit « standard » ainsi que des avantages des limites et des conditions de succès des régimes de rémunération à la pièce.

10.9.1 Les secteurs où sont utilisés les régimes de rémunération à la pièce

Aujourd'hui, la rémunération à la pièce est peu courante, puisqu'elle exige que les employés aient une bonne maîtrise de la cadence et de la qualité du travail, ce qui est de plus en plus rare. Ce type de rémunération est encore associé à l'industrie manufacturière, où il a été instauré et popularisé par Frederick W. Taylor, au début du XXe siècle. Quoique de moins en moins courants avec le temps, ces régimes demeurent très présents dans certains secteurs, notamment dans ceux du vêtement, du textile, du meuble et du caoutchouc. Quoique plus rarement, on les trouve aussi dans le secteur des services. Tel que le mentionne Long (1998), les barbiers sont rémunérés à la tête, les planteurs d'arbres, à l'arbre, les journalistes à la pige, au pouce de colonne, et les médecins, à l'acte.

Traditionnellement, les syndicats se sont opposés à ce mode de rémunération en raison de la difficulté d'établir et de maintenir un standard de production équitable, c'est-à-dire le montant offert par pièce produite. Ils ont souvent peur que les employeurs n'utilisent ce mode de rémunération dans le seul but d'exploiter les employés. Ils craignent également que la rémunération à la pièce ne nuise à la santé et à la sécurité du travail, et que les salariés ne perdent leur emploi lorsque la productivité augmente.

10.9.2 La détermination du rendement standard

Dans le secteur manufacturier, les procédés de détermination d'un rendement standard reposent sur une mesure du temps requis, effectuée au moyen d'un chronomètre, ou sur un échantillon de travail. Ces procédés sont généralement déterminés et appliqués par des ingénieurs industriels. La détermination d'un rendement standard fait appel au concept d'« allure normale d'un travailleur » pouvant être soutenue aisément jour après jour, sans fatigue physique ou mentale exagérée, et elle est caractérisée par l'accomplissement d'un effort raisonnable et régulier. L'allure normale constitue une base de comparaison qui permet à l'employé type, disposé à fournir un effort supplémentaire raisonnable, de gagner une prime équitable sans avoir à supporter une tension exagérée. La détermination d'un rendement standard nécessite la présence de certains facteurs, dont la standardisation du travail en matière de méthodes de travail, de procédés d'approvisionnement en matériel, de qualité du matériel utilisé, de type d'équipement utilisé et de son entretien, ainsi que l'élaboration de standards de qualité des résultats. En outre, il faut tenir compte des besoins personnels, des pauses, des délais de production imprévisibles et inévitables, et de la compétence de l'employé type, de manière à assurer la représentativité des personnes selon lesquelles les standards sont établis.

Diverses méthodes ont été élaborées pour mesurer et déterminer un rendement standard. Toutefois, aucune approche n'est sans faille et même les plus « scientifiques » comportent une part de subjectivité. Comme il est mentionné dans l'encadré 10.5, on peut classer les différents régimes individuels de rémunération à la pièce selon qu'ils sont à bénéfices non partagés ou à bénéfices partagés.

ENCADRÉ 10.5

Les divers types de régimes de rémunération à la pièce

A. RÉGIMES À BÉNÉFICES NON PARTAGÉS

En vertu de ces régimes, l'employé bénéficie de toute amélioration de son rendement.

1. **Régimes dont les primes sont proportionnelles au rendement :** En général, ces régimes garantissent un salaire de base et font en sorte qu'un pourcentage d'augmentation du rendement entraîne une augmentation égale du pourcentage de la rémunération.
2. **Régimes dont les primes varient selon les niveaux de rendement**
   - *Régime de Taylor (1895)* : Ce régime propose un taux particulier de rémunération jusqu'à l'atteinte d'un standard de rendement préétabli et un taux supérieur (p. ex. : 20 %) pour son dépassement.
   - *Régime de Gantt (1902)* : Ce régime garantit une rémunération minimum. Si l'employé n'atteint pas le standard de rendement préétabli, il est assuré de recevoir une rémunération de base et s'il dépasse le standard, il reçoit une prime d'une valeur proportionnellement supérieure à celle garantie par le taux de base.
   - *Régime de Merrick (1920)* : Ce régime propose trois taux de rémunération : (1) si l'employé atteint entre 0 % et 85 % du standard de rendement, il est rémunéré à un certain taux, (2) s'il atteint entre 86 % et 100 % du standard, il est payé à un taux supérieur (généralement 10 %), (3) s'il dépasse le standard de rendement, il est payé à un taux encore plus élevé.

B. RÉGIMES À BÉNÉFICES PARTAGÉS

En vertu de ces régimes, l'employé partage l'amélioration de son rendement avec son employeur. Ces régimes sont appropriés aux situations dans lesquelles le travail est non standardisé ou sujet à des variations dans les matériaux ou les procédés.

- *Régime de Halsey (1891)* : Ce régime à normes horaires garantit un salaire minimum. Si l'employé prend moins de temps que prévu pour accomplir son travail, une prime est partagée également entre lui et son employeur. Par exemple, si on prévoit qu'un travail doit être accompli en quatre heures et qu'un employé rémunéré à 6 $ l'heure l'effectue en trois heures, son traitement est le suivant : 3 × 6 $ = 18 $ + (6 $ × ½ h) = 21 $. Les temps standards de rendement sont établis à partir des fiches de production ou à partir d'études des temps de travail.

– *Régime de Rowan (Thomson, 1919)* : Ce régime garantit un taux de salaire horaire si l'employé ne réussit pas à effectuer le travail dans le temps prescrit. Les primes sont fonction du temps gagné. Par exemple, si l'employé rémunéré 6 $ l'heure effectue un travail de quatre heures en trois heures, il a épargné 25 % du temps. Il est alors payé pour le temps travaillé, mais à un taux horaire de 6 $ plus 25 %. Son traitement est alors de 7,50 $ × 3, soit 22,50 $. Les normes de temps sont établies à partir des fiches de production. Toutefois, le salaire d'un employé augmente avec son rendement, mais à un taux décroissant, et il ne peut être supérieur au double de son taux horaire de base.

– *Régime de Bedaux (Morrow, 1922)* : Ce régime est semblable à celui de Halsey, mais les primes découlant du temps gagné sont partagées entre l'employé (75 %) et les personnes directement concernées par son efficacité (25 %) (p. ex. : les contremaîtres et le personnel d'entretien). Le temps standard est déterminé par études de temps et de mouvements ; il est établi en points ou unités B : une unité B correspond à la quantité normale de travail par minute, compte tenu d'une proportion de temps de repos. Ainsi, 60 B correspondent à un rendement normal à l'heure. Un nombre particulier de B étant établi pour chacune des tâches, l'employé peut être affecté à des tâches différentes sans que l'unité change pour le calcul de sa prime. À titre d'exemple, à partir d'un temps standard de quatre heures et d'un temps effectif de trois heures, l'ouvrier dont le taux horaire de salaire s'établit à 6 $ reçoit une prime de 4,50 $. Cette prime se calcule de la façon suivante : 240 B (4 × 60) sont gagnés en trois heures ; 240 B – 180 B = 60 B supplémentaires ; 60 B = 6 $; prime = 75 % de 6 $ = 4,50 $. Des changements récents à ce régime font en sorte que l'amélioration est versée seulement aux employés.

Source : R. Thériault, *Guide Mercer sur la gestion de la rémunération*, Boucherville, Gaëtan Morin Éditeur, 1991.

10.9.3 Les avantages et les inconvénients de la rémunération à la pièce

Un bon régime de rémunération à la pièce devrait comporter les avantages suivants (Wilson, 1992) :

– Il contribue à accroître la productivité de l'organisation ;
– Il permet de réduire les coûts de production ou d'exploitation ;
– Il permet aux employés d'accroître leur rémunération ;
– Il nécessite moins de supervision pour assurer un certain niveau de rendement ;
– Il facilite l'établissement de budgets, puisqu'il nécessite un suivi étroit et une mesure précise des résultats et des coûts de production.

Par contre, l'expérience et les études indiquent que la rémunération à la pièce peut entraîner des attitudes et des comportements dysfonctionnels chez le personnel (voir, entre autres, Wilson, 1992) :

- Les employés limitent volontairement leurs résultats par peur de hausser les standards ;
- Ils trichent lors de l'établissement des standards de rendement pour faciliter l'atteinte de ces standards ;
- Ils refusent d'effectuer les tâches d'entretien (ou toute tâche non standardisée) à moins d'être payés en dehors du standard au taux de rémunération le plus élevé, afin de hausser leur rémunération ;
- Ils sont plus réticents devant les changements (changements technologiques, organisation du travail, etc.) et moins incités à proposer des améliorations aux modes de production parce que ces modifications auraient un effet sur les standards de rendement. Si la production double à cause d'un nouvel équipement, par exemple, le taux par unité sera révisé à la baisse ;
- Ils sont moins susceptibles de se préoccuper de la qualité de leur travail, puisqu'il est dans leur intérêt d'accroître seulement la quantité ;
- Ils sont peu soucieux de l'entretien des équipements parce que cette tâche les empêche d'améliorer leur rendement. Ils peuvent, par exemple, surcharger une machine si cela leur permet d'accroître le nombre d'unités ;
- Ils sont peu soucieux de réduire les coûts de production (faire plus avec moins) si cette réduction nuit au nombre d'unités produites. Ils peuvent, par exemple, changer plus souvent d'outils pour produire plus de pièces ;
- Ils sont méfiants envers la direction (et vice versa), ce qui nécessite l'établissement répété de nouvelles règles de fonctionnement ;
- Ils sont plus exposés aux accidents de travail ;
- Ils sont plus susceptibles d'être en compétition et peu préoccupés d'aider leurs collègues et de partager le fruit de leurs expériences ;
- Ils sont en mesure d'imposer leurs propres normes informelles de production (collusion) et d'exercer des pressions sur les employés qui veulent les dépasser ;
- Les nouveaux employés quittent l'organisation parce qu'ils reçoivent peu d'aide des employés d'expérience en matière de formation.

Au-delà de leurs nombreuses répercussions négatives sur les employés, les coûts de gestion des régimes de rémunération à la pièce deviennent très souvent élevés avec le temps, à mesure que leur complexité s'accroît. En effet, les taux de rémunération se multiplient avec l'introduction de produits différents, le nombre de règles augmente pour faire face aux nouvelles situations et la comptabilisation des taux associés à toutes ces activités doit constamment être remise à jour.

Il n'est donc pas étonnant que ce type de régime soit de moins en moins fréquemment adopté et que la plupart des organisations syndicales aient pris position contre ce type de rémunération. Par ailleurs, les préoccupations accrues des dirigeants au sujet du contrôle de la qualité des produits entrent en conflit avec la motivation des employés à accroître leur productivité en vertu de ce mode de rémunération.

10.9.4 Les conditions de succès de la rémunération à la pièce

Tel que nous l'avons vu précédemment, la rémunération à la pièce a des effets positifs sur la productivité. Cependant, les problèmes de mesure et de gestion que ce régime engendre entraînent des coûts élevés. L'effet d'un tel régime peut alors se révéler nul ou négatif. Les études et les expériences portant sur ce sujet démontrent toutefois que, pour être efficaces, les régimes de rémunération à la pièce doivent être implantés et gérés dans un contexte satisfaisant aux conditions suivantes :

- Le travail est simple, répétitif et facile à mesurer ;
- Les relations entre les employés sont peu fréquentes, voire inexistantes ;
- L'environnement entraîne peu de problèmes de rupture de production ;
- Les employés et la direction approuvent ce mode de rémunération ;
- Les standards de rendement sont soigneusement établis et perçus comme « équitables » ;
- Les standards de rendement sont modifiés lorsque cela se révèle nécessaire ;
- Les méthodes de calcul des résultats sont communiquées et expliquées ;
- Les incidences sur la sécurité physique au travail sont peu élevées ;
- Le régime garantit un salaire minimum si le standard de rendement n'est pas atteint ;
- Le régime ne prévoit pas de plafond ou de salaire maximum ;
- Le régime couvre tous les employés potentiels ;
- Le régime procure aux employés un revenu relativement stable grâce aux horaires de travail et aux affectations.

Compte tenu du nombre important de conditions requises, on comprend que la rémunération à la pièce ne soit possible que dans peu d'entreprises. En effet, le contexte d'affaires ou de l'organisation du travail présente souvent des exigences qui ne sont pas appuyées par un tel mode de rémunération : changements fréquents dans les technologies ou les méthodes, priorité accordée à la satisfaction des clients et à la qualité, interdépendance des tâches des employés, travail en équipe, polyvalence des employés, imprévisibilité et changements dans les tâches, enrichissement du travail, importance de la qualité et de la satisfaction des clients, etc.

10.10 LES LIMITES DES RÉGIMES DE RECONNAISSANCE DU RENDEMENT INDIVIDUEL

Selon les théories des contraintes situationnelles (Peters et autres, 1985), la motivation au travail est influencée par des conditions environnementales qui facilitent ou restreignent l'habileté individuelle ou la possibilité d'atteindre un résultat. Par ailleurs, tel qu'il est illustré à la figure 10.2 (p. 518), la motivation au travail ne constitue qu'un des déterminants du rendement au travail. Le rendement d'un employé au travail n'est pas uniquement une question de motivation, mais nécessite bien d'autres éléments. Les résultats d'un employé au travail dépendent non seulement de ses comportements (de ce qu'il fait), mais aussi de l'organisation du travail (la répercussion du travail d'autres personnes sur le sien), de l'environnement (jusqu'à quel point l'environnement est favorable à l'obtention de résultats) et des ressources disponibles (compte tenu des ressources requises pour obtenir les résultats désirés). Quant aux comportements de l'employé (ce qu'il fait), ils dépendent non seulement de sa motivation (ses efforts), mais également de ses connaissances et de ses habiletés, de la compréhension qu'il a de son rôle (ce que l'on attend de lui) et de sa personnalité (sa façon particulière de faire les choses). Une revue de la documentation portant sur le sujet a amené Morin (1996, p. 130) à conclure que « l'on sait aujourd'hui que la performance individuelle résulte davantage de la compétence de la personne que de sa motivation ».

À l'instar de Long (1998), il est important de préciser que les employés ne s'opposent généralement pas à la rémunération au rendement dans la mesure où l'incitatif s'ajoute à leur salaire et à leurs avantages sociaux. Aussi, dans certains milieux, les organisations doivent-elles payer le prix pour qu'il n'y ait pas substitution ou échange. Une étude (Mitchell et autres, 1990) confirme que les employés admissibles à un régime de rémunération variable gagnent en moyenne 20 % de plus que leurs homologues payés selon un taux horaire.

10.11 LES CONDITIONS DE SUCCÈS DES RÉGIMES DE RECONNAISSANCE DU RENDEMENT INDIVIDUEL

Pour les cadres et les dirigeants, il est impératif de s'assurer de la présence de conditions qui facilitent les choses. En général, les régimes de rémunération variable visant à récompenser le rendement individuel ont plus de chances d'être efficaces lorsque :

- le rendement *individuel* des titulaires des emplois est identifiable et mesurable ;

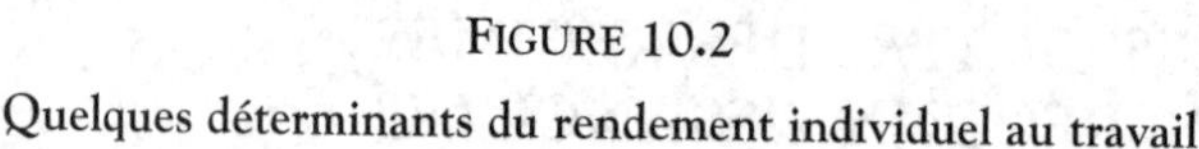

FIGURE 10.2

Quelques déterminants du rendement individuel au travail

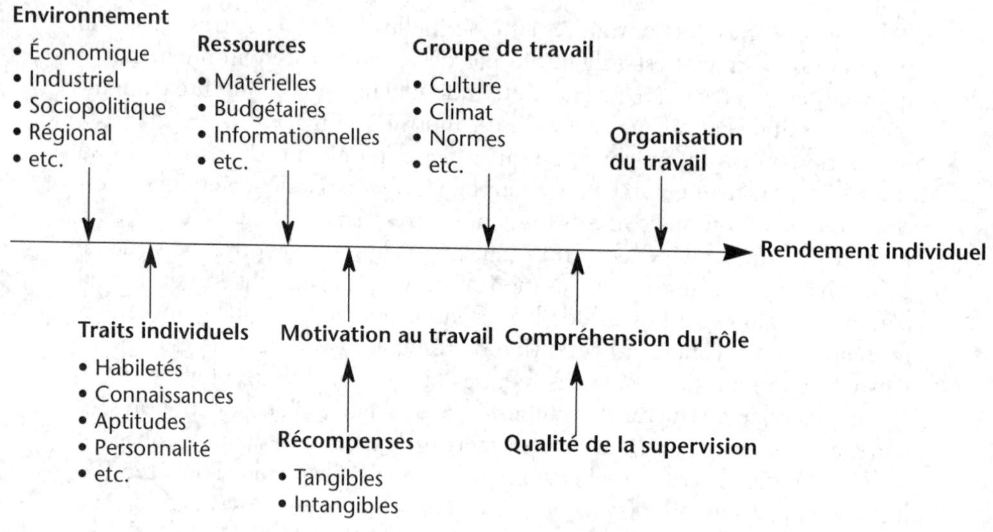

Source : St-Onge et autres (1998, p. 363).

- les titulaires des emplois sont autonomes et que l'atteinte des résultats est peu dépendante des autres ;
- les titulaires des emplois ont une marge discrétionnaire et un certain contrôle sur leur travail ;
- la coopération entre employés n'est pas primordiale ;
- la compétition entre employés peut avoir de sains effets sur la performance ;
- la culture et les valeurs de l'organisation appuient les réalisations individuelles ;
- le rendement varie substantiellement d'un titulaire à l'autre ;
- les titulaires des emplois représentent un atout compétitif pour l'organisation ;
- les salaires de base accordés aux titulaires sont équitables.

Certains auteurs (entre autres, Deming, 1986) s'opposent à l'évaluation et à la rémunération du rendement individuel des employés parce que ce rendement est souvent influencé par celui des autres employés dans le groupe ou par des facteurs qui relèvent moins de la maîtrise des employés que de celle des cadres. À cela, il faut ajouter qu'un régime de rémunération variable est efficace dans la mesure où les salaires sont relativement équitables, où la culture de l'organisation appuie le principe de la rémunération du rendement individuel et où les gestionnaires ont la volonté de gérer, c'est-à-dire d'établir et de justifier les différences de rendement entre les employés.

Par ailleurs, un des problèmes des régimes de rémunération variable tient au fait qu'ils ne ciblent souvent qu'un indicateur ou certains indicateurs de rendement individuel auquel il faut satisfaire pour réussir. Par conséquent, ils incitent les employés à ne satisfaire qu'à ce nombre restreint d'indicateurs (p. ex. : le montant de vente ou le nombre d'unités vendues) et à en ignorer d'autres (p. ex. : le développement de la clientèle, le service après-vente) qui sont aussi sinon plus importants pour la réussite de la firme à long terme. Les indicateurs de rendement auxquels est rattachée l'attribution des récompenses doivent être cohérents et appuyer les nouveaux modes de gestion (p. ex. : la qualité totale, l'équipe de travail), les nouvelles valeurs et les nouvelles exigences du contexte d'affaires. En vertu de cette exigence, plusieurs entreprises se tournent plutôt vers les régimes collectifs de rémunération afin de mieux mobiliser les employés pour la performance de leur équipe, de leur unité ou de leur organisation et de promulguer la collaboration plutôt que l'individualisme (nous traiterons de ces régimes au chapitre 11).

Il est important d'observer qu'un régime de rémunération variable doit être simple, facile à comprendre et perçu par les employés comme étant géré de manière équitable. Aux yeux des employés, il doit représenter une situation de « gagnant-gagnant ». Le contenu de l'encadré 10.6 (p. 520) résume plusieurs autres conditions de succès liées à la gestion des régimes de rémunération variable en s'appuyant sur les prémisses de la théorie des attentes. Tel que nous l'avons mentionné précédemment, selon cette théorie, pour qu'une forme de reconnaissance ait un effet sur la motivation au travail d'un employé, il faut, entre autres, que celui-ci considère qu'il peut faire ce que l'on attend de lui, qu'il perçoive une relation entre le rendement qu'il peut fournir et la reconnaissance qu'il peut en retirer et, enfin, que cette reconnaissance soit importante pour lui. Sur ce dernier point, une mise en garde s'impose : les montants d'argent en jeu doivent certes être suffisants, mais pas à un point tel que les employés soient prêts à tout pour obtenir le gros lot convoité ! Les règles énumérées dans l'encadré 10.6 permettent d'aider les cadres et les dirigeants à évaluer l'efficacité de la gestion et des caractéristiques de leur système de rémunération variable et elles leur offrent des moyens ou des pistes pour améliorer cette efficacité.

Le succès des régimes de rémunération visant à reconnaître le rendement individuel repose d'abord et avant tout sur les épaules des cadres qui doivent identifier, suivre, mesurer et récompenser le rendement. Ces derniers doivent s'approprier le régime et accepter d'assumer leur responsabilité à cet égard. Pour ce faire, il est important qu'ils participent à la conception, à l'implantation et à la gestion du programme. Pour leur part, les spécialistes en ressources humaines sont responsables de créer et d'implanter le programme de rémunération incitative, de veiller au respect des politiques des systèmes de récompenses et de conseiller les cadres.

ENCADRÉ 10.6

Répercussions des principes de la théorie des attentes sur les conditions de succès d'un régime de rémunération variable

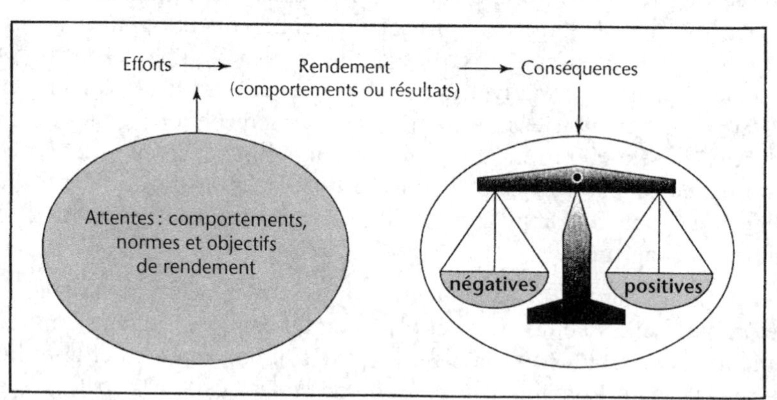

Les employés doivent percevoir un lien entre leurs efforts et leur rendement au travail (efforts et rendement), ce qui suppose :

– qu'ils aient les compétences requises par leur travail et qu'ils s'estiment compétents ;
– qu'ils sachent ce qu'est un bon rendement ;
– qu'ils considèrent l'évaluation du rendement comme valide ;
– qu'ils aient un contrôle sur les facteurs considérés dans l'évaluation de leur rendement, de manière à percevoir que ce dernier est lié à la qualité des efforts déployés ;
– qu'ils aient les ressources nécessaires (information, équipements, etc.) pour faire leur travail ;
– qu'il y ait de la diversité dans le rendement de tous et de chacun.

Les employés doivent percevoir un lien entre le rendement au travail et les rétributions offertes (rendement et conséquences), ce qui suppose :

– qu'ils constatent que ceux qui ont un meilleur rendement se voient attribuer un revenu plus élevé et vice versa ;

– qu'ils perçoivent une différence significative entre la reconnaissance accordée aux employés ayant un excellent rendement et ceux ayant un rendement satisfaisant;
– qu'ils considèrent leur superviseur comme compétent pour évaluer leur rendement;
– qu'ils aient confiance en leur superviseur et en la direction de l'entreprise;
– qu'ils perçoivent plus d'avantages que d'inconvénients (de conséquences négatives) à améliorer leur rendement;
– qu'ils perçoivent que des mesures incitatives autres que pécuniaires sont également liées à un bon rendement;
– que le lien entre le rendement et les rétributions offertes leur soit communiqué sur une base continue.

Les employés doivent accorder de l'importance aux conséquences, ce qui suppose :

– qu'ils aient besoin d'argent;
– qu'ils désirent obtenir un meilleur revenu;
– qu'ils connaissent les rétributions qu'ils peuvent obtenir en améliorant leur rendement;
– qu'ils considèrent le montant d'argent correspondant à un bon rendement comme important et équitable;
– que les rétributions associées au rendement leur soient communiquées sur une base continue.

RÉSUMÉ

Ce chapitre a traité de la reconnaissance du rendement au travail et des avantages, des limites et des similitudes liés à l'approche axée sur la reconnaissance et à l'approche axée sur le contrôle. Il a abordé la multiplicité des formes de reconnaissance qu'une organisation peut utiliser pour récompenser les réalisations au travail. Il a également permis de connaître les divers régimes de rémunération variable (caractéristiques, atouts et limites) visant à reconnaître le rendement individuel : le régime d'augmentations de salaire au mérite, le régime de primes, le régime des commissions et le régime de rémunération à la pièce. De plus, il a permis de constater que l'adoption d'un régime de rémunération variable exige le respect de certaines conditions si l'on désire atteindre les résultats attendus. Les régimes collectifs de rémunération variable font l'objet du chapitre 11.

QUESTIONS DE RÉVISION

1. « Le fait de récompenser le rendement a un effet positif sur le rendement des employés. » Commenter et nuancer cette affirmation.
2. En plus de la rémunération, de quelles façons une entreprise peut-elle reconnaître le rendement de ses employés ?
   - « En dehors de l'argent obtenu en vertu des régimes de rémunération variable, les récompenses que les employés peuvent recevoir ne sont que des gadgets inutiles et inefficaces. » Commenter cette opinion.
   - Comparer sous divers angles (caractéristiques, atouts, limites, conditions de succès, etc.) les deux modes de rémunération du rendement individuel : le régime d'augmentations de salaire au mérite et le régime de primes de rendement.
   - Commenter sous divers angles (fréquence, avantages, limites et conditions de succès) le régime de rémunération à la pièce.
   - Résumer les principales conditions de succès d'un régime de rémunération visant à reconnaître le rendement individuel.
   - Traiter de l'influence de diverses caractéristiques organisationnelles ou environnementales sur la présence ou la gestion des régimes de rémunération variable visant à reconnaître le rendement individuel. Pour vous aider, comparer des firmes qui rémunèrent beaucoup le rendement de leur personnel ou d'une catégorie de leur personnel et des firmes qui ne tiennent pas compte ou qui tiennent peu compte du rendement dans la rémunération. Qu'est-ce qui distingue ces deux groupes de firmes ? Votre comparaison peut s'appuyer sur des exemples de firmes connues.

RÉFÉRENCES

ADAMS, J.S. (1963). « Toward an understanding of inequity », *Journal of Abnormal and Social Psychology*, vol. 67, p. 422-436.

ARMITAGE, A. (1997). « The three Rs of organizational performance : Reinforcement, recognition and reward », *ACA Journal*, été, vol. 6, n° 2, p. 32-41.

CAMERON, J., et W.D. PIERCE (1997). « Rewards, interest and performance », *ACA Journal*, vol. 6, n° 4, hiver, p. 6-15.

CAREY, J.F. (1992). *Complete Guide to Sales Force Compensation*, Irwin, Ill., Business One.

CICHELLI, D.J. (1994). « Sales compensation fundamentals : Getting the mix and leverage right », *Compensation News*, vol. 1, n° 4, mars, p. 1-4.

COLETTI, J., et D.J. CICHELLI (1991). « Increasing sales-force effectiveness through the compensation plan », dans M.L. Rock et L.A. Berger (sous la dir. de), *The Compensation Handbook*, New York, McGraw-Hill, p. 290-306.

COLETTI, J., et D.J. CICHELLI (1993). *Designing Sales Compensation Plans, Building Blocks in Total Compensation*, Scottsdale, Ariz., American Compensation Association.

CONFERENCE BOARD OF CANADA (1999). *Compensation Planning Outlook*, rédigé par Nathalie Carlyle, Ottawa.

COUGHLAN, A.T., et S.K. SEN (1986). *Salesforce Compensation : Insights from Management Sciences*, Working Paper, Marketing Science Institute.

DAVIS, J.H. (1995). « Why rewards undermine performance : An exclusive interview with Alfie Kohn, » *ACA Journal*, vol. 4, n° 2, été, p. 6-9.

DECI, E.L., et R.M. RYAN (1985). *Intrinsic Motivation and Self-Determination in Human Behavior*, 2e édition, New York, Plenum Press.

DEMING, W.E. (1986). *Out of the Crisis*, Cambridge, MIT Press.

EVANS, E.M., J.F. HILLINS, K.A. MCNALLY, P.K ZINGHEIM, R.R. BAHNER et T.B. WILSON (1995). « Multiple perspectives : A series of essays about how rewards can succeed », *ACA Journal*, vol. 4, n° 2, été, p. 20-35.

FOLGER, R., et M.A. KONOVSKY (1989). « Effects of procedural and distributive justice on reactions to pay raise decisions », *Academy of Management Journal*, vol. 32, n° 1, p. 115-130.

FORD, M.E. (1992). *Motivating Humans*, Newbury Park, Calif., Sage.

GAGNON, D., et S. ST-ONGE (1995). « Le concours “Les Abeilles d'or” à la Fédération des caisses populaires Desjardins de Montréal et de l'Ouest-du-Québec », cas distribué par la librairie universitaire de la coopérative de l'École des H.E.C., n° 9 30 95 027, 7 p.

GERHART, B., et C.O. TREVOR (1996). « Employment variability under different managerial compensation systems », *Academy of Management Journal*, vol. 39, n° 6, p. 1692-1712.

GOMEZ-MEJIA, L.R., et D.B. BALKIN (1992). *Compensation, Organizational Strategy and Firm Performance*, Cincinnati, South-Western Series in Human Resources Management.

HACKMAN J.R., et G.R. OLDHAM (1980). *Work Redesign*, Readings, Mass., Addison-Wesley.

HARRISSON, D.A., V. MEHNA et W. SONJA (1996). « Working without a net : Time, performance and turnover under maximally contingent rewards », *Journal of Applied Psychology*, vol. 81, n° 4, p. 331-345.

HENEMAN, R.L. (1992). *Merit Pay : Linking Pay Increases to Performance Ratings*, Ohio, Addison Wesley HRM Series.

HEWITT & ASSOCIÉS (1996). *Programmes de rémunération variable, base de données : faits saillants et résultats de l'enquête 1995-1996*.

KANUNGO, R.N., et M. MENDONCA (1997). *Compensation : Effective Reward Management*, Toronto, John Wiley & Sons.

KELLOUGH, J.E. et L. HAORON (1993). « The paradox of merit pay in the public sector », *Review of Public Personnel Administration*, printemps, p. 45-64.

KOHN, A. (1993). *Punished by Rewards*, Boston, Houghton Mifflin.

LAWLER, E.E. (1988). « Choosing an involvement strategy », *Academy of Management Executive*, vol. 2, n° 3, p. 22-27.

LOCKE, E.A. (1968). « Toward a theory of task motivation and incentives », *Organizational Behavior and Human Performance*, vol. 3, p. 157-189.

LOCKE, E.A, et G.P. LATHAM (1990). *A Theory of Goal Setting and Task Performance*, Englewood Cliffs, N.J., Prentice Hall.

LONG, R. (1998). *Compensation in Canada*, Toronto, Nelson.

MILKOVICH, G.T. et J.M. NEWMAN (1998). *Compensation*, 6e édition, Homewood, Ill., Richard D. Irwin.

MITCHELL, D.J.B., D. LEWIN et E.E. LAWLER (1990). « Alternative pay systems, firm performance and productivity », dans A.S. Blinder (sous la dir. de), *Paying for Productivity : A look at the Evidence*, Washington, D.C., The Brookings Institution, p. 15-87.

MITRA, A., N. GUPTA et G.D. JENKINS (1995). « The case of the invisible merit raise : How people see their pay raises », *Compensation & Benefits Review*, vol. 27, n° 3, p. 1-76.

MORIN, E.M. (1996). *Psychologies au travail*, Boucherville, Gaëtan Morin Éditeur.

NELSON, B. (1994). *1001 Ways to Reward Employees*, New York, Workman Publishing.

PETERS, L.H., E.J. O'CONNOR et J.R. EULBERG (1985). « Situational constraints : Sources, consequences, and future considerations », dans G.R. Ferris et K.M. Rowlands (sous la dir. de), *Research in Personnel and Human Resource Management*, vol. 3, Greenwich, Conn., JAI Press.

ST-ONGE, S. (1990). « The Impacts of the pay-for-performance formulas on supervisor's performance evaluations and allocation decisions and on subordinate's work motivation », *Rapport du congrès annuel de la section Personnel en ressources humaines de l'Association des sciences administratives du Canada*, vol. 11, n° 9, p. 136-145.

ST-ONGE, S. (1998). « Reconnaître les performances », dans A. Gosselin et S. St-Onge (sous la dir. de), *La performance au travail*, Montréal, École des H.E.C., coll. « Racines du savoir », p. 196-217.

ST-ONGE, S. (1993). « Variables influencing pay-for-performance perception in a merit pay environment », *Academy of Management Meetings Best Papers Proceedings*, août, p. 121-125.

ST-ONGE, S., M. AUDET, V. HAINES et A. PETIT (1998). *Relever les défis de la gestion des ressources humaines*, Boucherville, Gaëtan Morin Éditeur.

SKINNER, B.F. (1974). *About Behaviorism*, New York, Knopf.

SOCIÉTÉ CONSEIL MERCER LIMITÉE (1999). *1999 Global Compensation Planning Report*, New York.

STAJKOVIC, A.D., et F. LUTHANS (1997). « A meta-analysis of the effects of organizational behavior modification on task performance, 1975-1995 », *Academy of Management Journal*, vol. 40, n° 5, p. 1122-1149.

TALLITSCH, J., et J. MOYNAHAN (1994). « Fine-tuning sales compensation programs », *Compensation & Benefits Review*, mars-avril, p. 34-37.

TREMBLAY, M., J. CÔTÉ et D. BALKIN (1996). « Influence de la théorie de l'agence dans l'explication du rôle du salaire chez les représentants commerciaux », *Performance et ressources humaines*, Paris, Anne-Marie Fericelli et Bruno Sire éditeurs, p. 295-312.

TROY, K. (1992). *Recognizing Quality Achievement : Noncash Award programs*, The Conference Board, rapport n° 1008, É.-U.

VROOM, V.H. (1964). *Work and Motivation*, New York, Wiley.

WILSON, S.Y. (1995). « Effectively recognizing and rewarding employees : Lessons from Malcolm Baldrige national Quality Award winners », ACA *Journal*, vol. 4, n° 2, été, p. 36-47.

WILSON, T.B. (1992). « Is it time to eliminate the piece rate system ? », *Compensation & Benefits Review*, vol. 24, n° 2, p. 43-49.

WILSON, T.B. (1994). *Innovative Reward Systems for the Changing Workplace*, New York, McGraw-Hill.

WILSON, T.B. (1998). « Reward strategy », ACA *Journal*, vol. 7, n° 9, été, p. 62-69.

Chapitre 11

LES RÉGIMES COLLECTIFS DE RÉMUNÉRATION VARIABLE

OBJECTIFS

Ce chapitre vise à :

- faire comprendre l'importance de la rémunération du rendement collectif à court terme et à long terme pour mobiliser le personnel ;
- exposer les divers régimes de rémunération variable visant à reconnaître le rendement collectif à court terme ;
- exposer les divers régimes de rémunération variable visant à reconnaître le rendement collectif à long terme ;
- faire connaître les limites, l'efficacité et les conditions de succès des régimes collectifs de rémunération variable ;
- faire comprendre les réactions des syndicats par rapport à la rémunération variable.

PLAN

Objectifs 527
Cas : Le programme Actions-groupe de Bristol-Myers Squibb inc. 531
Introduction 533
11.1 La mobilisation des employés 534
11.2 Les régimes collectifs de rémunération variable 535
11.2.1 Les types de régimes collectifs de rémunération variable 535
11.2.2 Les avantages des régimes collectifs de rémunération variable 536
La possibilité d'améliorer la performance organisationnelle 537
La possibilité d'améliorer le climat organisationnel 538
La possibilité de combler les lacunes des régimes de rémunération visant à récompenser le rendement individuel 538
La possibilité de réduire le chômage, l'inflation et les coûts de main-d'œuvre 539
11.3 Les régimes collectifs de rémunération variable à court terme 540
11.3.1 Les régimes de participation aux bénéfices 540
Définition, fréquence et caractéristiques des régimes de participation aux bénéfices 540
11.3.2 Les régimes de partage des gains de productivité 542
Définition et fréquence du partage des gains de productivité 542
Les types de régimes de partage des gains de productivité 542
11.3.3 Les régimes de partage du succès 548
11.3.4 Les régimes de rémunération des équipes de travail 549
Les régimes de primes d'équipe de travail 550
Les programmes de reconnaissance visant à récompenser le rendement d'équipe 552
Les régimes collectifs de rémunération variable reconnaissant le rendement des équipes de travail 553
Les régimes de salaires basés sur les compétences des membres des équipes de travail 554
11.3.5 Les régimes mixtes de primes de rendement 554
Définition et fréquence des régimes mixtes de primes de rendement 554
La détermination du montant des primes et les formules de primes 555
11.4 Les régimes collectifs de rémunération variable à long terme 556
11.4.1 Les types de régimes et leur fréquence 557

11.4.2 Les avantages des régimes collectifs de rémunération variable à long terme 558

11.5 Les régimes de rémunération basée sur le rendement boursier de l'organisation 560

11.5.1 Les régimes d'achat d'actions........ 560

11.5.2 Les régimes d'octroi d'actions 562

11.5.3 Les régimes d'options d'achat d'actions........ 562

Les options d'achat d'actions comme mode de rémunération réservé aux cadres supérieurs 562

L'émergence des régimes élargis d'options d'achat d'actions........ 567

11.6 Les régimes de rémunération basée sur le rendement comptable à long terme 569

11.6.1 Les régimes de plus-value des actions 569

11.6.2 Les régimes d'actions simulées........ 569

11.6.3 Les régimes d'unités de rendement........ 570

11.6.4 Les régimes de primes de rendement à long terme........ 570

11.7 Les régimes collectifs de rémunération variable : quelques comparaisons........ 572

11.7.1 Les caractéristiques, les atouts et les inconvénients du régime de participation aux bénéfices, et le contexte organisationnel approprié 572

Les caractéristiques du régime de participation aux bénéfices........ 572

Les atouts du régime de participation aux bénéfices 573

Les inconvénients du régime de participation aux bénéfices........ 573

Le contexte organisationnel approprié au régime de participation aux bénéfices 573

11.7.2 Les caractéristiques, les atouts et les inconvénients du régime de partage des gains de productivité, et le contexte organisationnel approprié 574

Les caractéristiques du régime de partage des gains de productivité........ 574

Les atouts du régime de partage des gains de productivité... 575

Les inconvénients du régime de partage des gains de productivité........ 575

Le contexte organisationnel approprié au régime de partage des gains de productivité........ 575

11.7.3 Les caractéristiques, les atouts et les inconvénients du régime de partage du succès, et le contexte organisationnel approprié 576

Les caractéristiques du régime de partage du succès........ 576

Les avantages du régime de partage du succès........ 576

Les inconvénients du régime de partage du succès 576
Le contexte organisationnel approprié au régime de partage du succès 577
11.7.4 Les caractéristiques, les atouts et les inconvénients du régime de participation à la propriété, et le contexte organisationnel approprié 577
Les caractéristiques du régime de participation à la propriété 577
Les atouts du régime de participation à la propriété 577
Les inconvénients du régime de participation à la propriété 578
Le contexte organisationnel approprié au régime de participation à la propriété 578
11.8 Les inconvénients potentiels des régimes collectifs de rémunération variable 578
11.8.1 Les effets négatifs présumés des régimes collectifs de rémunération variable sur la performance organisationnelle 579
11.8.2 Les effets négatifs présumés des régimes collectifs de rémunération variable sur le climat organisationnel 580
11.8.3 La possibilité d'accroissement du chômage et des coûts de main-d'œuvre 582
11.9 L'efficacité des régimes collectifs de rémunération 582
11.9.1 L'efficacité des régimes collectifs de rémunération à court terme 582
11.9.2 L'efficacité des régimes de rémunération variable à long terme 583
11.10 Les conditions de succès de la rémunération du rendement individuel ou collectif 587
11.10.1 Les types de régimes de rémunération variable et leurs caractéristiques 587
11.10.2 La gestion des régimes de rémunération variable 590
11.10.3 La synergie entre les modes de reconnaissance et la gestion des ressources humaines et des relations de travail 591
11.10.4 Les caractéristiques de l'organisation 592
11.11 Les syndicats et les nouvelles formes de rémunération 593
11.11.1 La fréquence des nouvelles formes de rémunération en milieux syndiqués 593
11.11.2 Les conditions qui favorisent l'acceptation des syndicats.... 594
Résumé 595
Questions de révision 598
Références 598

CAS

Le programme Actions-groupe de Bristol-Myers Squibb inc.

Chef de file mondial dans le domaine des soins de santé, Bristol-Myers Squibb (BMS) compte 47 000 employés et exerce ses activités dans plus de 130 pays. Plus d'une vingtaine de produits ou de gammes de produits de BMS enregistrent des ventes mondiales dépassant 100 millions de dollars par année. Au Canada, BMS est l'une des plus importantes sociétés spécialisées dans la fabrication de produits pharmaceutiques et de produits destinés aux soins de santé. L'entreprise compte près de 1 000 employés et comprend sept divisions : le Groupe pharmaceutique Bristol-Myers Squibb, le Groupe des produits de consommation Bristol-Myers Squibb, ConvaTec, Matrix Essentials, Mead Johnson, Westwood-Squibb et Zimmer. Afin de relever les défis qu'entraînent un environnement et des marchés en constante évolution, BMS adopte des stratégies d'affaires orientées vers la satisfaction des consommateurs. Ses objectifs sont les suivants : (1) accroître sa part de marché grâce à la mise au point de produits novateurs et à l'élaboration de nouveaux programmes de marketing et (2) favoriser l'émergence d'une culture d'entreprise qui encourage le travail d'équipe, la communication et l'initiative.

Afin d'atteindre ces objectifs, l'organisation met sur pied différentes pratiques touchant la gestion. Parmi celles-ci, le programme d'options d'achat d'actions Actions-groupe, introduit à l'échelle mondiale en 1995, se veut une nouvelle façon de reconnaître le travail des employés.

Actions-groupe donne le droit aux employés d'acheter des actions de BMS à un prix déterminé et pendant une période donnée. Dans le cadre de ce programme, chaque employé se voit octroyer, au moment de son troisième anniversaire de service, une option d'achat de 200 actions ordinaires de BMS. Le prix de ces actions correspond à la juste valeur marchande des actions ordinaires de BMS à la date de l'octroi de l'option. Les droits de levée de l'option prennent effet trois ans après la date de l'octroi et sont valides pendant dix ans. Ainsi, un employé qui a reçu une option d'achat le 2 janvier 1997 peut exercer son option du 2 janvier 2000 à l'an 2007. Selon la méthode de paiement choisie par l'employé, il devra acheter en bloc le nombre total d'actions prévu par l'option ou un nombre minimal de 50 actions à la fois (voir l'encadré 1).

Aux yeux des dirigeants de BMS, ce programme donne aux employés une excellente raison de continuer à investir le meilleur d'eux-mêmes dans l'entreprise, car ils peuvent profiter de la plus-value des actions achetées dans le cadre du programme Actions-groupe. En effet, le programme incite les employés à participer activement à la réussite de l'entreprise en les récompensant pour leurs efforts. Selon le vice-président ressources humaines et administration du Groupe pharmaceutique BMS-Canada, dont le siège social est situé à Montréal, ce programme ne peut faire que des gagnants. Ainsi, si le prix de l'action augmente durant la période, les employés en bénéficient. Par exemple, si le prix de levée de l'option est de 60 $ par action et que le cours de la Bourse est à 95 $, l'employé peut acheter des actions ordinaires à 60 $ et les revendre immédiatement à 95 $ et, donc, réaliser un profit de 35 $ par action. À aucun moment l'employé n'est obligé de lever son option. Si le prix de l'action au moment de la date prévue pour la levée de l'option est inférieur au prix fixé lors de l'octroi de l'option (*under value*), l'employé peut attendre que le prix de l'action augmente pour lever son option (*in the money*). En pratique, le seul cas où un employé peut perdre est celui où il achète les actions et les conserve, mais où le prix de l'action chute par la suite en bas du prix d'émission. Toutefois, dans ce cas, la perte de l'employé est le résultat d'une décision personnelle.

ENCADRÉ 1

Les trois modes de paiement liés à la levée des options d'achat des actions de BMS

1. Paiement comptant du coût de l'option/paiement comptant du coût de l'impôt. Le bénéficiaire de l'option paie au comptant le coût de l'option et l'impôt. En utilisant cette méthode, le bénéficiaire de l'option obtient un certificat d'actions pour le nombre total d'actions achetées.
2. Paiement comptant du coût de l'option/retenue d'actions pour l'impôt. Le bénéficiaire paie au comptant le coût de l'option ; un certain nombre d'actions sont retenues pour le paiement de l'impôt. En utilisant cette méthode, le bénéficiaire de l'option obtient un certificat d'actions pour une partie seulement des actions achetées ; le reste des actions achetées sert à acquitter la retenue d'impôt.
3. Levée sans argent comptant avec retenue. Le bénéficiaire de l'option ne fait aucun débours au comptant. En utilisant cette méthode, le bénéficiaire de l'option obtient un certificat d'actions pour une partie seulement des actions achetées ; le reste des actions achetées sert à acquitter le coût de l'option ainsi que la retenue d'impôt.

Si vous levez l'option d'achat d'Actions-groupe en utilisant l'une ou l'autre des méthodes de paiement au comptant, vous n'êtes pas tenu d'acheter toutes les actions qui vous sont octroyées, mais vous devez toutefois en acheter un minimum de 50 à la fois en tout temps, ou acheter le solde des actions octroyées s'il en reste moins de 50. Si vous levez l'option en ayant recours à la méthode de levée sans argent comptant avec retenue, vous devez acheter le nombre intégral d'actions qui vous sont octroyées, ou le solde des actions octroyées si vous avez déjà levé une partie de votre option.

Pour l'entreprise, le seul coût de ce programme est lié à son administration. Elle doit donc mettre en place certaines règles pour s'assurer que les frais administratifs ne soient pas excessifs. Pour ce qui est de l'incidence de l'émission de nouvelles actions sur la valeur des actions en circulation, précisons que le capital-actions d'une entreprise comme BMS est trop dilué et important pour que la levée simultanée d'options par un nombre substantiel d'employés cause des problèmes majeurs.

Est-ce qu'un tel programme influe sur le travail quotidien d'un employé? Le vice-président est convaincu que oui. Depuis l'entrée en vigueur du programme, il constate des changements d'attitudes et de comportements chez les employés. Ceux-ci s'intéressent davantage aux résultats de l'entreprise et sont plus critiques par rapport aux décisions de la direction. Ils formulent également plus de suggestions pour améliorer la qualité et la productivité. L'information et la formation qui accompagnent la mise en œuvre d'un tel programme ont donc des répercussions positives appréciables sur les attitudes et les comportements des employés.

Au mois de février 1998, trois ans après l'introduction du programme, la plupart des employés pouvaient exercer leur option. Dans les faits, 80 % des employés ont décidé de ne pas lever leur option alors qu'elle valait environ 44 000 $. La direction de BMS a alors décidé de refaire l'expérience. En février 1998, elle accordait à tous ses employés une autre option d'achat de 200 actions ordinaires de BMS comportant essentiellement les mêmes conditions de levée que le premier octroi des options.

Source: Cas rédigé par Mario Giroux sous la direction de Sylvie St-Onge.

INTRODUCTION

L'une des préoccupations majeures des dirigeants d'entreprise consiste à améliorer la productivité et la compétitivité de leur firme. Pour atteindre ce but, bon nombre d'employeurs cherchent à améliorer la productivité de leur main-d'œuvre en adoptant divers régimes *collectifs* de rémunération variable. Alors que le chapitre 10 portait sur les régimes de rémunération basée sur la performance individuelle, ce chapitre s'intéresse à la rémunération basée sur la performance organisationnelle.

On ne peut examiner la pertinence de l'adoption de régimes collectifs de rémunération variable sans considérer la documentation portant sur les théories de la mobilisation au travail. Ce chapitre traite d'abord de certains principes et termes clés liés à la mobilisation du personnel. Ensuite, il décrit les divers régimes de rémunération variable qu'on peut implanter pour reconnaître le rendement collectif. Il traite d'abord des régimes collectifs visant à reconnaître le rendement à court terme (p. ex. : la participation aux bénéfices, le partage des gains de productivité, le partage du succès et les régimes mixtes de rendement), puis des régimes collectifs à long terme basés sur le rendement *boursier* (achat d'actions, octroi d'actions, options d'achat d'actions) et sur le rendement *comptable* (droit à la plus-value des actions, actions simulées, primes de rendement à long terme).

En résumé, ce chapitre analyse les principaux régimes collectifs de rémunération sous différents angles : Quels sont leurs avantages présumés ? Quelles sont leurs limites potentielles ? leurs conditions de succès ? Quelle est leur efficacité ? Quelle est l'attitude des syndicats à leur sujet ? Ce tour d'horizon permettra de constater que l'efficacité de tous les régimes collectifs de rémunération est à la fois une question de foi, de volonté et de moyens.

11.1 LA MOBILISATION DES EMPLOYÉS

Il est généralement admis que les régimes collectifs de rémunération variable ont une répercussion sur la performance organisationnelle. Le concept de « motivation au travail », correspondant aux forces qui amènent les employés à adopter et à maintenir des comportements orientés vers un objectif jusqu'à ce qu'il soit atteint, a historiquement été utilisé à un niveau individuel. Compte tenu des exigences du nouveau contexte d'affaires, de nouveaux concepts ont été élaborés pour traiter du phénomène de la motivation (ou de l'effort) à un niveau collectif ou de groupe.

Aux États-Unis comme au Canada, on utilise couramment les concepts d'engagement envers l'organisation et d'implication au travail. L'*engagement* envers l'organisation (Allen et Meyer, 1990) comporte (1) un engagement *affectif* qui pousse la personne à s'identifier à l'organisation, (2) un engagement *instrumental* qui amène la personne à comparer les coûts et les bénéfices associés au fait de quitter l'organisation et (3) un engagement *moral* par lequel une personne se sent obligée de demeurer au service de l'organisation. L'*implication* au travail correspond à l'intensité avec laquelle une personne perçoit que son emploi peut assurer la satisfaction de ses besoins (Kanungo, 1982). D'après Lawler (1991), l'implication au travail n'est possible que lorsqu'on met en place une gestion participative liée à quatre dimensions : les informations, les prises de décision, l'accès à la reconnaissance et l'amélioration des compétences.

Au Québec comme en France, on utilise fréquemment le terme *mobilisation*. Une étude menée auprès de 91 professionnels en ressources humaines

(Wils et autres, 1998) démontre qu'un employé mobilisé est prêt à faire volontairement des efforts au-dessus de la normale dans trois directions vitales pour son organisation : (1) améliorer la qualité de son travail (engagement au travail ou efforts d'amélioration continue), (2) s'aligner sur les priorités organisationnelles (engagement stratégique ou efforts d'alignement stratégique) et (3) coordonner son travail en coopérant spontanément avec les autres membres de l'organisation (engagement collectif ou efforts de coordination spontanée). Selon Rondeau et Lemelin (1990), il existe quatre leviers de mobilisation : l'information, l'identification, l'appropriation et l'intéressement.

Ce chapitre s'inscrit dans la foulée des études démontrant que l'implantation de nouveaux modes d'organisation du travail s'accompagne souvent de nouvelles pratiques de rémunération visant à inciter et à reconnaître pécuniairement les efforts des employés (Osterman, 1994). En effet, les régimes collectifs peuvent constituer des moyens valables d'améliorer la performance organisationnelle, bien que les attentes à leur endroit doivent être réalistes. Étant donné qu'ils récompensent une performance collective, ils représentent davantage un levier de *mobilisation* des employés considérés comme groupe qu'un levier de *motivation* individuelle, ce que sont davantage les mécanismes de reconnaissance du rendement individuel comme les promotions, les hausses de salaire, etc. Lorsque les primes versées ne tiennent pas compte du rendement individuel des employés, mais seulement de leur performance collective, certains préfèrent les qualifier de régimes d'*intéressement* plutôt que de régimes d'*incitation*.

11.2 LES RÉGIMES COLLECTIFS DE RÉMUNÉRATION VARIABLE

Les régimes collectifs rémunèrent tous les employés ou une catégorie d'employés selon le rendement de l'entreprise, d'une unité administrative ou d'une équipe.

11.2.1 Les types de régimes collectifs de rémunération variable

Il existe une grande variété de régimes collectifs de primes de rendement. Tel qu'il est mentionné dans l'encadré 11.1, nous les subdivisons en deux grandes catégories : les régimes collectifs à *court* terme et les régimes collectifs à *long* terme. Les régimes collectifs *à court terme* prennent en considération le rendement annuel de l'organisation, d'une unité ou d'une groupe. Ils comportent les régimes de participation aux bénéfices, les régimes de partage des gains de productivité, les régimes de partage du succès, les régimes de rémunération des équipes de travail et les régimes *mixtes* de primes de rendement. Les régimes collectifs à *long terme* tiennent compte de la performance à long terme des firmes. Ils comportent les régimes basés sur le rendement boursier, (les régimes d'octroi d'actions, les régimes d'achat d'actions et les régimes d'options d'achat d'actions) et les régimes basés sur le rendement comptable (les régimes de droits à la plus-value des actions, les régimes d'actions simulées, les régimes d'unités de rendement et les régimes de primes de rendement à long terme).

ENCADRÉ 11.1

Les différents types de régimes collectifs de rémunération

Les régimes collectifs à court terme

- Les régimes de participation aux bénéfices
- Les régimes de partage des gains de productivité
- Les régimes de partage du succès
- Les régimes mixtes de primes de rendement

Les régimes collectifs à long terme

Les régimes basés sur le rendement boursier

- Les régimes d'octroi d'actions
- Les régimes d'achat d'actions
- Les régimes d'options d'achat d'actions

Les régimes basés sur le rendement comptable

- Les régimes de droit à la plus-value des actions
- Les régimes d'actions simulées
- Les régimes d'unités de rendement
- Les régimes de primes de rendement à long terme

11.2.2 Les avantages des régimes collectifs de rémunération variable

Les régimes collectifs de rémunération variable ne sont pas tous nouveaux. On estime que les premiers régimes de participation aux bénéfices remontent à près de 200 ans. Comment expliquer, alors, le récent enthousiasme des dirigeants canadiens à leur sujet, compte tenu du fait qu'il n'y a pas de mesure législative importante pour appuyer leur implantation et que le domaine de la gestion de la rémunération est peu sujet à changement ? Les entreprises canadiennes subissent peut-être un certain effet d'entraînement. Le partage des bénéfices est très courant aux États-Unis et en Europe, parce qu'il fait l'objet de mesures législatives ou fiscales rendant son implantation favorable ou même obligatoire.

Toutefois, l'adoption de régimes collectifs par un nombre croissant de dirigeants canadiens ne résulte pas uniquement du souci de suivre la concurrence. Au-delà de la question de mode, ce sont plutôt les nombreux changements dans l'environnement socio-économique qui pressent les dirigeants canadiens de considérer avec plus de sérieux les avantages associés aux régimes collectifs de rémunération, notamment (1) la possibilité d'améliorer la performance organisationnelle, (2) la possibilité d'améliorer le climat organisationnel, (3) la possibilité de combler les lacunes des régimes de rémunération visant à reconnaître le rendement individuel et (4) la possibilité de réduire le chômage, l'inflation et les coûts de main-d'œuvre.

La possibilité d'améliorer la performance organisationnelle

On s'attend à ce que l'adoption d'un régime collectif de rémunération ait un effet positif sur la performance et la productivité d'une organisation. Ce type de régime inciterait les employés à se préoccuper davantage de la réussite de leur groupe de travail, de leur unité ou de l'organisation dans sa totalité. Un tel régime inciterait également les employés à améliorer leur rendement, à se soucier davantage des coûts, à exercer plus de pression sur leurs pairs pour qu'ils améliorent leur rendement, ce qui diminuerait les coûts de la supervision.

Par ailleurs, les régimes collectifs de rémunération variable seraient également avantageux pour réduire les coûts de gestion et d'encadrement. Une étude effectuée auprès de 44 grandes entreprises canadiennes (Long, 1994) démontre que celles qui ont adopté un régime de partage des gains de productivité ou de participation aux bénéfices ont une structure hiérarchique significativement moins lourde et 31 % moins de cadres que les firmes qui n'ont pas établi de tels régimes. Par ailleurs, près de 75 % des employeurs participant à une étude menée par Hewitt & Associés (1996) indiquent que leur régime de rémunération variable a contribué à l'amélioration de leurs résultats financiers.

Plus récemment, les résultats d'une méta-analyse (Gupta et Mitra, 1998) de 39 études portant sur l'influence de divers incitatifs pécuniaires sur le rendement infirment plusieurs mythes dont les suivants :

Mythes associés à l'argent	**Résultats de la recherche**
Les mesures incitatives pécuniaires :	Les mesures incitatives pécuniaires :
– ne motivent pas, mais punissent ;	– améliorent de manière consistante le rendement en matière de quantité et constituent une marque de reconnaissance ;
– ne sont pas valorisées par les personnes ;	– influent de manière significative sur les comportements des employés ;
– réduisent la motivation intrinsèque ;	– sont complémentaires de la motivation intrinsèque ;
– diminuent le rendement en matière de qualité.	– n'ont, au pire, aucun effet sur le rendement.

La possibilité d'améliorer le climat organisationnel

Les régimes collectifs de rémunération auraient un effet bénéfique sur les attitudes et les comportements des employés. Leur adoption amènerait, par exemple, les employés à s'identifier davantage à leur organisation, à s'intéresser davantage à son succès financier, à diminuer leur réticence devant les changements, etc. Ces régimes auraient également un effet positif sur les relations de travail, en favorisant l'éclosion d'une culture axée sur le partenariat, la coopération et l'esprit d'équipe. On s'attend aussi à ce que leur présence rende une organisation plus attrayante en facilitant le recrutement des employés, leur assiduité au travail et leur fidélité.

La possibilité de combler les lacunes des régimes de rémunération visant à récompenser le rendement individuel

Les régimes collectifs sont, à maints égards, considérés comme supérieurs aux régimes de rémunération reconnaissant le rendement individuel des employés au moyen d'augmentations de salaire, de primes, de commissions, etc. Ainsi, comparativement aux régimes basés sur le rendement individuel, les régimes collectifs :

- conviendraient davantage au nombre croissant de contextes de travail dans lesquels les emplois sont en interdépendance ou font l'objet d'efforts conjugués exigeant de la coopération et du travail en équipe ;
- provoqueraient moins de difficultés en ce qui a trait à la mesure du rendement, puisqu'aucune distinction individuelle n'est requise ;

– seraient plus souples que les régimes de rémunération au mérite, puisque les primes de partage des bénéfices ne modifient pas le salaire de base ;
– contribueraient davantage à unifier les intérêts des employés, des cadres et des dirigeants en attribuant à tous une participation aux résultats de l'organisation.

Bien que les régimes collectifs de rémunération variable soient moins populaires que les régimes individuels, les enquêtes démontrent qu'on délaisse les seconds pour adopter les premiers (Peck, 1993). En effet, dans les organisations nord-américaines, la structure des emplois est en train de se modifier en faveur d'une plus grande interdépendance dans les tâches à effectuer. On pense alors à la tertiarisation de l'économie, à l'automatisation, à la constitution d'équipes de travail, etc. Dans un contexte d'interdépendance des emplois, l'évaluation du rendement individuel est problématique et la reconnaissance du rendement collectif apparaît souvent plus appropriée. En effet, les régimes *individuels* de rémunération variable sont pertinents dans la mesure où l'employé maîtrise son propre rythme de travail et où son travail ne dépend pas de celui d'autres employés. À l'inverse, les régimes *collectifs* de rémunération variable sont plus pertinents lorsqu'il existe une relation entre les tâches des employés, parce qu'ils les incitent à une plus grande collaboration. Toutefois, rien n'empêche l'établissement de régimes collectifs lorsque ces tâches ne sont pas interdépendantes.

La possibilité de réduire le chômage, l'inflation et les coûts de main-d'œuvre

Du point de vue macroéconomique, les arguments invoqués pour appuyer l'adoption de régimes collectifs de rémunération pour l'ensemble des employés ont trait au maintien de l'emploi et à la réduction des coûts de personnel. Par exemple, d'après la théorie de l'absorption des chocs de Weitzman (1987), l'adoption de régimes de participation aux bénéfices pour l'ensemble des employés serait bénéfique, tant pour restreindre le taux de chômage que le taux d'inflation, parce qu'elle réduit la proportion des coûts fixes (salaires) de main-d'œuvre. En période de récession, la rémunération variable (ou flexible) permettrait de résister davantage à une baisse de la demande de produits et de services et de procéder à moins de licenciements, la mauvaise fortune de l'organisation se traduisant par l'absence de primes et une masse salariale moins lourde à soutenir. En période de prospérité, la rémunération variable permettrait de recourir moins souvent à une hausse des prix des produits et des services pour compenser une hausse des coûts fixes de main-d'œuvre, la bonne fortune de l'organisation se traduisant par des primes plutôt que par des augmentations de salaire.

11.3 LES RÉGIMES COLLECTIFS DE RÉMUNÉRATION VARIABLE À COURT TERME

Les sections suivantes de ce chapitre traiteront des principaux types de régimes de rémunération variable basée sur le rendement collectif à court terme, notamment des régimes de participation aux bénéfices, des régimes de partage de gains de productivité, des régimes de rémunération des équipes et des régimes *mixtes* de primes de rendement. Selon une enquête du Conference Board of Canada, le nombre de firmes adoptant un régime de rémunération variable à court terme à l'intention de ses employés non cadres augmenterait de façon continue depuis 1990 ; en effet, le pourcentage des entreprises offrant cette forme de rétribution, qui était alors de 27 %, est passé à 70 % en 1998.

11.3.1 Les régimes de participation aux bénéfices[1]

Définition, fréquence et caractéristiques des régimes de participation aux bénéfices

Un régime de participation aux bénéfices (RPB) correspond à tout régime contractuel où une portion des bénéfices de l'organisation entière ou d'une unité organisationnelle est partagée entre tous les employés ou une catégorie d'employés et versée en sus de leur salaire, immédiatement ou à terme. Le régime de participation aux bénéfices – le régime collectif le plus ancien – a été le plus populaire des régimes collectifs à court terme et demeure encore de nos jours assez courant. Sa popularité repose surtout sur le fait que le bénéfice correspond à un indicateur de rendement organisationnel important, facile à communiquer aux employés et mesurable aussi bien dans l'organisation entière que dans ses divisions. L'implantation d'un régime de participation aux bénéfices n'est pas uniforme dans toutes les entreprises ; de nombreuses décisions étant inhérentes à son adoption (catégories d'employés admissibles, formule de partage des bénéfices, formes des primes, etc.). Chaque organisation a d'ailleurs avantage à adapter son régime de participation aux bénéfices à ses propres besoins.

En Amérique du Nord, les régimes de participation aux bénéfices sont influencés par les différences culturelles et les différences de modes de taxation d'un pays à l'autre. Ainsi, au Canada, la grande majorité de ces régimes sont de type sélectif, c'est-à-dire qu'ils ne s'adressent qu'aux cadres supérieurs

1. Cette section s'appuie sur l'article de St-Onge (1994).

ou excluent le personnel de soutien administratif et de production. Par ailleurs, les quelques régimes de participation aux bénéfices canadiens qui s'adressent à l'ensemble des employés sont généralement à paiements comptants (75 %, d'après Long, 1991) et immédiats, les primes étant versées de une à quatre fois par année. Aux États-Unis, les régimes de participation aux bénéfices servent couramment de régimes de retraite, ils s'adressent presque tous à l'ensemble des employés (ils sont donc de type non sélectif) et sont surtout à paiements différés (81 %, d'après Coates, 1991), les primes étant administrées par une fiducie et remises à échéance déterminée (retraite, départ, licenciement, invalidité, décès).

Dans ce chapitre, nous nous intéressons aux régimes de participation aux bénéfices non sélectifs (RPBns) à versements immédiats qui sont adoptés par une proportion croissante d'organisations canadiennes. Par conséquent, il est important de se rappeler les deux restrictions suivantes. Premièrement, les régimes de participation aux bénéfices *sélectifs* que la majorité des organisations canadiennes adoptent à l'intention exclusive de leurs dirigeants ou de leurs cadres ne font pas l'objet de cette section, parce qu'ils ne reflètent pas la philosophie véritable du partage des bénéfices. Deuxièmement, les régimes de participation *différée* aux bénéfices s'adressant à l'ensemble des employés ne sont pas non plus pris en considération, parce qu'ils ont des caractéristiques propres et sont régis par la loi de l'impôt du Canada.

Au Canada, des enquêtes démontrent qu'entre 17 % et 22 % des firmes ont un régime de participation aux bénéfices non sélectif (Long, 1991 ; Tyson, 1996 ; Betcherman et autres, 1994 ; Société Conseil Mercer Limitée, 1998 ; Watson Wyatt, 1998). Parmi celles-ci, on trouve des firmes comme Dofasco inc., Alogoma Steel Inc., Dun & Bradstreet Canada Limited, John Wiley & Sons Canada Ltd., Fisheries Products International Limited et Almag Aluminium (Tyson, 1996). Une autre enquête (Long, 1997) démontre que (1) les employés reçoivent automatiquement un pourcentage préétabli des bénéfices ou des bénéfices au-dessus d'un certain seuil (ces pourcentages varient entre 1 % et 33 %, la médiane étant de 11 %) et que (2) le budget total de primes est réparti entre les employés selon leur salaire (30 %), leur rendement individuel (30 %), leur ancienneté (13 %) ou une combinaison de leur salaire et de leur ancienneté (17 %). Aux États-Unis, on estime qu'environ 20 % de toutes les firmes avaient un régime de participation aux bénéfices à la fin de 1991, comparativement à moins de 15 % en 1945 (Kruse, 1993). Tel que l'a mentionné Tyson (1996), Valley City Manufacturing, un fabricant d'armoires et de produits de bois architecturaux localisé à Dundas, en Ontario, a établi, en 1964, un régime généreux, puisqu'il paie 27 % des bénéfices avant impôts. La prime est octroyée selon le salaire des employés, et ces derniers ont le choix de prendre le montant en argent ou de le placer dans un régime de participation différée aux bénéfices.

11.3.2 Les régimes de partage des gains de productivité

Définition et fréquence du partage des gains de productivité

Les régimes de partage des gains de productivité (RPGP) visent à mesurer et à partager l'amélioration de la productivité d'une entreprise entre les employés et l'entreprise en accordant des primes (mensuelles, trimestrielles, bisannuelles ou annuelles) calculées à l'aide d'une formule préétablie. Les premiers régimes de partage des gains de productivité ont été implantés durant la Grande Dépression (1929-1940). Le leitmotiv des défenseurs de ces régimes est « *work smarter, not harder* ». Sous ces régimes, on ne demande pas aux employés de déployer plus d'efforts au travail, mais plutôt de penser à des façons plus efficaces d'effectuer leurs tâches et d'en faire la recommandation aux personnes concernées. Aujourd'hui, les organisations qui implantent de tels régimes sont préoccupées par l'amélioration de leur productivité, par un meilleur contrôle de leurs coûts et par la promotion d'un nouvelle culture de gestion axée sur la participation et le travail d'équipe.

En général, les enquêtes démontrent qu'on trouve des régimes de partage des gains de productivité dans 7 % à 11 % des entreprises, tant au Québec (Tremblay et autres, 1998) qu'ailleurs au Canada (Betcherman et autres, 1994 ; Isaac, 1995). Cette proportion augmente toutefois à près de 20 % dans les grandes entreprises (Long, 1993). Ces enquêtes démontrent également que les régimes de partage des gains de productivité sont surtout implantés dans le secteur industriel et dans le secteur des services et qu'ils s'adressent généralement à l'ensemble des employés, à l'exception du personnel de direction. L'enquête de la société Hewitt & Associés (1996) montre que la plupart des régimes de partage des gains de productivité :

- sont assez récents ;
- sont surtout adoptés par de grandes entreprises ;
- sont essentiellement utilisés afin d'augmenter la productivité, d'améliorer la qualité et de réduire les coûts ;
- accordent généralement des primes consistant en un montant fixe préétabli (en dollars) ;
- s'adressent principalement aux employés des échelons inférieurs (p. ex. : les employés syndiqués, le personnel de soutien administratif, les salariés payés à l'heure) dans les entreprises leur accordant le plus d'autonomie.

Les types de régimes de partage des gains de productivité

On classe généralement les régimes de partage des gains de productivité en trois catégories : les régimes de Scanlon, de Rucker et Improshare. Toutefois, en pratique, la variété des régimes est presque aussi grande qu'il y a de possibilités d'applications, puisque dès qu'on modifie une caractéristique pour l'adapter au contexte d'une organisation, on crée un régime différent. Globalement, les régimes de Scanlon et de Rucker reposent tous deux sur une philosophie participative de gestion et se retrouvent davantage dans les entreprises manufacturières (le plan Scanlon est le plus courant). Le régime Improshare n'exige pas de culture de participation de la part des employés et se révèle le plus courant parmi les trois types de régimes de partage des gains de productivité. Le reste de cette section vise à distinguer les trois principaux types de régimes de partage des gains de productivité : les régimes de Scanlon, de Rucker et Improshare. L'encadré 11.2 présente une formule de calcul de primes associée à chacun de ces régimes.

ENCADRÉ 11.2

Le calcul des primes en fonction de différents types de régimes de partage des gains de productivité

A. RÉGIME DE SCANLON : CALCUL DES PRIMES

1. Ventes du mois	1 100 000 $
2. Moins : retours, escomptes, etc.	25 000
3. Ventes nettes	1 075 000
4. Augmentation des inventaires	125 000
5. Valeur de la production	1 200 000
6. Coût normal de la main-d'œuvre (20 % de la valeur de la production)	240 000
7. Coût effectif de la main-d'œuvre	210 000
8. Primes : fonds disponibles	30 000
9. Part de l'entreprise (25 %)	7 500
Sous-total	22 500 $
10. Réserve : mois déficitaires (25 %)	5 625
11. Part à distribuer aux employés (75 %)	16 875
12. Masse salariale des employés	168 750
13. Valeur des primes (%)	10 %

B. RÉGIME DE RUCKER : CALCUL DES PRIMES

1. Valeur de la production (ventes et ajustements)		1 000 000 $
2. Moins : valeur des achats		
– matériaux et fournitures	500 000 $	
– autres achats (énergie, etc.)	160 000 $	660 000
3. Valeur ajoutée (1-2)		340 000

4. Coût prévu de la main-d'œuvre selon une analyse dans le temps (3) × 41,18 %	140 000
5. Coût effectif de la main-d'œuvre	120 000
6. Primes : fonds disponibles (4-5)	20 000
7. Part de l'entreprise (25 % de 6)	5 000
8. Part des employés (6-7)	15 000
9. Réserve pour les mois déficitaires (25 % de 8)	3 750
10. Primes à partager (8-9)	11 250
11. Masse salariale des employés	120 000
12. Valeur des primes (%)	9,4 %

C. RÉGIME IMPROSHARE : CALCUL DU FACTEUR DE PRODUCTIVITÉ ET DES PRIMES

Calcul du facteur de productivité pendant la période de référence

$$\text{Heures standard de travail} = \frac{\text{Heures directes totales de travail}}{\text{Quantité de la production}}$$

$$\text{Produit A} : \frac{20 \text{ employés} \times 40 \text{ heures}}{1\,000 \text{ unités}} = 0{,}8 \text{ heure/unité ou } 0{,}8 \times 1\,000 = 800$$

$$\text{Produit B} : \frac{20 \text{ employés} \times 40 \text{ heures}}{500 \text{ unités}} = 1{,}6 \text{ heure/unité ou } 1{,}6 \times 500 = 800$$

Valeur standard des heures totales = 1 600

$$\text{Facteur de productivité (FP)} = \frac{\text{Heures totales (directes et indirectes)}}{\text{Valeur standard des heures totales}}$$

$$\text{FP} = \frac{40 \text{ employés de production (directes)} + 20 \text{ (indirectes)} \times 40 \text{ heures}}{1\,600}$$

$$\text{FP} = \frac{2\,400}{1\,600} = 1{,}5$$

Calcul des primes

Produit A :	0,8 heure × 600 unités × 1,5 =	720
Produit B :	1,6 heure × 900 unités × 1,5 =	2 160
	Heures standardisées	2 880
Moins :	Heures effectives	2 280
	Heures gagnées	600

$$\text{Part des employés} : \frac{50\ \%\ \text{des heures gagnées}}{\text{Heures effectuées}} = \frac{300}{2\,280} = 13{,}2\ \%$$

Source : R. Thériault, *Guide Mercer sur la gestion de la rémunération*, Boucherville, Gaëtan Morin Éditeur, 1991.

L'objectif d'un régime de Scanlon est d'accroître l'efficacité d'un établissement en réduisant les coûts de main-d'œuvre et en partageant les gains. Ce régime repose sur deux éléments essentiels : la participation des employés et l'attribution de primes basées sur les gains de productivité de l'établissement. L'élaboration de ce régime repose sur trois étapes : la constitution de comités de production, la détermination d'une base historique des coûts de production (salaires) et l'établissement d'une formule de primes (voir l'encadré 11.3).

ENCADRÉ 11.3

Les trois étapes d'élaboration d'un régime de Scanlon

1. La nomination des comités de production et de sélection. Les comités de production (comités de travail, de primes, de productivité, etc.) sont formés pour chaque atelier, division ou unité importante de travail. Ils peuvent être composés de deux membres seulement : le contremaître et un représentant des employés élu par ses collègues (il peut s'agir du délégué syndical). Chaque comité se réunit généralement deux fois par mois. Le rôle de ces comités consiste à demander au personnel des suggestions visant à améliorer la productivité et à donner suite à ces propositions. Les comités de production se rapportent à un comité de sélection (ou comité de coordination). Ce dernier est composé d'un membre de la direction, de représentants du personnel clé (fabrication, ingénierie, marketing, contrôle et ressources humaines) ainsi que de représentants des employés provenant des divers comités de production. Ce comité a pour rôle d'examiner les suggestions importantes soumises par les comités de production et par la direction. Il est consultatif, puisque les décisions liées à l'adoption et à l'implantation de certaines suggestions relèvent de la hiérarchie. Une fois les suggestions acceptées, ce comité est toutefois responsable d'assurer leur application et l'évaluation de leur impact. Le comité se réunit ordinairement une fois par mois et détermine la valeur des primes à verser aux employés. Les procès verbaux de ces réunions sont distribués aux employés.

2. La détermination d'une base temporelle des coûts de production pour établir le montant des primes à distribuer aux employés. Il est important que l'année retenue pour ces calculs soit récente et représente une année « moyenne » de rendement. Il ne faut pas choisir une année de productivité record, car l'attribution de primes serait rendue impossible, ni une année de faible productivité, car le potentiel des primes serait artificiellement élevé. Pour une unité d'exploitation, cette base normative est constituée du ratio présenté ci-dessous, qu'on suit mensuellement pour établir les primes à verser aux employés admissibles au régime.

$$\frac{\text{Masse salariale de tout le personnel (coût de la main-d'œuvre)}}{\text{Valeur des ventes de la production (vendue et en inventaire)}}$$

3. L'établissement d'une formule de primes. La valeur des primes dépend de la variation du ratio « coût de main-d'œuvre sur valeur de la production », qui est calculée tous les mois et soumise au comité de coordination. Les primes sont partagées entre le personnel admissible et l'organisation dans une proportion courante de 75 % et 25 %.

Le *régime de Scanlon* est considéré comme plus efficace qu'un simple régime de suggestions. En effet, sous ce régime, on s'attend à ce que les suggestions des employés soient plus nombreuses, de meilleure qualité, plus précises et davantage acceptées et implantées en raison du mode de fonctionnement des comités, dont les membres doivent rencontrer les employés pour leur expliquer les raisons du rejet d'une suggestion. Par ailleurs, alors qu'un régime de suggestions accorde des sommes d'argent généralement peu élevées aux employés qui ont formulé des suggestions, un régime de Scanlon estime les gains à leur juste valeur et les distribue à tous les employés. Généralement, la formule de prime correspond à la division de la valeur des ventes par les dépenses de rémunération. La partie A de l'encadré 11.2 (p. 543) illustre un mode de calcul des primes. Ainsi, pour le mois visé, l'entreprise peut verser 22 500 $ de primes aux employés. En pratique, il est courant de constituer une réserve de 25 % pour les mois où les résultats seront négatifs et d'effectuer un ajustement à la fin de l'année. Ainsi, dans l'exemple précédent, 16 875 $ seront versés aux employés à la fin du mois, soit 11 % de leurs salaires.

Le *régime de Rucker* repose sur une philosophie de gestion semblable à celle du régime de Scanlon, mais la détermination de la base normative de production y est plus complexe, difficile à modifier et nécessite que des états financiers détaillés soient disponibles et accessibles aux syndicats et aux employés. Quoique ce régime utilise aussi les coûts de la main-d'œuvre dans sa mesure de la productivité, la valeur des ventes de la production y est remplacée par la valeur ajoutée à la production, de façon à tenir compte des changements de coûts (p. ex. : coûts des matières premières, des fournitures) qui peuvent influer sur le ratio sans qu'il y ait changement dans la productivité des employés. En somme, la formule de primes nécessite la division du total des dépenses en rémunération de l'unité de production par la valeur de la production. La partie B de l'encadré 11.2 montre que le calcul et la répartition des économies se fait souvent selon la formule 75 %-25 % avec une réserve de 25 % pour les mois déficitaires.

Contrairement aux deux régimes précédents, dans lesquels la mesure de la productivité est économique (la valeur de la production ou la valeur ajoutée), le *régime Improshare* ne s'appuie pas de façon formelle sur la participation des employés et repose sur une mesure de la productivité physique. La formule de primes correspond ici à la division du nombre d'heures de travail estimées par le nombre d'heures de travail réelles. Dans ce régime, le partage des gains se fait habituellement sur la base suivante : 50 % à l'employeur et 50 % aux employés. La partie C de l'encadré 11.2 illustre le mode de calcul du facteur de productivité pendant la période de référence et celui des primes à verser. Généralement, les entreprises qui utilisent un tel régime prévoient une augmentation maximum de la productivité de 60 %. Si la productivité augmente de plus de 60 % et qu'elle se maintient pendant un certain temps, il est prévu que l'entreprise pourra « acheter » cette amélioration en accordant, par exemple, une prime de 30 % de leurs salaires aux employés, soit 50 % de l'augmentation de 60 %. Dans l'avenir, le taux de base du facteur de productivité est alors augmenté en conséquence et le plafond de 60 % constitue une certaine protection pour l'entreprise. En effet, comme le standard ne considère pas la valeur des ventes et la productivité de l'industrie dans laquelle l'entreprise se situe, il est possible que les dirigeants doivent verser des primes, même si la productivité est inférieure à celle de l'industrie. Si l'amélioration de la productivité est tout au plus de 60 %, on estime raisonnable de croire que son facteur de base de productivité était inférieur à celui auquel l'entreprise aurait normalement été en droit de s'attendre.

Soulignons que le succès des régimes de partage des gains de productivité, notamment des régimes de Scanlon et de Rucker, nécessite souvent un changement de mentalités. Ainsi, les *cadres* doivent accepter la participation des employés et des ouvriers au processus de prise de décision. Ensuite, la *direction* doit promouvoir l'idée que les cadres doivent encourager leurs subordonnés à émettre des suggestions pour améliorer l'efficacité du travail. Par ailleurs, les *employés* doivent vraiment penser « équipe », celle-ci étant plus importante que la personne. Finalement, le *syndicat* doit accepter que les employés s'engagent et coopèrent avec la direction.

Comparativement à la participation aux bénéfices, le partage des gains de productivité exige une volonté et un courage particuliers de la part des dirigeants d'entreprise. Ils doivent accepter de verser des primes lorsqu'il y a gain de productivité, peu importe l'ampleur des bénéfices (inexistants, faibles ou négatifs). Ils peuvent donc être amenés à verser des primes lorsque l'amélioration de la productivité provient d'une amélioration des équipements et non d'une amélioration de la contribution des employés. Par ailleurs, les recommandations des employés admissibles à ce régime ont souvent trait à des modifications en ce qui touche à l'organisation du travail. Aussi faut-il que la direction soit prête à faire face à la pression en cette matière. En outre, au fil des années, les employés peuvent se montrer plus sceptiques envers le régime s'il devient plus difficile d'améliorer la productivité. De plus, lorsqu'une entreprise comporte plusieurs unités d'affaires et qu'elle dispose d'un régime distinct par unité, il peut être frustrant pour les employés de constater que les primes sont plus élevées dans les unités dont la productivité est la plus faible et où les possibilités de l'améliorer sont plus grandes.

Un régime de partage des gains de productivité efficace exige que les employés aient une influence directe sur la productivité ou sur les coûts pour avoir droit à une prime. Toutefois, la réduction des coûts de main-d'œuvre recherchée ne résulte pas seulement d'une efficacité accrue des employés. Une multitude de facteurs, qui ne relèvent pas des employés et sur lesquels ils n'ont aucun pouvoir, influent sur les coûts standard de production – notamment un nouvel équipement ou un changement technologique, un changement dans les méthodes et les procédés, une modification des produits, la disponibilité des matières premières et leur coût, le coût de la main-d'œuvre, les exigences du service après-vente, les procédés de livraison, la politique d'inventaire, le prix de vente du service ou du produit, le mode de vente du service ou du produit, le mode de financement et son coût.

11.3.3 Les régimes de partage du succès

Le régime de partage du succès (RPS) ou de la réalisation des objectifs d'affaires (*goal sharing plan* ou *success sharing plan* ou *win sharing plan*) permet de partager une portion du gain de rendement de l'organisation ou d'une unité – mesuré selon la réalisation d'objectifs préétablis – avec l'ensemble ou une partie du personnel, en versant un montant forfaitaire (prime). Les objectifs d'affaires sont fixés selon les points de vue financier et opérationnel – par exemple, une réduction des coûts, des accidents ou de l'absentéisme, ou encore une amélioration de la qualité, du service ou de la satisfaction des clients (Belcher, 1996) – selon des facteurs de succès de l'entreprise. Ce type de régime est apparu au cours des années 1990 avec le courant de la qualité et du service à offrir aux clients. Il vise notamment à relier la prime à des facteurs de succès de l'organisation – qui ne sont pas uniquement liés à l'aspect financier (p. ex. : la réduction des coûts résultant de l'absentéisme ou des accidents) –, mais également à améliorer la qualité et les comportements des employés (p. ex. : l'assiduité). Altmansberger et Wallace (1995) considèrent trois générations de régimes de partage du succès :

1. La première génération correspond aux régimes de Scanlon et de Rucker, qui s'appuient sur des *standards historiques de coûts financiers* adoptés à *long terme* et qui s'adressent surtout aux *employés de production* ;
2. La deuxième génération correspond au régime Improshare, qui s'appuie sur des *standards historiques d'heures de travail* adoptés à *long terme* et qui s'adresse surtout aux *employés de production* ;
3. La troisième génération correspond au régime de partage du succès qui s'appuie sur l'atteinte *d'objectifs d'affaires* adoptés pour une période *prédéterminée* et qui s'adresse à *plusieurs groupes d'employés*.

De plus en plus d'organisations adoptent un régime de partage du succès parce que ce type de régime comble les limites des régimes de participation aux bénéfices et de partage des gains de productivité. Aux États-Unis, entre 1990 et 1993, la proportion de grandes entreprises ayant adopté un tel régime est passée de 59 % à 70 % (Lawler et autres, 1995). Par exemple, chez A. Corning Inc., 75 % de la prime de partage du succès est liée à l'atteinte d'objectifs d'affaires de l'unité (on suggère un maximum de cinq objectifs pour conserver un régime simple) que les employés peuvent directement influencer et 25 % de cette prime dépend de la performance financière (souvent le retour sur l'équité par rapport aux autres firmes comparables du « Fortune 500 ») de Corning. Aussi chaque unité d'affaires doit-elle déterminer son processus d'établissement d'objectifs (objectifs cibles, poids relatifs, etc.) de divers types (finances, qualité, service, amélioration de processus, etc.) et les changer selon l'amélioration par rapport à l'année précédente, de manière à adapter l'attribution des primes aux défis du moment (voir Altmansberger et Wallace, 1995).

En somme, ce régime tient compte d'autres facteurs que les bénéfices ou les gains de productivité – notamment de la qualité, des accidents du travail ou de la satisfaction des clients –, que les employés maîtrisent davantage et qui ne comportent pas nécessairement des « gains » à court terme. Pour être efficace, le régime de partage du succès nécessite un processus de communication des objectifs d'affaires et des résultats étalés sur toute l'année. Il faut aussi que les objectifs fixés soient jugés réalistes par les employés. Ce régime est souvent adopté par les entreprises qui veulent se doter d'un régime incitatif appuyant une culture d'amélioration continue : au fil des années, la nature et la difficulté des indicateurs de rendement évoluent selon les résultats de l'organisation et la pression de la concurrence. Par exemple, le programme Succès-partage de l'usine de Bombardier à Valcourt (Québec), implanté en 1992, permet aux employés de recevoir une prime pouvant aller jusqu'à 10 % de leur salaire si les résultats de la division atteignent les objectifs fixés en matière de rentabilité, de qualité et de sécurité au travail.

11.3.4 Les régimes de rémunération des équipes de travail

Les régimes de rémunération des *équipes* de travail visent à favoriser la coopération et la collaboration entre les employés. Ces types de régimes s'appuient sur le fait que de plus en plus d'entreprises nord-américaines adoptent un mode d'organisation du travail basé sur des équipes ou sur des groupes de travail pour accroître la polyvalence de leur main-d'œuvre. Les régimes de rémunération de groupe ont plus de chances d'être efficaces lorsqu'on veut favoriser la cohésion entre les membres de groupes de travail et lorsque le rendement au travail est surtout une question d'effort collectif, où l'apport respectif de chaque personne est difficile à mesurer et à déterminer.

L'enquête de Hewitt & Associés (1996) montre que l'adoption des régimes de primes d'équipe est récente et que ces régimes accordent généralement le même montant à chaque membre de l'équipe, peu importe les différences salariales de base. Les employeurs qui y ont recours visent à atteindre trois principaux objectifs : encourager le travail d'équipe, améliorer le service à la clientèle ou la satisfaction des clients et augmenter la rentabilité.

La rémunération des équipes couvre un ensemble très varié de modes de rémunération. Dans cette section, compte tenu de l'état embryonnaire de la documentation portant sur le sujet, nous traiterons de l'ensemble des modes de rémunération couramment adoptés pour rémunérer les équipes de travail. La plupart des auteurs (Bartol et Hagmann, 1992 ; Bennett, 1996 ; Bourgeois et St-Onge, 1997 ; Davidson, 1995 ; Gross, 1995 ; Kanin-Lovers et Cameron, 1993) recommandent les approches suivantes pour rémunérer les équipes de travail :

- Les régimes de primes d'équipe ou de groupe, pour inciter les membres à se surpasser ou à collaborer ensemble ;
- Les programmes de reconnaissance, pour souligner les réalisations exceptionnelles d'une équipe ;
- Les régimes de partage des gains de productivité ou de participation aux bénéfices, pour inciter les équipes à la coopération ;
- L'attribution d'un salaire basé sur les compétences, pour récompenser les employés de l'acquisition de nouvelles habiletés et fournir une mesure incitative individuelle.

Les régimes de primes d'équipe de travail

En nous appuyant sur Long (1998), nous pouvons distinguer trois types de régimes de *primes* d'équipe :

1. Le régime de *partage* du rendement d'équipe. Ce régime de rémunération des équipes répartit également un montant parmi les membres de l'équipe selon la réalisation de résultats. C'est le plus courant des régimes de primes d'équipe ;

> Les équipes de représentants d'une grande entreprise sont admissibles à un régime de rémunération variable dans lequel chaque représentant reçoit une prime égale à celle des autres membres de l'équipe, qui est fonction du total des ventes générées par l'équipe.

2. Le régime de *rendement* d'équipe. Ce régime accorde des primes aux meilleurs groupes (équipes, succursales, magasins, quarts de travail, etc.). Cette approche peut engendrer une certaine compétition entre les groupes ou un manque de collaboration entre leurs membres

respectifs, puisqu'ils deviennent des rivaux qui ont tous intérêt à amplifier la valeur de leur travail respectif pour obtenir plus d'argent;

> Des équipes d'ingénieurs travaillant pour une firme de recherche et développement sont admissibles à une prime qui peut égaler 20 % de leur salaire, s'ils peuvent démontrer dans un rapport qu'ils ont apporté une contribution significative à la performance de l'entreprise. Les rapports des équipes sont évalués et comparés par un comité de gestion qui décide de l'attribution des primes et de leur montant.
>
> Des équipes d'employés de production sont admissibles à un régime d'équipe de rémunération à la pièce, dans lequel les membres sont payés selon le nombre d'unités produites par l'équipe.

3. Le régime de *contribution* au rendement d'équipe. Dans la mesure où les tâches de l'équipe ne sont pas grandement interdépendantes, il peut être utile d'accorder des primes sur une base individuelle et de groupe. Ainsi, on peut créer un budget total (*bonus pool*) basé sur la performance de l'équipe, mais dont les montants versés à chacun des coéquipiers varient selon le rendement individuel. Toutefois, cette différenciation du montant des primes selon le rendement individuel peut nuire à la collaboration entre les membres du groupe.

> Les récompenses des membres des équipes de service à la clientèle sont fonction de leur contribution respective au travail de l'équipe, évaluée par les chefs d'équipe et les autres membres de l'équipe, en matière d'atteinte des objectifs, de collaboration, de communication, d'assiduité, de ponctualité, etc.

Ces trois types de régimes de primes d'équipe supposent que l'on puisse établir des objectifs de rendement de groupe précis et définir des indicateurs de rendement valables. Par ailleurs, le climat de collaboration engendré par les équipes de travail rend particulièrement pertinente l'utilisation de la méthode de rétroaction à 360 degrés par laquelle les membres demandent l'évaluation du rendement de l'équipe à leurs coéquipiers ou aux clients avec lesquels ils travaillent le plus étroitement, et non uniquement à leur superviseur.

Comparativement aux autres régimes collectifs à court terme (partage des gains de productivité, participation aux bénéfices et partage du succès), les régimes de primes d'équipe sont perçus comme avantageux, puisqu'ils ciblent davantage les efforts d'un nombre plus restreint de personnes. Une enquête de Gomez-Mejia et Balkin (1989), menée auprès de 175 professionnels en recherche et développement, a démontré que les régimes de primes de groupe ont plus d'effet que les régimes de participation aux bénéfices parce que les primes versées y sont plus étroitement liées aux comportements individuels. Ce résultat est confirmé par ceux d'une enquête de Long (1991), qui révèle que certains dirigeants canadiens ont abandonné leurs régimes de participation aux bénéfices pour les remplacer par des régimes de rémunération plus ciblés.

Comme nous l'avons mentionné précédemment, les diverses formules de primes d'équipe comportent, paradoxalement, un risque de nuire aux relations entre les membres de l'équipe. De plus, si la pression des collègues peut inciter les employés difficiles ou ceux qui ont un faible rendement à s'améliorer, elle peut également inciter les meilleurs employés à réduire leurs efforts et leur cadence parce qu'ils profitent de l'effort collectif de toute façon. Ces limites peuvent permettre d'expliquer pourquoi la majorité des entreprises persistent à rémunérer les membres de leurs équipes de travail uniquement selon leur rendement individuel. Force est de constater qu'il n'est pas du tout évident que l'implantation de groupes autonomes conduise automatiquement et rapidement à l'abandon des régimes de rémunération reconnaissant le rendement individuel, ceux-ci étant traditionnellement valorisés en Amérique du Nord.

Les programmes de reconnaissance visant à récompenser le rendement d'équipe

Un programme de reconnaissance couvre l'ensemble des récompenses pécuniaires (somme d'argent, bon d'achat, etc.) et non pécuniaires (mention honorifique, trophée, etc.) autres que celles versées en vertu de régimes formels de rémunération variable (salaires au mérite, partage des gains, participation aux bénéfices, etc.), qui sont octroyées aux employés en reconnaissance du rendement individuel ou collectif. Les programmes de reconnaissance sont utiles pour souligner les réalisations exceptionnelles d'une équipe de travail. Contrairement aux primes de groupe, ils n'encouragent pas les équipes à donner un meilleur rendement, mais ils servent à récompenser les réalisations passées vraiment extraordinaires. Comme ce genre de réalisation est peu courant, les programmes de reconnaissance devraient compléter et non remplacer les régimes incitatifs. Dans le contexte des équipes de travail, les programmes de reconnaissance sont particulièrement intéressants, car ils sont de nature à renforcer la cohésion entre les membres d'une équipe. Par exemple, une équipe dont le rendement a été exceptionnel se voit offrir un budget pour organiser une activité sociale réunissant les parents de tous les membres, ou encore, ses membres se voient accorder une journée supplémentaire de congé.

Les firmes semblent de plus en plus envisager la mise sur pied d'un programme formel de reconnaissance des réalisations exceptionnelles des équipes de travail, en raison de son coût peu élevé, de sa facilité d'implantation et du message clair qu'il peut transmettre aux employés sur l'importance accordée aux équipes de travail par la direction de l'entreprise. En effet, un sondage effectué par Lawler et autres (1993) indique que 94 % des entreprises américaines du « Fortune 1000 » ayant des équipes de travail utilisent des programmes de reconnaissance non pécuniaires, comparativement à 70 % qui utilisent des régimes de primes de groupe, 66 %, des régimes de participation aux bénéfices, 60 %, une gestion des salaires basés sur les compétences et 42 %, des régimes de partage des gains de productivité. Un sondage mené par Shaw et Schneier (1994-1995) auprès de 113 firmes établies en Amérique du Nord, en Europe et en Asie, révèle que les entreprises dont les équipes de travail sont efficaces les récompensent principalement de façon non pécuniaire. Seulement 24 % de ces entreprises offrent des régimes financiers à leurs équipes. Les formes de reconnaissance que privilégient les entreprises dans lesquelles les équipes de travail sont considérées comme très efficaces (*highly successful*) sont, par ordre d'importance : la visibilité, les symboles et la reconnaissance matérielle par l'attribution de biens et de voyages.

Les régimes collectifs de rémunération variable reconnaissant le rendement des équipes de travail

Dans la mesure où la réussite d'une équipe dépend de sa collaboration avec une autre, bon nombre de firmes dont le mode d'organisation du travail repose sur des équipes adoptent un des régimes collectifs de rémunération variable que nous avons traités précédemment (régime de participation aux bénéfices, régime de partage des gains de productivité ou régime de partage du succès). De nombreuses firmes adoptent ces régimes collectifs pour symboliser l'importance de la collaboration parce que ce sont les plus connus. En somme, on hésite à se lancer dans l'adoption de régimes particulièrement développés pour reconnaître le rendement des équipes, compte tenu de leur caractère innovateur et du fait qu'ils sont peu répandus. Il s'agit alors de recourir à de larges régimes collectifs pour faire évoluer les mentalités et d'attendre que les employés réclament des régimes plus ciblés sur le rendement des équipes de travail ou y soient plus réceptifs pour intervenir à cet égard.

Comme le mode d'organisation du travail en équipe émerge dans les organisations, on en sait peu sur l'efficacité des modes de rémunération. À ce jour, les textes portant sur le sujet sont plutôt théoriques ou ne décrivent que l'expérience de certaines entreprises.

Les régimes de salaires basés sur les compétences des membres des équipes de travail

Pour accroître la polyvalence des membres des équipes de travail, on préconise également de les rémunérer selon leurs compétences individuelles. Toutefois, avant de décider de rémunérer les membres d'une équipe selon leurs compétences individuelles, les dirigeants doivent examiner jusqu'à quel point ils veulent et doivent encourager les employés à effectuer les tâches de leurs coéquipiers (habiletés horizontales) et jusqu'à quel point ils sont prêts à accorder aux équipes de travail la plus grande autonomie possible, c'est-à-dire à laisser leurs membres effectuer des activités traditionnellement réservées aux cadres (habiletés verticales). Compte tenu des efforts, du temps et des ressources importantes qui doivent être consentis pour implanter un régime de salaires basés sur les compétences (voir le chapitre 9), il faut s'assurer de répondre par l'affirmative à au moins une de ces deux interrogations, sinon aux deux. Ainsi, lorsque les membres des équipes de travail sont peu appelés à remplir les fonctions de leurs coéquipiers et que les activités de gestion demeurent, en grande partie, la prérogative des cadres, il apparaît inopportun, à tout le moins à court terme, d'implanter un système de rémunération basée sur les compétences. Ce n'est que lorsque les dirigeants se sentent à l'aise avec cette nouvelle forme d'organisation du travail ou lorsqu'ils ont défini précisément le type d'évolution qu'ils entendent lui donner qu'ils peuvent envisager de mettre sur pied un tel système de rémunération.

11.3.5 Les régimes mixtes de primes de rendement

Définition et fréquence des régimes mixtes de primes de rendement

En pratique, les organisations adoptent souvent un régime *mixte* de primes de rendement qui accorde des primes non seulement selon le rendement des employés, mais également selon celui du groupe auquel ils appartiennent ou celui de l'ensemble de l'entreprise. C'est d'ailleurs principalement à ce type de régime qu'on fait référence lorsqu'on parle de régimes de primes de rendement. Une enquête du Conference Board of Canada (1999) révèle que 71 % des organisations participantes (n = 276) ont un régime de primes de rendement à court terme. Ce type de régime est de loin le plus utilisé puisque les pourcentages des firmes participantes ayant un régime de participation aux bénéfices ou un régime de partage des gains sont inférieurs à 20 %. Par ailleurs, l'enquête de Hewitt & Associés (1996) montre que les régimes de rémunération variable les plus courants (50 % des régimes de rémunération variable) sont ceux qui répondent à différents critères financiers et opérationnels propres à l'entreprise et à l'unité d'affaires, ou à des critères concernant le rendement individuel. Selon cette enquête, les régimes présentant ces caractéristiques s'adressent davantage à des cadres, à des directeurs et à des professionnels.

Le principal avantage de ce type de régime repose justement sur son caractère mixte. En tenant compte du rendement individuel, il incite le personnel à fournir la meilleure contribution possible. En considérant le rendement du groupe auquel appartient l'employé, ou le rendement de l'entreprise, un tel régime favorise la coopération nécessaire au succès de l'organisation.

La détermination du montant des primes et les formules de primes

Le montant des primes à verser peut être déterminé de deux principales façons.

Premièrement, d'après la formule la plus utilisée, il peut être exprimé comme un pourcentage du *salaire* des participants selon leur rendement et celui de leur groupe ou de l'entreprise. Par exemple, le régime peut prévoir que les primes varieront entre 0 % et 20 % du salaire des cadres intermédiaires et entre 0 % et 40 % du salaire des cadres supérieurs. Cette formule ne fournit cependant pas d'indication sur le pourcentage de primes qui sera versé si les objectifs sont atteints, c'est-à-dire sur le pourcentage de la *prime cible*. Une autre façon de faire consiste à indiquer un pourcentage *cible* (primes à verser si les objectifs sont atteints) et un pourcentage *maximum* de prime, ce pourcentage correspondant souvent à 150 % ou à 200 % d'une prime cible variant selon le salaire des participants.

Deuxièmement, le montant de primes à verser peut être exprimé comme un pourcentage des *bénéfices* de l'entreprise au-delà d'un certain seuil, qui est distribué aux employés selon leur rendement individuel. Il s'agit d'un *régime en cascade*. Parce que cette approche suppose que les primes versées sont conditionnelles au rendement de la division ou de l'entreprise, elle assure davantage l'entreprise d'une certaine rentabilité. Comme il n'y a pas d'autre limite aux primes à verser aux participants que les bénéfices, le régime peut être victime de son succès, l'entreprise se voyant obligée de verser des sommes qu'elle juge élevées comparativement à celles qui sont offertes sur le marché. De plus, le critère des bénéfices peut se révéler insuffisant ou secondaire, notamment pour évaluer le rendement organisationnel, dans le cas d'une stratégie d'augmentation de la part de marché ou d'un revirement de situation financière.

Comme le mentionne l'encadré 11.4 (p. 556), la détermination du montant des primes individuelles selon le rendement de l'employé *et* de l'entreprise peut s'appuyer sur différentes formules : la méthode matricielle, la méthode de partage égal et la méthode des rendements cumulés.

ENCADRÉ 11.4

Les formules servant à déterminer des montants de primes individuelles accordées en vertu d'un régime mixte de primes de rendement

La méthode matricielle. Cette méthode, qui est la plus utilisée, nécessite une détermination des pourcentages de la prime à payer, qui seront respectivement liés au rendement de l'employé et à celui de l'organisation. Ces pourcentages varient habituellement selon le niveau hiérarchique du poste de l'employé : plus le niveau hiérarchique est élevé, plus on considère que le rendement individuel a un impact sur le rendement de l'organisation et plus le pourcentage de la prime lié au rendement de l'organisation doit être élevé.

La méthode de partage égal (*split-award*). Cette méthode tient compte, à parts égales, du rendement de l'employé et de celui de l'organisation dans la détermination des primes. Des notes sont alors attribuées à ces deux rendements et leur moyenne sert de base à la détermination des primes. Supposons une prime de 15 % du salaire pour un rendement cible et un employé qui a un rendement exceptionnel, par exemple, une note de 150 par rapport à une note de 110 pour un rendement cible. Le rendement de l'organisation est établi à 111. La moyenne des rendements est alors de (150 + 110) / 2, soit 125. Ainsi, pour un salaire de 60 000 $, la prime pour un rendement cible est de 9 000 $ (15 % de 60 000 $). Dans la situation actuelle, la prime est de 125 % de 9 000 $, soit 11 250 $. Dans cette situation, l'effet d'un bon rendement individuel peut être éliminé par un mauvais rendement de l'organisation et vice versa, puisque l'un et l'autre ont la même importance.

La méthode des rendements multipliés (*multiplier method*). Cette méthode multiplie la note du rendement individuel par la note du rendement de l'organisation. Dans l'exemple précité, la prime serait de 150 × 110, c'est-à-dire 150 % de 9 000 $, soit 13 500 $. Cette méthode entraîne des primes plus élevées lorsque le rendement de l'employé et celui de l'organisation excèdent 110, et des primes moins élevées lorsque le niveau de rendement de l'employé ou celui de l'organisation (ou les deux) est inférieur à 111.

11.4 LES RÉGIMES COLLECTIFS DE RÉMUNÉRATION VARIABLE À LONG TERME

Les *régimes de rémunération variable à long terme* correspondent à une promesse de verser une somme d'argent, ou des droits de propriété, pour l'atteinte de certains résultats à long terme (généralement, trois ans et plus).

Ces résultats peuvent être simples, par exemple demeurer en poste pendant une certaine période, ou complexes, par exemple améliorer les bénéfices de la firme et la valeur de son action sur une période de temps déterminée. Cette section présente les différents types de régimes collectifs de rémunération variable à long terme et aborde leurs avantages respectifs.

11.4.1 Les types de régimes et leur fréquence

Comme nous l'avons mentionné au début du chapitre dans l'encadré 11.1 (p. 536), on peut classer les mesures incitatives à long terme en trois catégories : les *régimes basés sur le rendement boursier* (octroi ou achat d'actions, options d'achat d'actions), les *régimes basés sur le rendement comptable* (primes de rendement à long terme, droits à la plus-value des actions, actions simulées et unités de rendement) et les *régimes hybrides*, c'est-à-dire les régimes basés sur les rendements boursier et comptable. Dans le premier cas, les personnes admissibles au régime sont rémunérées selon la valeur des titres échangés sur le marché (cote boursière), dans le second cas, selon des mesures financières, alors que, dans le troisième cas, elles sont rémunérées selon la valeur du marché *et* les résultats financiers. Comme les régimes basés sur le rendement boursier sont plus courants, nous nous y attarderons davantage.

Auparavant, les mesures incitatives à long terme étaient utilisées pour les cadres supérieurs des entreprises. Déjà en 1902 et en 1920, les entreprises Du Pont et General Motors offraient des actions à leurs dirigeants, alors qu'en 1960, IBM rendait ses cadres supérieurs admissibles à des régimes d'options d'achat d'actions, d'octroi d'actions et de plus-value des actions (Liebtag, 1991). Ce qui est différent aujourd'hui, c'est la croissance de la fréquence d'implantation des mesures incitatives à long terme et leur importance relative dans la rémunération globale des dirigeants. En effet, l'empressement des entreprises à établir pour les cadres supérieurs un régime de rémunération à long terme basée sur le rendement de l'entreprise représente l'un des changements les plus importants qui soient survenus au cours des 20 dernières années, tant au Canada qu'aux États-Unis. Durant cette période, le pourcentage de la rémunération globale des cadres supérieurs qui dépend du rendement à long terme des entreprises s'est donc considérablement accru. Au Canada, vers le milieu des années 1990, environ 40 % des entreprises dont les titres sont négociés à la Bourse offraient des régimes de rémunération à long terme, et ce taux augmente à plus de 70 % parmi les entreprises dont le chiffre d'affaires dépasse le milliard de dollars (Rakatosoa, 1999). Aux États-Unis, la presque totalité des entreprises ont au moins un régime de rémunération à long terme, les grandes firmes en ayant même généralement trois (Hyman, 1991).

Quoique les régimes d'intéressement à long terme soient souvent réservés aux cadres supérieurs, une minorité croissante d'organisations étend leur participation à l'ensemble ou à une catégorie de leurs employés autre que les cadres supérieurs. Au Canada, une étude du Toronto Stock Exchange (1987) démontre que 23 % de ses membres avaient des régimes élargis d'octroi ou d'achat d'actions en 1986. Une autre étude, réalisée par le Conference Board of Canada (1999), corrobore ce résultat, puisque 24 % des firmes participantes ayant des actions négociées à la Bourse offrent une certaine forme de rémunération à long terme à leurs employés non cadres. Bien entendu l'on retrouve presque la totalité des régimes collectifs de participation à la propriété dans les entreprises dont les actions sont négociées à la Bourse. Dans une étude, Long (1992) constate qu'environ 4 % des organisations dont la propriété est privée ont un régime d'actionnariat élargi. Dans ce chapitre, afin de respecter le caractère collectif des régimes, nous insistons sur la description des régimes d'intéressement élargis ou non sélectifs. Les sections suivantes abordent les principaux régimes collectifs de rémunération variable à long terme. Comme ils sont plus courants, nous décrirons de manière plus détaillée les régimes basés sur le rendement boursier que les régimes basés sur le rendement comptable.

11.4.2 Les avantages des régimes collectifs de rémunération variable à long terme

Une revue de la documentation universitaire, professionnelle et d'affaires permet d'affirmer que les régimes de participation à la propriété peuvent offrir des avantages pour les employeurs et les employés. Pour les employeurs, la participation à la propriété peut avoir les avantages suivants :

- Elle peut *améliorer la performance à long terme des firmes* en incitant les employés à penser comme des propriétaires. D'ailleurs, les investisseurs exigent de plus en plus que la rémunération (notamment, celle des dirigeants) soit plus étroitement liée à la performance organisationnelle. Cet atout est important, puisque bon nombre de firmes doivent aujourd'hui surmonter les multiples effets négatifs résultant de la poursuite de la performance à court terme au détriment de la performance à long terme qui les caractérisait dans le passé (diminution des efforts de recherche et développement, baisse de la qualité des produits, réduction des investissements en équipements, manipulation des résultats comptables, etc.). On s'attend à ce qu'un meilleur équilibre entre la portion à *long terme* de la rémunération des cadres et la portion à *court terme*, constituée de leur salaire et de leurs primes à *court terme*, incite davantage les cadres et les employés à rechercher le succès à *long terme* de leur firme ;

– Elle peut *favoriser le recrutement et le maintien en emploi du personnel.* Les salaires et les primes à court terme ont une influence limitée sur le recrutement, le maintien et la motivation du personnel, étant donné que leur valeur est plafonnée, ce qui n'est pas le cas des mesures incitatives à long terme, notamment des options d'achat d'actions. Ces mesures à long terme, en raison de leurs avantages fiscaux (paiements d'impôts réduits ou reportés) ou encore du symbole qu'elles représentent, peuvent constituer un bon outil de recrutement et de maintien en emploi du personnel. Par exemple, un régime d'options d'achat d'actions serait avantageux sur le plan fiscal, car le personnel n'est pas imposé au moment de l'octroi de l'option, mais plutôt sur le gain réalisé lors de sa levée. La valeur potentielle importante des options, doublée d'un tel avantage fiscal, représente un atout pour motiver le personnel à entrer au service d'une firme, à y demeurer et à y effectuer son travail le mieux possible. La perspective de faire de l'argent avec ces options – si les actions de l'entreprise commencent à se négocier sur le marché boursier ou si elles prennent beaucoup de valeur – peut contribuer à retenir les employés dans l'entreprise. De plus, puisque le versement lié aux mesures incitatives à long terme est fait après plusieurs années et à certaines conditions, le personnel doit demeurer au service de la firme pour réaliser un gain. On parle alors de « menottes dorées » (*golden handcuffs*) ;
– Elle peut *réduire les écarts de rémunération entre les salariés et les dirigeants d'une firme*. Selon Reinglod (1997), pour certaines firmes, l'implantation de régimes non sélectifs de participation à la propriété est une manière de réduire l'iniquité apparente entre la rémunération élevée des dirigeants, les énormes gains réalisés par les actionnaires et la faible augmentation des salaires et des avantages sociaux attribués aux employés au cours des dernières années ;
– Elle peut *permettre de rémunérer le personnel sans qu'il y ait débours et sans que cela réduise les bénéfices*. Pour les firmes qui ont peu d'argent ou qui doivent l'investir en immobilisation ou dans d'autres secteurs, les régimes de participation à la propriété ne nécessitent pas de débours. C'est le cas, par exemple, des petites entreprises dont les activités s'exercent dans le domaine de la haute technologie. De plus, dans certains cas, par exemple celui de Canadian Airline, un tel régime est adopté pour compenser des réductions de salaire, et dans d'autres cas, il peut même constituer le dernier recours pour sauver une entreprise de la faillite.

Pour les firmes, un régime d'options d'achat d'actions serait également avantageux sur le plan comptable, puisque l'octroi et la levée des options n'influent pas sur les bénéfices présentés dans leurs états financiers (comme c'est le cas des salaires et des primes).

11.5 LES RÉGIMES DE RÉMUNÉRATION BASÉE SUR LE RENDEMENT BOURSIER DE L'ORGANISATION

11.5.1 Les régimes d'achat d'actions

En vertu des régimes d'achat d'actions (*stock purchase plan*), les participants ont la possibilité d'acheter, à des conditions avantageuses, un certain nombre d'actions de l'entreprise au cours d'une courte période (de un à deux mois) à un certain prix (fixe ou variable), ou encore selon un mode de paiement particulier (fixe ou variable). Ces actions peuvent être de nouvelles actions (du Trésor) de l'entreprise ou des actions du marché. Dans ce cas, l'achat se fait par l'entremise d'une société fiduciaire.

Ces régimes peuvent prendre différentes formes. Une firme peut, par exemple, offrir à ses employés la possibilité d'acheter des actions de l'entreprise pour une valeur allant jusqu'à 6 % de son salaire, après un an de service. Pour chaque action achetée, l'entreprise fournira entre 25 % et 85 % du prix d'achat des actions selon les bénéfices de la firme. Dans d'autres situations, ce pourcentage est indépendant des bénéfices : il s'agit alors de programmes d'épargne pour les employés.

> Entre le 1er avril et le 1er mai, chaque cadre d'une entreprise peut se procurer, pour une valeur allant jusqu'à 25 % de son salaire, des actions de l'entreprise au prix de la Bourse de Toronto moins 10 %, lors de la fermeture, le jour précédant l'achat d'actions. Pour ce faire, les cadres peuvent bénéficier d'un prêt de l'entreprise pour une valeur égale à 75 % de l'achat, à un taux d'intérêt de 5 %. Le prêt est remboursable par la voie de prélèvements sur le salaire pendant une période de cinq ans, par exemple. Les actions sont gardées en fiducie par l'entreprise pendant une période minimum d'un an avant d'être rendues au titulaire.

Aux États-Unis, l'émergence de la participation à la propriété pour l'ensemble du personnel est plus marquée. Une étude de la National Association of Stock Plan Professionals (Sussman, 1997), menée auprès de 380 firmes ayant de 110 à 110 000 employés, démontre que plus de 55 % d'entre elles (la moitié étant situées sur la côte ouest) ont un certain type de plan d'achat d'actions élargi ou non sélectif.

En 1995, une enquête du Conference Board of Canada (Isaac, 1995) démontrait qu'environ 54 % des firmes canadiennes dont les actions sont négociées à la Bourse avaient un régime d'achat d'actions et que plus de

80 % de ces régimes étaient des régimes élargis (*broad-based plans*). Contrairement aux années antérieures, la plupart des régimes d'achat d'actions s'adressent à la majorité des employés. Comme ce type de régime permet à l'entreprise de rémunérer ses employés sans débours d'argent, il a pu sauver plusieurs firmes de la faillite. Par exemple, le régime d'achat d'actions d'une scierie située dans la communauté de Meadow Lake, au nord-ouest de la Saskatchewan, Norsask Forest Products Inc. (Dale, 1997), a pratiquement sauvé l'usine d'une fermeture certaine et a sensiblement contribué à son impressionnante performance financière. Par ailleurs, la transaction d'Acier Algoma, de Sault-Sainte-Marie, a marqué les relations patronales-syndicales au Canada (Développement des ressources humaines Canada, 1998). En 1991, alors que l'action de la firme valait près de 2 $ et que la société accusait une perte de 800 millions, la Dofasco, le nouveau propriétaire de l'entreprise, annonçait qu'elle quittait l'usine. Les 6 000 travailleurs représentés par les Métallurgistes unis ont négocié l'obtention d'une garantie d'emprunt de 111 millions auprès du gouvernement et acquis le contrôle de 60 % de la société. À la suite d'une restructuration de l'usine et d'une reprise du marché de l'acier, la valeur de l'action atteignait 16,50 $ en 1994.

Toutefois, on trouve aussi ce type de régime dans des entreprises qui ne sont pas en difficulté financière. Québec-Téléphone, par exemple, offre depuis plus de 20 ans à l'ensemble de ses employés la possibilité d'acheter un certain nombre d'actions ordinaires de l'entreprise à des conditions avantageuses. Chaque programme d'achat d'actions de Québec-Téléphone a une durée de deux ans qui se décompose en quatre périodes d'achat distinctes et permet à l'employé de devenir propriétaire d'une partie (un quart) des actions auxquelles il a souscrit (Laprise, 1993).

Une enquête menée auprès de 47 dirigeants d'entreprises canadiennes ayant un régime d'achat d'actions non sélectif (Long, 1991) démontre que la proportion des actions détenues par les employés varie entre moins de 1 % (six firmes) à plus de 100 % (trois firmes), avec une médiane égale à 6 %. Dans une proportion semblable, les régimes offrent des actions avec escompte (allant jusqu'à 50 %) ou sans escompte, c'est-à-dire au prix du marché.

En plus de favoriser la participation à la propriété, ce régime permet à l'employé de bénéficier de dividendes, de possibilités de gains en capital et, conséquemment, d'un traitement fiscal avantageux. Au Canada, l'impôt sur les gains en capital fait en sorte que, depuis 1991, 75 % de la valeur des gains sont imposés au taux marginal de la personne. Par contre, un tel régime nécessite un débours de la part de l'employé et comporte toujours un risque de perte pour lui. L'entreprise doit donc veiller à ne pas forcer son personnel à acheter trop d'actions de l'entreprise, pour éviter de mettre en péril la sécurité financière des employés.

11.5.2 Les régimes d'octroi d'actions

Un régime d'octroi d'actions (*restricted stock awards*) donne des actions ou les accorde à un prix inférieur à leur valeur sur le marché boursier. Dans la plupart des cas, les personnes ne peuvent vendre les actions ainsi acquises pendant une période déterminée (habituellement quatre ou cinq ans), mais elles peuvent recevoir des dividendes et exercer leur droit de vote à partir du moment de l'octroi des actions. Grâce à ces régimes, l'employeur accorde à ses employés – habituellement à ses cadres supérieurs – un certain nombre d'actions de l'entreprise. Ces régimes ne sont pratiquement jamais offerts à l'ensemble du personnel. Tout en alignant les intérêts des personnes visées sur ceux des actionnaires, ces types de régimes encouragent les bénéficiaires à demeurer au sein de l'entreprise. De plus, ils peuvent encourager certaines personnes à entrer au service d'une entreprise en compensant la perte de certains avantages, par exemple les avantages liés à la retraite.

11.5.3 Les régimes d'options d'achat d'actions[2]

Les options d'achat d'actions comme mode de rémunération réservé aux cadres supérieurs

Les années 1950 et 1960, caractérisées par la croissance économique et la performance des marchés boursiers, ont amené les firmes nord-américaines à implanter un type particulier de régime de rémunération à long terme, les *régimes d'options d'achat d'actions* (ROAA). Un régime d'options d'achat d'actions accorde à des personnes le droit (l'option) d'acheter des actions de leur firme à un prix fixé d'avance (le « prix de levée ») durant une période de temps déterminée (généralement de 5 à 10 ans). La récompense potentielle des détenteurs d'une option correspond alors à la différence entre la valeur des actions sur le marché boursier au moment où ils décident de lever leur option et le prix de levée de leur option. Afin de mieux comprendre le fonctionnement de ce type de régime, voir les sections A et B de la figure 11.1, qui présentent et comparent la position respective de deux cadres détenteurs d'options d'achat d'actions.

2. Cette section s'appuie sur deux articles de St-Onge et autres (1996, 1999).

Figure 11.1
Le fonctionnement d'un régime d'options d'achat d'actions

A

RELEVÉ
OCTROI D'OPTIONS D'ACHAT D'ACTIONS
AEROTRANSPORT INC.

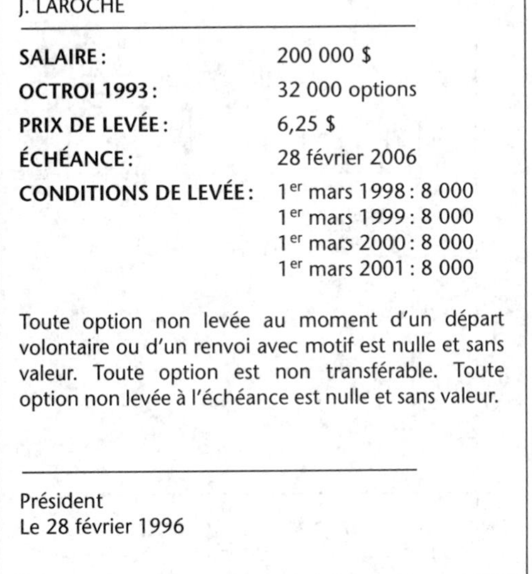

J. LAROCHE

SALAIRE :	200 000 $
OCTROI 1993 :	32 000 options
PRIX DE LEVÉE :	6,25 $
ÉCHÉANCE :	28 février 2006
CONDITIONS DE LEVÉE :	1er mars 1998 : 8 000 1er mars 1999 : 8 000 1er mars 2000 : 8 000 1er mars 2001 : 8 000

Toute option non levée au moment d'un départ volontaire ou d'un renvoi avec motif est nulle et sans valeur. Toute option est non transférable. Toute option non levée à l'échéance est nulle et sans valeur.

Président
Le 28 février 1996

AEROTRANSPORT INC.
ÉVOLUTION DU COURS DU TITRE

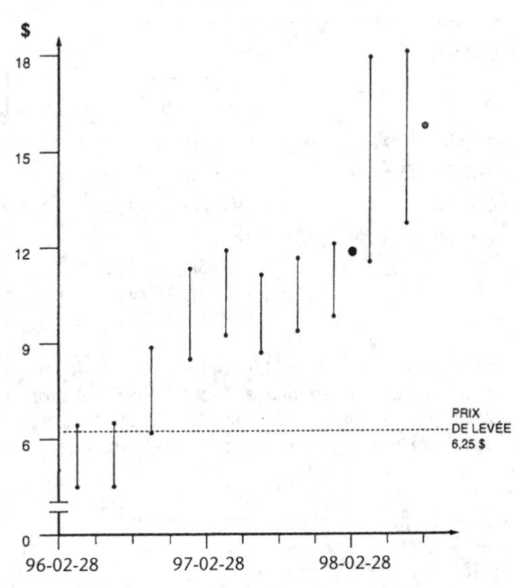

La section A présente un relevé d'octroi d'options d'achat d'actions accordé le 28 février 1996 à J. Laroche, cadre supérieur chez AeroTransport inc. À droite de ce relevé, un graphique illustre les fluctuations du cours boursier du titre de cette entreprise. M. Laroche ne peut lever son option qu'au terme d'une période d'acquisition de deux ans et, par la suite, seulement par tranche, soit 25 % ou 8 000 actions par année. Le nombre total d'actions pouvant être achetées à la levée de l'option (32 000) est approximativement égal à son salaire (200 000 $) divisé par le prix de levée (6,25 $ par action). Jusqu'au 1er mars 1998, l'option octroyée à M. Laroche ne peut être levée. À cette date, il a pu lever jusqu'au quart de son option et ainsi acheter un nombre d'actions d'AeroTransport inc. pouvant s'élever à 8 000 au prix déterminé au moment de l'octroi (6,25 $). M. Laroche aurait alors pu garder ses actions ou les revendre immédiatement au prix du marché (12 $) et ainsi encaisser un gain de 46 000 $ [(12 $ – 6,25 $) × 8 000]. Toutefois, à la levée de l'option, son gain de 46 000 $ – qu'il soit encaissé ou non – aurait dû être ajouté à son revenu imposable. Par ailleurs, si M. Laroche avait prévu le potentiel de croissance du titre, il aurait pu décider de ne pas lever son option afin de bénéficier de la plus-value des actions sans courir les risques liés à la détention d'actions. Dans le cas d'AeroTransport inc., la levée de l'option le 1er mars 1998 se serait révélée un mauvais choix, car le titre a grimpé à 16 $ par la suite. Quant à la portion de l'option détenue par M. Laroche lui permettant d'acquérir 24 000 actions, elle n'est pas acquise et ne peut, par conséquent, être levée immédiatement. Toutefois, au cours du titre au 1er mars 1998 (12 $ l'action), l'option comporte déjà un gain potentiel de 138 000 $ [24 000 actions × (12,00 $ – 6,25 $)] qui ne pourra être réalisé que si M. Laroche demeure au service d'AeroTransport inc. La « valeur » de l'option pour le dirigeant diffère du gain potentiel, dans la mesure où elle ne peut être levée immédiatement et où le cours du titre peut fluctuer dans l'avenir (d'autres variables, suggérées par différents modèles théoriques tels que le modèle d'évaluation des options Black-Scholes (Hemmer, 1993) entrent aussi en considération. Néanmoins, on comprendra que M. Laroche sera fort hésitant à quitter son employeur pour un compétiteur sans montant compensatoire.

→

FIGURE 11.1

Le fonctionnement d'un régime d'options d'achat d'actions (*suite*)

B

RELEVÉ
OCTROI D'OPTIONS D'ACHAT D'ACTIONS
SERVICE PUBLIC INC.

H. SMITH

SALAIRE :	200 000 $
OCTROI 1993 :	4 800 options
PRIX DE LEVÉE :	43,00 $
ÉCHÉANCE :	28 février 2006
CONDITIONS DE LEVÉE :	1er mars 1997 : 8 000 1er mars 1998 : 8 000 1er mars 1999 : 8 000 1er mars 2000 : 8 000

Toute option non levée au moment d'un départ volontaire ou d'un renvoi avec motif est nulle et sans valeur. Toute option est non transférable. Toute option non levée à l'échéance est nulle et sans valeur.

Président
Le 28 février 1996

SERVICE PUBLIC INC.
ÉVOLUTION DU COURS DU TITRE

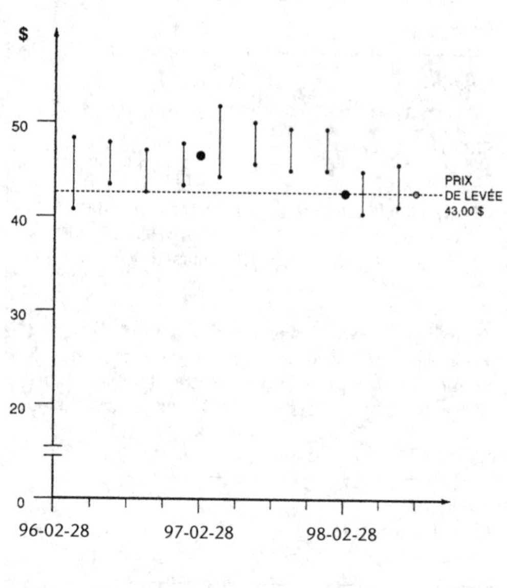

La section B présente, à gauche, un relevé d'octroi d'options d'achat d'action accordé le 28 février 1996 à H. Smith, cadre supérieur de Service Public inc. et à droite, un graphique illustrant les fluctuations du cours boursier de l'action de cette entreprise. À partir de mars 1997, M. Smith a pu lever chaque année un certain pourcentage (25 %) de ses actions. Le nombre total d'actions pouvant être acheté à la levée de l'option (4 800) est approximativement égal à son salaire (200 000 $) divisé par le prix de levée de son option (43 $). Les fluctuations du cours boursier indiquent que le titre de Service Public inc. n'est pas très volatil – son cours ayant fluctué entre 40 $ et 51 $ depuis le 28 février 1996 – comparé à celui d'AeroTransport inc., qui a permis aux détenteurs d'options de cette firme de réaliser des gains importants (de 4 $ à 18,50 $). Les gains que peut réaliser et encaisser M. Smith avec son option sont peu importants par rapport à son salaire et on peut penser que leur effet « menottes dorées » est peu élevé. Ainsi, en présumant que M. Smith n'ait pas levé la portion acquise de son option le 1er mars 1997, le gain qu'il peut encaisser le 1er mars 1998 est de 0 $, le prix de levée étant égal au cours du titre. La valeur du gain potentiel sur la portion non acquise de l'option est également de 0 $: ce n'est sûrement pas cela qui retiendra M. Smith dans son emploi actuel si un autre employeur lui fait une offre d'emploi !

En Amérique du Nord, le régime d'options d'achat d'actions est le plus répandu des régimes d'intéressement à long terme. Au Canada, 94 % des 300 sociétés les plus importantes en matière de capitalisation boursière (TSE 300) offrent des options à leurs dirigeants, et les octrois d'options représentaient environ 33 % de la rémunération totale moyenne des dirigeants des sociétés constituant l'indice boursier TSE 150, soit un montant estimé à 600 000 $ (Craighead et autres, 1998). Aux États-Unis, une enquête de KPMG révèle que tous les dirigeants participent à un régime à long terme, qui est un régime d'options d'achat d'actions dans plus de 85 % des cas, et qu'en moyenne, la valeur des octrois d'options d'achat d'actions représente de 110 % à 300 % du salaire annuel des dirigeants (Chingos et Engel, 1998). Ces options sont généralement offertes selon le niveau hiérarchique du poste dans l'entreprise. Ainsi, pour les PDG, l'allocation annuelle peut se situer entre 110 % et 150 % de leur salaire. Pour leurs collaborateurs immédiats, ce pourcentage s'établit autour de 50 % à 60 %. On étend parfois le régime à un troisième niveau de gestion, dans lequel les allocations annuelles peuvent varier de 30 % à 35 % du salaire de ces personnes. Les entreprises veulent généralement faire en sorte que leur PDG possède des actions dont la valeur totale égale de 7 à 11 fois leur salaire annuel. Pour leurs collaborateurs immédiats, la valeur totale souhaitée est de trois à six fois leur salaire.

Comparativement aux autres régimes de participation à la propriété, les options d'achat d'actions réduiraient au minimum le risque que court le personnel, puisqu'elles ne peuvent pas valoir moins que 0 $, et maximiseraient leur potentiel de gain, étant donné que leur valeur n'est pas plafonnée. La pire situation serait celle où la valeur de l'action diminuerait ou demeurerait la même. Dans ces cas, les détenteurs d'options ne feraient aucun gain, mais ne subiraient pas de perte réelle. En d'autres mots, si le titre ne s'apprécie pas, la « souffrance » des détenteurs d'options correspond à un manque à gagner, leur revenu se limitant alors aux autres composantes de leur rémunération globale.

Au Canada, le gouvernement fédéral offre, depuis le 15 février 1994, une déduction fiscale de 25 % sur les profits que les dirigeants d'entreprise encaissent sur les ventes d'actions obtenues par le biais d'un régime d'options d'achat d'actions. Ainsi, dès 1995, au Canada, les dirigeants d'entreprise ont réclamé une déduction globale de 195 millions pour des profits réalisés en 1994 sur les levées d'options (Girard, 1997).

Malgré leur popularité, les régimes d'options d'achat d'actions font l'objet de plusieurs critiques. Selon la théorie *prospective* de prise de décision (Kahneman et Tversky, 1979), dans un contexte où des gains sont sûrs, les personnes ont une aversion pour le risque. Ainsi, selon la valeur de l'action de la firme et le prix de levée de son option, un cadre réagirait de façon différente au risque. Lorsque le cours de l'action est inférieur au prix de levée de l'option (*under-water*), les cadres seraient portés à prendre des décisions risquées, puisqu'ils n'ont plus rien à perdre. Par contre, lorsque le cours de l'action est supérieur au prix de levée (*in-the-money*), les cadres auraient tendance à prendre des décisions prudentes ou modérées, car la probabilité de réaliser un gain est très élevée. Ainsi, comme les actions prennent généralement de la valeur avec le temps, les options constituent souvent une source de gain sûr qui susciterait une aversion indue pour le risque, pouvant empêcher les cadres de prendre des décisions bénéfiques aux actionnaires.

De plus, un régime d'options d'achat d'actions ne ferait pas vraiment « marcher » le personnel dans les chaussures des actionnaires, puisque les options ne coûtent rien aux cadres alors que les actionnaires achètent leurs actions. Les détenteurs d'options ne subissent pas de perte réelle – comme les actionnaires – lorsque les actions baissent, et la majorité des détenteurs revendent leurs actions immédiatement après avoir levé leur option. Le risque « limité » associé aux options – aucune perte financière réelle liée à la baisse de la valeur des actions ni aucune somme d'argent investie – nuit à l'efficacité de ce mode de rémunération. Pour plusieurs observateurs, les régimes d'*achat* d'actions auraient plus d'effet positif sur la motivation des cadres et des employés, étant donné que la détention d'*actions* suppose la crainte d'une perte financière et l'espoir d'un gain substantiel. À l'opposé, les détenteurs d'*options* n'assument aucun risque et peuvent *jouer* sans danger dans l'univers périlleux que constitue le marché boursier, alors que les investisseurs sont motivés par la crainte de perdre et l'espoir de gagner. De fait, les détenteurs n'acquièrent un capital de risque et ne deviennent de véritables actionnaires qu'au moment où ils lèvent leur option et achètent des actions. Or, l'expérience démontre que la plupart des détenteurs d'options revendent leurs actions immédiatement après avoir levé leur option.

Par ailleurs, la manière de gérer un régime d'options d'achat d'actions contribuerait souvent à réduire le lien entre la performance des firmes et la rémunération. Par exemple, lorsque le prix des actions se trouve en dessous du prix de levée (*under-water*), certaines firmes annulent les octrois d'options antérieurs et fixent un nouveau prix de levée égal au cours actuel de l'action. On parle ici d'un *échange d'options* (*swap*). Cette pratique irait à l'encontre d'un rapprochement des intérêts des détenteurs et des actionnaires, puisqu'elle attribue aux premiers une somme d'argent alors que les seconds doivent essuyer une perte. Toutefois, malgré quelques cas importants cités par la presse, cette pratique semble peu répandue. En outre, comme les conseils d'administration doivent divulguer et expliquer dans la circulaire d'information de leur firme (*proxy statement*) la politique de rémunération des dirigeants, ils sont réticents à approuver les échanges (*swap*) d'options. Plusieurs entreprises offrent aussi aux cadres la possibilité de *recharger* leurs options (*reload option*). Le *rechargement d'options* offre aux cadres – qui lèvent une option *et* qui conservent les actions ainsi achetées durant une période de temps minimum – une option additionnelle leur accordant le droit d'acheter le même nombre d'actions. Quoique cette option additionnelle incite les détenteurs d'options à l'actionnariat, son octroi n'a rien à voir avec la performance des firmes. Une autre pratique de gestion peut consister à garantir aux détenteurs le meilleur prix possible pour leur option : s'ils ne lèvent pas leur option au moment où le cours de l'action est à son plus haut niveau pendant la période de levée de son option, la firme leur rembourse le manque à gagner. Dans le même ordre d'idées, la non-comptabilisation des options dans les charges d'exploitation des firmes peut amener à considérer les options comme « gratuites » et à les gérer de manière irrationnelle, ce qui réduit du coup le lien « performance organisationnelle – rémunération ».

L'émergence des régimes élargis d'options d'achat d'actions

Tel que nous l'avons mentionné précédemment, les entreprises qui offrent un régime d'options d'achat d'actions à l'ensemble de leurs employés (ROAA non sélectifs) sont encore très rares. Toutefois, il semble que les régimes d'options d'achat d'actions soient de plus en plus souvent offerts aux employés qui ne sont pas membres de la direction, notamment dans les entreprises de haute technologie. Au Canada, quelques entreprises, par exemple, Softimage, dans l'industrie de l'informatique, et Bristol-Myers Squibb, dans l'industrie pharmaceutique, offrent des options d'achat d'actions à tous leurs employés. Le cas du début de ce chapitre (« Le programme Actions-groupe de Bristol-Myers Squibb inc. ») présente le régime de cette entreprise. Selon une enquête du Conference Board of Canada (1999), 10 % des firmes dont les actions sont négociées à la Bourse offrent des options d'achat d'actions à tous leurs employés.

Aux États-Unis, on estime qu'environ 2 000 firmes ont suivi des entreprises pionnières comme Du Pont et Pepsico pour offrir des régimes d'options d'achat d'actions élargis (Capell, 1996). Parmi ces firmes, plusieurs petites entreprises du secteur de la haute technologie – notamment celles qui sont situées dans Silicon Valley – offrent des options à l'ensemble de leur personnel parce qu'elles ne sont pas en mesure de leur verser des salaires concurrentiels. Une autre enquête estime que plus de cinq millions de personnes travailleraient pour des firmes qui rendent une majorité de leurs employés admissibles à un régime d'options d'achat d'actions (NCEO, 1997).

En 1996, une enquête (Todd et Bierwirth, 1997) menée auprès de 24 grandes organisations américaines ayant un régime d'options d'achat d'actions non réservé à la direction démontrait que 40 % d'entre elles offrent ce régime à tous leurs employés (c'est-à-dire à plus de 90 % de leur personnel). Par ailleurs, 54 % des firmes sondées rendent leurs employés payés à taux horaire admissibles au régime d'options d'achat d'actions et 25 % l'offrent à leurs employés syndiqués. Cette étude démontre que :

- plus de 65 % des firmes octroient des options sur une base régulière et presque automatique aux employés alors que les autres font des octrois de matière *ad hoc* ou sélective selon le rendement, ce qui fait en sorte que seulement 30 % des employés admissibles reçoivent des options ;
- 85 % des firmes octroient des options en fonction du salaire des employés et un tiers d'entre elles tiennent également compte du rendement ;
- 70 % des firmes procèdent à des octrois sur une base annuelle, 13 % en attribuent sur une base bisannuelle et les autres, sur une base irrégulière (*one-time grants*) ;
- 54 % des firmes octroient une option sur un nombre prédéterminé d'actions pour les employés d'une même classe d'emplois, quelle que soit la performance boursière ;
- 80 % des firmes déterminent la valeur de l'option selon le salaire des employés alors que les autres accordent des options de même valeur à tous les employés ;
- presque toutes les firmes imposent des conditions aux employés, de manière qu'ils ne puissent exercer leur option avant un certain temps et selon une certaine fréquence (*vesting*) ;
- 88 % des firmes offrent des options sur une période de 11 ans (*option terms*) ;
- presque tous les répondants disent que les détenteurs vendent leurs actions aussitôt après avoir exercé leur option (la plupart des employés peuvent effectuer la transaction sans avoir à débourser de l'argent).

Une autre enquête américaine, menée par le National Center for Employee Ownership (Weeden, 1998) auprès de 34 entreprises ayant un régime d'options d'achat d'actions élargi, fait ressortir les tendances suivantes :

- Le régime couvre au moins 50 % des employés ;
- La plupart des régimes rendent tous les employés admissibles aux options ;
- Les options sont octroyées à la valeur de l'action sur le marché le jour de l'octroi ;
- La période d'acquisition (*vesting*) varie de trois à cinq ans avec un mode graduel d'acquisition dans le temps ;
- La durée de l'option est de 11 ans et elle est conditionnelle au fait que l'employé demeure au service de l'organisation ;
- Les octrois sont accordés annuellement selon la classe d'emplois ou le salaire des employés, ou encore les octrois sont fonction du rendement individuel ;
- Il n'y a pas d'obligation de conserver les actions une fois que l'option est levée ;

– Les employés ont le choix d'exercer leur option en une journée sans débourser d'argent, ou d'exercer leurs options et d'acheter leurs actions.

11.6 LES RÉGIMES DE RÉMUNÉRATION BASÉE SUR LE RENDEMENT COMPTABLE À LONG TERME

En dehors des régimes de rémunération basée sur le rendement boursier, les entreprises peuvent aussi adopter des régimes basés sur la performance comptable à long terme. Ce type de régime peut prendre diverses formes, dont les plus courantes sont les actions simulées, les unités de rendement, les régimes de plus-value des actions et les régimes de primes de rendement à long terme. Remarquons toutefois que ces types de régimes de rémunération sont presque tous réservés aux cadres supérieurs des entreprises. Compte tenu de leur caractère d'exclusivité et de leur moins grande popularité, cette section se limitera à distinguer brièvement ces régimes.

11.6.1 Les régimes de plus-value des actions

Les régimes de droit à la plus-value des actions (*stock appreciation rights*) accordent la possibilité (le droit) d'encaisser la différence entre la valeur des actions sur le marché boursier et un prix fixé à l'avance pour une période de temps déterminée. Ce prix est égal au cours de l'action au moment de l'octroi du droit à la plus-value. La personne admissible à ce régime n'a pas à acheter des actions afin d'encaisser son gain, comme c'est le cas dans les régimes d'options d'achat d'actions. En somme, ces régimes sont semblables aux régimes d'options d'achat d'actions, à la différence près que l'employé n'a pas à débourser d'argent pour obtenir des actions et bénéficier de la plus-value d'actions au cours d'une période établie. À la fin de la période, il reçoit une somme équivalant à la plus-value des actions sur le marché pour le nombre d'actions que l'entreprise lui a accordé, somme qui sera imposée à 100 %.

11.6.2 Les régimes d'actions simulées

Un régime d'actions simulées (*phantom stock*) permet de participer à l'appréciation de la valeur comptable ou boursière d'une firme sans que celle-ci émette des actions. Dans ce régime, l'employeur accorde à l'employé un nombre d'unités d'une valeur généralement équivalente à celle d'un même nombre d'actions ordinaires de l'entreprise. Au cours de la période visée par l'entente, l'employé reçoit (ou l'on crédite à son compte) une somme égale à tout dividende payé sur les actions ordinaires. De plus, à certaines dates précises ou à la fin de la période déterminée, l'employé a droit à toute appréciation de la valeur de ses unités depuis l'entrée en vigueur du régime. Les sommes versées sont imposables à titre de revenu d'emploi. Contrairement aux options d'achat d'actions, il n'y a pas de période minimum de retenue obligatoire pour l'employé. De plus, celui-ci n'a pas à débourser d'argent. Pour l'actionnaire, il n'y a pas de dilution du capital et les sommes versées en vertu du régime sont déductibles d'impôt.

11.6.3 Les régimes d'unités de rendement

Un régime d'unités de rendement (*performance units*) permet de recevoir des « unités » selon l'atteinte d'objectifs de performance financière préétablis pour une période donnée (généralement de trois à cinq ans). La valeur de l'unité est fixée d'avance ou égale à la valeur de l'action de la firme sur le marché boursier (dans ce cas, on parle de *performance share units*). En définitive, l'employeur promet à un employé de lui verser une somme équivalant à la valeur des unités de rendement accordées si certains objectifs sont atteints à la fin d'une période déterminée, habituellement trois ou cinq ans. Par exemple, la valeur de 1 000 unités de rendement dont chacune équivaut à 60 $ sera versée à l'employé dans trois ans si l'entreprise réussit à maintenir un taux de croissance des revenus par action de 15 %. Si le taux de croissance est de 14 %, 90 % du montant prévu sera versé ; s'il est de 13 %, 80 % de ce montant sera versé, etc. S'il est de 11 % ou moins, aucune somme ne sera versée. Parfois, au lieu de verser à l'employé une somme d'argent, l'employeur promet de lui attribuer un certain nombre d'actions de l'entreprise. Il s'agit alors d'un régime d'actions de rendement plutôt que d'unités de rendement.

L'avantage de ce régime est qu'il permet d'établir un lien direct entre les sommes versées et l'atteinte de certains objectifs qui dépendent davantage du travail des gestionnaires. Ce type de régime présente donc un avantage sur le régime d'options d'achat d'actions ou d'actions simulées, dans lequel la valeur des actions est influencée par de nombreux facteurs nullement liés au rendement des gestionnaires. De plus, un régime d'unités de rendement permet d'établir des niveaux prévisibles de reconnaissance du mérite, par opposition aux régimes soumis aux fluctuations du marché boursier.

11.6.4 Les régimes de primes de rendement à long terme

À l'exception des régimes d'unités de rendement, tous les régimes mentionnés jusqu'à maintenant reposent – directement ou indirectement (ou de manière réelle ou fictive) – sur la valeur des actions sur le marché et s'adressent essentiellement aux entreprises dont les actions sont négociées à la Bourse. Quoiqu'il soit toujours possible d'utiliser la valeur aux livres des actions d'une entreprise, cette évaluation soulève de nombreux problèmes. Ainsi, pour les entreprises dont les valeurs ne sont pas négociées à la Bourse et pour toutes les organisations à caractère public, le seul type de régime qui permette de reconnaître le rendement à long terme est un régime de primes de rendement à long terme. Ce régime convient également à toutes les entreprises qui désirent établir une certaine concordance entre les primes à verser et la valeur des actions sur le marché.

Mis à part la période considérée, ce régime fonctionne de la même façon qu'un régime de primes à court terme. Cependant, la question de la mesure du rendement de l'organisation présente certaines particularités. En plus de vérifier la cohérence entre les projections financières à long terme (habituellement de trois ans) et les objectifs de rendement prévus, il convient de s'assurer que l'atteinte des objectifs générera un rendement acceptable pour les actionnaires (s'il y a lieu). De plus, dans le cas où la mesure du rendement ne tient pas compte du rendement d'autres entreprises, il importe à tout le moins que les objectifs de rendement prennent en considération ceux des compétiteurs comparables sur le marché. Il faut aussi revoir périodiquement ces objectifs de rendement, de manière à tenir compte des conditions changeantes de l'environnement économique. Une multitude de changements peuvent en effet nécessiter l'ajustement des objectifs de rendement : un changement dans le coût de l'équité de l'entreprise dû à un changement dans les taux d'intérêt, un changement majeur touchant toute l'industrie dans laquelle se trouve l'entreprise (p. ex. : une modification substantielle du prix du pétrole ou des matières premières), un changement dans la politique de dividendes, dans la structure de capital de l'entreprise, dans les méthodes comptables, dans les calculs des impôts, etc. De telles modifications peuvent influer sur les objectifs dans les deux sens, soit à la hausse, soit à la baisse. Il est alors important de s'assurer de l'efficacité continue du régime en protégeant son effet d'intéressement et en évitant que les personnes visées ne bénéficient d'avantages attribuables à des éléments échappant à leur contrôle.

La mesure du rendement à long terme d'une entreprise évolue avec les instruments d'analyse financière. Au cours des années 1960, la mesure du rendement était surtout basée sur la valeur des actions ; au cours des années 1970, les entreprises ont commencé à utiliser les bénéfices par action dans leur plan d'affaires, et ainsi, ce critère a été utilisé comme mesure de rendement. Au cours des années 1980, après qu'une relation a été établie entre le rendement de l'investissement et la valeur des actions des entreprises, celles-ci ont commencé à recourir à ce critère comme mesure de rendement. À la fin des années 1980, comme le critère du rendement de l'investissement faisait l'objet de certaines critiques, on a suggéré d'utiliser une mesure tenant compte du coût du capital (*economic value added*). Dans un avenir prochain, il sera probablement question d'autres mesures de rendement. En somme, dans ce domaine comme dans d'autres, aucun critère ne peut englober l'ensemble du rendement d'une entreprise, car chacun comporte ses limites. Il faut alors se demander pourquoi l'entreprise veut rémunérer ses cadres à long terme et, par la suite, utiliser les critères correspondants comme mesure du rendement de l'entreprise.

Les régimes de primes à long terme sont généralement adoptés pour les dirigeants des entreprises, quoiqu'il y ait une tendance à étendre leur admissibilité à d'autres cadres. Une enquête américaine effectuée en 1994 auprès de firmes ayant de tels régimes (Peck, 1995) indique que 77 % d'entre elles les offrent aux cadres supérieurs sous le premier niveau hiérarchique, mais que seulement 2 % l'étendent aux cadres intermédiaires et seulement 1 %, à tous les cadres. La firme Levi-Strauss faisait donc figure d'exception en adoptant, en 1996, un régimes de primes de rendement à long terme pour l'ensemble de ses employés. Selon ce régime, si l'entreprise atteint une cible de marge brute de 7,6 milliards d'ici 2001, tous les employés vont recevoir une prime équivalente à un an de salaire, et si elle atteint une marge brute de cinq milliards, un paiement partiel sera accordé aux employés (Long, 1998).

11.7 LES RÉGIMES COLLECTIFS DE RÉMUNÉRATION VARIABLE : QUELQUES COMPARAISONS

Les sections précédentes ont décrit les principaux régimes collectifs de rémunération variable. En pratique, une organisation a le choix d'adopter divers régimes. Cette section vise à aider les organisations à effectuer ce choix en distinguant les caractéristiques, les atouts et les inconvénients de certains régimes de rémunération variable, ainsi que le contexte organisationnel approprié.

11.7.1 Les caractéristiques, les atouts et les inconvénients du régime de participation aux bénéfices, et le contexte organisationnel approprié

Si on le compare aux autres régimes collectifs de rémunération, le régime de participation aux bénéfices de l'organisation peut être distingué des différentes manières qui suivent.

Les caractéristiques du régime de participation aux bénéfices

Le régime de participation aux bénéfices :

- est plus connu et plus ancien ;
- a été élaboré par des spécialistes de l'économie et de la finance ;

- couvre généralement un grand nombre d'employés, c'est-à-dire les employés d'une organisation entière, lorsqu'il est non sélectif ;
- accorde des primes selon l'augmentation des bénéfices ;
- distribue généralement un montant forfaitaire une fois par année aux employés admissibles.

Les atouts du régime de participation aux bénéfices

Le régime de participation aux bénéfices :

- met l'accent sur l'amélioration de la productivité « totale », car il vise la réduction des coûts de la main-d'œuvre et des matières premières, de l'énergie, des capitaux, etc. ;
- verse des primes lorsque l'organisation peut se le permettre parce qu'elle fait des bénéfices ;
- a fait l'objet de plus d'études que le régime de partage des gains de productivité.

Les inconvénients du régime de participation aux bénéfices

Dans un régime de participation aux bénéfices :

- les employés perçoivent peu de liens entre leurs efforts et les bénéfices de la firme (*line of sight*) : les bénéfices sont influencés par une multitude de facteurs sur lesquels les employés ont peu de contrôle ;
- le calcul des primes, la communication et la gestion du régime sont généralement moins complexes que dans le régime de partage des gains ;
- les dirigeants risquent d'être tentés de verser des primes en sabrant dans les dépenses nécessaires à la croissance ou à la survie de l'organisation (les immobilisations, l'investissement en recherche et développement).

Le contexte organisationnel approprié au régime de participation aux bénéfices

Un régime de participation aux bénéfices :

- ne peut pas être implanté dans les entreprises qui ne font pas de bénéfices (entreprises du secteur public et à but non lucratif) ;
- convient à des entreprises du secteur privé de différentes tailles et de différents secteurs industriels ;
- peut être implanté dans une nouvelle firme ou dans une nouvelle unité administrative (*green place*) ;
- ne requiert pas une culture de gestion participative ;

– peut prendre en considération les bénéfices de divers niveaux : unité, division ou organisation entière.

Une étude démontre que les professionnels en ressources humaines préfèrent la participation aux bénéfices au partage des gains de productivité et à l'actionnariat comme moyen d'accroître la productivité et la loyauté des employés (Broderich et Mitchell, 1987). Après un examen des résultats de recherches portant sur l'efficacité de divers régimes collectifs, Weitzman et Kruse (1990) concluent que la participation aux bénéfices a un plus grand effet positif sur la performance organisationnelle que la participation à la propriété (ou l'actionnariat). Une enquête de Hewitt & Associés (1996) montre que les régimes de participation aux bénéfices à versements immédiats constituent la composante la plus stable de la rémunération variable, 34 % des régimes adoptés par les employeurs participants existant depuis plus de cinq ans. Ces régimes sont privilégiés par les employeurs qui visent (1) à communiquer les objectifs d'affaires à leurs employés, (2) à informer ces derniers au sujet des opérations de l'entreprise et (3) à augmenter les revenus ou les ventes. Paradoxalement, il semble que la communication joue un rôle restreint dans la gestion des régimes de participation aux bénéfices, car 37 % des entreprises qui offrent ces régimes ne communiquent pas les objectifs financiers à leurs employés, bien que la rentabilité constitue le principal critère de rendement.

11.7.2 Les caractéristiques, les atouts et les inconvénients du régime de partage des gains de productivité, et le contexte organisationnel approprié

Si on le compare aux autres régimes collectifs de rémunération, le régime de partage des gains de productivité peut se distinguer de différentes manières.

Les caractéristiques du régime de partage des gains de productivité

Le régime de partage des gains de productivité :

- est assez récent, comparativement aux régimes de participation aux bénéfices, puisqu'il est apparu dans les années 1930 ;
- a été élaboré par des spécialistes en sociotechnologie et a surtout pris de l'essor avec le mouvement de qualité de la vie au travail dans les années 1970 au Canada ;
- distribue une prime équivalant à un certain pourcentage du salaire de base ;
- verse les primes plusieurs fois pendant l'année (sur une base trimestrielle, mensuelle ou hebdomadaire).

Les atouts du régime de partage des gains de productivité

Le régime de partage des gains de productivité :

- oriente les efforts des employés sur la productivité, une mesure qu'ils contrôlent davantage que les bénéfices ;
- s'autofinance, puisque les gains de productivité sont distribués ;
- obtient davantage la faveur des syndicats que le régime de participation aux bénéfices. Des enquêtes récentes indiquent que le partage des gains de productivité est plus fréquent, ou du moins aussi fréquent, dans les firmes syndiquées (Eaton et Voos, 1992 ; Globerson et Parsons, 1988 ; Kaufman, 1992).

Les inconvénients du régime de partage des gains de productivité

Le régime de partage des gains de productivité :

- nécessite du courage et de la foi de la part de la direction, car il est possible qu'elle doive verser des primes d'amélioration de productivité alors que les bénéfices de l'entreprise sont minimes. Une augmentation de la productivité ou une réduction des coûts peut ne pas avoir d'effet sur les bénéfices de l'entreprise parce que d'autres facteurs ont eu un impact négatif important sur ces bénéfices. De plus, il est possible que la direction doive verser des primes aux employés même si l'amélioration de la productivité est due à des facteurs dont ils ne sont pas responsables, comme l'amélioration ou les changements technologiques ;
- entraîne de la réticence lorsque la norme de production doit être révisée ;
- a fait l'objet de moins d'études que le régime de participation aux bénéfices. On connaît plus de cas d'entreprises à ce sujet que de recherche documentée.

Le contexte organisationnel approprié au régime de partage des gains de productivité

Le régime de partage des gains de productivité :

- nécessite une implantation dans une unité où l'on a compilé des données sur la productivité durant environ cinq ans, de manière à pouvoir établir un standard de productivité ;
- se retrouve surtout dans les entreprises manufacturières ;
- peut être implanté dans le secteur public ou dans les organismes sans but lucratif, puisqu'on peut y calculer des gains de productivité ;

- couvre généralement un petit nombre d'employés, c'est-à-dire ceux qui travaillent dans une seule unité d'affaires ;
- s'adresse surtout aux employés de production.

11.7.3 Les caractéristiques, les atouts et les inconvénients du régime de partage du succès, et le contexte organisationnel approprié

Si on le compare aux autres régimes collectifs de rémunération, le régime de partage du succès peut se distinguer de différentes manières.

Les caractéristiques du régime de partage du succès

Le régime de partage du succès :

- est très récent et il gagne en popularité ;
- fixe des objectifs précis d'amélioration du rendement à l'intérieur d'une période déterminée, généralement une année ;
- accorde une prime, généralement sur une base annuelle, qui est liée à l'atteinte des objectifs.

Les avantages du régime de partage du succès

Un régime de partage du succès :

- fixe des objectifs liés à la stratégie d'affaires et aux facteurs de succès de l'organisation ;
- s'appuie sur des objectifs sur lesquels les employés ont un contrôle ;
- s'appuie sur un mode de gestion par objectifs cohérent par rapport à l'idée d'amélioration continue ;
- est plus simple et plus souple à gérer que le partage des gains de productivité (pas de standards de production).

Les inconvénients du régime de partage du succès

Dans un régime de partage du succès :

- l'établissement des objectifs peut paraître arbitraire aux yeux des intervenants (niveau de difficulté ou d'exigence, montants des primes liés à l'atteinte des objectifs, etc.) ;
- la révision des objectifs entraîne de la réticence ;
- la communication relative au régime et aux objectifs est importante.

Le contexte organisationnel approprié au régime de partage du succès

Un régime de partage du succès :

- s'implante dans une grande variété de contextes (secteurs privé, public, sans but lucratif, manufacturier, de services, etc.) ;
- peut s'adresser à un grand nombre de catégories d'employés (de bureau, de production, cadres, etc.) ;
- n'exige pas une culture de gestion participative.

11.7.4 Les caractéristiques, les atouts et les inconvénients du régime de participation à la propriété, et le contexte organisationnel approprié

Si on le compare aux régimes collectifs à court terme, le régime de participation à la propriété « élargi » ou « non sélectif » peut se distinguer de diverses manières.

Les caractéristiques du régime de participation à la propriété

Le régime de participation à la propriété :

- représente davantage un régime d'*intéressement* (loyauté) à l'entreprise qu'un régime d'*incitation* (motivation) à l'adoption de comportements précis ;
- attribue des actions plutôt que de l'argent comme forme de reconnaissance.

Les atouts du régime de participation à la propriété

Un régime de participation à la propriété :

- permet de reconnaître le rendement sans investissement d'argent ou sans réduction des bénéfices ;
- aide à attirer et à retenir un personnel compétent lorsque l'entreprise ne peut concurrencer d'autres firmes dans d'autres composantes de la rémunération (salaire, primes, etc.) ;
- peut constituer une source importante d'enrichissement et d'économie pour les employés. Par exemple, plus de 3 000 employés de Microsoft sont maintenant millionnaires à cause de ces régimes ;
- peut permettre à certaines entreprises d'éviter la faillite et de sauver des emplois.

Les inconvénients du régime de participation à la propriété

Un régime de participation à la propriété :

- est assez complexe à gérer, à faire connaître et à expliquer ;
- lie la rémunération des employés à la performance boursière de la firme, un indicateur sur lequel ils ont peu contrôle, surtout dans les entreprises où la performance est de nature cyclique ou tributaire du prix et de la disponibilité de matières premières ;
- peut être risqué pour les employés dans la mesure où ils sont pressés d'investir dans l'entreprise ;
- considère la fluctuation *absolue* des prix des actions plutôt que leur fluctuation *relative* en comparaison de concurrents ou ne lie pas directement la valeur des octrois d'options d'actions à la performance individuelle ou collective des employés ;
- peut nuire aux actionnaires parce qu'il entraîne une dilution des actions. En 1994, les Bourses de Montréal et de Toronto ont éliminé le plafond de 10 % des actions émises et en circulation qui peuvent être réservées aux régimes de participation à la propriété. Toutefois, la plupart des investisseurs institutionnels préfèrent encore que cette limite soit respectée ;
- augmente et rend plus difficile l'estimation de la rémunération *globale* du personnel. On critique, par exemple, le fait que la valeur réelle des options d'achat d'actions soit difficile à estimer, puisqu'elle n'est connue qu'à son expiration.

Le contexte organisationnel approprié au régime de participation à la propriété

Un régime de participation à la propriété :

- est implanté dans des entreprises cotées à la Bourse ;
- est davantage implanté dans le secteur primaire ou dans l'industrie de la haute technologie ;
- est plutôt de type sélectif, c'est-à-dire offert aux cadres supérieurs. Par ailleurs, certains régimes non sélectifs ou élargis sont actuellement émergents.

11.8 LES INCONVÉNIENTS POTENTIELS DES RÉGIMES COLLECTIFS DE RÉMUNÉRATION VARIABLE

Puisqu'on prête de nombreux avantages aux régimes collectifs de rémunération variable, pourquoi la majorité des dirigeants canadiens refusent-ils encore de les adopter pour la majeure partie de leur personnel ? Toute médaille a deux côtés : les régimes collectifs de rémunération ont aussi leurs limites. Curieusement, on semble douter de leurs avantages (voir la section 11.2) et même craindre qu'ils ne produisent des effets négatifs.

11.8.1 Les effets négatifs présumés des régimes collectifs de rémunération variable sur la performance organisationnelle

Les dirigeants d'entreprise hésiteraient à adopter un régime collectif de rémunération parce qu'ils ont peur qu'il ait un effet négatif sur les attitudes des employés. Par exemple, plusieurs craignent qu'au fil des ans, les récompenses attribuées (primes, actions, options d'achat d'actions, etc.) ne soient perçues par les employés comme un salaire déguisé, un avantage social supplémentaire ou un droit acquis sans rapport avec la performance de l'organisation. Ce risque serait plus élevé dans les organisations où la politique est d'offrir des salaires inférieurs à ceux du marché. Ainsi, selon l'enquête de Chelius et Smith (1990), plusieurs dirigeants estiment difficile de réduire les primes versées en vertu d'un régime de participation aux bénéfices non sélectif lors des mauvaises années, parce que cela nuit au moral du personnel. Une étude basée sur des entretiens téléphoniques auprès de 118 présidents d'entreprises canadiennes ayant implanté un régime de participation aux bénéfices non sélectif (Long, 1997) démontre que les deux inconvénients les plus cités à propos de ce régime sont le mécontentement des employés lorsque les bénéfices diminuent (17 % des répondants) et l'inquiétude que les employés en viennent à tenir leur prime pour acquise (12 % d'entre eux). En outre, un régime collectif de rémunération peut nuire à la réussite des entreprises dans la mesure où les dirigeants évitent d'y apporter des changements souhaitables par crainte des réactions des employés. En effet, la plupart des régimes collectifs sont fondés sur une formule de prime qui doit évoluer, mais qu'il est fastidieux de modifier parce que les employés se montrent sceptiques à l'égard de ces changements. Ainsi, l'idée que la rémunération variable permet de faire fluctuer la rémunération des employés en fonction des succès des entreprises peut relever davantage de la théorie que de la pratique.

Ce scepticisme en ce qui concerne les régimes collectifs de rémunération repose également sur le fait qu'il soit difficile pour les employés de percevoir des liens étroits entre leur rendement individuel, la performance de l'organisation (en matière de bénéfices, de gains de productivité et de capitalisation boursière) et leur rétribution. Les régimes collectifs reposent sur la prémisse que les employés, par leurs efforts collectifs, sont capables d'influer sur une mesure de performance de l'entreprise comme le bénéfice, la productivité, l'atteinte d'objectifs d'affaires ou la valeur des actions. Toutefois, plusieurs facteurs indépendants de la volonté des employés influent sur l'amélioration de ces indicateurs de performance organisationnelle, tels la situation économique, les coûts des matières premières, etc. Dans certaines situations, les régimes collectifs risqueraient même de frustrer les employés au lieu de les inciter au dépassement. Il en serait ainsi pour les employés dont le travail a relativement peu d'effet sur le succès de l'organisation, comme c'est le cas dans les firmes dont les affaires sont cycliques et fluctuent avec les pressions de la concurrence, ou encore dans celles qui utilisent de gros capitaux et n'ont aucun contrôle sur les coûts des matières premières.

Par ailleurs, certaines organisations ne peuvent pas accorder une rétribution d'un montant important ou suffisant pour motiver les employés. On pense aux organisations dont la marge financière est restreinte en raison de l'importance de leur effectif, aux firmes dont les frais variables sont élevés par rapport aux frais fixes ou encore à celles dont les résultats étaient déjà très bons avant l'adoption d'un tel régime.

11.8.2 Les effets négatifs présumés des régimes collectifs de rémunération variable sur le climat organisationnel

On peut également résister à l'implantation d'un régime collectif de rémunération en raison du caractère *peu sécurisant* et *imprévisible des rétributions* : comme leur valeur est censée varier selon la performance de l'organisation, les rétributions seront inexistantes ou réduites lors des périodes difficiles. Cette imprévisibilité des primes suppose évidemment un certain risque pour les employés à faible salaire et contribuerait à expliquer l'opposition des syndicats à l'implantation de régimes collectifs de rémunération variable.

Il existe également un risque que ces régimes accroissent les *conflits* au sein de l'entreprise. Ainsi, une définition trop large ou trop étroite des paramètres du régime (formule de prime, critères d'admissibilité, etc.) ou de la manière dont les primes doivent être calculées et partagées peut susciter des plaintes et des récriminations. Tous les indicateurs de performance organisationnels sont imparfaits, difficiles à définir et à calculer, et le choix retenu peut paraître suspect aux yeux des employés. Par ailleurs, une rétribution équitable selon la direction peut être considérée comme inéquitable par les employés. On pense, par exemple, au cas où le montant de la prime est le même pour tous les employés participants ou pour tous les membres d'une division administrative. Pareille situation peut sembler injuste aux yeux des employés les plus performants ou de ceux qui travaillent dans les unités administratives qui contribuent davantage à la réussite de l'organisation. Certains auteurs soulignent le problème potentiel des employés paresseux (*free riders* ou *social loafing*), c'est-à-dire de ceux qui réduisent leur effort personnel au travail parce qu'ils estiment que cela ne modifie pas la récompense collective et qu'ils savent qu'ils vont profiter des efforts de leurs collègues (Albanese et Van Fleet, 1985 ; Earley, 1989).

On pense également aux régimes qui sont administrés de telle sorte que le fossé s'élargit entre les cadres et les employés plutôt que de se réduire. Ce peut être le cas lorsque les dirigeants se réservent le privilège d'accorder ou non des primes à la fin de l'année, en l'absence de critères explicites préétablis, ce qui rappelle aux employés qu'ils dépendent de la générosité de la direction. Ce peut également être le cas lorsque les primes sont calculées au prorata des salaires de base, les dirigeants recevant nettement plus que les employés. Selon l'enquête de Poole et Jenkins (1988), les employés considèrent que les cadres et les dirigeants de l'organisation retirent plus d'avantages qu'eux-mêmes d'un régime de participation aux bénéfices.

Par ailleurs, le mode et les conditions de versement de certains régimes collectifs incitent peu les employés à se surpasser. Certaines organisations accordent les primes versées en vertu d'un régime collectif à court terme (p. ex. : RPB, RPGP) sous forme d'actions plutôt que de sommes d'argent (on parle alors d'une forme d'actionnariat) ; d'autres incitent leurs employés à acheter des actions de l'entreprise avec le montant des primes qu'ils reçoivent ; d'autres encore exigent que les employés consacrent une portion de leur salaire à l'achat d'actions de l'entreprise pour avoir droit à la prime de partage des bénéfices. De tels régimes de partage des bénéfices, des gains de productivité ou du succès ont plutôt pour effet d'inciter les employés à épargner, à conserver leur emploi ou à prendre des risques en mettant trop d'œufs dans le panier de leur employeur !

Comparativement aux régimes de rémunération du rendement individuel, les régimes collectifs de rémunération variable réduisent le lien entre l'effort individuel et l'atteinte du rendement attendu (profits, gains de productivité, valeur des actions, etc.), qui constitue un préalable de la motivation à améliorer son rendement.

Par ailleurs, plus la gamme de régimes dont bénéficie le personnel est étendue, plus il devient difficile d'estimer et de gérer la rémunération *totale* (ou globale), puisqu'elle est répartie en une multitude de composantes de plus en plus complexes et difficiles à expliquer. Entre autres conséquences, cette complexité croissante peut permettre de camoufler des hausses de rémunération – notamment, la rémunération à long terme (surtout les ROAA), qui peut être considérée comme particulièrement avantageuse, puisqu'elle est plus difficile à divulguer, plus facile à dissimuler et plus ardue à comprendre et à évaluer financièrement en raison du caractère abstrait de sa valeur (la valeur future d'une action) et des nombreuses conditions souvent liées à son versement. Aux États-Unis, ces arguments deviennent d'autant plus importants que, depuis 1992, la Securities Exchange Commission (SEC) permet aux actionnaires des firmes de proposer et de voter une limite aux salaires versés aux dirigeants d'entreprise. L'attribution de récompenses à long terme devient dès lors un moyen plus discret d'accroître la rémunération globale des cadres supérieurs.

11.8.3 La possibilité d'accroissement du chômage et des coûts de main-d'œuvre

D'une part, les syndicats ont toujours résisté à l'adoption de régimes collectifs de rémunération, entre autres parce qu'ils craignent que l'augmentation de la productivité entraîne des licenciements de personnel. D'autre part, les dirigeants d'entreprise redoutent que les récompenses attribuées en vertu de ces régimes (primes, actions, etc.) ne constituent qu'une dépense supplémentaire qui s'ajoute aux salaires sans rapporter de bénéfices.

11.9 L'EFFICACITÉ DES RÉGIMES COLLECTIFS DE RÉMUNÉRATION

Nous avons vu les caractéristiques, les avantages et les inconvénients de différents régimes collectifs, ainsi que les contextes les plus appropriés à leur implantation. Dans cette partie, nous traiterons d'abord des recherches portant sur l'efficacité des régimes collectifs à court terme, puis de celles portant sur l'efficacité des régimes collectifs à long terme.

11.9.1 L'efficacité des régimes collectifs de rémunération à court terme

Bien que certains régimes collectifs (notamment les RPB) soient implantés depuis longtemps et que cette forme de rémunération soit de plus en plus courante, les recherches portant sur l'efficacité de cette dernière se révèlent peu nombreuses. Comme ils sont implantés depuis plus longtemps et de manière plus étendue, les régimes de participation aux bénéfices ont fait l'objet d'un plus grand nombre d'études (voir les revues de Cable et Wilson, 1990 ; Jones et autres, 1997 ; Kruse, 1993 ; Poole et Jenkins, 1991 ; St-Onge, 1994 ; Weitzman et Kruse, 1990) que les régimes de partage des gains de productivité (voir les revues de Belcher, 1991 ; Graham-Moore et Ross, 1991 ; Gowen, 1990 ; Welbourne et Gomez-Mejia, 1995).

Certains chercheurs ont étudié les effets *perçus* de ces régimes en interrogeant les employés, les supérieurs hiérarchiques et les dirigeants au moyen de questionnaires ou d'entrevues. Par exemple, l'étude de Long (1997) démontre que la plupart des 118 présidents d'entreprises canadiennes ayant un régime de participation aux bénéfices non sélectif estiment que leur régime a *largement* ou *complètement* atteint ses objectifs. D'autres chercheurs ont étudié les effets *réels* des régimes sur des indicateurs dits « objectifs » des comportements des employés (taux d'absentéisme, taux de roulement, etc.) ou de la performance des organisations (valeur ou taux de croissance des ventes, des revenus, des actions, de divers ratios comptables, etc.). Par exemple, une étude menée par Magnan et autres (1997) auprès de 294 caisses populaires du Québec (174 n'ayant pas de régime d'intéressement et 120 en ayant un pour au moins une catégorie de leur personnel) confirme l'efficacité des régimes de participation aux bénéfices : (1) les caisses ayant un régime de participation aux bénéfices ont une meilleure performance financière que celles qui n'en ont pas et (2) l'adoption d'un tel régime amène une amélioration – faible, mais significative – de la performance des caisses populaires.

Certaines études confirment que les régimes collectifs à court terme ont un effet positif sur divers indicateurs d'efficacité organisationnelle ainsi que sur les attitudes et les comportements des employés (voir le tableau 11.1, p. 584). Par ailleurs, les chercheurs qui se sont penchés sur l'efficacité du partage des gains de productivité dans la fonction publique ont également abouti à des résultats positifs (Bowie-McCoy et autres, 1993 ; Dulworth et Usilaner, 1987 ; Naff et Pomerleau, 1988).

Toutefois, tel que nous le mentionnons dans l'encadré 11.5 (p. 585), la confirmation de l'efficacité des régimes de rémunération variable doit être interprétée avec réserve en raison des limites méthodologiques des études, de la possibilité de partialité des chercheurs, du peu de preuves quant au lien de causalité « régime de rémunération – effets positifs » et de l'incohérence des résultats de certaines études. Par ailleurs, le fait qu'elles arrivent en général à la même conclusion – en adoptant des approches méthodologiques différentes comportant des contraintes différentes – peut être, jusqu'à un certain point, considéré comme un indicateur de fiabilité.

11.9.2 L'efficacité des régimes de rémunération variable à long terme

Récemment, certains chercheurs ont commencé à étudier l'efficacité des régimes d'intéressement à long terme en analysant leurs effets sur des indicateurs comme les montants des investissements à long terme, la volatilité du cours boursier, la valeur des actions et la valeur des titres de dettes (Aboody, 1996 ; Borokhovich et autres, 1997 ; Brickley et autres, 1985 ; Dechow et Sloan, 1991 ; Defusco et autres, 1990 ; Gaver et autres, 1992 ; Hall et Liebman, 1998 ; Hemmer et autres, 1996 ; Huddart et Lang, 1996 ; Jensen et Murphy, 1990 ; John et John, 1993 ; Lambert et autres, 1991 ; Rakotosoa, 1999 ; St-Onge et autres, 1999 ; Yermack, 1995, 1997). Les résultats plutôt positifs de ces études doivent être considérés avec prudence, puisque les raisons données dans l'encadré 11.5 s'appliquent encore. Ainsi, il est difficile d'établir un lien de causalité entre l'adoption d'un régime de participation à la propriété et tout indicateur de la performance ultérieure des firmes (p. ex. : investissement à long terme, valeur des actions). En effet, la performance des firmes peut

TABLEAU 11.1

Les effets des régimes collectifs de rémunération à court terme sur la performance organisationnelle des firmes et sur les attitudes et les comportements des employés

Performance organisationnelle	**Exemples d'études portant sur le sujet**
Réduction des licenciements ou des variations dans l'emploi	RPB : Chelius et Smith (1990) ; Gerhart et Trevor (1996) ; Kruse (1991)
Augmentation de la productivité ou réduction des coûts de main-d'œuvre	RPGP : Petty et autres (1992) ; Wallace (1990) ; RPB : Cable et Wilson (1990)
Amélioration de la qualité des produits	RPGP : Doherty et autres (1989) ; Hatcher et Ross (1986)
Amélioration de la performance	RPB : Magnan et autres (1997) ; Long (1997)
Amélioration de la valeur des actions	Tous les régimes : Welbourne et Andrews (1996) ; RPB : Long (1997)
Amélioration du taux de survie des firmes	Welbourne et Andrews (1996)
Amélioration des capacités de recrutement	RPB : Long (1997)
Attitudes et comportements du personnel	
Amélioration de la loyauté, de l'engagement, de la satisfaction, de la motivation, des efforts et de l'intérêt au travail	RPB : Florkowski et Schuster (1992) ; Long (1997)
Réduction de l'absentéisme	RPB : Wilson et autres (1990)
Réduction du roulement	RPGP : Doherty et autres (1989)
Réduction du nombre de griefs	RPGP : Hatcher et Ross (1991)
Amélioration des communications	RPGP : Hanlon et Taylor (1991)
Amélioration de la coopération et des relations de travail	RPB : Long (1997)

RPB : régimes de participation aux bénéfices.

RPGP : régimes de partage des gains de productivité.

ENCADRÉ 11.5

Quatre raisons d'être prudent au sujet des études portant sur l'efficacité des régimes de rémunération variable

1. Limites méthodologiques des études

Études portant sur les effets perçus des régimes de rémunération variable

- On ne tient pas compte du caractère sélectif ou non sélectif des régimes (c'est-à-dire s'ils sont offerts aux dirigeants ou à l'ensemble du personnel).
- La mesure des attitudes est souvent indirecte : ce sont des cadres qui transmettent le jugement de leurs employés sur le régime.
- Les résultats s'appuient sur des analyses comparant la distribution des réponses sans test statistique.
- Les perceptions des participants avant et après l'adoption du régime ne sont pas comparées.
- Les personnes qui acceptent de répondre à une enquête volontaire sont généralement les plus favorables à la question.
- Les dirigeants ayant implanté un tel régime tendent à le juger favorablement (tendances à la rationalisation).
- Les résultats sont influencés par la présentation du questionnaire.

Études portant sur les effets réels des régimes de rémunération variable

- On ne tient pas compte du caractère sélectif ou non sélectif des régimes.
- Les résultats des organisations qui ont un régime ne sont pas comparés avec les résultats de celles qui n'ont pas de régime ou, s'il y a comparaison, la différence n'est pas testée statistiquement.
- L'échantillon des organisations participantes n'est pas représentatif.
- Les effets d'autres variables (industrie, âge des régimes, etc.) pouvant influer sur les résultats ne sont pas contrôlés.
- L'efficacité à long terme des régimes n'est pas considérée.
- Les résultats avant et après l'adoption des régimes ne sont pas comparés.
- Les résultats ne sont pas comparés avec ceux d'un groupe de contrôle composé d'organisations sans régime.

2. La possibilité de partialité des chercheurs

Les chercheurs sont généralement des universitaires ou des consultants participant à l'implantation des régimes, ou des personnes travaillant pour un organisme dont la mission est de promouvoir leur adoption. Ils croient donc aux vertus de ces régimes et, dans plusieurs cas, ont intérêt à ce que leur étude confirme leurs croyances. Il est alors difficile d'évaluer l'objectivité de leurs résultats. En outre, les chercheurs sont généralement des psychologues ou des spécialistes en comportement organisationnel qui, quoique compétents pour évaluer l'effet des régimes sur les attitudes et les comportements, le sont probablement moins pour mesurer leurs effets sur la performance financière des organisations.

3. L'absence de certitude sur le lien de causalité

Une corrélation positive entre la présence de régimes collectifs et diverses mesures de performance n'explique en rien le sens de la causalité. Est-ce que les organisations réussissent mieux parce qu'elles ont un régime ? Est-ce que celles qui adoptent un régime réussiraient aussi bien sans régime ? Par exemple, les entreprises ayant un régime de rémunération variable peuvent avoir une meilleure performance financière parce que leurs employés sont moins susceptibles de résister aux changements technologiques.

4. Les résultats qui ne confirment pas l'efficacité des régimes de rémunération variable ont moins de chances d'être publiés

Il faut admettre que les critères des revues scientifiques font en sorte que les études dont les résultats confirment la présence d'une relation théorique *attendue* ont plus de chances d'être publiées que les autres. Par ailleurs, les résultats des études diffèrent sur l'*ampleur* du lien positif entre les régimes de participation aux bénéfices et la productivité : ce lien est étroit ou très faible. Certaines études révèlent même que les régimes de rémunération variable n'ont aucun effet significatif ou ont même un effet négatif sur divers indicateurs de rendement.

résulter de décisions prises par leurs dirigeants à la suite de l'adoption d'un régime, mais peut également découler d'un contexte socio-économique favorable prévu par les dirigeants, qui les aurait amenés à réclamer un tel mode de rémunération. On ne sait pas encore si c'est l'adoption d'un régime de rémunération à long terme qui influe sur les décisions du personnel de manière à augmenter le cours et la volatilité des titres boursiers, ou si c'est le personnel (notamment, les dirigeants) des firmes dont le cours de l'action est plus volatil – et qui prévoit des conditions économiques favorables – qui est plus enclin à vouloir être rémunéré par de tels régimes pour pouvoir s'enrichir.

À ce jour, peu d'études ont analysé l'efficacité des régimes non sélectifs de rémunération à long terme offerts à l'ensemble du personnel (voir la revue de Kruse et Blasi, 1997). Au Canada, les études sur des régimes non sélectifs de participation à la propriété sont rares, puisque le phénomène est nouveau. Les preuves proviennent plutôt des anecdotes émanant de certaines entreprises. Par exemple, Capell (1996) observe que la chaîne de restauration rapide Wendy's International a réduit le taux de roulement des gérants adjoints de 60 % à 38 % en les rendant admissibles à un régime d'options d'achat d'actions. Une enquête menée auprès de 47 dirigeants d'entreprises canadiennes ayant un régime d'achat d'actions non sélectif (Long, 1991) démontre qu'ils estiment que leur régime a plusieurs conséquences positives sur les résultats de leur entreprise et sur les attitudes et les comportements des employés. Au dire des participants, leur principale préoccupation liée à ce régime a trait à la répercussion d'une baisse du prix de l'action sur le moral et la motivation des employés. Aux États-Unis, l'efficacité des régimes non sélectifs de participation à la propriété a fait l'objet de quelques études et les résultats sont souvent moyennement positifs ou neutres, mais rarement négatifs (Blasi et autres, 1996 ; Atherton, 1997).

11.10 LES CONDITIONS DE SUCCÈS DE LA RÉMUNÉRATION DU RENDEMENT INDIVIDUEL OU COLLECTIF

Cette section et la suivante traitent des conditions de succès partagées par les régimes de rémunération variable individuels et collectifs. Il n'est pas vraiment important de se demander si ces régimes sont efficaces, puisque la réponse est : ça dépend ! Il faut plutôt poser les questions suivantes : Quels facteurs influent sur le succès à long terme de ces régimes ? Qu'est-ce qui les rend plus ou moins efficaces ou les fait percevoir comme plus ou moins efficaces ? Les conditions de succès de ces régimes peuvent être regroupées en grandes catégories selon qu'elles portent sur le type et les caractéristiques des régimes, sur la façon dont ils sont implantés et administrés, sur la synergie entre les modes de reconnaissance et les activités de gestion du personnel et sur le contexte organisationnel (voir l'encadré 11.6, p. 588).

11.10.1 Les types de régimes de rémunération variable et leurs caractéristiques

Comme nous l'avons mentionné dans ce chapitre et dans le chapitre 10, il existe différents régimes de rémunération variable. Une entreprise doit donc choisir le type de régime qui répond le mieux à ses besoins et à ceux de son personnel. Comme ces besoins évoluent avec le temps, un régime peut être abandonné et remplacé par un autre. Les modes de reconnaissance sont des outils de communication qui doivent véhiculer les messages qui aident l'entreprise à atteindre ses objectifs. Il ne faut donc pas imiter les autres organisations, mais se demander : Que voulons-nous reconnaître ? La créativité ? L'esprit d'équipe ? La compétitivité ? La croissance continue ? La productivité à court terme ? Cette réflexion, qui est essentielle, permet de déterminer les formes de reconnaissance les plus efficaces et de diminuer le risque de reconnaître des comportements négatifs et indésirables plutôt que les comportements que l'on souhaite encourager. Par ailleurs, l'efficacité des récompenses tangibles (prix, primes, augmentations de salaire ou abonnements) n'est pas proportionnelle à leur coût et lui est supérieure lorsque ces récompenses sont couplées à des formes de reconnaissance intangibles et moins dispendieuses, qui ne nécessitent aucun chambardement des politiques de l'organisation. Le tableau 11.2 (p. 589) présente une liste de critères importants dans le choix du type de régime de rémunération variable le plus approprié.

ENCADRÉ 11.6

Quelques conditions de succès des régimes de rémunération variable

Les formes de reconnaissance octroyées doivent :

- être appréciées par les employés et répondre à leurs besoins ;
- être accordées rapidement et fréquemment ;
- être d'une valeur proportionnelle aux réalisations ;
- être variées (prix, repas, diplômes honorifiques, primes, etc.) ;
- être attribuées de manière équitable, avec parcimonie, sincérité et respect ;
- être accordées pour des réalisations, c'est-à-dire des résultats ou des comportements ;
- être utilisées pour reconnaître divers types de rendement (individuel, d'équipe et collectif).

Dans la gestion d'un régime de rémunération variable :

- il faut communiquer les objectifs, les avantages et les critères du programme ;
- il faut récompenser les bons comportements ;
- il faut évaluer correctement la bonne mesure du rendement ;
- il faut faire participer les cadres et les employés à l'implantation du régime ;
- il faut lier la reconnaissance au rendement ;
- il faut lier les objectifs aux besoins particuliers de l'entreprise ;
- il faut pouvoir compter sur l'appui de la direction (aide, programme officiel, reconnaissance accordée par des dirigeants) ;
- il faut former les cadres et les inciter à reconnaître le rendement ;
- il faut donner de l'information aux employés ;
- il faut créer un climat de confiance entre les dirigeants, les cadres et les employés ;
- il faut bâtir un système de reconnaissance intégré et cohérent ;
- il faut revoir continuellement l'efficacité du système de rémunération variable.

L'efficacité des régimes de rémunération variable serait liée à leurs caractéristiques, telles que le nombre d'employés admissibles, le mode de distribution, la nature, la fréquence et la valeur des primes ou des autres récompenses, etc. Ainsi, il semblerait qu'en général, plus le nombre de participants est restreint, plus les régimes sont efficaces. Il serait également plus efficace d'accorder les primes selon les résultats des divisions plutôt que selon ceux de l'organisation entière, ou encore d'adopter des régimes mixtes, dans lesquels la valeur des primes tient compte des bénéfices de l'unité *et* du rendement individuel. La prémisse de ces recommandations est que plus la taille du groupe et le centre de profit sont restreints, plus il y a d'émulation entre les membres pour accroître les bénéfices et plus les membres du groupe sont susceptibles de percevoir un lien entre leur rendement individuel et leur récompense. L'étude de Welbourne et Cable (1993) a confirmé qu'un régime collectif de rémunération qui accorde des primes de valeur égale est davantage perçu comme un avantage social que les régimes de rémunération variable. La répercussion sur la motivation des employés est plus positive dans la mesure où les primes sont versées tout de suite après l'action ou l'atteinte des résultats.

TABLEAU 11.2

Incidences des caractéristiques organisationnelles sur certaines facettes des régimes de rémunération variable

Caractéristiques du travail	Incidences sur la rémunération variable
Interdépendance des emplois Autonomie des titulaires Capacité de reconnaître le rendement	Niveau de rendement reconnu (individu, groupe, organisation)
Variation dans le rendement	Montant des récompenses attribuées
Contrôle sur le rendement	Proportion de rémunération « fixe-variable » Niveau de rendement reconnu (individu, groupe, organisation)
Capacité de mesurer le rendement	Proportion de rémunération « fixe-variable »
Temps requis pour obtenir les résultats	Fréquence de l'attribution des récompenses
Nécessité de coopérer ou de concurrencer	Niveau de rendement récompensé (individu, groupe, organisation)
Culture organisationnelle	Niveau de rendement récompensé (individu, groupe, organisation)
Stabilité et régularité du rendement	Avances lors de mauvaises périodes
Importance du rendement pour la réussite de la firme	Potentiel (maximum) de récompenses

De plus, pour que les récompenses incitent les employés à l'excellence, elles doivent être assez importantes. La valeur des récompenses (p. ex.: les primes) doit être *suffisante* pour amener le personnel à faire plus, mais ne pas être *trop élevée*, ce qui mettrait en jeu des sommes trop importantes pour l'entreprise. En d'autres mots, elle devrait être suffisante pour motiver les employés sans trop assujettir leur rémunération à la fluctuation des résultats de l'entreprise. Au sujet des régimes de participation aux bénéfices, Tyson (1996) estime que les bénéfices doivent être suffisants pour offrir des primes annuelles équivalant à 3 % à 5 % du salaire de base des employés.

11.10.2 La gestion des régimes de rémunération variable

L'efficacité des régimes de rémunération variable serait aussi fonction de la qualité de leur *gestion*. Les conditions de succès les plus souvent associées aux régimes collectifs sont la qualité de la communication, de l'information, de la formation et de la participation du personnel. Cela implique la sensibilisation aux objectifs des régimes, la communication du mode de calcul des primes, s'il y a lieu, l'information sur les affaires de l'organisation, la constitution d'un comité responsable de l'administration du régime dont seraient membres certains employés, la sensibilisation au duo « résultats-récompenses », etc. Kanungo et Mendonca (1997) insistent sur l'importance de la qualité de la communication en matière de gestion de la rémunération et soulignent que c'est grâce à une bonne communication que les employés sont conscients de la valeur des récompenses en jeu (*saliency*).

Les résultats – bénéfices, productivité, valeur de l'action – ne surgissent pas spontanément : ils proviennent des efforts quotidiens de chaque employé ! Les employés devraient donc avoir une idée réaliste des résultats de l'entreprise et bien les comprendre. Pour qu'un régime collectif incite les employés à se surpasser, il doit leur apporter une réponse satisfaisante à deux préoccupations légitimes : Comment pouvons-nous améliorer les résultats de l'entreprise ? Qu'en retirerons-nous ? Le régime collectif peut constituer un important mécanisme permettant une correspondance entre les intérêts des employés et ceux de l'entreprise... si les employés perçoivent le régime comme juste. Et comme la justice est une question de perception, la communication devrait avoir un rôle à jouer en la matière !

Les modes de communication officiels (documents écrits, documents audiovisuels ou correspondance) sont importants, mais insuffisants sans l'apport des superviseurs, qui ont un contact quotidien et direct avec les employés. La crédibilité des régimes collectifs reposerait sur les épaules des cadres (bien plus que sur celles du Service des ressources humaines) et ils devraient donc être sensibilisés à la question et aptes à assumer cette responsabilité.

Le succès des régimes de rémunération variable tendrait aussi à être plus important en présence d'autres caractéristiques de gestion : implantation planifiée ou progressive (par exemple, si elle suit un programme de suggestions), cadres compétents et capables d'informer et de consulter leurs subordonnés sur la situation de l'entreprise, climat de confiance entre les cadres et les employés, style de gestion ouvert, conditions de travail (surtout pour les salaires et les avantages sociaux) équitables et compétitives, valeur relative des primes accordées aux différentes catégories d'employés (production, bureau, cadres, direction) perçue comme étant juste, règles du jeu (admissibilité, calcul des primes, etc.) connues, stables et simples et, enfin, absence de licenciements associés à l'adoption d'un régime. On ne parle pas ici d'une sécurité d'emploi absolue, mais d'une garantie, associée à certaines conditions, que les employés demeureront au service de l'entreprise. À quoi bon se surpasser si l'on finit par perdre son emploi ou par obtenir un salaire inférieur ? Par exemple, les résultats de l'étude de Florkowski et Schuster (1992) confirment que les perceptions des employés sur le caractère plus ou moins équitable de leurs conditions de travail ont un rôle important à jouer dans leur appui à un régime de participation aux bénéfices.

11.10.3 La synergie entre les modes de reconnaissance et la gestion des ressources humaines et des relations de travail

Un mode de reconnaissance, quelle que soit sa forme, n'est pas suffisant à lui seul pour modifier la culture d'entreprise et résoudre un grave problème de productivité. C'est un ensemble intégré de modes de reconnaissance (promotions, primes, formation, plus grande autonomie, communication, participation, etc.) qui pousse les employés à s'engager dans leur travail, à se surpasser et à s'intéresser à l'entreprise. Les dirigeants d'entreprise doivent donc considérer dans leur ensemble les diverses formes de récompenses attribuées dans leur entreprise et les gérer de façon intégrée et cohérente. Il est d'ailleurs préférable dans bien des cas d'implanter un ensemble de programmes de récompenses, de manière à contrebalancer les limites de chacun des régimes.

Par ailleurs, pour que les récompenses soient efficaces, il faut que les employés aient une certaine sécurité d'emploi et un salaire décent. À long terme, on ne peut s'attendre à ce que les employés se surpassent s'ils sont sous-payés ou s'ils vivent avec la peur constante de perdre leur emploi. Un régime collectif de rémunération, quel que soit son type, n'est pas une panacée convenant à toutes les entreprises ni un substitut à une structure salariale inadéquate. Il n'est pas non plus un substitut facile à un système de rémunération à la pièce ou basé sur des normes horaires, ni une excuse pour l'incompétence des dirigeants. De plus, aucun régime collectif de rémunération ne corrige les relations antagonistes entre la direction d'une entreprise et son syndicat ou son personnel.

11.10.4 Les caractéristiques de l'organisation

De façon générale, les régimes de participation aux bénéfices auraient plus de chances d'être efficaces s'ils étaient implantés au sein d'organisations dont la *situation financière* est saine et stable. Par exemple, une enquête de Long (1992) révèle que les dirigeants canadiens qui abandonnent un tel régime le font le plus souvent après une période sans profit qui, au mieux, rend un tel régime non pertinent et, au pire, en fait une cause de frustration.

Ces régimes pourraient également améliorer la productivité si la culture organisationnelle, fruit de l'histoire de l'organisation, était appropriée. Ils auraient également plus de chances d'être efficaces si les employés comprenaient les concepts financiers et économiques de l'entreprise et s'ils avaient l'occasion de participer – de façon officielle et officieuse – à ses décisions.

Ainsi, ces régimes pourraient être efficaces si les dirigeants les appuyaient concrètement, s'impliquaient dans leur gestion, consentaient à révéler leurs données financières, étaient réceptifs aux suggestions des employés et acceptaient d'abandonner leurs prérogatives traditionnelles pour établir une culture de « partenariat ». Des études confirment également que la répercussion des régimes collectifs de rémunération à court terme sur les attitudes et les comportements des employés se révèle plus grande s'ils sont gérés dans un contexte qui encourage la participation des employés (Welbourne et Gomez Mejia, 1995) et la communication (Hanlon et Taylor, 1991).

À notre connaissance, tous les auteurs qui ont effectué une revue de la documentation portant sur les différents régimes collectifs de rémunération variable s'accordent sur un point : pour que ces régimes se révèlent efficaces, ils doivent être appuyés par une culture organisationnelle de partenariat dans laquelle la communication avec les employés est prioritaire (Conte et Svejnar, 1990 ; Gowen, 1990 ; Pierce et autres, 1991 ; Poole et Jenkins, 1991 ; St-Onge, 1994 ; Weitzman et Kruze, 1990). En effet, de tels régimes requièrent des dirigeants d'entreprise un engagement financier, certes, mais également un changement d'attitude à l'égard de la relation cadres-employés, caractérisée par l'échange de renseignements et l'engagement des employés. Leur efficacité repose donc sur certaines conditions de travail comme la participation des employés aux décisions et leur autonomie. À eux seuls, les régimes de rémunération ne peuvent changer la culture organisationnelle et risquent d'être inutilement coûteux, voire de nuire à l'organisation, si les valeurs réelles des cadres et des dirigeants ne vont pas dans le même sens que le régime. Les employés ne sont pas dupes ; du moins ils ne le sont pas longtemps ! À voir la rapidité avec laquelle certaines organisations sont prêtes à revoir leur système de rémunération et leur peu d'empressement à réviser leurs autres modes de gestion, force est de constater que, pour plusieurs dirigeants et cadres, le plus pénible n'est pas de verser de l'argent, mais de devoir abandonner des privilèges, d'en partager d'autres ou encore d'en accorder de nouveaux.

Les résultats de l'étude longitudinale de Wilson (1995), menée auprès de 16 entreprises américaines ayant gagné la mention de qualité la plus distinctive, le Malcolm Baldridge National Quality Award (notamment AT&T Consumer Communications, IBM Rochester, GTE Directories Corp. et Eastman Chemical Co.) résument fort bien les propos précédents. Les dirigeants de ces entreprises font tous beaucoup d'efforts pour établir un lien étroit entre leurs objectifs d'affaires et leur système de rémunération. Tous ont mis au point leurs propres façons de reconnaître le travail de leurs employés afin de s'assurer qu'elles appuient leur culture, leurs valeurs et leurs objectifs d'affaires. Tous ont implanté des moyens variés de reconnaître les réalisations individuelles et collectives par des modes de récompenses, tant instantanées (*spot awards*) qu'annuelles. La plupart d'entre eux effectuent des enquêtes annuelles auprès de leurs employés pour évaluer l'efficacité de leurs régimes de récompenses et pour recueillir leurs suggestions. Plutôt que de tenter de s'accommoder de régimes de rémunération qui ne donnent plus les résultats escomptés ou de les rafistoler, ils préfèrent les remplacer par des régimes qui répondent mieux aux besoins actuels de leur entreprise et de leur personnel. Ces dirigeants prennent le temps de communiquer, d'expliquer et de justifier leur stratégie de reconnaissance et l'évolution des affaires de l'entreprise en recourant à divers moyens (vidéos, manuels, groupes de discussion, formation des cadres, journaux d'entreprise, tableaux d'affichage, etc.). Chaque programme de reconnaissance s'appuie sur des règles formelles ou écrites.

11.11 LES SYNDICATS ET LES NOUVELLES FORMES DE RÉMUNÉRATION

Tel que nous l'avons mentionné au chapitre 2, la gestion de la rémunération doit être cohérente par rapport au contexte d'une organisation. Un facteur important de contingence est la présence ou l'absence d'un syndicat. En effet, si le personnel est syndiqué, les dirigeants doivent réfléchir à la nature du régime collectif auquel le syndicat sera le plus favorable et aux conditions qu'il exigera. Dans un contexte syndiqué, il est davantage important de prendre en considération les besoins des employés dans la conception, l'implantation et la gestion du régime.

11.11.1 La fréquence des nouvelles formes de rémunération en milieux syndiqués

Au Québec, l'étude de 182 conventions collectives couvrant les années 1980 à 1992 (Ferland, 1996) démontre qu'au cours de cette période, les modes de rémunération négociés n'ont pas changé : ils font peu de place à l'individualisation des salaires, ils comportent rarement des composantes incitatives et ils rémunèrent surtout selon l'emploi plutôt que la personne, en s'appuyant sur un grand nombre de classes d'emplois. Le seul changement important observé au cours de cette période a trait à l'élargissement des échelles salariales (écart mini-maxi) et à l'adoption accrue de doubles structures salariales.

Au Canada, quoique la proportion de conventions collectives dans lesquelles on trouve un régime de participation aux bénéfices ait doublé entre 1987 et 1993, elle ne s'élevait qu'à 2 % en 1993 (Chawkowski et Lewis, 1995). À l'exception de celle de Long (1997), les enquêtes démontrent toutes que la présence d'un syndicat réduit significativement la probabilité d'avoir un tel régime (Betcherman et autres, 1994; McMullen et autres, 1993; Wagar et Long, 1995). Toutefois, comme l'a observé Long (1998), on ne sait pas si cette situation est due au fait que les syndicats résistent à ces régimes ou si elle résulte du fait que les employeurs des entreprises syndiquées ne veulent pas de ce type de régime. Selon Heneman et autres (1997), comparativement aux autres régimes collectifs (le partage des gains, le partage du succès, les régimes d'actionnariat), les syndicats se montrent plus sceptiques envers les régimes de participation aux bénéfices (1) parce qu'ils doutent de la manière dont la direction mesurera les bénéfices, (2) parce qu'ils doutent que les employés aient une influence sur les bénéfices supérieure à celle d'autres facteurs externes, (3) parce qu'un tel régime récompense aussi bien les cadres que les employés et (4) parce qu'ils craignent que la rémunération des employés ne devienne fonction des bénéfices de leur employeur.

Par ailleurs, l'impact de la syndicalisation sur l'efficacité des régimes collectifs de rémunération variable (notamment, le partage des gains) reste obscur (Cooke, 1992, 1994; Kaufman, 1992; Kim, 1996). Cette situation peut s'expliquer par le fait que les syndicats ne sont pas très portés à s'engager dans une relation de partenariat ou encore que les organisations syndiquées ont une culture de gestion autocratique qui ne sied pas avec ce type de régime. Kim et Voos (1997) ont trouvé que les régimes de partage des gains qu'on gère en faisant participer les syndicats sont perçus comme étant plus efficaces que ceux qu'on gère en milieu non syndiqué. Toutefois, lorsqu'ils sont gérés sans la participation des syndicats, les régimes sont perçus comme étant moins efficaces que ceux adoptés en milieu non syndiqué.

11.11.2 Les conditions qui favorisent l'acceptation des syndicats

À la suite d'une revue de la documentation portant sur le sujet, Heneman et autres (1997) constatent que pour qu'un régime collectif de rémunération variable soit accepté par un syndicat, les gestionnaires et les dirigeants d'une organisation doivent :

- être ouverts aux nouvelles formes de rémunération (p. ex. : les salaires basés sur les compétences) ;
- proposer le régime pour lutter contre la concurrence étrangère ou nationale plutôt que pour construire un avantage compétitif ;
- consentir à partager ouvertement avec le syndicat toute l'information liée à sa position concurrentielle ;
- consentir à réduire au minimum les jugements discrétionnaires des cadres à l'égard de l'évaluation du rendement individuel et de la détermination des récompenses en privilégiant des critères objectifs et équitables ;
- s'appuyer sur des standards de rendement basés sur ses résultats plutôt que sur les choix de la direction ;
- consentir à faire participer les représentants des employés à certains processus de prise de décision traditionnellement réservés aux cadres (p. ex. : la planification stratégique) ;
- bâtir un climat de confiance entre les dirigeants et les syndicats ;
- offrir des salaires et des modes de soumission de griefs équitables ;
- amasser des budgets importants pour les récompenses ;
- accorder une reconnaissance égale aux employés plutôt qu'une reconnaissance liée au rendement individuel.

RÉSUMÉ

La concurrence accrue et les progrès technologiques rapides forcent les dirigeants d'entreprise à opérer de multiples changements : la satisfaction des clients et la productivité deviennent des facteurs de réussite, le nombre d'employés et de niveaux hiérarchiques est réduit, des modes de gestion plus souples et plus participatifs sont adoptés, etc. Ce nouveau contexte exige souvent que les dirigeants revoient certains modes de gestion de la rémunération incitant les employés à adopter des attitudes et des comportements qui, s'ils ont bien servi l'entreprise dans le passé, nuisent dorénavant à son succès. Pour relever le défi que représente l'amélioration de la performance organisationnelle et de la mobilisation des employés, les dirigeants peuvent choisir parmi différents régimes collectifs à court terme ou à long terme. Ce chapitre a comparé les caractéristiques, les avantages, les limites, l'efficacité, les conditions de succès et le contexte organisationnel de ces régimes collectifs de rémunération.

Nous pouvons conclure que l'efficacité de tout régime collectif de rémunération variable se révèle être une question de foi, de volonté et de moyens (St-Onge, 1994).

L'efficacité des régimes collectifs est une question de *foi*. Comme nous l'avons expliqué, la confirmation de l'existence d'une relation positive entre différents régimes collectifs de rémunération et diverses mesures de performance doit être interprétée avec réserve, compte tenu du fait :

- que les études comportent des limites méthodologiques et une certaine partialité ;
- que leurs résultats divergent quant à l'*ampleur* du lien positif entre la présence ou l'adoption d'un régime collectif et la performance des organisations ;
- que certaines études ont permis de constater qu'un régime collectif de rémunération variable *peut* n'avoir aucun effet ou avoir une conséquence négative sur la performance des firmes.

Les cas publiés sur les régimes collectifs de rémunération rapportent beaucoup plus souvent les succès que les échecs, car les humains ont peu tendance à rendre publics leurs échecs. Toutefois, l'expérience démontre que ces régimes ont été abandonnés par plusieurs organisations. En réalité, rien n'assure les dirigeants qu'un régime collectif sera efficace. Leur meilleure garantie consiste à veiller à rassembler toutes les conditions de succès possible. Sur ce point, les conseils pullulent à un point tel que les dirigeants d'entreprise risquent de ne plus voir que certaines conditions de succès ont une importance relative, au risque d'oublier l'essentiel : une culture de participation, de communication et d'information. En somme, les régimes collectifs de rémunération demeurent un peu le symbole de la foi en une vision du monde des affaires fondée sur le postulat que la bonne fortune de l'entreprise dépend des employés et qu'elle doit être partagée avec eux. Comme les croyants qui n'ont pas la certitude que le ciel existe, mais s'efforcent de respecter les commandements de l'Église, les dirigeants qui adoptent un tel régime n'ont pas la certitude qu'il sera efficace, mais ils doivent s'efforcer d'en respecter les conditions de succès. Dans les deux cas, les personnes agissent avec foi sans avoir de preuve : les unes croient que le respect des commandements mène à un monde meilleur et les autres, que l'adoption d'un régime collectif et le respect de ses conditions de succès engendrent un monde du travail plus juste et plus efficace à long terme. La première question que doivent se poser les dirigeants qui veulent adopter un régime collectif de rémunération est donc la suivante : Est-ce que nous croyons vraiment au partage du succès comme philosophie de gestion ?

L'efficacité des régimes collectifs de rémunération est également une question de *volonté*. Le partage de la bonne fortune n'est pas une expérience ponctuelle : c'est un processus continu de communication et d'éducation auquel la direction doit consacrer des efforts constants, du temps et de l'argent. Aussi efficace soit-il, un régime collectif est toujours susceptible de devenir inefficace et doit faire l'objet d'un audit continu. En théorie, la plupart des régimes collectifs n'exigent pas un style de gestion participatif, mais, en pratique, le climat de partenariat, caractérisé par l'échange d'information et la participation des employés, semblerait être l'une des conditions de leur succès, sinon la principale. On peut se demander si les dirigeants et les cadres sont prêts à investir et à risquer autant !

Certains dirigeants craignent de parler de résultats financiers avec leurs employés. D'autres refusent de partager l'amélioration des résultats avec eux, de peur de voir leur part réduite et leur pouvoir diminué. D'autres encore ne sont pas vraiment favorables à une participation réelle des employés à la gestion de leur entreprise, ou le sont seulement dans la mesure où les propositions des employés concordent avec leurs décisions et leurs politiques. L'introduction d'un régime collectif requiert non seulement un engagement financier de la part des dirigeants, mais également un changement d'attitude dans la relation cadres-employés, les deux groupes devenant dorénavant partenaires de l'entreprise. Un régime de participation aux bénéfices peut également paraître menaçant pour les cadres. Une enquête de Broderich et Mitchell (1987) révèle que 39 % des cadres d'organisations où il y a un régime de partage des bénéfices croient que ce régime entraîne une participation accrue des employés aux décisions de gestion.

L'efficacité des régimes collectifs est aussi une question de *moyens*. En effet, l'expérience et les études démontrent que ces régimes sont efficaces dans la mesure où ils sont *payants*. Lorsqu'ils ne *paient* pas les employés sur une période de plus de deux à trois ans, ils sont plus susceptibles de les démobiliser. C'est d'ailleurs là la principale raison d'abandon d'un régime collectif.

Par ailleurs, les dirigeants ne doivent pas voir dans un régime collectif de rémunération un remède à tous leurs problèmes financiers ou un *moyen* de changer à lui seul la culture de l'organisation. À vrai dire, la rémunération variable est rarement *le* moyen prioritaire et unique à adopter pour résoudre un problème financier important ou pour modifier une culture organisationnelle. Dans la plupart des cas, les régimes collectifs sont implantés à la suite d'autres correctifs jugés essentiels ou dans le but de les appuyer.

D'une part, l'implantation d'un régime collectif est rarement la solution *prioritaire* pour régler un grave problème de performance. Un tel régime ne règle pas les problèmes financiers majeurs qui découlent de l'incompétence des gestionnaires, de produits non compétitifs, de conditions du marché non maîtrisées par l'entreprise, etc. Dans de tels cas, l'adoption d'un régime ne fait que responsabiliser à l'excès les employés, qui peuvent à juste titre se sentir frustrés.

D'autre part, l'implantation de la rémunération variable est rarement la solution *prioritaire* pour régler un sérieux problème d'insatisfaction ou de manque de motivation au travail. C'est un ensemble de marques de reconnaissance (promotions, actions, augmentations de salaire au mérite, formation, gestion participative, activités sociales, etc.) qui poussent les employés à se surpasser et à s'intéresser à l'entreprise. Et parmi ces mesures, certaines sont prioritaires. Par exemple, un régime de rémunération variable ne règle pas un problème d'insatisfaction au travail causé par un manque d'autonomie, de variété des tâches et d'identification au travail. Il ne règle pas non plus un problème d'insatisfaction liée à d'autres conditions de travail comme les salaires, les avantages sociaux, etc.

Il faut donc faire preuve d'un optimisme prudent au sujet des régimes collectifs de rémunération. Comme les gains associés à l'implantation d'un régime collectif sont incertains et probablement modestes en comparaison de l'ampleur de l'énergie à déployer pour en assurer l'efficacité à long terme, il faut s'attendre à une hausse limitée (Long, 1992) du nombre de régimes adoptés au cours des prochaines années. Les régimes collectifs demeureront l'apanage d'une minorité croissante – mais néanmoins d'une minorité – d'organisations canadiennes : celles qui auront suffisamment de foi, de volonté et de moyens pour implanter un tel régime, le conserver et en assurer l'efficacité à long terme.

QUESTIONS DE RÉVISION

1. Expliquer le rôle des régimes collectifs de rémunération variable dans la mobilisation du personnel.
2. Distinguer et comparer les divers régimes de rémunération variable visant à reconnaître le rendement collectif à *court* terme.
3. Distinguer et comparer les divers régimes de rémunération variable visant à reconnaître le rendement collectif à *long* terme.
4. Quelles sont les limites des régimes collectifs de rémunération variable ?
5. Quelles sont les principales conditions de succès des régimes de rémunération variable ? Justifier sa réponse.
6. Commenter les réactions traditionnelles et contemporaines des syndicats à propos de la rémunération variable.

RÉFÉRENCES

ABOODY, D. (1996). « Market valuation of employee stock options », *Journal of Accounting and Economics*, vol. 22, n°s 1-3, p. 357-391.

ALBANESE, R., et D.D. VAN FLEET (1985). « Rational behavior in groups : The free-riding tendency », *Academy of Management Review*, vol. 10, n° 2, avril, p. 244-255.

ALLEN, N.J., et J.P. MEYER (1990). « The measurement and antecedents of affective, continuance and normative commitment to the organizations », *Journal of Occupational Psychology*, vol. 63, n° 1, p. 1-18.

ALTMANSBERGER, H.N., et M.J. WALLACE (1995). « Strategic use of goalsharing at Corning », ACA *Journal*, vol. 4, n° 4, hiver, p. 64-73.

ATHERTON, A. (1997). « The ACS employee ownership index », *The Journal of Employee Ownership Law and Finance*, vol. 9, n° 1, p. 165-168.

BARTOL, K.M., et L.L. HAGMANN (1992). « Team-based pay plans : A key to effective teamwork », *Compensation & Benefits Review*, vol. 24, n° 6, novembre-décembre, p. 24-29.

BELCHER, J.G. (1991). *Gain sharing*, Houston, Gulf Publishing Company.

BELCHER, J.G. (1996). *How to Design & Implement a Results Oriented Variable Pay System*, New York, American Management Association.

BENNETT, M.A. (1996). « Teams, pay and business strategy : Finding the best mix to achieve competitive advantage », ACA *Journal*, vol. 5, n° 1, printemps, p. 12-25.

BETCHERMAN, G., K. MCMULLEN, N. LECKIE et C. CARON (1994). *The Canadian Workplace in Transition*, Kingston, IRC Press.

BLASI, J., M. CONTE et D. KRUSE (1996). « Employee stock ownership and corporate performance among public companies », *Industrial and Labor Relations Review*, vol. 50, n° 1, p. 60-79.

BOROKHOVICH, K.A., K.R. BRUNARSKI et R. PARRINO (1997). « CEO contracting and antitakeover amendments », *The Journal of Finance*, vol. 52, n° 4, septembre, p. 1495-1517.

BOURGEOIS, P., et S. ST-ONGE (1997). « La rémunération des équipes de travail », *Cahier de recherche*, n° 14, septembre, Montréal, École des H.E.C.

BOWIE-MCCOY, S.W., A.C. WENDT et R. CHOPE (1993). « Gain sharing in public accounting : Working smarter and harder », *Industrial Relations*, vol. 32, n° 3, p. 432-445.

BRICKLEY, J.A., S. BAGHAT et R.C. LEASE (1985). « The Impact of Long-Range Managerial Compensation Plans on Shareholders Wealth », *Journal of Accounting and Economics*, vol. 7, n°s 1-3, p. 115-129.

BRODERICH, R., et D.J.B. MITCHELL (1987). « Who has flexible wage plans and why aren't there more of them ? », *Industrial Relations Research Association Proceedings 1987*, p. 159-166.

CABLE, J.R., et N. WILSON (1990). « Profit-Sharing and productivity : Some further evidence », *Economic Journal*, vol. 100, n° 401, p. 550-556.

CAPELL, K. (1996). « Options for everyone », *Business Week*, 22 juillet, p. 80-84.

CHAWKOVSKI, R. et B. LEWIS (1995). *Compensation Practices and Outcomes in Canada and the United States*, Kingston, IRC Press.

CHELIUS, J., et R.S. SMITH (1990). « Profit sharing and employment stability », *Industrial and Labor Review*, vol. 43, n° 3, février, p. 256-274.

CHINGOS, P.T., et M.M. ENGEL (1998). « Trends in stock option plans and long term incentives », ACA *Journal*, vol. 7, n° 1, printemps, p. 13-18.

COATES, E.M. (1991). « Profit sharing today : Plans and provisions », *Monthly Labor Review*, vol. 11, n° 4, p. 19-25.

CONFERENCE BOARD OF CANADA (1999). *Compensation Planning* Outlook, rédigé par Nathalie Carlyle, Ottawa.

CONTE, M.A., et J. SVEJNAR (1990). « The performance effects of employee ownership plans », dans A.S. Blinder (sous la dir. de), *Paying for Productivity : A Look at the Evidence*, Washington, The Brookings Institution.

COOKE, W.N. (1992). « Product quality improvement through employee participation : The effects of unionization and joint union-management administration », *Industrial and Labor Relations Review*, vol. 46, n° 1, p. 119-134.

COOKE, W.N. (1994). « Employee participation programs, group-based incentives, and company performance : A union-nonunion comparison », *Industrial and Labor Relations Review*, vol. 47, n° 3, p. 594-609.

CRAIGHEAD, J., M. MAGNAN et L. THORNE (1998). « An experimental examination of the effect of mandated compensation disclosure on executive compensation », texte non publié présenté au congrès annuel de la Canadian Academic Accounting Association.

DALE, V. (1997). « Propriété des employés chez NORSASK. Pratiques en milieu de travail : études de cas », *Revue de la négociation collective*, Direction de l'information sur les milieux de travail, juillet-août.

DAVIDSON, K.M. (1995). « Getting results with team pay », ACA *News*, septembre, p. 20-22.

DECHOW, R., et R. SLOAN (1991). « Executive incentives and the horizon problem : An empirical investigation », *Journal of Accounting and Economics*, vol. 14, n° 1, p. 51-89.

DEFUSCO, R.A., R.R. JOHNSON et T.S. ZORN (1990). « The effect of executive stock option plans on shareholders and bondholders », *Journal of Finance*, vol. 45, n° 2, p. 617-627.

DÉVELOPPEMENT DES RESSOURCES HUMAINES CANADA (DRHC) (1998). « Le programme de partenariat syndical-patronal appuie les innovations en milieu de travail », *Gazette du travail*, été, p. 72-79.

DOHERTY, E.M., W.R. NORD et J.L. MCADAMS (1989). « Gainsharing and organization development : A productive synergy », *Journal of Applied Behavioral Science*, vol. 25, n° 3, p. 209-229.

DULWORTH, M.R., et B.L. USILANER (1987). « Federal government gainsharing systems in an environment of retrenchment », *National Productivity Review*, printemps, p. 144-152.

EARLEY, P. C. (1989). « Social loafting and collectivism : A comparison of the United States and China », *Administrative Sciences Quarterly*, vol. 34, n° 4, p. 565-581.

EATON, A.E., et P.B. VOOS (1993). « Unions and contemporary innovations in work organizations, compensation and employee participation », dans L. Mischel et P.B. Voos (sous la dir. de), *Unions and Economic Competitiveness*, New York, M.E. Sharpe.

FERLAND, G. (1996). « Modes de rémunération et structures de salaire au Québec (1980-1992) », *Relations industrielles*, vol. 51, n° 1, p. 120-135.

FLORKOWSKI, G.W., et M.H. SCHUSTER (1992). « Support for profit-sharing and organizational commitment : A path analysis », *Human Relations*, vol. 45, n° 5, p. 507-523.

GAVER, J., K. GAVER et G.P. BATTISTEL (1992). « The stock market reaction to performance plan adoption », *The Accounting Review*, vol. 67, n° 1, p. 172-182.

GERHART, B., et C.O. TREVOR (1996). « Employment variability under different managerial compensation systems », *Academy of Management Journal*, vol. 39, n° 6, p. 1692-1712.

GIRARD, M. (1997). « La passe des salaires déguisés en options », *La Presse*, Montréal, 17 mai, p. F2.

GLOBERSON, S., et R. PARSONS (1988). « Improshare: An Analysis of User Responses », dans A. Mital (sous la dir. de), *Recent Developments in Production Research*, Amsterdam, Netherlands, Elsener Science Publishers.

GOMEZ-MEJIA, L.R., et D.B. BALKIN (1989). « Effectiveness of individual and aggregate compensation strategies », *Industrial Relations*, vol. 28, n° 3, automne, p. 431-446.

GOWEN, C.R. (1990). « Gainsharing programs : An overview of history and research », *Journal of Organizational Behavior Management*, vol. 11, n° 2, p. 77-99.

GRAHAM-MOORE, B., et T.L. ROSS (1991). *Gainsharing : Plans for improving performance*, Washington, BNA Book.

GROSS, S.E. (1995). *Compensation for Teams : How to Design and Implement Team-Based Reward Programs*, New York, Amacom.

GUPTA, N., et A. MITRA (1998). « The value of financial incentives : Myths and empirical realities », *ACA Journal*, vol. 7, n° 3, automne, p. 58-66.

HALL, B.I., et J.B. LIEBMAN (1998). « Are CEOs paid like bureaucrats ? », *Quarterly Journal of Economic*, vol. 113, n° 3, août, p. 653-691.

HANLON, S.C., et R.R. TAYLOR (1991). « An examination of changes in work group communications behaviors following installation of a gainsharing plan », *Group & Organization Studies*, vol. 16, n° 3, septembre, p. 238-267.

HATCHER, L., et T.L. ROSS (1986). « Gainsharing plans : How managers evaluate them », *Business*, vol. 36, p. 30-37.

HATCHER, L., et T.L. ROSS (1991). « From individual incentives to an organization-wide gainsharing plan : Effects on teamwork and product quality », *Journal of Organizational Behavior*, vol. 12, n° 3, p. 169-184.

HEMMER, T. (1993). « Risk-free incentive contracts : Eliminating agency costs using option-based compensation schemes », *Journal of Accounting and Economics*, vol. 16, n° 4, p. 447-473.

HEMMER, T., S. MATSUNAGA et T. SHEVLIN (1996). « The influence of risk diversification on the early exercise of employee stock options by executive officers », *Journal of Accounting and Economics*, vol. 21, n° 1, p. 45-68.

HENEMAN, R.L., C. VON HIPPEL, D.E. ESKEW et D.B. GREENBERGER (1997). « Alternative rewards in unionized environments », ACA *Journal*, été, p. 42-55.

HEWITT & ASSOCIÉS (1996). *Programmes de rémunération variable : faits saillants et résultats de l'enquête 1995-1996*, New York.

HUDDART, S., et M. LANG (1996). « Employee stock option exercises : An empirical analysis », *Journal of Accounting and Economics*, vol. 21, n° 1, p. 5-43.

HYMAN, J.S. (1991). « Long-term incentives », dans M.L. Rock et L.A. Berger (sous la dir. de), *The Compensation Handbook : A State-of-the-Art Guide to Compensation Strategy and Design*, New York, McGraw-Hill, p. 339-354.

ISAAC, K. (1995). *Compensation Planning Outlook 1996*, Ottawa, Conference Board of Canada.

JENSEN, M.C., et K.J. MURPHY (1990). « Performance pay and top management incentives », *Journal of Political Economy*, vol. 98, n° 2, p. 225-264.

JOHN, T.A., et K. JOHN (1993). « Top-management compensation and capital structure », *Journal of Finance*, juillet, p. 949-974.

JONES, D.C., K. TAKAO et J. PLISKIN (1997). « Profit sharing and gainsharing : A review of theory incidence and effects », dans D. Lewin, D.J.B. Mitchell et M.A. Zaidi (sous la dir. de), *The Human Resource Management Book*, Greenwich, Conn., JAI Press, p. 153-174.

KAHNEMAN, D., et A. TVERSKY (1979). « Prospect theory : An analysis of decision under risk », *Econometrica*, vol. 47, p. 263-291.

KANIN-LOVERS, J., et M. CAMERON (1993). « Team-based reward systems », *Journal of Compensation & Benefits*, janvier-février, p. 56-60.

KANUNGO, R.N. (1982). « Measurement of job and work involvement », *Journal of Applied Psychology*, vol. 67, n° 3, p. 341-349.

KANUNGO, R.N., et M. MENDONCA (1997). *Compensation : Effective Reward Management*, John Wiley and Sons.

KAUFMAN, R.T. (1992). « The effects of Improshare on productivity », *Industrial and Labor Relations*, vol. 45, n° 2, p. 311-322.

KIM, D.O. (1996). « Factors influencing organizational performance in gainsharing programs », *Relations industrielles – Industrial Relations*, vol. 35, n° 2, p. 227-244.

KIM, D.O., et P.B. VOOS (1997). « Unionization, union involvement and the performance of gainsharing programs », *Relations industrielles – Industrial Relations*, vol. 52, n° 2, p. 304-332.

KRUSE, D.L. (1991). « Profit sharing and employment variability : Microeconomic evidence on the Weitzman theory », *Industrial and Labor Relations Review*, vol. 44, n° 3, avril, p. 437-453.

KRUSE, D.L. (1993). *Profit Sharing : Does It Make a Difference ?*, Michigan, W.E., Kalamazoo, Upjohn Institute.

KRUSE, D.L., et J.R. BLASI (1997). « Employee ownership, employee attitudes, and firm performance : A review of the evidence », dans D. Hewin, D.J.B. Mitchell et

M.A. Zaidi (sous la dir. de), *The Human Resource Management Book*, Greenwich, Conn., JAI Press, p. 113-152.

LAMBERT, R., D. LARCKER et R. VERECCHIA (1991). « Portfolio considerations in valuing executive stock options », *Journal of Accounting Research*, vol. 29, p. 129-149.

LAPRISE, G. (1993). *Programme d'achat d'actions de Québec-Téléphone*, Section xii, Document des participants, Congrès sur la rémunération variable, Institut canadien, 18-19 janvier.

LAWLER, E.E. (1991). *High-Involvement Management*, San Francisco, Calif., Jossey-Bass.

LAWLER, E.E., G.E. LEDFORD JR. et L. CHANG (1993). « Who uses skill-based pay and why », *Compensation & Benefits Review*, vol. 25, n° 2, mars-avril, p. 22-26.

LAWLER, E.E., S.A. MORHAM et G.E. LEDFORD (1995). *Creating High Performance Organizations*, San Francisco, Jossey Bass.

LIEBTAG, W.R. (1991). « Compensating executive : The development of responsible management », dans F.K. Foulkes (sous la dir. de), *Executive Compensation : A Strategic Guide for the 1990s*, Harvard Business School Press, 1991, p. 27-42.

LONG, R.J. (1991). *Employee Profit Sharing and Share Ownership in Canada : Results of a Survey of Chief Executive Officers*, Toronto, Profit Sharing Council of Canada.

LONG, R.J. (1992). « Incidence and nature of employee profit sharing and share ownership in Canada », *Relations industrielles*, vol. 47, n° 3, p. 463-488.

LONG, R.J. (1993). « The relative effects of new information technology and employee involvement on productivity in Canadian companies », *Proceedings of the Administrative Sciences Association of Canada* (Organization Theory Division), juin.

LONG, R.J. (1994). « Gain sharing, hierarchy, and managers : Are they substitutes ? », *Proceedings of the Administrative Sciences Association of Canada*, Organization Theory Division, vol. 15, n° 12, p. 51-60.

LONG, R.J. (1997). « Motives for profit sharing : A study of Canadian chief executive officers », *Relations industrielles*, vol. 52, n° 4, p. 712-733.

LONG, R.J. (1998). *Compensation in Canada : Strategy, Practice and Issues*, Toronto, Nelson.

MCMULLEN, K., N. LECKIE et C. CARON (1993). *Innovation at Work : The Working with Technology Survey, 1980-1991*, HRM Project Series, Kingston, IRC Press.

MAGNAN, M., S. ST-ONGE et M.-P. LALANDE (1997). « Incidences de la participation aux bénéfices sur la performance des entreprises », dans *GRH face à la crise : GRH en crise ?*, Actes du VIIIe Congrès de l'AGRH, Montréal, Les Presses H.E.C., p. 393-403.

NAFF, K.C., et R. POMERLEAU (1988). « Productivity gainsharing : A federal sector case study », *Public Personnel Management*, vol. 17, n° 4, hiver, 1988, p. 403-419.

NCEO (1997). « Five million employees now eligible for stock options », *Employee Ownership Report*, vol. 17, n° 4, p. 1-3.

OSTERMAN, P. (1994). « How common is workplace transformation and who adopts it ? », *Industrial and Labor Relations Review*, vol. 47, n° 2, janvier, p. 173-188.

PECK, C. (1993). *Variable Pay : Nontraditional Programs for Motivation and Reward*, New York, The Conference Board.

PECK, C. (1995). *Long Term Unit/Share Programs*, New York, The Conference Board.

PETTY, M.M., B. SINGLETON et D.W. CONNELLE (1992). « An experimental evaluation of an organizational incentive plan in the electric utility industry », *Journal of Applied Psychology*, vol. 77, n° 4, p. 427-436.

PIERCE, J.L., S.A. RUBENFELD et S. MORGAN (1991). « Employee ownership : A conceptual model of process and effects », *Academy of Management Review*, vol. 16, n° 1, p. 121-143.

POOLE, M., et G. JENKINS (1988). « How employees respond to profit sharing », *Personnel Management*, vol. 20, n° 7, juillet, p. 57-69.

POOLE, M., et G. JENKINS (1991). « The impact of profit-sharing and employee shareholding schemes », *Journal of Management*, vol. 16, n° 3, printemps, p. 52-72.

RAKATOSOA, A.M.E. (1999). « Les options d'achat d'actions octroyées aux dirigeants d'entreprises canadiennes : la perspective des actionnaires quant à leur évaluation », thèse de doctorat, Montréal, École des H.E.C.

REINGLOD, J. (1997). « Executive pay : Special report », *Business Week*, 21 avril.

RONDEAU, A., et M. LEMELIN (1990). « Pratiques de gestion mobilisatrice », *Gestion*, vol. 16, n° 1, p. 26-32.

SHAW, D.G., et C.E. SCHNEIER (1994-1995). « Team measurement and rewards : Why some companies are getting it right », *Human Resource Planning*, vol. 18, n° 3, p. 34-49.

SOCIÉTÉ CONSEIL MERCER LIMITÉE (1998). *Rapport d'enquête 1998 sur le rajustement des salaires pour le personnel non syndiqué*.

ST-ONGE, S. (1994). « L'efficacité des régimes de participation aux bénéfices : une question de foi, de volonté et de moyens », *Gestion*, vol. 19, n° 3, février, p. 22-31.

ST-ONGE, S., M. MAGNAN, S. RAYMOND et L.S. THORNE (1996). « L'efficacité des régimes d'option d'achat d'actions : qu'en sait-on ? », *Gestion*, vol. 21, n° 2, juin, p. 20-31.

ST-ONGE, S., M. MAGNAN, S. RAYMOND et L. THORNE (1999). « L'efficacité des régimes d'option d'achat d'actions : qu'en disent les dirigeants d'entreprise ? », *Gestion*, vol. 24, n° 2, mars, p. 42-53.

SUSSMAN, S.L. (1997). « Taking stock employees : Which practices are hot, which practices are not », *ACA News*, juillet-août, p. 27.

TODD, P.H., et J.T. BIERWIRTH (1997). « New insights into broad-based stock option plans », *ACA News*, juillet-août, p. 29-31.

TORONTO STOCK EXCHANGE (1987). *Employee Sahre Ownership at Canada's Public Corporations*, Toronto, Toronto Stock Exchange.

TREMBLAY, M., A. RONDEAU, M. LEMELIN et D. BALKIN (1998). « La mise en œuvre de pratiques innovatrices de gestion des ressources humaines a-t-elle une influence sur la mobilisation des cols bleus ? », dans Roch Laflamme (sous la dir. de), *Mobilisa-*

tion et efficacité au travail, tome 6, Association internationale de psychologie du travail de langue française (AIPTLF), p. 97-112.

TYSON, D.E. (1996). *Profit Sharing in Canada*, Wiley, Ontario.

WAGAR, T.H., et R.J. LONG (1995). « Profit sharing in Canada : Incidence and predictors », *Proceedings of the Administrative Sciences Association of Canada* (Human Ressources Division), vol. 16, n° 9, p. 97-115.

WALLACE, M. (1990). *Rewards and Renewal : America's Search for Competitive Advantage through Alternative Pay Strategies*, Scottsdale, Ariz., American Compensation Association.

WATSON WYATT (1998). « Survey of strategic rewards and pay practices : Focus the power of your employees », *Survey Report.*

WEEDEN, R. (1998). « The 1997 NCEO broad-based stock option survey », *The Stock Option Book*, Oakland, Calif., The National Centre for Employees Ownership, S.S. Rodrick, p. 163-212.

WELBOURNE, T.M., et A.N. ANDREWS (1996). « Predicting the performance of initial public offerings : Should human ressource management be in the equation ? », *Academy of Management Journal*, vol. 39, n° 4, p. 891-919.

WELBOURNE, T.M., et D.M. CABLE (1993). *Group Incentive and Pay Satisfaction : An Identity Theory Perspective*, Working paper 93-11, Cornell University, Center for Advanced Human Resource Studies (CAHRS).

WELBOURNE, T.M., et L.R. GOMEZ-MEJIA (1995). « Gainsharing revisited », *Compensation & Benefits Review*, vol. 20, p. 19-28.

WEITZMAN, M.L. (1987). « Macroeconomic aspects of profit sharing », dans H.R. Nalbantian (sous la dir. de), *Incentives, Cooperation, and Risk Sharing*, Rowman & Littlefield, p. 202-212.

WEITZMAN, M.L., et D.L. KRUSE (1990). « Profit sharing and productivity », dans A.S. Blinder (sous la dir. de), *Paying for Productivity : A Look at the Evidence*, Washington, D.C., The Brooking Institution, p. 95-140.

WILS, T., C. LABELLE, G. GUÉRIN et M. TREMBLAY (1998). « Qu'est-ce que la "mobilisation des employés" ? Le point de vue des professionnels en ressources humaines », *Gestion*, vol. 23, n° 2, juin, p. 30-39.

WILSON, S.Y. (1995). « Effectively recognizing and rewarding employees : Lessons from Malcolm Baldridge National Quality Award winners », ACA *Journal*, vol. 4, n° 2, été, p. 36-47.

WILSON, N., J. CABLE et M. PEEL (1990). « Quit rates and the impact of participation, profit sharing and unionisation », *British Journal of Industrial Relations*, vol. 28, n° 2, juillet, p. 46-62.

YERMACK, D. (1995). « Do corporations award CEO stock options effectively ? », *Journal of Financial Economics*, vol. 39, n[os] 2-3, p. 237-269.

YERMACK, D. (1997). « Good Timing : CEO Stock Option Awards and company news announcements », *Journal of Finance*, vol. 52, n° 2, p. 449-476.

Chapitre 12

LA GESTION DU RENDEMENT[1]

OBJECTIFS

Ce chapitre vise à :

- faire comprendre l'utilité de la gestion du rendement des employés, tant du point de vue des organisations que de celui des cadres et des employés ;
- faire comprendre le processus de gestion du rendement des employés, c'est-à-dire la planification, le suivi, l'évaluation et la reconnaissance de leur rendement ;
- démontrer l'importance de l'adoption d'un bon système (ou tableau de bord) de mesure du rendement organisationnel ;
- présenter diverses mesures de rendement des firmes ;
- améliorer les connaissances en matière d'élaboration et d'administration d'un système de gestion du rendement organisationnel ;
- faire connaître les divers critères et méthodes d'évaluation du rendement individuel des employés ;
- définir les conditions de succès des systèmes de gestion du rendement individuel, notamment celles ayant trait aux techniques, aux évaluateurs et au contexte.

---

1. Ce chapitre s'appuie en partie sur les deux écrits suivants : St-Onge et autres (1998, chapitre 9) et St-Onge et Magnan (1998).

PLAN

Objectifs 607

Cas : Repenser l'entreprise à travers la gestion du rendement 610

Introduction 611

12.1 La gestion du rendement comme condition clé du succès de la rémunération variable 612

- 12.1.1 La reconnaissance des bons comportements 613
- 12.1.2 L' évaluation de la mesure du rendement 613
- 12.1.3 Le lien entre la reconnaissance et le rendement 614
- 12.1.4 La formation des cadres et la reconnaissance du rendement 615

12.2 L'importance de la gestion du rendement 615

- Le nouveau contexte économique et les assises traditionnelles du rendement 616
- La contribution des employés à la mise en œuvre de la stratégie d'affaires 616

12.3 Le processus de gestion du rendement 619

12.4 La gestion du rendement des organisations 620

- 12.4.1 L'adaptation des mesures de rendement organisationnel à la vision d'affaires 620
- 12.4.2 Le tableau de bord du rendement des organisations 624
  - Les visions prospective et rétrospective du rendement organisationnel 625
  - Le caractère multidimensionnel du rendement des organisations 625
  - Le côté droit et le côté gauche du tableau de bord : perspective financière et perspective du marché 627
  - Le haut et le bas du tableau de bord : perspective stratégique et perspective opérationnelle 630
  - Les attributs des mesures de rendement d'un tableau de bord organisationnel 631
- 12.4.3 L'administration d'un système de gestion du rendement des firmes 634
  - La création d'un comité composé de cadres de différentes disciplines 635
  - La conception d'un système maison de mesures de rendement intégrées 635
  - La communication relative aux mesures de rendement 636
  - Le lien entre la rémunération et la mesure du rendement organisationnel 638

12.5 La gestion du rendement des employés 640

12.5.1 L'arrimage entre les mesures de rendement organisationnel et les mesures de rendement individuel 640

12.5.2 L'évaluation du rendement individuel 642

Les échelles de notation basée sur les traits de personnalité 643

Les échelles de notation basée sur les comportements requis au travail 646

La détermination de résultats ou d'objectifs à atteindre au travail 649

Le choix du mode d'évaluation pour les régimes de rémunération basée sur le rendement individuel 652

12.5.3 L'administration d'un système de gestion du rendement individuel 655

Le choix des sources d'information sur le rendement individuel 656

Le comité de révision 658

La fréquence et le moment des évaluations du rendement 662

Le lien entre le rendement individuel et la rémunération 662

Les cotes de rendement et les récompenses : description et communication 663

12.5.4 L'efficacité d'un système de gestion du rendement des employés 666

La valeur des outils d'évaluation du rendement 666

Les compétences et la motivation des évaluateurs 668

Le contexte organisationnel 671

Résumé 675

Questions de révision 676

Références 677

CAS

Repenser l'entreprise à travers la gestion du rendement

Lors d'une réunion de planification, les dirigeants d'Alpha inc. ont déterminé les objectifs et la stratégie d'affaires qu'ils poursuivront au cours des prochaines années. L'équipe de direction s'est entendue sur huit facteurs de succès qui reposent à la fois sur les investisseurs, les clients et les employés:

- Se préoccuper davantage des clients que des compétiteurs;
- Gérer les coûts de manière que les prix soient inférieurs à ceux des principaux compétiteurs;
- Tenter continuellement d'améliorer les processus de gestion de l'organisation et de transférer les connaissances;
- Créer un environnement de travail dans lequel les personnes sont reconnues pour leurs contributions;
- Développer continuellement la technologie et la qualité des produits en améliorant la recherche et le développement;
- Donner aux clients les produits et les services dont ils ont besoin au moment opportun;
- Fournir des produits et des services de qualité, de manière que les clients aient confiance en l'organisation;
- Tenter constamment de trouver des manières d'être plus attrayant sur le marché.

Après avoir déterminé ces facteurs de succès, la direction a précisé les comportements sur lesquels elle voulait mettre l'accent:

- Se préoccuper des clients et les traiter comme on voudrait qu'ils soient traités;
- Prendre l'initiative de faire ce qui doit être fait pour les clients et pour l'entreprise;
- Utiliser les ressources de manière responsable et trouver des manières d'améliorer l'efficience;
- Améliorer continuellement les connaissances et les compétences au travail;
- Démontrer un esprit d'innovation et d'expertise dans la manière d'approcher le travail;
- Expérimenter de nouvelles méthodes, apprendre de ses expériences et partager les connaissances avec les autres;
- Travailler en équipe en témoignant du respect aux autres et en ayant un esprit de collaboration;
- S'engager à atteindre les résultats visés pour les clients et l'organisation.

Lors d'une discussion, les cadres supérieurs se sont entendus pour dire que les modes de rémunération de l'entreprise étaient trop compliqués et entraient même en conflit avec les paramètres clés de la nouvelle stratégie d'affaires : la détermination des salaires incitait trop à la course aux promotions et ne tenait pas suffisamment compte des clients, la rémunération variable était liée au rendement individuel plutôt qu'au rendement collectif et les programmes de reconnaissance étaient trop peu utilisés. Des changements étaient donc nécessaires pour permettre à Alpha inc. de regagner la part de marché qu'elle avait perdue au cours des dernières années.

Le vice-président des ressources humaines a alors réuni son équipe pour discuter de la mission, de la vision et des valeurs de l'organisation. Il a partagé avec eux la stratégie d'affaires, les facteurs de succès et les comportements que la direction de l'entreprise avait décidé de privilégier. Les membres de l'équipe de ressources humaines ont alors décidé d'analyser et de revoir les régimes de rémunération. Après avoir pris connaissance de leur réflexion, les dirigeants ont adopté le plan d'action suivant :

- Le régime de participation aux bénéfices de l'organisation sera éliminé et remplacé par un régime de performance de l'unité, de manière à créer un lien plus étroit entre les comportements et les résultats mesurés en matière de croissance, de productivité, de réduction de coûts, de rapidité de livraison et d'autres facteurs clés de succès ;
- Le régime de rémunération variable de l'unité administrative s'appuiera sur un tableau de bord indiquant toutes les mesures du rendement lié au succès de l'entreprise, appuyant le travail d'équipe, prônant l'approche « clients » et se préoccupant du rendement ;
- Le programme de reconnaissance sera révisé par la direction de manière à reconnaître les comportements liés aux facteurs de succès de l'entreprise : innovation, initiative et service aux clients ;
- Le régime de détermination des salaires de base – qui s'appuyait jusqu'ici essentiellement sur le marché – sera révisé pour tenir compte à la fois du marché et des compétences. Les salaires seront gérés selon des profils de carrière adaptés aux exigences des unités administratives. En somme, la manière dont les salaires seront gérés incitera davantage les employés à développer leurs compétences et leurs connaissances.

Source : Inspiré de Wilson (1998).

INTRODUCTION

La gestion du rendement implique toutes les activités liées à la planification, au suivi, à l'évaluation, à la reconnaissance et au développement du rendement d'une organisation et de ses employés. Nous parlons ici de « gestion du rendement » plutôt que de « gestion de la performance », nous conformant ainsi à l'usage courant de la langue française, qui réserve le mot « performance » aux résultats de nature sportive ou, au figuré, aux résultats relevant de l'exploit. Toutefois, il faut garder à l'esprit que, dans la pratique, l'expression « gestion de la performance » est très fréquemment utilisée et que les principes que nous verrons dans ce chapitre la concernent tout autant, quelle que soit l'expression retenue.

Ce chapitre veut d'abord montrer qu'une gestion efficace du rendement constitue une condition clé du succès de tout régime de rémunération variable. Après avoir présenté les étapes d'un processus de gestion du rendement, il traite des critères et des méthodes d'évaluation du rendement à privilégier dans un contexte de rémunération variable visant à récompenser le rendement collectif et individuel.

Les multiples pressions que subissent les organisations d'aujourd'hui – notamment l'augmentation de la concurrence et la rapidité des progrès technologiques – ont changé les formules de la réussite en affaires. Ce chapitre démontre d'abord l'importance de l'adoption d'un bon système de mesures de rendement *organisationnel* et présente des conseils relatifs à la conception et à la gestion d'un tel système.

Ce chapitre traite ensuite des critères et des méthodes d'évaluation du rendement *individuel* des employés sur lesquels s'appuient les régimes de salaire au mérite. Il y est également question de la gestion d'un système d'évaluation du rendement individuel, notamment du choix des évaluateurs et des réviseurs, de la fréquence et du moment de l'évaluation, de la communication des mesures de rendement et des résultats d'évaluation. De plus, il traite des trois conditions de succès des systèmes de gestion du rendement individuel, qui ont trait aux techniques, aux évaluateurs et au contexte.

12.1 LA GESTION DU RENDEMENT COMME CONDITION CLÉ DU SUCCÈS DE LA RÉMUNÉRATION VARIABLE

Comme le précédent, ce chapitre traite de la reconnaissance du rendement individuel ou collectif. La reconnaissance du rendement, quelle que soit la forme de régime de rémunération adoptée, doit respecter plusieurs conditions de succès pour se révéler efficace. Bon nombre de ces conditions portent sur la gestion du rendement, notamment sur des éléments comme la reconnaissance des bons comportements, l'évaluation de la juste mesure du rendement, le fait de relier la reconnaissance au rendement, la formation des cadres et leur motivation à reconnaître le rendement.

12.1.1 La reconnaissance des bons comportements

> Dans le but d'augmenter sa part de marché, la Division des centres de service à l'automobiliste de Sears (États-Unis) avait établi un système de rémunération incitative basée sur le montant de la facturation de chaque unité d'exploitation. Dans un contexte où la majorité des clients sont peu en mesure d'estimer la pertinence des réparations effectuées, l'existence de cette récompense a tellement motivé les employés à maximiser le montant de leurs services que la firme a été reconnue coupable d'avoir facturé ses clients pour des réparations et des pièces fictives totalisant plusieurs millions de dollars.

Comme le démontre ce cas, les récompenses fonctionnent parfois trop bien ! Elles incitent les employés à faire ce qu'il faut pour les obtenir. Aussi, lorsque les critères d'attribution des récompenses sont inadéquats ou désuets, les employés seront parfois poussés à faire des gestes qui vont à l'encontre de la prospérité de l'entreprise. Dans l'approche axée sur la rémunération, il y a toujours un risque de récompenser des résultats non appropriés. Un programme de rémunération n'est réellement efficace que lorsqu'il influe sur les comportements des employés d'une manière positive. Par conséquent, il faut s'assurer que les récompenses sont accordées pour une contribution « réelle », autrement dit que l'employé a eu le bon comportement. Pour y arriver, il faut s'interroger sur le travail à effectuer et éliminer les gestes superflus ou non pertinents. Si cet exercice de réflexion n'est pas fait, on risque de récompenser des employés qui ont eu des comportements inadéquats.

12.1.2 L'évaluation de la mesure du rendement

L'efficacité d'un programme de rémunération variable repose également sur la qualité ou la justice – réelle et, surtout, perçue – du processus d'évaluation et de gestion du rendement. Les employés considèrent-ils le système d'évaluation du rendement individuel ou collectif comme équitable ? Pensent-ils que les personnes qui évaluent ou mesurent le rendement ciblé (individuel, d'équipe ou de l'organisation) ont les compétences nécessaires et le font correctement ? Les cadres et les dirigeants d'entreprise ont tendance à privilégier les mesures quantitatives et facilement accessibles du rendement parce qu'elles sont soi-disant plus objectives à leurs yeux et moins susceptibles d'être remises en question par les employés.

Par ailleurs, les récompenses doivent souligner une contribution passée, et donc vérifiable. On s'emploie à déprécier un programme de reconnaissance quand on tient compte d'autres facteurs, aussi légitimes soient-ils, comme les efforts, le potentiel, les projets, la situation personnelle ou le besoin d'argent. Ainsi, un prix d'excellence dans un domaine déterminé (la recherche, l'enseignement, les affaires, les arts, les sports, etc.) doit être accordé selon la qualité et la quantité des réalisations du candidat. Lorsqu'on tient compte d'autres facteurs, par exemple la qualité d'un projet, il est plutôt question d'une subvention ou d'un prix attribué au meilleur projet. De la même manière, un prix de pédagogie doit tenir compte de réalisations reliées à l'enseignement ; une médaille d'or olympique, d'un exploit sportif ; un prix d'architecture, de la qualité et du nombre de projets architecturaux réalisés ; un prix d'excellence en affaires, de réalisations en matière de gestion ; etc. La règle est très simple : un prix ne se justifie que par des réalisations. Malheureusement, cette règle est peu respectée ou vite oubliée, ce qui explique d'ailleurs pourquoi certains titres honorifiques perdent de leur crédibilité aux yeux des employés.

12.1.3 Le lien entre la reconnaissance et le rendement

Le système de mesure du rendement et le système de rémunération doivent fonctionner en parallèle. D'une part, un nouveau système de mesure de rendement risque d'être peu efficace s'il n'est pas accompagné de modifications du système de rémunération. D'autre part, un nouveau système de rémunération risque d'être un désastre s'il récompense les employés selon des mesures de rendement inadéquates.

Par conséquent, il faut oublier la croyance selon laquelle les salaires élevés, les bons avantages sociaux et la sécurité d'emploi quasi absolue incitent les employés à accroître leur rendement, ce qui ne signifie pas pour autant que les employés ne soient pas satisfaits de ces éléments. En fait, une généreuse récompense qu'on accorde également à tous les employés d'une entreprise les motive davantage à demeurer au service de l'entreprise (les plus décidés à rester n'étant pas nécessairement les plus performants) qu'à se surpasser (l'accès à la récompense n'étant lié qu'au fait de demeurer dans l'entreprise ou de la quitter). Les récompenses peuvent motiver les employés à se surpasser dans la mesure où elles sont rattachées à leur rendement. Motiver ne veut donc pas dire contenter tout le monde, par exemple, en nommant successivement les employés « employé du mois », mais s'assurer que la reconnaissance soit liée au rendement et surtout qu'elle soit perçue comme telle par les employés. En effet, les perceptions des employés sont cruciales à cet égard, puisque ces derniers agissent en fonction de leurs perceptions. Il arrive souvent que le lien entre le rendement et la reconnaissance soit réel, mais qu'à cause d'un manque de communication ou d'un climat de méfiance, il ne soit pas perçu ainsi : la reconnaissance aura alors peu d'effet sur la motivation au travail.

12.1.4 La formation des cadres et la reconnaissance du rendement

Dans le quotidien, l'approche axée sur la reconnaissance repose sur les épaules de tous les cadres, quel que soit leur niveau hiérarchique. Cette approche est très exigeante pour eux. S'ils n'agissent pas de manière à appuyer les programmes de rémunération et de gestion du rendement de la direction, ces programmes ne seront pas efficaces. Si la rémunération variable ne rend pas nécessairement les gestionnaires plus compétents, elle accroît cependant l'importance d'avoir de bons gestionnaires et elle augmente l'intolérance à l'égard de l'incompétence.

Dans plusieurs cas, il faut sensibiliser les cadres aux avantages des diverses formes de reconnaissance non financière – notamment la communication directe et les comportements – qui peuvent leur donner une plus grande marge de manœuvre. Par ailleurs, les superviseurs voient souvent plus d'inconvénients (le temps et l'énergie requis, le risque d'envenimer le climat dans l'équipe, etc.) que d'avantages à évaluer et à reconnaître le rendement de leurs employés. S'ils estiment ne pas être suffisamment formés pour reconnaître adéquatement ce rendement, il ne serait pas étonnant qu'ils recourent peu fréquemment aux programmes de reconnaissance et qu'ils se limitent à utiliser l'approche axée sur le contrôle, pour laquelle ils obtiennent d'ailleurs souvent plus de reconnaissance de la part de la direction.

En fait, les cadres sont les premiers responsables de l'efficacité des programmes de reconnaissance du rendement. Si les professionnels en ressources humaines sont chargés d'élaborer, d'implanter et de diriger ces programmes, les cadres sont responsables de leur efficacité, de leur intégrité et de leur crédibilité. En outre, ils doivent participer à la conception, à l'implantation et à la gestion des programmes de reconnaissance et être tenus responsables de leur succès.

Les cadres doivent donc être sensibilisés à l'importance de l'identification des meilleurs candidats. Ils doivent, par exemple, proposer des candidats avant l'attribution d'un prix d'excellence, quel que soit le domaine concerné (la recherche, l'enseignement, des affaires, l'architecture, etc.). En effet, lorsqu'on se limite à demander aux candidats et à leurs collègues de soumettre des candidatures pour un tel prix, on ne s'assure pas nécessairement que les meilleurs candidats soient de la partie. Par conséquent, les lauréats, c'est-à-dire ceux qui agiront désormais comme modèles, risquent de ne pas être les meilleurs, ce qui peut entacher la crédibilité du régime.

12.2 L'IMPORTANCE DE LA GESTION DU RENDEMENT

Nous avons vu que l'efficacité d'un régime de rémunération variable repose d'abord et avant tout sur l'évaluation du ou des niveaux de rendement qu'il vise à reconnaître. Si la qualité du processus de mesure du rendement d'une firme n'est pas continuellement évaluée et révisée, les régimes de rémunération variable peuvent inciter les employés et les cadres à adopter des comportements et à prendre des décisions qui nuisent au succès de la firme.

En plus d'être au cœur du succès de la rémunération variable, la gestion du rendement est en voie de représenter l'un des plus importants enjeux stratégiques des entreprises, selon les deux constats suivants (Gosselin et St-Onge, 1998) : le nouveau contexte économique ébranle les assises traditionnelles du rendement et la contribution des employés à la mise en œuvre de la stratégie d'affaires devient un atout concurrentiel.

Le nouveau contexte économique et les assises traditionnelles du rendement

Le nouveau contexte économique exige des changements radicaux dans les organisations et rend cruciale l'élimination des causes de manque de compétitivité que constituent les structures très hiérarchisées, l'excédent de personnel, le manque de compétences, la réticence devant les changements, l'organisation rigide du travail, l'absence d'innovation, le peu de souci de la qualité et de la satisfaction des nouveaux besoins des clients, etc. Afin de demeurer concurrentielles, les entreprises doivent réviser les facteurs ou les conditions de succès qui les ont bien servies dans le passé, mais qui leur nuisent aujourd'hui ; elles doivent réviser leurs normes traditionnelles de rendement selon les différents niveaux que constituent l'organisation, les unités d'affaires, les groupes et les individus.

Une enquête du Conference Board of Canada (1996), effectuée auprès de 365 organisations, confirme que, cette année-là, la gestion du rendement était la priorité pour les professionnels en ressources humaines. Ce résultat correspond à celui du sondage de la Société Conseil Mercer Limitée (1996), mené auprès de 471 organisations canadiennes, qui révèle que 76 % d'entre elles « ont apporté au cours des deux dernières années » ou « songent à apporter dans l'année à venir » des changements à leur système de gestion du rendement. Les principaux changements visés sont les suivants : l'amélioration de la formation des gestionnaires et des employés en matière d'évaluation du rendement, l'adoption de critères de rendement additionnels ou nouveaux, ainsi qu'un alignement plus étroit du système de gestion du rendement sur les objectifs de l'entreprise, de l'équipe et de l'unité de travail.

La contribution des employés à la mise en œuvre de la stratégie d'affaires

Pour faire face à la compétitivité, les entreprises adoptent plusieurs approches de gestion telles que la réduction des effectifs, la qualité totale, la restructuration et le virage technologique. Toutefois, ces méthodes peuvent difficilement procurer un avantage concurrentiel à long terme, puisque leur implantation est répandue. La réussite à long terme tient davantage à la réalisation d'une stratégie (semblable à celle des autres entreprises ou qui sera vite copiée par elles) de manière plus rapide et plus efficiente que les autres. Un tel préalable repose d'abord et avant tout sur les compétences et le rendement du personnel. Il peut également inciter les employés à modifier leurs comportements de façon qu'ils s'harmonisent à la stratégie d'affaires et aux facteurs de succès de l'entreprise, d'où l'importance de la rémunération variable. Par ailleurs, dans la mesure où les entreprises de services et de haute technologie occupent une place de plus en plus grande dans l'économie, la réussite des entreprises se fonde davantage sur le rendement du personnel que sur la qualité des outils et des équipements.

Sur le plan stratégique, un processus de gestion du rendement du personnel aide la direction à amener les ressources humaines à être et à demeurer l'un des atouts concurrentiels de l'entreprise. Ainsi, 52 % des 471 entreprises canadiennes ayant participé à une enquête de la Société Conseil Mercer Limitée (1996) estiment que leur système actuel de gestion du rendement procure une excellente valeur à l'entreprise. Une autre enquête, menée auprès de 205 sociétés canadiennes et de 437 sociétés américaines, mentionne les faits suivants :

> [...] Les sociétés qui ont des programmes de gestion du rendement font état de bénéfices plus élevés, de meilleures marges brutes d'autofinancement, d'un rendement supérieur dans le marché boursier et de titres de plus grande valeur que les sociétés qui n'ont pas de tels programmes.
>
> La productivité chez les sociétés sans programme de gestion du rendement est de beaucoup inférieure à la moyenne de leur secteur industriel alors que chez les sociétés qui ont de tels programmes, la productivité se situe dans la moyenne de leur secteur industriel.
>
> Les sociétés américaines ayant des programmes de gestion du rendement ont amélioré de manière significative leur rendement financier par rapport à la moyenne de leur secteur industriel après la mise en place de leur programme.
>
> Les sociétés américaines ayant de tels programmes ont connu une amélioration considérable de leur productivité par rapport à la moyenne de leur secteur industriel une fois leur programme mis en place. (Hewitt & Associés, 1995, p. 1.)

Sur le plan administratif, les dirigeants qui prônent une culture axée sur le rendement et sur la reconnaissance du rendement et qui veulent implanter un régime de rémunération basée sur le rendement doivent s'appuyer sur un processus officiel de gestion du rendement. Une autre enquête de la Société Conseil Mercer Limitée (1996) indique que les entreprises canadiennes sondées utilisent principalement les résultats de l'évaluation du rendement pour les décisions relatives à l'augmentation au mérite (79 %) et pour le développement des individus (70 %).

Le fait d'accorder du temps et de l'argent à la gestion du rendement du personnel peut également se révéler important pour les cadres et pour leurs subalternes. D'une part, l'une des premières responsabilités d'un cadre consiste à gérer le rendement de ses employés afin d'être en mesure de mieux assumer les fonctions suivantes :

- Connaître et distinguer le rendement de chacun de ses employés. Le superviseur doit être en mesure de connaître les comportements et les réalisations de chacun de ses employés. Trop de cadres ne peuvent qu'énoncer des généralités sur les réalisations de la plupart de leurs employés ;
- Justifier les décisions qu'il prend et les gestes qu'il accomplit (augmentations de salaire, primes, compliments, avertissements, réprimandes et suspensions) ;
- Mieux conseiller ses employés (p. ex. : leur proposer une formation supplémentaire, un changement d'approche) afin qu'ils améliorent leur rendement ;
- Connaître les réactions ou la version des employés. Échanger avec les employés sur leur rendement au travail peut amener un cadre à constater que les causes d'un problème de rendement sont différentes de ce qu'il croyait (p. ex. : des équipements inadéquats, une mauvaise compréhension du rôle des employés, une mauvaise communication avec le personnel d'autres services) et, donc, à accroître l'efficacité de ses interventions à cet égard ;
- Mobiliser son équipe selon les objectifs à atteindre.

D'autre part, en gérant adéquatement le rendement de leurs employés, les superviseurs leur permettent d'acquérir trois préalables légitimes et essentiels à la maximisation de leur rendement :

1. Connaître ce qu'on attend d'eux et les éléments sur lesquels ils seront évalués au sujet des objectifs à atteindre, des responsabilités à assumer, des résultats à obtenir, des comportements à adopter, etc. Pour fournir un bon rendement, l'employé doit savoir ce qu'il a à faire, ce qu'on attend de lui et ce sur quoi il sera évalué. Le superviseur a la responsabilité de lui communiquer clairement ses attentes et ses directives. L'employé ne doit pas avoir à deviner ses tâches. Il ne devrait pas non plus être surpris d'être évalué selon un critère déterminé. Dans la mesure où il connaît les éléments sur lesquels il sera évalué, l'employé sera plus susceptible d'y accorder de l'importance ;
2. Connaître ce qu'on pense de leur rendement. Qu'elle soit positive ou négative, la rétroaction sur le rendement représente en soi une marque de respect envers les employés ;
3. Connaître les éléments qu'il faut améliorer et les façons d'y arriver. L'un des rôles importants du superviseur consiste à transmettre des

conseils qui permettront aux employés de s'améliorer. La rétroaction est nécessaire pour motiver les employés à maintenir leurs efforts et pour leur indiquer les éléments qu'ils doivent améliorer.

12.3 LE PROCESSUS DE GESTION DU RENDEMENT

Comme nous l'avons déjà mentionné, la gestion du rendement porte sur toutes les activités reliées à la planification, au suivi, à l'évaluation, à la reconnaissance et au développement du rendement, tant sur le plan individuel que sur le plan collectif.

Les employés accomplissent toujours quelque chose dans leur travail. Cependant, il arrive souvent qu'ils ne sachent pas quoi faire pour augmenter la valeur de leur contribution. Par ailleurs, un autre problème vient du fait qu'on évalue parfois le rendement à partir de critères inappropriés ou désuets, ou encore qu'on récompense les employés qui ont bien accompli les mauvaises tâches (voir le cas de Sears, présenté sous le titre 12.1.1, p. 613).

Il faut garder à l'esprit un principe de base en ce domaine : nous obtenons ce que nous mesurons. Les mesures de rendement influent sur les comportements et les attitudes des employés, et davantage lorsqu'elles sont liées à la reconnaissance. Si votre professeur vous dit que le contenu de tel chapitre ne fera pas l'objet de l'examen, combien d'entre vous le liront ? Combien le liront attentivement ? Comme nous avons tous des contraintes de temps, nous choisissons souvent de faire les choses essentielles, celles sur lesquelles nous serons évalués et pour lesquelles nous serons récompensés. Il nous reste alors à souhaiter que les personnes qui ont le pouvoir de faire les évaluations et d'attribuer les récompenses s'intéressent à ce qui *devrait* compter, ce qui n'est malheureusement pas toujours le cas ! La dernière étape du processus de gestion du rendement – récompenser le rendement – s'avère aussi très importante, car les employés cherchent davantage à accomplir les tâches qui seront évaluées et, surtout, récompensées. Dans l'un des cas mentionnés par Hillgren et Cheatham (1996), un service de production a commencé à afficher les résultats du rendement d'une unité sur des panneaux que les employés pouvaient voir à l'entrée de l'usine. Au début, les graphiques ont suscité de l'intérêt parmi les employés, mais cet intérêt s'est vite émoussé. Lorsqu'on leur a demandé la raison de cette baisse d'intérêt, les employés ont répondu qu'ils avaient d'abord cru qu'une récompense résulterait de l'amélioration des résultats (un prix, une prime ou une allocution d'un dirigeant). Comme rien de cela ne s'était produit, ils ont graduellement perdu tout intérêt pour cette pratique.

En somme, pour que les employés accomplissent des gestes qui ajoutent vraiment de la valeur à l'organisation, les dirigeants et les superviseurs doivent respecter les quatre étapes du processus de gestion du rendement :

1. Valoriser et planifier les bons comportements ;

2. Exercer auprès des employés un suivi des éléments valorisés (ce qui compte) ;
3. Évaluer le rendement des employés sur les bons comportements ;
4. Récompenser les employés qui ont bien accompli les bonnes tâches.

On peut alors parler d'un véritable processus de gestion du rendement, dans l'esprit de celui qui est présenté à la figure 12.1. Un tel processus va bien au-delà de *l'évaluation* du rendement, qui ne constitue que l'*une* des étapes de la *gestion* du rendement.

12.4 LA GESTION DU RENDEMENT DES ORGANISATIONS

Un processus de gestion du rendement efficace devrait orienter les efforts des employés vers ce qui compte vraiment pour l'entreprise en établissant un lien entre les critères de rendement individuel et les objectifs d'affaires. Un tel processus nécessite une valorisation, une évaluation et une reconnaissance des bons comportements, tant sur le plan organisationnel que sur le plan individuel. Pour y arriver, il faut s'appuyer sur des indicateurs ou des critères de rendement organisationnels et individuels qui mesurent bien (la validité) les bons comportements (la pertinence). L'un des préalables à la conception d'un tel processus consiste à comprendre l'importance des relations existant entre la vision des dirigeants d'entreprise, la mesure du rendement organisationnel et la mesure du rendement individuel. Les dirigeants d'entreprise ont donc un rôle de premier plan à jouer dans la réussite du processus de gestion du rendement. Le cas présenté au début de ce chapitre (« Repenser l'entreprise à travers la gestion du rendement ») illustre la façon dont une entreprise a utilisé son système de mesure et de reconnaissance du rendement des employés comme levier de changements organisationnels.

12.4.1 L'adaptation des mesures de rendement organisationnel à la vision d'affaires

Les organisations d'aujourd'hui doivent s'adapter à de multiples changements environnementaux : intensification de la compétitivité, rapidité des progrès technologiques, accélération des rythmes d'innovation et de sortie des produits, prépondérance plus grande accordée au marché, etc. Ces pressions modifient la formule de la réussite en affaires et rendent inadaptés les systèmes traditionnels de contrôle. Une prolifération d'écrits ont d'ailleurs porté récemment sur la nécessité de réviser la manière dont les dirigeants mesurent le rendement de leur firme (Chiappello et Delmond, 1994 ; Cross et Lynch, 1992 ; Drucker, 1992 ; Eccles, 1991 ; Hora et Schiller, 1991 ;

FIGURE 12.1

Le processus de gestion du rendement des employés

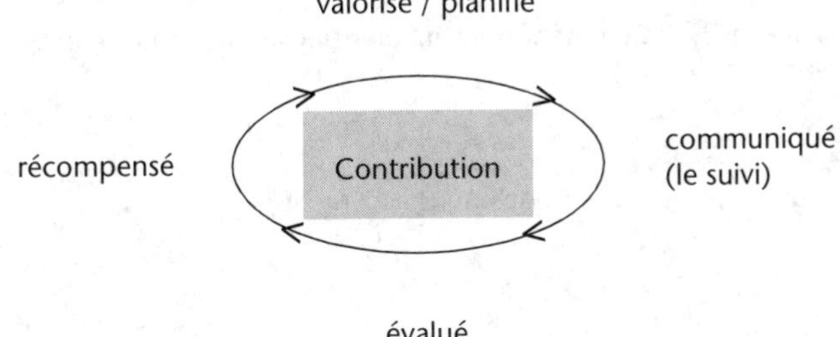

Source : St-Onge et autres (1998, p. 340).

Johnson, 1992 ; Johnson et Kaplan, 1987 ; Kaplan et Norton, 1992, 1993 ; Lynch et Cross, 1995 ; Simons, 1993 ; Voyer, 1998 ; Wilson, 1995). Tous s'entendent pour dire que de nouveaux savoir-faire et de nouvelles compétences de gestion sont dorénavant nécessaires pour assurer le rendement à long terme des organisations et que les systèmes de mesure du rendement doivent être adaptés en conséquence. Cette section vise deux objectifs principaux : d'une part, démontrer l'importance d'appuyer un régime collectif de rémunération variable sur un bon système de mesure du rendement organisationnel et, d'autre part, offrir des conseils en ce qui a trait à la conception et à la gestion d'un tel système.

Les cas cités précédemment font ressortir un principe de base : *nous obtenons ce que nous mesurons et récompensons*. Les mesures de rendement influent sur les comportements et les attitudes des employés, surtout lorsqu'elles sont liées à des mécanisme de reconnaissance. La conception d'un système de mesure s'appuyant sur des indicateurs qui mesurent bien les bons comportements exige une bonne compréhension de l'importance des relations existant entre la vision des dirigeants d'entreprise, les mesures de rendement organisationnel et les mesures de rendement individuel.

Comme l'illustre la figure 12.2, un système de mesure du rendement efficace repose sur une définition claire de la vision des priorités stratégiques et des valeurs d'une firme, lesquelles doivent être communiquées à l'ensemble

FIGURE 12.2

La détermination des indicateurs de rendement à reconnaître

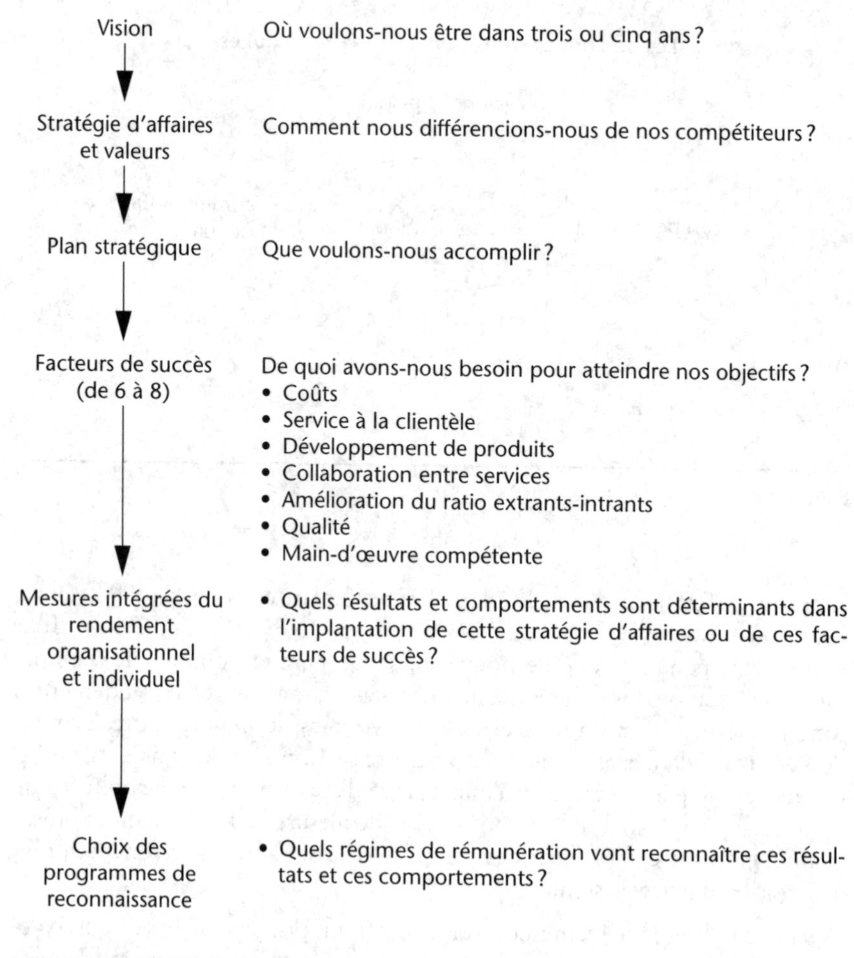

Source : St-Onge et autres (1998, p. 412).

des employés. Cette étape est fondamentale, puisqu'elle permet d'établir des mesures de rendement organisationnel qui vont amener les employés et les cadres à adopter des attitudes et des comportements cohérents par rapport à l'atteinte des résultats visés. Pour établir leur *vision*, les dirigeants d'entreprise doivent se demander où ils veulent en être dans trois ans ou dans cinq ans. La *stratégie d'affaires* correspond aux moyens que l'entreprise compte prendre pour survivre et demeurer concurrentielle. Pour déterminer les *valeurs* de l'entreprise, la direction doit se demander ce qui la distingue des autres entreprises sur le plan de la manière de faire, des croyances, etc. Par exemple, les dirigeants de La SITQ Immobilier ont déterminé, en 1996, sept valeurs primordiales pour leur entreprise :

1. La qualité du service, sur laquelle repose la fidélité des clients ;
2. L'innovation, qui permet de relever les défis de la croissance ;
3. Les ressources humaines, qui constituent un gage de succès ;
4. Le travail d'équipe, qui favorise la réalisation des objectifs ;
5. L'intégrité, qui consiste en des communications et des mesures transparentes et équitables ;
6. L'efficacité, qui caractérise une organisation souple et proactive ;
7. L'engagement social, qui correspond à la participation à la vie de la communauté.

Pour établir les *facteurs de succès*, il faut répondre à des questions comme celles-ci : Que faut-il faire pour réussir ? Qu'est-ce qui différencie les bonnes organisations des moins bonnes ? Que désirent les investisseurs et les consommateurs ? Le terme « investisseurs » désigne les résultats financiers comme les bénéfices, le rendement de l'actif, le rendement des investissements, la valeur économique ajoutée, la valeur de l'action ou le montant des dividendes. Le terme « consommateurs » désigne le processus ou les moyens utilisés pour atteindre les résultats, comme les bas prix, la qualité des produits et des services, les produits à la fine pointe du développement technologique, le créneau occupé sur le marché, un personnel compétent et motivé ou de courts délais de livraison. En somme, il ne suffit pas de dire que l'on veut maximiser les bénéfices ou satisfaire les besoins des clients. Il faut également définir les diverses facettes de la gestion ou les facteurs de succès qui influent sur les bénéfices, la valeur boursière ou la satisfaction des clients. Dès lors, des objectifs peuvent être fixés pour différents facteurs de succès. On exprimera en termes précis des objectifs visant l'augmentation des bénéfices, l'accroissement de la productivité, l'amélioration des compétences des employés, l'amélioration de la qualité des produits, l'augmentation de la satisfaction des clients, etc.

La plupart des entreprises n'échouent pas parce qu'elles manquent de vision, mais parce qu'elles ne réussissent pas à maintenir le cap sur une nouvelle vision. Lorsque les dirigeants changent de vision ou d'objectifs stratégiques, ils doivent revoir les mesures traditionnelles de rendement de leur firme, puisqu'elles seront dorénavant, au mieux, inutiles ou non pertinentes et, au pire, néfastes ou nuisibles. Leur tâche est alors de cerner les attitudes et les comportements des employés qui doivent être modifiés pour permettre l'atteinte des résultats désirés et l'assurance que ces résultats feront l'objet de nouvelles mesures de rendement.

En somme, tout changement majeur d'orientation – la qualité totale, l'amélioration continue, etc. – risque de n'être qu'un mirage passager s'il n'entraîne pas un changement en matière de gestion du rendement. En ce sens, les mesures de rendement sont un outil (ou un catalyseur) de changement pour les entreprises. Des recherches confirment d'ailleurs que les cadres et les dirigeants nouvellement en poste utilisent les mesures de rendement comme levier de changement stratégique (Gabarro, 1987 ; Simons, 1993). Hora et Schiller (1991) poussent l'idée encore plus loin en affirmant qu'il n'y a pas de raison de mesurer quelque chose si on ne veut pas le changer ou s'il n'y a pas d'amélioration ou de détérioration possible.

> En vue d'améliorer la rentabilité de leur banque, les dirigeants de la Banque Régionale ont décidé d'évaluer le rendement des succursales et de rémunérer les employés en considérant le nombre moyen de dossiers de prêt traités par succursale et par employé. Or, si ces nombres ont effectivement augmenté, la rentabilité de la banque demeure médiocre. En fait, l'augmentation du nombre de prêts s'est faite au détriment de la qualité de leur suivi, ce qui a entraîné d'autres frais (pertes sur prêts, manipulation des dossiers, etc.) pour la banque.

Ce cas démontre qu'il est important d'équilibrer le recours à des mesures de rendement en vue de satisfaire les *investisseurs* (actionnaires) et les *clients*, même si cela peut se révéler conflictuel. On pense, par exemple, aux dépenses en recherche et développement qu'exigent des produits à la fine pointe du développement technologique (pour satisfaire les clients) et à leur effet négatif sur les bénéfices à court terme de l'entreprise (qui préoccupe les investisseurs). En somme, il est nécessaire de maintenir un équilibre entre les indicateurs qui préoccupent les investisseurs, les clients et les employés. L'expérience démontre que les entreprises qui ont privilégié durant une longue période des mesures financières centrées sur les résultats ou des mesures opérationnelles centrées sur les moyens ou les activités ont dû faire face à des problèmes de survie.

12.4.2 Le tableau de bord du rendement des organisations

La dynamique de l'intégration de la vision, des stratégies, des facteurs de succès, des objectifs d'affaires et des mesures du rendement organisationnel et individuel peut être illustrée sous forme de tableau de bord (voir la figure 12.3, p. 626), lequel fournit au « pilote » de l'information en vue de l'aider à prendre des décisions et à évaluer le bien-fondé de ses décisions antérieures. Comme les pilotes, qui se fient à leur tableau de bord pour diriger et maîtriser le vol de leur appareil, les dirigeants doivent considérer *un ensemble* de mesures de rendement pour assurer l'atteinte des objectifs et du respect des priorités stratégiques de leur firme. L'analogie avec le tableau de bord fait ressortir le fait que les systèmes de mesure de rendement organisationnel peuvent servir à la fois d'outils de gestion stratégique et de leviers de changements stratégiques. Cette analogie n'est pas nouvelle, mais elle a connu récemment un regain de popularité. Chiappello et Delmond (1994), par exemple, comparent les tableaux de bord de gestion à des aides-pilotes qui permettent des changements organisationnels importants dans les entreprises.

Les visions prospective et rétrospective du rendement organisationnel

Les mesures d'un tableau de bord peuvent avoir une double connotation temporelle : certaines offrent un champ de vision *rétrospectif* permettant de vérifier jusqu'à quel point la firme a atteint ses objectifs stratégiques, alors que d'autres présentent un champ de vision *prospectif* permettant d'assurer la conformité des activités de gestion avec les *objectifs* et les *priorités stratégiques* des dirigeants. Traditionnellement, les mesures de rendement des organisations ont davantage été utilisées pour *vérifier* les réalisations passées (vision rétrospective) que pour évaluer les réalisations à venir. Selon Chiappello et Delmond (1994), l'un des reproches classiques faits au contrôle budgétaire est justement de favoriser la gestion à l'aide d'un rétroviseur. Quoiqu'il soit important de considérer les réalisations passées sur le plan de l'apprentissage, il est crucial de s'assurer que celles d'aujourd'hui mèneront bien là où l'on veut être dans l'avenir (vision prospective) ! On élabore alors un processus de suivi continuel des différents facteurs clés du rendement d'une firme qui visent à orienter les comportements et les attitudes des employés. En résumé, devant un tableau de bord, la préoccupation première des dirigeants consiste à atteindre la cible ou la destination, et non plus seulement à revoir le chemin parcouru. Un système de mesure du rendement ne doit plus être considéré comme un simple outil visant à réduire les coûts au minimum, mais comme une facette essentielle de la gestion stratégique des organisations visant la création de valeurs.

Le caractère multidimensionnel du rendement des organisations

Le tableau de bord illustre bien la nécessité que les mesures relatives au rendement organisationnel soient utilisées et analysées sur une base *multidimensionnelle*. Avec cette approche, les mesures de rendement remplissent bien leur rôle stratégique. Ainsi, un tableau de bord comporte un ensemble de voyants lumineux et de cadrans qui renseignent le pilote sur la conformité du rendement de son appareil au plan de vol qu'il a établi. De la même façon, le rendement d'une firme devrait être capté par un ensemble d'indicateurs complémentaires offrant l'image la plus complète possible de la vision et des priorités stratégiques des dirigeants. Une gestion appuyée sur une seule mesure ou sur un

FIGURE 12.3
Le tableau de bord du rendement organisationnel

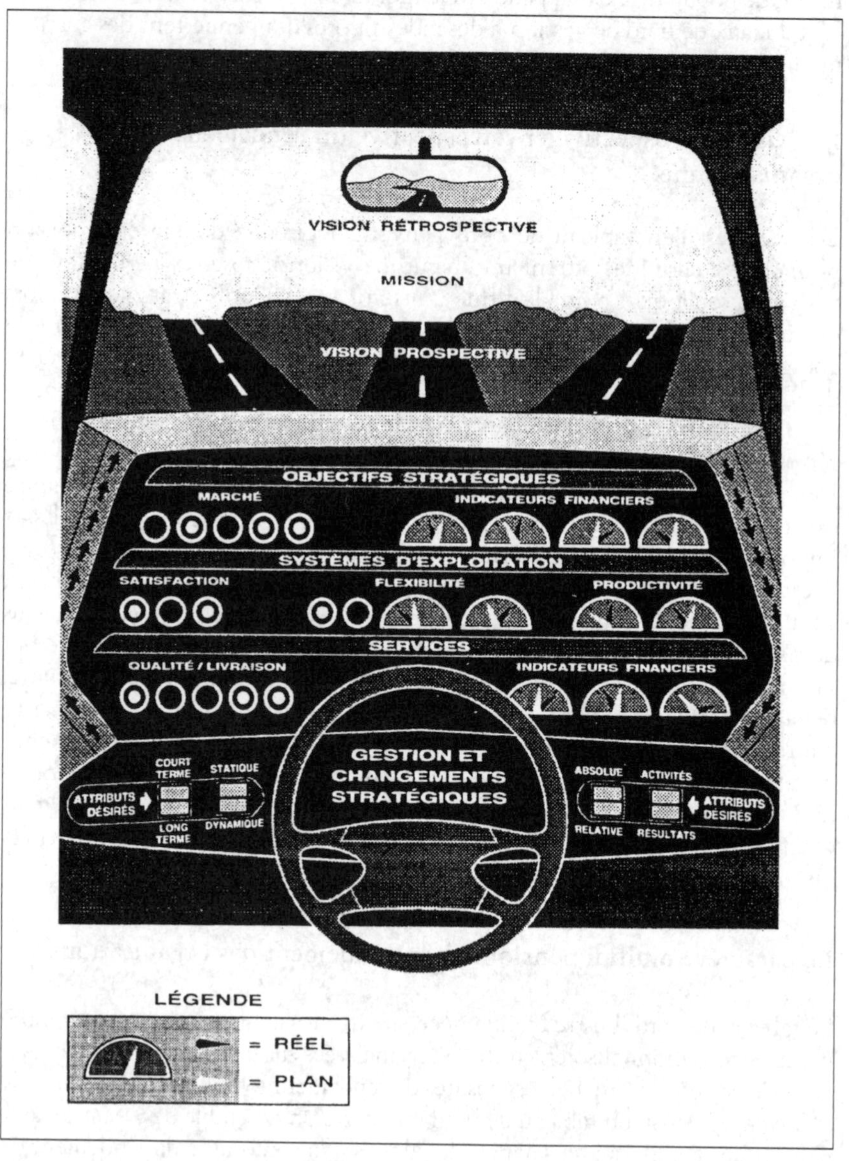

Source : St-Onge et Magnan (1998, p. 50).

nombre restreint de mesures risque de menacer la viabilité à long terme de l'entreprise, puisqu'elle donne une information fragmentée. En effet, comme chaque mesure montre le rendement d'une firme sous un angle particulier, seule la considération *simultanée* de l'ensemble des mesures du tableau de bord permet aux dirigeants d'estimer, sans risque d'oublier un angle mort, la façon dont l'ensemble de leur entreprise est efficiente dans la réalisation de sa stratégie d'affaires (sa destination). Le tableau de bord d'une firme doit en effet considérer le rendement sous divers angles et selon différentes mesures.

Le côté droit et le côté gauche du tableau de bord : perspective financière et perspective du marché

La réussite des organisations repose, entre autres, sur deux importants groupes d'acteurs : les clients et les actionnaires. Un système de mesure du rendement devrait donc offrir un équilibre entre leurs points de vue respectifs. Le tableau de bord de la figure 12.3 (p. 626) classe les mesures de rendement en deux catégories : (1) des mesures financières classiques occupent le côté droit (p. ex. : le rendement des investissements, le rendement du capital, la valeur de l'action, les bénéfices) et (2) des mesures axées sur le marché occupent le côté gauche (p. ex. : la proportion de nouveaux produits, l'amélioration continue des procédés de production, l'évolution des dépenses en recherche et développement, la part de marché absolue et relative, la qualité des produits ou des services, la satisfaction des clients). Par exemple, en 1994, lorsque l'usine de pâtes et papier de Donnacona (Québec) est passée aux mains de Produits forestiers Alliance inc., la nouvelle direction a mis en place un programme d'intéressement pour l'ensemble des salariés, basé sur un indicateur mixte tenant compte de l'augmentation du volume et de la qualité de la production annuelle. En 1995 et en 1996, ce régime a accordé des primes individuelles (non intégrées aux salaires) variant entre 1 499 $ et 2 400 $ par employé selon le nombre d'heures travaillées annuellement (Bourque et autres, 1998).

La perspective financière ou comptable

Au cours des 30 dernières années, les dirigeants nord-américains ont estimé le rendement de leur firme en privilégiant les mesures financières. Ces mesures financières :

- semblent comparables et fiables en raison du fait qu'elles sont formulées sur une base commune (argent ou rendement) ;
- doivent respecter des normes professionnelles et sont révisées par des tiers (vérificateurs externes ou internes) ;
- permettent de percevoir différentes facettes du rendement d'une firme car, par exemple, une information comme le bénéfice net peut

être décomposée en ventes, en coût des ventes, en frais généraux et en charges sociales ;

– ne font pas perdre de vue la rentabilité à court terme des firmes, leur ultime critère de survie. Remarquons qu'il s'agit ici d'une maximisation des bénéfices et non d'une réduction des coûts, puisque l'obsession des coûts amène une vision étroite qui va à l'encontre de l'atteinte des objectifs à long terme de l'entreprise.

Cependant, les mesures financières désignées par les systèmes d'information comptable comportent plusieurs faiblesses. Notamment, les mesures financières :

– incitent les cadres à accorder plus de soin à la gestion (et même à la manipulation) des données financières qu'à la gestion des activités de la firme ;
– incitent les cadres à prendre des décisions liées au rendement à court terme au détriment de décisions qui seraient bénéfiques à la réussite à long terme ;
– permettent difficilement d'évaluer et d'orienter le rendement à long terme en matière d'amélioration continue, d'innovation, de développement de compétences spécifiques, etc. ;
– incitent moins les employés à changer de comportements et d'attitudes ;
– reflètent au mieux une moitié de la réalité de l'entreprise : la réalité passée et actuelle (rétrospective) de l'exploitation. Pour capter l'autre moitié de la réalité (future), il faut tenir compte de la satisfaction des clients, puisqu'ils constituent la raison d'être et l'avenir de l'entreprise.

Par conséquent, les dirigeants doivent rétablir un équilibre en réduisant l'importance des mesures financières et en accordant plus de poids aux mesures axées sur le marché. Les préoccupations de gestion consistent de plus en plus à interroger les clients et à transmettre leurs réponses au sommet de la hiérarchie : Quels sont les besoins et les attentes des clients en matière de qualité, de délais de livraison ? etc. Agissons-nous adéquatement pour satisfaire les clients ? Mesurons-nous bien ce qui est important pour eux ? Il est essentiel de posséder des informations de cette nature. Le succès de plusieurs firmes japonaises confirme que la part de marché (augmentation des ventes et du nombre de clients) est *la* mesure critique du rendement, parce qu'elle mène ultimement au rendement financier (amélioration des bénéfices, des revenus, du rendement des investissements, des flux monétaires).

La perspective du marché

Au cours des dernières années, le recours accru à des critères visant à mesurer la *qualité* des produits ou des services pour évaluer le rendement des firmes et rémunérer les employés a été marquante. Une enquête américaine menée auprès de 125 grandes organisations (Keuch, 1994) démontre que 60 % d'entre elles gèrent leur programme de rémunération variable à court terme en tenant compte de l'atteinte d'objectifs particuliers de qualité et que le tiers d'entre elles ont élaboré des programmes incitatifs qui ne tiennent compte que de l'atteinte d'objectifs de qualité. Dans ce dernier cas, les régimes tiennent compte des mesures suivantes dans les proportions données : satisfaction des consommateurs externes (61 %), objectifs individuels de qualité (55 %), objectifs d'équipe de qualité (48 %), objectifs d'unité de qualité (48 %) et satisfaction des clients internes (26 %).

Toutefois, le fait de tenir compte de critères de qualité n'est pas nécessairement une bonne chose, car cela implique plusieurs problèmes ou limites. D'abord, les objectifs de qualité ou de satisfaction tendent à être établis en tenant peu compte des moyens de les atteindre. Par exemple, une institution financière s'est fixé comme objectif de « réduire le temps de traitement complet des prêts personnels de 25 à 20 jours » pour améliorer la satisfaction de ses clients. Quoiqu'elle ait atteint cet objectif, le nombre de ses clients a diminué au profit des compétiteurs. En fait, cette firme aurait gagné à fixer un objectif du genre « réduire le temps de réponse aux prêts personnels à 24 heures », puisque c'est ce critère que les clients considèrent vraiment et que les autres offrent déjà.

Par ailleurs, il faut mesurer et relier les récompenses à des indicateurs précis qui comptent vraiment aux yeux des clients, par exemple, le temps qu'on met à les rappeler, le temps de résolution des plaintes, etc., plutôt que de considérer des critères généraux comme la satisfaction des clients, la qualité du service, etc. Par ailleurs, une erreur fréquente qui survient lorsqu'on veut mesurer la qualité consiste à fixer des objectifs permettant d'améliorer les résultats de la firme par rapport à ceux qu'*elle a atteints dans le passé* plutôt que par rapport aux standards que la *concurrence atteint présentement* ou encore par rapport à ceux qu'*il faudra atteindre dans l'avenir.*

En résumé, les mesures de rendement financier et les mesures axées sur le marché semblent se compléter pour offrir une évaluation idéale du rendement d'une firme. Les mesures financières, généralement communiquées du haut vers le bas de la hiérarchie, apparaissent plus adéquates pour exercer un contrôle sur les conséquences des décisions d'affaires d'hier et mesurer ces conséquences, puisqu'elles offrent une perspective de l'efficacité *interne* des firmes. Les mesures axées sur le marché, généralement communiquées du bas vers le haut de la hiérarchie, apparaissent plus adéquates pour orienter le rendement futur, dans la mesure où elles offrent la perspective de l'efficacité *externe* des firmes. Si l'on reprend l'image du tableau de bord, cela signifie que les dirigeants doivent estimer le rendement en observant les « cadrans » qui reflètent l'information financière et exercer un suivi en se fiant à des « voyants d'alarme lumineux » qui présentent de l'information non financière. Ainsi, la rentabilité d'une firme par rapport à son niveau d'investissement (un

« cadran ») signalera aux dirigeants le progrès accompli dans l'atteinte d'objectifs organisationnels. Toutefois, le fait que cette firme n'attire pas de nouveaux clients (un « voyant d'alarme ») indiquera aussi que le progrès réalisé pourrait ne plus être assuré à moyen ou à long terme et que des mesures particulières de redressement pourraient être requises.

Le haut et le bas du tableau de bord : perspective stratégique et perspective opérationnelle

L'analogie avec le tableau de bord permet également d'expliquer le lien existant entre l'entreprise et son fonctionnement quotidien. L'appareil se dirige vers la vision d'affaires (la destination) des dirigeants, qui définit les compétences distinctives et les marchés de la firme. À propos des produits et des services de la firme, la vision permet de définir les facteurs clés de succès qui feront l'objet de mesures (prix, caractère innovateur ou distinctif, étendue de la gamme, qualité, disponibilité, service à la clientèle, professionnalisme des employés, etc.).

Le *haut* du tableau de bord fait référence aux *résultats* de gestion ou aux objectifs stratégiques intégrés des unités fonctionnelles de l'entreprise. Ces objectifs ont un caractère externe axé sur le marché et les clients (positionnement sur le marché, croissance de la part de marché, etc.) et un caractère interne axé sur la réussite financière et les investisseurs (trésorerie, bénéfices, etc.).

Le *centre* du tableau de bord fait le pont entre les indicateurs intégrés de rendement établis au niveau des unités fonctionnelles (haut du tableau de bord) et les indicateurs particuliers de rendement qui orientent l'activité quotidienne au sein des services (le bas du tableau de bord). Il s'agit du *processus* de gestion ou des systèmes d'exploitation regroupant toutes les fonctions courantes d'exploitation (activités, politiques, procédés) et de soutien (planification et contrôle, information, récompenses, communication) nécessaires à l'implantation d'une stratégie d'affaires. Ces systèmes d'exploitation font le lien entre la stratégie globale de l'entreprise et les objectifs de chaque service (dernier niveau du tableau de bord), de manière que tous les employés travaillent dans l'intérêt de l'ensemble de l'entreprise et orientent leurs efforts vers les éléments essentiels à la réalisation de la vision d'affaires (la destination). Le choix d'indicateurs de rendement pour les systèmes d'exploitation de la firme est guidé par trois défis d'affaires différents auxquels toute firme doit assortir un système de mesure approprié :

1. Le défi de la *satisfaction des clients* (côté gauche du tableau de bord) regroupe les facteurs de succès reliés au style et à la gamme de produits, à la qualité des services, etc. Ce facteur critique peut être mesuré à l'aide d'indicateurs comme le taux de réabonnement, la fidélité des clients, le nombre de plaintes, les résultats d'enquêtes, etc. ;

2. Le défi de la *flexibilité* (centre du tableau de bord) correspond au degré de sensibilité du système d'exploitation aux nouvelles exigences des clients (point de vue du marché) et à la manière efficiente (point de vue financier) dont s'exerce cette sensibilité, par exemple, en améliorant les produits, les services ou les procédés de production de la firme. Il peut s'agir de la qualité du système de distribution, de la gestion des stocks, etc. Ces facteurs clés peuvent être mesurés à l'aide d'indicateurs comme le taux de roulement des stocks, le délai de livraison des commandes urgentes, la proportion des produits nécessitant le même processus de production, etc. ;
3. Le défi de la *productivité* correspond à l'efficacité (côté droit du tableau de bord), en matière de coûts et de temps, avec laquelle sont gérées les ressources reliées à l'atteinte des objectifs de satisfaction de la clientèle et de la flexibilité. En somme, la productivité signifie « faire plus avec moins » et repose sur le contrôle des coûts, des prix, des budgets, des délais, etc. Elle peut être mesurée à l'aide d'indicateurs comme le coût des ventes, la marge bénéficiaire, le taux de roulement des actifs, la valeur ajoutée par employé, etc.

Le *bas* du tableau de bord donne des indications opérationnelles, concrètes et précises, qui peuvent être suivies par les cadres et les employés de l'entreprise. Ces mesures sont soit externes et importantes pour les clients, (p. ex. : la qualité des produits ou des services et les délais de livraison), soit internes et moins perceptibles pour les clients (p. ex. : la durée du cycle de production ou de développement de nouveaux produits et le gaspillage).

Les attributs des mesures de rendement d'un tableau de bord organisationnel

Jusqu'à présent, notre analyse a essentiellement porté sur l'établissement d'une classification des mesures de rendement selon leur pertinence dans un contexte de gestion stratégique. Toutefois, en plus d'être pertinente, une mesure de rendement doit également constituer le reflet valable d'un résultat. On peut distinguer les mesures de rendement organisationnel selon un certain nombre d'attributs – notamment leur caractère plus ou moins statique ou dynamique, le fait qu'elles soient à court terme ou à long terme, relatives ou absolues et axées sur les activités ou sur les résultats. Ces attributs des mesures de rendement sont brièvement décrits dans la partie qui suit.

Des mesures statiques et des mesures dynamiques

L'objectif d'un système de mesure de rendement étant de baliser le progrès d'une firme en vue de l'atteinte d'un certain nombre d'objectifs stratégiques, des données statiques sur le rendement organisationnel établies à un moment précis sont peu utiles. Il apparaît plus pertinent de recourir, lorsque c'est possible, à des mesures dynamiques donnant une variation (ou une tendance) d'informations sur plusieurs périodes de référence, parce qu'elles captent mieux l'effet des décisions et des actions des employés et des dirigeants. Ces mesures montrent, entre autres, l'amélioration du rendement du capital investi, la croissance des ventes, l'accroissement du nombre de nouveaux clients, la réduction du nombre de pièces défectueuses, etc. Comparées aux mesures statiques (ou ponctuelles), les mesures dynamiques sont également moins sujettes à manipulation de la part des employés. De la même manière, dans un contexte d'amélioration continue, les mesures de tendances de rendement constituent un meilleur reflet des visées stratégiques des dirigeants.

Des mesures à court terme et des mesures à long terme

Comme les mesures de rendement ne sont pas toutes aussi sensibles aux décisions de gestion, le système de mesure doit comporter deux volets : un volet *à court terme* regroupant des indicateurs qui peuvent être améliorés à brève échéance (le niveau de rotation des stocks, les liquidités générées par l'exploitation, l'efficacité à obtenir des réponses favorables à des appels d'offres, etc.) et un volet *à long terme* correspondant à des indicateurs qui ne peuvent être améliorés que sur une longue période (le rendement de l'actif, la satisfaction des clients, la capacité d'innovation, etc.). Considérer l'évolution du rendement sur une certaine période plutôt qu'à un moment précis diminue l'effet de facteurs socio-économiques particuliers dans un moment particulier et révèle davantage la qualité des décisions antérieures de gestion. Ainsi, sur une période de trois ans, il est probable que la répercussion d'une récession économique sur les bénéfices d'une entreprise soit compensée par l'effet d'une reprise ; la croissance moyenne du bénéfice réalisé au cours de cette période risque d'être moins subjective que la volatilité aléatoire des données annuelles sur les bénéfices.

En ce qui concerne la mesure du rendement de l'entreprise à court terme, on a fréquemment recours aux budgets. Malgré leur caractère subjectif, les budgets représentent des instruments fondamentaux de gestion, et le processus interactif selon lequel ils sont élaborés assure un minimum d'objectivité. De plus, afin de limiter l'impact des facteurs externes sur lesquels les dirigeants n'ont aucune maîtrise, les budgets et les indices qui en découlent peuvent permettre de comprendre les hypothèses qui les sous-tendent. Par exemple, si le coût du pétrole constitue un élément important de la rentabilité d'une entreprise, l'objectif du rendement attendu pourra être fixé à 20 % si la valeur du baril de pétrole brut se maintient entre 17 $ et 18 $. À la fin de l'année, il sera alors possible d'apprécier le rendement de l'entreprise selon cet objectif, tout en tenant compte de l'évolution du prix du pétrole brut au cours de la période concernée. Plusieurs indices de rendement à court terme sont traditionnellement utilisés pour déterminer les primes de rendement (p. ex. : le *rendement des capitaux propres*, le *rendement des capitaux utilisés*).

Des mesures absolues et des mesures relatives

Le succès actuel et futur d'une firme ne s'estime pas seulement en termes absolus, mais aussi en le comparant au succès de ses compétiteurs. En outre, comme le rendement d'une firme et celui de ses compétiteurs sont souvent influencés par les mêmes facteurs socio-économiques, l'évaluation relative des données portant sur leur rendement respectif permet de mieux isoler la valeur ajoutée d'une équipe de direction particulière. Une manière d'obtenir de l'information relative sur le rendement est d'établir des normes d'excellence de jalonnement (*benchmarking*), pratique qui consiste généralement, pour les dirigeants, à repérer des concurrents ou des firmes dans d'autres secteurs qui adoptent de meilleures pratiques de gestion et à comparer leurs façons de faire avec celles de la firme. Cette analyse permet de découvrir les améliorations à apporter dans la gestion ou encore de suivre les progrès accomplis en ce domaine. Le rendement relatif d'une firme peut aussi être estimé en comparant directement certains de ses résultats avec ceux d'autres entreprises.

Plusieurs personnes suggèrent d'apprécier la valeur relative des indices de rendement d'une entreprise en les comparant avec ceux d'un ensemble différent d'entreprises. Par exemple, l'objectif de rendement des capitaux propres pourra correspondre à la médiane de l'indice moyen d'un groupe d'entreprises préalablement repérées. L'approche comparative comporte plusieurs avantages. Premièrement, elle donne une information plus riche. En effet, il est différent d'obtenir un rendement des capitaux propres de 15 % et de se rendre compte que ce pourcentage ne correspond qu'au premier quartile de la distribution de cet indice pour un ensemble d'entreprises avec lesquelles il est possible de se comparer ou avec lesquelles les actionnaires comparent la firme. Deuxièmement, l'approche comparative permet de tenir compte de l'effet de facteurs économiques ou d'autres facteurs qui ont une influence sur le rendement de l'entreprise et sur lesquels la direction n'a pas de contrôle. Par exemple, on peut penser à l'évolution du prix des matières premières dans certaines industries et à l'évolution du prix du pétrole dans d'autres industries. Troisièmement, une comparaison avec un ensemble d'entreprises permet de renforcer le sentiment de compétitivité et d'estimer le rendement en adoptant la perspective de l'actionnaire ou de l'investisseur éventuel.

La comparaison avec le marché présente cependant des limites. D'abord, elle ne considère pas les particularités de l'entreprise (c'est-à-dire sa stratégie d'affaires, ses objectifs, etc.). Ainsi, l'entreprise qui adopte une stratégie d'augmentation des ventes axée sur des investissements massifs aura à court terme un rendement des capitaux propres défavorable par rapport à celui des autres entreprises du même secteur d'activité. Un deuxième inconvénient de la comparaison avec le marché est que l'entreprise ne contrôle pas la répercussion des actions stratégiques des entreprises de référence sur leur rendement. Cette limite est particulièrement importante lorsque le nombre d'entreprises de référence n'est pas très élevé. Par exemple, plusieurs entreprises peuvent adopter une stratégie d'endettement pour financer leurs investissements, ou encore diminuer de façon importante leurs fonds de roulement, de façon à éviter de devenir une proie trop tentante pour une prise de contrôle. Ces façons de faire amènent plusieurs indices financiers du rendement des entreprises à ne plus refléter leur situation normale, ce qui fausse toutes les comparaisons.

Des mesures axées sur les activités et sur les résultats

Le rendement se rapporte à l'atteinte d'objectifs ou de résultats, alors qu'une activité n'est qu'un maillon d'un processus de production, de vente, etc. Trop souvent, les systèmes de mesure de rendement ne considèrent que la qualité dans les activités. Pourtant, une activité bien faite peut aller à l'encontre de l'atteinte des résultats visés. Ainsi, pour une entreprise de fabrication, le fait de réduire au minimum les coûts des matières premières ou les coûts de l'entretien de la machinerie peut nuire à l'objectif de réduction des coûts totaux de production, ou encore à l'amélioration de la qualité des produits à cause des conséquences potentielles (augmentation du nombre de rejets, augmentation du nombre de retours des clients, temps de production accru, etc). Dans un autre contexte, ce qui importe pour une firme de distribution n'est pas de réduire au minimum le nombre de transactions d'achat de marchandises (activité), mais plutôt d'améliorer le taux de rotation des stocks (rendement financier) et d'abaisser le nombre et le montant des commandes en souffrance (rendement du marché).

12.4.3 L'administration d'un système de gestion du rendement des firmes

Jusqu'à maintenant, nous avons traité de l'importance du tableau de bord de rendement organisationnel et des caractéristiques de ses indicateurs. Voici maintenant certains conseils relatifs à l'élaboration et à la gestion du système de mesure qui contribue le plus à maximiser le rendement à court et à long terme et qui maximise l'efficacité des régimes collectifs de rémunération variable.

La création d'un comité composé de cadres de différentes disciplines

Comme un système d'évaluation du rendement organisationnel doit présenter plusieurs types de mesure, il est recommandé qu'il soit mis au point et géré par un comité composé de spécialistes de différentes fonctions, afin d'éviter de se limiter à l'expertise de spécialistes en finance et en comptabilité.

La conception d'un système maison de mesures de rendement intégrées

Trop souvent les dirigeants se limitent à déterminer et à communiquer les facteurs clés de succès (service à la clientèle, innovation, qualité, etc.) et font peu pour mettre au point la mesure de ces facteurs. De plus, les efforts déployés pour améliorer le rendement des firmes privilégient trop fréquemment un aspect de l'exploitation au détriment d'un autre, par exemple, la qualité à n'importe quel prix, la quantité au détriment de la qualité, l'amélioration des délais de livraison au détriment de l'augmentation des stocks, etc. Dans d'autres cas, les mesures de rendement sont souvent incohérentes et changent selon les crises ponctuelles : on examine tantôt le rendement des investissements, tantôt la qualité, tantôt les rapports d'expédition, etc. Finalement, les mécanismes de suivi de gestion sont souvent trop lents et s'appuient sur des budgets qui se révèlent rapidement peu fiables ou périmés.

L'analogie avec le tableau de bord contraint les dirigeants à suivre *simultanément* toutes les mesures de rendement importantes, à estimer si l'amélioration d'un indicateur est obtenue au prix de la détérioration d'un autre et à faire les compromis nécessaires à la réalisation de la vision et des objectifs stratégiques des firmes. Les dirigeants doivent comprendre la dynamique propre à chacune des mesures de rendement ainsi que les effets de leur interaction sur les attitudes et les comportements des employés.

Dès lors, des compromis s'imposent : il faut retenir les mesures qui créent le tableau de bord le plus valable, le plus simple, le plus souple et le plus focalisé possible, de façon à éviter la multiplication d'informations inutiles, afin de ne pas passer plus de temps à recueillir, à retrouver et à lire l'information qu'à gérer l'entreprise ou à accomplir des actes plus utiles. En somme, le tableau de bord doit conserver son avantage sur les autres outils de suivi, c'est-à-dire être plus maniable, rapide et apte à fournir des informations utiles dans un contexte d'instabilité. Il faut cibler les indicateurs importants pour l'atteinte des objectifs d'affaires et résister à la tentation d'augmenter l'importance des indicateurs facilement mesurables parce qu'ils sont faciles à mesurer. Dans ce contexte, il faut se rappeler que les mesures dites « douces » (reliées à la qualité, à la satisfaction, etc.) peuvent être aussi cruciales pour le succès de l'entreprise que les mesures dites « dures » (reliées aux ratios, aux bénéfices, etc.).

Sur quels facteurs de succès une firme doit-elle mettre l'accent ? La réponse dépend d'éléments comme sa stratégie d'affaires, les caractéristiques de ses compétiteurs, son taux relatif de réussite par rapport à chacun des indicateurs de rendement, son mode d'organisation du travail, etc. « Le tableau de bord est, par nature, un outil personnalisé dans son contenu » (Chiappello et Delmond, 1994, p. 50). Chaque firme doit adopter un tableau de bord sur mesure, propre à sa situation et à ses priorités, et le modifier en fonction de son évolution. Sinon, les mesures risquent de fournir des informations inutiles, non pertinentes, déroutantes, ou pire, le tableau de bord peut amener l'adoption de comportements qui empêchent la réalisation de la stratégie d'affaires. Par exemple, le choix des indicateurs peut varier selon le cycle de vie d'une firme. Pour les firmes qui démarrent, la croissance des revenus peut être intéressante. Par ailleurs, la croissance des ventes peut être considérée avec celle des bénéfices, de manière à décourager le personnel de vente d'effectuer des ventes peu rentables. Pour les firmes ayant atteint un certain stade de maturité, des mesures comme les bénéfices d'exploitation peuvent prendre de l'importance.

La communication relative aux mesures de rendement

Les employés ont besoin de plus que d'une direction pour être performants ; il leur faut une image claire de la façon dont le travail devrait être fait. Par conséquent, il faut définir, faire connaître et expliquer l'ensemble des activités de l'organisation, de manière que tous puissent travailler à la rendre plus efficiente aux yeux des clients et à chercher des moyens de simplifier les tâches.

Pour être efficace, un système de mesure ne doit pas seulement être bien conçu, mais il doit également être connu, compris et accepté par les cadres et les employés. Pour y arriver, on doit constamment se reporter aux mesures de rendement dans les communications courantes, tant écrites qu'orales, avec les employés des niveaux hiérarchiques inférieurs. La communication reliée au système de mesure doit présenter des cibles claires et éviter toute confusion et tout signal contradictoire. Par conséquent, il est souhaitable de regrouper les mesures de rendement par facteurs clés de succès, de manière à encourager les employés à penser et à agir selon ces facteurs. Par ailleurs, il faut privilégier une communication rapide et visuelle de l'information : des « graphiques parlants », des « indicateurs qui changent de couleur », etc. Selon Voyer (1998, p. 163), il faut penser sous l'angle de la « valeur ajoutée à l'information » et viser à « faire parler l'information plus et mieux ». À ce titre, le recours aux nouvelles technologies de l'information s'impose. L'encadré 12.1 illustre la façon dont la compréhension des critères de rendement peut contribuer au succès d'une firme.

ENCADRÉ 12.1

La société Springfield Remanufacturing Corporation

Les employés de la société Springfield Remanufacturing Corporation (SRC) jouent ce que le PDG, Jack Stack, appelle « le grand jeu des affaires » (*The Great Game of Business* est également le titre de son livre). Les employés de cette société reçoivent des informations sur les mesures financières et participent activement à l'élaboration du plan d'entreprise annuel. Ces employés apprennent ce qui est, selon M. Stack, la vérité fondamentale pour être en affaires – « la seule façon de se sentir en sécurité est de faire de l'argent et de générer des revenus. Tout le reste est une façon d'en arriver à cette fin ».

Située à Springfield, au Missouri, la SRC fabrique des moteurs et des pièces. Cette société a été fondée en 1983, à partir de ce qui restait d'une division de la société International Harvester. La nécessité de connaître le rendement financier en temps réel était une question de survie pour les 199 employés-propriétaires qui avaient organisé l'achat par endettement afin de garder l'usine ouverte – malgré une proportion d'endettement de 89 pour 1.

Pour insuffler un sentiment d'urgence dans l'organisation et pouvoir mettre à contribution la créativité et le génie de tous les employés pour gagner au jeu des affaires, la SRC a enseigné aux employés comment lire et comprendre un énoncé financier et un bilan. Ils ont appris à trouver des situations permettant de générer des revenus ainsi qu'à considérer la gestion des dépenses, ce qui comprend leurs propres salaires, les profits et les primes. Une fois par semaine, ils vérifient le rendement en vertu des prévisions et ils ont tous accès à l'indicateur de l'état des résultats.

Comme les employés sont également propriétaires de la société par l'entremise de l'achat d'actions, l'augmentation de la valeur de ces actions fait partie de leur rémunération.

Les résultats de l'approche de « gestion à livre ouvert » adoptée par la SRC ont été spectaculaires. La valeur de l'entreprise s'est accrue de 18 200 % (l'action passant de 0,10 $ à 18,39 $) en 10 ans.

Source : Inspiré de P. Britton et C.J. Walker, « Au-delà de la carotte et du bâton », *Effectif, Le magazine de l'ordre des conseillers en ressources humaines et en relations industrielles du Québec*, vol. 2, n° 1, janvier-mars 1999, p. 15.

La présence de flèches allant dans des sens opposés sur les côtés du tableau de bord présenté à la figure 12.3 (p. 626) indique que l'information à considérer ne doit plus seulement – comme cela a toujours été le cas – être communiquée de haut en bas, c'est-à-dire des dirigeants vers les employés de la base, mais qu'elle doit également circuler de bas en haut, c'est-à-dire des clients et des employés de la base vers les dirigeants. Ce changement relié au contrôle de l'information reflète les nouvelles approches de gestion (qualité totale, amélioration continue, réingénierie des processus de gestion, etc.), qui s'appuient sur une responsabilisation et une participation accrues des employés de la base.

L'adoption croissante de modes d'organisation du travail centrés sur les équipes autonomes incite plusieurs entreprises à se préoccuper davantage de la gestion du rendement de groupe, afin de favoriser l'esprit de collaboration. On fixe alors des normes ou des objectifs pour l'unité d'exploitation et on organise des rencontres de groupe au cours desquelles on discute de l'avancement des projets et de l'établissement d'objectifs collectifs. Pour rendre plus efficace la rétroaction donnée aux équipes, certaines entreprises utilisent des moyens visuels qui illustrent l'évolution des résultats (graphiques, thermomètre sur lequel les progrès sont indiqués, affiches qui montrent la production de la journée). Toutefois, la rétroaction sur le rendement de l'équipe n'amène pas la disparition de la rétroaction sur le rendement individuel. En effet, même lorsqu'ils travaillent selon un mode d'organisation en équipe, les employés veulent recevoir une rétroaction sur leur rendement individuel.

Le lien entre la rémunération et la mesure du rendement organisationnel

Ce qui est mesuré retient l'attention, d'autant plus si on associe les récompenses aux mesures de rendement.

On doit donc considérer ces mesures dans l'attribution de diverses formes de reconnaissance (promotions, primes, etc.) ou du moins, on doit veiller à ce qu'elles ne soient pas associées à des pénalités. Il faut s'assurer de récompenser les employés pour l'atteinte d'objectifs réels, par exemple, l'élimination du gaspillage plutôt que sa gestion. Les régimes de partage des gains de productivité visent justement à inciter les employés à participer à la poursuite des objectifs de rendement de l'unité (réduction du gaspillage, du délai de livraison, etc.).

Compte tenu de la multiplicité des régimes collectifs de rémunération, tant à court terme qu'à long terme (voir le chapitre 11), il est maintenant courant de les classer selon la nature des indicateurs de rendement dont ils rendent compte (les indicateurs financiers, opérationnels, comportementaux, etc.). En effet, pour de moins en moins d'entreprises, l'attribution d'une récompense est fonction d'un seul indicateur, comme les bénéfices ou la productivité. La tendance est plutôt de relier la récompense à quatre ou cinq critères de rendement jugés critiques et complémentaires à l'intérieur d'un régime que l'on pourrait qualifier d'« hybride ». Ainsi, un régime de partage du succès récompense l'atteinte d'objectifs rattachés à divers indicateurs de rendement.

L'encadré 12.2 présente une liste des indicateurs de rendement les plus fréquemment considérés dans les régimes collectifs de rémunération. Afin d'appuyer les stratégies dites de « qualité totale » et de proposer des indicateurs sur lesquels les employés ont un plus grand contrôle, on tient de plus en plus compte, au cours de l'élaboration des régimes de rémunération variable, de mesures de rendement reliées à la qualité des produits et des services (le taux de rejets, les délais de livraison, etc.), à la satisfaction des clients (le retour des produits, les plaintes, etc.) et aux comportements des employés (l'absentéisme, la sécurité au travail, etc.). Les mesures plus « traditionnelles » visant à évaluer le rendement d'une organisation peuvent être classées selon qu'elles représentent des indices de l'efficacité des opérations de l'entreprise (mesures comptables) ou de l'utilisation des ressources financières (mesures financières). Les indices de marges bénéficiaires et d'augmentations du volume des ventes sont des mesures comptables, alors que des indices comme le rendement des capitaux propres, le rendement des actifs nets et le rendement des capitaux utilisés constituent des indices de mesures financières.

ENCADRÉ 12.2

Divers indicateurs de rendement pouvant être considérés par un régime collectif de rémunération variable

Rendement comptable
- Bénéfices
- Croissance des bénéfices
- Marge bénéficiaire brute
- Flux de trésorerie
- Chiffre d'affaires
- Croissance du chiffre d'affaires
- Rendement des capitaux propres

Rendement boursier
- Bénéfices par action
- Rendement boursier

Productivité
- Nombre d'unités produites
- Nombre d'appels
- Taux de production
- Réduction des coûts

Qualité
- Taux de rejets ou d'erreurs
- Satisfaction des clients

Temps
- Délais de livraison
- Respect des échéances

Comportements au travail
- Accidents de travail
- Assiduité au travail

Source : St-Onge et autres (1998, p. 410).

12.5 LA GESTION DU RENDEMENT DES EMPLOYÉS

Un système d'évaluation du rendement individuel à l'usage d'un régime de rémunération variable (salaire au mérite, prime individuelle, commission, etc.) est axé sur l'application d'une entente conclue entre l'organisation et l'employé au sujet de la relation « rendement passé – rémunération ». Un tel régime de rémunération variable suppose, à un moment ou à un autre, une évaluation du rendement individuel. Dans un contexte de rémunération au mérite, cette évaluation a souvent lieu au même moment de l'année, pour tous les membres d'une catégorie de personnel. L'évaluation est faite à partir de critères de rendement déterminés lors de la planification du rendement en début de période ; cependant, le cadre exerce un suivi sur le rendement tout au long de la période. Ces critères sont souvent inscrits dans un formulaire d'évaluation du rendement, qui constitue un outil pour aider le cadre à porter un jugement sur la contribution de ses employés.

Historiquement, on a souvent recommandé de distinguer l'évaluation du rendement à l'usage de la rémunération au mérite de celle qui vise à cerner les besoins de formation et de perfectionnement. Une recherche portant sur la question (Prince et Lawler, 1986) a révélé que le fait de discuter des salaires lors de l'entretien d'évaluation peut avoir un effet positif sur la perception que les employés évalués ont du processus d'évaluation, de son contenu et de ses résultats, pour plusieurs raisons : (1) lorsque les parties doivent discuter des augmentations de salaire, elles se préparent avec plus de soin à un entretien d'évaluation ; (2) une discussion sur les salaires a pour effet de susciter plus d'intérêt de la part des parties, ce qui amène une plus grande participation de l'employé évalué et, donc, une meilleure compréhension et une plus grande adhésion aux objectifs de travail ; (3) une telle discussion a également pour effet de rendre plus clair le message relié aux résultats de l'évaluation. Par ailleurs, le fait de séparer la discussion relative à l'augmentation de salaire au mérite de celle portant sur le développement ne peut que provoquer de l'irritation chez les employés, et elle peut même les amener à juger leur patron hypocrite.

12.5.1 L'arrimage entre les mesures de rendement organisationnel et les mesures de rendement individuel

Le choix des mesures de rendement organisationnel visant à évaluer l'atteinte des objectifs d'affaires est important. En effet, les mesures de rendement organisationnel doivent déterminer la nature des critères du rendement individuel retenus en vue d'évaluer, voire de rémunérer, les employés. Ces mesures, qui sont reliées à l'atteinte d'objectifs, doivent, pour être efficaces, se traduire pour les employés en interventions d'ordre opérationnel. En effet, il est préférable de transformer cette finalité en opérations sur lesquelles les employés ont une certaine maîtrise, comme l'élimination des erreurs, la réduction des accidents de travail ou la réduction de l'absentéisme.

Par conséquent, le choix des mesures de rendement organisationnel peut amener les employés à bien effectuer les « mauvaises » tâches comme les « bonnes » tâches. En effet, si ces mesures ne se rapportent pas aux bonnes tâches, c'est-à-dire si elles ne sont pas pertinentes, les mesures de rendement individuel qui en découlent risquent d'inciter les employés à adopter des comportements qui ne favoriseront pas l'atteinte des objectifs de l'entreprise, et qui pourront même lui nuire. Les mesures de rendement organisationnel mal ciblées seront d'autant plus néfastes que leur appariement avec les mesures de rendement individuel sera précis, car les employés déploieront tous leurs efforts pour se conformer à des critères de rendement inadéquats.

Un système de gestion du rendement individuel doit donc reposer sur deux éléments fondamentaux : une liste des objectifs généraux de l'organisation et une description des responsabilités particulières de chacun des employés. En effet, il faut que les objectifs établis entre les superviseurs et leurs employés soient conformes aux objectifs stratégiques et aux priorités de l'organisation. Lorsque les objectifs stratégiques de l'organisation ne sont pas considérés, les employés risquent d'établir des priorités individuelles allant à l'encontre des priorités organisationnelles, ou encore, d'établir des priorités individuelles secondaires par rapport aux priorités de l'organisation. Par conséquent, le choix des mesures de rendement d'une firme est important, puisqu'il peut amener les employés à *bien* effectuer les *mauvaises* tâches. En effet, les mesures de rendement organisationnel influent sur les critères de rendement individuel retenus pour évaluer – et souvent pour rémunérer – les cadres et les employés. Si les mesures de rendement organisationnel ne se rapportent pas aux bonnes tâches (non-pertinence), les mesures de rendement individuel qui en découlent risquent d'inciter les employés à adopter des comportements et des attitudes *dysfonctionnels* qui ne contribuent pas ou qui peuvent même nuire à l'atteinte des objectifs de l'entreprise. Des mesures de rendement organisationnel mal ciblées sont d'ailleurs d'autant plus néfastes que leur arrimage avec les mesures de rendement individuel est précis, les employés cherchant alors à respecter des critères d'évaluation du rendement inadéquats.

Par ailleurs, il faut que le cadre et le subordonné ou les membres de son équipe s'entendent sur les responsabilités ou les activités importantes du poste ou de l'équipe. S'il ne tient pas compte des responsabilités particulières de l'employé évalué, le superviseur risque de lui fixer des objectifs de travail qui ne devraient pas lui être assignés ou de le rendre responsable de la réalisation d'objectifs dont les ressources sont en dehors de son champ de responsabilités ou d'autorité. Par exemple, les responsabilités d'un représentant commercial peuvent toucher les ventes, le développement de la clientèle, la gestion et les relations avec d'autres acteurs de l'entreprise. En ce qui concerne les cadres, on peut définir, par exemple, trois grandes responsabilités : la gestion des employés, l'administration des ressources matérielles et financières de l'unité, et la qualité des produits et des services offerts aux clients, tant à l'intérieur qu'à l'extérieur de l'entreprise.

Par la suite, le cadre doit déterminer avec le subordonné ou avec les membres de son équipe des critères de rendement formulés selon des objectifs de travail, des normes à respecter ou des comportements à adopter pour une période préétablie. Toujours dans le cas d'un représentant commercial, l'objectif des ventes peut être d'augmenter leur montant de 5 % au cours de la prochaine année, alors que pour le développement de la clientèle, il peut être d'augmenter le nombre de clients de 3 % pendant la même période. En ce qui a trait aux comportements, on peut considérer la qualité du suivi qu'un représentant exerce auprès de ses clients après avoir effectué des ventes.

Une fois que les objectifs et les comportements désirés ont été déterminés, la discussion devrait porter sur le plan d'action, c'est-à-dire sur les moyens à prendre pour atteindre les objectifs ou pour améliorer les comportements. Comment le représentant devrait-il s'y prendre pour augmenter ses ventes ? pour accroître le nombre de ses clients ? pour améliorer la qualité de son suivi auprès des clients ? Le contenu de cette discussion portant sur les responsabilités, les objectifs, les comportements attendus et le plan d'action devrait faire l'objet de notes. Dans la mesure où un superviseur se donne la peine de prendre des notes sur le sujet discuté, ses employés seront plus enclins à consacrer leur énergie à l'atteinte des objectifs. En effet, lorsqu'on prend des notes, il y a moins de risques que certaines paroles soient oubliées ou qu'elles soient interprétées différemment avec le temps et les changements d'humeur.

12.5.2 L'évaluation du rendement individuel

L'évaluation du rendement d'un employé consiste à porter un jugement sur le travail effectué pendant une période se situant généralement au cours de l'année précédente. L'accent mis sur le passé est important, car il distingue l'évaluation du potentiel d'un employé de l'évaluation de son rendement. Ainsi, l'évaluation du potentiel consiste à porter un jugement sur la capacité d'un employé à assumer des responsabilités différentes de ses responsabilités habituelles ou supérieures à celles-ci. L'accent est alors mis sur le rendement futur d'un employé dans un poste déterminé. En fait, l'évaluation du potentiel est inhérente à toute décision de sélection : on tente d'évaluer la capacité d'un candidat à réussir dans un poste donné alors qu'il n'a pas encore rempli ces tâches dans l'entreprise.

Comme il est impossible de percevoir d'une manière instantanée et globale l'ensemble de la contribution d'un employé dans une organisation, on doit établir des *critères* d'évaluation du rendement. Les critères d'évaluation représentent les attentes de l'organisation ou les divers aspects de l'apport d'un employé qui rendent compte de sa contribution. De tels critères doivent refléter la tâche de l'employé et les éléments dont il est responsable plutôt que de traduire d'autres variables. Au cours d'un exercice de détermination de critères de rendement, il est presque assuré que certains employés affirmeront que leur rendement est particulièrement difficile à évaluer et qu'aucun ensemble de critères ne peut réussir à le mesurer. Toutefois, il faut se rappeler qu'on porte toujours des jugements sur le rendement des employés, même s'il n'existe aucun formulaire à cet effet. Aussi est-il préférable d'utiliser un formulaire pour indiquer les critères de rendement aux cadres et assurer une certaine équité et une certaine transparence.

Pour être adéquats, les critères de rendement doivent comporter certaines caractéristiques. Il faut donc s'interroger sur la pertinence des critères : Jusqu'à quel point sont-ils reliés aux bonnes tâches et aux bons comportements, c'est-à-dire aux éléments qui ont vraiment une valeur ajoutée ? On doit analyser le lien entre, d'une part, les valeurs et les facteurs de succès d'une organisation et, d'autre part, les critères de rendement individuel du personnel. Il faut également s'interroger sur la validité de la mesure : Jusqu'à quel point les tâches et les comportements sont-ils évalués adéquatement ? Il faut chercher à bien définir les critères et à réduire le plus possible leur subjectivité.

On peut regrouper les approches en matière d'évaluation du rendement des employés en quatre grandes catégories : (1) les échelles de notation basée sur les traits de personnalité, (2) les échelles de notation basée sur les comportements requis au travail, (3) la détermination de résultats ou d'objectifs à atteindre et (4) l'approche hybride. Petit et Haines (1998) ont fait une bonne synthèse de ce sujet.

Les échelles de notation basée sur les traits de personnalité

L'échelle de notation (ou échelle graphique) présente une liste d'énoncés sur lesquels l'évaluateur doit porter un jugement qu'il inscrit sur une échelle numérique allant, par exemple, de 1 (« insatisfaisant ») à 5 (« exceptionnel ») ou sur une échelle verbale allant de « faible » à « fort ». On trouve une échelle de notation dans plusieurs formulaires d'évaluation parce qu'il est facile pour les cadres et les employés évalués de la comprendre et de la remplir. En général, les gens sont habitués à remplir des formulaires, des questionnaires ou des examens qui se présentent sous ce format. Par ailleurs, les critères (les énoncés) étant uniformisés, c'est-à-dire qu'ils sont les mêmes pour tous les employés, les évaluations des employés peuvent être comparées.

Les traits de personnalité ou les caractéristiques d'une personne sont les critères d'évaluation utilisés le plus fréquemment, à cause de la prétendue facilité avec laquelle on peut les identifier. Paradoxalement, un formulaire d'évaluation du rendement devrait contenir le moins possible de traits de personnalité tels que l'enthousiasme, la sociabilité, le dynamisme, l'intelligence, l'honnêteté, la créativité, le leadership, etc. Quoique ce conseil soit diffusé depuis longtemps, la plupart des formulaires d'évaluation se réfèrent encore aujourd'hui aux traits de personnalité. Pourquoi ? Principalement parce qu'il est simple de procéder ainsi – tout le monde est capable de faire rapidement la liste d'un ensemble de traits de personnalité socialement désirables – et que cela permet de préparer un seul formulaire pour l'évaluation de tous les employés (des employés de bureau aux cadres et aux professionnels en passant par les employés de production) ! Pour certaines entreprises, cette façon de faire est avantageuse puisqu'à court terme, elle permet de réduire les coûts (de développement, de formation et de gestion) et qu'elle peut sembler plus équitable, tous étant évalués à partir d'un même formulaire.

Toutefois, en matière d'évaluation du rendement, simplicité ne signifie pas pertinence, validité et utilité. Bien qu'en pratique, ils comptent des défenseurs, ces critères sont les plus contestés dans la documentation portant sur le sujet. Paradoxalement, plus un formulaire contient de traits de personnalité, moins les superviseurs sont tentés de l'utiliser pour évaluer le rendement de leurs employés. Et ils ont parfaitement raison ! Un formulaire faisant appel à de nombreux traits de personnalité n'est pas utile : il est même plutôt nuisible. En effet, les caractéristiques personnelles sont difficiles à définir, à évaluer et à communiquer : elles ne peuvent donc pas amener l'amélioration du rendement. Par ailleurs, les traits de personnalité n'ont souvent rien à voir avec les comportements et les résultats au travail, qui doivent pourtant faire l'objet de la gestion du rendement.

Qu'est-ce qu'une personne sociable ? Si l'on interrogeait plusieurs personnes sur ce point, chacune aurait une réponse différente. Même quand ils sont accompagnés de définitions relativement précises, les critères de personnalité posent de sérieux problèmes d'interprétation parce qu'en général, ils ne sont pas directement observables. On ne « voit » pas le leadership d'une personne : on voit surtout des comportements qu'on attribue plus ou moins à du leadership. L'évaluation devient donc une affaire de perception et, comme l'évaluateur et l'évalué n'ont pas la même perspective, il ne fait pas de doute qu'ils interprètent les critères d'évaluation de façon différente. Il est alors utopique de penser qu'on peut être en mesure de donner une rétroaction efficace en recourant à des critères que les employés définiront tous différemment. Dans une telle situation, l'entrevue d'évaluation du rendement risque de n'être qu'un exercice au cours duquel chacun tente d'amener l'autre à comprendre et à adopter sa propre définition de l'intelligence, du dynamisme, etc.

Par ailleurs, les cadres ne sont pas des psychologues : ils ne sont pas qualifiés pour juger la personnalité. Ceux qui s'aventurent à traiter de personnalité par plaisir abusent tout simplement de leur autorité (il y aura toujours des « supercadres » qui voudront gérer la personnalité des autres !). D'ailleurs, même les psychologues respectent cette règle de conduite en matière de relation d'aide : centrer la communication sur les comportements du client, ne pas faire appel aux traits de personnalité. Pourquoi ? Parce que la mesure des traits de personnalité attaque inutilement l'estime de soi et qu'elle n'indique pas ce que les gens peuvent faire pour s'améliorer. Le fait de s'entendre dire que l'on est « moyennement sociable » (une cote de 3 sur une échelle de 7) a plutôt l'effet d'un verdict irréversible. Les gens peuvent changer leurs comportements mais pas leur personnalité, à moins d'être prêts à y mettre des années... et encore.

De plus, la présence (ou l'absence) d'un trait de personnalité n'amène pas nécessairement l'adoption de comportements productifs ou l'obtention de bons résultats. Le fait de posséder certains traits de personnalité et le fait de s'en servir de façon appropriée sont deux choses différentes. Les pires criminels peuvent être très brillants ! Les comportements et les résultats d'une personne sont influencés par bien d'autres facteurs que les traits individuels.

Certes, il peut se révéler difficile de suggérer à certains employés d'atteindre tels résultats ou de modifier tels comportements. On pense, par exemple, aux travailleurs sociaux, aux psychologues ou aux psychiatres. Il est hasardeux d'évaluer leur rendement en fonction du nombre de clients rencontrés dans une semaine, du nombre de dossiers menés à terme durant l'année, et ainsi de suite. Il serait également douteux d'évaluer le rendement de chercheurs en fonction du nombre de découvertes qu'ils font au cours d'une année, de leur ponctualité ou de leur assiduité aux réunions. Il peut arriver, dans certains cas particuliers, que l'on retienne des traits de personnalité, mais il conviendrait alors de vérifier si la consultation d'une autre source d'évaluation ne constituerait pas une approche plus appropriée. Il peut être intéressant, par exemple, d'évaluer le rendement de certains employés (p. ex. : des chercheurs ou des psychologues) en consultant d'autres sources d'évaluation que leur superviseur (clients, fournisseurs, collègues de travail ou employés).

En somme, les traits de personnalité sont plutôt au cœur de l'évaluation du potentiel d'une personne. Comme cette personne n'a pas encore assumé les responsabilités qu'on a l'intention de lui confier, on doit regarder ses expériences antérieures et sa personnalité pour estimer son potentiel de réussite dans un poste déterminé. Aussi, si l'on veut tenir compte des caractéristiques personnelles, il faut le faire au moment des décisions de sélection et de promotion. Lorsqu'on en est à la gestion du rendement, il est souvent trop tard pour se préoccuper de la sociabilité, de l'intelligence et du dynamisme d'un subalterne. De toute façon, on ne peut pas compter sur l'évaluation du rendement pour changer la personnalité des employés.

Les échelles de notation basée sur les comportements requis au travail

La qualité des échelles de notation est fonction de la nature des énoncés qu'elles contiennent. Autant que possible et pour les raisons que nous avons invoquées précédemment, il faut éviter l'utilisation d'échelles de notation liées à des traits de personnalité. Nous suggérons plutôt d'exprimer les traits de personnalité (la nature de la personne) selon ses comportements (les actions de la personne). Plutôt que de reprocher à un employé de posséder ou de ne pas posséder tel trait de personnalité, les superviseurs devraient déterminer les comportements que cet employé doit changer ou adopter. C'est d'ailleurs ce que font les psychologues pour aider leurs clients à modifier certains comportements, certes plus problématiques. L'encadré 12.3 présente une liste de certains comportements à associer à la qualité de supervision des cadres.

Encadré 12.3

Exemples d'énoncés de comportements permettant d'évaluer la qualité de la supervision des cadres

Voici certains énoncés concernant les responsabilités des cadres en matière de supervision. Pour chacun des énoncés, encerclez le chiffre qui reflète le mieux votre opinion selon l'échelle suivante :

1. Assume cette responsabilité de façon nettement insatisfaisante
2. Assume cette responsabilité de façon insatisfaisante
3. Assume cette responsabilité de façon satisfaisante
4. Assume cette responsabilité de façon supérieure
5. Assume cette responsabilité de façon exceptionnelle

S/O Ne s'applique pas ; n'est pas pertinent ; en période d'essai ; nouveau à ce poste

1. Transmet régulièrement de l'information sur le fonctionnement de l'organisation, de la division ou du service afin d'aider son personnel à exécuter efficacement son travail	1 2 3 4 5 S/O
2. Répartit efficacement et équitablement le travail parmi les membres de son équipe	1 2 3 4 5 S/O
3. Propose des mesures qui visent à améliorer la productivité de son service ou de sa division	1 2 3 4 5 S/O

4. Veille à ce que les compétences et l'expertise de son personnel soient maintenues à jour	1 2 3 4 5 S/O
5. Gère le rendement de son personnel en respectant le processus de gestion du rendement préconisé	1 2 3 4 5 S/O
6. Fixe des objectifs de rendement adéquats (précis, mesurables, réalistes) pour son personnel	1 2 3 4 5 S/O
7. Donne régulièrement à son personnel une rétroaction sur son rendement	1 2 3 4 5 S/O
8. Découvre les problèmes de rendement de son personnel et propose des solutions	1 2 3 4 5 S/O
9. Exerce un suivi sur le rendement au travail de son personnel	1 2 3 4 5 S/O
10. Maintient des relations efficaces avec ses pairs et ses supérieurs	1 2 3 4 5 S/O
11. Fait régner un climat de collaboration et un esprit d'équipe	1 2 3 4 5 S/O
12. Délègue des responsabilités de manière à favoriser l'esprit d'initiative parmi les membres de son équipe	1 2 3 4 5 S/O

Source : St-Onge et autres (1998, p. 355).

Les critères comportementaux ont l'avantage d'attirer l'attention sur les moyens que les employés doivent prendre pour atteindre certains résultats ou encore sur leurs actions. Comparés aux traits de personnalité, les critères comportementaux réduisent l'ambiguïté et les problèmes d'interprétation, de partialité et de généralisation abusive au cours de l'évaluation du rendement. Ils permettent une rétroaction claire et spécifique sur le rendement, et leur usage est d'ailleurs préconisé par les tribunaux. Par exemple, au lieu de parler de sociabilité à un vendeur dans un magasin de détail, il est préférable de lui énumérer les comportements recherchés : accueillir les clients avec le sourire, partager les tâches d'entretien avec les autres vendeurs, exercer un suivi auprès des clients, etc.

L'évaluation s'intéresse alors au processus, c'est-à-dire aux comportements ayant un effet important – tant positif que négatif – sur les résultats. En pratique, il s'agit de déterminer le type de comportements désirés et, par la suite, de confronter les façons de faire de l'employé avec ces comportements. Pour rédiger les énoncés de comportements, il faut se demander quels comportements une personne doit adopter, puis l'exprimer sous forme d'énoncés commençant par un verbe actif. Par exemple, au lieu d'évaluer le sens de l'initiative d'un employé, il faut déterminer les comportements reliés à ce trait, comme « propose des idées constructives », « offre promptement son aide lorsque cela s'avère nécessaire » et « assume des responsabilités sans qu'on le lui demande ». Au lieu d'évaluer le leadership d'un gestionnaire, il faut déterminer les comportements visés, comme « établit des priorités » et « obtient rapidement la collaboration des autres ».

Pour déterminer les comportements requis, on peut également préciser les responsabilités clés (généralement entre trois et cinq) des titulaires qui sont reliées aux dimensions importantes de leur travail. Par exemple, pour des cadres, on peut penser à trois responsabilités clés : la supervision du personnel, la gestion des ressources financières et matérielles et la gestion de la qualité des produits et des services. Pour évaluer dans quelle mesure une personne assume chacune de ses responsabilités clés, il peut être intéressant de procéder en déterminant ce qu'on appelle communément des « incidents critiques ». Les incidents critiques correspondent à des comportements ou à des faits qui distinguent un très bon employé d'un très mauvais employé dans le rendement au travail. Sur le plan légal, on demande aux cadres qui préparent un dossier disciplinaire de dresser une liste d'incidents critiques (retards au travail, absences, délais dans le respect des échéances, fautes dans la rédaction de dossiers, gestes ou paroles d'insubordination, etc.). Mais au-delà de son utilité sur le plan légal, le recours aux incidents critiques peut aider à déterminer les énoncés de comportements visant à évaluer jusqu'à quel point une responsabilité clé est assumée. Par exemple, l'échelle de notation de l'encadré 12.3 (p. 646) présente des comportements pouvant différencier les cadres qui dirigent bien leurs employés des cadres qui les dirigent mal. On désigne alors des incidents critiques reliés à la responsabilité de la supervision.

Pour être adéquats, les énoncés comportementaux visant à évaluer chacune des responsabilités clés doivent satisfaire à certaines exigences. Leur nombre doit être suffisant pour qu'on puisse évaluer les multiples éléments de la responsabilité, mais il ne doit pas être trop élevé, car il faut éviter les énoncés redondants. Autant que possible, un seul comportement doit correspondre à chaque échelle. Les énoncés doivent être propres à chaque organisation, traduire ses valeurs et cerner les dimensions importantes ou les attentes des titulaires.

L'approche basée sur les comportements a aussi certaines limites. Par exemple, dans les faits, il y a habituellement plus d'un type de comportements qui soit acceptable pour la réalisation de certains objectifs. Ainsi, si l'on veut être très précis, la détermination des comportements pertinents risque de constituer un exercice long et fastidieux. De plus, le recours à des comportements suppose la possibilité pour l'évaluateur d'observer les comportements des employés, ce qui ne se révèle pas toujours possible.

La détermination de résultats ou d'objectifs à atteindre au travail

On peut évaluer le rendement des employés en portant un jugement sur leurs résultats concrets, par exemple l'atteinte de certaines normes – le taux d'unités produites à l'heure, le coût par unité fabriquée, le volume des ventes, le taux d'absentéisme, etc. – ou de certains objectifs de rendement. Les critères reliés aux résultats ont l'avantage de diriger l'attention vers les buts que doit poursuivre l'employé. Une enquête de la Société Conseil Mercer Limitée (1996), menée auprès de 471 entreprises canadiennes, démontre que les « buts-objectifs-résultats » constituent les critères de rendement les plus répandus, puisque 91 % des entreprises les utilisent.

Les normes (ou standards) de rendement – par exemple, « 21 rapports remplis par jour » ou « un taux de rejet de 2 % des unités de production » – sont souvent établies à partir d'analyses de temps, de mouvements et de données historiques de production. Ces normes doivent, bien entendu, être revues lorsque d'importants changements se produisent dans le travail (sur le plan technologique, sur le plan de la répartition des tâches, etc.). Elles servent souvent à évaluer le rendement des employés de production et de bureau. Bien qu'il soit intéressant *a priori*, ce type de critère peut paraître pertinent pour des ouvriers de production et certains employés de bureau, mais sûrement pas pour l'ensemble des cadres.

La direction par objectifs (DPO) est davantage un processus qu'une méthode de gestion du rendement, puisqu'elle repose sur la nécessité d'établir d'abord des objectifs d'affaires, puis des objectifs par unité d'exploitation (service, usine, etc.), et enfin, des objectifs pour chaque employé. En pratique, la direction par objectifs prend une variété de formes selon son caractère plus ou moins officiel, le taux de participation des employés à la détermination des objectifs, la qualité du suivi, etc. Au-delà de ces différences, la direction par objectifs comprend essentiellement trois étapes :

1. Au début d'une période, le supérieur et son subordonné déterminent conjointement des objectifs de rendement (portant, par exemple, sur la quantité et la qualité des produits et des services, sur les coûts, sur le revenu ou sur une durée) et discutent des moyens à prendre pour les atteindre ;
2. Ils se rencontrent régulièrement pour discuter de la réalisation des objectifs et pour décider ensemble d'éventuelles mesures correctives ;
3. À la fin de la période, ils se rencontrent pour évaluer l'écart entre les résultats préétablis (les objectifs) et les résultats atteints.

Cette méthode nécessite que l'on considère le contenu de la description d'emploi de l'employé et les objectifs de son groupe de travail et que l'on établisse un ensemble d'objectifs de travail qui serviront plus tard à l'évaluation du rendement. La détermination des résultats (objectifs) à atteindre s'appuie sur une analyse du rôle attendu de l'employé, comme l'a défini la description de son emploi, et sur une analyse des attentes de l'organisation à son égard. Elle repose implicitement sur deux postulats : (1) plus les idées d'un employé sont claires sur ce qu'il a à faire, meilleures sont ses chances de réussite et (2) le niveau d'accomplissement d'une personne peut être mesuré uniquement à partir de ce qu'elle essaie d'accomplir.

La direction par objectifs permet d'individualiser les critères de rendement, puisque chaque subalterne a ses propres objectifs. Par ailleurs, le principe de base de la direction par objectifs, selon lequel les objectifs individuels découlent des objectifs de l'unité et ces derniers découlent des objectifs de l'organisation, permet de maximiser la pertinence des critères (le fait d'évaluer les bons comportements). Si on la compare à l'évaluation fondée sur les traits de personnalité, l'évaluation fondée sur la réalisation d'objectifs préétablis de façon conjointe entre le superviseur et l'employé est moins subjective.

Si, *a priori*, la direction par objectifs semble séduisante, elle n'en comporte pas moins un certain nombre de limites :

- Les objectifs fixés se bornent trop souvent à des éléments facilement mesurables et réalisables à court terme, notamment les ventes et le nombre d'unités produites. Ils négligent des facettes du rendement qui sont plus difficiles à mesurer ou dont la réalisation requiert plus d'une année, par exemple, les démarches faites en vue de fidéliser les clients ou de développer le marché ;
- Les objectifs peuvent être une source de frustration pour les employés, puisque leur réalisation est partiellement déterminée par des facteurs qui peuvent échapper à leur maîtrise. Ainsi, le contexte économique des années 1990 (un taux d'inflation peu élevé, l'incertitude de l'emploi) a eu une incidence certaine sur le nombre et la valeur des transactions effectuées par les agents d'immeubles. Il peut se révéler difficile de démêler, parmi les causes des résultats d'évaluation obtenus, celles qui relèvent de l'employé de celles qui relèvent de l'environnement ;
- Les employés sont incités à négocier des objectifs dont la réalisation est assurée, d'autant plus lorsque les sommes d'argent reliées à la rémunération au mérite sont importantes ;
- Les employés peuvent être incités à adopter des comportements inadéquats afin d'atteindre leurs objectifs. Le fait de savoir que tel ou tel objectif a été plus ou moins atteint n'est pas formateur en soi. Il importe plutôt de déterminer ce qui n'a pas été fait ou ce qui devrait

être fait autrement si l'on veut être davantage en mesure d'obtenir des résultats ;

- La formulation d'objectifs de travail est plus ou moins difficile à faire selon la nature des emplois ;
- La formulation d'objectifs peut avoir pour effet de mettre l'accent sur le rendement à court terme au détriment du rendement à long terme ;
- La formulation d'objectifs correspond à un processus « individualisé », puisque chaque employé a ses propres objectifs. Dans ce contexte, il est plus difficile de comparer le rendement des employés entre eux ;
- L'utilisation de résultats fait ressortir l'importance de la fin mais ne tient pas compte du processus, des moyens d'atteindre ces fins. Atteindre des résultats et les obtenir par des moyens (comportements) qui sont acceptés par l'organisation (ou qui lui semblent acceptables) sont deux choses différentes ;
- La direction par objectifs nécessite que les superviseurs exercent un suivi régulier au cours de la période faisant l'objet de l'évaluation ou guident l'employé dans la réalisation de ses objectifs. En pratique, toutefois, trop peu de superviseurs assument adéquatement cette responsabilité ;
- La direction par objectifs est adéquate lorsqu'un titulaire gère plusieurs projets, mais moins adéquate lorsqu'il gère des activités de routine reliées au quotidien.

Pour maximiser les chances de succès de la direction par objectifs, il faut centrer au moins un des objectifs sur des activités réalisables à long terme. Par ailleurs, les objectifs doivent être formulés de manière à respecter certaines exigences. Ainsi, ils doivent :

- être précis et clairs ;
- être mesurables, de façon que des indicateurs servent à juger leur réalisation ;
- être décidés en collaboration avec l'employé ;
- être réalistes tout en comportant un défi ;
- être pondérés selon leur importance relative ;
- être accompagnés d'un échéancier.

À ce jour, la direction par objectifs a surtout été utilisée comme méthode de gestion du rendement des cadres, la notion d'objectifs de travail ayant davantage été associée à la réalisation de projets particuliers. Toutefois, il est possible d'étendre l'admissibilité de cette méthode au personnel de production et au personnel de bureau, dans la mesure où l'on fixe aussi des objectifs d'amélioration (p. ex. : adopter plus de comportements favorisant la coopération entre les membres de l'équipe). La quasi-totalité des études (68 sur 70) portant sur la direction par objectifs indiquent que celle-ci entraîne un gain de productivité (Rodgers et Hunter, 1991).

Le choix du mode d'évaluation pour les régimes de rémunération basée sur le rendement individuel

Lorsqu'on évalue le rendement d'une personne, celle-ci a occupé son poste pendant un certain temps et elle a donc adopté des comportements et atteint certains résultats. C'est ce postulat qui devrait orienter toute discussion entre un employé et son supérieur. Le superviseur doit s'assurer que son employé se comporte adéquatement, qu'il ne nuise pas au rendement de l'équipe et qu'il réalise ses objectifs. Dans la mesure où le superviseur s'en tient aux résultats et aux comportements, l'employé se sent moins menacé (son estime de soi est préservée), il sait plus précisément ce qu'il doit changer et il a plus de chances d'améliorer son rendement. C'est d'ailleurs l'unique élément qui doit être jugé important par les superviseurs.

Théoriquement, le choix d'une méthode d'évaluation du rendement pour des régimes de rémunération variable (salaire au mérite, primes, etc.) doit s'appuyer sur deux considérations fondamentales : (1) la méthode doit permettre une évaluation *globale* du rendement des employés et (2) elle doit reposer sur une norme *relative* impliquant une comparaison du rendement individuel des employés. En effet, seule une évaluation « globale » se révèle nécessaire pour calculer le montant de la récompense. Il en est ainsi en raison du lien que l'on doit établir entre les résultats de l'évaluation du rendement et le montant des récompenses. Ce qui compte, c'est que la cote d'évaluation globale soit une mesure valide et fidèle du rendement des employés. Les méthodes globales de comparaison les plus connues sont les méthodes de rangement (direct, alternatif ou de comparaison par paires) et de distribution forcée.

Les *méthodes de rangement* comprennent plusieurs types de rangement. Le rangement *direct* consiste à ranger les employés selon leur rendement. Le rangement *alternatif* consiste à discerner, parmi les employés, celui dont le rendement est le meilleur, puis celui dont le rendement est le plus faible, et ainsi de suite jusqu'à ce que tous les employés aient été rangés. La *comparaison par paires* consiste à comparer d'une façon systématique le rendement de chacun des employés avec celui de tous les autres.

La *méthode de distribution forcée* est une méthode globale exigeant que l'ensemble des évaluations du rendement d'un groupe d'employés se situe à l'intérieur d'une distribution préétablie. À ce sujet, on fait souvent mention d'une courbe de type normal : par exemple, 10 % d'employés dont le rendement est insatisfaisant, 20 % dont le rendement est acceptable, 40 % dont le rendement est satisfaisant, 20 % dont le rendement est remarquable et 10 % dont le rendement est exceptionnel. Toutefois, il paraît douteux qu'une distribution normale reflète celle du rendement des employés au sein d'une organisation. En effet, une distribution normale prétend que les employés ont été embauchés au hasard et qu'ils n'ont bénéficié d'aucune formation ni de conseils par la suite. Dans la mesure où les processus d'embauche et de formation des employés ont une certaine efficacité, on devrait s'attendre à trouver moins d'employés dans les niveaux « pleinement satisfaisant » et les autres niveaux inférieurs que dans les niveaux qui sont supérieurs à « pleinement satisfaisant ». Dans quelle proportion ? Cela dépend de l'efficacité des décisions de sélection, de formation et de promotion. Pour cette raison, on peut décider que la répartition des employés dans les différents niveaux de rendement suit une courbe différente de la courbe normale. La distribution forcée permet de résoudre les problèmes des évaluateurs qui sont trop cléments, trop sévères ou qui ont tendance à situer dans la moyenne l'évaluation du rendement des employés. Toutefois, quelle que soit la distribution choisie, cette approche est peu courante, puisqu'elle n'est pertinente que dans la mesure où il y a un nombre relativement élevé d'employés à évaluer (le strict minimum est de 10, mais en deçà de 20, il n'est pas recommandé de faire une distribution). De plus, on apprécie généralement peu le fait que les évaluateurs soient forcés de respecter une distribution préétablie des niveaux de rendement de leurs employés. Par conséquent, avant d'imposer une distribution des résultats d'évaluation et de susciter de l'animosité parmi le personnel, il semble préférable de laisser les superviseurs évaluer librement leurs employés en insistant sur l'importance du caractère distinctif et équitable de leurs évaluations et en procédant à un examen annuel attentif de la distribution des évaluations, non pas pour le groupe des employés de chaque évaluateur (leur nombre pouvant ne pas être assez élevé), mais pour le personnel d'une section, d'un service, d'une division ou de l'organisation entière. Cet examen fait souvent l'objet du processus de révision des cotes de rendement que nous étudierons plus loin.

En pratique toutefois, il est difficile de percevoir d'une façon instantanée la contribution globale d'un employé à une organisation. Par conséquent, l'évaluation du rendement à l'usage de la rémunération au mérite est souvent faite selon une démarche analytique (critère par critère) pour finalement aboutir à une évaluation globale. Lorsque l'évaluation est effectuée dans la perspective de la formation, le choix du type de critères (traits de personnalité, résultats, comportements) est important, certains critères étant peu pertinents pour la formation du personnel, par exemple, ceux qui sont orientés vers la personne (traits de personnalité), les objectifs et les standards.

De plus, il est rare qu'une organisation désire procéder à l'évaluation du rendement de ses employés dans l'unique but de déterminer leurs augmentations de salaire ou leurs primes : elle veut généralement procéder aussi à la définition des besoins de *formation* et de *développement*. Plusieurs auteurs suggèrent donc l'usage de critères mixtes ou hybrides comportant à la fois des objectifs et des comportements de travail. Le recours à des objectifs, à cause de leur validité apparente, a le mérite de plaire aux gestionnaires. En revanche, comme critères d'évaluation, les comportements permettent à l'employé de mieux connaître ce qu'il doit faire pour améliorer son rendement et pour orienter sa formation.

L'expérience nous enseigne également qu'il est préférable de recourir à la fois aux résultats et aux comportements pour évaluer le rendement, puisque ces deux facettes se distinguent et se complètent (voir la figure 12.4). Et, dans la mesure où l'on met l'accent sur l'un de ces deux types de critères durant une longue période, certains problèmes peuvent survenir. Lorsque seuls les *résultats* comptent, les employés prennent n'importe quels moyens pour les obtenir. C'est le cas, par exemple, des représentants commerciaux qui exercent une forte pression sur les clients pour conclure leurs ventes, ou des employés qui négligent la qualité pour se conformer aux normes de production. Lorsque seuls les *comportements* comptent, les employés adoptent les comportements valorisés sans se préoccuper de l'atteinte des résultats. C'est le cas, par exemple, d'un professeur d'université qui se fait un devoir d'être présent à son bureau et d'assister à des réunions, mais qui ne se soucie pas de renouveler son matériel d'enseignement ou de publier dans le domaine de ses compétences.

FIGURE 12.4

Le recours aux résultats et aux comportements dans l'évaluation du rendement

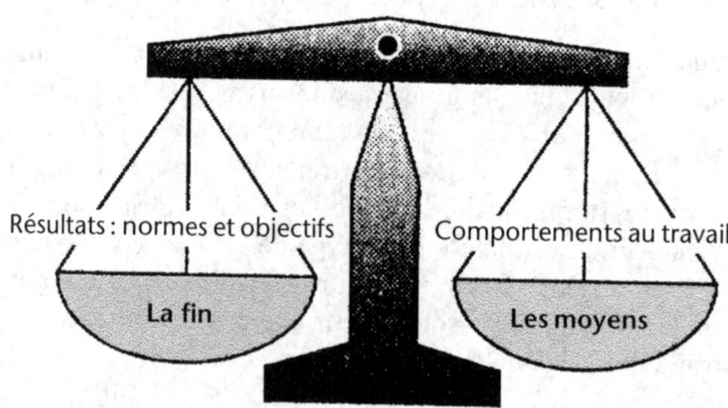

• Reposent sur des critères *individualisés* et *flexibles* (difficiles à comparer)	• Reposent sur des critères *standardisés* et *invariables* (faciles à comparer)
• Prescrivent des *buts* à atteindre	• Prescrivent des *moyens* à adopter
• Communiquent les *priorités* utiles à l'orientation des efforts	• Communiquent les valeurs utiles à la socialisation et à la formation

Source : St-Onge et autres (1998, p. 359).

En somme, le recours à une méthode mixte ou hybride permet d'abord d'effectuer une évaluation analytique du rendement des employés aux fins de leur développement, puis de procéder à une évaluation globale et comparative du rendement des employés à l'aide d'une méthode de rangement ou de distribution forcée. C'est pourquoi les formulaires d'évaluation du rendement présentent souvent deux sections : une première section, simple à remplir, portant sur les responsabilités clés (comportements ou moyens) et une seconde portant sur les objectifs de rendement (résultats ou buts). Dans le calcul de la cote globale de rendement, le poids relatif de chacune des deux sections peut varier selon la catégorie de personnel. Par exemple, pour le personnel de bureau et de production, on peut accorder plus de poids à l'évaluation des comportements qu'à la réalisation des objectifs, alors que pour les cadres et les professionnels, ce pourrait être l'inverse. De même, le poids des divers énoncés de comportements peut également varier selon leur importance relative. Toutefois, il faut se demander si cela en vaut vraiment le coup : si l'on détermine un poids pour les divers énoncés, le formulaire sera plus long à remplir et on risquera d'oublier l'objectif d'un tel exercice chiffré, qui demeure subjectif. Il vaut mieux avoir des formulaires moins précis et moins compliqués, mais remplis, qu'avoir des formulaires longs et précis que les cadres négligent de remplir, faute de temps !

12.5.3 L'administration d'un système de gestion du rendement individuel

Le rendement des employés est toujours géré. Ce qui varie, c'est la mesure dans laquelle le processus de gestion est officiel ou formel. Ainsi, dans plusieurs petites et moyennes entreprises, la gestion du rendement est officieuse (ou informelle). Le rendement est alors géré au jour le jour par le propriétaire de l'entreprise ou par un groupe restreint de ses collaborateurs, sans qu'il existe une politique, un formulaire ou des critères connus et communs aux cadres pour évaluer le rendement des employés.

Toutefois, dans la mesure où la taille de l'organisation et le nombre de cadres augmentent, l'absence de formalisation peut engendrer des iniquités, puisque chaque cadre évalue le rendement à sa façon et au moment où il le juge opportun, à partir de critères qu'il modifie souvent selon les employés. Il devient alors important de pouvoir compter sur un processus officiel – c'est-à-dire qui s'appuie sur des politiques et une méthode écrites – d'évaluation du rendement. En effet, lorsque l'évaluation du rendement est officielle, les critères sont uniformisés et communiqués aux employés au moyen d'un formulaire d'évaluation du rendement qui doit généralement être rempli à un moment déterminé, une fois par année.

Une enquête effectuée par la Société Conseil Mercer Limitée (1996) auprès de 471 entreprises canadiennes (dont 54 % embauchent plus de 500 employés, 37 %, entre 100 et 500 employés, et 9 %, moins de 100 employés) démontre que 77 % d'entre elles ont un système officiel de gestion du rendement qui s'applique à l'ensemble des employés. Par ailleurs, plus de 90 % d'entre elles disent avoir un système officiel qui s'applique à leurs dirigeants, à leur personnel d'encadrement et de supervision ou à leur personnel technique et professionnel. La gestion officielle du rendement est donc assez généralisée. La gestion d'un tel programme exige qu'on réponde aux questions concernant le choix des évaluateurs, la nomination de réviseurs, la fréquence et le moment des évaluations ainsi que la façon de communiquer les résultats.

Le choix des sources d'information sur le rendement individuel

En théorie, l'évaluateur du rendement d'un employé devrait être la personne qui connaît le mieux la façon dont celui-ci s'acquitte de son travail. Cela suppose que l'évaluateur est en mesure de l'observer à son travail et qu'il connaît les critères permettant d'évaluer son rendement. De façon générale, cette opération peut se traduire par le recours à plusieurs évaluateurs : le supérieur immédiat, les collègues, les subalternes et les employés eux-mêmes. De plus, dans certaines circonstances, par exemple, lors de l'évaluation des représentants de l'entreprise ou de certains chercheurs, on peut faire appel à un comité d'évaluation formé de personnes de l'extérieur, puisqu'elles seules peuvent être en mesure (elles peuvent observer et possèdent des critères) d'apprécier convenablement le rendement.

En pratique, l'évaluation du rendement d'un employé est généralement confiée à son supérieur immédiat. Lorsque l'évaluation est confiée à une autre personne, le supérieur immédiat demeure tout de même engagé dans l'évaluation. À cause de la nature de son poste, il est sans doute celui qui doit procéder aux évaluations du rendement de ses subalternes à l'égard de la rémunération au mérite. Demander aux employés d'autoévaluer leur rendement n'apparaît alors pas pertinent, puisque ceux-ci seraient à la fois juge et partie. Pour la même raison, il n'est pas recommandé que des collègues évaluent l'un des leurs.

L'usine de la NCR, située à Waterloo, en Ontario, fait l'assemblage de guichets automatiques et de machines de traitement d'effets de paiement que les institutions financières utilisent pour saisir des données sur des chèques. À la fin des années 1980, l'usine a commencé à installer un système d'équipes de travail autonomes. À l'origine, l'évaluation du rendement de chaque associé (membre d'une équipe) consistait en un examen effectué par cinq « partenaires de rétroaction » choisis par l'employé et en l'opinion du directeur de la fabrication. Les partenaires de rétroaction indiquaient sur un formulaire le degré atteint par l'associé dans sa réponse aux attentes et dans la réalisation des objectifs de l'usine. Ce système a été abandonné parce que les associés étaient mal à l'aise à l'idée d'avoir à évaluer d'autres employés. Certains associés avaient même utilisé le système pour « prendre une revanche » sur d'autres employés. Aujourd'hui, on pense qu'une plus grande maturité du personnel permettra au système de fonctionner plus efficacement. (Inspiré de DiGiacomo, 1997.)

Toutefois, ces suggestions n'ont plus cours dans un contexte où l'évaluation du rendement poursuit un objectif de définition des besoins de formation et de développement. Il est alors particulièrement pertinent de faire intervenir l'intéressé et d'autres personnes avec lesquelles il est en contact – par exemple, ses collègues – dans l'exécution de son travail. Le rôle du supérieur immédiat est de recueillir les renseignements de toutes ces sources, afin d'être en mesure d'estimer de façon analytique le rendement de ses employés, d'en faire la synthèse et d'en discuter avec eux. Ces différentes sources de renseignements permettent au supérieur immédiat une appréciation plus juste du rendement des employés. Elles lui fournissent également une information qui l'aidera à évaluer globalement le rendement de chacun de ses employés, à comparer leur rendement respectif et à les hiérarchiser en vue de déterminer leur rémunération au mérite respective.

Est-ce à dire que l'évaluation du rendement faite par le supérieur immédiat est suffisante lorsqu'elle est orientée exclusivement vers la rémunération au mérite ? Il semble que non. Même faite honnêtement et au moyen de critères et de méthodes d'évaluation du rendement appropriés, l'évaluation risque d'être influencée par le degré de générosité ou de sévérité de l'évaluateur. De plus, si le principe d'équité entre les subalternes d'un même supérieur immédiat est pertinent, il l'est également entre les subalternes de superviseurs différents. Les évaluations faites par les superviseurs immédiats doivent donc, dans un premier temps, être révisées et, s'il y a lieu, corrigées selon le degré de générosité ou de sévérité de l'évaluateur. Dans un deuxième temps, elles doivent être ajustées selon le rendement des employés relevant d'autres superviseurs. Compte tenu de la possibilité qu'elles soient revues et modifiées, il va sans dire que les évaluations initiales effectuées par les superviseurs ne doivent pas être communiquées aux intéressés. Comme le processus d'évaluation n'est pas terminé, une telle communication risquerait de créer de fausses attentes.

Une tendance émergente en matière de gestion du rendement a trait à la nature des personnes auprès desquelles on collecte de l'information sur le rendement des employés. L'expression « rétroaction à 360 ° » qualifie le processus par lequel on collecte de l'information sur le rendement des employés auprès de toutes les personnes qui sont en mesure de porter un jugement à ce sujet : le supérieur immédiat, les pairs, les employés de l'employé évalué, l'employé évalué lui-même (autoévaluation), les clients internes ou externes, etc. (Edwards et Even, 1996). Une enquête (Société Conseil Mercer Limitée, 1996) indique qu'une proportion aussi élevée que 47 % d'entre elles consultent des sources autres que le supérieur hiérarchique pour obtenir de l'information sur le rendement d'un employé, c'est-à-dire les subalternes, les autres membres de l'équipe et les clients. Trente et un pour cent des organisations avaient adopté l'évaluation du rendement par les pairs au cours des deux dernières années précédant l'enquête ou songeaient à l'adopter au cours de l'année suivante, alors que 21 % avaient adopté ou songeaint à adopter l'évaluation du rendement du superviseur par les subalternes. De plus, une enquête de Hewitt et Associés (1995) indique que, dans près de 62 % des 642 entreprises canadiennes et américaines participantes, les employés procèdent à une autoévaluation de leur rendement. Au moins deux raisons expliquent cet intérêt soudain pour la multiplicité des sources d'évaluation du rendement. Premièrement, les nouvelles approches de gestion axées sur la qualité totale, l'amélioration continue, les équipes de travail et la participation des employés font en sorte qu'il devient plus important de consulter l'employé lui-même, ses collègues, les clients et les employés pour juger des diverses facettes du rendement de cet employé. Deuxièmement, la crédibilité d'une rétroaction se trouve améliorée dans la mesure où elle est exprimée par plusieurs sources d'évaluation.

Le comité de révision

À moins que l'évaluateur ne soit Dieu le Père (et encore !), il peut se révéler important qu'il consulte d'autres personnes – par exemple, les superviseurs des superviseurs – avant de communiquer son appréciation à l'intéressé. Cette consultation permet de considérer les cotes de rendement dans une perspective plus globale et de vérifier la présence d'erreurs, notamment l'effet de halo, le degré de sévérité ou de générosité, etc.

Le tableau 12.1 distingue différentes sources de révision de cotes de rendement qui peuvent être utilisées seules ou combinées : la révision faite par le supérieur hiérarchique du supérieur immédiat, la révision faite par les professionnels du Service des ressources humaines et la révision faite par la direction.

En pratique, plusieurs entreprises n'ont pas de processus formel de révision des cotes. Ce sont les petites entreprises ou les entreprises où l'évaluation n'a pas d'effet sur les augmentations de salaire ou les primes des employés. La nécessité de réviser les cotes y est perçue comme moins importante. De plus, en raison des échelons qui les séparent des personnes évaluées, les superviseurs des superviseurs et les professionnels en ressources humaines sont peu en mesure de juger de l'exactitude des besoins individuels

TABLEAU 12.1

Caractéristiques des principaux modes de révision des cotes de rendement des employés

CARACTÉRISTIQUES	AUCUNE RÉVISION OFFICIELLE	RÉVISION FAITE PAR LE SERVICE DES RESSOURCES HUMAINES (discute ou signe)	RÉVISION FAITE PAR LE SUPÉRIEUR DU SUPÉRIEUR IMMÉDIAT (discute ou signe)	RÉVISION FAITE PAR LA DIRECTION (cadres des niveaux hiérarchiques supérieurs) (prend connaissance ou révise)
Motif de l'évaluation du rendement	Surtout aux fins de développement	Surtout aux fins de la rémunération	Surtout aux fins de la rémunération	Surtout aux fins de la rémunération
Où ?	Petites et moyennes entreprises	Surtout dans les moyennes et grandes entreprises décentralisées où le siège social assume un rôle important	Dans les moyennes et grandes entreprises	Dans les PME
Période de validation des cotes de rendement	Aucune	Assez courte	Très courte	Longue et proportionnelle au nombre de niveaux hiérarchiques
Contrôle de la distribution des cotes de rendement	Aucun	Contrôle (pouvoir) exercé par le Service des ressources humaines	Contrôle (pouvoir) exercé par le supérieur immédiat	Contrôle (pouvoir) exercé par toute la hiérarchie jusqu'au sommet
Exigence de formation ou de sensibilisation des cadres en matière de distribution des cotes de rendement	Aucune	Très faible	Élevée	Faible

→

TABLEAU 12.1

Caractéristiques des principaux modes de révision des cotes de rendement des employés (*suite*)

Risque *perçu* par les cadres de voir modifier leurs cotes de rendement et de perdre leur crédibilité	Aucun	Un risque est perçu et il met un certain temps à être confirmé ou infirmé	Un certain risque est perçu, mais il est vite confirmé ou infirmé	Un risque élevé est perçu et il est long à confirmer ou à infirmer
Message de confiance envers les cadres	Confiance *absolue*	Confiance *contrôlée*	Confiance *prudente*	Méfiance
Risque que le processus de gestion du rendement soit mal *perçu* par les employés	Aucun	Un risque est perçu : exercice *bureaucratique*	Un certain risque est perçu	Un risque élevé est perçu – exercice *politique*

de formation. Toutefois, dans le cas de la rémunération au mérite, le processus de révision des cotes de rendement est important pour assurer une certaine équité dans la distribution des cotes de rendement entre unités (contrer les cas de clémence et de sévérité) et pour exercer un certain contrôle sur les coûts de main-d'œuvre. Il s'agit aussi de s'assurer du caractère équitable de l'évaluation du rendement afin de favoriser chez les employés une perception plus nette de la relation « salaire-rendement ».

C'est à ce stade que les professionnels du Service des ressources humaines peuvent intervenir. Leur rôle est alors d'analyser la distribution du rendement des employés et la cohérence des évaluations du rendement provenant des divers services ou divisions de l'organisation.

La *révision faite par les superviseurs des superviseurs*. Parmi les entreprises qui ont un processus formel de révision, la révision effectuée par le supérieur hiérarchique du superviseur (un niveau de révision seulement) est la plus courante. Leur rôle consiste à s'assurer de l'« objectivité » des cotes de rendement et à comparer les cotes accordées par un supérieur immédiat avec celles attribuées par ses collègues, afin d'obtenir une distribution acceptable et équitable du rendement des employés. La révision faite par les superviseurs permet un certain contrôle sur la distribution des cotes et peut être effectuée rapidement. La cote de rendement peut donc être confirmée rapidement à l'employé.

La *révision faite par les professionnels du Service des ressources humaines*. Les entreprises ayant un processus de révision qui met à contribution le Service des ressources humaines sont souvent préoccupées par le contrôle de la masse salariale. Une telle approche peut alimenter l'idée que le processus d'évaluation du rendement est davantage un exercice bureaucratique pour les professionnels des ressources humaines que pour les cadres hiérarchiques, qui connaissent pourtant mieux le rendement des évalués (conflit d'autorité).

La *révision faite par l'équipe de direction*. Les entreprises dont le processus de révision concerne la direction sont moins nombreuses et cette situation est souvent limitée à la révision des cotes de rendement des cadres intermédiaires ou des professionnels. Plus la taille de l'entreprise augmente, plus ce type d'approche est critiqué. Les employés et les cadres reprochent souvent la *longueur* des délais inhérents au processus de révision auquel participe la direction, car ces délais ne permettent pas de communiquer la cote globale finale dans un temps raisonnable. On pense aussi que le processus de révision réduit l'*efficacité* du processus de gestion du rendement (incluant les nouveaux formulaires). Le fait que les cotes soient portées à l'attention des superviseurs et puissent être révisées à tous les niveaux hiérarchiques peut amener plusieurs employés à penser que le processus d'évaluation est politique et bureaucratique. On reproche également à ce processus de révision de nuire à la *crédibilité* qu'ont les cadres aux yeux de leurs employés, puisqu'il laisse entendre que la direction ne fait pas *confiance* aux superviseurs et à la vigilance de leur supérieur hiérarchique. En fait, plus les réviseurs sont nombreux, plus les cadres *perçoivent* que leurs cotes peuvent être révisées et moins ils osent évaluer, de peur de ne pas être appuyés. Dans un tel contexte, tout le monde risque d'être moyennement efficace...

En pratique, aucun processus de révision des cotes de rendement n'est idéal ou à l'abri des critiques. Toutefois, on recommande généralement de recourir à un processus formel de révision fixé par le supérieur hiérarchique du superviseur immédiat (un palier de révision seulement), les cas « exceptionnels » étant traités à des niveaux hiérarchiques supérieurs. Cette approche permet un certain contrôle sur la distribution des cotes, que les employés jugent souvent utile et pertinent. Par ailleurs, elle permet de répondre adéquatement aux exigences légitimes des employés et des cadres admissibles à un régime de salaires au mérite. En effet, un tel processus de révision est moins sujet aux critiques – tant de la part des employés que des cadres – parce que les délais liés au processus de révision des cotes de rendement sont limités et que la cote de rendement peut être communiquée et confirmée rapidement à l'employé. Par ailleurs, une enquête de la société Hewitt & Associés (1996) indique que ce processus de révision est le plus *courant* et le plus *recommandé*. Il nécessite cependant que les professionnels en ressources humaines exercent un suivi sur la distribution des cotes de rendement : leur rôle est de vérifier la distribution des cotes de rendement des employés et la cohérence des évaluations provenant de différents services ou unités de l'organisation. Si certains problèmes reliés à la clémence des réviseurs surviennent, ils doivent intervenir auprès d'eux, afin d'éviter qu'un tel incident ne se reproduise l'année suivante. Comme les réviseurs sont tenus responsables du processus de révision, le suivi et la communication s'imposent. Toutefois, dans la majorité des firmes, le besoin *réel* de contrôle ne semble pas causer de problème, puisque très peu de cotes de rendement sont révisées.

La fréquence et le moment des évaluations du rendement

Les évaluations du rendement sont très souvent faites sur une base annuelle. Dans l'optique de la formation ou du développement, l'appréciation du rendement devrait s'effectuer sur une base continue, puisqu'une appréciation formelle et annuelle ne représente qu'une mise au point. Dans l'optique de la rémunération au mérite, une évaluation annuelle du rendement semble plus pertinente, puisque les budgets de main-d'œuvre sont généralement préparés à cette fréquence.

Dans certaines organisations, on fait correspondre l'augmentation annuelle de salaire à la date d'anniversaire de l'entrée en fonction dans l'organisation ou de la promotion la plus récente. Les évaluations du rendement à l'usage de la rémunération au mérite sont alors réparties sur toute l'année. Cette pratique a l'avantage de dédramatiser l'évaluation du rendement. Toutefois, elle rend plus difficiles les comparaisons entre le rendement des employés, alors qu'elles sont de toute première importance dans le contexte de la rémunération au mérite. De plus, la répartition des évaluations du rendement sur toute l'année peut avoir un effet négatif sur la motivation des cadres à effectuer les évaluations de rendement et sur la qualité de leurs évaluations. En conséquence, il est généralement préférable d'effectuer les évaluations du rendement pour la rémunération au mérite durant une période relativement courte et de les faire simultanément. Il est également préférable que cette période s'insère dans le cycle de gestion de l'organisation, de manière à assurer une bonne cohésion entre ce cycle et le cycle de gestion du rendement des employés.

Le lien entre le rendement individuel et la rémunération

Comme l'évaluation du rendement des employés peut influer sur leur rémunération de multiples façons, les entreprises ont l'embarras du choix. L'encadré 12.4 décrit trois mécanismes par lesquels les composantes de la rémunération variable du personnel de vente (commissions, primes ou bonus) peuvent être reliées à l'évaluation du rendement.

ENCADRÉ 12.4

Relations entre le rendement du personnel de vente et les composantes de sa rémunération selon Coletti et Cichelli (1991, 1993)

L'indépendance des indicateurs de rendement. Selon cette approche, chaque mesure de rendement est suivie de manière indépendante. Une prime ou une commission est accordée au personnel de vente selon l'atteinte d'un indicateur, sans égard aux résultats atteints par rapport à d'autres indicateurs. Trop d'indicateurs de rendement non liés peuvent faire en sorte (1) que le personnel privilégie les indicateurs qui sont le plus facilement atteints, (2) que certains indicateurs soient conflictuels ou (3) que le personnel de vente soit découragé, puisque les liens entre « efforts, rendement et reconnaissance » deviennent plus difficiles à percevoir et à comprendre.

L'ajustement de la valeur des indicateurs de rendement. L'importance des divers indicateurs de rendement varie en fonction de leur valeur dans l'atteinte des objectifs de l'organisation. Par exemple, lorsqu'un produit X peut rapporter plus pour chaque dollar de vente qu'un produit Y, le personnel peut être davantage récompensé pour vendre le produit X.

Les interrelations entre les indicateurs de rendement. Cette approche relie l'atteinte de plusieurs indicateurs de rendement afin de s'assurer que les objectifs de vente soient atteints. Il y a trois types d'interrelations :

1. L'*obstacle*. Un indicateur de rendement doit être atteint avant qu'on prenne en considération et qu'on récompense l'atteinte d'un autre indicateur. Par exemple, une prime liée au nombre de nouveaux clients n'est calculée et attribuée que lorsqu'un minimum de ventes ont été effectuées ;
2. La *matrice*. Deux indicateurs de rendement concurrents, ou plus, sont liés et suivis simultanément, de manière qu'un rendement exceptionnel à leur égard permette de maximiser la rémunération ;
3. La *multiplication*. Une récompense supplémentaire liée à l'atteinte d'un indicateur de rendement est accordée en fonction de la rémunération obtenue (prime ou commission) selon l'atteinte d'un autre indicateur de rendement. Par exemple, une prime peut représenter un pourcentage des commissions gagnées au trimestre précédent. Un montant de 500 $ peut être accordé aux représentants lorsqu'ils réussissent à convaincre un nouveau client de faire une commande d'équipements d'une valeur de 5 000 $ au cours d'une période de trois mois consécutifs.

Les cotes de rendement et les récompenses : description et communication

Étant donné que les capacités humaines de discrimination sont limitées, il apparaîtrait peu recommandable d'établir plus de six ou sept niveaux de rendement. L'expérience démontre d'ailleurs que même s'il n'est pas rare de trouver des formulaires d'évaluation qui offrent un choix de six ou sept niveaux de rendement, seulement quatre ou cinq de ces niveaux sont utilisés. Il est important de ne pas proposer plus de sept niveaux de rendement, car l'employé et son superviseur auraient de la difficulté à bien les différencier les uns des autres. En effet, un nombre élevé de niveaux rend leur interprétation respective difficile. Par exemple, la description de la catégorie « satisfaisant » laisse souvent entendre que le rendement d'un employé qui se situe à ce niveau est à peine tolérable, alors que la catégorie « exceptionnel » laisse croire qu'il faut marcher sur l'eau pour pouvoir en faire partie ! Par ailleurs, il est important de proposer au moins trois niveaux de rendement, de manière à pouvoir faire certaines nuances. Une enquête menée auprès d'organisations canadiennes démontre que 305 des 365 organisations participantes utilisent une échelle à cinq niveaux (Conference Board of Canada, 1996).

L'encadré 12.5 propose des descriptions de niveaux de rendement qui se prêtent moins à ce genre de critique. La signification des termes utilisés y est plus positive et, peut-être, plus réaliste. De plus, contrairement à plusieurs échelles de niveaux de rendement, celle-ci comporte plus de niveaux à connotation positive que de niveaux à connotation négative. Ce système de cotes d'évaluation présente deux avantages : il permet (1) d'apporter des nuances à l'évaluation et (2) de distinguer les contributions exceptionnelles (niveaux 5 et 6) de celles qui sont pleinement satisfaisantes (niveaux 3 et 4) sans démotiver les personnes concernées.

Encadré 12.5

Descriptions de niveaux de rendement

1. **Insatisfaisant :** la personne a été incapable d'atteindre les normes minimales de rendement dans son travail. En dépit du fait qu'on lui a signifié qu'elle devait s'améliorer et que les outils et appuis nécessaires lui ont été offerts, son rendement ne s'est pas amélioré. Des actions de gestion (pouvant aller jusqu'au congédiement) s'imposent maintenant.
2. **Acceptable :** même si le rendement dans plusieurs aspects du travail est satisfaisant, il existe des zones importantes dans lesquelles les attentes reliées au poste n'ont pas été comblées. L'accomplissement régulier du travail de l'employé comporte un niveau d'erreurs trop élevé, une productivité trop faible ou des travaux devant être repris. Des améliorations particulières sont requises pour amener le rendement général à un niveau pleinement satisfaisant. La direction croit que l'employé est capable d'apporter les améliorations requises et mérite le soutien et l'appui de la gestion.
3. **Pleinement satisfaisant :** le niveau de rendement est pleinement satisfaisant. L'employé accomplit un travail qui remplit les attentes et les préalables du poste. On peut compter sur son jugement et son sens des responsabilités. Son

travail respecte l'échéancier et les normes. Son rendement contribue au succès de son unité et de l'organisation.

4. **Remarquable :** le niveau de rendement dépasse les normes du poste et l'employé démontre un haut niveau de compétence. L'employé sait utiliser ses forces et les mettre à contribution de façon à produire des résultats dignes de mention.
5. **Supérieur :** l'employé a dépassé régulièrement et nettement les normes et les attentes dans l'accomplissement des objectifs et par rapport à ses responsabilités. Cet employé a démontré un très haut niveau de compétence et ses contributions sont essentielles au succès de l'organisation.
6. **Exceptionnel :** la personne a atteint un niveau de rendement exceptionnel dans toutes les zones de rendement et, par sa contribution, elle a rehaussé le travail d'autres employés. Les résultats atteints ont dépassé de façon significative les attentes, et le comportement est exemplaire. L'employé a su saisir et créer des occasions d'apporter une contribution majeure au succès de l'organisation.

Source : R. Thériault, *Guide Mercer sur la gestion de la rémunération*, Boucherville, Gaëtan Morin Éditeur, 1991, p. 376.

La communication des résultats de l'évaluation doit être faite au Service des ressources humaines et à l'employé dont le rendement est évalué. Dans le premier cas, chacun des responsables de services (ou de divisions) doit transmettre les résultats des évaluations (s'il y a lieu) au Service des ressources humaines après qu'ils ont été revus par les superviseurs. Dans le second cas, il s'agit d'attendre que les résultats des évaluations destinées à la rémunération au mérite aient été revus et approuvés avant de les communiquer aux employés, afin de ne pas créer des attentes qui risquent de ne pas être comblées. Les évaluations faites par le supérieur immédiat doivent être relativisées en considérant le rendement des autres employés, car elles ne constituent qu'un intrant – aussi important soit-il – dans l'évaluation finale et relative du rendement à l'usage de la rémunération au mérite. Toutefois, lorsque le processus complet d'évaluation est achevé et que la distribution du rendement des employés est acceptée, les décisions en matière d'augmentations de salaire doivent être prises, puis communiquées aux employés. Selon l'organisation et son mode de fonctionnement, ces décisions peuvent être communiquées par le supérieur immédiat ou par le Service des ressources humaines. Pour certains employés, la décision est claire et sans ambiguïté ; pour d'autres, elle demande une justification. Il est donc important que le supérieur immédiat soit prêt à une rencontre avec certains employés (voire avec tous, si la demande est faite) afin d'expliquer et de justifier l'augmentation au mérite accordée. En somme, le supérieur immédiat doit remplir son rôle de représentant de l'organisation. L'explication qu'il fournit revêt deux dimensions. La première dimension porte sur l'évaluation qu'il a faite du rendement de l'employé. Les parties intéressées ont déjà eu l'occasion de se rencontrer sur ce point dans le cas où l'évaluation globale est fondée sur une appréciation analytique qui a servi à la définition des besoins de formation ou de développement. La seconde dimension de l'entretien porte sur le jugement émis par le supérieur sur le rendement de l'employé par rapport à celui des autres employés de l'organisation. Cette explication doit être franche et directe. Lorsque le rendement de l'employé est tout au moins satisfaisant, l'explication est d'autant plus facile à donner que les règles du jeu sont précises, connues et que d'autres critères d'augmentation de la rémunération sont utilisés pour protéger, par exemple, le niveau de vie de l'employé et assurer l'équité externe des salaires.

12.5.4 L'efficacité d'un système de gestion du rendement des employés

Pour maximiser le succès d'un système de gestion du rendement, il faut bien sûr se préoccuper d'avoir un bon formulaire, mais il faut surtout consacrer des efforts (et donc de l'argent et du temps) à la promotion et à l'explication de la démarche ou du processus de gestion du rendement aux employés évalués et à leurs superviseurs, au moyen d'activités de formation et de communication régulières. Quand bien même vous donneriez à quelqu'un un superbe banc de menuisier, s'il ne comprend rien à la menuiserie, il n'en fera rien de bon ! Le même raisonnement s'applique aux formulaires et à tout autre outil ou démarche d'évaluation du rendement : ils ne peuvent pallier les défaillances des évaluateurs. Le succès d'un système de gestion du rendement n'est pas uniquement basé sur la qualité du formulaire ; il est surtout déterminé par la culture de gestion et les utilisateurs de ce formulaire (voir le tableau 12.2).

La valeur des outils d'évaluation du rendement

Lorsqu'elle a un caractère officiel, l'évaluation du rendement s'appuie sur un processus de gestion du rendement nécessitant un formulaire. Certaines caractéristiques doivent être prises en considération quand on juge de la qualité d'un tel outil. Il faut non seulement se préoccuper de la pertinence (évaluer le bon élément) et de la validité (bien l'évaluer) des critères de rendement, mais aussi examiner d'autres caractéristiques comme la facilité d'emploi, le temps requis pour remplir le formulaire et l'acceptation ou l'appropriation de ce formulaire par les cadres et les personnes évaluées.

Un formulaire d'évaluation du rendement doit être perçu comme adéquat par les dirigeants d'entreprise. Pour maximiser les chances que les dirigeants apportent un appui ferme au processus de gestion du rendement, il faut qu'ils estiment que le formulaire d'évaluation véhicule clairement les facteurs de succès, les objectifs d'affaires et les valeurs de l'entreprise. Ce formulaire doit aussi être perçu comme adéquat par les cadres, qui devront l'utiliser pour évaluer le rendement de leurs employés,

TABLEAU 12.2

L'efficacité d'un système de gestion du rendement

Techniques	Évaluateurs	Contexte
• Méthodes, critères et normes • Formulaire • Fonction de la catégorie de personnel	• Formation • Motivation • Préjugés et erreurs • Types • Habileté d'assistance professionnelle (*coaching*)	• Appui de la direction • Contraintes reliées au rendement • Efficacité des autres systèmes de gestion • Lien avec la stratégie • Aide des professionnels en ressources humaines

Source : St-Onge et autres (1998, p. 361).

et par les employés, qui seront évalués à partir des critères qu'il comporte. Par ailleurs, il doit être acceptable sur le plan légal. L'évaluation du rendement ne doit donc pas être fondée sur des critères considérés comme illégaux, tels que l'origine ethnique, les convictions politiques, le sexe, l'âge ou le rang social.

On trouve plus souvent qu'on ne le croirait des formulaires inadéquats, qui nuisent aux cadres plus qu'ils ne les aident à bien évaluer le rendement de leurs employés. On pense, par exemple, aux formulaires qui proposent aux cadres d'évaluer la personnalité de leurs subalternes, à ceux qui sont très longs à remplir et à ceux qui sont presque incompréhensibles. Certains formulaires d'évaluation du rendement sont si compliqués et requièrent tellement de temps qu'on comprend pourquoi les cadres les remplissent avec le même empressement qu'ils manifestent pour leur déclaration d'impôts annuelle ! Plus un formulaire est court et facile à remplir, plus il a de chances d'être rempli soigneusement. Aussi les professionnels en ressources humaines doivent-ils faire des compromis entre, d'une part, la qualité et la quantité de l'information concernant le rendement et, d'autre part, les perceptions des intervenants – notamment les dirigeants, les cadres et les employés évalués – au sujet d'autres caractéristiques qu'ils recherchent dans un tel formulaire.

Par ailleurs, si l'on veut que le formulaire soit simple et facile à remplir, il est important de constituer un comité de discussion composé de représentants des catégories de personnel visées, qui procéderont à l'élaboration ou à la révision de ce formulaire – tant sur le plan du contenu que de la forme – par exemple, au moment du choix des responsabilités clés, de la sélection des énoncés de comportements ayant pour but d'évaluer chaque responsabilité clé et de la détermination du poids relatif des objectifs et des responsabilités dans l'évaluation globale du rendement.

Les compétences et la motivation des évaluateurs

Le supérieur immédiat demeure toujours la principale source d'évaluation. Une recherche menée auprès d'un échantillon diversifié d'employés du Québec démontre que le supérieur immédiat constitue la source d'évaluation en laquelle ils ont le plus confiance (Gosselin et autres, 1997). Un régime de salaire au mérite mise beaucoup sur l'autorité du supérieur hiérarchique, qui doit porter un jugement sur le rendement de ses subalternes. Compte tenu des enjeux pécuniaires, il faut s'attendre à ce que l'évaluation du rendement soit une source de mésententes. L'employé a alors tout intérêt à mettre en relief ses points forts, ses réalisations et à rendre les autres responsables de ses faiblesses lorsqu'il discute de son rendement avec son patron. Bien que la dynamique sous-jacente à l'entretien d'évaluation repose généralement sur une volonté réciproque de bonne entente, il n'en est pas toujours ainsi. En effet, le processus d'évaluation se déroule habituellement dans un climat de compétition, où le supérieur détient plus de pouvoir et où les points de désaccord – plutôt que les points d'entente – sont mis en relief. La majorité des employés n'admettent pas d'avoir une cote de rendement moins que satisfaisante ; ils tendent tous à penser que leur rendement se situe au niveau où leur supérieur voudrait qu'il soit dans l'avenir. De plus, les perceptions des employés et de leur supérieur immédiat sur les causes d'un rendement jugé moins que satisfaisant diffèrent : pour l'employé, ce résultat est attribuable à des facteurs indépendants de sa volonté (les absences d'autres employés, le manque d'équipement, la surcharge de travail, le manque de personnel, etc.), alors que pour l'évaluateur, il est attribuable à des caractéristiques de l'employé (le manque d'habileté, de motivation, etc.). Ce phénomène est particulièrement bien documenté dans la théorie de l'attribution (Mitchell et O'Reilly, 1983).

La précision de l'évaluation du rendement repose donc essentiellement sur les évaluateurs, puisqu'elle est fonction de leur habileté à évaluer le rendement et de leur motivation à faire cette évaluation. L'habileté des superviseurs à évaluer le rendement de leurs subalternes dépend de la possibilité qu'ils ont de les observer à leur travail, du besoin qu'ils éprouvent d'évaluer leur rendement et du fait qu'ils considèrent le formulaire d'évaluation du rendement comme pertinent par rapport à l'objectif poursuivi. Ainsi, il semble pratiquement impossible d'implanter un système d'évaluation du rendement sans mettre en place un programme d'information et de formation à l'intention des évaluateurs. Ce programme doit à tout le moins comprendre des renseignements sur le système d'évaluation élaboré (sa raison d'être, les politiques et les pratiques à suivre et une explication sur le vocabulaire utilisé dans les formulaires et les documents connexes). Un tel programme peut être élaboré de façon complète en un minimum d'une journée selon la méthode d'évaluation retenue (une méthode de direction par objectifs, par exemple, nécessite une certaine habileté à déterminer et à formuler des objectifs).

Idéalement, tout programme de formation devrait viser à développer deux habiletés fondamentales : l'habileté à mesurer le rendement et l'habileté à communiquer les résultats d'évaluation (rétroaction). Tous les auteurs s'entendent sur le fait qu'il est avantageux de faire jouer un rôle actif aux participants à l'intérieur d'un tel programme. Comme cela permet aux participants de vérifier leurs habiletés au cours du programme de formation, leurs attentes n'en sont que plus réalistes au sujet du type de problèmes auxquels ils sont confrontés. Des jeux de rôles et des simulations peuvent leur apprendre à maîtriser ces difficultés. Un tel programme de formation requiert un minimum de deux à trois jours de travail intensif. À ce sujet, le tableau 12.3 (p. 670) présente une liste des principales caractéristiques d'une bonne entrevue d'évaluation du rendement.

Par ailleurs, les cadres ont non seulement la responsabilité de fixer leurs attentes en matière de rendement, de les communiquer aux employés et de les clarifier, mais également, et surtout, d'exercer un *suivi* sur le déroulement du travail. Cela signifie qu'ils doivent rencontrer périodiquement leurs employés – individuellement et collectivement – pour discuter de l'avancement des activités prévues. Une telle rencontre est importante, car elle donne au superviseur l'occasion d'encourager l'employé à maintenir ses efforts, de l'aider à mieux diriger ces efforts, de l'amener à modifier certains objectifs en raison de changements survenus dans l'environnement, etc. Nombre de problèmes de rendement des employés sont dus, en grande partie, à un manque de suivi de la part de leur superviseur. Il est également important que le superviseur prenne des notes au cours des rencontres de suivi avec ses employés. Il doit aussi préparer des exemples de bons et de moins bons comportements ou de résultats de l'employé au cours de l'année. Le fait de prendre des notes sur les facettes positives du rendement de l'employé se révèle efficace. Rappelons que la grande majorité des employés ont un rendement acceptable. Pour les motiver, il faut d'abord insister sur leurs atouts, puis relever un ou deux points qu'ils pourraient améliorer.

TABLEAU 12.3

Les conditions de succès de l'entrevue d'évaluation du rendement

Le supérieur hiérarchique doit...	
faire les choses suivantes :	**éviter de faire les choses suivantes :**
• donner le temps au subordonné de s'autoévaluer, de se préparer ;	• informer le subordonné à la dernière minute de l'entrevue ;
• choisir un environnement tranquille et propice à la discussion ;	• se laisser déranger par le téléphone, des visites, etc. ;
• bien préparer l'entrevue (par exemple, en établissant un plan de la rencontre) ;	• ne pas se préparer ;
• poser des questions et encourager le subordonné à participer et à exprimer ses idées et ses émotions ;	• interrompre le subordonné et ne pas lui permettre de s'exprimer ni de participer à la discussion ;
• écouter, écouter et écouter ;	• parler constamment ;
• se préparer à entendre des commentaires négatifs, confus, ainsi que des critiques ;	• être continuellement en désaccord avec le subordonné ou nier tout ce qu'il dit ;
• contenir ses émotions ;	• exprimer ses émotions ;
• se comporter comme un « entraîneur », un facilitateur, un guide ;	• jouer au détective ou au juge ;
• être précis autant à propos des succès de l'employé qu'à propos de ses échecs ;	• insister seulement sur les erreurs et les problèmes ;
• chercher à comprendre ;	• adresser des blâmes ou des reproches ;
• répéter ce que le subordonné a exprimé ;	• chercher à imposer ses opinions ;
• centrer la discussion sur la résolution des problèmes dans l'avenir ;	• centrer la discussion sur la description des problèmes passés et de leur causes ;
• appuyer ses propos sur des faits, c'est-à-dire des résultats et des comportements ;	• qualifier la personnalité du subordonné ;
• établir conjointement avec l'employé les objectifs, le plan d'action et les moyens de s'améliorer, de partager ses idées.	• imposer son jugement, ses objectifs et son plan d'action.

Source : St-Onge et autres (1998, p. 366).

On oppose souvent l'*assistance professionnelle* (*coaching*) au mode traditionnel de supervision autoritaire, où le cadre agissait comme un contrôleur qui, d'une part, avait la responsabilité de prendre seul les décisions et de donner des directives et, d'autre part, s'attendait à ce que ses employés les appliquent, à défaut de quoi il devait sévir. Aujourd'hui, pour de multiples raisons, notamment la scolarité accrue des employés et une organisation du travail requérant plus de souplesse et d'autonomie, on recommande l'approche de l'assistance professionnelle auprès des employés. Cette approche nécessite un partenariat où le superviseur agit comme un entraîneur chargé de mobiliser les membres de son équipe en les faisant participer à la prise de décision, en leur accordant des responsabilités et de l'autonomie, et en les conseillant dans l'exécution de leur travail. Une étude d'Éthier (1996), menée auprès de 342 personnes, recense 20 responsabilités de l'« entraîneur » envers son personnel, lesquelles sont, par ordre d'importance :

1. Créer un esprit d'équipe ;
2. Favoriser l'autonomie ;
3. Savoir écouter et comprendre ;
4. Faire participer le personnel ;
5. Soutenir le personnel lorsqu'il rencontre des difficultés ;
6. Attribuer à chaque employé la responsabilité d'un mandat ;
7. Maintenir à jour les compétences ;
8. Considérer les membres du personnel comme des partenaires ;
9. Valoriser la contribution de chacun ;
10. Faciliter le développement ;
11. Faciliter le rendement ;
12. Reconnaître le rendement de façon tangible ;
13. Agir comme modèle ;
14. Définir un mandat précis pour chaque employé ;
15. Affronter les employés difficiles ;
16. Établir une communication bilatérale ;
17. Donner une rétroaction négative aux employés sans les brimer ;
18. Préciser les attributs des mandats confiés ;
19. Faire participer le personnel à l'entretien d'évaluation du rendement ;
20. Effectuer un suivi régulier du rendement.

Par ailleurs, comme les titulaires des postes changent, on doit veiller à la formation des nouveaux superviseurs qui feront l'évaluation du rendement. Il faut donc prévoir des programmes de mise à jour de la formation sur le suivi et l'évaluation du rendement.

Le contexte organisationnel

Par ailleurs, le processus de gestion du rendement et le rendement des employés sont influencés par le contexte organisationnel. Un sondage de la

Société Conseil Mercer Limitée (1996) indique que là où les systèmes de gestion du rendement sont jugés efficaces, les entreprises accordent plus de formation aux cadres et aux employés en la matière et les rendent plus responsables de son application. De la même manière, une enquête de Hewitt & Associés (1995) démontre que là où les systèmes de gestion du rendement s'avèrent efficaces, les dirigeants participent activement à leur conception et à leur mise en place, et les employés participent activement à leur fonctionnement.

La figure 12.5 illustre l'influence de diverses caractéristiques individuelles (p. ex. : les traits de personnalité et la motivation au travail), organisationnelles (p. ex. : les ressources, le groupe de travail et l'organisation du travail), environnementales (p. ex. : l'économie, l'industrie et la région) et de supervision sur le rendement des employés. Ainsi, l'évaluateur devrait analyser l'ensemble d'une situation de travail, afin d'éviter d'attribuer certains problèmes de rendement à un subordonné lorsque les causes échappent en partie à sa volonté. Comme le mentionnent Petit et Haines (1998), la démarche de recherche des causes du rendement qui échappent à la volonté d'un employé modifie la dynamique de l'évaluation du rendement. Au lieu de considérer les objectifs et les normes de rendement préétablis comme immuables, on convient d'adapter périodiquement le plan d'action aux divers changements qui touchent l'organisation (p. ex. : les innovations technologiques, les restructurations, les crises économiques ou les modifications apportées aux produits).

Au cours de l'entrevue d'évaluation, on parlera tout autant de changements que l'employé doit mettre en œuvre que de modifications à apporter aux systèmes et aux procédés (p. ex. : l'organisation du travail, les outils et les équipements) pour améliorer le rendement. Cela est d'autant plus important que, dans bien des cas, on peut être tenté d'attribuer les problèmes de rendement individuel à des caractéristiques de l'environnement (p. ex. : l'arrivée d'un nouveau compétiteur ou un déclin économique), de l'organisation (p. ex. : des équipements désuets, des produits non concurrentiels) ou de l'équipe (p. ex. : une organisation du travail déficiente), et aux compétences et aux efforts des employés. Dans ce contexte, il est important d'intégrer une approche systémique de la gestion du rendement, qui se préoccupe du développement et de l'amélioration continue du rendement du groupe, des systèmes, des structures ou des processus. L'approche traditionnelle strictement individualisée de la gestion du rendement, qui s'intéresse à l'évaluation des différences dans le rendement des employés, peut nuire à l'esprit d'équipe et à l'esprit de collaboration, et risque de ne pas mettre le doigt sur les véritables sources d'improductivité, qui ne sont pas toujours du ressort des personnes. Waldman (1998) analyse ce nouveau courant dans le domaine de la gestion du rendement.

FIGURE 12.5

Quelques déterminants du rendement individuel

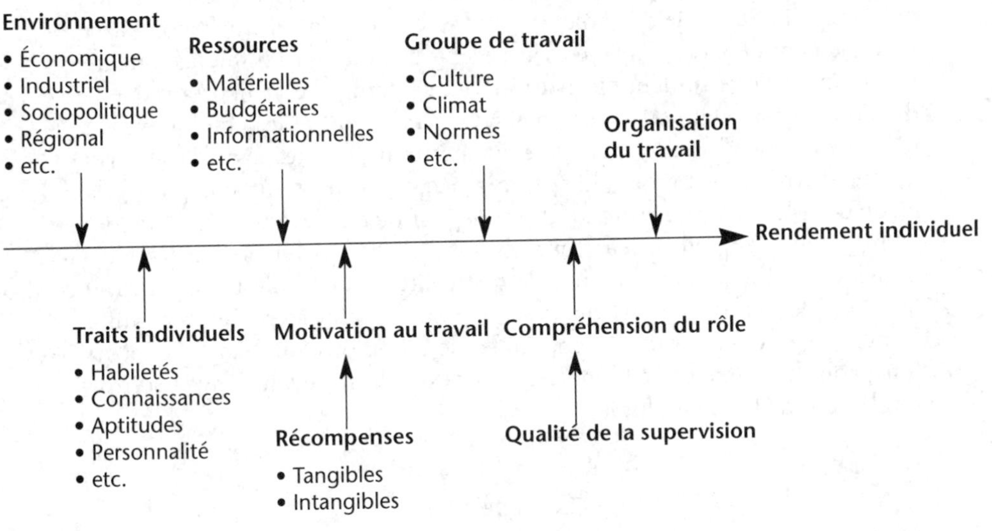

Source : St-Onge et autres (1998, p. 363).

Pour améliorer la productivité, il faut s'interroger sur le travail à faire et éliminer les tâches superflues. Cet élément est particulièrement important dans le secteur des services, où l'on demande de plus en plus aux employés d'effectuer des tâches qui n'ont rien à voir avec leurs qualifications. On pense, par exemple, aux infirmières et aux puéricultrices auxquelles on demande de remplir de plus en plus de documents, alors qu'elles sont formées et embauchées pour dispenser des soins et de l'éducation, ou encore aux professeurs d'université auxquels on demande de passer de plus en plus de temps à siéger à des comités plutôt que d'enseigner et de conseiller les étudiants, de faire de la recherche et de rédiger des textes spécialisés. Au-delà d'un certain seuil, un tel élargissement des tâches n'a rien d'enrichissant : il diminue la motivation au travail des employés, car on leur demande d'accomplir des tâches qui ne sont pas importantes pour leurs clients (dans nos exemples, les patients et les étudiants). Lorsqu'une méthode d'évaluation nuit à la qualité des services et des produits ou exige qu'on la contourne pour réussir à satisfaire les clients, il faut s'interroger sur sa pertinence et non sur le respect de la méthode de la part des employés.

De plus, un processus de gestion du rendement nécessite non seulement de planifier, de suivre et d'évaluer le rendement, mais également de le reconnaître. Qui doit reconnaître le rendement ? D'abord et avant tout les dirigeants d'entreprise. Étant donné que les cadres suivent leur exemple, ils doivent se comporter comme des modèles et privilégier la reconnaissance plutôt que le contrôle. Les cadres doivent également reconnaître le rendement de leurs employés, car ce sont eux qui ont l'influence directe la plus importante sur leur motivation. Sur ce point, il est important que la direction récompense ses cadres qui savent reconnaître les employés dont les comportements et les paroles sont méritants, car les cadres ont aussi besoin d'être récompensés. Il apparaît nécessaire de tenir compte de la façon dont les évaluateurs s'acquittent de leur tâche d'évaluation du rendement au moment où, à leur tour, ils sont évalués par leurs superviseurs immédiats. Si leur responsabilité de gestion revêt une telle importance, il faut que les efforts qu'ils y consacrent soient considérés et reconnus. L'encadré 12.6 présente un ensemble de questions qu'il faut se poser lorsqu'on veut améliorer la motivation des cadres à évaluer avec soin le rendement de leurs employés.

ENCADRÉ 12.6

Quelques questions permettant de déterminer à quel point le contexte incite les cadres à gérer avec soin le rendement de leurs employés

Les cadres...

- se croient-ils capables d'évaluer et de gérer correctement leurs subordonnés ?
- ont-ils les compétences nécessaires pour évaluer et gérer le rendement ?
- croient-ils que leurs évaluations sont utiles, c'est-à-dire qu'elles sont considérées lorsque des décisions sont prises relativement au personnel ?
- ont-ils les ressources adéquates (temps, formulaires, etc.) pour évaluer et gérer le rendement de leurs subordonnés ?
- sont-ils évalués sur le soin qu'ils portent à la gestion du rendement de leur personnel ?
- ont-ils participé à l'élaboration des formulaires d'évaluation du rendement ? au développement du processus de gestion du rendement ?

Les dirigeants de l'organisation...

- appuient-ils le processus de gestion du rendement ?
- agissent-ils comme des modèles : les personnes occupant des postes aux niveaux hiérarchiques supérieurs voient-elles leur rendement évalué ?
- préconisent-ils un processus continu de gestion du rendement des employés ?

- préconisent-ils une culture d'excellence axée sur la réalisation d'une stratégie ou d'objectifs d'affaires largement et constamment diffusés parmi les employés ?
- évitent-ils d'affronter les problèmes de fond qui échappent à la maîtrise des employés (par exemple, des produits désuets ou des équipements inadéquats) ou qui légitiment le fait que leur contribution ne soit pas optimale (p. ex. : des salaires insuffisants, l'absence de possibilités de carrière ou la sélection inadéquate du personnel) ?

Source : St-Onge et autres (1998, p. 368).

Autant les normes de groupe peuvent être contraignantes et nuire au rendement – et les exemples pourraient être nombreux –, autant elles peuvent le promouvoir et le stimuler. Les dirigeants doivent créer un climat où les gens qui produisent « de la qualité en bonne quantité » sont respectés, et où chacun se sent responsable de son propre rendement et de la productivité de l'entreprise. Il faut donc considérer l'importance de la justice du processus dans l'élaboration et la mise en pratique de la gestion du rendement à l'intérieur des organisations. Cette perception de la justice existe dans la mesure où l'employé croit, notamment, que son supérieur immédiat connaît le travail qu'il effectue, qu'il y a une communication dans les deux sens lors de la rencontre d'évaluation, que les mêmes critères d'évaluation sont appliqués d'une personne à l'autre, que les cotes d'évaluation sont véritablement fondées sur le rendement des employés et que les mécanismes de reconnaissance – notamment les promotions et les augmentations de salaire – sont basés sur les cotes d'évaluation.

RÉSUMÉ

Pour établir un bon programme de reconnaissance, il faut définir adéquatement les facteurs et les comportements du personnel sur lesquels le succès de l'entreprise repose (p. ex. : les coûts, les services et la qualité), choisir des indicateurs afin de mesurer leur réalisation et y rattacher diverses formes de reconnaissance tangibles et intangibles. Ainsi, le fait de modifier les éléments sur lesquels les employés sont évalués et la façon dont ils sont récompensés peut se révéler un important outil de communication des valeurs ou des priorités de l'entreprise propre à assurer la réalisation de sa stratégie d'affaires.

L'évaluation du rendement constitue d'ailleurs le défi le plus important de la rémunération variable. Dans la pratique, aucun système d'évaluation du rendement ne peut être élaboré de façon idéale. Ce chapitre a toutefois permis d'attirer l'attention sur le choix et le contenu des divers paramètres de systèmes d'évaluation du rendement organisationnel et individuel.

L'approche de gestion du rendement présentée dans ce chapitre exige une révision des façons de faire traditionnelles et une adaptation à une nouvelle réalité d'affaires, de manière à cibler les éléments qui compteront dorénavant le plus pour assurer le succès des entreprises. Le concept du tableau de bord du rendement n'est cependant pas une panacée qui règle automatiquement les faiblesses de gestion. Voyer (1998) présente d'ailleurs un ensemble de conditions « de fond » influant sur la réussite d'un tel système de mesure. À titre d'exemples, il mentionne une philosophie de gestion axée sur le rendement, l'acceptation des principes de transparence, le respect, de la part des cadres, du principe de responsabilisation accrue des employés, une attitude plus positive face à la mesure, l'acceptation de l'utilisation d'un outil en constante évolution et l'existence d'un climat de confiance et de partenariat.

Lorsqu'il est implanté et géré de manière adéquate, ce nouveau *paradigme* de la mesure du rendement peut permettre à tous de gagner (Cross et Lynch, 1992) : les clients sont plus satisfaits, les dirigeants ont davantage l'assurance que leur stratégie d'affaires est bien implantée et les cadres dirigent leur attention sur ce qui compte le plus pour assurer la réussite de la firme. Cette « nouvelle » gestion du rendement devrait donc permettre d'améliorer le rendement des entreprises et l'environnement de travail des employés.

QUESTIONS DE RÉVISION

1. Montrer comment la gestion du rendement est au cœur de l'efficacité des régimes de rémunération variable.
2. Pourquoi la gestion du rendement est-elle utile aux organisations, aux gestionnaires et aux employés ?
3. Qu'est-ce qui distingue l'évaluation du processus de gestion du rendement ?
4. Comment peut-on déterminer les éléments du rendement qui devraient être valorisés dans une organisation ?
5. Expliquer et décrire ce que l'on entend par un « tableau de bord » du rendement organisationnel. Décrire ses composantes, ses caractéristiques, etc.
6. Comment peut-on élaborer et gérer un « tableau de bord » ou un système de gestion du rendement organisationnel ?
7. Sur le plan individuel, qu'est-ce qui distingue l'évaluation du rendement de l'évaluation du potentiel ? Quelles sont les principales répercussions de cette différence sur le processus de gestion du rendement ?

8. Pourquoi faut-il éviter de recourir aux traits de personnalité pour évaluer le rendement des employés ?
9. Quels critères et quelles méthodes d'évaluation du rendement les organisations utilisent-elles le plus souvent pour gérer le rendement de leurs employés ? Décrire ces critères et ces méthodes et préciser en quoi ils se distinguent et se complètent.
10. Déterminer d'abord certaines responsabilités clés de représentants qui doivent vendre aux détaillants des produits d'éclairage que leur organisation fabrique ou importe d'autres pays. Rédiger cinq énoncés de comportements visant à évaluer chacune de ces responsabilités clés. Énoncer ensuite trois objectifs qui peuvent permettre d'évaluer le rendement de ces représentants.
11. À quelles conditions faut-il satisfaire pour s'assurer qu'un formulaire d'évaluation du rendement soit jugé adéquat et qu'il soit rempli convenablement par les cadres et les employés ?
12. Qu'entend-on par l'expression « rétroaction à 360 ° » ?
13. Quels sont les principaux comportements qu'un cadre doit adopter pour maximiser le succès des entrevues d'évaluation du rendement faites avec ses employés ?
14. Commenter l'importance de la formation des cadres en matière de gestion du rendement. Sur quel sujet faudrait-il, par exemple, leur offrir de la formation ?
15. Qu'est-ce que l'assistance professionnelle (*coaching*) et quelle est son importance ?
16. Comment les dirigeants d'entreprise peuvent-ils s'assurer que leur contexte organisationnel appuie leur système de gestion du rendement ?

RÉFÉRENCES

BOURQUE, R., L. HAMEL et C. JULIEN (1998). « La réorganisation du travail à l'établissement Produits forestiers Alliance inc. de Donnacona (Québec) de 1990 à 1997 », *Gazette du travail*, printemps, p. 72-82.

CHIAPPELLO, E., et M.H. DELMOND (1994). « Les tableaux de bord de gestion, outil d'introduction du changement », *Revue française de gestion*, n° 97, janvier-février, p. 49-58.

COLETTI, J., et D.J. CICHELLI (1991). « Increasing sales-force effectiveness through the compensation plan », dans M.L. Rock et L.A. Berger (sous la dir. de), *The Compensation Handbook*, New York, McGraw-Hill, p. 290-306.

COLETTI, J., et D.J. CICHELLI (1993). *Designing Sales Compensation Plans, Building Blocks in Total Compensation*, Scottsdale, Ariz., American Compensation Association.

CONFERENCE BOARD OF CANADA (1996). *Compensation Planning Outlook 1996*, Ottawa, Conference Board of Canada.

CROSS, K.C., et R.L. LYNCH (1992). « L'importance de l'évaluation du rendement », *La revue* CMA, p. 18-21.

DIGIACOMO, G. (1997). « Équipes de travail autonomes chez NCR. Pratiques innovatrices en milieu de travail : études de cas », *Revue de la négociation collective*, Canada, Direction de l'information sur les milieux de travail, février, p. 63-69.

DRUCKER, P. (1992). « Notre prospérité menacée », *Harvard l'Expansion*, printemps, p. 63-71.

ECCLES, R.G. (1991). « The rendement measurement manifesto », *Harvard Business Review*, vol. 69, n° 1, janvier-février, p. 131-137.

EDWARDS, M.R., et A.J. EVEN (1996). *360° Feedback : The Powerful New Model for Employee Assessment and Rendement Improvement*, New York, AMACOM.

ÉTHIER, É. (1996). *Les superviseurs québécois en tant que coach : une enquête auprès de leurs employés*, mémoire de maîtrise, Montréal, École des Hautes Études Commerciales.

GABARRO, J.J. (1987). *The Dynamics of Taking Change*, Boston, Harvard Business School Press.

GOSSELIN, A., et S. ST-ONGE (1998). « La gestion du rendement au travail », dans *La performance au travail*, coll. « Racines du savoir », Montréal, École des Hautes Études Commerciales.

GOSSELIN, A., J.-M. WERNER et N. HALLÉ (1997). « Ratee preferences concerning rendement management and appraisal », *Human Resource Development Quarterly*, vol. 8, n° 4, hiver, p. 315-333.

HEWITT & ASSOCIÉS (1995). *Gestion du rendement : pratiques et caractéristiques des programmes, résultats de l'enquête*, Scottsdale, Ariz.

HEWITT & ASSOCIÉS (1996). *Programmes de rémunération variable : faits saillants et résultats de l'enquête 1995-1996.*

HILLGREN, J.S., et D.W. CHEATHAM (1996). *Understanding Rendement Measures, Building Blocks in Total Compensation*, Scottsdale, Ariz., American Compensation Association.

HORA, M.E., et M. SCHILLER (1991). « Rendement Measurement », dans M.L. Rock et L.A. Berger (sous la dir. de), *The Compensation Handbook*, 3e éd., New York, McGraw-Hill, p. 490-505.

JOHNSON, H.T. (1992). *Relevance Regained : From Top-down Control to Bottom-up Empowerment*, New York, The Free Press.

JOHNSON, H.T., et R.S. KAPLAN (1987). *Relevance Lort, the Rise and Fall of Management Accounting*, Boston, Harvard Business School Press.

KAPLAN, R.S., et D.P. NORTON (1992). « The balanced scorecard : Measures that drive rendement », *Harvard Business Review*, vol. 70, n° 1, janvier-février, p. 71-79.

KAPLAN, R.S., et D.P. NORTON (1993). « Putting the balanced scorecard to work », *Harvard Business Review*, vol. 71, n° 5, septembre-octobre, p. 134-143.

KEUCH, R.W. (1994). « Measuring and rewarding performance in the customer-driven organization : a new measurement framework », ACA *Journal*, hiver, vol. 2, n° 3, p. 59-67.

LYNCH, R.L., et K.F. CROSS (1995). *Measure Up ! Yardsticks for Continuous Improvement*, Cambridge, Mass., Blackwell Business Publishers.

MITCHELL, T.R., et C.A. O'REILLY (1983). « Managing poor performance and productivity in organizations », dans K. Rowland et G. Ferris (sous la dir. de), *Research in Personnel and Human Resources Management*, vol. 1, Greenwich, Conn., JAI Press, p. 201-234.

PETIT, A., et V. HAINES (1998). « Trois instruments d'évaluation du rendement », dans *La performance au travail*, coll. « Racines du savoir », Montréal, École des Hautes Études Commerciales, p. 137-156.

PRINCE, J.B., et E.E. LAWLER (1986). « Does salary discussion hurt the development performance appraisal ? », *Organization Behavior and Human Decision Processes*, vol. 37, n° 3, p. 357-375.

RODGERS, R., et J.E. HUNTER (1991). « Impact of management by objectives on organizational productivity », *Journal of Applied Psychology*, vol. 76, n° 2, p. 322-336.

ST-ONGE, S., M. AUDET, V. HAINES et A. PETIT (1998). *Relever les défis de la gestion des ressources humaines*, Boucherville, Gaëtan Morin Éditeur.

ST-ONGE, S., et M. MAGNAN (1998). « La mesure de la performance organisationnelle : un outil de gestion et de changements stratégiques », dans *La performance au travail*, coll. « Racines du savoir », Montréal, École des Hautes Études Commerciales, p. 46-63.

SIMONS, R. (1993). « How New Top Managers Use Control Systems as Levers of Strategic Renewal », document de recherche non publié, Harvard Business School.

SOCIÉTÉ CONSEIL MERCER LIMITÉE (1996). *Systèmes de gestion du rendement et des compétences, résultats de l'enquête sur les pratiques en usage dans les entreprises canadiennes*, été, 12 p.

VOYER, P. (1998). *Tableaux de bord de gestion*, 2e éd., Presses de l'Université du Québec.

WALDMAN, D.A. (1998). « La gestion du rendement et la qualité totale », dans *La performance au travail*, coll. « Racines du savoir », Montréal, École des Hautes Études Commerciales, p. 64-81.

WERNER, J.M. (1998). « Que sait-on de la rétroaction à 360 degrés ? », *La performance au travail*, coll. « Racines du savoir », Montréal, École des Hautes Études Commerciales, p. 157-174.

WILSON, T.B. (1995). *Innovative Reward Systems for the Changing Workplace*, New York, McGraw-Hill.

WILSON, T.B. (1998). « Reward strategy : Time to rethink the methods and the messages », ACA *Journal*, vol. 7, n° 2, été, p. 62-69.

MODÈLE DE GESTION DE LA RÉMUNÉRATION

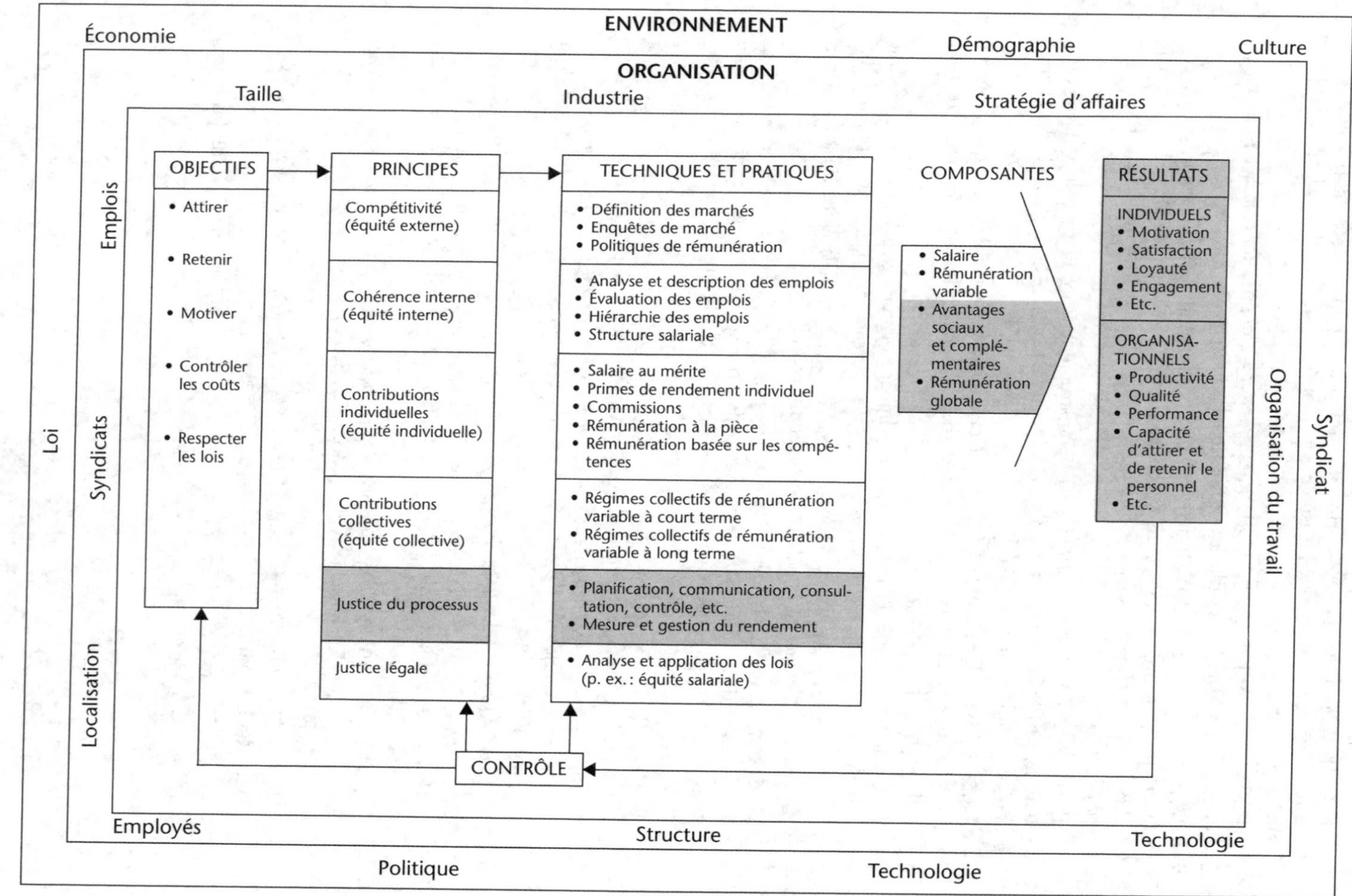

SECTION 6

LES AVANTAGES ET LA RÉMUNÉRATION GLOBALE

Chapitre 13

LES AVANTAGES OFFERTS AUX EMPLOYÉS : DESCRIPTION ET IMPORTANCE

OBJECTIFS

Ce chapitre vise à :

- définir le terme « avantages sociaux » et à évaluer l'importance de ces avantages dans la rémunération globale ;
- décrire l'évolution des avantages offerts aux employés en Amérique du Nord ;
- expliquer les raisons d'être des avantages, tant du point de vue des employeurs que de celui des employés ;
- faire connaître les diverses catégories d'avantages offerts par l'État et les défis qui y sont reliés ;
- faire connaître les divers régimes d'avantages que peuvent offrir les employeurs et les défis que comporte leur gestion.

PLAN

Objectifs 683
Cas : Les coupures d'avantages sociaux sont loin d'être terminées 686
Introduction 688
13.1 Définition, importance et historique des avantages offerts aux employés 688
13.1.1 Définition des avantages 688
13.1.2 L'importance des avantages 689
13.1.3 L'évolution des avantages au Canada 689
13.2 Les raisons d'être des avantages 692
13.2.1 La perspective des employeurs 692
Le sens des responsabilités et l'intérêt d'offrir une protection aux employés 692
La nécessité d'offrir une rémunération compétitive 692
Les avantages fiscaux liés à l'offre d'avantages 693
Les attentes des syndicats et les ententes multi-employeurs 693
Le renforcement des politiques de gestion des ressources humaines 693
13.2.2 La perspective des employés 694
Le besoin d'une protection contre les aléas de la vie 694
L'obtention d'une protection meilleure que celle offerte par les régimes publics 694
Les économies d'échelle 694
L'accessibilité des avantages offerts par les employeurs 694
Les avantages fiscaux 695
13.3 Le financement des avantages 695
13.4 Les régimes d'avantages offerts par l'État 696
13.4.1 Les soins hospitaliers et médicaux 696
Les soins hospitaliers 696
Les soins médicaux 697
Les protections complémentaires 697
13.4.2 La protection du revenu reliée à l'invalidité 698
13.4.3 Les prestations de décès et la rente des survivants 699
13.4.4 Les programmes de revenus de retraite 699
La pension de la sécurité de la vieillesse 700
Le supplément de revenu garanti 700
L'allocation au conjoint 700
Les défis actuels et futurs 700
13.4.5 L'assurance-emploi 701
13.4.6 L'assurance-automobile 701
13.4.7 Les indemnités d'accidents du travail 702

13.4.8 L'aide sociale 702
13.4.9 Les heures de travail et le temps chômé rémunéré 702
13.5 Les régimes d'avantages offerts par les employeurs 703
13.5.1 Les soins de santé 703
Les régimes de soins hospitaliers 703
Les régimes de médicaments 704
Les régimes complémentaires de soins médicaux 704
Les régimes de soins dentaires 704
Les régimes de soins optiques 705
Les défis actuels et futurs 705
13.5.2 Les régimes de prestations d'invalidité 707
Les régimes d'invalidité de courte durée 708
Les régimes d'invalidité de longue durée 709
Les défis actuels et futurs 709
13.5.3 Les régimes d'assurance-vie et d'assurance-accident 709
13.5.4 Les régimes de retraite offerts par les employeurs 710
Les régimes de retraite agréés 711
Les régimes de retraite non agréés, ou mécanismes supplémentaires de retraite 716
Les autres mécanismes de revenus de retraite 717
Les défis actuels et futurs 718
13.5.5 Les avantages offerts au personnel retraité 719
13.5.6 Les régimes de rémunération du temps chômé 719
13.5.7 Les régimes d'avantages complémentaires ou de gratifications 720
Résumé 723
Questions de révision 723
Références 724

CAS

Les coupures d'avantages sociaux sont loin d'être terminées

Face à l'augmentation des coûts de santé et à la réduction des garanties des régimes d'État, de plus en plus d'entreprises procèdent à une révision de leurs régimes d'avantages sociaux. La solution pourrait se trouver du côté des programmes flexibles, qui gagnent d'ailleurs en popularité.

Voilà ce qui ressort du dernier sondage sur les avantages sociaux réalisé annuellement par la firme de conseillers des ressources humaines Towers Perrin auprès de plus de 200 grandes entreprises canadiennes.

« Je serais très surpris de voir des employeurs continuer à bonifier leur régime d'avantages sociaux ou même hausser les plafonds de remboursement. La tendance est plutôt à la réduction des coûts », constate Normand Gendron, conseiller, de Towers Perrin.

Même son de cloche du côté de la firme Sobeco Ernst & Young, qui a sondé l'opinion de 800 sociétés canadiennes. « La notion de contrôle des coûts est dans l'air depuis quelques années déjà, mais encore davantage ces derniers temps. En fait, l'entreprise ne contrôle pas les coûts, mais plutôt leur augmentation », précisent Georges Ferland et Jean-Guy Côté, associés.

« Le coût des régimes privés d'assurance-maladie augmente annuellement d'au moins 20 % », note pour sa part Jean-Guy Gauthier, conseiller-actuaire à la firme Hewitt & Associés.

« Le désengagement de l'État et les taxes, le nombre croissant d'employés plus âgés de même que les nouveaux produits ou techniques en sont notamment la cause. La gestion des coûts représente le défi des années 1990. »

Régimes flexibles

Pour réduire les frais reliés à la gestion des régimes, les entreprises songent à mettre en place des régimes d'avantages sociaux flexibles, soit des régimes personnalisés faits sur mesure et mis au point pour répondre aux besoins spécifiques des travailleurs.

Il peut s'agir d'un régime de base comprenant de l'assurance-vie et maladie, auquel sont notamment greffées des options en matière de soins de santé complémentaires, de soins dentaires ou d'assurance-invalidité. Il y a aussi le régime modulaire qui, comme son nom l'indique, regroupe une série de protections selon différents modules. Ou encore, mais plus rarement, un régime entièrement flexible qui permet à l'employé de décider s'il désire ou non une protection en assurance-vie, assurance-maladie, assurance-invalidité ou assurance dentaire, par exemple.

Le sondage effectué par Towers Perrin démontre que le nombre de régimes personnalisés a presque triplé au cours des cinq dernières années : 56 employeurs offrent aujourd'hui ce type de régime, par rapport à 20 en 1989. De plus, une quinzaine d'employeurs procédaient ces derniers mois à la mise en place d'un tel programme.

Chez Sobeco, on note que 11,4 % des entreprises ayant participé au sondage en 1994 avaient implanté un tel régime, comparativement à 8 % l'année précédente. Une projection pour les années 1995-1997 démontre que le quart des entreprises pourraient alors offrir un programme flexible.

Du côté de Hewitt & Associés, qui s'est livrée au même exercice auprès de quelque 450 sociétés canadiennes, on observe la même tendance. « Les régimes flexibles s'inscrivent dans la nouvelle culture organisationnelle des sociétés. Les gens des ressources humaines veulent réorienter les programmes d'avantages sociaux, afin qu'ils reflètent mieux leur nouvelle philosophie de gestion », souligne M. Gauthier.

« Dans le contexte de la qualité totale et du service à la clientèle, ces régimes visent à mieux sensibiliser et responsabiliser les employés. Ceux qui bénéficient d'une protection à 100 % ont bien souvent perdu contact avec la réalité et ne recherchent pas nécessairement les meilleurs prix », ajoute M. Gendron.

Cette prise en charge de la part des employés est d'autant plus importante que les travailleurs québécois voient maintenant une partie des éléments des régimes assujettie à l'impôt. Le gouvernement fédéral n'y a pas encore donné suite. Mais si tel était le cas, estiment bon nombre d'observateurs, on pourrait alors assister au phénomène déjà amorcé de l'*opting out*, c'est-à-dire le retrait de certaines protections pour lesquelles un employé ne veut pas payer d'impôt si elles ne sont pas réclamées.

Voilà sans doute pourquoi on assiste de plus en plus à la formation de comités d'assurances. Un peu à l'image des comités de retraite, ils entendent favoriser le dialogue entre employeurs et employés, voire même avec les conseillers-actuaires et les assureurs, afin d'assurer une meilleure compréhension des enjeux et du contrôle des coûts.

Qui dit contrôle des coûts dit plutôt transfert des coûts, estime pour sa part M. Côté. « L'entreprise offre un régime de base avec options, auquel elle alloue un budget et un pourcentage de hausse annuelle. L'employé décide de sa protection complémentaire et paie la différence. C'est comme si on passait d'un régime de retraite à prestations déterminées à un régime à cotisations déterminées. »

Protection familiale remise en cause

Par ailleurs, un grand nombre d'entreprises s'interrogent sur la pertinence d'une protection familiale. D'abord, parce que dans le cas où les deux conjoints profiteraient d'un régime collectif, il y a généralement un dédoublement du régime. Mais aussi parce que les employeurs jugent leurs obligations plutôt envers les employés qu'envers les personnes à charge. Pourquoi, se demande-t-on, un employé marié qui reçoit le même salaire et fait le même travail que celui qui est célibataire profiterait-il des sommes additionnelles aux fins de régimes d'avantages sociaux ?

« L'étendue des protections trouve sa source dans les années de vaches grasses. L'austérité budgétaire a pour effet de tout remettre en cause », affirme M. Ferland en soulignant qu'une grande entreprise québécoise a justement décidé récemment d'orienter son régime vers les employés, à qui incombe maintenant la responsabilité de la protection familiale.

Une décision qui pourrait faire boule de neige.

Source : Théroux (1995, p. B1).

INTRODUCTION

Ce chapitre porte sur les avantages offerts aux employés, une composante importante de la rémunération globale. Comme le laisse entendre le cas précédent, ces avantages imposent un défi particulier aux employeurs, qui doivent repenser leur mode de gestion traditionnel. Ce chapitre définit d'abord les avantages offerts aux employés, puis il étudie leur importance et leur évolution au Canada. Il porte aussi sur les raisons pour lesquelles les employeurs offrent des avantages à leurs employés ainsi que sur les motifs pour lesquels les employés désirent obtenir ces avantages. Il décrit brièvement les divers régimes d'avantages publics et les régimes d'avantages que les employeurs peuvent offrir à leurs employés. Il aborde ensuite les défis reliés à divers avantages offerts par l'État et par les employeurs. Le chapitre 14 traitera de la gestion de ces avantages et de la gestion de la rémunération globale des employés.

13.1 DÉFINITION, IMPORTANCE ET HISTORIQUE DES AVANTAGES OFFERTS AUX EMPLOYÉS

13.1.1 Définition des avantages

Comme nous l'avons mentionné au chapitre 1, les avantages sont des composantes de la rémunération indirecte, c'est-à-dire de la rémunération qui n'est pas versée en espèces aux employés. En d'autres mots, ce sont les conditions dont bénéficient les employés en matière d'avantages sociaux, de temps chômé, d'avantages complémentaires et de conditions de travail.

Les avantages sociaux couvrent les régimes privés et publics de retraite et d'assurances qui visent à protéger les employés contre divers aléas de la vie : maladie, invalidité, mortalité, etc. Le temps chômé couvre les jours de vacances et de congé que les employeurs offrent à leur personnel en vertu de la *Loi sur les normes du travail* ou encore, très souvent, au-delà des exigences de cette loi. Il s'agit des congés reliés aux jours fériés, aux raisons personnelles, au mariage, à la maladie, à la maternité, à la paternité, au décès, etc. Les avantages complémentaires couvrent les gratifications accordées à un employé ou les dépenses remboursées par l'employeur (automobile, place de stationnement, repas, frais de scolarité, conseils financiers, programmes d'aide, etc.). Les conditions de travail incluent, notamment, les heures de travail et les congés sans solde qui ont un effet direct et indirect sur la rémunération du temps travaillé. Les congés sans solde, par exemple, peuvent nécessiter des débours pour la formation des employés remplaçants.

13.1.2 L'importance des avantages

Au Canada, les avantages offerts aux employés constituent des sorties de fonds importantes pour bon nombre d'employeurs, et ce, quelle que soit l'enquête. Une enquête effectuée auprès de 276 moyennes et grandes firmes canadiennes démontre que les avantages représentent 27 % des coûts totaux de main-d'œuvre (Carlyle, 1999). Selon une autre source, le pourcentage de la rémunération globale des employés accordé aux avantages sociaux s'établirait aujourd'hui à près de 35 %. Ce taux est réparti entre les assurances collectives (3 %), les régimes de retraite (7 %), les régimes publics (10 %) et le temps chômé et payé (15 %) (Picard, 1997). Une enquête menée auprès de grandes firmes estime ces sorties de fonds à 44 % des coûts de personnel, pourcentage qui augmente à 50 % dans les hôpitaux et à 55 % dans les municipalités (KPMG, 1994).

13.1.3 L'évolution des avantages au Canada

L'offre et l'évolution de l'offre en matière d'avantages offerts aux employés et le rôle des gouvernements varient grandement d'un pays à l'autre. Il en est de même du financement de ces régimes par l'impôt et des contributions relatives des employeurs et des employés. Les Américains, par exemple, ont choisi de résoudre les problèmes d'insécurité de la société industrielle en recourant essentiellement à l'initiative privée. Ainsi, le personnel syndiqué des grandes entreprises américaines des centres urbains est assez bien protégé comparativement aux employés non syndiqués des petites organisations.

Au Canada, tel que le résume l'encadré 13.1, les avantages offerts aux employés et leur gestion ont beaucoup changé depuis la révolution industrielle. Jusqu'à la fin du XIXe siècle, les salaires en espèces représentaient l'unique élément de rémunération que recevaient les employés en échange de leurs services. L'industrialisation a contribué à augmenter les risques reliés à la protection du revenu. Parallèlement à l'industrialisation, d'importants changements se sont produits dans la société, notamment le développement de la vie urbaine et, par conséquent, une plus grande dépendance des familles à l'égard de leurs revenus. Les politiciens de l'époque, tout comme ceux d'aujourd'hui, ne sont pas demeurés indifférents aux changements de mentalités qui survenaient dans la population. Par exemple, au Canada, la *Loi sur la sécurité de la vieillesse* est entrée en vigueur dès 1927. Cette loi allait permettre aux personnes âgées sans travail et nécessiteuses de recevoir des prestations de l'État. Au cours des années 1930 est apparu le premier régime de protection du revenu : le programme de Secours direct.

ENCADRÉ 13.1

L'évolution des avantages offerts aux employés canadiens

Le XIXe siècle : les gouvernements des pays industrialisés commencent à adopter des lois requérant que les employeurs se préoccupent du bien-être de leurs employés (p. ex. : modèles d'emploi, rémunération lors d'accidents).

Le tournant du XXe siècle : période au cours de laquelle les employeurs commencent à accorder divers services dits « paternalistes » aux employés, tels l'alimentation et le logement.

La Grande Dépression : les employeurs offrent moins d'avantages de type « paternaliste » en raison du nombre accru de lois et de la présence des syndicats.

Les années 1940 : les régimes modernes d'avantages sociaux commencent à se mettre au point, à cause d'un contrôle accru des salaires pendant la guerre et du pouvoir accru des syndicats.

Les années 1950 : la croissance rapide des régimes d'avantages est due à la croissance économique et au fait que les employeurs utilisent ces régimes pour attirer et retenir leur personnel.

La période 1960-1975 : le développement des régimes d'avantages se stabilise, parce que l'inflation et les coûts des avantages offerts augmentent rapidement.

La période 1975-1978 : le gouvernement fédéral canadien veut réduire ses coûts et contrôler l'inflation. Forcés de calculer le coût de toutes les composantes de la rémunération de leur personnel, les employeurs constatent que les avantages occupent une part importante de ce coût.

La période 1975-1995 : période marquée par les compressions dans les régimes d'avantages et le contrôle des coûts. Les régimes d'avantages commencent à refléter les changements survenus dans la société : la présence accrue des femmes dans la main-d'œuvre, le nombre croissant d'employés à temps partiel et le vieillissement de la population.

La période actuelle : le contrôle des coûts continue de constituer une préoccupation importante. Les employeurs offrent des régimes d'avantages « flexibles » afin de contrôler les coûts et de mieux répondre aux besoins d'une main-d'œuvre diversifiée. Les avantages sociaux sont de plus en plus perçus comme des outils permettant d'atteindre les objectifs de l'entreprise.

Source : Inspiré de Koskie et autres (sous la dir. de) (1995, p. 5 et 6).

Toutefois, la première influence importante de l'État sur les avantages sociaux a pratiquement été involontaire. En effet, le programme de contrôle des salaires établi au Canada en 1941 et l'imposition à des taux très élevés des bénéfices des entreprises en vue de maîtriser l'inflation ont amené l'implantation de programmes de « bénéfices marginaux » (*fringe benefits*), comme on les appelait à l'époque, qui avaient pour objectifs d'attirer et de garder la main-d'œuvre requise. La présence des syndicats dans les grandes entreprises du secteur industriel, dont la capacité de payer est généralement plus grande, n'était pas étrangère à la mise en place de ces programmes. Pour ce qui est des régimes publics de protection du revenu, la *Loi sur l'assurance-chômage* a été votée en 1940 et les premières cotisations ont été versées en 1942. En 1944 a eu lieu l'établissement du premier régime d'allocations familiales au Canada.

Jusqu'au début des années 1950, le rôle du gouvernement en ce domaine a essentiellement été complémentaire. À partir de ce moment, ce rôle est graduellement devenu plus incitatif. Ainsi, en 1952, le programme de Sécurité de la vieillesse a été modifié pour devenir le programme de Pension et de sécurité de la vieillesse (PSV). Dès lors, le critère des besoins financiers n'intervenait plus, car cette pension était accordée à toutes les personnes ayant atteint l'âge de 70 ans. Plus tard, l'âge minimum a été réduit à 65 ans et, en 1967, le programme de Supplément de revenu garanti (SRG) a pris effet. Entre-temps, en 1965, l'Ontario a adopté la première loi canadienne portant sur les prestations de retraite. Elle a été suivie par le Québec en 1966, par l'Alberta et le gouvernement fédéral en 1967, puis par la majorité des autres provinces. En 1968, le gouvernement fédéral adoptait la *Loi sur les soins médicaux* (qui remplaçait la *Loi sur l'assurance-hospitalisation et les services diagnostiques*, adoptée en 1958) et toutes les provinces lui ont emboîté le pas par la suite. En 1971, la *Loi sur l'assurance-chômage* a été modifiée pour permettre une plus grande accessibilité aux prestations. Dès lors, les femmes pouvaient recevoir des prestations d'assurance-chômage au cours d'une interruption de travail causée par une grossesse.

Les législations ont contribué à modifier en profondeur l'évolution des avantages offerts aux employés. L'intervention accrue de l'État a fait en sorte que le rôle de l'entreprise privée et des syndicats ne consiste plus à faire démarrer les choses dans ces domaines, mais plutôt à offrir et à demander un complément aux avantages offerts par l'État. La complémentarité entre les régimes privés et les régimes d'État est également devenue primordiale avec le temps. Aujourd'hui, elle est de plus en plus problématique, puisque l'État réduit graduellement ses régimes et que les employeurs peuvent de moins en moins les prendre en charge. Le chapitre 14 analyse les changements que les employeurs doivent apporter à la gestion de leurs avantages sociaux et les défis qu'ils affrontent en ce domaine.

13.2 LES RAISONS D'ÊTRE DES AVANTAGES

Comment le mentionnent Koskie et autres (1995), les avantages offerts aux employés représentent un compromis entre ce que l'employeur considère comme raisonnable et ce que les employés jugent désirable. Plusieurs facteurs expliquent ou justifient l'attribution d'avantages, tant du point de vue des employeurs que de celui des employés ou de leurs représentants syndicaux. Cette partie présente les motifs pour lesquels les employeurs offrent des avantages et les raisons pour lesquelles les employés désirent des avantages.

13.2.1 La perspective des employeurs

Le sens des responsabilités et l'intérêt d'offrir une protection aux employés

La plupart des employeurs ressentent le besoin d'aider leurs employés à surmonter certains aléas de la vie. Certains qualifient une telle préoccupation de paternaliste. Les employeurs se sentent particulièrement responsables des membres de la famille d'un employé qui décède après plusieurs années de service ou encore des retraités qui pourraient avoir de la difficulté à subvenir à leurs besoins. Les régimes privés leur permettent d'aider les employés en leur accordant de meilleurs avantages que les régimes publics. Par ailleurs, l'offre d'avantages assure les employeurs que leurs employés seront moins préoccupés ou stressés par les aléas de la vie et les problèmes financiers et, donc, plus concentrés sur leur rendement au travail.

La nécessité d'offrir une rémunération compétitive

Les employeurs ont également intérêt à offrir des avantages compétitifs pour attirer et garder un personnel compétent. Pour ce faire, ils doivent considérer l'offre du marché de référence pour leurs catégories de personnel. Dans bien des cas, ils ont à faire certains compromis (p. ex. : s'ils ont une politique de salaire « à la tête du marché », ils peuvent être contraints d'offrir moins d'avantages à leurs employés). Toutefois, s'assurer de la compétitivité des avantages est plus difficile que de s'assurer de la compétitivité des salaires. Comme nous l'avons mentionné au chapitre 3, l'information sur les avantages offerts aux employés recueillie lors d'enquêtes de rémunération est plutôt mince et souvent insuffisante.

Les avantages fiscaux liés à l'offre d'avantages

Certaines contributions des employeurs aux régimes d'avantages sont déductibles sur le plan fiscal (régimes de participation différée aux bénéfices, régimes de retraite, etc.). Par ailleurs, les employeurs ne sont pas imposés sur les revenus d'intérêts accumulés dans un fonds collectif de retraite. Comme certaines formes de rémunération indirecte bénéficient d'un traitement fiscal avantageux pour les employés, l'attribution d'avantages peut permettre aux employeurs d'accorder à leurs employés un revenu après impôts plus important que s'ils attribuaient la même somme d'argent sous forme de salaire.

Les attentes des syndicats et les ententes multi-employeurs

Historiquement, les syndicats ont directement contribué à l'augmentation de l'ampleur et de la variété des avantages offerts aux employés. Ils ont également influé indirectement sur les avantages accordés aux catégories d'employés non syndiquées ainsi que sur les avantages qu'offrent les firmes non syndiquées pour réduire l'attrait de la syndicalisation. Par ailleurs, le regroupement de petits et de gros employeurs permet d'offrir des avantages adéquats à la main-d'œuvre mobile de certaines industries (p. ex. : celle de la construction).

Le renforcement des politiques de gestion des ressources humaines

Les organisations peuvent gérer les avantages des employés de manière que ceux-ci les aident à réaliser leur stratégie d'affaires, à fournir des messages sur la culture organisationnelle et à renforcer leurs pratiques de gestion des ressources humaines. En effet, la gestion des avantages offerts aux employés a une incidence sur divers indicateurs de rendement (p. ex. : le taux d'absentéisme). L'offre de programmes de préretraite influe sur l'âge moyen du personnel, et la nature et l'ampleur des avantages offerts aux employés ont une incidence sur l'attraction et le maintien du personnel d'une firme ainsi que sur sa réputation. À cet égard, il serait pertinent de relire le cas du début du chapitre 3, « L'art de dénicher les talents et de les conserver », qui souligne l'importance d'offrir des avantages de plus en plus novateurs pour attirer et garder le personnel de recherche et développement.

13.2.2 La perspective des employés

Le besoin d'une protection contre les aléas de la vie

Les régimes d'avantages sociaux visent à pallier les aléas de la vie qui peuvent difficilement être prévus dans un budget – notamment la maladie, les accidents et la mortalité – et qui peuvent amener des dépenses ou des pertes de revenus substantielles pour un employé et les membres de sa famille. Par ailleurs, les régimes d'assurances permettent aux employés de mieux établir le budget des dépenses ou de la perte de revenus majeurs ou mineurs qu'amènent certaines réalités prévisibles de la vie comme la retraite, les dépenses de médicaments, les frais dentaires, etc.

L'obtention d'une protection meilleure que celle offerte par les régimes publics

Les avantages sociaux offerts par les employeurs sont plus généreux que ceux qu'attribuent les lois ou les régimes publics.

Les économies d'échelle

Comme les coûts et les risques sont partagés, les avantages offerts par une firme sont presque toujours moins onéreux que ceux qu'un employé décide d'acquérir sur une base individuelle.

L'accessibilité des avantages offerts par les employeurs

En vertu de plusieurs régimes d'avantages, les employés sont couverts dès leur embauche ou après une courte période d'attente. Comparativement à l'assurance que les employés devraient négocier sur une base individuelle, l'assurance collective n'exige généralement pas de preuve de bonne santé. En somme, la protection de groupe permet aux employés d'éviter d'avoir à se procurer leurs avantages, d'essuyer un refus ou d'avoir à assumer des coûts très élevés. L'accessibilité aux avantages repose également sur le fait que la contribution des employés est prélevée tout au long de l'année sur leur salaire, ce qui évite le versement d'une somme annuelle importante.

Les avantages fiscaux

Sur le plan fiscal, il est plus intéressant pour les employés de recevoir, par exemple, 1 800 $ en avantages qu'en salaire, puisque le taux d'imposition est moindre sur les avantages. Par ailleurs, quoique cela se révèle de moins en moins important, certaines contributions des employés sont déductibles ou leur permettent d'obtenir un crédit d'impôt. Par ailleurs, les revenus d'intérêts accumulés dans un fonds collectif de retraite s'accumulent en demeurant exempts d'impôts. C'est également le cas de certains autres paiements accordés aux employés – notamment en vertu d'un régime de participation différée aux bénéfices ou de programmes de suppléments.

13.3 LE FINANCEMENT DES AVANTAGES

À l'origine, les régimes de protection du revenu étaient censés offrir des assurances contre les aléas de la vie ou contre les événements fortuits ou imprévisibles ayant des répercussions financières importantes (p. ex. : maladie, accidents, invalidité, cessation d'emploi, retraite, décès). Une protection contre de tels aléas et événements est offerte par certains régimes publics et privés. En effet, au Canada, les gouvernements fédéral et provinciaux exigent que les employeurs contribuent à un certain nombre de régimes ou les incitent à y contribuer. De plus, les employeurs doivent respecter les normes du travail en vigueur dans leur province qui sont reliées aux vacances, aux congés fériés, etc. Au fil des ans et pour diverses raisons, la protection offerte par les employeurs s'est étendue à des dépenses moins importantes et a été reliée à des événements plus prévisibles (soins dentaires, soins de la vue, médicaments). Les deux prochaines parties de ce chapitre présentent les régimes d'avantages offerts par l'État et par les employeurs[1]. La description des programmes publics est importante, puisque c'est sa nature et son ampleur qui ont déterminé la protection offerte par les employeurs.

1. La description de ces régimes s'appuie, entre autres, sur Hall (1996), Société Conseil Mercer Limitée (1999) et AON (1998).

13.4 LES RÉGIMES D'AVANTAGES OFFERTS PAR L'ÉTAT

13.4.1 Les soins hospitaliers et médicaux

Au Canada, les soins de santé sont de compétence provinciale. Les régimes de frais médicaux comprennent deux régimes publics importants dans chaque province et territoire (à part le régime d'assurance-automobile existant dans certaines provinces, dont le Québec, l'Ontario et la Colombie-Britannique) : le régime d'assurance-hospitalisation et le régime d'assurance-maladie. Les gouvernements fédéral et provinciaux se partagent les coûts des soins de santé. Pour financer ces régimes, certaines provinces – notamment l'Alberta, la Colombie-Britannique et la Nouvelle-Écosse – exigent des cotisations de la part des contribuables. Par contre, d'autres provinces ne demandent de cotisation qu'aux employeurs (p. ex. : le Manitoba et Terre-Neuve). Par ailleurs, certaines provinces – notamment l'Ontario et le Québec – financent leurs régimes à l'aide des cotisations des employeurs et des résidants. En somme, au Canada, les soins de santé sont gérés en fonction de cinq grands principes (Conference Board of Canada, 1995) :

1. Ils doivent être *universels* : tous les résidants doivent être admissibles au régime public de santé ;
2. Ils doivent être *accessibles* : les services de santé doivent demeurer accessibles et raisonnablement coûteux ;
3. Ils doivent être *transférables* : le régime doit couvrir les résidants lorsqu'ils sont temporairement à l'extérieur du pays ;
4. Ils doivent être *complets* : les frais hospitaliers et les soins dispensés par les médecins doivent être couverts par le régime ;
5. Ils doivent faire l'objet d'une *administration publique* : le régime doit être à but non lucratif et les provinces doivent être tenues responsables de leur gestion.

Les soins hospitaliers

Au Canada, depuis les années 1960, chaque province (et territoire) offre un régime d'assurance-hospitalisation. Établis par les gouvernements provinciaux, ces régimes sont financés avec l'aide du gouvernement fédéral. En vertu de la *Loi canadienne sur la santé*, entrée en vigueur le 1er avril 1984, le gouvernement fédéral est autorisé à imposer des sanctions financières aux provinces qui ne permettent pas un accès raisonnable aux services de santé et qui imposent des obstacles, quelle que soit leur nature. Quoique les régimes varient d'une province à l'autre, tous couvrent les frais de séjour en salle et les soins infirmiers dispensés aux patients, l'utilisation d'une salle d'opération, les examens de laboratoire, les médicaments, les services diagnostiques et les soins d'urgence en consultation externe. Si un patient est hospitalisé dans une chambre semi-privée ou privée, il doit débourser une somme variable d'un hôpital à l'autre et d'une province à l'autre. Ce coût est fréquemment assumé par un régime privé d'assurance-hospitalisation offert par les employeurs.

Les soins médicaux

Au Canada, chaque province (et territoire) offre également un régime d'assurance-maladie. Ces régimes couvrent essentiellement les services dispensés par des médecins à domicile, au cabinet de consultation ou à l'hôpital. Selon la province de résidence, certains soins paramédicaux ainsi que les prothèses et les fournitures orthopédiques sont pris en charge. Ces services sont également remboursés à divers degrés lorsqu'ils sont dispensés temporairement hors de la province.

Les protections complémentaires

Plusieurs provinces canadiennes ont étendu la portée de leur régime d'assurance-maladie pour y intégrer les soins dentaires dispensés aux enfants, les examens annuels de la vue et les médicaments prescrits sur ordonnance aux personnes de 65 ans et plus ainsi qu'aux prestataires de l'aide sociale. Par ailleurs, toutes les provinces couvrent, à divers degrés, les frais engagés hors de la province pendant de brefs séjours.

Ainsi, en dehors des programmes destinés aux personnes à faible revenu, toutes les provinces du Canada prennent en charge les coûts de certaines interventions chirurgicales dentaires et buccales faites à l'hôpital. Certaines provinces offrent une protection limitée aux enfants (Île-du-Prince-Édouard, Nouvelle-Écosse, Québec et Terre-Neuve) ou aux personnes de 65 ans et plus et aux personnes à charge (Alberta).

Par ailleurs, toutes les provinces ont une liste de médicaments qui peuvent être remboursés aux résidants. Le contenu du régime varie toutefois d'une province à l'autre. Par exemple, en Alberta, les résidants de 65 ans et plus sont remboursés à 70 % selon un montant maximum par prescription de 25 $. En Ontario, les résidants de 65 ans et plus paient une franchise annuelle de 100 $ et peuvent se voir rembourser 100 % des frais excédant les frais de prescription (maximum de 6,11 $ par prescription), alors que les résidants de moins de 65 ans peuvent se faire rembourser 100 % des frais, mais doivent payer une franchise annuelle variant selon le revenu et la taille de leur famille.

Depuis 1997, la loi 33 vise à assurer que tous les résidants du Québec soient couverts par un régime universel d'assurance-médicaments. En vertu de cette loi, tous les résidants du Québec ont l'obligation légale d'avoir la protection d'un régime collectif privé ou du nouveau régime public offert par la Régie de l'assurance-maladie du Québec (RAMQ). La couverture de toutes les autres personnes demeure toutefois assurée par les divers régimes d'assurances collectives. Comme, au Québec, la quasi-totalité des employeurs offrent des régimes collectifs de rémunération permettant à près de 85 % de la population âgée de 18 à 64 ans d'être protégée par un régime collectif d'assurance-maladie, la loi est utile aux 15 % de la population qui n'est pas admissible à un tel régime, principalement les étudiants et les prestataires d'aide sociale et d'assurance-emploi (Picard, 1997). Ces derniers se voient alors rembourser 75 % de leurs frais, moyennant une franchise mensuelle de 8,33 $ par adulte ; le remboursement atteint toutefois 100 % si le montant mensuel maximum de 62,50 $ par adulte est dépassé. En vertu de cette loi, aucun assureur ou employeur n'est autorisé à offrir de l'assurance pour d'autres circonstances que le décès (invalidité, accident, santé, maladie, soins dentaires) à un groupe de personnes sans offrir la protection minimum prescrite en vertu de la *Loi sur les médicaments sur ordonnance*. Si l'entreprise n'offre qu'un régime d'assurance-vie, elle n'a pas à offrir un régime qui couvre les médicaments, puisque ses employés sont soumis à la loi.

13.4.2 La protection du revenu reliée à l'invalidité

C'est en 1966 que sont entrés en vigueur le Régime de pensions du Canada (RPC), qui s'applique à l'ensemble des provinces du Canada, à l'exception du Québec, et le Régime de rentes du Québec (RRQ). Ce sont des régimes publics et obligatoires qui prévoient l'attribution de prestations dans les cas de retraite, d'invalidité ou de décès. Selon les lois sur le Régime de pensions du Canada et le Régime de rentes du Québec, pour être déclaré invalide et recevoir une rente d'invalidité, un cotisant doit être incapable d'exercer de façon régulière tout emploi véritablement rémunéré. De plus, l'invalidité doit être en toute probabilité irréversible ou de durée indéfinie. Pour recevoir une rente, une personne doit remplir ce critère et avoir cotisé au Régime de rentes du Québec pendant au moins 2 des 3 dernières années, pendant au moins 5 des 10 dernières années, pendant la moitié des années (minimum de 2 ans), ou encore avoir cotisé au Régime de pensions du Canada pendant au moins 4 des 6 dernières années de la période au cours de laquelle il peut contribuer. Une personne a droit à une rente mensuelle à compter du quatrième mois suivant celui où a débuté son invalidité. Des rentes – identiques aux rentes versées aux orphelins – sont attribuées aux enfants des personnes invalides : en 1999, 54,40 $ par orphelin en vertu du Régime de rentes du Québec et 171,33 $ en vertu du Régime de pensions du Canada.

Le Régime de pensions du Canada et le Régime de rentes du Québec sont financés à parts égales par les employeurs et les employés. Les cotisations sont déductibles pour les employeurs et les prestations sont imposables pour les citoyens. Le taux des prestations est présentement limité à un taux de remplacement du revenu correspondant à environ 25 % du salaire industriel moyen. Ces régimes sont financés à parts égales, à partir des contributions des employeurs et des cotisations des salariés, soit 3,5 % de la tranche de salaire comprise entre l'exemption annuelle de base (3 500 $ en 1999) et le maximum annuel des gains admissibles (MAGA, soit 37 400 $ en 1999), qui est indexé chaque année selon l'indice des salaires. Le taux de cotisation combiné (employé et employeur) doit passer de 7 %, en 1999, à 9,9 %, en 2003.

13.4.3 Les prestations de décès et la rente des survivants

Le Régime des rentes du Québec et le Régime de pensions du Canada accordent des prestations modestes de décès et une rente de base au conjoint et aux enfants à charge du défunt, en vue de leur procurer un certain revenu sur une base régulière.

13.4.4 Les programmes de revenus de retraite

Au Canada, l'aide financière aux personnes âgées repose principalement sur le Régime de pensions du Canada ou le Régime de rentes du Québec (RRQ), la pension de la sécurité de la vieillesse (SV), le supplément de revenu garanti (SRG) et l'allocation au conjoint et aux personnes veuves. Le Régime de rentes du Québec et le Régime de pensions du Canada sont obligatoires, reliés à la rémunération des employés et financés uniquement à l'aide des cotisations salariales et patronales. L'objectif de ces régimes est de verser des rentes de retraite s'élevant à 25 % de la moyenne annuelle du salaire gagné par les travailleurs au cours de leur vie active. Les personnes sont admissibles à compter de 65 ans (60 ans si les activités de la personne ont considérablement diminué), quels que soient leurs gains d'emploi par la suite. La rente mensuelle est indexée tous les ans en fonction de l'augmentation du coût de la vie. Il est possible de retirer une rente mensuelle réduite de 6 % par année si elle commence avant 65 ans et de recevoir une rente mensuelle augmentée de 6 % par année si elle commence après 65 ans. En 1999, la rente mensuelle maximale payable à compter de 65 ans s'élevait à 751,67 $. Les prestations sont imposables ainsi que les contributions des employeurs, et les cotisations des employés sont déductibles des revenus ou donnent lieu à un crédit d'impôt.

La pension de la sécurité de la vieillesse

Depuis 1952, toute personne qui satisfait aux conditions de résidence a droit, lorsqu'elle atteint l'âge de 65 ans, et quel que soit son revenu, à une pension mensuelle fixe en vertu de la *Loi sur la sécurité de la vieillesse*. Cette pension s'élève à 410,82 $ en 1999. Les prestations mensuelles sont indexées tous les trimestres selon l'indice des prix à la consommation. Depuis 1996, les prestations du Régime de pension et de sécurité de la vieillesse sont réduites pour tenir compte d'une disposition de récupération pour les personnes dont les revenus excèdent 53 215 $ en 1999. Ce régime est financé à même les impôts.

Le supplément de revenu garanti

Entré en vigueur en 1967 en vertu de la *Loi sur la sécurité de la vieillesse*, le supplément de revenu garanti accorde des prestations à toute personne de 65 ans et plus qui bénéficie de la pension de sécurité de la vieillesse et dont les ressources financières n'atteignent pas un certain seuil. Le montant mensuel maximum en 1999 s'élève à 488, 23 $ pour une personne célibataire et à 318,01 $ pour une personne mariée. Ces prestations sont également indexées au coût de la vie. Le supplément de revenu garanti est financé à même les impôts.

L'allocation au conjoint

En vertu de la *Loi sur la sécurité de la vieillesse*, selon certains critères de revenu et de résidence, une allocation mensuelle est versée aux personnes veuves et aux conjoints admissibles de prestataires de la pension de sécurité de la vieillesse ayant entre 60 et 65 ans. En 1999, l'allocation mensuelle maximum attribuée au conjoint s'élève à 728,83 $ et celle versée aux personnes veuves, à 804,64 $.

Les défis actuels et futurs

À l'heure actuelle, les gouvernements réévaluent leurs programmes parce que la population canadienne est vieillissante et vit plus longtemps, parce que sa situation financière est délicate et que l'économie du pays est plus faible que prévu, et parce que les prestations d'invalidité sont plus élevées que prévu. À long terme, on remet en question la viabilité du Régime de rentes du Québec et du Régime de pensions du Canada, car on craint d'imposer un trop lourd fardeau aux générations futures. Plusieurs solutions sont à l'étude : augmenter le taux de cotisation plus rapidement, modifier le montant des prestations de retraite et d'invalidité et celles des survivants, réviser les placements des fonds, remplacer le Régime de pensions du Canada par un programme obligatoire d'épargne-retraite, etc. Une chose est sûre : au cours des années à venir, ces programmes devront évoluer au rythme de la nouvelle réalité canadienne. Il est à prévoir que l'État fera d'autres coupures dans les prestations de retraite, que les employeurs vont également chercher à réduire leurs coûts à ce sujet et qu'on va demander aux particuliers d'assumer plus de responsabilités dans la composition de leur épargne-retraite.

13.4.5 L'assurance-emploi

En 1996, la *Loi sur l'assurance-emploi*, exclusivement de compétence fédérale, a remplacé la *Loi sur l'assurance-chômage* et les modifications prévues devraient être achevées en 2001. L'assurance-emploi prévoit le remplacement temporaire du revenu des particuliers entre deux emplois. Cette loi établit à 39 000 $ le maximum de la rémunération assurable, soit 750 $ par semaine, jusqu'à l'an 2000. Selon certaines conditions, une personne invalide pour cause de maladie ou de blessures peut recevoir des prestations pendant une période maximum de 15 semaines. Cette assurance est financée à l'aide des cotisations des salariés et des employeurs. Les employeurs doivent contribuer à l'assurance-emploi pour un montant équivalant à un multiple des contributions de leurs employés. L'employeur prélève les contributions obligatoires des employés à l'assurance-chômage sur leurs salaires (un certain montant par tranche de 100 $ du salaire hebdomadaire assurable, sous réserve du maximum de la rémunération assurable). Les prestations sont imposables et les cotisations sont déductibles des revenus pour les employeurs et les employés.

13.4.6 L'assurance-automobile

La loi sur l'assurance automobile de certaines provinces, notamment celle du Québec, accorde à tous les conducteurs, passagers, cyclistes et piétons qui subissent des dommages corporels causés par un accident de la route, des indemnités de remplacement du revenu en cas d'invalidité, jusqu'à un maximum de 90 % du revenu net calculé à partir d'un revenu brut maximal indexé chaque année. La Régie de l'assurance-automobile, qui est responsable de l'administration de cette loi, peut par ailleurs prendre toutes les mesures nécessaires et faire toutes les dépenses qu'elle croit convenables pour contribuer à la réadaptation des victimes et pour faciliter leur retour à la vie normale ainsi que leur réinsertion sur le marché du travail. Les fonds de l'assurance-automobile proviennent habituellement des contributions comprises dans les frais d'immatriculation des véhicules ainsi que des frais d'obtention et de renouvellement des permis de conduire. Ces cotisations ne sont pas déductibles du revenu et les prestations ne sont pas imposables.

13.4.7 Les indemnités d'accidents du travail

Au Canada, toutes les provinces disposent d'une législation sur les accidents de travail et d'un système d'indemnisation des victimes d'accidents de travail sans égard à la responsabilité. Ce système d'indemnisation est financé exclusivement à l'aide des cotisations que les employeurs versent à la Commission, et dont le montant est déductible de leurs revenus et varie d'une province à l'autre ou dans une même province. Les indemnités d'accidents du travail peuvent être classées en cinq catégories selon que l'accident subi entraîne ou non un arrêt de travail et selon son importance : soins médicaux, invalidité de courte durée, invalidité de longue durée, réadaptation et prestations aux survivants. Les indemnités d'invalidité, tant de courte que de longue durée, s'expriment en pourcentage du salaire, sous réserve d'un plafond du salaire annuel indemnisable.

13.4.8 L'aide sociale

La loi de l'aide sociale de certaines provinces, dont le Québec, attribue des prestations d'aide sociale basées sur la différence existant entre les besoins d'une famille ou d'une personne seule et les revenus dont elle dispose, à la condition qu'elle n'en soit pas exclue en raison de la valeur de ses biens. En d'autres termes, si la somme des prestations reçues des divers régimes publics et privés (s'il y a lieu) par la personne en cas d'invalidité ne correspond pas à un seuil établi, la *Loi de l'aide sociale* comble la différence. Le financement des prestations d'aide sociale est assuré par les impôts.

13.4.9 Les heures de travail et le temps chômé rémunéré

Sur le plan légal, la loi sur les normes minimums de travail de la plupart des provinces prévoit au moins deux semaines de vacances pour les employés ayant entre une et quatre années d'ancienneté et trois semaines pour ceux ayant cinq ans ou plus d'ancienneté. Cette loi détermine également un certain nombre de jours fériés, la durée de la semaine normale de travail ainsi que la rémunération des heures supplémentaires. Dans plusieurs provinces du Canada, la durée de la semaine de travail normale est de huit heures par jour et de 40 heures par semaine.

13.5 LES RÉGIMES D'AVANTAGES OFFERTS PAR LES EMPLOYEURS

Cette section présente succinctement les multiples régimes d'avantages que les employeurs peuvent offrir à leurs employés.

13.5.1 Les soins de santé

Toute la gamme des dépenses de santé peut être couverte par les régimes privés de soins de santé, qu'on qualifie souvent de régimes complémentaires de soins médicaux ou de régimes de soins de santé complémentaires. D'ailleurs, au Canada, la quasi-totalité des employeurs offrent à leur personnel des régimes de soins de santé dont la protection est plus étendue que celle des régimes publics. Tel que l'a mentionné Hall (1996, p. 310), « les régimes privés de soins de santé jouent un rôle de second payeur par rapport aux régimes provinciaux ». Ces régimes remboursent en général les frais assumés par les employés et les personnes à charge pour les médicaments sur ordonnance, les chambres d'hôpital privées ou semi-privées, les services paramédicaux, les services de soins infirmiers privés, les prothèses et autres appareils médicaux, le matériel de soins optiques ou les soins dentaires requis à la suite d'un accident. L'employé est généralement admissible à ces régimes après avoir acquis une certaine ancienneté.

À l'origine, la participation des employeurs en matière de soins de santé se limitait à offrir une protection appropriée en cas de maladie ou d'accident grave susceptible d'amener des frais considérables, puisqu'on estimait que les employés étaient en mesure d'assumer les frais des soins médicaux et dentaires courants. Au fil des ans, cette participation s'est étendue bien au-delà des frais courants, pour offrir aux employés une rémunération plus efficace sur le plan fiscal et pour répondre à leurs attentes. Les régimes de soins dentaires et de soins optiques témoignent de ce changement. Pendant les « belles années », la tendance chez les employeurs était de relever les taux de remboursement, d'augmenter le plafond d'indemnisation et de réduire les franchises de ces deux régimes.

Les régimes de soins hospitaliers

Les régimes complémentaires de soins hospitaliers ont été conçus pour couvrir les frais supplémentaires reliés à l'hospitalisation en chambre à un ou deux lits, puisque les régimes provinciaux couvrent le coût en salle commune (sauf lorsque le séjour en chambre à un ou deux lits s'impose pour des raisons médicales). Aujourd'hui, bon nombre de régimes privés de soins de santé offrent une protection complète assurant des chambres à deux lits, mais un nombre décroissant de régimes couvrent le coût d'une chambre à un lit pendant une période illimitée.

Les régimes de médicaments

Les modalités de protection reliées aux médicaments varient d'un régime à l'autre en matière de médicaments admissibles, de barèmes de remboursement et de méthodes de règlement. Actuellement, la définition des médicaments admissibles la plus répandue correspond aux « médicaments sur ordonnance » couvrant entre 4 000 et 5 000 médicaments, ou encore aux « médicaments prescrits » couvrant entre 6 000 et 7 000 médicaments (Hall, 1996). Par ailleurs, la plupart des régimes remboursent les frais de médicaments payés par le participant sur présentation d'une demande d'indemnisation faite à la compagnie d'assurances. Peu d'entre eux utilisent encore la méthode de paiement direct, mais cette méthode devrait être davantage utilisée dans l'avenir.

Les régimes complémentaires de soins médicaux

Les régimes complémentaires de soins médicaux couvrent généralement les services suivants (Hall, 1996) :

- les soins infirmiers dispensés en service privé ;
- les fournitures et les appareils médicaux,
- les services d'ambulance ;
- les soins médicaux d'urgence dispensés à l'étranger et l'assistance voyage ;
- les actes des techniciens médicaux et des spécialistes des services paramédicaux tels que les chiropraticiens, les orthophonistes et les physiothérapeutes ;
- les soins optiques ;
- les prothèses auditives ;
- les soins dentaires consécutifs à un accident.

Les régimes de soins dentaires

Même si les régimes de soins dentaires n'ont fait leur apparition qu'à la fin des années 1960, ils ont beaucoup gagné en popularité, notamment dans les entreprises syndiquées. En fait, le poste des soins dentaires compte pour quelque deux milliards de dollars dans les budgets annuels des avantages sociaux des employeurs au Canada (Hall, 1996). Ces régimes peuvent comprendre des garanties pour les soins suivants :

- les soins de base ou mineurs (p. ex. : examens, nettoyage et détartrage, radiographies, extractions, obturations, appareils de maintien, endodontie et parodontie) ;
- les soins majeurs (p. ex. : couronnes, prothèses amovibles et fixes) ;
- les soins d'orthodontie ou de correction des malpositions dentaires.

En plus des soins préventifs de base, la plupart des régimes offerts couvrent les soins majeurs et environ la moitié des frais d'orthodontie. Ces régimes sont généralement obligatoires, mais il arrive parfois que l'employé participe au régime de son conjoint ou de sa conjointe. Lorsque le régime est obligatoire, la protection reliée aux soins préventifs de base tend à être assumée au complet par l'employeur, alors que la contribution de celui-ci est réduite pour les soins majeurs et d'orthodontie. Dans bon nombre de firmes, aucune franchise n'est exigée des employés pour les soins de prévention de base et les soins majeurs. Par contre, une franchise est exigée dans la majorité des cas pour les soins d'orthodontie.

Les régimes de soins optiques

Les examens de la vue qui ne sont pas assurés par un régime provincial d'assurance-maladie ou les frais de lunettes (y compris les lentilles cornéennes) peuvent être couverts par les employeurs. La gamme de services offerts par les régimes de soins optiques est habituellement restreinte : examen de la vue (s'il n'est pas couvert par le régime provincial d'assurance-maladie), montures de lunettes et verres. En général, le remboursement est soumis à un plafond variant entre 100 $ et 200 $ par période de 24 mois et le régime fait l'objet d'une coassurance de 100 % jusqu'à un certain plafond. Plusieurs employeurs s'associent à un réseau d'opticiens détaillants à tarifs préférentiels qui font des remises de l'ordre de 15 % aux clients admissibles. Auparavant, peu d'employeurs offraient à leurs employés un régime de soins optiques, mais leur nombre croît avec les années. Aujourd'hui, il semble qu'au moins la moitié des employeurs du Canada offrent à leur personnel une protection pour les soins optiques (Hall, 1996).

Les défis actuels et futurs

Aujourd'hui, la gestion des coûts des régimes complémentaires de soins de santé constitue un défi croissant pour les employeurs, car ces régimes ne cessent d'augmenter pour diverses raisons, telles que :

- Les *changements démographiques* menant à une utilisation accrue des régimes parmi les salariés. Une population vieillissante, qui vivra encore plus longtemps en raison des progrès de la médecine, prend des médicaments plus coûteux en plus grande quantité et demande donc des remboursements plus importants ;

- L'*augmentation des coûts des services* (p. ex. : frais d'hospitalisation) et des produits (p. ex. : médicaments sur ordonnance). Quoique la durée moyenne des séjours ait diminué au cours de la dernière décennie, les tarifs quotidiens de séjour dans les hôpitaux ont augmenté en flèche. Le virage ambulatoire, l'introduction de nouveaux médicaments (p. ex. : Viagra, Celebrex, Vioxx) et l'extension de la période de protection par brevet des médicaments de marque déposée ont exercé une pression à la hausse sur le coût des médicaments ;
- Le *transfert des coûts* du secteur public au secteur privé. Depuis quelques années, la proportion des coûts des soins de santé pris en charge par le gouvernement fédéral ne cesse de diminuer. En réaction à des réductions des paiements de transfert fédéraux, les provinces ont rogné leur régime d'assurance-maladie au cours des années 1990, ce qui a eu pour effet de reporter les coûts sur les régimes patronaux de soins de santé et sur les particuliers ;
- Le *traitement fiscal* des régimes de soins de santé de moins en moins avantageux et de plus en plus contraignants. Par exemple, au Québec, depuis 1993, les cotisations patronales entrent dans le calcul de l'impôt provincial à la charge du salarié comme avantage imposable ;
- L'*évolution de la recherche et du développement*. Cette évolution crée une pression à la hausse sur les coûts du système de santé : les nouveaux médicaments et traitements sont de plus en plus efficaces, mais également de plus en plus chers. L'augmentation des franchises est d'ailleurs irrévocable. La traditionnelle franchise de 25 $ dans le régime d'assurance-maladie a été implantée à une époque où ce montant équivalait au prix de deux ou trois ordonnances alors que, de nos jours, il ne correspond même plus au prix d'une ordonnance.

Aujourd'hui, selon Hall (1996), les coûts des protections offertes par un régime complémentaire type de soins médicaux se répartissent ainsi : les médicaments représentent 75 % des dépenses, les soins hospitaliers, 10 %, les soins optiques et auditifs, 5 %, et les autres soins, 10 %. Alors qu'auparavant, bon nombre d'employeurs assumaient les coûts de ces régimes en entier, depuis le début des années 1990, on observe une tendance marquée des employeurs à adopter divers mécanismes de limitation des coûts :

- Faire payer au salarié une partie des primes mensuelles du régime en effectuant des retenues à la source ;
- Imposer des franchises, augmenter les franchises, indexer les franchises ou les relier au salaire. Une franchise correspond à une première partie des frais assumés laissée à la charge du salarié et à partir de laquelle il peut être remboursé, pour les frais admissibles restants, selon les modalités du régime. Par exemple, une franchise de 250 $

signifie que la personne assume la première tranche de 250 $ des frais admissibles avant de pouvoir se faire rembourser le reste des dépenses. Une franchise de 5 $ par ordonnance signifie que le participant paie le premier 5 $ du coût de chaque ordonnance admissible, le régime lui remboursant le solde selon les conditions préétablies ;

– Restructurer ou réviser leur contrat d'une multitude de façons. Par exemple, ils peuvent réduire la fréquence des examens de soins dentaires de 6 mois à 9 ou à 12 mois, abaisser le taux de remboursement (80 % plutôt que 100 % en bas d'un certain montant) des soins de parodontie, limiter le nombre d'unités de temps de soins de parodontie couverts par personne et par année. Au sujet des soins hospitaliers, ils peuvent établir un maximum annuel de remboursement, un tarif quotidien fixe, le plafonnement du nombre de jours couverts par maladie, etc. L'objectif des employeurs est de faire participer le salarié aux coûts, mais de lui procurer une protection financière en cas de dépenses de santé très élevées.

Pour les régimes de médicaments (qui accaparent 75 % des coûts des régimes de soins), on suggère divers moyens pour réduire les coûts, qui sont plus appropriés lorsqu'on utilise une carte de paiement direct (Hall, 1996). On suggère, par exemple :

– de déterminer une méthode efficace d'inscription des personnes à charge et de coordination des prestations sur le lieu de vente à l'aide de fichiers électroniques ;
– d'obliger les prestataires à utiliser les produits génériques (même ingrédients actifs et même concentration) des médicaments de marque déposée ;
– de fixer des indemnités reliées à certains plafonds de remboursement ou au prix du médicament générique le moins cher ;
– d'éliminer les médicaments qui ne sont pas médicalement nécessaires, comme les produits antitabac, les médicaments contre la stérilité, les contraceptifs oraux, etc. ;
– d'inciter les prestataires à recourir à des comptoirs pharmaceutiques postaux ou à des canaux de distribution économiques (honoraires fixes et réduits), qui recourent aux produits génériques et vendent en grande quantité ;
– d'effectuer des transactions avec un réseau de pharmacies qui offrent un tarif préférentiel en échange d'un volume d'affaires.

13.5.2 Les régimes de prestations d'invalidité

La plupart des employeurs offrent une protection du revenu en cas d'invalidité imputable à une maladie ou à un accident relié ou non à l'emploi. Les régimes privés de protection du revenu en cas d'invalidité – comme les régimes publics – tiennent compte du type d'invalidité, certains régimes couvrant tels types d'invalidité mais pas les autres. Les invalidités peuvent être classifiées selon leur durée : courte (ordinairement moins d'un an ; on utilise alors une assurance-salaire) ou longue (un an ou plus). L'invalidité d'un employé peut être à court terme (temporaire) ou indéfinie (permanente) ; elle peut être partielle (la personne peut accomplir certains emplois particuliers ou certaines tâches) ou complète (la personne ne peut accomplir aucune tâche).

Les régimes d'invalidité de courte durée

Il existe trois types de régimes d'invalidité de courte durée (ICD) :

1. Les *régimes de congés de maladie*. Dans la majorité des cas d'invalidité de courte durée, la protection du revenu est assurée par le régime de congés de maladie, aussi appelé « régime de continuation du salaire ». Ces régimes sont généralement autoassurés et l'employeur est généralement responsable de la gestion du régime ainsi que du règlement des prestations. Parfois, le nombre de jours de congé de maladie s'accroît au rythme de une demi-journée à deux journées par mois de service. Quelques organisations permettent à leurs employés le report des congés inutilisés sur les années futures. Certains régimes du secteur public stipulent que les congés de maladie non utilisés sont acquis au salarié et lui seront payés en capital au moment de son départ à la retraite ou de sa cessation d'emploi. Selon le régime, le taux de remplacement du revenu peut varier entre 55 % et 100 % selon la catégorie de personnel, la durée de la maladie, etc. ;
2. Les *régimes d'indemnité hebdomadaire*. La différence entre ces régimes et les régimes de congés de maladie repose sur l'impartition du règlement des demandes d'indemnisation par un tiers, le plus souvent une firme d'assurances. Encore ici, les prestations représentent souvent un pourcentage du salaire (p. ex. : entre 60 % et 70 %) ou un montant forfaitaire hebdomadaire qui peut varier selon le nombre d'années de service. La période d'indemnisation maximum varie souvent entre 15 et 26 semaines, mais elle peut atteindre 104 semaines ;
3. Les *régimes de prestations supplémentaires de chômage*. Ces régimes constituent un complément aux prestations d'invalidité du programme gouvernemental d'assurance-emploi généralement établi en prévision de périodes de chômage temporaire reliées à la maladie, à la maternité, à un congé parental, à une quarantaine ou à un licenciement. Seules les prestations versées en vertu d'un congé de maternité ou d'un congé parental peuvent atteindre jusqu'à 100 % du salaire ; dans les autres cas, la limite est fixée à 95 % du salaire.

Les régimes d'invalidité de longue durée

Dans le cas d'une invalidité de longue durée (ILD), les programmes de protection du revenu consistent essentiellement en des régimes d'assurance-invalidité dont les coûts sont en général assumés par les employeurs. La valeur des prestations est habituellement de 50 % à 75 % du salaire brut des employés. Un montant maximum de prestations est presque toujours déterminé. La période d'attente précédant le versement des prestations d'un régime (délais de carence) est proportionnelle à la durée du régime à court terme et souvent établie à 26 semaines. En cas d'invalidité totale, les prestations sont ordinairement versées jusqu'à l'âge normal de la retraite. Si l'invalidité est partielle, elles cessent habituellement après deux ans. La plupart du temps, cette assurance est accordée à tout le personnel, quelle que soit la catégorie à laquelle il appartient, et elle est conçue dans la perspective d'une invalidité de longue durée.

Les défis actuels et futurs

Les régimes d'invalidité coûtent cher aux employeurs : le coût annuel des régimes d'invalidité de courte durée varie entre 0,5 % et plus de 4 % de la masse salariale, alors que celui des régimes d'invalidité de longue durée varie entre 0,5 % et 2 %. Outre les prestations, il faut compter les coûts des absences du travail (remplacement, heures supplémentaires, etc.). Par ailleurs, on assiste à une augmentation des demandes d'indemnisation reliées aux maladies en émergence (p. ex. : épuisement professionnel, syndrome de la fatigue chronique, fibromyalgie, etc.). Aujourd'hui, 20 % des demandes d'indemnisation sont reliées à des troubles « mentaux ou nerveux », alors que ce pourcentage s'élevait à 15 % il y a 10 ans.

Comme la probabilité de retour au travail après six mois d'absence est inférieure à 50 % (Hall, 1996), les employeurs tentent de réduire leurs coûts à l'aide de politiques de prévention et de programmes de mieux-être ou d'aide aux employés, d'intervention précoce (au début de l'invalidité), de reprise progressive du travail et de maintien d'un programme de réadaptation médicale et professionnelle.

13.5.3 Les régimes d'assurance-vie et d'assurance-accident

L'assurance-vie, destinée à couvrir les frais funéraires et à procurer une certaine sécurité financière aux conjoints et aux personnes à charge survivantes, demeure le plus répandu des régimes d'assurances collectives. Cette assurance revêt souvent la forme d'une assurance temporaire renouvelable d'une durée d'un an, dont la tarification est basée sur les prévisions de mortalité du groupe assuré. L'assurance-vie collective présente diverses variantes :

- L'*assurance-décès et mutilation* (assurance double indemnité) garantit des prestations dans le cas où le salarié subit une blessure grave ou meurt à la suite d'un accident ;
- L'*assurance-vie facultative* permet aux salariés de compléter leur assurance-vie collective de base selon leurs besoins, conformément à un multiple de leur salaire ou à un multiple d'une somme fixe jusqu'à un plafond garanti par la firme d'assurances ;
- L'*assurance-vie collective universelle* permet au salarié de choisir un dosage de protection et de capitalisation, puisque l'assurance et les frais de gestion demeurent distincts de la valeur de rachat productive d'intérêts, ce qui procure des avantages sur le plan fiscal ;
- L'*assurance-vie des personnes à charge* est facultative et permet au salarié de choisir la protection et le coût qui lui conviennent ;
- Les *rentes de survie* correspondent en général à un pourcentage du salaire du conjoint, auquel s'additionne un supplément pour chacun des enfants.

13.5.4 Les régimes de retraite offerts par les employeurs

De tous les programmes d'avantages offerts par les employeurs aux employés, les régimes de retraite sont les plus complexes. Les employeurs sont libres d'adopter ou non de tels régimes. Toutefois, les gouvernements encouragent l'établissement de régimes de retraite privés à l'intention des employés en accordant aux employeurs certains avantages fiscaux dont le plafond a toutefois été abaissé au fil des années, à la suite de pressions des électeurs et des investisseurs visant à réduire le déficit et la dette du gouvernement. L'admissibilité à un régime de retraite privé permet aux employés d'épargner tout en bénéficiant d'un abri fiscal et de toucher un revenu qui, combiné aux prestations des régimes d'État, peut être jugé suffisant. En 1995, au Canada (Quintal, 1998), 55 % des travailleurs (à l'exclusion des étudiants à temps plein) étaient admissibles à un régime de retraite en milieu de travail ou à un REER collectif. Dans le secteur public, ce pourcentage s'élève à 85 %, alors que dans le secteur privé 48 % des employés cotisent à un régime parrainé par l'employeur.

L'employeur qui décide d'établir un régime de retraite doit décider si ce régime sera *agréé* (enregistré) ou *non agréé* (non enregistré). Un régime agréé est conforme aux exigences de la *Loi sur les prestations de pension applicables* et de la *Loi de l'impôt sur le revenu*, et il est enregistré auprès d'un organisme provincial ou fédéral de réglementation des régimes de retraite et auprès de Revenu Canada. Au Canada, la plupart de ces régimes de retraite sont de compétence provinciale. La majorité des provinces ont modifié leur loi sur les régimes de retraite privés au cours des années 1980 et 1990, afin de gérer leurs modalités, leur financement et leur administration de manière semblable. En vertu d'un régime de retraite agréé, les employés ne paient pas d'impôt sur les cotisations que leur employeur verse en leur nom et les revenus de placements de la caisse de retraite s'accumulent sans impôt. Par ailleurs, les employés couverts par un régime de retraite non agréé paient de l'impôt sur les cotisations que leur employeur verse en leur nom et les revenus de placement de la caisse de retraite sont imposables. Dans ce chapitre, nous analysons divers régimes de retraite *agréés*, puisque ce sont de loin les plus courants.

Les régimes de retraite agréés

L'encadré 13.2 décrit des modalités et les règles de gestion relatives aux régimes de retraite privés.

ENCADRÉ 13.2

La gestion des régimes de retraite privés : comité, admissibilité, financement et provisionnement

Le comité. Les régimes de retraite sont gérés par un comité d'administration formé, la plupart du temps, de représentants de l'employeur. Au Québec, le comité de retraite doit être composé d'au moins trois membres, soit de deux personnes désignées par les participants lors de l'assemblée annuelle et d'une personne indépendante du régime. Le nombre de membres représentant l'employeur n'est pas limité. Le rôle du comité d'administration ou du comité de retraite est d'administrer le régime et de veiller au respect des lois. Il doit préparer les relevés personnalisés annuels de retraite qui seront envoyés aux participants, transmettre les renseignements requis par l'organisme provincial dont relève le régime, veiller à la gestion des fonds et à la préparation des rapports actuariels requis tous les trois ans, s'assurer du paiement des prestations, etc. Au Québec, le comité de retraite doit également convoquer une assemblée annuelle des participants, en dresser l'ordre du jour, la présider, etc.

L'admissibilité. Les employeurs ne sont pas obligés d'offrir un régime de retraite, mais s'ils le font, ils doivent se conformer aux règles en vigueur. En général, l'admissibilité au régime doit être offerte à la catégorie d'employés visée après un maximum de deux ans de service, sans égard à l'âge (le Manitoba rend la participation obligatoire). Les employés à temps partiel sont admissibles à la condition que leur rémunération ait atteint un certain pourcentage (souvent 35 %) du MAGA ou qu'ils aient accumulé 700 heures de service pendant chacune des deux années civiles consécutives précédentes en Ontario et en Saskatchewan. Au Québec, l'admissibilité doit être offerte à tous les employés couverts à compter du début de l'année civile qui suit l'année durant laquelle la rémunération de l'employé a atteint 35 % du MAGA ou 700 heures de service.

Le financement. La majorité des régimes privés en vigueur sont de type contributif : les coûts sont assumés par l'employeur et l'employé. Toutefois, le secteur public et le secteur privé diffèrent : alors que 100 % des participants du secteur public contribuent à un régime de retraite, dans le secteur privé, on voit davantage de régimes où les contributions ne sont versées que par l'employeur. Les régimes contributifs sont moins coûteux pour l'employeur et sensibilisent davantage les employés à leurs avantages. Par contre, les régimes non contributifs sont plus simples à gérer. Les régimes contributifs sont plus populaires au Canada qu'aux États-Unis, parce que l'employé peut y déduire ses cotisations de ses revenus. Les fonds des régimes sont gérés par des firmes d'assurances, des sociétés de fiducie, des fiduciaires particuliers ou les fonds du revenu consolidé des administrations (gouvernements).

Le provisionnement. Cette activité nécessite l'accumulation d'actifs formés des contributions patronales et de celles des employés (le cas échéant), ainsi que des revenus de placement pour pourvoir aux prestations. On approvisionne les régimes afin (1) de s'assurer que les employés participants reçoivent les rentes promises, (2) de contrôler la situation financière du régime et d'éviter des augmentations démesurées de coût du régime, (3) de bénéficier d'un abri fiscal important et (4) de respecter les législations. Le coût d'un régime de retraite repose sur plusieurs facteurs et leur évolution au cours des 20, 30 ou 40 prochaines années (le taux de rendement, l'âge des personnes lors du décès, l'âge de la retraite, le taux de rotation du personnel, le taux de mortalité avant la retraite, le rythme des augmentations de salaire, l'inflation et la proportion des hommes et des femmes participant au régime). Les hypothèses actuarielles revêtent donc une importance énorme. En vertu des lois, il faut évaluer un régime tous les trois ans pour vérifier, notamment, s'il contient suffisamment d'argent pour que les engagements soient respectés. S'il y a un déficit, l'employeur doit le combler au cours d'une période déterminée, et s'il y a un surplus, la loi prévoit qu'il peut être utilisé pour améliorer le régime au profit des participants ou pour réduire les contributions de l'employeur à la caisse de retraite.

On peut classer les régimes de retraite agréés en trois grandes catégories, selon la manière dont les prestations seront versées :

1. Les *régimes à prestations déterminées*. En vertu de ces régimes, l'employeur s'engage à verser des rentes de retraite d'un montant déterminé et à prendre la responsabilité ultime du financement de ces rentes. L'employé connaît la rente qui lui sera versée à la retraite et doit obligatoirement adhérer au régime. L'employeur assume le risque en matière d'investissements : si la caisse de retraite connaît un bon rendement, il y verse moins d'argent ; s'il y a un déficit de solvabilité (notamment en raison de baisses des marchés boursiers), il doit le combler sur une période n'excédant pas cinq ans, en augmentant les

charges de retraite pour les années à venir. Ces types de régimes sont critiqués à cause de leurs coûts élevés et du fait qu'ils sont difficilement transférables, car les prestataires risquent de perdre les cotisations versées s'ils quittent leur emploi après une courte période. En 1993, les régimes à prestations déterminées correspondaient à un peu moins de la moitié de tous les régimes de retraite, mais ils couvraient près de 90 % des employés participant à de tels régimes (Hall, 1996). La partie A de l'encadré 13.3 présente les quatre types de régimes à prestations déterminées les plus courants : (1) le régime de retraite à prestations forfaitaires, (2) le régime salaires de carrière, (3) le régime de retraite derniers salaires et (4) le régime de retraite flexible ;

ENCADRÉ 13.3

Les principaux types de régimes de retraite agréés

A. RÉGIMES À PRESTATIONS DÉTERMINÉES

Régime de retraite à prestations forfaitaires. En vertu de ce type de régime, la rente annuelle correspond à un montant déterminé pour chaque année de service de l'employé. Par exemple, si la formule de la rente équivaut à 20 $ par mois par année de service, un employé ayant accumulé 20 ans de service recevra une rente annuelle de 4 800 $ (20 $ x 20 x 12). Environ 18 % de l'ensemble des régimes à prestations déterminées sont à prestations forfaitaires et ils sont surtout répandus chez les employés syndiqués.

Régime salaires de carrière. En vertu de ce régime, la rente annuelle correspond à un pourcentage du salaire annuel moyen. Ce type de régime représente près de 30 % de l'ensemble des régimes de retraite à prestations déterminées, mais ce pourcentage est à la baisse. En effet, comme ce régime considère le salaire que l'employé a gagné pendant toute la durée de son emploi, il peut aboutir à une rente modeste par rapport aux revenus gagnés juste avant la retraite.

Régime de retraite derniers salaires. En vertu de ce régime, la rente du participant repose sur ses années de service et le salaire annuel moyen qu'il a reçu pendant une certaine période précédant sa retraite. Par exemple, si la formule de rente correspond à 1,5 % du salaire moyen au cours des cinq dernières années de service, un employé dont la moyenne des derniers salaires est de 60 000 $ et qui compte 25 années de service aura une rente annuelle égale à 1,5 % x 60 000 $ x 25, soit 22 500 $. Certains régimes peuvent utiliser la moyenne des meilleurs salaires pour calculer la rente, par exemple, les salaires des cinq années consécutives les mieux rémunérées au cours des 10 années précédant la retraite. Plus de la moitié des régimes de retraite à prestations déterminées sont des régimes derniers salaires et la plupart de ceux-ci sont des régimes contributifs. Comme ce type de régime permet d'obtenir un véritable revenu de remplacement à la retraite, il est populaire auprès des employés et adopté par un bon nombre d'employeurs dans les secteurs public et privé.

Régime de retraite flexible. En vertu de ce régime, l'employeur finance la rente de base, souvent calculée en fonction du salaire moyen des dernières années, et les employés assument, s'ils le désirent, le coût des prestations supplémentaires accessoires. Ce type de régime permet de s'adapter aux employés : ceux qui ne sont pas satisfaits du montant des prestations prévu par le régime peuvent cotiser chaque année dans un compte jusqu'à concurrence d'un certain pourcentage maximum, et ce compte leur rapporte des intérêts et leur permet de souscrire à des prestations supplémentaires pour la retraite. Ce type de régime, très récent et peu courant, est plus complexe à administrer que les régimes mentionnés précédemment et il faut s'assurer que les participants comprennent ces modalités.

B. RÉGIMES À COTISATIONS DÉFINIES

Régime de retraite à cotisations définies proprement dit. Ce régime peut être entièrement financé par l'employeur ou en partie financé par les employés, les cotisations de l'employeur pouvant être fonction des cotisations des employés. Les cotisations peuvent correspondre à un pourcentage du salaire (p. ex. : 5 %), à un montant fixe ou à un montant déterminé par année de service ou par heure travaillée. Le participant acquiert les cotisations que l'employeur verse en son nom après une période de participation n'excédant souvent pas deux ans. S'il quitte l'entreprise avant cette période, les prestations sont calculées selon ses propres cotisations seulement.

Régime de pensions avec participation aux bénéfices. En vertu de ce régime, les cotisations de l'employeur sont établies d'après une formule basée sur les bénéfices de l'entreprise. Toutefois, même lorsque la rentabilité est nulle ou peu élevée, Revenu Canada exige que l'employeur verse des cotisations minimums égales à au moins 1 % de la masse salariale. Le partage des bénéfices entre les participants peut s'appuyer sur un système de points reliés à leur nombre d'années de service et/ou à leur salaire respectif. Pour l'employé, ce type de régime est incertain, puisque son revenu de retraite est relié aux bénéfices. Pour l'employeur, le coût du régime est fonction de sa capacité de payer et les sommes investies sont plus susceptibles de motiver les employés à améliorer les bénéfices de l'entreprise.

C. LES RÉGIMES COMPORTANT CERTAINES CARACTÉRISTIQUES DES RÉGIMES À PRESTATIONS DÉTERMINÉES ET À COTISATION DÉFINIES

Régime hybride. Généralement, ce régime verse le plus élevé de la rente provenant de la composante à prestations déterminées (p. ex. : 1,5 % de la moyenne des salaires des années de service) et de la rente pouvant être souscrite avec le solde du compte à cotisations définies (p. ex. : on demande à l'employé de verser 5 % de son salaire, et l'employeur verse l'équivalent). À la retraite, l'approche offrant la meilleure rente est retenue. Ce régime réduit l'incertitude en garantissant un montant minimum de rente à l'employé.

Régime combiné. Ce régime verse une rente égale au montant de la rente provenant de la composante à prestations déterminées, souvent payée par l'employeur (p. ex. : 1 % de la moyenne des derniers salaires), et de la rente provenant de la composante à cotisations définies (les cotisations de l'employé y sont versées, mais l'employeur peut également y contribuer). À la retraite, le participant touche les deux rentes. Certains qualifient ce régime de « service plus rente » dans le cadre duquel l'employeur assume la totalité du coût de la rente relative au service, alors que la cotisation de l'employé sert à l'achat d'une rente qui s'ajoute à la rente de service.

Régime « à valeur déterminée ». On trouve deux approches dans ce type de régime. Selon la première approche, on attribue à l'employé des crédits annuels selon son salaire (p. ex. : 5 % du salaire) qui sont déposés dans un compte rapportant des intérêts prédéterminés jusqu'au moment de la cessation d'emploi, où le solde est transformé en rente annuelle selon des taux de rente viagère précis. Selon la deuxième approche, on attribue des points à l'employé chaque année et au moment de la cessation d'emploi, où le total de points est multiplié par la moyenne des derniers salaires et transformé en rente annuelle selon des taux de rente viagère précis.

Régime à paliers. Le salarié participe à un régime à cotisations déterminées pendant les 10 premières années de service. Par la suite, il peut le conserver ou changer pour un régime à prestations déterminées.

Régimes interentreprises ou multi-employeurs. Ces régimes déterminent à la fois les cotisations (p. ex. : un certain nombre de cents par heure travaillée) et les prestations (selon une formule uniforme). Ils sont généralement établis par des employeurs syndiqués de secteurs connexes où il y a une forte mobilité du personnel. Ils permettent de répartir équitablement les coûts et les avantages entre plusieurs employeurs.

Source : Description principalement inspirée de Hall (1996, p. 17-25).

2. Les *régimes à cotisations définies*. Dans un régime à cotisations définies, on précise le montant des cotisations que l'employeur et (s'il y a lieu) l'employé s'engagent à verser annuellement, ces cotisations s'accumulant avec les revenus de placement jusqu'à la retraite du prestataire, moment où il souscrit à une rente viagère. Dans ce régime, le travailleur accepte de prendre un risque : le montant de la rente n'est pas garanti et n'est connu qu'au moment de la retraite, car il dépend de l'importance des cotisations et des revenus de placement générés. Aussi, dans un contexte de marché baissier, est-il particulièrement important que les employeurs informent les employés sur le rendement de la caisse et les incitent à établir une stratégie de placement adéquate. Au Canada, les régimes à cotisations définies constituent plus de 55 % de tous les régimes de retraite, mais ils s'appliquent à moins de 10 % des employés participant à un régime de retraite (Hall, 1996), puisqu'ils sont surtout offerts dans les organisations de petite taille. Actuellement, on observe un mouvement des employeurs vers ce type de régimes, car ils sont moins lourds et moins risqués à gérer que les régimes à prestations déterminées. La partie B de l'encadré 13.3 (p. 714) présente les deux principaux types de régimes à cotisations définies : (1) le régime de retraite à cotisations définies proprement dit et (2) le régime de pensions avec participation aux bénéfices ;

3. Les *régimes comportant certaines caractéristiques des régimes à prestations déterminées et à cotisations définies*. Certaines caractéristiques de ces régimes correspondent à un régime à cotisations définies et d'autres à un régime à prestations déterminées. La partie C de l'encadré 13.3 (p. 714) décrit cinq types de régimes mixtes : (1) le régime hybride, (2) le régime combiné, (3) le régime « à valeur prédéterminée » (*cash balance*), (4) le régime à paliers et (5) les régimes interentreprises ou multi-employeurs. Au Canada, les deux premiers types de régimes constituent moins de 2 % de l'ensemble des régimes de retraite, la plupart des employeurs les estimant trop complexes à administrer et à faire connaître aux employés (Hall, 1996). Remarquons toutefois que ces régimes sont plutôt récents. On peut aussi trouver une variété de régimes de retraite *personnalisés*, où l'employeur offre un régime de base auquel l'employé peut ajouter différentes options pour améliorer sa rente.

Il est important de noter que, à la suite de la réforme des lois sur les prestations de pension et de la *Loi de l'impôt sur le revenu*, certains employeurs ont remplacé leurs régimes à prestations déterminées par des régimes à cotisations définies, afin de limiter la croissance des coûts et d'appuyer une culture de responsabilisation des employés. En fait, à l'heure actuelle, on implante peu de nouveaux régimes à prestations déterminées.

Les régimes de retraite non agréés, ou mécanismes supplémentaires de retraite

Dans un régime de retraite agréé, les rentes sont assujetties à un plafond en vertu de la *Loi de l'impôt sur le revenu*. Afin de pouvoir verser à leurs cadres supérieurs un revenu de retraite excédant ce plafond, un nombre croissant d'entreprises mettent sur pied des régimes supplémentaires de retraite à l'intention des cadres (RSRC), qu'on nomme également « régimes d'appoint ». En général, un régime supplémentaire de retraite comporte une promesse faite par un employeur de payer à un cadre, par exemple, une rente de retraite égale à un pourcentage (p. ex. : 2 %) de son salaire (final ou moyen) multiplié par son nombre d'années de service. L'employeur soustrait ensuite les sommes payables en vertu du régime enregistré de retraite.

Comme mécanismes supplémentaires de retraite, il existe également les allocations de retraite, c'est-à-dire une prime de séparation ou une indemnité de départ qu'un employeur attribue souvent à un employé en un seul versement, en signe de reconnaissance pour des services ou lors de la perte de l'emploi. Pour ce qui est du traitement fiscal d'un tel paiement, la *Loi de l'impôt sur le revenu* prévoit que l'employeur peut déduire le montant de cette allocation de ses revenus, dans la mesure où ce montant est raisonnable par rapport aux circonstances. Par ailleurs, cette indemnité doit être incluse dans le revenu imposable de l'employé, à moins qu'il ne préfère en différer l'imposition (sous réserve de certaines limites) en transférant cet argent dans le régime de retraite offert par son employeur ou dans un REER.

Les autres mécanismes de revenus de retraite

Au lieu ou en supplément des régimes de retraite précédents, l'employeur peut contribuer à d'autres mécanismes de revenus de retraite, tels que :

– Les *régimes enregistrés d'épargne-retraite (REER) ou l'épargne retraite des particuliers*. La loi créant les REER a été adoptée en 1957, dans le but d'inciter les particuliers à épargner en vue de leur retraite tout en les faisant bénéficier d'une aide fiscale. Une personne souscrit à titre individuel à un REER (à son nom ou à celui de son conjoint) et les cotisations qu'elle y verse à même son revenu sont déductibles dans le calcul de son revenu imposable, sous réserve d'une limite déterminée. Les revenus provenant du placement de l'actif du REER bénéficient d'un abri fiscal, mais les sommes qui en sont retirées sont imposables. Ces régimes sont importants pour les travailleurs autonomes, car ils leur permettent de se constituer un capital de retraite à l'abri de l'impôt. Les REER peuvent également être utilisés par les salariés, qu'ils soient inscrits ou non à un régime collectif de retraite ou à un régime de participation aux bénéfices offert par leur employeur. Toutefois, l'employé doit déduire du montant de cotisation admissible la valeur imputée par Revenu Canada (le « facteur d'équivalence », FE) au régime de l'employeur. Une personne peut déduire de son revenu les contributions qu'elle verse dans un REER au nom de son conjoint. La loi a établi un plafond de 18 % du revenu gagné (correspondant essentiellement au revenu d'emploi de profession ou d'entreprise), sous réserve d'un plafond monétaire absolu annuel (en 1999, 13 500 $), le montant d'épargne-retraite donnant droit à l'aide fiscale. Le montant maximum qu'une personne peut verser dans son REER au cours d'une année est égal à son revenu gagné multiplié par 18 %, sous réserve du plafond annuel, moins son facteur d'équivalence.

  Un REER peut également être collectif. Compte tenu de la complexité des lois relatives aux régimes agréés de retraite, les REER collectifs deviennent une solution de rechange de plus en plus courante. Les employeurs peuvent préférer un REER collectif à un régime de retraite à cotisations définies parce que les REER ne sont pas assujettis aux lois sur les prestations de pension ni aux contraintes qu'elles imposent. Pour les salariés, un REER collectif constitue une solution de rechange intéressante au versement de cotisations volontaires à un régime collectif de retraite offert par leurs employeurs. L'employé peut contribuer à son REER à l'aide de retenues effectuées à la source sur sa paie régulière et, de la sorte, bénéficier de déductions fiscales immédiates. Pour les non-salariés, le REER est un outil idéal pour accumuler des fonds destinés à la retraite. Un REER offre une plus grande souplesse à un employé qu'un régime collectif de retraite en ce qui a trait à la disponibilité des fonds, aux contributions, aux placements ou aux formes de revenus à échéance. Toutefois, le rendement des investissements a tendance à être moins élevé, parce que les utilisateurs sont portés à faire des investissements moins risqués ;

- Les *régimes de participation différée aux bénéfices*. Au chapitre 11, nous avons traité des régimes de participation *immédiate* aux bénéfices permettant d'accorder annuellement ou plus fréquemment des primes aux employés, dont le montant est fonction des bénéfices annuels de l'entreprise. Un tel régime ne sert habituellement pas à procurer un revenu de retraite. Toutefois, certains régimes de participation aux bénéfices procurent des prestations *différées*, les primes des employés étant déposées dans un compte où sont versés des intérêts jusqu'à ce que le solde soit remis à l'employé, au moment de son départ. Il est alors impossible de prévoir le revenu de retraite de l'employé, puisqu'il dépend des bénéfices de l'entreprise, du taux de rendement des placements et du prix de souscription des rentes. La *Loi de l'impôt sur le revenu* distingue trois types de régimes de participation différée aux bénéfices : (1) les régimes de pensions agréés avec participation aux bénéfices, (2) les régimes de participation différée aux bénéfices et (3) les régimes de participation des employés aux bénéfices.

Les défis actuels et futurs

En matière de retraite, le principal défi consiste à trouver un équilibre satisfaisant entre les régimes privés et publics, et entre les responsabilités collective et individuelle (Quintal, 1998). D'une part, les Canadiens ne peuvent compter seulement sur les prestations du Régime de pensions du Canada et du Régime de rentes du Québec pour assurer leurs revenus de retraite. D'autre part, il y a une baisse du nombre de régimes privés, car les employeurs n'ont pas autant contribué à la retraite de leurs employés que le gouvernement l'avait présumé. Aussi peut-on prévoir que les mécanismes de revenus de retraite reposeront davantage sur les responsabilités individuelles des salariés, car les REER et les régimes de retraite personnalisés seront plus importants.

13.5.5 Les avantages offerts au personnel retraité

En plus de la rente de retraite, certains employeurs offrent à leur personnel retraité certains avantages tels que l'assurance-vie, les régimes de soins médicaux, les régimes de soins dentaires ou d'autres avantages (p. ex. : des produits et services sans frais ou à prix réduits). Ces employeurs offrent de tels avantages pour diverses raisons : parce qu'ils se sentent obligés de récompenser leur personnel ou de veiller sur lui (paternalisme), parce qu'ils veulent prolonger les avantages dont les employés ont bénéficié par le passé, parce que cela leur permet d'attirer et de garder certains employés ou encore parce que de telles mesures sont inscrites dans les conventions collectives. Aujourd'hui, de plus en plus d'employeurs reconsidèrent les avantages qu'ils offrent à leurs retraités, en raison des coûts croissants de cette obligation (le nombre et l'espérance de vie des retraités augmente, cette catégorie de personnel a davantage recours aux services médicaux, etc.).

13.5.6 Les régimes de rémunération du temps chômé

Les jours fériés, les autres congés et les vacances constituent le temps chômé. On entend généralement par « jours fériés » les jours fériés légaux (p. ex. : le jour de Noël), les congés supplémentaires (p. ex. : le lendemain de Noël) et les congés mobiles offerts au personnel. Mis à part les congés mobiles, les organisations offrent en général de 10 à 13 jours fériés par année à leur personnel. Ces chiffres varient peu d'une catégorie de personnel à l'autre. En plus des jours fériés payés, près de la moitié des entreprises accordent des congés mobiles à leur personnel. Ordinairement, les entreprises offrent un, deux ou trois jours de congés mobiles par année. En plus des jours fériés et des congés mobiles, la plupart des employeurs offrent à leur personnel d'autres congés liés à des circonstances particulières : deuil, mariage ou obligation d'exercer la fonction de juré.

Par ailleurs, certains employeurs offrent également des congés de maternité (en plus de ceux prévus par la loi de l'assurance-chômage), de paternité (naissance ou adoption d'un enfant), de déménagement, etc. Au Canada, près de 40 % des 1 025 conventions collectives concernant 500 employés et plus (Direction de l'information sur les milieux de travail, 1998) prévoient un complément aux prestations d'assurance-emploi attribuées lors d'un congé de maternité, qui s'articule principalement autour de deux formules, soit 17 semaines à 93 % du revenu hebdomadaire (36 % des cas) et 20 semaines à 93 % du revenu hebdomadaire (24 % des cas). De plus, près de 30 % des conventions collectives prévoient un complément aux prestations d'assurance-emploi attribuées lors d'un congé d'adoption, et les deux formules le plus fréquemment négociées sont 10 semaines à

100 % du revenu hebdomadaire (46 % des cas) et 12 semaines à 93 % du revenu hebdomadaire (12 % des cas).

La durée des vacances est couramment reliée à l'ancienneté de l'employé et presque tous les employeurs prévoient un nombre maximum de semaines. Ce nombre peut atteindre sept semaines, mais il est le plus souvent établi à cinq ou six semaines. Mis à part les employés du secteur public qui, dans plusieurs provinces, ont droit à quatre semaines de vacances dès les premières années de travail, il est de plus en plus fréquent, dans le secteur privé, d'offrir trois semaines après un, deux ou trois ans. Quelques employeurs offrent des congés sabbatiques payés à certaines catégories de personnel. La durée maximum de ces congés est habituellement de 12 mois et ils sont surtout consacrés à la poursuite d'études supérieures ou au ressourcement. Certains employeurs proposent à leurs employés de mettre de côté chaque année une partie de leur salaire (par exemple 20 % de leur salaire régulier), afin qu'ils puissent s'offrir de six mois à un an de congé sabbatique après un certain nombre d'années de service.

Lorsque le personnel est syndiqué, les conventions collectives mentionnent les dispositions relatives au temps de travail, notamment pour la durée de la semaine de travail, des repas payés, des allocations de repas reliées aux heures supplémentaires, des heures supplémentaires (p. ex. : droit de refus, paiement, accumulation) et des congés annuels payés. Dans ce domaine également, des dispositions innovatrices émergent, comme certaines ententes du gouvernement du Canada visant l'instauration d'un congé non payé pour les soins à long terme d'un parent.

13.5.7 Les régimes d'avantages complémentaires ou de gratifications

Une autre catégorie d'avantages regroupe les gratifications (*perquisites*). La liste peut en comporter plus d'une cinquantaine, allant des repas subventionnés à l'aide au logement, en passant par les billets de théâtre et les congés d'études. L'encadré 13.4 présente quelques exemples de ces gratifications. Au Canada, un examen des 1 025 conventions collectives concernant 500 employés et plus (Charbonneau et autres, 1998) mentionne les pourcentages des travailleurs visés par diverses dispositions reliées à la formation : 49 % pour les congés de formation connexe à l'emploi, 32 % pour les congés de formation générale, 25 % pour les congés de formation syndicale et 7 % pour les congés sabbatiques.

ENCADRÉ 13.4
Exemples de gratifications offertes aux employés

Automobile. En plus d'avoir une politique de remboursement des dépenses occasionnées par l'usage d'une voiture personnelle pour les déplacements d'affaires, un grand nombre de sociétés fournissent un véhicule à leur personnel (au moins aux cadres supérieurs). Dans la mesure où ce véhicule est également utilisé à des fins personnelles, la loi de l'impôt considère cet avantage comme imposable. La valeur du montant à ajouter au revenu imposable de l'individu dépend de la proportion de l'utilisation consacrée à un usage personnel. Un montant minimum pour droit d'usage est également prévu. Depuis quelques années, une valeur maximum est aussi déterminée pour le véhicule. Cependant, cette valeur ne touche que l'employeur ; puisqu'elle limite le coût de location ou, dans le cas d'une voiture achetée, l'allocation en capital que peut déduire l'employeur de son bénéfice imposable. Pour sa part, l'employé est taxé selon les mêmes règles, quel que soit le prix de l'automobile.

Stationnement. Plusieurs employeurs fournissent un stationnement à leur personnel ou lui paient des frais de stationnement.

Réductions sur les produits ou les services. Certaines sociétés offrent des rabais à leurs employés à l'achat de leurs produits ou de leurs services.

Prêts au personnel. Certaines entreprises offrent à leur personnel des prêts à taux réduits pour se procurer des actions de l'entreprise, pour poursuivre des études, pour faire face à des difficultés financières imprévues, pour acheter une maison ou des biens de consommation, etc. Cette pratique est soumise à la loi de l'impôt.

Logement ou propriété. La plupart des employeurs dont le personnel doit travailler dans des régions éloignées lui offrent un logement en exigeant un montant minimum. D'autres employeurs fournissent un logement à certains de leurs employés, notamment aux cadres supérieurs. La valeur du logement constitue un avantage imposable, mais une exception est prévue pour les personnes travaillant sur un chantier particulier ou dans un lieu éloigné.

Repas payés. Certaines organisations mettent à la disposition de leur personnel une cantine (cafétéria) et assument parfois le coût des repas. Sur le plan fiscal, les repas payés en partie ne constituent pas un avantage imposable pour l'employé, sauf si le prix est « déraisonnablement bas ». Quelques entreprises disposent de salles à manger réservées à leurs cadres.

Frais de scolarité pour les employés et pour les personnes à charge. La majorité des grandes organisations ont une politique de remboursement des frais de scolarité si les cours suivis sont reliés au travail. Dans un certain nombre de sociétés, il existe un programme de bourses d'études destiné aux personnes à charge des employés.

Frais de congrès et d'associations professionnelles. La plupart des organisations offrent à leurs cadres et à leurs professionnels la possibilité d'assister à des congrès ou à des conférences, de même que le remboursement de leurs frais d'adhésion à des associations professionnelles, sans que cela constitue un avantage imposable.

Adhésion à des clubs. Certaines organisations paient l'adhésion et les frais engagés dans des clubs sociaux, des clubs sportifs ou des clubs de santé par leur personnel (notamment les cadres supérieurs). Ces abonnements ne sont pas déductibles pour l'employeur et ne constituent généralement pas un avantage imposable pour l'employé.

Conseils financiers et juridiques. Certaines organisations offrent des conseils financiers et juridiques à leurs employés. Cette pratique connaît une popularité croissante. Les sujets de ces consultations financières peuvent comprendre la préparation à la retraite, la succession et les assurances, la planification financière, etc.

Congés sans solde. Certaines organisations offrent à leurs employés la possibilité de prendre des congés sans solde.

Au cours des années à venir, de plus en plus d'organisations réuniront un certain nombre d'avantages particuliers plus ou moins traditionnels ou innovateurs dans des programmes particuliers, tels que :

- Les *programmes d'aide aux employés (PAE)*. Ces programmes offrent des services de consultation confidentiels et professionnels visant à aider les employés et les membres de leur famille à régler une vaste gamme de problèmes personnels. Les enquêtes du Conference Board of Canada montrent que la présence des PAE a considérablement augmenté au cours des années 1990 (Carlyle, 1999) ;
- Les *programmes de mieux-être*. Ces programmes visent à promouvoir une bonne santé en diffusant de l'information et en facilitant l'amélioration de la santé et de la condition physique ;
- Les *programmes d'équilibre emploi-famille*. Ces programmes comportent un ensemble de pratiques pouvant contribuer à mieux équilibrer la vie professionnelle et personnelle des employés. Les pratiques qui y sont reliées ont trait aux assurances collectives et aux congés, aux horaires de travail, aux services aux enfants et aux parents, à l'organisation du travail, à la gestion des carrières, etc. ;
- Les *programmes d'avantages supplémentaires à l'intention des cadres supérieurs*. En plus des avantages sociaux traditionnels, ces programmes accordent un ensemble d'avantages particuliers pour attirer, garder et reconnaître les cadres supérieurs (p. ex. : les voitures de fonction, les comptes de frais, l'adhésion à divers clubs, les déplacements en première classe, l'engagement d'adjoints, l'usage de l'avion de la société, l'aménagement prestigieux du bureau, etc.).

Le domaine de la gestion des avantages est de plus en plus vaste et englobe une grande variété de pratiques et de programmes. Un numéro de la revue de l'Association américaine de rémunération (ACA *Journal*, 1998) traitait exclusivement des pratiques de gestion visant à équilibrer les vies personnelle et professionnelle qui ont été implantées par des firmes aux États-Unis. Au Québec, une enquête (Guérin et autres, 1997) portant sur la fréquence d'implantation de 20 pratiques visant à favoriser l'équilibre emploi-famille (EEF) a été menée en 1993 auprès de 301 organisations (dont 11 avaient plus de 50 employés, 31, entre 51 et 150 employés, 33, entre 151 et 250 employés, et 236, plus de 250 employés). Si l'on regroupe les 20 pratiques d'EEF étudiées selon leur taux d'implantation, 4 d'entre elles peuvent être considérées comme courantes (taux d'implantation supérieurs à 50 %) : (1) l'assurance collective familiale, (2) les congés pour raisons personnelles, (3) les compléments de salaire et de congé à la naissance ou à l'adoption et (4) les programmes d'aide aux employés. Deux pratiques d'EEF sont assez courantes (taux entre 30 % et 40 %) : (1) l'emploi à temps partiel temporaire et (2) l'horaire variable. Cinq pratiques sont émergentes (taux d'implantation entre 9 % et 15 %) : (1) l'emploi partagé, (2) les services de garderie pour enfants d'âge préscolaire, (3) les services d'information et de référence, (4) l'aide à la réinstallation et (5) les services domestiques à accès rapide. Les neuf autres pratiques d'EEF sont marginales (taux d'implantation inférieur à 7 %) : (1) l'horaire comprimé, (2) le cheminement de carrière adapté aux exigences familiales, (3) l'horaire à la carte, (4) l'aide d'urgence, (5) la garde des enfants d'âge scolaire, (6) l'aide financière à l'éducation, (7) le travail à domicile, (8) l'aide aux dépendants à autonomie réduite et (9) l'aide financière pour frais de garde.

RÉSUMÉ

Après avoir défini et classifié les avantages offerts aux employés, ce chapitre a fourni une brève description de divers régimes d'avantages respectivement offerts par l'État et par les organisations.

Comme on peut s'en rendre compte, la diversité et l'importance des avantages offerts aux employés sont énormes. Le chapitre 14 s'intéresse à la fois à la gestion des avantages et à celle de la rémunération globale.

QUESTIONS DE RÉVISION

1. Quelles composantes de la rémunération globale sont incluses dans les régimes d'avantages offerts aux employés ?
2. Au Canada, l'offre d'avantages aux employés a beaucoup évolué au cours du XXe siècle. Décrire brièvement les principales étapes de cette évolution.

3. Quelles raisons peuvent inciter les employeurs à offrir des avantages à leurs employés ?

4. Quels bénéfices les employés retirent-ils du fait que leur employeur gère des régimes d'avantages à leur intention ?

5. Décrire les diverses catégories d'avantages offerts par l'État.

6. Décrire les divers régimes collectifs d'assurances que peuvent offrir les employeurs en commentant les défis que certains d'entre eux comportent.

7. Décrire les divers régimes de retraite que peuvent gérer les employeurs et commenter la situation actuelle en matière de régimes de retraite privés.

RÉFÉRENCES

ACA JOURNAL (1998). *The New Workplace : Balancing Work & Life Issues*, numéro spécial, vol. 7, n° 4, hiver.

AON (Groupe conseil Aon) (1998). « Régimes gouvernementaux – 1999 », *FORUM*, décembre.

CARLYLE, N. (1999). *Compensation Planning Outlook 1996*, Ottawa, Conference Board of Canada.

CHARBONNEAU, A., T. FOURNIER, C. LAPORTE et M. MCCANN (1998). « Dispositions particulières des principales conventions collectives : les dispositions sur la formation et les congés d'études en vigueur en 1988 et 1998 », Hull, *Gazette du travail*, Direction de l'information sur les milieux de travail, Développement des ressources humaines Canada, été, p. 45-51.

CONFERENCE BOARD OF CANADA (1995). *Health Costs and the Private Sector Competitiveness*, Ontario, rapport 139-95, juillet.

DIRECTION DE L'INFORMATION SUR LES MILIEUX DE TRAVAIL (DIMT) (1998). « Dispositions particulières des principales conventions collectives », Hull, *Gazette du travail*, Développement des ressources humaines Canada, printemps, p. 62-69.

GUÉRIN, G., S. ST-ONGE, V. HAINES, R. TROTTIER et M. SIMARD (1997). « Les pratiques d'aide à l'équilibre emploi-famille dans les organisations du Québec », *Relations industrielles*, vol. 52, n° 2, été, p. 274-303.

HALL, G.M. (1996). *Guide Mercer sur les régimes de retraite et les avantages sociaux au Canada*, Farnham (Québec), Publications CCH.

KOSKIE, R., M. ZIGLER, G.A. JOBIN et P. LONGHURST (sous la dir. de) (1995). *Employee Benefits in Canada*, Brookfield, Wis., International Foundation of Employee Benefit Plans.

KPMG (1994). *Nineteenth Annual Survey of Employee Benefits Costs in Canada*, Toronto.

PICARD, F. (1997). « Régimes d'assurance collective: évolution et enjeux », texte non publié, 26 novembre.

QUINTAL, L. (1998). « Rapport thématique: atelier sur les régimes de retraite », *Gazette du travail*, Hull, Développement des ressources humaines Canada, été, p. 94-101.

SOCIÉTÉ CONSEIL MERCER LIMITÉE (1999). *Mesures législatives sur les avantages sociaux au Canada – 1999*, Montréal.

THÉROUX, P. (1995). « Les coupures d'avantages sociaux sont loin d'être terminées », *Les Affaires*, 8 avril, p. B1.

Chapitre 14

LA GESTION DES AVANTAGES ET DE LA RÉMUNÉRATION GLOBALE

OBJECTIFS

Ce chapitre vise à :

- exposer les grandes tendances actuelles et futures en matière de gestion des avantages ;
- souligner l'efficacité des avantages ou leur répercussion sur les attitudes et les comportements au travail des employés ;
- faire connaître les diverses facettes de la gestion des régimes d'avantages : l'établissement d'une politique, l'analyse des besoins des employés en matière d'avantages, la communication relative aux régimes, l'adoption d'un programme de retraite anticipée, la mise au point de régimes flexibles d'avantages et le problème de l'antisélection ;
- souligner les composantes majeures de la gestion de la rémunération globale : l'établissement d'une stratégie de rémunération globale, la préoccupation pour l'équité du processus de gestion de la rémunération et l'impartition de la gestion de la rémunération.

PLAN

Objectifs ... 727

Cas : Les avantages sociaux modulaires chez Bâtico inc. ... 730

Introduction ... 733

14.1 Les tendances de la gestion des avantages ... 733

- 14.1.1 La redéfinition du rôle des acteurs : l'État, les employeurs, les employés et les assureurs ... 734
- 14.1.2 L'importance du contrôle des coûts ... 735
- 14.1.3 Une gestion des avantages de plus en plus complexe et exigeante ... 736
- 14.1.4 Le renouvellement des avantages ... 737

14.2 Les limites des avantages offerts aux employés ... 737

14.3 La gestion des régimes d'avantages ... 739

- 14.3.1 L'importance d'une bonne gestion des régimes d'avantages ... 739
- 14.3.2 La détermination d'une politique de gestion des avantages ... 740
- 14.3.3 L'analyse des besoins des employés ... 742
  - L'importance des besoins des employés en matière d'avantages ... 743
  - Les méthodes d'analyse des besoins ... 745
  - La communication reliée au processus d'analyse des besoins ... 746
- 14.3.4 La communication reliée aux régimes d'avantages ... 746
  - L'importance de la communication reliée aux régimes d'avantages ... 747
  - L'élaboration et le contenu d'un programme de communication ... 747
  - Les outils de communication ... 748
- 14.3.5 Les régimes d'avantages sociaux flexibles ... 748
  - Définition et importance des régimes flexibles ... 749
  - Les avantages des régimes flexibles ... 752
  - Les inconvénients des régimes flexibles ... 753
  - Le phénomène de l'antisélection ... 754
- 14.3.6 Les programmes spéciaux de retraite anticipée ... 756

14.4 La gestion de la rémunération globale ... 759

- 14.4.1 L'établissement d'une véritable stratégie de rémunération globale ... 759
- 14.4.2 Le processus de gestion de la rémunération globale et les nouvelles technologies ... 761

14.4.3 L'importance de la communication et de la consultation pour l'équité du processus de gestion de la rémunération globale 762
14.4.4 L'impartition en matière de gestion de la rémunération........ 764
Résumé........ 765
Questions de révision 766
Références........ 766

CAS

Les avantages sociaux modulaires chez Bâtico inc.

La firme Bâtico est un important distributeur de produits d'électricité, de plomberie, de chauffage, de ventilation, de réfrigération et d'adduction d'eau. Ses principaux clients sont des entrepreneurs en construction, aussi bien résidentielle que commerciale. Elle compte près de 500 succursales au Canada et aux Etats-Unis, et elle emploie environ 5 000 personnes, principalement des représentants, des acheteurs et du personnel administratif. Son siège social est situé à Québec.

Compte tenu du coût croissant des avantages offerts aux employés et de leur répercussion sur la rentabilité de l'entreprise, la direction de Bâtico a chargé son service des ressources humaines de revoir la gestion de ces programmes. L'objectif était de réduire les coûts tout en offrant des avantages qui répondraient aux besoins des employés. Contrairement à la plupart des employeurs de son secteur d'activité qui n'ont pas de régime d'avantages, Bâtico offre à ses employés un régime universel d'assurances collectives dont il assume 75 % des coûts, lesquels ont considérablement augmenté au cours des dernières années. Dans ce contexte, l'idée d'offrir des programmes d'avantages sociaux plus flexibles qui permettent aux employés de faire des choix selon leur situation familiale et financière semblait fort intéressante. Selon les responsables des avantages sociaux de Bâtico, les régimes d'assurances qui se prêtent le mieux à ce nouveau concept de flexibilité sont ceux qui offrent une protection en matière de soins de santé et de soins dentaires.

Après une période de réflexion et de consultation auprès des gestionnaires des différentes divisions de l'entreprise, les responsables des avantages sociaux ont mis au point des régimes d'assurance-maladie et de soins dentaires dont chacun comporte trois modules. Comparativement au régime existant, le module A offre une protection inférieure à un coût moindre, le module B offre une protection équivalente à un coût similaire et le module C offre une protection supérieure à un coût plus élevé (voir le tableau 1). À la suite d'une vaste campagne de communication et d'information, les employés ont été invités à choisir l'un des trois modules. Selon les spécialistes des avantages sociaux, une répartition égale (1/3, 1/3, 1/3) des choix des employés entre les trois modules aurait permis à Bâtico de réduire considérablement ses contributions tout en répondant aux besoins des employés.

TABLEAU 1

Les trois modules des régimes d'avantages de Bâtico

RÉGIME DE SOINS DE SANTÉ		
Module A	**Module B**	**Module C**
Franchise : 50 $ par personne, max. 100 $	Franchise : 25 $ par personne, max. 100 $	Franchise : 50 $ par personne, max. 100 $
Plafonds : 100 000 $ / année, 500 000 $ / à vie	Plafonds : 100 000 $ / année, 500 000 $ / à vie	Plafonds : 100 000 $ / année, 500 000 $ / à vie
• 100 % du coût d'une chambre à deux lits	• 100 % du coût d'une chambre à deux lits	• 100 % du coût d'une chambre à deux lits
• 80 % du coût des médicaments sur ordonnance jusqu'à 2 000 $ et 100 % de l'excédent	• 90 % du coût des médicaments sur ordonnance jusqu'à 2 000 $ et 100 % de l'excédent	• 90 % du coût des médicaments sur ordonnance jusqu'à 2 000 $ et 100 % de l'excédent
• 100 % du coût des soins à l'extérieur du pays	• 100 % du coût des soins à l'extérieur du pays	• 100 % du coût des soins à l'extérieur du pays
• 80 % des autres frais	• 90 % des autres frais	• 90 % des autres frais
• Professionnels de la santé : max. 300 $ / année	• Professionnels de la santé : max. 400 $ / année	• Professionnels de la santé : max. 500 $ / année
		• Naturopathes, acupuncteurs et masseurs-thérapeutes : max. 250 $ / année
• Examen de la vue	• Examen de la vue	• Examen de la vue
		• Soins de la vue : 125 $ / 24 mois
• Assistance médicale internationale	• Assistance médicale internationale	• Assistance médicale internationale
Prime mensuelle par personne assurée		
Employé : 1,00 $	Employé : 3,00 $	Employé : 4,50 $
Conjoint : 1,00 $	Conjoint : 3,00 $	Conjoint : 4,50 $
Enfants : 0,67 $	Enfants : 0,67 $	Enfants : 3,00 $

→

TABLEAU 1

Les trois modules des régimes d'avantages de Bâtico (*suite*)

RÉGIME DE SOINS DENTAIRES		
Module A	**Module B**	**Module C**
Franchise : 50 $ par personne, max. 100 $	Franchise : 25 $ par personne, max. 50 $	Franchise : 50 $ par personne, max. 100 $
• 80 % du coût des soins de base	• 100 % du coût des soins de base	• 100 % du coût des soins de base
• 60 % du coût des soins majeurs	• 80 % du coût des soins majeurs	• 80 % du coût des soins majeurs
• 60 % du coût des soins de parodontie et d'endodontie	• 80 % des soins de parodontie et d'endodontie	• 100 % du coût des soins de parodontie et d'endodontie
• 50 % du coût des soins d'orthodontie	• 60 % du coût des soins d'orthodontie	• 60 % du coût des soins d'orthodontie
Plafond : 1 250 $ / année Guide des tarifs : année précédente Rappel : 9 mois	Plafond : 1 500 $ / année Guide des tarifs : année précédente Rappel : 9 mois	Plafond : 1 750 $ / année Guide des tarifs : année courante Rappel : 6 mois
Prime mensuelle par personne assurée		
Employé : 1,00 $	Employé : 3,00 $	Employé : 4,50 $
Conjoint : 1,00 $	Conjoint : 3,00 $	Conjoint : 4 ,50 $
Enfants : 0,67 $	Enfants : 0,67 $	Enfants : 3,00 $

Deux surprises attendaient les responsables des avantages sociaux. La première est survenue dès la réception des choix des employés. Contrairement à ce qu'on avait prévu, ces choix se sont répartis très inégalement, soit 5 % pour le module A, 65 % pour le module B et 35 % pour le module C. Cette répartition diminuait évidemment l'importance des économies prévues, mais les primes que verserait Bâtico allaient quand même être moins élevées que celles versées l'année précédente dans l'ancien régime. La deuxième surprise est survenue à la fin de la première année d'application du nouveau programme : l'organisation a enregistré un déficit global de 540 000 $. Ce déficit provenait surtout d'une utilisation excessive du module C. En effet, les indemnités versées pour ce module ont dépassé de 58 % les primes payées par les employés et l'employeur (taux d'utilisation de 158 %). En vertu des ententes standard qu'imposent les compagnies d'assurances pour ce genre de programmes d'assurances collectives, tout déficit doit être comblé l'année suivante. Après avoir été informé de la situation, le président de Bâtico a indiqué aux responsables des avantages sociaux que l'entreprise était prête à contribuer pour environ le tiers de cette somme, c'est-à-dire 200 000 $.

Source : Cas rédigé par Mario Giroux, sous la direction de Sylvie St-Onge, d'après le cas d'une entreprise qui a préféré garder l'anonymat. Reproduit avec la permission de l'École des hautes études commerciales.

INTRODUCTION

Alors que l'importance, les raisons d'être et la nature des divers régimes d'avantages offerts par l'État ou gérés par les employeurs ont été étudiées au chapitre précédent, nous nous intéressons maintenant à la gestion des avantages et de la rémunération globale. Nous examinons d'abord les grandes tendances en matière de gestion des avantages, puis la gestion des régimes d'avantages. Après avoir fait ressortir l'importance de l'adoption d'une politique en matière de gestion des avantages offerts aux employés, nous traiterons de l'évaluation des besoins en matière d'avantages, de la communication relative aux avantages, de l'adoption de programmes de retraite anticipée, de la mise au point de programmes flexibles d'avantages et du phénomène de l'antisélection. Nous soulignerons également les principaux éléments à considérer en matière de gestion de la rémunération globale : l'établissement d'une stratégie de rémunération globale, l'importance de l'équité du processus de gestion de la rémunération et l'impartition de la gestion de la rémunération.

14.1 LES TENDANCES DE LA GESTION DES AVANTAGES

Une multitude de changements environnementaux – démographiques, économiques, sociologiques et politiques – influent sur la gestion des avantages offerts aux employés et justifient les tendances actuelles dans ce domaine, ainsi que le choix des défis à relever. Pour expliquer ces changements, on insiste surtout sur les changements démographiques tels que (1) la disparition de la famille traditionnelle, dans laquelle l'homme était le pourvoyeur et la femme, sans emploi rémunéré, élevait les enfants, (2) l'augmentation du nombre de familles monoparentales, (3) le vieillissement de la population, (4) la présence plus marquée des femmes sur le marché du travail, (5) l'accroissement du nombre de couples ayant deux carrières et (6) la scolarité plus importante des employés.

14.1.1 La redéfinition du rôle des acteurs : l'État, les employeurs, les employés et les assureurs

Au cours des dernières années, le désengagement de l'État (tant celui des gouvernements provinciaux que celui du gouvernement fédéral) s'est manifesté dans la réduction du nombre de services assurés et dans l'augmentation de la tarification. Parmi les nombreuses mesures allant dans ce sens, on pense à l'imposition des avantages sociaux en 1993, à la promulgation de la *Loi sur l'assurance-médicaments* en 1997, à l'imposition de frais par ordonnance pour les personnes âgées en 1992, à la limitation de la gratuité des soins dentaires pour les jeunes (l'âge ayant été ramené de 14 ans à 10 ans en 1992), à la suppression de la gratuité des examens de la vue pour les personnes âgées de 18 à 64 ans en 1992-1993, et ainsi de suite. D'autres exemples de la révision majeure des régimes publics sont fournis par le virage ambulatoire, la réduction des ressources allouées, l'apparition d'hôpitaux privés et la fermeture ou la restructuration d'hôpitaux. De plus, l'universalité des programmes sociaux est remise en question et l'instauration d'un ticket modérateur est de plus en plus préconisée. Force est de constater que l'État se montre de moins en moins généreux.

Dans le passé, la plupart des programmes de soins de santé des employeurs ont été conçus pour compléter les régimes d'État. Jusqu'à maintenant, les employeurs ont souvent assumé les transferts de coûts des services que l'État a cessé d'offrir. Toutefois, un tel transfert ne devrait pas se maintenir longtemps. Les changements envisagés par l'État pour le Régime de rentes du Québec et le Régime de pensions du Canada amènent des défis importants pour les employeurs (p. ex. : une augmentation des cotisations, une augmentation de l'âge de la retraite à 67 ans, une réduction des prestations d'invalidité, etc.), et leurs réactions devront être justifiées devant les employés. En effet, on remarque une réduction du paternalisme des employeurs en matière d'avantages sociaux. Particulièrement dans le domaine des régimes de retraite, les employeurs transfèrent les risques aux employés. Ceux-ci adoptent de plus en plus des régimes de retraite à cotisations déterminées (l'employé verse une somme déterminée et sa pension sera fonction du rendement de son investissement) et de moins en moins des régimes à prestations déterminées (l'employé est assuré de recevoir une pension d'un montant déterminé).

Par conséquent, à l'avenir, les employés ne pourront plus compter autant sur l'aide de l'État ni de leur employeur pour assurer leur sécurité. Ils seront donc forcés d'assumer plus de responsabilités et de compter davantage sur leur épargne personnelle en prévision de leur retraite. En outre, si l'État augmente l'imposition des régimes de soins de santé et de soins dentaires offerts par les employeurs, ceux-ci risquent de réduire leur protection pour répondre aux pressions des employés qui n'y attachent pas d'importance, transférant une charge accrue aux employés qui les jugent nécessaires. Paradoxalement, ceux-ci seront donc de moins en moins en mesure d'épargner, puisque l'État réduit également les attraits fiscaux traditionnellement associés aux assurances collectives. Ainsi, les primes d'assurance-vie (au fédéral et au provincial) et de soins de santé (au Québec seulement) payées par l'employeur représentent maintenant un avantage imposable pour les employés. Les jeunes employés des entreprises sont donc pénalisés, puisque leur taux d'imposition est déterminé selon l'âge moyen des employés : plus celui-ci est élevé, plus le taux d'imposition augmente. En outre, le gouvernement perçoit plus de 11 % de taxes sur les primes d'assurances collectives (9 % des primes sont payées par l'employeur et 2,35 %, par les compagnies d'assurances).

Des changements se produisent également du côté de l'industrie des assurances. De multiples fusions, acquisitions et faillites créent une pression à la baisse sur les prix des services. La compétition entre des joueurs de plus en plus importants est féroce, quand on sait que le marché des employeurs-clients est assuré à près de 100 %. Aujourd'hui plus que jamais, les assureurs doivent se soucier autant de leurs prix que de la qualité de leurs services à des clients exigeants et peu fidèles. La stratégie des assureurs consiste à maximiser leurs ventes en « volant » des clients à leurs concurrents. Une fois qu'ils ont obtenu une clientèle, ils tentent de la fidéliser en implantant, par exemple, un régime flexible d'avantages sociaux (qui sera présenté plus loin) dont la gestion est complexe et dans lequel le suivi devient important. Une autre stratégie consiste à mieux gérer les dépenses, c'est-à-dire le paiement des prestations, et à entretenir une communication plus étroite avec les bénéficiaires du régime. Les assureurs sont également intéressés par le développement de nouveaux produits visant à combler le retrait de l'État en matière de soins de santé et la mise au point de produits mieux adaptés aux besoins et au contexte économique actuels.

14.1.2 L'importance du contrôle des coûts

Depuis quelques années, les coûts des avantages sociaux ont augmenté plus vite que les salaires, soit de 8 % à 10 % annuellement, par rapport à 2 % à 3 % (Picard, 1997). Les entreprises subissent une pression concurrentielle accrue alors que les coûts des avantages sociaux ont grimpé de façon considérable pour diverses raisons :

- l'élargissement des régimes visant à tenir compte de situations qui, dans le passé, étaient considérées de manière restreinte ou exclues ;
- l'admissibilité aux régimes d'une plus grande proportion de la main-d'œuvre, vu le souci de se conformer à la *Charte des droits et libertés de la personne*. On pense, par exemple, à l'inclusion du mot « conjoint » dans

la définition de personnes de même sexe en matière d'assurances collectives au Québec, depuis juin 1996 ;
- l'augmentation du nombre de demandes de règlement, due au vieillissement de la population active, et la scolarité accrue des employés, qui connaissent mieux leur protection ;
- l'augmentation du nombre de retraités assurés et de leur protection ;
- l'augmentation des coûts liés aux services et aux médicaments depuis l'apparition de nouveaux produits et techniques sur le marché (p. ex. : Viagra, Celebrex).

Aujourd'hui, le coût des avantages a atteint son maximum. Au cours des prochaines années, il faudra s'attendre à des compressions dans le domaine des avantages sociaux ou, du moins, à un ralentissement de la montée de leurs coûts. L'époque où les employeurs bonifiaient leurs régimes ou haussaient les plafonds de remboursement est terminée : l'heure est plutôt au transfert des coûts aux employés. Actuellement, les employeurs et les assureurs exercent une gestion rigide des coûts ; pour les employés, cela se traduit irrévocablement par une augmentation des coûts des primes et des franchises. Au Canada, une enquête de la firme KPMG a démontré qu'en matière d'avantages, les employeurs ont réduit leurs dépenses de près de 4 % en 1995 – ce qui constitue la première réduction depuis les 15 dernières années –, alors qu'entre 1966 et 1995, on assistait à une augmentation annuelle de la part des avantages dans la rémunération globale de près de 3 % par année (McKay, 1996).

14.1.3 Une gestion des avantages de plus en plus complexe et exigeante

Parallèlement à son désengagement dans le domaine des avantages sociaux, l'État multiplie les lois en la matière (*Loi sur l'assurance-médicaments*, *Loi sur la protection des renseignements personnels*, *Loi contre la discrimination dans les avantages sociaux* adoptée en 1996, etc.). Les lois ont également augmenté les exigences liées à la divulgation du contenu des différentes ententes portant sur les avantages sociaux offerts aux employés. C'est également le cas des multiples obligations créées autour du comité de retraite ou de la tenue d'une assemblée annuelle. Par ailleurs, la mondialisation de l'économie lance le défi de la gestion des ressources humaines à un niveau international. Les nouvelles technologies bouleversent également la manière de gérer les avantages sociaux (p. ex. : les logiciels rendent de plus en plus complexe la gestion des avantages). De plus, la composition de la nouvelle main-d'œuvre amène une diversification de ses besoins. Tous ces facteurs, et bien d'autres, compliquent la conception et l'administration des régimes de retraite et d'assurances collectives, ce qui contraint de plus en plus d'employeurs à les confier à la sous-traitance (impartition).

14.1.4 Le renouvellement des avantages

Face à la nécessité de contrôler et de réduire les coûts, les employeurs révisent leurs régimes d'avantages sociaux et diffusent une nouvelle philosophie en la matière, qui est basée sur une responsabilisation accrue des employés. Parallèlement, on tente de plus en plus de gérer les avantages sociaux afin d'en faire un levier stratégique pour attirer et garder les employés compétents. Ainsi, on propose de plus en plus aux employés de nouveaux avantages dont ils pourront bénéficier pendant qu'ils sont en bonne santé, par exemple, des conditions visant à créer un équilibre entre le travail et la famille, un horaire de travail plus souple, la possibilité d'acheter un plus grand nombre de jours de vacances ou de prendre une année sabbatique, un abonnement à un club de conditionnement physique ou l'accès à des soins d'homéopathie. Par ailleurs, compte tenu du recours accru des entreprises aux services d'employés à temps partiel, l'admissibilité de ceux-ci aux régimes collectifs est à l'étude.

En somme, le défi actuel des organisations consiste à modifier la gestion traditionnelle des avantages sociaux pour l'adapter aux caractéristiques des nouveaux contrats d'emplois : diversité du statut des employés (réguliers, permanents, à temps partiel, contractuels, etc.), valorisation de la responsabilisation des employés ou du partenariat (par opposition au paternalisme et à la mentalité des droits acquis), gestion d'un roulement de personnel ciblé (par opposition à la recherche de stabilité), départ graduel à la retraite (plutôt qu'à un moment prédéfini), investissement sur le plan de la formation continue et du développement du personnel (par opposition à la sécurité d'emploi), diversité de la main-d'œuvre (en matière de nationalité, de race, de sexe, etc.), dispersion géographique de la main-d'œuvre, etc.

14.2 LES LIMITES DES AVANTAGES OFFERTS AUX EMPLOYÉS

Comme nous l'avons mentionné au chapitre précédent, l'offre d'avantages est justifié par de multiples raisons, tant du point de vue de l'employeur que de celui de l'employé. Toutefois, force est de constater que les avantages ne constituent pas une panacée. De plus, ils comportent plusieurs limites qui freinent leur attribution chez certains employeurs et en pressent d'autres de réduire certains des avantages accordés à leurs employés.

Les avantages peuvent représenter une part importante des coûts de main-d'œuvre d'un employeur. Ces chiffres sont d'autant plus importants à considérer qu'ils ne tiennent pas compte des coûts élevés qu'entraîne la gestion des avantages sociaux (communication, administration), dont nous traiterons plus loin. De plus, on en sait peu sur les bénéfices des investissements. En effet, comme le nombre de recherches sur le sujet est très limité, l'impact des avantages sociaux sur la fidélisation et la motivation au travail des employés est loin d'être démontré. Rien, ou presque, ne confirme à ce jour que l'investissement dans les avantages offerts aux employés influe sur la performance des firmes. Tout ce que l'on sait, c'est que la satisfaction à l'égard des avantages sociaux influe sur la satisfaction globale des employés au sujet de leur salaire (Judge, 1993), ce qui constitue un déterminant pour les attitudes et les comportements des employés au travail (Heneman, 1985). Une étude exhaustive portant sur le sujet et dans laquelle étaient comparées des entreprises de taille équivalente (Allen et Clark, 1987) démontre que, comparativement aux firmes n'ayant pas de régime de retraite, les firmes qui en offrent un :

- n'ont pas une performance financière ni une productivité différente ;
- assument des coûts de rémunération totale plus élevés ;
- ont des employés plus stables (taux de roulement inférieur) qui prennent leur retraite plus tôt.

Il apparaît important de souligner que les avantages sont généralement accordés à tous les employés au moment de leur embauche ou à la suite d'une période d'admissibilité standard. Par conséquent, comme l'obtention de tels avantages est liée au fait d'entrer et de demeurer au service de l'entreprise, les avantages ne contribuent qu'à accroître la satisfaction des employés en ce qui concerne leur salaire et à les inciter à demeurer au service de l'entreprise pour ne pas perdre ces avantages. Une étude menée dans une grande firme canadienne a récemment confirmé que le régime de retraite est plus efficace pour retenir le personnel que pour accroître sa participation ou son engagement (Luchak et Gellatly, 1996). Toutefois, il faut reconnaître que si les avantages réussissent à retenir les bons employés, ils retiennent également les moins bons.

Par ailleurs, comme les divers avantages que les employés reçoivent ne sont pas liés à leur rendement, ils ne les incitent pas à déployer de plus grands efforts au travail. Comme nous l'avons mentionné dans les chapitres précédents, pour qu'une rétribution soit motivante et incite à fournir un meilleur rendement, il faut que l'employé reconnaisse l'importance de cette rétribution et que celle-ci soit liée à son rendement.

Il ressort des pratiques actuelles que la justice sur laquelle s'appuie la direction des organisations pour distribuer les avantages aux employés est de type égalitaire, c'est-à-dire qu'on attribue les mêmes avantages à tout le monde, ou de type distributif (l'équité), c'est-à-dire qu'on attribue à chaque employé des avantages liés à sa contribution. Dans les cas où l'on choisit ce dernier type de justice, il ne s'agit pas d'une contribution individuelle, mais plutôt d'une contribution par catégories de personnel. Alors qu'une justice de type distributif (l'équité) semble fournir une norme généralement acceptée de distribution des salaires, il ne semble pas qu'en pratique, le personnel des organisations utilise ce type de norme pour apprécier la pertinence des avantages qui lui sont accordés. Une justice fondée sur les besoins semble plus pertinente aux yeux des employés. Cet état de fait (la distribution des avantages aux employés selon une justice égalitaire ou distributive plutôt que selon les besoins) explique en grande partie le manque d'intérêt de la plupart des employés pour les avantages qui leur sont accordés et leur méconnaissance de ces avantages.

14.3 LA GESTION DES RÉGIMES D'AVANTAGES

Jusqu'au début des années 1990, la gestion des régimes d'avantages pouvait être qualifiée de « traditionnelle » dans la majorité des organisations (McCaffery, 1988) parce que (1) les divers régimes d'avantages offerts sont gérés par différentes personnes et les coûts totaux ne sont pas intégrés, (2) l'accent est mis sur le régime de salaires, (3) les avantages sont conçus selon une vision unidimensionnelle, c'est-à-dire qu'ils relèvent de la responsabilité sociale de l'employeur, (4) les divers régimes sont élaborés selon une conception étroite des employés (dans l'ensemble, on considère que ce sont des hommes mariés dont l'épouse demeure au foyer et qui ont deux enfants et un prêt hypothécaire important à payer), (5) les avantages offerts représentent des droits acquis et les caractéristiques des régimes sont immuables (p. ex. : le montant déductible de 25 $ pour les frais médicaux établi en 1975 est demeuré le même).

14.3.1 L'importance d'une bonne gestion des régimes d'avantages

Outre l'importance de l'investissement, plusieurs autres raisons justifient que l'employeur gère avec soin ses régimes d'avantages.

D'abord, une offre d'avantages est difficilement réversible. Lorsqu'un employeur décide d'offrir un avantage à son personnel, il est très difficile – et même illégal dans certains cas – de le retirer, même si la situation financière le justifie. Les employés réagissent mal au retrait d'un avantage, même s'ils accordent peu de valeur à celui-ci. C'est pourquoi il est important d'établir une offre d'avantages pertinente.

Les employeurs doivent intensifier la communication en matière d'avantages, car il semble que les employés accordent souvent peu de valeur à leurs avantages ou qu'ils soient insuffisamment conscients de leur valeur. Par ailleurs, la méconnaissance des employés en ce qui concerne leurs avantages est notoire. Si la plupart savent que certains régimes existent, il arrive souvent qu'ils ne connaissent ni leur valeur ni les coûts que leurs employeurs assument pour les leur offrir. De plus, nombre d'employés considèrent que les coûts des régimes sont liés à l'utilisation qu'ils en font. Ainsi, ils croient qu'un régime d'assurance-maladie (médicaments) ou d'assurance dentaire coûte plus cher qu'un régime de retraite. Cette méconnaissance ne contribue certes pas à augmenter l'impact de ces avantages sur les employés.

Enfin, l'expérience a démontré à plusieurs firmes que certaines manières de gérer les avantages pouvaient inciter les employés à adopter des comportements indésirables. Par exemple, un certain type de gestion des congés de maladie peut amener les employés à s'absenter du travail abusivement et sans raison, de manière à « ne pas perdre leurs journées de congé de maladie ». Il est donc primordial de gérer efficacement les avantages !

14.3.2 La détermination d'une politique de gestion des avantages

Compte tenu de l'importance du coût des régimes d'avantages dans la rémunération globale et de leur constante croissance, il est étonnant de constater que très peu d'employeurs ont une politique en la matière. Si la plupart des organisations ont une politique cohérente de rémunération, celle-ci vise presque exclusivement la partie de la rémunération globale portant sur la rémunération en espèces, sinon uniquement la partie salaire. Par exemple, on peut lire dans la politique d'une organisation : « La politique de rémunération de l'entreprise est basée sur des principes d'équité interne et externe, d'augmentations au mérite et de progression à l'intérieur de l'échelle salariale. » Parfois, on ajoute une clause relative aux régimes d'avantages attribués aux employés, selon laquelle, par exemple, « les avantages sociaux seront adaptés aux besoins des employés et des régions dans lesquelles travaillent les employés ». La généralité d'un tel énoncé est significative : si on fait la comparaison avec les salaires, il ressort que peu d'organisations semblent avoir poursuivi une réflexion méthodique en vue de déterminer les principes directeurs sur lesquels devraient s'appuyer leurs régimes d'avantages attribués aux employés.

Le rôle des avantages comme composante de la rémunération globale et des conditions de travail doit être bien défini. Sans stratégie intégrée, les dirigeants des organisations ont tendance à gérer les avantages sans tenir compte du contexte des affaires et du fait qu'ils devraient les aider à atteindre leurs objectifs et à se distinguer des autres employeurs à cet égard. Ainsi, un sondage de la société Towers Perrin (Théroux, 1998), mené auprès d'une centaine de cadres d'entreprises comptant 300 employés et plus, démontre que les avantages sociaux ne différencient pas encore suffisamment les entreprises concurrentes et que l'on attribue aux avantages une efficacité restreinte dans le recrutement, la fidélité et la motivation des employés. L'encadré 14.1 présente le processus de réflexion que la direction de Nortel a entrepris sur la gestion des avantages.

Encadré 14.1

L'établissement d'une stratégie de gestion des avantages chez Nortel

Northern Telecom Limited (Nortel), une société canadienne centenaire qui exerce ses activités dans le secteur de la technologie de l'information, emploie plus de 73 000 personnes, dont la moyenne d'âge est de 30 ans et la moyenne d'années de service, inférieure à 10 ans, et dont seulement 1 employé sur 10 devrait prendre sa retraite avec Nortel. Comme les employés travaillent et sont recrutés partout à travers le monde, l'entreprise a besoin de gérer « globalement » ses avantages et de se distinguer des autres employeurs du marché compétitif de l'emploi. En 1994, l'entreprise a implanté un régime d'avantages flexible aux États-Unis et au Canada, de manière à permettre (1) aux employés de décider comment ils disposent de leur argent en fonction de leur âge et de leur vie personnelle et (2) à l'entreprise de maximiser le retour sur investissement des sommes à cet égard. Récemment, Nortel a également déclenché un processus de détermination des principes de sa gestion des avantages :

- Les avantages liés à la sécurité offerts aux employés doivent être uniformes à l'intérieur d'un pays, alors que les avantages non traditionnels peuvent varier pour s'adapter aux besoins des affaires et des employés ;
- Une offre d'avantages compétitive devrait être définie pour chaque région en établissant une comparaison avec un groupe de firmes défini ;
- Les avantages doivent être conçus de manière à attirer des candidats dont les habiletés sont rares et cruciales pour l'entreprise ;
- Les effets des avantages doivent être neutres en ce qui concerne les décisions de mobilité du personnel (p. ex. : se joindre à une organisation ou s'en retirer) ;
- Les avantages doivent fournir une sécurité et être transférables. La sécurité est définie par des standards locaux de conditions de vie offerts à une main-d'œuvre comparable à celle de Nortel ;
- Les avantages doivent inciter les employés à adopter des comportements qui découlent des exigences d'affaires de l'organisation et non de son emplacement géographique ;
- Les avantages doivent fournir des choix significatifs à une main-d'œuvre diversifiée ;
- Les avantages doivent promouvoir un sens de la responsabilité partagée entre Nortel et les employés ;
- Les mécanismes de gestion des avantages les plus efficients sur le plan fiscal doivent être retenus.

Source : Inspiré de l'article de Crowley et Olson (1999).

Si elle désire assurer une bonne planification des régimes d'avantages, la direction doit prendre en considération un certain nombre d'éléments, tels les objectifs de l'organisation en matière d'augmentation ou de diminution de la main-d'œuvre, la dispersion ou la centralisation géographique, les projets d'acquisition ou de fusion, les caractéristiques de la main-d'œuvre, les exigences légales, l'industrie, la présence syndicale, le coût relatif des avantages offerts aux employés, la stratégie de la rémunération globale, etc. Par exemple, plus la proportion de femmes est élevée dans une organisation, moins le coût d'un régime d'assurance-vie est élevé, car les femmes vivent en moyenne plus longtemps que les hommes. Par ailleurs, plus l'âge moyen du personnel d'une organisation est élevé, plus le coût de certains régimes de retraite est élevé (les employés ayant moins d'années de cotisation avant l'âge de la retraite) et plus le coût des assurances est élevé (les risques de décès étant plus élevés). De plus, l'augmentation du niveau des salaires d'une organisation entraîne la hausse du coût de la plupart des régimes de protection du revenu, puisque les cotisations ou les prestations sont généralement déterminées selon le niveau des salaires. Par ailleurs, la gestion des avantages au sein des firmes qui effectuent des opérations internationales se complexifie, puisque ces firmes doivent tenir compte des besoins d'employés ayant des valeurs différentes ainsi que de lois qui varient selon les régions et les pays. Enfin, comme le mentionnait le cas du début du chapitre 3 (« L'art de dénicher les talents et l'art de les conserver »), l'offre d'avantages au personnel de recherche et développement doit être plus riche que celle des autres catégories de personnel pour attirer et garder les compétences requises. Une enquête de la société William M. Mercer Ltd. (1998), menée auprès de 69 entreprises de haute technologie générant des revenus de 5 millions à 1,9 milliard de dollars, confirme la générosité des avantages offerts. Ainsi, seulement 36 % des employeurs imposent une franchise à leurs employés, la moitié offrent des avantages sociaux aux employés à temps partiel et les autorisent à contribuer au régime d'épargne-retraite (REER), 10 % consentent certains avantages à leurs employés contractuels, etc.

14.3.3 L'analyse des besoins des employés

La gestion des avantages attribués aux employés doit être soumise au critère du coût, mais également à celui des besoins relatifs des employés. Il ne fait pas de doute que l'importance du coût l'emporte généralement sur celle des besoins. La popularité relative des régimes d'assurance-vie par rapport aux régimes d'invalidité de longue durée illustre bien cette situation. D'aucuns affirmeront que le critère du coût doit primer sur celui des besoins, parce qu'il y va de la santé financière de l'organisation. Cependant, à coûts équivalents, le critère des besoins relatifs devrait être prépondérant. En pratique, cependant, il n'en est pas toujours ainsi. Par exemple, pourquoi offrir un régime de soins dentaires couvrant les frais d'orthodontie alors que les employés, en particulier ceux dont les charges financières sont les plus élevées, ne sont pas protégés adéquatement en matière d'assurance-vie ou d'assurance-invalidité ? De plus, dans ce cas, il est loin d'être sûr que le régime de soins dentaires proposé représente un coût équivalant à un complément de protection en matière d'assurance-vie ou d'assurance-invalidité.

L'importance des besoins des employés en matière d'avantages

Un sondage de la société Towers Perrin (Théroux, 1998), effectué auprès d'une centaine de cadres au sein d'entreprises de 300 employés et plus, démontre que les entreprises n'adaptent pas encore suffisamment leurs offres d'avantages aux besoins des employés, par exemple :

- près de 80 % des employés trouvent important d'avoir un horaire souple pour mieux équilibrer leur vie professionnelle et leur vie familiale, mais seulement la moitié d'entre eux travaillent dans une firme qui offre cette possibilité ;
- près de 70 % des employés considèrent comme important que les régimes protègent les personnes à charge, mais seulement 36 % d'entre eux bénéficient de tels régimes ;
- plus de 90 % des employés estiment que les programmes de formation sont essentiels, mais seulement la moitié considèrent que leur entreprise effectue un bon travail à cet égard.

En matière d'avantages offerts aux employés, il est important de bien saisir la notion de « besoins relatifs » et surtout d'en faire une analyse adéquate. Par exemple, l'importance des besoins de protection du revenu varie selon un certain nombre de caractéristiques, dont l'âge, l'état civil et les responsabilités familiales. Ainsi, le besoin de protection du revenu dépend de trois variables : les besoins de l'employé, ceux de son conjoint ou de sa conjointe, en fonction de sa disponibilité sur le marché du travail, et ceux des enfants, en fonction de leur âge et de leur état civil. Par exemple, en cas de décès d'un employé, les besoins sont moins grands qu'en cas d'invalidité permanente. Dans le premier cas, l'importance de la variable « besoins de l'employé » est nulle, contrairement au second cas.

Les besoins évoluent également avec le temps, non seulement en fonction des personnes et de leur état civil, mais également en fonction de l'inflation, des augmentations de salaire et du coût de la vie. Une mise à jour s'avère donc essentielle et doit reposer sur l'évolution des besoins des employés plutôt que sur les résultats d'enquêtes menées auprès du marché. De plus, une mise à jour doit tenir compte de l'évolution des législations sociales. À ce sujet, une grille d'analyse fondée sur l'approche par événement présente un intérêt certain. Il s'agit alors de déterminer, pour chacun des événements possibles (p. ex. : le décès avant la retraite ou l'invalidité à long terme), la disponibilité et le niveau de protection offerts par les régimes publics et par ceux de l'organisation. Une telle analyse permet de déterminer les faiblesses, de même que les dédoublements d'un régime à l'autre. Cependant, il est difficile de diagnostiquer clairement les besoins des employés et de modifier l'offre des avantages offerts selon ces besoins. De plus, les besoins des employés en la matière peuvent varier d'une personne à l'autre.

Quoique nous ayons surtout illustré nos propos en présentant des régimes de protection du revenu, toute la gamme des services aux employés n'échappe pas pour autant à la nécessité d'une saine gestion qui s'appuie sur les critères du coût et des besoins relatifs. Par exemple, quelle est l'utilité relative d'un régime qui, lors d'une relocalisation, prévoit une aide hypothécaire, mais n'offre aucune aide au conjoint pour qu'il se trouve un nouvel emploi satisfaisant ? On peut également se poser des questions plus globales, comme celle de l'utilité de quatre ou cinq semaines de congé annuel alors que les salaires accordés aux employés sont relativement faibles. On ne peut certes pas tout offrir : il faut faire des choix. Mais il faut alors s'interroger sur la pertinence des choix effectués par rapport aux personnes concernées. Par ailleurs, et dans une perspective plus large, les organisations devraient examiner la possibilité d'augmenter les salaires des employés plutôt que les avantages qu'elle leur offre, compte tenu de l'effet relatif des régimes d'avantages.

Il est certes nécessaire de faire des enquêtes auprès du marché au sujet des avantages offerts pour parvenir à une comparaison plus adéquate des rémunérations globales. Toutefois, si la mesure de la rémunération globale fournit certaines indications sur le coût d'un régime efficace d'avantages, elle offre peu d'informations sur les besoins des employés. De plus, elle renseigne à peine sur la structure des modifications à apporter aux régimes d'avantages. Enfin, elle peut avoir un effet dysfonctionnel encourageant la mise en place de nouveaux régimes ou l'ajout de modifications aux régimes existants, non parce que ces régimes ou ces modifications correspondent à des besoins ou qu'ils sont désirés par les employés, mais parce qu'ils sont offerts par les autres organisations. De plus, à cause du caractère hautement technique de plusieurs régimes, leur gestion est souvent confiée à des spécialistes susceptibles d'être plus intéressés par les détails techniques que par la valeur relative de ces avantages pour les salariés. Dans ce contexte, la question de la mesure des besoins des employés revêt une importance fondamentale.

Les méthodes d'analyse des besoins

Les décisions reliées aux changements à apporter aux régimes d'avantages sont souvent fondées sur l'opinion de certains cadres en ce qui a trait aux avantages, aux préférences des gestionnaires, aux considérations légales et fiscales, à la volonté de la direction, aux connaissances des tendances du marché et de la compétition ou aux besoins des employés. Cette façon de procéder risque d'amener des modifications qui ne correspondent pas à de réels besoins, compte tenu des coûts et des objectifs poursuivis. Dans certains cas, la direction demande à un groupe de cadres de se prononcer, présumant que leurs réponses seront représentatives de celles de la totalité des employés. Cette hypothèse peut aboutir à des conclusions erronées, puisque la situation financière des cadres est différente de celle des employés. De plus, dans certaines organisations, les cadres sont plus âgés que le reste du personnel et leur état civil est différent de celui des employés travaillant à des postes d'exécutants. Si l'organisation effectue des entrevues avec des cadres masculins dont la conjointe ne travaille pas à l'extérieur du foyer, et qui a trois enfants ayant entre 12 et 20 ans, il est fort possible que les besoins de ces cadres soient tout à fait différents de ceux de la grande majorité des employés plus jeunes, qui ont d'autres modes de vie et des perceptions différentes. Devant une telle situation, la direction peut procéder à un sondage portant sur les besoins d'un échantillon ou de l'ensemble des employés. Aujourd'hui, un nombre croissant d'employeurs doivent réinventer leurs avantages, et ils le font en consultant les employés et en les faisant participer au processus, de manière à maximiser le rapport coûts-bénéfices de leur investissement.

Il existe plusieurs méthodes de mesure des besoins des employés, qui peuvent être classées en trois catégories :

1. Les *groupes de discussion*. On forme de petits groupes de personnes ayant des caractéristiques semblables, afin de recueillir, au moyen d'entrevues, leur opinion sur des avantages offerts ou proposés. Cette approche ne permet pas de faire participer l'ensemble des employés, mais elle permet d'approfondir l'objet d'étude ;
2. Les *questionnaires*. Ils peuvent prendre différentes formes : questions ouvertes, questions avec échelle de réponses, rangement des avantages et comparaison par paires des avantages ou d'options d'avantages ayant des coûts semblables. Cette approche permet de faire participer tous les employés, mais non d'obtenir des informations nombreuses et détaillées, car le nombre de pages est limité ;
3. Les *groupes de discussion* et les *questionnaires*. On peut privilégier une démarche impliquant l'utilisation de groupes de discussion en vue de déterminer les changements possibles. Par la suite, les réactions des employés aux propositions de changements peuvent être

recueillies au moyen d'un questionnaire faisant appel à différentes méthodes de mesure. Il est alors possible, en interprétant les réponses aux différentes mesures, de dégager les préférences relatives des employés.

La communication reliée au processus d'analyse des besoins

Certaines mises en garde s'imposent quant à la réalisation de sondages en matière d'avantages. En premier lieu, ces sondages suscitent immanquablement des attentes chez les employés. Il est donc important de s'assurer que l'on pourra satisfaire au moins une partie de ces attentes. De plus, il est nécessaire de bien maîtriser les attentes en communiquant clairement les objectifs du sondage et les intentions de l'organisation. Si la direction prévoit n'apporter aucun changement à la suite du sondage, il serait sans doute préférable de ne pas l'effectuer. En deuxième lieu, il faut assurer les employés du caractère confidentiel des informations collectées, afin de susciter leur confiance. En troisième lieu, il est important de donner l'occasion à tous les employés de participer à ce sondage et de ne pas procéder par échantillonnage. Cependant, si, à la limite, la taille de l'organisation est telle qu'il ne serait pas pratique de procéder au sondage auprès de tous les employés, la direction devra exposer clairement la démarche privilégiée, les raisons pour lesquelles elle y a recours et la façon dont l'échantillon a été déterminé. Dans cette situation, il serait préférable d'indiquer que toute personne qui désire s'exprimer peut le faire. Lorsqu'on donne à tout le monde l'occasion de s'exprimer, il est important de s'assurer d'un taux minimum de réponses. Enfin, il convient de fournir aux employés une rétroaction sur les résultats du sondage. En plus de démontrer le sérieux de l'engagement de la direction vis-à-vis des besoins des employés en matière d'avantages, la rétroaction permet aux employés de comprendre les décisions qui seront prises par la suite.

14.3.4 La communication reliée aux régimes d'avantages

Actuellement, dans la plupart des provinces canadiennes, aucune loi n'oblige les employeurs à transmettre à leurs employés des renseignements sur les avantages qu'ils leur offrent, sauf à propos des régimes de retraite. Les employeurs sont tenus de transmettre aux participants à un régime de retraite un relevé individualisé de leur situation personnelle. De plus, les participants doivent être informés de tout changement au régime ainsi que de certains autres renseignements, comme les prestations payables en cas de départ ou de décès, les états financiers du régime et les évaluations actuarielles. Quant aux autres régimes d'avantages, leur communication est laissée au choix de l'employeur.

L'importance de la communication reliée aux régimes d'avantages

Un avantage ne peut évidemment être jugé pertinent que dans la mesure où son existence est connue. Les employeurs et les assureurs se rendent compte qu'il existe un manque de communication important dans ce domaine. Un sondage de la société Towers Perrin (Théroux, 1998), mené auprès de 500 salariés d'entreprises ayant 300 employés et plus, confirme que les salariés semblent totalement ignorer que les avantages constituent une part importante des coûts d'exploitation de leur employeur et que la générosité des avantages qu'on leur offre n'influence pas leur satisfaction ni leur appréciation de leur employeur. Comme la majorité des employés assurés ne connaissent pas les services qu'ils peuvent obtenir ni le coût de ces services, ils ne peuvent les apprécier à leur juste valeur. Si l'on considère ces facteurs, de même que tous les bouleversements à venir dans le domaine des assurances (la responsabilisation des employés, l'apparition de nouveaux régimes, etc.), il est clair que les campagnes de communication et d'éducation auprès des utilisateurs devront prendre de plus en plus d'ampleur. Les avantages peuvent aussi constituer pour l'employé une incitation supplémentaire à faire partie d'une autre catégorie de personnel, dans la mesure où ils diffèrent de ceux que lui offre son employeur dans sa catégorie actuelle. Il suffit de penser à l'effet d'un régime supplémentaire de retraite ou d'options d'achat d'actions sur les cadres supérieurs. Par ailleurs, les avantages peuvent inciter un employé à continuer à travailler au sein d'une organisation dans la mesure où il perçoit qu'une autre organisation lui offrirait moins. Enfin, il semble que plus les employés ont de l'information sur les avantages qu'ils reçoivent, plus ils en sont satisfaits (Dreher et autres, 1988).

L'élaboration et le contenu d'un programme de communication

Pour déterminer le contenu d'un programme de communication, il faut franchir certaines étapes : (1) définir les objectifs du programme, (2) connaître les besoins et les attentes des employés visés, (3) définir le message à transmettre à chaque destinataire, (4) prévoir les réactions des employés afin de pouvoir y répondre et de se préparer à rectifier son tir en cours de route, (5) s'assurer que tous les intervenants qui jouent un rôle dans le programme de communication se sentent responsables de son succès.

Le plan de communication doit fournir, de façon régulière et continue, une information précise, à jour et adaptée au destinataire et au moyen utilisé. La communication doit surtout porter sur la valeur des avantages offerts à l'ensemble du personnel, sur la valeur des avantages offerts à chaque employé et sur la valeur que représenteraient ces régimes si les employés se les procuraient sur une base individuelle. Des explications portant sur les caractéristiques techniques des régimes et des politiques apparaissent moins nécessaires, puisque l'efficacité de la communication reliée aux régimes d'avantages est appréciée non seulement en fonction de la connaissance qu'ont les employés de leurs détails techniques, mais également en fonction de la valeur qu'ils leur accordent.

Les outils de communication

Les organisations préparent couramment des documents explicatifs sur les divers régimes d'avantages destinés aux employés. Distribués lors de l'embauche ou au moment où des modifications importantes sont apportées aux régimes, ces documents constituent des outils dont l'utilité peut se révéler limitée à cause de leur caractère statique. Ainsi, un bon nombre d'organisations utilisent un éventail d'autres moyens pour compléter ces documents et rendre plus dynamique et plus efficace le processus de communication (journal d'entreprise, communiqués, bilan social, tableaux d'affichage, réunions d'information assorties de présentations audiovisuelles, désignation d'une personne responsable de fournir des réponses aux questions des employés, etc.). D'autres organisations et sociétés d'assurances collectives utilisent aussi des outils à la fine pointe de la technologie, comme les systèmes informatisés interactifs, qui permettent à l'employé d'accéder à l'information ou d'analyser les effets de divers scénarios, par exemple, les coûts d'un choix d'avantages, d'un téléphone à boutons ou d'une vidéoconférence (télévision d'affaires).

Tous ces moyens d'information présentent un intérêt certain. Cependant, leurs effets sont d'autant mieux assurés qu'ils s'intègrent à un plan global de communication sur les avantages et qu'ils n'en constituent qu'une composante. Un plan de communication bien conçu amène l'employeur et l'employé à retirer le meilleur rendement possible du capital et des efforts investis. Un bon programme de communication a recours à divers moyens, tant visuels qu'écrits, et dose l'information destinée aux employés de façon qu'ils puissent l'assimiler. C'est là toute la différence entre la communication de qualité et l'information livrée « en vrac ».

14.3.5 Les régimes d'avantages sociaux flexibles

La plupart des régimes traditionnels d'avantages destinés aux employés offrent les mêmes protections à tous les employés d'une même catégorie d'emplois sans qu'il leur soit possible de choisir une protection plus ou moins étendue selon leurs besoins et leurs préférences. La plupart de ces régimes, dont le contenu est établi par l'employeur qui paie pour les protections, s'appuient sur les besoins d'un employé type moyen de sexe masculin, marié, dont l'épouse est au foyer, qui est père de deux enfants et paie un prêt hypothécaire élevé, un stéréotype qui ne correspond pas vraiment au profil actuel de la main-d'œuvre.

Dans le contexte actuel, les régimes d'avantages sociaux complets, uniformes et applicables à tous les employés, qui ont cours dans 85 % des organisations comptant 100 employés ou plus (Picard, 1997), peuvent coûter cher aux employeurs sans nécessairement être appréciés par les employés, parce qu'ils peuvent ne pas correspondre à leurs besoins ou ne pas avoir une valeur suffisante à leurs yeux. Encore de nos jours, plusieurs régimes d'assurance-vie collective offrent un même montant d'assurance-vie à tous les employés, quels que soient leurs besoins. Ce montant peut correspondre à une, deux ou même trois fois le salaire annuel régulier des employés, quel que soit leur salaire. Cette situation va complètement à l'encontre du fait que les besoins d'assurance-vie ne sont pas les mêmes d'une personne à l'autre ou pour une même personne à différents moments de sa vie. Il en est ainsi des besoins et des préférences des employés à l'égard des caractéristiques des divers régimes de protection du revenu. Ces préférences varient non seulement selon des caractéristiques personnelles (âge, scolarité, état civil, responsabilités familiales, etc.), mais également selon le groupe auquel les employés appartiennent dans l'organisation.

Depuis quelques années, on prône l'adoption de régimes flexibles d'avantages. Cette partie définit les régimes flexibles, souligne leurs avantages et leurs inconvénients, et présente le phénomène de l'antisélection, que l'on associe à ce type de gestion des avantages.

Définition et importance des régimes flexibles

Les régimes d'avantages sociaux flexibles et évolutifs permettent aux employés de choisir parmi différents types, modules ou plans d'avantages sociaux, ainsi que de revoir et de modifier périodiquement leurs choix au cours de leur vie. Il n'est alors plus question d'adhérer automatiquement – pour la durée d'un contrat chez un employeur – à un programme uniforme ou standard établi pour tous les employés. Ce type de gestion est qualifié de diverses façons : l'approche « cafétéria », l'approche libre-service, etc. Il n'existe pas de définition standard des régimes flexibles d'avantages, mais, dans la pratique, on distingue quatre principaux types de régimes (Hall, 1996) : (1) le régime « base plus options », (2) le régime modulaire, (3) le compte gestion-santé et (4) le régime à la carte. Ces régimes, présentés dans l'encadré 14.2 (p. 750), nécessitent un choix dont l'ampleur varie selon diverses options, tels les soins médicaux et dentaires, l'assurance-vie, les régimes de retraite, l'assurance-invalidité, les jours de vacances, les soins de santé, l'assurance-habitation et l'assurance-automobile, les services juridiques, etc.

ENCADRÉ 14.2

Quelques types de régimes flexibles d'avantages offerts aux employés

Le régime « base plus options ». Ce régime assure une protection de base, c'est-à-dire une protection minimum que l'employeur juge essentielle, tout en offrant une gamme d'avantages facultatifs. L'approche peut prévoir un montant de *dollars flexibles* que l'employé peut répartir selon ses besoins. Ce montant est alloué par l'employeur selon le statut familial ou la sélection des protections. Il peut être fixe et/ou constituer un pourcentage du salaire de base. Les options peuvent être multiples : soins médicaux, soins dentaires, assurance-vie, assurance-décès, assurance-habitation, assurance-automobile, etc. Ce type de régime flexible est le plus courant, puisqu'il permet à l'organisation de maîtriser ses coûts tout en offrant des choix aux employés. La complexité de son administration est liée au nombre d'options offertes.

Le régime modulaire. Il se compose de différents « modules » de régimes préagencés recouvrant diverses protections (les soins médicaux et dentaires étant souvent regroupés) selon les particularités démographiques de certains groupes d'employés. Les modules sont d'égale valeur et les employés peuvent augmenter leur protection en payant des cotisations personnelles. Ce régime est simple, mais il offre une flexibilité limitée et rend plus difficile le contrôle des coûts.

Le compte gestion-santé. Il permet à un employeur d'offrir à ses employés une gamme d'options d'avantages qu'il ne pourrait pas offrir autrement. Cependant, le montant versé par l'employeur dans ce compte est imposable.

Le régime à la carte. Théoriquement, ce régime ne propose pas de protection de base et permet à l'employé de choisir, parmi une gamme d'options, le type de protection qu'il désire (p. ex. : assurance-vie, assurance-maladie, assurance-invalidité, assurance dentaire, etc.). Ce régime peut aussi prendre la forme d'un nombre prédéterminé de crédits que l'employeur accorde à l'employé, qui s'en sert pour acheter diverses assurances de son choix. Si ces choix mènent à un déficit, l'employé contribue par déductions salariales et s'ils mènent à un surplus, il peut recevoir un remboursement ou bénéficier d'autres avantages.

Au Canada, plusieurs organisations ont adopté, sous une forme ou sous une autre, un régime flexible : Cominco, American Express, BP Canada, DuPont, Hewitt Associates, Husky Oil, PCS inc., Prudential Insurance Company of America (McKay, 1996). Les enquêtes du Conference Board of Canada indiquent que le nombre de régimes flexibles d'avantages sociaux a quadruplé depuis 1990 ; ils se retrouvent dans 37 % des 276 organisations sondées en 1999 (Carlyle, 1999). En pratique, les régimes complètement flexibles (de type « cafétéria », le libre-service ou le régime à la carte), dans lesquels l'employé répartit en avantages sociaux un montant préétabli, existent rarement. D'ailleurs, ce concept n'est peut-être pas très réaliste en Amérique du Nord, et il soulève certaines réticences :

– il complique la comptabilisation de la rémunération ;
– il ne s'applique qu'au personnel non syndiqué, puisque les syndicats s'y opposent ;
– il remet en question la croyance selon laquelle les employés devraient obtenir une protection contre l'insécurité du revenu, peu importe s'ils la désirent ou non (quoiqu'il soit possible d'établir des minimums de protection pour certains régimes) ;
– il augmente les coûts, puisque ceux-ci sont fonction du nombre d'adhérents ;
– il nécessite un renoncement à certains avantages lorsqu'on veut s'en procurer d'autres.

La plupart des régimes implantés dans les organisations offrent des options associées à l'ampleur de la protection, que la direction a souvent mises au point après avoir consulté le personnel. On trouve donc des modules ou des options d'avantages sociaux (en général, trois ou quatre modules incluent un régime de base obligatoire) plus ou moins coûteux parmi lesquels les employés font un choix. Un programme flexible *type* d'avantages aux employés se présente ainsi :

L'employeur assure une protection minimum identique à tous les employés visés. L'employé ne peut échanger aucun élément du programme de base contre de l'argent ni contre d'autres éléments.

En plus des régimes d'avantages obligatoires selon la loi, le programme comprend généralement :

– un régime de retraite non contributif de base ;
– une assurance-vie dont le capital est égal à une année de salaire ;
– une assurance-accident de voyage ;
– une assurance-maladie qui couvre les frais importants après une franchise substantielle ;
– une assurance dentaire minimum qui met l'accent sur les soins préventifs ;
– un régime de prolongation du salaire ou un régime d'invalidité de courte durée ;
– un régime d'invalidité prolongée visant à remplacer de 50 % à 60 % du salaire ;
– une politique de congés annuels exigeant que l'employé prenne les deux ou trois premières semaines de son congé et échange le reste ou une partie du reste contre d'autres avantages.

À ces éléments s'ajoutent un crédit de l'employeur et des cotisations des employés que ceux-ci peuvent utiliser dans le cadre d'un programme flexible en vue de se procurer des garanties supplémentaires.

En résumé, si les nouvelles formules de gestion des avantages apportent plus de souplesse, elles offrent rarement un choix ou une individualisation complète, et les options offertes n'incluent pas la possibilité de réaffecter les contributions de l'employeur. À ce sujet, le moindre élément d'individualisation ou de personnalisation qu'on apporte à un programme d'avantages aux employés peut être interprété comme un pas vers la flexibilité. Notons également que la flexibilité est basée sur la volonté qu'a l'employé de verser des cotisations additionnelles pour se procurer des options qui correspondent davantage à ses besoins.

Les avantages des régimes flexibles

Sans aller jusqu'à l'approche à la carte, les employeurs sont quasiment forcés d'assouplir la gestion des avantages aux employés pour diverses raisons : le coût croissant des avantages offerts par les employeurs, les régimes d'avantages plus ou moins valorisés par les employés, le choix limité des employés quant au contenu des programmes d'avantages qu'ils reçoivent, la méconnaissance, chez les employés, du coût de leurs avantages, etc. Plusieurs avantages sont attribués aux régimes flexibles, tant pour les employeurs que pour les employés.

En vertu d'un régime flexible, les employés ont la possibilité de choisir les avantages qui correspondent le mieux à leurs besoins et qu'ils sont plus susceptibles d'utiliser sans que cela influe sur la protection des autres employés et les coûts liés au régime. Conséquemment, un tel régime permet de réduire et de mieux maîtriser les coûts (sans couper dans les avantages offerts) et les demandes des employés en matière d'avantages sociaux, de mieux répondre aux besoins de plus en plus diversifiés des employés, d'accroître la capacité d'attirer et de garder les employés et de maintenir des avantages optimaux sur le plan fiscal. Il réduit également les demandes d'amélioration des avantages aux frais de l'employeur. Un régime flexible appuie aussi les employeurs dans leurs efforts pour respecter les lois empêchant la discrimination fondée sur le sexe et l'âge de l'employé en matière de gestion des avantages. Il permet d'offrir de nouveaux avantages à un coût moindre pour les employés et d'élargir la gamme des avantages offerts, afin de maximiser le revenu net des employés.

Par ailleurs, en rendant les employés plus conscients de la nature et de la valeur des avantages qu'ils reçoivent, un régime flexible est plus susceptible de les satisfaire. Un tel régime responsabilise aussi davantage les employés, puisque ce sont eux qui déterminent leur protection selon des choix offerts par l'employeur. Plus conscients de leurs avantages et de la valeur pécuniaire de ceux-ci, les employés couverts par un régime flexible sont également moins tentés de quitter leur employeur, dans la mesure où ils perçoivent que d'autres firmes ne leur offriront pas d'avantages équivalents. En un mot, ce type de régime propose une offre d'avantages plus individualisée, un attrait qui peut valoir son pesant d'or pour combler des postes exigeant des compétences spécialisées et rares ou pour gérer le travail des employés dans divers pays. Il permet aussi aux organisations de mieux s'adapter à une main-d'œuvre diversifiée (p. ex. : on évite d'attribuer certains avantages en double aux couples ayant deux carrières).

Les avantages précédents sont ceux qui sont habituellement mis de l'avant. Depuis quelques années, on assiste à une adoption accrue des régimes flexibles parce qu'on leur attribue d'autres atouts. D'abord, comme les organisations ont de plus en plus recours à l'informatique ou à l'impartition pour gérer leurs avantages sociaux, la complexité des régimes flexibles entrave leur implantation. De plus, ces régimes permettent d'intégrer les avantages des employés à la suite de nombreuses fusions et acquisitions d'entreprises ou dans les unités ou les divisions d'une firme qui sont dispersées géographiquement. Par ailleurs, les régimes flexibles symbolisent un changement de culture ou de climat marqué par certains mots clés : l'*entrepreneurship*, la responsabilisation des employés, l'innovation et la créativité, l'emploi à courte période plutôt qu'à vie, etc. Ils peuvent également permettre aux employeurs de varier leurs contributions aux avantages selon la performance organisationnelle. De plus, les régimes flexibles sont perçus comme plus cohérents que les autres régimes par rapport aux besoins d'un nombre croissant d'employeurs qui veulent adopter les meilleures pratiques ou les pratiques les plus innovatrices en matière d'avantages, afin de se distinguer sur un marché de l'emploi très serré, et qui désirent satisfaire les exigences croissantes des employés visant à obtenir un traitement qui ne soit pas associé à certaines caractéristiques (marié ou non, avec ou sans enfant, homosexuel ou hétérosexuel, etc.), tout en leur permettant de modifier leurs avantages selon leurs besoins (p. ex. : cycle de vie des employés, nombre de personnes à charge, etc.). Des études confirment que la satisfaction en ce qui concerne les avantages sociaux a augmenté à la suite de l'introduction d'un régime flexible (Barber et autres, 1992 ; Rabin, 1994).

Les inconvénients des régimes flexibles

Pour les employeurs, un régime d'avantages flexible peut représenter un changement important par rapport aux pratiques courantes et aller à l'encontre d'une philosophie paternaliste. Un régime flexible risque également de coûter plus cher et d'être plus complexe à élaborer, à implanter et à gérer. Entre autres, les employeurs doivent améliorer leur travail de communication, afin de bien expliquer aux employés les choix qui leur sont offerts. Ils doivent également sonder régulièrement les besoins de leurs employés pour s'assurer que les mesures offertes y répondent de façon maximum. S'ils souhaitent transférer le pouvoir décisionnel aux employés en matière d'avantages sociaux, les dirigeants ont la responsabilité de leur fournir l'information nécessaire pour qu'ils puissent prendre des décisions éclairées. L'adoption d'un tel régime requiert la formation de comités d'assurances qui visent à favoriser la communication entre les employeurs, les employés, les actuaires-conseils et les assureurs, de manière que tout le monde comprenne les enjeux du régime, que les coûts soient maîtrisés et que les besoins des employés soient considérés. De plus, un régime flexible nécessite l'établissement de la valeur pécuniaire précise des diverses composantes de la rémunération globale, ce qui peut se révéler une tâche très complexe, voire hautement subjective par moments. Par ailleurs, on reproche aux régimes flexibles d'entraîner un phénomène d'antisélection.

Une étude longitudinale menée auprès d'une entreprise (Rabin, 1995) confirme que la satisfaction des employés pour ce qui concerne les avantages sociaux augmente lorsqu'on passe d'un régime traditionnel à un régime flexible et que l'amélioration de la satisfaction est d'autant plus élevée que le programme offre de nombreux choix aux employés et qu'il leur est expliqué avec soin.

Le phénomène de l'antisélection

On associe aussi aux régimes flexibles un phénomène d'antisélection, c'est-à-dire une tendance des employés à choisir les avantages qu'ils sont les plus susceptibles d'utiliser, afin que leur investissement soit le plus rentable possible à court terme. Un tel comportement mène à une augmentation des primes des employés. En effet, plus l'assureur effectue de remboursements au cours d'une année, plus il doit augmenter ses taux l'année suivante, lors du renouvellement du contrat, car il doit refiler l'augmentation des coûts aux employés. Dans ce cas, le régime devient donc un simple plan de financement. Ainsi, à long terme, l'économie d'échelle associée aux régimes de protection collectifs est de plus en plus réduite.

Le phénomène de l'antisélection se produit lorsque, souvent pour répondre aux attentes des employés et des syndicats, les employeurs offrent des assurances sur des services qui sont peu fréquemment utilisés et qui se révèlent peu coûteux, comme les soins dentaires et les examens de la vue – on est alors loin de l'invalidité ou du décès ! Sauf pour quelques employés prudents, les employés qui choisiront le module offrant une bonne protection à l'égard d'événements moins fortuits exploiteront au maximum le « budget ». Les assureurs appellent d'ailleurs l'assurance sur les soins de la vue et les lunettes, et sur les soins dentaires, l'« assurance-budget », puisqu'elle représente des frais prévisibles. Le concept sous-jacent à ce type d'assurance est qu'à la fin du contrat, la compagnie d'assurances estimera l'augmentation des coûts des primes pour ce module et l'employeur transmettra cette augmentation aux employés qui l'ont choisi. On fait alors face à un dilemme.

Il arrive que l'augmentation des primes soit si élevée pour les employés qui ont choisi ce module que les employeurs sont tentés de transmettre une partie de cette augmentation aux employés qui ont choisi d'autres modules – moins élaborés, mais peu coûteux – afin de ne pas avoir à subir les récriminations des plus grands utilisateurs ! L'antisélection influe également sur les coûts des régimes de base pour les employeurs. En effet, les assureurs calculent les nouvelles primes à partir de la somme des remboursements des frais médicaux qu'ils ont effectués pour l'ensemble des employés, sans tenir compte de l'option ou du module choisi. Cette façon de faire provoque une redistribution des coûts de l'utilisation des services, non seulement parmi les employés qui ont choisi l'option enrichie, mais aussi parmi ceux qui ont choisi les autres options incluant le régime de base.

Pour réduire le problème de la « surutilisation » des services causée par l'antisélection, il est possible de proposer des pourcentages plutôt que des montants maximums de remboursement, de manière que les employés soient obligés de débourser une somme d'argent chaque fois qu'ils consomment un service. Par ailleurs, on contraint généralement les employés à conserver leur choix d'option ou de module pendant au moins deux ou trois ans. Cela permet d'éviter que des employés s'inscrivent au module enrichi, se prévalent rapidement de certains services offerts (p. ex. : le service d'orthodontie), puis se retirent du module.

Certains employeurs s'en tiendront au principe consistant à transmettre l'augmentation des coûts aux utilisateurs, car ils savent qu'un jour viendra où il n'y aura plus véritablement d'avantages financiers pour les employés du plan enrichi ou que le montant de la prime sera tel que peu d'entre eux choisiront ce plan. Aussi n'est-il pas surprenant de constater une tendance des employeurs à laisser tomber progressivement les régimes de soins dentaires et d'examens de la vue, qui relèvent davantage de l'assurance-budget. Dans ce contexte, il y a également un risque que certains employeurs décident de réduire leur protection liée à certains événements fortuits, comme l'invalidité et la mort, pour maintenir la protection qu'ils offrent sur les examens de la vue, les soins dentaires, la consultation de professionnels de la santé, etc. Ils pourront probablement brandir les résultats de sondages effectués auprès d'employés pour appuyer cette décision. En effet, si on demande aux employés s'ils préfèrent l'assurance-invalidité ou l'assurance dentaire, cette dernière aura bien des chances de l'emporter parce qu'ils l'utilisent ! Toutefois, si on demande à la veuve et aux enfants d'un employé décédé de faire la même comparaison, la réponse sera évidemment différente.

En somme, pour plusieurs employeurs, la difficulté consiste à se retirer du régime « d'assurance-budget » visant à payer des dépenses non fortuites (des acquis que les employés apprécient et que d'autres employeurs peuvent offrir) et à se limiter à offrir une assurance contre les aléas véritablement fortuits et coûteux (p. ex. : des problèmes financiers potentiels pour les proches des employés si ces derniers deviennent invalides ou décèdent). Selon cette perspective, plusieurs employeurs sont tentés de se retirer de ce régime en accordant une somme déterminée aux employés et en les laissant libres de s'assurer comme ils le veulent. Certains employés le feront – et peut-être mieux qu'avant –, mais qui protégera les proches dans le cas des nombreux employés qui deviendront invalides ou mourront sans pouvoir assurer la subsistance de leurs proches ? Même si, de nos jours, la plupart des femmes travaillent, le problème se pose. Comme l'indique le cas présenté au début de ce chapitre (« Les avantages sociaux modulaires chez Bâtico inc. »), les employeurs s'interrogent de plus en plus sur la pertinence d'une protection familiale, puisqu'ils jugent qu'ils ont une obligation envers leurs employés plus qu'envers les personnes qui sont à la charge de ceux-ci. D'une part, face aux coûts et aux difficultés de la protection familiale (les nouveaux types de familles entraînent des défis qui n'ont pas encore été étudiés à ce jour), les employeurs pensent de plus en plus à se retirer de ce secteur. D'autre part, l'État semble également vouloir se désengager pour réduire son déficit. Aussi valables que soient leurs raisons, une réflexion s'impose. Les problèmes (l'augmentation du nombre de personnes qui abusent du système et la multiplication des coûts) qu'a engendrés un prétendu excès de paternalisme de la part des employeurs et de l'État ne sont pas moindres que ceux qu'entraînera l'abandon des proches des employés qui deviennent invalides ou qui décèdent. C'est le juste milieu qu'il faut viser, même s'il est difficile à atteindre.

14.3.6 Les programmes spéciaux de retraite anticipée

Les programmes spéciaux de retraite visent à inciter les travailleurs à prendre une retraite anticipée grâce à divers moyens : prime de départ, élimination de la réduction de la rente, élimination du nombre accru d'années de service décomptées, prestations de raccordement supplémentaires ou rentes majorées. Ces programmes ont émergé au cours de la récession du début des années 1980, moment où bon nombre d'employeurs comptaient 20 % ou plus de leurs effectifs dans le groupe d'âge des 50 ans et plus et où 50 % des régimes de retraite avaient un excédent d'actif qui permettait de les financer sans toucher aux profits (Société Conseil Mercer Limitée, 1998). Aujourd'hui, les programmes spéciaux de retraite anticipée demeurent très courants au Canada. On pense, notamment, à ceux qui sont offerts dans les secteurs de la santé, de l'éducation et des affaires municipales. Certaines dispositions de conventions collectives prévoient également des retraites sans réduction de revenu à des âges de plus en plus bas. Les enquêtes démontrent qu'au cours d'une année déterminée, environ 10 % des employeurs proposent un tel programme et que le taux de participation moyen est d'environ 50 % (Société Conseil Mercer Limitée, 1998). Les employeurs justifient couramment leur programme spécial de retraite en utilisant les arguments suivants :

- Il permet d'épargner, puisque ce sont les employés les plus âgés qui gagnent des salaires importants ;
- Il donne un choix aux employés dans le processus de réduction du personnel ;
- Il permet de réduire le nombre de licenciements involontaires ;
- Il répond aux attentes des syndicats ;
- Il permet d'éviter la question des droits de « supplantation » prévus dans certaines conventions collectives ;
- Il est adéquat lorsqu'on veut rapidement éliminer un grand nombre d'emplois.

Voilà pour le discours que les dirigeants utilisent pour justifier les programmes de retraite anticipée ! Toutefois, l'expérience démontre que les programmes spéciaux de retraite n'ont pas vraiment les effets positifs attendus et entraînent même plusieurs retombées négatives :

- Ils ne permettent pas vraiment aux employeurs d'épargner, car certains employés auraient pris leur retraite à court terme sans ces programmes, de nombreux départs vont favoriser des promotions et des augmentations de salaire ou encore les employés à la retraite seront remplacés au cours des mois suivants, ce qui entraînera des coûts de dotation, etc. ;
- Ils incitent les employés à quitter leur employeur pour profiter de la prime et à revenir en faisant de la sous-traitance ;
- Ils alimentent une mentalité de loterie parmi les employés plus âgés (profiter de l'offre actuelle, attendre une meilleure offre, etc.) ;
- Ils suscitent des attentes parmi les employés qui ne bénéficient pas du programme, car ceux-ci s'attendent à profiter de la même offre en vertu de considérations d'équité ;
- Ils alimentent la jalousie, le ressentiment et le sentiment d'iniquité parmi les employés plus jeunes qui se retrouvent avec une charge de travail accrue pour un même salaire. De plus, ces employés estiment qu'à leur retraite, ils n'auront sûrement pas droit aux privilèges dont les employés plus âgés (souvent déjà bien nantis financièrement) profitent parce qu'ils sont plus nombreux et occupent des postes de niveaux hiérarchiques plus élevés ;
- Ils entraînent la perte des employés les plus compétents et les plus performants ;
- Ils entraînent le départ des employés plus âgés, alors que ceux-ci n'occupent pas nécessairement les emplois que la direction veut abolir ou restructurer pour effectuer une réduction efficace de la charge de travail.

Selon St-Germain (1999), au cours des prochaines années, on peut s'attendre à un conflit entre les attentes des employés et l'offre des employeurs au sujet de la retraite. D'une part, un nombre accru d'employés voudront que leur employeur subventionne leur retraite anticipée, pour les raisons suivantes :

- Les employés vieillissent et veulent prendre leur retraite de plus en plus tôt ;
- Ils s'attendent à profiter des conditions de retraite anticipée que leur employeur a offertes dans le passé ;
- Ils savent que les taux de rendement de la caisse des années précédentes étaient élevés, que le surplus de la caisse augmente, que l'employeur ne cotise pas et qu'il a les moyens de payer ;
- Ils doutent de la sécurité des régimes publics et se disent qu'ils ne peuvent compter que sur leur employeur ;
- Ils ne peuvent compter sur eux-mêmes pour assurer leur retraite, puisque le régime de leur employeur et ses facteurs d'équivalence les empêchent de cotiser à un REER.

D'autre part, les employeurs voudront se dégager progressivement de leurs responsabilités en la matière, à cause des inconvénients présentés ci-dessus, mais également en raison d'autres facteurs contextuels :

- Il n'y a plus d'excédent d'effectifs pour justifier les programmes de retraite anticipée (tout départ devant être remplacé) ;
- Les employés dans la cinquantaine qui veulent bénéficier de ce programme font augmenter leurs coûts ;
- Plusieurs facteurs feront augmenter les coûts des régimes : la baisse des d'intérêts sur les placements, la baisse future des surplus de caisse, la hausse des risques financiers, les modifications des normes comptables, etc.

Comme le conclut l'analyse de la Société Conseil Mercer Limitée (1998), la période où l'on remplissait les poches des employés plus âgés qui partaient tire à sa fin et il est à prévoir que l'on gérera la rémunération de manière plus logique dans l'avenir en cherchant – par des moyens pécuniaires et autres – à inciter les employés à demeurer suffisamment longtemps dans l'organisation pour rentabiliser les investissements qui ont été faits dans leurs compétences. Dans un avenir rapproché, devant les attentes des travailleurs âgés en matière de retraite anticipée, il est à prévoir que les employeurs adoptent de plus en plus de régimes de retraite flexibles dans lesquels les employés peuvent cotiser au-delà des plafonds normaux pour financer leur retraite, et pour lesquels l'État offre des avantages fiscaux.

14.4 LA GESTION DE LA RÉMUNÉRATION GLOBALE

14.4.1 L'établissement d'une véritable stratégie de rémunération globale

Lors d'une conférence de l'Association canadienne de rémunération (Fox, 1998), James Bloomer, conseiller principal chez Hewitt Associates LLC, mentionnait que certains types de gestion traditionnelle de la rémunération étaient inefficaces pour les raisons suivantes :

- *La rémunération est gérée « en silos »*. Les composantes et les régimes de rémunération sont conçus et communiqués « en silos », dans un vacuum et ne sont pas alignés sur la stratégie d'affaires, ce qui cause une certaine confusion parmi les employés ;
- *La rémunération est gérée par calque*. Les firmes copient les programmes des sociétés reconnues sans vérifier si elles partagent la même stratégie d'affaires ou sans chercher à en faire un avantage distinctif et compétitif sur le marché de l'emploi ;
- *La rémunération est gérée sans cible*. Les employeurs perdent leur temps à tenter d'atteindre une « classe mondiale » dans tous leurs programmes ou facettes de rémunération globale, alors qu'ils n'ont ni les ressources ni l'expertise nécessaires pour y arriver.

Aujourd'hui, pour être efficace, une stratégie de rémunération globale doit viser l'importance et le rôle respectif des diverses composantes de la rémunération globale (p. ex. : le salaire, la rémunération variable, les avantages, etc.) pour diverses catégories de personnel, s'il y a lieu. La prise en considération de certaines conditions de travail doit porter sur l'ensemble de ces conditions : la rémunération directe, les avantages, les horaires, le contenu du travail, les possibilités de promotion, l'emplacement de l'entreprise, etc. L'objectif est de faire en sorte que la manière de gérer les diverses composantes de la gestion du personnel, notamment la rémunération, soit cohérente, intégrée et conforme aux objectifs d'affaires de l'entreprise, qu'elle maximise la satisfaction des besoins des employés de manière à mieux les mobiliser et qu'elle soit compétitive. Une telle stratégie de rémunération globale aide l'entreprise à atteindre plusieurs objectifs : démontrer aux employés une vision claire des objectifs d'affaires, entrer rapidement sur de nouveaux marchés en créant des programmes plus adaptés, appuyer une culture organisationnelle, rationaliser les processus administratifs et maximiser la valeur de la rémunération que la firme est prête à accorder.

Une enquête récente (Wright, 1998) a analysé les pratiques de rémunération dans les firmes les plus admirées à travers le monde (États-Unis,

France, Allemagne, Japon, Angleterre), qui font partie de la liste des « Fortune 500 ». L'étude révèle que ces firmes « championnes » ne partagent aucune pratique de rémunération particulière, mais plutôt un processus de détermination de leurs modes de rémunération semblable : toutes se soucient de leur environnement externe et de leur environnement interne. En somme, ces firmes se tiennent au courant de ce qui est offert sur le marché sans chercher à copier le marché. Elles veulent que leurs modes de gestion de la rémunération renforcent leur culture et leur stratégie d'affaires et puissent difficilement être copiés par les autres. L'encadré 14.3 présente la façon dont IBM a révisé ses modes de rémunération pour améliorer sa performance organisationnelle au cours des années 1990.

ENCADRÉ 14.3

Le changement de contexte d'affaires d'IBM et ses répercussions sur la gestion de la rémunération

Il y a 15 ou 20 ans, IBM n'avait qu'une poignée de compétiteurs dans le monde ; aujourd'hui, leur nombre atteint au-delà de 60 000. Alors qu'entre 1982 et 1985, IBM était considérée comme l'organisation la plus admirable par le magazine *Fortune*, en 1993, elle se retrouvait au 354e rang. Un changement de direction, amorcé en 1993, a entraîné une réorientation stratégique vers la satisfaction du client. Pour réaliser cette nouvelle stratégie, la firme a révisé, entre autres éléments, l'ensemble de ses programmes de rémunération, afin qu'ils appuient les nouveaux facteurs de succès et qu'ils reflètent les besoins de la main-d'œuvre contemporaine. Plusieurs changements ont été effectués, tant en matière de conception et de communication qu'en matière de gestion des divers programmes de rémunération – notamment le fait de prendre en considération des compétences pour déterminer la valeur relative des rôles et des augmentations de salaire, l'introduction d'un régime flexible d'avantages, un régime de rémunération variable associant l'ensemble des employés au succès de l'entreprise, un nouveau code vestimentaire plus décontracté, etc. Récemment, IBM a grimpé au 69e rang de la liste du magazine *Fortune*.

Source : Inspiré de Fox (1998).

Tout comme la politique des avantages sociaux, la stratégie de rémunération globale peut varier selon diverses caractéristiques organisationnelles, telles la localisation géographique d'une unité ou encore la catégorie de personnel. Une organisation peut, par exemple, varier ses objectifs de rémunération suivant le statut de son personnel : (1) elle peut vouloir accorder à ses employés réguliers une rémunération directe et indirecte compétitive et de l'avancement et du développement intéressants, (2) elle peut vouloir accorder des salaires à la tête du marché, des avantages minimums, une bonne formation à sa main-d'œuvre contingente ou contractuelle, (3) elle peut chercher à attribuer des salaires et des avantages à la remorque du marché à son personnel à temps partiel ou à ses télétravailleurs, et leur offrir des pratiques d'équilibre emploi-famille.

Récemment, on a commencé à parler d'offrir une rémunération globale flexible (RGF) afin d'aider les employeurs à se « vendre » pour attirer et fidéliser leurs employés. Chaque employé décide d'établir, à l'intérieur de certaines limites, la répartition de sa rémunération globale. Il peut échanger une somme d'argent contre des jours de vacances supplémentaires ou affecter une partie des primes de rendement à des activités de perfectionnement (Société Conseil Mercer Limitée, 1999).

14.4.2 Le processus de gestion de la rémunération globale et les nouvelles technologies

Les coûts de la rémunération constituent une partie importante des coûts d'exploitation d'une organisation. En plus de prévoir les augmentations de salaire à verser au cours de l'année, l'entreprise doit déterminer l'impact des mouvements prévus de la main-d'œuvre sur les coûts de la rémunération. Plusieurs intervenants participent au processus de détermination du budget de rémunération. D'abord le président et chef de la direction, qui prend la décision finale en matière de budget de rémunération et doit assurer la cohérence de ce budget par rapport à la stratégie d'affaires privilégiée par l'entreprise. En ce sens, il intervient principalement au début du processus, en fixant les orientations, et à la fin, en approuvant les budgets. Dans bon nombre de cas, le président et le directeur général ont leur mot à dire dans l'approbation des augmentations de salaire du personnel de soutien administratif et du personnel de production et d'entretien. Cette participation des dirigeants est liée à la taille des organisations, puisqu'une plus grande proportion de présidents et de directeurs généraux approuvent seuls les augmentations de salaire dans les entreprises de petite taille. Le choix des responsables des décisions en ce qui concerne les augmentations de salaire dépend également de l'ampleur de la décentralisation de la fonction « ressources humaines » au sein de l'organisation, du type de mécanisme de gestion financière, du rôle que la direction veut confier aux cadres, des habitudes de l'organisation, etc. Toutefois, on peut déceler deux tendances en ce domaine. Selon la première, la responsabilité des décisions liées aux augmentations de salaire est confiée au responsable de la rémunération. Cette tendance est essentiellement répandue dans les grandes entreprises. Selon la seconde tendance, les cadres hiérarchiques participent activement aux décisions et les professionnels du Service des ressources humaines agissent davantage à titre de « contrôleurs » des politiques élaborées. Cette tendance est, en général, répandue dans les organisations dont la taille est moindre ou dans les grandes entreprises décentralisées.

Aujourd'hui, les nouvelles technologies permettent d'administrer les diverses facettes des composantes de la rémunération (tenue des dossiers des employés, calcul des primes de rémunération variable, facturation des primes d'assurances, administration des cotisations prélevées sur les salaires pour les régimes d'assurances, calcul des avantages imposables, rapports de gestion, clauses de conventions collectives, etc.) de manière plus cohérente. Dorénavant, il est possible d'évaluer les conséquences de divers scénarios (grâce aux logiciels de simulation) en matière de coûts, tant pour l'ensemble des employés que pour une catégorie de personnel, un groupe ou un employé en particulier. En effet, on a directement et rapidement accès au dossier de chaque employé, qui peut être mis à jour électroniquement par les professionnels des ressources humaines, les cadres ou les employés eux-mêmes. Certains employeurs utilisent des numéros 1-800, le réseau Internet ou une technologie interactive de réponse vocale pour communiquer de l'information aux employés et pour leur permettre de faire des simulations, d'enregistrer leurs choix ou leurs changements, d'obtenir des précisions, etc. Une étude a montré que l'accès à des outils informatiques améliore la qualité des décisions prises par les employés ainsi que leur satisfaction à l'égard des avantages qu'ils reçoivent en vertu d'un régime flexible (Sturman et autres, 1996). De plus, les systèmes majeurs d'informatisation, comme PeopleSoft et SAP, peuvent permettre de colliger, d'intégrer, d'analyser et de synthétiser une quantité colossale et diversifiée de données en matière de gestion des ressources humaines et de gestion de la rémunération. Cependant, à ce jour, la façon de gérer la rémunération du personnel est encore très loin derrière les possibilités de la technologie, car les gens sont limités par leurs habitudes et leur capacité d'adaptation.

14.4.3 L'importance de la communication et de la consultation pour l'équité du processus de gestion de la rémunération globale

En plus d'être préoccupés par la compétitivité de la rémunération, l'équité interne, le respect des lois, la simplicité et la souplesse de la gestion, l'efficience sur le plan fiscal, la gestion des coûts, le renforcement des autres politiques de gestion du personnel, la satisfaction des employés et bien d'autres facteurs, les employeurs doivent se préoccuper du fait que leur gestion de la rémunération doit être perçue comme équitable par les employés. À ce sujet, le processus (participation, consultation, respect, communication) utilisé pour décider des résultats (nature des régimes, ampleur des rémunérations, etc.) est aussi important, sinon plus, que le processus utilisé pour expliquer les perceptions, les opinions et les réactions des employés. Une étude menée auprès de 600 salariés de trois organisations canadiennes confirme que les perceptions de la justice du processus de gestion occupent une place particulièrement importante dans la satisfaction des employés à propos des avantages sociaux comme composante de la rémunération (Tremblay et autres, 1998[a]).

Il est donc important de consulter les employés et de leur communiquer de l'information en matière de rémunération. D'une part, sonder les opinions et les attentes des employés leur transmet le message que la direction se préoccupe d'eux. D'autre part, la communication est importante pour s'assurer que les cadres et les employés sont conscients des avantages qui leur sont offerts, qu'ils comprennent et s'approprient la façon dont les divers régimes (salaire au mérite, régime de primes, avantages sociaux, etc.) fonctionnent, et qu'ils les utilisent adéquatement et judicieusement. Ainsi, Haslinger et Sheerin (1994) citent le cas d'une entreprise qui, ayant formé des groupes de discussion parmi ses employés afin d'améliorer la gestion des avantages offerts, a découvert que les employés d'une de ses divisions ignoraient qu'ils étaient couverts par un régime de retraite. Une mauvaise communication peut entraîner de la confusion ou une hausse des coûts d'administration, et elle peut être plus néfaste que l'absence de communication. Par ailleurs, il est important de se pencher sur l'objet ou le processus à faire connaître : la communication reliée à un processus inéquitable risque d'occasionner des problèmes si elle est effectuée avant que ce processus ne soit modifié. Une étude menée auprès de 602 directeurs des ressources humaines d'entreprises de trois pays (Angleterre, Canada et France) démontre que plus ils estiment la gestion de leurs systèmes de rémunération transparente, plus ils perçoivent leurs politiques de rémunération comme étant efficaces (Tremblay et autres, 1998[b]).

D'une part, les dirigeants doivent exposer leur stratégie de rémunération globale de manière que leurs cadres et leurs employés la comprennent et l'adoptent. L'organisation doit exposer sa stratégie d'affaires et ses liens avec ses programmes de rémunération globale. Il est particulièrement important qu'il y ait une cohérence continue et explicite entre son discours et ses politiques et ses pratiques de rémunération. Elle doit également expliciter la façon dont ses modes de rémunération répondent aux besoins des employés et se distinguent de ceux qui sont offerts par les firmes concurrentes. Par ailleurs, elle doit aussi s'assurer que ses cadres soient adéquatement formés pour exposer et expliquer les pratiques de rémunération à leurs employés, puisque ce sont eux qui sont en interaction avec le personnel dans le quotidien.

D'autre part, l'information doit être individualisée pour répondre aux désirs des employés. Un moyen efficace de transmettre une telle information est de préparer des relevés personnalisés de la rémunération globale. Ces relevés prennent la forme d'une présentation synthétique et individualisée du contenu des différents régimes offerts, des droits de l'employé, des coûts de l'employeur et de l'employé pour chacun des régimes, ainsi que de la valeur du temps chômé pour l'employé. L'employé est alors en mesure de mieux visualiser l'ensemble de sa rémunération en tenant compte de ses diverses composantes. En présentant le coût des régimes, ce relevé favorise une prise de conscience des dépenses (des investissements) totales de l'employeur pour chacun de ses employés.

Pour exposer les politiques et le techniques de rémunération, plusieurs moyens peuvent être utilisés, tels l'audiovisuel (transparents, vidéocassettes, téléconférences, etc.), l'imprimé (brochures, documents, notes, manuels, etc.), les relations (rencontres de groupe, réunions, etc.) et l'informatique. Les nouvelles technologies offrent une panoplie de façons d'informer et de communiquer de l'information aux employés en matière de rémunération. Certaines entreprises ou sociétés d'assurances offrent, par exemple, un centre de services où l'employé peut téléphoner pour obtenir des renseignements, d'autres diffusent de l'information sur Internet ou mettent à la disposition des employés des programmes d'adhésion électronique aux régimes d'avantages sociaux, d'autres encore utilisent le courrier électronique, etc. Toutefois, les nouvelles technologies – si elles peuvent permettre d'épargner du temps et de l'argent à certains égards – ne dispensent pas de la nécessité de communiquer avec les employés et de les consulter de manière directe et individuelle ou en petits groupes. Encore ici, les caractéristiques des employés cibles doivent être considérées : si certaines firmes, par exemple, IBM et Nortel, recourent davantage aux moyens électroniques pour faire connaître leurs avantages sociaux, c'est parce que leurs employés sont suffisamment à l'aise avec cet outil de communication pour l'apprécier et l'utiliser. Soulignons que la satisfaction des employés pour ce qui concerne leur rémunération et sa gestion repose sur le sentiment qu'ils sont respectés dans leur relation d'emploi, ce qu'aucun outil technologique ne peut ni ne pourra fournir.

14.4.4 L'impartition en matière de gestion de la rémunération

Devant la complexité et le nombre croissant de lois, le nombre de régimes, les pressions de la direction et des employés incitant à l'efficience et à l'innovation, la montée des coûts des investissements dans la technologie visant à administrer les avantages, plusieurs services des ressources humaines confient à des tiers une partie plus ou moins importante de leurs activités de gestion de la rémunération – notamment celles qui ont trait aux avantages (p. ex. : l'administration et le calcul des avantages, l'interface et la communication avec les employés, la mise au point et la comptabilisation des régimes, etc.). Procéder de la sorte permet aux professionnels de déléguer certaines tâches administratives routinières à une ressource externe qui peut les effectuer de manière plus systématique et spécialisée, et de se consacrer à d'autres activités à long terme ou de nature plus stratégique, telles que l'analyse des besoins, la conception de nouveaux produits et services, etc.

La décision d'attribuer une plus ou moins grande partie des activités à la sous-traitance n'est pas simple. Plusieurs critères doivent être pris en considération, non seulement l'économie d'argent, mais également la qualité et la rapidité des services, les attentes des employés, etc. L'impartition peut avoir de nombreuses incidences négatives en engendrant de la confusion parmi le personnel, qui ne sait plus trop vers qui se tourner, en faisant intervenir un plus grand nombre de participants dans une transaction et en augmentant le risque que la direction perde de vue les attentes et les besoins des employés en raison du moins grand nombre de contacts directs qu'elle a avec eux. En pratique, les organisations sous-traitent seulement une partie de leurs activités de gestion sur une base temporaire, ponctuelle ou régulière.

RÉSUMÉ

Ce chapitre a traité de la gestion des avantages offerts aux employés, qui constitue une part importante des coûts de rémunération et entraîne des défis pour les employeurs.

Selon la perspective synergique (présentée au chapitre 1), une gestion efficace de la rémunération a diverses exigences : elle doit (1) être adaptée au contexte et aux employés, (2) appuyer la stratégie et la culture de l'entreprise, (3) être cohérente par rapport aux autres pratiques de gestion du personnel, (4) mobiliser les employés et les inciter à adopter des comportements qui appuient les facteurs de succès de la firme et (5) transmettre des messages cohérents par rapport au discours des dirigeants. Par ailleurs, tel que nous avons cherché à le démontrer tout au long de ce livre, la gestion de la rémunération est aussi l'art de maintenir un équilibre optimal entre diverses préoccupations ou divers objectifs conflictuels, par exemple, particulariser le régime d'un groupe d'employés (p. ex. : le personnel de recherche et développement) en faisant en sorte que cette démarche soit perçue comme juste par les autres catégories de personnel, tenir compte des compétences dans la détermination de la rémunération, mais tenir également compte des résultats, offrir une rémunération compétitive tout en maîtrisant les coûts, adopter des systèmes simples tout en respectant les exigences comptables et légales, se préoccuper de la satisfaction des besoins des employés, mais aussi de l'atteinte des objectifs de l'entreprise, inciter les employés au dépassement individuel, mais également à adopter des comportements d'entraide et de collaboration, etc.

QUESTIONS DE RÉVISION

1. Quelles tendances et quels défis majeurs marqueront la gestion des avantages offerts aux employés au cours des prochaines années ? Développer.
2. Commenter l'efficacité des avantages ou leurs effets sur les attitudes et les comportements au travail des employés. Mentionner les raisons qui peuvent empêcher les employeurs de s'impliquer davantage.
3. Traiter de l'importance de la détermination d'une politique ou d'une stratégie à l'égard de la gestion des régimes d'avantages.
4. Montrer l'importance de l'analyse des besoins des employés en matière d'avantages et présenter les divers outils que les employeurs peuvent utiliser.
5. Pourquoi insiste-t-on tant sur l'importance de la communication reliée aux régimes d'avantages ?
6. Vous êtes conseiller en rémunération et l'on vous demande de présenter un exposé intitulé « L'adoption des programmes de retraite anticipée : fréquence, incidences et perspectives ». Quelles seront les grandes lignes de votre exposé ?
7. Pourquoi les régimes flexibles d'avantages sont-ils plus fréquemment adoptés ? Quels sont leurs avantages par rapport aux régimes traditionnels ?
8. Pour quelles raisons certains employés refusent-ils d'adopter un régime flexible d'avantages ?
9. Qu'entend-on par l'antisélection dans les régimes d'avantages ?
10. Traiter de l'importance de la détermination d'une politique ou d'une stratégie en ce qui concerne la gestion de la rémunération et son contenu.
11. Vous êtes conseiller en rémunération et l'on vous demande de présenter un exposé intitulé « L'importance de la communication et de la consultation pour une rémunération équitable ». Quelles seront les grandes lignes de votre exposé ?
12. Traiter des raisons d'être et des limites de l'impartition accrue des activités de gestion de la rémunération.

RÉFÉRENCES

ALLEN, S.G., et R.L. CLARK (1987). « Pensions and firm performance », dans M.M. Kleiner, R.N. Block, M. Roomkin et S.W. Salsburg (sous la dir. de), *Human*

Resources and Performance of the Firm, Madison, Wis., Industrial Relations Research Association, p. 195-242.

BARBER, A., R. DUNHAM, et R. FORMISANO (1992). « The impact of flexible benefits on employee satisfaction : A field study », *Personnel Psychology*, vol. 45, p. 55-75.

CARLYLE, N. (1999). *Compensation Planning Outlook*, The Conference Board of Canada.

CROWLEY, M.A., et V.M. OLSON (1999). « Developing a global benefits strategy : A case study », ACA *News*, vol. 42, n° 1, janvier, p. 28-30.

DREHER, G.F., R.A. ASH et R.D. BRETZ (1988). « Benefits coverage and employee cost : Critical factors in explaining satisfaction », *Personnel Psychology*, vol. 41, n° 2, p. 237-254.

FOX, W. (1998). « Staying a step ahead of the competition with outstanding total compensation », ACA *News*, vol. 41, n° 9, octobre, p. 20-22.

HALL, G.M. (1996). *Guide Mercer sur les régimes de retraite et les avantages sociaux au Canada*, Farnham (Québec), Publications CCH.

HASLINGER, J.A., et D. SHEERIN (1994). « Employee input : The key to successful benefits programs », *Compensation & Benefits Review*, vol. 26, n° 3, p. 61-70.

HENEMAN, H.G. (1985). « Pay satisfaction », dans K.M. Rowland et G.R. Ferris (sous la dir. de), *Research in Personnel and Human Resources Management*, vol. 3, Greenwich, Conn., JAI Press, p. 115-139.

JUDGE, T.A. (1993). « Validity of the dimensions of the pay satisfaction questionnaire : Evidence of differential prediction », *Personnel Psychology*, vol. 46, n° 2, p. 331-355.

LUCHAK, A., et I. GELLATLY (1996). « Employer-sponsored pensions and employee commitment », *Proceedings of the Administrative Sciences Association of Canada*, Division ressources humaines, p. 64-102.

MCCAFFERY (1988). Employee Benefit Program : A Total Compensation Perspective, Boston, Mass.

MCKAY, R.J. (1996). *Canadian Handbook of Flexible Benefits*, New York, John Wiley and Sons.

PICARD (1997). « Régimes d'assurance collective : évolution et enjeux », texte non publié, 26 novembre, 24 p.

RABIN, B.R. (1994). « Employee satisfaction within a managed-flex program : Strategic design implications », ACA *Journal*, vol. 4, n° 2, été, p. 56-71.

ST-GERMAIN, M. (1999). *Les régimes de retraite*, Montréal, présentation faite au nom de la Société Conseil Mercer, 10 février.

SOCIÉTÉ CONSEIL MERCER LIMITÉE (1998). « Les programmes spéciaux de retraite anticipée : une espèce en voie de disparition ? », *Commentaires Mercer*, vol. 48, n° 3, mars.

SOCIÉTÉ CONSEIL MERCER LIMITÉE (1999). « Un nouveau type de commercialisation », *Commentaires Mercer*, printemps.

STURMAN, M.C., J.M. HANNON et G.T. MILKOVICH (1996). « Computerized aids for flexible benefits decision. The effects of an expert system and decision-support system on employee intentions and satisfaction with benefits », *Personnel Psychology*, vol. 49, n° 4, p. 883-908.

THÉROUX, P. (1998). « Avantages sociaux : les entreprises ciblent mal leurs programmes », *Les Affaires*, samedi 25 avril, p. B7.

TREMBLAY, M., B. SIRE et D. BALKIN (1998[a]). « The role of organizational justice in pay and employee benefit satisfaction, and its effects on work attitudes », Série scientifique, 98s-23, Cirano (Centre interuniversitaire de recherche en analyse des organisations).

TREMBLAY, M., B. SIRE et D. CHÊNEVERT (1998[b]). « Une étude internationale sur la contingence de l'efficacité perçue des politiques de rémunération », Série scientifique, 98s-26, Cirano (Centre interuniversitaire de recherche en analyse des organisations).

WILLIAM M. MERCER LTD. (1998). *Benefits & Pension Survey : High Technology and Related Industries*, Toronto.

WRIGHT, V. (1998). « Remuneration strategies in the world's most admired companies », ACA *News*, septembre, p. 20-23.

INDEX

A

ACA *Journal*, 27
acquisitions, transactions d', 77
actionnariat, 5
actions, *voir* options d'achat des actions
aéronautique, 89
aléas de la vie, assurances contre les, 695
allocation au conjoint, 700
American Compensation Association (ACA), 27
analyse des emplois, 191, 198-200, 390-391
  entrevue d'_, 208-209
  méthodes traditionnelles d'_, 200-209
  processus d'_, 201, 265-274
  questionnaire
    fermé d'_, 205-208
    ouvert d'_, 201-205
appariement
  d'emplois, 166
  des emplois repères, 132-135
  par évaluation d'emplois, 136-137
assistance professionnelle, 671
Association canadienne de rémunération (ACR), 27
associations professionnelles, 27
assurance-automobile, 701-702
assurance-budget, 755, 756
assurance-décès et mutilation, 710
assurance-emploi, 701
assurance-vie
  collective universelle, 710
  des personnes à charge, 710
  facultative, 710
assurances, comité d', 687
assureurs, 735
attentes
  des diverses catégories de personnel, 78
  des représentants commerciaux, 78
  théorie des _, 468-469, 519
augmentations de salaire, 434
  contrôle des _ individuelles, 331-332
  matrices des _ selon le rendement individuel, 315
  moment de l'attribution des _, 322-323
  planification des _, 319
autoévaluation, 658
avantages
  complémentaires, 9-10, 689
    régime d'_, 720-723
  définition des _, 688
  évolution des _, 689-692
  gestion des régimes d'_, 739-758
  importance des _, 689
  limites des _, 737-739
  offerts
    au personnel retraité, 719
    par l'État, 696-702
    par les employeurs, 703-724
  politique de gestion des _, 740-742
  raisons d'être des _, 692-695
  renouvellement des _, 737
  sociaux, 9, 683
  stratégie de gestion des _, 741

B

bandes
  d'emplois, 440
  de cheminement de carrière, 437, 439-441
  salariales élargies, 73, 333, 408, 435-451
    avantages des _, 442-445
    définition des _, 436-441
    fréquence d'implantation des _, 445-447
besoins
  analyse des _ des employés, 742-744
    groupes de discussion pour l'_, 745
    questionnaire pour l'_, 745
  des diverses catégories de personnel, 78
  des représentants commerciaux, 78
biais
  dans l'évaluation des emplois, 250
  sexistes, 349-350
  voir aussi discrimination

C

CAA *News*, 27
cadres
  formation des _, 615, 672

programmes d'avantages supplémentaires pour les _, 722
supérieurs, 108
Canadian Compensation Association (CCA), 27
capacité de payer et concurrence sur le marché des produits et services, 102-103
caractéristiques démographiques des employés, 78
catégorie(s) d'emplois
à prédominance
féminine, 368-370, 391
masculine, 368-370, 391
sexuelle, 369
affichage des _, 371-372
évaluation des _, 372
méthode d'_, 371, 391-393
prépondérance d'une _, 369-370
sans prédominance masculine, 375-380
« cercles rouges », 321
« cercles verts », 320
Charte des droits et libertés de la personne, 56, 359
classes d'emplois, 292-301
bornes des _, 295-299
emplois situés à proximité des _, 299-301
élargissement des _, 436, 438, 441
inoccupées, 299
nombre de _, 294-295
Classification nationale des professions, 200, 216
clauses orphelin, 280, 334-336
Code canadien du travail, 48, 56
cohérence des salaires, 185-198
comité
d'assurances, 687
d'équité salariale, 367-368, 397
d'évaluation des emplois, 230-231, 248, 250, 252, 260
de retraite, 736
de révision de cotes de rendement, 658
Commission
canadienne des droits de la personne, 361
de l'équité salariale, 349, 362, 363, 364
commission(s), 503-511
avantages des _, 504
avec retrait, 510-511
formule (des _)
à seuil minimum, 509
à taux constant, 508, 509
à taux croissant, 509
à taux décroissant, 509-510
du palier, 510
communication
des résultats de l'évaluation des emplois, 269-270
relative à la rémunération, 325-327
relative au processus de l'évaluation des emplois, 267-269
relative aux cotes de rendement, 663-666
relative aux mesures de rendement, 636-638
relative aux régimes d'avantages, 746-747
relative aux salaires, 323-325
compétences
définition des _, 414-416
des employés, 77-78
profil des _, 200
rémunération selon les _, *voir* rémunération des compétences
compétitivité de la rémunération, 42, 87-111
indices de _, 150-152
politiques à l'égard de la _, 98-111
comportement(s)
comme indicateur de rendement, 639
de reconnaissance 482-483
échelles de notation basées sur les _, 646-648
reconnaissance des bons _, 613
compression salariale, 332-333
compte gestion-santé, 750
concurrence sur le marché des produits et des services et capacité de payer, 102-103
conditions de travail, 9-10, 77-78, 485
conseillers
externes, 24
internes, 24
contrôle
des augmentations de salaire individuelles, 331-332
des coûts
de main-d'œuvre, 329
des avantages sociaux, 735-736
des salaires, 327-332

par approbation de la direction, 328
par budget, 328
par expertise, 328
par statistiques, 328
des structures salariales, 329
des taux de salaire
des emplois, 329
individuels, 330
cotation des emplois, 248
cotes de rendement
comité de révision des _, 662
communication relative aux _, 663-666
modes de révision des _, 659-660
courbes
de maturité, 166, 168, 336
salariales, 291
courrier électronique, 216
culture de gestion, 72-73

D

décès, 698, 699
description(s) des emplois, 191, 198, 199, 200, 210-221, 259, 390
à l'aide de logiciels, 216-217
génériques, 217-221
par courrier électronique, 216-217
par Internet, 216-217
dirigeants, rémunération des, 55
voir aussi cadres, présidents d'entreprise
discrimination
en emploi, 353
fondée sur le sexe, 197, 353, 354, 355-357, 359
voir aussi biais sexistes
intentionnelle, 358
salariale, 197, 353, 355-357, 359
systémique, 354, 355-357, 359
volontaire, 358

E

écarts salariaux, 372
entre les hommes et les femmes, 353
estimation des _, 372-381
approches de comparaison aux fins d'_, 374-375
non discriminatoires, 380
échelles de notation
basée sur les comportements au travail, 646-648
basée sur les traits de personnalité, 643-645
échelle(s) salariale(s), 301-307
allongement des _, 436, 438
basées sur
le rendement individuel, 313-318, 492
les années de service, 311-313
chevauchement des _, 307-311
ampleur du _, 309-311
conséquences du _, 308-309
importance du _, 308-309
pourcentage de _, 308
échelons des _, 307
et ratio comparatif, 303, 315, 330, 490, 492
étendue de l'_, 304-306
indice de progression dans l'_, 331
mixtes, 318
modes de progression dans les _, 313-314
point de contrôle (point milieu ou normatif) des _, 303, 490
efficience
et équité, 38-39
théorie de l'_ des salaires, 95
éléments compensatoires non pécuniaires, 109
emploi(s), 199
analyse d'_, *voir* analyse des emplois
catégorie(s) d'_, *voir* catégories d'emplois
équité d'_, 68
évaluation d'_, *voir* évaluation des emplois
familles d'_, 196, 197, 199, 231
hiérarchisation des _, 228
repères (clés), 42
sécurité d'_, 68
employés
à temps partiel, 59
caractéristiques démographiques des _, 78
de production, 78
municipaux, 60, 67-69
retraités, 719
engagement envers l'organisation, 534

enquête(s) de rémunération
actualisation des résultats de l'_, 144-146
analyse des résultats de l'_, 144-154
caractéristiques des _, 156-157
collecte des données de l'_, 142-144
par entretien téléphonique, 143
par entrevue, 143
par informatique, 143-144
par Internet, 143-144
conseils liés aux _, 161-163
« de compétences », 166
défis liés aux _, 164-168
effectuées par une tierce partie, 139-141
et enquêtes de prévisions salariales, 123
et législation sur l'équité salariale, 387-388
étendue de l'_, 128-132
légalité des _, 123-124
limites des _, 154-161
maison, 141
objectifs de l'_, 124, 126-128
méthodes d'_, 132-137
pondération des résultats de l'_, 144-146
processus d'_, 118-122
caractère politique du _, 158-159
caractère subjectif du _, 157-158
étapes du _, 124, 125
questionnaire d'_, 142-143
sources d'information des _, 137-141
entraîneur, 671
entrevue
d'analyse des emplois, 208-209
d'enquête de rémunération, 143
d'évaluation du rendement, 670, 672
environnement
concurrentiel, 54-55
culturel, 55-56
démographique, 59
législatif, 56
social, 55-56
équilibre emploi-famille, 78
pratiques d'aide à l'_, 59
programmes d'_, 722
équipes, rémunération des, 73, 549-554
équité, 38-39, 41
collective, 45-46
en (d')emploi, 68, 354
externe, 42-43, 159-160
définition et importance de l'_, 91-93
individuelle, 44-45, 190
interne, 43-44, 185, 190-191, 200
et structure salariale, 192-195
légale, 47-48
salariale, 48, 68, 197-198, 268, 260, 352, 354, 358
comité d'_, 367-368, 397
et enquête de rémunération, 387-388
législation sur l'_ (le pour et le contre), 383-389
programme (volontaire) d'_, 359, 364, 366-367
théorie de l'_, 93, 190, 468-469
État
avantages offerts par l'_, 696-702
désengagement de l'_, 734
évaluateurs du rendement, 656
compétences et motivation des _, 668-675
formation des _, 669
évaluation des emplois, 191, 226-274, 353
approche contemporaine de l'_, 259-264
biais dans l'_, 250
comité d'_, 230-231, 248, 250, 252, 260
communication
des résultats de l'_, 269-270
relative au processus de l'_, 267-269
définition de l'_, 227-228
distorsion dans l'_, 357
et justice du processus, 230, 250
et mécanismes d'appel, 270
évaluation des résultats de l'_, 271-274
facteurs d'_, 237, 242-246, 249, 392, 393-396
échelles (niveaux) de présence des _, 246-248
pondération des _, 251-255, 392, 396-397
grille d'_, 237-239, 251
par points préétablis, 255-259
importance de l'_, 228-230
limites de l'_, 274, 410-411
méthodes d'_, 231-259
fidélité des _, 272
fréquence d'utilisation des _, 242
qualités psychométriques des _, 272-274

taux de succès des _, 273
validité des _, 272
mise à jour de l'_, 270-271
moment de la collecte de l'information pour l'_, 266-267
neutralité d'un système d'_, 356
participation des employés à l'_, 230, 269
processus d'analyse et d'_, 265-273
efficience du _, 272
questionnaire d'_, 226, 259-260
questionnaire maison d'_, 260-264
sous-facteurs d'_, 242-246, 249
événements fortuits, assurances contre les, 695
expatriés, 108
rémunération des _, 64

F

facteurs d'évaluation des emplois, *voir* évaluation des emplois
familles d'emplois, 196, 197, 199, 231
fonction publique, 89
formation
des cadres, 615, 672
des évaluateurs du rendement, 656
du personnel, 111-112, 672
formules de primes, 555
fusions, transactions de, 77

G

General Schedule, 235
gestion
de la rémunération, 33-38
caractéristiques organisationnelles de la _, 59-77
choix stratégiques en matière de _, 49-50
comme levier de changement stratégique, 12
comme source d'avantage concurrentiel, 10-12
comme source de satisfaction et de motivation, 13
efficacité de la _, 50-53
et technologie de la production, 76
formalisation de la _, 68
justice du processus de _, 46-47
objectifs en _, 38-40
principes directeurs en matière de _, 51-53
stratégie de _, 48-50
des ressources humaines, 76
activités de _, 111-112
politiques hybrides et intégrées à la _, 97
professionnels en _, 25-26
du rendement, 611-675
approche systémique de la _, 672
des organisations, 620-639
efficacité de la _, 666-675
et justice du processus, 675
et succès de la rémunération variable, 612-615
et vision d'affaires, 620-624
processus de _, 619-620, 621, 674
gratifications, 720-723
grilles d'évaluation des emplois, 237-239, 251
par points préétablis, 255-259

H

habitudes des organisations, 107
haute technologie, secteur de la, 96
hiérarchisation des emplois, 228

I

impartition, 736, 764-765
voir aussi motivation au travail
implication au travail, 534
impôts, 64
indice
de compétitivité, 150-152
de progression dans l'échelle salariale, 332
informaticiens, 89
instrumentalité, 468
Internet, 143-144, 216-217
invalidité, 698-699

J

justice du processus
de l'évaluation des emplois, 230, 250
de la gestion
de la rémunération, 46-47
du rendement, 675
de la rémunération au mérite, 498-500

L

localisation et structure organisationnelle, 104-106
logiciels de descriptions d'emplois, 216-217
loi(s)
proactive, 359
respect des _, 47-48
sur le salaire minimum, 66
sur les normes minimums du travail, 56
Loi
des normes du travail, 48, 56
sur l'équité
en emploi, 353
salariale, 349, 353, 362
voir aussi équité salariale
sur le salaire minimal, 56

M

Malcolm Baldrige National Quality Award, 485
marché
capacité de payer et concurrence sur le _ des produits et des services, 102-103
de référence, 129-132
être
à la remorque du _, 96
à la tête du _, 95
offre et demande sur le _ du travail, 99-102
politique de rémunération globale
égale au _, 94
par rapport au _, 98-99
suivre le _, 94
matrice
d'un système de points et de facteurs, 237-238
des augmentations de salaire selon le rendement individuel, 315
mécanismes d'appel
et évaluation des emplois, 270
et gestion de la rémunération, 47
supplémentaires de retraite, 716
mesures
de distribution, 148-150
de tendance centrale, 146-148
du rendement, 613-614
à court terme, 632-633
à long terme, 632-633
absolues, 633-634
axées sur les activités et résultats, 634
communication relative aux _, 636-638
dynamiques, 631-632
organisationnel, 612
relatives, 633-634
rémunération et _, 638-639
statiques, 631-632
méthode(s)
Aiken, 258
CWS, 257
d'appariement
des emplois repères, 132-135
par évaluation d'emplois, 136-137
de distribution forcée, 652
de la classification des emplois, 234-236, 392
de la comparaison avec le marché, 232-233
de partage égal, 556
de rangement, 652
des groupes occupationnels, 135-136
des points, 236-241, 392
des rendements multipliés, 556
du rangement des emplois, 233-234, 392
Hay, 258, 264
NEMA-NMTA (MIMA), 257
matricielle, 556
métier, 199
mixte
de la rémunération, 504-508
salaire / mesures incitatives, 507
mobilisation des employés, 534-535
modèle de régression, 153-154
montant forfaitaire, 434-435

motivation au travail, 467-472, 517, 535, 673
voir aussi implication au travail
principes de _ de Ford, 472-473
multinationales, 64
municipalités, 60, 67-69

N

normes du travail, Loi des, 48

O

objectifs
à atteindre, 649-651_
direction par _ (DPO), 649-651
théorie des _, 471
offre et demande sur le marché du travail, 99-102
options d'achat des actions
levée des _, 532
prix de _, 562, 565
rechargement d'_, 566
régimes d'_, 532, 562, 565
non sélectifs, 567
organisation
du travail, 73-74
localisation de l'_, 63-65
structure de l'_, 63-65

P

participation
à la propriété, 560, 565, 577-578, 584
aux bénéfices, 73, 540-541, 572, 573, 592, 611
des employés à l'évaluation des emplois, 230, 269
PDG d'entreprise, *voir* présidents d'entreprise
pension de la sécurité de la vieillesse (SV), 699, 700
personnel
aux compétences rares, 108
catégories de _, 107-108
de recherche et développement, 110-111
de vente, 78, 504, 506-508, 510-511, 662-663
expatrié, 64, 108
qualifié, 108
retraité, 719
perspective
configurationnelle, 22, 37
contextuelle, 37
contingente, 37
du marché, 628-630
économique, 14, 101
éthique, 16-17
financière (ou comptable), 627-628
institutionnelle, 19
légale, 16-17
opérationnelle, 630-631
politique, 17
psychologique, 15
scientifique, 15
sociologique, 18
stratégique, 18, 630-631
symbolique, 18
synergique, 21, 37
philosophie de gestion, 72-73, 107
plafonds de remboursement, 686
plaintes, 358
politique(s)
de rémunération par rapport au marché, 93-98
relative aux salaires, 69
salariale, 289-291
droite de la _, 290
pondération des facteurs d'évaluation des emplois, 251-255, 392, 396-397
et approche mixte, 252
grille de _, 252
techniques de _, 252-253
poste, 199
préjugés, 355
présidents d'entreprise, rémunération des, 60, 63
voir aussi cadres, dirigeants
prestations de décès, 699
prestige d'une organisation, 107
primes, 73, 434, 506
à l'acquisition de connaissances, 407-408
au rendement individuel, 501-503
régimes mixtes (ou hybrides) de _, 502

d'inconvénients, 7
de reconnaissance immédiate, 485
formules de _, 555
ponctuelles, 484-485
prix de levée d'une option, 562, 565
productivité comme indicateur de rendement, 639
produits génériques et régimes de médicaments, 707
profession, 199
professionnel(s)
agréé en rémunération (PAR), 27
de la rémunération, 24-25, 432
en ressources humaines, 25-26
profil des compétences, 200
programme
d'aide aux employés (PAE), 722
d'avantages supplémentaires, 722
d'équilibre emploi-famille, 722
d'équité salariale, 364, 366-367
de mieux-être, 722
de récompenses, 464-466
de reconnaissance, 611
du rendement d'équipe, 553
volontaire d'équité salariale, 359
punition(s), 474-477

Q

qualité
comme indicateur de rendement, 639
totale, 410
questionnaire
d'analyse
d'emploi (fermé), 205-208
d'emploi (ouvert), 201-205
des besoins des employés, 742-744
d'enquête de rémunération, 142-144
d'évaluation des emplois, 226, 259-260
distribution du _, 262
pondération des critères d'évaluation du _, 263
préétablis (élaborés par une tierce personne), 264
sur mesure (maison), 260-264
validation des réponses du _, 262-263
« Weighted Job _ », 264

R

rajustements salariaux, 364, 380-382
affichage des _, 381-382
versement des _, 381, 382
ratio
comparatif, 303, 315, 330, 490, 492
contribution-rétribution, 41
récompenses, 464-466, 477-480, 518
reconnaissance, 464-466
communication de la _, 480
comportements de _, 482-483
des bons comportements, 613
du rendement, 473-479
du rendement d'équipe, 550-554
du rendement individuel, 501-503
conditions de succès de la _, 517-521
limites de la _, 517
et rendement, 614
formes de _, 480-487
primes de _ immédiate, 485
sous forme de
biens, 484
célébration, 486
chèque-cadeau, 486
primes ponctuelles, 484-485
services, 484
trophée, 486
symboles honorifiques de _, 483
visibilité de la _, 483-484
recrutement, 111
référents, 41, 93
régime(s)
collectifs de rémunération variable, 519, 533, 535-539, 553, 578-582, 585-586, 592, 594, 638
à court terme, 535-536, 540-556, 582-583, 584
à long terme, 535-536, 556-559, 583-587
avantages des _, 536-540
complémentaires de soins médicaux, 703, 704
d'achat d'actions, 560-561, 566
d'actions simulées, 569-570
d'assurance-accident, 709-710
d'assurance-maladie (privés), 686
d'assurance-vie, 709-710
d'assurances (privés et publics), 689
d'avantages complémentaires, 720-723

d'avantages sociaux flexibles, 686, 748-756
  à la carte, 750
  avantages des _, 752-753
  « base plus options », 750
  de base, 686
  et antisélection, 754-756
  inconvénients des _, 753-754
  modulaire, 686, 750
d'indemnité hebdomadaire, 708
d'octroi d'actions, 562
d'options d'achat d'actions, 531, 532, 559, 562, 565
  non sélectifs, 567
d'unités de rendement, 570
de Bedaux, 513
de congés de maladie, 708
de contribution au rendement d'équipe, 551
de Gant, 513
de gratifications, 720-723
de Halsey, 513
de médicaments (privés), 704
de Merrick, 513
de partage
  des gains de productivité (RPGB), 542-547, 574, 575, 584
  du rendement d'équipe, 550
  du succès (RPS), 548-549, 576
de participation
  à la propriété, 560, 565577-578, 584
  aux bénéfices (RPB), 73, 540-541, 572, 573, 592, 611
  différée aux bénéfices, 541, 718
de pensions avec participation aux bénéfices, 714
de plus-value des actions, 569
de prestations d'invalidité, 707-709
  de courte durée, 708
  de longue durée, 709
de prestations supplémentaires de chômage, 708
de primes d'équipe de travail, 550-552
de primes de rendement à long terme, 570-572
de rémunération
  basée sur le rendement comptable à long terme, 569-572
  des équipes de travail, 549-554
de rémunération à la pièce
  à bénéfices non partagés, 513
  à bénéfices partagés, 513-514
de rendement d'équipe, 550-551
de retraite (privés ou publics), 689, 698, 710-718
  à cotisations définies, 714, 715
  à cotisations définies proprement dit, 714
  à paliers, 715
  à prestations déterminées, 712-713
  à prestations forfaitaires, 713
  à « valeur déterminée », 715
  agréés, 711-716
  combiné, 714-715
  derniers salaires, 713
  flexible, 714
  hybride, 714
  interentreprises ou multi-employeurs, 715
  non agréés, 716-717
  salaires de carrière, 713
de Rowan, 514
de Rucker, 543-544, 546
de salaires basé sur les compétences, 554
de Scanlon, 543, 545, 546
de soins de santé (privés ou complémentaires) 703-707
de soins dentaires (privés), 704-705
de soins hospitaliers (privés), 703-704
de soins optiques, 705
de Taylor, 513
enregistrés d'épargne-retraite (REER), 717-718
Improshare, 544, 546-547
mixte de primes de rendement, 554-556
Régime
  de pensions du Canada (RPC), 698, 699
  de rentes du Québec (RRQ), 698, 699
régression
  modèle de _,153-154
  technique de _ multiple, 252-253
relations de travail, 591
rémunération
  à la pièce, 76, 511-516
    avantages et inconvénients de la _, 516
    conditions de succès de la _, 516
    régimes de _, 513-514
  au mérite, 427, *voir aussi* salaire au mérite
  basée sur

l'emploi, 412
la personne, 412
le rendement comptable à long terme, 569-572
le rendement de l'organisation, 76
le rendement individuel, 76, 501-503, 517-521
les responsabilités, 412
communication à propos de la _, 325-327
des compétences, 73, 411-435
conditions de succès de la _, 431-433
efficacité de la _, 429-431
des équipes, 73, 549-554
des expatriés, 64
directe, 7
du rendement individuel ou collectif
conditions de succès de la _, 587-593
gestion de la _, *voir* gestion
globale, 683, 740, 759-765
composantes de la _, 108
et avantages, 688
et impartition, 764-765
stratégie de _, 759-761
indirecte, 9-10
multihabiletés, 412
selon les connaissances, 412
variable, 8-9, 487-488, 590-591, 611
fréquence d'implantation de la _, 487-488
types de _, 486
rendement
boursier, 639
causes du _, 672
comptable, 639
d'équipe, 550-554
des organisations, 620-639
tableau de bord du _, 624-634
déterminants du _, 673
et efforts, 520
et rétributions, 520-521
évaluation(s) du _, 617
entrevue d'_, 670, 672
formulaire d'_, 666
fréquence et moment des _, 662
méthodes d'_, 652
gestion du _, *voir* gestion
indicateurs de _, 622, 639
individuel
déterminants du _, 518
échelles salariales basées sur le _, 313-318, 492
et rémunération, 662
évaluation du _, 642-655
primes au _, 501-503
reconnaissance du _, 517-521
mesures du _, 613-614, 631-636
niveaux de _, 664-665
normes de _, 649
rémunération du _, 76
révision du _
par l'équipe de direction, 661
par les professionnels des ressources humaines, 661
sources d'information sur le _, 656-658
standard, 512-514
rente(s)
Régimes des _ du Québec (RRQ), 698, 699
des survivants, 699
représentants commerciaux, 78, 504, 506-508, 510-511, 662-663
responsabilité, définition du sous-facteur, 238
retraite
comité de _, 736
programmes de _ anticipée, 756-758
revenus de _, 698, 699-701
rétroaction à 360°, 657
rôle des acteurs (État, employeurs, employés, assureurs), 734-735

S

salaire(s), 7
au mérite, 313-318, 489-500, 503
avantages présumés des _, 491-494
efficacité des _, 316-318
et justice du processus, 498-500
fréquence d'attribution des _, 490
grille de _, 315-316
limites de la formule des _, 494-497
matrices d'augmentations de _, 490-491, 492
basé sur les compétences, *voir* rémunération des compétences
basé sur les exigences, 428
cohérence des _, 185-198

comme composantes de la rémunération, 160-161
communication relative aux _, 323-325
contrôle des _, 327-332
par approbation de la direction, 328
par budget, 328
par expertise, 328
par statistiques, 328
courbes de _, 291
détermination des _, 283
distribution des _, 289-291
divulgation individuelle des _, 325
échelles de _, *voir* échelles salariales
égal pour un travail égal, 358
égal pour un travail équivalent ou de valeur égale, 358
égal pour un travail similaire, 358
gestion des _, 283, 332-336, 408-411
politique relative aux _, 68
révision des _ individuels, 320-322
taux de _
des emplois, 329
individuels, 330
unique, 302-303
théorie de l'efficience des _, 95
secteur(s)
d'activité économique, 66
et coûts de main-d'œuvre, 103-104
de la haute technologie, 96
industriels, 66
municipal, 67-69
privé, 67-69
public, 67-69
sécurité d'emploi, 68
sélection des candidats, 111
situation financière (de l'entreprise), 75
soins
dentaires, 704-705
hospitaliers et médicaux, 696-697, 703-704
protections complémentaires des _, 697-698
sous-évaluation des exigences des emplois, 354
sous-représentation des groupes protégés, 354
sous-traitance, 736, 764-765
stéréotypes, 355, 370
stratégie d'affaires, 74-75, 107, 622
structure(s)
des emplois, 191
organisationnelle, 104-106
salariale(s), 191-198, 199, 200, 282-289
voir aussi échelles salariales, salaires
ajustement des _, 319-320
basée sur les compétences, 423-425
voir aussi rémunération des compétences
double(s) _, 334-336
équité interne et _, 192-195
gestion des _, 318-332
nombre de _, 286-289
succès, facteurs de, 610, 622, 623
suggestions, récompense des, 486
suivi sur le déroulement du travail, 669
supplément de revenu garanti (SRG), 699, 700
syndicalisation, 69
voir aussi syndicat(s)
syndicat(s), 17, 59, 60, 69-72, 106, 270, 426, 593-595
système de taxation, 63-64

T

tableau de bord du rendement des organisations, 624-634
taille de l'organisation, 60, 106-107
taux de salaire
des emplois, 329
individuels, 330
unique, 302-303
technologie et gestion de la rémunération, 76
télécommunications, 90
temps
chômé, 9, 689, 719-720
comme indicateur de rendement, 639
partiel, 59
théorie(s)
de l'absorption des chocs, 539
de l'efficience des salaires, 95
de l'équité, 93, 190, 468-469
des attentes, 468-469, 519
des caractéristiques des tâches, 471
des objectifs, 471
économiques de l'offre et la demande de travail, 99-102

titulaires d'emplois, caractéristiques des _, 77-78

V

valence, 468
vedettes sportives et artistiques, 108
vision d'affaires, 620-624

W

« Weighted Job Questionnaire », 264

Nous reconnaissons l'aide financière du gouvernement du Canada par l'entremise du Programme d'aide au développement de l'industrie de l'édition (PADIÉ) pour nos activités d'édition.

Transcontinental
IMPRESSION
IMPRIMERIE GAGNÉ

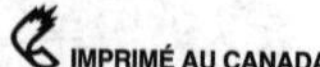
IMPRIMÉ AU CANADA